요한계시록
강 해

묵시의 비밀

요한계시록 강해

묵시의 비밀

2014년 1월 15일 초판 1쇄 발행
2016년 1월 15일 초판 2쇄 발행

지은이 | 김서택
펴낸이 | 박영호
펴낸곳 | 도서출판 솔로몬

주소 | 서울시 동작구 사당로 155 신주빌딩 B1
전화 | 599-1482
팩스 | 592-2104
직영서점 | 596-5225

등록일 | 1990년 7월 31일
등록번호 | 제 16-24호

ISBN 978-89-8255-513-7 03230

요한계시록 강해

묵시의 비밀

김서택 지음

REVELATION

솔로몬

차례

머리말

요한계시록은 가장 난해하면서도 매력적인 말씀입니다. 옛날 그 당시 유행하던 묵시라는 옷을 입고 있지만, 다른 묵시의 글들과는 현저하게 다른 진정한 하나님의 예언의 말씀입니다.

사도 요한은 로마 황제 도미티아누스 때 박해를 받아서 외딴 섬 밧모에 유배되어 이 위대한 묵시의 환상을 보게 되었습니다.

주님은 이 환상을 통하여 여전히 살아계실 뿐 아니라 불꽃같은 눈으로 교회들을 지켜보고 계심을 보여줍니다.

로마당국은 무지막지한 짐승이요 음녀로 주의 백성들을 대적하지만 결국 주님의 능력으로 망하게 될 것입니다.

묵시의 글과 비슷한 장르가 최근에 판타지 소설입니다. 판타지의 무한한 상상력을 발휘해서 사람들이 새를 타고 날아가거나 불을 토하는 용과 싸우기도 합니다. 그런데 묵시나 판타지의 중요한 공통점은 역시 선과 악의 대결에서 선이 이긴다는 것입니다.

요한계시록은 고난 받는 성도들에게는 언제나 큰 힘과 위로가 되었고 특히 일제시대 때 우리나라 목회자나 성도들이 특별히 사랑했던 말씀입니다.

이 부족한 강해서가 성도 여러분의 신앙에 도움이 되시기 바랍니다.

그리고 이 요한계시록 강해를 기꺼이 출판해주신 솔로몬출판사의 박영호 사장님과 직원들에게 깊은 감사를 드립니다.

대구 수성교 옆에서

김서택 목사

CHAPTER • 01

묵시의 시작

요한계시록 1:1-5

최근 우리나라 텔레비전 드라마 중에서 시청자들의 많은 인기를 끌었던 역사 드라마들이 있었습니다. 이런 역사극들은 워낙 규모가 크고 긴 시간을 대상으로 하기 때문에 대하드라마라는 말을 합니다. 이런 대하드라마 중에는 허준이나 대장금 같은 거의 픽션에 가까운 작품도 있지만 세종대왕이라든지 왕건 같은 왕궁 안에서 일어난 일들을 소재로 한 것들도 있습니다.

이런 역사들은 일단 우리 주위에서 일어나는 일이 아닌 먼 과거의 일을 소재로 하기 때문에 색다른 느낌이 있을 뿐 아니라 평소에는 일반인들이 알 수 없는 궁중 안의 권력 다툼이나 암투 같은 것을 훤하게 꿰뚫어 볼 수도 있고 또 등장인물이 아주 많고 다양할 뿐 아니라 재미까지 있어서 많은 인기가 있습니다.

이런 의미에서 본다면 계시록은 거대한 하나의 드라마라고 볼 수 있습니다. 요한이 밧모라고 하는 외딴 섬에서 보았던 이 묵시는 초창기 기독교가 로마라고 하는 거대한 세계 속으로 전파되는 과정에서 일어나고 있던 일들을 드라마의 형식으로 보여주고 있습니다. 즉 기독교에 대한 로마의 핍박의 음모라든지 혹은 기독교인이 당해야 했던 어려움들을 보여주고 있습니다. 그러면서 요한의 묵시록은 때때로 이 지상의 범위를 벗어나서 천상에서 일어나고 있는 하나님의 천사와 사탄 사이의 세력 갈등과 대립까지 보여주면서 앞으로 이 세상에 실현될 하나님의 새로운 예루살렘을 보여주고 있습니다.

대개 사람들이 계시록에 대하여 어려워하는 이유는 계시록에 우리가 잘 알 수 없는 많은 상징이나 숫자가 등장하고, 또 괴상한 짐승들이 나타나기 때문입니다. 그러나 옛날 드라마에서는 용이라든지 특별한 짐승들이 나타나는 것은 그렇게 이상한 일이 아니었습니다. 예를 들어, 요즘 현대에도 판타지를 소재로 한 영화나 소설들을 보면 하늘을 나는 용이 나타나서 입으로 불을 뿜는 것은 기본이고 우리가 상상할 수 없는 이상한 괴물들이 많이 등장하는 것을 볼 수 있습니다. 그런 의미에서 요한계시록은 일종의 판타지의 형식을 띄고 있다고 볼 수 있습니다. 그러나 내용 자체는 결코 판타지가 아닌 실제적인 것입니다.

교회는 그동안 요한계시록을 사랑해서 많이 연구도 하고 강단에서 설교하기도 했습니다. 심지어 어떤 분은 산에 올라가서 오직 계시록만 연구하고 내려왔다는 사람도 있습니다. 그런데 놀랍게도 많은 이단들 중에서 요한계시록을 가지고 억지로 자신들의 주장을 합리화시키려고 하는 경향들이 있었습니다.

요한계시록을 이해하는데 몇 가지 입장이 있다는 것을 알 필요가 있습니다.

첫째는 역사적인 관점입니다. 즉 요한계시록은 요한이 '속히 될 일'을 기록했기 때문에 역사적인 사실과 일치할 것이라는 것입니다. 그래서 많은 사람들은 요한계시록의 내용을 역사적인 사실과 일치시켜서 해석하려고 했습니다. 즉 요한계시록에 나오는 어떤 핍박은 도미티아누스 황제 때 일어났던 핍박이라고 보는 것입니다. 또 나중에 천년 왕국이 이루어지게 되는데 실제로 이 지상에 천년 왕국이 이루어질 것이라고 보는 것입니다.

두 번째는 요한계시록을 현대나 미래에 대한 예언으로 보는 것입니다. 그래서 아마겟돈 전쟁은 앞으로 이슬람 세력과 기독교 세력이 싸우는 3차 세계대전이 될 것이라고 생각하는 것입니다. 또 어떤 분은 '666'이라는 숫자는 상품 거래할 때 사용하는 바코드를 의미한다고 말하기도 합니다.

세 번째는 요한계시록을 초대교회 당시에 진행 중이던 여러 일들을 드라마의 형태로 보여주는 것으로 생각하는 것입니다. 물론 이것은 세상 마지막 날까지 진행이 되어서 결국 최종적으로 사탄의 세력은 망하고 하나님의 나라가 임하게 되는 것으로 보는 것입니다.

물론 요한계시록은 앞으로 되어질 일들은 예언하고 있는 것은 사실이지만 그럼에도 불구하고 극적인 효과를 높이기 위해서 드라마의 형식으로 되어 있습니다. 그래서 요한계시록에는 '7'이라는 숫자가 중요한 역할을 하고 있는데 앞에는 일곱 교회가 나오고, 그 다음에는 일곱 인봉이 나오고, 그 다음에는 일곱 대접의 재앙이 나옵니다. 이런 것들이 드라마의 뼈대를 이루는 것입니다. 그리고 이런 드라마의 뼈대 사이에 중간 중간 막간 드라마가 나오는데 사실은 중간에 나오는 막간 드라마가 더 중요한 메시지일 때가 많습니다.

'묵시'라고 하는 것은 초대교회 당시에 유행했던 문학 형태 중의 하나였습니다. 이때 많은 사람들이 이민족이나 불신앙의 세력의 지배를 받으면서 너무 답답하고 힘든 나머지, 환상적인 체험을 한다든지 혹은 이런 글들을 남겼는데 이런 것들을 묵시라고 합니다. 대개 이런 묵시들은 익명으로 되어 있어서 저자가 누구인지 알 수가 없고 내용도 황당한 것이 많지만 그럼에도 불구하고 선과 악이 싸워서 선이 이긴다는 내용이 많습니다. 요한은 자기가 본 계시의 내용을 묵시의 형태로 보여주고 있습니다. 그러나 요한

계시록이 일반 묵시의 글들과 다른 이유는 저자를 분명히 밝히고 있고, 또 내용이 허황된 내용이 결코 아니라는 것입니다.

사도 요한이 요한계시록을 썼을 때에는 로마가 네로 황제에 의해서 기독교에 대하여 적대적일 때였습니다. 로마는 유대교에 대해서는 관대하다가 유독 기독교에 대해서는 핍박하기 시작했습니다. 그 이유는 아마도 오순절 이후에 기독교가 너무 급속하게 로마에 확산되는 것에 대하여 황제가 겁을 먹고 있었다고 볼 수 있습니다. 네로 황제 때에는 이미 로마에도 많은 신자들이 있었고 심지어는 황실 중에서 기독교인들이 있을 정도였습니다. 요한은 에베소에서 오랫동안 목회를 했는데 이제는 나이가 들어서 아주 연로하게 되었습니다. 그럼에도 불구하고 로마는 예수님의 직속 제자 중 한 사람인 요한을 몇 번이나 죽이려고 하다가 실패하게 되니까 (전설에 의하면 끓는 기름 가마에 요한을 넣었다고 하기도 함) 요한을 다른 신자들로부터 격리시키기 위해서 밧모라는 섬에 유배를 보내었다고 합니다. 일설에는 밧모에는 탄광촌이 있어서 요한에게 강제 노동을 시켰을 것이라고 하지만 늙은 사도가 밧모에서 탄광 일을 할 수 있었을 것 같지는 않습니다. 아마 로마 당국은 이 늙은 사도를 사랑하는 성도들로부터 강제로 격리된 그 자체만 해도 충분히 교회에 대하여 억압하는 효과가 있다고 생각했을 것입니다. 그러나 주님은 유배되어 있는 요한에게 새롭고 놀라운 말씀을 드라마처럼 보여주셔서 교회들에게 편지를 보내게 하심으로 교회가 더 힘을 낼 수 있게 하셨습니다.

가장 복된 자들

아마 요즘 사람들에게 가장 복 받은 사람이 어떤 사람들이냐고 물어본다면 대개는 가장 잘 사는 동네에 사는 사람들이라 하든지, 혹은 대기업에 다니거나 높은 직책을 가지고 있는 사람들이라고 말을 할 것입니다. 우리가 이런 입장에서 본다면 기독교인들은 복 받은 자들이라고 말할 수 없을 것입니다. 그런데 하나님 앞에서 가장 복 있는 사람들은 하나님의 말씀을 받고 그 말씀을 이해하고 있는 사람들입니다. 왜냐하면 이 세상의 모든 일들은 바로 그 하나님의 말씀대로 이루어질 것이기 때문입니다.

1절 예수 그리스도의 계시라 이는 하나님이 그에게 주사 반드시 속히 될 일을 그 종들에게 보이시려고 그 천사를 그 종 요한에게 보내어 지시하신 것이라

여기 '계시'라고 하는 것은 '묵시'라고 하는 것이 더 정확한 번역일 것입니다. 우리가 보통 '예언'이라고 하면 앞으로 되어질 것에 대하여 선지자들이 영감을 받아서 말하는 것을 말합니다. 물론 예언 중에는 환상의 형태도 있지만 거의 대개는 언어의 수단으로 이루어지게 됩니다. 그러나 '묵시'라고 하는 것은 주로 눈으로 보이는 '비주얼'[visual]한 것이 특징이라고 말할 수 있습니다. 원래 '묵시'라는 말은 연극할 때 무대에서 가려져 있는 것을 치워서 그 안에 있는 실체를 드러나게 보여주는 것을 의미합니다. 예를 들어, 연극을 시작하기 전에는 무대에 큰 막이 쳐져 있어서 일반 관객들은 무대 뒤에서 일어나는 것들을 전혀 볼 수 없습니다. 단지 무대 뒤에는 연출자나 연극에 관계하는 사람만이 분주하게 돌아다니면서 연극을 준비하고, 일반 관객들은 자리에 앉아서 연극이 시작하는 것을 기다릴 뿐입니다. 그러다가 무대의 막이 오르게 되었을 때 관객들은 드디어 무대 위에서 펼쳐지는 드라마를 감상하게 되는 것입니다.

하나님의 구원 계획은 아주 오래 전부터 준비되고 있었습니다. 그러나 하나님께서는 막을 치셔서 일반인들은 일체 하나님의 드라마를 볼 수 없게

하셨습니다. 그러다가 예수님이 오셔서 십자가에 죽으시고 난 후에 하나님은 무대 막을 올리셔서 누구든지 하나님의 구원 드라마를 볼 수 있게 하셨습니다.

우리가 보기에 하나님은 우리를 이 세상에 던져놓으시고 아무것도 하시지 않으시는 것 같은데 실제로 하나님은 이 모든 일들을 감독하고 계시며 연출하고 계신 감독인 것입니다. 여기에 보면 '이는 하나님이 그에게 주사 반드시 속히 될 일을 그 종들에게 보이시기 위해서' 지시한 것이라고 했습니다. 여기서 '반드시 속히 될 일'이라고 하는 것은 그 당시에 이미 진행 중인 일들이었다는 것입니다. 즉 하나님께서 요한에게 보게 하신 것은 지나간 먼 과거의 일이나 혹은 다가올 먼 미래의 일이 아니라, 그 당시에 진행 중이면서도 앞으로 되어질 일들에 대하여 드라마의 형식으로 보여주신 것입니다. 그런데 그것도 일상적인 드라마가 아니라 상당히 판타지의 성격을 가진 묵시로 보여주신 것입니다.

다른 성경들은 하나님께서 성령으로 감동을 주셔서 기록하게 하신 것이지만, 요한계시록만은 천사들을 보내어서 많은 것들을 볼 수 있도록 시각적인(비주얼한) 방법을 사용해서 말씀하신 것이 특징입니다. 하나님께서 이렇게 시각적인 방법을 많이 쓰신 것은 이제 되어진 일들에 대하여 이 정도로 모든 것이 긴박하게 돌아간다는 것을 알게 하는 목적도 있었다고 봅니다. 그러면서도 또 다른 한편으로는 기독교에 대한 로마 당국을 의식해서 검열에 걸리지 않도록 하는 목적도 있었던 것입니다. 즉 사도 요한이 직접적으로 로마 정부를 비판하면 보복을 당할 수 있지만 '666'이라든지 '짐승'이라고 하면 꼭 로마를 비판한다고 집어낼 수가 없는 것입니다.

여기서 '그 종들'은 누구를 말합니까? 소아시아 일곱 교회의 목회자들을 말합니다. 하나님께서는 교회를 지키는 그의 종들에게 하나님의 계획을 알게 하심으로 세상을 이기는 용기를 얻게 하시는 것입니다.

3절 이 예언의 말씀을 읽는 자와 듣는 자들과 그 가운데 기록한 것을 지키는 자들이 복이 있나니 때가 가까움이라

이 말씀은 초대교회 당시 교회가 모여서 어떤 모습으로 예배를 드렸는가 하는 것을 보여주고 있습니다. 이 당시 교회는 요즘 같은 교회와는 많이 다른 모습이었습니다. 요즘은 교회라고 할 때 독립된 건물이 있고 그 안에 교회를 맡은 성직자들이 있지만, 옛날에는 그런 것이 없었습니다. 그 대신 교회는 가정 같은데서 예수를 믿는 사람들이 모여서 모임을 가졌습니다. 당시에는 글을 아는 자들이 많지 않아 교인 중에서 글을 아는 사람이 일어나서 성경 말씀을 큰 소리로 읽습니다. 그러면 모인 모든 사람들은 그 읽는 말씀을 듣고 그리고 나서 읽은 사람이나 혹은 가르칠 수 있는 은사를 가진 사람이 그 말씀을 중심으로 주님의 교훈으로 가르친 후에 성도들은 그 말씀대로 살기로 굳게 결심하고 헤어지는 것입니다.

지금은 거의 대부분의 교인들이 글을 읽을 수 있고 또 자기 성경책을 가지고 있지만 옛날에는 기독교인들이 개인 성경을 가진다는 것은 거의 불가능했습니다. 그래서 교인들은 두루마리 성경책을 예배로 모이는 곳에 두고 주일마다 모여서 말씀을 듣고 그 말씀으로부터 주님의 교훈을 들었던 것입니다. 예수님은 이 어려운 시기에 교인들을 향하여 굳게 교회를 지켜서 이 예언의 말씀을 읽는 것과 가르치는 것과 지키는 것을 계속하라고 명령하십니다. 이것이 주님이 교회에 주신 명령입니다.

주님께서 교회에 주신 일차적인 책임은 하나님의 말씀을 맡은 것입니다. 바울은 구약 이스라엘 공동체의 책임에 대하여 이렇게 말하고 있습니다.

롬 3:1, 2 그런즉 유대인의 나음이 무엇이며 할례의 유익이 무엇이뇨 범사에 많으니 첫째는 저희가 하나님의 말씀을 맡았음이니라

이스라엘 백성들의 특권은 그들이 하나님의 말씀을 맡은데 있었습니다.

사도 바울은 자신에 대하여 말하기를 "사람이 마땅히 우리를 그리스도의 일꾼이요 하나님의 비밀을 맡은 자로 여길찌어다. 그리고 맡은 자들에게 구할 것은 충성이니라"(고전 4:1, 2)이라고 했습니다. 하나님께서는 교회에 온 세상을 구원하는 하나님의 진리를 맡겨놓으셨습니다. 교회는 이것을 지켜야 합니다. 우리가 하나님의 진리를 지킨다고 하는 것은 이 비밀의 두루마리를 지하실 창고 저 깊은 곳에 두고 보관하는 것을 말하지 않습니다. 우리가 매일 그 말씀을 읽고 또 들으며 그 말씀을 붙드는 것이 하나님의 말씀을 지키는 것입니다.

우리에게 주어진 것 중에서 가장 귀한 것은 하나님의 말씀이 교회에 맡겨졌다는 것입니다. 말씀이 교회에 맡겨졌다는 것은 이 말씀의 선포가 교회의 가장 중요한 사명이며 이것을 통해서 하나님은 사람들을 구원하신다는 뜻입니다. 그래서 교회가 말씀을 은닉하고 숨기면 하나님의 말씀은 제 기능을 발휘하지 못할 것입니다. 만약 교회가 하나님의 말씀을 왜곡시켜서 전한다면 세상 사람들은 모두 망하게 될 것입니다. 만약 교회가 세상을 향해서 입을 다물어 버린다면 세상은 구원을 받지 못할 것입니다. 그러므로 교회에 주어진 가장 큰 사명은 하나님의 복을 이 세상에 임하게 하고 하나님의 구원 계획을 계속 선포하는 것입니다. 많은 사람들이 자기 가고 싶은 곳으로 달려가고 또 말씀으로 인한 핍박이 일어남에도 불구하고 교회는 변함없이 신실하게 하나님의 비밀을 선포하는 일을 해야 합니다.

오늘 말씀은 이렇게 하는 자들에게 복이 있다고 했습니다. 하나님의 말씀을 읽고 선포하고 은혜를 받는 자들에게는 하나님의 복이 임하는 것입니다. 사람들은 이 세상의 복만 가지고 자기들은 성공했다고 자랑하지만 진짜 복 받은 자는 하나님의 말씀을 붙들고 하늘의 복을 오게 하는 자들인 것입니다.

우리가 질그릇과 같다면 하나님의 말씀은 우리 같은 그릇 안에 담긴 가장 귀한 보화와 같습니다. 우리는 엄청난 보물들을 가진 자들인 것입니다. 하나님이 우리에게 맡긴 이 말씀은 천사들에게도 맡기지 않은 귀한 보물입니다. 교회의 가장 귀한 사명은 말씀 안에 들어 있는 비밀을 읽고, 묵상하고, 설교하는 가운데 밝히고, 이 세상에 선포하는 것입니다. 그런 자들에게 복이 있습니다. 왜냐하면 우리가 하나님의 말씀을 읽고 듣고 지킬 때 하나님의 복이 먼저 우리에게 임하기 때문입니다.

사도 요한은 왜 교인들이 세상이 악해지고 날로 핍박이 심해짐에도 불구하고, 세상으로 가서는 안 된다고 말씀하고 있습니까? 왜냐하면 교회가 하나님의 말씀을 붙들고 있어야 살 수 있기 때문입니다.

온 세상의 주인이신 하나님

4-5절 상 요한은 아시아에 있는 일곱 교회에 편지하노니 이제도 계시고 전에도 계시고 장차 오실 이와 그 보좌 앞에 일곱 영과 또 충성된 증인으로 죽은 자들 가운데서 먼저 나시고 땅의 임금들의 머리가 되신 예수 그리스도로 말미암아 은혜와 평강이 너희에게 있기를 원하노라

이 당시 사람들이 보기에 전 세계의 주인은 로마 황제였고 지구상에서 로마 황제를 이길 수 있는 사람은 아무도 없었습니다. 야만인들의 왕들 중에서 로마 황제에게 대항하여 싸웠던 자들은 반드시 전쟁에 져서 로마로 끌려와서 처형을 당했습니다. 그러나 사도 요한은 하나님이야말로 온 세상의 진정한 주인이시라고 선포하고 있습니다.

우선 사도 요한은 아시아에 있는 일곱 교회에 이 계시록을 보내고 있습니다. 그렇다고 해서 다른 지방에 있는 교회들은 이 말씀과 상관이 없다는

뜻이 아닙니다. 그럼에도 불구하고 이 하나님의 말씀이 가장 필요한 교회는 소아시아의 교회들이었습니다.

여기의 아시아는 지금 터키 지방의 아시아입니다. 터키는 회교국이 되어서 기독교가 인정되지 않아 교회는 거의 없고 오직 교회가 번창했던 유적지만 남아 있습니다. 그러나 당시의 터키는 바울의 주된 선교지로서 아프리카 북단 지역과 함께 교회가 가장 번창했던 곳이었습니다.

이 당시 교회가 가장 번창한 곳은 바로 소아시아 지역이었고 여기에 가장 심한 황제 숭배의 박해가 일어나고 있습니다. 마귀는 이 세상에서 하나님의 나라가 부흥되는 것을 가장 먼저 공격해서 교회를 망하게 하려고 합니다. 그래서 마귀는 부흥이 가장 많이 일어나는 곳을 공격의 대상으로 삼습니다. 만약 하나님께서 이곳에 증원 부대를 보내어 주지 않는다면 교회는 마귀의 세력에 삼키우고 말 것입니다. 그래서 주님은 이곳에 공격당하는 교회를 붙드시기 위하여 긴급하게 말씀을 보내었습니다. 하나님이 우리에게 말씀을 주시는 것은 모든 사탄의 공격을 이길 수 있는 탄약과 식량과 군대를 보내주는 것과 같습니다. 교회가 무너지는 것은 다른 것이 없어서 그런 것이 아니라 하나님의 말씀이 없어서 쓰러지는 것입니다.

하나님의 말씀은 백만 명의 증원 부대 보다 더 힘이 있습니다. 만약 우리가 적에게 포위되어서 함락되려고 하는 순간에 우군으로부터 백만 대군이 도우러 왔다면 우리는 걱정할 것이 아무것도 없을 것입니다. 결국 교회는 돈이나 인간적인 힘이 없어서 패배하는 것이 아니라 하나님의 말씀의 능력이 없어서 패배하는 것입니다.

우리에게 하나님의 말씀이 없으면 우리는 상식적으로 믿든지 아니면 미신적으로 믿을 수밖에 없습니다. 그러나 우리의 믿음은 상식적인 것이어서는 안 됩니다. 물론 믿는 자들의 상식이 하나님의 뜻을 분별하는 중요한 기초가 될 수 있습니다. 그러나 상식만으로는 마귀를 이길 수 없습니다. 상식을 뛰어넘는 아주 강한 믿음이 있어야 마귀를 이길 수 있습니다.

또 우리는 이성적인 사고만으로 마귀를 이길 수 없습니다. 이성적인 사고는 자기 머리로 납득이 가는 것은 실천하는데 이해가 되지 않는 것은 순종을 하지 못합니다. 그러나 신앙의 위대한 힘은 이성적인 판단을 뛰어 넘는데 있습니다. 머리로는 납득이 되지 않지만 이것이 하나님의 말씀이고 하나님의 뜻이라는 믿음이 생길 때 무조건 순종할 수 있게 되며 기적과 능력이 나타나는 것입니다.

먼저 요한은 하나님을 소개하고 있습니다. 요한은 하나님을 '이제도 계시고 전에도 계시며 장차 오실 이'라고 소개하고 있습니다. 이것은 하나님께서 영원 전부터 계시고 영원히 계신 하나님이시라는 뜻입니다.

하나님께서는 구약 이스라엘 백성들에게 자신을 '여호와'라고 소개하셨습니다. 이 '여호와'라는 이름이 히브리 동사 '하야'에서 나왔는데 '하야'라는 동사는 '존재한다'는 뜻을 가지고 있습니다. 따라서 '여호와'는 '과거에도 계셨고 지금도 계시며 영원히 존재하시는 하나님' 즉, '계속 존재하시는 하나님'이 되는 것입니다. 이 말씀의 의미는 하나님께서는 결코 다른 피조물처럼 창조되신 것이 아니라 영원 전부터 계시고 이 세상의 모든 것을 창조하신 주인이신 것입니다. 하나님께서 자신을 이런 식으로 '여호와'로 소개하실 때는 감히 피조물인 인간들이나 우상들이 하나님의 영광을 찬탈하려고 할 때입니다. 하나님께서 모세에게 자신을 '여호와' 즉, '스스로 존재하는 분'으로 소개했을 때 애굽의 바로는 자기가 신이라고 주장했습니다. 이때 하나님께서는 그 가짜 신들을 내리치시기 위하여 여호와 하나님만 신이신 것을 선포하시는 것입니다.

그런데 하나님께서 이 가짜 신들을 치실 때에는 그냥 치시는 것이 아니라 개구리라든지, 이라든지, 파리 같은 보잘것없는 것들을 보내서 그들을 굴복 시키셨습니다. 이것은 '너희들은 아무리 잘났다고 떠들어도 개구리보다 못하고 파리보다 못한 존재'라는 뜻입니다. 당시 로마 황제는 자기가 신이라고 주장하고 있었습니다. 그러나 하나님은 결코 로마 황제는 신이 아니라고 말씀하시는 것입니다. 일단 입으로 음식을 먹고 뒤로 배설하는 것들은 신이 아닙니다.

'이제도 계시고'라고 하는 것은 하나님께서 지금 일어나고 있는 모든 것을 다 보고 계신다는 것입니다. 하나님은 보고만 계신 것이 아닙니다. 사람들을 하나님의 저울에 올려 그 죄의 중량을 달아보고 계십니다.

바벨론 때 벨사살 왕은 교만하게도 잔치를 하면서 하나님의 성전에 있는 그릇들을 꺼내어서 술을 마셨습니다. 그때 벽에 하나님의 손가락이 나타나서 글을 썼는데 그것은 '메네메네 데겔 우바르신'이라는 글이었고 이는 왕이 하나님의 저울에 자격 미달로 나타났기 때문에 망하게 될 수밖에 없다는 뜻입니다. 그래서 벨사살 왕은 그날 밤에 죽임을 당했습니다.

하나님은 모든 것을 보고 계십니다. 하나님은 죄를 어느 수준까지만 허용하시는데 그 수준에 도달하는 즉시 그 죄의 세력은 한순간에 끝이 나고 맙니다. 이것이 하나님의 저울의 위력입니다. 결국 로마는 로마에 온 용병들인 야만족에 의하며 무너졌습니다.

영원히 계시는 분은 하나님 한 분 뿐이십니다. 다른 것들은 다 일시적으로 있다가 사라지는 피조물들일 뿐입니다. 마귀도 피조물입니다. 천사도 피조물입니다. 황제도 피조물입니다.

그런데 요한은 하나님을 '장차 오실 이'라고 소개하고 있습니다. '장차 오신다'는 말은 앞으로 오셔서 이 세상을 심판하신다는 뜻입니다. 하나님은 이 세상을 만드시고 가만히 내버려두시는 분이 아니십니다. 하나님은 세상을 변함없이 간섭하시고 함께 하시며 결국 최종적으로 모든 사람들이 행한 대로 반드시 심판하실 것입니다.

요한이 인사하고 있는 내용이 무엇입니까? 우리들의 눈에는 악의 세력이 득세하고 모든 것을 지배하는 것 같지만 온 세상은 하나님의 통치 아래 있고 하나님의 통치는 단 한 순간도 정지된 적이 없다는 것입니다. 하나님은 예전부터 이 세상을 통치해 오셨고 지금도 그렇게 하고 계시며 앞으로 더욱 더 그렇게 하실 것이라는 뜻입니다.

두 번째는 성령의 이름으로 인사를 합니다. 요한은 성령님을 '그 보좌 앞에 일곱 영과'라는 표현을 하고 있습니다. 왜 요한은 성령님을 '그 보좌 앞에 일곱 영'이라고 표현하고 있을까요? 이것은 성령의 존재와 역할에 대한 설명이라고 봅니다. 성령은 하나님으로부터 나옵니다. 성령님은 우리 안에 오셔서 역사하시지만 그 본질은 하나님께 있습니다. 성령님은 하나님으로부터 영원히 계속 나오십니다. 그래서 우리는 언제나 성령의 새로운 도우심을 간구해야 합니다.

한때 아브라함 카이퍼 같은 신학자는 저수지 이론이라고 해서 성령께서 오셔서 교회에 저장되어 계시는 것처럼 설명을 하기도 했지만 성령님은 언제나 하나님으로부터 영원히 나오십니다. 그래서 우리는 매일 매순간 새로운 성령님의 도우심을 의지해야 합니다. 우리는 어저께 받은 은혜로 오늘을 이길 수 없습니다. 우리는 항상 새로운 성령의 임재와 감동을 구해야 합니다.

그리고 그는 일곱 영이시기 때문에 각 교회를 충만케 하시기에 부족함이 없습니다. 교회가 성령으로 충만하지 못한 것은 성령의 능력이 부족해서 그런 것이 아닙니다. 이것은 교회가 믿음으로 간구하지 않기 때문입니다. 성령님은 우리가 기도를 해야 받을 수 있습니다. 그리고 이 세상에서 성령의 능력으로 불가능한 것이 없습니다. 성령은 이 세상의 모든 귀한 것을 창조하신 신이시며 모든 지혜의 신이십니다. 그래서 우리가 기도하기만 하면 보좌 앞에 일곱 영이신 성령께서 우리 중 한 사람도 빼놓지 않고 하나님의 능력으로 충만하게 하실 것입니다. 황제 숭배니 율법 폐기론적인 방탕한 사조는 모두 악한 영의 역사입니다. 하나님의 영은 이런 악한 영의 역사를 쳐부수기에 부족함이 없습니다. 단지 교회가 믿음에 서기만 하면 말입니다.

우리는 매순간 하나님의 영이 임하셔서 우리를 새롭게 하시도록 간구해야 합니다. 우리 힘으로는 악한 사상들이나 악한 세력을 이길 수 없습니다. 이들을 이길 수 있는 것은 오직 하나님의 보좌 앞에 있는 일곱 영이신 성령의 능력 밖에 없습니다.

충성된 증인이신 그리스도

주님은 충성된 증인으로 진리를 위하여 사셨고 진리를 위하여 죽으셨습니다.

"또 충성된 증인으로 죽은 자들 가운데서 먼저 나시고 땅의 임금들의 머리가 되신 예수 그리스도로"라고 말씀하고 있습니다.

예수님을 '충성된 증인'으로 증거하고 있는 것은 예수님께서 하나님이 주신 진리를 끝까지 증거했고 그 진리를 믿었기 때문에 죽기까지 하셨습니다. 만일 예수님께서 진리를 전하셨는데 사람들의 눈치를 보셨거나 반응을 생각하셨더라면 우리의 구원은 이루어질 수가 없었을 것입니다. 그래서 예수님은 충성된 증인이셨습니다. 그래서 모든 신실한 그리스도의 종들은 진리를 어떤 일이 있어도 양보하지 않았습니다. 그리고 거의 대부분의 사람들은 진리를 증거하다가 죽었습니다. 그래서 헬라어로 '마르투스'라는 말은 증인이라는 뜻인데 영어로 'martyr'는 순교자라는 뜻이 되어버렸습니다. 그 이유는 증인들이 모두 다 순교를 해버렸기 때문입니다. 오늘 사람들은 우리 진리를 너무 쉽게 생각합니다. 오늘 사람들은 자기 자신의 입장과 신학을 바꾸는 것을 너무나도 쉽게 생각합니다. 그러나 그리스도의 종들은 진리를 자기 생명으로 생각해야 합니다. 주님께서는 자신이 하나님의 아들이면서 이 진리를 지키기 위하여 죽는 것을 두려워하지 않고 죽었는데 종들이 죽는 것을 두려워해서는 안 됩니다.

그리스도인들은 이 세상에서 죽음을 가장 두려워하지 않는 사람들이었습니다. 왜냐하면 우리 주님이 진리를 믿고 죽으셨기 때문입니다. 우리가 진리로 인하여 당하는 고통과 어려움은 절대로 헛된 것이 되지 않습니다. 그래서 초대 교회 교인들은 주님을 위하여 죽을 기회가 있을 때 주저하지 않았습니다.

주님은 영원한 영광을 위하여 한 순간의 죽음의 고통을 참으셨습니다. 주님은 잠시 이 세상에서 가장 고통스럽고 비참한 죽음을 죽으셨지만 그는 모든 임금들의 머리가 되셨습니다. 그리고 예수님을 통해서 진정으로 이 세상에 평화가 오게 됩니다. 로마가 주는 평화는 진정한 평화가 아닌 것입니다. 인간적으로 보면 황제 숭배를 거부하고 있는 그리스도인들이 로마 황제를 반역하고 있는 것 같지만, 실제로는 로마 황제가 그리스도를 반역하고 있는 것입니다. 지금 과연 진정한 반역자는 로마 황제이며 그의 추종자들인 것입니다.

예수님께서는 핍박을 당하고 있는 교회를 향하여 '은혜와 평강'의 인사를 하고 있습니다. 그것은 오직 그리스도만이 참된 평강을 줄 수 있기 때문입니다.

하나님의 은혜가 있는 곳에 평화가 있습니다. 하나님의 은혜가 없는 곳의 평화는 참된 평화가 아닙니다. 그곳의 평화는 위장된 평화일 뿐입니다. 하나님의 죄의 용서가 있는 그곳에 진정한 두려움이 없습니다. 무엇인가 눈에 보장된 것은 없지만 그래도 매순간 하나님의 은혜가 그들을 지켜 주십니다. 그러나 그리스도 밖의 평화는 일시적으로 평안할지 모르지만 영원하신 하나님 앞에서 심판이 있을 것입니다.

사랑하는 성도들이여 이 세상의 위장된 평화에 속아서 세상과 타협하고 세상을 행하여 더 나아가고 있지 않습니까? 세상보다 더 두려운 분이 우리 하나님이십니다.

우리 그리스도인들이 현실만 바라보고 살아가면 낙심하거나 절망하지 않을 수 없습니다. 우리가 우리를 잡아매고 있는 모든 현실적인 쇠사슬을 끊을 수 있는 능력은 혼자서 예수 그리스도의 복음을 붙드는 것입니다. 우리는 하나님의 말씀이 보여주는 큰 그림을 보아야 합니다. 우리는 하늘에서 성도들의 영적인 전쟁을 지휘하고 계시며 또 영광 가운데 다시 오실 주님을 볼 수 있어야 합니다.

온 하늘이 하나님의 영광으로 충만한 가운데 구름 위에서 우리 성도들이 주님을 맞이하게 될 것입니다. 성도들은 이 세상에서 치열한 영적인 전쟁을 치룬 몸으로 주님을 맞이하게 될 것입니다. 어떤 사람은 예수님 때문에 고문으로 다리를 잃었습니다. 그러나 그는 외다리로 작대기를 짚으면서 주님 앞으로 달려갈 것입니다. 어떤 사람은 주님을 위하여 두 눈을 잃었습니다. 그러나 그는 보이지 않는 눈으로 주님을 찬송하며 담대하게 주님 앞으로 나아갈 것입니다. 누가 주님 앞에 설 수 있습니까? 그들은 모든 외로움과 사탄의 대적들을 이기고 끝까지 믿음의 선한 싸움을 싸운 사람들입니다. 모든 성도들은 우렁찬 목소리로 주님을 찬양합니다. 우리 성도들은 모두 흰 옷 입은 무리들 가운데 주님을 맞이할 것입니다. 우리들은 모두 핍박으로 인하여 더 영광스러워진 모습이 될 것입니다.

우리에게 영적 전쟁은 아직 끝나지 않았습니다. 만약 우리가 이 세상에서 잘 사는 데만 우리의 초점이 맞추어져 있게 된다면 우리는 사탄이 퍼붓는 공격을 이길 수 없을 것입니다.

지금 우리는 다시 로마 때와 같이 평화롭고 물질적으로 풍요로운 시대에 살고 있습니다. 그러나 아직도 사탄의 세력은 살아 있으며 부흥을 원하는 성도들과 교인들을 공격하고 있습니다. 사탄은 온 세상의 축복과 번영이 자기 것인 양 자랑하면서 자기에게 절을 하기만 하면 모든 영광을 다 주겠다고 거짓말하고 있습니다. 우리는 이 세상의 권력과 지식과 자랑들이 개구리나, 이나, 파리보다 더 무가치한 것을 알고 절대로 속지 말아야 하겠습니다. 모든 영광은 하나님께 돌리며 주님의 진리에 충성된 증인이 다 되시기 바랍니다.

CHAPTER • 02

주님의 영광스러운 모습

요한계시록 1:6-16

요즘 우리들은 ≪해리 포터≫, ≪반지의 제왕≫ 같은 영화나 소설을 통해서 판타지 문학에 익숙해졌습니다. 처음에 해리 포터가 나왔을 때 전 세계 어린이들이 얼마나 이 책을 좋아했는지 게임을 하지 않고 밤에 이 책을 읽었다고 합니다. 그리고 아이들은 해리 포터 그 다음 책이 나온다고 하면 새벽 일찍 서점 앞에 줄을 서서 기다릴 정도로 좋아했습니다. 그래서 저는 아이들이 도대체 무엇 때문에 이렇게 해리 포터를 좋아하는지 알아보려고 그 책을 사서 읽어보니 정말 재미가 있었습니다.

작가 조앤 롤랭은 책에서 볼트모트라는 악한 초능력자를 만들어서 그 어린 해리 포터와 대결하게 하는데 아이들은 도저히 긴장을 풀 수가 없는 것입니다. 그뿐만 아니라 작가는 볼트모트라는 대마왕 외에도 수시로 악한 인물들을 등장시켜서 아이들과 대결하게 함으로 아이들이 궁금해서 견딜 수 없게 만든 것입니다. 대개 판타지 문학의 특징이 선과 악의 세력이 싸우는데 선은 어린아이같이 약한 사람인 반면에 악의 세력은 불을 뿜는 용이라든지 머리는 사자고 독수리의 날개를 단 괴물인 것입니다.

초대 교회를 전후해서 약 백 년 간 이런 판타지에 가까운 묵시 문학이 많이 유행을 했습니다. 이런 판타지 문학의 특징은 비현실적인 공상적 요소가 강하고 용이나 이상한 괴물들이 선의 세력과 싸우는 것입니다. 그런데 거의 이런 묵시 문학은 저자가 익명으로 되어 있고 허황된 내용이 많은 것이 특징입니다. 그러나 요한계시록은 묵시문학의 형태를 띠고 있지만 그 메시지 자체는 결코 허황되지 않은 하나님의 말씀인 것이 특징입니다.

그래서 오늘 요한계시록을 읽은 우리들은 요한계시록이 무조건 이상하다고 생각할 것이 아니라 우리에게 익숙한 판타지 문학의 일종이라고 생각하면 좋을 것입니다. 특히 요한계시록은 판타지 문학답게 예수님도 머리가 희고 옷이 희고 빛나는 모습으로 나타날 뿐 아니라, 용이 나오고 바다에서 괴물이 나와서 하나님의 백성들과 대결을 합니다. 그런데 요한계시록의 판타지는 단순히 재미로 보여주는 공상 소설이 아니라 분명한 하나님의 말씀이라는 것을 알아야 합니다. 그리고 요한계시록은 그 당시에도 이루어졌고 앞으로도 이루어질 하나님의 계획을 보여주고 있습니다.

그리스도인의 지위

우리가 이 세상에서 무엇인가를 하기 전에 가장 중요한 것이 바로 내가 어떤 사람이며 어떤 위치에 있는 사람인가 하는 것입니다. 만약 우리가 세상 사람들과 다른 것이 아무것도 없다면 우리는 이 세상에서 열심히 공부하거나 노력해서 성공하면 될 것입니다. 그러나 만일 우리가 이 세상 사람들과 다른 목적을 위해서 존재하는 자라면 우리는 세상 사람들과 똑같이 사는 것은 실패한 인생인 것입니다.

우리 그리스도인들이 어떤 사람인가 하는 것은 5절 끝부분과 6절에 나옵니다. "우리를 사랑하사 그의 피로 우리 죄에서 우리를 해방하시고 그 아버지 하나님을 위하여 우리를 나라와 제사장으로 삼으신 그에게 영광과 능력이 세세토록 있기를 원하노라" 즉, 우리에 대한 모든 일의 시작은 하나님의 사랑에서부터 시작합니다. 하나님께서는 우리를 너무나도 사랑하셔서 우리를 지금 이 상태로 두시는 것을 원치 않으셨습니다. 지금 우리의 상태라고 하는 것은 우리가 사탄에게 인질이 되어 있는 상태를 말합니다. 옛날에는 여행을 하다가 해적이나 산적을 만나면 아무 이유 없이 붙들려서 인질이 되는 경우가 많았습니다. 우리 모든 인간들은 하나님을 떠나서 살다가 마귀에게 걸려서 모두 인질이 되고 말았습니다. 그런데 마귀는 이 인질을 석방해주는데 돈을 요구하지 않았습니다. 마귀는 너무나도 악하게도 인질이 한 명 석방되는데 다른 사람의 피를 요구했습니다.

즉, 한 사람을 살리려고 하면 다른 한 사람이 죽어야 하는 것입니다. 그것도 전혀 죄가 없는 사람이 죽어야 한다는 것입니다. 이것은 다시 말해서 우리 인간들은 영원히 죄에서 풀려 날 수 없다는 것을 의미합니다. 그런데 하나님께서는 전혀 죄가 없으신 하나님의 아들을 보내셔서 피를 흘리게 하심으로 모든 믿는 자들을 해방시키셨습니다. 그래서 우리는 이 세상에서 다른 사람들과 함께 살지만 우리의 지위는 근본적으로 그들과 다르다는 것을 알아야 합니다. 다른 사람들은 이 세상에서 아무리 성공하고 높은 지위에 있어도 여전히 마귀의 인질이고 종입니다. 그러나 우리는 마귀에서 풀려나서 자유인이 되었습니다. 그러나 하나님은 그것으로 그치지 아니하시고 우리로 하여금 하나님의 나라가 되게 하시고 하나님의 제사장들이 되게 하셨습니다.

6절 그 아버지 하나님을 위하여 우리를 나라와 제사장으로 삼으신 그에게 영광과 능력이 세세토록 있기를 원하노라

여기서 '나라로 삼았다'고 하는 것은 우리가 하나님의 백성이 되었다는

뜻입니다. 우리는 모두 하나님의 백성이요, 하나님 나라의 시민권을 가진 자들입니다. 특히 이 당시 로마 시민권을 가진 사람들은 대단한 특권을 누렸습니다. 우리는 모두 하나님 나라의 백성으로서 이 세상에서 하나님의 통치를 받는 자들이 되었습니다. 여기서 우리는 하나님 나라의 복을 두 가지로 생각할 수 있습니다. 하나는 하나님의 통치 방법이고, 다른 하나는 하나님 나라의 혜택입니다. 하나님은 하나님의 백성들을 말씀으로 통치하십니다. 그래서 하나님은 우리가 하나님의 말씀을 깨닫고 스스로 순종하는 것을 원하십니다. 우리가 하나님의 말씀을 붙들고 순종하면 부흥이 오고 축복이 오게 되어 있습니다. 그리고 우리는 이 세상에서 하나님의 복을 받을 수 있습니다. 요즘 우리나라에 외국 명품 브랜드 매장이 들어옴으로 외국에 가지 않아도 명품을 살 수 있는 것처럼 우리는 죽지 않고 살아서 이 세상에서 하나님 나라의 복을 그대로 받을 수 있습니다.

그런데 하나님은 우리를 제사장으로 삼으셨습니다. 제사장이라고 하는 것은 하나님과 가장 가까운 곳에 가서 하나님 앞에서 인간들의 죄를 해결하는 사람을 말합니다. 이 세상에 모든 재앙이 오는 것은 인간들이 죄를 지어서 하나님의 진노의 심판이 오기 때문입니다. 그런데 이 세상의 도덕이나 윤리는 모두 죄를 잠시 가리우는 역할을 하는 것뿐이지 근본적으로 씻지는 못합니다. 그런데 우리가 하나님의 말씀을 가지고 하나님 앞에 예배를 드리면 하나님은 그 죄를 씻어주실 뿐 아니라 하나님의 진노를 축복으로 바꾸어주십니다. 사람이 새롭게 된다고 하는 것은 옷만 바꾸거나 직장만 바뀐다고 해서 되는 것이 아니라 죄 씻음을 받아야 합니다. 하나님께서는 우리로 하여금 다른 사람들을 위하여 기도하게 하심으로 그들이 하나님 앞에서 죄 씻음을 받게 하십니다.

그래서 교회나 하나님의 백성들은 세상을 축복할 수 있는 권한이 있습니다. 교회가 이 세상을 축복해 주어야 이 세상은 복을 받습니다. 교회가 이 세상을 저주하면 이 세상이 복을 받을 길이 없습니다. 그래서 교회는 영적인 부흥을 일으켜서 세상이 복을 받게 해야 합니다.

즉, 우리는 우리 자신의 문제만을 위하여 택함 받은 것이 아닙니다. 우리 주위에 있는 많은 사람들을 구원하기 위하여 존재하는 제사장들입니다. 그뿐만 아니라 제사장은 죄와 싸우는 자입니다. 세상에 전염병이 퍼져서 많은 사람들이 병으로 죽어갈 때 의사나 간호사들은 그 질병과 싸워서 사람들을 살리는 일을 합니다. 그러나 전염병보다 더 무서운 것이 죄입니다. 하나님의 백성들은 죄와 싸워서 사람들을 살려내야 하는 사명을 가진 자들인 것입니다.

우리는 그 모든 능력이 예수님에게 있다는 것을 알고 있습니다. 그래서 사도 요한은 예수님을 찬양하고 있습니다. 즉 요한은 '그에게 영광과 능력이 세세토록 있기를 원하노라'라고 합니다. 이것은 예수님이 이 모든 일을 충분히 하실 수 있다는 뜻입니다. 우리는 세상에 충성할 것이 아니라 오직 우리 주님이신 예수님에게만 충성하면 되는 것입니다.

세상에 다시 오실 예수님

요한계시록은 이 세상이 최종적으로 어떻게 될 것인지 시작에서부터 분명히 보여주고 있습니다. 그것은 예수님은 다시 이 세상에 오셔서 세상의 모든 악의 세력을 심판하시게 되는 것입니다. 우리가 이 세상을 보면 악한 마귀를 정점으로 해서 끊임없는 악의 세력이 등장해서 온갖 못된 짓들을 다하고 있습니다. 한때는 히틀러가 그런 짓을 했고 일본 천황이 그런 짓을 했으며, 지금은 북한의 공산주의자들이 그런 짓을 하고 있습니다. 그러나 하나님은 주의 종들에게 믿음과 능력을 주셔서 이런 악을 이기게 하시다가 마지막 순간에는 예수님 자신이 이 세상에 오셔서 모든 악의 세력을 쳐부

숨으로 인류 역사를 마치게 되는 것입니다. 이것이야말로 진정한 '왕의 귀환'인 것입니다.

7절 볼지어다 구름을 타고 오시리라 각인의 눈이 그를 보겠고 그를 찌른 자들도 볼 터이요 땅에 있는 모든 족속이 그를 인하여 애곡하리니 그러하리라. 아멘

여기서 '볼지어다'라는 것은 감탄의 표현입니다. 사람들은 예수님이 없어진 줄 알았는데 드디어 구름을 타고 하늘에서 모든 사람들이 다 볼 수 있도록 다시 오시는 것입니다.

'구름을 타고 온다'는 것은 원래 그리스도의 신성을 나타내는 표현이었습니다. 그러나 본문에서 그리스도께서 '구름을 타고 오신다'는 것은 온 세상을 심판하기 위하여 다시 오시는 것을 말합니다. 예수님은 죽음에서 부활하심으로 온 세상의 왕권을 부여 받으셨습니다. 그러나 예수님은 그 즉시 이 세상에서 바로 왕권을 주장하지 아니하시고 그냥 세상 사람들에게 왕권을 맡겨두셨습니다. 그 이유는 이 세상에 있는 많은 사람들을 복음으로 구원하시기를 원하시기 때문입니다. 그래서 이 세상 왕들은 자기 지위나 권력을 빼앗기지 않고 그대로 유지하게 되었습니다. 특히 로마 같은 세계 대국의 황제들은 마치 자기가 신神인 것처럼 절대적으로 군림하고 있습니다.

예수님은 부활하신 후에 교회의 머리가 되셔서 마음껏 교회와 우리 믿는 자들에게 성령과 능력을 주실 수 있게 되었습니다. 그래서 예수님은 우리 믿는 자들에게 성령을 물 붓듯이 부으셔서 진리로 죄의 세력을 이기게 하십니다. 이것이 그리스도의 통치의 특징입니다. 우리 교회는 주님으로부터 무한대의 능력을 공급받을 수가 있습니다. 그래서 우리는 이 세상의 어

떤 죄도 이길 수 있고 이 세상의 모든 어려움도 믿음으로 다 이길 수 있습니다.

왜 주님은 바로 이 세상을 심판하시지 않는 것입니까? 그것은 두 가지 이유 때문입니다. 하나는 아직도 구원받아야 할 사람들이 많이 있기 때문입니다. 주님은 마지막 한 사람까지 다 구원을 받아야 오십니다. 그래서 우리는 그 순간까지는 계속 복음을 전하면서 건질 사람을 찾아야 하는 것입니다. 그리고 또 하나는 우리가 이 세상에서 믿음으로 선한 싸움을 싸워야 천국에서 큰 상급을 받을 수 있기 때문입니다. 우리 성도들이 갑자기 죽음을 당하게 되었을 때 하는 말이 '주님을 위해서 너무 한 일도 없이 주님 앞에 서게 되었다'는 것입니다. 우리가 그냥 구원을 받으면 아무것도 상 받을 것이 없습니다. 그래서 주님은 우리를 여러 가지 어려움 가운데서 믿음의 선한 싸움을 싸우게 하시고 수고를 하게 하시는데 우리는 이것을 통해서 상을 받게 됩니다.

주님은 무엇보다 교회와 교인들에게 세상 역사가 이대로 끝나는 것이 아니라 분명히 주님이 다시 오신다고 확인을 시켜주십니다. 만약 주님이 다시 오시지 않는다면 우리는 세상이 너무 살기 좋고 좋은 것이 다 있기 때문에 세상을 따라갈 것입니다. 그러나 주님이 반드시 다시 오셔서 세상도 심판하시고 우리 믿는 자들도 심판하시기 때문에 우리는 긴장하게 되는 것입니다.

7절에 '각인의 눈이 그를 보겠고 그를 찌른 자들도 볼 터이요'라고 했습니다.

그리스도께서 다시 오시는 순간 온 세상이 볼 수 있도록 공개적으로 오십니다. 그래서 예수님께서는 제자들에게 그리스도가 여기 있다 혹은 저기 있다는 말에 속지 말라고 하셨습니다(마 24:23). 예수님이 처음 오실 때에는 아무도 모르게 은밀하게 오셨지만 두 번째 오실 때에는 온 세상이 볼 수 있도록 공개적으로 재림하실 것입니다. 그때 모든 사람들이 애곡을 하게 됩니다. 그 이유가 무엇입니까? 그들은 하나님의 말씀을 믿지 않고 자기 욕심대로 살았는데, 알고 보니까 성경 말씀이 맞는 것입니다. 이때 하나님의 말씀에 순종하지 않고 산 사람들은 모든 재산과 권력을 빼앗기고 영원히 지옥에 갇히게 될 것입니다.

여기에 보면 '그를 찌른 자들도 볼 터이요'라고 했습니다. 예수님이 다시 오실 때 예수님을 창으로 찔렀던 로마 군인은 분명히 없을 것입니다. 그런데 어떻게 그를 찌른 자가 예수님을 보게 됩니까? 두 가지 의미로 생각됩니다. 하나는 굳이 예수님을 직접 창으로 찌르거나 못을 박지는 않았다 하더라도 예수님을 미워하고 대적한 사람들을 다 총칭해서 그를 찌른 자라고 부르는 것입니다. 이 세상에서 예수님을 부인하고 그를 대적하면서 살았던 자도 예수님을 눈으로 보게 됩니다. 그런데 더 중요한 것은 직접 예수님을 찔렀던 그 병사도 죽은 자리에서 살아나서 예수님의 재림을 보게 된다는 뜻입니다. 예수님의 재림은 그가 재림하시는 그 순간에 살아 있는 자들에게만 해당되는 것이 아닙니다. 이것은 이 세상에 잠시라도 살았던 모든 사람들에게 다 해당이 됩니다.

연극이 끝나면 마지막 순간에 잠시라도 연극에 나왔던 모든 배우들이 다 나와서 관객들에게 인사를 하게 됩니다. 그 배우들 중에는 악역을 맡았던 자도 있고 심지어는 칼에 맞아 죽거나 총에 맞아 죽었던 자도 있는데 모두 다 일어나서 마지막 순간에는 관객들에게 인사를 하게 됩니다.

그리스도의 재림은 바로 이와 같을 것입니다. 예수님이 재림하실 때 이 지구상에 존재했던 모든 사람들은 다 살아나서 주의 재림을 보게 될 것입니다. 심지어는 그를 십자가 위에서 찔렀던 자들도 보게 될 것입니다.

그런데 중요한 것은 내가 재림하는 순간까지 살아 있느냐 없느냐 하는 것이 아니라, 각자가 자기 시대에 산 자신의 삶을 가지고 주님 앞에서 심판을 받게 되는 것입니다. 그러므로 초대교회 시대 때 살았느냐 아니면 중세 때 살았느냐 아니면 최종적으로 주님이 오실 그때까지 살아 있느냐 하는 것이 중요한 것이 아닙니다. 중요한 것은 자기에게 주어진 시간에 어떻게 믿음으로 살았느냐 하는 것입니다.

우리 모든 사람들은 배우와 같습니다. 주어진 시간 동안 무대 위에서 연기를 하다가 시간이 다 되면 내려 와야 합니다. 아무리 짧은 시간이 주어졌다 하더라도 그 동안 최선을 다한 사람은 칭찬을 받습니다.

8절 주 하나님이 가라사대 나는 알파와 오메가라 이제도 있고 전에도 있었고 장차 올 자요 전능한 자라 하시더라

'알파'는 헬라어의 첫 글자요 '오메가'는 마지막 글자입니다. 그래서 하나님은 모든 것을 있게 하신 분이시며 또한 모든 역사를 끝내실 분이라는 뜻입니다.

예를 들어, 전자 제품회사나 자동차 회사는 많은 전자 제품이나 자동차를 만들어냅니다. 이것이 바로 알파인 것입니다. 그런데 이런 전자제품이나 자동차 중에서 다 사용해서 더 이상 쓸 수 없게 되어서 고물이 되었을 때 폐기처분하는 것은 소비자들이 해야 할 일입니다. 그러나 모든 사람은 하나님이 만드셨고, 이 사람들을 폐기처분하시는 분도 하나님이신 것입니다. 그래서 사람은 죽는다고 해서 끝나는 것이 아니라 하나님이 폐기처분을 해야 끝나게 됩니다.

또 다른 예로, 소설 작가들은 등장인물을 자기 마음대로 살릴 수도 있고 죽일 수도 있습니다. 왜냐하면 그 소설에 나오는 등장인물은 작가가 만들어낸 사람이기 때문입니다. 마찬가지로 하나님은 모든 인간들에게 생명을 주시고 그들의 인생을 고치기도 하시지만 결국 끝을 내시는 분이신 것입니

다. 그래서 하나님은 쓸데없이 산 인생들은 영원한 지옥에 던져 넣으실 권한을 가지고 있습니다. 그래서 교회나 성도들은 오직 하나님만 두려워해야 합니다. 교회나 성도들이 돈에 무릎을 꿇고 세상에 무릎을 꿇었을 때에는 더 이상 교회로서 가치가 없습니다. 구약 이스라엘 백성들 중에서 바알에게 무릎을 꾼 자는 하나님 앞에서 가치가 없는 것과 같습니다.

예수님의 모습

요한은 하나님의 말씀과 예수의 증거 때문에 밧모라는 섬에 갇혀 있었습니다. 즉 로마의 관리들이 요한에게 하나님의 말씀과 예수 그리스도에 대하여 증거하지 말라고 했지만 요한은 그 말을 듣지 않아서 유배되어 있었던 것입니다. 이때 요한은 뒤에서 나팔 소리 같은 큰 음성을 듣게 되었습니다.

10, 11절 주의 날에 내가 성령에 감동하여 내 뒤에서 나는 나팔 소리 같은 큰 음성을 들으니 가로되 너 보는 것을 책에 써서 에베소, 서머나, 버가모, 두아디라, 사데, 빌라델비아, 라오디게아 일곱 교회에 보내라 하시기로

요한은 하나님의 말씀을 듣는 가운데 뒤에서 나팔 소리 같은 큰 음성을 들었습니다. 이 나팔 소리는 아주 큰 소리이고 분명히 알아들을 수 있는 소리였습니다.

뒤에서 이 소리가 들린 것은 뒤를 돌아보라는 것입니다. 이 큰 소리는 요한이 기대를 가질만한 소리였습니다. 요한이 소리가 나는 뒤를 바라보았을 때 너무나도 영광스러운 주님의 모습을 보게 되었습니다. 요한 앞에 보이는 세상의 모습은 너무나도 실망스러운 모습이었습니다. 교회는 붕괴되

고 있습니다. 로마 황제의 교만은 극도에 달해 있습니다. 그렇게 나가다가는 도대체 믿는 자가 남을 것 같지가 않습니다. 그러나 큰 소리가 나기에 뒤를 돌아보았더니 너무나도 영광스러운 주님의 모습을 보게 되었습니다. 주님은 살아계실 뿐 아니라 여전히 교회를 붙들고 계시는 모습이었습니다.

우리는 너무나도 많이 자기 자신의 보잘것없는 모습만 보고 있습니다. 우리는 세상에서 무능하며 언제나 패배하고 있다는 생각에 빠져서 모두 고개를 쳐 박고 있는 것입니다. 이때 주님은 우리를 향해서 소리를 치십니다.

"모두들 무엇을 하고 있는 거야? 눈을 들어서 나를 좀 쳐다보란 말이야!"

오늘 우리는 나팔 소리와 같은 하나님의 말씀을 들어야 합니다. 여기서 나팔 소리 같은 음성이라고 하는 것은 성령께서 우리 영혼을 깨우는 소리를 말합니다.

12, 13절 몸을 돌이켜 나더러 말한 음성을 알아보려고 하여 돌이킬 때에 일곱 금 촛대를 보았는데 촛대 사이에 인자 같은 이가 발에 끌리는 옷을 입고 가슴에 금띠를 띠고

요한이 나팔 같이 큰 소리를 듣고 돌아보았을 때 가장 먼저 요한의 눈에 들어온 것은 일곱 개의 금 촛대였습니다. 그리고 예수님께서 그 금 촛대 사이에 계신 것을 보았습니다.

우선 중요한 것은 금 촛대가 무엇이냐 하는 것입니다. 원래 구약 성경에는 성전에 금 등대가 나옵니다. 이 금 등대는 가지가 일곱으로 되어 있는데 몸통은 하나였습니다. 그리고 기름을 담은 그릇에서 기름이 흘러서 등불을 밝히는 것입니다. 이 등대는 성전에 임할 성령의 역사를 나타냅니다. 하나님의 성전에는 항상 하나님의 성령의 능력이 흐르며 하나님의 말씀을 밝히는 일을 합니다. 그런데 이번에는 일곱 개의 금 촛대였습니다. 그리고 그 금

촛대는 여기저기에 세워져 있었는데 그 사이에 인자와 같은 분이 서 계셨던 것입니다.

이 금 촛대는 교회를 의미합니다. 20절에 '일곱 촛대는 일곱 교회니라'고 말씀하고 있습니다. 그러니까 이 금 촛대는 지금 소아시아의 일곱 교회가 세워져 있는 곳에 하나씩 세워져 있었던 것입니다. 에베소, 서머나, 버가모, 두아디라, 사데, 빌라델비아, 라오디게아 등지에 이 귀한 금 촛대가 하나씩 세워져서 빛을 밝히고 있었던 것입니다. 그리고 주님께서는 이 금 촛대가 세워져 있는 교회들 사이에 계시면서 교회를 지키시는 일을 하고 계시는 것입니다. 교회를 금 촛대라고 표현한 것은 참으로 중요한 의미가 있습니다. 우선 교회는 금으로 되어 있기 때문에 가장 존귀할 뿐 아니라 그 색이 변하거나 녹이 슬지 않습니다. 그리고 그 촛대는 항상 빛을 발하게 되어 있는 것입니다. 그런데 무서운 것은 이 촛대가 옮기워질 수 있다는 것입니다. 교회의 머리 되신 주님께서는 촛대가 주어진 교회가 말씀의 사명을 잘 감당하지 못하면 그 촛대를 다른 곳으로 옮겨버리십니다. 그러면 부흥의 역사가 다른 곳에서 일어나게 되며 촛대를 빼앗긴 교회는 쇠퇴하고 성령의 능력이 죽게 되는 것입니다.

예수님은 우리 그리스도인들을 이 세상의 빛이라고 말씀하셨습니다(마 5:14). 이 세상은 엄청난 학문의 발전이 있고 또 많은 기술의 혁신이 있었음에도 불구하고 여전히 어두움 가운데 있습니다. 그것은 죄 때문에 그런 것입니다. 주님은 이 세상의 죄를 물리치는 빛을 밝히기 위하여 교회를 세우셨습니다. 그런데 어느 곳에는 촛대가 환하게 빛을 내는가 하면 또 어떤 촛대에선 불이 꺼져서 전혀 빛을 내지 않고 있었습니다.

주님이 요한에게 말씀하시는 것은 '너 보는 것을 책에 기록하여 이 촛대들에게 보내어 다시 빛을 발하게 하라'는 것입니다. 주님께서 이런 이상한 모습으로 나타나신 것은 이유가 있습니다. 그것은 이 촛대들의 문제를 바로 잡아 주셔서 다시금 빛을 발하게 하시는 것입니다. 교회에 필요한 것은 주님의 말씀입니다. 주님의 말씀이 있어야 교회에는 다시 그 빛을 발하는 것입니다. 그러나 지금 소아시아의 일곱 교회들은 교회 안에 너무 세상적인 것들이 들어와서 하나님의 말씀을 막고 있습니다. 즉 교회에서 말씀이 막혀서 금 촛대는 세워져있는데 빛은 꺼져 가고 있습니다. 그 이유는 교회가 하나님만 두려워해야 하는데 세상을 두려워해서 이렇게 된 것입니다. 주님은 교회가 다시 주님의 백성답게 빛을 발하기를 원하십니다.

오늘 교회 안에서 하나님의 말씀이 최고의 위치를 차지하지 못하고 교회를 자꾸 인간적인 교제의 장소로 만들려고 하는 것입니다. 어떤 경우에는 참으로 믿지 않는 자들이 하는 것과 똑같은 일들을 교회가 하고 있습니다. 다른 말로 표현하면 교회 안에서 그리스도의 영광을 찾아 볼 수 없는 것입니다. 교회에서 가장 시급한 것은 그리스도의 영광을 회복하는 것입니다. 그것은 하나님의 말씀의 능력이고 성령의 역사하심이며 다시 그 불꽃을 타오르게 하는 것입니다.

바다에 등대가 있는 이유는 단순히 등대지기의 일자리를 위해서가 아닙니다. 등대의 역할은 거기에 있는 암초에 배가 부딪치지 않게 하려는 것입니다. 등대가 빛이 없으면 배들이 암초에 부딪쳐서 배가 깨어지고 사람들은 죽게 됩니다. 등대는 배에 방향을 알려 줄 뿐 아니라 잔잔한 것 같은 바다에 위험한 암초가 있다는 것을 알려주어서 사람들의 생명을 지켜주는 역할을 하기 위하여 존재합니다.

교회가 비추어야 할 빛은 바로 이것입니다. 이 세상이 평안하게 보이지만 그 속에 얼마나 무서운 죄의 암초가 있는지, 그리고 주의하지 않고 항해를 하면 반드시 하나님의 심판으로 멸망할 수밖에 없다는 것을 알려주어야 합니다. 교회가 존재한다는 것은 이 세상에 위험한 죄가 있다는 뜻입니다. 사람들이 그것을 무시하고 가다가는 암초에 걸려 파선할 수밖에 없습니다.

마치 타이타닉 호와 같이 배를 아무리 크고 튼튼하게 만들어도 암초와 부딪치면 그 안에 탄 사람들은 모두 죽을 수밖에 없습니다.

오늘 우리 교회가 밝혀주어야 할 것이 무엇입니까? 이 세상 사람들의 죄에 대한 경고입니다. 그들이 지금 자기 정욕을 위하여 살고 있는 삶의 방향을 바꾸지 않으면 파선당할 수밖에 없다는 사실입니다. 그러나 교회가 이 촛불을 꺼버린다면 이 세상 사람들은 이 위험을 알 길이 없을 것입니다. 요즘 교회의 특징은 죄를 설교하지 않는다는 사실입니다. 죄를 설교하지 않는 교회, 사람들로 하여금 삶의 방식을 바꿀 것을 요구하지 않는 교회는 불을 꺼버린 등대와 같고 심지가 꺼져버린 촛대와 같습니다.

13-16절 촛대 사이에 인자 같은 이가 발에 끌리는 옷을 입고 가슴에 금띠를 띠고 그 머리와 털의 희기가 흰 양털 같고 눈 같으며 그의 눈은 불꽃 같고 그의 발은 풀무에 단련한 빛난 주석 같고 그의 음성은 많은 물 소리와 같으며 그 오른손에 일곱 별이 있고 그 입에서 좌우에 날선 검이 나오고 그 얼굴은 해가 힘있게 비취는 것 같더라

이제부터 요한계시록의 본격적인 드라마가 시작되고 있습니다. 우리가 예수님의 모습을 보면 무엇인가 자연스럽지 않은 것 같아보일지 모릅니다. 그러나 이 하나 하나가 우리들에게는 중요한 의미가 있습니다.

요한이 본 주님의 모습은 대단히 영광스럽고 거룩한 모습이었습니다. 그런데 요한은 예수님이 '인자 같았다'라고 말하고 있습니다. 예수님께서는 생전에 자신에 대하여 말씀하실 때 꼭 '인자'라고 하셨습니다. 여기서 '인자'라고 하는 것은 예수님께서 일찍이 고난당하신 것을 나타내는 것입니다. 예수님은 하나님의 아들이시면서도 사람이 되셔서 우리를 위하여 죽음의 고난을 받으셨습니다. 그리고 예수님은 그 고난의 흔적을 영원히 가

지고 계셨습니다. 그래서 예수님은 한편으로는 영광스럽지만 다른 한편으로는 고난당하신 흔적이 있으셨던 것입니다.

우리는 바로 예수님의 이 고난의 흔적 때문에 예수님과 하나로 연합하게 됩니다. 우리가 예수님의 십자가를 붙드는 이상 절대로 우리는 예수님과 떨어지지 않습니다. 예수님이 아무리 영광스럽고 두려운 모습이라 하더라도 예수님은 우리의 주님이신 것입니다.

우리가 다른 사람을 볼 때 그 사람의 옷이나 머리 스타일이나 혹은 표정을 먼저 살필 것입니다. 군인들은 서로를 볼 때 계급부터 먼저 봅니다. 우리 성도들은 다른 사람을 볼 때 항상 눈을 쳐다봅니다. 그 사람이 타는 차나 옷부터 먼저 보면 안 됩니다. 왜냐하면 우리는 눈을 보아야 그 사람의 상태를 알 수 있고 그 사람을 진정으로 대할 수 있기 때문입니다.

요한은 주님의 옷부터 먼저 보았습니다. 우리 주님이 입으신 옷은 발에 끌리는 옷이었고 가슴에 금띠를 띠었습니다. 발에 끌리는 옷은 대개 그 사람의 권위를 나타냅니다. 그래서 이런 발에 끌리는 옷을 입는 사람은 종교적인 제사장이고 세상적으로는 재판장이었습니다. 구약 이스라엘에 제사장들은 언제나 발에 끌리는 옷을 입었는데 사람들은 무엇인가 위엄이 있는 사람은 발가락이 보이지 않는 것으로 생각을 한 것 같습니다. 아무래도 발이라고 하는 것은 그 사람의 사적인 부분을 나타내고 약한 부분일 수도 있기 때문에 그 사람의 인간적인 약점을 다 덮는다는 의미에서 발에 끌리는 옷을 입게 하는 것입니다.

서양에서는 가운을 입는 사람들이 있습니다. 재판장과 성직자와 교수들이었습니다. 이 사람들이 가운을 입는 것은 이 옷을 입고 말하는 것은 더 이상 사적인 발언이 아니고 공인으로서의 발언이라는 뜻입니다. 그래서 교회에서도 목사가 설교할 때 그는 사적인 견해를 발표하는 것이 아니라 하나님의 말씀을 대언하고 있는 것입니다.

그리고 예수님은 가슴에 금띠를 둘렀습니다. 가슴에 금띠를 둘렀다고 하는 것은 그의 신분이 대단히 영광스러운 것을 의미합니다. 예수님은 그냥 단순히 낮은 제사장이나 재판장이 아니라 최고의 권위를 가진 하나님의 대제사장인 것을 의미합니다. 사실 그리스도께서 죽음에서 부활하신 후에 얻으신 두 가지 직분이 바로 교회를 위해서는 대제사장의 직분이고, 세상에서는 온 세상을 재판하시는 대재판장의 직분이었습니다. 그래서 교회를 가장 바르게 판단하실 수 있는 분은 예수님 밖에 없습니다. 사람들이 교회에 대하여 이러쿵저러쿵 말하지만 실제로 어떤 것이 바른 교회인지 모르면서 말을 하는 경우가 너무 많습니다. 그러나 발에 끌리는 옷을 입으시고 가슴에 금띠를 두르신 이 분은 교회를 책망하고 비판하실 수 있는 유일한 분이십니다. 이 분은 교회를 만드신 분이고 교회의 머리시며 교회를 책임지시는 분이시기 때문입니다.

요한이 두 번째로 본 것은 그의 머리털과 눈빛이었습니다.

14절 그 머리와 털의 희기가 흰 양털 같고 눈 같으며 그의 눈은 불꽃 같고

대개 검은 머리가 전혀 섞이지 않은 양털같이 흰 머리는 인자와 순결을 나타냅니다. 서양에는 재판관의 흰 가발은 아직도 상징적으로 받아들여지고 있습니다. 아무리 젊은 법관이라 하더라도 재판을 할 때에는 흰 가발을 써야 합니다. 그것은 재판의 공정성을 상징하기 때문입니다. 그것은 이 재판은 전혀 사적인 욕심이나 거짓 없이 가장 공정하게 모든 것을 판단한다는 뜻입니다.

말씀에서 교회를 보시는 주님의 모습은 무한히 자비로운 모습이면서도 엄격한 재판장의 모습입니다. 이것은 교회가 하나님의 말씀대로 하지 않을 때 무섭게 심판하시는 모습입니다.

다시 말해서 주님은 교회라고 해서 전혀 사정을 봐 주지 않고 엄히 추궁하시는 모습입니다. 주님 앞에서는 절대로 거짓말이라는 것이 통하지 않습니다. 왜냐하면 주님은 불꽃같은 눈으로 사람의 마음속을 꿰뚫어보시기 때문입니다.

하나님은 어떤 교회를 사랑하십니까? 사람들을 만족시키려고 하지 않고 하나님의 뜻에 끝까지 충성하는 교회와 목회자를 사랑하십니다. 주님은 '맡은 자에게 구할 것은 충성이니라'고 하셨습니다. 목회자나 교회가 사람의 비위를 맞추려고 하면 주님께 충성되기 어렵습니다.

세 번째로 요한이 본 모습은 주님의 발이었습니다. 주님의 발은 놀랍게도 상처 입은 발이 아니라 번쩍번쩍 빛나는 주석 발이었습니다.

군인이 군화를 신었는데 번쩍 번쩍 빛나게 닦아 놓았다면 이 군화가 인상적일 것입니다. 주님의 맨발은 주석처럼 빛나고 있었고 힘이 있어 보였습니다. 만일 그 발에 한번 밟히기라도 한다면 살아남을 자가 없는 그런 힘 있고 권세 있는 발이었습니다. 이것은 교회를 어지럽히는 사탄의 세력을 발로 밟으시는 강한 발이신 것입니다. 우리가 보기에는 사탄의 세력이 강한 것 같지만 예수님의 발에 한번 밟히면 허리가 두 동강이 날 수밖에 없습니다. 주님은 결코 약한 분이 아니십니다. 예수님의 발에는 힘이 있고 그 발에 한번 밟히면 뼈까지 다 부서지고 마는 것입니다.

그뿐만 아니라 그의 음성은 많은 물소리와 같았습니다. 사람들이 아무리 소리를 질러도 물소리는 이길 수가 없습니다. 예수님의 말씀은 많은 물소리와 같아서 한번 말씀하시면 아무도 핑계하거나 변명할 수 없습니다. 예수님의 말씀은 권세 있는 말씀이었습니다. 예수님께서 충성치 못한 교회들을 한번 책망하시면 모두 '유구무언'인 것입니다. 아무도 변명하거나 이유를 달수가 없게 됩니다.

지금 사람들 앞에서 큰 소리치고 잘난 체 하지만 그분의 그 주석처럼 연단된 발 앞에 그리고 그의 많은 물소리 같은 음성 앞에서는 감히 한마디도 변명하지 못할 것입니다.

16절 그 오른손에 일곱 별이 있고 그 입에서 좌우에 날선 검이 나오고 그 얼굴은 해가 힘 있게 비취는 것 같더라

여기서 '일곱 별'이라고 하는 것은 일곱 교회의 목회자들을 의미합니다.

교회의 목회자는 사람이 세우는 것이 아니고 주님이 세웁니다. 그래서 사람들이 목회자를 마음대로 쥐고 흔들 수가 없습니다. 교회가 세속화되었을 때 나타나는 현상은 목회자를 하나의 인간으로 생각해서 마음대로 주장을 하려고 하는 것입니다. 특히 사람들은 교회 안에서 하나님의 말씀이 중심에 있지 않고 인간의 교제를 중심에 두려고 합니다. 이것은 위험한 것입니다.

성경에서 분명히 말씀하시기를 '일곱 별은 일곱 교회의 사자'라고 말씀하고 있습니다. 물론 모든 목회자가 주님의 말씀에 충성되지 않을 수 있습니다. 그런 경우 그는 하나님 앞에서 가장 무서운 죄를 짓는 것입니다. 설교자가 바른 말씀을 증거하지 않는 것은 웃사가 자기 마음대로 하나님의 법궤를 만지는 것과 같습니다. 주님은 거짓된 설교를 하는 자들을 용서하시지 않습니다. 그러나 주님은 각 교회에 말씀의 사자를 보내어서 교회를 다스리시고 교회를 지키십니다. 주님의 오른 손에 일곱 별이 있습니다. 그것은 이 교회의 목회자들을 주님이 붙들고 있으며 주님이 지키고 계신다는 뜻입니다. 물론 그들이 주님의 말씀을 거역할 때에는 주님이 그 손에서 던지실 것입니다. 인간들은 자기 마음대로 교회를 주장하지 못할 것입니다. 주님은 그런 자들을 발로 밟으실 것입니다.

주님은 너무나도 놀라운 말씀을 우리 죄인들에게 맡기셨습니다. 이것이

복음의 비밀이요 복음의 겸손입니다. 그러나 많은 사람들은 성경보다는 자기 생각을 더 믿습니다. 그래서 사람들은 자기 생각을 가지고 선과 악을 판단하려고 합니다. 즉 사람들은 자기 생각에 맞으면 진리이고 자기 생각에 맞지 않으면 틀렸다고 말을 하는 것입니다. 그러나 그것은 결코 바른 믿음이 아닙니다. 믿음은 말씀 앞에서 내 자신을 내어 놓고 내 영혼을 쪼개고 내 속에 있는 온갖 더러운 것을 다 드러내어서 치료를 받아야 합니다.

'그 입에서 좌우에 날선 검이 나오고 그 얼굴은 해가 힘 있게 비취는 것 같더라'

이것은 교회가 전하는 설교의 능력을 말합니다. 설교는 좌우에 날선 예리한 검과 같아서 관절과 골수와 모든 것을 다 쪼개어서 썩은 것을 다 잘라내어 치료를 합니다. 그리고 하나님의 진리가 선포될 때 모든 미신과 거짓 세력들은 없어지고 하나님의 축복의 새 날이 오게 됩니다.

하나님의 말씀은 좌우에 날선 어떤 검보다 예리하여 영과 혼과 관절과 골수를 찔러 쪼개기 까지 한다고 했습니다(히 4:12). 그리고 복음은 하나님의 영광입니다. 우리는 복음의 위대한 설교를 통하여 하나님을 만나는 것이며 하나님의 얼굴을 보게 됩니다. 마치 모세가 하나님의 율법의 말씀을 듣고 산에서 내려왔을 때 그 얼굴에서 광채가 있었던 것처럼 우리가 하나님의 말씀을 들으면 영혼 속에 영광이 있고 얼굴에 기쁨의 빛이 있는 것입니다. 그러면 우리는 얼마든지 하나님의 축복의 보좌 앞에 나아가서 귀중한 모든 것을 얻을 수 있게 됩니다.

CHAPTER • 03

요한에게 주신 명령

요한계시록 1:17-20

사람은 어두운 곳에 혼자 있거나 혹은 한 번도 가보지 않은 곳에 혼자 있게 되면 마음이 불안하고 두려워서 위축이 됩니다. 그러나 그런 곳에도 친한 사람과 같이 있으면 훨씬 힘이 나고 용기가 날 것입니다. 그래서 사람들은 때때로 '더 이상 나 혼자가 아니다'는 것을 깨달을 때 더 많은 힘을 내게 됩니다. 운동선수들은 중요한 경기를 할 때 물론 관중석에도 많은 사람들이 있지만 더 많은 사람들이 텔레비전 중계를 통해서 자기 행동을 지켜보고 있다는 것을 알기 때문에 최선을 다해서 경기를 합니다.

2010년 번쿠버 동계 올림픽에서 김연아 선수가 피겨 스케이팅 경기를 하는 장면은 전 세계 사람들이 시청하였고 우리나라 국민들 중에서 그 경기를 보지 않은 사람은 거의 없었을 것입니다. 운동 시합을 하는 선수 본인은 자기 혼자 경기장에 나와서 경기를 하는 것 같지만 실제로는 엄청나게 많은 사람들이 그의 일거수일투족을 봅니다. 그래서 어떤 선수가 열심히 경기를 해서 금메달을 따게 되면 갑자기 대통령에게서 전화가 걸려오는 경우가 있습니다. 그것은 그 시간에 대통령도 다른 일을 하지 않고 그가 하는 경기를 지켜보고 있다가 그가 우승을 하니까 너무 기뻐서 격려하는 전화를 한 것입니다.

마찬가지로 우리는 신앙생활을 할 때 주님은 우리 눈에 보이지 않고 세상 사람들은 나를 알아주지 않기 때문에 낙심해서 내 멋대로 살아도 되는 것처럼 생각하기 쉽습니다. 그러나 우리는 보지 못하지만 주님은 우리를 보고 계시며 우리를 위해서 열심히 격려를 하고 계십니다. 아마 우리가 이것을 제대로 알게 된다면 엄청나게 놀라게 될 것입니다. 즉 우리 각 사람은 마치 하나님 나라의 대표 선수로 이 세상을 살아가고 있는 것입니다. 우리가 이 세상에서 무엇인가를 하려고 할 때 세상은 너무 경쟁적이고 세상에는 우리보다 더 똑똑하고 유능한 사람들이 많이 있습니다. 그러나 우리가 그런 것에 기 죽지 않고 용기백배해서 세상을 이기고 믿음으로 승리한다면 이것은 천국에서 큰 기쁨이 될 것입니다.

요한은 에베소에서 목회를 하다가 로마 당국으로부터 성경을 설교해서는 안 되며 예수 그리스도에 대한 증거를 하지 말라는 지시를 받았지만 불복했기 때문에 체포되어 밧모 섬에 유배되어 있었습니다. 요한은 이 유배지에서 할 수 있는 것이 아무것도 없었습니다. 그러나 예수님은 가장 영광스러운 모습으로 요한에게 나타나셔서 자신이 이 모든 영적 전쟁을 지휘하고 계신 것을 모든 교회에 편지로 알리게 하셨습니다.

요즘 많은 믿음의 청년들이 고민하고 있는 것이 직장을 구하는 문제일 것입니다. 우리는 세상에서 직장을 구하고 인정받기 위해서 온갖 노력을 다하는데 주님과 우리가 직접 통화를 하게 된다면 아마 우리는 매우 부끄러울 것입니다. 주님은 우리에게 '나는 진리를 위해서 죽기까지 했는데 너는 왜 먹고 사는 것만을 위해서 그렇게 집착하느냐?'고 말씀을 하실 것입니다. 우리가 세상에서 직장을 가지려고 애를 쓰는 이유는 정상적인 사람 취급을 받고 싶어서일 때가 많습니다. 그때 주님은 '내가 이 세상에 있으면서 정상적인 취급을 받지 못했는데 너희들은 왜 그렇게 이 세상에서 정상적인 취급을 받으려고 하느냐?'고 말씀하실 것입니다.

요한은 예수님의 제자이며 예수님의 무릎에 누워서 예수님께 말씀드릴 정도로 사랑을 많이 받았던 사람이었습니다. 그런데도 불구하고 요한이 밧모 섬에서 예수님의 모습을 직접 보고 예수님의 음성을 직접 들었을 때 너무 충격을 받아서 기절을 해버렸습니다. 우리는 지금 우리에게 일어나고 있는 영적 전쟁이 얼마나 실제적이며 심각한지 알 필요가 있습니다. 우리는 지금 예수님으로부터 단절되어서 나 혼자 힘으로 이 세상에서 살아남아야 하는 것이 아니라 주님이 나를 세상에 보내셨고 주님은 나의 모든 일거수일투족을 보고 계신다는 것을 알아야 합니다.

예수의 환란에 동참하는 자

우리 그리스도인들을 정의하자면 요즘은 '그리스도의 축복에 동참하는 자'라고 정의할 것입니다. 그러나 옛날에는 그리스도인들은 모두 '그리스도의 환란에 동참하는 자'들이었습니다.

그만큼 우리 그리스도인들에게 환란은 흔한 일이었고 누구나 다 받는 일이었습니다.

9절 나 요한은 너희 형제요 예수의 환난과 나라와 참음에 동참하는 자라 하나님의 말씀과 예수의 증거를 인하여 밧모라 하는 섬에 있었더니

요즘 우리는 가정이나 사회나 많이 복음화 되어서 예수를 믿고 교회에 나가는 것에 대하여 그렇게 심한 박해를 받지는 않는 시대에 살고 있습니다. 그러나 옛날에는 이 세상 어느 곳에서든지 예수 믿는 사람은 박해를 당

했습니다. 그리고 지금도 처음 복음이 증거되는 곳에는 예수 믿는 사람들이나 복음 전하는 사람들은 예외 없이 환란과 핍박을 당하고 있습니다. 그 이유는 복음이 들어가지 않은 곳에는 아직도 미신과 사탄의 세력이 지배를 하고 있는데 거기에 복음이 들어오니까 사탄의 세력이 반격을 하는 것입니다. 사탄은 그동안 기존의 정치인이나 무당이나 지배층에 있는 사람들을 통해서 그 사회 사람들을 지배하고 있었는데 복음 때문에 사람들이 모두 자기 손 아귀에서 빠져 나가니까 더 이상 사람들이 예수를 믿지 못하도록 박해를 하는 것입니다. 사람들에게 가장 심각한 것은 사탄의 존재를 잘 믿지 못하는 것입니다.

얼마 전에 어느 종교 단체에서 나온 만화책을 보니까 사탄을 뿔이 있고 꼬리가 있는데 너무 귀여운 사탄으로 그려놓은 것을 보았던 적이 있습니다. 이것은 사람들은 오늘도 여전히 사탄이 있고 하나님의 백성과 사탄의 세력 사이에 치열한 전쟁이 있다는 것을 잘 인정하지 않는 것입니다. 그러나 우리가 열심히 기도하고 열심히 말씀을 붙들어서 교회에 부흥이 일어나고 또 밖에 나가서 열심히 전도하면 사탄이 얼마나 우리를 싫어하며 우리와 싸우기 위해서 좋지 않은 일을 얼마나 많이 벌이는지 알 수 있을 것입니다. 요한은 먼저 자기 자신을 너희 형제라고 말하고 있습니다. 우리가 형제인 것은 단순히 핏줄이 같아서 형제가 아니라 우리 모두 예수님의 피로 말미암아 새 생명을 얻었기 때문에 형제인 것입니다.

예를 들어, 어떤 사람들에게 사고가 나서 함께 땅에 묻혔다가 기적적으로 같이 살아나게 되었다면 형제들보다 더 가까울 것입니다. 마찬가지로 우리는 모두 마귀에게 인질로 붙들려 있었다가 예수님의 피 값으로 풀려나게 되었기 때문에 우리는 친 형제보다 더 가까운 사이인 것입니다. 그런데 우리가 마귀의 인질로 붙들려 있다가 풀려났다고 해서 모든 것이 다 끝난 것은 아닙니다. 왜냐하면 이 세상에는 여전히 사탄과 그의 세력들이 남아 있기 때문입니다. 그래서 요한은 자기 자신을 예수의 환란과 나라와 참음에 동참하는 자라고 했습니다.

여기서 요한은 세 가지를 이야기하고 있는데 하나는 '예수의 환란'이고 두 번째는 '나라'이고 세 번째는 '참음'이었습니다.

여기서 '예수의 환란'이라고 하는 것은 예수님 때문에 당하는 환란을 말합니다. 우리 주위에 나름대로 고생하는 사람들도 많고 사고로 죽는 사람들도 많지만 그것은 모두 자기 자신의 환란이고 고통입니다. 그런데 만일 우리가 예수님 때문에 환란을 당하고 고통을 당한다면 이것은 예수의 환란입니다. 하나님 나라에서 가장 높은 가치를 인정하는 것은 예수님 때문에 혹은 복음 때문에 고통 받는 것입니다. 그래서 우리가 하나님 앞에서 칭찬과 상급을 받으려고 한다면 절대로 편하게 믿어서는 안 되고 반드시 환란을 받아야 합니다. 요즘 사람들은 어떻게 해서든지 편하게 믿으려고 하는데 그렇게 믿는 것은 하나님 앞에 섰을 때 아무 상급이 없습니다. 그래서 우리에게 지금 전혀 어려움이 없을 때에는 자기 스스로 어려움을 찾아서 만들어내어야 합니다.

우리는 주님 때문에 욕을 먹기도 하고 반대를 당하기도 하고 고생을 하기도 해야 주님 앞에서 잘하였다고 칭찬을 받게 되는 것입니다. 그래서 여기 두 번째로 '나라'라고 하는 것은 우리가 사는 모든 것을 하나님 나라의 관점으로 승화를 시켜야 한다는 뜻입니다.

즉, 우리가 우리 인생을 내 개인의 행복을 위해서만 쓴다면 그것은 아무 유익이 없습니다. 우리가 단지 이 세상에서 돈을 벌고 좋은 집에서 살고 놀러 다니는 것은 하나님 나라의 일이 아닌 것입니다. 그런데 우리가 모여서 예배드리고 수련회를 하고 전도를 나가고 선교를 나가는 것은 하나님 나라의 일이며 예수님이 관심을 가지는 것입니다. 그리고 더 중요한 것은 하나님 나라의 일은 하루아침에 되는 것이 아무것도 없다는 것입니다. 요즘 우리 주위에서 보게 되는 모든 일들은 단숨에 결판이 나는 것들입니다.

예를 들어, 어떤 기업이 사느냐 죽느냐 하는 것은 단번의 정책에 의해서 결판날 때가 많습니다. 그러나 하나님 나라의 일은 그렇게 빨리 결판이 나지 않습니다. 왜냐하면 우리가 변하는 것이 결코 하루아침에 되는 일이 아니기 때문입니다. 그래서 우리는 오래 인내를 해야 합니다. 농사짓는 사람들은 인내가 필요합니다. 왜냐하면 논이나 밭에 씨를 뿌려놓은 후에 하루아침에 열매가 맺는 것이 아니기 때문입니다. 그런데 복음의 농사는 밭에 씨를 뿌리는 것보다 훨씬 더 오래 걸립니다. 그래서 우리는 평생을 기다려야 할 때도 있습니다.

요한은 하나님의 말씀과 예수의 증거로 인하여 밧모 섬에 유배되어 있었습니다. 가끔 성도님들 중에서 터키를 방문하신 분들의 말을 들어보면 밧모를 가는데 풍랑이 얼마나 심한지 바람이 조금이라도 불면 배가 아예 출항을 하지 않는다고 합니다. 요한의 죄목은 하나님의 말씀과 예수의 증거였습니다. 즉 요한은 로마 정국으로부터 성경을 가지고 가르치지 말고 예수님에 대하여 증거하지 말라는 명령을 받았던 것입니다. 그러나 하나님의 말씀과 예수의 증거는 교회의 생명과 같은 것입니다.

이 두 가지를 하지 말라고 하는 것은 우리에게 숨을 쉬지 말라고 하는 것과 같습니다. 요한은 로마 당국자의 명령을 받고도 하나님의 말씀을 전하고 예수님이 하신 일들을 증거했을 때 로마 군인들에게 붙들려가서 노인의 몸으로 조사를 받고 취조를 당하고 고문을 당한 후에 살아서 나오지 못하도록 풍랑이 심한 밧모에 유배당했던 것입니다.

이제 요한은 더 이상 어느 누구에게도 설교 할 수 없었고 예수님에 대하여 증거할 수 없었습니다. 그런데 예수님은 바로 이 밧모 섬에서 요한계시록의 묵시를 보여주심으로 더 중요한 말씀을 아시아의 여러 교회에 보내게 하셨던 것입니다. 즉 예수님은 이 세상에서 일어나는 일들을 모두 다 보고 계시며 우리가 이런 가운데 겁을 먹지 않고 용감하게 주님을 위하여 싸우기를 원하시는 것입니다.

10절 주의 날에 내가 성령에 감동하여 내 뒤에서 나는 나팔 소리 같은 큰 음성을 들으니

'주의 날'이라고 하는 것은 현재 우리가 지키고 있는 주일과 같은 날입니다. 처음에는 기독교인들은 거의 유대인들이기 때문에 안식일을 지켰습니다. 그러다가 예수님이 부활하신 일요일을 주의 날로 지키기 시작했는데 유대인들이 기독교인들을 핍박하고 미워하니까 자연스럽게 주의 날을 지키게 되었습니다. 요한은 주의 날이 되었지만 섬에 유배되어 있기 때문에 교회에 갈 수가 없었습니다. 교인들은 주의 날이 되었는데도 교회에 갈 수 없으면 얼마나 교회의 모임을 사모하게 되는지 모릅니다. 아마 군에 간 형제들은 주일이 되었는데도 군대라고 교회에 가지 못하고 보초를 서거나 일을 해야 할 때 얼마나 교회가 그리운지 모릅니다. 이때 요한은 성령의 감동을 받았습니다. 성령의 감동을 받았다는 것은 요한이 성령으로 충만해서 마음이 극도로 흥분이 되었고 마치 날아갈 것처럼 마음이 들떠있었던 것을 말합니다. 대개 성도들은 함께 모여서 예배드리는 가운데 큰 은혜를 받고서 성령에 충만해지게 되는데 요한은 혼자 있으면서도 성령의 감동을 받았습니다. 이것은 주님께서 요한을 말씀의 세계로 데려가시기 위해서 영적으로 감동하게 하시는 것이었습니다. 이때 요한은 나팔 소리 같은 큰 음성을 듣게 되는데 이것은 '네가 지금 보는 것을 책에 기록해서 에베소, 서머나, 버가모, 두아디라, 사데, 빌라델비아, 라오디게아, 일곱 교회에 보내라'는 말씀이었습니다.

대개 남자들이 군대 입대해서 훈련을 받으면 큰 소리로 보고하는 것을

배우게 됩니다. 그래서 상관이 뭐라고 말을 하면 온 힘을 다해서 고함을 치듯이 말을 하게 됩니다. 이것이 다른 사람들이 보기에는 우스울지 모르지만 군인들은 더 이상 사적인 관계에 있지 않고 오직 명령에만 복종하게 되는 것입니다. 특히 축구 경기하는 것을 보면 선수들이 자기 위치를 잘 지키지 않거나 감독이 지시한대로 경기하지 않으면 감독이 운동장 옆에 서서 고래고래 고함을 지르는 것을 보게 됩니다. 그런데 이번에 예수님이 나팔소리같이 큰 음성을 내시는 것은 우리로 하여금 더 이상 자신의 문제에 빠져 있지 말고 정신을 차리라는 뜻입니다.

우리가 자기 자신의 문제에 빠져 있으면 아무것도 할 수가 없습니다. 우리가 하나님을 바로 보고 주님을 바라 보는 동안에는 모든 것을 다 할 수 있지만 우리 자신을 바라 보는 순간 우리는 힘을 잃게 됩니다. 그렇다고 해서 우리가 우리 자신을 전혀 보지 않을 수도 없습니다. 그래서 항상 우리는 하나님의 말씀으로 우리 자신을 보는 훈련을 해야 합니다. 우리가 우리 자신의 문제를 가지고 염려를 하면 끝없이 침체하게 됩니다. 우리에게 중요한 것은 지금 주님의 말씀을 듣는 것이고 이것을 누군가에게 전해주는 것입니다. 우리는 요한이 이 후에 어떻게 되었는지 알지 못합니다. 중요한 것은 요한이 가장 어려운 상황에서 하나님의 말씀을 받아서 그것을 성공적으로 일곱 교회에 전했다는 사실입니다. 오늘 우리에게 가장 중요한 것은 하나님의 말씀을 받는 것입니다. 우리 인간이 할 수 있는 가장 위대한 일은 많은 일을 하는 것이 아닙니다. 우리가 하나님의 말씀을 듣고 기도하는 것이 가장 위대한 일입니다.

성령의 감동

주님은 우리가 어려운 위기에 빠져 있을 때 우리 마음에 성령을 부으심으로 두려움을 이기게 하실 뿐 아니라 주님이 나와 함께 계시는 것을 체험하게 하십니다.

17, 18절 내가 볼때에 그 발앞에 엎드러져 죽은 자 같이 되매 그가 오른손을 내게 얹고 가라사대 두려워 말라 나는 처음이요 나중이니 곧 산 자라 내가 전에 죽었었노라 볼찌어다 이제 세세토록 살아 있어 사망과 음부의 열쇠를 가졌노니

기독교는 처음부터 죽음과 밀접한 관계가 있다는 사실입니다. 예를 들어, 누구든지 의사가 되려고 하면 사람의 피와 가까워야 합니다. 마찬가지로 기독교는 부활의 종교이기 때문에 처음부터 죽음의 위협을 당할 때가 많았고 또 하나님은 우리 믿는 자들에게 목숨을 건 신앙을 요구하실 때가 많이 있습니다. 우리는 요즘 너무 편안한 가운데 신앙생활을 하고 있습니다. 이런 상태에서는 우리가 복음의 의미를 제대로 알기가 어려울 것입니다. 그러나 옛날 서대문 형무소 자리에 가서 요한계시록을 본다면 의미가 달라질 것입니다.

거기에서는 옛날 일본 경찰들이 예수 믿는 사람들을 잡아가서 신사참배하지 않고 예수 믿는 것을 포기하지 않는 사람들을 매일 몽둥이찜질을 했던 것입니다. 그때 우리 성도들은 '왜 하나님은 이런 악의 세력을 허락하시며, 왜 우리에게 이런 엄청난 고통을 당하게 하실까?'라는 의심이 들었을 것입니다. 그러나 우리의 신앙은 고난을 통과해야 제대로 된 신앙으로 인정을 받게 됩니다. 즉 우리가 한번은 죽음의 고비를 통과해야 이 세상을 살아가는 것이 두렵지 않게 됩니다. 왜냐하면 죽음을 통과해야 사는 것이 자신이 생기기 때문입니다. 그뿐만 아니라 우리는 고난을 받아야 하나님 앞에서 상을 받을 수 있습니다. 즉 고난이 없는 신앙은 아무 상이 없기 때문입

니다. 그래서 우리 성도들이 주님 앞에서 상을 받고 싶으면 오늘 부터라도 욕을 얻어먹고 고생을 하시기 바랍니다.

요한은 예수님의 영광스러운 모습을 보았을 때 예수님 발 앞에 엎드려져 죽은 사람처럼 되었습니다. 그것은 주님이 주시는 감동이 요한이 감당할 수 있는 범위를 넘었기 때문입니다. 대개 우리가 기뻐하고 말을 할 수 있는 것은 어떤 감정이 내가 감당할 수 있는 범위 안이기 때문에 가능한 것입니다. 그런데 만일 사람이 자기가 도저히 감당할 수 없는 감동을 받거나 충격을 받으면 아무 말도 하지 못하고 쓰러져 죽은 사람처럼 됩니다. 예를 들어, 그릇에 물이 차기까지는 괜찮지만 일단 그릇에서 물이 넘쳐버리면 소동이 벌어지게 되는 것과 같습니다. 하나님의 영광이나 축복이 우리가 감당할 수 있는 범위를 넘어버리면 우리는 그것을 감당하지 못해서 울거나 혹은 기절을 하게 됩니다.

사실 우리가 신앙 생활하면서 이런 체험이 필요할 때가 많습니다. 왜냐하면 우리가 이렇게 하나님의 감동이 넘치면서 우리 안에 있는 모든 염려와 근심의 찌꺼기들이 다 빠져 나가기 때문입니다. 우리 성도들이 환난과 고통 가운데 있을 때 하나님께서는 우리 마음속에 성령으로 하나님의 사랑을 부어주십니다. 이것은 내 안에 하나님의 영광이 직접적으로 충만하게 부어지는 체험입니다. 이때 외부적으로 우리에게 아무리 심한 박해와 고통이 온다 해도 내면적으로 조금도 상처를 주지 못합니다. 왜냐하면 우리 마음속에 있는 충만한 기쁨과 영광이 외부적인 핍박과 어려움을 밀어내기 때문입니다. 이것은 마치 아무리 추운 한 겨울이라도 뜨거운 목욕탕 안에 한참 몸을 담그고 있다가 나오면 밖의 추위를 느끼지 못하는 것과 같습니다. 왜냐하면 몸 안에 있는 열기가 몸 밖에 있는 추위를 몰아내기 때문입니다.

우리가 하나님의 성령을 받는 많은 경우는 하나님의 말씀을 읽거나 혹은 설교를 듣는 가운데 하나님의 뜻을 깨닫게 되었을 때입니다. 우리 크리스천들에게 가장 기쁠 때는 역시 하나님의 말씀이 깨달아질 때입니다. 예를 들어, 엠마오로 가던 두 제자들은 예수님이 죽으심을 보고 너무나도 상심이 되어서 예수님이 살아나신 것 같다는 여자들의 증거를 듣고서도 고향으로 내려가고 있었습니다. 그때 언제부터인지 모르겠지만 주님이 그들과 함께 동행을 하셨는데 나중에 여관에서 그들에게 성경을 풀어주실 때에 그들의 마음이 뜨거워졌더라고 했습니다. 이것은 두 제자가 하나님의 말씀이 깨달아졌을 때 성령의 감동이 오면서 힘을 얻게 된 것입니다.

우리는 많은 경우 기도하거나 말씀을 묵상하는 가운데 하나님께서 얼마나 나를 사랑하시는가 하는 것을 마음속으로 뜨겁게 느끼게 됩니다. 그래서 주님은 고난당하는 성도들에게 하나님의 말씀을 깨닫게 하심으로 위로하십니다.

그런데 어떤 경우에는 성경 말씀과 상관없이 성령께서 직접적으로 감동을 주셔서 은혜 받게 하시는 경우가 있습니다. 대개 많은 성도들은 혼자서 묵상하거나 기도하거나 혹은 고난 중에 있을 때 본인은 전혀 생각지도 않고 기대하지도 않았는데 성령이 임하면서 하나님의 영광을 체험하고 울부짖거나 부르짖으면서 기도하는 체험을 하게 됩니다.

바울과 실라는 빌립보 옥중에서 채찍으로 매를 맞고 깊은 감옥에 갇혀서 발은 착고에 차이고 등은 채찍에 맞아서 쓰라린 가운데 밤중에 찬송을 부를 때 성령의 능력이 나타났는데 그때는 바울과 실라의 마음만 뜨거워진 것이 아니라 옥문에 흔들리는 지진이 일어났습니다. 그래서 옥문이 열리고 바울과 실라에게 채워놓았던 착고는 풀어져버리고 바울과 실라를 채찍질했던 간수는 죄수들이 달라난 줄 알고 칼로 자살을 하려고 할 때 바울과 실라가 그를 말렸습니다. 그때 간수는 그 자리에서 무릎을 꿇고 예수님을 주님으로 영접하게 됩니다.

구약 성경에서 이사야는 사명을 받으면서 성전에서 기도를 하던 중에 성전 가득 채우는 그리스도의 영광을 보게 됩니다. 그리고 그의 옷자락이 온 성전을 채우게 되는데 이사야는 자기 입술이 부정한 것을 알고 '화로다 나여 입술이 부정한 자로다'라는 고백을 하게 됩니다. 그때 천사가 성전의 숯불로 이사야의 입술을 대어서 정결케 하는 내용이 나옵니다.

요한은 밧모 섬에 갇혀서 절망 가운데 있는데 예수님의 영광된 모습을 보고 기절합니다. 아마 이것은 요한이 그 동안 너무 쇠약해져서 이 강한 충격을 감당할 수 없었든지 아니면 요한도 이 불신앙의 세계에 낙심하고 있다가 갑자기 주님의 살아계신 모습을 보고 너무 놀랐든지 했을 것입니다. 우리는 너무나도 많은 경우 예수님을 잊어버리고 세상을 바라보면서 살 때가 많습니다. 그러다가 어느 날 주님이 살아계신 것과 나를 주목하고 계신 것을 보면 놀라서 정신을 차리지 못할 것입니다.

우리가 참으로 주님을 믿는다면 우리의 삶에는 여러 번 성령이 주시는 감동이 찾아옵니다. 어떤 경우에는 거의 정신을 차릴 수 없을 정도로 강한 감동이 오는가 하면 어떤 때에는 아주 잔잔한 기쁨과 평안이 임하기도 합니다. 우리에게는 이 모든 것이 다 소중한 것입니다.

이것은 이 세상과 다른 세계가 있는 것을 우리에게 보여주는 것이며 우리는 이런 체험을 통해서 천국의 실체를 보게 됩니다. 즉 지금 우리 눈에 보이는 이 세상이 전부가 아닌 것입니다. 우리 성도들이 평안할 때에는 눈에 보이는 이 세계가 전부인 것 같고 천국은 너무나도 멀리 느껴지는데 환란이 오면 얼마나 천국이 실제적이고 가까우며 주님이 얼마나 가까이 계신지 손만 뻗으면 잡을 수 있는 위치에서 주님이 나를 바로 보고 계신 것을 알게 되는 것입니다.

17절 내가 볼때에 그 발앞에 엎드러져 죽은 자 같이 되매 그가 오른손을
내게 얹고 가라사대 두려워 말라 나는 처음이요 나중이니

요한은 주님의 이 모습을 보았을 때 그는 너무나도 큰 충격을 받아서 주님 발 앞에 쓰러지고 말았습니다. 이것이 요한과 우리의 차이입니다. 우리는 글로 씌어진 것만 읽고 있기 때문에 요한이 주님의 모습을 보고 느꼈던 그 엄청난 충격과 감동을 느끼지 못하고 있습니다.

어떤 출판업자가 조지 휫필드의 설교집을 내려고 했을 때 그는 부탁하기를 제발 천둥과 번개 소리도 그 설교집 안에 넣어 달라는 것이었습니다. 그만큼 조지 휫필드의 설교는 감동이 있었고 가슴을 파고드는 설교였으며 그는 설교할 때마다 지옥에 갈 영혼들을 생각하면 울지 않을 수가 없었다고 합니다. 그러나 설교집에는 그런 감동을 표현할 수 없습니다. 오늘 우리가 요한의 상황을 느낄 수 있는 것은 그가 쓰러져 죽은 자처럼 된 것입니다.

요한이 주님의 모습을 보고 이토록 심한 충격을 받은 이유가 무엇이었을까요?

하나는 주님이 나타나실 때 받은 성령의 강한 감동이 그에게 임한 것입니다. 다시 말해서 주님이 요한에게 자신의 모습을 보여주시면서 모습만 보여주신 것이 아니라 요한이 감당할 수 없는 큰 감동과 영혼의 흥분을 주신 것입니다. 우리는 우리 육신이 감당할 수 없는 큰 감동이 임할 때 감당하지 못해서 쓰러지게 됩니다. 그래서 잠시 죽은 자처럼 되는 것입니다. 사실 어떤 집회 같은데서 사람들이 쓰러지는 경우가 많이 있습니다. 특히 사람들이 여러 날 잠을 자지 못하고 먹지도 않고 기도하다가 큰 충격을 받으면 쓰러지는 일들이 일어납니다.

조지 휫필드가 설교를 할 때 얼마나 권세 있게 설교를 했든지 그의 설교를 들으면 사람들이 비가 오는데도 집에 가지 않고 밤새도록 울면서 기

도를 했고 그 바람에 쓰러져서 여러 사람들이 실려서 나가는 경우가 있었다고 합니다. 그런데 사실 오늘날도 목숨을 바쳐서 주님을 사랑하고 그 사랑을 온 몸으로 얼마나 충만히 받았든지 밤새도록 비를 맞아가면서 기도하던 그런 열정이 되살아났으면 좋겠다는 것입니다. 우리가 제대로 믿는 것은 미치는 것입니다. 우리 그리스도인들은 미치는 것이 정상입니다. 우리가 미치면 부끄러운 줄로 모르고 누가 뭐라고 해도 상관치 않을 것입니다. 우리가 다른 사람들의 말에 너무 민감한 것은 아직 덜 미쳐서 그런 것입니다.

요한은 그 동안 핍박당하고 고통을 당하면서 주님에 대하여 상당히 믿음이 약해져 있었는데 실제로 교회를 지키시고 살아계신 주님을 보았을 때 '내가 너무나도 주님에 대하여 잘못 생각하고 있었구나'라는 두려움으로 기절하게 된 것 같습니다. 요한은 그 동안 자신의 부족했던 믿음이 생각나면서, 순간순간 주님을 원망하고 불신했던 죄들이 생각나면서 너무나도 마음이 아파서 쓰러졌다고 볼 수 있습니다.

이사야도 성전에서 주님의 영광스러운 모습을 보기 전에도 그는 가장 탁월한 설교자였습니다. 그리고 이사야는 하나님의 말씀을 바르게 전하던 선지자였습니다. 이사야는 예루살렘 사람들을 향해서 소돔의 관원이고 고모라의 백성들이라고 책망을 했습니다. 그런데 이사야가 성전에서 그리스도의 영광을 보니 '화로다 나여, 나는 입술이 부정한 자로다'하는 탄식을 했습니다. 이것은 이사야 자신이 스스로 죄인인 것을 알았기 때문입니다. 우리가 실제로 주님의 모습을 보게 되면 '죽었구나'라는 생각이 들게 됩니다. 왜냐하면 우리는 믿는다 하면서도 너무 불충성할 때가 많기 때문입니다.

우리는 하나님을 믿는다면서도 실제로는 하나님을 두려워하지 않고 사람을 의식하면서 살아갑니다. 우리가 하나님의 말씀을 들을 때는 조금 깨닫는 것 같지만 시간이 지나면 금방 잊어버리고 세상과 타협해서 살아갑니다. 그런데 주님이 살아계시며 불꽃같은 눈으로 우리를 보시며 성경대로 살라고 말씀하시는 것을 알게 될 때 우리는 정신을 다 잃게 될 것입니다.

가장 중요한 것이 말씀을 전하는 사람입니다. 말씀을 전하는 사람이 먼저 성경에 미치지 않으면 아무도 미치게 할 수가 없습니다. 우리는 믿는다고 하면서도 많은 에누리를 하고 믿습니다. 또 설교를 한다고 하면서도 실제로는 많이 에누리를 하고 전합니다. 그러나 주님 앞에서 나타난 말씀이 성경과 한 자도 틀리지 않게 믿기를 원하시고 또 우리가 설교하기를 원하시는 것을 알았을 때 우리는 우리의 믿음이 너무 부족했다는 것을 알게 되는 것입니다.

주님은 여호와 하나님

주님은 정신을 잃고 죽은 자처럼 쓰러져 있는 요한에게 오른 손을 대시면서 이렇게 말씀하셨습니다.

"두려워 말라. 나는 처음이요 나중이니 곧 산 자라. 내가 전에 죽었었노라. 볼찌어다, 이제 세세토록 살아 있어 사망과 음부의 열쇠를 가졌노니"

주님은 요한을 붙들어 주셨습니다. 이것은 주님이 우리에게 새 힘을 주시는 것입니다. 주님의 영광 앞에 쓰러진 자에게 주님은 세상의 어떤 세력도 이길 수 있는 새로운 힘과 용기를 주십니다. 그래서 우리는 한편으로는 쓰러지지만 다른 한편으로는 아무것도 두려워하지 않는 한 마리의 사자로 일어서게 되는 것입니다. 주님은 요한에게 자신에 대하여 선언을 하셨습니다.

'나는 처음이요 나중이니 곧 산자라'

'처음이요 나중이니 곧 산 자라'고 하는 것은 그가 영원전부터 영원까지 계속 계시는 것을 의미합니다. 결국 예수님은 여호와이시고 영원전부터 영원까지 계속 계신 하나님이십니다.

이 세상의 다른 것들은 모두 잠시 있다가 없어질 것들입니다. 특히 인생들은 그 영광이 풀과 같고 풀의 꽃과 같습니다. 그런데 우리 성도들은 하나님의 영원한 생명을 나누어 가지기 위하여 부름을 받은 자들입니다. 우리는 이 세상에 잠깐 있다가 잠깐 사라지는 사람들이나 짐승들을 두려워해야 할 이유가 없습니다. 우리는 하나님과 함께 영원히 존재할 자들입니다.

이사야 때에 예루살렘 왕은 북쪽에 있는 이스라엘과 수리아 때문에 많은 어려움을 겪었습니다. 그 두 나라의 왕은 연맹을 해서 예루살렘으로 쳐들어 왔습니다. 그때 하나님께서 이사야로 하신 말씀이 그들은 '타다만 부지깽이 나무와 같다'는 것입니다. 타다만 부지깽이 나무는 연기는 나지만 그냥 그대로 두면 타서 없어질 것들입니다. 그냥 상대하지 않고 내버려 두면 없어지는 것이 이 세상의 악한 자들의 세력입니다. 그러니까 잠깐 있으면 없어질 것들을 상대하지 말고 영원하신 하나님을 상대로 하라는 것입니다.

여기서 예수님은 너무나도 충격적인 말씀을 하십니다. 그것은 '내가 전에 죽었었노라'입니다. 이것은 주님이 죽은 적이 있는데 지금 이렇게 놀랍게 살아있다는 뜻입니다. 영원전부터 계신 하나님께서 죽임을 당하셨습니다. 누가 감히 이 하나님을 죽일 수 있습니까? 못된 인간들이 그렇게 했습니다. 그러니까 예수님을 믿는 우리들이 죽음을 두려워 할 필요가 없다는 뜻입니다. 주님이 죽음을 두려워하시지 않았는데 무엇 때문에 우리 제자들이 죽는 것을 두려워하겠습니까? 주님이 사람들을 두려워하지 아니하고 진리를 증거하시다가 죽으셨지만, 지금 그가 이렇게 하나님 앞에 살아계십니다. 그러니까 우리 성도들도 절대로 죽지 않는다는 것입니다.

그래서 무엇이라고 선포를 하십니까?

'사망과 음부의 열쇠를 가졌노니'

'사망과 음부의 열쇠를 가졌다'고 하는 것은 예수님이 열쇠를 가지고 열기만 하시면 죽은 자들은 다시 살아나게 되는 것입니다. 사람의 죽고 사는 것이 오직 예수님께 달려 있습니다. 예수님이 말씀하시면 아무리 오래 전에 죽은 자라 하더라도 살아나게 됩니다. 예수님이 나사로의 이름을 부르셨을 때 죽은 지 나흘이 되어 썩는 냄새가 나는 나사로가 살아서 돌아왔습니다.

예수님은 모든 죽은 자를 살려 내실 수 있는 분이십니다. 어떻게 죽었든지 상관이 없습니다. 물에 빠져 죽었든, 불에 타 죽었든, 창에 찔려 죽었든 상관이 없습니다. 예수님이 명령하시면 누구든지 마치 어제 죽은 사람처럼 다시 살아날 것입니다. 그러나 예수님이 허락하지 아니하시면 아무리 오래 살고 싶은 자라 하더라도 영원한 지옥에서 다시는 나오지 못할 것입니다. 그런데 그 영원한 사망과 생명의 복음이 우리에게 주어져 있는 것입니다. 누구든지 예수 이름을 믿는 자는 영원한 사망의 올무에서 풀려나 영생에 들어가게 됩니다.

지금까지 교회는 눈에 보이는 로마 황제를 두려워해서 신앙을 변절하고 있습니다. 죽음은 모두에게 두려운 것이고 심한 고통입니다. 그러나 그 죽음이 영원한 죽음이 아닙니다. 정말 두려운 것은 죽음 뒤에 있습니다. 그래서 주님은 교회로 하여금 눈에 보이는 죽음을 두려워하지 말라고 명하시는 것입니다.

우리 그리스도인들은 자신의 영원한 생명을 주님께 맡겨 놓은 자들입니다. 사망과 음부의 열쇠를 가진 자에게 우리의 생명을 맡겨 놓았습니다. 어떤 일이 있어서 주님께 맡겨 놓은 생명이라면 다시 살아날 것입니다. 이제 우리에게 필요한 것은 죽음을 두려워하지 않는 것입니다.

19, 20절 그러므로 네 본 것과 이제 있는 일과 장차 될 일을 기록하라. 네 본 것은 내 오른손에 일곱 별의 비밀과 일곱 금 촛대라 일곱 별은 일곱 교회의 사자요 일곱 촛대는 일곱 교회니라

주님은 요한에게 너무 흥분된 상태에만 빠져있지 말고 본 것들을 글로 기록하라고 하셨습니다. 이것은 그가 받은 은혜를 편지로 써서 지금 낙심과 절망 가운데 있는 교회들에게 보내어서 그들을 다시 힘을 내게 하라는 것입니다.

일곱 별의 비밀이 무엇입니까? 주님은 이 세상의 역사를 교회를 중심으로 한 구원의 역사를 말씀을 중심으로 이루어 나가시는 계획을 가지고 계십니다. 별은 말씀을 전하는 주님의 종들입니다. 그들에게 주어진 성경 말씀은 인간의 생각이 아니고 이 세상에 대한 하나님의 생각이며 하나님의 계획입니다. 그리고 그들을 설교자로 세운 것은 사람이 아닙니다. 그리스도께서 세우셨고 그리스도께서 그들을 붙들고 있습니다. 나중에 보면 하늘에서 떨어진 별들이 나옵니다. 그들은 사람을 의지했기 때문에 주님으로부터 버림을 받은 종들입니다. 종들이 하나님의 말씀 하나에 헌신할 때 그렇게 존귀할 수가 없습니다. 사람들은 그들의 설교와 모습에서 하나님의 모습을 보게 될 것입니다. 그러나 돈을 좋아하고 사람에게 잡힌 종은 사람들의 발에 밟히게 될 것입니다.

이 당시 기독교가 박해를 받으니까 일단 목회자들이 먹고 살 길이 없습니다. 그들은 굶고 있으며 매를 맞고 있으며 여기저기를 도망치고 있습니다. 가장 심각한 것은 교회 사역자들이 모두 다 자신의 사명감을 잃고 도망치는 것이었습니다. 이것은 마치 주님이 십자가에 돌아 가셨을 때 부활하셨다는 소식을 듣고서도 고기 잡으러 가려는 베드로나 다른 제자들과 같은 것입니다. 목회자들은 자신들을 이 세상에서 무가치한 존재로 생각하고 있

었습니다. 그러나 이들의 손에 맡겨진 말씀은 온 세상을 살릴 수 있는 하나님의 말씀입니다.

교회는 금 촛대입니다. 영원히 변치 않는 하나님의 말씀의 등대입니다. 거기에는 성령의 부으심이 있어서 병들고 죄를 지은 모든 사람들이 성령의 마음으로 새 사람이 될 수 있습니다. 교회가 하나님의 말씀의 등불을 비췰 때 결국 마귀의 세력은 힘을 잃게 됩니다.

이 세상의 역사의 핵심은 바로 교회와 하나님의 뜻을 거부하는 불순종하는 세력 간의 싸움입니다. 교회가 일시적으로는 박해를 당하고 심지어는 죽임을 당하는 것 같지만 교회는 이 세상의 죄악을 반드시 이길 것입니다.

CHAPTER • 04

첫사랑을 잃은 교회

요한계시록 2:1-7

어느 신문에 우리나라에서 3대째 등대지기를 하는 분의 기사가 실려 있었습니다. 그분의 할아버지는 인천 상륙 작전에도 등대를 밝혀서 전쟁에 도움을 주었고 자기 자신은 등대에서 태어났다고 했습니다. 그러나 등대지기는 너무 시설이 열악하고 도시와 떨어져 있어서 웬만해서는 할 수 없다고 했습니다. 자기 자신도 결혼하자 마자 등대로 왔는데 부인이 당장 짐을 싸가지고 나가는 바람에 오랫동안 가족과 떨어져 살았다고 합니다. 그러면서 지금은 거의 대부분의 등대가 무인으로 불을 밝히고 있어서 사람이 없어도 되고 또 많은 등대가 관광용으로 사용되고 있다고 했습니다. 그럼에도 불구하고 사람이 꼭 있어야 하는 등대가 있는데 그런 곳은 바다가 교차하는 곳이나 많은 배가 다니는 곳이라고 했습니다. 누구든지 하루 정도 등대에 놀러가서 하루 밤을 자는 것은 낭만적일 수 있지만 한 평생 등대를 지키는 일은 많은 인내가 필요한 일일 것입니다. 또 요즘은 우리들에게서 거의 다 잊혀졌지만 옛날에는 우리 몸에 종기가 생기면 언제나 사용하는 고약이 있었습니다. 위생이 불결하고 잘 씻지 않았기 때문에 몸에 종기가 많이 생겼습니다. 그때 고약이 아주 요긴하게 사용되었는데 종기가 생겨 퉁퉁 부은 곳에 고약을 발라 놓으면 놀라울 정도로 종기가 낫곤 했습니다. 그러나 지금은 우리가 사는 환경도 좋아지고 또 좋은 약들이 많아 그 고약을 찾는 사람들은 거의 없게 되었습니다. 그런데 한번은 신문에 보니까 그 집 식구들은 아들이나 사위나 할 것 없이 모두 약을 공부해서 아직도 그 고약 만드는 일을 하고 있다는 이야기가 실렸습니다. 그들이 이윤을 떠나서 사람의 생명을 살리는 사명감을 가지고 이 고약 만드는 일을 지금도 하고 있다는 것입니다.

우리가 젊었을 때 한번 사랑에 빠지면 마치 캠프 화이어 하듯이 불이 붙는 것 같습니다. 그러다가 너무 빨리 사랑의 불이 식어서 결혼도 하지 않고 헤어지는 사람들이 있는가 하면 어떤 사람들은 결혼은 하지만 그 뒤에 아이를 낳고 돈을 벌면서 사랑의 불은 다 식어 냉랭하게 결혼 생활을 하는 경우도 있습니다. 아마 결혼한 사람들 중 평생 첫사랑하듯이 열정적으로 사랑하는 사람은 아무도 없을 것입니다. 그런데 그 중에는 자기가 사랑의 불이 이미 꺼졌고 자신의 인생이 의미가 없다는 것을 깨닫고 다른 불륜의 사랑을 저지르는 사람들도 있는 것을 볼 수 있습니다.

우리가 처음 하나님을 믿을 때 마치 첫사랑에 빠지는 것과 같을 때가 많습니다. 우리는 하나님의 사랑에 감격해서 매일 울면서 기도하기도 하고 하나님의 말씀은 아무리 들어도 지겹지 않고 시간 가는 줄 모르고 듣기도 합니다. 그러다가 세월이 흐르는 가운데 어느 순간 신앙의 불이 식으면서 의식적이고 형식적인 신앙생활을 하게 됩니다. 더 무서운 것은 개인적으로만 그런 것이 아니라 교회 자체가 그런 경우도 있습니다.

즉, 처음에 교회를 개척했을 때 천막 같은데서 시간만 나면 교회에 와서 기도하고 하나님만 사랑하다가 어느덧 교회가 커지고 교인들이 많아지고 세상에 훌륭한 사람들이 교회에 많이 들어오게 되면 무엇인가 처음 그 뜨겁고 열정적이던 신앙은 잃어버리고 교회가 어떤 사회적 기관같이 거창한 행사나 하면서 스스로 만족하기가 쉬운 것입니다.

이 당시 로마는 점점 기독교에 대하여 적대적이 되고 있었고 소아시아에는 황제 숭배라고 하는 좋지 않은 바람이 불고 있었습니다. 이때 에베소에서 목회를 하던 요한은 하나님의 말씀을 더 이상 증거하지 못하도록 밧모라는 섬에 유배되어 있었습니다. 이때 예수님께서는 교인들에게 이 말씀을 읽고 듣고 그 가운데 기록한 것을 지키는 자가 복이 있다고 하시면서 예수님이 전에도 있었고 지금도 있고 장차 오실 전능하신 하나님이신 것을 소개하고 있습니다. 그리고 예수님은 아주 특이한 모습으로 자신을 나타내 보여주셨는데 예수님은 그 모습 하나 하나를 소아시아에 있는 일곱 교회에 적용을 시키시면서 그들이 지금까지 잘한 것과 지금 잘못하고 있는 것 그리고 이 교회들에 대한 약속의 말씀을 주십니다.

요즘 우리나라에는 수많은 교회들이 있는데 그 중에는 유명한 대형 교회도 있고 별로 이름이 없는 작은 교회도 있습니다. 그런데 예수님께서 이런 교회 하나 하나를 지적하시면서 너희들의 이런 점은 잘 하였고 이런 점은 못하였다고 말씀하시면 아마 정신이 번쩍 들 것입니다. 소아시아는 지금의 터키이지만 2천 년 전에는 우리나라와 비슷했다고 생각하면 좋을 것입니다. 이 당시에 소아시아에는 가장 많은 크리스천들이 살고 있었고 도시마다 교회가 세워져 있었습니다. 예수님은 그 중에서 대표되는 일곱 교회에 대하여 직접 그들이 지금까지 잘한 것과 지금 잘못하고 있는 것 그리고 그들이 하나님의 말씀에 충성을 다할 때 주실 약속을 말씀하고 있습니다. 그 첫 번째 교회가 에베소 교회였습니다.

일곱 촛대 사이에 계신 주님

예수님께서는 요한에게 먼저 소아시아 지역에서 가장 중심적인 역할을 감당하고 있는 에베소 교회의 목회자에게 편지를 보내게 하셨습니다.

1절 에베소 교회의 사자에게 편지하기를 오른손에 일곱 별을 붙잡고 일곱 금 촛대 사이에 다니시는 이가 가라사대

즉, 예수님이 보내신 이 계시록의 편지는 각 교회의 목회자들에게 보내신 것입니다. 여기에 보면 각 교회 목회자들을 사자라고 부르고 있는 것이 특징입니다. 여기서 사자라고 하는 것은 예수님의 보냄을 받아서 교회 전체를 책임지고 있는 사람이라는 뜻입니다. 예수님은 교회에 많은 사람들이 있고 직분자들이 있지만 그럼에도 불구하고 목회자를 그 교회 전체를 책임지는 자로 말씀하고 있습니다.

에베소 교회에는 이렇게 예수님이 계시록에서 보낸 편지 외에 사도 바울이 보낸 유명한 편지 '에베소서'가 있습니다. 에베소서는 사도 바울의 서신만이 아니고 성경 전체에서도 가장 깊이 있는 말씀으로 이해되고 있습니다. 특히 사도 바울은 에베소서에서 창세전부터 감추어졌던 예수 그리스도의 비밀에 대하여 말씀하고 있고 교회가 이제는 하나의 성전으로 유대인과 이방인이 하나가 되었고 또 우리 믿는 자들이 어떻게 살아야 하는지 신앙의 윤리를 말씀하고 있습니다. 에베소는 원래 바닷가에 있던 항구도시였는데 바다 건너편에 있던 고린도와 마찬가지로 처음에는 아주 음란하고 세상적인 도시였습니다. 그런데 참으로 놀라운 것은 그리스 지역에서는 고린도에서 큰 부흥이 일어났던 것처럼 소아시아에서는 에베소에서 큰 부흥이 일어나게 되었습니다. 사도 바울은 이 에베소에서 하나님의 말씀을 많이 전해서 부흥이 일어나게 되었고 특히 두란노라는 곳을 빌려서 2년간 집중적으로 사람들에게 성경을 가르쳤는데 이들이 나중에 소아시아 전체를 돌아다니면서 복음을 전하고 교회를 세우는 일을 하게 됩니다. 그래서 사실은

에베소는 소아시아 지역의 복음화에 중심이 되는 도시였고 에베소의 교회는 소아시아 부흥의 뿌리가 되는 교회였습니다. 그러나 에베소에서는 복음에 대한 사탄의 공격도 만만치 않았는데 처음 바울이 에베소에서 복음을 전할 때 너무 많은 사람들이 예수를 믿는 바람에 우상 장사나 부적 장사가 되지 않으니까 사람들을 충동질해서 소동을 일으켜 사도 바울이 도망을 쳐야 했던 적도 있었고 또 바울의 전도로 에베소에서 큰 부흥이 일어나니까 마술사들이 모두 예수를 믿고 마술 책을 불태워버리는 일이 일어나기도 했습니다.

예수님께서는 이 에베소에 '오른손에 일곱 별을 붙잡고 일곱 금 촛대 사이에 다니시는 분'으로 보여주고 있습니다.

1절에서 '오른손에 일곱 별을 붙잡고 일곱 금 촛대 사이에 다니시는 이가 가라사대'라고 말씀하셨습니다. 즉 예수님이 자신을 이런 분으로 나타내시는 것은 지금 에베소 교회의 사정과 틀림없이 관계가 있기 때문에 이런 모습으로 나타나고 있는 것입니다. 즉 예수님은 일곱 별을 붙들고 계신 분이십니다. 이것을 보면 지금 에베소에서는 목회자들의 지도력이 상당히 흔들리고 있는 것을 알 수 있습니다. 즉 목회자는 예수님만을 붙들고 있는데 사람이 목회자를 넘어트리거나 교회에서 내쫓는 일을 하고 있었던 것입니다. 아마도 그런 일을 하는 사람들은 그 지방에 파송된 로마 총독이거나 혹은 그 지방의 관료들이었을 것입니다. 이 사람들은 자신들이 가지고 있는 세상의 권력을 가지고 목사들을 교회에서 내어 쫓는 일을 하고 있었던 것입니다. 그러나 이것만이 아니었던 것 같습니다. 즉 목회자들 자신도 스스로 목회의 사명을 느끼지 못하고 예수님의 허락도 없이 중간에 포기하는 일들이 빈번이 일어나고 있었던 것 같습니다. 대개 목회자들이 끝까지 목회의 부르심을 감당하지 못하고 중간에 그만 두는 경우로는 자신이 사명감이 없든지 핍박이 일어나든지 혹은 반대가 심해서 그 스트레스를 감당하지 못하든지 할 때입니다. 그러나 목회자들에게 가장 중요한 것은 자신의 정체성입니다. 목사라고 하는 것은 이 세상의 직업이 아닙니다. 마치 별이 이 세상에 속한 것이 아니듯이 목사도 의사나 교수나 정치인같이 이 세상에 속한 직업이 아닌 것입니다. 그럼에도 불구하고 때로는 목사를 세상의 직업같이 생각을 하는 분이 있다면 목사의 직분을 끝까지 감당하지 못할 것입니다. 주님은 목회자를 별로 비유하셨습니다. 별이라고 하는 것은 가장 높은 곳에 있어서 어느 누구도 건드릴 수 없는 존재입니다. 그래서 군대에서는 장성의 계급을 별로 나타냅니다. 그러나 별이라고 하는 것은 봄이나 여름이나 한결 같이 자기 위치를 지키고 있어야 하며 어두운 밤에 길을 잃은 자들에게 방향을 제시해주기도 하고 밤에 잠을 이루지 못하는 어려움을 당한 자들에게 친구가 되어주어야 하는 것입니다. 그러나 사람이 오래 자기 위치를 지킨다고 하는 것은 보통 어려운 일이 아닐 것입니다. 그래서 에베소의 목회자들 중에서는 대우도 좋지 못하고 사람들도 알아주지 않으니까 목회를 그만두고 세상으로 가는 사람들도 있었던 것 같습니다.

그리고 주님은 '일곱 금 촛대 사이로 다니시는 분'으로 소개되고 있습니다. 즉 예수님은 일곱 개의 금 촛대에 불을 붙여 놓으시고 이 촛대의 불들이 꺼지지 않도록 계속 왔다 갔다 하시면서 지키시고 계신 것입니다. 아마도 옛날에 사환들은 큰 집에 여러 개의 촛불을 밝혀 놓고 왔다 갔다 하면서 불이 꺼지지 않도록 지키는 일을 했을 것입니다. 촛불은 바람이 불어도 꺼질 수 있고 심지가 좋지 않아도 꺼질 수 있습니다. 또 누군가가 건드려서 촛대가 땅에 떨어지면 불이 꺼지게 될 것입니다. 예수님은 소아시아에 있는 일곱 교회 중에서 그 어느 한 곳도 진리의 불이 꺼지지 않도록 언제나 돌보시는 모습이었습니다. 그래서 우리가 에베소 교회에 나타나신 주님의 모습을 통해서 주님이 이 지역에 원하시는 뜻이 무엇인지 알 수 있습니다. 그것은 예수님께서 이 지역의 모든 설교자들을 강한 손으로 붙드셔서 세상의 압력과 반대에 굴복하지 않고 교회들마다 진리의 빛을 밝히기를 원하시는 것입니다.

에베소 교회의 수고와 인내

에베소 교회는 주님이 기대한대로 오랫동안 진리를 지키는 파수군 사명을 잘 감당했습니다. 그래서 주님은 먼저 에베소 교회의 목회자에게 그의 인내와 수고를 칭찬하셨습니다.

2절 내가 네 행위와 수고와 네 인내를 알고 또 악한 자들을 용납지 아니한 것과 자칭 사도라 하되 아닌 자들을 시험하여 그 거짓된 것을 네가 드러낸 것과

예수님은 에베소 교회를 향해서 '네 행위와 수고와 인내를 안다'고 말씀하셨습니다. 여기에 보면 '행위'라는 것이 가장 먼저 나오고 있는데, 에베소 교인들의 신앙의 특징은 그들이 예수를 믿기 시작하면서 무엇인가 행동하는 것이었습니다. 즉 에베소 교인들은 예수를 믿으면서 옛날 예수 믿기 전의 우상숭배라든지 마술 같은 미신을 계속 가지고 믿는 것이 아니라 그들은 예수 믿으면서 바로 그런 미신들은 버렸습니다. 그래서 에베소 교인들에게 믿는다고 하는 것은 단순한 종교의 선택이 아니라 행동이요 결단이었던 것입니다. 저희 교회에 어떤 분은 오랫동안 절에 다니면서 신도회 회장을 맡고 있었는데 예수를 믿으면서 옛날 자기가 알던 스님이나 불자들을 모아서 식사 대접을 하고는 자기는 이제부터 예수를 믿을 것이라고 선언을 하고 예수를 믿은 분이 계십니다. 어떤 분은 예수를 믿으면서 자기가 가지고 있던 부적을 다 불태우고 예수 믿는 분도 있고 술을 끊고 예수 믿는 분

도 있고 혹은 직업 자체를 바꾸면서 예수를 믿는 분도 있습니다. 사실 어떤 사람들은 오래 예수를 믿으면서도 술이라든지 혹은 비성경적인 습관을 청산하지 못하고 믿는 분들도 있는데 에베소 교인들은 결단이 있는 사람들이었습니다. 그리고 에베소 교인들은 수고가 있는 사람들이었습니다. 에베소는 신앙적으로 소아시아 신앙의 뿌리였기 때문에 소아시아 내륙으로 들어가는 전도자들은 거의 대개 에베소를 거쳐서 들어갔을 것입니다. 그래서 에베소 교인들은 내륙 지방으로 들어가는 전도자들이 있으면 그들을 재우거나 먹이는 일을 감당해야 했을 것입니다. 그리고 에베소 교인들은 그것만이 아니라 예루살렘에서 오는 교인이라든지 혹은 마케도니아에서 오는 사역자들도 영접해서 도와주는 일을 했어야 했을 것입니다. 예를 들어, 옛날 우리나라에서도 큰 집에는 찾아오는 사람들도 많았을 뿐 아니라 식객도 많았습니다. 또 여기저기에서 도움을 청하거나 혹은 인사 오는 사람들도 많았을 것입니다. 그래서 큰 집의 맏며느리나 자식들은 그 많은 식객들이나 나그네들을 돌보는 일을 해야만 했습니다.

그런데 더 중요한 것은 '인내'였습니다. 아무리 좋은 일이라 하더라도 오래 그 일을 감당하는 것이 쉽지 않습니다. 왜냐하면 사람들은 모두 변덕스러운 존재이기 때문에 아무리 좋은 것이 자기들에게 있다 하더라도 세상의 다른 것으로 바꾸고 싶을 때가 있기 때문입니다. 교회는 세상적으로 비유를 하면 어두운 밤바다에 빛을 비추는 등대와 같습니다. 등대의 빛을 비추는 일을 하루 이틀 하는 것은 낭만적이고 재미있을지 몰라도 한 평생 하는 것은 지겹고 따분한 일일 것입니다. 그래서 어떤 사람들이 등대를 폐쇄하고 등대를 가지고 사람들이 사교댄스를 배우는 곳으로 만들면 사람들도 많이 찾아오고 재미도 있겠지만 등대가 바다에 빛을 비추지 않으면 배들이 파선을 해서 많은 사람들이 죽게 될 것입니다. 또 교회는 영적으로 병든 사람들이 와서 치료받는 곳입니다. 물론 이런 일을 하루 이틀 하는 것은 재미도 있고 보람도 있을지 몰라도 한 평생 환자를 받고 치료하는 것은 사명감이 없으면 절대로 해내지 못할 것입니다. 교회는 하나님의 말씀을 밝혀서 세상에 비추어야 하고 또 병든 영혼들을 치료하는 곳입니다.

사람들은 교회가 세상을 향해서 더 많은 일을 해야 한다고 요구하지만 교회는 그런 요구를 다 들어줄 수가 없습니다. 왜냐하면 교회는 교회로서 해야 할 사명이 있기 때문입니다. 그런데 에베소 교회는 오랫동안 하나님의 진리를 밝히는 일을 인내하면서 잘 해내었던 것 같습니다. 예수님은 에베소 교회를 향해서 악한 자를 용납지 않는 것을 칭찬하셨습니다. 우리는 이 악한 자들이 어떤 사람들인지 알 수 없지만 분명히 성경적이지 않은 진리를 가지고 교회 안에 들어오려고 한 사람들인 것을 알 수 있습니다. 어쩌면 이들은 한때 갈라디아 지방을 휩쓸었던 유대주의자들이었는지도 모릅니다. 이들은 우리가 예수만 믿어서는 안 되고 할례도 받고 율법도 지켜야 구원을 얻을 수 있다고 가르쳤던 것입니다. 우리는 무조건 열심을 내고 많은 것을 믿으면 좋은 것 같지만 그렇지 않습니다.

우리가 평균대에서 좌우의 중심을 잡지 못하면 떨어지는 것처럼 우리 신앙도 어느 한 곳으로 치우치는 것은 좋지 않습니다. 그리고 예수님은 에베소 교회가 '자칭 사도라 하되 아닌 자들을 시험하여 그 거짓된 것을 드러내었다'고 칭찬하셨습니다. 우리가 알아야 할 것은 에베소는 복음의 출발지점이 아니었습니다. 복음은 예루살렘에서 시작되었기 때문에 에베소는 예루살렘에서 오는 자들을 받아들이고 배울 수밖에 없었습니다. 그런데 한번은 예루살렘에서 자기 스스로 사도라고 하는 사람이 왔는데 그는 성경적인 복음을 가르치는 자들이 아니었습니다. 그러나 이 당시에는 신약 성경이 완성되어 있는 것도 아니었고 사람들이 진리를 잘 아는 것도 아니었습니다. 그러나 에베소 교회는 사도 바울의 가르침이 있었기 때문에 거짓 복음을 분별할 수 있는 능력이 있었습니다. 그래서 에베소 교회는 예루살렘에서 왔다는 사도라고 해서 무조건 설설 기면서 그 가르침을 다 받아들인 것이 아니라 시험을 해서 그가 엉터리인 것을 알아내었던 것입니다. 이런 점에서 우리 한국 교회는 배워야 할 점이 너무나도 많습니다. 왜냐하면 우리나라 교회는 누군가 조금 뜬다고 하면 누구든지 다 불러서 강단에 세워서 들으려고 하기 때문입니다. 우리나라 교인들의 열심은 좋지만 진리에 대한 분별력이 부족한 것을 알아야 합니다.

우리나라에는 다양한 이단들이 휩쓸고 지나갔습니다. 어떤 때는 내가 본 천국이라고 해서 천국을 보았다고 떠들어대는 사람이 있었고 어떤 때는 휴거를 한다고 난리를 치기도 했습니다. 어떤 때는 빈야드 운동이라고 하면서 깔깔거리면서 웃는 것도 있었습니다. 또 부흥회를 한다고 하면서 지나치게 헌금을 강요하는 경우도 많이 있었습니다. 이 모든 것을 목회자는 바로 분별해서 바른 설교자만 교회 강단에 세워야 할 책임이 있는 것입니다.

거짓 교사의 특징은 그 가르침이 분명히 모순이 있습니다. 그들은 마치 양가죽을 쓴 이리처럼 처음에는 주님의 말씀을 전하는 것처럼 하다가 결국 자기 욕심을 채우려고 할 것입니다. 즉 돈을 요구하거나 혹은 도덕적으로 나쁜 짓을 하게 되어 있습니다. 이런 사람은 가차 없이 교회에서 내어 쫓아야 하는 것입니다.

에베소 교회에 대한 책망

예수님께서는 에베소 교회가 지금까지 모범적으로 잘한 것을 칭찬하셨습니다. 그럼에도 불구하고 에베소 교회에 주님이 책망할 것이 있었습니다. 그것은 어떤 의미에서 가장 중요하면서도 본질적인 것이었습니다. 그것은 바로 에베소 교회에 주님에 대한 첫사랑을 잃어버린 것이었습니다.

4절 그러나 너를 책망할 것이 있나니 너의 처음 사랑을 버렸느니라

우리가 보통 남여사이에 첫사랑을 할 때에는 미친 듯이 뜨겁게 사랑을 하게 됩니다. 그래서 사랑하는 사람들은 하루도 보지 않으면 보고 싶어서 견디지 못하고 문자를 보내고 전화를 주고받습니다. 그러나 사랑이 식어지면서 서로 싸우고 다투기 시작하더니 어떤 사람들은 결혼하기 전에 헤어져 버리는 사람들이 있습니다. 이 사람들의 마음속에는 깨어진 사랑의 아픔이 언제나 마음속에 남아 있을 것입니다. 혹은 서로 사랑해서 결혼하기는 했지만 결혼 생활에는 애정이 없이 의무적으로 하숙생같이 잠만 잔다면 이 결혼은 위험한 것입니다. 서양 사람들 사이에서 이혼의 가장 많은 이유가 바로 이렇게 애정이 식어지는 경우라고 합니다. 만약 애정이 식은 사람들이 다시 애정을 살리려고 한다면 서로가 노력을 해야 할 것입니다. 즉 그들의 애정에 방해가 되는 것은 무엇이며 서로에 대하여 불만이 되는 것은 무엇인지 솔직하게 대화를 나누고 다시 서로 뜨겁게 사랑하기 위해서 두 사람 모두 노력을 해야 할 것입니다.

그런데 우리가 처음 예수 믿을 때에도 첫사랑을 하는 것같이 뜨거운 감동과 열정이 일어나게 됩니다. 우리가 처음 예수를 믿으면서 하나님의 사랑이 얼마나 감격스러운지 기도하면서 매일 울기도 하고 하나님의 말씀을 듣기 위해서 먼 길을 가기도 합니다. 그리고 말씀을 듣고 기도하는 가운데 뜨거운 성령의 부으심을 체험하기도 합니다. 그런데 신앙생활을 오래 하다 보면 어느 순간 이런 신앙의 감격은 없어지고 의무적으로 신앙생활을 할 때가 많습니다. 이것은 부부가 결혼 생활을 하면서 애정이 식어버리는 것보다 더 심각한 것입니다.

왜냐하면 하나님이 우리에게 주시는 은혜를 거저주시는 은혜이지만 대단히 예민합니다. 그래서 우리가 교회에서 하나님의 말씀 외에 다른 것을

더 중요하게 생각하고 내세우면 하나님의 은혜는 어느 순간 없어져버립니다. 즉 하나님께서 교회에 원하시는 것은 교회가 크든지 작든지 오래되었든지 새로 생겼든지 오직 하나님의 말씀 하나만 붙드는 것입니다. 그러면 하나님과 우리 사이의 첫사랑은 계속되게 됩니다. 그런데 교회는 사실 하나님의 말씀 하나만 붙들기에는 많은 것들이 세상에서 밀려들어오고 너무나도 다양한 욕구들이 있습니다. 그래서 교회가 인간의 자랑을 내세운다든지 오래된 역사와 전통을 자랑한다든지 세상적인 방법으로 운영을 한다든지 하면 어느 순간 첫사랑이 없어지게 됩니다. 그러면 그때부터 교회의 예배는 냉랭해지고 예배가 경직됩니다. 그러면서 교회에서 기적이나 능력은 없어지고 전통이나 교회의 규모나 건물 같은 것으로 자랑하게 되는 것입니다.

교인들이 가난하고 병들고 어려움이 많이 있을 때에는 교회에서 오직 하나님의 말씀 듣고 기도하면서 은혜 받는 일에만 주력을 하게 됩니다. 그런데 사람은 이상하게도 복을 받고 세상적으로 유명해지고 성공하게 되면 그때는 교회에서 자기를 자랑하려 하고 사람들에게 인정을 받으려고 합니다. 그러면서 교회에서는 눈물이나 감격 같은 것은 사라져버립니다. 이것이 바로 첫사랑을 잃어버리는 것입니다. 첫사랑을 잃게 되면 사람들은 다른 것으로 만족하려 하고 더 무서운 것은 다른 사랑으로 채움을 받으려고 하게 되는 것입니다.

오래된 교회는 더 이상 자신들에게는 복음이 필요치 않다고 생각합니다. 그들은 이미 복음은 다 알고 있기 때문에 윤리적인 생활만 잘 하면 된다고 생각합니다. 그러나 우리가 알아야 할 것은 복음이 이미 믿는 자들에게 얼마나 필요하며 능력이 되는지 모른다는 것입니다. 복음은 믿지 않는 자들을 예수 믿게 할 뿐 아니라 이미 믿는 자들을 뜨겁게 만들어줍니다.

5절 그러므로 어디서 떨어진 것을 생각하고 회개하여 처음 행위를 가지라 만일 그리하지 아니하고 회개치 아니하면 내가 네게 임하여 네 촛대를 그 자리에서 옮기리라

주님은 에베소 교인들에게 그들이 어디서 떨어졌는지 생각해보라고 말씀하십니다. 즉 이 교회가 언제부터 복음의 감격을 잃어버렸는지 어떤 계기에 의해서 그렇게 되었는지 살펴보라고 말씀하고 있습니다. 즉 에베소 교회가 교만한 마음에 빠지게 된 순간이 있었던 것입니다. 즉 에베소 교인들이 주님의 십자가나 복음 보다는 자기들의 성공이나 노력을 더 중요하게 생각했던 순간이 있었던 것입니다. 주님은 '어디서 떨어진 것을 생각하고'라고 말씀하실 때 이것은 다시 에베소 교인들이 처음 예수 믿는 그때로 돌아가라는 것입니다. 즉 사람들이 알아주지도 않고 그들은 우상숭배에 빠져 있었으며 병들어 있었고 가난했으며 아무 소망도 없었을 때 복음을 듣고 감격했던 그 순간으로 돌아가야 하는 것입니다.

즉, 에베소 교인들이 언제부터인가 교만이 스며들었고 언제부터인가 자기만족이 들어와서 그들은 더 이상 초신자의 아름다운 모습을 잃어버리고 이미 모든 것이 다된 자들처럼 되어버린 것입니다.

에베소 교회가 해야 할 일은 많은 것이 아니었습니다. 에베소 교회는 사회를 위해서 많은 사업을 하는 것도 아니고 교인 훈련을 위해서 많은 프로그램을 만드는 것도 아니었습니다. 에베소 교회가 해야 할 일은 오직 신앙의 첫사랑을 회복하는 것이었습니다. 즉 그들이 처음 예수 믿을 때 그때 신앙으로 돌아가는 것입니다. 그것은 바로 모든 것을 다 내려놓고 다시 하나님의 말씀을 붙들고 하나님을 사랑하는 것입니다. 그렇게 하지 않으면 주님은 에베소 교회에서 촛대를 옮기겠다고 말씀하셨습니다. 여기서 촛대를 옮긴다고 하는 것은 더 이상 에베소 교회를 부흥의 주역으로 삼지 않겠다

는 것입니다. 주님은 에베소 교회에서는 현상 유지 정도만 하고 부흥은 다른 곳에 주시겠다는 뜻입니다.

대개 대기업에서 여러 지점을 보다가 더 이상 이윤이 생기지 않겠다고 판단이 되면 가게를 폐쇄하든지 아니면 줄이든지 하고 새로운 곳에 집중적으로 투자를 해서 어마어마한 매장을 만들고 거기에 가장 우수한 직원들을 보내고 신제품을 거기에 다 보내는 것을 볼 수 있습니다. 교회에서 부흥의 촛대가 옮기워지게 되면 더 이상 능력의 설교도 없고 기적도 없고 부흥도 없으며 교회에 청년들은 없어지고 노인들만 소수 남아 있게 되는 것입니다. 우리는 서구의 많은 교회가 교인들은 거의 없어지고 아주 소수의 노인들만 남아서 교회를 지키는 것을 보게 됩니다. 한때는 그 교회도 젊은이들이 들끓었고 전 세계에 선교사를 파송하던 곳이었는데 촛대가 옮기워지니까 교회가 거의 죽어가게 되는 것입니다.

그래서 교회가 시들었다가 다시 부흥하려고 하면 엄청나게 강한 말씀의 선포가 있어야 합니다. 특히 이런 교회에서는 오래 믿은 사람들의 교만을 깨는 복음의 선포가 필요합니다. 그러나 이미 마음이 교만해져서 높아질 대로 높아진 교인들은 자기들을 초신자 취급하는 것을 견디지 못할 것입니다. 그래서 결국 그런 교회들은 힘을 잃고 쇠퇴하게 되는 것입니다.

니골라당의 가르침

그러나 주님은 에베소 교회가 잘한 것에 대하여 다시 칭찬을 하십니다. 그것은 이 에베소 교회가 니골라당의 가르침을 끝까지 물리친 것입니다.

6절 오직 네게 이것이 있으니 네가 니골라당의 행위를 미워하는도다 나도 이것을 미워하노라 여기서 '니골라'가 누구를 의미하는 지는 분명치 않습니다. 초대 교회에서 일곱 집사를 뽑을 때 그 사람 중의 한 사람이 니골라가 있었는데 이 니골라당이 그 집사에게서 시작이 되었는지는 알 수 없습니다. 단지 니골라당은 예수를 믿는다고 하면서도 육체의 욕망은 채워주어야 하고 술도 마셔야 하고 이방 종교도 가치가 있다고 주장하는 사람들이었습니다. 특히 에베소는 우상의 신전이 많고 음탕한 창녀도 많았기 때문에 옛날 이런 생활을 하던 사람들은 니골라당에서 매력을 느낄 수도 있었습니다.

요즘도 우리나라 사람들 중에 예수 믿기를 주저하는 이유 중에 술을 마실 수 없고 제사를 드리지 못한다고 하기 때문에 예수를 믿지 않는 사람들이 많이 있을 것입니다. 그런데 누군가가 우리가 예수만 믿으면 되고 술을 마시는 것이나 제사를 지내는 것이나 누구든지 사랑하는 사람과 자는 것은 얼마든지 괜찮다고 주장하면 추종할 사람들이 많이 있을 것입니다. 더욱이 요즘 우리 사회에서는 종교 간의 대화를 원하고 있는데 다른 종교에도 진리가 있다고 하면 인기를 끌 것입니다. 마찬가지로 니골라당은 우리가 세상에서 살면서 너무 세상을 배척해서는 안 되고 세상 사람들과 어울려야 세상 사람들을 진리로 이끌 수 있다고 해서 술이나 음행이나 우상 숭배를 할 수 있다고 가르치는 자들이었던 것입니다. 이 당시에는 옛날 그리스에서 바카스 신을 숭배한다고 하면서 포도주에 취해서 방탕하게 행동하는 사람들이 많이 있었습니다. 그런데 이런 사상들이 교회 안에도 들어와서 우리가 예수를 믿기는 하지만 지나치게 금욕적이어서는 안 되며 술도 마시고 성적으로도 자유로와야 한다고 주장하는 자들이 있었던 것입니다.

그러나 에베소 교회는 워낙 정통의 가르침을 받았기 때문에 이런 니골라당의 엉터리 교훈은 먹혀 들어가지 않았습니다. 예수님께서는 에베소 교회의 그 점을 칭찬하시면서 예수님께서도 이런 자들을 미워하신다고 분명히 말씀하십니다. 사실 오늘 우리 한국 교회도 드러내놓고 우상 숭배를 하거나 술을 마시는 사람은 없지만 개인적으로 술을 마시는 사람들은 많이 있을 것입니다. 그러나 그것도 안 됩니다. 이것은 니골라당의 가르침입니다.

예수님께서는 이런 자들을 미워한다고 분명히 말씀하십니다. 우리 믿는 사람에게는 믿는 자의 길이 있고 삶이 있습니다. 음란하게 살아 온 자는 그 음란한 생활을 청산하고 깨끗한 신자가 되어야 합니다.

7절 귀 있는 자는 성령이 교회들에게 하시는 말씀을 들을찌어다. 이기는 그에게는 내가 하나님의 낙원에 있는 생명나무의 과실을 주어 먹게 하리라

예수님은 '귀 있는 자는 들으라'고 말씀하셨습니다. 사실 모든 사람들이 귀가 있지만 예수님의 말씀에 귀기울이지 않는 사람이 많습니다. 그 이유는 그런 사람들에게는 예수님의 말씀이 중요하지 않기 때문입니다. 그런 사람들에게는 주님의 말씀보다는 세상의 말이 더 귀에 잘 들어올 것입니다.

예수님은 이기는 자들에게는 생명나무 실과를 따 먹게 할 것이라고 하셨습니다. 이것은 오늘 우리들에게 다시 성령의 치유의 역사가 회복이 되는 것입니다. 즉 우리는 이 세상에서 천국의 능력을 받게 되는 것입니다. 우리가 이기는 것은 다시 주님과의 첫사랑을 회복하는 것입니다. 우리가 주님과 관계를 맺는 것은 고속도로가 없는 곳에 고속도로를 새로 만드는 것과 같습니다. 만일 우리가 지금까지 섰던 옛날 고속도로가 막히게 되었다면 우리는 새 고속도로를 뚫으면 되는 것입니다. 즉 우리가 더 강한 열정을 가지고 하나님의 말씀을 파고 들어가면 우리는 더 강한 천국의 생명나무 실과를 가지게 됩니다. 그래서 우리 자신도 살고 다른 병든 사람을 살리게 될 것입니다. 오늘도 하나님의 말씀으로 병든 영혼들이 다 치료되는 능력이 나타나기를 바랍니다.

CHAPTER • 05

죽도록 충성하는 교회

요한계시록 2:8-11

2003년 3월, 홍콩에서 갑자기 사스라는 급성 전염병이 퍼졌을 때 많은 사람들은 이 병을 두려워하여 환자들을 피하였습니다. 그러나 홍콩의 의사들이나 간호사들은 사스에 걸린 환자들을 피하지 않고 자기 목숨을 내어놓고 치료를 하였는데 그 바람에 홍콩의 의료진들 중에서 여러 사람이 사스에 감염이 되었고 그 중에서 죽은 사람도 여러 명 있었습니다. 홍콩 사람들은 사스를 두려워하지 않고 환자들을 돌본 이 의료진들이야말로 진정한 홍콩의 정신이라고 칭찬을 했습니다.

2011년 3월 11일에는 일본 동북부 지방에 쓰나미가 덮치는 바람에 원전이 폭발하고 그 안에서 방사능이 누출되었을 때 누구든지 그 안에 들어가면 방사능에 피폭이 되어서 죽을 수밖에 없었습니다. 그러나 자꾸만 올라가는 원자로의 온도를 낮추기 위해서 그 원자로에 가서 물을 뿌리겠다고 자원하는 사람들이 있었습니다. 사람들은 모두 자기 목숨을 걸고 다른 사람의 목숨을 지키려는 영웅들이었습니다. 때때로 우리는 다른 사람의 생명에 영향을 미치는 아주 중요한 책임을 맡을 때가 있습니다. 물론 그 일은 전방을 지키는 군인일 수도 있고 원자로를 지키는 기술자일 수도 있고 다른 위험한 공사를 하는 사람일 수도 있습니다. 그런데 그 일을 맡은 사람이 자기가 맡은 일이 잘못되었을 때 다른 수많은 사람이 죽을 수도 있다고 판단이 되면 자기 목숨을 걸고 안전을 지켜야 다른 사람들이 안심하고 살 수 있습니다.

그런데 하나님은 우리 그리스도인들에게 두 가지를 맡기셨습니다. 그 하나는 바로 우리가 하나님의 진노를 책임지는 것입니다. 이스라엘 백성들이 출애굽했을 때 이스라엘 백성들은 하나님의 능력을 체험했습니다. 하나님은 애굽에 무려 열 가지 재앙을 내리셨고 홍해 바다가 갈라지게 하셨으며 나중에는 시내 산의 불 가운데 나타나셔서 십계명의 두 돌비를 주셨습니다. 그러면서 하나님은 자신을 소멸하는 불이라고 말씀하셨습니다. 이 세상은 죄가 어느 수준 이상 올라가면 자동적으로 재앙이 터지도록 설계가 되어 있습니다. 그리고 이 세상에 임하는 모든 재앙은 하나님으로부터 오는 것입니다. 그런데 하나님은 우리가 하나님께 바른 예배를 드릴 때 하나님의 진노를 막을 수 있는 능력을 주셨습니다. 따라서 우리들이 드리는 예배는 피뢰침과 같은 의미가 있습니다. 즉 하늘에서 번개가 떨어질 때 피뢰침에 번개가 떨어져서 땅으로 흡수되기 때문에 사람들은 안전한 것입니다. 그래서 우리는 다른 사람들이 뭐라고 하든지 신령과 진정으로 예배를 드리고 하나님의 진노를 축복으로 바꿀 책임이 있습니다.

그리고 또 하나는 이 세상 모든 사람들은 죄의 바이러스에 감염이 되어서 죽어가고 있습니다. 그런데 하나님은 이 세상 사람들을 치료할 수 있는 약을 복음으로 우리에게 주셨습니다. 그러나 세상 사람들은 복음의 가치를 알아주지 않고 복음을 미련하고 무식한 것으로 취급할 때가 많습니다. 그럼에도 불구하고 우리는 복음의 가치를 지켜야 하는 것입니다.

소아시아에 많은 교회들이 있었지만 그 중에서 가장 작은 교회는 서머나 교회였습니다. 아마 우리나라에서도 크고 유명한 교회를 다니는 교인들은 내가 어느 교회를 다닌다고 당당하게 말하겠지만 교회가 작고 상가 지하실에 있는 개척 교회이면 교회가 좀 부끄러울 수도 있을 것입니다. 마찬가지로 서머나 교회는 작은 교회였고 또 유대인들로부터 많은 핍박을 받아 어려운 형편에 있는 교회였습니다. 그러나 주님은 서머나 교회야말로 가장 충성된 교회라고 칭찬하셨습니다.

처음이요 나중이신 예수님

8절 서머나 교회의 사자에게 편지하기를 처음이요 나중이요 죽었다가 살아나신 이가 가라사대

서머나 교회는 소아시아 여러 교회들 중에서 작고 가난하고 어려운 교회였기 때문에 사람들은 서머나 교회를 별로 중요하게 생각하지 않았습니다. 그러나 주님은 이 작은 서머나 교회를 부끄러워하시거나 모르는 체 하지 않으셨습니다. 주님은 이 어려운 교회를 기억하시고 그들에게 나타나셨습니다. 그러나 주님은 서머나 교회가 환란과 궁핍 가운데 있다고 해서 당장 물질적으로 많은 것을 주시겠다고 말씀하시지도 않고 또 그들이 겪고 있는 환란과 핍박이 없어지게 하겠다고도 말씀하시지 않으셨습니다. 예수님은 서머나 교회를 향해서 예수님 자신을 '처음이요 나중이며 죽었다가 살아나신 이'라고 소개하고 있습니다.

우선 '처음과 나중'이라는 말은 예수님은 이 세상 전체를 시작하신 분이시고 마치실 분일 뿐 아니라 우리에게도 처음 믿음을 주시고 우리의 모든 것을 책임지시는 분이시라는 뜻입니다. 집을 지을 때 수많은 기술자들이나 인부가 오게 됩니다. 그러나 그 집에서 가장 중요한 사람은 그 집을 지은 사람이며 그 집에 살 사람일 것입니다. 마찬가지로 우리 일생에 수많은 사람

들이 지나치면서 영향을 주지만 우리에게 가장 중요한 것은 주님과 최종적으로 만들어지는 우리 자신의 모습인 것입니다.

교회를 세우는 것은 마치 성전을 짓는 것과 같습니다. 사도 바울은 말하기를 어떤 사람은 집을 짓는데 금이나 은이나 보석으로 짓는 사람이 있고 어떤 사람은 나무나 풀이나 짚으로 집을 짓는데 나중에 불로 시험하니까 나무나 풀이나 짚으로 지은 집은 다 불타버렸다고 했습니다. 교회에서 중요한 것은 교인 한 사람 한 사람이 하나님의 말씀으로 변화되어서 살아 있는 성전을 짓는 것입니다. 따라서 교인들은 변화되지 않고 오직 교회 건물만 화려한 대리석으로 짓는 것은 엉터리 부실 공사를 하는 것입니다. 하나님께서 우리에게 원하시는 것은 진정으로 살아 있는 보석 교인으로 지어진 움직이는 성전이 지어지는 것입니다. 그래서 이스라엘 백성들이 출애굽 했을 때 하나님께서는 모세로 하여금 이스라엘 백성들이 들고 갈 수 있는 움직이는 성전을 짓게 하셨습니다. 또 하나님의 보좌를 상징하는 언약궤도 제사장들이 들고 다닐 수 있게 했습니다. 하나님의 백성들이 살아있는 공동체로 하나님의 말씀을 받을 때 그 안에 성령이 임하시고 하나님의 능력과 축복이 임하게 되어 있습니다. 그래서 교회에 있어서 화려한 건물이나 많은 교인은 본질적인 것이 아닌 것입니다. 교인들이 말씀으로 변화가 되어야 제대로 성전 구실을 할 수 있는 것입니다.

서머나에서는 경제권을 전부 유대인들이 다 쥐고 있었습니다. 그래서 누구든지 기독교인이라고 하면 서머나에서는 장사를 하거나 돈을 빌리기가 대단히 어려웠습니다. 그러나 주님은 우리 그리스도인들이 돈 때문에 무릎 꿇는 것을 원치 아니하십니다. 왜냐하면 우리가 믿음 생활하는데 중요한 것은 결코 돈이 아니기 때문입니다. 나중에 우리가 살아가면서 보면 우리를 가장 빨리 부패하게 하는 것이 결국 돈인 것을 알게 됩니다. 그래서 우리가 이 세상에 살면서 돈을 벌지 않을 수는 없지만 돈을 사랑해서는 안 됩니다. 그리고 우리가 돈을 많이 가지지 못했다고 해서 주님을 원망해서는 안 됩니다. 왜냐하면 우리는 이 세상의 것으로 살지 않고 하늘의 양식으로 살기 때문입니다. 그리고 우리의 임무는 세상에서 많은 것을 가지는 것이 아니라 하늘의 복을 임하게 하는 것이기 때문입니다. 그래서 서머나 교회가 하늘의 복이 임하는 성전이 되려면 교인들을 인간의 지식이 아니라 하나님의 말씀으로 가르쳐서 금이 되고 보석이 되게 해야 하는 것입니다. 그런데 교회는 너무 편한 곳보다는 환란이 있고 어려움이 있는 곳에서 더 성도들이 하나님의 말씀을 사모하고 순수하게 되는 것을 많이 볼 수 있습니다. 우리가 너무 편한 상황에서 듣기 좋은 말씀을 들으면서 신앙 생활하는 것이 반드시 좋은 것이 아닙니다. 성경에 보면 위대한 신앙의 인물들은 모두 많은 환란과 역경 가운데 만들어진 것을 볼 수 있습니다.

예수님은 자신을 처음과 나중이라고 말씀하셨습니다. 이것은 우리가 경험하거나 만나는 모든 사람들은 결국 우리를 만드는데 필요한 사람들인 것입니다. 가장 중요한 것은 중간 과정이 아니라 최종적으로 만들어진 나의 모습입니다. 다른 사람들은 모두 우리를 만들기 위해서 사용되는 과정에 불과한 것입니다. 그래서 우리는 우리 자신의 지난 일에 대하여 너무 많은 의미를 부여할 필요가 없습니다.

또한 예수님께서는 자신을 죽었다가 다시 사신 자라고 말씀하고 있습니다. 이것은 이미 예수님 자신이 먼저 고난을 받으셔서 죽는 것까지 경험을 하셨다는 뜻입니다. 그래서 서머나 성도들은 예수님과 동일한 고난을 당하고 있는 것입니다. 놀라운 것이 무엇인가 하면 성도들이 고난을 받으면 받을수록 더욱 더 예수님과 하나 되는 것을 느끼게 됩니다. 우리가 편안하게 살 때에는 천국이나 예수님이 멀리 느껴지고 세상이 너무 좋은 것 같은데 고난을 받으면 이 세상 현실은 사실 영화장면같이 비현실적이고 주님과 천국이 실제적으로 느껴지게 됩니다.

그리고 지금 성도들은 예수님과 하나이기 때문에 이 모든 고난은 예수님도 같이 느끼고 계시는 것을 보여줍니다. 예수님은 교회의 머리이기 때문에 머리와 몸은 연결되어 있습니다. 그래서 이들이 당하는 고통은 모두 주님이 당하시는 것이며 머리로 돌아가고 있다는 것을 말씀하시는 것입니다. 예수님은 죽었다가 다시 살아나셨기 때문에 그 부활의 능력을 고난당하는 교회에 부어주십니다. 그래서 우리가 인간적으로 생각하기에는 꼭 교회가 망할 것 같고 죽을 것 같은데 망하지 않고 다시 살아납니다. 왜냐하면 그 안에 부활의 능력이 있기 때문입니다.

실상은 너희가 부요한 자라

9절 내가 네 환난과 궁핍을 아노니 실상은 네가 부요한 자니라 자칭 유대인이라 하는 자들의 훼방도 아노니 실상은 유대인이 아니요 사탄의 회라

겉으로 보기에 서머나 교회는 물질적으로 가장 가난한 교회였습니다. 서머나 교인들은 모두 가난한 자들이었고 교회도 너무나도 가난하고 어려웠습니다. 그런데 예수님은 너희가 가장 부요한 자라고 말씀하셨습니다. 그 이유는 이들이 믿음에 가장 부요한 자들이었기 때문입니다.

서머나 교회에는 두 가지 어려움이 있었습니다. 그 하나는 서머나에게는 예수 믿는 자들에 대한 공격이 있었습니다. 서머나에서는 누구든지 예수 믿는다고 하고 교회를 다닌다고 하면 그 사회에서는 테러를 당할 각오를 해야만 했습니다. 그리고 서머나에서 예수 믿는 사람들은 경제적인 활동을 할 수가 없었습니다. 왜냐하면 모든 경제권을 유대인들이 다 쥐고 있었기 때문에 예수 믿는 사람들은 장사를 할 수가 없었습니다. 그래서 서머나의 기독교인들은 모두 가난했습니다.

우리 예수 믿는 사람들은 양이기 때문에 강한 사람들을 이길 수가 없습니다. 우리는 모두 예수 믿을 때에 우리가 가지고 있던 혈기와 공격용 무기를 다 버렸습니다. 이제는 이빨도 없고 발톱도 없습니다. 우리가 그런 상태에서 다른 사람들의 공격을 당하면 이길 수가 없습니다. 그리스도인들이 할 수 있는 것은 기껏해야 도망치거나 숨는 것이었습니다. 그래서 서머나의 기독교인들을 늘 불안했고 가난했으며 물질적으로 어려웠습니다.

그러나 주님이 이들에 대하여 '실상은 네가 부요한 자라'고 하셨습니다. 이것은 참으로 놀라운 위로의 말씀이었습니다. 서머나 교회는 늘 환난 가운데 있고 교인들은 궁핍했지만 그들 안에는 정말 이 세상에 없는 것들이 가득했습니다.

저는 우리 부부가 정말 어렵고 힘들 때를 말씀 하나로 지날 때 사진을 본 적이 있습니다. 그때 우리는 늘 웃고 있었고 기뻐하고 있었습니다. 저는 그 사진을 보면서 많은 생각을 했습니다. 그때 우리는 무엇 때문에 그렇게 웃으면서 사진을 찍을 수 있었던가? 그 이유는 우리는 세상 것은 궁핍했지만 믿음에 있어서 부요한 사람이었습니다. 그때 우리는 작은 아파트에 모이고 말씀이 끝난 후에는 다 같이 라면을 끓여 먹었고 그 중에는 신앙이 너무 약한 사람들도 있었고 우리에게는 걷히는 헌금도 거의 없었지만 너무나도 행복했던 시절이었습니다. 왜냐하면 우리의 삶 전체가 기적이었기 때문입니다. 그리고 우리는 모든 것을 어떻게 하든지 성경 그대로 살려고 했습니다. 우리는 유명해질 필요도 없었고 권위 있는 체 할 필요도 없었습니다.

우선 서머나 교회 안에서는 세상 것이 없었기 때문에 기도로 하나님께 매달리지 않을 수가 없었습니다. 서머나 교인들은 사람을 기대하거나 바라볼 수가 없었습니다. 그래서 그들은 오직 살아 계신 예수님만 바라보고 기도로 매달리니까 그들에게는 언제나 천국의 은혜와 사랑이 충만했습니다. 서머나 교인들은 서로를 너무나도 사랑했습니다. 특히 각 사람들이 어려움 가운데도 믿음을 지켜주는 것이 너무나도 고마웠고 특히 함께 모이는 것 자체가 너무 감사했습니다. 그러니까 서머나 교회 성도들은 서로를 자랑스럽게 생각했습니다.

그리고 서머나 교회 안에는 진리가 풍성했습니다. 서머나 교인들이 할 수 있는 것은 다른 것이 없었습니다. 그들은 함께 모이면 하나님의 말씀을 배우는 것이었습니다. 그런데 바로 이 하나님의 말씀이 말로 표현할 수 없는 보배요 능력이었던 것입니다. 그리고 이 교회 안에는 기도의 응답이 풍성했습니다. 기도하기만 하면 응답이 나타났고 기도하기만 하면 병이 치료되었습니다. 그러니까 이 교회는 돈만 없을 뿐이지 실제로 너무나도 많은 하나님의 은혜가 있었습니다. 우리는 세상적인 것으로 부요한 것이 결코 부요한 것이 아니라는 사실을 알아야 합니다. 오직 부요한 것은 그리스도에게 있습니다. 그래서 중요한 것은 얼마나 그리스도의 은혜가 중간에 막히지 않고 우리에게 오느냐 하는 것입니다,

서머나 교회에는 하나님과 그들 사이에 막힌 것이 아무것도 없었습니다. 그들이 드리는 기도는 바로 그들의 머리 되신 그리스도께 직행하는 것이요 이들과 예수님 사이에는 완전히 직통한 은혜의 관이 뚫려 있었습니다. 주님은 그들이 드리는 모든 기도를 들으셨고 또 그들이 구하지 아니한 것까지 채워주셨습니다. 이 교회는 가장 어려웠지만 성도 사이의 사랑은 가장 풍성했습니다.

우리가 하나님 앞에서 부요한 것이란 어떤 것입니까? 그것은 우리가 세상적으로 부요한 것이 아닙니다. 우리 안에 진리가 풍성한 것이고 믿음이 부요한 것입니다. 그리고 다른 사람에 대한 사랑이 풍성한 것입니다. 서머나 교인들은 사랑을 실천할 수 있는 것이 많았습니다. 왜냐하면 환난과 핍박 때문에 붙들려 간 사람도 많고 돌보아 주어야 할 아이들도 많았기 때문입니다. 우리 주위에 어려운 사람들이 많이 있는 것이 복된 것입니다. 왜냐

하면 우리에게 사랑을 실천할 수 있는 기회가 많기 때문입니다.

그런데 서머나 교회의 다른 어려움은 자칭 유대인이라는 자들의 모임이었습니다. 이들은 자기들을 유대인이라고 부르면서 교회를 이단이라고 비난하고 공격했습니다. 아직 이때까지는 유대인들이라고 하면 그래도 하나님을 잘 믿는 사람들로 통했습니다. 하나님을 잘 믿는다고 하는 자들이 교회를 이단이라고 하니까 서머나 교회는 기가 죽을 수밖에 없었습니다. 그러나 주님은 이들이 '실상은 유대인이 아니요 사탄의 회라'고 하십니다.

요즘도 이단들이 버젓이 교회나 기독교라는 이름을 사용하고 있습니다. 그러나 그들은 진정한 교회가 아니고 사탄의 회입니다. 여기서 사탄의 회라고 하는 것은 마귀들의 집합소라는 뜻입니다. 거기서 온갖 더러운 음모와 악한 짓들이 다 나온다는 뜻입니다. 하나님을 섬긴다는 자들이 타락하면 불신자가 되는 것이 아니라 사탄의 회가 됩니다.

서머나 교회에 필요한 것이 무엇이었습니까? 그것은 사람들이 하는 소리를 듣지 말고 또 자신들의 가난하고 궁핍한 모습을 보지 말고 오로지 주님이 교회에 하시는 말씀만 붙드는 것입니다. 우리가 하나님의 말씀을 듣지 않으면 서머나 교회야말로 가장 비참하고 믿음이 없는 사람들인 것 같은데 그들이 주님의 말씀을 들으면 그들이 가장 부요한 자들이고 복 받은 자들로 변하는 것입니다. 그래서 우리는 세상에서 다른 사람들이 보는 나의 모습과 말씀을 통해서 주님이 나에게 보게 하시는 모습이 너무나도 달라서 혼동을 겪을 때가 많습니다. 그럴 때마다 주님의 말씀으로 자신을 깊이 묵상하시기를 바랍니다. 마치 여인이 거울 앞에서 자신의 사랑스러운 모습을 오래 바라보고 있듯이 우리도 주님의 말씀으로 자신의 모습을 깊이 묵상하시기 바랍니다. 그러면 세상에서는 가난한 내가 참으로 복 받은 자이고 아름다운 자이구나 하는 것을 깨닫게 됩니다. 우리가 이것만 확인이 되면 외적인 어려움은 다 이길 수 있습니다. 지금 내가 바른 길을 가고 있는 것만 확인이 된다면 아무리 어렵고 궁핍하더라도 두려워 할 것이 없습니다.

죽도록 충성하라

10절 네가 장차 받을 고난을 두려워 말라 볼찌어다 마귀가 장차 너희 가운데서 몇 사람을 옥에 던져 시험을 받게 하리니 너희가 십 일 동안 환난을 받으리라. 네가 죽도록 충성하라, 그리하면 내가 생명의 면류관을 네게 주리라

예수님께서는 고난 가운데 있는 서머나 교회를 향하여 멀지 않아서 고난이 끝나게 해 주겠다고 말씀하시지 않으셨습니다. 또 주님은 그들에게 얼마 있지 않아서 모두 부자가 되게 해주겠다고 약속하지 않으셨습니다. 주님이 서머나 교회에 알려 주신 소식은 앞으로 이런 고난이 계속될 것이라는 것입니다. 그들 중 신실한 형제 몇 명은 옥에 던지워질 것이며 거기서 그들이 시험 받을 것이라고 했습니다. 여기서 시험이라는 것은 감옥에서 많은 고통을 받는 것을 말하는 것입니다. 그러나 주님은 서머나 교인들을 향해서 '네가 죽도록 충성하라'고 말씀하십니다. 이것은 너희들은 목숨 걸고 너희들에게 주어진 복음을 지키라고 말씀하시는 것입니다.

그 이유는 서머나 교회에 주어진 복음이야말로 모든 사람들을 살리는 생명의 약이며 그들의 모임이야말로 세상의 심판을 막는 성전이기 때문입니다.

예수님은 서머나 교회의 목회자와 성도들에게 지금까지 잘 달려왔는데 앞으로도 이런 식으로 계속 충성하며, 살려고 하지 말고 죽으려고 하라는

것입니다. 즉 예수님은 서머나 교회를 향해서 그들이 주님의 이름과 하나님의 말씀에 죽도록 충성하라는 것입니다.

요즘 우리나라의 많은 교회들이 닮고 싶어 하는 교회들이 있습니다. 그런 교회들은 세미나를 열어서 우리나라 많은 교회에 좋은 도전을 주고 있습니다. 그런데 그런 교회의 약점이 무엇입니까? 환난과 시험을 당했을 때 어떻게 하느냐 하는 것이 빠져 있는 것입니다. 지혜로운 교회는 평안할 때에 미리 어려움과 시련을 당겨서 몸소 체험하고, 그리고 편안하고 풍족할 때에는 고난에 대비하여 교인들을 준비시키는 교회입니다. 그러나 사람을 기쁘게 하는 중심으로 신앙생활을 하면 어려움이 왔을 때 실패할 수밖에 없고 겉으로는 화려하지만 실제로는 아무 능력이 없는 교회인 것입니다.

무엇보다 우리들에게 잘못된 기대나 희망은 우리를 약하게 만들 수 있습니다. 고난이 더 길어지고 더 심해질 것임에도 불구하고 아무 일이 없을 것이라는 식으로 알게 된다면 결코 그 고난을 이기지 못합니다. 고난이 길면 길다고 해주어야 마음으로 대비를 하게 됩니다. 그래서 거짓된 위안은 위안이 아닙니다. 오히려 그것은 그릇된 기대를 가지게 함으로 마음을 약하게 할 뿐입니다. 교회가 교인들에게 무조건 낙관적으로 모든 것이 잘될 것이라고 말하는 것은 결코 정직한 것도 아니기 때문입니다.

기왕에 옥에 갇힐 것이며 또 순교의 피를 흘려야 할 것이라면 처음부터 담대하여 비굴하지 않게 대처할 수 있도록 해주어야 합니다. 기왕 병으로 죽게 될 것이라면 죽음을 준비하게 해주는 것이 좋습니다. 주님은 우리 그리스도인들이 비굴해지는 것을 원치 않으십니다.

예수님은 서머나 교회가 환란당하는 기간이 '십 일'동안이라고 말씀하셨습니다. 여기서 '십 일'이라고 하는 것이 문자적인 '십 일'을 말하는 것은 아닙니다. 원래 성경적으로 '십 일'이라는 것은 충분한 기간을 의미하는 것입니다.

우리 성도들에게 어려운 시련이 올 때 대개 '십 일' 정도 온다고 생각하면 좋습니다. 즉 '십 일'이라고 하는 것은 너무 짧은 기간도 아니고 너무 긴 기간도 아니고 신앙적으로 연단을 받는데 충분한 기간을 말합니다. 예를 들어, 우리가 연단 받는 기간이 너무 짧으면 우리는 덜 변하게 될 것입니다. 그래서 우리는 조금 편해지고 사람들이 알아주면 원래 교만하던 상태로 돌아가 버릴 것입니다. 그러나 연단 기간이 너무 길면 우리는 기가 죽어버리고 폐인이 되어버려서 아무것도 하지 못할 것입니다. 그래서 '십 일'은 너무 긴 기간도 아니요 그렇다고 너무 짧은 기간도 아닙니다. 이 십 일은 우리를 정결케 하고 영적으로 거룩하게 하는데 충분한 기간을 의미하는 것입니다.

주님은 서머나 교인들에게 '죽도록 충성하라'고 하십니다. 이것은 고난 가운데 살려고 여러 가지 인간적인 방법을 쓰지 말고 그 가운데서 죽을 생각을 하라는 것입니다.

그러나 우리가 죽을 각오를 하면 그 가운데 길이 있고 생명이 있는 것입니다. 우리에게 어떤 어려움이 왔을 때 우리가 살려고 하면 신앙을 잃게 됩니다. 그러나 우리가 죽었다고 생각하고 그 어려움 가운데로 더 깊이 들어가면 살 길이 생기게 됩니다. 그래서 우리는 고난을 싫어하거나 거부해서는 안 됩니다.

11절 귀 있는 자는 성령이 교회들에게 하시는 말씀을 들을찌어다 이기는 자는 둘째 사망의 해를 받지 아니하리라

'귀 있는 자'라고 하는 것은 어려운 환란 중에도 주님의 말씀을 들으려고 하는 자들을 의미합니다. 우리는 다른 것은 몰라도 주님의 말씀을 들을 수 있는 귀가 있어야 합니다.

특히 우리가 어려움 가운데 있을 때에는 우리의 영의 귀가 매우 예민해

져서 주님이 어떤 사인을 보내시든지 다 들을 수 있습니다. 사실 우리가 환란과 핍박이 있을 때에는 주님의 말씀을 들을 때입니다. 이기는 자는 '둘째 사망의 해'를 받지 아니하리라고 약속하십니다.

'둘째 사망'이라고 하는 것은 이 세상을 믿음으로 행하지 않아서 하나님의 심판대에서 영원한 지옥의 형벌을 받는 것을 말합니다. 주님은 서머나 교인들에게 고난 받는 것과 죽는 것이 전부가 아니라고 말씀하십니다. 왜냐하면 이 뒤에 두 번째 사망이 있기 때문입니다.

사람은 한번 죽는 것이 아니라 두번 죽습니다. 한번은 육신의 생명이 죽는 것이요 다른 한번은 하나님의 심판대에서 영원한 지옥의 형벌을 받게 되는데 그것이 진짜 사망입니다.

우리 인간들이 이 세상에 사는 것은 영원한 생명과 사망의 시험을 치는 것과 같습니다. 이 세상에서 주님의 말씀으로 인하여 끝까지 충성하면 영원한 생명을 얻습니다. 그러나 죽음이 두려워서 주님의 이름을 부인하면 영원한 두 번째 지옥에 들어가게 되는 것입니다. 주님은 우리가 이 세상에서 예수를 믿는다고 모든 것이 다 끝났다고 말씀하시지 않습니다. 끝까지 견디어야 하고 어떤 시험과 어려움이 오더라도 주님의 이름을 부인하지 말아야 영생의 축복을 얻게 됩니다.

그래서 주님은 우리를 그냥 죄 많은 상태로 천국에 데려가지 아니하시고 마지막 연단을 통해서 다시 한 번 우리 안에 있는 교만과 죄악을 짜내십니다. 이것을 하나님의 '짤순이'라고 부르는 것입니다. 그래서 신앙이 좋은 분들도 마지막에 암이나 중풍으로 다시 한 번 연단을 받고 영생에 들어갑니다. 이것을 생각할 때 우리가 영생을 너무 쉽게 생각해서는 안 되겠습니다.

특히 저희들은 환난과 핍박이 적은 세상에서 살고 있습니다. 이때 무서운 것이 손만 벌리면 얼마든지 죄를 지을 수 있는 유혹이 도처에 널려 있는 것입니다. 이럴 때 죽을 각오를 하고 죄를 짓지 말아야 합니다. 아무리 다른 사람들은 다 타락해서 정욕대로 산다고 해도 우리 성도들은 목숨을 걸고 죄를 짓지 말아야 합니다.

우리에게 진리는 목숨과 같습니다. 우리가 진리를 빼앗기면 영혼을 도둑질 당하는 것과 같습니다. 끝까지 진리를 지킴으로 둘째 사망의 심판을 이기고 주님께 승리의 보고를 드리는 성도들이 되시기를 바랍니다.

CHAPTER • 06

순결을 잃은 교회

요한계시록 2:12-17

옛날 우리나라 여성들은 순결을 생명처럼 생각했습니다. 그래서 딸이 시집을 가게 되면 어머니는 딸에게 조그만 은장도 칼을 하나 주십니다. 즉 이 칼은 혹시 누군가가 와서 겁탈을 하려고 하면 가슴을 찔러서 죽으라는 칼이었습니다. 요즘은 서양의 사고방식이 우리나라에 들어와서 예수 믿지 않는 사람들 사이에는 성적 순결을 중요하게 생각하지 않는 경향이 있습니다. 서양에서는 십대가 성적인 순결을 가지고 있으면 게이라고 놀리기 때문에 원치 않아도 성적인 순결을 버리는 경우가 있습니다. 그런데 이 서구 사람들이 예상치 못했던 세력이 바로 이슬람입니다. 이슬람 사람들은 이런 서구의 타락한 성 문화를 사탄의 사고방식이라고 해서 적대시하고 있습니다. 성적인 순결은 인간의 자유의 문제가 아니고 우리 자신이 하나님 앞에서 지켜야 할 약속인 것입니다. 아마 이 세상에서 남자나 여자나 성적인 순결 없이 자유분방하게 사는 사람들을 존귀하게 생각하는 사람은 단 한 명도 없을 것입니다. 서구에서도 워낙 지금은 동성연애자들이 많기 때문에 드러내어 놓는 것이지 자기 스스로도 존귀하다고 생각하지는 못할 것입니다. 그러나 사람들은 성적인 순결만이 아니라 자기 자신이 무엇을 하든지 자신의 순결을 지킬 필요가 있습니다. 예를 들어, 학교 선생님은 선생님으로 지켜야 할 순결이 있고, 목회자는 목회자로 지켜야 할 순결이 있고, 의사는 의사로서 지켜야 할 순결이 있습니다.

제가 어렸을 때 저보다 세살이 많은 형의 선생님은 얼마나 무서운 분이셨는지 수업 중에는 대통령이 와도 교실 문을 열어주지 않는다는 분이셨습니다. 아마도 그 선생님은 엄마들의 치마 바람을 막기 위해서 그렇게 하신 것 같습니다. 그 선생님은 아이들을 엄하게 대하셨고 공부도 철저히 가르치셨습니다. 그런데 그 대신 아이들을 사랑으로 대하실 때에는 엄청난 사랑으로 대하셨습니다. 그때 학생들이 모두 가난해서 교복을 살 돈이 없으니까 사모님이 천을 사다가 교복을 만들어서 아이들에게 입혀주시기도 하셨습니다. 그리고 그 무서운 선생님이 수업 중에 교실 문을 열어주는 경우가 딱 한 사람이 있었는데 그것은 저였습니다. 제가 형의 도시락을 가지고 가면 뒷문을 열어주게 하셨습니다. 어렸을 때 제가 선생님에 대하여 가진 이미지는 돈에 대하여 초월하시고 무섭고 엄하시지만 참으로 사랑이 있는 선생님의 모습이었습니다. 그러나 요즘은 학생들이나 학부모는 더 이상 교사를 존경하지 않습니다. 또 의사도 사람의 병을 고치고 생명을 살리는 사람들이기 때문에 연령을 떠나서 모두 '선생님'이라고 하면서 존경했는데 이제는 돈 때문에 의사에 대한 존경도 허물어지고 있습니다.

옛날에 교인들이 가지고 있던 목사의 이미지는 너무나도 가난한 것이었습니다. 그때에는 교인들이 전부 가난하니까 목사도 가난할 수밖에 없었습니다. 그 대신 교인들은 목사님을 너무나도 존경했고 어려워하였으며 목사님이 집에 한번 심방 오시는 것을 교인들은 굉장한 기쁨으로 생각을 했습니다. 그리고 교인들이 밭에서 따가지고 온 호박잎이나 고추를 가지고 대청마루에 앉아서 보리밥을 맛있게 드시는 목사님의 모습을 생각합니다. 전통적으로 성경이 보여주고 있는 목회자의 모습은 목자의 모습입니다. 예수님께서는 선한 목자는 양들을 위하여 목숨을 버린다고 말씀하셨습니다. 목자는 늑대나 도둑들이 양들을 훔쳐가지 못하도록 정신적으로나 신앙적으로 양들을 지키는 일을 합니다. 그래서 우리나라 목회는 심방이 중요한 부분을 차지했고 심방으로 교회가 부흥되었습니다.

그러나 이제는 도시화가 이루어지면서 교인들의 지적 수준이 아주 높아지게 되었습니다. 그래서 이제는 교인들이 옛날같이 농사나 짓는 양들이 아닙니다. 이제는 교인들의 수준이 아주 높아지게 되었고 또 세상에서 아주 다양한 직업에서 매일매일 수많은 문제에 부딪치면서 살아가고 있습니다. 그리고 이제는 목회자에게도 많은 것을 기대하고 요구하게 되었습니다. 그래서 오늘의 목회자가 되기 위해서는 설교도 잘 해야 하고 기도해서 병을 낫는 능력도 있어야 하고 음악도 잘 해야 하고 사회봉사도 잘 해야 하며 세상적으로도 유명한 사람이 되어야 한다고 생각하는 것입니다.

많은 목사들이 지성인들이나 부자들이 많이 모이는 지역에 멋진 교회를 맡아서 담임하면서 최고급 차를 타고 다니고 사회의 아주 유명한 사람들과 어울리는 성공한 목회자가 되고 싶어 합니다. 사실 요즘은 유명한 교회 목사님들은 사회적으로 성공한 사람 이상의 대접을 받고 텔레비전 방송의 탤런트 이상으로 인기가 있고 수입도 높으며 외국도 뻔질나게 돌아다니는 것입니다. 그러나 목사는 교인들이 자기에게 바라는 것이 무엇이냐 하는 것보다는 자기 자신이 하나님 앞에서 어떤 사람이 되어야 하느냐 하는 것이 더 중요합니다.

이제는 목회자가 단지 교인들이 다른 곳으로 가지 못하도록 붙들고 있는다고해서 되는 것이 아니라 목사는 성경에 있는 지혜와 능력을 교인들에게 제공해 주어서 세상에서 이길 수 있도록 해주어야 합니다. 그 다음에 목사는 절대로 팔방미인이 될 수 없습니다. 목사는 오직 한권의 책 성경책에 헌신한 사람이 되어야 합니다. 그래서 목사는 오직 성경의 진리로 교인들이 부흥이 일어나게 해야 하고 세상의 죄와 유혹을 물리칠 수 있게 해야 합니다. 그렇지 않고 목사가 세상의 성공을 탐하고 돈을 사랑하며 하나님의 말씀보다는 인간의 방법으로 목회를 한다면 그는 순결을 잃은 목회자인 것입니다.

소아시아에 있는 일곱 교회 중에서 목회자들이 세속화된 대표적인 교회가 버가모 교회였습니다. 소아시아의 지도를 보면 밑에서부터 수직으로 에베소, 서머나, 버가모 순으로 도시가 있는 것을 볼 수 있습니다. 어떤 역사가는 말하기를 버가모가 소아시아에서 가장 뛰어난 도시였다고 칭송을 하였는데 그 이유는 로마에 항복하기 전에 헬라 문화가 가장 꽃피웠던 곳이라고 합니다. 버가모에는 무려 20만권의 장서를 갖춘 도서관이 있었다고 합니다. 그런데 이 버가모가 로마에 항복을 하면서 가장 열렬하게 로마를 추종하는 도시가 되었습니다. 버가모가 얼마나 로마에 과잉 충성을 했는가 하면 황제가 아직 살아 있는데도 황제를 숭배하는 신전이 두 곳이나 세워질 정도였고 황제 숭배 운동이 가장 적극적으로 일어난 곳이기도 합니다. 그래서 사람들은 버가모를 정신적인 창녀로 생각을 했습니다. 왜냐하면 버가모는 로마에 항복하기 전에 헬라 문화를 꽃피웠고 최고로 많은 장서를 가진 도서관을 가진 도시였는데 항복한 후에는 전혀 자존심을 지키지 못하고 로마에 엎드려서 시키지도 않은 황제 숭배로 로마에 아첨을 한 도시입니다. 그래서 이 버가모에는 교인들 사이에 극적인 대립의 양상이 보여지고 있었습니다. 즉 버가모에서 세상에 타협하는 목회자나 교인들은 사회에서 아주 우대를 받고 귀족과 같은 생활을 했습니다. 거기에 비하여 세상에 타협하기를 거부하는 목회자나 교인들은 가난했고 핍박을 받았으며 심지어는 순교를 당하는 일까지 일어나게 되었습니다. 물론 세상 사람들이 보기에는 신앙 때문에 세상과 타협하지 않고 핍박을 받고 심지어는 순교까지 당하는 사람들은 고집스러운 자들이었고 융통성이 없는 미련한 자들도 보였을 것입니다. 그런데 예수님께서는 변절한 자들을 칼로 치시는 여호와의 사자의 모습으로 나타나셨습니다. 즉 예수님의 눈에는 세상과 타협해서 호의호식하고 존경받는 목회자들이야말로 구약 시대 모압 왕에게 매수되어 이스라엘 백성들을 저주하려고 했던 발람과 같았던 것입니다. 버가모에는 발람의 교훈을 따르는 목회자들이 많이 있었습니다. 예수님은 그들을 예수님의 입에서 나오는 검으로 치시겠다고 말씀하셨습니다.

좌우에 날선 검을 가지신 분

우선 버가모 교회에 대하여 예수님은 좌우에 날선 검을 가지신 분으로 소개하고 있습니다. 즉 옛날 좌우에 날선 검을 가진 사람의 이미지라고 하면 검투사라고 하든지 아니면 장군의 모습일 것입니다. 예수님은 버가모 교회에 대하여 적과 싸우는 검투사의 모습으로 나타나셨습니다.

12절 버가모 교회의 사자에게 편지하기를 좌우에 날선 검을 가진 이가 가라사대

예수님께서 좌우에 날선 검을 가진 분으로 말씀하실 때 우리는 구약 성경의 두 가지 사건을 기억하게 됩니다.

우선 하나는 여호수아가 요단강을 건넌 후 여호와의 군대 장관을 만났을 때의 모습입니다. 여호수아는 기적으로 요단강을 건넌 후 여리고 평지에서 다른 어떤 일보다 하나님의 말씀에 순종해서 이스라엘 백성들에게 할례를 행하게 했습니다. 사실 이스라엘 백성들이 가나안 땅에 들어간 후 요단강을 뒤에 두고 할례를 행했다는 것은 너무나도 위험한 일이었습니다. 그러나 이때만 해도 이스라엘 백성들은 거의 무모할 정도로 하나님의 말씀

에 순종을 했습니다. 이때 여호수아는 여리고성을 돌아보다가 한 번도 본 적이 없는 장수를 만나게 되었는데 그분이 바로 여호와의 군대 장관이었습니다. 이때 하나님의 군대 장관은 칼을 빼어 들고 서 있었는데 여호수아에게 네 발에서 신을 벗으라고 명령하셨습니다. 발에서 신을 벗는 것은 종들이 하는 것이었습니다. 여호와의 사자는 여호수아에게 너는 나의 종이니까 네 마음대로 행동하지 말고 오직 나의 명대로만 행하라고 지시한 것입니다. 하나님께서는 죄악이 가득한 가나안 땅을 정복하는 것을 여호수아가 할 일이라고 하시지 않고 하나님 자신의 일이라고 하셨습니다.

우리가 이 세상에서 공부하고 장사하고 직장 생활하는 것은 나의 일이 아니고 하나님의 일입니다. 그래서 우리는 발에서 신을 벗어야 합니다. 오로지 예수님의 뒤만 따라가야 이길 수 있지 그렇지 않으면 주님의 칼에 먼저 맞을지도 모릅니다.

또 하나의 사건은 이스라엘 백성들이 출애굽했을 때 발람이라는 선지자의 경우입니다. 발람은 하나님께서 이스라엘 백성들을 저주해서는 안 된다고 말씀하신 것을 알았습니다. 그러나 발람은 모압왕 발락의 돈을 받고 싶었기 때문에 이스라엘 백성들을 저주하기 위해서 길을 떠났습니다. 그런데 발람이 길을 가는 중간에 나귀가 앞을 가지 못하고 멈추어 서버렸습니다. 그래서 작대기를 가지고 나귀를 때렸더니 나귀가 앞으로 가지 못하고 옆으로 피하면서 발람의 다리에 상처가 나게 했습니다. 발람은 너무 화가 나서 나귀에서 내려서 나귀를 때렸습니다. 그때 나귀가 갑자기 말을 했습니다. 나귀는 발람에게 '왜 나를 때리느냐'하면서 '앞을 보라'고 했습니다. 발람 선지 앞에서는 여호와의 사자가 칼을 들고 서 있었습니다. 즉 하나님의 사자는 돈에 매수되어 죄를 지으러 가는 선지자를 치기 위해서 길을 막고 서 있었던 것입니다. 이 여호와의 사자를 나귀는 보았지만 선지자는 보지 못했습니다. 즉 돈에 매수된 선지자는 나귀보다 더 눈이 어두웠던 것입니다.

여기서 좌우에 날선 검을 빼어 들고 계신 예수님의 모습은 세상의 욕심에 마음이 빼앗겨서 타락된 길로 가는 주의 종들을 치시기 위한 칼이며 또 한편으로는 교회 안에서 세상의 타락한 풍조를 끌고 들어오는 사람들을 치시기 위한 칼인 것입니다. 예수님께서는 우상 숭배와 음행으로 더럽혀진 이 세상을 여호수아의 칼날로 정복하기를 원하십니다. 그리고 자신의 교회를 절대적으로 순결하게 지키기 위하여 칼을 빼어 들고 지키시는 장수의 모습을 하고 있습니다.

안디바의 순교

사탄은 버가모 교회를 아주 심하게 공격했습니다. 그래서 버가모 교회에서는 로마 황제에게 분향하고 절하지 않는다고 해서 이미 순교를 당한 사람이 생기게 되었습니다.

13절 네가 어디 사는 것을 내가 아노니 거기는 사탄의 위가 있는 데라 네가 내 이름을 굳게 잡아서 내 충성된 증인 안디바가 너희 가운데 곧 사탄의 거하는 곳에서 죽임을 당할 때에도 나를 믿는 믿음을 저버리지 아니하였도다

예수님은 버가모 교회에 대하여 '네가 어디 있는 것을 아노니 거기는 사탄의 위가 있는 곳'이라고 했습니다. 여기서 '사탄의 위'라고 하는 것은 사탄의 본부가 있는 곳이라는 뜻입니다.

물론 버가모에는 거대한 신전이 네 개나 있었습니다. 대표적인 것이 제우스의 신전이고 뱀을 숭배하는 신전도 있었습니다. 그리고 로마 황제의 신전도 두 곳이나 있었습니다.

지방 어느 곳에 가보면 유달리 우상 숭배가 심한 곳이 있습니다. 그리고 거기에는 아주 큰 사찰이나 이방 종교의 본부가 있는데 영적으로 아주 어둡고 분위기도 좋지 못한 것을 느낄 수 있습니다. 일본에서 여행을 해보면 유달리 절이 많고 신사가 많은 곳들이 있습니다. 그런 곳은 대개 사람들이 더 침체되어 있고 우상에 사로잡혀 있는 것을 볼 수 있습니다.

그런데 소아시아에서 황제 숭배 운동의 본부는 버가모였습니다. 아마도 버가모에는 아주 강력한 황제 숭배를 신봉하는 집단이 있었던 것 같은데 그들이 정부와 손을 잡고 과잉 충성하는 열심을 내었던 것 같습니다. 그래서 '사탄의 위'라고 하는 것은 아주 적극적으로 그리스도를 대적하는 운동이 벌리는 것을 말합니다. 그래서 버가모에 있는 교회는 소아시아의 다른 어느 곳보다 이 황제 숭배의 친위 세력들의 공격의 대상이 되었습니다.

'네가 내 이름을 굳게 잡아서 내 충성된 증인 안디바가 너희 가운데 곧 사탄의 거하는 곳에서 죽임을 당할 때도 나를 믿는 믿음을 저버리지 아니하였도다'

이때 버가모 교회에서는 안디바라는 성도가 황제 숭배자들에게 붙들려 가서 황제 상에 분향하지 않는다고 순교를 당하는 일까지 일어나게 되었습니다.

'안디바'가 어떤 사람인지는 알 수 없지만 그는 실제로 생존했던 사람이며 예수님께서는 그가 신앙을 지키기 위해서 끌려갔으나 끝까지 우상에게 절하지 아니하고 믿음을 지키다가 순교한 것을 알고 계셨습니다. 아마도 안디바는 우리나라의 주기철 목사님 같은 분이었던 것 같습니다. 주기철 목사님 같은 분도 신사 참배하지 않는다고 일본 경찰에 끌려가서 많은 매를 맞고 결국은 경찰서 안에서 순교를 당하셨습니다. 버가모의 황제 숭배자들은 안디바를 끌고 가서 황제의 상에게 절하게 하고 분향을 바칠 것을 강요했지만 안디바는 끝까지 믿음의 순결을 지키고 순교를 당했습니다. 사실 이 세상에서 순교로 죽는 죽음보다 더 고통스럽고 비참한 죽음은 없을 것입니다. 그럼에도 불구하고 성도들이 이런 죽음을 당한 이유는 자신들을 위하여 십자가에 죽으신 주님을 배신할 수 없었기 때문입니다. 주님은 나를 위하여 십자가 위에서 몇 시간 동안 못에 달려 있었는데 내가 이 죽음의 고통을 이기지 못하면 안 된다고 생각했던 것입니다. 우리가 이 세상에서 볼 때 신앙 때문에 순교당하는 것이 가장 어리석은 것 같지만 하나님 앞에서는 순교가 가장 상이 큽니다. 결국 우리가 이 세상에서 편안하게 믿으면 주님 앞에서 상이 없을 것입니다. 더욱이 우리가 이 세상에서 내 하고 싶은 일만 실컷 하고 아까운 인생을 정욕을 위해서 살다가 죽으면 정말 주님 앞에서 받을 상이 없을 것입니다.

그런데 버가모 교인들은 안디바의 죽음으로 큰 용기를 내었습니다. 왜냐하면 어떤 한 성도가 죽음을 당하면서까지 신앙을 지키면 다른 모든 성도들에게도 힘이 생기게 됩니다. 왜냐하면 지금까지 머리로 믿는 신앙이 한 성도의 죽음을 통해서 구체적으로 마음에 와 닿기 때문입니다. 그래서 다른 교인들도 갑자기 용기가 생기면서 나도 이런 악한 세력에 굴복하지 않고 싸워서 이겨야 되겠구나 하는 용기가 생기게 되는 것입니다. 그래서 안디바를 죽임으로 믿음의 불을 끄려고 했던 마귀의 작전이 실패하고 말았습니다.

마귀는 처음에는 무식한 방법으로 신앙을 탄압하려고 합니다. 마귀는 우상을 하나 세워놓고 무조건 거기 절할 것을 강요하고 절하지 않는 자를 때리거나 고문을 가합니다. 그러면 교인들은 모두 다 신앙을 버리고 우상에게 절할 것 같은데 이런 방법으로 사탄은 교회를 이길 수가 없었습니다. 왜냐하면 이런 핍박이 일어남과 동시에 교인들은 전부 일제히 잠에서 깨어나 경계 상태로 돌입하기 때문입니다. 핍박이 일어나면 교인들 중에서 영적인 잠을 자는 사람이 아무도 없습니다. 교인들은 모두 깨어서 기도를 합니다. 교인들이 모두 모여서 부르짖으면서 기도할 때 마귀는 절대로 교회를 이길 수가 없습니다. 마귀가 교회를 이기려면 교회를 잠들게 해야 하며 기도하지 못하게 해야 하며 안심하게 해야 하는 것입니다.

발람의 교훈

버가모 교회는 이런 외적인 박해는 잘 견디어 내었습니다. 그러나 버가모 교회는 속으로 파고 들어오는 사탄의 유혹은 이겨내지 못했습니다.

> **14, 15절** 그러나 네게 두어 가지 책망할 것이 있나니 거기 네게 발람의 교훈을 지키는 자들이 있도다. 발람이 발락을 가르쳐 이스라엘 앞에 올무를 놓아 우상의 제물을 먹게 하였고 또 행음하게 하였느니라. 이와 같이 네게도 니골라당의 교훈을 지키는 자들이 있도다

주님께서는 '두어 가지 책망할 것이 있도다'라고 말씀하십니다.

여기서 '두어 가지'라고 하는 것은 버가모 교회의 잘못이 두세 가지 밖에 없다는 뜻이 아닙니다. 여기서 '두어 가지'라고 하는 것은 결코 많은 잘못은 아니지만 그냥 넘어갈 수 없는 심각한 잘못이라는 뜻입니다. 교회가 부패하는 것은 많은 부분이 틀렸기 때문이 아닙니다. 교회는 한두 가지일지라도 중요한 진리가 틀리면 망하게 됩니다.

예수님은 버가모 교회를 향하여 '네게 발람의 교훈을 지키는 자가 있다'고 말씀하셨습니다. '발람이 발락을 가르쳐 이스라엘 앞에 올무를 놓아 우상의 제물을 먹게 하였고 또 행음하게 하였느니라'

발람은 이스라엘 자손이 아닌 이방인 선지자였습니다. 그런데 발람은 엉터리 선지자가 아니라 하나님의 성령이 임하셔서 하나님의 말씀을 예언

하는 진짜 선지자였습니다. 그러니까 발람은 대단한 사람이었고 그 자체만으로도 중요한 사람이었습니다. 발람은 세상의 권력 같은 것이 없어도 하나님의 말씀이 임하는 자체만으로도 이 세상의 그 어떤 높은 자보다도 더 높은 사람이었습니다. 그러나 발람은 하나님의 말씀으로 만족하지 못하고 돈에 대하여 욕심을 가지기 시작했습니다. 이때 모압왕 발락은 발람에게 이스라엘 백성들을 저주하면 많은 돈을 주겠다고 유혹을 했습니다. 발람은 그 돈이 탐이 나서 모압왕에게로 가는데 나귀가 더 이상 가지 않는 바람에 아주 속이 상했습니다. 발람은 가지고 있는 막대기로 나귀를 아무리 때려도 나귀는 꿈쩍도 하지 않았습니다. 발람은 한 시간이라도 빨리 발락에게 가서 돈을 받아야 되겠는데 나귀가 말을 듣지 않으니까 거의 나귀를 죽이려고 했습니다. 이때 나귀가 입을 열어서 말을 했습니다. '왜 나를 때리느냐?'는 것입니다. 나귀는 자기 앞에 여호와의 사자가 돈에 매수된 선지자를 죽이려고 칼을 빼들고 서 있는 것을 보았던 것입니다. 결국 나귀가 발람을 책망한 사건은 '너는 짐승보다 못한 선지자니까 집에 돌아가서 방구석에 처박혀 있으라'는 뜻이었습니다. 그러나 발람은 이미 돈을 받기로 약속했기 때문에 결국 모압 왕에게 가서 제단을 차려놓고 이스라엘 백성들을 저주하려고 했습니다. 그러나 하나님께서는 발람의 입을 강권적으로 막으셔서 저주 대신에 축복의 말이 나오게 하셨습니다. 아무리 발람이 이스라엘 백성들을 저주하려고 해도 축복의 말이 나왔을 때 발람은 무서운 궤계를 모압 왕에게 가르쳐주었습니다. 그것은 지금 이스라엘 백성들이 40년 동안을 광야에 있었기 때문에 성에 굶주려 있다는 것을 알았습니다. 그래서 이스라엘 백성들이 지나가는 곳에 모압 여자들이 우상의 제물을 차려놓고 거의 벗은 몸으로 춤을 추면서 이스라엘 자손들을 유혹하게 한 것입니다.

이 유혹은 그대로 적중했습니다. 많은 이스라엘 백성들이 욕망을 이기지 못하고 우상의 제물을 먹고 모압 여인들과 음행을 했습니다. 그 바람에 하루에 이만 사천 명이나 되는 이스라엘 백성들이 하나님의 진노로 죽었습니다. 그래도 이스라엘 백성들은 모압 여인들을 향하여 돌진했습니다. 이만큼 성에 대한 유혹은 무서운 것입니다.

발람은 자기에게 하나님의 말씀이 임하는 것만으로 만족할 수가 없었습니다. 그는 가난하게 하나님의 말씀을 지키는 것보다는 이 세상 왕에게 인정을 받고 싶었고 또 많은 돈을 가지고 잘 살고 싶었습니다. 그래서 발람은 결국 이스라엘 백성들 앞에 무서운 올무를 놓아서 많은 이스라엘 백성들을 넘어지게 하고 자기는 그 돈으로 잘 살았습니다. 그 결과 나중에 발람은 여호수아의 칼날에 죽습니다.

예수님은 버가모에서 발람의 교훈을 지키는 사람이 있다고 하셨습니다. 즉 버가모의 목회자들 중에서 거기에 있는 권력자들의 돈에 매수되어서 자기도 우상에게 절할 뿐 아니라 많은 교인들에게 우상에게 절을 해도 된다고 하면서 신앙의 변절을 시키려고 한 사람이 있었던 것입니다. 물론 이 사람들은 버가모 권력자로부터 많은 돈을 받고 온갖 호의호식을 다 하면서 살았습니다. 버가모에서 안디바 같은 사람은 황제 숭배를 하지 않는다고 해서 끌려가서 고문을 당하고 죽임을 당하는데 비하여 어떤 사람들은 버가모 권력자들과 잘 지내면서 돈도 많이 받고 호의호식하면서 살고 있었습니다. 그러나 이들은 모두 순결을 잃은 지도자들이었습니다.

발람의 교훈을 따르는 사람은 그냥 자기 혼자 신앙을 버린 것이 아니라 다른 목회자나 교인들을 넘어지게 했습니다. 이 사람들은 유명한 사람들의 초청을 받아서 실컷 대접을 받고 돈 봉투를 받고 온 후에는 교인들에게 다시는 우상 숭배하지 말라는 설교를 하지 못하는 것입니다. 사람은 누구든지 돈을 받으면 그 후로는 짖지 못하는데 이렇게 되는 것을 '짖지 못하는 개'라고 말을 합니다. 요즘 보면 아파트에서 개를 키워야 하니까 소리를 내지 못하도록 성대를 제거하는 수술을 한 개들이 있다고 합니다. 목회자가 돈을 먹으면 짖는 소리를 내지 못합니다.

하나님의 종이 왜 말씀을 결사적으로 붙들어야 하는가 하면 다른 것을 붙들면 자기도 모르는 사이에 사탄의 세력에게 속아서 넘어가기 때문입니다.

전에 어떤 정치인이 말하기를 그냥 지인과 만나서 식사를 한 것이 '악마의 독배'였다고 말을 하고 있습니다. 그는 아는 사람이 불러서 나가서 식사를 했는데 거기서 누군가를 소개받고 그때부터 조금씩 끌려들어가서 나중에는 자살로 인생을 마치게 되는 것입니다. 그래서 누구든지 공직 생활을 하려고 하면 자기 자신의 처신에 대하여 철저하게 생각을 해야 하고 함부로 아무나 만나서 식사를 해서는 안 되는 것입니다. 목회자도 자신이 어떻게 목회를 할 것인지 생각을 하고 인정사정 볼 것 없이 자기 자신을 지키는 것이 결국 교회를 지키는 것이고 다른 성도들을 실족하지 않게 붙들어 줄 수 있습니다.

어려운 핍박이 일어날 때 교인들은 오히려 더 열심히 신앙을 지킵니다. 그러나 신앙의 박해가 없어지고 편안한 삶이 오게 되면 신앙의 경계를 풀고 한 사람씩 한 사람씩 자기 정욕적인 삶으로 돌아가는 것입니다. 사실 이때 교회는 하나님의 축복에서 더 멀어지기 쉽습니다. 이스라엘 자손들을 하나님의 축복에서 떨어지게 한 것은 혹독한 광야의 기후나 궁핍이 아니었습니다. 눈앞에 보이는 풍요로운 음식과 여인들이었습니다.

우리들은 신앙 때문에 어려운 핍박을 당할 때 보다 오히려 그 핍박이 끝나고 생활이 안정될 때 더 주의해야 합니다. 왜냐하면 바로 이때 이 발람의 교훈이 파고 들어오게 되기 때문입니다. 교회나 교인들에게 어려운 일이 있으면 기도하지 않던 사람들도 다 기도하러 나옵니다. 그러나 우리의 어려움이 해결되고 나름대로 생활이 안정되면 그때부터는 기도도 하지 않고 죄도 조금씩 용납하게 되어서 결국 자기도 모르는 사이에 타락의 늪에 빠지고 맙니다.

뿐만 아니라 버가모 교회에도 '니골라당'의 교훈을 따르는 자들이 있었습니다. 니골라당이라고 하는 것은 방종하는 자들입니다. 이 사람들은 술을 마시는 것은 기본이고 음행이나 다른 모든 것을 다 할 수 있다고 주장하는 자들입니다. 이들은 이렇게 하는 자기들이야 말로 참으로 자유롭고 성경을 잘 알며 이렇게 자유롭지 못한 자들은 다 율법주의라고 비웃었습니다.

교회가 성경을 바로 가르치지 않으면 결국 교회는 인간적인 교제에 빠지게 되고 그러면 방임주의가 등장하게 됩니다. 이때 교인들은 하나님을 만나기 위해서 교회에 오는 것이 아니라 사람들을 만나거나 장사하는데 유익을 얻기 위하여 오게 됩니다.

16절 그러므로 회개하라 그리하지 아니하면 내가 네게 속히 임하여 내 입의 검으로 그들과 싸우리라

여기서 주님은 '회개하라'고 하십니다. 이 말은 버가모 교회의 목회자들이나 교인들은 지금이라도 정신을 차리라는 것입니다. 하나님의 백성들이 죄에서 빠져나오지 못하는 것은 정신을 차리지 못해서 그런 것입니다. 만약 이들이 정신을 차려서 죄를 끊지 않으면 주님은 '내 입의 검으로 그들과 싸우리라'고 하십니다. 여기서 그들은 황제 숭배자들이 아니라 이들은 발람의 교훈을 따라가는 목회자들이며 니골라당의 교훈을 따라가는 교인들입니다. 말씀의 검으로 그들을 정죄하시는 것입니다. 다시 말해서 주님은 하나님의 말씀으로 이들을 칠 것이라고 말씀하고 있습니다. 그러면 그들은 영원히 저주를 받게 될 것입니다.

그러나 주님은 이런 유혹을 이기고 신앙의 순결을 지키는 자들에게 위대한 약속을 주셨습니다.

17절 귀 있는 자는 성령이 교회들에게 하시는 말씀을 들을찌어다. 이기는
그에게는 내가 감추었던 만나를 주고 또 흰 돌을 줄 터인데 그 돌 위에 새
이름을 기록한 것이 있나니 받는 자 밖에는 그 이름을 알 사람이 없느니라

이기는 자에게는 '감추인 만나'를 주시겠다고 하십니다. '감추인 만나'라고 하는 것은 지성소에 보관된 만나를 말합니다. 이스라엘 백성들이 광야 생활을 하면서 하나님이 주시는 만나로 살았는데 그 중에서 일부를 항아리에 넣어 지성소 법궤 안에 넣어 보관한 것이 있었습니다. 이것은 하나님께서 이스라엘 백성들을 광야에서 만나로 먹이신 것을 기념하기 위해서 특별히 보관한 것이었습니다. 보통 만나는 하루만 지나면 썩지만 지성소에 보관된 만나는 오래 동안 썩지 않고 보관되어 있었습니다.

결국 이 '감추인 만나'라고 하는 것은 다른 사람들은 도저히 알 수 없는 숨은 하늘의 양식을 말합니다. 결국 우리를 살리는 것은 육체의 양식이 아니라 하나님이 주시는 말씀인 것입니다. 성경 속에 기록된 말씀이 '감추인 만나'입니다. 그래서 악한 세상 속에서도 신앙의 순결을 지키는 사람은 하나님의 지성소에 참예하는 특권을 주신다는 뜻으로 생각됩니다. 우상에 무릎 꿇지도 않고 또 세속주의에 물들지 않고 끝까지 깨끗한 신앙을 지키는 자는 하나님의 지성소에 보관된 은혜를 주시겠다는 것입니다. 그리고 또 하나는 이 만나가 하나님이 주시는 하늘의 양식이었습니다. 결국 순수한 신앙을 지키는 자는 굶어 죽는 법이 없습니다. 왜냐하면 하나님의 말씀으로 능력이 항상 공급이 되기 때문입니다. 아무리 거짓 선지자들이 판치는 그런 때에도 순결한 성도들은 하나님의 진리를 듣고 얼마든지 능력 있게 살 수 있습니다.

우리는 무엇으로 하루하루를 살고 있습니까? 우리가 이 세상의 먹는 양식이나 취미로 산다면 여러분은 이 세상 사람들입니다. 그러면 이 세상이

망할 때 함께 망하게 될 것입니다. 그리스도인은 이 세상의 것으로 살지 않습니다. 우리에게는 하루하루 주님이 주시는 비밀의 만나가 있습니다. 이것은 하나님의 말씀입니다. 하나님께서 오늘도 나에게 주시는 약속이 있고 기쁨이 있습니다. 그리고 주님은 이기는 자에게 흰 돌을 주시겠다고 하셨습니다.

옛날의 '흰 돌'은 어느 집에 들어 올 때 주는 신분증과 같은 것이라고 합니다. 요즘 우리가 어떤 제한된 지역에 출입을 하려고 하면 출입증이 있어야 하고 패스워드를 알아야 합니다. 어떤 곳에서는 지문 인식을 하기도 하고 어떤 곳에는 안구를 스캔해서 사람을 확인하기도 합니다.

이기는 자에게 주님은 출입증을 주시는데 이 출입증은 언제든지 하나님 앞에 나아갈 수 있는 자격입니다. 그런데 그 돌은 그냥 돌이 아니고 그 위에 이름이 새겨져 있는데 받는 자 외에는 알 수 없다는 것입니다. 아마도 이 이름은 주님의 이름일 것입니다.

구약 이스라엘 백성들에게 여호와 하나님은 여러 이름으로 나타내셨습니다. 예를 들어, 이스라엘 백성들이 먹을 것이 없으면 '여호와 이레의 하나님'이시고, 병이 들었을 때에는 '여호와 라파의 하나님'이시고, 전쟁을 할 때에는 '여호와 닛시의 하나님'이었습니다. 요즘 자동차 보험을 들면 어느 곳에서 사고가 나든지 가장 먼저 보험회사 직원이 나와서 해결해 줍니다. 마찬가지로 누구든지 이 흰 돌만 가지고 있으면 어느 때든지 주님의 도우심을 받을 수 있습니다.

신앙의 순결을 위하여 많은 어려움을 겪고 또 이 세상의 풍조에 따라가지 않는 사람은 언제나 하나님의 보좌 앞에 나아갈 수 있는 출입증을 받습니다. 그런데 이 출입증은 흰 돌에 새겨진 것이기 때문에 지워지지 않습니다. 이 흰 돌은 요즘 우리가 쓰는 크레디트 카드와 같은 것입니다. 언제 어디서든지 주님의 이름으로 능력을 청구할 수 있습니다. 베드로와 요한이 성전 미문에 앉았던 앉은뱅이에게 '은과 금은 내게 없거니와 내게 있는 것으로 네게 주노니 곧 나사렛 예수의 이름으로 일어나라'고 말씀을 하였을 때 앉은뱅이는 그 자리에서 즉시 일어나 걸었습니다. 우리에게는 이 이름이 있는 것입니다. 그래서 오늘 교회에 중요한 것은 돈이 아니고 믿음이고 능력입니다.

우리는 죄나 유혹에 빠지지 않도록 깨어 있어야 하겠습니다. 우리는 언제나 '감추인 만나'를 가지고 있어야 하고 '흰 돌'을 잃어버리면 안 되겠습니다. 아무리 다른 사람들이 성공했다고 떠들어도 우리가 양심을 팔아버리면 안 되겠습니다. 돈을 사랑하지 말고 하나님이 나에게 주신 것으로 만족하면서 끝까지 고지식하게 순결을 지키는 성도들이 되시기 바랍니다.

CHAPTER • 07

음란에 넘어간 교회

요한계시록 2:18-29

요즘 우리나라에 외국 명품 가방이 유행을 하다보니까 가짜 명품도 많이 유행을 한다고 합니다. 우리나라 여성들이 '루이비통' 가방을 얼마나 많이 들고 다니는지 3초마다 루이비통 가방을 든 사람을 만난다고 해서 '3초 가방'이라고 부른다고 합니다. 우리가 가짜 물건을 진짜인 줄 알고 속아서 사면 돈만 손해보고 끝나지만 사람에게 속으면 인생을 망칠 수 있습니다. 예를 들어, 친구를 사귀었는데 그가 조직 폭력배라고 하든지 혹은 결혼을 했는데 상대방이 사기꾼이라면 인생을 망치게 될 것입니다.

오래전 아내와 함께 처음 일본에 갔을 때 비행기에서 옆 좌석에 일본 여성이 앉아 있었습니다. 그래서 그 여성에게 과일을 좀 나누어주었더니 고마워하면서 세 마디 한국말을 했는데 '통일교, 합동결혼식, 한국 남편!'이었습니다. 즉 이 여자는 통일교에 들어가서 한국 남자와 합동결혼식을 하고 돌아가는 길이었습니다. 이 세상에서 가장 무서운 것이 이념에 속고 나쁜 종교에 속는 것입니다. 만일 가족 중에 누가 이단에 빠지게 되면 그 후에는 대화가 통하지 않는 것을 깨닫게 될 것입니다. 즉 그 사람의 껍데기는 가족이 맞는데 속사람은 누군가가 빼내어 간 것 같이 이야기가 통하지 않는 것입니다.

우리 사회에서 어느 종교든지 진정한 종교는 반드시 사람의 마음과 세상을 깨끗케 하는 일을 해야 합니다. 즉 모든 사람들이 종교에서 바라는 것은 자기 영혼이 죄와 멸망에서 구원받고 깨끗함을 받는 것입니다. 그래서 종교는 사회를 정화해서 덜 타락하게 하고 덜 부패하게 할 수 있어야 합니다. 그러나 종교가 너무 비대해지고 돈이 많아지게 되면 교인들도 깨끗하게 하지 못하고 사회도 정화하지 못하고 심지어는 종교 자체가 정화의 대상이 되게 되는 것입니다.

강이 바다와 만나는 곳에 가 보면 큰 수문 같은 것을 만들어 놓은 것을 볼 수 있습니다. 이런 수문이 필요한 이유는 비가 와서 강물이 많아지면 강물이 바다로 밀려 내려가기 때문에 상관이 없지만 강물이 말라버리고 특히 바다에서 밀물이 되면 바닷물이 강으로 들어오기 때문에 강물이 완전히 바닷물로 변하게 됩니다. 그런데 만일 그 바닷물이 논이나 밭으로 들어가게 되면 거기에 있는 모든 식물들이 소금기 때문에 말라서 죽어버리게 됩니다. 마찬가지로 교회는 하나님과 세상 사이에 서 있기 때문에 하나님의 은혜와 세상의 죄가 언제나 들어오고 나가면서 마주치는 곳입니다. 그런데 만일 교회에서 하나님의 은혜가 강하면 하나님의 은혜가 세상 속으로 흘러들어가서 세상을 변화시키게 되고, 반대로 세상의 죄가 더 강하면 세상의 죄가 교회 안에서 흘러 들어와서 교회를 세속화 시켜놓게 됩니다. 이때 주로 세상에서 교회로 들어오게 되는 죄로 가장 먼저 돈에 대한 유혹입니다. 이것은 이미 버가모 교회를 통해서 예수님이 지적한 사실인데 교회가 돈 때문에 순수성을 잃어버리게 되었습니다. 주님은 버가모 교회에 대하여 발람의 교훈을 따르는 자들이 있다고 말씀하셨는데 발람은 돈에 매수되어서 이스라엘 백성들을 저주하려고 했던 사람이었습니다. 그래서 교회 안에서 발람의 교훈이라고 하는 것은 세상의 장사하는 생각이 교회 안에 교인들이나 목회자의 마음에 들어와서 신앙을 통해서 돈을 벌려고 하는 것입니다.

그리고 교회가 더 타락하게 되면 교회 안에 세상의 더 타락한 습관이 들어오게 되는데 그것은 세상의 타락한 성적인 문화입니다. 즉 목회자 자신이나 교회의 직분자들이 다른 교인과 타락한 성적인 관계를 맺는 것입니다. 어느 시대나 할 것 없이 하나님을 믿지 않는 자들은 성적으로 타락할 때가 많습니다. 그러나 교회는 세상의 이런 성적인 타락이 들어오지 못하도록 지키는 방파제 역할을 해 왔습니다. 그러나 세상이 극도로 타락하고 교회가 세속화가 되면 세상의 성적인 타락이 교회 안에도 들어오게 됩니다. 그러면 목회자와 교인들 사이에도 성적인 스캔들이 생기게 될 뿐 아니라 교인들 사이에도 이런 성적인 타락이 많이 이루어지게 됩니다. 우리나라에서 일반인들 사이에 성적인 타락을 많이 부추기는 역할을 하는 것이 텔레비전 드라마였던 것 같습니다. 그러나 이제는 인터넷이나 영화 등을 통해서 좋지 않은 성적인 충동이 많은 사람들에게 전해지고 심지어는 하나님의 백성들이나 성직자들 중에서도 이런 성적인 죄에 빠져서 교회나 하나님으로부터 버림을 당하는 사람들이 생기게 되는 것입니다. 이렇게 교회 안에 성적인 타락이 깊숙하게 들어온 교회가 네 번째 교회인 두아디라 교회였습니다.

우리가 이미 세 교회를 살펴보았는데 첫 번째 에베소 교회는 소아시아 교회의 영적인 뿌리였는데 다른 것은 다 좋지만 첫사랑을 잃어버린 것이 문제였습니다. 두 번째가 에베소 바로 위에 있는 서머나 교회인데 환란과 궁핍 가운데서도 믿음을 잘 지켜서 칭찬받은 교회였습니다. 그리고 세 번째가 서머나 위에 있는 버가모 교회였는데 여기는 발람의 교훈 즉, 돈 문제가 들어와서 교회가 순수성을 잃어버린 경우였습니다. 그런데 네 번째가 바로 버가모 옆에 있는 두아디라였는데 이곳은 버가모보다 더 타락을 해서 돈 문제만이 아니라 목회자가 성적으로 타락하는 지경에 오게 된 것입니다.

그런데 우리나라 교회의 형편을 살펴보면 지금까지 좋지 못한 세 가지는 다 해당되는 것을 볼 수 있습니다. 즉 한국 교회는 옛날에 있었던 그 영적인 부흥 즉, 첫사랑을 잃어버렸습니다. 그리고 교회가 너무 커지다 보니까 헌금을 주체하지 못해서 금전적인 문제로 목회자들이 사회적인 비난을 받기도 하고 심지어는 목회자중 어떤 사람들은 성적인 죄에 빠져서 결국 교회는 떠나야 하는 일들이 심심찮게 일어나고 있는 것을 볼 수 있습니다.

그래서 예수님께서는 광야로 몰려갔던 유대인들에게 '너희가 무엇을 보려고 광야에 갔었느냐?'고 질문하셨습니다. 즉 너희가 광야에 갔던 것은 바람에 흔들리는 갈대였느냐 아니면 광야에서 좋은 옷을 입은 모델이나 영화배우를 보려고 갔더냐 그렇지 않으면 선지자를 통해서 하나님의 말씀을 들으러 갔더냐고 물으셨습니다. 그러면서 예수님은 자신은 선지자보다 나은 자라고 말씀하셨습니다. 즉 교회는 예수님을 만나는 곳이 되어야 하고 예수님을 만나는데 걸림돌이 되는 것은 모두 다 치워야 합니다. 그러나 두아디라 교회는 하나님을 만나는 교회가 아니라 사람을 만나는 교회가 되었고 결국 소아시아 교회 중에서 가장 세속화되고 가장 교회답지 못한 교회가 되고 말았던 것입니다.

불꽃같은 눈을 가지신 주님

두아디라 교회에 나타나신 예수님의 모습은 불꽃같은 눈으로 교회를 심판하시는 재판장의 모습입니다.

18절 두아디라 교회의 사자에게 편지하기를 그 눈이 불꽃 같고 그 발이 빛난 주석과 같은 하나님의 아들이 가라사대

'그 눈이 불꽃같다'는 것은 사람의 말에 속지 않고 중심을 꿰뚫어보는 통찰력이 있는 것을 말합니다. 대개 사람들이 죄가 있어서 법정에 끌려오게 되면 전부 자기는 죄가 없다고 거짓말을 하기 때문에 자기들의 말만 들으면 과연 누가 옳고 틀린지 알 수 없습니다. 그러나 재판장은 검사의 말도 듣고 변호사의 말도 들어보고 또 증인이나 증거물도 참작해서 모든 것을 정확하게 밝혀내는 일을 해야 사회가 썩지 않게 됩니다. 사람들은 누구나 다 일단 죄를 짓고 난 후에도 누군가가 분명한 증거를 내어놓기 전에는 절대로 자기 죄를 인정하지 않으려고 합니다. 왜냐하면 누구든지 죄를 지은 것이 들통 나면 수치스럽고 사회적인 명성이나 신뢰를 다 잃어버리기 때문에 할 수만 있으면 거짓말을 해서라도 죄를 인정하지 않으려고 합니다. 그러나 예수님은 눈이 불꽃같은 분이시기 때문에 어떻게 해서든지 속에 들어있는 죄를 드러내십니다.

우리가 대개 죄에 빠지는 것은 일단 죄가 겉으로 보기에 행복하게 해줄 것 같고 상대방도 나를 너무 좋아하기 때문에 비밀을 지켜줄 것 같습니다. 그러나 사람이 한번 죄에 빠지게 되면 이것은 마치 물고기가 낚시 바늘을 무는 것과 같아서 절대로 거기서 벗어나지 못합니다. 그래서 하나님의 백성들은 일단 하나님이 모든 것을 보고 계시고 또 죄의 결과가 얼마나 비참하고 더러운지 알기 때문에 감히 죄에 빠지지 못합니다. 그러나 사람의 마음이 교만해지면 자기가 대단하다고 생각해서 죄를 우습게 생각하게 됩니다. 그러나 우리가 죄에 빠지려고 할 때 주님은 때때로 우리를 지켜보고만 계실 때가 있습니다. 이것은 주님이 우리에게 정신을 차리라고 경고하시는 것입니다. 우리 믿는 사람들도 모두 죄성을 가진 인간이기 때문에 죄의 유혹이나 충동을 느끼지 않는 사람은 없습니다. 그러나 우리는 하나님이 두렵고 죄의 결과가 얼마나 비참한지 알기 때문에 죄를 피합니다. 그러나 교만한 사람은 자기를 너무 대단하게 생각하고 상대방을 너무 우습게 생각해서 죄를 짓습니다. 그러나 아무리 죄를 감추려고 해도 죄는 감추어지지 않습니다. 왜냐하면 자기 자신이 그 죄를 알고 주님이 아시기 때문입니다. 주님은 불꽃같은 눈으로 모든 사람의 마음을 살피시는 분이십니다. 그리고 주님은 그 발이 주석으로 되어 있습니다. 주석은 쇠 중에서 가장 무거운 쇠이기 때문에 보통 포도주 잔이라든지 혹은 책을 눌려 놓는 물건으로 쓰일 때가 많습니다. 그런데 만일 어떤 사람의 발이 주석으로 되어 있다면 그 발에 밟힌 사람은 뼈가 으스러지게 될 것입니다. 즉 누구든지 예수님의 발에 한번 밟히면 그 발에서 벗어나지 못하고 뼈가 으스러져서 그 후에는 한 평생을 불구의 몸으로 보내게 되는 것입니다. 이것이 바로 음란한 죄에 빠졌다가 들킨 자의 결과입니다. 그래서 믿는 자들은 젊었을 때 두 가지에 있어서 깨끗하면 성공한 것입니다.

하나는 돈에 있어서 깨끗한 것입니다. 우리는 아무리 돈이 없어서 가난해도 자기 돈이 아닌 것에 욕심을 내어서는 안 됩니다. 최근 우리 사회에서 젊은 사람들이 빚을 많이 지는 바람에 신용 불량자가 되는 사람이 많다고 합니다. 특히 고리채 장사를 하는 사람들 중에는 어떤 사람이 빚을 갚지 못하니까 강제로 신장을 기증하게 하는 사람도 있다고 합니다. 하나님의 백성들은 가난할 때가 가장 순수할 때입니다. 우리는 공부를 하지 못했으면 못했지 빚으로 살 생각을 해서는 안 됩니다. 두 번째는 성적인 순결을 지키는 것입니다. 오늘날에는 자신들의 감정을 거의 우상처럼 생각하는 시대이기 때문에 사람들이 성적인 순결을 너무 쉽게 버리려고 합니다. 그러나 우리 믿는 사람들은 절대로 사탄의 그런 말에 속아서는 안 됩니다. 이 두 가지만 순수하면 그 사람은 자기 자신을 잘 지킨 사람입니다.

두아디라 교회라고 해서 칭찬할 것이 전혀 없는 것은 아니었습니다. 특히 두아디라 교회는 사업을 많이 하는 교회였습니다. 그래서 예수님은 두아디라 교회에 대하여 첫 마디가 '네 사업과'라고 말씀하십니다.

19절 내가 네 사업과 사랑과 믿음과 섬김과 인내를 아노니 네 나중 행위가 처음것보다 많도다

두아디라 교회는 사업을 많이 하는 교회였습니다. 그런데 두아디라 교회가 하는 사업은 결코 영적인 사업은 아니었던 것 같습니다. 예를 들어, 어떤 교회는 전도회 사업을 한다고 하면서 바자회를 하는데 외부에서 물건을 많이 가져와서 판매를 합니다. 물론 교회는 바자회 수입으로 전도 사업을 하는데 쓴다고 하는데 거의 장사하는 사람들이 물건을 팔아서 이익을 남기듯이 한다는 것입니다.

두아디라에도 공인들의 조합이 많았기 때문에 교회도 하나의 조합 비슷한 성격을 가지지 않았나 하는 생각이 듭니다. 그래서 두아디라 교회도 교인이기도 하면서 조합원이기도 했기 때문에 서로 금융적으로 돕기도 하고 때로는 수익성 사업도 했던 것 같습니다. 그러나 교회가 이런 사업을 하게 되면 목회자 자신의 마음이 영혼을 건지는 사람이 아니라 사업가의 마음으로 변하게 됩니다. 그래서 교회가 하나님의 말씀을 전해서 영혼을 건지는 것보다는 돈벌이에 더 열심을 내게 되는 것입니다. 그 대표적인 예가 바로 예루살렘 성전입니다. 예루살렘 성전은 원래는 좋은 의도로 먼 곳이나 외국에서 온 사람들의 편의를 위해서 재물을 팔고 돈을 바꾸는 사업을 했는데 나중에는 이것이 제사 드리는 것보다 더 주업이 되어버렸던 것입니다. 그래서 예수님께서는 성전에서 장사하는 자들을 다 내어 쫓으시면서 '내 아버지의 집을 장사하는 집으로 만들지 말라'고 하셨습니다.

예수님께서는 두아디라 교회의 '사랑과 믿음과 섬김과 인내를 안다'고 말씀하셨습니다. 즉 예수님은 두아디라 교회의 모든 점이 다 나쁘다고 하지는 않으셨습니다. 이 두아디라 교회 안에서 신실한 형제자매들이 있어서 교회의 생명을 유지해나가고 있었습니다. 그래서 두아디라 교회 안에서 순

수한 사람들은 아주 순수했고 그 중에서 세속적인 사람들은 아주 세속적이었던 것입니다. 그런데 예수님은 '나중 행위가 처음 것보다 많도다'라고 했습니다. 즉 두아디라 교회 안에서 신실한 성도들은 서로 사랑하고 믿음을 지키는 일을 했는데 한두 번 하다가 그만둔 것이 아니라 꾸준히 했고 시간이 갈수록 더 많이 했다고 말씀하고 있습니다. 그래서 아무리 교회가 타락하고 세속화되었다고 하지만 그 안에는 신실한 믿음을 지키는 성도들이 있어서 교회의 생명을 지켜나가고 있는 것입니다.

그러나 교회에서 가장 중요한 것은 여러 가지 사업이 아닙니다. 교회에서 가장 중요한 것은 하나님의 말씀을 가지고 사람의 병든 영혼을 치료해야 하는 것입니다.

예수님의 책망

20절의 '그러나 네게 책망할 일이 있노라'

바로 이것입니다. 주님께서 두아디라 교회에 나타나시는 이유는 책망하시기 위해서입니다.

주님은 두아디라 교회를 책망하시기 전에 먼저 그들이 잘하고 있는 것을 지적하십니다. 그들의 여러 사업들, 그리고 사랑과 믿음이 좋은 것, 섬김이 좋고 오래 참는 것 등을 말씀을 하실 때 그들은 기분이 아주 좋았을 것입니다. 그리고 처음 보다 나중에 더 많았다고 하실 때 그들은 더욱 더 기분이 좋았을 것입니다. 그러나 이것은 주님이 이 교회를 책망하시기 위한 서론에 불과한 것입니다.

주님의 참 심정은 정말 이 교회를 칭찬하고 싶은 마음이 아닙니다. 그러나 만일 예수님이 이들의 잘못부터 이야기하면 사람은 귀를 막고 그 뒤의 말을 아예 들으려고 하지 않았을 것입니다. 그래서 우리가 다른 사람에게 무슨 이야기를 알아듣게 하려면 아무리 그들이 잘못하고 있더라도 그들의 긍정적인 부분을 먼저 인정하면서 이야기를 해야 합니다. 그렇지 않으면 대화가 되지 않을 것입니다. 그래서 우리가 다른 사람들을 책망하려고 할 때 그 사람이 잘못한 것만 가지고 말하면 좋지 않습니다. 우리는 먼저 그 사람이 잘한 것을 찾아서 인정하고 감사하는 마음으로 이야기를 해야 상대방이 마음을 열고 그 말을 받아들입니다. 왜냐하면 다른 사람의 장점을 가지고 칭찬하는 것이 최소한 다른 사람과 대화를 나눌 수 있는 창문이기 때문입니다.

20절 그러나 네게 책망할 일이 있노라. 자칭 선지자라 하는 여자 이세벨을 네가 용납함이니 그가 내 종들을 가르쳐 꾀어 행음하게 하고 우상의 제물을 먹게 하는도다

두아디라 교회에서 가장 심각했던 문제는 한 여자의 문제였습니다. 즉 이 두아디라 지방에는 자기 스스로 여선지자라고 주장하는 한 여자가 있었는데 두아디라 교회의 치명적인 실수는 이 여자가 영험이 있다고 해서 교회 안에 받아들인 것이었습니다. 그랬더니 이 여자는 완전히 교회 안에서 물을 만난 물고기처럼 하나님의 종들을 꾀어서 음행을 저지르게 하고 우상의 제물을 먹게 했다고 말씀하고 있습니다.

우리가 이것을 보면 두아디라에 대단히 인기를 끌고 활동을 하는 한 여선지자가 있었던 것을 알 수 있습니다. 즉 버가모에 안디바라는 순교자가 있었듯이 두아디라에는 이름은 밝히지 않았지만 이세벨이라고 하면 누구든지 다 알 수 있는 한 여선지자가 있었던 것입니다. 그런데 이 여선지자는 하나님의 종이 아니고 우상의 종교를 믿던 사람이었습니다. 우리가 알아야 할 것은 이 당시 우상 신전의 여사제들은 거의가 창녀들이었다는 사실입니

다. 그래서 사도 바울은 고린도 교회에 편지를 쓰면서 여자들이 교회 앞에서 말하지 못하게 하고 여자들은 머리에 수건을 쓰는 것이 좋다고 말을 했습니다. 그 이유는 고린도에 이방 신전이 많이 있었는데 그 이방 신전에는 여사제들이 많이 있었다. 이 여자들은 머리에 수건을 쓰지 않았습니다. 그런데 이 당시에는 머리에 수건을 쓰지 않는 것은 창녀라는 의미로 통하기도 했습니다. 이때 사도 바울이 걱정한 것은 만일 교회에서도 여성도들이 머리에 수건을 쓰지 않고 앞에 나서서 가르친다고 하면 다른 사람들은 교회도 이방 신전과 같은 줄 알고 여성도들에게 함부로 대하게 된다는 것이었습니다. 아마 두아디라에 대단한 여사제가 있었는데 이 사람이 가만히 보니까 기독교가 너무나도 좋아보였습니다. 우선 교회 다니는 사람들은 생활도 깨끗하고 모두 순진하기 때문에 이 사람이 어디서 대략 기독교에 대한 교훈을 받은 후에 사람들에게 자기가 하나님의 은혜를 받았고 예언하는 능력이 있다고 떠들어대니까 어느 순간 유명한 사람이 되어서 이 교회 저 교회를 돌아다니면서 예언도 하고 못된 짓도 가르쳤던 것입니다.

우리나라도 가수나 영화배우나 또 어떤 학자들 중에서 물론 정말 은혜를 받아서 사람들에게 예수 믿는 것을 전하기 원하는 사람들도 있지만 어떤 사람들은 거의 우스개 소리로 사람을 웃기고 돈을 받는 목적으로 돌아다니는 사람들도 있습니다. 그런데 이런 사람들 중에는 정말 변화되어서 깨끗한 생활을 하는 사람도 있지만 어떤 사람은 실제로는 전혀 변화되지 않고 더러운 생활을 하는 사람도 있을 수 있습니다. 아마 두아디라 교회에서 이세벨이라는 여자도 겉으로는 선지자라고 하지만 속에는 이방 신전의 여사제의 본성이 그대로 남아 있었던 것입니다.

원래 이세벨은 옛날 이스라엘 왕국 시대에 두로의 바알 제사장의 딸이었는데 아합의 왕비로 시집을 오게 되었습니다. 그런데 아합이라는 사람이 그렇게 신앙적인 뿌리가 깊은 사람이 아니었습니다. 그래서 아합은 꼭두각시 노릇만 하고 나라 전체를 이 이세벨이라는 여자가 주물렀던 것입니다. 이세벨은 아합의 권력을 이용해서 이스라엘의 참된 주의 종들을 다 죽이고 바알의 선지자 450명을 돌보고 있었습니다. 그렇지 않아도 이스라엘 백성들은 바알과 하나님 사이에서 혼동을 겪고 있었는데 이세벨은 이스라엘 백성들을 완전히 하나님으로부터 돌아서게 만들었습니다. 이때 하나님의 엘리야가 삼 년 반 동안 비가 오지 않게 하고 바알의 제사장 450명과 대결하여 하늘에서 불이 내리게 함으로 바알이 거짓된 신인 것을 보여주었지만 이스라엘 백성들은 하나님께로 돌아오지 않았습니다. 이때 보통 사람들은 엘리야를 아주 두려워하였는데 이세벨은 엘리야를 두려워하지 않고 잡아서 죽이려고 했기 때문에 엘리야가 오히려 도망을 치게 되었습니다.

신약 시대에 이세벨과 비슷한 사람이 사마리아의 시몬이라고 볼 수 있습니다. 시몬은 빌립 집사가 사마리아에서 복음을 전하면서 예수를 믿은 사람이었습니다. 그런데 시몬은 진짜 예수를 믿은 것이 아니고 껍데기만 믿었습니다. 그래서 시몬 속에는 마술사의 본성이 남아 있었습니다. 그러다가 사마리아의 부흥의 소식을 듣고 베드로가 와서 복음을 전하면서 성령의 불이 떨어지는 것을 보고 베드로에게 자기가 돈을 줄 테니까 성령의 능력을 자기에게 팔라고 했습니다. 그때 베드로는 금방 이 시몬의 정체를 눈치채고 네가 돈과 함께 망할 것이라고 저주를 했던 것입니다.

이 당시 교회는 영혼을 지키는 튼튼한 방파제와 같았습니다. 세상의 아무리 추악하고 더러운 파도도 교회 안에는 파고들어 올 수 없었습니다. 그러나 두아디라 교회는 이 영적인 방파제가 무너지는 바람에 세상의 모든 더러운 것들이 교회 안에 들어와서 범람하게 된 것입니다. 즉 두아디라 교회는 세상의 쓰나미 공격에 넘어지고 만 것입니다.

그런데 교회의 이 도덕적 제방을 무너뜨린 장본인은 이세벨을 믿었던 주의 종들이었습니다. 이세벨은 교회의 여러 종들과 아주 가깝게 사귀었는데 그 중의 어떤 사람들은 이 여자와 좋지 않은 관계까지 가진 것 같았습니다. 그러니까 교회의 종들이 이세벨에 대하여 아무도 나쁜 말을 할 수가 없었습니다. 그 동안 이 여자는 두아디라에 있는 교회들을 마음껏 휘젓고 다니면서 자기 하고 싶은 대로 다 주물럭거리고 신실한 종들은 다 교회에서 내어 쫓는 일을 했던 것입니다.

아마도 이 이세벨이라는 여자는 대단히 매력적이고 지성적인 사람이었던 것 같습니다. 그리고 한번 말하면 넘어가지 않을 사람이 없을 정도로 설득력이 있는 여자였습니다. 결국 바보 같은 주의 종들이 이 여자에게 넘어가서 주님의 종이 아니고 이 여자의 종이 되어버렸습니다.

발람과 이세벨의 차이점이 무엇입니까? 발람은 교인들을 속이기만 했지 이렇게 인격적으로 지배하지는 못했을 것입니다. 그러나 이 여자의 문제는 완전히 사람을 홀려서 결국 이 여자의 품을 벗어나게 하지 못한 것이라고 판단합니다.

사실 이스라엘 역사에 있어서도 발람의 영향은 일시적이었지만 이세벨의 영향은 지속적이었습니다. 그래서 단순히 물질적으로 피해를 주는 것보다는 인격적으로 지배하고 육체까지 지배하여 결국 망하게 하는 것이 더 무서운 것입니다.

21절 또 내가 그에게 회개할 기회를 주었으되 그 음행을 회개하고자 아니하는도다

여기서 '그'는 누구를 말하겠습니까? 두 가지로 생각할 수 있는데 하나는 이 이세벨이라는 여자 선지자를 의미하거나 다른 하나는 이 여자 선지자와 친했던 두아디라의 다른 목회자들을 의미할 수 있습니다. 주님이 이 여자 선지자에게 회개할 기회를 주었다는 것은 이 여자 선지자가 병에 걸

려서 이런 잘못된 일을 중단할 기회가 있었다는 뜻일 것입니다. 그러나 이 여자는 자기 죄를 회개하지 않았습니다. 혹은 이세벨의 영향을 받은 목회자들에게 회개의 기회를 주셨다는 것은 주님께서 이 여자 선지자가 틀렸다는 것을 나타내셔서 여러 목회자들로 하여금 이 여자와의 관계를 끊고 바른 목회로 돌아올 수 있는 기회를 주셨다는 뜻으로 생각할 수 있습니다. 대개 이단들이 나서서 사람들을 모을 때 처음에는 그 이단이 무엇이 틀렸는지 분별이 되지 않을 때가 많습니다. 그런데 조금 시간이 지나면서 그 이단에게 속았거나 피해를 입었던 사람들의 증언이 나오기 시작하는데 그때 정신을 차리고 그 동안 잘못된 관계를 청산하고 바로잡으면 되는 것입니다.

구약 이스라엘 백성들도 우상을 따라갔을 때 하나님께서는 여러 기회들을 통해서 우상이 틀린 것을 보여주시고 이스라엘 백성들에게 회개할 기회를 주셨습니다. 그럼에도 불구하고 이스라엘 백성들은 자기 자신이 틀렸다는 것을 인정하기 싫어서 끝까지 고집을 부리다가 망하고 말았던 것입니다.

교회는 언제든지 믿지 않는 자들이나 이 세상의 죄인들이 들어와서 변화되어야 자랄 수가 있고 그 사명을 다 할 수 가 있습니다. 그러나 교회는 언제나 하나님의 진리와 세상의 죄가 만나는 곳이기 때문에 하나님의 진리가 약하게 되면 교회 안에 죄가 들어와서 판을 치게 됩니다. 이것은 마치 병원이 병과 싸우는 곳인데 병에 지면 오히려 환자들이 병원에서 병을 옮게 되는 경우가 생기는 것과 같습니다. 그래서 교회는 언제나 진리에 바로 서 있어야 합니다. 그렇지 않으면 교회 안에 이단이 들어오든지 사기꾼이 들어와서 양 가죽을 뒤집어 쓴 이리처럼 많은 교인들을 해치게 됩니다.

그래서 칼빈은 목사의 이중음성 교리를 주장했습니다. 즉 목사는 연약한 양들을 위로하고 치료하는 부드러운 음성을 가져야 함과 동시에 자신의 신분을 속이고 우리 안에 몰래 들어온 늑대를 내어 쫓는 날카로운 음성을 가져야 하는 것입니다. 이것은 오로지 예수 그리스도의 복음밖에 없습니다.

복음을 들으면 거듭난 자는 위로를 받게 되어 있고, 거듭나지 않은 자는 두려워 떨게 되어 있습니다.

사람은 누구나 다 실수할 수 있지만 성적인 실수나 범죄는 치명적입니다. 모든 것이 끝장 나버리는 것입니다. 모든 아름다운 것들을 다 날려 버리는 것이 성적인 범죄입니다.

> 22, 23절 볼찌어다, 내가 그를 침상에 던질터이요. 또 그로 더불어 간음하는 자들도 만일 그의 행위를 회개치 아니하면 큰 환난 가운데 던지고 또 내가 사망으로 그의 자녀를 죽이리니 모든 교회가 나는 사람의 뜻과 마음을 살피는 자인 줄 알찌라. 내가 너희 각 사람의 행위대로 갚아 주리라

여기서 '침상에 던진다'고 하는 것은 병에 걸려 자리에 눕는 것을 의미합니다. 어차피 그들은 침상에서 범죄했으니까 침상에 누워 있어야 할 것입니다. 하나님께서 타락한 종들의 건강을 치셔서 병에 걸려 고통을 받게 되는 것입니다. 그래서 범죄한 자들은 병에 걸려 오래 자리에서 일어나지 못합니다. 그리고 그의 영적인 자녀들을 죽이십니다. 이 바보 같은 목회자 밑에서 가르침을 받은 자녀들이 제대로 된 신앙을 가졌을 리가 없습니다. 결국 그들이 죽습니다. 어떻게 죽습니까? 이 성에 큰 재앙이 일어나면서 거짓된 신앙으로 자란 자들까지 함께 멸망을 당하고 마는 것입니다.

결국 속은 사람만 망하는 것입니다. 이세벨은 주어진 기간 동안 하나님의 교회를 파괴시키다가 결국 지옥에 갈 것입니다. 그러나 이런 거짓 선지자에게 속은 자는 모든 것을 다 잃어버리고 마는 것입니다. 예수님이 말씀하시기를 소경이 소경된 인도자를 따라가면 모두 구렁텅이에 빠진다고 말씀하셨습니다.

자신을 지키는 자들

두아디라 교회에서 이런 풍조에 말려들지 않고 자기 자신을 잘 지키는 자들이 있었습니다.

24절 두아디라에 남아 있어 이 교훈을 받지 아니하고 소위 사탄의 깊은 것을 알지 못하는 너희에게 말하노니 다른 짐으로 너희에게 지울 것이 없노라

여기에 보면 '사탄의 깊은 것'이라고 말씀하고 있습니다. 이것은 이 이세벨이 가르친 진리가 보통 진리가 아니라 깊은 진리인데 이것은 사실 사람들을 솔깃하게 하는 것입니다.

주로 이단에 빠지는 사람들을 보면 성경에서 가르쳐주지 않는 것을 배우려고 하다가 걸려들게 됩니다. 교인들 중에는 평범한 성경적 가르침은 시시하게 느껴지고 무엇인가 성경에 없는 것을 배워야 자기가 더 신앙이 깊은 것으로 우쭐해지는데 그것이 바로 사탄의 깊은 것입니다. 사람들이 이런 진리를 배우면 교회의 목회자들의 말을 들으려고 하지 않습니다. 왜냐하면 너도 모르는 깊은 진리를 나는 알고 있다고 생각하기 때문입니다. 우리가 이런 것을 보면 이세벨이 여러 가지로 교인들을 유혹했던 것을 알 수 있는데 하나는 육체적인 매력이었고 다른 하나는 이상한 진리였던 것입니다. 이세벨은 이것을 가지고 교인들의 마음을 우쭐하게 해서 성경적인 가르침을 우습게 여기게 되었습니다.

그러나 이런 분위기에서도 전혀 동요되지 않고 원래 복음을 굳게 지키는 자들이 있었습니다. 이 사람들은 다른 사람들이 보기에는 너무나도 현대적이지 못하고 미련하게 바보스러우며 폐쇄적인 자처럼 보였습니다. 이

들은 굳이 무엇인가 더 '깊은 진리'를 알려고 이세벨의 학원에 달려가지 않았습니다. 이들은 처음 받은 그 진리를 굳게 지켰습니다.

주님은 이들에 대하여 말씀하시기를 다른 짐을 더 지울 것이 없다고 하십니다. 즉 이들은 자기들의 복음을 지킨 것만으로도 충분하게 자기 할 일을 다 했다는 것입니다. 우리는 때때로 너무 많은 일을 하려고 하고 또 많은 희생을 해야 주님을 기쁘시게 할 것 같은데 주님은 하나님의 말씀만 변질시키지 않고 끝까지 지키기만 하면 더 이상 아무것도 하지 않아도 된다고 말씀하셨습니다.

25절에 무엇이라고 말씀하십니까?

"다만 너희에게 있는 것을 내가 올 때까지 굳게 잡으라"

주님이 우리에게 원하시는 것은 주님이 우리에게 주신 말씀을 주님이 오실 때까지 굳게 잡고 있으라는 것입니다. 주님은 우리가 너무 세상적으로 똑똑해지거나 많은 것을 알아야 한다고 말씀하시지 않으셨습니다. 우리는 여러 부분에서 부족하고 남들만큼 잘하지 못하지만 너희에게 있는 그것을 굳게 붙잡으면 그것으로 충분하다는 것입니다.

오늘도 수많은 가르침이 있고 수많은 유행들이 있습니다. 우리가 그것을 다 따라하지 않으면 바보가 되는 것 같고 시대에 뒤떨어지는 것 같습니다. 그러나 주님은 너희 있는 것을 내가 올 때까지 지키라고 말씀하십니다.

우리는 다른 것은 몰라도 말씀 하나 굳게 지키면 우리 사명을 다한 것입니다. 우리가 사람들이 하는 말을 따라가면 반드시 죽습니다. 우리는 아예 부족한 목사고 부족한 장로요, 부족한 집사라 생각하고 주님이 나에게 주신 그것 하나를 굳게 지키는 것입니다. 어차피 상줄 분은 사람들이 아닙니다. 우리에게 상을 주실 분은 주님이십니다. 다른 사람들이 뭐라고 욕을 하든지 내게 주신 말씀 하나 굳게 지키면 주님은 그것을 충분하다고 하시는 것입니다.

주님은 이 복음의 진리를 잘 지키는 자에게 '만국을 다스리는 권세를 주시겠다'고 약속하십니다.

26절 이기는 자와 끝까지 내 일을 지키는 그에게 만국을 다스리는 권세를 주리니

주님은 신앙의 정절을 지키는 자에게 권세를 주십니다. 결국 부흥이 일어나는 교회와 성도들이 만국을 지배하게 되는 것입니다. 온 세상은 그들의 말씀을 들어야 구원을 받을 수 있습니다. 결국 하나님의 나라의 권세는 바로 이렇게 주님의 말씀을 붙들고 주님께 끝까지 충성하는 자의 것입니다. 바로 주님은 그 사람을 들어서 거짓 신앙을 붙들고 이세벨 앞에서 온갖 추파를 던지면서 잘난체 하는 자들을 치십니다. 처음에는 자기들이 잘난 줄 알았습니다. 그리고 말씀을 붙드는 자들을 너무나도 미련하고 현실 감각이 없는 자라고 무시했습니다. 그러나 거짓 신앙은 언젠가는 들통이 나게 되어 있는데 한 순간에 박살이 나게 되어 있습니다.

27절은 주님이 온 열방을 심판하시는 모습입니다.

"그가 철장을 가지고 저희를 다스려 질그릇 깨뜨리는 것과 같이 하리라 나도 내 아버지께 받은 것이 그러하니라"

거짓된 지도자들을 내려치는데 마치 철지팡이로 질그릇을 깨트리듯이 부술 것이라고 하십니다. 철장으로 질그릇을 치면 완전히 박살이 나버립니다. 그러니까 성경이 가르치지 않는 진리는 하나님의 심판을 견디지 못합니다. 이세벨은 바보 같은 종들이 있을 때에만 활약을 할 수가 있습니다. 그러나 제대로 된 주의 종에게 걸려들기만 하면 뼈도 못추리고 박살이 납니다. 왜냐하면 하나님의 말씀이 반석을 쳐서 부서트리는 불방망이이기 때문입니다.

세상적인 풍조를 받아 들여서 사람들의 인기를 끌기에 바쁜 자들, 마땅히 하나님의 말씀을 붙들고 이것을 끝까지 지켜야 함에도 불구하고 사람들 앞에서 유명해지기 위하여 신앙 양심을 팔아먹은 자들은 성경적인 진리 앞에서 무섭게 부서질 것입니다.

28절에 '그에게 새벽별을 주리라'고 하십니다. '새벽별'은 모든 별들이 다 지고 난 후에 홀로 남아서 새벽을 밝히는 별입니다. 즉 온 세상이 죄로 어두워져도 결코 그 빛을 잃지 않는 자들이 있습니다. 세상의 풍조에 휩쓸리지 않고 바보같이 주님의 말씀만 붙들고 신앙 양심을 더럽히지 않고 끝까지 지킨 사람은 더 높은 곳에서 빛을 발합니다. 그래서 아무리 바람이 불고 비가 와도 그 별들은 떨어트릴 수가 없습니다. 왜냐하면 주님의 진리가 그를 지켜주시기 때문에 돈으로도 안 되고 유혹으로도 안 되고 이들은 오고 오는 시대에 떨어지지 않고 찬란하고 아름다운 빛을 발할 것입니다.

CHAPTER • 08

죽어가고 있는 교회

요한계시록 3:1-6

병원 중환자실에 가보면 병으로 거의 다 죽어 가는 환자들이 많이 계십니다. 그분들은 거의 의식이 없으시고 말도 못하고 사람도 알아보지 못하며 사람이 찾아가도 대화를 하거나 자리에 앉지도 못합니다. 그런데 이 분이 아직 살아 있다는 것은 오직 산소 호흡기로 호흡을 하고 있고 맥박이 뛰고 있다는 것이지 다른 기능은 이미 다 죽어 있는 것입니다. 이때 대개 가족들은 이 분이 얼마 가지 못하고 돌아가실 것을 각오하고 준비해야 할 것입니다.

때로는 국가가 거의 죽어 있을 때가 있습니다. 왕이나 대통령이 있지만 이들은 극히 무능하거나 힘이 없고 관료들이나 외국 기업은 완전히 이리떼같이 국민들이나 나라를 뜯어 먹고 군대는 있으나 마나할 때 이 나라는 이미 죽은 나라인 것입니다. 그런데 우리나라는 이미 이런 일을 그렇게 멀지 않는 과거에 경험을 했습니다. 우리나라 왕은 무능하고 관료들이나 외국 정부는 이리떼같이 덤벼들어서 우리나라를 잡아먹을 때 아무 소리도 하지 못하고 일본에 잡아먹히고 말았습니다. 이것은 마치 사자에게 일격을 당한 노루가 산 채로 사자 떼에게 물어뜯기는 것과 같았습니다. 그리고 일제 36년 동안 우리나라 국민들이 겪었던 비참한 것은 이루 말로 표현할 수가 없었습니다. 이 세상에서 대한민국은 없어졌고 국민들은 자존심 없는 사람들이 되었습니다. 이때 우리나라 사람들의 마음에 힘을 준 것은 부흥의 능력이었습니다. 하나님은 이 세상 어느 나라도 사랑해주지 않는 우리나라 사람들을 사랑하셔서 복음을 주시고 위대한 부흥을 주셨습니다. 그런데 이 부흥의 능력이 일제시대 내내 우리나라 젊은이들을 깨어 있게 하였고 결국 어떤 어려움에도 좌절하지 않는 믿음을 주었습니다. 그리고 하나님은 우리나라를 사랑하셔서 우리는 생각하지도 못한 방법으로 해방되게 하셨고 전쟁의 홍역을 치른 후에 급격하게 부흥하게 하셨습니다. 그런데 우리나라 사람들이 잘 살게 되고 많은 물질적인 복을 받게 되니까 먼저 교회가 부패하고 교인들이 바른 신앙을 버리고 세상과 타협함으로 이제 이 하나님의 축복이 흔들리게 되었습니다. 아무리 세상이 타락하고 부패해도 교회만 살아 있으면 얼마든지 희망이 있는데 지금 교회가 너무 세상을 따라가서 이제는 교회가 먼저 썩어가게 생겼습니다. 이제 우리는 다시 목숨을 건 각오로 하나님의 말씀을 붙들어서 죽어가는 교회의 부흥을 살려내어야 하고 하나님의 축복을 다시 찾아야 합니다.

소아시아의 지도를 보면 해변에 밑에서부터 위로 세 도시가 나란히 있습니다. 그것은 에베소, 서머나, 버가모입니다. 그리고 버가모에서 내륙으로 조금 들어간 지점에서 아래쪽으로 비스듬히 두아디라, 사데, 빌라델비아, 라오디게아 네 도시가 있습니다. 에베소는 소아시아에 신앙적인 뿌리에 해당하는 교회인데 여러 가지 거짓 선생들은 잘 물리쳤지만 첫사랑을 잃어버렸기 때문에 책망을 받았습니다. 서머나 교회는 물질적으로 어렵고 가난하지만 영적으로 잘 싸우고 있는 교회여서 칭찬을 받았습니다. 그러나 버가모 교회는 이미 영적인 싸움을 포기한 상태였습니다. 그래서 발람의 교훈이 교회 안에 들어와서 교인들은 세상과 타협하고 있는 중이었습니다.

그리고 두아디라 교회는 더 심각한 상태에 빠져 있었는데 그것은 교회 안에 성적인 타락이 들어와서 이미 목회자들이 이세벨이라는 여선지자와 간음을 저질렀고 교회 안에 깊은 음행이 들어와 있었습니다. 두아디라 교회는 이 썩은 부분을 잘라내지 않으면 주님이 철장으로 질그릇을 깨트리듯이 그들을 깨트려서 박살을 내겠다고 말씀하셨습니다. 그리고 다섯 번째 교회가 사데 교회인데 주님은 사데 교회에 대하여 '내가 살았다는 이름은 있으나 이미 죽은 자'라고 말씀하셨습니다. 사데 교회는 이미 죽어서 교회로서의 기능이 중지된 상태였습니다. 즉 사데 교회는 환자로 치면 중환자실에 있다가 결국은 호흡이 중단되고 맥박이 끊어져서 거의 죽기 일보 직전의 환자와 같았습니다. 이제 이 환자는 맥박만 끊어지면 의사는 즉시 사망으로 판정을 내릴 것입니다. 그러나 문제는 사데 교회 목회자나 교인 자신들은 전혀 그렇게 생각하지 않고 있는 것입니다. 그 이유는 교회가 죽는 것은 거의 표시가 나지 않기 때문입니다.

일곱 영을 가지신 이

우리는 어떤 사람이 집에 찾아왔을 때 그가 입고 있는 옷을 보면 어떤 사람이며 무슨 목적으로 찾아왔는지 알 수 있습니다. 어떤 분이 흰 가운을 입고 위에 큰 통을 매고 왔다면 소독을 하러 온 것입니다. 반대로 어떤 분이 작업복을 입고 공구 통을 들고 왔다면 집의 고장 난 부분을 수리하러 온 것입니다. 그래서 예수님께서 각 교회에 나타나신 모습은 그 교회의 병든 부분을 치료하려고 하시는 주님의 모습인 것입니다.

1절 상 사데 교회의 사자에게 편지하기를 하나님의 일곱 영과 일곱 별을 가진 이가 가라사대 주님은 사데 교회에 '하나님의 일곱 영과 일곱 별을 가지신 분'으로 소개되고 있습니다.

여기서 '하나님의 일곱 영'이라고 하는 것은 성령님을 의미하는 것입니다. 성령님은 우리에게 생명을 주시는 하나님의 영이십니다. 그래서 이 세상에 최초의 생명체가 생기게 된 것도 성령님이 생명을 주셨기 때문이고 이 세상에 새로운 생명이 태어나는 것도 성령이 새 생명을 주시기 때문입니다. 어떤 사람이 예수를 믿고 그리스도인이 되는 것도 성령이 믿음을 주시기 때문입니다. 그런데 중요한 것은 교회에 영적인 부흥이 일어나는 것은 일곱 영이신 성령이 부어지기 때문입니다.

사람은 거의 다 죽게 되었을 때 어떻게 해서든지 빨리 수혈을 하거나 혹은 링거액을 꽂거나 혹은 주사를 놓아 생명이 되살아나게 해야 합니다. 심지어 환자의 호흡이 멈추었을 경우에는 인공호흡을 하거나 혹은 전기 충격을 해서라도 다시 맥박이 뛰게 해야 합니다. 그러나 교회가 죽은 것은 사람이 봐서는 잘 알 수 없고 또 교회가 죽었을 때 어떻게 살려야 하는지 알 수 없습니다. 어느 지역이나 국가가 살려고 하면 영적인 부흥이 먼저 일어나야 합니다. 우리나라가 일제에서 해방되고 전쟁을 극복하고 크게 부흥할 수 있었던 것은 교회가 먼저 살아났기 때문입니다.

그러나 최근 우리나라에서는 새로운 개척 교회를 세웠을 때 이 개척 교회가 살아난 확률이 1퍼센트도 안 되는 것으로 알려지고 있습니다. 이것은 마치 백 명이 임신을 했는데 그 중에서 아이가 살아서 태어날 확률이 한 명밖에 안 되는 것과 같습니다. 아직 우리나라 교회가 잘 성장하다가 죽는 경우는 많지 않습니다. 그러나 우리가 모르는 사이에 교회가 죽어가고 있는 경우는 많이 있습니다.

요즘 시골에는 청년들이 도시로 떠나니까 교회에 노인들만 남아 있는 경우가 많습니다. 아무리 농촌 교회라 하더라도 목사님이 열심히 설교하면 교인들이 꾸준히 늘고 특히 가까운 도시로 나간 자녀들이 주일이 되면 교회에 돌아오기 때문에 활기가 넘치는 교회들도 있습니다. 그러나 아무래도 농촌 교회가 옛날 같은 전성기를 다시 맞이하기는 어려울 것입니다. 옛날에는 우리나라가 농사 중심이었기 때문에 어떤 농촌을 가더라도 아이들이 있었고 청소년이 있었는데 이제는 모두 도시에 가야 돈을 벌 수 있기 때문에 사람들이 거의 다 떠나게 되었습니다. 그럼에도 불구하고 목회자가 살아 있고 영적 부흥이 일어나면 그 교회 주위에 큰 도시가 들어선다든지 하는 변화가 일어나는 경우도 있습니다. 즉 교회의 기도의 힘이 세상을 끌어오는 것입니다.

서울이나 대도시에는 동네 주위의 웬만큼 큰 상가인데도 주위에 있는 백화점에서 손님들을 다 끌어가는 바람에 문을 닫아야 하는 것을 볼 수 있습니다. 마찬가지로 교회는 어쩔 수 없이 사람이 많은 곳에 세워지게 되어 있고 사람을 따라가게 되어 있습니다. 그런데 더 놀라운 것은 영적인 부흥이 일어나면 사람들이 교회를 찾아 이동하게 되는 것입니다.

그러나 영국 같은 서구를 가보면 죽은 교회들이 많습니다. 그래서 겉으로는 예배당이 세워져 있지만 실제로는 교인들이 모이지 않거나 어떤 경우에는 건물을 유지하기 어려워 팔아버리는 경우가 있습니다. 한번은 제가 지방의 어느 도시를 갔는데 건물이 겉으로 보기에는 교회같이 생기고 종탑도 있는데 실제로는 카바레로 운영하고 있는 것을 본 적이 있었습니다. 아마 어떤 분이 빚을 내어서 교회 건물을 지었는데 유지할 수 없어 팔았는데 하필이면 카바레를 하시는 분이 그 건물을 사서 종탑을 둔 채로 카바레와 술집을 경영하고 있었던 것입니다.

그런데 우리에게 궁금한 것은 왜 영국 교회가 갑자기 죽게 되었을까요? 백 년 전에만 해도 영국은 전 세계를 향해서 복음을 전하고 선교사를 파송하던 나라였습니다. 영국 런던에는 아프리카나 아시아에 선교사를 파송하는 선교회본부가 있었고 유명한 목회자들이 많이 있었습니다. 그리고 영국에서는 학생 운동도 활발하게 이루어지고 있었습니다. 그런데 갑자기 영국 교회가 맥을 추지 못하고 죽게 된 것은 목회자나 신학자들이 성경적인 신앙을 무시하고 너무나도 지성적인 신앙 그리고 이성적인 신앙을 추구하려고 하다가 계몽주의라든지 자유주의 같은 강한 바이러스가 들어오니까 맥을 못추고 죽어버린 것입니다.

독일 같은 경우에도 독일 신학은 거의 다 철학적인 신학입니다. 독일 사람들은 너무나도 철학적이어서 성경을 반드시 철학적으로 보아야 지적인 가치가 있다고 생각을 한 것입니다. 그렇다 보니까 독일 신학은 신학 자체가 너무 어려워서 일반인들은 전혀 알아들 수 없이 난해한 설교가 되고 말았습니다.

교인들은 교회에 와서 세상에서는 들을 수 없는 말씀을 들어야 하는데 교회가 세상과 똑같으니까 굳이 올 필요를 느끼지 못하게 된 것입니다. 그러나 교회 안에서 바른 하나님의 말씀이 선포되면 사람들은 교회에 오지 않을 수가 없습니다. 왜냐하면 거기에서 나오는 이야기가 전부 나에 대한 이야기이고 그 말씀을 먹지 않으면 내가 살 수 없기 때문입니다. 그래서 교회에서 바른 하나님의 말씀이 증거되는 것이 교회가 사는 길이고 그 바른 말씀을 통해서 성령님은 우리에게 하늘의 능력과 축복을 주시는 것입니다.

실제로 죽은 교회

1절 하 내가 네 행위를 아노니 네가 살았다 하는 이름은 가졌으나 죽은 자로다

사데 교회는 살았다 하는 이름은 가지고 있지만 실제로는 죽은 교회였

습니다. 즉 사데 교회는 아직 그 명단이 사망자 명단에 있는 것이 아니라 살아 있는 사람 명단에 끼어 있었습니다. 그런데 실제로 사데 교회는 죽은 것과 같은 상태였던 것입니다. 즉 너무 심한 부상을 입었든지 아니면 병이 너무 위중해져서 곧 죽게 된 상태였던 것입니다.

사데는 섬유가 발달된 도시였습니다. 특히 사데는 섬유 중에서도 양모 산업이 많이 발달되어 있었고 그래서 사데 교회에 보낸 편지에도 옷에 대한 이야기가 다른 교회보다 많이 나오고 있습니다. 사데라는 도시는 우리나라로 치면 대구와 같은 곳이라고 말할 수 있습니다. 대구는 우리나라에서 섬유 공업이 가장 발달된 도시였고 경제적으로 가장 여유가 있는 도시였습니다. 그런데 대구는 갑자기 섬유산업이 사향산업이 되면서 거의 없어지다시피 하면서 우리나라에서 경제적으로 가장 어려운 도시가 되었고 젊은이들이 제대로 직장을 구하지 못해서 도저히 있을 수 없는 그런 도시가 되고 말았습니다. 즉 도시에서 젊은이들이나 교인들이 자꾸 빠져 나가니까 거의 대부분의 교회들이 재정적인 어려움을 호소하고 교회는 현상 유지가 어려운 형편에 놓여지게 되었습니다.

마찬가지로 사데 교회는 한때는 소아시아에서 아주 경제적으로 여유가 있는 교회였고 부족할 것이 없는 안정된 교회였습니다. 그 이유는 다른 데 있는 것이 아니라 '네 행위'에 있다고 했습니다. 즉 사데 교회가 어떤 행위를 하고 난 뒤에 교회는 살았지만 실제로는 죽은 상태가 된 것입니다.

아마 이것은 사데 교회가 복음의 핵심적인 진리를 버리는 순간이 있었던 것 같습니다. 우리는 이와 비슷한 것을 먼데서 찾을 필요 없이 우리나라 교회 역사에서 찾을 수 있습니다. 우리나라 교회는 일제시대 때 많은 어려움에도 불구하고 열심히 부흥되고 있었습니다. 사실 우리나라 교회의 부흥이 우리 민족의 정신을 지키는 든든한 보루였습니다. 그런데 일제는 전쟁 말기가 되면서 더 악랄하게 기독교를 탄압했습니다. 그래서 일제는 무기를 만든다고 교회에 있는 종을 떼어가기도 했습니다. 그러나 교회에 종이 없어진다고 해서 교회가 죽는 것은 아니었습니다. 그런데 무서운 것은 우리나라 장로교 총회가 일본의 압력에 굴복을 해서 신사참배를 하기로 공식적으로 가결을 한 것입니다. 이때 미국의 한 선교사가 '아니요'하면서 반대를 했지만 이미 일본에 굴복한 목사들에 의해서 한국 교회는 일본의 천황 숭배를 정식으로 가결했습니다. 그리고 이 결정 이후로 한국 교회는 살았지만 사실 전혀 기능을 하지 못하는 식물 교회가 되고 만 것입니다. 교회의 많은 목회자들은 신사참배를 하지 않는다고 교회에서 쫓겨나거나 혹은 감옥에 갇히게 되었고 교회에서는 예배드리기 전에 일본 천황을 위해서 절을 하고 난 후에 예배를 드렸던 것입니다. 우리가 사데 교회의 사정을 자세히 알 수는 없지만 어느 한 순간 사데 교회 지도자들이 로마의 황제 숭배나 혹은 세상의 유행을 받아들이기로 결정을 한 후에 사데 교회는 식물 교회가 되었던 것 같습니다.

천주교의 경우에는 오랜 전통을 가지고 있었지만 어느 순간 믿음으로 의롭다함을 받는 진리를 믿지 않고 교회의 전통을 성경 위에 두기로 했습니다. 그러면서 천주교는 죽은 교회가 된 것입니다. 특히 로마 천주교는 성 베드로 성당을 짓기 위해서 면죄부를 팔면서 그것이 극단적으로 나타나게 되었습니다. 그래서 종교 개혁자들은 진정한 교회가 무엇이냐 하는 문제에 고민을 많이 했는데 이들은 참된 교회는 교회의 제도만 있다고 해서 되는 것이 아니라 바른 하나님의 말씀의 선포가 있고 성례가 행해지며 성도들의 잘못에 대하여 바른 권징이 행해져야 바른 교회라고 정의를 내렸습니다. 그래서 교인들이 아무리 작은 방에서 모이고 집 밖에 십자가를 달아 놓지 않았다 하더라도 바른 말씀의 선포가 있고 성례가 있고 권징이 있으면 진정한 교회라는 것입니다. 종교 개혁자들의 말에 의하면 로마 천주교는 바른 말씀의 선포가 없기 때문에 진정한 교회가 아니라는 것입니다. 그래서 로마 천주교에서 개신교가 갈라져 나온 것이 아니고 진정한 교회에서 로마 천주교가 떨어져 나간 것으로 보는 것입니다.

어떤 사람들은 로마 천주교가 이단인가 하고 묻습니다. 이단의 정의가 그리스도를 하나님의 아들로 고백을 하지 않고 삼위 하나님을 부인하며 성경의 권위를 부정하는 것이라고 할 때 로마 천주교는 그리스도를 하나님의 아들로 믿고 삼위 하나님을 믿기 때문에 이단이라고 말할 수는 없습니다. 그러나 로마 교회 안에 너무 많은 우상이 있고 바른 말씀의 선포가 없기 때문에 죽은 교회라고 말하는 것이 옳습니다. 그러나 사실 이 부분에 있어서는 개신교도 얼마든지 죽은 교회가 될 수 있다는 점에서 주의해야 합니다. 한때 아무리 부흥하던 교회라 하더라도 바른 말씀의 선포가 없으면 교회는 결국 죽게 되는 것입니다.

우리가 구약 성경을 보면 이것이 얼마나 중요한지 알게 됩니다. 구약 이스라엘 백성들이 남과 북으로 갈라집니다. 그런데 북쪽 이스라엘 왕국은 일찌감치 하나님의 말씀을 포기하고 금송아지 숭배로 빠집니다. 그런데 이스라엘은 자신들이 우상 숭배에 빠졌다고 생각하지 않았습니다. 단지 금송아지가 여호와라는 것입니다. 그런데 이스라엘 사람들의 생각은 모세같이 여호와의 율법만 믿는 것은 너무 패쇄적이니까 여호와의 종교와 이방 사상의 장점을 같이 받아들이자는 것입니다. 즉 우리나라로 치면 기독교의 축복 사상과 세상의 성공을 같이 추구하는 것입니다. 북쪽 이스라엘도 이런 식으로 여호와의 종교의 장점과 세상의 축복을 함께 받아들임으로 엄청난 복을 받았습니다. 그러나 이것은 하나님이 주신 축복이 아니었고 이스라엘은 신앙의 순수성을 잃고 결국 망하고 말았습니다. 이스라엘이 망할 때 사람들이 얼마나 비참하게 죽었는지 대영박물관의 앗수르관에 가보면 나오는데 사람들의 껍질을 벗겨서 죽였다고 기록되어 있습니다. 그 이유는 북쪽 이스라엘 교회가 죽은 교회였기 때문입니다. 그런데 바로 그 앗수르 군대가 예루살렘을 공격했는데 예루살렘을 함락시키지 못하고 18만 5천 명이라는 군대가 하루 밤사이에 예루살렘 밖에서 몰살을 당합니다. 왜 다섯 배나 강한 이스라엘을 무너트린 앗수르 군대가 예루살렘은 이기지 못했을까요? 그 당시 예루살렘은 아직 성전의 기능이 살아 있었기 때문입니다. 하나님의 말씀이 살아 있고 성도들이 눈물로 기도하는 교회는 어느 악한 세력도 정복할 수가 없습니다. 그러나 예루살렘 교회도 그 후에 말씀을 버리고 우상을 성전 안까지 끌어들였을 때 바벨론 군대에 의하여 똑같이 멸망하고 맙니다. 이것을 보면 교회가 죽는다는 것이 얼마나 무서운지 알 수 있습니다. 죽은 교회는 성도들의 생명과 재산을 지켜줄 수 없습니다.

교회 안에서 하나님의 말씀을 있는 그대로 설교한다는 것은 거의 자기 목숨을 걸어 놓지 않으면 불가능한 일입니다. 그런데 설교자들이 사람들의 눈치나 보고 자기 자리나 지키려고 할 때 결국 사람들이 듣기 좋아하는 설교를 할 수밖에 없는 것입니다.

우리의 믿음 외에 어떤 것도 자랑거리가 되어서는 안 됩니다. 사람들의 행위가 교회 안에서 칭송되면 그것은 결국 자신들의 의가 되어서 결국 교회 안에서 그리스도의 광채를 막고 맙니다. 성령이 역사하시게 하기 위하여 우리 인간의 모든 자랑들을 다 치워야 합니다.

2절 너는 일깨워 그 남은바 죽게 된 것을 굳게 하라 내 하나님 앞에 네 행위의 온전한 것을 찾지 못하였노니

예수님은 사데 교회가 거의 다 죽었지만 그럼에도 불구하고 아직 숨이 붙어 있는 부분이 있다고 말씀하셨습니다. 그래서 주님은 사데 교회를 향해서 다른 것은 하려고 하지 말고 지금 살아있는 그것이나 붙들어서 완전히 죽지 않도록 하라고 말씀하셨습니다.

우리나라 목회자나 교인들 중에는 미국 것이면 무조건 좋은 줄 알고 받아들이려고 하는 분들이 있습니다. 물론 미국이나 영국의 복음송 같은 것들은 너무나도 좋은 것이 많고 또 이미 우리나라에 많이 알려진 것도 있습니다. 그러나 미국이나 영국의 교회와 한국은 사정이 많이 다르다는 것을 알아야 합니다. 즉 이미 미국의 교회들은 거의 죽은 교회들이 많이 있습니다. 물론 교회가 있고 교인들도 있지만 너무나도 경직되어 있고 형식적인 교회나 교인들이 많습니다. 그래서 목회자들 중에는 새로운 부흥을 일으키기 위해서 완전히 불신자들 그 중에서 히피족이나 마약 중독자들 혹은 동성연애자들 이런 사람들을 대상으로 전도해서 교회를 부흥시킨 분들이 있습니다. 이런 목회자들은 대개 오래된 형식을 완전히 깨고 옷도 편한 옷으로 입고 예배의 형식도 자유롭게 해서 믿지 않는 자들이 편하게 교회에 오도록 하는 방법을 써서 성공을 하기도 했습니다. 이런 목회자들은 교회를 전혀 교회 같지 않은 느낌을 가지게 하는 것입니다. 그래서 예배에 있어서도 믿지 않는 자들이 전혀 이질감을 느끼지 않도록 해서 기독교를 조금씩 알아가게 한다는 것입니다. 그런데 요즘은 우리나라에서도 예배의 형식을 없애기도 하고, 심지어는 교회도 전혀 교회 같지 않게 짓는 것이 유행이 되고 있습니다.

그러나 우리나라 교회는 아직 죽은 교회가 아닙니다. 그래서 교회에서 복음만 제대로 선포되기만 하면 얼마든지 교회는 다시 부흥될 수 있습니다. 우리는 아직 우리에게 남아 있는 부흥의 불씨가 있습니다. 우리는 이것을 살려야 교회나 세상이 죽어서 썩는 것을 막을 수 있습니다.

사데 교회의 남은 자들이 할 일

교회가 참된 생명을 잃어버렸을 때 다시 살리는 것은 하나 밖에 없습니다.

그것은 복음의 능력을 되찾는 것입니다. 이것은 목회자와 교인들이 목숨을 걸고 하나님의 말씀을 붙들 때 살아나게 됩니다.

3절 그러므로 네가 어떻게 받았으며 어떻게 들었는지 생각하고 지키어 회개하라. 만일 일깨지 아니하면 내가 도적 같이 이르리니 어느 시에 네게 임할는지 네가 알지 못하리라

여기서 '네가 어떻게 받았으며 어떻게 들었는지'라고 하는 것은 '복음'을 말합니다.

즉, 교회로 하여금 복음의 능력을 되찾으라는 것입니다. 여기서 '회개하라'는 것은 인간의 잘못된 생각이나 방법을 버리고 참된 하나님의 말씀을 붙드는 것입니다. 교회가 죽었을 때 간단한 복음적인 설교가 얼마나 큰 역사를 불러일으키는지 모릅니다.

고 대천덕 신부님의 원래 뿌리는 성공회가 아니고 장로교였습니다. 이 분의 이름은 아쳐 토레이인데 그분의 할아버지도 이름이 아쳐 토레이였습니다. 할아버지 토레이는 무디와 함께 부흥 사역을 하셨는데 이 분도 특히 호주에서 큰 부흥을 일으켰습니다. 그런데 그의 설교는 아주 기본적인 교리 설교였습니다. 그런데도 큰 부흥이 일어났습니다.

우리가 생각하기에는 너무나도 기본적인 그런 진리의 선포만으로도 놀라운 부흥과 회개의 역사가 일어납니다. 그 이유는 하나님과 우리 사이에 막혀 있었던 걸림돌들이 제거되고 있기 때문입니다. 성경에 있는 그대로 풀어서 설교해도 나타나는 반응은 놀랍습니다. 그 이유가 무엇입니까? 너무나도 형편없는 것이 주님의 복음을 가로막고 있었기 때문입니다.

우리가 구원을 얻는 것은 우리의 공로가 아닙니다. 오직 하나님의 은혜요 믿음입니다. 누구든지 예수 이름을 부르는 자는 구원을 얻습니다.

오늘 복음이 가장 필요한 곳은 교회 안입니다. 왜냐하면 누구든지 하나님의 백성이 되려면 진정으로 거듭나야 합니다. 그런데 이미 오래 전부터 믿은 분들은 자기가 한 번도 죄인이라는 깨달음 없이 교회에서 오래 믿음생활을 했기 때문에 신자가 되고 직분자가 된 경우가 많이 있습니다. 결국 이런 사람들이 하나님의 말씀을 잘 들을 줄 모르고 오히려 전통이라든지 사업계획 같은 것을 너무나도 중요하게 생각합니다. 그리고 이들은 행사가 없으면 신앙생활을 어떻게 해야 할지 모를 정도로 봉사 위주의 신앙생활에 빠지게 되는 것입니다.

그래서 오늘날 전도해야 할 대상은 먼저 교회 안에 있다는 것을 알아야 합니다. 그래서 성도들이 복음 설교를 듣고 큰 은혜를 받습니다. 왜냐하면 복음은 믿지 않는 자들에게도 도전이 되지만 믿는 사람들에게도 굉장히 큰 힘이 되고 능력이 되기 때문입니다.

우리는 복음의 능력을 되찾아야 합니다. 하나님의 말씀은 다시 있는 그대로 선포되어져야 합니다. 그렇게 하지 않으면 하나님의 갑작스러운 심판이 오게 될 것입니다.

"내가 도적같이 임하리니 어느 시에 네게 임할는지 네가 알지 못하리라"

여기에 도적같이 임하겠다는 것은 교회 파괴의 일이 일어나는 것입니다. 여기서 교회의 파괴 운동은 교회를 가장 싫어하는 세력들에 의해서 일어나게 됩니다. 결국 소아시아는 사라센 제국이 침략하면서 교회는 완전히 없어지고 말았습니다. 이 당시 회교도들은 그리스도인들을 죽이면 상금을 주었습니다. 사라센 제국이 공격했던 소아시아나 북부 아프리카는 당시 기독교가 가장 번창했던 곳이었습니다. 그런데 이런 일이 21세기에 공산주의에 의해서 다시 일어나게 되었습니다. 평양이나 북경이나 러시아나 모두 기독교가 나름대로 번창하는 곳에 공산주의가 들어와서 완전히 교회를 죽이는 일을 했습니다.

우리는 주님이 도적같이 임한다는 말씀이 얼마나 무섭게 이루어졌는지 알아야 합니다. 주님은 복음의 능력을 잃어버린 이름 뿐인 교회나 신자들을 가장 무자비하고 무시무시한 세력에 의해 심판하시는 것을 말합니다.

그러나 이런 절망적인 상황에서도 바른 신앙을 지키고 있는 자들이 있었습니다.

4절 그러나 사데에 그 옷을 더럽히지 아니한 자 몇 명이 네게 있어 흰 옷을 입고 나와 함께 다니리니 그들은 합당한 자인 연고라

여기서 '흰 옷'이라고 하는 것은 예수 그리스도를 믿음으로 죄용서 받고 바른 신앙생활을 하고 있는 사람을 말합니다. 하나님께서는 우리가 예수 믿을 때 우리 모든 죄를 다 사하시고 깨끗한 믿음을 주셨습니다. 그런데 사데 교회에서 이 믿음을 더럽히지 않고 지키고 있는 사람들이 있었습니다.

이 사람들은 처음 들었던 복음을 기억하고 그 신앙을 지키는 자들이었습니다. 그들은 교회의 지도자들이 변하고 사람들이 거짓된 우상들을 따라 감에도 불구하고 그 더러운 우상이나 잘못된 인간의 의에 무릎을 꿇지 않고 자신의 신앙을 지키는 자들이었습니다. 그 사람들은 모두 마치 구약 이스라엘의 엘리야 때에 바알 앞에 무릎을 꿇지 않은 7천 명과 같은 사람들이었습니다. 이 사람들은 오히려 다른 사람들로부터 이상한 사람으로 낙인이 찍힌 자들이요 세상에서는 손가락질 당하는 처지에 있었지만 예수님은 이들이 흰 옷을 입고 있다고 칭찬하셨습니다. 즉 이들은 처음 들은 그 복음을 버리지 않고 끝까지 붙들었으며 다른 인간의 의나 자랑을 믿지 않고 예수 그리스도를 굳게 의지한 자들입니다. 주님은 이들을 '합당한 자'라고 말씀하십니다. 이들이야말로 주님과 함께 영원한 생명을 누리기에 합당한 자들이라는 뜻입니다.

참된 그리스도인들은 이와 같이 흰 옷을 입은 사람들입니다. 그들은 오직 예수 그리스도의 공로로 죄용서 받은 자들이며 거짓된 인간의 속임수에 넘어가지 않은 자들입니다.

사람들이 자기 생각대로 믿으면 반드시 잘못된 길로 가지만 성경대로 믿는 사람은 잘못된 길로 빠지지 않습니다. 그래서 우리는 기독교는 이성으로 이렇게 해야 한다고 생각하는 사람을 주의해야 합니다. 이런 사람은 성경을 믿는 것이 아니라 자기 생각을 믿는 사람들이기 때문입니다. 성경을 읽는 사람은 더러운 귀신이 속일 수 없습니다. 누가 뭐라고 거짓말을 해도 속지 않습니다.

예수님은 이기는 자에게 놀라운 약속을 주셨습니다.

5절 이기는 자는 이와 같이 흰 옷을 입을 것이요. 내가 그 이름을 생명책에서 반드시 흐리지 아니하고 그 이름을 내 아버지 앞과 그 천사들 앞에서 시인하리라

예수님은 세 가지 약속을 하십니다.

첫째는 그들에게 흰 옷을 주신다고 하십니다.

여기서의 흰 옷은 영광의 옷을 말합니다. 그리스도의 복음을 지키며 신앙의 순결을 버리지 아니한 그들을 영광스럽게 하시는 것입니다. 주님은 이들에게 이 세상에서 받은 치욕과 비난을 보상하고도 남는 영광을 주실 것입니다. 사람들은 모두 세상에서 성공의 화려한 옷을 입고 있습니다. 그러나 이런 세상의 옷은 하나님의 영광의 빛에 비추어보면 너무나도 더러운 누더기인 것입니다. 우리가 때로는 옷을 빨아서 잘 다려 입었다고 생각해도 햇빛에 나와 보면 얼룩이 있고 다림질이 잘 되어 있지 않을 때가 있습니다. 이 세상 사람들이 입은 옷은 어두운 데서는 멋진 것 같은데 하나님의 빛

앞에서는 더러운 누더기입니다. 그러나 믿음을 지키는 자들의 옷은 하나님의 빛에 나아올수록 더 깨끗하고 흠이 없는 옷입니다.

두 번째는 그들의 이름을 생명책에서 흐리지 아니하겠다고 약속하십니다.

주님이 이들을 일일이 기억하셔서 절대로 중간에 변질되거나 타락하지 않게 붙들어 주시겠다는 뜻입니다. 주님은 복음 때문에 고난을 당하고 핍박당하는 자들을 끝까지 지켜주셔서 실패하지 않게 하십니다. 세상에는 온갖 거짓과 더러운 인간의 의가 그리스도의 자리를 찬탈하고 참된 복음의 빛을 막는 중에도 참으로 주님의 복음을 붙드는 자는 흰 옷을 입게 되는 것입니다.

그리고 주님은 최종적으로 하나님 아버지 앞과 천사들 앞에서 이들이 참 내 성도라는 사실을 부끄러워하지 않고 시인하겠다고 약속하셨습니다. 왜냐하면 이들이 세상에서 주님을 부끄러워하지 않았기 때문입니다. 이들은 주님이 주신 구원을 부끄러워하지 않았습니다.

주님은 하나님 아버지와 천사들 앞에서 이들을 부끄러워하지 않겠다고 약속하십니다. 우리가 이 세상에서는 모든 영광과 존귀한 대접을 다 받았는데 막상 주님 앞에 섰을 때 주님이 너는 아니라고 하시면 너무나도 당황하게 될 것입니다. 우리는 주님 앞에서 인정을 받아야 진짜 신앙인 것입니다. 사람들은 우리를 평가할 입장에 있지 않습니다. 사람들은 모두 아무것도 모르면서 지껄여대는 것입니다. 우리는 주님과 그 복음을 부끄러워해서는 안 됩니다. 끝까지 주님이 우리에게 주신 의의 옷을 더럽혀서는 안 됩니다. 그래서 주님 앞에서 잘했다 착하고 충성된 종이라고 인정받는 성도들이 되시기 바랍니다.

CHAPTER • 09

흔들리지 않는 교회

요한계시록 3:7-13

요즘 건축술이 아주 뛰어나서 외국의 경우 100층이 넘는 빌딩들도 많이 있고 부산이나 대구, 서울 같은 경우에 60층이 넘는 아파트들을 짓는 것을 볼 수 있습니다. 이런 건물들은 모양도 훌륭하지만 그 안에 전자 장치도 잘 되어 있어서 아주 사용하기에 편리한 것을 볼 수 있습니다. 건물은 외양도 뛰어나야 하지만 웬만한 진동에도 무너지지 않는 튼튼한 집이어야 사람들이 안심하고 사용할 수 있을 것입니다. 대개 지진이 발생했을 때 사람들이 많이 죽는 이유는 건물더미에 깔려서 죽는 사람들이 많기 때문입니다. 그래서 지진이 일어났을 때 사람들은 일단 건물 밖으로 빠져 나와야 안전할 수가 있습니다.

옛날에는 예배당이라고 하면 으레 양쪽에 종탑이 있는 붉은 벽돌 건물로 생각을 했는데 요즘은 교회 건축이 많이 발달하면서 전혀 교회같이 보이지 않는 예배당들을 많이 건축하고 있고 또 예배당도 예배당이라고 부르지 않고 '무슨 비전 센터'같은 이름으로 부르는 것이 특징인 것 같습니다. 요즘은 예배당 건물을 잘 지으면 시에서 좋은 건물을 지었다고 상을 주기도 합니다.

그런데 교회는 사실 성도들 자체가 눈에 보이지 않는 성전을 이루고 있습니다. 그래서 교회가 가장 잘 지어졌다고 하는 것은 외적인 건물이 화려하거나 멋있게 지어진 것이 아니라 교인들 자체가 하나님의 말씀으로 아름답게 성숙한 신앙을 가진 것을 말합니다. 지난 세기 동안 유럽에서는 교회들이 철학이나 세상적인 이론으로 신앙을 지었습니다. 그래서 교회가 아주 부흥되고 성공하는 것 같았는데 그 후에 자유주의나 계몽주의 같은 인본주의 사조가 쓰나미처럼 밀고 들어와 유럽 교회들은 거의 다 무너지고 남은 교회가 별로 없게 되었습니다.

마찬가지로 요즘 우리나라에서는 기독교가 많이 부흥되어서 수많은 교회들이 세워지고 또 나름대로 많은 특징들이나 은사들로 교회를 꾸미고 선전하는 것을 볼 수 있습니다. 그러나 교회가 아무리 성장하고 멋진 내용을 가지고 있다 하더라도 성경에 기초를 두지 않으면 그 신앙이나 교회는 무너질 수밖에 없을 것입니다.

사도 요한 당시에 소아시아 지역에 여러 스타일의 교회들이 있었습니다. 그런데 예수님께서는 그 교회들 하나하나를 평가 하시면서 칭찬하기도 하시고 책망하기도 하셨습니다. 그런데 그 중에서 예수님으로부터 칭찬만 받은 교회가 있었는데 서머나 교회와 빌라델비아 교회였습니다. 이 두 교회는 결코 잘 사는 사람들이 다니는 교회가 아니었습니다. 그런데도 불구하고 이 교회가 칭찬을 받은 것은 주님이 주신 믿음을 잘 지켰기 때문이었습니다.

빌라델비아는 유명한 것이 두 가지 있었습니다. 하나는 빌라델비아가 중부 고원으로 들어가는 문의 역할을 한다는 점이었습니다. 그래서 이곳을 통하지 않으면 중부 지방으로는 들어갈 수가 없었습니다. 그래서 이 빌라델비아 교회에 보낸 편지에 문의 이야기가 많이 나옵니다. 그리고 또 하나 유명한 것은 지진이었습니다. 주후 17년경에 대지진이 일어났는데 특히 그때 빌라델비아가 피해가 심했다고 합니다. 그래서 빌라델비아 교회에 보낸 편지에는 기둥 이야기가 많이 나옵니다.

적은 능력으로 믿음을 지킨 교회

빌라델비아라는 이름은 '형제 사랑'이라는 뜻입니다. 빌라델비아라는 도시 이름은 두 형제에 대한 신의에서 시작되었다고 합니다. 즉 왕인 형이 아직 살아있는데도 간신들이 동생에게 형이 죽었다고 거짓 소문을 퍼트려서 왕이 되라고 했을 때 동생은 간신들의 요청을 거부하고 끝까지 왕에 대한 충성을 지킨 일이 있었습니다. 그런데 빌라델비아 교회도 바로 그런 교회였습니다. 즉 교회 다니지 않는 사람들이 기독교에 대하여 부정적인 소문을 퍼트리고 빌라델비아 교인들에게 주님을 배반할 것을 요구했지만 교인들은 끝까지 주님에 대한 충성심을 버리지 않고 지킨 교회였습니다. 그래서 서머나 교회와 함께 예수님으로부터 전혀 책망 받지 않고 칭찬만 받은 교회로 나타나게 됩니다.

예수님이 소아시아에 있는 교회 중에서 가장 믿을 만한 교회가 있다면 바로 이 빌라델비아 교회였습니다. 빌라델비아 교회는 하나님 나라에서 기둥으로 남을 정도로 품질을 보증할 수 있는 교회였습니다.

그러면 이 빌라델비아 교회가 그 규모가 크고 유력한 사람들이 많이 있었기 때문에 칭찬받는 교회가 되었을까요? 결코 그렇지 않았습니다. 오히려 빌라델비아 교회는 아주 '적은 능력'을 가진 교회였습니다.

8절 하 네가 적은 능력을 가지고도 내 말을 지키며 내 이름을 배반치 아니하였도다 오늘 사람들은 교회의 능력을 평가할 때 대개 그 교회의 위치나 교회의 구성원의 수나 신분으로 따질 때가 많이 있습니다. 즉 교회가 지방에 있는 것보다는 수도에 있는 것이 더 중요하고 교인 수가 수 만 명이 되고 거기에 지식인이나 유명한 사람들이 많을수록 성공적인 교회로 인식되고 있습니다.

그러나 빌라델비아 교회는 결코 그런 의미에서 성공한 교회가 아니었습니다. 빌라델비아 교회는 사회적으로 힘이 없었습니다. 다시 말해서 분명히 교회도 크지 못했고 또 그 지역에서 유력하고 힘 있는 사람들이 없는 교회였습니다. 아마도 이 교회 교인들의 대부분이 노예층이거나 가난한 자들로 구성되어 있었던 것 같습니다.

그런데 빌라델비아 교인들의 믿음이 얼마나 좋았는가 하면 바로 이 유대인들 중에서 기독교가 너무 좋아서 유대교를 버리고 기독교로 돌아오는 사람들이 생긴 것입니다. 그러니까 빌라델비아 교회는 외형만 작고 가난했지 믿음은 결코 부족하지 않았으며 얼마나 사랑이 뜨거웠든지 유대인들의 교만도 녹일 정도로 믿음이 뜨거운 교회였습니다.

이 교회의 장점이 무엇입니까? 절대로 지진에 무너지지 않는 신앙을 가지고 있었습니다. 빌라델비아 도시 전체가 지진으로 크게 파괴되었던 적이 있었던 것처럼 이곳에는 영적인 지진이 많았는데 좌우로 흔들고 상하로 흔들어서 주님으로 부터 떨어지게 만드는 시험들이 많았습니다. 그러나 이 교회는 아무리 흔들어도 무너지지 않는 것이 특징이었습니다. 어떤 이론이나 이상한 신앙이 와서 그들을 흔들고 시험하여도 이들은 주님의 말씀을 지켰으며 주님의 이름을 배반치 않았습니다. 그래서 주님은 이 교회에 승리의 면류관을 주셨습니다. 사도 바울은 교회를 세우는 것을 집을 건축하는 것에 비유했습니다. 그래서 어떤 사람이 집을 세우는데 어떤 사람은 금이나 은이나 보석을 재료로 해서 집을 세우고 어떤 사람은 나무나 풀이나 짚으로 집을 지었는데 나중에 불이 나니까 나무나 풀이나 짚으로 지은 것은 다 타버렸다고 했습니다. 여기서 집을 짓는 재료는 교회를 세우는 기초를 말하는 것입니다. 즉 세상적인 방법으로 교회를 세우면 빨리 화려하게 지을 수 있을지 몰라도 불 시험을 이기지 못하게 됩니다. 얼마 전에 어떤 건물을 보니까 바로 옆에 있는 집에서 불이 나서 건물이 완전히 다타버렸는데도 불구하고 그 건물은 유리창만 조금 깨지고 건물은 전혀 불타지 않았습니다. 그것은 하나님께서 지켜주신 것이었습니다. 그 동안 우리 한국 교회는 영적인 지진에 많이 흔들렸습니다. 어떤 때는 신비주의에 흔들리고 어떤 때는 종말론에 흔들리기도 했습니다. 우리나라 교회에 이렇게 영적인 지진이 자주 흔들리는 이유는 하나님의 말씀에 뿌리박은 기초가 약하기 때문입니다.

11절 내가 속히 임하리니 네가 가진 것을 굳게 잡아 아무나 네 면류관을 빼앗지 못하게 하라

빌라델비아 교회는 이미 면류관을 맡아놓았습니다. 그 이유가 어디에 있습니까? 그들이 철저하게 주님의 말씀만 붙들고 일체 다른 것을 받아들이지 않았기 때문입니다. 그래서 이미 이들은 면류관을 따 놓았고 이제 그들이 할 일은 이 면류관을 빼앗기지 않는 것입니다. 최고의 교회가 되는 방법은 여러 가지 많은 사업을 벌이는데 있지 않습니다. 교회가 면류관을 빼앗기지 않는 방법은 온 교회가 오직 하나님의 말씀만을 철저하게 붙드는 것입니다. 그러나 이것이 너무나도 어렵습니다. 왜냐하면 사람들은 간사해서 어떻게 해서든지 세상의 좋은 지식이나 유행을 교회 안에 받아들여서 유식하다는 인정을 받고 싶기 때문입니다. 그러나 주님의 말씀을 잘 지키면 그것으로 이 교회는 이미 금메달은 확보가 된 것입니다.

거룩하고 진실하신 주님

7절 빌라델비아 교회의 사자에게 편지하기를 거룩하고 진실하사 다윗의 열쇠를 가지신 이 곧 열면 닫을 사람이 없고 닫으면 열 사람이 없는 그이가 가라사대

성경은 주님에 대하여 '거룩하고 진실하사'라고 했습니다. 여기서 거룩하다는 것은 철저하게 죄를 이기신 모습이며 진실하다는 것은 주님의 약속을 철저하게 지키시는 모습을 말합니다. 일단 주님 앞에 칭찬을 받으려면 죄를 이길 수 있어야 합니다. 왜냐하면 아무리 큰일을 많이 하고 유명한 종이라 하더라도 죄를 지은 사람은 힘을 쓸 수가 없기 때문입니다. 누구든지 죄에 빠진 사람은 죄의 종이기 때문에 주님의 말씀이 아니라 사탄이 시키는 대로 하게 되어 있습니다. 음란에 빠지고 금전적인 부정에 빠진 사람은 결코 깨끗할 수가 없습니다. 그래서 누구든지 주님 앞에 담대하게 서려고 하면 죄의 유혹을 물리쳐야 합니다. 그런데 우리는 모두 죄성을 가진 인간이기 때문에 어느 누구도 죄를 짓지 않은 사람은 없습니다. 그런데 우리가 어떻게 하나님 앞에 깨끗할 수 있겠습니까? 그것은 우리가 하나님의 말씀을 가까이 하면 깨끗해지기 때문입니다.

우리가 하나님의 말씀을 사랑하면 죄가 시시해지게 되어 있습니다. 이때는 누군가가 유혹을 해도 죄가 싫고 귀찮아지기 때문에 죄를 물리칠 수가 있습니다. 그러나 말씀의 능력이 아니면 아무리 믿음이 좋은 사람이라 하더라도 죄의 유혹을 이기기 어렵습니다. 그래서 시편 기자는 '청년이 무엇으로 그 행실을 깨끗케 하리이까, 주의 말씀을 따라 삼갈 것이니이다'라고 했습니다. 청년 때에는 육체의 정욕이 끓어오를 때입니다. 이때 혈기 왕성한 젊은이들이 죄를 물리친다는 것은 불가능합니다. 그러나 하나님의 말

씀을 붙잡으면 죄가 우리를 피해가게 되어 있습니다. 또 우리도 죄를 물리치게 됩니다.

예수님께서 빌라델비아 교회에 나타나신 모습은 참되고 진실한 청지기의 모습입니다.

'다윗의 열쇠'라고 하는 것은 구약 이사야서에 나오는 것입니다. 이사야 22장에 보면 당시 왕의 국고를 맡았던 셉나라는 사람이 있었는데 그 사람은 정직한 사람이 아니었습니다. 그래서 하나님께서 셉나를 그 자리에서 쫓아내고 정직한 사람 힐기야의 아들 엘리아김에게 다윗의 열쇠를 맡기십니다.

사 22:20-22 그날에 내가 힐기야의 아들 내 종 엘리아김을 불러 네 옷을 그에게 입히며 네 띠를 그에게 띠워 힘 있게 하고 네 정권을 그의 손에 맡기리니 그가 예루살렘 거민과 유다 집의 아비가 될 것이며 내가 또 다윗 집의 열쇠를 그의 어깨에 두리니 그가 열면 닫을 자가 없겠고 닫으면 열 자가 없으리라

다윗의 열쇠를 가진다고 하는 것은 하나님 나라의 실제적인 모든 것을 관리하는 권한을 의미하는 것입니다. 셉나라는 사람은 불의한 왕의 청지기였던 것 같습니다. 그래서 왕의 재산이 마땅히 가야 할 곳에 가지 못하고 또 가서는 안 되는데 많이 낭비되었던 것 같습니다. 그래서 하나님께서는 셉나를 쫓아내시고 대신 의로운 종 엘리아김을 그 자리에 임명하신 것입니다. 하나님께서는 엘리아김에게 절대적인 권한을 주셨는데 그가 한번 결정을 하면 아무도 반대할 수가 없습니다. 그래서 엘리아김이 문을 열면 아무도 그 문을 닫을 수가 없습니다. 예를 들어, 엘리아김이 누구를 도와야 한다고 해서 왕의 창고의 문을 열면 끝까지 아무도 그 문은 닫을 수가 없었습니다.

대신에 엘리아김이 절대로 도와줄 수 없다고 결정을 하면 어느 누가 나서도 도와줄 수가 없었습니다. 예수님은 이 가난하고 약한 교회에 다윗의 열쇠를 가지신 분으로 나타나셨습니다.

주님께서 빌라델비아 교회에 나타난 이 모습을 통하여 보여 주고자 하시는 것이 무엇입니까? 빌라델비아 교회가 주님의 말씀을 붙드는 것을 보시고 하나님 나라의 전권을 이 교회에 맡기신 것입니다. 그래서 그들의 기도는 무한정으로 응답되는 능력이 있었습니다. 빌라델비아 교회가 기도하면 주님이 '하늘 문을 열어!'라고 명령을 내리십니다. 그러면 그들은 하나님 나라 안에 있는 모든 보물들과 모든 능력을 다 가져갈 수 있었습니다.

빌라델비아 교인들은 세상적으로 아무 힘이 없었습니다. 누군가 권세 있는 자에게 통할 수 있는 길도 없었습니다. 그들이 유일하게 한 것은 진실하신 주님의 말씀을 생명 걸고 붙들었던 것입니다. 즉 그들은 온 힘을 다하여 하나님의 말씀을 연구하고 그 말씀을 풍성하게 교인들 가운데 나누었습니다. 그랬더니 어떤 결과가 나타나게 되었는가 하면 천국 문이 이들 위에 활짝 열리게 된 것입니다. 그래서 그들은 하나님의 보물 창고에 들어가서 무한정으로 하나님의 축복을 가져올 수 있게 되었습니다.

빌라델비아 교인들이 잘한 것은 세상적으로 성공하는 방법을 사용하지 않고 주님의 말씀을 붙들었던 것입니다. 그 결과 그들은 하나님의 지성소 안에 들어갈 수 있는 특권을 얻었으며 기도한 모든 것이 응답되는 축복을 받게 되었던 것입니다.

그러므로 이 세상에서 사람들이 보고 판단하는 것과 주님 앞에서의 모습은 너무나도 큰 차이가 있습니다. 이 세상에서는 가장 불쌍하고 의지할 데 없는 사람들이 주님 앞에서는 가장 부요한 사람들이었습니다. 주님은 그들 앞에 아예 문을 열어놓고 계셨습니다.

네 앞에 열린 문을 두었으되

주님은 약하지만 믿음에 있어서 신실한 빌라델비아 교회에 어떤 약속을 주셨습니까?

첫째로 그들 앞에 열린 문을 주셨습니다.

8절 상 볼찌어다 내가 네 앞에 열린 문을 두었으되 능히 닫을 사람이 없으리라

우리가 보통 문을 열어 놓았다고 하는 것은 누구든지 들어올 수 있도록 입장을 허가하는 것을 말합니다. 교회의 문이라고 하는 것은 항상 두 가지 문이 있습니다. 하나는 하나님을 향한 문이고 다른 하나는 세상을 향한 문입니다.

우리는 보통 교회가 문을 연다고 하면 세상을 향하여 문을 여는 것을 생각하게 됩니다. 물론 교회는 세상을 향하여 문을 열어야 하고 누구든지 교회 안에 들어올 수 있도록 개방되어야 합니다. 그러나 많은 경우 교회가 세상을 교회 안으로 끌어들이기 위해서 너무 세상과 같아지는 것을 볼 수 있습니다. 어떤 사람들은 교회의 문턱이 너무 높다고 하면서 교회의 문턱을 다 없애버렸는데 수해가 나면 모든 오물들이 교회 안으로 다 밀려들어오게 되는 것입니다. 교회에서 가장 중요한 것은 하나님을 향한 문이 열리는 것입니다. 이것은 우리에게 하나님의 축복이 열리고 기도가 응답되는 것을 말합니다. 사실 하나님의 은혜를 가장 사모한 사람 중에 야곱이 있었습니다. 야곱은 하나님의 축복을 받기 위해서 팥죽 한 그릇으로 형의 장자권을 사고 그 다음에 앞을 보지 못하는 아버지를 속이고 아버지의 축복을 받았습니다. 그러나 야곱이 정작 하나님의 복을 받은 것은 형 에서에게 쫓겨서

외삼촌이 있는 밧단 아람으로 도망을 치다가 빈들에서 돌을 베개하고 잘 때였습니다. 하나님은 인생의 가장 낮은 밑바닥에서 야곱을 만나주셨습니다.

그때 야곱은 여기가 바로 성전이며 하늘의 문이라고 고백했습니다. 우리 인간에게 가장 중요한 것은 하나님을 향한 문이 열리는 것입니다. 인간은 철학으로 이 문을 열지 못했습니다. 건축이나 기술로도 이 문을 열지 못했습니다. 그러나 오직 하나님의 아들 예수님이 이 문을 여셨고 우리는 주님의 말씀을 믿음으로 이 문을 열 수 있습니다. 우리 성도들이 모인 모임은 살아 있는 성전입니다. 우리가 오직 주님의 말씀을 붙들고 기도할 때 하늘의 문은 열리게 됩니다. 이때 하나님이 우리를 축복해주시며 우리의 미래가 열리게 되는 것입니다. 오늘 많은 젊은이들이 자신의 미래가 열리기 위하여 많은 노력을 하고 있습니다. 청년들은 학력을 높이기도 하고 외국으로 언어 연수를 가기도 하고 심지어는 에베레스트 산에 올라갔다 내려오기도 합니다. 그러나 우리의 미래는 하나님의 성전에서 열리게 됩니다.

그리고 또 하나의 문은 복음을 전할 수 있는 문을 말합니다. 교회에서 부흥이 일어나면 세상 사람들이 교회에 대하여 관심을 가지게 됩니다. 왜냐하면 우리가 굳이 예수 믿으라고 말을 하지 않아도 우리의 변한 모습이 세상 사람들을 놀라게 하기 때문입니다. 우리가 세상을 하나님께로 이끌 수 있는 방법은 우리 자신이 먼저 변화되는 것입니다.

가장 중요한 것이 증거할 것이 있어야 합니다. 우리는 증거할 것이 있어야 합니다. 가장 중요한 것은 내 자신이 복음의 능력을 체험한 것이 있어야 합니다. 우리는 내가 믿는 것이 정말 능력 있는 복음이며 이 복음을 듣고 믿는 자는 누구든지 죄에서 해방되며 새로운 삶을 살 것이라는 확신이 있어야 합니다. 그리고 복음을 전한 능력은 교회의 풍성한 은혜를 통해서 자연스럽게 흘러나오게 됩니다. 그래서 교회에서 필요한 말씀을 공급받지 못하면 교인들은 복음을 전할 힘을 얻지 못하게 됩니다. 또 그리스도인들이 교회에서 은혜를 받지 못하면 이 세상에서 담대할 수가 없습니다. 그러나 그리스도인들의 마음속에 말씀과 은혜가 살아 있을 때 이 세상에서 증거의 능력이 생기는 것입니다. 그뿐만 아니라 성령께서 사람들의 마음도 준비시켜 주셔야 합니다. 즉 이 세상에서 도저히 만족할 수 없는 갈급하고 답답한 마음이 준비되어야 합니다. 그러면 부흥의 역사가 들불같이 일어나게 됩니다.

주님이 복음의 기회를 주실 때에는 복음의 문이 열려서 사람들이 구름 떼와 같이 말씀을 듣기 위하여 교회로 몰려오게 될 것입니다. 물론 그때 기쁨과 감격으로 말씀을 듣는 자들이 있는가 하면 반대와 핍박을 하는 사람들도 있습니다. 그러나 이것은 부흥의 일어날 때 일어나는 당연한 것입니다.

이 빌라델비아 교회 교인들은 무식하고 가난한 자들인데 복음의 확신만큼은 분명했던 것입니다. 그들은 자기들이 무엇을 믿고 있는지 분명히 알았고 그것을 분명하게 증거할 수 있는 사람들이었습니다. 그래서 이들은 어디에 가든지 복음으로 이겼습니다.

그래서 빌라델비아 교회에 참으로 놀라운 일이 일어났습니다. 그것은 유대인중 몇 명이 회개하고 예수를 믿게 된 것입니다.

9절 보라 사탄의 회 곧 자칭 유대인이라 하나 그렇지 않고 거짓말 하는 자들 중에서 몇을 네게 주어 저희로 와서 네 발 앞에 절하게 하고 내가 너를 사랑하는 줄을 알게 하리라

여기서 '자칭 유대인'이라고 하는 것은 진짜 유대인이든지 아니면 유대교를 믿는 사람이었습니다. 이 당시 유대인들이 얼마나 교만한 사람이었는지 기독교인들을 벌레나 짐승처럼 생각하고 있었습니다. 그런데 왜 자칭 '유대인'이라고 하느냐 하면 예수님은 복음을 믿지 않는 유대인은 유대인이 아니라는 것입니다. 예수 믿지 않는 유대인들은 모두 엉터리 유대인이

라는 뜻입니다. 그리스도를 믿는 이방인이 진짜 유대인들이며 그냥 유대인은 자칭 유대인인 것입니다. 이 교회에서 너무나도 기쁜 일이 하나 있었는데 그것이 유대인 중에서 이 복음을 듣고 복음 앞에 무릎을 꿇고 굴복한 것입니다.

이 당시 유대인들은 하나님을 믿는다고 하지만 실제로는 하나님의 말씀을 두려워하지 아니하고 그리스도를 대적하는 일을 했습니다. 유대인들은 그들은 성령의 역사를 방해하는 사람들이었습니다. 그런데 빌라델비아에서는 유대인들 중에서 몇 사람이 자신들의 잘못을 깨닫고 회개하고 예수를 믿게 된 것입니다. 이것이 빌라델비아 교인들에게는 큰 격려가 되었습니다.

어떻게 해서 이런 일이 일어나게 되었을까요? 아마 이런 거짓된 신앙생활을 하고 있던 사람들 중에서 어떤 사람이 큰 어려움 중에 있었는데 아마 이 빌라델비아 교인 중 어떤 사람의 사랑으로 도움을 받든지 혹은 이들의 자녀가 무서운 병에 걸렸는데 바로 이런 교인들의 기도와 간호로 병에서 났게 된 것입니다.

우리가 어떻게 해서든지 하나님의 말씀대로 살려고 하고 주님의 뜻에 순종하려고 하는데 주위에 친척들이나 형제들이 나를 무시하고 나의 신앙을 조롱해도 언젠가는 인정을 할 때가 있습니다. 하나님은 그렇게 만들어 주실 것입니다. 이것이 바로 주님이 우리를 얼마나 사랑하는지 그 증거 중 하나입니다.

'저희로 와서 네 발 앞에 절하게 하고 내가 너를 사랑하는 줄을 알게 하리라'

결국 이들의 신앙이 옳다는 것을 인정하게 되는데 바로 이것이 주님이 하시는 것이고 주님이 나를 얼마나 사랑하시는지 보여주는 표시인 것입니다. 고난 가운데 신앙생활을 하는 분은 가장 큰 어려움이 무엇입니까? 그의 신앙을 인정해 주는 사람이 없다는 것입니다. 그러나 끝까지 참고 견디면 결국 그를 미워하고 반대하던 사람들 중에서 이 사랑에 감동되거나 그 신앙 인격에 마음이 녹아져서 결국 몇 명이 찾아와서 '당신의 신앙이 옳다'는 것을 인정하게 되는 것입니다. 이것은 바로 주님이 나에게 주시는 선물입니다. 그러므로 바른 신앙을 가지고 연단 받는 사람은 굳이 인정받으려고 쫓아다닐 필요가 없습니다. 때가 되면 주님이 다 인정해 주실 것입니다

세 번째로 약속하신 것은 그들이 인내의 말씀을 지켰기 때문에 주님도 이들을 지켜 주셔서 시험의 때를 면하게 하시는 것입니다.

10절 네가 나의 인내의 말씀을 지켰은즉 내가 또한 너를 지키어 시험의 때를 면하게 하리니 이는 장차 온 세상에 임하여 땅에 거하는 자들을 시험할 때라

주님은 이들을 사랑하셔서 평소에는 여러 가지 어려움으로 연단을 받지만 결정적인 순간에는 함께 하셔서 어려움을 지나가게 하시겠다고 약속하십니다. 그러니까 평소에 주님이 주시는 훈련을 잘 받는 것이 결정적인 위기를 이기는 길입니다. 아마도 원래 하나님의 계획에 의하면 빌라델비아 지방에 더 큰 환난이 오게 되어 있었던 것 같습니다. 그런데 하나님께서는 교회 때문에 이 지방에 올 큰 환난 자체를 면하게 해 주신 것입니다. 그래서 우리가 알아야 할 것은 우리가 제대로 신앙생활을 하는 것이 이 세상에 올 큰 시험과 연단을 면하게 하는 길이 되는 것입니다.

하나님께서 사랑하는 자에게 고난을 주셔서 연단을 하십니다. 그래서 그런 연단이 올 때 그것을 잘 견디고 인내해야 합니다. 그렇게 하는 것이 정작 큰 위기 때 보호받는 길입니다. 그러나 그렇게 하지 않고 어려움이 왔을 때 피하고 불평하고 쉽게 넘어가려고 한다면 그는 결국 무서운 환란을 당하게 되는 것입니다.

여기서 하나님의 말씀을 '인내의 말씀'이라고 부르고 있습니다. 이것은 우리가 말씀의 능력을 온전하게 체험을 하려고 하면 인내해야 한다는 뜻입니다. 우리가 하나님의 온전한 축복을 받으려면 끝까지 기다려야 합니다. 1, 2년 기도해보다가 안 된다고 해서 포기하면 이 축복을 받을 수가 없습니다. 하나님의 약속은 요즘 우리가 보는 것처럼 속성으로 되지 않습니다.

주님의 말씀이 더디게 이루어지는 이유가 무엇입니까?

이 말씀은 우리를 먼저 바꾸어 놓아야 다음 단계로 넘어가기 때문입니다. 이 세상의 어떤 훈련도 사람의 인간성을 바꾸어 놓는데 관심이 없습니다. 거저 일정한 훈련만 받으면 충분한 것입니다. 그러나 하나님의 말씀은 절대로 그렇지 않습니다. 반드시 우리의 중심을 바꾸어 놓아야 다음 단계로 넘어 갑니다. 우리의 중심이 변하지 않고서는 결코 하나님의 축복을 얻을 생각을 하지 말아야 합니다. 그래서 하나님께서는 우리의 본성이 변할 때 까지 기다리시고 우리를 시험하십니다. 그리고 나서는 하나님은 우리의 모든 일에 함께 하셔서 우리로 하여금 능력의 종들이 되게 하십니다.

그러므로 우리에게 모든 것을 쉽게 주시는 않는 하나님께 감사드려야 합니다. 즉 우리의 신앙이나 축복은 결코 싸구려가 아닌 것입니다.

네 번째로 주님은 이 빌라델비아 교회에 주의를 주십니다. 그것이 무엇입니까?

11절 내가 속히 임하리니 네가 가진 것을 굳게 잡아 아무나 네 면류관을 빼앗지 못하게 하라

여러 가지 시험 때에 넘어지지 않고 주님을 굳게 붙든 자는 이미 승리한 것입니다. 어려운 고비 때에도 주님의 말씀을 저버리지 않은 교회는 이미 승리한 교회입니다.

그러나 그들도 주의해야 할 것이 있습니다. 그것은 지금 있는 이 면류관을 빼앗기지 않는 것입니다. 어떻게 하면 면류관을 빼앗기게 됩니까? 자기 자랑이 생기고 교만하게 되면 면류관을 빼앗기는 것입니다. 어려운 시험에서 견딘 자가 나중에 교만하여 져서 상급을 빼앗기는 경우가 많습니다. 끝까지 겸손하여 어려웠을 때 그때의 정신만 잃지 않으면 그들은 끝까지 승리하는 것입니다. 잘 견디다가 나중에 교만하여져서 승리의 면류관을 다른 사람에게 빼앗기는 사람도 많고 교회도 많은 것입니다. 그러니까 너무 욕심을 부리지 말아야 합니다. 그리고 교회 안에 인간의 의나 자랑이 들어오지 못하도록 주의해야 합니다. 끝까지 사람을 기쁘게 하지 말고 주님이 사랑하는 교회로 남기 위하여 늘 깨어 있어야 합니다.

예수님께서는 적은 능력을 가지고서도 주님의 말을 지키며 주님의 이름을 배반치 아니한 이 교회에 주님의 이름을 새겨주겠다고 말씀하셨습니다.

> **12절** 이기는 자는 내 하나님 성전에 기둥이 되게 하리니 그가 결코 다시 나가지 아니하리라. 내가 하나님의 이름과 하나님의 성 곧 하늘에서 내 하나님께로부터 내려오는 새 예루살렘의 이름과 나의 새 이름을 그이 위에 기록하리라

높은 빌딩에 가보면 입구에 그 건물을 설계한 사람의 이름이 대리석 판에 새겨져 있는 것을 보게 될 것입니다. 마찬가지로 주님은 이 세상에서 진리로 가장 튼튼한 교회를 세워서 어떤 거짓 사상에도 흔들리지 않는 교회에 주님의 이름을 새겨놓겠다고 약속하셨습니다. 빌라델비아 교회의 기둥에는 세 가지 이름이 기록됩니다. 하나님의 이름과 새 예루살렘의 이름과 우리 주님의 이름입니다. 마치 어떤 건축물을 세울 때 아주 믿을 수 있는 업체의 기술자가 그 집을 세웠으면 기둥에 그 업체나 왕의 이름 그리고 공사

책임자의 이름을 새기는 것처럼 이 교회는 참으로 하나님의 백성이요 하늘에서 임할 새 예루살렘의 집이요 진실로 그리스도가 이 교회를 세우고 지키고 계신다는 사실을 삼중적으로 증거해 주시는 것입니다.

우리가 이 세상의 사상적인 지진에 흔들리지 않으려면 세상의 유행을 너무 따라가지 말아야 합니다. 오히려 주님이 우리에게 맡기신 복음을 처음부터 끝까지 지켜야 합니다. 우리는 절대적으로 하나님의 말씀 중심적으로 신앙생활을 해 나가야 합니다. 우리가 교회 생활을 하다보면 나름대로 교회를 더 좋게 하려고 여러 가지 생각들을 많이 하게 됩니다. 그러나 우리는 그런 욕심을 주의해야 합니다. 우리에게 가장 중요한 것은 하나님의 말씀을 붙드는 것입니다. 그러면 이미 면류관은 우리의 것이 된 것입니다.

우리는 절대로 세상을 부러워 할 필요가 없고 다른 교회를 흉내낼 필요가 없습니다. 우리는 우리에게 주어진 모든 처지와 형편을 인정하고 그런 가운데 진실하고 거룩한 믿음을 지키도록 힘써야 합니다.

CHAPTER • 10

열정이 식은 교회

요한계시록 3:14-22

일본은 우리나라와 달리 화산 지대라서 그런지 어느 곳에 가든지 온천이 많이 있습니다. 그런데 이런 온천중에서 재미가 있는 것이 겨울에 하는 실외 노천탕입니다. 추운 겨울에 뜨거운 노천탕에 들어가면 땀이 엄청나게 나는데 이때 추운 바깥 공기를 쐬면 그렇게 시원할 수가 없습니다. 그러다가 조금 몸이 식으면 다시 뜨거운 온천물에 들어가서 땀을 흘리다가 또 몸이 많이 더워지면 다시 추운 바깥 공기에 나와서 몸을 식히면 기분이 만점인 것입니다. 그런데 만일 모처럼 찾아간 온천물이 다 식어서 미지근하다면 아마 그 물에 들어갈 이유가 없을 것입니다.

우리들 주위에는 아주 뜨겁거나 차가워야 제 맛이 나는 것들이 있습니다. 뜨거워야 제 맛이 나는 것 중에는 찐빵이 있을 것입니다. 찐빵은 아주 따끈따끈해야 제 맛이 납니다. 만약 찐빵이 식어서 쭈글쭈글해져 있으면 제 맛이 나지 않을 것입니다. 또 추운 겨울에 먹는 어묵도 뜨거워야 제 맛이 날 것입니다. 또 콜라는 차가워야 하고 그 안에 탄산가스가 있어야 톡 쏘는 맛이 나면서 시원합니다. 만일 콜라가 데워져 있고 김이 다 빠져 있으면 아무도 먹으려고 하지 않을 것입니다.

확실히 이 세상에서 성공하는 사람들을 보면 열정이 있는 사람인 것을 알 수 있습니다. 결국 열정이 없는 사람은 맡겨진 일이나 겨우 할 뿐이지 창조적인 일을 할 수가 없습니다. 하나님의 백성들이 이 땅에서 여러 가지 역경을 이기고 승리하려면 마음속에 열정이 있어야 합니다. 이것은 마치 제철소에서 새로운 철근이나 파이프나 철판을 만들어내려고 하면 용광로에 불이 있어야 하는 것과 같습니다. 만일 용광로에 불어 꺼져 있으면 고철이나 철광석을 녹일 수가 없을 것입니다. 불이 꺼진 용광로는 고철을 쌓아 놓기만 하지 새로운 철을 만들어내지 못합니다. 마찬가지로 하나님의 백성들에게 뜨거운 열정이 없으면 실패를 이기지 못하고 역경을 이기지 못해서 아무것도 하지 못하고 말 것입니다. 그런데 하나님의 말씀과 뜨거운 은혜는 우리 마음속에 열정이 생기게 합니다. 물론 우리가 열정이 있다고 해서 모든 것을 다 할 수 있는 것은 아닙니다. 우리는 열정만 있어서 실수할 때도 있고 다른 사람들처럼 실속을 차리지 못할 수도 있습니다. 그러나 열정이 없으면 아무것도 할 수가 없다는 사실입니다. 그러나 우리에게 열정이 있으면 언젠가는 기회가 찾아오게 되고 있고 그때 우리는 자신의 때를 만나게 됩니다.

그런데 이상하게 교회가 싸늘하게 식어 있을 때가 있습니다. 이것은 이미 부흥의 불이 꺼진 것이고 그 안에는 오직 인간들의 교제나 사업만 있을 뿐입니다. 사람들은 겉으로 보기에 어느 교회가 멋있는 줄 알고 찾아갔다가 그 안에서 사람들끼리 하는 타락한 모습을 보고는 기겁을 하고 달아날 것입니다. 예를 들어, 우리가 어떤 음식을 먹었는데 그 음식이 상해 있으면 빨리 뱉어야 할 것입니다. 예수님께서는 열정이 식은 교회를 뱉어버리겠다고 말씀하셨습니다.

한때 우리나라의 대교회를 소개하는 책자가 있었습니다. 우리가 그런 대교회가 어떻게 세워졌고 어떻게 부흥되어졌는지 이야기를 들으면 굉장히 부러울 것입니다. 우리 생각에 우리나라의 유명한 교회도 누군가가 성경적으로 평가를 했으면 좋겠다고 생각할지 모르겠지만 사실 교회는 제대로 평가할 수 있는 분은 예수님 밖에 없습니다. 예수님은 당시 기독교가 가장 부흥되고 있던 소아시아의 일곱 교회를 평가하셨습니다. 그런데 예수님이 오늘 우리 한국 교회를 평가하신다면 더 심하게 평가하실 것입니다. 그러나 지금 우리도 평가되고 있는 교회이기 때문에 감히 다른 교회들을 평가할 수 있는 처지는 되지 못합니다. 우리가 할 수 있는 것은 할 수 있는 한 우리에게 하시는 말씀을 듣고 고칠 것은 고치고, 지킬 것은 지키는 수밖에 없습니다.

라오디게아 교회는 소아시아 중부 지방에 위에서부터 버가모, 두아디라, 사데, 빌라델비아 이렇게 내려가는 도시 중에서 가장 남쪽에 있는 도시입니다. 그런데 라오디게아 지방은 세 가지로 중요한 특징이 있었습니다. 그 첫째는 이 도시는 양모 산업이 발달해서 돈이 많은 도시였습니다. 특히 라오디게아는 검은 양모가 많이 생산이 되었는데 그 양모 수입이 상당했습니다. 라오디게아가 어느 정도 돈이 많았는가 하면 주후 60년에 터키 지방에 큰 지진이 있었는데 다른 도시의 도움을 전혀 받지 않고 도시를 재건할 수 있을 정도였습니다. 그러나 예수님은 이 도시 사람들이 돈은 많았을지 모르지만 신앙적으로는 빈궁하며 실제로는 벌거벗고 있다고 말씀하고 있습니다.

두 번째로 라오디게아는 유명한 의대가 있었습니다. 라오디게아에서 조금 떨어진 곳에 멘 카루 신전이라는 데가 있었는데 그곳이 의학전문학교였고 특히 거기서는 귀를 치료하는 연고와 눈을 치료하는 안약이 유명했다고 합니다. 특히 안약은 부르기아 가루에 기름을 섞은 것인데 웬만한 안질은 이 약으로 잘 치료가 되었던 것 같습니다. 그러나 주님은 라오디게아 교회가 영적인 소경이기 때문에 영적인 안약을 사서 눈에 발라서 보지 못하는 것을 고치라고 말씀하셨습니다.

세 번째로 라오디게아는 온천수가 흐르는 곳이었습니다. 즉 골로새와 히에라볼리스와 라오디게아는 아주 가까이 붙어 있는 세 도시였는데 실제로 온천이 있는 것은 히에라볼리스였습니다. 그런데 히에라볼리스에서 흘러내려온 온천수는 라오디게아에 와서는 물이 식기도 하고 다른 시냇물에 희석이 되기도 해서 아주 미지근한 물이 되었습니다. 그래서 라오디게아의 바위를 보면 모두 눈이 덮인 것처럼 하얀색으로 되어 있는데 이것은 온천의 유황가루가 발려진 것이었습니다. 그러나 라오디게아의 시냇물은 미지근해서 온천수로서는 부적격했습니다. 그래서 시냇물은 온천수도 아니고 그냥 시냇물도 아니기 때문에 마실 수도 없고 다른 데 쓸 수도 없는 물이 되는 것입니다. 예수님은 이 교회가 차지도 않고 덥지도 않아서 입에서 뱉어버리겠다고 말씀하셨습니다.

아멘이신 예수님

14절 라오디게아 교회의 사자에게 편지하기를 아멘이시요 충성되고 참된 증인이시오 하나님의 창조의 근본이신 이가 가라사대

주님은 라오디게아 교회를 향하여 '아멘이시요 충성되고 참된 증인'이신 모습으로 나타나십니다. '아멘'이라는 말은 '참으로 진실하다'는 뜻입니다. 우리가 하나님의 말씀이나 기도나 찬송을 마친 후에 '아멘'이라고 말을 하는 것은 이 말씀은 너무나도 진실한 말씀인 것을 믿는다는 뜻입니다. 예수님께서는 제자들에게 말씀하시면서 자주 '진실로 진실로 너희에게 이르노니'라고 하셨습니다. 이때 '진실로 진실로'라고 하는 말이 '아멘 아멘'입니다. 즉 예수님의 이 말씀이 사람이 듣기에는 이상하게 들릴지 모르겠지만 너무나도 틀림없는 하나님의 말씀이라는 뜻입니다. 교회가 존재하는 것

은 틀림없는 진리 때문입니다. 즉 교회는 하나님이 주신 말씀을 붙드는 곳이며 사람들이 이 말씀을 들으면 믿음이 생기게 되어 있고 구원을 얻게 되며 하나님의 능력이 나타나기 때문에 믿는 것입니다. 그리고 예수님은 충성되고 참된 증인이십니다. 즉 교회의 진리는 예수님이 죽음으로 우리에게 진실을 입증하신 하나님의 말씀인 것입니다.

여기서 '아멘'이라는 것은 진리가 참된 것으로 증명이 된 것을 말합니다. 우리가 참된 진리를 들으면 반드시 우리 영혼에 그 약효가 나타나게 되어 있습니다. 그러나 만약 우리가 가짜 진리를 듣는다면 가짜 약을 먹은 것 같이 아무 효과가 나타나지 않을 것입니다. 한 동안 가짜 약이 많이 유행을 했는데 가짜 약은 아무리 먹어도 효과가 나타나지 않는 것이 특징입니다.

종교의 세계는 눈으로 보이지 않기 때문에 검증이 되지 않습니다. 그래서 사람들이 자기 멋대로 떠들어댄다고 해도 사람들은 그것을 믿고 따라가는 것입니다. 그래서 이 세상에 엉터리 신앙이 많은 이유는 자기 나름대로는 그것이 옳다고 믿기 때문입니다. 그리고 일반 사람들은 진리에 대하여 분별력이 없기 때문에 누군가가 가자고 하면 따라가게 되는 것입니다. 그래서 처음 믿을 때나 청년의 때에는 인도하는 사람이 아주 중요합니다. 인도하는 사람이 바른 진리로 인도하면 진리를 믿게 되는 것이고 인도하는 사람이 엉터리로 데리고 가면 엉터리를 믿고 한 동안 헤맬 수밖에 없습니다.

그러나 기독교의 진리는 가장 중요한 것이 예수님이 십자가 보혈로 증명하셨고 성경이 설교되어 질 때 하나님의 성령의 능력이 나타난다는 것입니다. 그래서 기독교의 가장 중요한 증거는 사람들이 하나님의 말씀을 들으면 변화가 일어난다는 것입니다. 이것이 바로 아멘인 진리인 것입니다.

주님이 '아멘이시오 진실하고 참된 증인'으로 나타나시는 것을 보면 라오디게아 교회는 참된 진리의 능력을 잃어버린 교회라는 것을 알 수 있습니다. 라오디게아 교회는 겉으로는 진리를 붙드는 것 같은데 실제로는 진리가 아닌 것입니다. 즉 라오디게아 교회는 실제로는 인간의 사상인데 그 위에 기독교의 진리를 살짝 포장을 해서 가르칩니다.

사람들은 멋도 모르고 이것이 참 진리인 줄 알고 먹었다가는 엄청난 배탈이 나게 되는 것입니다. 예수님께서는 이들을 뱉어버리겠다고 말씀하셨습니다.

본문에서 예수님을 '하나님의 창조의 근본'이라고 소개하고 있습니다. 바로 이 표현에서 이단들은 예수 그리스도도 창조되었다고 주장을 했습니다. 즉 처음 창조될 때 예수 그리스도가 가장 먼저 창조되었고 그 다음에 다른 피조물들이 창조되었다고 주장한 것입니다. 그러나 여기서 창조의 근원이라고 하는 것은 창조의 순서를 말하는 것이 아니라 피조물 가운데 예수님의 위치를 말하는 것입니다.

그리스도가 '창조의 근원'이라고 하는 것은 그가 모든 피조물의 으뜸되는 위치에 있다는 뜻입니다. 그래서 모든 피조물은 그리스도를 그 중심에 모셔야 진정한 가치가 드러나게 됩니다. 마치 오케스트라에서 모든 단원들은 지휘자를 중심으로 연주를 하는 것처럼 해야 하는 것과 같습니다. 만약 어떤 연주자가 지휘자의 지시를 받지 않고 자기 멋대로 음악을 연주한다면 그것은 연주가 아니고 연주를 방해하는 것 밖에 되지 않는 것입니다. 마찬가지로 라오디게아 교회는 그 중심에 주님이 없는 교회였습니다. 라오디게아 중심에는 사람이 앉아 있었고 많은 일이나 행사가 주인 노릇을 하고 있었습니다. 우리는 이것을 최근 우리나라 교회들 중에서 많이 보게 됩니다.

다시 말해서 사람이 교회에서 주인 노릇을 하고 있다는 것입니다. 어떤 때에는 목사님이 교회의 주인이 되기도 하고 어떤 때는 힘이 있는 장로님이 교회의 주인 노릇을 하기도 합니다. 그리고 때로는 교회의 주도권을 힘이 있는 사람들이 서로 차지하기 위해서 치고 박고 싸우는 경우도 가끔 보기도 합니다. 어떤 곳에서는 교회를 자기 아들에게 물려주기도 합니다. 그러나 이 모든 것은 주님을 무시하고 업신여기는 것이며 교회를 찬탈하는 것입니다.

라오디게아 교회에는 많은 예배가 행해지고 있고 여러 행사나 활동들이 있지만 자기 멋대로 하는 것이었습니다. 그래서 교회 안을 가득 채우고 있는 이 세상의 것들이고 주님의 눈에는 가증스럽고 추한 것들 밖에 없어서 예수님은 너무나도 역겨워서 입에서 토하여 내겠다고 말씀하시는 것입니다. 교회는 반드시 성경 진리의 말씀을 붙들어야 부흥의 불이 붙게 됩니다. 그리고 주님이 교회의 주인이 되시기 위해서 모든 인간들은 주님의 말씀 앞에 무릎을 꿇어야 합니다.

차지도 않고 더웁지도 않도다

15절에 "내가 네 행위를 아노니 네가 차지도 아니하고 더웁지도 아니하도다 네가 차든지 더웁든지 하기를 원하노라"라고 말씀하고 있습니다.

예수님께서는 라오디게아 교회를 향하여 차지도 않고 더웁지도 않다고 말씀하십니다.

라오디게아에는 히에라볼리스에서 뜨거운 온천물이 내려오지만 도달해서는 식은 물이 되어버립니다. 이 식은 온천물은 온천물도 아니고 시냇물도 아니어서 목욕도 하지 못하고 농사도 지을 수 없는 아주 애매한 물이 되고 맙니다. 시냇물이 아예 온천물이면 뜨거운 온천물이든지 아니면 시원한 시냇물이면 시냇물이든지 해서 사람들이 쓸 수 있게 해야지 이것도 아니고 저것도 아니어서 아무데도 쓸 수가 없는 것입니다. 우리는 이와 비슷한 것을 맛을 잃은 소금이라고 합니다. 우리가 사용하는 소금은 모두 바다 소금이어서 바닷물로 정제를 한 것입니다. 한번은 염전에서 일하신 분을 만났는데 그분은 모든 소금이 맛이 다 같은 것은 아니고 쓴 맛이 나는 소금도 있다고 했습니다. 그런데 팔레스타인에는 육지에서 캐내는 소금 바위들이 있습니다. 이런 소금은 생긴 것은 소금처럼 생겼는데 짠 맛이 나지 않는 것입니다. 그 중에는 쓴 맛이 나는 것도 있습니다. 이런 소금은 전혀 쓸모가 없는 것입니다.

우리나라에서는 온천수 중에서 진짜 온천이 아닌 곳이 많다고 하는데 그런 곳은 미지근한 물이 나오는 곳에 온천약을 풀어서 온천수같이 만든다는 것입니다. 그러나 그 미지근한 물을 데워서라도 목욕이라고 할 수 있게 하면 다행이겠지만 온천수는 광물질이 많아서 시냇물로도 부적합합니다. 여기 '차지도 않고 덥지도 않다'는 것에 대하여 어떤 사람은 이것을 너무 과격하게 해석해서 '신앙생활을 하려고 하면 확실하게 믿고 믿지 않으려면 아예 그만두라'는 식으로 설명하는 사람이 있습니다. 그러나 주님은 누구에게든지 '믿으려면 믿고 믿지 않으려면 그만두라'는 식으로 결코 말씀하시지 않습니다. 주님은 어떻게 해서든지 한 사람의 죄인이 회개하고 돌아오기를 원하시지, 믿기 싫으면 그만두라는 식으로 말씀하시지 않습니다.

여기서 '차고 덥다'는 것은 결국 같은 것입니다. 이 교회가 주님의 말씀에 대하여 보이는 반응을 두고 말씀하시는 것입니다. 정상적인 그리스도인들 같으면 주님의 말씀을 들으면 반응이 분명합니다. 아무리 다 죽어 가더라도 주님의 말씀을 들으면 금방 다시 살아납니다. 즉 교인들의 눈에서 눈물이 흐르고 얼굴에는 기쁨이 넘쳐흐르면서 마음이 뜨거워집니다.

교인들이 하나님의 말씀을 들으면 마음이 한 순간에 뜨거워집니다. 그리고 교인들의 생활이 얼마나 거룩해지고 깨끗해지는지 마치 시원하고 차가운 시냇물과 같습니다. 그래서 우리 그리스도인의 마음속에는 뜨거운 것과 시원한 것이 같이 들어 있습니다. 왜냐하면 주님의 말씀 안에 생명이 들어 있기 때문입니다. 우리가 아무리 실패해 있고 큰 어려움에 봉착해서 낙심해 있다 하더라도 주님의 말씀만 들으면 뜨거워집니다. 그래서 우리 마음은 뜨거워지고 머리는 명쾌해져서 모든 혼동된 것들이 다 정리되어버립니다. 그래서 은혜 받은 사람의 상태를 말하면 '차갑고 뜨거운 것'입니다. 여기서 '뜨겁다'는 것은 그 속이 열 때문에 끓어오르는 것을 말합니다. 그리고 차갑다는 것은 아주 잘 정리되고 냉정한 모습이라고 말할 수 있습니다. 이것이 술과 성령의 차이입니다. 사람이 술을 마시면 몸이 더워지게 됩니다. 그래서 술 마신 사람은 얼굴이 붉어지고 눈이 충혈 됩니다. 그리고 머리가 혼탁해지면서 판단이 둔해져서 결국 실수를 하고 비틀거리게 됩니다.

그런데 우리 믿는 사람들이 성령에 충만해지면 몸이 더워지는 것이 아니고 가슴이 뜨거워집니다. 그리고 우리 마음속에 기쁨이 충만해지게 되는 것입니다. 우리의 머리는 더 맑아지고 우리 안에 있는 모든 혼동이 사라지고 우리는 모든 것을 더 섬세하고 정확하게 하게 되는데 모든 것을 시원하고 바르게 처리하게 됩니다.

라오디게아 교회는 도대체 말씀에 관심이 없는 교회입니다. 라오디게아 교회 사람들은 말씀에 대해서는 차지도 않고 덥지도 않습니다. 그래서 그들은 하나님의 말씀을 들어도 전혀 변화도 없고 생기가 나지도 않습니다. 그런데 라디오게아 교인들이 정신이 번쩍 들 때는 돈 버는 이야기를 한다든지 세상적인 우스갯소리를 할 때입니다. 그들은 이때 금방 흥분이 되어서 열렬하게 반응을 하는데 정작 진리에 대해서는 관심이 없는 사람들이었습니다

결국 라오디게아 교인들은 세상에 아주 깊이 취한 사람들이었습니다. 다시 말해서 이들은 세상에서 잘사는 생활들, 세상이 주는 영광들, 그런 것에 한번 맛이 들거나 그런 것에 마음이 빼앗긴 것입니다.

오늘도 교인들 중에는 세상에는 너무나도 반응이 민감한 사람들이 많습니다 이들은 유행의 변화에 민감하고 어느 텔레비전에서 무슨 드라마를 하고 있다는 것은 귀신같이 아는 사람들입니다. 이들은 지금 어느 백화점

에서 무슨 세일을 하고 있다는 것은 누구보다 더 잘 아는 사람들입니다. 그러나 이들이 하나님의 말씀에는 아무 관심이 없습니다. 이런 사람들이 가장 싫어하는 것이 죄를 책망하는 설교를 하는 것입니다. 왜냐하면 이런 사람들의 마음속에는 세상 욕심이 가득 차 있기 때문입니다.

라오디게아 교회에 사람들이 모였던 이유는 바로 여기서 세상 이야기를 들을 수 있었기 때문입니다. 라오디게아 교인들이 교회에 오면 세상에서 성공한 이야기를 들을 수 있고 성공할 수 있는 비결을 배울 수 있습니다. 이 사람들이 교회에 왜 나옵니까? 하나님의 백성답게 살기 위해서 오는 것이 아닙니다. 교회에서 사람을 만나서 세상 돌아가는 이야기를 들으려고 오는 것입니다.

주님이 무엇이라고 말씀하십니까?

16절 네가 이같이 미지근하여 더웁지도 아니하고 차지도 아니하니 내 입에서 너를 토하여 내치리라

예수님은 라오디게아 교회를 향해서 내 입에서 토하여 내겠다고 말씀하셨습니다.

요즘 사람들은 '편하게 믿는다'는 말을 많이 합니다. 도대체 '편하게 믿는다'는 것이 무엇입니까? 그것은 사람들이 교회를 극장처럼 하나의 휴식처로 생각하고 오는 것입니다. 어떤 사람은 교회를 대상으로 장사를 할 목적을 가지는 사람도 생깁니다. 그러나 교회는 자신의 정체성을 분명히 해야 합니다. 교회는 많은 사람들을 놓치는 한이 있어도 죄인을 고쳐서 하나님의 백성이 되게 하는 원칙을 지켜야 합니다.

주님이 라오디게아 교회를 실상에 대하여 말씀하셨습니다.

17절 네가 말하기를 나는 부자라 부요하여 부족한 것이 없다 하나 네 곤고한 것과 가련한 것과 가난한 것과 눈 먼 것과 벌거벗은 것을 알지 못하도다

라오디게아 교인들은 인간적인 방법으로 세상에서 성공했고 모두 다 부자들이었습니다. 그리고 그들은 돈이 아주 많은 사람들이었고 이 세상에서 부족한 것이 아무것도 없는 사람들이었습니다. 그러나 우리 주님의 눈에는 이들이 이 세상에서 가장 가난하고 불쌍한 사람들이었습니다. 왜냐하면 진짜 부자는 믿음의 부자요 하나님의 진리의 부자이기 때문입니다. 라오디게아 교인들은 세상에서 가장 불쌍한 자들이었습니다. 이 사람들은 주님 앞에서 곤고하고 가련하고 가난하고 눈멀고 벌거벗은 모습이었습니다. 여기서 '곤고하다'는 것은 큰 갈등가운데 있는 것입니다. 이 사람들은 아직 마음속에 근본적인 구원에 대한 확신이 없습니다. 이들은 자기가 과연 믿는 사람인지 아닌지 자신이 없는 것입니다. 이들이 가련하다는 것은 그 처참한 모습에 불쌍하다는 뜻입니다. 그들은 영적으로 병든 모습을 그대로 가지고 있습니다.

이들은 성령이 주시는 능력으로 치료함을 받지 못해서 죄악된 본성을 그대로 가지고 살아가고 있습니다. 이들은 성령의 열매가 무엇인지 알지 못했습니다.

아무래도 이 세상에서 가진 것이 많은 사람은 믿음에 있어서 부요한 사람이 되기 어렵습니다. 그는 무슨 일이 있을 때 하나님 앞에 무릎을 꿇기 보다는 인간적인 방법으로 해결하기 쉽습니다. 하나님의 백성이 말씀이 귀한 줄 알고 말씀 붙들고 어떻게 하든지 그대로 살려고 해야 믿음에 부요한 자가 될 수 있습니다. 진리에 부요한 자가 진짜 부자인 것입니다.

라오디게아 교회에 필요한 것

주님은 라오디게아 교회에 가장 중요한 것 세 가지를 말씀하고 있습니다.

18절 내가 너를 권하노니 내게서 불로 연단한 금을 사서 부요하게 하고 흰 옷을 사서 입어 벌거벗은 수치를 보이지 않게 하고 안약을 사서 눈에 발라 보게 하라

예수님은 이들이 세상적으로 돈이 많은 것으로 부자라고 말씀하시지 않으셨습니다. 오히려 그들은 가난하고 궁핍한 자들이었습니다. 그들이 세상적으로는 돈이 많은지 몰라도 하나님 앞에서는 가난하고 헐벗은 사람들이었습니다. 그래서 부자가 되는 방법을 가르쳐주셨습니다. 그것은 불로 연단한 금을 사는 것입니다. 왜 하필이면 불로 연단한 금입니까? 그것은 가짜 금이 많기 때문입니다. 금처럼 보이는데 가짜 금들은 하나님 앞에서 통하지 않습니다.

벧전 1:7 너희 믿음의 시련이 불로 연단하여도 없어질 금보다 더 귀하여 예수 그리스도의 나타나실 때에 칭찬과 영광과 존귀를 얻게 하려 함이라

이 세상에서 가장 귀한 것은 고난을 통과한 연단된 믿음입니다.

어떤 사람의 믿음이든지 그 사람의 믿음이 참된 믿음이 되려면 시련을 통과해서 그 순수성이 증명되어야 합니다. 고난을 통과하지 않는 믿음은 증명되지 않은 공식과 같습니다. 이것은 풀릴지 풀리지 않을지 장담할 수가 없습니다. 주님께서 가장 부요한 것으로 인정하고 계신 것이 바로 이 시련을 통과한 믿음입니다. 하나님의 말씀을 가지고 연단을 통과한 믿음 그

것이 불로 연단한 금입니다. 그래서 '연단한 금을 사서 부요케 되라'고 하시는 것은 지금이라도 제대로 된 믿음을 가지고 여러 가지 고생하라는 것입니다. 주님은 세상적인 방법으로 잘 사는 것 보다 믿음으로 고생하는 편을 택하라는 것입니다. 그러면 결국 진리에 부요한 자가 될 수 있습니다. 그러나 믿음으로 인하여 고난 받는 것을 싫어하는 사람은 믿음에 있어서 별 볼일 없는 자들이 될 수밖에 없습니다. 그리고 두 번째로 주님은 라오디게아 교회를 향해서 '흰 옷을 사서 벌거벗은 수치를 보이지 않게 하라'고 하십니다. 여기서 '흰 옷'은 복음을 믿음으로 하나님 앞에 의롭다 함을 받는 것입니다. 우리 신앙에 가장 중요한 것은 하나님 앞에서 죄를 자백하고 죄 용서 받는 것입니다. 그리고 난 후에 우리는 날마다 예수님의 보혈을 의지해서 깨끗한 생활을 해야 합니다. 그리고 세 번째는 안약을 발라 보이지 않는 눈을 보게 하는 것입니다. 여기서 본다는 것은 영적인 분별력을 의미합니다. 우리는 하나님의 진리를 알아야 하고 우리를 향한 하나님의 뜻을 알아야 합니다. 우리는 하나님의 인도하시는 길을 볼 수 있는 눈이 있어야 합니다. 그러나 이것이 하루아침에 되는 것이 아닙니다. 우리는 수없는 혼동 가운데서 조금씩 눈이 희미하게 열리는 것입니다.

예수님께서 어떤 소경의 눈을 뜨게 하셨을 때 그 소경은 모든 것을 바로 보게 된 것이 아니라 나무 같은 것이 걸어가는 것이 보인다고 말을 했습니다. 이 사람은 시력을 회복하기는 했지만 단번에 회복된 것이 아니었습니다. 그러나 예수님이 한 번 더 기도하고 안수하셨을 때 모든 것을 바로 볼 수 있게 되었습니다.

우리가 처음 예수 믿고 가장 힘들어 하는 것이 바로 이것입니다. 도저히 하나님의 뜻을 처음부터 명확하게 알 수가 없는 것입니다. 그래서 주님의 말씀으로 적용을 하고 또 적용을 하면서 많은 방황을 하다가 조금씩 눈이 밝아지기 시작하는 것입니다.

청년기에 예수를 바로 믿으려고 하면 바로 하나님의 뜻을 분별하는 것 때문에 무지무지하게 고민도 하고 방황하게 되기도 합니다. 나중에는 하나님의 뜻을 몰라서 죽고 싶어질 정도로 마음이 답답해지기도 하고 이 세상에서 아무 소망이 없어지는 체험도 합니다. 그러면서 조금씩 조금씩 시력이 열리게 되는 것입니다.

우리가 하나님의 뜻을 분별할 때에도 여러 가지 도구를 사용합니다. 예를 들어, 고기를 자를 때에 처음에는 아주 큰 칼을 사용하다가 나중에는 섬세한 칼을 사용하는 것처럼 하나님의 뜻을 분별할 때에도 작은 칼을 사용하면 혼동이 옵니다. 결혼이나 직장 생활 같은 큰 결정을 내릴 때에는 하나님의 말씀이라는 큰 칼로 사용합니다. 즉 이것이 죄냐 아니냐 하는 것은 아주 큰 칼입니다. 그리고 어떤 때에는 상식의 도움을 받을 때도 있습니다. 이것이 상식적으로 말이 되느냐 되지 않느냐 하는 것입니다. 이것도 말씀을 보조하는 칼입니다.

그러나 죄는 아니면서도 아주 미묘하고 중요한 문제들이 있습니다. 그런 문제들을 결정할 때에는 세밀한 하나님의 말씀을 적용하기도 하고 또 감각적인 판단을 사용하기도 합니다. 이런 것들이 아주 세밀하고 정확한 시력을 가진 것이고 귀한 보배입니다. 그러나 신앙적인 고민을 하지 않은 사람들은 거의 상식적으로 판단을 하든지 다른 사람들이 하는 말을 듣고 판단하는데 그것은 결국 시력이 좋지 못한 것입니다.

그래서 주님은 라오디게아 교회에 이렇게 권면하십니다.

19절 무릇 내가 사랑하는 자를 책망하여 징계하노니 그러므로 네가 열심을 내라 회개하라

주님은 이 교회를 책망하십니다. 가장 중요한 책망이 무엇인가 하면 열

심을 내라는 것입니다. 이 교회는 열심히 다 죽어버린 교회였습니다. 마치 불이 꺼져서 썰렁한 집과 같고 오랫동안 사람이 살지 않은 것과 같은 차갑고 냉랭한 분위기가 도는 집과 같았습니다. 즉 이 교회는 하나님에 대한 사랑도 식었고 성도 사이의 사랑도 식었습니다. 결국 그들이 이런 상태에 계속 있게 되면 징계를 맞게 될 것입니다. 즉 이런 식으로 계속 하나님의 말씀에 불순종하면 한번 크게 매를 맞게 되는데 하나님이 치시는 매는 얼마나 아픈지 모릅니다. 교회는 열심을 내어야 합니다. 우리에게 가장 무서운 것은 냉소주의에 빠지는 것입니다. 우리나라는 냉소주의에 빠진 사람들이 너무나도 많은 것을 볼 수 있습니다. 물론 이런 사람들이 처음부터 싸늘했던 것은 아니었는데 어느 순간 현실에 실망하고 나쁜 물이 들면서 냉소주의가 된 것입니다.

이런 사람들의 마음은 비뚤어져 있어서 바로 잡는 것은 다른 어떤 것보다 어렵습니다. 그러나 본인 스스로는 똑똑하다고 생각합니다.

그러나 신앙의 뜨거움을 잃어버리고 눈물을 잃었다는 것은 굉장히 소중한 보물을 잃은 것과 같습니다. 왜냐하면 하나님께서는 비록 실수를 하더라도 우리의 실수를 아주 중요하게 생각하시고 우리의 눈물을 보시고 응답하시기 때문입니다. 하나님께서는 우리가 전혀 실수하지 않은 완전한 신앙을 요구하시지 않습니다. 비록 실수하더라도 처음의 그 뜨거운 열심을 잃지 말라는 것입니다.

주님이 라오디게아 교회를 향해서 문을 열라고 말씀하십니다.

20절 볼찌어다 내가 문밖에 서서 두드리노니 누구든지 내 음성을 듣고 문을 열면 내가 그에게로 들어가 그로 더불어 먹고 그는 나로 더불어 먹으리라 주님은 누구든지 마음 문을 열기만 하면 주님이 그 사람의 마음속에 들어가셔서 그 사람과 교제하시고 그 사람에게 풍성한 삶을 주시겠다고 말씀하십니다. 그러나 이것은 교회에 더 적용되는 말씀입니다. 주님은 문 밖에 세워두고 자기 멋대로 행사한다고 해서 부흥이 오지 않습니다. 교회가 얼마든지 문을 닫아놓고 예수님이 들어오시지 못하게 할 수 있습니다. 그 이유는 자기들의 사업 계획이나 인간적인 생각을 가지고 밀어붙이는 것입니다.

라오디게아 교회는 세상을 사랑하여 주님을 교회 안에서 몰아내고 자기들만의 교제를 즐기고 있습니다. 주님은 그런 라오디게아 교회를 향하여 문을 열라고 말씀하십니다. 이것은 예수님이 주인이 되시지 못하게 막고 있는 모든 장애들을 다 치워버리고 예수님을 교회의 주인으로 영접하는 것을 말합니다. 주님은 문을 두드리신다고 말씀하고 있습니다. 이것은 한번만 두드리시는 것이 아니라 계속 문을 두드리시는 것을 말합니다. 주님은 말씀을 통하여 이들의 양심을 두드리고 계시는 것입니다. 이때 교회가 정신을 차리고 하나님의 말씀을 중심에 모시면 부흥의 역사가 나타나는 것입니다.

교회의 풍성한 은혜는 어디에서 옵니까? 사람의 많고 적음에 달려 있지 않습니다. 바로 주님과의 살아있는 교제에 있습니다. '누구든지 문을 열면'이라고 말씀하고 있습니다. 주님은 누구든지 자신의 부족을 인정하고 주님을 모시기만 하면 주님은 그들과 교제하십니다. 어떤 교제를 하십니까? 모든 것이 풍성한 왕의 잔치입니다. 누구든지 문을 열고 주님을 모셔 오기만 하면 그 부분에서 최고의 풍성한 은혜를 누릴 수 있을 것입니다. 우리가 자기가 힘들어 하고 주님께 맡기기 어려운 그 부분을 주님께 맡기기만 하면 주님은 최고의 풍성한 은혜를 누리게 하십니다.

주님은 마지막으로 약속을 하십니다.

21절 이기는 그에게는 내가 내 보좌에 함께 앉게 하여 주기를 내가 이기고 아버지 보좌에 함께 앉은 것과 같이 하리라

여기서 '이기는 자'가 누구입니까? 이 세상적인 풍조에 휩쓸리지 않고 믿음의 귀한 것을 지킨 자들입니다. 세상의 것들을 욕심스럽게 많이 가지지 못해도 자기 양심을 깨끗하게 지킨 자들입니다. 이들은 주님과 함께 보좌에 앉을 것입니다.

예수님의 제자 중에서 세베대의 두 아들이 어머니까지 동원을 해서 인사 청탁을 했습니다. 그것은 예수님의 보좌 양쪽에 자기들이 앉게 해달라는 것이었습니다. 그때 예수님께서 그들에게 내 잔을 마실 수 있느냐고 물어보셨습니다. 그들은 얼마든지 마실 수 있다고 대답했습니다. 그러나 예수님은 내 우편과 좌편은 너희 대신 다른 사람을 위하여 준비되어 있다고 말씀하셨습니다. 예수님께서 마시려고 하는 잔은 십자가였습니다. 세배대의 두 아들은 십자가에 매달릴 준비가 되어 있지 않았습니다. 누가 예수님과 함께 그 보좌에 앉을 수 있겠습니까? 그것은 주님을 위하여 이 세상에서 많은 것을 잃어버린 사람들입니다. 집을 잃어버리고 명예를 잃어버리고 가족을 잃어버린 사람들이 거기에 앉을 것입니다. 이 세상에서 많은 것을 잃으면 잃을수록 더 주님과 가까운 자리에 앉게 될 것입니다.

우리가 이 세상에서 보는 것으로 천국의 순서가 결정된다고 생각하면 안 됩니다. 세상에서 보는 것과는 많이 거꾸로 될 것입니다. 많은 것을 잃고 포기한 순서대로 거기에 앉게 될 것입니다. 귀 있는 자는 성령이 오늘 교회에 하시는 말씀을 들어야 할 것입니다.

CHAPTER • 11

하늘 위의 보좌

요한계시록 4:1-5

우리는 의자를 다양한 용도로 사용하고 있습니다. 그 중의 하나가 보통 학생들이 학교에서 공부하는데 사용하는 딱딱한 나무 의자가 있을 것입니다. 학생들은 그 딱딱한 나무 의자위에 앉아서 미래를 위해서 열심히 머릿속에 새로운 지식을 집어넣게 됩니다. 또 공연장에 가보면 관중들이 음악이나 연극을 감상하는 객석이 있습니다. 객석은 주로 말없이 음악이나 연기를 즐기고 감상하는 자리인데 음악이나 연극을 하는 목적은 그 관중들을 기쁘게 하는 것입니다. 그런데 대개 높은 의자라고 하면 권력의 자리를 의미합니다. 높은 자리에 앉은 사람은 모든 것을 결정하고 다른 사람들에게 명령을 내리기 때문에 사람들은 기를 쓰고 높은 자리에 올라 앉으려고 애를 쓰게 됩니다. 미국에서는 주로 '전기의자'라고 하는 것이 좋지 않은 뜻으로 사용되고 있습니다. 그것은 바로 사형수들이 처형을 당하는 자리인 것입니다.

옛날에는 우리나라 사람들이 정치에 별로 관심이 없었습니다. 왜냐하면 정치는 정치인들이나 하는 것이지 일반 국민들은 자기 먹고 사는 일만 열심히 하면 된다고 생각했기 때문입니다. 그런데 어느 순간 국민들이 정치에 눈을 뜨게 되었습니다. 그것은 정치가 마치 기관차의 엔진과 같아서 정치가 하자는 대로 내 모든 삶이 결정될 수 있다는 것을 알게 되었던 것입니다.

권력은 일단 법에 의해서 주어지게 되는데 권력을 잡은 사람은 자기 뜻대로 모든 것을 이끌고 나가게 됩니다. 예를 들면, 사람들이 버스를 탔을 때 뒤에 앉은 사람들이 뭐라고 하든지 간에 버스는 운전수가 뜻하는 방향으로 가게 되는 것과 같습니다. 그러나 버스 운전수도 자기 마음대로 버스를 몰 수 있는 것이 아니라 가야 하는 방향이 있고 또 지켜야 할 시간이 있습니다. 사실 정치하는 사람들 중에서 자기 멋대로 나라를 몰고 가다가 중간에 그 자리에서 쫓겨나는 사람도 있고 혹은 임기를 마친 후에 감옥에 가거나 혹은 처형을 당하는 사람들도 많이 있습니다. 그럼에도 불구하고 사람들은 권력의 자리에 올라가서 나라를 한번 자기 뜻대로 주장해보려고 애를 쓰고 있는 것입니다.

역사를 보면 기독교와 정치가 좋은 관계에 있을 때도 있었지만 때로는 적대적인 관계에 있어야 할 때도 많이 있었습니다. 때로는 정치와 기독교가 너무 좋은 관계에 있는 바람에 정치와 종교가 유착이 되어서 양쪽 모두 다 부패했던 적이 있었는가 하면 정치와 종교가 적대적인 관계에 있어서 정치가 많은 악을 행하기도 하고 기독교인들이 핍박을 당하거나 순교를 당해야 할 때도 있었습니다.

일제시대 때 일본은 우리나라 사람들에게 천황 숭배를 강요했습니다. 그래서 교회에서 예배드리기 전에 천황을 숭배하는 시간을 갖게 했습니다. 그리고 그것을 거부하는 자들은 모두 감옥에 집어넣었습니다. 마찬가지로 로마 시대에 로마 당국은 기독교인들에게 황제 숭배를 강요했습니다. 그리고 그것을 거부하는 성도들을 원형 경기장에서 사자나 맹수들에게 찢겨서 죽게 했던 것입니다. 지금도 북한 같은 경우에는 종교의 자유를 인정하지 않습니다. 그래서 북한에서는 누구든지 북한의 통치자를 숭배하지 않고 예수를 믿는 것이 확인이 되면 붙들려서 처형을 당하거나 정치범 수용소에서 인간이하의 삶을 살게 됩니다.

2차대전 때 히틀러는 권력을 이용해서 수백만 명의 유대인들을 가스실에 보내어서 죽게 했습니다. 이것을 본 독일의 본회퍼라는 신학자는 히틀러를 정신이 나간 운전수로 보았습니다. 즉 본회퍼는 운전수가 미쳐서 차를 몰아 많은 사람들을 치어죽일 때 사람들은 그 운전수를 죽여서 더 이상의 살인을 막아야 한다고 생각했습니다. 그래서 본회퍼는 히틀러 암살단에 가입을 했는데 들통이 나는 바람에 감옥에 갇혔다가 2차대전이 끝나기 불과 얼마 전에 감옥에서 처형을 당하게 됩니다.

요한계시록은 초대 교회 당시에 흔히 쓰였던 묵시라는 문학 패턴의 하나인데 오늘날 판타지 문학과 아주 비슷하다고 볼 수 있습니다. 그런데 요한계시록 처음에는 묵시 문학답게 예수님의 등장하신 모습이 대단히 상징적이면서도 특이한 모습이었습니다. 그런데 그 후에 바로 이 판타지가 이어지는 것이 아니라 예수님이 그 당시 소아시아에 있었던 일곱 교회에 대하여 어떻게 보고 계시는지 당시 교회에 대한 예수님의 평가가 나오게 됩니다. 그 이유는 이제부터 나타나는 묵시의 핵심이 바로 교회와 로마라는 거대한 짐승 사이의 대결로 나타나기 때문입니다. 예수님은 이 평가를 통해서 교회라고 해서 다 똑같은 것이 아니라 상당한 차이를 보이고 있는데 그 중에는 교회로서의 바른 기능을 하고 있는 교회가 있는가 하면 발람같이 돈에 매수되고 이세벨의 음행에 넘어가기고 하고 심지어는 미지근한 상태에 있는 교회도 있다고 말씀하셨습니다. 그래서 우리는 무조건 교회라고 하면 똑같은 상태에 있다고 생각해서는 안 되는 것입니다. 우리가 교회를 선택한다고 하는 것은 나와 내 가족의 영혼을 맡기는 것을 의미하는데 하나님의 말씀에 충성되고 어떤 사탄의 지진에도 넘어지지 않는 교회에 내 영혼을 맡겨야 하는 것입니다. 어떤 의미에서 요한계시록의 묵시는 오늘 본문에 나오는 요한계시록 4장에서부터 시작한다고 볼 수 있습니다. 요한계시록의 첫 번째 판타지의 주제는 의자입니다. 즉 이 세상의 모든 권력은 누가 쥐고 있느냐 하는 것입니다.

하늘 위에 있는 보좌

예수님은 십자가에 못 박하시기 전에 당시 로마 총독이었던 본디오 빌라도의 재판을 받으셨습니다. 이때 빌라도는 이 재판을 별로 이름 없는 시시한 갈릴리의 한 목수를 처형하는 것으로 생각했습니다. 더욱이 빌라도는 개인적으로 갈릴리 사람들을 아주 혐오해서 한번은 아무 죄도 없는 갈릴리 사람들을 잡아 죽여서 자기 제물에 그 피를 섞은 적도 있었습니다. 예수님이 빌라도의 재판을 받으실 때 빌라도는 거들먹을 부리면서 '나는 너를 죽일 권세도 있고 살릴 권세도 있다'고 말을 했습니다. 그러나 예수님은 '위에서 주지 아니하셨더면 나를 해할 권세가 없었을 것이다'(요 19:11)라고 대답하셨습니다. 즉 이 세상의 모든 권력은 위에 계신 하나님이 인간들에게 빌려주시는 것입니다. 그러나 사람들은 이 권력이 자기 자신의 것인 줄 알고 자기 마음대로 욕심대로 휘두를 때가 많이 있습니다.

우리는 하늘을 보면 아무것도 없다는 생각을 할 때가 많이 있습니다. 그러나 하늘에는 실제로 많은 것들이 있습니다. 사실 사람들이 이 세상을 살아가는데 가장 중요한 것이 하늘에 의해서 결정될 때가 많이 있습니다. 우리 인간들이 살아가는데 가장 중요한 비는 하늘에서 내립니다. 또 사람이나 모든 생명체가 살아가는데 가장 중요한 빛을 주는 태양도 하늘에 있습니다. 그리고 사실 우리가 잘 모르지만 대기권에 굉장히 많은 쓰레기들이 있습니다. 그것은 지금까지 자구에서 발사된 우주선들이 돌아다니면서 버린 쓰레기들이나 수명이 다한 우주선들이 하늘에 많이 있습니다. 만일 그런 우주 쓰레기들이 땅에 다 떨어지게 된다면 사람들은 다치게 될 것입니다.

그런데 이스라엘 백성들은 하늘에서 이런 것 말고 다른 것이 내려오는 것을 보았습니다. 우선 이스라엘 백성들은 하늘에서 만나라는 양식이 내려오는 것을 체험했습니다. 그들은 만나를 먹고 40년을 살았습니다. 이것은 하늘이 얼마나 우리 생명에 중요한가 하는 것을 보여주는 것입니다. 아브라함은 소돔과 고모라가 멸망할 때 하늘에서 불과 유황불에 내려서 온 도시를 불바다로 만드는 것을 보았습니다. 이것은 심판도 하늘에서 내려온다는 것입니다. 더욱 중요한 것은 이스라엘 백성들은 하늘에서 하나님의 말씀이 내려오는 것을 알았다는 것입니다. 많은 선지자들이 하나님의 보냄을 받아서 와서 하나님의 말씀을 증거했습니다. 우리가 이것을 보면 우리는 결코 하늘이라는 존재를 무시하고 살아갈 수가 없습니다. 다시 말해서 이 세상에서 살고 죽는 것은 하늘에 의해서 결정이 되는 것입니다. 그러나 인간들은 땅에 의해서 모든 것이 결정되는 줄 알고 땅만 쳐다 볼 때가 많이 있습니다.

우리가 어렸을 때 하늘을 자주 쳐다보는 아이가 있습니다. 이런 아이는 미래의 꿈을 생각하는 아이일 가능성이 많이 있습니다. 즉 하늘은 우리에게 미래의 꿈을 가져다준다고 생각하는 것입니다. 그러나 땅만 쳐다보는 아이들이 있습니다. 이런 아이들은 현실적인 생각을 가진 아이들이고 이런 아이들은 땅에 떨어진 것을 먼저 발견해서 줍게 될 것입니다. 우리 크리스천들은 주로 하늘을 쳐다보는 사람들에 속합니다. 왜냐하면 하늘에 계신 하나님이 우리에게 말씀을 주시고 또 우리에게 응답을 주시기 때문입니다. 그런데 어떤 때는 하늘이 닫혔는지 아무리 오래 기다려도 하나님으로부터 응답이 오지 않을 때가 있는데 이때 우리는 낙심을 하게 됩니다.

어른들 중에는 아침에 일찍 일어나자 마자 뉴스를 듣거나 혹은 조간신문을 가져와서 읽는 사람들이 많이 있습니다. 그것은 우리가 살고 있는 이 세상에 밤새 어떤 일이 일어났는지 궁금하기 때문입니다. 그러나 정말 중요한 뉴스는 하늘로부터 우리에게 오게 됩니다.

> **1, 2절** 이 일 후에 내가 보니 하늘에 열린 문이 있는데 내가 들은바 처음에 내게 말하던 나팔소리 같은 그 음성이 가로되 이리로 올라오라 이 후에 마땅히 될 일을 내가 네게 보이리라 하시더라. 내가 곧 성령에 감동하였더니…

사도 요한은 예수님께서 특이한 모습으로 나타나셔서 소아시아의 일곱 교회에 대하여 모든 것을 다 말씀하신 후에 어느 날 보니까 하늘에 '열린 문'이 있는 것을 보았습니다. 우리는 대개 하늘위에 하나님의 나라가 있다는 것을 생각하지만 인간의 힘으로는 그 문을 찾을 수가 없습니다. 그런데 요한은 환상 가운데 천국의 문을 보게 되었습니다. 만일 사람들이 천국의 문만 찾을 수 있다면 어떻게 해서든지 거기로 들어가려고 할 것입니다. 그런데 우리 인간들에게 가장 어려운 것은 바로 이 천국의 문을 찾는 것이었습니다. 우리 인간들이 그 동안 하늘의 문을 찾지 못했던 것은 우리와 하나님 나라는 차원이 틀리기 때문입니다. 하늘의 문은 우리 인간의 눈으로는 볼 수 없고 우리 몸으로는 그곳에 들어갈 수가 없습니다. 인간의 몸을 가지고 그 문으로 들어갈 수 있었던 사람은 몇 사람 되지 않습니다. 즉 성경을 보면 에녹과 엘리야만 그 문으로 몸을 가지고 들어갔고 부활하신 그리스도께서 그곳으로 들어가셨습니다.

그런데 여기 하늘에 열린 문이 있다는 것은 우리로 하여금 도대체 그 안에는 무슨 일이 일어나는지 알고 싶은 생각이 들게 됩니다. 우리가 어느 건물에서 모든 방문이 다 닫혀 있는데 어느 방문만 조금 열려 있다면 그 안을 한번 들여다보고 싶은 충동이 생길 것입니다. 하늘에 열려 있는 문은 하나님께서 요한과 우리들을 하나님의 말씀의 세계 안으로 초청하시는 것입니다. 그런데 요한이 그 문을 통해서 보게 된 것은 천국의 아름다운 모습이 아니었습니다. 오히려 요한이 본 것은 너무나도 이상하고 두려운 일들을 보게 되는데 그것은 이 세상에 이루어질 하나님의 구원의 계획을 보여주시는 것입니다. 그러니까 이것이야말로 뉴스중의 뉴스이며 특종중의 특종인 것입니다.

이때 요한은 처음 들었던 나팔 소리 같은 음성이 자기에게 말하는 것을 듣게 됩니다. 나팔 소리는 여러 악기들 중에서 가장 크고 특이한 음을 내는 악기입니다. 나팔 소리는 다른 모든 소리를 이기고 모든 사람들의 관심을 끌기에 충분히 큰 소리입니다.

옛날에 어떤 큰 행사를 하게 되면 먼저 온 사람들이 기다리면서 여러 가지 잡담을 하며 웅성거리는 소리를 냅니다. 그런데 갑자기 나팔 소리 같은 큰 소리가 나면서 '황제 폐하 납시오!'라고 하면 그때부터 메인 프로그램이 시작되게 되는 것입니다.

그 나팔같이 큰 음성이 '이리로 올라오라. 이후에 마땅히 될 일을 내가 네게 보이리라'고 하는 것이었습니다. 큰 음성은 요한에게 하늘에 있는 문으로 올라오라고 합니다. 그래서 그 문을 통해서 앞으로 되어질 일들을 보게 하겠다고 말씀을 합니다. 그런데 어떻게 요한이 하늘로 올라갈 수가 있습니까? 그러나 그것이 성령의 능력으로는 가능한 일이었습니다. 즉 성령의 능력은 하나님의 모든 비밀의 문을 다 열 수 있습니다.

2, 3절 내가 곧 성령에 감동하였더니 보라 하늘에 보좌를 베풀었고 그 보좌 위에 앉으신 이가 있는데 앉으신 이의 모양이 벽옥과 홍보석 같고 또 무지개가 있어 보좌에 둘렸는데 그 모양이 녹보석 같더라

요한이 그 문을 통해서 가장 먼저 본 것은 어떤 보좌였습니다. 그런데 그 보좌는 땅에 놓여 있는 보좌가 아니고 하늘에 있는 보좌인데 너무나도 아름다운 보좌였습니다. 특히 아름다운 것은 그 보좌에 앉으신 분의 색깔이었습니다. 그 보좌에 앉으신 이의 모양이 벽옥과 같고 홍보석과 같고 무지개색이 있는데 아름다운 녹보석이 있었습니다. 이것을 통해서 알 수 있는 것이 성경을 잘 이해하려면 어느 정도의 색채감이 있어야 하고 미술도 어느 정도 할 수 있어야 한다는 것입니다.

요한계시록의 본 계시는 하늘에 있는 한 의자에서부터 시작을 합니다. 하늘에 있는 의자라고 하는 것은 바로 이 세상의 모든 것을 결정할 수 있는 하나님의 통치를 말하는 것입니다. 보좌는 왕의 통치의 상징입니다.

예수님께서 제자들에게 이렇게 말씀하신 적이 있습니다.

마 5:34 나는 너희에게 이르노니 도무지 맹세하지 말찌니 하늘로도 말라. 이는 하나님의 보좌임이요

하늘에 있는 보좌는 하나님의 통치를 상징합니다. 우리 성도들이 보기에 이 세상에는 사람의 통치만 눈에 보입니다. 즉 로마의 황제가 높은 보좌에 앉아서 절대적인 명령을 내리며 누구든지 그 명령을 거역하면 절대로 살아남을 수가 없습니다. 그러나 요한이 하늘을 바라보니 로마 황제의 보좌 위에 더 높은 보좌가 있었습니다. 이 보좌는 하나님의 보좌요, 하나님께서 이 세상을 다스리는 보좌였습니다.

요즘은 회사의 책상들의 배치가 많이 달라졌지만 옛날에는 직책순서대로 책상이 배열되어 있었습니다. 입구에 가장 가까운 책상이 말단 직원의 책상이고 그 뒤에 대리의 책상이 있고 그 다음에 과장의 책상이 있고 그 다음에 부장 등의 책상이 있는 것입니다. 처음에 온 사람들은 멋도 모르고 말

단 직원을 붙들고 사정을 하기도 하고 말싸움을 하기도 하지만 뒤에 있는 책임자가 이리로 들어오라고 하면 그때 그 사람의 말 한마디에 의하여 모든 일이 일사천리로 해결이 되게 됩니다. 하나님께서 요한에게 보여주신 것은 로마 황제 네로의 책상이 대단한 것 같아도 그것은 말단 직원의 책상이라는 것입니다. 그러니까 우리는 그런 직원을 붙들고 오래 씨름할 필요가 없다는 뜻입니다. 오래 전에 청와대에서 청소하는 사람이 어떤 기업체 사장으로부터 수억 원의 돈을 받아 챙긴 일이 있었습니다. 그 회사 사장은 누구든지 청와대에서 근무하면 권력이 센 줄로 아는데 청와대 안에는 청소부도 있고, 요리사도 있고, 이발사도 있습니다. 그래서 사람들이 주로 로비에 실패하는 이유는 아무 근거도 없고 권력도 없는 사람을 대상으로 로비를 하니까 될 일도 실패하게 되는 것입니다. 하나님의 눈으로 볼 때 네로는 하나님 나라의 청소부 정도밖에 되지 않는 사람입니다. 사실 어떤 의미에서 이 세상의 권력자들은 하나님 나라의 환경 미화원이라고 말할 수 있습니다. 왜냐하면 그들이 주로 하는 일이 이 세상에 악하고 못된 사람들을 잡아 가두는 것이기 때문입니다.

하나님께서 요한에게 보여주신 것은 이 세상의 모든 일은 권력자의 뜻대로 되는 것은 아니라는 것입니다. 모든 것을 결정하시는 분은 하나님이십니다. 하나님의 허락이 없이는 참새 한 마리도 땅에 떨어질 수 없습니다.

우리는 이 세상에서 모든 것을 자기 뜻대로 할 수 있다고 생각하는 사람은 조심해야 합니다. 왜냐하면 그는 살아 계신 하나님을 무시하면서 살고 있기 때문입니다. 즉 그런 사람은 정신이 나간 사람이고 미친 권력자인 것입니다. 우리는 내 자신 위에 언제나 더 높은 분이 계신다는 것을 생각하고 권력의 칼을 두려운 마음으로 사용해야 합니다. 우리 모두는 하나의 피조물에 불과하며 우리가 할 수 있는 것은 거의 없습니다. 우리는 오직 하나님의 종일뿐입니다.

보좌에 앉으신 분

요한은 놀랍게도 보좌에 앉으신 주인공을 보게 됩니다. 그런데 요한은 그 보좌에 앉으신 분의 모습을 보석의 색깔로 나타내고 있습니다. 아마도 요한은 다른 것으로는 보좌에 앉으신 주인공을 잘 나타낼 수 없었던 것 같습니다. 요한이 본 모습은 백옥과 홍보석 같고 또 무지갯빛 녹보석이라고 표현하고 있습니다.

가끔 청년들이 엠티를 가면 서로의 성격을 색깔로 이야기할 때가 있습니다. 대개 속이 좀 음흉하고 불투명한 사람들은 색깔을 나타낼 때 검은색이나 흙색으로 나타냅니다. 그리고 성격이 밝고 화려한 사람은 노란색이나 분홍색으로 나타낼 것입니다. 그런데 이런 색깔 게임을 해 보면 사람들이 보는 것이 대개 비슷하다는 것을 알 수 있습니다.

보좌에 앉은 분의 모습을 색깔로 나타내는 것은 그분의 통치 스타일을 말하는 것입니다.

우선 요한이 보좌에 앉으신 분의 색깔을 보니까 보석의 색이었습니다. 이것은 그분의 통치가 얼마나 고상하며 존귀한지 보여주는 것입니다. 우리 성도들도 영적으로 성숙하면 보석 같은 색깔을 띠게 됩니다. 사람이 욕심이 있을 때 사람들은 자꾸 변합니다. 어떤 사람은 너무나도 성격이 자주 변하기 때문에 도무지 예측을 할 수 없는 분이 있습니다. 이런 사람들은 자기 기분이 좋을 때에는 아주 잘해주다가 조금이라도 수가 틀리면 화를 내고 욕을 퍼붓는 분은 두려운 분이지요. 그런 분은 보석이라고 말하기보다는 여름날의 날씨처럼 변덕스럽다고 말할 수 있을 것입니다. 그러나 많은 고난을 통하여 성숙한 사람들에게서는 보석 빛이 납니다.

신앙은 그 사람이 얼마나 변하지 않으면서 그 아름다움을 빛나게 할 수 있느냐 하는데 달려 있습니다. 그런데 보석은 변하지 않을 뿐 아니라 아름답습니다. 그리고 보석에는 종류가 아주 많습니다. 보석같이 아름다운 성도들 중에서 어떤 분은 늘 투명하고 환한 분이 있습니다. 또 어떤 분은 언제나 사랑이 넘치고 뜨거운 분이 있습니다. 또 어떤 분은 참으로 성숙한 크리스천인데도 약간 화려하고 멋도 잘 내는 분도 있습니다. 그래서 그리스도인들이 다 똑같은 것은 아니라는 것을 알아야 합니다. 그런데 늘 환하게 빛나는 성격을 가진 분이 있다면 그분은 벽옥 같다고 할 것입니다. 벽옥은 흰색의 푸른빛이 감도는 청결한 이미지를 주는 보석입니다. 그러니까 이런 분은 아주 깨끗한 분이십니다. 또 그런 중에도 늘 뜨겁고 사랑이 넘치는 사람은 홍보석 같다고 할 것입니다. 홍보석은 뜨거운 색깔인데 열정적인 사랑을 나타내는 색깔인 것입니다.

요한은 보좌에 앉으신 분을 보니까 벽옥과 같고 홍보석과 같다고 했습니다. 여기서 벽옥과 같다고 하는 것은 하나님의 통치 스타일이 아주 깨끗하고 투명한 것을 의미합니다. 우리는 보통 정치라고 하면 음흉하고 비열하고 타락한 통치를 생각하게 됩니다. 최근 우리나라 정치를 보면 국회의사당의 문을 괴망치로 부수는 장면이나 또 여러 정치인들이 말로나 행동으로 성추행을 해서 물의를 일으키거나 혹은 아직도 불법으로 돈을 주고받아서 깨끗하지 못한 정치를 보게 됩니다. 이 모든 정치의 색깔은 어두운 흙색일 것입니다. 그러나 하나님의 정치는 모든 것이 투명하게 이루어지며 공정하게 이루어집니다. 하나님에게는 인간적인 권모술수가 통하지 않습니다. 모든 것을 바르게 해야 하나님 앞에서는 통과가 될 수 있습니다. 그런데 홍보석과 같다고 하는 것은 하나님의 통치가 차가운 통치는 아니라는 것입니다. 대개 의로운 사람은 무엇인가 차갑고 융통성이 없어 보입니다. 그래서 한번 아니라고 하면 아무리 사정을 봐달라고 해도 절대로 용납을 하지 않습니다. 그런데 하나님의 통치는 정의로우면서도 기계적인 정의가 아닙니다. 하나님의 정의에는 뜨거운 애정이 있고 감동이 있는 정의인 것입니다. 그런데 그 보좌에는 무지개가 있습니다. 무지개가 보좌를 에워싸고 있는 모습이다. 이 무지개라고 하는 것은 노아의 색깔입니다. 즉 하나님은 노아 홍수 후에 노아에게 다시는 이 세상을 홍수로 멸망시키지 않겠다고 약속하시고 무지개를 주셨습니다. 그래서 하나님의 정치는 하나님이 말씀하신 것은 철저하게 지키는 정치인 것입니다. 우리가 하나님의 말씀을 붙들고 나가면 반드시 응답받는 것이 하나님의 통치의 특징입니다. 예수님은 구하라고 하셨고 찾으라고 하셨고 문을 두드리라고 하면서 구하는 자가 받을 것이요. 찾는 자가 찾을 것이요 문을 두드리는 자에게 열릴 것이라고 하셨습니다. 우리가 하나님의 말씀을 붙들고 나아가면 언제든지 하나님의 응답을 받을 수가 있습니다.

그리고 마지막으로 녹보석으로 둘렀더라고 했습니다. 녹보석은 요즘도 우리가 많이 쓰는 것처럼 평화의 색깔입니다. 하나님은 이 세상을 평화로 다스리십니다. 이 당시 로마는 전 세계적으로 평화를 가져왔습니다. 그것을 사람들은 '팍스 로마나'라고 불렀습니다. 그러나 그것은 하나님이 주시는 평화의 한 부분입니다. 결코 로마가 준 것이 아니었습니다. 로마의 평화는 약한 자들을 무력으로 진압한 평화였습니다. 이 세상에 진정한 평화는 하늘과 땅의 평화입니다. 즉 죄가 있는 곳에는 절대인 평화는 있을 수가 없습니다. 하늘과 땅의 평화가 있는 곳이 진정한 평화가 있는 곳인데 그리스도께서 그 평화를 우리에게 주시는 것입니다.

하나님께서 요한을 통하여 하나님의 통치 스타일을 보여주시는 이유가 무엇일까요? 그것은 이 세상에 있는 로마 황제의 통치 스타일과 비교를 하라는 것입니다. 네로 황제의 통치는 음모와 술수가 가득차 있고 말하는 것을 믿을 수가 없는 통치입니다. 네로는 기분에 따라서는 이렇게 했다가 또 기분이 달라지면 금방 얼굴색이 변하는 통치이고 위선과 교만이 가득한 색깔입니다. 그러나 하나님의 통치는 변함없이 고상하고 신실하신 통치인 것입니다, 즉 하나님은 일정하신데 말단의 직원이 변덕스럽고 악한 것입니다.

그러나 모든 것은 하나님의 허락이 있어야 합니다. 밑에 있는 말단이 실수하는 것도 하나님께서 나의 연단을 위하여 허락을 하셨기 때문에 일어나게 되는 것입니다.

교회의 위치

4절 또 보좌에 둘려 이십사 보좌들이 있고 그 보좌들 위에 이십사 장로들이 흰 옷을 입고 머리에 금 면류관을 쓰고 앉았더라

여기서 '이십사 장로'가 누구냐 하는 것에 대하여 많은 의견들이 있습니다. 그러나 대개 이 이십사 장로는 구약과 신약의 두 교회를 대표하는 사람들로 보고 있습니다. 그 이유는 원래 장로라는 직책이 교회를 대표하는 직분이기 때문입니다. 특히 이십사 장로라고 하는 것은 구약에 야곱의 열두 아들과 신약의 열두 사도들을 상징하는 것입니다.

우리는 보통 교회라고 하면 유형 교회와 무형 교회로 나누어서 말을 합니다. 유형교회는 눈에 보이는 교회나 예수 믿는 사람들을 말합니다. 그러나 우리는 눈에 보이는 교인들이 모두 다 신실한 크리스천이라고 말할 수 없을 것입니다. 이 중에서는 교회는 다니지만 구원받지 못하는 엉터리 신자들도 많이 있을 것입니다. 그래서 예수님은 비유를 통해서 천국은 그물 안에 고기와 같다고 하셨습니다. 즉 어부는 그물 안에 든 고기들을 골라서 버릴 것은 버리고 팔 것은 팔게 되는 것입니다. 그런데 무형교회는 모든 구원 얻은 성도들로 구성이 되는 교회를 말합니다. 또 교회는 천상에 있는 교회와 지상의 교회로 나누기도 합니다. 천상에 있는 교회는 이미 구원을 얻는 성도들을 두고 하는 말인데 이들은 이미 이 세상의 싸움을 마치고 영생

에 들어간 사람들을 말합니다. 그러나 아직 이 세상에서 살고 있는 성도들은 사탄과 치열한 싸움을 치르고 있는 전투적인 교회입니다. 그런데 여기서 말하는 이십사 장로는 영광의 교회와 전투적인 교회를 다 통틀어서 말합니다. 즉 그리스도의 교회가 하나님 앞에서 어느 곳에 위치하느냐 하는 것입니다. 교회는 하나님 앞에서 천사보다 더 하나님 가까이에 있는 자들입니다. 즉 이십사 장로는 보좌에 앉으신 분을 가장 가까이에서 에워싸고 있습니다.

이 세상에서 교회는 사람들로부터 가장 많은 괄시를 당하고 멸시와 천대를 받고 있습니다. 순교를 당하는 성도들이 한 말이 '우리는 도살당할 양처럼 여김을 받았나이다'라는 것입니다. 살아 있지만 산 목숨이 아니고 어느 누구도 우리를 이런 어려움에서 건져낼 자가 없다는 뜻입니다. 그러나 성도들이 비록 이 세상에서는 멸시를 당하고 업신여김을 당하지만 하나님 앞에서는 하나님 가장 가까운 곳에 있습니다. 성도들은 천사들보다 더 가까운 곳에서 우리 주님을 섬기고 있는 것입니다.

이십사 장로들은 모두 흰 옷을 입고 금 면류관을 쓰고 있습니다. 승리와 영광의 모습입니다.

우리가 알아야 할 것은 교회는 가장 영광스러운 그리스도의 신부이며 우리 성도들은 이 우주의 왕이신 그리스도에게 가장 가까운 최측근이라는 사실입니다. 결국 이 세상의 모든 것들은 우리들이 말한 그대로 되어지게 되어 있습니다. 그 이유는 우리가 가장 높은 통치자의 말을 듣기 때문입니다.

가끔 정치하는 사람들 중에서 대통령에게 가장 가까운 사람들이 흘리는 말들이 그대로 정책이 되어서 실현될 때가 많이 있습니다. 그 이유가 무엇입니까? 그들이 바로 최고 통치자의 의중을 알기 때문입니다. 그리고 사적인 자리에서 무엇을 어떻게 할 것이라는 말을 들었고 또 어떤 것은 자신이 건의를 한 것도 있습니다.

우리들이 세상적인 눈으로 바라보면 권력을 가진 사람들이 가장 높은 것 같습니다. 그리고 우리도 이 세상에서 유명하게 되고 인정받고 싶을 것입니다. 이 세상에서 욕심을 포기하고 하나님의 뜻에 순종하는 사람들은 바보처럼 보입니다. 그러나 우리는 하나님의 최측근에 있는 충성된 신하들인 것입니다. 즉 우리는 하늘에 있는 왕의 카운슬러인 것입니다.

5절 보좌로부터 번개와 음성과 뇌성이 나고 보좌 앞에 일곱 등불 켠것이 있으니 이는 하나님의 일곱 영이라

여기에 보면 하나님의 보좌 앞에서 번개와 음성과 뇌성이 납니다. 이것은 하나님의 위엄을 나타내며 죄인들의 접근을 막는 거룩하심을 나타내는 것입니다. 구약 성경에는 하나님 앞에서는 불과 온역이 나오는 것으로 되어 있습니다. 이것은 어느 누구도 하나님께 가까이 접근할 수 없는 거룩하심을 나타내는 것입니다. 그래서 하나님을 '소멸하는 불'이라고 소개하고 있습니다. 하나님 앞에 죄인이 서면 불에 타 죽어버리는 것입니다. 성전에서 하나님의 명령을 거역하고 다른 불로 향을 피우던 아론의 두 아들이 그 자리에서 즉사했습니다. 또 다윗이 법궤를 옮길 때 법궤를 실은 수레를 끄는 소가 뛰는 바람에 법궤를 손으로 만졌던 웃사도 그 자리에서 죽었습니다. 우리는 하나님을 만질 수 없습니다.

그러나 여기서 '번개와 음성과 뇌성'이 나온다고 했습니다. 번개와 뇌성은 이 세상에서 일어나는 모든 재앙을 상징적으로 나타냅니다. 옛날부터 사람들은 번개와 뇌성을 하나님의 성난 심판의 소리로 의미했습니다. 따라서 하나님의 보좌에서 번개와 뇌성이 난다는 것은 이 세상에 일어나는 모든 재앙들이 실제로 하나님께서 내리시는 심판이라는 것입니다. 이 세상에서 하나님께서 내리시지 않는 심판은 없습니다. 그리고 그 모든 심판은 인

간의 죄 때문에 일어나는 것입니다. 지진이 일어난다든지 쓰나미가 와서 도시를 쓸어버린다든지 혹은 대형 사고로 인해 사람들이 많이 죽는 것도 모두 하나님이 내리시는 심판입니다. 그 심판 가운데서 음성을 들을 수 있습니다. 다른 사람들은 들을 수 없고 오직 택한 자들만이 들을 수 있는 음성입니다. 그것이 무슨 음성입니까? 죄인들을 돌아오게 하시는 하나님의 음성입니다.

사람들이 얼마나 미련한가 하면 이런 재앙이 없으면 천 년, 만 년 이 세상에서 행복하게 살 줄 알고 하나님께로 돌아오려고 하지 않습니다. 사실 우리나라의 IMF도 하나님의 번개이고 뇌성이었습니다. 그 가운데서 택한 백성들은 회개하고 하나님께로 돌아오는 것입니다. 신앙이 없는 사람들은 번개 소리만 듣고 두려워하는데 우리는 그 가운데 따뜻한 하나님의 음성을 들을 수가 있습니다.

'보좌 앞에 일곱 등불 켠 것이 있으니 이는 하나님의 일곱 영이라' 그런데 중요한 것은 보좌 앞에의 일곱 등불이 켠 것 같은 모습이었습니다. 그래서 하나님의 보좌 앞은 결코 어둡지 않습니다. 성령님의 별명이 보좌 앞의 일곱 영입니다. 지상에서의 성령의 별명은 '보혜사'이지만 하늘에서는 '보좌 앞의 일곱 영'이십니다.

성령께서는 하나님 앞에서 우리의 사정을 말씀하심으로 우리로 하여금 하나님의 도움을 받게 하시고 늘 성령으로 새 생명과 능력을 받게 하는 것입니다. 하나님 앞에서는 죽어가는 영혼을 구원하기 위한 하나님의 뜨거운 열정과 성령의 역사가 있는 것입니다.

하나님께서 이 계시록을 통해 보여 주시려고 하시는 것이 무엇입니까?

이렇게도 심한 인간의 교만과 패역한 거부에도 불구하고 하나님은 구원을 이루신다는 것입니다. 보좌 앞의 일곱 영이신 성령께서 그 일을 이루실 것입니다. 아무리 어두운 시대라 하더라도 보좌 앞의 일곱 등불이신 성령님은 죄인들의 마음을 밝히셔서 하나님 앞으로 인도하시고야 말 것입니다.

오늘 우리가 이 세상에서 해야 할 일이 무엇입니까? 우리는 이 세상의 악한 통치나 우리의 부족한 것을 보지 말고 담대한 믿음을 가지는 것입니다. 우리는 이 우주에서 가장 높으신 하나님의 직속 부하들입니다. 우리는 하나님이 이 세상에 보낸 밀사들인 것입니다. 우리는 굳이 이 세상에서 많은 것을 가지거나 좋은 자리를 차지할 필요가 없습니다. 우리는 오직 나의 임무만 다하면 되는 것입니다. 그것은 바로 멸망할 영혼을 건지고 진리의 불을 밝히는 것입니다.

아무리 어둡고 불순종하는 세대라 하더라도 깨닫고 하나님께 돌아오는 자들이 있습니다. 그것은 하나님께서 그들의 마음속에 천둥과 뇌성으로 죄를 책망하시고 보좌의 영이신 성령께서 그들을 이끄시기 때문입니다.

성령이 우리에게 말씀하시는 것은 겉으로 나타나는 세상의 죄만 보고 포기하거나 낙심하지 말라는 것입니다. 우리의 할 일은 이런 가운데서도 영혼을 찾으시는 하나님의 뜻을 이루어드리는 것입니다. 우리는 하나님께서 무엇을 가장 소중하게 생각하시는지 깨달아서 그 뜻을 이루어드리는 성도들이 다 되시기 바랍니다.

CHAPTER • 12

보좌 앞의 천사들

요한계시록 4:6-11

요즘 야구팀들은 모두 자기 나름대로의 상징적인 동물을 사용하고 있습니다. 삼성 팀은 라이온즈 즉, 사자를 자기 팀의 상징적인 동물로 사용하고 있습니다. 거기에 비하여 두산 베어스는 곰을 자기 팀의 상징으로 사용하고 있습니다. 심지어는 대학교도 자기 학교를 상징하는 짐승이 있는데 고려대 같은 경우에는 호랑이이고 연세대 같은 경우에는 독수리입니다. 이처럼 어떤 짐승의 이미지를 사용해서 자신의 팀이나 학교를 나타내려고 하는 것은 이런 짐승이 사람들에게 친근감을 주기도 하고 또 오래 기억하게 하기도 할 뿐더러 그 짐승이 가지는 힘을 연상하게 되기 때문입니다. 우리나라는 2002년 월드컵 경기에서 붉은 악마라고 하는 응원팀을 만들었습니다. 대개 서양 사람들은 악마라는 이미지를 별로 좋아하지 않지만 우리나라 사람들은 악착같이 이긴다는 뜻으로 붉은 악마를 사용한 것 같습니다.

초대 교회 교인들은 자신들이 그리스도인이라는 것을 나타내려고 할 때 십자가라는 이미지를 사용하지 않고 물고기의 형상을 사용했습니다. 물고기를 헬라어로 '익투스'라고 하는데 이것은 '예수 그리스도 하나님의 아들

구세주'의 첫 머리를 모으면 익투스가 되는 것입니다. 영화 쿼바디스를 보면 여자 주인공이 남자에게 자기가 그리스도인이라는 것을 나타내기 위하여 바닥에 물고기 그림을 그립니다. 이것은 자기가 이교도가 아닌 그리스도인이라는 뜻입니다. 그리고 그리스도인들은 인사를 할 때 '마라나타'라고 인사를 했습니다. 이것은 '주님이 오십니다'라는 뜻입니다. 즉 이제 얼마 있지 않으면 곧 주님이 오실 텐데 조금만 더 참고 견디자는 뜻이었습니다.

우리가 보통 판타지 문학이라고 하는 것은 현실 세계가 아니라 상상의 세계를 그려주고 있기 때문에 현실의 세계에서는 불가능한 짐승이나 일들이 많이 일어나게 됩니다. 예를 들면, 판타지의 세계에서는 현실에서는 없는 짐승인 용이나 괴물이 나온다든지 혹은 사람들이 날아다니거나 마술을 부린다든지 하는 것이 나오게 됩니다. 그리고 판타지 문학의 특징은 대개 선과 악의 대결을 그릴 때가 많습니다. 그런데 초대 교회 시대문학 중에서 오늘날의 판타지에 가장 가까운 것이 묵시문학이었습니다. 그래서 묵시문학에는 현실에서는 없는 용이라든지 이상한 괴물들이 등장하고 하나님의 백성과 악의 세력이 싸우는 내용이 나옵니다.

오늘 본문은 하나님의 보좌 앞에 있는 네 생물을 보여주고 있습니다. 그런데 이 네 생물이라고 하는 것이 여러 가지 짐승의 모양을 가지고 있는 기괴한 모습들입니다. 바로 이 네 생물들은 하나님 앞에 있는 천사들을 이런 이상한 모습으로 보여줌으로 현실에서 어려움과 싸우는 성도들에게 어떤 용기를 주려고 하는 것입니다.

가끔 야구장 밖을 보면 감독이나 코치가 선수를 향하여 이상한 제스처를 합니다. 코도 만지고 엉덩이를 두드리기도 하고 허리에 손을 갖다 대기도 합니다. 바로 그것이 감독이 선수들에게 주는 작전 지시입니다. 야구 감독의 그 여러 제스처들 중에 진짜는 하나밖에 없습니다. 어떤 때는 상대팀을 교란시키기 위해서 거짓된 메시지를 보내기도 합니다. 그러나 선수는 그 사인을 잘 읽어서 작전대로 경기를 해야 이길 찬스를 얻을 수 있는 것입니다.

보좌 앞의 유리 바다

오늘 본문을 보면 가장 먼저 하나님의 보좌 앞에 있는 큰 유리 바다가 보입니다.

6절 보좌 앞에 수정과 같은 유리 바다가 있고 보좌 가운데와 보좌 주위에 네 생물이 있는데 앞뒤에 눈이 가득하더라

하나님의 보좌 앞에는 수정과 같은 유리 바다가 펼쳐져 있습니다. 이 유리 바다는 보통 유리가 아니라 수정 같은 유리 바다인 것입니다. 옛날에는 유리를 만드는 기술이 요즘처럼 뛰어나지 못해서 평면 유리를 만드는 것이 아주 어려웠습니다. 그래서 아무리 유리라고 해도 흠이 있기도 하고 울퉁불퉁하기도 했던 것 같습니다. 그러나 하나님 앞에 있는 수정 같은 유리는 전혀 흠도 없고 티도 없는 깨끗한 유리판인 것입니다. 즉 누구든지 하나님의 보좌 앞에 나아가려면 그 유리바다를 통과를 해야 하는 것입니다. 그런데 어떻게 그 유리 바다를 통과할 수 있느냐 그 사람이 지나갔는데도 전혀 흠이나 티가 남지 않아야 합격인 것입니다. 어떤 사람이 그 유리 바다 위를 지나갔는데 시커먼 발자국이 남는다면 그 사람은 불합격인 것입니다.

하나님 앞에 있는 이 유리 바다는 과연 하나님 앞에서 진정으로 합당한 자가 누구냐 하는 것을 보여줍니다. 사람은 자기 자신이 아무리 깨끗하다 하더라도 하나님의 유리판에는 흠이 남게 되어 있습니다. 결국 하나님의 유리 바다를 아무 흠없이 통과할 수 있는 사람은 오직 예수 그리스도의 보

혈에 자기 더러운 옷을 빤 사람만이 그 앞을 통과할 수 있는 것입니다.

다시 말해서 하나님 앞에서는 이 세상의 자격이나 사람들의 인기로는 흠없이 통과할 수가 없습니다.

우리가 흔히 세상을 보면 작은 이슈 하나만 있어도 요란스럽고 혼동될 때가 많이 있습니다. 가끔 우리나라 신문을 보면 어떤 중요한 이슈나 사건이 터지면 온 신문을 그 사건으로 도배를 하듯이 요란을 떠는 것을 보게 됩니다. 그러나 하나님 앞은 결코 요란하지 않습니다. 왜냐하면 하나님의 보좌는 감히 이 세상의 인간의 힘이 접근할 수 없는 지혜와 능력이 있기 때문입니다. 우리도 이 세상을 보면 당장이라도 세상이 뒤집어질 것처럼 혼란스러울 때가 많이 있지만 하나님 앞에 나아가면 그런 것이 아무것도 아닐 때가 많이 있습니다. 그래서 우리는 자주 하나님의 보좌가 있는 성전에 나아가서 하나님의 말씀을 들어야 합니다.

우리가 세상에 있을 때에는 주위 사람이 충동질을 하기도 하고 혹은 자기 자신의 내면적인 갈등 때문에 미칠 것 같을 때가 있을 것입니다. 그러나 우리가 하나님의 말씀 앞에 오면 이상하게 마음속에 있는 모든 분노와 두려움이 다 사라지고 하나님의 놀라운 평안이 우리의 마음을 지배하기 시작합니다. 그 이유가 어디에 있을까요? 하나님의 눈으로 자신의 문제를 보기 때문에 문제를 보는 시각이 완전히 달라지기 때문입니다.

우리는 이 세상에서 많은 어려움을 겪지만 그 어려움들이 다 중요한 것은 아닙니다. 어떤 어려움들은 하나님 보시기에 중요한 어려움이 있는가 하면 어떤 것들은 전혀 중요하지 않는 것도 있습니다.

이스라엘의 초대왕인 사울이 왕이 되기 전에 사울의 집에서 암나귀들을 다 잃어버리게 되었습니다. 이것은 사울의 집에서는 엄청난 경제적인 손실이어서 사울은 아버지의 암나귀를 찾아 나섰습니다. 그러나 사울은 아무리 찾아도 나귀를 찾을 수가 없었습니다. 그렇다고 해서 사울은 암나귀는 포기하고 집으로 돌아갈 수도 없었습니다. 그때 사울의 종이 사울에게 한 가지 조언을 했는데 그것은 우리가 하나님의 선지자를 한번 만나서 상담을 받아보자는 것이었습니다. 그래서 사울은 선지자 사무엘을 찾아 갔습니다. 그때 사무엘은 사울에게 이미 나귀는 찾았고 중요한 것은 사울이 이스라엘의 왕의 되어서 블레셋으로 부터 이 백성들을 구원하는 것이라고 말하는 것입니다. 사울은 나귀를 찾지 못하고 집에 돌아가서 아버지를 낙심케 하는 것이 걱정이 되었습니다. 그러나 하나님 앞에서 보니까 나귀는 중요한 것이 아니고 정말 중요한 것은 블레셋의 압제에 고생하는 이스라엘 백성들을 건지는 것이었습니다.

하나님 보좌 앞의 유리 바다는 우리가 하나님 앞에 나아가기 전에 먼저 자신을 돌아보아야 한다는 것을 생각하게 합니다.

그래서 그리스도인들에게는 하나님의 말씀을 가지고 자기 자신을 명상하는 시간이 아주 중요합니다. 마치 이 시간은 여인들이 거울 앞에 앉아서 자기 자신의 얼굴을 다듬는 것과 같습니다. 그리스도인들에게 중요한 것은 하나님의 말씀을 거울로 삼아서 오래 오래 자신의 모습을 살피는 것입니다. 그리고 바른 자신의 모습을 가지고 갈 때 거기에서 능력이 나오고 축복이 나오게 됩니다.

지금 그리스도인들은 로마에서 가장 비참한 모습을 하고 있습니다. 그런데 하나님의 거울에 자기 자신들을 비추어볼 때 이 세상에서 가장 눈부시고 아름다운 그리스도의 신부들로 변신을 하게 되는 것입니다. 우리들은 하나님의 거울로 내가 어떤 사람인지 찾아야 합니다. 그것을 찾지 못하고 정신없이 살아가고 있다면 다른 사람의 인생을 살아주는 것밖에 되지 않습니다. 우리는 내 자신의 인생을 살아야 하고 내 자신의 가치를 찾아야 합니다.

네 생물의 모습

하나님 보좌 앞에는 우리가 이 세상에 흔히 볼 수 없는 이상하게 생긴 네 생물이 있었습니다.

6절 하-8절 상 보좌 가운데와 보좌 주위에 네 생물이 있는데 앞뒤에 눈이 가득하더라 그 첫째 생물은 사자 같고 그 둘째 생물은 송아지 같고 그 세째 생물은 얼굴이 사람 같고 그 네째 생물은 날아가는 독수리 같은데 네 생물이 각각 여섯 날개가 있고 그 안과 주위에 눈이 가득하더라

여기서 '네 생물'이라고 할 때 우리는 보통 생물이라는 짐승을 생각하기 쉽습니다. 그러나 여기서 말하는 생물은 살아있는 생명체를 말하는 것입니다. 그런데 요한이 하나님의 보좌를 보니까 보좌 가운데도 이 생물이 있고 주위에도 이 생물이 있는데 이 생물은 앞뒤에 눈이 가득했습니다. 즉 이 생명체는 온 전신이 눈으로 되어 있었습니다.

다른 말로 표현하면 눈으로만 만들어져 있는 살아있는 생물이라고 말해야 할 것입니다. 앞에도 눈이 있고 뒤에도 눈이 있고 옆에도 눈이 있습니다.

학교 다닐 때 선생님은 저희들에게 말씀하시기를 자기는 뒤에도 눈에 있기 때문에 누가 무슨 짓을 하는지 다 안다고 말씀을 하셨습니다. 아이를 키우는 엄마는 항상 아이에게 관심을 가지고 있기 때문에 눈으로 보지 않고서도 아이가 무슨 짓을 하는지 다 알고 있습니다.

생명체의 앞뒤에 붙어 있는 많은 눈들은 하나님의 백성들에 대한 하나님의 관심을 나타냅니다. 하나님께서는 우리들에게 너무나도 많은 관심을 가지고 계시기 때문에 보지 않고서도 우리가 어디서 무슨 짓을 하고 있는지 다 알고 계십니다. 특히 고난 가운데 있는 성도들에게는 스물 네 시간 쉬

지 않고 관찰을 하시기 때문에 조금도 빈틈이 생길 수가 없습니다.

요즘은 공공건물에 가면 온 구석에 감시 카메라가 있는 것을 볼 수 있을 것입니다. 특히 은행을 가보면 사방에 감시 카메라가 있는데 위에도 눈이 있고 옆에도 눈이 있습니다. 한번은 은행 창구 안에 있는 화면에 어디서 많이 본 사람이 보이기에 누구인가 자세하게 보니까 저의 모습이었습니다. 은행은 눈이 가득 박혀 있기 때문에 숨어서 무슨 짓을 할 수가 없습니다. 그런 의미에서 교회도 눈이 빈틈없이 박혀 있다고 말할 수 있을 것입니다. 그것은 바로 하나님의 눈인 것입니다.

하나님의 보좌 앞에 있는 생물체의 눈들은 어려움을 당한 성도들을 관찰하시는 하나님의 눈입니다. 요즘은 검찰에서 조사를 받을 때 반드시 카메라를 작동시켜서 인권을 유린하는 일이 없는지 감시하게 되어 있습니다. 그런데 가끔은 감시 카메라 없이 인권을 유린하는 조사가 이루어진다고 합니다. 그러나 성도들은 어느 곳에서 고문을 당하고 취조를 당한다 하더라도 하나님의 카메라에는 다 찍히게 되어 있어서 고문한 사람들이 모른다고 변명하지는 못하게 될 것입니다.

그런데 우리 성도들이 궁금한 것은 하나님은 그렇게 눈을 통하여 보고만 계시지 말고 아예 우리들이 어려움을 당하지 않도록 미리 보호하시지 않으신가 하는 것입니다. 물론 하나님은 그렇게 하실 수도 있습니다. 그러나 하나님께서는 성도들의 고난을 통하여 더 많은 일을 하십니다. 우리에게 어려운 고난이 올 때 이미 하나님은 일을 하고 계신 것입니다. 그러나 우리에게 닥친 고난이 절대로 하나님이 허락하신 수준 이상이 되지 않도록 늘 지키시는 것입니다.

오늘 우리의 관심은 도대체 이 여섯 날개를 가진 살아 있는 네 생물의 존재가 무엇을 의미하느냐 하는 것입니다. 여기에 있는 네 생물들은 하나님의 보좌 앞에서 교회를 향하여 메시지를 주고 있는 것입니다. 놀라운 것은 초대 교회가 이 네 생물을 네 개의 복음서로 해석한 것입니다.

그래서 처음에 사자 같은 것이 마태복음이며 송아지 같은 생물이 마가복음이고 사람같이 생긴 것이 누가복음이며 독수리같이 생긴 생물을 요한복음으로 생각했습니다. 사실 오늘날에는 이 해석을 거의 받아들이지 않습니다. 초대 교회가 이 네 생물을 이런 네 개의 복음서로 해석을 한 것은 교인들이 당장 눈앞에 있는 어려움에만 너무 빠져 있지 말고 주님께서 온 세상을 정복하고 이길 수 있는 네 개의 복음서를 주셨으니까 열심히 이 말씀을 읽고 전함으로 세상을 정복하라는 뜻이었습니다. 특히 초대 교회가 네 생물을 천사로 해석하지 않았던 이유는 불필요한 천사 숭배에 빠지지 않도록 하기 위한 것으로 보입니다.

그런데 이런 모습의 네 천사들은 구약 성경의 묵시에도 나타난 바가 있습니다. 그 대표적인 예가 에스겔서입니다. 에스겔서에서 천사는 몸은 하나인데 얼굴이 이렇게 네 개가 있습니다.

겔 1:10 그 얼굴들의 모양은 넷의 앞은 사람의 얼굴이요 넷의 우편은 사자의 얼굴이요 넷의 좌편은 소의 얼굴이요 넷의 뒤는 독수리의 얼굴이니

이것은 에스겔이 유다 족속들이 포로 되어 간 곳에서 천사들의 모습이었습니다. 그들이 포로 되어 간 곳에서 절망과 낙심 가운데 있을 때 하나님께서 이상하게 생긴 천사들의 모습을 통하여 그들에게 희망을 주셨습니다. 만약 이들이 포로 생활을 너무 조급하게 생각한다면 도저히 70년의 세월을 견디지 못할 것입니다. 유다 백성들은 그들이 서두른다고 해서 이 기간이 짧아질 것도 아니고 그들이 포기한다고 해서 더 늦추어질 것도 아닙니다. 좌우간 이들은 다시 희망을 가지고 거기서 적응을 해야 합니다. 그때 보여진 것이 바로 이 살아 있는 천사들의 모습입니다.

이것을 계시록에 적용해 본다면 앞으로 이들이 받을 환란은 결코 짧지 않을 것이라는 것을 알 수 있습니다. 즉 교회는 무조건 환란과 핍박을 피하려고 생각해서는 안 됩니다. 왜냐하면 교회가 환란을 피하려고 생각하면 오래 견디지 못하기 때문입니다.

첫 번째로 사자의 모습은 용기를 나타냅니다. 사람이 노예로 붙들려 가면 기가 죽어버리기 쉽습니다. 그러나 그렇게 되면 진짜 노예가 될 수밖에 없습니다. 사람의 노예가 되려면 인격 자체가 없어야 합니다. 그리고 노예는 패배주의에 빠져서 무조건 주는 것을 먹고 아무 생각 없이 살아야 사람의 노예가 될 수 있습니다. 그러나 하나님의 노예는 하나님의 말씀 때문에 고난을 받고 있고 노예 생활을 하고 있지만 그는 사람에게 복종하는 것이 아니고 하나님께 복종하고 있기 때문에 정신은 더 살아있습니다. 그래서 하나님의 노예는 눈을 보면 눈빛이 벌써 틀립니다. 겉으로 보기에는 같은 노예처럼 보이지만 그 정신은 살아있으며 그 마음속에는 하나님의 뜻에 대한 확신이 있습니다. 요셉이 애굽에서 노예 생활을 하면서도 보디발의 아내의 유혹에 넘어가지 않았던 이유는 그의 정신은 노예가 아니었기 때문입니다. 하나님의 백성들은 고난 중에도 사자같은 용기가 있어야 합니다. 하나님의 백성들은 아무리 고난 중에 있다 하더라도 죄는 절대로 용납해서는 안 됩니다. 죄가 덤벼들 때에는 우리 성도들은 사자처럼 버티어서 죄의 유혹을 물리쳐야 하는 것입니다.

두 번째는 송아지입니다. 송아지는 어떻게 보면 훈련이 덜 되었기 때문에 자기 멋대로 라고 볼 수도 있습니다. 그러나 송아지는 소로 변하면서 엄청난 인내를 배우게 됩니다. 옛날에 어렸을 때 보면 소달구지라는 것이 있었습니다. 소가 끌고 다니는 것인데 거기에 올라타면 결코 빠르지도 않으면서 똑같은 속도로 아주 먼 길을 가는 것입니다. 하나님께서 하시는 일은 속전속결로 끝나는 것은 별로 없습니다. 그래서 아주 오래 인내해야 겨우 그 열매를 볼 수 있습니다. 우리가 우리 믿음의 열매를 제대로 보려고 한다면 최소한 5년 이상은 기다려야 할 것입니다. 하나님의 백성들은 어려움을 당하면 조급한 성질이 없어지면서 아주 오래 견딜 수 있는 성품을 가지게 됩니다. 그 힘은 바로 하나님이 주시는 힘으로 하기 때문입니다. 인간의 힘으로 하는 것은 오래 가지 않는 것이 특징입니다. 그러나 하나님이 주시는 힘으로 하는 것은 오래 갑니다. 우리 성도들에게 어려움이 닥쳤을 때 하루 이틀이나 한 두 달 만에 없어질 것이라고 생각하면 안 됩니다.

세 번째 얼굴은 사람의 얼굴입니다. 역시 사람은 지혜가 그 특징입니다. 우리 성도들에게 큰 단점이 무엇인가 하면 어떤 어려운 일을 당했을 때 하나님의 뜻을 확인하려고 집착을 한 나머지 상식적인 판단을 놓치는 것입니다. 물론 상식이 하나님의 뜻은 아닙니다. 그러나 우리가 섬세한 하나님의 뜻을 분별하기 전에 상식적으로 생각을 해 보는 것이 도움이 됩니다. 그래서 어려우면 어려울수록 너무 모험적으로 밀고 나갈 것이 아니라 상식적으로 생각을 해서 안전한 길로 가는 것이 좋습니다. 우리는 하나님의 지혜로 얼마든지 세상을 이길 수가 있습니다. 사람은 힘으로는 사자나 곰을 이길 수 없지만 지혜로는 얼마든지 이길 수 있습니다. 즉 사람은 힘 대신에 함정을 판다든지 혹은 무기를 사용해서 사자나 곰을 잡을 수 있습니다. 마찬가지로 우리 성도들이 힘으로는 세상을 이길 수 없지만 지혜로 세상의 강한 자들을 이길 수 있습니다.

그리고 네 번째로 독수리입니다. 독수리는 새들 중에서 가장 멀리 날아오를 수 있는 힘을 가졌고 아주 먼 곳을 볼 수 있는 눈을 가졌습니다. 어려울수록 눈앞의 일에 매달릴 것이 아니라 10년 20년 뒤를 내다볼 수 있는 믿음의 비전을 가지는 것이 필요합니다. 그 동안 우리나라 많은 교회들이 젊은이들은 교회에 별 도움이 되지 않는다고 생각해서 성인 위주로만 목회를 해왔습니다. 아마도 그런 교회들은 지금 극심한 노령화 현상을 겪고 있을 것입니다. 우리는 다시 어린이 사역에 투자를 해야 합니다. 그래서 어린이를 다시 믿음으로 양육을 시키는 일을 해야 합니다. 그러면 언젠가는 그 뿌린 씨를 거둘 때가 올 것입니다.

그래서 오늘 본문에서 보좌 가운데와 주위의 네 생물의 모습은 로마의 핍박을 당하는 교회를 행한 하나님의 메시지인 것입니다. 즉 너무 기가 죽지 말라. 그리고 오래 견딜 생각을 하고 상식적으로 판단하며 먼 비전을 가지라는 것입니다. 우리가 생각하기에 이것이 너무 당연한 말씀이 아닌가 하는 생각이 들 때가 있습니다. 그러나 막상 어려움을 당한 사람들에게는 너무나도 중요한 방향 제시가 되는 것입니다. 다른 사람들로부터 자꾸 비난을 받으면 기가 죽습니다. 그럴 때 마음속에 사자의 형상이 살아나는 것입니다. 나는 이 정도로는 절대로 죽지 않는다고 결심을 한 순간 그는 모든 두려움을 이기게 됩니다. 자꾸 모든 일에 조급해질 때에는 송아지를 생각해야 합니다. 이것은 아직 가야 할 길이 너무나도 멀다는 것입니다. 우리는 오래 인내를 해야 좋은 열매를 맺을 수 있습니다. 우리는 하나님의 뜻이 혼동이 될 때에는 객관적인 시각으로 자기 자신을 판단해 보아서 중심을 찾고 작은 일들이 자꾸 자기를 옭아매려고 할 때에는 독수리처럼 높이 나르는 지혜가 필요한 것입니다.

네 생물의 찬양

네 생물은 각각 여섯 날개와 가득한 눈을 가지고 있으며 밤낮으로 쉬지 않고 하나님을 찬양하고 있습니다.

8절 네 생물이 각각 여섯 날개가 있고 그 안과 주위에 눈이 가득하더라. 그들이 밤낮 쉬지 않고 이르기를 거룩하다 거룩하다 거룩하다 주 하나님

곧 전능하신 이여 전에도 계셨고 이제도 계시고 장차 오실 자라 하고

네 생물이 여섯 날개를 가진 것에 대하여 두 가지로 생각할 수 있습니다. 이사야 6장에 보면 그룹 천사가 여섯 날개를 가졌는데 둘로는 얼굴을 가리고 둘로는 발을 가리고 둘로는 날라 다닙니다. 그러니까 천사라도 감히 그리스도의 영광을 친히 목격할 수 없음을 보여 줍니다. 그래서 천사는 날개 둘로 얼굴을 가지고 감히 그 앞에 발을 내어 놓을 수 없어서 발도 가립니다. 그만큼 그리스도의 영광은 두렵고 놀랍다는 뜻입니다. 그러나 또 다른 의미로 날개가 여섯 개가 있으니까 두 개가 달린 것보다는 훨씬 더 빨리 날 수 있을 것입니다. 그러니까 하나님의 말씀은 우리가 생각하는 것 보다 빨리 이루어진다는 것을 약속하는 것으로 보이기도 합니다.

천사들은 하나님의 뜻을 신속하게 수행합니다. 단지 하나님의 뜻이 더디게 이루어지는 것 같은 이유는 우리가 준비되는데 시간이 많이 걸리기 때문입니다. 만약 우리의 믿음이 준비되기만 하면 하나님의 뜻은 신속하게 이루어지게 될 것입니다.

사실 우리들의 구원에 있어서 천사들의 역할이라고 하는 것은 보조적인 것밖에 되지 못합니다. 하나님께서는 하나님 나라의 일들을 천사들에게 맡기지 않으셨습니다. 오직 이것을 그 신실한 일꾼들에게 맡기셨고 성령의 능력으로 이 세상의 모든 대적하는 자들을 이길 수 있게 하셨습니다.

중요한 것은 네 생물이 부르는 노래입니다.

사실 모든 피조물들은 하나님의 거룩하심을 찬양하도록 만들어져 있습니다.

여기 네 생물은 두 가지를 찬양합니다.

하나는 하나님의 거룩하심입니다. '거룩하다 거룩하다 거룩하다'는 것은 하나님의 완전한 거룩하심을 나타냅니다.

하나님은 본성이 거룩하십니다. 그래서 결코 죄는 용납하시지 못하십니다. 하나님의 거룩하심은 결국 이 세상의 모든 죄를 소멸하실 것입니다. 오늘 우리도 우리 주위의 죄를 보면 하나님의 심판을 두려워하지 않을 수 없습니다. 우리 주위에는 소돔을 망하게 했던 그런 죄들이 우리 주위에 가득합니다. 우리는 하나님의 심판을 두려워해야 합니다. 우리는 눈에 보이는 사람들의 권력보다 차마 죄를 보지 못하시는 하나님을 더 두려워해야 합니다. 우리가 하나님만 두려워하면 다른 것은 두렵지 않습니다. 그러나 우리가 하나님을 두려워하지 않으면 이 세상에 있는 모든 것들이 우리를 두렵게 만들 것입니다.

그러나 하나님의 거룩은 하나님만 거룩하신 것으로 끝나는 것이 아니라 믿는 자들을 거룩하게 하십니다. 특히 그들이 당하는 고난은 그들을 거룩하게 하는 과정입니다. 지금 로마가 교회를 핍박하는 것은 결국 우리 성도들을 거룩하게 하는 과정에 불과합니다. 그래서 이 핍박도 하나님의 거룩하심 중에 포함되는 것입니다.

그러나 하나님은 우리를 거룩하게 하시는 것으로 끝나지 않습니다. 이 세상에 있는 모든 죄를 완전히 소멸하심으로 온 우주를 정결케 하십니다. 결국 남는 것은 거룩한 성도들과 새로 만들어진 모든 피조계일 것입니다.

하나님에 대하여 또 무엇이라고 말씀하십니까?

'주 하나님 곧 전능하신 이여 전에도 계셨고 이제도 계시고 장차 오실 자라'고 찬양하고 있습니다.

네 생물이 두 번째로 노래하는 것은 하나님의 존재에 대한 것입니다. 하나님은 영원 전에도 계셨습니다. 그리고 지금도 계십니다. 앞으로 또 오실 분이십니다. 영원 전에 계셨다고 하는 것은 다른 존재들은 다 절대적인 자들이 아니라는 뜻입니다. 그들은 얼마 있지 않으면 다 죽을 자들이며 그들 자신이 하나님의 심판대 앞에 서게 될 것입니다. 하나님은 존재하시기만

하는 것이 아니라 우리를 향하여 말씀하시며 우리를 돕고 인도하시고 보호하십니다. 그러나 하나님께서는 언제까지나 악을 내버려 두지 않으시고 찾아 오셔서 악을 심판하시고 무저갱에 쳐 넣으실 것입니다.

우리는 자기 자신을 절대화시키는 이런 자들의 시험에 넘어가서 그들을 하나님보다 더 두려워해서는 안 됩니다. 만일 그런 자들을 두려워해서 그런 자들을 섬기고 그들을 믿게 되면 그들이 망할 때 함께 망하게 됩니다. 그래서 그리스도인들은 항상 이 세상에 있는 것들을 절대시하지 않도록 해야 합니다.

생물들의 찬양이 있고 난 후 교회의 찬양이 있습니다.

9-11절 그 생물들이 영광과 존귀와 감사를 보좌에 앉으사 세세토록 사시는 이에게 돌릴 때에 이십사 장로들이 보좌에 앉으신 이 앞에 엎드려 세세토록 사시는 이에게 경배하고 자기의 면류관을 보좌 앞에 던지며 가로되 우리 주 하나님이여 영광과 존귀와 능력을 받으시는 것이 합당하오니 주께서 만물을 지으신지라 만물이 주의 뜻대로 있었고 또 지으심을 받았나이다 하더라

곧 바로 교회의 찬양이 나옵니다. 하나님께서 가장 받기를 기뻐하시는 것은 천사들의 찬양이 아닙니다. 물론 천사들의 찬양은 우리들이 부르는 찬양에 비하면 말할 수 없이 아름답고 숭고한 곡조로 되어 있을 것입니다. 그러나 그들의 찬양은 죄에서 구원받은 감격이 없습니다. 하나님께서 듣기 원하시는 찬양은 눈물이 있는 찬양이며 감격이 있는 찬양입니다. 여기에 보면 이십사 장로들이 면류관을 벗어서 보좌에 앉으신 이에게 던진다고 말씀하고 있습니다. 이것은 우리가 이렇게 놀랍게 구원받은 것은 결코 우리의 공로가 아니라는 것입니다. 모든 것을 하나님이 하셨고 우리는 그저 마

지못해서 하나님의 뜻에 붙들려서 순종을 했을 뿐입니다. 그런데 하나님께서는 우리의 그 작은 믿음을 축복하셔서 큰 상급과 면류관을 주시는 것입니다. 그러니까 우리 성도들은 도저히 그 면류관을 쓸 자격이 없다고 해서 도로 보좌에 앉으신 분에게 벗어드리는 것입니다.

하나님은 이 모든 것의 존재의 근본이시며 하나님의 뜻 안에서 이 모든 것이 지탱되고 있는 것을 찬양하고 있습니다. 그것은 이 세상에 하나님 한 분 외에는 어느 누구도 절대적인 위치에 있어서는 안 된다는 것을 말해주고 있습니다.

세상은 다 로마 황제를 두려워하는데 교회만 그렇지 않다고 하면서 비난합니다. 미련하다고 합니다. 그러나 교회의 찬송이 무엇입니까? 교회는 결코 하나님 한 분외에 다른 어떤 것도 섬겨서는 안 된다는 사실을 찬양을 통하여 고백하고 있습니다. 영광과 존귀와 능력은 오직 한 분, 하나님께만 돌려야 합니다.

CHAPTER • 13

인봉된 책

요한계시록 5:1-6

나라에서 만드는 중요한 계획이나 문서들은 모두 1급이나 2급 같은 비밀 등급이 매겨져 있어서 비밀을 취급할 수 있는 자격을 가진 사람이 아니면 아예 그 서류를 볼 수도 없고 그것을 가지고 일을 할 수도 없게 되어 있습니다. 우리가 가끔 스파이 영화를 보면 정보원들이 '1급 비밀'로 되어 있는 서류들을 가지고 일을 하는 것을 볼 수 있습니다. 이런 1급 비밀 서류들 중에서는 잘못하면 전쟁이 날 수도 있는 것들이 있습니다.

2010년 12월에는 위키리크스Wikileaks라고 하는 잡지에서 미국이나 러시아나 영국이나 심지어는 우리나라의 1급 비밀들을 누설하는 바람에 정부들이 바짝 긴장을 한 적이 있었습니다. 이 잡지는 여러 나라의 정부 기관의 정보망을 해킹해서 알아낸 뒤 이것을 공개했습니다. 특히 이 서류는 미군이 아프가니스탄이나 이라크에서 전투한 내용들을 공개하기도 했습니다.

우리나라에도 중요한 계획들이 많이 있었지만 가장 성공적인 계획은 여러 차례에 걸쳐서 실시된 경제개발 5개년 계획이었던 것 같습니다. 우리나라는 이런 종합적인 개발 계획이 있었기 때문에 전 세계에서 가장 가난한 나라에서 가장 성공적으로 발전한 나라로 발전할 수 있었습니다.

결국 국가의 중요한 정책을 실천에 옮길 수 있는 사람은 그 나라 정치를 손에 넣은 대통령이나 수상인 것입니다. 우리는 때때로 우리나라 정치적인 상황을 보면 일정한 목표 없이 그때그때 형편에 따라서 이리저리 표류할 때가 있습니다. 사실 배가 바다를 항해하는데 가장 위험한 것이 엔진이 고장나서 표류하는 것입니다. 만일 배가 표류를 하다가 큰 파도를 만나거나 암초를 만나면 결국 파선을 하게 되는데 그러면 배에 탄 사람들은 다 물에 빠져서 죽게 됩니다. 그러나 하나님은 이 세상의 미래에 대한 계획을 가지고 계시며 한 치의 오차도 없이 그 계획을 이루어나가고 계십니다. 우리는 그 계획을 알아야 눈앞의 일에 불안해하거나 두려워하지 않고 담대한 믿음으로 나갈 수 있을 것입니다.

요한계시록의 본격적인 시작은 하늘에 있는 보좌에서부터 시작합니다. 즉 이 세상 모든 일은 세상의 권력을 잡은 자의 손에 의해서 이루어지지만 우리가 믿음의 눈을 들어서 하늘의 보좌를 보면 인간들이 하는 것은 모두 사소한 것들이고 중요한 것은 하나님이 전부 다 결정하시는 것입니다. 그런데 오늘 말씀을 보면 보좌에 앉으신 이의 오른 손에 한 두루마리 책이 나옵니다. 그리고 이 두루마리에는 일곱 개의 인봉으로 봉하여져 있었습니다. 이것은 이 문서가 대단히 중요한 문서인 것을 보여줍니다. 로마 시대에 아주 중요한 문서에는 그 두루마리 둘레에 띠를 두르고 그 띠에 납이나 밀납 같은 것으로 인봉을 해서 그 문서를 개봉하지 못하게 했습니다.

보좌의 앉으신 분의 손에 있는 이 두루마리 책은 미래에 대한 아주 중요한 계획을 담고 있는 비밀 문서였습니다. 이때 아주 힘이 있는 한 천사가 온 우주를 향하여 이 인을 떼기에 합당한 사람이 누구인가라고 물었는데 아무도 능히 대답을 할 수 있는 사람이 없었습니다. 왜냐하면 이 두루마리 책에 기록된 내용이 너무나도 엄청난 것이어서 이 내용을 실천할 능력이 없기 때문입니다. 요한은 이 두루마리의 인봉을 뗄 수 있는 사람이 아무도 없었기 때문에 크게 울었습니다. 즉 요한은 누군가가 반드시 그 책의 인봉을 떼어서 그 안에서 있는 내용을 실천해야 우리가 구원을 받을 수 있는데 이 인을 떼지 못한다면 아무도 구원을 받지 못하게 되기 때문입니다. 그때 장로 중 한 사람이 요한을 위로하기를 유다 지파의 사자 다윗의 뿌리가 이기었기 때문에 이 책의 일곱 인봉을 뗄 것이라고 말씀하고 있습니다. 우리는 오늘 본문에서 중요한 것 세 가지를 알 수 있습니다.

첫째는 일곱 개의 인봉으로 봉하여진 하나의 책입니다. 이 책이 일곱 개의 봉인으로 찍혀져 있는 것과 이것이 보좌에 앉으신 하나님의 오른 손에 들리워져 있다는 점에는 얼마나 중요한 책인지 짐작할 수 있습니다. 온 우주에서 어느 누구도 이 일곱 개의 인을 떼어서 그 안에 있는 내용을 성취할 수 있는 사람이 없었다는 사실과 이 책에서 인을 하나씩 뗄 때마다 놀라운 재앙들이 이 세상에 일어나는 것을 볼 때에 이 책은 모든 인간들의 운명을 결정하는 중요한 책이라는 것을 알 수 있습니다.

두 번째는 이 책의 인봉을 뗄 수 있는 자격을 가진 사람이 아무도 없었다는 것입니다. 이 세상의 중요한 계획들은 왕이나 대통령이 결심을 하면 해낼 수가 있습니다. 최근 우리나라는 아무리 대통령이 결심을 해도 워낙 반대하는 사람들이 많아서 실패하거나 취소되는 계획들이 많이 생기고 있습니다. 그런데 이 중요한 하나님의 비밀 계획을 성취할 수 있는 사람이 인간이나 천사들 중에서는 아무도 없었습니다. 그런데 오직 다윗의 뿌리이신 예수 그리스도께서 그 일을 해내시는 것입니다.

그리고 세 번째는 이 분이 하나님의 계획을 이루는 방법에 대한 것입니다. 즉 이 분은 처음에 사자로 등장을 합니다. 이 분은 사자니까 동물 중에서 가장 사납고 용감한 짐승입니다. 그런데 이 분이 실제로 나타난 모습은 사자의 모습이 아니고 일찍 죽임을 당한 어린 양의 모습으로 나타났습니다.

사자와 어린 양은 정반대되는 모습입니다. 사자는 짐승들 중에서 가장 강한 짐승인데 비하여 어린 양은 가장 연약한 짐승입니다. 이 분은 사자지만 죽임당한 양으로 하나님의 일을 이루셨습니다.

결국 이 세상에는 두 가지 큰 역사가 있습니다. 하나는 정치를 중심으로 이루어지는 역사입니다. 우리가 대학에서 문화사를 공부해보면 문화사가 사실 거의 대부분 전쟁사로 되어 있는 것을 볼 수 있습니다. 그 이유는 인류의 역사나 문화를 근본적으로 바꾸는 것이 거의 대개 전쟁이고 정치 권력이기 때문입니다. 그런데 이 세상에는 사람들이 알지 못하는 또 다른 역사가 있습니다. 그것은 하나님께서 우리 믿는 자들을 구원하시는 역사가 또 있습니다. 실제로 이 세상에서 중요한 것은 정치이고 전쟁에서 이기는 것 같지만 더 중요한 것은 눈에 보이지 않고 이루어지고 있는 영적인 부흥과 구원의 역사인 것입니다.

일곱 개의 인봉이 있는 책

아마도 우리나라 대통령의 책상이나 미국 대통령의 책상 위에는 자국의 모든 중요한 일들을 결정하는 문서들이 수북하게 쌓여 있을 것입니다. 대통령이 그 문서 하나하나에 사인을 하게 되면 그 즉시 효력을 발생하게 될 것입니다. 미국 대통령의 권한이 얼마나 대단한가 하면 대통령이 한번 사인하면 항공모함이 다른 나라에 가서 비행기가 폭격을 해서 전쟁을 하기도 하고 또 대통령이 한번 사인을 하면 가난한 나라에 엄청난 식량과 돈이 지원이 되기도 합니다. 그러나 더 중요한 것은 세상의 정치가 아니고 하나님의 결정인 것입니다.

하나님께서는 이 세상을 이중적으로 통치를 하십니다. 즉 하나님은 위정자들을 세우셔서 이들을 통하여 이 세상을 대리 통치를 하시는 것입니다.

그런데 이 위정자들은 하나님이 자신들에게 권력을 주셨다는 사실 조차 모를 때가 많습니다. 그러나 또 다른 하나의 정치는 하나님께서 교회에 말씀을 주시고 성령을 주셔서 영적 부흥을 통해서 죄를 이기게 하시고 멸망할 사람들을 건지시는 것입니다.

그런데 사람들이 중요하게 생각하는 것은 이 세상의 통치입니다. 왜냐하면 이 세상의 정치가 실제로 사람들의 사는 것을 지배하고 영향을 미치기 때문입니다. 우리나라의 경우에도 누가 대통령으로 당선되느냐에 따라서 나라의 방향이 달라지게 될 것입니다. 그러나 하나님께 더 중요한 것은 영적인 통치입니다. 즉 하나님께서는 우리 각 사람이 하나님의 말씀으로 은혜 받고 능력을 받아서 죄를 이기며 하나님의 능력을 나타내는 것을 훨씬 더 중요하게 생각하십니다. 왜냐하면 하나님은 우리 인간들이 하나님을 알고 변화되는 것을 이 세상 모든 권력이나 부귀보다 더 중요하게 생각하시기 때문입니다.

1절 내가 보매 보좌에 앉으신 이의 오른손에 책이 있으니 안팎으로 썼고 일곱 인으로 봉하였더라

'내가 보매'라고 하는 것은 강조하는 표현입니다. 즉 요한이 보니까 보좌에 앉으신 하나님의 오른 손에는 아주 중요한 한 책이 들려져 있습니다. 이 책이 얼마나 중요한가 하는 것은 이 책이 보좌에 앉으신 분의 오른 손에 들려져 있다는 것과 그 책에 붙어 있는 일곱 개의 인봉입니다.

즉, 하나님의 오른손에 들려져 있는 두루마리 책에는 안팎으로 내용이 적혀 있었습니다. 그러니까 이 책 안에는 아주 많은 내용의 글들이 적혀 있는데 그 책에는 일곱 개의 인봉이 봉해져 있어서 아무도 그 책의 내용을 펼쳐볼 수가 없었습니다.

성경에서 일곱이라는 숫자는 '완전'을 의미합니다. 그래서 일곱 개의 인봉으로 이 문서가 봉해져 있다는 것은 이 문서는 완전한 비밀이며 완전히 인봉이 되었고 절대적으로 완전한 자격을 가진 자가 나타나기 전에는 감히 이 두루마리를 개봉할 수가 없다는 것입니다.

옛날 영국 같은 나라에서는 왕의 중요한 문서는 수백 년이 지나더라도 적합한 자격을 가진 자가 나타나기 전에는 절대로 개봉을 할 수 없게 되어 있습니다. 그런데 누군가가 정말 그런 자격을 가진 자가 나타난다면 그 사람은 인봉을 떼고 문서를 개봉하게 됩니다. 마찬가지로 하나님의 이 두루마리 책은 아주 중요한 문서이기 때문에 정당한 자격을 가지지 않은 자가 이 책을 펼치려고 하면 펼칠 수도 없을 뿐 아니라 저주를 받아서 죽을 수밖에 없는 아주 무시무시한 책인 것입니다. 중요한 것은 이 책이 어떤 책이냐 하는 것입니다.

우리는 대개 하나님의 오른 손에 들린 이 두루마리 책을 성경책으로 생각하기 쉽습니다. 물론 성경책은 우리 구원에 대한 유일무이한 책인 것은 분명합니다. 사실 예수님만이 성경의 내용을 성취할 수 있는 유일한 주인공이십니다. 얼마 전에 예수를 믿지 않는데 공부를 많이 한 철학자가 자기 나름대로 요한복음을 해석해서 강의도 하고 책도 출판을 했습니다. 그러나 그는 요한복음을 제대로 해석한 것이 아니었습니다. 왜냐하면 이 분은 아주 오래 전에 이단으로 인정되었던 사람의 시각을 가지고 요한복음을 해석했기 때문입니다. 우리가 예수를 믿지 않으면 성경을 이해한다는 것이 불가능합니다.

어떤 분들은 이 책이 구원받을 사람들의 이름을 적은 생명책일 것이라고 합니다. 한번은 모세가 시내 산에 하나님의 돌비를 받으러 산에 올라갔다가 40일 동안 내려오지 않았을 때 그 동안 산 밑에 있는 이스라엘 백성들이 금송아지 신상을 만들어서 우상 숭배를 했습니다. 그때 하나님께서 이스라엘 백성들을 멸망시키려고 했을 때 모세는 하나님의 책에서 자기 이름을 지우는 일이 있다 하더라도 이스라엘 백성들을 멸망시키지 말아달라고 기도했습니다 이때 사람들은 하나님 앞에서 구원받는 사람들의 이름을 적은 책이 있다는 생각을 하게 되었습니다.

입학 시즌이 되면 각 대학에서는 합격자를 발표하기 전에 이미 합격한 자들의 명단을 가지고 있습니다. 몇 년 전에는 하버드 대학을 비롯해서 유명한 대학의 경영대학원에서 합격자 명단을 만들었는데 지원한 학생들이 발표를 참지 못하고 해킹을 해서 알아내었습니다. 그때 하버드 경영대학원에서는 그들의 입학을 취소하면서 우리는 똑똑한 지도자를 키우는 것을 목적으로 하지 않고 바른 결정을 내릴 수 있는 지도자를 키우는 것을 목적으로 한다는 발표를 했습니다.

그러나 여기서 보여지는 책은 단순히 구원받는 사람들의 이름을 적은 책은 아닌 것이 분명합니다. 왜냐하면 이 이후에 어린 양이 책의 인봉을 하나씩 뗄 때마다 이 세상에서는 아주 무시무시한 재앙들이 일어나기 때문입니다. 그래서 이 책은 하나님의 구원 계획이 기록된 책이라는 것입니다. 그리고 역사의 주인공이 이 책의 인봉을 하나씩 뗄 때마다 이 세상에는 좋은 일만 일어나는 것이 아니라 오히려 무시무시한 재앙들이 일어납니다. 우리가 생각하기에 이 책의 인봉을 하나씩 뗄 때마다 이 세상은 더 아름다워지고 더욱 더 천국으로 변해가야 하는데 정반대로 전쟁이 일어나기도 하고 전염병이 퍼지기도 하고 무시무시한 재앙들이 일어나게 됩니다.

즉, 이 세상은 마치 멸망해버릴 것 같은 어려움들이 계속 일어나는 것입니다. 바로 이 모든 것이 인간들이 저지른 죄가 곪아서 터지는 것입니다. 예를 들어, 어떤 사람이 심하게 병들어서 병원에 입원을 하게 되면 의사가 붕대를 풀 때마다 그 안에 곪거나 썩은 부분이 계속 드러날 것입니다. 그러나 실력 있는 의사는 그 모든 고름이나 썩은 것을 다 치료해서 그 사람을 살려낼 것입니다. 마찬가지로 이 세상은 이미 인간들이 저지른 죄가 누적이 되어서 엄청난 재앙들이 쌓여 있습니다. 그래서 하나님의 아들이 인봉을 하나씩 뗄 때 마다 그 동안 인간들이 저질렀던 죄들이 재앙으로 터져 나오게 됩니다. 그럼에도 불구하고 하나님의 어린 양은 하나님의 택한 백성들을 능히 구원하시는 것입니다.

어떤 역사가는 말하기를 로마는 작은 강들이 모여서 이룬 거대한 호수라고 했습니다. 모든 문명의 물줄기들이 이 호수로 흘러들었고 또 여기서 흘러 나가고 있다고 말을 했습니다. 아마 인간으로서 성취할 수 있는 가장 위대한 세계가 바로 로마였고 로마에서는 더 이상 바라볼 수 있는 목표가 없는 것 같았습니다. 많은 사람들은 생각하기를 과연 인간이 로마보다 더 발전할 수는 없을 것이라고 생각을 했습니다. 즉 만일 인간 문명을 진화라는 방법으로 설명을 한다면 사람들은 생각하기를 로마는 인류 진화의 최종 단계이며 로마 다음에는 더 이상 인간의 머리에서 좋은 국가나 문화가 나올 것이 없다는 식으로 생각을 했습니다. 그러나 하나님의 눈으로 보기에 로마나 전 세계를 중병이 든 환자와 같고 이들을 치료하려면 엄청난 희생과 고통이 필요한 것입니다.

이것은 오늘 우리들이 살고 있는 세상과 비슷합니다. 지금 인간들은 기술문명의 극치를 누리고 있습니다. 요즘 우리 인간들은 교통과 통신에 있어서 과거 어느 시대에도 누릴 수 없었던 혜택을 누리고 있습니다. 최근 컴퓨터는 세계 구석구석을 몇 초 만에 연결을 시켜줍니다. 그러니까 과거의 사람들이 십 년 혹은 몇 백 년에 걸쳐서 할 일들은 현대인들은 단 몇 시간이나 몇 분 만에 해버리는 것입니다. 그러면 우리 인간들은 과거 사람들에 비해서 몇 십배 혹은 몇 백배 행복해야 할 것입니다. 그러나 오늘 현대인들은 과거에 비하여 결코 행복하지 못합니다. 오히려 우리나라는 한 시간에 한명 이상씩 자살을 하고 있는 상태입니다. 너무나도 많은 사람들이 질병과 정신적인 병으로 고통을 받고 있습니다. 그 이유가 무엇일까요? 그것은 인간의 행복이 결코 정보의 양이나 스피드에 달려 있지 않기 때문입니다. 결국 인간은 죄가 해결되기 전에는 절대로 행복할 수 없으며 하나님의 성령을 받기 전에는 진정한 자신의 가치와 능력을 알 수 없는 것입니다.

인봉을 뗄 수 있는 자격

하나님의 오른 손에 들리운 이 책은 누군가가 열어야 할 책입니다. 왜냐하면 이 책이 열리지 않고 성취되지 않으면 이 세상에 있는 어느 누구도 구원받을 수 없기 때문입니다.

그래서 아주 힘 센 천사가 큰 소리로 온 우주를 향하여 이 책에 있는 인봉을 떼어서 책을 펼 수 있는 사람들이 있는가 물어 보았습니다.

2절 또 보매 힘 있는 천사가 큰 음성으로 외치기를 누가 책을 펴며 그 인을 떼기에 합당하냐 하니

여기 힘 있는 천사는 바로 이 두루마리 책을 지키는 천사라고 생각할 수 있습니다. 누구든지 이 두루마리 책의 인봉을 떼려면 이 천사보다 더 강한 힘을 가져야 하는 것입니다. 그런데 놀랍게도 하늘위에나 땅에서나 땅 아래서나 이 책의 인봉을 뗄 사람이 없었습니다.

3절 하늘 위에나 땅 위에나 땅 아래에 능히 책을 펴거나 보거나 할 이가 없더라

우선 성경은 이 인봉을 뗄 수 있는 사람의 자격을 말하지 않고 있습니다.

예를 들어, 힘이 어느 정도 이상 세어야 한다든지 아니면 무슨 혈통을 가지고 있어야 한다든지 하는 자격을 말씀하지 않습니다.

우선 이 인봉을 뗄 수 있는 사람은 일단 죄가 없어야 합니다. 하나님 앞에서 조금이라도 죄가 있거나 죄성이 있는 사람은 이 인봉을 뗄 수가 없습니다. 그리고 그는 천사면 안 되고 사람이어야 합니다. 왜냐하면 사람만이 사람의 죄를 책임질 수가 있기 때문입니다.

하늘 위나 땅 위에나 땅 아래에서 이 책을 열 수 있는 사람이 없었다는 것은 사람이나 천사들 중에서 하나님의 구원을 성취시킬 수 있는 능력을 가진 자가 아무도 없다는 것을 나타냅니다. 이 세상에 존재한 어떤 사람이나 천사도 이 책을 감당할 수 없었다고 하는 것은 우리 구원이 얼마나 엄청난 것인지 보여주는 것입니다.

우리가 받은 이 구원은 정말 엄청나게 보배로운 것입니다. 우리의 구원은 단지 어떤 사람이 빚을 갚지 못해서 종으로 팔려 가는 것을 구해주는 정도의 구원이 아닙니다. 그런 정도라고 하면 약간의 돈이 있거나 권력이 있는 사람이라면 도와줄 수가 있을 것입니다. 어떤 아주 위험한 골짜기에 빠져 있거나, 도움 받을 수 없는 구덩이에서 건지는 구원이 아닙니다. 이런 것은 어느 구조대든지 할 수 있을 것입니다.

우리의 구원은 영원한 지옥의 멸망에서 구원하여 하나님의 자녀가 되게 하는 것입니다. 우리로 하여금 영원한 멸망에서 건져내어서 하나님의 모든 영광과 축복을 상속하게 하는 것입니다. 이 영광스러운 구원은 어떤 사람도 줄 수 없습니다. 어떤 천사도 줄 수 없습니다. 이것은 오직 신성을 가지신 하나님의 아들이 아니고서는 줄 수 없는 것입니다.

우리의 구원은 우리의 모든 삶을 다 바쳐서 사모할 가치 있는 것입니다. 아니, 그것 이상입니다. 우리의 구원은 영원한 멸망에서 하나님의 모든 축복을 다 상속받는 것입니다. 그래서 구원의 반대는 영원히 지옥입니다. 지옥의 비참한 고통이 일 이 년으로 끝나는 것이 아닙니다. 지옥의 고통은 영원한 저주와 비참함과 절망입니다. 우리는 가끔씩 감옥에서 10년 이상을 살다 나온 사람을 볼 때가 있습니다. 사람이 10년 이상 감옥에서 썩는다는 것이 너무나도 끔찍한 고통일 것입니다. 그런데 지옥의 고통은 몇 십 년이나 몇 백 년으로 끝나는 것이 아닙니다. 우리 인간들이 얼마나 어리석은가 하면 영원한 지옥의 고통을 두려워하지 않는 것입니다.

우리가 이 세상에서 아무리 부귀와 영화를 누린다고 해도 불과 몇 십 년밖에 되지 않습니다. 만일 우리보고 70년, 80년 감옥에 있어야 한다고 하면 죽으려고 할 것입니다. 그러나 지옥의 형벌은 7백 년, 7천 년이 아니고 영원한 기간입니다. 지옥의 형별은 몇 백 년이 지나면 풀려 나온다는 기약이 없습니다. 그런데 인간들은 70년, 80년을 자기 마음대로 살려고 하나님을 인정하지 않고 자기 정욕대로 사는 것입니다.

요한은 이 책을 펼칠 수 있는 사람이 아무도 보이지 않아서 크게 통곡합니다.

4절 이 책을 펴거나 보거나 하기에 합당한 자가 보이지 않기로 내가 크게 울었더니

요한은 이 책이 열리지 않으면 우리의 믿음이나 신앙이 아무 소용이 없다는 것을 알았습니다. 요한은 누군가가 이 책을 열어야 하는데 아무도 열지 못하기 때문에 크게 통곡을 합니다. 요한이 크게 울었다고 하는 것은 이미 그가 방관자의 하나가 아니라는 것을 의미합니다. 그러나 이미 요한은 이 극중에 깊이 들어 와 있습니다. 우리는 하나님의 말씀을 들으면서 이미 방관자나 구경꾼이 아니라 하나님의 계획안에 들어와 있는 극중 인물이 되는 것입니다.

요한은 이 책이 바로 자신을 포함한 우리 성도들의 구원을 위한 책이기 때문에 통곡을 했습니다. 우리들은 하나님의 계획에 있어서 방청객이 아닙니다. 바로 우리가 그 주인공이고 이 모든 일들은 우리를 통하여 일어날 일들입니다.

예수님께서는 제자들에게 이렇게 말씀하셨습니다. "그러므로 누구든지 이 계명 중에 지극히 작은 것 하나라도 버리고 또 그같이 사람을 가르치는 자는 천국에서 지극히 작다 일컬음을 받을 것이요 누구든지 이를 행하며 가르치는 자는 천국에서 크다 일컬음을 받으리라"(마 5:19). 예수님은 예수님의 말씀을 중요하게 생각하지 않고 자기 생각대로 믿는 사람은 결코 중요한 사람이 될 수 없다고 말씀하셨습니다. 우리가 드라마를 보면 일단 주인공은 엑스트라의 배역이나 출연료에서 엄청난 차이가 있습니다. 하나님 나라에서 중요한 주인공은 아주 작은 하나님의 말씀을 지키며 그 말씀대로 행하는 자인 것입니다.

존 스토트 목사는 에베소서 설교를 하면서 자기는 지난 몇 년 동안 교인들과 함께 에베소서 안에서 살았다는 것입니다. 그는 자기가 에베소 안에서 느끼고 그 안에서 생각하고 그 안에서 숨을 쉬었습니다. 그리고 그는 말씀 안에서 놀라고 그 말씀 안에서 충격을 받았습니다. 그러니까 은혜를 받는 것입니다.

요한의 경우도 보십시오. 요한이 우니까 어떻게 합니까?

5절 장로 중에 하나가 내게 말하되 울지 말라. 유대 지파의 사자 다윗의 뿌리가 이기었으니 이 책과 그 일곱 인을 떼시리라 하더라

우리가 하나님의 말씀을 붙들고 울 때 하나님은 새로운 말씀으로 우리

를 위로해 주십니다. 이것이 바로 우리 믿는 사람들의 큰 축복인 것입니다. 우리에게 필요한 대답은 바로 이것입니다. 사람은 할 수 없는 것을 하나님은 하신다는 것입니다.

오늘 우리가 절망하는 그 상황에서 무엇이라고 위로를 하십니까? 우리는 아무것도 할 수 없지만 하나님은 하시고 그리스도께서 하신다는 것입니다. 우리는 이 위로를 받아야 합니다.

우리가 눈앞의 현실만 보면 답답하고 절망의 한숨을 쉬게 되지만 눈을 들어 하나님 보좌 앞을 바라보시기 바랍니다. 하나님의 보좌 우편에 계신 주님은 절대로 이 세상을 그냥 방관만 하고 계시지 않으십니다. 주님은 사탄의 기만을 꺾으시고 무관심한 인간의 마음을 바꾸셔서 아무리 혼탁하고 죄가 가득한 세상에서도 하나님의 구원이 이루어지게 하시는 것입니다. 이것이 우리의 위로가 되고 우리의 기쁨이 되어야 하며 내가 지금 이 어려움과 고난 가운데서 살아가는 이유가 되어야 하는 것입니다.

사자와 어린 양

5절 장로 중에 하나가 내게 말하되 울지 말라 유대 지파의 사자 다윗의 뿌리가 이기었으니 이 책과 그 일곱 인을 떼시리라 하더라

하나님의 구원은 도저히 어울릴 것 같지 않은 이 두 표상에 의하여 이루어집니다.

하나는 사자의 표상이요 다른 하나는 죽임을 당한 어린 양의 표상입니다.

사자는 정복자요 승리자입니다. 우리는 정복자 또는 사자가 승리할 것이라는 것은 의심치 않습니다. 그러나 실제로 나타나는 모습은 어린 양입니다. 그것도 보통 어린 양이 아니고 일찍 죽임을 당한 어린 양입니다. 도대

체 어떻게 죽임을 당한 어린 양이 정복자가 될 수 있습니까?

> 6절 내가 또 보니 보좌와 네 생물과 장로들 사이에 어린 양이 섰는데 일찍 죽임을 당한 것 같더라. 일곱 뿔과 일곱 눈이 있으니 이 눈은 온 땅에 보내심을 입은 하나님의 일곱 영이더라

처음에는 사자가 이길 것이라고 해 놓고, 실제로 등장하는 것은 죽임을 당한 어린 양입니다. 이것이 바로 하나님의 구원이 가지는 비밀의 절정입니다. 도대체 어떻게 죽임을 당한 어린 양이 승리자가 되고 정복자가 될 수 있느냐 하는 것입니다. 바로 이것이 우리 구원의 어려운 부분입니다.

구원의 일차적인 목적은 마귀를 두들겨 잡는 것이 아닙니다. 하나님께서 마귀를 두들겨 잡는 일이 목적이라면 사자면 충분합니다. 그러나 하나님의 구원의 어려운 점은 죄 가운데 빠져 있고 하나님을 대적하면서 살아가고 있는 우리들을 먼저 구원하시는 것입니다.

우리의 죄는 하나님의 거룩하심을 손상시켰고 하나님과 우리 사이에 회복될 수 없는 원수의 관계를 만들어 놓았습니다. 예수님께서 하신 일은 그가 사자이시지만 전혀 사자같이 행동하지 아니하시고 여우와 쥐새끼들 같은 사탄의 졸개들에게 죽임을 당하신 것입니다. 그리스도는 온 천하를 뒤엎을 수 있는 능력을 가진 자이지만 신음소리 하나 내지 않고 결박을 당하시고 침 뱉음을 당하시고 채찍에 맞으시고 나중에는 십자가에 못 박혀 죽었습니다. 이것은 마치 사자가 개들에게 물려 죽는 것과 같습니다. 그리스도께서 이렇게 하신 것은 오직 우리를 구원하기 위해서입니다. 예수님은 마귀를 이기기 이전에 우리에게 믿음을 주셨습니다. 그것은 우리가 하나님 앞에서 죄인이라는 것을 깨닫고 예수를 믿어야 하는 것입니다. 그렇게 하려면 사자가 어린 양이 되어서 죽을 수밖에 없었던 것입니다.

그리스도는 겟세마네 언덕에서 어린 양으로 죽임을 당하심으로 하나님의 진노를 돌리셨습니다. 그러나 그리스도는 사자로 살아나셨습니다. 그리스도는 사망의 결박을 끊으시고 큰 소리로 부활하셔서 사탄의 세력을 뒤집어 엎으셨습니다. 그래서 그리스도는 복음으로 땅 끝까지 찾아가서 마귀에게 종된 백성들을 찾아서 빼앗아 오는 것입니다. 이것은 사자입니다. 그리스도는 사자 같은 단호함으로 갇혀 있는 우리를 마귀의 세력에서 빼앗으셔서 하나님의 백성으로 삼으십니다.

그리스도는 땅 끝까지 이 죄에 대한 정복을 하시고 최종적으로는 사탄과 죽음을 정복하심으로 온 우주를 회복하시는 것입니다. 그래서 성경에는 사자가 먼저 나오고 어린 양이 뒤에 나오지만 실제로 그가 하시는 일은 어린 양으로 먼저 하나님께 화목제물로 자신을 드리시고 그 뒤에 사자 같은 힘으로 이 세상을 정복하시는 것입니다.

오늘 말씀에서 가장 특징적인 것은 어린 양을 성령과 연결시키는 것입니다.

'일곱 뿔과 일곱 눈이 있으니 이 눈은 온 땅에 보내심을 입은 하나님의 일곱 영이더라'

일곱 뿔은 그리스도의 권세와 힘을 나타냅니다. 그리스도의 힘과 능력은 일곱 뿔로 나타납니다. 그러나 그리스도의 힘은 성령의 능력입니다. 일곱 눈이신 성령의 능력으로 싸우십니다. 그리스도는 더 이상 육신으로 싸우시지 않으십니다. 그 대신 우리 믿는 자들의 교회 위에 성령을 부으심으로 우리를 깨닫게 하시고 우리를 능력 있게 하셔서 온 세상의 죄와 대항하여 싸우게 하십니다. 그래서 우리가 성령으로 충만하면 사자로 돌변하게 됩니다. 사도행전에서 우리가 볼 수 있는 것은 성령 충만을 받은 성도들이 모두 사자였다는 것입니다. 은혜를 받은 성도들의 특징이 반쯤은 미친 사람들이 되는 것입니다.

그러므로 교회의 능력은 참된 성령의 능력에 있습니다.

그런데 요즘 보면 많은 그리스도인들이 뿔이 다 뽑힌 것 같습니다. 우리 그리스도인들은 이 세상에서 목표를 잃고 방황하면서 헤매고 있는 것 같습니다. 그 대신 믿지 않는 사람들이 돈이나 권력의 뿔을 달고 다니고 있습니다. 그리고 어떤 사람들은 교회 안에서 자기 마음에 들지 않는 것은 무엇이든지 뿔로 들이받습니다. 교회는 종탑만 하늘을 찌를 듯이 높은데 권능이 없습니다. 그 이유는 스스로는 성령의 능력을 의지하지 않기 때문입니다. 우리의 힘은 눈에 보이는 것에서 오지 않고 오직 그리스도를 의지하는 능력에서 나옵니다.

주님이 교회에 하시는 말씀은 세상을 두려워하지 말라는 것입니다. 주님은 아무리 세상이 악해도 그 가운데서 성령의 능력으로 사탄의 세력을 쫓으시고 구원을 이루실 것이라고 약속하십니다. 그러나 문제가 되는 것은 교회가 생명과 같은 성령의 능력을 회복하기 위하여 철저하게 하나님 말씀 중심으로 돌아오지 않는다는 사실입니다. 우리가 주님의 능력을 의지하고 성령의 역사가 충만하기만 하면 우리의 뿔이 회복될 것이며, 교회의 참된 영적인 권세가 회복될 것이며, 사자 같은 음성으로 죄를 쫓아내고 영혼들을 주님께로 이끌 수 있을 것입니다.

CHAPTER • 14

새 노래로 찬양

요한계시록 5:7-14

사람은 기쁘거나 행복할 때 노래를 부릅니다. 노래는 우리 인간이 낼 수 있는 가장 아름다운 소리입니다. 칼빈 선생은 하나님께서 죄에 빠진 인간들에게 주신 가장 귀한 선물은 음악이라는 말을 한 적이 있습니다. 하물며 우리 기독교에서 찬송이나 음악은 우리 신앙과 뗄래야 뗄 수 없는 관계에 있습니다.

아마 처음 기독교를 접한 사람 중에서 우리 기독교인들이 부르는 찬송이 너무 아름답다고 생각하는 사람들이 많이 있습니다. 한번은 제가 어느 대학 하숙집에서 그 대학 학생들과 성경 공부를 하기 전에 함께 찬송을 불렀는데 그렇지 않아도 노래를 좋아하던 한 학생이 찬송의 음악에 끌려서 창문에서 기웃거렸습니다. 그래서 그 학생에게 방으로 들어오라고 하니까 얼른 들어와서 노래를 배우기 시작했는데 지금까지 훌륭하게 신앙생활을 잘 하고 있습니다. 그리고 청소년들 중에서 오토바이 폭주족들이 있었는데 이들이 자기 또래의 학생들이 눈물을 흘리면서 복음송을 부르는 것을 보고 자기들도 저런 노래를 부를 수 있느냐고 물어 보았습니다. 우리 기독교에서는 많은 신앙의 감정들이 모두 찬송이나 복음송에 녹아서 우리 입을 통하여 하나님께 바쳐지고 있습니다. 그런데 우리나라 찬송가도 많이 변하게 되었는데 옛날 우리들이 사용하는 찬송가가 나오기 전에는 부흥 성가라고 해서 부흥회 때 부르는 노래가 있었습니다. 그 부흥성가는 세상 노래에 신앙적인 가사를 붙인 것들이 많이 있었습니다. 부흥 성가 중에는 가사가 스무 절이 넘는 것도 있었는데 나이 드신 분들은 그것을 다 외워서 부르셨습니다. 그러다가 교회 찬송가가 본격적으로 보급이 되어 부르다가 어느 순간 복음송이 들어오게 되었습니다. 처음에 교회 어른들은 복음성가가 세상 노래 팝송과 같은 리듬이라고 해서 반대를 하셨고 특히 예배당 안에 키보드나 드럼을 사용하는 것을 못하게 하셨습니다. 그러나 한 순간 우리나라 젊은이들 사이에 '경배와 찬양'이 보급이 되면서 복음송은 완전히 우리 젊은이들의 찬송이 되었습니다. 그리고 그 후에 현대음악을 따른 복음송들을 젊은이들이 많이 부르고 사랑하게 되었습니다.

우리가 찬송가에서 부르는 찬송들은 18세기나 19세기에 지어진 것들이 많습니다. 사람들 중에는 왜 우리가 이렇게 오래된 노래를 불러야 하는가 생각하는 분들도 많이 계신데 그때 기독교에 엄청난 부흥이 일어나면서 사람들이 신앙에 많은 감동을 체험하고 진리에 대하여 많은 것을 깨닫게 되었습니다. 그것들이 모두 찬송가로 만들어졌기 때문에 이 찬송은 영원한 가치를 가지게 되었습니다. 그리고 현대에 와서 대학 캠퍼스나 젊은이들 중심으로 부흥이 일어나면서 많은 복음송들이 만들어지게 되었습니다. 여기서 우리가 알 수 있는 것은 부흥이 일어날 때 가장 먼저 달라지는 것이 찬송이라는 것입니다.

우리 기독교인들은 하나님을 예배할 때도 찬송을 불렀고 혹은 힘든 일을 할 때도 찬송을 불렀습니다. 그 중에서 아마 대표적인 노래가 흑인 영가일 것입니다. 그리고 기독교인들은 슬픈 일을 당했을 때도 찬송을 불렀습니다. 그래서 우리 기독교에서 찬송은 뗄래야 뗄 수 없는 것이 되었습니다.

특히 서구 음악의 발달과 기독교 음악은 도저히 따로 떼어서는 생각할 수 없을 정도로 서양 음악의 발전에 기독교 찬송은 기여를 했습니다. 그런데 기독교의 찬송은 세상의 노래와는 근본적으로 다른 노래입니다. 세상 노래들은 주로 자연을 노래하거나 아니면 이루지 못한 사랑을 노래하는 경우가 많습니다. 그래서 세상 사람들은 자연이 없거나 연인 사이의 사랑이 없으면 노래를 해야 할 이유가 없는 것입니다. 그러나 그리스도인들은 하나님이 행하신 위대한 구원을 노래합니다. 그런데 이 구원의 노래는 과거 일이기도 하지만 현재 일이기도 하고 미래의 일이기도 합니다. 왜냐하면 하나님의 구원은 이미 과거에 이루어졌지만 현재도 이루어지고 있고 또 앞으로 완전하게 이루어질 것이기 때문입니다. 그런데 우리 성도들이 부르는 찬송 내용에는 한 사람의 주인공이 있습니다. 그분은 우리를 위하여 죽으신 하나님의 아들이십니다. 우리를 위하여 죽으신 하나님의 어린 양은 우리의 영원한 찬송의 제목이 되는 것입니다.

오늘 본문에는 어린 양이 나와서 보좌에 앉으신 하나님의 손에 있는 두루마리 책을 받았을 때 놀라운 찬송이 터져 나오는 것을 소개하고 있습니다. 그런데 이 찬송은 어느 한 두 사람의 찬송이 아니고 하나님의 보좌 앞에 있는 천사들과 구원받은 성도들과 온 세상이 함께 찬송하는 것입니다.

금 대접에 담긴 성도들의 기도

7, 8절 어린 양이 나아와서 보좌에 앉으신 이의 오른손에서 책을 취하시니라. 책을 취하시매 네 생물과 이십사 장로들이 어린 양 앞에 엎드려 각각 거문고와 향이 가득한 금 대접을 가졌으니 이 향은 성도의 기도들이라

이 세상에서 가장 위대한 일은 하나님의 아들이 자발적으로 하나님의 구원을 성취하기 위하여 하나님의 오른 손에 있는 그 책을 받으신 것입니다. 그 책을 받는 순간부터 모든 구원은 하나님의 아들 예수 그리스도의 어깨에 달려있게 되는 것입니다. 그의 행동 여하에 따라서 모든 사람들의 구원이 이루어질 수도 있고 아니면 한 사람도 구원받지 못하고 멸망할 수도 있는 것입니다. 여기서 우리는 두 가지 사실을 알 수 있습니다. 하나는 우리 인간의 위대한 구원을 계획하신 분은 하나님 자신이라는 것입니다. 그리고 그 구원을 이루신 분은 하나님의 아들 예수 그리스도이십니다.

제가 어렸을 때 어떤 분은 하나님께서 에덴동산에 선악과를 만들어 놓으신 것에 대하여 굉장히 흥분하면서 만일 하나님께서 에덴동산에 그 나무만 만들지 않았더라면 우리 인류는 타락하지 않았을 것이라고 하면서 하나님을 비판했습니다. 저도 사실 어렸을 때에는 그것이 이해가 되지 않았습니다. 그러나 하나님의 위대한 능력은 우리 인간이 타락하고 난 후에 더 엄청나게 나타나게 되었습니다. 하나님은 우리를 멋진 상태에서 구원하신 것이 아니라 도저히 구원할 수 없는 불가능한 상태에서 우리를 구원하셨습니다. 그래서 우리는 하나님의 구원을 통하여 하나님의 위대한 사랑과 하나님의 위대한 지혜와 능력을 더 잘 알게 되고 이것은 도저히 찬송이 아니면 표현할 수 없는 위대한 것이고 감격적인 것입니다.

하나님의 어린 양이 그 책을 받았을 때 하늘의 네 생물과 이십사 장로들이 찬송을 준비하는 것을 보게 됩니다. 여기의 네 생물은 천사를 대표합니다. 그리고 이십사 장로들은 구원받은 성도들을 대표합니다. 그런데 그들이 준비한 것은 하나는 거문고이고 다른 하나는 향이 가득한 금 대접이었습니다. 거문고는 음악을 연주하는 악기입니다. 그들은 죽임당한 어린 양을 위하여 찬송한 준비를 하는데 천사들과 성도들이 함께 찬송할 준비를 합니다. 그런데 이 찬송은 소리로만 하는 것이 아니라 향기도 함께 하는 찬송이었습니다. 그 향기는 금 대접에서 나는 향기인데 이 향기는 성도들의 기도입니다. 즉 우리 지상의 성도들이 드리는 기도가 하나도 없어지지 않고 향기로운 기름이 되어서 어린 양을 찬송하는데 사용되게 되는 것입니다.

다시 말해서 어린 양이 하나님의 책에서 인봉을 하나씩 떼는 것이 찬송과 함께 이루어지게 되는데 그것에 불이 붙게하는 것이 우리들이 드리는 기도인 것입니다.

이것은 예수님이 십자가 위에서 죽으시고 부활하셔서 하늘로 올라가심으로 우리의 구원은 끝난 것이 아니라 본격적으로 이루어지게 됩니다. 즉 이제부터 이 세상에는 어린 양이 인을 하나씩 뗄 때마다 놀라운 일들이 일어나게 될 텐데 그때 이 땅에 일어날 하나님의 구원의 능력이 바로 성도들의 기도를 통하여 불붙듯이 나타나게 되는 것입니다.

우리는 너무나도 자주 우리들의 기도가 사람들을 구원하는데 얼마나 중요한 역할을 하는지 모를 때가 많습니다. 하나님께서는 우리가 드리는 기도를 중심으로 구원의 능력을 나타내십니다. 마치 우리 한 사람 한 사람이 활동을 하는 것은 구름떼처럼 적군이 몰려올 때 나 혼자 총으로 대적하는 것과 같습니다. 아마도 나 혼자 총으로 수많은 적들과 대항해서 전투를 치르려고 하면 얼마가지 않아서 총알이 다 떨어지든지 아니면 총에 맞아서 쓰러지고 말 것입니다. 그러나 후방에 있는 부대에 무전기로 알리면 그때에는 후방에서 대포를 쏘고 비행기가 날아와서 포격을 하는데 이것은 엄청난 능력입니다. 즉 우리가 드리는 기도는 한 방울도 없어지지 않고 모두 하나님의 금대접안에 다 모여 있다가 어린 양의 지시에 따라서 불같은 성령의 역사로 이 세상에 쏟아지게 되는 것입니다.

우리는 기도하면서 낙심할 때가 많습니다. 왜냐하면 기도한 것이 빨리 이루어지지 않기 때문입니다. 그러나 우리가 드리는 기도는 모두 하나님의 금대접에 담겨 있다가 한 순간에 쏟아지게 되는 것입니다.

8절 책을 취하시매 네 생물과 이십사 장로들이 어린 양 앞에 엎드려 각각 거문고와 향이 가득한 금 대접을 가졌으니 이 향은 성도의 기도들이라

오늘 성경 말씀을 보면 하늘의 교회가 손에 거문고를 잡고 있고 또 향이 가득 들어 있는 금 대접을 들고 어린 양에 경배하면서 이 새 노래를 부르고 있습니다. 그것은 오늘 우리들에게 찬송이 얼마나 위대한 능력을 가지고 있는지 가르쳐주려는 것입니다. 우리는 대개 어려운 일이 생겨서 낙심하게 되면 찬송을 잃어버리게 됩니다. 우리는 때로 스스로 무가치하게 생각해서 자포자기할 때가 있습니다. 그러나 우리는 하나님을 찬송하기 위해서 존재하는 자들이며 우리가 하나님을 찬송할 때 우리의 위치는 굉장히 높아지게 됩니다.

주님이 부활하시고 다시 재림하실 때까지 복음의 시대이고 교회의 시대이며 성령의 시대입니다. 이때 우리는 기도와 말씀으로 하나님의 모든 능력을 다 빌려올 수 있습니다. 그래서 교회는 가만히 있으면 안 됩니다. 교회는 이 구원의 운동을 위하여 열심히 기도해야 하며 또 주님이 행하신 그 일들을 새 노래로 선포해야 할 책임이 있습니다.

우리는 주님이 성도들의 기도를 금 대접에 담아주시는 것을 통해서 우리의 기도를 얼마나 소중하게 생각하시는지 깨달아야 합니다. 주님은 우리의 기도를 어느 한쪽 구석에 처박아두시지 않으십니다. 가장 귀한 금 대접에 담으셨다가 부으시는 것입니다.

이스라엘 백성들은 기도할 때에 성전에서 향을 피웠습니다. 제사장이 성소 안에서 향단에 향을 피우면 성도들은 바깥에서 기도를 드렸습니다. 이스라엘 백성들은 하나님의 나라가 진정으로 회복될 수 있게 해 달라고 기도를 드렸습니다. 그러나 그 기도는 빨리 응답되지 않았습니다. 그러나 성도들이 드린 기도는 결코 헛된 것이 아니었습니다. 주님께서는 그 모든

기도를 담으셨다가 한꺼번에 이 세상에 부으시는 것입니다. 그것이 일곱 대접의 재앙입니다.

예수님이 가르치신 기도에도 '나라이 임하옵시며'라는 내용이 있습니다.

하나님의 아들이 직접 오셨지만 이 세상에는 아직 하나님의 나라가 완전히 임한 것은 아니었습니다. 왜냐하면 너무나 많은 죄가 날뛰고 있었고 병들고 귀신들린 자들이 너무나도 많았기 때문입니다. 예수님은 하루 빨리 이 세상에 성령의 시대가 임하기를 원하셨습니다. "내가 불을 땅에 던지러 왔노니 이 불이 이미 붙었으면 내가 무엇을 원하리요"라고 말씀하셨습니다. 여기서 '불이 붙는다'고 하는 것은 한 두 사람이 아니라 많은 사람들이 성령의 불이 붙은 것처럼 하나님께로 회개하고 돌아오는 것을 말합니다.

그러나 성령의 시대가 도래하였음에도 불구하고 여전히 아직 불의 역사는 잘 나타나고 있지 않습니다. 그 이유가 무엇입니까? 우리가 아직 우리의 기도의 중요성을 깨닫지 못하고 기도하지 않기 때문입니다. 이 위대한 부흥이 우리의 기도를 통하여 이루어지게 됩니다.

새 노래로 드리는 찬양

오늘 성경은 네 생물과 이십사 장로들이 부르는 노래가 새 노래라고 말씀하고 있습니다.

9절 새 노래를 노래하여 가로되 책을 가지시고 그 인봉을 떼기에 합당하시도다. 일찍 죽임을 당하사 각 족속과 방언과 백성과 나라 가운데서 사람들을 피로 사서 하나님께 드리시고

우선 이 새 노래는 구원의 노래입니다. 구원의 노래가 새 노래인 이유는

우리가 죄로 인하여 죽을 수밖에 없었는데 하나님의 위대한 구원으로 살게 되었으니까 우리는 모두 새 사람인 것입니다. 성경에 보면 유명한 구원의 노래가 나옵니다. 그 첫 번째 구원의 노래가 이스라엘 백성들이 애굽의 바로의 군대에 쫓기다 홍해가 갈라지는 바람에 건넌 후에 부르는 모세의 노래입니다. 이스라엘 백성들이 애굽에서 강제노동을 하면서 히브리 노예들의 노래를 불렀습니다. 그런데 이스라엘 백성들은 하나님의 능력으로 애굽에서 해방되게 되었습니다. 하나님은 애굽에 열 가지 재앙이 내리시더니 이스라엘 백성들을 애굽에서 나오게 하셨습니다. 이스라엘 백성들은 애굽을 탈출한 후 얼마가지 않아서 애굽 군대의 추격이 있었습니다. 그리고 이스라엘 백성 앞에는 홍해가 가로놓여 있습니다. 이제 이스라엘 백성들은 완전히 망하게 되었습니다. 그런데 갑자기 하나님의 능력이 나타나면서 눈앞에서 홍해 바다가 갈라지더니 이스라엘 백성들은 걸어서 홍해를 건넜습니다. 그리고 뒤에서 추격하던 애굽의 군대는 모두 바다에 빠져 죽었습니다. 그때 이스라엘 자손들은 모두 죽었다가 다시 살아난 새 사람들이었습니다. 그래서 이스라엘 백성들은 새 노래를 부를 수 있었습니다. 과거의 노예 생활이나 하면서 구박을 받던 히브리 노예들은 모두 바다에 빠져 죽었고 이제는 모두 당당한 새 사람이 된 것입니다. 그래서 구원받은 백성들이 부르는 노래는 새 노래일 수밖에 없습니다.

이 세상 사람들이 부르는 노래는 새 노래가 아닙니다. 세상 사람들이 부르는 노래는 주로 이루지 못한 사랑을 노래하는 것입니다. 그들은 불륜의 사랑을 노래하는 것입니다. 그러나 그리스도인들이 부르는 노래는 우리의 과거의 모든 죄가 다 씻음 받은 것을 노래하는 것입니다.

즉, 어린 양의 피로 과거의 우리의 모든 부끄러운 죄들은 모두 씻어졌습니다. 과거의 우리는 모두 다 죽어 없어졌습니다. 우리는 이제 흠도 티도 없는 새 사람으로 태어난 것입니다. 그래서 우리가 부르는 노래는 완전히 새 생명을 얻은 사람이 자기들이 체험한 하나님의 구원을 노래하는 새 노래인 것입니다.

전에 어떤 젊은이들이 '바' Bar와 같은 곳에서 퇴폐적인 노래와 연주를 하면서 돈을 벌었습니다. 그런데 그 중에 한 명이 예수를 믿고 완전히 변했습니다. 그는 친구들에게 전도해서 그들도 변하여 새 사람이 되었습니다. 그래서 그들은 예전의 그 악기를 가지고 하나님을 노래하는 청년들이 되었습니다. 그들은 더 이상 퇴폐적인 노래를 부르지 않았습니다. 참으로 구원받은 자들이 하나님께 드리는 감사의 새 노래를 불렀습니다.

교회가 이 승리의 찬송을 부르는 이유는 바로 우리 교회의 위치가 그런 위치에 있기 때문입니다. 주님이 부활하심으로 교회는 이미 승리를 했습니다. 그들을 괴롭히던 원수들은 이미 홍해에 빠져 멸망했습니다. 우리는 그 사실을 선포해야 합니다.

교회는 자신의 적을 잘 알아야 합니다. 교회의 적은 사람이 아닙니다. 로마가 아닙니다. 그 뒤에서 조종하고 있는 사탄이요, 사탄의 거짓된 사상입니다. 사탄은 로마 황제를 충동질해서 자신을 하나님의 위치에 두려고 합니다. 로마 안에는 자꾸 재앙이 일어나고 또 외적들이 침략을 합니다. 황제는 자신이 불안하니까 자신을 더 절대적인 위치에 놓아서 사람들을 자기의 세력 아래 붙들어 놓으려고 하는 것입니다. 그러나 이미 사탄은 패배했습니다. 왜냐하면 그리스도께서 모든 것을 다스리고 계시기 때문입니다. 사탄은 이 사실을 뒤집어엎지 못합니다. 그리스도께서 죽음에서 부활하심으로 온 세상을 다스리고 계시며 이제 우리는 완전히 새 사람이 되었습니다.

찬송의 내용

하늘의 천사들과 장로들이 찬송하고 있는 주제는 모두 그리스도에 대한 것입니다. 그런데 그 찬송의 내용은 조금씩 차이가 있습니다.

첫 번째 찬송은 그리스도께서 십자가 위에서 행하신 놀라운 구원의 결과입니다.

9, 10절 새 노래를 노래하여 가로되 책을 가지시고 그 인봉을 떼기에 합당하시도다. 일찍 죽임을 당하사 각 족속과 방언과 백성과 나라 가운데서 사람들을 피로 사서 하나님께 드리시고 저희로 우리 하나님 앞에서 나라와 제사장을 삼으셨으니 저희가 땅에서 왕노릇하리로다 하더라

먼저 '왜 그리스도가 이 책의 인봉을 떼시기에 합당하신가?' 그 이유를 노래하고 있습니다. 그가 이 책의 인봉을 떼시기에 합당한 이유는 그가 일찍 죽임을 당하심으로 이 세상의 모든 사람들을 그 피로 사서 하나님께 바치셨기 때문입니다.

우리의 구원이 이루어지는데 가장 어려운 부분은 하나님과 우리 인간 모두의 조건이 만족되어져야 하는 것입니다. 우선 우리가 구원을 받으려고 하면 우리 인간들이 죄를 지음으로 손상시킨 하나님의 의로우심이 회복되어야 합니다. 그래서 인간이 지은 죄에 대한 정당한 심판이 이루어져야 합니다. 그런 반면 우리 인간들은 하나님을 알아야 하고 하나님을 믿어야 합니다. 어떻게 이 두 가지 조건이 다 충족될 수 있을까요? 그것은 하나님의 아들이 우리 죄를 대신하여 죽는 것이었습니다. 하나님의 아들이 우리 죄를 대신하여 죽었을 때 하나님의 의로우심은 확인이 되었습니다. 그리고 우리 인간들은 하나님의 사랑에 대하여 믿게 되었습니다.

그래서 우리에게 가장 중요한 것은 그가 우리를 죄에서 구속하시는데 그의 피로 사신 것입니다. 보통 구속이라는 말은 빚 때문에 노예로 팔려 간 자를 가족이나 친구들이 대신 그 빚을 지불하고 그를 구출하는 것을 말합

니다. 그러나 예수님께서 지불하신 것은 돈이 아니고 그의 피였습니다. 우리의 빚이 단순한 돈이나 물건의 부채가 아니고 우리의 생명이었다는 사실입니다. 우리가 지은 죄는 단순히 돈 몇 푼 갚지 않은 죄가 아니라 마땅히 죽어야만 할 죄였습니다. 그것 때문에 예수님은 죽으셨습니다. 그리고 예수님은 우리 모두를 살게 하셨습니다.

"저희로 우리 하나님 앞에서 나라와 제사장을 삼으셨으니 저희가 땅에서 왕노릇하리로다 하더라"

우리를 하나님 앞에서 나라와 제사장을 삼으셨습니다.

'나라'라고 하는 것은 하나님의 다스림을 받는 것을 의미합니다. 하나님의 다스림을 받는 것은 일체 다른 다스림을 받지 않는다는 것을 의미하기도 합니다. 힘이 약한 나라는 한 나라의 지배만 받지 않습니다. 이 나라 저 나라의 통치를 다 받아야만 합니다. 그래서 어떤 나라는 강대국의 각축장이 되기도 합니다. 그러나 어느 강한 한 왕의 다스림을 받을 때에는 그 왕보다 더 강한 자가 없기 때문에 그 왕 외에는 어느 누구의 다스림도 받을 필요가 없습니다.

우리가 하나님의 나라가 된다고 하는 것은 자발적으로 하나님의 말씀에 복종하는 것을 의미합니다. 이것은 기계적인 신앙생활을 말하지 않습니다. 스스로 하나님의 말씀을 두려워하며 하나님의 말씀의 의도에 복종하는 것을 의미합니다. 그러는 이상 우리는 다른 어떤 세력도 두려워 할 필요가 없습니다. 왜냐하면 하나님께서 그들을 직접 지켜주시기 때문입니다.

제사장이라고 하는 것은 다른 사람의 죄를 가지고 하나님 앞에 나아가서 용서받을 수 있는 자격을 말합니다. 사실 이 세상 어느 나라든지 모두 다 하나님께 발언할 자격이 없습니다. 그러나 오직 구원받은 우리들은 하나님 앞에 담대히 나아가서 다른 사람의 죄를 용서해주시며 심판을 거두어 달라고 간청할 수 있습니다.

우리가 제사장의 자격을 얻은 것은 이 세상이 멸망당하지 않도록 기도할 수 있는 자격을 말합니다. 하나님께서는 어떻게 해서든지 이 세상이 멸망하지 않고 지탱되기를 원하십니다. 그래서 우리가 세상을 위해서 기도할 때 하나님은 세상을 지켜주십니다.

'저희가 땅에서 왕노릇하리로다' 우리는 물론 영원한 천국에서 왕의 자격으로 살게 될 것입니다. 그러나 우리는 이 세상에서도 왕노릇을 하게 됩니다. 그러나 그것은 지배가 아닙니다. 겸손의 종의 모습으로 섬기는 왕입니다. 성도들은 이 세상에서 폭군으로 군림하지 않습니다. 아마 우리는 앞으로도 영원히 다른 사람 위에서 군림하지 않을 것입니다. 오직 우리는 모든 사람들을 겸손히 섬길 것입니다. 그러나 우리는 결코 비참하지 않습니다. 집에서 엄마는 아기들을 위해서 모든 궂은일을 다하지만 엄마는 결코 낮은 사람이 아닙니다. 오히려 엄마는 그 섬김 때문에 더 존경을 받게 되는 것입니다. 마찬가지로 우리가 얻는 왕의 자격은 권세와 힘을 통해서가 아닙니다. 이것은 오직 겸손과 섬김을 통해서 얻는 존경과 신뢰입니다. 이것이 우리 왕의 자격입니다. 우리에게 높은 자리가 필요한 것이 아닙니다. 그런 자리는 간신배들에게 주어도 조금도 아깝지 않습니다. 그러나 우리는 이 세상에서 가장 중요한 사람인 것은 틀림이 없습니다. 우리는 이 세상에서 왕이 아니지만 가장 중요한 위치에 있는 자들입니다. 하나님은 우리의 기도를 듣기를 원하시며 우리가 그 당당한 모습을 잃지 않기를 원하십니다.

11, 12절 내가 또 보고 들으매 보좌와 생물들과 장로들을 둘러 선 많은 천사의 음성이 있으니 그 수가 만만이요 천천이라. 큰 음성으로 가로되 죽임을 당하신 어린 양이 능력과 부와 지혜와 힘과 존귀와 영광과 찬송을 받으시기에 합당하도다 하더라

우리가 예수 믿고 하나님의 백성이 되었으면 그것으로 모든 것이 끝난 것일까요? 그렇지 않습니다. 이 세상에는 여전히 사탄의 세력들이 건재하며 할 수 있는 대로 택한 백성들이라도 넘어트리려고 하고 있습니다. 그래서 우리는 이 세상에 살면서 악한 마귀의 세력과 영적인 전쟁을 치를 수밖에 없습니다.

하나님께서는 이 지상에 있는 믿는 우리들을 통하여 땅 끝까지 있는 모든 사람들에게 복음을 전하고 그들을 구원시키려고 하십니다. 그러나 사탄은 이 세상의 모든 권력자들과 지식을 다 동원하여 교회를 죽이고 복음을 말살시키려고 합니다. 그 사이에 치열한 영적인 전쟁이 있는 것입니다.

사탄은 복음을 억누르기 위하여 자기가 사용할 수 있는 모든 수단과 방법을 다 동원합니다. 이 세상의 권력자들이나 거짓된 학자들이나 타락한 모든 지도자들을 다 사용해서 그리스도의 세력을 대적하고 사탄의 나라를 지키며 사람들이 하나님께로 돌아가지 못하게 막으려고 합니다. 악한 더러운 귀신의 세력들을 다 동원하여 어떻게 해서든지 교회의 바른 증거를 막으려고 합니다. 마귀가 원하는 것은 진실한 성도들은 모두 이 세상에서 실패하며 진정으로 복음을 전하는 교회는 없어지게 하는 것입니다.

그러나 교회는 결코 죽지 않습니다. 그리고 진정한 믿음을 가진 성도들이 이 세상에서 실패하지 않고 오히려 더 당당하게 살아갑니다. 왜냐하면 본문 말씀처럼 '죽임을 당하신 어린 양이 능력과 부와 지혜와 힘과 존귀와 영광과 찬송을 받으시기에 합당하시기' 때문입니다. 즉 이 세상에 우리가 아무리 살 수 없을 것 같아 보여도 그리스도는 능히 우리를 보호하시며 이기게 하십니다. 그리고 보좌 앞의 일곱 영이신 성령께서 교회에 계속 새로운 생명을 불어 넣으시기 때문입니다. 이 지상에는 전쟁도 있고 기근도 있고 때로는 말세적인 여러 가지 질병이 일어나기도하지만 복음의 증거는 계속되어 세상 끝까지 갑니다.

13, 14절 내가 또 들으니 하늘 위에와 땅 위에와 땅 아래와 바다 위에와 또 그 가운데 모든 만물이 가로되 보좌에 앉으신 이와 어린 양에게 찬송과 존귀와 영광과 능력을 세세토록 돌릴찌어다 하니 네 생물이 가로되 아멘 하고 장로들은 엎드려 경배하더라

우리의 구원은 단지 믿는 사람들만 구원받는 것으로 끝나는 것이 아니라 하늘의 천사들과 땅에 있는 모든 피조물들이 다 구원을 받아야 하는 우주적인 구원으로 연결되게 됩니다. 그래서 하늘 위에 있는 천사들과 땅위에 있는 피조물들과 바다 위에 있는 것들과 모든 만물들이 보좌에 앉으신 하나님과 어린 양을 찬송합니다.

지금 천사들은 우리에 비하면 완전할 것입니다. 그러나 천사들도 우리가 구원을 받아야 더 완전해질 것입니다. 그리고 지금 우리 눈에 보이는 모든 피조물들은 우리 인간의 죄로 인하여 많은 고통을 받고 있습니다. 지금 나무나 풀이나 짐승들은 고통을 받고 있습니다. 비록 이 많은 만물들이 비록 말은 하지 못하지만 그들은 고통 가운데서 교회가 온전하여져서 하나님께서 모든 만물을 완전히 새롭게 하기를 기다리고 있습니다.

사실 이 세상의 피조물들만큼 우리 인간들에 대하여 유감이 많은 것들도 없을 것입니다. 우리 인간이 범죄하기 전까지 이 세상 모든 만물들은 하나님을 찬양하면서 지냈습니다. 하늘의 천둥도 깊은 바다도 모두 하나님의 능력과 지혜를 찬양했습니다.

그러나 인간의 범죄로 이 세상 모든 피조물의 찬양은 중단되었습니다. 오히려 이제부터 그들의 탄식은 시작이 되었습니다. 노아 홍수 때 코로 숨쉬던 모든 생물들이 다 멸망을 당했습니다. 지금 피조물들의 찬양은 중단되어 있습니다. 모든 피조물들은 다시 하나님을 찬양하기 원합니다. 그러나 이 세상은 아직 죄와의 싸움이 치열하게 진행되고 있기 때문에 하나님을

찬양드릴 수가 없습니다. 피조물들이 원하는 것이 무엇입니까? 빨리 이 죄와의 싸움이 끝나고 다시 평화로운 세상이 오는 것입니다. 피조물들이 원하는 것은 하루라도 빨리 독사 굴에 어린이가 손을 넣고 사자와 어린 양이 함께 뒹구는 아름다운 세상이 돌아오는 것입니다. 그렇게 하려면 어떻게 해야 합니까? 무엇보다 우리가 먼저 주님의 은혜로 충만해져야 하며 바른 믿음을 가지고 신앙생활을 해야 합니다.

하나님께서는 우리 교회를 통하여 모든 만물을 새롭게 하는 희망을 주셨습니다. 그래서 이제 우리는 우리의 욕심을 위하여 자연을 파괴하고 짐승들을 죽이는 일을 중단해야 할 것입니다. 지금 세계는 지구의 허파라고 하는 아마존 강 주위의 숲을 살리는 운동을 하고 있습니다. 다행히 우리나라는 전쟁 이후 거의 황폐하게 된 산에 나무 심기 운동을 벌여서 산에 나무들이 많아졌습니다. 그러나 생태계의 파괴는 여전히 심합니다. 공해 문제라든지 자연스러운 생태계의 먹이 사슬을 무시한 동식물의 유입은 많은 자연 파괴를 가져오고 있습니다. 이제 사람들은 자연과 더불어 살지 않으면 인간은 곧 멸망하고 말 것이라는 것을 느끼고 있습니다. 그러나 가장 중요한 자연 보호는 사람들이 죄를 짓지 않는 것입니다. 사람들이 죄를 짓기 때문에 하나님의 심판으로 전쟁과 여러 가지 재앙이 오기 때문입니다. 그래서 우리가 죄를 이기는 것이 자연을 살리는 가장 좋은 방법입니다. 가장 무서운 자연 파괴는 전쟁입니다. 그리고 우리는 그 동안 너무 경쟁적으로 살아왔습니다. 그래서 우리 인간들은 대도시의 편안한 삶을 얻었지만 가장 중요한 두 가지를 잃었는데 하나는 자연이라는 환경의 파괴와 다른 하나는 믿고 의지할 수 있는 이웃입니다. 이제 우리는 교회를 통하여 잃어버린 이웃을 되찾아야 합니다. 그리고 이제는 경쟁으로 살아남는 것이 아니라 사랑으로 사는 법을 배우고 실천해야 할 것입니다.

찬송가 중에는 아시시의 프란시스가 지은 찬송이 있습니다. 그는 떠오르는 태양을 보고 하나님을 노래했고 흘러가는 맑은 물을 보면서 주님을 찬양했습니다. 그는 길에 가다가 새를 보고 인사를 했고 다른 모든 것들과 함께 구원의 기쁨을 나누려고 했습니다. 그리스도인은 자기 외의 존재에 대하여 깊은 관심을 가집니다. 비록 말은 하지 못하지만 그들과도 하나님의 구원의 기쁨을 나누고 싶어 할 정도로 풍성한 감정과 사랑을 가지고 있는 것입니다.

우리는 자기 자신과 화해할 뿐 아니라 이웃과도 화해를 해야 하고 그 다음에는 자신이 하고 있는 일과도 화해를 해야 합니다. 자신의 직업이 오직 먹고 살기 위한 저주스러운 일이 아니라 하나님의 창조에 동참하는 일이 되게 해야 합니다.

전에는 주님 없이 수학을 한 문제라도 더 풀려고 기를 썼는데 이제는 공부를 할 때도 주님을 찬양하시기 바랍니다. 우리 연필을 지휘봉으로 삼고 필통과 지우개와 삼각자와 컴퍼스와 참고서 모두 다 동원하여 주님을 노래하십시오.

부엌에서 일하는 것이 너무나도 지겨운 분이 있으면 모든 그릇이나 주방 기구를 동원하여 주님을 거기에 초청하십시오. 전에는 부엌에 들어가는 것이 죽는 것 같고 내가 손해 보는 것 같았는데 이 맛있는 음식이 작품이 되며 이 음식으로 기쁨을 나누고 서로 사랑할 수 있도록 해 보십시오. 직장에서도 주님을 부르십시오. 전화와 컴퓨터에게도 말을 하십시오.

회사의 회의 분위기가 너무 무거우면 회의석상에 예쁜 꽃을 한번 꽂아 놓아 보십시오. 모두 피곤하여 지쳐 있을 때 멋진 유머 한 마디는 피곤을 다 가시게 만듭니다. 자기는 인상을 쓰고 있으면서 다른 사람보고 잘 하라고 하는 것은 의미가 없습니다. 우리 주위에 짜증나게 하는 것들이 너무 많습니다. 우리는 주님을 찬양함으로 이 모든 무미건조한 삶에 생명을 불어 넣으시기 바랍니다.

CHAPTER • 15

인봉을 떼심

요한계시록 6:1-6

요즘 사람들은 편지를 주고받지 않고 훨씬 편리한 이메일을 주고받지만 옛날에는 손편지를 많이 주고받았습니다. 특히 편지라고 하는 것은 극히 사적인 내용이기 때문에 다른 사람들은 남의 편지를 보지 않는 것이 예의였고 또 편지를 보낼 때에는 풀칠을 해서 본인만이 뜯어 볼 수 있었습니다. 특히 왕이나 귀족들이 편지를 보낼 때에는 다른 사람이 뜯어보거나 위조를 하지 못하도록 초를 녹여서 붙이고 거기 자신만의 인을 쳐서 인봉을 했습니다. 그래서 인봉한 편지는 합당한 자격을 가진 자만이 뜯어서 읽을 수 있었습니다.

우리가 무엇인가를 개봉한다고 할 때 여러가지 다양한 의미로 사용하고 있습니다. 우선 고3 학생들이 수능 시험을 치려고 하면 시험 감독관이 문제지를 개봉해야 합니다. 우리나라에서는 수능 시험의 출제는 철저하게 비밀로 되어 있기 때문에 어떤 문제가 나오는지는 아무도 알 수 없고 출제자도 시험지를 개봉하기 전까지는 다른 사람들과 완전히 격리되어 있습니다. 그러나 드디어 정해진 시험장에서 시간이 되어서 감독관이 시험 문제를 개봉하게 되면 학생들은 그 동안 공부했던 실력을 테스트 받게 되고 그것으로 대학을 진학하는데 많은 영향을 받게 됩니다.

그리고 영화관에서 새로운 영화를 개봉할 때가 있습니다. 영화 제작자들은 영화가 개봉되기도 전에 그 영화에 대하여 여러 가지로 소문을 퍼트립니다. 그러다가 드디어 영화가 개봉되면 많은 사람들이 영화를 감상하게 됩니다. 때로 영화가 크게 흥행을 하면 세계적으로 유명한 영화가 되기도 합니다. 예를 들어, 오래전 영화지만 《벤허》라든지, 《바람과 함께 사라지다》라든지, 스필버그 감독이 만든 《쉰들러 리스트》같은 영화는 세계적으로 흥행한 영화였습니다.

때로는 텔레비전 기자가 다른 사람들은 갈 수 없는 곳에 들어가서 사람들이 알지 못하는 내용을 방영할 때가 있습니다. 아프리카나 북한에서 굶고 있는 어린이들을 카메라로 찍어서 텔레비전에 방영할 때 많은 사람들은 그곳의 비참한 실상을 깨닫고 도우려고 할 것입니다.

그러나 어떤 때는 전쟁을 일으키는 인봉도 있습니다. 그 대표적인 예가 북한이 그동안 봉인했던 핵시설의 인봉을 자기 마음대로 떼어버린 것입니다. 북한은 제네바 협정에 의해서 핵무기를 만들 수 있는 시설을 사용하지 않기로 약속을 하고 그 모든 시설을 인봉을 했는데 자기 마음대로 봉인을 떼버리고 그것으로 핵무기를 만들어버린 것입니다. 이것이 자칫 잘못하면 전쟁으로 발전할 수 있는 것이었지만 지금까지 하나님은 한반도에서 전쟁을 억제하고 계십니다. 우리가 이런 것을 보면 반드시 개봉해야 할 것이 있는가 하면 개봉해서는 안 되는 것들도 있다는 것을 알게 됩니다.

요한계시록 6장부터는 드디어 보좌에 앉으신 분의 손에 들려 있는 두루마리 책의 인봉이 개봉이 되는 내용입니다. 이 두루마리 책에는 무려 일곱 개의 인봉이 붙어 있기 때문에 인봉을 하나나 두 개를 뗀다고 해서 그 문서를 볼 수 있는 것은 아닙니다. 여기서 이 일곱 개의 인봉을 뗀다고 하는 것은 마치 어느 금고에 자물쇠가 일곱 개가 잠겨져 있는데 하나씩 여는 것과 비슷합니다. 물론 그 일곱 개의 열쇠 중에서 하나를 연다고 해서 금고 문이 열리는 것은 아니지만 그럼에도 불구하고 이 세상에는 아주 중요한 일들이 일어나게 됩니다. 즉 어린 양이 인봉을 하나씩 뗄 때마다 말을 탄 사람이 나오는데 이때 말마다 색깔이 다릅니다. 그리고 말을 탄 사람은 이 세상에 여러 가지 재앙이나 일들이 일어나게 하는 것을 볼 수 있습니다.

우선 우리가 생각해야 할 것은 요한이 계시록을 쓸 당시의 전 세계적인 상황이 어떠했나 하는 것입니다. 그 당시 로마야말로 이 세상에서 가장 문명화된 나라라고 생각을 했습니다. 그리고 로마는 일단 갈리아 즉, 지금의 프랑스 지역을 문명화시키는데 성공을 했고 그 다음에는 영국을 문명화했습니다. 그러나 게르만족들은 너무 거칠고 사나워서 문명화시킬 수 없다고 생각했습니다. 그래서 로마의 중요한 과제는 어떻게 하면 게르만족의 침략으로부터 갈리아 지방과 로마를 지킬 수 있을까 하는 것이었습니다. 이때 로마는 게르만족 같은 야만족만 침략하지 않으면 얼마든지 평화롭게 살 수 있는 세계 대제국이었습니다. 이때 사람들은 로마에 대하여 환상을 가지기를 로마야말로 인간이 만들 수 있는 가장 이상적인 나라이고 로마는 영원히 계속될 것이라는 것이었습니다. 그러나 요한이 하나님의 묵시를 보니까 로마도 계속 전쟁이 일어나고 전염병이 일어나며 기근으로 망하게 되는 것입니다. 인간이 로마 같은 이상적인 나라를 만든 후에도 전쟁이나 전염병이나 기근으로 고통을 당하고 또 망할 수밖에 없는 이유는 인간에게는 죄가 있기 때문입니다. 즉 우리 인간 안에 있는 죄는 마치 환자의 몸속에 있는 암세포와 같습니다. 사람이 아무리 유명하고 아무리 건강하다 해도 몸 안에 암세포가 있으면 결국 죽을 수밖에 없습니다. 마찬가지로 이 세상에 죄가 있는 이상 모든 국가나 모든 인간은 암세포를 가진 사람과 같습니다. 결국 하나님의 말씀으로 이 죄가 치료되지 않는 이상 인간들은 완전히 행복할 수는 없는 것입니다. 결국 이 세상의 모든 재앙으로부터 가장 안전한 피난처는 하나님의 말씀이 있고 성령의 능력이 나타나는 교회인 것입니다. 그래서 우리는 이 세상 자체가 원래부터 병을 가지고 있다는 것을 인정해야 합니다. 그래서 이 세상은 아무리 사람들이 공부를 많이 하고 또 사회보장 제도를 잘 만든다고 해도 인간은 행복할 수 없는 것입니다. 우리는 그 대표적인 예를 영국에서 볼 수 있습니다. 영국은 유럽의 여러 나라들 중에서 사회 보장 제도가 가장 잘된 나라인 것입니다. 그러나 경제가 나빠지고 사회보장이 무너지니까 청년들이 거리로 뛰쳐나와서 폭동을 일으키고 가게를 약탈하는 일들이 일어났습니다. 그래서 우리는 이 세상에서 일어나는 일들을 볼 때 세상 일 그 자체만 보아서는 안 되고 성경 말씀을 가지고 볼 수 있어야 합니다.

인을 뗀다는 것

1절 내가 보매 어린 양이 일곱 인 중에 하나를 떼시는 그때에 내가 들으니 네 생물 중에 하나가 우뢰소리 같이 말하되 오라 하기로

요한계시록의 본격적인 내용은 하늘에 있는 보좌에서부터 시작됩니다. 즉 우리가 생각하기에 이 세상의 모든 일들은 강대국의 왕의 결정에 의해서 일어나는 것 같은데 실제로는 하나님이 모든 것을 결정하시는 것입니다.

지금부터 이백 년 전 유럽은 나폴레옹이라는 한 사람에 의해서 모든 것이 결정되는 것 같았습니다. 나폴레옹은 전 유럽을 지배하기 위해서 전쟁을 일으키는데 먼저 러시아를 침공을 하게 됩니다. 이때 나폴레옹 군대는 모스크바를 힘들이지 않게 정복하고 그곳에 있는 보물들을 실컷 약탈을 합니다. 그러나 나폴레옹이 계산에 넣지 않았던 것은 모스크바의 추위였습니다. 결국 러시아에 겨울 동장군이 오게 되고 나폴레옹 군대는 양식이 없어

서 퇴각을 하다가 길에서 많은 프랑스 군이 얼어 죽게 됩니다. 이때의 감격을 차이코프스키는 '1812년 서곡'이라는 음악을 통해서 잘 표현해주고 있습니다. 그 후에 나폴레옹은 그렇게 혼이 났는데도 불구하고 다시 유럽을 정복하려고 욕심을 부리다가 영국과의 워털루 대해전에서 완전히 망하게 됩니다. 우리는 이 세상에 왜 이런 야망을 가진 사람이 등장해서 많은 사람들의 인기를 끌고 수백만의 사람들을 죽음으로 끌고 가는지 그 이유를 알지 못합니다. 그러나 하나님께서는 이런 악을 결국 망하게 하셔서 인류 역사가 망하지 않게 지켜주시는 일을 하십니다. 즉 하나님께서 이 세상일을 인간의 손에만 맡겨두신다면 인간들은 피비린내나는 전쟁이나 약탈을 통해서 세상을 완전히 망쳐놓을 것입니다. 그래서 하나님은 인간들의 욕심과 죄를 억제하셔서 이 세상에 평화의 시대가 오게 하시고 인간들로 하여금 평화의 기쁨과 소중함을 누리게 하십니다. 그러나 인간들은 이런 평화에 만족하지 못하고 꼭 전쟁을 일으켜서 많은 사람들을 죽음에 몰아넣고 스스로도 패망을 하고 마는 것입니다. 그래서 대개 어린이 책에서 영웅이라고 소개되고 있는 사람들은 많은 사람들을 멸망으로 몰아놓은 전쟁광인 것을 알 수 있습니다.

오늘 본문을 보면 어린 양이 드디어 하나님의 손에 있는 책을 받아서 이 봉인을 하나씩 떼게 됩니다. 여기서 어린 양이라고 하는 것은 이 세상에 오셔서 일찍 죽임을 당하신 우리 주님을 말합니다. 우리 주님은 부활하신 후에 하나님 보좌 우편에서 온 세상을 다스리는 지위와 능력을 얻으셨습니다. 우리가 보통 보좌 우편이라고 하면 왕의 섭정의 자리를 말합니다. 주로 옛날에는 왕의 보좌 우편에 왕의 신하 중에서 선임이나 혹은 왕자 중에서 나이가 가장 많은 왕자가 서서 왕의 정치에 조언을 하고 어떤 때는 참여를 할 때도 있었습니다. 그러나 예수님은 부활하신 후 단순한 조언자가 아니라 자기 스스로 이 세상일을 결정할 수 있는 자격을 얻게 되었습니다. 그런데 그리스도가 할 수 없는 유일한 것은 재림하는 시기를 결정하는 것입니다. 재림하는 시기만큼은 천사도 결정하지 못하고 그리스도도 결정하지 못하고 이것만은 오직 하나님만이 결정할 수 있는 일입니다. 그러나 예수님은 이 세상에 일어나는 모든 일들을 다 결정할 수 있습니다.

여기에 보면 어린 양이 인을 하나씩 뗄 때마다 서로 다른 색깔을 가진 말이 튀어나오는 것을 볼 수 있습니다. 아마 경마장에 가보신 분들은 출발을 알리는 총 소리가 나면 서로 다른 번호를 등에 단 기수들이 말을 타고 튀어나와서 열심히 경주를 하는 것을 보았을 것입니다. 요즘은 말만 이런 경기를 하는 것이 아니라 경륜이라고 해서 자전거도 경마같이 경기를 하는데 자전거를 탄 사람들의 옷을 다 다르게하여 선수들을 구별하고 있습니다. 그런데 여기에 어린 양이 인을 하나씩 뗄 때 마다 서로 다른 색의 말들이 튀어나오는 것은 이 세상이 가지고 있는 문제들이 하나씩 폭로가 되고 있는 것입니다. 우선 겉으로 보기에는 로마 사회가 평화로운 것 같고 모든 것이 행복한 것 같지만 인을 하나씩 뗄 때마다 로마를 시끄럽게 하는 문제들이 하나씩 터지게 되는 것입니다. 우리나라도 평소에 보면 아무 문제가 없는 것 같은데 한 번씩 심각한 문제가 터질 때마다 온 나라가 요란하게 들끓는 것을 보게 됩니다. 우리는 이런 위험의 원인을 알지 못하면 결코 이 세상을 성공적으로 살 수 없을 것입니다. 왜냐하면 아무리 이 세상에서 실컷 돈을 벌고 성공을 했다 하더라도 이런 재난에 한번 휩쓸리고 나면 남는 것이 아무것도 없기 때문입니다. 그래서 우리는 당장 내가 안정된 직장을 가지고 있고 또 성공적인 삶을 살고 있느냐 하는 것이 중요한 것이 아니라 내가 지금 바른 길을 가고 있느냐 하는 것이 중요한 것입니다.

여기서 어린 양이 인을 하나씩 뗀다고 하는 것은 그가 이 세상을 지켜주심에도 불구하고 인간의 죄가 어느 수준 이상이 되면 재앙이 터질 수밖에 없는 것을 보여주는 것입니다. 사람들은 하나님이 없다고 생각해서 마음껏 먹고 마시고 정욕적인 삶을 살고 있지만 자기도 모르는 어느 한 순간에 재앙이 터지게 되고 많은 사람들이 영문도 모르고 희생되게 되는 것입니다.

그래서 이 일곱 인의 계시가 보여주는 것은 사람들은 이 세상에 평화를 원하지만 결코 영구적인 평화는 주어지지 않는다는 것입니다. 왜냐하면 우리 인간들에게는 죄가 있고 우리 인간들은 하나님과 원수된 상태에 있기 때문입니다. 그래서 이 세상에서 일어나고 있는 여러가지 사고나 재난들은 이 세상 전체가 멸망으로 가고 있다는 하나님의 경고의 나팔 소리인 것입니다. 그래서 우리는 이 세상에서 행복하게 사는 것으로 만족해서는 안 됩니다. 우리는 단순히 이 세상에서 성공하는 이상의 것을 해야 합니다. 그것은 바로 우리가 하나님과 화해해서 내 영혼의 가치를 찾는 것입니다. 이것이 되지 않는 사람은 이 세상을 헛산 것 밖에 되지 않습니다. 우리에게 가장 중요한 것은 하나님과의 화해입니다.

여기에 보면 어린 양이 일곱 인 중 하나를 뗄 때에 네 생물 중 하나가 우뢰 소리같이 말하기를 '오라'고 합니다. 여기서 우뢰 같은 소리라고 하는 것은 마치 화가 난 것 같은 큰 소리를 말합니다. 즉 우리 인간들이 너무나도 자기 자신에 대하여 깨닫지 못하니까 어쩔 수 없어서 천사는 인간들이 가지고 있는 문제를 드러낼 수밖에 없는 것입니다. 그것은 결국 인간들 사이의 미움이며 하나님에 대한 불신이며 이 세상에 계속 쌓여져 가고 있는 죄인 것입니다.

인간들은 왜 인간들이 죽은 후에 정말 무서운 지옥의 심판이 있다면 하나님께서는 그 사실을 모든 사람들에게 알게 하시지 않으실까 하는 것입니다. 그러나 하나님이 아무리 지옥이 있다고 말씀하셔도 인간들이 그것을 믿지 않으면 아무 소용이 없습니다. 그래서 하나님은 먼저 이 세상에서 일어나는 여러가지 모순들을 통해서 이 세상이 결코 영원하지 않다는 것을 보여주시는 것입니다.

요즘 우리 인간들은 지옥을 어디서 볼 수 있을까요? 우선 전쟁이 일어났을 때 사람들이 서로 죽이고 죽는 것을 통해서 볼 수 있을 것입니다. 그리고 또 사람들은 전염병이 퍼져서 많은 사람들이 병들어 죽거나 혹은 기근이 와서 굶어 죽는 것을 통해서 지옥을 경험할 수 있습니다. 그러나 오늘 현대인들은 서로 미워하거나 혹은 자기 마음속에 있는 분노를 통해서 지옥을 경험하게 됩니다. 그러나 더 무서운 지옥은 남아 있습니다.

평화의 흰 말

2절 내가 이에 보니 흰 말이 있는데 그 탄 자가 활을 가졌고 면류관을 받고 나가서 이기고 또 이기려고 하더라

어린 양이 첫 번째 인봉을 떼니까 맨 처음 말이 하나 튀어나왔는데 그것은 흰 말이었습니다.

일곱 인봉을 떼는 것 중에서 가장 어려운 것이 첫 번째 인봉입니다. 어린 양의 첫 번째 인봉을 뗐을 때 나타난 것은 흰 말을 탄 사람이었습니다. 그 말을 탄 사람은 활을 가졌고 면류관을 가졌는데 이기고 또 이기더라고 말씀하고 있습니다.

보통 흰 말이라고 하는 것은 승리를 나타낼 때가 많이 있습니다. 대개 로마의 장군들이 야만족과 싸워서 승리를 하게 되면 로마에서 개선식을 하게 되는데 그때 대개 흰 말이 끄는 마차를 타고 행진을 하게 됩니다.

대개 많은 사람들이 '흰 말'은 그리스도의 의나 복음의 순결함을 나타내고 처음 인봉을 뗐을 때 흰 말이 온 세상을 이기는 것은 그리스도께서 복음으로 온 세상을 정복하는 것을 나타낸다고 해석을 합니다. 복음은 땅 끝까지 가서 세상을 이기고 또 이길 것입니다.

옛날에는 전쟁을 하는데 가장 중요한 수단 중 하나가 활이었습니다. 대개 활은 쏘는 사람들은 팔 힘이 아주 강한 사람들인데 활은 직접 가지 않고도 적을 쏘아서 쓰러트릴 수 있기 때문에 막강한 힘을 가진 군사력이었습니다. 사실 로마가 무엇으로 세계를 정복할 수 있었느냐 하는 것은 그 당시 사람들의 수수께끼였습니다. 로마는 결코 기술이 뛰어나거나 경제력이 우수하거나 혹은 로마 사람들 체격 자체가 다른 나라 사람들보다 큰 것도 아니었습니다. 그런데 어떻게 그 작은 도시에 불과했던 로마가 전 세계를 지배할 수 있었는가 하는 것은 큰 의문이었습니다. 우선 로마인들은 합리적인 사람들이었고 법과 원칙을 중요시하는 사람들이었습니다. 로마인들은 주위 나라의 지식이나 신화를 꾸준히 받아들여서 자신의 것으로 소화를 했고 다른 나라와 전쟁을 할 때에도 반드시 군수를 위해서 도로를 만들었습니다. 로마는 활로 세계를 정복한 것은 아닙니다. 그러나 로마는 군사력으로 세계를 정복한 것은 사실입니다. 그래서 로마는 지중해를 내해로 하고 아시아와 아프리카와 유럽을 지배하는 세계적인 대국이 되었고 전 세계에 평화의 시대가 오게 했습니다.

그래서 많은 학자들은 이 흰 말이 로마의 평화를 의미한다고 생각합니다. 즉 로마는 온 세상을 활과 칼로 정복을 해서 평화의 시대를 가져왔습니다. 그리고 면류관은 그 정복의 결과로 여러가지 번영과 축복을 누리는 것입니다. 그런데 사실 로마의 평화는 로마의 군사력이 가져온 것 같지만 실제로는 하나님께서 주신 선물이었습니다. 하나님께서는 가끔씩 인간들의 전쟁 욕구를 억제하셔서 평화의 시대가 오게 하십니다. 세계 역사를 보면 사실 평화가 백 년 이백 년 지속된 예는 많지 않습니다. 그런데 하나님께서는 예수님이 오신 후에 이 세상에 평화의 시대를 주신 것이 사실입니다. 사실 사람들에게 모든 것을 다 맡겨놓으면 사람들은 서로 시비를 걸고 강한 자가 약한 자를 약탈하기 위해서 언제나 전쟁을 일으킬 것입니다. 그런데 하나님은 때때로 이 세상에 강한 나라를 주셔서 전쟁을 억제하시고 평화의 시대가 오게 하십니다.

그런데 중요한 것은 인간들이 이 평화의 시대에 무엇을 하느냐 하는 것입니다. 이때 어떤 사람들은 실컷 돈을 벌어서 먹고 마시고 즐기면서 살아갑니다. 사실 거의 대부분의 사람들은 이렇게 하기 위해서 평화를 원합니다. 그러나 이런 사람들은 평화를 누릴 자격이 없는 사람들입니다. 그러나 어떤 사람들은 이런 평화의 시기를 통하여 하나님의 일을 하려고 하는 사람들이 있습니다. 사실 로마의 평화는 복음을 전할 수 있는 놀라운 기회가 되었습니다. 로마가 전 세계에 평화를 유지함으로 수많은 유대인들이 유대인들의 명절에 예루살렘의 성전에 순례의 길을 오게 되었습니다. 그들이 예수님이 부활하신 그 유월절에 베드로의 설교를 듣고 성령을 받고 전 세계에 흩어지면서 복음을 전했습니다. 로마의 도로는 복음을 전하는 통로가 되었고 전 세계가 하나이니까 복음 전도자들은 국경의 장애 없이 온 세계를 돌아다니면서 복음을 전할 수 있었습니다.

요즘 우리는 한국 전쟁 이후로 60년이 넘는 기간 동안 평화를 누리고 있습니다. 이 시기에 우리나라는 두 가지 뚜렷한 현상이 나타나고 있습니다. 그 하나는 경제적으로 엄청나게 발전하게 된 것입니다. 그래서 우리나라 청년들이 얼마나 멋있게 변했는지 세계적으로 한류 바람을 일으키고 있고, 우리나라 사람들은 먹고 마시고 명품을 사서 즐기고 있습니다. 한국 교회는 엄청나게 부흥이 되었습니다. 그래서 우리나라 교회는 전 세계적으로 부흥되는 교회가 되었습니다. 많은 선교사들이 전 세계에 나가서 복음을 전하고 있습니다. 그러나 교회가 부자가 되니까 이제는 먹고 마시고 즐기는 일에 열중을 하려고 합니다. 우리는 이 평화의 시대를 통해서 마음껏 은혜 받고 하나님의 일을 하는 기간으로 삼아야 할 것입니다.

그러나 진짜 평화는 그리스도의 복음에서 주어지게 됩니다. 로마가 준

흰색은 변질될 수 있는 흰색이지만, 복음의 흰 말은 영원히 변치 않는 평화의 흰색입니다. 그래서 로마 군인들은 칼과 창으로 무장하고 말을 타고 나가지만, 복음을 전하는 자는 말씀의 흰 말을 타고 나가는 것입니다. 우리는 누구든지 흰 말을 탄 장수가 될 수 있습니다. 왜냐하면 예수님의 복음을 듣고 하나님을 믿으면 죄 용서를 받고 하나님의 평화가 그에게 주어지기 때문입니다. 이것이 진짜 흰 말이 될 것입니다. 그래서 나중에는 그리스도의 진짜 흰 말이 나오게 됩니다.

이 세상의 모든 사람들은 평화를 원합니다. 그러나 더 중요한 것은 무엇을 위해 평화를 사용하느냐 하는 것입니다. 우리나라의 얼마나 많은 사람들이 이 평화를 술을 마시고 방탕하면서 정욕을 위하여 사용합니까? 그러니까 결국 이 평화를 빼앗기게 되는 것입니다.

붉은색 말을 탄자

3, 4절 둘째 인을 떼실 때에 내가 들으니 둘째 생물이 말하되 오라 하더니 이에 붉은 다른 말이 나오더라. 그 탄 자가 허락을 받아 땅에서 화평을 제하여 버리며 서로 죽이게 하고 또 큰 칼을 받았더라

어린 양이 두 번째 인을 떼니까 붉은색 말이 나오는데 이 붉은색 말은 그 색깔처럼 사람들의 피를 흘리는 전쟁의 말이었습니다. 그래서 이 말은 이 세상에 평화가 없어지게 하고 사람들끼리 서로 죽이는 일을 했습니다. 또 아주 큰 칼을 받았는데 이것은 많은 사람을 죽일 수 있는 큰 칼이었습니다.

결국 이 붉은색 말은 인간의 마음속에 들어 있는 근본적인 본성을 나타냅니다. 이 세상에 평화가 영원히 지속될 수 없는 이유가 어디 있습니까? 그것은 사람의 마음속에 근본적으로 서로에 대한 분노의 감정이 있기 때문

입니다. 결국 이 분노가 싸움을 일으키고 이것이 더 커지게 되면 민족 간의 전쟁이 일어나게 되는 것입니다.

원래 이 분노라고 하는 것은 자신의 인격이 다른 사람에게 거부당할 때 나타나게 됩니다. 다른 사람이 나를 무시한다든지 아니면 내가 받을 정당한 대우를 해주지 않을 때 마음속에 분노의 감정이 일어나게 되는 것입니다. 그런데 사람이 분노의 감정을 가진다는 자체가 사람이 죄인인 것을 보여줍니다. 만약 사람의 마음속에 죄가 없다면 분노를 가질 이유가 없습니다.

성경에 보면 가장 먼저 이 분노의 감정을 가진 사람이 가인이었습니다. 가인은 자기 제사가 하나님으로부터 거절을 당하자 하나님으로부터 무시를 당했다고 생각을 했습니다. 그래서 그의 마음속에 분노의 감정이 튀어나오게 되었는데 결국 이것이 붉은색 말인 것입니다. 가인은 분노의 감정으로 자기 동생을 들에서 쳐 죽였습니다.

오늘날 사람들은 모든 일에 너무 쉽게 분노를 터트리고 있습니다. 사람들은 운전을 하면서도 욕을 하고 이야기를 하면서도 욕을 합니다. 우리 사회에도 전혀 자기와 상관없는 사람을 죽이는 살인들이 많이 일어나고 있습니다. 더 무서운 것은 오랫동안 마음속에 분노를 참고 있었을 때 이것이 자기 자신에게 우울증이나 정신분열증으로 나타나게 되는 것입니다. 결국 사람이 분노를 오래 품고 있으면 이것이 자기감정을 갉아먹어서 마음에 병이 생기게 되고 그래서 많은 사람들이 자살을 하고 있습니다. 우리나라에는 연령과 직업을 떠나서 선진국 중에서 가장 많은 자살률을 나타내고 있습니다.

그리고 이 분노가 계층 간에는 불신으로 나타나서 결국 과격한 노동 투쟁으로 많은 사람이 다치거나 회사가 문을 닫는 경우도 생기고, 의약 분쟁 같은 투쟁으로 많은 환자들이 피해를 보게 되는 것입니다. 이것이 한걸음 더 나아가서 민족 간의 분노가 될 때에는 조금 전에 본 것처럼 큰 칼을 받아서 많은 사람을 죽이는 전쟁으로 발전하게 되는 것입니다.

그래서 전쟁을 막는 방법은 두 가지입니다.

하나는 국가가 힘을 가지는 것입니다. 로마가 했던 것처럼 무력으로 진압함으로 평화를 지키는 것입니다. 로마가 전 세계의 평화를 지킨 것은 자기 자신의 이익을 위한 것이었습니다. 로마는 군사력으로 세계 평화를 지켰습니다.

그러나 또 다른 한 가지 방법은 영적인 부흥이 일어나는 것입니다. 영적인 부흥이 일어날 때 사람들은 덜 강팍해지고 덜 공격적이며 죄를 덜 짓기 때문에 전쟁도 덜 일어나게 됩니다. 그러나 우리가 아무리 예수를 믿는다고 하지만 영적인 부흥이 없어지면 여전히 마음속에 분노가 있기 때문에 분쟁이 일어나게 됩니다. 그래서 때로는 교회 안에서 교인이나 목회자들끼리 싸우는데 더 인정사정없이 싸울 때가 있습니다. 그것은 그 교회 안에서 오래 전부터 영적인 부흥이 사라짐으로 사람들의 마음이 강팍해졌기 때문입니다.

그러나 하나님은 함부로 큰 칼을 주시지 않습니다. 이 세상에 아무렇게나 전쟁이 일어나게 하시지 않습니다. 이 세상에 전쟁이 일어나는 이유는 인간의 죄가 어느 수준 이상 쌓였기 때문입니다. 그래서 구약 성경에 보면 '그 부르짖음이 하늘까지 상달했더라'는 말씀이 있습니다. 즉 죄가 어느 수준 이상이 되었기 때문에 하나님께서는 그동안 억제하시던 인간의 증오감의 띠를 풀어서 서로 마음껏 미워하고 마음껏 증오하게 하시는 것입니다. 그래서 인간이 사는 이상 죄가 전혀 없을 수는 없습니다. 그러나 죄가 어느 수준 이상으로 넘치게 되면 하나님의 무서운 전쟁의 재앙이 임할 수 있기 때문에 붉은색 말이 튀어나오는 것입니다. 그리스도인들은 하나님 앞에서 마음속으로라도 남을 미워하지 않도록 더 많이 기도를 해야 합니다.

무서운 기근

세 번째 인을 뗄 때에 보니까 검은 말을 탄 사람이 나타나고 있습니다. 이 말을 탄 사람은 이 세상에 기근을 일으키는 세력입니다.

5절 세째 인을 떼실 때에 내가 들으니 세째 생물이 말하되 오라 하기로 내가 보니 검은 말이 나오는데 그 탄 자가 손에 저울을 가졌더라

검은 말은 이 세상이 일으킬 기근을 상징합니다. 우리가 보통 검은색이라고 하면 주로 검은 대륙 아프리카를 생각합니다. 그런데 아프리카는 사람들의 피부색만 검을 뿐 아니라 물도 귀하고 먹을 것도 귀해서 사람들이 병에 잘 걸리기도 하고 때로는 심한 기근이 오면 많은 사람들이 굶어죽기도 합니다. 그래서 언제부터인지는 모르겠지만 주로 검은색이라고 하면 흉년이라든지 혹은 불경기를 나타내는 색이 되었습니다. 우리나라에서도 경제적인 위기가 닥치니까 사람들이 직장을 잃고 지하도나 공원 같은데 노숙하는 사람들이 많이 생기게 되었습니다. 노숙하는 사람들은 옷을 갈아입을 수 없으니까 주로 검은색 옷을 입게 되고 또 자주 씻을 수 없으니까 얼굴도 시커멓게 됩니다.

이스라엘 사람들에게 기근은 그들의 신앙 상태를 나타내는 바로미터였습니다. 이스라엘 백성들이 하나님의 말씀을 잘 지키고 순종하면 하늘에서 비가 제때 와서 절대로 굶주리지 않습니다. 그러나 이스라엘 백성들이 우상을 섬기고 하나님의 말씀에 불순종하면 비가 오지 않아서 기근이 생기게 됩니다. 이스라엘 백성들이 정신을 차리지 않으면 그 다음에는 메뚜기나 깜부기의 재앙이 오든지 아니면 적들이 몰려와서 그들의 곡식과 가축들을 다 빼앗아 가버렸습니다. 바로 이런 경제적인 어려움들이 하나님께서 자기

백성들을 연단하시는 방법이었습니다. 오늘날도 하나님께서 우리를 연단하시는 가장 좋은 방법이 경제적인 어려움입니다. 우리가 일단 직장을 잃고 돈이 없으면 결국 할 수 있는 것이 하나님 앞에 나와서 기도하는 것 뿐입니다. 그래서 하나님의 백성들은 경제적으로 어려울 때 신앙적으로 가장 많이 성숙하게 됩니다. 그러나 이런 경제적인 어려움이 믿지 않는 자들에게는 심판이 됩니다. 왜냐하면 예수 믿지 않는 사람들은 경제가 어려우면 낙심하거나 자포자기해서 더 술을 마시고 더 음란한 생활에 빠지기 때문입니다. 그래서 노숙자들이 돈은 없는데 술은 더 많이 마십니다. 그래서 나중에는 간이 탈이 나든지 해서 죽는 것입니다.

6절 내가 네 생물 사이로서 나는 듯 하는 음성을 들으니 가로되 한 데나리온에 밀 한 되요, 한 데나리온에 보리 석 되로다. 또 감람유와 포도주는 해치 말라 하더라

여기 '한 데나리온에 밀 한 되요, 한 데나리온에 보리 석 되'라고 했습니다. 이것은 밀 한 되나 보리 석 되가 엄청나게 비싸게 팔리는 것을 말합니다. 결국 사람들은 너무 식량이 비싸니까 굶든지 아니면 살아남기 위해서 필사적인 노력을 하게 됩니다. 몇 해 전에 아프리카나 중동에서 일어난 민중 혁명의 원인도 빵이 없어서 일어난 혁명이었습니다. 즉 우크라이나가 흉년이 들어서 세계의 밀 값이 올라가고 아프리카나 중동에서 가난한 사람들이 밀을 구할 수 없으니까 폭동으로 독재자들을 몰아낸 것입니다. 그러나 여기에 보면 하나님께서 '감람유와 포도주'는 해치 말라고 합니다. 다시 말해서 밀이나 보리는 어려워도 기름이나 포도주는 정상적으로 공급이 된다는 뜻입니다. 여기 말하는 감람유와 포도주는 하나님께서 그 백성들에게 주시는 영적인 은혜를 의미합니다. 즉 감람유는 사람들이 집에서 등을 켜

는 기름으로 사용되기도 하지만 성전 등대의 기름으로 사용되기도 했습니다. 또 포도주는 이스라엘 백성들이 일상적으로 사용하는 음료수이지만 하나님께 제사드릴 때 사용되는 포도주이기도 했습니다.

하나님께서는 경제가 아무리 어려워도 하나님의 백성들의 은혜는 중단되지 않게 하라고 명령하셨습니다. 그래서 우리는 경제가 어려울 때 세상의 쓰레기통을 뒤질 것이 아니라 하나님 앞에 나와서 성령의 기름을 받아야 하며 하늘의 신령한 은혜를 받아야 합니다. 그러면 하나님은 우리가 매일 먹을 일용할 양식은 어떻게 해서든지 채워주실 것입니다. 이것은 우리가 앞으로 하나님의 손에 붙들려서 귀하게 사용되는 준비가 됩니다. 즉 세상 사람들은 직장이 없다고 불안해하지면 우리는 이때 하나님의 능력의 종으로 준비되는 것입니다. 세상 사람들은 먹고 마시고 즐기는 동안에 요셉은 감옥에서 하나님의 위대한 종으로 준비되었던 것입니다.

우리는 '사람이 떡으로만 살 것이 아니요. 하나님의 입에서 나오는 말씀으로 살 것이니라'는 말씀을 붙들어야 할 것입니다. 아무리 어려워도 하나님의 백성들은 굶어죽지는 않을 것입니다. 이 세상이 어려울 때 그리스도인들도 그 피해를 완전히 피할 수는 없지만 하나님께서는 다른 방법을 통하여 그들의 필요를 채워주실 것입니다.

최근 우리나라는 너무 잘 살고 있지만 다른 한편으로는 청·장년 실업의 문제로 어려워하고 있습니다. 이것은 과거 우리나라에서 가장 안정된 생활을 하던 계층이 극빈자 층으로 전락한 것을 의미합니다. 그러나 더 중요한 것은 이 세상의 죄는 더 깊어지고 있는 것입니다. 이것을 해결할 수 있는 유일한 길이 우리가 하나님의 말씀을 붙들고 부흥을 일으키는 것입니다. 우리는 눈에 보이는 평화로 만족하지 말고 영적인 전쟁에서 승리하는 성도들이 다 되시기 바랍니다.

CHAPTER • 16

청황색 말

요한계시록 6:7-8

우리 주위에 아직 젊은 나이의 아까운 사람들이 사고나 질병으로 목숨을 잃고 죽는 것을 보면 너무나도 마음이 아프고 안타까울 때가 많습니다. 더욱이 건물이 무너지거나 혹은 지진이 나서 한꺼번에 수많은 사람들이 죽게 될 때 우리는 모두 엄청난 충격을 받습니다. 도대체 왜 이런 일이 일어나게 되는지 하나님을 원망하거나 자연의 무서움에 대하여 치를 떨 때가 있습니다.

일본을 여행해 보면 한국 사람과 일본 사람은 비슷한 것이 많으면서도 다른 부분도 많다는 것을 알게 됩니다. 그 중 하나가 일본에는 산에 일체 무덤이 없다는 것입니다. 우리나라는 부모나 가족이 죽으면 일단 죽은 사람은 할 수 있는 대로 집에서 먼 곳에, 조용한 곳에, 매장을 해서 쉬게 하려고 합니다. 그래서 우리나라는 비행기를 타고 하늘을 날다 보면 산에 온통 무덤이 있는 것을 볼 수 있습니다. 그러나 일본 사람들은 사람이 죽으면 산에 묻는 것이 아니라 동네 한 가운데 묘지를 만들어서 뼈를 거기에 묻습니다. 그래서 어떤 의미에서 일본 사람들은 산 사람과 죽은 사람이 같이 사는 것 같은 느낌이 들 때가 많습니다. 일본의 만화나 소설 같은 것을 보면 죽은 귀신 이야기가 많고 무엇인가 일본 사람들은 죽음을 미화시키고 죽음을 운명으로 생각하는 것을 볼 수 있습니다. 그뿐만 아니라 일본을 여행하다보면 거의 교회가 없는 것을 보게 됩니다. 즉 일본에는 하나님을 믿는 사람들이 너무 적습니다. 그래서 일본 사람들은 쓰나미 같은 무서운 재앙을 당하면서도 이것을 어떻게 해결해야 할지 몰라서 그저 참기만 하는 것을 보게 됩니다. 2011년 3월 일본 동북 지방에 쓰나미가 덮쳐서 많은 사람들이 죽었는데도 불구하고 일본 사람들이 참기만 하는 것을 보고 한국 기자들은 일본 사람들에게 참지만 말고 좀 소리를 지르라고 했습니다. 일본 사람들은 그저 모든 것을 운명으로 받아들이려고 하는 것입니다. 거기에 비해서 한국 사람들은 어떤 위기나 어려움이 닥쳤을 때 악착같이 살려고 하고 무슨 수를 써서라도 위기를 탈출하려고 합니다. 그리고 특히 우리나라에는 기독교인들이 많기 때문에 위기가 닥치면 모두 하나님 앞에 모여서 합심해서 부르짖으며 기도하는데 이것이 어마어마한 부흥으로 나타나게 됩니다.

최근 우리 주위에는 유명한 사람들 중에서 죽는 사람들이 참 많이 있습니다. 한때 유명했던 야구 스타가 죽기도 하고, 유명한 목사님이 죽기도 하고, 외국의 유명한 기업가도 병으로 죽기도 합니다. 아랍의 많은 청년들은 테러단에 가입되 자살해서 죽으면 천당에 간다는 말에 속아 몸에 폭탄을 감고 폭발해서 자기도 죽고 많은 사람도 죽게 했습니다. 우리는 모두 이 세상을 살아가면서 아슬아슬하게 살아가는 것 같습니다. 즉 우리도 자칫 잘못하면 죽을 수 있는데 너무나도 아슬아슬하게 죽음을 피해하는 것 같을 때가 있습니다. 사실 우리는 살아 있는 것을 하나님께 감사드려야 합니다. 왜냐하면 우리는 살아 있기 때문에 아름다운 하늘도 볼 수 있고 사랑하는 친구도 만날 수 있고 내가 하고 싶은 것도 할 수 있습니다. 그러나 우리는 무엇인가에 매여서 이 살아있는 자유와 기쁨을 누리지 못할 때가 많습니다.

아마 이 세상에 사는 생명체들 중에서 가장 쉽게 죽는 것이 곤충일 것입니다. 곤충은 너무 약해서 사람이 밟거나 손바닥으로 치기만 해도 죽고 심지어 하루살이 같은 경우에는 며칠 살지도 못하고 무더기로 죽기도 합니다. 우리는 가끔 도대체 이 세상에 곤충이 왜 있을까 하는 생각을 할 때가 있습니다. 그러나 곤충의 세계에는 아직 인간들이 발견하지 못한 놀라운 것들이 많이 있습니다. 특히 요즘 과학자들은 곤충의 눈의 구조나 혹은 이동하는 원리 혹은 그 껍질의 색깔로 많은 도움을 받고 있습니다. 요즘 과학자들은 거의 곤충 크기의 로봇을 만들어서 정보를 수집하고 있습니다. 우리는 헬리콥터를 보면 이미 이것이 잠자리에게서 그 비행원리를 배운 것을 알 수 있습니다. 요즘 사람들은 풍뎅이의 껍질에 있는 그 색깔을 가지고 페인트에 대하여 연구를 하기도 합니다. 그리고 우리는 파리가 되기 전의 그 구더기를 보고 너무나도 싫어하지만 실제로 구더기를 이길 수 있는 사람은 아무도 없습니다. 왜냐하면 구더기는 죽은 시체를 철저하게 분해하는 일을 하기 때문입니다. 아무리 대단한 영웅이 죽어도 그는 곧 구더기의 밥이 됩니다. 학자들은 곤충이 없으면 식물들의 수정이 불가능하다고 합니다. 식물들의 수정에 관여하는 것은 벌이 주종을 이루지만 다른 많은 곤충들도 식물의 수정에 관계를 한다고 합니다. 그뿐만 아니라 곤충이 없으면 그 많은 새들이 먹을 양식이 없어지게 됩니다. 곤충은 새들을 살리는 아주 중요한 먹이 사슬이 됩니다. 그러나 더 놀라운 것은 곤충이 바로 우리 인간들이 죽은 후에 영광스럽게 부활하는 것을 보여주는 생생한 교과서라는 것입니다. 우리가 일단 배추벌레를 보면 꼬물거리는 것이 너무나도 흉측한 것 같지만 어느 순간에 번데기가 되고 그 다음에는 아름다운 나비가 되어서 날아가는데 바로 이 곤충의 세계가 우리가 죽은 후에 부활하는 생생한 증거중 하나인 것입니다.

우리는 우리가 인정하든 인정하지 않든 언젠가는 죽어야 합니다. 그런데 우리는 할 수 있는 한 죽음의 문제는 생각하지 않으려고 합니다. 그래서 거의 대부분의 사람들은 살아 있는 동안은 할 수 있는 대로 죽음의 문제를 생각하지 않고 미루어 놓았다가 갑자기 죽게 되었을 때 당황해하면서 죽음을 맞이할 때가 많습니다. 그러나 우리는 죽음을 바로 이해해야 삶을 진정으로 이해할 수가 있습니다.

오늘 본문은 일곱 인 중에서 네 번째, 다섯 번째 그리고 여섯 번째 인을 떼는 내용입니다. 그런데 이 세 개의 인은 공통적으로 사람의 죽음의 문제를 다루고 있습니다. 물론 이 죽음은 모두 다른 죽음입니다. 우리는 하나님의 어린 양에 두루마리 책에서 인봉을 하나씩 떼는데 뗄 때마다 다른 색깔의 말이 튀어나오는 것을 보았습니다. 첫 번째 인을 떼니까 흰 말이 나오고 두 번째 인을 떼니까 붉은 말이 나오고 세 번째 인을 떼니까 검은 말이 나왔습니다. 이 말들은 각각 평화와 싸움과 기근의 말이라고 말씀을 드렸습니다. 그런데 오늘 본문에는 네 번째와 다섯 번째 여섯 번째 인을 뗄 때 일어난 일을 보여주고 있습니다.

우선 네 번째 인을 뗄 때에 청황색 말이 나오는데 이 말은 죽음의 말입니다. 이 말 뒤에 음부가 따라오게 되는데 수많은 사람들을 무덤으로 데려가는 말인 것입니다. 그리고 다섯 번째 인을 뗄 때 순교를 당한 자들이 하나님께 호소하는 내용이 나옵니다. 그리고 여섯째 인을 떼니까 끝까지 회개하지 않고 이 세상에서 권력을 쥐고 돈을 가지고 자기 멋대로 살던 사람들에 대한 하나님의 심판이 나오게 됩니다.

청황색 말

우리 인간들은 태어나면서부터 하나의 숙제를 가지고 태어나게 되는데 그것은 바로 우리 모두가 언젠가는 한번은 죽어야만 한다는 사실입니다. 요즘은 우리나라 사람들 평균 수명이 남여 모두 팔십 세를 넘고 있기 때문에 일단 암에 걸리지 않고 교통사고 당하지 않으면 거의 구십 가까이는 살 수 있다는 이야기가 됩니다. 그러나 그것에 대하여 어느 누구도 장담할 수 없습니다.

학교에서 아이들이 피구를 하면 사람들을 가운데 세워놓고 양쪽에서 공을 던져서 사람을 맞춥니다. 그런데 동작이 빠른 사람은 끝까지 살아남지만, 둔한 사람은 빠른 시간 안에 죽어서 나가야 합니다. 우리가 사는 세상도 그런 것 같습니다.

어떤 사람은 아주 오래 건강하게 잘 사는데 비하여 어떤 사람은 젊어서 병으로 죽기도 하고 혹은 원치 않는 사고로 죽을 때도 있습니다. 혹시 전쟁이라도 터지면 엄청나게 많은 사람들이 자신의 의사와 전혀 상관없이 죽어야 합니다.

7, 8절 네째 인을 떼실 때에 내가 네째 생물의 음성을 들으니 가로되 오라 하기로 내가 보매 청황색 말이 나오는데 그 탄 자의 이름은 사망이니 음부가 그 뒤를 따르더라 저희가 땅 사분 일의 권세를 얻어 검과 흉년과 사망과 땅의 짐승으로써 죽이더라

어린 양이 네 번째 인을 떼실 때에 요한이 네 번째 천사의 음성을 듣는데 '오라'고 합니다. 여기서 '오라'고 하는 것은 말을 탄 사람을 불러내는 소리인 것입니다. 그래서 보니까 네 번째 말 탄 사람이 등장하는데 그는 청황색 말을 타고 등장합니다. 그런데 그 말을 탄 사람의 이름이 '사망'이었습니다. 어떤 사람은 여기에 나오는 '청황색'이라는 단어를 '잿빛색'으로 번역을 해야 한다고 합니다. 즉 여기 '청황색'이라고 하는 것은 핏기라고는 하나도 없는 죽은 사람의 얼굴색을 말하는 것입니다. 우리가 죽은 사람의 얼굴을 보면 마치 얼굴에 분을 발라놓은 것처럼 핏기는 하나도 없고 아주

창백한 색일 것입니다. 네 번째 말을 탄 사람의 이름이 사망인데 그 뒤에는 음부가 따라왔습니다. 여기서 '음부'는 무덤을 의미하기도 하고 죽은 사람이 가는 곳을 의미하기도 합니다. 구약 성경에는 음부를 무덤의 뜻으로 사용하기도 했는데 신약에는 믿지 않다가 죽은 사람이 가는 지옥을 말합니다.

네 번째 인봉을 뗄 때 등장하는 말 탄 사람은 우리가 흔히 말하는 죽음의 사자입니다. 그런데 이 죽음의 사자는 온 세상을 돌아다니면서 젊은 사람이나 늙은 사람이나 심지어는 어린아이나 혹은 아름다운 여성이나 가리지 않고 누구든지 걸려들기만 하면 잡아서 음부에 집어넣는 일을 합니다. 그런데 이 청황색 말을 탄 사람은 자기 마음대로 나오지 못하고 천사가 '오라'고 하니까 나타났습니다. 즉 이 죽음의 천사는 하나님이 '오라'고 하시지 않으면 자기 마음대로 나오지 못하는 것입니다.

8절 하 저희가 땅 사분 일의 권세를 얻어 검과 흉년과 사망과 땅의 짐승으로써 죽이더라

그런데 죽음의 천사는 모든 땅을 다 죽이는 권세는 받지 못하고 땅 사분의 일만 해치는 권세를 받은 것입니다. 즉 이 죽음의 천사는 아무리 사람을 죽이고 싶어도 땅의 인구 사분의 삼은 죽이지 못하는 것입니다. 여기서 땅 사분의 일은 대개 믿지 않는 사람의 절반을 의미한다고 봅니다. 즉 죽음의 사자가 믿지 않는 사람만 찾아오는 것이지, 하나님의 백성들은 찾아올 수가 없습니다. 그러나 죽음의 사자는 믿지 않는 자라고 해서 다 죽게 하는 것이 아니라 그 중에서도 반만 죽이는 권세를 받았습니다. 그런데 그가 사람들을 죽게 하는 방법은 다양합니다. 즉 죽음의 사자는 '검과 흉년과 사망과 땅의 짐승'이라고 했습니다. 죽음의 사자는 주로 네 가지 방법으로 사람들을 죽게 하는데 '검'은 전쟁을 의미합니다. 그리고 '흉년'은 먹을 것이 없어

서 사람들이 굶어죽는 것입니다. 그리고 '사망'이라는 것은 전염병을 의미합니다. 그리고 '땅의 짐승'은 그냥 여행을 하다가 길에서 사자나 곰이나 독사를 만나서 물려 죽는 것을 말하는데 주로 사고로 죽는 것을 말합니다. 다시 말해서 이 세상의 모든 사람들은 나름대로 죽지 않고 어떻게 해서든지 살려고 하는데 때로는 전쟁이나 기근이나 혹은 전염병이나 사고로 죽게 되는 것입니다. 즉 하나님께서는 이 세상의 모든 사람들에게 그 생명을 보장해주시지 않습니다. 하나님께서는 믿지 않는 자들의 약 반 정도는 때가 되기 전에 청황색 말을 탄 사람을 보내어서 음부로 데려가시는 것입니다. 그 이유가 무엇일까요? 이런 사람들은 이 세상에 오래 두어도 회개할 가능성이 없다고 판단하시기 때문입니다. 그래서 이런 죽음의 공포를 통하여 남아 있는 반이라도 하나님의 심판을 두려워하게 하시는 것입니다.

그래서 아무리 의학이 발달하고 사람들의 생명을 연장시키기 위하여 노력을 해도 사는 만큼 또 그만한 사람들이 불행한 죽음을 당하게 되는 것입니다. 우리는 이것을 통해서 여전히 하나님은 우리 인간들의 죄에 대하여 진노하고 계신 것을 깨닫게 됩니다. 그래서 우리 인간은 의학을 믿고 죄를 지을 것이 아니라 빨리 하나님을 찾아야 합니다.

사람은 누구든지 자기가 원하든지 원하지 않든지 간에 언제 어디서든지 죽을 수 있습니다. 하나님께서 너는 그만 살고 이제 네 인생을 결산하자고 하시면 죽어야 하는 것입니다. 즉 사람은 반드시 이 세상에서 칠십 년이나 팔십 년을 살아야 하는 것은 아닙니다. 사람이 이 세상에 얼마나 오래 사느냐 하는 것은 오직 하나님의 결정에 달려 있습니다. 그래서 하나님께서 오래 살게 하시면 더 사는 것이고 그만 살고 오라고 하시면 즉시 인생을 청산해야 하는 것입니다.

그런데 여기에 나오는 청황색 말은 하나님의 심판의 수단으로 주어지는 죽음을 말합니다. 왜 이런 비참한 죽음들이 일어나는 것일까요? 근본적인 원인은 하나님께 영광을 돌리지 않고 자기 욕심을 위하여 산 결과입니다. 사람들이 끝까지 자기 탐욕을 위하여 달려 나갈 때 결국 이 청황색 말이 등장하게 되는 것입니다. 그러나 하나님의 말씀에 잘 순종하고 사랑을 위하여 하는 사람들에게는 이런 끔찍한 말이 나타날 이유가 없습니다.

예수님께서는 주검이 있는 곳에는 독수리가 덮친다고 말씀하셨습니다. 여기서 '주검'은 시체를 말합니다. 아무리 하나님의 말씀을 증거해도 사람들이 눈물도 흘리지 않고 회개도 하지 않는 자들에게 이 청황색 말이 등장하게 되는 것입니다.

그러나 우리는 믿는 자들의 죽음은 이런 끔찍한 죽음의 사자에 의한 심판이 아니라는 것을 기억할 필요가 있습니다. 왜냐하면 우리 믿는 자들의 죄는 이미 우리 주님이 십자가 위에서 다 가져가셨기 때문에 우리에게는 다시 심판이 없습니다. 그래서 우리 신자들이 죽는 것은 하나님께서 우리를 불러서 안식하게 하시는 것입니다. '그래, 그 동안 이 죄악 세상에서 믿음 생활을 한다고 애를 많이 썼는데 이제는 영광의 나라에서 좀 쉬어라'는 뜻으로 우리를 불러 가시는 것입니다. 그러나 우리는 때때로 우리 믿는 자들도 너무 일찍 죽을 때 너무 아쉬울 때가 있습니다. 구약 성경에 보면 히스기야가 죽을 병에 걸렸을 때 그는 벽을 쳐다보면서 심하게 울었다고 합니다. 물론 히스기야가 자기가 병으로 죽는다는 소리를 들었을 때 우리 만큼 부활의 신앙이 약할 수도 있습니다. 그러나 히스기야가 죽게 되었을 때 유다 나라는 너무나도 약했고 히스기야는 아직 후계자를 생산하지 못했습니다. 그때 히스기야의 나이가 삼십대 후반이었던 것 같습니다. 히스기야는 하나님의 나라를 위하여 제대로 봉사를 해보지도 못하고 죽어야 하는 것이 너무나도 원통해서 울었던 것입니다.

그리스도인들이 병으로 죽게 되었을 때 물론 천국에 가는 것이 좋기는 하지만 가장 아쉬운 것이 하나님을 위해서 너무나도 한 것이 없이 죽으려고 하니까 아쉬울 때가 많습니다. 돈 벌고 공부한다고 사랑하는 사람들을 더 많이 사랑하지 못해서 더욱 아쉽습니다. 그러나 우리가 다른 사람을 위해서 사랑의 봉사를 많이 했을 때 우리는 죽음이 두렵지 않습니다. 왜냐하면 우리가 죽어도 사랑은 영원히 남는다는 것을 알기 때문입니다. 그래서 이 세상에서 죽음을 가장 두려워하는 사람은 자기만을 위해서 이기적으로 산 사람이라는 것을 알아야 합니다. 그러나 하나님을 믿지 않는 자들은 하루하루가 정말 아슬아슬한 연속입니다. 왜냐하면 언제 죽음의 사자가 찾아올지 모르는데 언제든지 찾아오면 그것으로 모든 것은 끝나기 때문입니다. 죽음의 천사가 찾아오면 죽음을 미룰 수가 없습니다. 그리고 그 후에는 음부에 가서 영원한 심판을 기다릴 수밖에 없습니다.

예수님께서는 실로암의 망대가 무너져 치어 죽은 열여덟 사람에 대하여 그들이 예루살렘에 있는 모든 사람들보다 더 죄가 많아서 죽은 것은 아니라고 말씀하셨습니다. 누구든지 사고로 죽을 수 있습니다. 비행기가 추락할 수도 있고 병으로 죽을 수도 있습니다. 그래서 인생은 가장 중요한 것이 죽음에 대하여 진지하게 생각하고 죽음을 대비해 놓아야 한다는 것입니다.

다시 말해서 이 세상에 있는 사람들에게 가장 긴급한 것은 다른 것이 아니라 하나님과 화해하는 것입니다. 이것을 가장 먼저 확인을 해 둔 후에 공부를 하든지 사업을 하든지 결혼 생활을 하든지 해야 할 것입니다. 그러나 그리스도인들에게 있어서 죽음은 이렇게 홀연히 찾아오는 죽음의 사자가 아닙니다. 그들에게 있어서 죽음이라는 것은 전혀 예상하지 못한 기습적인 것이 아닙니다. 왜냐하면 그리스도인들은 이미 죽음 이후에 있는 심판에 대하여 대비해서 살고 있는 자들이기 때문입니다.

하나님의 백성들의 죽음

예수 믿는 사람들 역시 믿지 않는 사람들과 똑같이 죽지만 그 죽음의 의미는 엄청나게 다르다는 것을 알 필요가 있습니다. 만일 예수님이 십자가 위에서 우리 죄를 대신해서 죽지 않으셨더라면 우리도 죽음과 동시에 영원한 음부에 떨어져야 합니다. 그러나 예수님이 십자가 위에서 사망의 권세를 깨트리셨기 때문에 우리는 죽음과 동시에 바로 영생으로 가게 됩니다. 즉 예수 믿는 사람들은 죽음이라는 것이 이 육신의 옷을 벗는 것뿐이고 우리는 주님과 더 가까운 상태에 있게 됩니다. 즉 우리는 때때로 죽음이라는 것이 종이 한 장 차이라는 말을 할 때가 있습니다. 그러나 사실 우리 예수 믿는 사람들은 산 사람과 죽은 사람이 사망이라는 종이 한 장으로 나누어져 있을 뿐이지 모두 살아서 하나님을 섬기고 있습니다. 단지 우리는 서로 만나거나 이야기를 하지 못할 뿐입니다. 그래서 예수님은 하나님은 아브라함의 하나님이요 이삭의 하나님이요 야곱의 하나님이라고 하면서 하나님은 죽은 자의 하나님이 아니요 산자의 하나님이라고 하셨습니다. 이것은 아브라함이나 이삭이나 야곱이 하나님 앞에 다 살아 있다는 뜻입니다. 그리고 실제로 예수님이 변화산에 올라가셨을 때 거기에 모세와 엘리야가 산 사람으로 나타났습니다.

9, 10절 다섯째 인을 떼실 때에 내가 보니 하나님의 말씀과 저희의 가진 증거를 인하여 죽임을 당한 영혼들이 제단 아래 있어 큰 소리로 불러 가로되 거룩하고 참되신 대주재여 땅에 거하는 자들을 심판하여 우리 피를 신원하여 주지 아니하시기를 어느 때까지 하시려나이까 하니

다섯 번째 인을 뗄 때에 요한이 보니까 하나님의 보좌 앞에 있는 제단에

는 하나님의 말씀과 증거를 인하여 죽음을 당한 순교자들이 하나님을 향하여 부르짖는 소리를 듣게 되었습니다.

그들은 큰 소리로 하나님께 부르짖기를 '거룩하시고 참되신 대주재여 땅에 거하는 자들을 심판하여 우리 피를 신원하여 주지 아니하시기를 어느 때까지 하시려나이까?' 라고 간청을 하고 있습니다.

여기서 우리는 네 번째 인봉과 다섯 번째 인봉의 차이를 이해할 수 있어야 합니다. 즉 네 번째 인봉은 인간들 자신의 죄가 넘쳐서 하나님의 죽음의 심판이 임하는 것입니다. 사람들이 소돔 사람들이나 노아 때 사람들처럼 먹고 마시고 세속화되어서 정욕을 극대화하면서 살 때 죽음의 사자가 찾아오게 됩니다. 때로는 이 죽음의 사자는 사람들에게 허무한 마음을 주어서 자살 충동을 일으키기도 하고 때로는 쓰나미나 지진 같은 자연의 대재앙으로 수십만 명의 사람들이 죽게 하기도 합니다. 이런 청황색 말을 쫓을 수 있는 것이 바로 영적인 부흥입니다.

여기에 보면 이미 순교를 당한 성도들이 하나님께 계속 부르짖으면서 기도하는 것을 볼 수 있습니다. 그러나 그렇다고 해서 먼저 죽은 성도들이 제단 아래서 매일 부르짖으면서 기도만 하는 것은 아닙니다. 우리는 이미 죽은 성도들이 살아 있는 사람들보다 더 나은 상태에 있다는 것을 알아야 합니다. 예수님께서는 죽은 성도들이 영혼만 있는 것이 아니라 천사와 같은 상태에 있다고 했습니다. 즉 우리 성도들은 다시 새로운 육신을 입기 전에 천사와 같이 빛나고 아름다운 상태에 있기 때문에 지금 이 육체를 가지고 있는 우리보다 훨씬 더 좋은 상태에 있을 것입니다. 그 대신에 하나님을 믿지 않고 정욕대로 살다가 죽은 사람들은 그 영혼이 악마와 같은 상태에 있게 될 것입니다.

그러나 더 중요한 것은 이 세상에 살아있는 우리가 사탄과의 영적인 전쟁에서 밀리지 않고 이겨야 하는 것입니다. 아무리 구원받은 순교자들이

기도한다고 하더라도 그들은 우리를 응원하는 입장에 있습니다. 그래서 우리가 정신을 차려서 사탄의 의도를 파악하고 사탄을 이겨야 하는 것입니다. 사탄이 주로 사용하는 전략은 마치 이 세상의 부귀영화가 전부인 것처럼 속이는 것입니다. 그래서 마귀는 하나님의 아들인 예수님에게도 자기에게 절을 하면 세상을 주겠다고 했습니다. 그리고 마귀는 우리가 하나님의 말씀대로 살면 이 세상에서 결혼도 하지 못하고 취직도 못하고 완전히 실패할 것이라고 속입니다. 그러나 예수님은 말씀하시기를 우리가 죽고자 하면 살 것이고 살려고 하면 죽는다고 하셨습니다. 우리는 하나님의 말씀대로 사는 것이 살 길인 것입니다.

우리가 알아야 할 것은 절대로 이 세상은 평안한 세상이 아니고 영적인 전쟁터라는 사실입니다. 그래서 주님은 우리에게 언제나 뱀처럼 지혜롭고 비둘기처럼 순결하라고 하셨습니다. 뱀의 특징은 자기 힘이 없다는 것을 알기 때문에 잘 숨어 다닙니다. 뱀은 다리도 없고 이빨도 튼튼하지 못합니다. 그래서 뱀은 다른 동물과 싸워서 이길 수가 없습니다. 그래서 할 수 있는 대로 숨어서 다녀야 하는 것입니다. 우리 그리스도인들도 쓸데없이 사람들의 표적거리가 될 필요는 없습니다. 그러나 때때로 우리가 이 세상에서 핍박을 당하는 것은 주님이 우리가 예수 믿는 것을 드러내어서 세상 사람들을 도전하려고 하시는 것입니다.

그래서 우리 성도들은 직장에서나 학교에서 술을 마시게 할 때 거기에 넘어가서는 안 됩니다. 오히려 내가 그리스도인인 것을 나타내고 더 열심히 그들을 도와주겠다고 이야기를 해야 합니다.

요즘 청년들에게는 좋은 직장을 가지는 것이 금메달을 목에 거는 것이라고 생각합니다. 그리고 결혼하는 것을 은메달이라고 합니다. 그러나 하나님 앞에서는 신앙 때문에 순교하는 것이 금메달입니다. 하나님 앞에서는 순교가 가장 가치 있습니다. 그 다음 은메달은 감옥에 들어가서 고문을 당하거나 매를 맞는 것입니다. 그리고 동메달은 예수로 인하여 욕을 먹고 직장에서나 집에서 쫓겨나는 것입니다. 그래서 우리는 세상에서 조금 성공한 것을 가지고 교회에서 다른 사람 앞에서 잘난 체해서는 안 됩니다.

사실 우리가 인간적인 관점에서 보면 신앙 때문에 모든 행복을 포기하고 고통스럽게 죽어야 한다는 것은 너무나도 어리석은 일일 것입니다. 그러나 사실 우리가 이 세상에 사는 순간에 비해서 하나님의 평가는 너무나도 중요할 대가 많습니다. 예를 들어, 이 세상에서도 자신의 명예를 더럽히고 조금 더 생명을 연장하는 사람들이 오래 오래 사람들에게 나쁜 사람으로 기억되는 것을 볼 수 있습니다. 우리가 이것을 보면 생명은 짧고 평가는 길다고 생각할 수 있습니다. 더욱이 우리가 하나님 앞에서 믿음의 순교자가 된다고 하는 것은 영원히 하나님 앞에서 의인으로 인정을 받게 될 것입니다. 더욱이 이 세상에 순교자가 생긴다고 하는 것은 그 자체가 이미 강력한 진리의 증거를 나타내는 것입니다. 사람들은 자기 생명을 아끼지 않고 진리를 위해서 죽는 자들을 보면 진리에 대하여 다시 생각하게 되는 것입니다.

물론 지금 우리 시대는 순교를 당하는 시대는 아닙니다. 그러나 우리는 순교하는 자세로 이 세상을 살아가야 합니다. 아무리 경제가 어렵고 취직이 어렵다 하더라도 순교하는 자세로 나가면 문이 열리게 되어 있습니다. 내가 믿는 것이 옳다면 아무것도 두려워하지 말고 여호수아와 같은 자세로 나가는 것입니다. '죽으면 죽으리라'고 하면 살게 되어 있습니다.

11절 각각 저희에게 흰 두루마기를 주시며 가라사대 아직 잠시 동안 쉬되 저희 동무 종들과 형제들도 자기처럼 죽임을 받아 그 수가 차기까지 하라 하시더라 그들에게 '흰 두루마기'를 준다고 하는 것은 하나님께서 그들의 비참한 죽음을 영광스럽게 한다는 뜻입니다. 그리스도인들도 인간이기 때문에 죽임을 당하면 비참하게 느껴집니다. 그런데 하나님께서는 그들에게 흰 옷을 입혀서 그들의 죽음을 영광스럽게 합니다.

미군은 전사자의 관 위에 미국 국기를 덮어 놓습니다. 그러면 그 죽음이 영광스러운 죽음이 되는 것입니다. 우리나라는 관위에 태극기를 덮어 줍니다. 하나님께서는 진리를 위하여 죽음을 당한 자들을 이 세상에서도 의롭게 인정해 주시고 영광스럽게 하십니다. 그리고 하나님 앞에서는 최고의 영광과 상급을 받게 하시는 것입니다. 하나님 앞에서 상 받는 순서는 이 세상에서 성공한 순서가 아닙니다. 이 세상에서 얼마나 귀한 것을 주님을 위하여 포기했느냐 하는 것입니다. 그런데 주님을 위하여 자기 목숨을 버린 자들이 가장 영광스러운 상을 받게 되는 것입니다. 그래서 이 세상에서 욕심을 버리는 훈련을 해야 상을 받습니다. 돈도 버리는 훈련을 하고 명예도 버리는 훈련을 해야 합니다. 이 세상에서 자꾸 인정을 받고 칭찬을 받으면 주님 앞에서 아무것도 받을 것이 없습니다.

세상을 위해서 산 자들의 최후

이 세상에는 여러가지 사고나 기근으로 죽거나 고통당하는 사람들이 있는가 하면 신앙 때문에 핍박당하는 사람들도 있지만 세상과 짝하여서 끝까지 권세를 누리고 세상의 좋은 것을 다 가지고 사는 사람들이 있습니다. 이런 사람들은 결국 최후의 순간에 전혀 준비되지 않은 심판을 받게 되는 것입니다. 이 세상에서 보기에 가장 유복한 자들은 세상을 살면서 자기가 누리고 싶은 것을 다 누리고 편안하게 죽는 사람들인 것 같습니다. 이런 사람들은 권력자들이며 돈이 많은 부자들이며 유명한 사람들입니다. 그러나 사실은 이런 사람들이 가장 불쌍한 사람들입니다. 왜냐하면 나중에 결국 하나님으로부터 비참하게 폐기처분되기 때문입니다.

12-14절 내가 보니 여섯째 인을 떼실 때에 큰 지진이 나며 해가 총담 같이 검어지고 온 달이 피 같이 되며 하늘의 별들이 무화과나무가 대풍에 흔들려 선 과실이 떨어지는 것 같이 땅에 떨어지며 하늘은 종이 축이 말리는 것 같이 떠나가고 각 산과 섬이 제 자리에서 옮기우매

여섯째 인은 이 세상에 마지막에 일어날 일을 보여줍니다. 즉 여섯째 인을 떼니까 이 세상에는 지진이 일어나면서 모든 땅의 기초가 다 흔들려버립니다. 그러니까 하늘과 땅이 흔들리니까 이 땅 위에 세워져 있는 인간의 나라나 인간의 문명들은 다 무너질 수밖에 없는 것입니다.

하나님께서 정하신 때가 되면 이 세상에서 사람들이 믿던 모든 것이 한 순간에 다 날아가고 맙니다. 해가 '총담같이 어두어진다'고 했는데 '총담'이라고 하는 것은 말 털 같은 것으로 짠 담요를 말하는데 가장 검은색이었습니다. 해가 까맣게 되어버립니다. 그리고 달이 핏빛으로 변해버립니다. 그러니까 달이 얼마나 무서워집니까? 달달 보름달이 아닌 것입니다. 그런데 모든 별들이 떨어지는데 바람에 무화과 열매가 떨어지듯이 큰 별들이 다 떨어지는 것입니다. 그리고 눈에 보이는 이 하늘마저 종이가 말리듯이 말리워서 없어집니다.

여기서 말씀하시는 것이 무엇입니까? 즉, 하나님은 어떤 순간에 온 세상을 뒤집어 엎으시는데 그때에는 인간이 가진 제도나 권세나 학벌이나 신분이 휴지조각같이 아무 소용없게 되는 것입니다. 예를 들어, 나라가 망하게 되면 그때까지 누리고 있던 귀족의 명예는 아무 소용이 없게 됩니다. 2차대전, 일본 제국이 망했을 때 일본의 귀족들은 모두 전범이 되어서 총살형을

당했습니다. 그 전에 이들은 이 세상에서 별처럼 군림했고 온 세상을 쥐었다 폈다 했던 사람들이었습니다. 그러나 세상이 망하고 나라가 망하니까 그들은 쥐구멍이라도 찾아서 숨고 싶었지만 숨을 수가 없었습니다. 일본 천황은 자기가 신이라고 했지만 결국 미국의 장군 앞에 항복할 수밖에 없었습니다. 유고의 밀로셰비치나 세르비아의 인종 청소를 했던 사람들도 전쟁에서 지게 되니까 모두 수배를 당해서 죄수의 신분으로 재판을 받아야 했습니다.

그래서 베드로 사도는 이 세상은 불사르기 위하여 간수되었다고(벧후 3:7)말씀하고 있습니다. 인간이 애써 쌓아 올린 모든 제도는 하나님의 진노로 한 순간에 다 무너지고 맙니다.

그때 이것만 믿고 살아 온 사람들이 어떻게 됩니까?

15-17절 땅의 임금들과 왕족들과 장군들과 부자들과 강한 자들과 각 종과 자주자가 굴과 산 바위틈에 숨어 산과 바위에게 이르되 우리 위에 떨어져 보좌에 앉으신 이의 낯에서와 어린 양의 진노에서 우리를 가리우라. 그들의 진노의 큰 날이 이르렀으니 누가 능히 서리요 하더라

여기에 나타나는 사람들은 자신의 힘만 믿고 하나님을 대적하면서 산 사람들입니다. 땅의 임금이나 왕족들이나 장군들은 자기 힘을 믿고 이 세상에서 큰 세력을 떨치던 사람들입니다. 그런 사람들은 자기 힘을 신으로 삼고 자신의 신화를 만들면서 살던 사람들입니다. 이 사람들은 하나님을 두려워하지 않았고 하나님의 백성들을 업신여겼습니다. 부자들은 이 세상에서 돈을 모으는 재미나 장사하는 재미로 살던 사람들입니다. 그들은 자기가 가진 재산을 믿고 하나님을 두려워하지 않았습니다. 강한자들과 자주자들이 있습니다. 이들은 돈과 권력과 지식을 가지고 잘난 체하면서 살았

습니다. 그러나 이들은 하나님의 심판이 나타날 때에 크게 두려워하면서 산과 바위에게 우리 위에 떨어져 우리를 깔아서 죽게 하라고 소리를 지릅니다. 왜냐하면 하나님 앞에서 그 모든 부끄러운 죄들이 온 세상에 다 드러나기 때문입니다.

유명하던 사람이 어느 날 너무나도 좋지 못한 죄를 지은 것이 들통이 나서 수많은 텔레비전 카메라와 신문 기자들의 플래시가 터지는 앞에 서게 되면 정말 바위에 깔려서 죽고 싶은 심정일 것입니다. 그 다음날 신문을 보면 자기 사진이 대문짝만하게 나오는데 어디 쥐구멍에라도 들어가려고 하지만 숨을 데가 없습니다.

그래서 차라리 이 세상에서 눈물 콧물 흘리면서 회개하고 자기 욕심대로 살지 못하는 것이 복 있는 것입니다. 그렇지 않고 이 세상에서 자기 마음대로 살다가 죄 용서받지 못하고 하나님의 심판대에 서면 그때에는 쥐구멍에도 들어가지 못하는 것입니다.

우리에게 가장 두려운 것은 사람이 아닙니다. 하나님이십니다. 왜냐하면 하나님은 죄는 반드시 갚으시기 때문입니다. 하나님은 의로우신 하나님이기 때문입니다. 시간이 있을 때 자신의 영원한 운명에 대하여 확인하는 것이 옳습니다. 우리는 기회가 있을 때 복음으로 자신의 인생을 다시 설계해서 하나님 앞에서 부끄러움 없는 사람들이 다 되시기 바랍니다.

CHAPTER • 17

십사만 사천 명

요한계시록 7:1-17

이 세상에서도 선택을 받은 사람과 선택받지 못한 사람 사이에는 엄청난 차이가 있는 것을 볼 수 있습니다. 예를 들어, 수험생들이 같은 대학 시험에 합격을 해서 선택을 받은 사람은 그 대학 학생의 신분을 가지고 그 대학이 주는 모든 혜택을 다 누릴 수 있지만 떨어져서 택함을 받지 못한 사람은 그 대학에 다닐 수가 없습니다. 마찬가지로 많은 사람들이 유명한 기업체에 지원을 하지만 택함을 받은 사람은 그 회사 사원이 되어서 월급을 받으면서 일을 할 수 있지만 택함을 받지 못한 사람은 그 회사에 다닐 수가 없습니다. 이것은 나중에 하나님 앞에서도 마찬가지일 것입니다. 즉 하나님의 백성으로 택함을 받은 사람은 천국에서 하나님의 영광과 축복을 마음껏 누리지만 자격에 맞지 않아서 택함을 받지 못한 사람은 지옥에서 영원히 비참한 상태에 있어야 하는 것입니다.

유명한 화가 로버트 클라크의 그림 중에 '부활' The Resurrection of Christ 이라는 그림이 있습니다. 그 그림에는 예수님이 무덤에서 나오실 때 하늘에 수많은 성도들이 나타나서 예수님을 환영하는 너무나도 영광스러운 그림입니다. 저는 예수님이 재림하실 때 아마 이런 모습이 아닐까 하는 생각이 듭니다. 즉 예수님이 공중에 재림하실 때 이 세상에서 환란 받고 때로는 순교한 성도들이 모두 살아나서 예수님을 영접하는데 어떤 사람은 고문을 당해서 다리가 하나 없는 상태에서 절면서 나오고 어떤 성도는 앞을 보지 못하고 지팡이를 잡고 나오고 어떤 성도는 치열한 영적인 전투를 치른 갑옷을 입은 채로 공중에서 주님을 맞이하게 될 것입니다. 아마 지금까지 있었던 이단들 중에서 가장 많은 사람들을 유혹했던 성경이 바로 이 요한계시록 7장일 것입니다. 7장에는 앞으로 구원받을 사람의 숫자가 기록되어 있기 때문입니다.

즉, 요한계시록에 의하면 앞으로 환란을 이기고 구원받을 사람의 숫자는 '십사만 사천 명'이라고 말씀하고 있습니다. 그래서 이단은 이 '십사만 사천 명'이라는 숫자를 가지고 많은 사람들을 유혹하기를 이제 곧 '십사만 사천 명'이 다 차려고 하니까 숫자가 다 차기 전에 빨리 자기들에게로 오라고 해서 많은 사람들이 어리석게도 이 숫자에 속아서 이단에 빠져 들었을 것입니다.

요한계시록 7장에서 가장 중요한 내용은 역시 이 세상의 환란 가운데서 믿음을 지키고 승리해서 최종적으로 구원을 얻을 사람의 숫자입니다. 그러나 우리가 분명히 알아야 할 것은 여기에 나오는 십사만 사천 명이라는 숫자가 문자적인 '십사만 사천 명'을 의미하는 것이 아니라는 사실입니다. 이것은 어떤 상징적인 숫자인 것입니다.

오늘 본문은 여섯째 인과 일곱 번째 인 사이에 끼어있는 내용이 바로 이 '십사만 사천 명'에 대한 말씀인데 이런 것을 중간 계시라고 합니다. 그런데 요한계시록에서는 이런 중간 계시가 단순한 막간에 보여주는 보충적인 내용이 아니라 이런 중간 계시가 더 중요한 내용을 전달해주고 있다는 사실입니다.

사방에 부는 바람

오늘 본문에서 가장 먼저 나타나는 첫 장면은 네 천사가 땅 네 모퉁이에서 바람을 붙잡아 이 바람이 땅이나 바다나 각종 나무에 불지 못하게 하는 것입니다.

1절 이 일 후에 내가 네 천사가 땅 네 모퉁이에 선 것을 보니 땅의 사방의 바람을 붙잡아 바람으로 하여금 땅에나 바다에나 각종 나무에 불지 못하게 하더라

우리나라에는 매년 여름이 되면 태평양에서 만들어진 엄청난 태풍이 불어와서 많은 비를 내리게 하거나 큰 피해를 줄 때가 있습니다. 그래서 이런 태풍이 불게 되면 나라 전체가 긴장을 하면서 어떻게 해서든지 태풍의 피해를 줄이려고 방송국에서는 24시간 중계방송을 합니다. 그러나 우리 인간의 힘으로는 이런 바람이 불지 못하도록 막지는 못합니다. 미국에서도 허리케인이 불어서 미시시피 강이 범람을 하거나 혹은 뉴올리언스가 침수되어서 많은 사람들이 죽거나 대피해야만 했습니다. 그러나 이 지구상에 부는 바람은 단순히 이런 물리적인 바람만 있는 것이 아니라 다른 바람도 많이 있었습니다. 그 중에서 사람들이 가장 무서워하는 바람은 전쟁의 바람일 것입니다. 그리고 로마 시대에 기독교인들에게 무서운 황제 숭배의 바람이고 교회를 핍박하는 바람이었습니다. 20세기에 가장 무서운 바람은 공산주의의 바람이었습니다. 공산주의는 전 세계를 적화한다는 목표를 가지고 많은 나라들을 공산화했고 이들은 공산화하는 과정에서 많은 사람들을 죽이고 재산을 박탈했으며 모든 문화를 파괴했습니다. 2010년부터 2011년에 걸쳐 아프리카나 중동 지역에 재스민 혁명이라고 해서 민중 혁명이 일

어나는 바람에 오래된 독재정권들이 무너지거나 추방을 당했습니다. 이런 것도 모두 일종의 바람인 것입니다. 그런데 오늘 성경 말씀을 보면 함부로 이런 바람이 불지 못하게 네 천사가 땅 사면에서 바람을 붙들고 있다고 말씀하십니다.

여기서 '땅 네 모퉁이'라고 하는 것은 온 세상을 말합니다. 즉 이 세상은 어느 곳에서든지 악한 바람이 불 수 있습니다. 우리나라에 오는 태풍은 대개 생기는 곳이 정해져 있습니다. 즉 우리나라에 오는 태풍은 대체로 필리핀 부근에서 생기는 것입니다. 그러나 전 세계에는 이런 미친바람이 일어나는 곳이 많고 특히 전쟁의 바람이나 혁명의 바람이나 사탄의 박해의 바람은 어느 곳에서든지 일어날 수 있는 것입니다. 이 세상은 마치 언제 터질지 모르는 시한폭탄과 같다고 말할 수 있습니다. 그런데 하나님께서는 네 천사를 시켜서 이 바람이 일어나지 못하도록 막으십니다. 그런데 인간의 죄가 너무 쌓여서 하나님께서 그 천사들에게 붙들고 있는 바람을 놓으라고 하시면 재앙이 터지는 것입니다.

우리는 할 수 있는 대로 가정이나 직장이나 나라에 큰 어려움 없이 평안하기를 바랍니다. 그런데 하나님께서 붙들어주시지 않으면 여기저기에 폭탄이 터지듯이 시험이 터지게 됩니다. 따라서 우리는 이 세상 어느 곳도 악한 바람이 불 수 있다는 것을 알아야 합니다. 왜냐하면 모든 사람의 그 마음속에 분노의 폭탄을 하나씩 가지고 있기 때문입니다. 그런데 하나님께서 그 악한 본성을 은혜로 눌러 주시니까 평화가 유지되는 것이지 그냥 사람이 하려고 하는 대로 내버려두면 어느 한 순간에 마귀의 충동을 받아서 사고가 터지게 됩니다.

어떤 집은 평안했는데 갑자기 아이가 나쁜 아이들과 어울리는 바람에 풍파가 일어나기도 하고, 어떤 집에서는 아버지가 바람을 피우는 바람에 평안하던 가정이 엄청난 불행에 휩쓸리게 되기도 합니다.

여기에 보면 천사가 땅 사방의 바람을 잡아서 바람이 땅이나 바다나 나무에 불지 못하게 막고 있습니다. 여기서 땅이 무엇이냐 바다가 무엇이냐 나무가 무엇이냐 라는 것은 구체적으로 알기는 어렵습니다. 대개 바다는 이 세상으로 봅니다. 특히 하나님을 믿지 않는 사람들의 영역을 말하기도 합니다. 거기에 비해서 땅은 우리 성도들과 믿지 않는 자들이 함께 사는 영역으로 생각할 수 있습니다. 그리고 나무는 우리 믿는 사람들로 이루어지는 믿음의 공동체로 생각할 수 있습니다. 우리는 일단 바다에서 큰 태풍을 만나는 것보다는 육지에서 바람을 맞는 것이 낫습니다. 왜냐하면 바다에서는 폭풍이 일어날 때 바다 전체에 큰 파도가 일어나서 피할 수가 없지만 육지는 그래도 바람을 피할 곳이 있기 때문입니다. 그러나 바다에서 큰 폭풍을 만나면 웬만한 배라도 파도를 이기지 못하고 침몰할 때가 많습니다. 그러나 육지에서 바람을 만나면 피할 수가 있고 특히 나무숲이 있는 곳에서 바람을 만나면 그래도 나무가 바람을 막아주기 때문에 안전하게 피할 수가 있습니다.

우리 믿는 사람들에게는 할 수 있는 한 이런 환난의 바람이 일어나지 않는 것이 좋습니다. 그러나 우리는 완전히 환란을 피할 수는 없습니다. 그러나 환란의 강도를 줄이는 방법은 있습니다. 그것은 교회에서 하나님의 말씀이 지속적으로 선포해서 사람들의 마음에 숲이 생기게 하는 것입니다. 교회에서 처음 하나님의 말씀만 전하면 많은 사탄의 시험이 끊어질 날이 없을 정도로 환란의 바람이 많이 불게 됩니다. 그러나 교인들이 하나님의 말씀으로 어느 이상 성숙하게 되면 나무처럼 바람을 막아주기 때문에 교회가 거의 시험 없이 부흥의 불 바람만 일어나게 됩니다. 이렇게 부흥의 바람이 일어나고 있는 곳은 하나님께서 사탄의 바람이 불지 못하도록 바람을 붙잡게 하십니다.

요즘 동골에서는 사막화가 점점 심화되는 바람에 황사의 피해가 더 심해지고 있습니다. 그래서 우리나라에서는 황사의 피해를 줄이기 위해서 내몽골 지역에 나무를 많이 심었는데 바람을 막는데 상당한 효과를 보고 있다고 합니다. 즉 교회는 사람을 많이 모으는 것만이 중요한 것이 아니라 나무로 키울 때 사탄의 바람을 줄일 수 있습니다.

천사가 바람이 불지 못하도록 붙들고 있는 동안 하나님은 땅을 해롭게 하는 천사에게 하나님의 백성들의 이마에 인을 칠 때까지 땅이나 바다나 나무를 해치지 말라고 명령하십니다.

2, 3절 또 보매 다른 천사가 살아계신 하나님의 인을 가지고 해 돋는 데로부터 올라와서 땅과 바다를 해롭게 할 권세를 얻은 네 천사를 향하여 큰 소리로 외쳐 가로되 우리가 우리 하나님의 종들의 이마에 인치기까지 땅이나 바다나 나무나 해하지 말라 하더라

여기서 한 천사는 해 돋는 데서부터 올라오는데 그는 하나님의 인을 가졌다고 했습니다. 즉 이 인은 복음의 인인 것입니다. 여기서 해 돋는 방향은 하나님의 방향입니다. 그런데 이 복음을 가진 천사가 얼마나 힘이 있는가 하면 '땅과 바다를 해롭게 할 권세를 얻은 네 천사'에게 땅이나 바다나 나무를 해치지 말라고 명령하고 있습니다. 즉 우리에게 말씀의 역사가 일어나는 한 재앙의 바람은 불지 못하게 됩니다. 우리가 가지고 있는 이 복음은 재앙의 바람보다 더 힘이 있기 때문입니다. 요즘 세상 사람들은 지식이 있고 돈이 많은 사람이 힘이 있다고 하지만 진짜 힘은 복음에서 나오는 것입니다. 이 복음은 태양과 같이 힘이 있기 때문에 온 세상에 빛을 비추게 됩니다.

여기서 '인을 친다'고 하는 것은 유대인들처럼 몸에 할례를 받는 것이 아니라 말씀으로 그 사람을 거듭나게 해서 확실히 하나님을 믿는 사람으로

만드신다는 뜻입니다. 우리는 보통 인을 칠 때 자기 자신의 소유에 인을 칩니다. 그래서 누구든지 그 인이 있으면 자기 소유인 줄 금방 알 수 있습니다. 공부하는 사람들은 아무리 책이 많아도 자기 책은 금방 알아봅니다. 또 여자들은 아무리 그릇이 많아도 자기 그릇은 알아냅니다. 마찬가지로 하나님께서는 이 세상에 아무리 사람들이 많아도 자기 백성들을 알아보시는 것입니다.

엡 1:13 그 안에서 너희도 진리의 말씀 곧 너희의 구원의 복음을 듣고 그 안에서 또한 믿어 약속의 성령으로 인치심을 받았으니

우리가 복음을 듣고 예수를 믿으면 하나님께서 성령으로 우리 마음에 인을 치시는데 우리는 절대로 이 도장을 지울 수가 없습니다. 어떤 사람은 이 인치는 것이 방언과 같은 성령의 체험이라고 하는데 반드시 그런 것은 아닙니다. 이 인은 나도 모르는 사이에 하나님의 말씀을 듣는 가운데 예수님께서 내 죄를 위하여 십자가에 못 박혀 죽으셨으며 나는 하나님의 자녀라는 확신이 생기게 되는 것을 말합니다. 해 돋는데서 부터 하나님의 인을 가지고 와서 하나님의 종들의 이마에 인을 친다고 하는 것은 하나님께서 믿기로 택하신 자들에게 복음을 가지고 가셔서 그들을 꼭 믿게 만드신다는 뜻입니다. 그러는 동안에 사탄의 바람이 불어서 이들의 영혼을 빼앗아 가지 못하게 막으시는 것입니다. 결국 이 세상에 심판의 바람이 불지 못하도록 막는 것은 인간의 능력이 아니고 영혼을 구원하고자 하는 하나님의 능력입니다.

아무리 사람들이 과학을 발전시킨다고 해도 그것으로는 전쟁의 바람이나 재앙의 바람을 막을 수 없습니다. 과학의 힘이나 인간의 머리로는 지진이나 화산 폭발, 쓰나미를 미리 막거나 예고하지 못하고 있습니다. 그러나

교회가 열심히 말씀을 붙들고 부흥이 일어나는 동안 그리고 사람들이 말씀을 듣고 하나님께로 돌아오고 있는 동안에 하나님께서는 전쟁이나 난리의 바람이 불지 못하도록 막아주십니다.

그래서 천사가 인을 들고 다니면서 친다고 하지만 실제로 사람들에게 찾아가서 복음을 전하고 그들로 하여금 예수를 믿게 하는 일은 교회가 해야 할 일입니다. 인을 치는 것은 천사가 할지 몰라도 복음 전하는 일은 교회에 주어진 일이고 교회가 해야 할 일입니다.

구원받은 십사만 사천 명

하나님께서는 구원받을 성도들의 수를 알고 계십니다. 특히 옛날 양을 치는 사람들에게 양의 숫자는 아주 중요했습니다. 즉 목자가 양의 숫자를 헤아린다고 하는 것은 그 양을 보호하고 책임지는 것을 의미하기 때문입니다. 구원받은 자의 숫자를 헤아려보니까 이스라엘 열두 지파에서 만 이천 명씩 해서 십사만 사천 명이었습니다.

4절 내가 인맞은 자의 수를 들으니 이스라엘 자손의 각 지파 중에서 인맞은 자들이 십사만 사천이니

여기에 나오는 이 '십사만 사천'이라는 숫자 때문에 얼마나 많은 사람들이 이단에게 속았는지 모릅니다. 많은 이단들이 구원받는 사람의 숫자는 십사만 사천 명이기 때문에 숫자가 차기 전에 자기들에게 와야 한다고 하면서 사람들을 미혹했습니다.

그러나 이 '십사만 사천'이라는 숫자는 문자적인 숫자가 아니고 상징적인 숫자입니다. 그 증거가 바로 뒤에 나오는데 이 '십사만 사천 명'은 이스

라엘 열두 지파에서 모두 똑같이 만 이천 명씩 해서 열두 지파이기 때문에 십사만 사천 명이 되는 것입니다.

여기서 이스라엘 모든 지파가 나오는데 이것은 신약 교회가 이스라엘 열두 지파의 축복을 계승했다는 뜻입니다. 하나님께서는 아브라함에게 온 세상을 축복하는 복의 근원이 되게 하겠다고 약속하셨는데 신약 교회는 바로 그 아브라함의 축복을 상속한 영적 이스라엘인 것입니다. 우리 안에는 하나님의 진액에 흐르면서 돌 감람나무가 이스라엘의 참 감람나무가 되어서 이 기름으로 부흥의 불이 붙는 것입니다. 그런데 이스라엘 각 지파에서 만 이천 명이라고 하는 것은 12라는 숫자도 열두 지파를 의미하는데 여기서 천이라는 숫자는 많다는 뜻입니다. 그래서 각 지파에서 만 이천 명이라고 하는 것은 각 나라와 민족과 방언과 교파에서 구원받는 사람이 엄청나게 많다는 것입니다. 만 이천 명만 해도 많은 숫자를 상징하는데 거기에 열두 지파가 곱하게 되니까 어마어마하게 많은 사람들이 전 세계 많은 민족과 방언 가운데서 구원받아서 참 이스라엘 백성이 되는 것입니다.

이 당시 신약 교회는 아직도 자신들을 이방인처럼 생각하고 유대교에 대하여 열등감을 느낄 때가 많았습니다. 그러나 하나님께서는 이제 교회를 진정한 영적 이스라엘로 선포하시는 것입니다.

5-8절 유다 지파 중에 인맞은 자가 일만 이천이요, 르우벤 지파 중에 일만 이천이요, 갓 지파 중에 일만 이천이요. 아셀 지파 중에 일만 이천이요, 납달리 지파 중에 일만 이천이요, 므낫세 지파 중에 일만 이천이요, 시므온 지파 중에 일만 이천이요, 레위 지파 중에 일만 이천이요, 잇사갈 지파 중에 일만 이천이요. 스불론 지파 중에 일만 이천이요, 요셉 지파 중에 일만 이천이요, 베냐민 지파 중에 인맞은 자가 일만 이천이라

여기서 특기할 것이 몇 가지가 있습니다. 우선 유다 지파가 가장 선두에 지목되고 있는 점입니다. 유다 지파는 이스라엘 여러 지파 중에서 영적인 축복을 받은 지파입니다. 그래서 하나님의 나라를 이루어 가는데 유다의 말씀과 성령의 능력이 가장 먼저 모든 것을 정복해 나가는 것을 보여줍니다. 여호수아서나 사사기에도 유다 지파는 이스라엘 모든 지파의 중심이 되어서 가나안 땅을 정복해 들어갔습니다. 같은 믿는 자들 중에도 하나님의 말씀을 붙드는 사람들에게 가장 우선적인 기회와 능력이 주어집니다. 물론 말씀만이 모든 것은 아니지만 가장 중심이 되고 중요한 은사인 것은 분명합니다. 하나님의 나라는 가만히 주저앉아 있는 자들에게 주어지는 것이 아닙니다. 힘도 없고 능력도 없지만 하나님의 약속의 말씀을 붙들고 나가기만 하면 그것이 나의 땅이 되고 나의 영역이 되며 능력이 나타나게 됩니다.

그리고 요셉 지파는 두 지파가 들어가 있습니다. 하나는 므낫세 지파요, 다른 하나는 에브라임 지파 대신 요셉 지파라고 말씀하고 있습니다. 요셉의 이 두 아들은 애굽에서 낳고 키운 애굽인이었습니다. 그러나 그들은 야곱의 아들들로 입양이 되었을 뿐 아니라 두 지파의 분깃을 받았습니다. 결국 이들은 선교의 열매들인 것입니다. 그런데 이름을 에브라임이라 하지 않고 요셉이라고 합니다. 그 이유는 에브라임이 너무나도 기질이 강하고 반역을 잘했기 때문에 변화된 사람이라는 뜻으로 에브라임 대신에 요셉으로 한 것 같습니다.

이 여러 지파들의 이름이 의미하는 것은 우리가 바로 이런 이름 안에 속해 있는 새 이스라엘이며 구약의 모든 축복의 약속이 오늘 우리들에게 해당된다는 뜻입니다.

그런데 여기에 보면 다른 이스라엘 지파는 다 있는데 이스라엘 열두 지파 중에서 오직 단 하나의 지파가 빠져 있습니다. 그 지파는 바로 단 지파입니다. 회복되는 이스라엘 열두 지파 중에 단 지파가 빠져 있는 것입니다. 어떤 성경학자들은 단 지파가 이단 지파이기 때문에 제외되었다고 말하기도 합니다. 사실 북쪽 이스라엘 열 지파는 앗수르에 의하여 망하면서 없어져 버렸습니다. 그래서 이스라엘 사람들도 단 지파를 찾아야 한다고 말을 하고 있습니다.

어느 해 타임즈지를 보니까 아프리카 에티오피아에 오래 전부터 살아왔던 흑인 유대인들이 있었는데 이들이 공산당의 박해를 피해서 팔레스타인으로 피난을 했습니다. 이때 사람들은 혹시 이들이 없어진 단 지파가 아닐까 생각을 하기도 한다고 했습니다. 그런데 단 지파는 사사기 때 가장 정복하기 어려운 블레셋 땅을 제비를 뽑게 됩니다. 그런데 단 지파는 블레셋과 싸울 수 없었기 때문에 약속의 땅을 포기하고 편하게 살기 위해서 가장 북쪽에 있는 쉬운 땅 라이스를 차지해서 단을 그곳으로 옮기게 됩니다.

결국 단 지파는 약속의 땅을 포기하고 쉽게 살려고 하다가 멸망을 하게 됩니다. 즉 우리가 편하게 사는 것이 좋은 것이 아닌 것입니다. 영적 전쟁을 포기한 단 지파는 회복이 되지 않습니다. 하나님은 단 지파를 위해서 삼손이라는 강력한 사람을 준비해주셨지만 단 지파는 기다리지 못하고 약속의 땅을 포기하고 말았습니다.

이 세상의 모든 그리스도인들은 흑인이든 백인이든 자유인이든 노예든 이 이스라엘의 어느 지파에 속해 있으며 하나님께서는 그들 가운데서 충분한 숫자를 구원하신다는 뜻입니다.

승리한 무리들의 찬양

이 세상에는 우리가 아무리 믿음으로 살려고 해도 악한 마귀의 핍박이 있고 환난과 어려움이 있습니다. 그러나 그 어려움 가운데 끝까지 믿음을 지킨 사람들은 흰 옷을 입고 종려나무 가지를 들고 하나님과 어린 양을 찬송하게 됩니다. 오늘 본문을 보면 도저히 헤아릴 수 없는 많은 무리들이 흰 옷을 입고 나와서 주를 찬양하게 됩니다.

오늘 본문은 마치 뮤지컬이나 오페라는 보는 것 같습니다.

맨 처음에는 손에 종려나무 가지를 든 흰 옷 입은 무리가 등장합니다. 이 무리들이 얼마나 큰가 하면 어느 누구도 셀 수 없을 정도로 많은 사람들이었습니다. 이들은 아주 큰 소리로 하나님의 구원을 찬양합니다. 그 후 이번에는 하늘에 있는 모든 천사와 장로들이 합창을 하면서 그들의 찬양에 화답을 합니다.

갑자기 장로 중 한 명이 요한에게 '이 흰 옷을 입은 사람들이 어디서 왔느냐?'고 묻습니다. 이것은 모든 청중들의 관심을 한 가지 사실에 집중시키기 위한 것입니다. 요한은 '글쎄'라고 하면서 장로의 대답을 유도하고 있습니다. 그랬더니 이 장로는 '이들이 큰 환란에서 나왔는데 어린 양의 피에 그 옷을 씻어 희게 하였다'고 대답합니다.

그리고 최종적으로 이 장로가 이 흰 옷 입은 무리들이 받을 축복에 대하여 선언하는 것으로 이어지고 있습니다.

9절 이 일 후에 내가 보니 각 나라와 족속과 백성과 방언에서 아무라도 능히 셀 수 없는 큰 무리가 흰 옷을 입고 손에 종려 가지를 들고 보좌 앞과 어린 양 앞에 서서

'이 일 후에'라는 것은 바람이 일어나지 못하도록 천사들이 땅 사방을 붙들고 있고 그 동안에 십사만 사천 명에게 인을 치는 일이 있은 후라는 뜻입니다. 수많은 사람들이 각 나라와 족속과 방언 가운데서 나오는데 도저히 헤아릴 수 없는 많은 무리들입니다. 이 사람들이 결국 인을 맞은 사람들입니다. 하나님께서는 이 세상의 어떤 상황 가운데서도 구원할 자들을 반

드시 구원하시는 것입니다. 그 성도들은 모두 이 세상에서 신앙을 버릴 것을 요구하고 죄의 세계로 다시 돌아갈 것을 요구하는 세상 사람들의 집요한 요구를 다 뿌리치고 끝까지 믿음을 지킨 사람들입니다. 우선 그들은 흰 옷을 입고 있고 손에는 종려나무 가지를 들고 있습니다. 흰 옷은 순결을, 그리고 종려나무 가지는 승리를 의미합니다. 그래서 흰 옷을 입고 손에 종려나무가지를 든 사람들이 의미하는 것은 순결로 승리했다는 것입니다. 이 세상에 그렇게 악이 들끓고 유혹이 많았지만 그럼에도 불구하고 끝까지 자신의 의를 지켰다는 뜻입니다. 이 사람들은 끝까지 죄와 타협하지 않고 믿음으로 승리한 사람들의 모습입니다.

그러면 이것이 구체적으로 의미하는 것이 무엇입니까?

우선 첫째 주 예수에 대한 믿음을 버리지 아니하였다는 뜻입니다. 이들이 핍박받는 이유가 무엇입니까? 오직 예수님만 믿었기 때문입니다. 만일 이들이 다른 신도 다 인정하고 예수도 믿는다면 고통 받아야 할 이유가 없었던 것입니다. 그러나 이들은 오직 예수만 하나님의 아들이라고 믿고 다른 신들은 다 인간이 만든 우상이요 죽은 것이라고 말하기 때문에 고통 받았던 것입니다. 사람의 가치는 그가 믿는 신앙만큼 가치가 있습니다. 돌이나 나무의 우상을 믿는 사람은 생각하는 것이나 행동하는 것이 돌이나 나무같이 무미건조합니다. 음란한 신을 믿는 자는 그 신만큼이나 음란합니다. 돈을 믿는 사람은 돈만큼이나 추하고 수단과 방법을 가리지 않습니다. 이 세상의 신들은 모두 사람의 상상에서 나온 헛된 것들이며 사람들의 가치를 형편없이 떨어지게 합니다. 그러나 하나님의 백성들은 존귀합니다.

둘째로 이것은 자신의 양심을 더럽히지 않았다는 것입니다. 그리스도인에게 있어서 가장 중요한 것은 양심을 더럽히지 않는 것입니다. 우리가 이 세상에서 살아남으려면 양심을 속이지 않고는 어렵습니다. 그래서 많은 사람들은 양심을 좀 속이더라도 세상에서 손해를 보지 않으려고 합니다. 그러나 하나님 앞에서 가치 있는 것은 깨끗한 양심입니다. 우리는 하나님 앞에서 우리의 양심을 씻음 받아야 합니다. 선한 양심은 하나님 앞에 담대함을 얻습니다. 깨끗한 양심은 우리로 하여금 두려움 없이 하나님의 보좌 앞으로 나아가게 합니다.

세 번째는 이 사람들은 선으로 악을 이기는 자입니다. 다른 사람이 나에게 악을 행할 때 우리는 금방 복수하고 싶어집니다. 그러나 그리스도인들은 그렇게 하지 않습니다. 그 이유는 하나님께서 우리를 이 세상에 보내신 것은 복수하라고 보내신 것이 아니기 때문입니다. 하나님께서는 우리로 하여금 할 수 있는 대로 한 사람이라도 더 구원하라고 보내었지 복수하라고 하신 것이 아니기 때문입니다. 하나님께서 우리를 이 세상에 살게 하시는 것은 사랑하라고 하신 것입니다. 하나님은 우리들에게 다른 사람들을 사랑할 권리를 주셨지 그들을 판단하고 미워하고 심판할 권한은 주시지 않으셨습니다.

이제 이 성도들은 하나님 앞에서 큰 소리로 하나님과 어린 양을 찬송합니다.

10절 큰 소리로 외쳐 가로되 구원하심이 보좌에 앉으신 우리 하나님과 어린 양에게 있도다 하니

구원받은 성도들은 '자신들이 구원받는 모든 능력이 보좌에 앉으신 하나님과 어린 양에게 있다'고 합니다. 즉 그리스도인들이 지금까지 참고 인내하며 믿음으로 승리한 것이 내 힘이 아니었다는 것입니다. 이 모든 것은 하나님께서 주시는 힘이었습니다.

11, 12절 모든 천사가 보좌와 장로들과 네 생물의 주위에 섰다가 보좌 앞에

엎드려 얼굴을 대고 하나님께 경배하여 가로되 아멘 찬송과 영광과 지혜와 감사와 존귀와 능력과 힘이 우리 하나님께 세세토록 있을찌로다. 아멘. 하더라

우리에게 영광이 주어졌다면 그 최초의 영광을 우리에게 주신 분은 하나님이십니다. 우리에게 지혜가 주어졌다면 그 지혜를 최초로 주신 분은 하나님이십니다. 우리에게 존귀와 능력이 주어졌다면 최초로 그것을 우리에게 주신 장본인은 하나님이십니다. 그래서 우리 중 하나님만이 주목을 받으셔야 하며 이 모든 진귀한 선물들의 근원이신 하나님께 이 모든 것에 대한 감사를 돌려야 할 것입니다.

오늘 이 사랑의 노래에서 가장 극적인 부분은 도대체 이 엄청나게 많은 이 승리한 무리들이 어디에서 나왔느냐 하는 것입니다.

13, 14절 장로 중에 하나가 응답하여 내게 이르되 이 흰 옷 입은 자들이 누구며 또 어디서 왔느뇨 내가 가로되 내 주여 당신이 알리이다 하니 그가 나더러 이르되 이는 큰 환난에서 나오는 자들인데 어린 양의 피에 그 옷을 씻어 희게 하였느니라

이 세상에서 가장 궁금하게 생각하는 것은 그리스도의 신부가 어디에 있느냐 하는 것입니다. 물론 교회지요. 그러나 교회를 살펴 본 자들마다 고개를 흔듭니다. 왜냐하면 교회 안에서 보는 성도들의 모습은 가난에 찌들어 있고 병마와 싸우고 있으며 여러 가지로 힘들게 살아가고 있는 모습들입니다. 그 중에 어떤 사람은 믿는다고 하면서도 여전히 세상과 벗 삼아 믿음으로 살지 못하고 있습니다.

마치 우리 믿는 사람들은 신데렐라와 같습니다. 파티에 나타날 때에는

마차를 타고 멋진 드레스를 입고 유리 구두를 타고 나타났는데, 집에 돌아갔을 때에는 집에서 허드렛일이나 하는 하녀의 모습이기 때문입니다. 우리 그리스도인들의 모습을 볼 때에는 하나님께 예배드리면서 성령 충만할 때의 모습을 보아야 합니다. 그때 이들의 눈은 그렇게 아름다울 수가 없으며 그들은 은혜로 옷을 입고 있습니다. 오로지 하나님만 바라보는데 그렇게 순결하고 아름다울 수가 없는 것입니다.

장로들은 이 흰 옷을 입은 무리들이 환난에서 나온다고 대답을 했습니다. 즉 환란이 우리 믿는 자들을 이렇게 순결하고 아름답게 준비시켰다는 뜻입니다. 우리는 어려움이 없을 때 보다는 환란 가운데 있을 때 역시 가장 순결합니다. 그때는 교만이나 죄가 파고 들어올 틈이 없습니다. 환난에서 나오는 흰 옷을 입은 무리들이 나오는데 누가 봐도 그들은 자랑스러운 그리스도의 신부였습니다. 환란이 너무나도 아름다운 그리스도의 신부들을 만들어 놓았습니다.

이것은 오늘 우리들에게도 마찬가지입니다. 오늘 우리들의 눈에는 세상의 화려한 사람들이 눈에 들어올 것입니다. 그러나 그리스도의 신부는 따로 준비되어 있습니다. 그들은 고난 가운데서 낮아질 대로 낮아지고 깨어질 대로 깨어진 자들입니다. 그들은 예수님께서 하루하루 주시는 힘으로 살아 온 자들입니다. 그들에게는 그리스도가 모든 것입니다. 그들의 눈에는 눈물이 있고 마음에는 기쁨이 있습니다. 그것은 이유를 알 수 없는 기쁨입니다. 세상은 이토록 아름답고 순결한 그리스도의 신부의 모습을 보고서 그때서야 그리스도가 헛되게 십자가에 달리신 것이 아니며 자기들이야 말로 망했다는 것을 실감하게 되는 것입니다.

15절 그러므로 그들이 하나님의 보좌 앞에 있고 또 그의 성전에서 밤낮 하나님을 섬기매 보좌에 앉으신 이가 그들 위에 장막을 치시리니 하나님께서는 우리 성도들을 하나님의 보좌 앞으로 인도하여 주십니다. 하나님은 구원받은 성도들을 하나님의 보좌 가장 가까운 곳으로 오게 하십니다. 하나님은 우리들 위에 하나님께서 장막을 치셔서 낮의 더위나 밤의 추위가 상하게 못하도록 지켜주십니다. 우리가 예배드리는 이곳은 하나님의 영원한 지성소입니다. 이곳은 가장 거룩한 곳 중의 거룩한 곳입니다.

16절 저희가 다시 주리지도 아니하며 목마르지도 아니하고 해나 아무 뜨거운 기운에 상하지 아니할찌니

하나님은 다시는 우리들에게 고통이 없도록 지켜주실 것입니다. 즉 우리에게 다시는 배고픈 것이나, 목마른 것이나, 뜨거움이나 다른 어떤 고통도 없습니다.

17절 이는 보좌 가운데 계신 어린 양이 저희의 목자가 되사 생명수 샘으로 인도하시고 하나님께서 저희 눈에서 모든 눈물을 씻어 주실 것임이러라

어린 양이 친히 목자가 되셔서 생명수 샘으로 이끄십니다. 우리에게 성령의 생수가 언제가 솟아나기 때문에 우리는 목마르지 않을 것입니다. 하나님은 우리를 천국의 기쁨으로 위로해주시기 때문에 슬프지 않을 것입니다.

하나님께서는 이 세상에서도 우리의 장막이 되어주시고 천국의 위로로 위로하여 주셔서 우리의 잔이 넘치게 하시고 결코 우리로 하여금 하나님의 은혜에 주리지 않도록 채워주실 것입니다. 그래서 우리는 이 세상에서 환난당하는 것을 두려워하지 마시기를 바랍니다. 우리가 앞으로 만들어질 흠도 티도 없는 모습을 생각하면서 죄와 유혹을 이기는 성도가 되시기 바랍니다.

CHAPTER • 18

일곱 나팔의 재앙

요한계시록 8:1-13

가끔 휴일이 되어서 공룡 박물관에 가보면 거대한 뼈로 되어 있는 공룡을 조립해서 세워놓은 것을 볼 수 있습니다. 물론 그 뼈들이 땅 속에서 발견이 될 때에는 그렇게 세워져 있지 않았지만 과학자들이 좀 더 실감나게 하기 위해서 뼈를 조립을 해서 세워놓은 것입니다. 그러나 우리가 그 뼈를 보면 공룡의 크기나 대략적인 생김새를 짐작할 수 있지만 사실 뼈단 가지고는 정확한 모습을 알 수 없습니다. 사실 우리가 공룡의 정확한 모습을 알려고 하면 살이 채워져 있는 모습을 보아야 하는데 살은 다 썩어서 뼈만 남아 있는 것입니다. 마찬가지로 우리가 요한계시록의 구조를 보면 '일곱'이라는 숫자로 뼈대가 이루어져 있는 것을 볼 수 있습니다. 즉 하나님께서는 앞으로 이 세상에 되어질 일을 보여주시기 위해서 요한에게 거대한 계시를 보여주셨는데 그 뼈대에 해당되는 부분이 일곱 교회, 일곱 인봉, 일곱 나팔, 일곱 대접으로 되어 있습니다. 그 중에서 일곱 교회는 계시의 머리에 해당되는 부분이고 일곱 인봉과 일곱 나팔, 일곱 대접은 가슴에 있는 갈비뼈에 해당되는 부분입니다. 그런데 요한계시록에는 이런 뼈대만 있는 것이 아니라 하늘에 있는 보좌라든지 혹은 짐승이라든지 하늘에서 내려오는 새 예루살렘 같은 풍성한 속살에 해당되는 계시들이 있습니다. 그래서 우리가 너무 일곱 인봉이나 일곱 나팔이나 일곱 대접의 해석에 빠져버리면 더 중요한 많은 중요한 계시들을 놓칠 수 있습니다.

우리가 이 세상을 보면 너무나도 많은 사고와 질병과 재앙들이 사람들을 죽음으로 몰고 가는 것을 볼 수 있습니다. 사람들은 이 모든 재앙을 막아보려고 애를 많이 썼지만 결코 막을 수가 없었습니다. 그러나 이 세상에 임하는 모든 진노는 인간들이 죄 아래 있고 하나님의 심판 아래 있기 때문에 임하는 것입니다.

우리가 일곱 인봉이나 일곱 나팔의 계시를 보면 주로 하나님의 천사가 인봉을 떼거나 혹은 나팔을 불 때마다 이 세상에 무시무시한 재앙이 일어나면서 많은 사람들과 생물들이 죽는 것을 보여줍니다. 이것이 요한계시록의 전체적인 분위기를 무시무시하게 만드는 효과를 자아내고 있습니다. 이것은 다시 말해서 우리 인간들이 진정으로 하나님께 돌아오기 전에는 언제나 무서운 재앙을 당할 수밖에 없다는 것을 보여줍니다.

이 세상은 겉으로 보기에는 평화스러운 것 같은데 그 속에는 하나님의 진노를 깔고 있습니다. 그래서 하나님의 어린 양이 인봉을 떼거나 나팔을 불 때마다 이 세상은 무시무시한 재앙이 일어나서 많은 사람들이 죽거나 재앙을 당하게 됩니다. 그 이유는 이 세상은 전체적으로 하나님의 진노아래 있기 때문에 죄가 쌓이기만 하면 언제 어디서나 재앙이 터지게 되어 있습니다. 그래서 우리 인간들에게 가장 중요한 것은 안정된 삶을 찾는 것이 아니라 하나님과 화해하는 것입니다. 우리가 요한계시록 8장을 보면 하나님의 어린 양이 일곱 번째 인봉을 떼는데 이것이 끝이 아니고 바로 일곱 나팔의 재앙으로 넘어가버립니다. 우리가 당황하게 되는 것은 하나님의 오른손으로부터 일곱 인이 찍혀 있는 두루마리를 받아서 그 인을 하나씩 다 뗐으면 이제 책을 활짝 열어서 그 안에 들어 있는 내용이 공개되어야 하는데 그냥 공개 되는 것이 아니라 천사들이 일곱 나팔을 하나씩 불면서 다시 새로운 재앙들이 나타납니다. 우리가 이것을 통해서 알 수 있는 것은 일곱 인봉이나 일곱 나팔이 중요한 메시지를 연결시키는 뼈대라는 것입니다. 그래서 우리는 이 인봉과 나팔 사이에 일어나는 일들을 주의 깊게 살펴 볼 필요가 있는 것입니다.

반시 동안의 고요

1절 일곱째 인을 떼실 때에 하늘이 반시 동안쯤 고요하더니

어린 양이 일곱 번째 인을 뗀 다는 것은 하나님의 책에 있는 인을 다 떼어서 이제 그 책을 활짝 열어서 그 내용을 공개한다는 뜻입니다. 예를 들어, 어떤 부자가 유언장을 남기는데 여러 개의 열쇠가 채워져 있는 금고 안에 넣어 놓고 죽었다면 그 일곱 개의 열쇠를 가진 사람이 다 모여야 그 유언장은 공개가 될 것입니다. 그런데 사람들은 그 열쇠 하나하나를 찾는데 상당히 많은 어려움을 겪었다고 합시다. 그런데 드디어 일곱 개의 열쇠를 다 찾아서 열쇠를 전부 다 열게 되었다면 이제 이 부자의 유언장을 공개할 수 있게 될 것이고 사람들은 이 부자의 어마어마한 재산이 누구에게로 가게 되는지 궁금해 할 것입니다.

그런데 하나님의 어린 양이 일곱 개의 인봉을 모두 다 떼게 되었을 때 잠시 조용해지게 되었습니다. 본문에 보면 '일곱째 인을 떼실 때에 하늘이 반시 동안쯤 고요하더라'고 했습니다.

여기서 '반시'라고 하는 것은 30분 정도 되는 시간인데 이것은 그렇게 긴 시간은 아닐지 몰라도 굉장히 궁금한 시간이기도 합니다. 하나님께서 요한에게 어린 양으로 그 엄청난 여섯 개의 인봉을 다 떼는 것을 보게 하신

후에 마지막 일곱 번째 인봉을 떼었을 때 30분쯤 아무 일 없이 조용한 침묵만 있게 했습니다.

지금까지는 인봉을 하나씩 뗄 때마다 정말 엄청난 일들이 일어났습니다. 즉 흰 말이 튀어나오기도 하고 붉은색 말이 튀어나오기도 하고 죽음의 색인 청황색 말이 튀어나오기도 했습니다. 그런데 정작 일곱 번째 인봉을 뗐을 때에는 아무 소리도 나지 않고 아무 동작도 없는 조용한 반시간이 지나갔습니다. 조용한 반시간이 의미하는 것이 무엇일까요? 이것은 하나님의 다음 행동을 기대하게 하는 침묵의 30분인 것입니다. 우리 인간들이 이 세상에서 하는 일들은 빈틈없이 빽빽한 것을 좋아합니다. 특히 우리가 텔레비전을 보면 단 일분일초라도 그냥 넘어가지 않고 광고를 한다든지 선전을 해서 그 시간을 채워야 하는 것입니다. 그런데 우리가 만일 텔레비전을 보는데 30분 정도 아무 화면 없이 조용히 있으면 사람들이 틀림없이 방송국에서 방송사고가 났다고 생각할 것입니다. 그러나 하나님은 무엇인가 새로운 일을 시작하시기 전에 우리로 하여금 아무것도 하지 않고 조용히 기다리게 하실 때가 많이 있습니다. 이 시간은 우리가 하나님을 기대하는 시간이며 우리의 마음을 하나님을 향해서 집중시키는 시간입니다.

사람의 머리는 한 번씩 휴식이 필요한 것 같습니다. 한꺼번에 중요한 내용들을 다 쏟아 부으면 용량이 초과 되어서 더 이상 들어가지 않고 밖으로 흘러버릴 때가 많습니다. 그런데 우리가 잠시 쉬고 나면 다시 정신이 들면서 새로운 지식을 받아들일 수 있게 됩니다. 마찬가지로 하나님은 우리가 이 세상을 살아가는데 때때로 우리에게 아무 일도 하지 않고 기다리게 하실 때가 있습니다. 학생들 경우에는 시험에 떨어져서 재수를 해야 할 때도 있고 청년들 중에는 취직이 되지 않아 직장을 쉬어야 할 때가 있습니다. 세상 사람들은 일정한 소속 없이 무작정 기다려야 하는 시간이 가장 고통스러운 시간이지만 우리에게는 그 동안 세상만 바라보고 사람만 쳐다보고 살다가 이제 모든 것을 다 내려놓고 하나님을 바라볼 시간인 것입니다.

우리에게는 이런 시간이 아주 중요하고 필요한 시간입니다. 사실 우리의 속사람은 바로 이런 조용한 시간을 통해서 만들어지게 됩니다.

아놀드 토인비는 누구든지 이 세상을 바르게 살아가려고 하면 반드시 세상 밖으로 나가서 자기 자신을 찾는 시간을 가져야 한다고 했습니다. 토인비는 그 대표적인 인물로 모세와 세례 요한을 들었습니다. 우리가 세상 속에 빠져 있을 때에는 세상이나 내 자신을 객관적으로 볼 수가 없습니다. 그러나 세상에서 나와서 하나님 앞에서 내 자신을 생각할 때 세상과 내 자신을 보다 정확하게 볼 수 있게 되는 것입니다.

2절 내가 보매 하나님 앞에 시위한 일곱 천사가 있어 일곱 나팔을 받았더라

하나님께서는 일곱 번째 인을 뗐을 때 잠시 조용한 시간이 있게 하신 후 앞에 서 있는 일곱 천사에게 일곱 나팔을 주셨습니다. 이 일곱 나팔은 이 세상에 믿지 않는 자들에 대한 하나님의 무서운 심판의 나팔인 것입니다.

성도들의 금향로

이때 갑자기 다른 천사가 하나님의 성전 제단에 있던 금향로에 많은 향을 담아서 세상에 붓습니다.

3, 4절 또 다른 천사가 와서 제단 곁에 서서 금향로를 가지고 많은 향을 받았으니 이는 모든 성도의 기도들과 합하여 보좌 앞 금단에 드리고자 함이라 향연이 성도의 기도와 함께 천사의 손으로부터 하나님 앞으로 올라가는지라

이스라엘 백성들은 성전에는 금향로가 있었는데 제사장은 성소에 들어가서 하나님께 분향을 할 때에 이 금향로를 사용해서 향을 피웠습니다. 그때 이스라엘 백성들은 모두 성전 뜰에 모여서 하나님께 기도를 드렸습니다. 그래서 여기의 금향로는 우리 성도들의 합심기도를 말하는 것입니다.

하나님께서는 이 세상에 결정적인 심판이나 재앙을 내리시기 전에 먼저 성도들의 기도를 받으셨습니다. 즉 하나님께서 이 세상에 믿지 않는 자들을 심판하실 때에 우리 성도들의 기도를 들으시고 그 기도의 내용을 상당히 참작을 해서 재앙의 시기나 강도를 조정하시는 것입니다.

베드로 사도는 우리가 하나님 앞에서 왕 같은 제사장이라고 말을 했는데 우리는 이 세상의 죄를 위해서 기도하는 사람들인 것입니다. 하나님께서는 우리의 기도를 들으시고 우리가 세상을 용서해 달라고 기도하면 용서해주시고 심판해 달라고 하면 심판하시는 것입니다.

요즘 미군은 전쟁하는 방법이 옛날과는 많이 달라졌습니다. 즉 옛날에는 초반에 막강한 군대를 투입해서 전쟁의 주도권을 장악하는 전략이었는데 그렇게 하니까 너무 많은 군인들이 희생되었습니다. 그래서 요즘은 주로 정보를 수집을 해서 사람이 전혀 타지 않은 무인 폭격기를 보내어서 공격을 하고 전쟁을 이기고 있습니다. 마찬가지로 하나님께서는 우리 성도들의 기도를 들으시고 살릴 자를 살리시며 멸망할 자를 멸망시키시는 것입니다.

하나님께서는 소돔과 고모라를 멸망시키시기 전에 아브라함에게 의견을 들으셨습니다. 아브라함은 소돔과 고모라에도 의인이 있을 텐데 소돔과 고모라를 멸망시키면 안 된다고 말을 했습니다. 아브라함은 단순히 하나님에게 자신의 의견만 말씀을 드린 것이 아니라 아예 하나님과 협상을 해서 의인 열 명만 있으면 소돔과 고모라를 살릴 수 있도록 약속을 받아 놓았습니다. 그런데 소돔과 고모라는 의인 열 명이 없어서 모두가 다 멸망하고 맙니다. 그러나 아브라함이 기도를 했기 때문에 소돔 성에 있던 조카 롯과 롯의 두 딸은 살게 되고 롯이 피했던 소알이라는 도시도 살게 됩니다.

그래서 우리가 신앙이 어렸을 때에는 주로 하나님께 무엇을 달라는 기도를 많이 하게 됩니다. 그래서 어떤 분의 기도를 들으면 거의 청구서 같은 느낌이 들 때가 있습니다. 거기에 반해서 조금 신앙이 자라면 그때는 모든 죄를 회개하기 시작합니다. 이때는 죄를 지은 것이 많아서 죄의 목록을 만들어야 할 지경입니다. 그러나 우리의 신앙이 조금 더 자라게 되면 세상의 운명을 두고 하나님께 의논을 하는 기도를 하게 됩니다. 그래서 우리가 세상을 멸망시키지 말아달라고 기도하면 하나님은 세상의 멸망을 막아주십니다. 그러나 우리가 세상을 포기하면 세상은 망하게 됩니다.

이 기도에 많은 향을 함께 드리는 것은 기도가 그만큼 가치가 있고 강력한 힘을 가지고 있다는 것입니다. 우리가 영적인 부흥을 위해서 지속적으로 기도하게 되면 이것이 모였다가 교회에 부어지게 되는데 마치 불이 꺼져 가다가 기름이 부어지는 것과 같습니다. 결국 성도들의 기도는 세상에 재앙을 가져오든지 아니면 영적인 부흥을 가져오든지 둘 중의 하나인 것입니다.

5절 천사가 향로를 가지고 단 위의 불을 담아다가 땅에 쏟으매 뇌성과 음성과 번개와 지진이 나더라

하나님의 심판은 성도들의 기도와 함께 시작이 됩니다. 즉 성도들이 이 세상에 대하여 비전을 가지고 이 세상 사람들의 영혼이 구원을 받을 수 있도록 간절하게 기도를 드리면 이 세상은 소망이 있습니다. 그래서 하나님께서는 진노의 심판을 억제하시고 기다리십니다. 그러나 세상에 너무 악해져서 우리 성도들이 이 세상에 대하여 참을 수 없게 되었을 때에는 성도들의 기도가 변하게 됩니다. 이때 하나님께 어서 속히 이 세상을 심판하게 해

달라고 기도를 하게 되는데 그때 이 세상에는 뇌성과 번개와 지진이 일어나면서 망하게 되는 것입니다.

하나님께서는 그런 기도가 많은 향과 함께 하나님께 드려지게 하시는 것입니다. 즉 그 안에 들어 있는 인간적인 냄새들은 다 없어지게 하시고 온전히 하나님이 기뻐하시는 기도가 되게 만드시는 것입니다.

나팔의 재앙

이스라엘 백성들이 애굽에서 노예 생활을 하고 있을 때 애굽 사람들은 이 세상에서 물질적으로나 정신적으로 가장 행복한 상태에 살았습니다. 그러나 모세가 나타나서 하나님의 말씀을 전하면서 이스라엘 백성들과 애굽인들의 운명은 달라지고 말았습니다. 처음에 바로는 모세의 말을 우습게 알고 하나님의 백성으로 보내라는 모세의 말을 무시했지만 모세가 손을 들 때마다 무서운 재앙이 나타나게 되었습니다. 우리가 계시록에서 일곱 나팔의 재앙을 보면 옛날 애굽에 임했던 재앙과 비슷한 것을 볼 수 있습니다.

하나님을 믿지 않는 사람들은 이 세상에 있는 것을 영원한 것으로 알고 살아가는 것입니다. 즉 이 세상 사람들은 우리가 살고 있는 땅은 영원히 불변할 것이라고 생각합니다. 그래서 사람들은 열심히 땅에 투자를 하고 있습니다. 우리나라에 어떤 기업에서 백층 이상 되는 빌딩을 짓고 있습니다. 사람들은 바다도 언제나 그대로 있고 하늘도 그대로 있을 것이라고 믿습니다. 그리고 자기에게 주어진 생명도 별 일이 없는 이상 늙을 때까지 이 세상에서 살아갈 수 있을 것으로 믿습니다.

그래서 하나님을 믿지 않는 사람들은 모두 눈에 보이는 것을 믿고 살아갑니다. 이 세상에 있는 돈과 권력, 아니면 학벌을 의지하고 살아갑니다. 그러니까 이 세상에서 어느 누구보다 안정되게 살아갈 수 있습니다. 거기에 비하여 하나님을 믿는 사람들은 모두 눈에 보이지 않는 것을 믿고 살아갑니다. 우리는 눈에 보이지 않는 하나님을 믿습니다. 그리고 우리는 돈이 되지도 않는 하나님의 말씀을 믿고 살아갑니다. 그러니까 하나님의 말씀을 믿는 자들의 삶은 너무나도 실속이 없고 불안하게 보입니다. 그러나 일곱 천사가 일곱 나팔을 불 때 보니까 사람들이 믿고 살던 땅과 바다와 하늘이 불에 타버리든지 없어져버리게 됩니다. 이것을 보면 이 세상에 있는 것들을 의지하고 사는 사람들이 하나님의 심판 앞에서 얼마나 불쌍한 사람들인지 알 수 있습니다.

6절 일곱 나팔 가진 일곱 천사가 나팔 불기를 예비하더라

아마도 천사들은 나팔을 입에 갖다 대고 숨을 조절하면서 나팔을 불려고 준비하고 있습니다. 이것은 어쩌면 하나님께서는 할 수 있는 한 이 세상에 이런 재앙들을 내리지 않으시려는 것을 보여줍니다. 하나님께서는 재앙의 나팔에 대하여 아주 신중하십니다. 그래서 나팔을 가진 천사들도 나팔을 입에 대고 비록 짧은 순간이지만 기다리고 있습니다. 그럼에도 불구하고 인간들이 전혀 깨닫지 못할 때 드디어 첫 번째 천사가 나팔을 붑니다.

7절 첫째 천사가 나팔을 부니 피 섞인 우박과 불이 나서 땅에 쏟아지매 땅의 삼분의 일이 타서 사위고 수목의 삼분의 일도 타서 사위고 각종 푸른 풀도 타서 사위더라

첫 번째 천사가 나팔을 부니까 하늘에서 피가 섞인 우박과 불이 땅에 쏟아지면서 땅에 있는 나무들과 푸른 풀들을 태워버렸습니다.

하늘에서 우박이 내리는 재앙은 이스라엘 백성들이 출애굽할 때에 애굽

인들에게 내린 재앙 중에서 일곱 번째에 해당되는 재앙입니다. 이때 하나님께서는 애굽의 바로와 신하들이 하나님의 말씀에 계속 거역했을 때 하늘에서 불이 섞인 우박이 내리게 하셨는데 들판에 있는 소나 양들이 우박에 맞아 죽었고 채소나 곡식들이 우박으로 상하거나 불에 타서 죽었습니다. 그런데 오늘 본문에는 이 불 우박에 피가 섞여 있었습니다. 불이 섞인 우박보다 더 무서운 것이 피가 섞인 우박입니다. 이 피는 바로 이 세상 사람들이 죽인 사람들의 피인 것입니다. 즉 욕심으로 약한 자들을 죽여서 재물이나 땅을 빼앗았는데 그 죽은 사람들의 피가 없어지지 않고 하늘에서 도로 떨어져서 살아 있는 사람들의 얼굴이나 머리에나 집에 흐르게 되는 것입니다.

즉, 사람들은 힘만 있으면 다른 사람을 죽이고 권력을 가지거나 혹은 다른 사람의 여자나 물건이나 땅을 빼앗으려고 하지만 하나님 앞에서 그 모든 피는 남아 있게 됩니다. 그래서 악한 통치자는 자기가 흘린 사람들의 피를 모두 얼굴에 바르고 나타나게 될 것입니다.

하나님께서는 남을 해치고 피를 흘리는 자들에게서 자기가 흘린 피 값을 도로 그 머리에 돌려주십니다. 즉 누구든지 자기가 비참하게 한 사람들의 모든 불행을 책임져야 하는 것입니다.

최근 아프리카에서는 그 동안 수십 년 동안 독재 정치를 하면서 사람들을 죽였던 독재자들이 국민들의 손에 의해서 제거되고 있습니다. 카다피는 도망을 치다가 총에 맞아 죽었는데 그가 피를 흘리면서 죽는 모습이 신문에 실렸고 그의 자식들도 거의 대개 총에 맞아 죽었습니다. 자기 욕심이나 야망을 위해서 다른 사람의 무죄한 피를 흘린 자들은 그 피 값을 다 받게 되는 것입니다. 하나님께서는 사람들이 흘린 피가 다시 그들의 머리위에 다 쏟아져서 그 동안 그들이 누리던 나무나 풀들을 다 태워서 죽게 하십니다. 그래서 독재자들이 사람들의 피를 많이 흘리면 이 세상에 땅은 황폐해지고 농사를 힘들어져서 굶어 죽는 사람들이 늘어나게 됩니다. 지금 북한은 국토의 70퍼센트 이상의 땅에 나무가 없다고 합니다. 그러니까 북한은 비가 오기만 하면 홍수나 산사태가 나서 농사를 망치게 되고 더 많은 사람들이 굶주리게 됩니다.

그런데 하나님께서는 이 피가 섞인 불 우박이 땅의 삼분의 일만 해치게 하십니다. 여기서 땅 삼분의 일이라고 하는 것은 하나님을 믿지 않는 사람의 반을 말합니다. 즉 이 피 우박의 재앙이 하나님의 백성들에게는 오지 않습니다. 그래서 믿는 사람들 삼분의 일은 빠지고 믿지 않는 사람들 중에서도 절반은 하나님께서 보호를 해 주시는 것입니다. 출애굽기에도 보면 하늘에서 불 우박이 내렸을 때 고센 땅에 있는 이스라엘 자손들에게는 우박이 내리지 않았습니다. 그리고 애굽인들 중에서도 하나님의 말씀을 두려워하는 자들은 미리 가축이나 사람들을 피신시켰기 때문에 피해를 보지 않았습니다. 결국 이 불 우박의 피해를 입은 사람들은 하나님이 말씀을 듣고서도 일부러 하나님의 말씀을 대적했던 악질적인 애굽인들이었던 것입니다. 그래서 하나님께서 땅이나 수목이나 푸른 풀의 삼분의 일을 태우신다고 하는 것은 하나님의 말씀을 듣고도 불순종하는 교만한 자를 이 세상에서 망하게 하신다는 뜻입니다.

그래서 우리는 이 세상에서 일어나는 여러 가지 재난들을 우연으로 보아서는 안 됩니다. 그것은 결코 우연이 아닙니다. 이 세상에서 일어나는 모든 재앙들은 하나님을 거역하고 교만하게 사는 자들에 대한 하나님의 심판입니다. 그러나 놀라운 것은 악한 자들은 이런 재난을 당할수록 더욱 더 마음이 굳어지고 단단해진다는 사실입니다. 그런데 하나님의 택한 백성들은 일시적으로 교만하다가도 어려움을 당하면 겸손해집니다.

두 번째 천사가 나팔을 불 때에는 바다의 삼분의 일이 죽습니다.

8, 9절 둘째 천사가 나팔을 부니 불붙는 큰 산과 같은 것이 바다에 던지우매 바다의 삼분의 일이 피가 되고 바다 가운데 생명 가진 피조물들의 삼분의 일이 죽고 배들의 삼분의 일이 깨어지더라

애굽의 첫 번째 재앙의 특징이 나일 강이 피가 되는 것입니다. 나일 강은 애굽에 비옥한 흙을 날라다 주고 많은 물고기를 공급하던 축복의 근원이었습니다. 그러나 하나님을 대적할 때 하나님께서는 나일 강이 피가 되게 하셔서 모든 생물들을 다 죽게 하셨습니다. 이번에는 바다에 불붙는 산 같은 것이 던져져서 바다의 삼분의 일이 죽고 배도 깨어지는 것입니다. 불붙는 산 같은 것이라면 문자적으로는 화산 폭발 같은 것을 생각할 수 있겠습니다. 그러나 우리는 '바다'라고 할 때 하나님을 인정하지 않고 대적하면서 사는 세상을 생각하게 됩니다. 만일 바다에 불붙는 화산이 던져지게 되면 바다는 그 화산 때문에 끓어서 모든 물고기들이 죽게 될 것입니다. 몇 해 전 우리는 일본에서 이 불붙는 화산을 보게 되었습니다. 즉 인간들이 만든 원전은 가장 안전하고 저렴한 발전시설이었는데 갑작스러운 쓰나미로 냉각수 공급이 끊어지니까 원전이 폭발을 해버렸습니다. 여기서 나온 방사능은 주위 바다나 모든 채소나 동물들을 오염시켰습니다. 그리고 원전의 가동이 중지되니까 일본의 동경 부근의 모든 사람들은 여름에 찜통더위로 보낼 수밖에 없었습니다. 인간들이 아무리 편한 세상을 만들어놓아도 전기가 가동이 되지 않으면 모든 시설들은 올 스톱이 됩니다. 만약 도시에서 환경미화원들이 쓰레기를 치우지 않으면 온 도시는 쓰레기 썩는 악취로 뒤덮이게 될 것입니다.

세 번째 천사가 나팔을 불 때에는 강이나 물 샘의 근원이 오염되는 것입니다.

10, 11절 세째 천사가 나팔을 부니 횃불 같이 타는 큰 별이 하늘에서 떨어져 강들의 삼분의 일과 여러 물샘에 떨어지니 이 별 이름은 쑥이라 물들의 삼분의 일이 쑥이 되매 그 물들이 쓰게 됨을 인하여 많은 사람이 죽더라

출애굽기에 하나님께서 나일강이 피가 될 때에 샘은 치지 않으셨습니다. 그래서 애굽인들은 두루 샘이나 우물을 파서 물을 길었고 샘물을 마시고 살 수 있었습니다. 그런데 세 번째 천사가 나팔을 부니까 '하늘에서 횃불같이 불이 붙는 큰 별'이 떨어져 강이나 물 샘의 근원까지 오염되어 많은 사람들이 죽임을 당하게 됩니다. 그런데 여기에 보면 이 불붙는 별의 이름이 나오는데 이 별 이름은 '쑥'이라고 했습니다.

대개 '하늘의 별'이라고 하면 사회에 큰 영향을 미치는 지도자를 말하는 것입니다. 특히 횃불같이 타는 별이라고 했으니까 얼마나 큰 혜성인지 모릅니다. 어떤 아주 위대한 사람이 갑자기 나타나게 되었는데 그 사람이 인류에게 큰 축복을 줄 것처럼 해놓고 실제로는 엄청난 재앙을 안겨다 주는 것입니다.

이 별의 이름을 '쑥'이라고 했는데 '쑥'이라는 이름을 가진 별은 없습니다. 그러니까 이 사람은 철저하게 자기 자신을 위장을 해서 처음에는 아주 사람들을 이롭게 할 것처럼 말해 놓고 나중에는 철저하게 사람들을 패망을 시키는 사람인 것입니다. 대개 강이나 샘의 근원은 오염이 되지 않는 깨끗한 물의 근원을 말합니다. 결국 이 '쑥'이라는 타락한 별은 사람들의 사상의 뿌리까지 썩게 만드는 것입니다. 그래서 위대한 철학자가 나타났다고 하는데 실제로는 위대한 철학자가 아니고 사람들의 마음의 근원까지 쓰게 만드는 정신적인 거짓된 지도자인 것입니다.

사람들은 사상이 오염이 되면 그때부터는 일체 다른 사람들의 말을 들으려고 하지 않습니다. 사회가 혼란스러울 때에는 이상한 사상을 가진 사

이비 종교의 교주들이 많이 나타나서 사람들의 마음을 아주 쓰게 만듭니다. 그러나 하나님의 말씀은 그렇지 않습니다. 저 깊은 곳에서 솟아나는 맑은 샘물과 같아서 우리의 영혼을 소생케 하며 사람들의 마음을 신선하게 하는 것입니다. 그래서 하나님의 말씀은 이런 쑥과 같은 쓴 사상을 치료하는 능력이 있습니다.

네 번째 나팔까지가 자연에 대한 심판입니다. 네 번째 나팔을 부니까 해와 달과 별들의 삼분의 일이 어두워집니다.

12절 네째 천사가 나팔을 부니 해 삼분의 일과 달 삼분의 일과 별들의 삼분의 일이 침을 받아 그 삼분의 일이 어두워지니 낮 삼분의 일은 비췸이 없고 밤도 그러하더라

여기서 해와 달과 별이라고 하는 것은 공중을 지배하는 빛들입니다. 낮에는 해가 온 세상을 비추고 밤에는 달과 별이 어두운 하늘을 비추어줍니다. 우리는 보통 복음의 진리를 태양이라고 말을 합니다. 그리고 달과 별을 율법이나 인간의 도덕이나 양심을 나타낼 때가 많습니다. 우리 동양의 경우에는 하나님의 말씀은 없었지만 사회의 도덕을 가지고 사람들이 타락하지 않도록 지켜왔습니다. 그래서 서양 사람들은 동양 사람들은 희미한 별빛 아래서 걸어왔다고 말을 하기도 합니다. 그런데 하나님께서 네 번째 나팔을 부니까 빛이 다 어두워졌습니다. 그래서 태양도 삼분의 일 정도가 빛을 잃고 달과 별도 그렇습니다. 이것은 이 세상에 절대적인 진리가 없어지는 것입니다. 그래서 사람들은 모두 상대적인 진리만 찾고 궤변을 가지고 사람들을 현혹시키기 때문에 사람들은 진리를 알지 못하게 됩니다.

요즘 우리가 보게 되는 사회적 현상 중의 하나가 절대적인 진리를 인정

하지 않는 것입니다. 사람들은 자기 생각에 맞으면 절대적으로 지지하고 자기 생각과 맞지 않으면 욕을 퍼붓습니다. 결국 사람들은 누군가가 숨어서 퍼트리는 궤변에 속아서 놀아나게 되는 것입니다. 결국 쓴 '쑥'은 인간의 마음속에 하나님의 은혜가 없어서 인간들이 자신이나 서로에 대하여 극도로 미워하게 되는 것을 말합니다. 정치인들을 거짓으로 사람들을 속이고 지식인들과 지도자들은 궤변으로 사람들을 혼란스럽게 합니다. 그런데 사람들은 그런 궤변이 멋있다고 생각해서 따라가고 있습니다. 그 이유는 자신들의 마음이 점점 악해져서 정상적인 진리를 받아들일 수 없게 되었기 때문입니다. 이제 사람들은 절대적인 진리가 없기 때문에 이제는 밤도 없고 낮도 없습니다. 옳은 것도 없고 틀린 것도 없습니다. 모든 사람들은 할 수 있는 한 다른 사람의 허물을 찾아서 욕을 하고 비난하는 것으로 만족하게 됩니다. 결국 이것은 모든 사람이 서로에 대하여 '쑥'이 되는 것입니다.

우리가 일곱 천사들이 부는 나팔의 재앙을 보면 모두 불과 관계가 있습니다.

피 섞인 우박이나 불붙는 바다 같은 것이나 '쑥'이라는 이름이 있는 큰 별이 나타나는 것입니다. 이것은 결국 인간이 교만하고 하나님의 진리를 거부했을 때 인간의 마음 안에 분노의 불이 겉으로 터져 나오는 것입니다. 인간들은 스스로 지혜롭고 똑똑하다 하지만 결국 마음속에 있는 분노가 처리가 되지 않아서 자폭하고 마는 것입니다.

13절 내가 또 보고 들으니 공중에 날아가는 독수리가 큰 소리로 이르되 땅에 거하는 자들에게 화, 화, 화가 있으리로다 이 외에도 세 천사의 불 나팔 소리를 인함이로다 하더라

독수리가 날아가면서 하는 소리는 이 세상이 죽어 있다는 뜻입니다.

예수님께서는 이 세상 마지막 때에 대하여 질문하는 제자들에게 '주검이 있는 곳에는 독수리가 모이느니라'(눅 17:37)고 대답하셨습니다.

이 말씀의 의미는 전적으로 죽어 있어서 하나님의 말씀에 대한 반응이 없는 때 하나님의 심판이 임한다는 뜻입니다. 어떤 짐승이나 사람이 광야에서 죽어 가면 독수리들은 모이기 시작합니다. 어떻게 알았는지 몰라도 죽어가는 사람이 있을 때 하늘에는 수많은 독수리들이 몰려듭니다. 그러다가 쓰러져 죽으면 새까맣게 그 위에 내려앉는 것입니다.

하나님의 말씀이 선포되어도 거기에 대하여 아무런 반응도 느낌도 없을 때에는 이미 죽은 것이며 거기에는 이런 종말적인 현상들이 나타나게 됩니다. 사람들의 이기심은 극도에 달하여 인간으로서는 하지 못할 죄도 짓고 자연에도 여러 가지 재난들이 일어나게 되어 더욱 더 불안해지게 됩니다. 그러나 사람들은 이런 일이 있음에도 불구하고 더욱 더 우상이나 허무한 것을 찾지 참된 하나님의 말씀으로 돌아오지 않습니다. 그러나 이것으로 끝난 것이 아닙니다.

이제 다섯 번째 나팔부터는 본격적인 사탄의 활동이 허용되는데 이제는 자연이 파괴되는 것이 아니라 인간의 정신까지 사탄이 정복하여 온갖 고통으로 괴롭히는 것입니다.

중요한 것은 이러한 네 나팔의 재앙이 하나님을 섬기는 우리들과는 어떤 관계가 있느냐 하는 것입니다. 우선 중요한 것은 우리는 이러한 재앙이 일부는 포함되기도 하고 어떤 부분은 보호되기도 합니다. 애굽에 재앙이 내릴 때 어떤 재앙은 이스라엘 백성들이 포함되기도 했지만 어떤 재앙들은 애굽인들에게만 임했습니다. 중요한 것은 이러한 재난 가운데서도 하나님께서는 자기 백성들을 특별하게 보호하신다는 사실입니다.

우리는 이 세상에서 일어나는 여러가지 일들을 보면서 이것을 너무 나와 상관없는 일로 생각해서 무관심하거나, 아니면 이런 일로 절망하고 낙심한 나머지 믿음이 흔들리기까지 해서는 안 되겠습니다. 그 이유는 이 모든 재앙들도 하나님께서 일으키시는 심판이기 때문에 우리는 완전히 무관심할 수 없습니다. 그러나 재난 가운데서도 우리가 할 수 있는 일은 하면서 완전히 절망에 빠진 자들을 위로할 수 있어야 하겠습니다. 재난이 닥쳤을 때 리더십을 발휘할 수 있는 자들은 바로 믿는 자들입니다.

사람들은 놀라운 지혜를 사용해서 온 세상을 천국처럼 만들었지만 오직 단 한 가지 마음속에 있는 분노와 미움을 해결하지 못하고 있습니다. 결국 모든 인간들은 하나님을 떠났을 때 마음속에 화산 덩어리를 하나씩 안고 살아가고 있는 것입니다. 이것이 터지면 자살이 되고 이것이 터지면 살인이 됩니다. 인간 안에 있는 분노의 불을 끌 수 있는 것은 오직 성령의 불 밖에 없습니다. 이 세상이 망하지 않게 하는 방법은 부흥의 불 밖에 없습니다. 그 모든 것이 우리에게 달려 있습니다. 우리는 오늘도 하나님의 말씀을 붙들고 성령이 우리와 모든 사람들의 마음속에 부어지게 해서 하나님의 진노로 망하지 않게 지켜야 하겠습니다.

CHAPTER • 19

음부의 활동

요한계시록 9:1-11

한동안 아이들이나 청소년들에게 너무나도 인기가 있었던 게임 프로그램을 만들던 닌텐도가 스마트폰 때문에 영업 이익이 많이 줄어들게 되었다는 소식이 있었습니다. 옛날에는 어린아이들 사이에서 닌텐도 증후군이라는 병이 생길 정도로 아이들은 닌텐도 게임에 한번 빠지면 거기서 벗어나지 못했습니다. 사람들이 게임에 빠지는 이유는 자기가 직접 싸우는 것이 아니라 게임기에 나타나는 사람이 싸우도록 뒤에서 조종을 하는데 그것이 그렇게 재미있기 때문입니다. 사람이 자기가 직접 싸우지는 않으면서 뒤에서 싸우도록 조종을 하는 것은 직접 싸우는 위험을 겪지 않으면서 전쟁의 모든 재미를 다 느낄 수 있습니다. 그런데 요즘은 미군이 전쟁을 마치 게임을 하듯이 하는 것을 볼 수 있습니다. 지금까지 미국은 알 카에다 같은 테러집단과의 싸움을 쉽게 생각했던 것 같습니다. 왜냐하면 미군은 전 세계에서 가장 뛰어난 무기와 엄청나게 많은 군인들을 가지고 있기 때문에 아무리 큰 테러집단이라 하더라도 쥐를 잡듯이 샅샅이 뒤지면 얼마든지 소탕할 수 있을 것으로 생각을 했습니다. 그러나 의외로 미군은 이라크나 아프가니스탄에서 정규전에서는 이겼지만 비정규전에서는 수천 명의 병사들이 죽고 고전을 면치 못했습니다. 그 이유는 테러집단은 겉으로 전혀 드러나지 않으면서 사람이나 자동차를 이용한 폭탄 테러를 통해서 공격을 해서 미군을 죽게 하기 때문입니다. 그래서 미군은 게임 이론을 사용해서 이제는 군인들이 직접 그들과 싸우는 것이 아니라 정보원을 사용해서 정보를 알려주면 미국 본토에서 조종하는 무인 폭격기가 날아가서 적을 공격하는 방법을 사용합니다. 미군은 이 방법을 사용해서 의외의 성과를 거두고 있습니다. 그래서 미군은 그동안 잡지 못했던 빈 라덴을 찾아서 특공대를 보내어 사살하기도 하고 도망치는 리비아의 카다피를 공격해서 시민군에게 사살 당하게 하기도 했습니다.

마찬가지로 우리가 이 세상을 겉으로 보면 다양한 사람들이 이 세상에 살면서 때로는 나쁜 짓을 하기도 하고 때로는 선한 일을 하기도 하면서 살아가는 것 같습니다. 즉 사람이 재수가 나빠서 나쁜 사람에게 걸리면 큰 피해를 보게 되기도 하고 재수가 좋아서 착한 사람을 만나면 많은 유익을 얻는 것 같습니다. 그러나 우리가 이 세상을 입체적으로 보면 결코 인간들만의 세상이 아니라 사탄이 이 세상에서 하나님의 나라를 몰아내고 자신의 나라로 만들기 위해서 온갖 음모와 못된 짓을 하는 영역이라는 것을 알게 됩니다. 그래서 사탄은 이미 많은 사람들을 포섭하고 세뇌시켜서 자기 부하로 만들어 놓았습니다. 물론 이런 사람들은 자기가 사탄의 부하라는 것을 알지 못하지만 그럼에도 불구하고 이런 사람들은 악한 마음에 사로잡혀서 할 수 있는 대로 사람들을 괴롭히고 타락시키며 때로는 온 세상을 사탄의 나라로 만들기 위해서 온갖 못된 짓을 하게 되는 것입니다. 그래서 우리 생각으로는 이 세상에 악한 자들은 힘이 있고 세력이 있기 때문에 금방 세상을 지배할 것 같은데도 불구하고 하나님께서는 이 땅을 지켜주셔서 사탄이 그 막강한 힘과 세력을 가지고도 온 세상을 다 지배하지 못합니다. 그러나 미련하고 어리석은 자들은 악한 자들이 이 세상의 주인인 줄 알고 악한 자를 추종하지만 그것은 결국 자기 영혼을 팔아먹는 것 밖에 되지 않습니다.

한때 옛날 미국의 부시 대통령은 이라크의 후세인과 북한의 김정일과 리비아의 카다피를 악의 축이라고 말한 적이 있었습니다. 그러나 악은 이런 독재 국가에만 있는 것이 아니라 미국이나 우리나라 안에도 있는데 우선 사창가라든지 혹은 조직 폭력배 같은 악의 집단들이 있을 뿐 아니라 때로는 악한 종교도 있고 남을 속이는 못된 사채업자들도 있을 것입니다. 심지어는 사람들의 마음에도 남을 해치거나 음란하게 살려고 하는 악한 충동들이 있을 것입니다.

오늘 본문 말씀은 이 세상에서 악한 사탄의 세력이 어떻게 활동하는가 하는 것을 보여주는 아주 흥미진진하면서도 어려운 말씀입니다.

원래 이 세상은 하나님이 만드신 아주 아름다운 세상이었습니다. 그런데 놀라운 것은 언제부터인지 모르겠지만 하나님이 만드신 이 세상을 파괴시키고 하나님을 미워해서 대적하는 세력이 있게 되었습니다. 그런데 하나님을 대적하는 이 세력은 겉으로 드러난 세력이 아니고 아주 은밀하면서도 강력하게 하나님과 그 백성들을 공격하는 것입니다. 그것이 바로 이 사탄의 세력입니다. 사탄의 세력은 결국 하나님이 만드신 사람들과 이 아름다운 세상을 완전히 파괴시키는 것이 목적입니다. 그런데 마귀가 이 세상을 파괴시키는 방법은 다른 방법이 아니라 하나님이 만드신 인간들로 하여금 죄를 짓게 하는 것입니다. 우리 인간들이 죄를 지으면 결국 하나님이 인간들을 심판할 수밖에 없는데 그러면 결국 이 세상은 망할 수밖에 없는 것입니다.

그래서 우리가 우리 자신이나 이 세상이 망하지 않으려고 하면 결사적으로 사람들이 죄를 짓지 못하게 막아야 하는데 사실은 우리 자신도 마음속에 죄성을 갖고 있기 때문에 죄 짓는 것을 좋아할 수밖에 없습니다. 그런데 하나님의 아들이 이 세상에 오셔서 죄를 이기셨고 우리로 하여금 죄를 이기게 하셨습니다.

오늘 본문 말씀은 다섯째 천사가 나팔을 불었을 때 되어지는 일들을 보여주고 있습니다. 다섯 번째 천사가 나팔을 불었을 때 가장 특이한 것은 이상하게 생긴 메뚜기가 무저갱에서 올라오는 것입니다. 그런데 이 메뚜기는 그냥 평범한 메뚜기가 아니라 온 몸에 무장을 하고 있고 또 부분적으로는 인간의 매력을 가지고 있기도 한 메뚜기인데 꼬리에 있는 전갈의 침 같은 것으로 사람을 쏘아서 다섯 달 동안 괴롭게 하는 것입니다.

하늘에서 떨어진 별

우리가 지금 보고 있는 것은 일곱 나팔의 재앙입니다. 일곱 나팔의 재앙이라는 것은 어린 양이 일곱 인봉을 뗀 후에 나타나는 재앙들입니다. 어린 양이 일곱 인봉을 떼었을 때 우리는 여러 가지 말을 탄 사람들이 나오는 것을 보았습니다. 이것은 로마의 평화에도 불구하고 인간의 죄로 인하여 이 세상에 일어날 수밖에 없는 여러 가지 하나님의 진노의 심판들입니다.

그런데 하나님께서는 이런 재앙 가운데서도 택하신 자들의 이마에 인을 치셔서 그들을 하나님의 백성으로 만드십니다. 그래서 우리는 이 세상에 일어나는 여러 가지 난리나 경제적인 어려움도 심각하지만 그 중에서도 일어나는 복음 운동에 관심을 가져야 합니다.

그런데 그 후에 나오는 일곱 나팔의 재앙은 특히 이 세상에서 하나님을 믿지 않는 자들에게 어떤 재앙이 일어나는가 하는 것을 보여주는 것입니다.

지금까지 일곱 나팔 중에서 네 번째 나팔까지 불었는데 그 모델은 역시 출애굽기에 나오는 모세의 열 가지 재앙입니다. 이스라엘 백성들이 출애굽할 때 애굽의 바로와 바로의 신하들은 이스라엘 백성들을 업신여기고 그들이 하나님을 섬기지 못하고 자기들의 종이 되게 하기 위하여 온갖 못된 짓을 했습니다. 그때 하나님께서는 모세를 바로에게 보내셔서 열 가지 재앙을 내리게 하셨습니다. 하나님께서는 애굽을 부요하게 만들었던 나일 강이 피가 되게 하거나 혹은 불이 섞인 우박이 내려서 많은 가축을 죽게 하셨습니다. 그러나 하나님은 그 후에도 하나님을 대적하며 하나님의 백성들을 대적하는 자들에게 이와 유시한 재앙을 내리셔서 그들을 치십니다.

그래서 피가 섞인 불우박이 땅에 떨어지거나 불붙는 산이 바다에 던져지거나 쑥이라는 별이 땅에 떨어져서 사람들을 고통스럽게 됩니다. 그런데 오늘 본문은 이 모든 인간의 고통을 불러일으키는 장본인의 모습을 보여주려고 하는 것입니다. 그 이름은 사탄입니다.

1절 다섯째 천사가 나팔을 불매 내가 보니 하늘에서 땅에 떨어진 별 하나가 있는데 저가 무저갱의 열쇠를 받았더라

드디어 다섯째 천사가 나팔을 부니까 '하늘에서 떨어진 별 하나'가 나타났습니다. 여기서 '하늘에서 떨어진 별'이라는 것은 원래는 아주 존귀한 존재였는데 타락하게 된 것을 말합니다. 우리는 한때는 아주 훌륭했는데 타락하게 된 사람을 보고 '하늘에서 떨어진 별'이라고 말을 합니다. 우리는 천사의 세계에 대해서 많은 것을 알지 못하고 또 성경도 천사에 대하여 많은 정보를 우리에게 주지 않고 있습니다. 그런데 우리가 성경에서 알 수 있는 것은 처음에 사탄은 아주 존귀한 하나님의 천사장이었다는 것입니다(유 1:6). 한번은 어느 천사를 그린 그림을 보았는데 그 천사들 중에서 가장 아름답고 사랑스러운 천사가 사탄이었다고 합니다. 원래 '사탄'이라는 말은 '참소하다'는 뜻을 가지고 있습니다. 즉 사탄의 사명은 어떤 사람이 죄를 지으면 그것을 하나님 앞에 일러바치는 일을 맡았던 천사인 것입니다. 그

런데 다른 사람이나 천사의 잘못을 하나님 앞에 일러바치려고 하면 보통 높은 천사가 아닐 것입니다. 우리나라에서도 어떤 사람이 죄를 지으면 국가를 대신해서 법원에 고소하는 사람이 있는데 그 사람이 바로 검사입니다. 그러나 검사가 되려고 하면 아무나 될 수 있는 것이 아니라 법대를 우수한 성적으로 나와야 하고 그 어려운 사법 고시에 합격을 하고 법에 대하여 많은 것을 알아야 합니다. 옛날에도 죄인들을 심문하는 사헌부 같은 곳은 아주 권세가 있는 곳이었습니다. 한때 우리나라에 포청천이라는 중국 드라마가 인기를 끌었는데 이 포청천은 아주 정의로운 재판장이어서 고위직에 있는 사람들의 불의를 일체 눈감아주지 않고 심판해서 많은 인기를 끌게 되었습니다. 특히 중국에는 사형수들을 처형할 때 작두를 가져오게 해서 목을 잘랐는데 신분에 따라 서로 다른 작두를 사용해서 죄수들의 목을 잘랐습니다. 마찬가지로 하나님 앞에서도 많은 천사들이 있었지만 그 중에서 사탄은 가장 높은 천사 중의 하나였습니다. 사탄은 그 중에서 불의나 죄를 하나님 앞에 고발하는 역할을 맡은 천사였습니다.

죄를 짓지 않은 사람들에게는 검사가 별로 무서운 존재도 아니고 만날 일도 별로 없지만 일단 죄를 지은 사람에게는 검사가 얼마나 무서운 사람인지 모릅니다. 검사는 죄를 지은 사람을 불러다가 조사를 하는데 일단 죄를 지어서 조사를 받는 사람은 지위고하가 없이 조사를 해서 그가 지은 죄를 모두 다 토해내게 하고 심판을 받게 합니다.

하나님께서는 앞으로 천사나 우리 인간들이 죄를 지을 것을 내다보시고 사탄에게 아주 높은 지위를 맡기셨던 것 같습니다. 그런데 사탄의 세력이 얼마나 막강했는가 하면 유다서에 보면 미가엘 천사도 사탄에 대해서 감히 훼방하는 판결을 하지 못했다고 말을 하고 있습니다(유 1:9).

그런데 이 사탄이 타락해서 하나님의 영광을 가로채고 온갖 거짓말로 하나님과 사람들을 속이는 바람에 하나님을 대적하는 나쁜 악령이 되었습니다. 그런데 사탄은 타락하기는 했지만 참소하는 버릇은 그대로 가지고 있습니다. 그래서 사탄은 누구든지 하나님 앞에 조금이라도 죄를 지은 것이 있기만 하면 그 죄를 모두 다 공격해서 구원받지 못하게 훼방하는 일을 합니다. 그래서 우리가 대충 구원을 받을 수 있을 것이라고 생각하는 것은 불가능합니다. 왜냐하면 사탄은 조금이라도 죄가 있는 사람은 결코 구원받지 못하도록 철저하게 골라낼 것이기 때문입니다. 사탄이 얼마나 대단한 존재인가 하면 하나님에게도 겁 없이 덤벼들 정도로 겁이 없는 놈입니다. 우리가 욥기를 보면 하나님이 욥을 의인이라고 하는데도 불구하고 사탄은 욥을 참소해서 그 모든 행복을 다 빼앗아가게 만듭니다. 그러니까 사탄에게는 얼렁뚱땅 이라는 것이 통하지 않습니다.

요즘도 못된 사람들 중에는 다른 사람들의 비리나 비도덕적인 사생활을 캐내어서 사람들에게 알리겠다고 협박을 해서 돈을 뜯어내는 나쁜 사람들이 있습니다.

그런데 하늘에서 떨어진 이 별은 다른 것보다 하나의 열쇠를 가지고 있는데 이 열쇠가 '무저갱을 열 수 있는 열쇠'였습니다.

1절 끝에 '저가 무저갱의 열쇠를 받았더라'고 했습니다.

이 무저갱은 헬라어 성경에서 '아비스'라고 말하고 있는데 여기서 영어의 abyss가 나오게 되었습니다. 이것을 다른 곳에서는 '음부'라고 해석을 하고 있습니다. 예수님께서는 마태복음 16:18에서 베드로에게 말씀하시기를 "또 내가 네게 이르노니 너는 베드로라 내가 이 반석 위에 내 교회를 세우리니 음부의 권세가 이기지 못하리라"고 말씀하셨습니다.

우선 우리가 '무저갱'을 말 그대로 보면 끝이 없는 캄캄한 구멍입니다. 아마도 탄광에서 일하신 분들은 무저갱이 무엇인지 알 것입니다. 탄광은 갱도를 따라서 땅 밑으로 수백 미터를 파고 들어가는데 그 안은 캄캄하고 공기도 좋지 못하고 시커먼 석탄으로 뒤덮여 있습니다. 그런데 만일 중간에 어느 곳이 무너져서 땅 속에 갇히기라도 하면 그때는 거기서 혼자 힘으로는 살아나올 수가 없습니다.

2010년 8월 칠레 구리광에서 갱이 무너지는 바람에 일하던 광부 서른세 명이 갇히게 되었는데 사람들은 그들이 모두 죽은 줄 알았습니다. 그러나 거의 한 달 만에 그들 모두가 살아 있다는 것을 알게 되었고 드디어 거의 세 달 만에 이 사람들 모두를 구출하는데 성공했습니다. 그런데 그 무저갱에서 살아나온 서른 세 명이 결코 행복한 삶을 살지 못하고 과거 그 어두운데 갇혔던 공포에서 벗어나지 못해서 많은 사람이 정신 치료를 받아야 했습니다. 요한은 우리에게 어떤 그림을 보여주고 있는데 거기에는 땅 끝까지 내려가는 구덩이가 있습니다. 아마 구덩이가 땅 끝까지 내려간다면 그 밑에는 용암이 끓고 있을 것이며 그 안에는 온갖 악마들이나 귀신들이 다 모여 있을 것입니다.

복음서에 보면 예수님께서 더러운 귀신들을 쫓아내실 때 귀신들이 예수님께 사정하기를 '자기들을 무저갱에 넣지 말아 달라'(눅 8:31)고 합니다. 우리가 이것을 보면 하나님께서는 사탄의 세력을 그냥 마음껏 활동하도록 풀어 놓으시는 것이 아니라 어떤 영역 안에 가두어 놓으시는 것을 알 수 있습니다. 그래서 심지어는 귀신들도 거기에는 들어가기 싫어하는 것입니다. 왜냐하면 귀신들이 모여 봐야 서로 미워하고 욕하고 괴롭히기 때문에 귀신도 무저갱에는 들어가고 싶어 하지 않는 것입니다.

우리가 여기서 알 수 있는 것은 일단 이 세상은 인간에게 맡겨진 세상이지만 위에서 하나님은 이 세상의 죄가 너무 많아지지 않도록 통제를 하십니다. 그러나 이 세상 어디엔가는 무저갱이 있는데 그것은 사탄의 세력의 입구인 것입니다. 사탄은 하루라도 빨리 이 세상에 나가서 사람들을 괴롭히고 못된 짓을 실컷 하고 싶은데 하나님께서 그들을 어떤 영역에 가두어 놓으셨기 때문에 엄청나게 스트레스를 받게 됩니다. 그러다가 하나님께서 한 번씩 사탄에게 무저갱의 열쇠를 주어서 악한 세력을 풀어 놓으시면 그 때는 온 세상은 난장판으로 변하게 되는 것입니다.

메뚜기의 정체

이제는 더 흥미진진한 부분으로 들어가게 됩니다. 드디어 사탄이 하나님으로부터 무저갱의 열쇠를 받아서 무저갱의 문을 여니까 처음에는 시커먼 연기가 올라오더니 나중에는 엄청나게 크고 무서운 메뚜기가 음부에서 나오게 되었습니다.

2, 3절 저가 무저갱을 여니 그 구멍에서 큰 풀무의 연기 같은 연기가 올라오매 해와 공기가 그 구멍의 연기로 인하여 어두워지며 또 황충이 연기 가운데로부터 땅 위에 나오매 저희가 땅에 있는 전갈의 권세와 같은 권세를 받았더라

우선 우리에게 궁금한 것은 도대체 왜 하나님은 사탄의 세력을 가두어 놓았던 무저갱의 열쇠를 사탄에게 주었을까 하는 것입니다. 그것은 이 세상에서 하나님의 진리가 가리워지게 되면 무저갱이 열리게 되는 것을 보여 주는 것입니다. 그래서 우리가 이 세상에서 사탄의 세력이 나오지 않게 하려면 지속적으로 하나님의 복음을 선포해야 합니다. 가장 대표적인 예가 중세 때 '믿음으로 의롭다함을 받는다'는 진리가 가리워졌을 때 무려 천 년 동안 유럽에는 암흑기가 되었습니다.

우선 사탄이 무저갱의 열쇠를 여니까 '큰 풀무의 연기 같은 연기'가 무저갱으로부터 나오게 되었습니다. 여기서 '풀무'는 용광로를 말합니다. 옛날에는 철을 녹여서 무기나 기구들을 만들 때 석탄으로 불을 때면 시커먼

연기가 나왔습니다. 때로는 시커먼 연기가 너무 많이 나오게 되면 태양을 가릴 정도였습니다. 요즘도 아주 큰 화재가 나서 시커먼 연기가 자욱하게 올라가면 태양이 가리울 정도가 될 것입니다. 결국 사탄은 아주 짙은 연기를 사용해서 햇빛을 가리고 공기를 더럽히는 일을 합니다.

결국 교회에서 하나님의 진리가 제대로 선포되지 않고 진리가 가리워지게 되면 엄청난 거짓 사상이 나와서 사람들을 속이게 됩니다.

여기서 우리가 알 수 있는 것은 사탄이 일차적으로 사용하는 것은 연기로 인하여 햇빛을 막는 것입니다. 여기서 연기는 사탄이 사람들에게 심어준 미신과 거짓된 사상을 말합니다. 그리고 햇빛과 공기는 하나님의 진리와 하나님의 진리가 주는 기쁨을 말합니다.

사도 바울은 고린도후서 4:4에서 "그 중에 이 세상의 신이 믿지 아니하는 자들의 마음을 혼미케 하여 그리스도의 영광의 복음의 광채가 비취지 못하게 함이니 그리스도는 하나님의 형상이니라"고 말씀하고 있습니다.

사탄이 일차적으로 사용하는 거짓말은 우선 하나님에 대한 것입니다. 사탄은 우선 하나님은 존재하지 않는다고 속이거나 아니면 하나님은 믿을 수 없는 분이라고 속이는 것입니다. 사탄은 하나님은 우리의 모든 자유와 행복을 빼앗아 가시는 분이시며 너무 엄격하고 무서운 분이시기 때문에 우리는 하나님을 믿어서는 안 된다고 속입니다. 그러나 하나님은 좋으신 분이시며 하나님은 우리가 아름답고 행복한 삶을 사는 것을 기뻐하시는 분이십니다. 그런데도 우리 자신도 예수님을 믿기 전에는 하나님을 오해했고 하나님을 싫어했던 것입니다. 그리고 마귀는 사람들을 속입니다. 마귀는 사람들에게 우상을 섬기는 것은 좋은 신앙심이라고 속입니다. 사람들이 우상을 만드는 것은 자기 안에 있는 종교적인 상상이나 감정의 표현입니다. 마귀는 종교의 대상이 중요한 것이 아니라 자기 정성이나 느낌이 중요하다고 속입니다. 마귀는 사람들에게 제사를 드리고 조상을 숭배하는 것은 부모나 조상에게 효도를 하는 것이라고 믿게 합니다. 사실 우리를 만드신 분은 하나님이십니다. 단지 하나님께서는 부모님을 통해서 우리를 이 세상에 오게 하신 것입니다. 그래서 우리는 하나님을 부를 때 '하늘에 계신 아버지'라고 부릅니다. 그리고 우리는 살아계신 부모를 공경함으로 하나님을 공경하는 것입니다. 그러나 마귀는 죽은 부모를 공경하는 것이 제사라고 말을 합니다. 그런데 실제로 마귀는 제사를 통해서 전 식구들의 영혼을 속박하려고 합니다. 그리고 마귀는 이 세상에 대해서도 속게 만듭니다. 이 세상은 다 마귀의 것이기 때문에 누구든지 마귀의 말만 들으면 얼마든지 출세하고 성공할 수 있다고 속입니다. 그러나 유감스럽게도 이 세상과 세상에 있는 모든 것은 다 하나님의 것입니다.

우리 그리스도인들은 마귀의 말을 듣지 않고 또 다른 사람들이 가는 넓은 길을 가지 않고 믿음으로 이 세상에서 성공할 수 있는 것을 보여주어야 합니다. 그리고 마귀는 이 세상에 마귀라는 것은 없다고 믿게 만듭니다. 그러면서도 마귀는 온갖 못된 짓을 다 하고 있습니다.

그리고 마귀는 또 사람을 속이는데, 죄는 아름다운 것이라고 속게 만듭니다. 마귀는 사람 속에 있는 욕망은 당연한 것이며 이것을 채우는 것은 너무나도 아름답다고 속입니다. 그래서 사람들은 불륜에 빠지면서 그런 사랑이 너무나도 아름다운 사랑이라고 생각하면서 점점 깊은 죄에 빠지는 것입니다. 우리가 이 마귀의 검은 연기를 없애려면 복음을 강하게 선포하는 것입니다. 복음이 선포되면 마귀의 검은 구름이 사라지면서 사람들이 하나님의 영광과 능력을 똑똑히 보게 되는 것입니다.

그리고 두 번째는 무저갱에서 황충이 나오는데 황충은 늙은 메뚜기를 말합니다. 메뚜기도 아주 종류가 많은데 그 중에서 가장 성충이 된 메뚜기를 대개 황충이라고 합니다. 이것은 메뚜기라고 하지만 아주 크고 누렇고 위협적인 것이 특징입니다. 우리나라는 아직 메뚜기의 재앙을 제대로 알지 못하는데 중국이나 중동 지방에는 메뚜기 떼의 공격은 특히 농사짓는 사람들에게는 너무나도 무서운 재앙입니다. 메뚜기 떼는 수백만 아니 수억 마리로 몰려와서 열심히 농사지은 식물을 갉아 먹는데 메뚜기가 이빨로 갉아 먹는 소리는 너무나도 섬뜩하다고 합니다. 그리고 다 큰 메뚜기는 사람을 겁내지도 않고 쫓아도 가지 않고 무더기로 날아다니는데 일단 한번 지나갔다고 하면 원자폭탄 맞은 것처럼 남아 있는 것이 아무것도 없게 되는 것입니다. 그런데 무저갱에서 나온 황충은 그냥 메뚜기가 아니고 전갈의 권세를 가진 메뚜기라고 말씀하고 있습니다.

옛날에는 가장 두려웠던 곤충이 메뚜기였습니다. 메뚜기는 한번 몰려다닐 때 수억 마리가 몰려다니면서 모든 곡식이나 풀이나 나무를 다 갉아먹습니다. 그런데 오늘 본문에는 이 황충이 얼마나 심각한지 황충에 대하여 길게 설명을 하고 있습니다. 우선 하나님께서는 이 황충에게 땅의 푸른 풀이나 수목은 해하지 말고 오직 이마에 인을 맞지 아니한 사람만 해치라고 합니다. 그리고 이 황충은 전갈의 권세를 받았는데 사람을 쏘아서 고통스럽게 하는데 다섯 달 동안만 괴롭힌다고 했습니다. 그리고 사람들이 이 황충으로 부터 얼마나 고통을 받는지 죽고 싶어도 죽지 못한다고 합니다.

우선 이 황충은 사탄의 모습이 가시적으로 나타난 불법 집단인 것을 알 수 있습니다.

사탄이 원래 전문적으로 하는 것은 사람의 마음속에 있는 죄성을 자극하는 것입니다. 그래서 사탄은 이 세상에 직접 재앙을 내리지는 못하고 사람들의 마음속에 있는 분노를 자극하거나 혹은 의심을 자극하거나 불안을 극대화시켜서 다른 사람을 의심하고 공격해서 죄를 짓게 하는 것이 전문이었습니다. 그런데 사실 우리 인간들은 옛날에 모두 마귀의 손아래서 놀아나던 도구였습니다. 그러나 우리는 예수를 믿음으로 마귀의 장난에서 벗어나게 되었고 이제는 마귀에게 속지 않을 믿음이 생기게 되었습니다.

그런데 여기에 나오는 황충은 이런 개인적인 죄가 아니라 이미 사탄의 세력이 눈에 보이게 나타나서 많은 사람들을 죽이고 온 세상을 폐허로 만들고 있는 것입니다. 이런 황충은 단순한 충동질이 아니라 전갈의 침을 가지고 있기 때문에 사람들을 공격하고 고통스럽게 하고 있습니다. 즉 사탄이 권력을 잡으면 자기 지위를 이용해서 사람들을 얼마든지 괴롭힐 수 있습니다.

예를 들어, 어떤 지역에 최고로 높은 관리로 악한 사람이 부임하게 되면 자기 지위를 이용해서 그곳에 있는 부자나 평민들을 얼마든지 괴롭힐 수 있습니다. 더개 이런 사람들의 눈에 벗어나지 않으려면 그들에게 비위를 맞추어주고 뇌물을 갖다 바쳐야 하는데 이런 사람들의 욕망은 끝이 없고 너무나도 변덕스럽기 때문에 사람이 편할 수가 없는 것입니다.

《쿼바디스》라는 영화를 보면 네로 황제가 나오는데 신하들이 그의 비위를 맞추기 위해서 아무리 아부를 해도 감당할 수가 없습니다. 그래서 결국 어떤 신하는 자살을 하기도 하고 또 어떤 신하는 미움을 받아서 사자 굴에 들어가기도 합니다. 특히 네로는 너무나도 변덕스러워서 로마 시에 불을 지르고는 노래를 부르고 그 죄를 모두 기독교인들에게 뒤집어 씌워서 원형 경기장에서 사자에 물려 죽게 합니다. 북한 같은 경우에 아무리 부하들이 충성을 한다고 해도 경제 정책이 실패하면 장관을 지낸 사람도 공개총살을 시키고 있습니다. 사람들은 이런 황충의 괴롭힘을 통해서 결국 하나님의 통치가 얼마나 아름다운지 깨닫게 되는 것입니다.

4절 저희에게 이르시되 땅의 풀이나 푸른 것이나 각종 수목은 해하지 말고 오직 이마에 하나님의 인 맞지 아니한 사람들만 해하라 하시더라

그러나 하나님께서는 이런 황충의 세력이 세계 전체를 지배하지 못하게

하십니다. 즉 이 세상 어느 곳에는 사탄이 괴롭히지 못하는 영역이 있습니다. 바로 그곳이 어디일까요? 여기에는 풀이라든지 푸른 것이라든지 수목이라고 말씀하고 있습니다. 다시 말해서 이 황충이 사람을 괴롭힐 수 있는 영역은 이마에 인을 맞지 아니한 사람들인 것입니다. 사람들은 위대한 사상이나 영웅의 통치가 좋다고 떠들어대지만 결국 인간들은 그 무시무시한 독재정치를 통해서 엄청난 고통을 받게 됩니다. 그런데 우리가 보기에는 이런 독재자를 통해서 하나님의 백성들이 가장 큰 피해를 볼 것 같은데 오히려 하나님께서는 풀이나 수목은 해치지 말라고 말씀하십니다. 즉 하나님께서는 이 세상에 악이 날뛰는 가운데도 하나님의 백성들이 안전하게 있을 수 있는 영역을 마련해 주십니다. 이것은 우리나라를 보면 알 수가 있습니다. 아마 외국 사람들 중에서는 두 개의 코리아를 잘 구별하지 못하는 사람도 많이 있을 것입니다. 그러나 두 개의 코리아는 극단적으로 다른 두 나라입니다. 하나는 악이 지배하는 나라이고, 우리가 있는 코리아는 자유가 지배하는 코리아인 것입니다. 우리가 이렇게 무시무시한 공산주의 세력을 머리 위에 두고도 평안할 수 있는 것은 하나님이 지켜주시기 때문입니다.

그런데 메뚜기 떼의 무서운 것은 모든 풀이나 나무를 다 갉아 먹는 것입니다. 이것은 사람들의 마음속에 있는 자유로운 생각이나 감정들을 다 갉아먹어서 어떤 사상의 노예가 되게 하는 것입니다. 그래서 메뚜기 떼의 공격을 받으면 사람의 마음속에서 인간다운 감정이라든지 따뜻한 마음이나 자존감이 없어지게 됩니다.

우리 인간이 인간일 수 있는 것은 자존감이 있기 때문입니다. 옛날에 노예들이나 죄수들에게는 자존감이 없기 때문에 더 비참한 것입니다. 그러나 오늘 사탄은 사람들의 마음속에 분노와 욕심으로 감정을 없어지게 했습니다. 그래서 이제는 사람들의 정신이나 마음이 황폐하게 되어 그렇게 많은 사람들이 우울증으로 고통을 받고 자살을 하기도 합니다.

하나님께서는 이 황충에게 '하나님의 인을 맞지 아니한 사람들만 해하라'고 하십니다.

이 말씀을 통하여 알 수 있는 것이 무엇입니까? 하나님의 백성의 가장 큰 축복은 그들의 마음속에 감정이 살아 있다는 점입니다. 우리가 하나님을 믿지 않을 때는 우리의 감정에 메말라 있어서 눈물이 없었고 동정심도 없었습니다. 그런데 우리가 예수님을 믿으면서 하나님은 우리에게 사랑하는 마음을 주셨습니다. 하나님은 우리 자신을 있는 그대로 사랑하게 하셨고 다른 사람도 있는 그대로 용납하게 하셨습니다.

청년들은 결혼 대상자는 구할 때 외모나 학벌만 보지 말고 이 사람 안에 정말 아름다운 감정이 살아 있는가 하는 것을 보아야 합니다. 우리가 사실 사람을 죽이는 영화나 음란한 영화를 보면 우리 안에 있는 감정이 다 황폐하게 되는데 마치 마음속에 황충이 지나간 것처럼 폐허가 되어버리는 것입니다. 그러나 우리 주위를 돌아보면 온 세상이 이러한 파괴적인 황충을 가득합니다. 분노의 욕설과 비인간적인 공격들, 이웃과 사소한 것으로 인한 다툼, 살인과 폭력, 음란과 방탕, 이러한 것이 사람 안에 마땅히 있어야 할 아름다운 감정을 완전히 황폐화시켜버립니다. 가장 축복받은 사람은 감정이 아름답게 살아 있는 사람입니다. 그리스도인들은 추한 것을 보면 금방 거부 반응 느낍니다. 왜냐하면 아름다운 감정이 살아있기 때문입니다. 그리스도인들은 죄에 대하여 감각이 살아있습니다. 그래서 그리스도인들은 좋은 것을 사모하고 아름다운 것을 추구합니다.

본문에서 인 맞지 않은 자만 괴롭게 한다고 해서 그리스도인은 모두 감정이 온전하다고 말할 수 없습니다. 믿는 자들도 이 부분에서 심한 공격을 받아 거의 마음이 황폐화된 경우가 많습니다. 그 원인은 죄에 있음을 알 수 있습니다.

그래서 그리스도인이 성령 충만하지 않으면 믿지 않는 자 보다 훨씬 더 그 마음이 거칠어지고 파괴적일 수 있습니다. 옆집에 불이 나면 우리는 불에 타지 않도록 온 몸을 물에 적셔야 할 것입니다. 온 세상이 지옥 불에 타고 있을 때 우리는 성령으로 우리 마음을 적셔야 합니다. 그런데 신앙이 없는 자들은 전갈에 쏘여도 이제는 더 이상 감각이 없습니다.

6절 그날에는 사람들이 죽기를 구하여도 얻지 못하고 죽고 싶으나 죽음이 저희를 피하리로다

사실 사람들이 너무 고통스러우면 죽고 싶습니다. 사실 우리나라는 하루에도 수십 명의 사람들이 자살로 죽음을 택하고 있습니다. 그러나 더 많은 사람들은 이미 전갈에 쏘여서 감각을 잃어버렸기 때문에 그냥 살아가고 있습니다.

그런데 대개 자살을 하는 이유는 분노입니다. 자살은 자기 자신을 죽이는 것입니다. 그래서 이것은 자기가 자기를 죽이는 살인입니다. 생명은 오직 하나님이 주신 것이며 하나님만이 거두어 가실 수 있습니다. 그런데 죽고 싶어도 죽을 수 없는 경우가 있습니다.

사람이 한창 분노가 있을 때에는 자살이라도 하려고 하지만 분노에 적응이 되어서 인격이 비참해지면 죽을 용기조차 없어서 그냥 비참하게 살게 됩니다. 사실 지옥이 바로 그런 곳입니다. 사람이 죽고 싶어도 죽을 수 없어서 영원히 비참하게 살아있는 곳입니다.

메뚜기의 무장

7, 8절 황충들의 모양은 전쟁을 위하여 예비한 말들 같고 그 머리에 금 같은 면류관 비슷한 것을 썼으며 그 얼굴은 사람의 얼굴 같고 또 여자의 머

리털 같은 머리털이 있고 그 이는 사자의 이 같으며

무저갱에서 나온 메뚜기는 늙은 메뚜기입니다. 이 늙은 메뚜기의 특징은 생긴 것도 흉측하게 생겼지만 더 무서운 것은 무시무시하게 많은 알을 깐다는 사실입니다. 우리가 알아야 할 것은 황충의 본질이 곤충에 불과하다는 것입니다. 그럼에도 불구하고 황충은 자신의 공격력과 많은 숫자를 가지고 거의 자신이 전지전능한 존재인 것처럼 행세를 하는 것입니다. 본문은 이 황충과 전쟁을 위하여 예비한 말과 같다고 했습니다. 사실 메뚜기 머리는 말 머리 비슷하게 생기기도 했습니다. 그런데 전쟁을 위한 말이라고 하는 것은 죄를 향하여 달리는데 아주 신속한 것을 말합니다. 대개 곤충은 뛰든지 아니면 날든지 하는데 메뚜기는 두 가지 모두 다 할 수 있습니다. 즉 메뚜기는 날 수도 있고 뛸 수도 있어서 아주 먼 거리로 이동할 수 있고 짧은 거리도 뛰어다니기 때문에 잡기가 쉽지 않습니다. 또 메뚜기에게 사람의 얼굴이 있다는 것은 나름대로 지혜가 있고 이론이 있다는 것입니다. 여자의 머리털 같은 것이 있는 것은 매력입니다. 선전적인 효과가 있는 것입니다. 사자의 이 같다는 것은 한번 물면 절대로 놓지 않는 집착력이 있는 것입니다. 철흉갑 같은 흉갑이 있다는 것은 자신을 지킬 수 있는 방어 능력이 있다는 것입니다.

어쨌든 황충은 자신을 지키고 방어하면서 자기 욕심을 향해서는 잠시도 지체하지 않고 달려가서 무참하게 정복합니다. 그리고 그 날개 소리가 수많은 병거나 말이 전장으로 달려가는 소리 같다는 것은 이 세상에 아주 큰 영향을 준다는 뜻입니다. 그리고 결정적으로 중요한 것은 그 꼬리입니다.

10절 또 전갈과 같은 꼬리와 쏘는 살이 있어 그 꼬리에는 다섯 달 동안 사람들을 해하는 권세가 있더라 전갈의 꼬리 같은 꼬리가 있어 쏘인 사람에게 큰 고통을 줍니다. 조직화된 사탄의 세력은 그 어떤 것이든지 사람을 꼬리로 쏘아서 독으로 고통을 받게 합니다. 꼬리에 전갈의 독이 있다는 것은 언제나 뒤로 공격을 한다는 것입니다. 즉 사탄의 세력은 말하는 것과 뒤에서 행동하는 것이 언제나 다른 것입니다.

11절 저희에게 임금이 있으니 무저갱의 사자라. 히브리 음으로 이름은 아바돈이요, 헬라 음으로 이름은 아볼루온이더라

이 모든 일의 배후에는 모두 하나의 왕이 있습니다. 그 왕은 어두움의 왕이요 악의 왕입니다. 사탄을 무저갱의 사자라고 부르는 이유는 앞으로 영원토록 지옥에 갇혀 있을 처지이기 때문입니다. 그런데 이 왕의 이름은 히브리 식으로는 아바돈이요, 헬라 식으로는 아볼루온이라고 하는데 둘 다 '파괴' 또는 '파괴자'라는 뜻입니다.

결국 사탄이 하는 것은 하나님께서 아름답게 창조하신 사람과 온 우주를 파괴해서 하나님께 욕을 돌리는 것입니다. 그래서 사탄은 모든 것을 파괴시킵니다. 사탄은 가정을 파괴시키고 교회를 파괴시키고 사람의 감정을 파괴시키고 자연을 파괴시킵니다.

우리가 이런 황충의 떼를 손으로 한 마리씩 잡아서는 절대로 없앨 수가 없습니다. 이런 황충의 떼 습격을 물리치려고 하면 일단 이런 황충이 서식할만한 환경을 없애야 하고 일단 이런 황충이 습격했을 때에는 불을 피워서 태워버려야 합니다. 그래서 이런 사탄의 메뚜기 떼들은 오직 성령의 불로만 막을 수가 있습니다.

많은 역사학자들은 프랑스에서 일어났던 혁명이 영국에서 일어나지 않은 이유는 영적 부흥 때문이라고 말하고 있습니다. 오늘 우리 사회에도 다

양한 사상적인 분열이 일어나서 많은 혼란이 일어나고 있는데 이것을 바로 잡을 수 있는 것도 영적인 부흥밖에 없습니다.

우리가 해야 할 것은 인간성을 회복하고 가정을 회복하고 교회를 회복하고 정치를 회복하는 것입니다. 바른 가정을 만드는 것은 아주 많은 수고가 필요한 일입니다. 결코 저절로 만들어지지 않습니다. 그리고 바른 교회를 만드는 것은 너무나 오래 걸리고 많은 희생이 요구되는 일입니다. 직장생활을 바로 한다는 것은 쉬운 일이 아닙니다. 이것은 참으로 많은 수고와 노력 끝에 이루어지는 것입니다.

야만인이 양복만 걸친다고 해서 신사가 되는 것은 아니기 때문입니다. 결국 사람 자체가 변해야 하는 것입니다.

그러면 하나님께서 사탄으로 하여금 활동하게 하시는 이유가 무엇입니까? 그것은 하나님 없는 삶이 얼마나 힘들고 고통스러운지 깨닫게 하기 위해서입니다. 그리고 하나님은 교만한 자들로 하여금 하나님의 심판을 미리 맛보게 하기 위해서입니다.

사탄을 무저갱에 가둘 수 있는 것은 복음 밖에 없습니다. 예수님은 칠십명이 복음을 전하고 돌아왔을 때 사탄이 하늘에서 떨어지는 것을 보았다고 말씀하셨습니다. 영적 부흥이야말로 사탄을 결박하는 하나님의 능력입니다 우리는 이 중요한 사명을 받은 영적 제사장으로 사탄을 싸워서 결박하는 자들이 다 되시기 바랍니다.

CHAPTER • 20

유브라데 강의 네 천사

요한계시록 9:12-21

요즘 우리나라의 많은 관광객들이 중국을 다녀오고 많은 유학생들이 러시아에서 공부하고 있습니다. 불과 몇 십 년 전 냉전시대만 해도 우리가 중국을 가서 만리장성 위를 걷거나 혹은 소련에 가서 모스크바 광장을 어슬렁거린다는 것은 상상할 수가 없었습니다. 그야말로 중국은 죽의 장막으로 소련은 철의 장막으로 닫혀 있었는데 어느 순간 이 벽이 허물어지더니 엄청난 사람들이 내왕을 하게 되었습니다. 그럼에도 불구하고 남한과 북한 사이에는 아직도 굳게 그 벽이 세워져서 개미 새끼 한 마리 통과하지 못할 정도로 양쪽 합쳐서 백만 명이 넘는 군인들이 서로 지키고 있고 여차하면 서로 총을 쏘고 대포를 쏠 준비를 하고 있습니다. 우리에게 있어서 휴전선은 남과 북을 가르는 영원한 경계선이 되었습니다. 그런데 만일 휴전선이 없어지게 된다면 이것은 둘 중의 하나일 것입니다. 그 하나는 정말 평화적인 방법으로 통일이 왔든지, 아니면 전쟁이 터졌든지 둘 중의 하나인 것입니다.

이와 마찬가지로 이 세상에 같이 살고 있지만 예수를 믿는 사람과 믿지 않는 사람 사이에는 눈에 보이지 않는 경계선이 있습니다. 우선 우리 청년들이 대학에 입학을 하거나 혹은 직장에 취직을 하게 되면 가장 먼저 나오는 것이 술입니다. 선배들은 술을 마셔야 자기들과 하나가 될 수 있다고 하면서 남자든지 여자든지 술을 마시기를 강요하다시피 합니다. 그런데 한번 술을 마신다고 해서 끝나는 것이 아니라 1차, 2차 하면서 끝없이 방탕한 자리로 가서 추태를 부리는데 결국 세상 사람들이 하나 된다고 하는 것은 추태로 하나 되는 것을 말하는 것입니다.

세상에 믿지 않는 사람들은 사는 목적도 근본적으로 다릅니다. 믿지 않는 사람들은 이 세상에 사는 동안에 가장 높은 곳까지 올라가보고 싶어 하고 자기가 하고 싶은 것을 다 해보는 것이 목적입니다. 그러나 하나님의 백성들은 물론 그런 욕망이 없는 것은 아니지만 나를 통해서 하나님의 뜻이 이루어지고 하나님의 능력과 축복이 나타나기를 바랍니다. 세상 사람들은 살아가다가 어려움이 생기면 점을 치거나 미신을 믿으려고 합니다. 그러나 하나님의 백성들에게 그런 짓은 가장 가증한 짓이며 우리는 믿음으로 모든 어려움을 이길 수 있습니다. 세상 사람들은 성적인 욕망에 대해서 이것은 자연스러운 것이며 욕망은 반드시 채워야 한다고 생각합니다. 그리고 믿지 않는 사람들은 결혼과 상관없이 사랑의 감정이 생기는 사람과는 얼마든지 관계를 가질 수 있다고 생각합니다. 그러나 하나님의 백성들은 남녀의 성은 반드시 결혼을 통해서 이루어질 수 있으며 그 외의 것은 무서운 죄라고 생각을 합니다. 우리가 보기에 믿는 사람과 믿지 않는 사람 사이에 큰 차이가 없는 것 같은데 알고 보면 사실 인간의 힘으로는 넘어설 수 없는 간격이 있다는 것을 알게 됩니다. 그런데 최근 하나님의 백성들과 세상 사람들의 차이가 점점 더 없어지고 서로 비슷해지려고 하는 경향이 나타나고 있습니다. 이것은 결코 좋은 일이 아닙니다. 노아 홍수가 일어나기 전에 이 세상에서 하나님의 아들들이 사람의 딸을 좋아해서 결혼했다는 내용이 나옵니다. 어떤 사람들은 여기 나오는 하나님의 아들들은 천사라고 하는데 천사가 아닌 것입니다. 이때는 하나님을 믿는 사람들이 믿음의 가정에서도 백 년에 한 명 나올까 말까 할 정도로 귀했습니다. 이 믿음의 사람들을 성경은 하나님의 아들이라고 말할 것입니다. 하나님의 백성들에게 있어서 신앙의 기준이 없어지고 세상 사람들과 아무 어울려서 그 경계가 허물어지게 되었을 때 온 세상을 쓸어버리는 노아 홍수가 일어나게 되었던 것입니다. 그래서 우리는 이 세상 사람들이 즐기는 것을 다 즐기는 생활을 할 수 없다는 것을 알아야 합니다. 하나님의 백성들이 하나님 백성 되는 것을 포기하고 세상과 똑같아 질 때 이 세상에는 심판이 오게 되는 것입니다.

오늘 말씀은 여섯 번째 천사가 나팔을 불었을 때 일어나는 일을 보여주고 있습니다. 그런데 그 내용이 너무나도 난해해서 도대체 무슨 말씀을 하는지 이해하기가 쉽지 않습니다. 그런데 해석의 중요한 단서가 되는 것은 여섯 번째 천사가 나팔을 부니까 유브라데 강가에 묶여 있던 네 천사가 놓임을 받는 것입니다. 이 네 천사가 놓임을 받음으로 이 세상은 수억의 마병대의 습격을 받게 됩니다. 우리에게 궁금한 것은 유브라데 강의 천사가 놓이는 것은 무엇이며 수억의 마병대의 정체는 무엇인가 하는 것입니다.

첫 번째 화와 두 번째의 두개의 화

12절 첫째 화는 지나갔으나 보라 아직도 이 후에 화 둘이 이르리로다

우리가 지금까지 되어진 것을 잠시 정리를 해보면 하나님의 어린 양이 보좌에 앉으신 분의 손에 있는 두루마리 책을 받아서 그 인봉을 떼기 시작했을 때 여러 색깔을 가진 말들이 뛰어나와서 흉년을 일으키거나 사람들을 죽이는 재앙을 일으키는 것을 보았습니다. 이것은 인간들이 이 세상을 아무리 발전시켜서 살기 좋은 곳으로 만들어 놓아도 근본적으로 이 세상은

하나님의 진노 아래 있기 때문에 결코 완전히 평안할 수 없다는 것입니다. 그래서 인간이 이 세상에 살면서 가장 시급하게 해야 할 일은 하나님을 알고 하나님과 화해하는 것입니다.

어린 양이 일곱째 인을 떼면서 일곱 나팔의 재앙이 시작이 되는데 일곱 나팔 재앙의 원조는 이스라엘 백성들이 출애굽할 때 일어났던 열 가지 재앙이라는 것을 알게 됩니다. 애굽 땅에 있었던 열 가지 재앙은 하나님의 백성들에게 임했던 재앙이 아니라 하나님의 말씀을 대적하는 세상 사람들에게 임했던 재앙이었습니다.

여기서 여섯 번째 천사가 나팔을 불기 전에 첫 번째 화는 지나갔지만 아직 화가 두 개 더 남아 있다고 말을 하고 있습니다.

우선 여기서 첫 번째 화라고 하는 것은 첫 번째 나팔에서부터 시작해서 다섯 번째 나팔까지 이르는 화라고 생각할 수 있습니다.

여기서 우리는 일곱 인봉의 재앙과 일곱 나팔의 재앙을 구별할 수 있어야 하겠습니다. 이 일곱 인봉이라고 하는 것은 인간들이 아무리 문명을 발전시키고 기술을 개발해서 이 세상을 천국처럼 만들어서 행복하게 살려고 해도 인간에게 죄가 있는 이상 이 세상은 결코 행복할 수 없다는 것을 보여주는 것입니다. 즉 인간들이 로마나 그리스 같은 우수한 문명이나 국가를 만들어도 이 세상에 기근이 있고 전쟁이 있고 전염병으로 많은 사람들이 죽어야 하는 것입니다. 하나님께서는 오히려 여러 가지 인생의 어려움들을 통하여 택한 자들의 이마에 인을 치셔서 죄인들을 구원하시는 것입니다. 이것이 일곱 인봉이 보여주는 것입니다. 그 뒤에 나오는 일곱 나팔의 재앙은 이런 하나님의 경고나 복음의 선포에도 불구하고 애굽의 바로처럼 끝까지 하나님의 뜻에 불순종하는 자들에게 하나님께서 내리시는 재앙을 보여주고 있습니다.

우리는 이 일곱 나팔 재앙의 모델이 애굽의 열 가지 재앙이라는 것을 알아야 합니다. 즉 애굽의 열 가지 재앙은 하나님의 백성들을 대적하고 하나님을 대적했던 이 세상 나라에 대하여 하나님께서 내리시는 징계였습니다. 그래서 칭기즈칸이 아무리 거대한 제국을 만들고 진시 황제가 아무리 큰 제국을 만들고 만리장성을 쌓아도 결국은 망하고 마는 것입니다.

그런데 오늘 본문에서 여섯째 나팔을 불기 전에 첫째 화는 지나갔으나 아직도 이후에 화 두 개가 남아 있다고 말씀하고 있습니다. 이것은 지금까지 말한 재앙을 모두 통틀어서 한 가지 화로 말씀하고 있고 그리고 남은 재앙을 두 번째 화로 말씀하고 있는 것입니다.

이것은 우리가 애굽의 열 가지 재앙을 모델로 해석하면 이해하기가 쉬울 것입니다. 애굽의 재앙이 무려 열 개나 있었지만 그 재앙들은 모두 두 개로 엮을 수 있습니다. 즉 물이 피가 되는 재앙에서부터 시작해서 태양이 어두워지는 재앙까지가 하나의 화라고 볼 수 있습니다. 그리고 마지막 장자 죽이는 재앙이 또 두 번째 화였던 것입니다. 그만큼 애굽의 장자를 죽이는 재앙은 위력이 있었고 앞에 있었던 아홉 가지 재앙에서 굴복하지 않던 애굽 왕도 이 장자 죽이는 재앙에서는 꼼짝하지 못하고 굴복을 했던 것입니다. 그리고 그것으로 모든 것이 끝난 것이 아니라 그 후에 애굽의 바로 왕과 군대는 이스라엘 백성들을 홍해에서 추격하다가 모두 바다에 빠져 죽게 됩니다.

이것은 2차대전에서 일본의 경우에서도 비슷한데 일본은 동남아전선에서나 중국의 전선에서의 패배로 눈 하나 깜짝하지 않고 있었습니다. 그런데 일본은 원자폭탄이 히로시마와 나가사키에 떨어지니까 당장 항복하고 말았습니다. 그만큼 원자폭탄은 위력이 있었던 것입니다. 그래서 일본이 당했던 화를 두 가지로 말한다면 그 전에 여러 전쟁에서 소총이나 대포에 맞아 죽었던 것을 첫 번째 화라고 한다면 원자폭탄으로 두 도시에서 사람들이 죽은 것은 두 번째 화라고 말할 수 있습니다. 그런데 일본은 전쟁에서 패한 후 전쟁을 일으켰던 장관이나 장군들은 모두 전범으로 체포가 되어서 재판을 받았고 많은 사람들이 처형을 당했습니다. 즉 일본의 전쟁 패배는 전범재판으로 끝이 났던 것입니다. 마찬가지로 이 세상에서 하나님을 대적하는 악의 세력들은 이 세상에서도 하나님의 큰 심판을 당할 뿐 아니라 결국 하나님의 보좌 앞에서 큰 심판을 당하게 됩니다.

그래서 우리가 본인의 첫 번째 화와 두 번째 화를 애굽의 열 가지 재앙을 예로 들어서 생각하면 좋습니다. 즉 앞에 있었던 아홉 가지 재앙이 하나님을 대적하는 자들에 대한 하나님의 진노를 표현하는 재앙이었다면 열 번째 장자 죽이는 재앙은 하나님의 백성들과 세상 사람들을 구분하는 재앙이며 이것이 하나님의 백성들을 구원하는 재앙이었던 것입니다.

그러면 결정적으로 하나님의 백성들과 세상 사람들을 구별하는 경계선이 무엇입니까? 그것은 바로 예수 그리스도의 십자가인 것입니다. 이스라엘 백성들은 마지막 열 가지 재앙이 있던 날 밤에 모두 어린 양을 잡아서 문기둥에 발라서 죽음을 피했습니다. 그런데 그날 죽음의 천사가 내려왔을 때 피가 있는 이스라엘 백성들은 아무도 죽이지 않고 넘어갔습니다. 다시 말해서 누구든지 애굽에 있는 자들은 다 죽어야 하지만 어린 양의 피가 그들을 살렸던 것입니다. 거기에 비하여 아무 걱정하지 않고 있던 모든 애굽인들은 정확하게 모든 장자가 죽는 비극을 겪어야만 했습니다. 사람만이 아니었습니다. 애굽에 있는 모든 가축도 처음 난 것은 다 죽었습니다. 여기서 정확하게 처음 난 것이 다 죽었다는 것은 그들이 모두 다 죽었다는 것과 같습니다. 왜냐하면 장자는 대표의 의미가 있기 때문입니다. 그리고 바로와 그 군대는 모두 바다에 빠져 죽었습니다.

예수님이 십자가 위에서 못 박혀 죽으셨을 때 우리는 모두 예수님과 함께 죽었습니다. 그러나 이 세상 사람들은 아무도 죽지 않았습니다. 그 이유는 이 세상은 이미 멸망이 확정되어 있는 곳이었기 때문입니다. 예를 들어,

불이 붙고 있는 빌딩 안에 있으면 어느 누구도 살 수가 없습니다. 마찬가지로 이 세상 전체가 멸망한다면 살 수 있는 방법은 우주선을 타고 탈출을 하는 것인데 그렇다고 해서 몇 년을 우주에서 살 수 있는 것이 아닙니다. 그런데 우리가 멸망할 세상에서 사는 유일한 방법은 예수님과 함께 죽는 것입니다. 그러면 우리는 이미 한번 죽었기 때문에 다시 죽을 필요가 없는 것입니다.

오히려 우리는 하나님의 성령을 받아서 더 능력 있는 축복의 삶을 살게 됩니다. 그래서 하나님의 백성과 세상 사람들은 이 세상을 보는 시각 자체가 다릅니다. 세상 사람들은 이 세상이 복이고 할 수 있는 대로 세상에서 오래 사는 것이 좋다고 생각하지만 하나님의 백성들은 이미 이 세상을 죄로 망하게 되었으며 우리가 사는 길은 이 세상에서 죽는 것이라는 것을 아는 것입니다. 그래서 지금 믿는 사람들은 어린 양의 피로 죽음의 재앙을 면한 사람이라면 하나님을 믿지 않는 자들은 지금 언제든지 하나님의 심판을 받을 수 있는 상태 하에 있는 것입니다. 그것이 전쟁이 될지, 화산 폭발이 될지, 아니면 여러 가지 사고가 될지 모르는 것입니다. 그리고 그 후에는 영원한 심판이 또 남아 있습니다.

유브라데 강의 네 천사

13, 14절 여섯째 천사가 나팔을 불매 내가 들으니 하나님 앞 금단 네 뿔에서 한 음성이 나서 나팔 가진 여섯째 천사에게 말하기를 큰 강 유브라데에 결박한 네 천사를 놓아 주라 하매

여기에 보면 '큰 강 유브라데'가 나옵니다. 여기서 유브라데 강이라고 하는 것은 이스라엘과 이방나라를 갈라놓은 경계선을 의미합니다. 원래 하

나님께서는 모세와 여호수아에게 이스라엘의 땅을 나일강 위에 있는 땅에서부터 시작해서 북쪽으로는 유브라데 강까지가 될 것이라고 말씀하셨습니다. 물론 이스라엘 백성들이 이 땅들을 다 차지한 적은 거의 없었습니다. 그럼에도 불구하고 유브라데 강은 하나님의 백성과 세상 사람들을 갈라놓는 눈에 보이지 않는 정신적인 경계선이었습니다.

그런데 여섯 번째 천사가 나팔을 부니까 그 경계선에 묶어 놓았던 네 천사가 풀려나게 되었습니다. 그런데 이 천사는 어마어마한 능력을 가진 천사입니다. 이 네 천사는 분명히 애굽 땅에 장자를 죽이는 재앙을 가져왔던 그 천사이며 앗수르 군대가 예루살렘을 쳐들어 왔을 때 앗수르 군대 18만 5천 명을 죽게 했던 천사인데 이 천사가 놓여나면 어떻게 되겠습니까? 아마 이런 천사 하나만 풀려나더라도 어마어마한 사람들을 죽이게 할 텐데 죽음의 천사가 네 명이나 풀려났으니까 이 세상에는 엄청난 사람이 죽게 될 것입니다. 그런데 이런 큰 일이 일어나게 되는 것이 하나님 앞에 있는 금단 네 뿔에서 음성이 나면서 이렇게 된다고 말씀하고 있습니다. 원래 성전에는 뿔이 있는 두 개의 단이 있습니다. 하나는 번제단인데 그것은 놋으로 되어 있습니다. 그리고 또 하나 향단은 금으로 입혀져 있는데 거기에도 네 뿔이 있습니다. 이것은 하나님의 백성들이 드리는 기도의 권세를 나타냅니다.

성전에는 이 뿔이 달린 제단이 두 개가 있습니다. 놋으로 만든 번제단은 우리가 하나님 앞에서 죄용서 받았으며 아무도 우리를 정죄할 수 없다는 권세를 나타냅니다. 그래서 다른 사람들이 잡으러 온다 하더라도 죄 없는 사람은 그 제단 뿔을 잡고 있으면 절대로 끌고 갈 수가 없습니다. 그러나 성경에 보면 죄 있는 사람이 그 제단 뿔을 잡았다가 끌려가서 죽은 기록이 있습니다. 그 사람이 요압입니다. 요압은 피를 흘린 죄가 있었기 때문에 성전 제단의 뿔을 잡았지만 구원함을 받지 못했습니다. 그러나 하나님 앞에 죄 용서받은 사람은 아무도 끌고 갈 수가 없습니다. 그 대신에 금향단의 네 뿔은 기도의 권세를 나타냅니다. 우리가 하나님께 예수 그리스도의 보혈을 의지하고 간절하게 기도를 드릴 때 하나님은 반드시 우리의 기도를 들어주십니다. 그래서 금단 네 뿔에서 음성이 난다는 것은 하나님께서 우리 성도들의 기도를 들어주셔서 악의 무리를 멸하시는 명령을 내리시는 것입니다. 다시 말해서 하나님은 금 향단 뿔에서 소리가 나지 않으면 이 힘 센 천사의 결박을 풀어주지 않으시는 것입니다. 그러다가 성도들이 보기에 이 세상에 너무 악의 세력이 꽉 차서 하나님께서 개입하지 않으시면 도저히 안 되겠다고 생각될 때 하나님께 최후의 심판을 해 달라고 기도를 하게 됩니다. 그러면 하나님께서 유브라데 강에 매여 있던 천사를 풀어주시는데 그때 온 세상에 전쟁이 일어나게 되는 것입니다. 이때는 마치 애굽에서 피가 발려지지 않은 집의 모든 장자가 다 죽는 것처럼 전 세계의 모든 남자나 젊은이들이 전쟁에 나가든지 혹은 전염병으로 다 죽게 되는 것입니다.

15절 네 천사가 놓였으니 그들은 그 년 월 일 시에 이르러 사람 삼분의 일을 죽이기로 예비한 자들이더라

네 천사는 '그 년 월 일 시'에 도착한다고 했습니다. 그러니까 하나님이 정하신 정확한 시간에 정확한 장소에 이르러서 심판을 실시하는 것입니다. 이 천사가 한꺼번에 풀려날 때에는 인간들의 권력이나 재물이 아무 소용이 없는 어마어마한 심판이 일어나게 될 것입니다. 아마도 이것은 세계적인 대 전쟁을 의미할 것입니다. 우리는 어떻게 해서 예수님이 십자가 위에서 승리하셨는데 이 세상에는 완전한 평화가 오지 않고 무시무시한 전쟁이 있을까 하는 의문을 가지게 됩니다. 그러나 예수님이 부활하셨지만 아직도 예수를 믿지 않고 하나님을 대적하는 자들이 많이 있기 때문에 한번씩 이 세상에는 무시무시한 전쟁이 일어나게 되는 것입니다. 그러나 이런 전쟁도

모든 인류를 다 죽이지는 못합니다. 대신에 삼분의 일만 죽이는데 이 삼분의 일은 믿지 않는 사람의 반인 것입니다.

16, 17절 마병대의 수는 이만 만이니 내가 그들의 수를 들었노라. 이같이 이상한 가운데 그 말들과 그 탄 자들을 보니 불빛과 자주빛과 유황빛 흉갑이 있고 또 말들의 머리는 사자 머리 같고 그 입에서는 불과 연기와 유황이 나오더라

어떤 신학자들은 이 마병들이 현대전에서 사람들을 대량 살상할 수 있는 무기를 예언한 것이라고 해석을 합니다. 즉 최근 인류가 개발한 핵무기나 생화학 무기는 무시무시한 살상능력을 가지고 있습니다. 핵무기가 단 하나만 터지거나 혹은 세균을 풀어 놓으면 어마어마한 사람들이 비참하게 죽게 될 것입니다. 사실 이 지구상에 그렇게 많은 핵무기나 생화학 무기가 있지만 그것이 사용되지 않고 있는 것은 하나님이 지켜주시기 때문입니다. 그러나 이 이만 만의 마병이 굳이 현대의 무기를 말한다고만은 볼 수 없을 것입니다. 그렇다면 이 이만 만의 마병들은 믿지 않는 자들이 하나님께 회개하지 못하도록 사탄이 대량적으로 사탄의 세력을 풀어서 사람들을 결박하는 것으로 볼 수 있습니다.

우리 하나님의 백성들에게는 성도들을 지키는 하나님의 불말과 불병거가 있다는 사실을 인정을 해야 합니다. 구약 성경에 보면 엘리야 때 엘리야가 있는 성에 수리아 군대가 새카맣게 몰려와서 포위를 했습니다. 그것을 본 엘리야의 종 게하시가 두려워하면서 '우리가 망하게 되었습니다'라고 하면서 벌벌 떨 때에 엘리야는 하나님께 게하시의 눈을 열어 달라고 기도를 했습니다. 그랬더니 하나님의 선지자가 있는 성을 에워싸고 있는 하나님의 불말과 불병거가 있는 것을 보게 되었습니다. 우리가 하나님의 말씀

을 붙들고 성전 역할을 잘 감당할 때 우리 교회 주위나 우리나라 국경을 하나님의 불말과 불병거가 지키게 됩니다. 그래서 아무리 사탄의 세력이 우리에게 파고 들어와서 불을 지르려고 해도 들어올 수가 없습니다. 그리고 만일 사탄이 우리 안에 파고 들어왔다 하더라도 이미 기진맥진해 있는 상태이기 때문에 큰 위력을 나타내지 못합니다. 옛날 히스기야 때 예루살렘에 기도가 있고 하나님의 말씀이 살아 있었을 때 앗수르 군대 18만 5천 명이 결코 그 성을 부수지 못하고 그 성 앞에서 다 죽었습니다.

여기에 보면 마병대의 수가 이만 만이라고 했습니다. '이만 만'은 '2억'인 것입니다. 2억의 마병대라고 하는 것은 인류 역사에 없는 마병대인 것입니다. 이것은 사탄도 이만한 병력은 가지고 있다는 것을 보여줍니다.

예수님께서 거라사인의 땅에 들어가셨을 때 한 귀신들린 사람을 만나게 되었습니다. 이 사람은 얼마나 강력한 귀신이 들렸든지 사람들이 붙들어 둘 수가 없었고 쇠사슬로 채워도 깨트리고 달아난다고 했습니다. 예수님께서 이 귀신에게 '네 이름이 무엇이냐?'고 물으니까 놀랍게도 이 귀신은 '군대입니다'라고 대답을 했습니다. 즉 이 사람 속에는 귀신이 군대 규모로 들어가 있었던 것입니다. 귀신들은 예수님께 부탁하기를 무저갱에 넣지 말아 달라고 하면서 근처에 있는 돼지 떼에게 들어가게 해 달라고 해서 허락하니까 이 귀신들이 모두 돼지 떼에게로 들어갔는데 돼지들이 모두 미쳐서 호수에 빠져서 몰살을 해버렸습니다. 물론 우리가 귀신들린 자들의 말을 다 믿을 것은 못되지만 이천 마리의 돼지가 죽은 것을 보면 귀신들도 굉장히 많다는 것을 알게 됩니다. 그런데 사람의 생명이 얼마나 질긴가 하면 돼지는 귀신이 들어가자 마자 바로 미쳐서 호수에 빠져서 죽는데 사람은 그런 군대 귀신이 들어가도 죽지 않고 미친 짓을 하면서 살아 있었던 것입니다. 그런데 인간은 살아있기만 하면 예수님을 만나서 구원을 얻고 새사람이 됩니다.

이것을 보면 사람의 영혼은 정말 질긴 것 같습니다. 아마 요즘 사람들이 스트레스 받는 것처럼 동물들이 스트레스를 받는다면 모두 멸종하고 말 것인데 사람들은 약을 먹어가면서 살아있는 것입니다.

말과 말을 탄자들을 보면 흉갑이 빛이 나는데 세 가지 빛이 납니다. 즉 불빛과 자주 빛과 유황빛입니다. 그리고 이 말들의 입에서 불과 연기와 유황이 나오는 것입니다.

결국 불과 연기와 유황은 결국 유황불이고 지옥불인 것입니다.

소돔과 고모라가 망할 때 하늘에서 불과 유황에 쏟아졌는데 결국 온 성이 타서 없어지고 연기만 가득하게 하늘로 올라갔습니다. 결국 이 말들에게서 나오는 것은 지옥불의 심판인 것입니다. 하나님을 믿지 않는 사람들은 이미 이 세상에서 지옥을 경험하게 되어 있습니다. 그런데 17절 끝에 보면 이 마병대의 말들의 머리를 보면 사자 같고 그 입에서는 불과 연기와 유황이 나오더라고 했습니다. 머리가 사자 같다고 하는 것은 절대적으로 군림을 하려고 한다는 것입니다. 즉 보통 사람들은 감히 거역할 수 없는 절대적인 힘에 눌려서 지옥 불에 타 죽게 하는 것입니다.

오늘날 예수 믿지 않는 사람들은 무시무시한 군대 귀신들의 공격을 받게 됩니다. 그래서 오늘 특히 최근에 많이 보게 되는 것이 많은 사람들의 정신병입니다. 오늘 사탄은 무시무시한 귀신의 세력을 풀어서 사람들을 미치게 만들고 욕하고 서로 저주하게 만들고 있습니다. 이 모든 것이 지옥의 유황불인 것입니다.

오늘 너무나도 많은 사람들이 정신이상으로 고통을 받고 있습니다. 그 이유가 어디에 있습니까? 악한 마귀가 사람들을 더 심하게 공격해서 아예 이 세상에 살면서 지옥의 고통을 겪게 하는 것입니다. 그래서 사람들에게 불과 연기와 유황을 뱉어내는데 거기에 쏘이면 다 미쳐서 남을 미워하게 되고 입에서 독설을 퍼붓게 됩니다. 앞으로는 더욱더 많은 사람들이 군대 귀신에 들린 것처럼 미칠 것입니다. 왜냐하면 이만 만의 말들이 공격을 하기 때문입니다.

그리고 또 하나는 사탄은 사람들을 성적으로 아주 미치게 할 것입니다. 원래 사람들에게 이성을 사랑하는 마음이 있습니다. 이것은 하나님이 주신 선물이고 아름다운 것입니다. 그러나 인간은 사람의 성에 대한 호기심이 점점 발전해서 이것을 가지고 성적인 죄를 짓는데 가장 심한 것이 포르노의 범람입니다. 사람들은 누구나 다 성적인 호기심을 가지고 있습니다. 그런데 인간들은 그것을 가지고 돈을 벌기 위해서 영화나 사진을 만들어서 장사를 하는데 결국 이것은 여성을 성의 노예화하는 것이고 인간에게는 가장 추악하고 더러운 죄악입니다. 포르노는 마약처럼 인간의 영혼과 육체를 더럽게 타락시킵니다.

오늘 이디 사탄의 무서운 공격이 시작되었습니다. 그것은 정욕의 전쟁이며 이혼의 전쟁이며 가정 파괴의 전쟁입니다. 마귀들 2억 마리가 붙어서 사람들의 정욕을 흔들어 놓으니까 너무나도 많은 사람들이 정욕적인 사랑의 불장난으로 인하여 지옥의 고통을 받게 됩니다.

깨닫지 못하는 인간들

오늘날 인간들은 사탄으로부터 엄청난 고통을 받고 있습니다. 사탄은 우리 인간들을 정신적으로만 고통스럽게 하는 것이 아니라 육체적으로도 더럽히며 결국 하나님의 진노로 망하게 합니다. 그러나 하나님을 믿지 않는 사람들은 깨닫지 못합니다.

19절 이 말들의 힘은 그 입과 그 꼬리에 있으니 그 꼬리는 뱀 같고 또 꼬리에 머리가 있어 이것으로 해하더라 여기서 말의 정체가 들어납니다. 말들은 말로 사람을 해치고 꼬리로 해칩니다. 말이라고 하는 것은 거짓된 사상을 말합니다. 하나님의 진리가 아닌 거짓 진리로 사람들을 속여서 죄에 빠지게 합니다. 그런데 일단 한번 죄에 빠진 후에는 꼬리에 권세가 있기 때문에 절대로 죄의 세력에서 빠져나가지 못하는 것입니다. 인간의 모든 죄는 다 중독성을 가지고 있습니다. 그래서 사람이 일단 한번 죄에 빠지면 거기서 빠져 나올 수가 없습니다. 꼬리가 뱀 같다는 것은 뒤 끝이 아주 간교하다는 것입니다. 그리고 꼬리에 머리가 달렸다는 것은 아주 교활하게 사람을 속여서 지속적으로 지배를 한다는 뜻입니다. 이때 우리가 거기서 빠져나올 수 있는 방법은 하나님 앞에 나와서 부르짖는 것입니다. 삼손은 들릴라와 사귀면서 들릴라가 자꾸 힘이 어디서 생기는가 물을 때 삼손이 괴로웠다고 말하고 있습니다. 왜냐하면 들릴라는 이미 블레셋 사람들에게 돈을 받기로 하고 매수되었기 때문에 집요하게 삼손을 물고 늘어질 수밖에 없었던 것입니다. 이때 삼손이 살 수 있는 길은 하나님 앞에 미친 사람처럼 부르짖는 것입니다. 그러면 들릴라도 삼손이 미쳤다고 생각해서 포기했을 것입니다.

그래서 우리는 모든 것을 성경대로 하면 틀림이 없습니다. 하지 말라는 것은 하지 않고 하라는 것은 하는 것입니다. 그리고 좌우로 절대로 눈을 돌리면 안 됩니다. 그러면 이 악한 사탄의 세력이 꼬리는 흔드는데 그 꼬리에 머리가 달려있는 것입니다. 이 머리로 사람을 해친다고 했습니다. 즉 죄를 짓는데 지혜가 있는 것입니다. 그래서 죄에 빠졌을 때에는 무엇이든지 건지려고 해서는 안 됩니다. 우리는 이 세상에서 내 믿음을 지키고 내 영혼을 지키고 양심을 지키면 승리한 것입니다.

사람에게 가장 답답하고 비참한 것은 육체적으로 속박이 되어서 자유롭지 못한 사람들일 것입니다. 지금도 많은 사람들이 죄를 지음으로 감옥에 갇혀서 자유로운 생활을 하지 못하고 있습니다. 그러나 이것보다 더 비참한 것이 정신적인 노예가 되는 것입니다. 예를 들어, 매춘을 하는 여성이라든지 약물중독에 빠진 자들은 죄의 습관에 노예가 되어서 계속 죄를 지을 수밖에 없습니다. 이 모든 것이 사탄의 지배요 공격인 것입니다. 사람에게 있어서 어떤 사상을 강요당하는 것보다 더 비참한 것이 없습니다.

이 말의 꼬리의 힘이라고 하는 것이 바로 이것입니다. 물론 일차적으로 상대방을 죄로 유혹한 다음에는 다시는 자기 지배를 벗어나지 못하도록 계속 감시하고 통제해서 영구적인 자신의 노예로 만드는 것입니다. 사람이 자기가 옳다고 믿는 것을 다른 사람들 앞에서 말하지 못하고 그 대신 도저히 자기가 받아들일 수 없는 거짓된 사상을 계속 강요당할 때 이것은 정신적인 노예가 되는 것입니다. 사람에게는 진실을 말할 수 있는 능력이 있습니다. 그러나 영혼의 암흑기가 오면 오직 악한 사상만 강요당할 뿐입니다. 이것보다 더 인간에게 고통스러운 것이 없습니다. 빛의 특징이 무엇입니까? 마음껏 표현할 수 있는 것입니다. 그러나 사람들이 진리를 싫어하고 바른 진리를 고백하기 싫어할 때 하나님께서는 이런 영혼의 흑암에 수많은 사람들을 쳐 넣어 버립니다. 중세 암흑기는 천 년이나 계속되었습니다. 무려 천 년의 기간 동안 하나님의 말씀은 비춰지 못했습니다.

오늘 우리에게 주어져 있는 이 성경 말씀이 얼마나 귀한 줄 아십니까? 이것이 없으면 또 다시 헛된 미신을 섬기고 무지 가운데 방황해야 하는 것입니다.

20, 21절 이 재앙에 죽지 않고 남은 사람들은 그 손으로 행하는 일을 회개치 아니하고 오히려 여러 귀신과 또는 보거나 듣거나 다니거나 하지 못하는 금, 은, 동과 목석의 우상에게 절하고 또 그 살인과 복술과 음행과 도적질을 회개치 아니하더라

결국 하나님께서 귀한 복음의 자유를 주셨는데도 불구하고 사람들이 자기 정욕 때문에 예수 그리스도의 십자가를 거부할 때 이제는 더 무서운 정욕의 노예가 되는 것입니다. 그래서 사탄은 사람들을 더 미신으로 지배해서 이제는 금이나 은이나 나무로 된 우상에게 절을 하고 절대로 자기 죄를 회개하려고 하지 않습니다. 여기서 죄를 회개하지 않는다는 것은 계속 그런 죄를 지으면서 사는 것을 말합니다.

이 말씀을 통해서 주님이 우리에게 하고자 하시는 것이 무엇입니까? 교회가 바른 진리를 발하지 않을 때 도대체 어떤 일이 일어나는지 깨닫게 하시려는 것입니다.

우리는 하나님의 진리가 거저 주어지는 것이니까 이것을 무시하기 쉽습니다. 하나님의 말씀을 배운다고 해서 수입이 더 늘어나는 것도 아니고 다른 사람들이 더 알아주는 것도 아니기 때문에 성도들도 하나님의 말씀을 소홀히 하기 쉽습니다. 그러나 그 결과는 너무나도 처참합니다. 사람들은 사탄에게 속아서 자기 자신이 누구인지도 모르고 죄와 정욕에 빠져서 살아가게 됩니다.

오늘 많은 사람들은 마음의 병을 앓고 있습니다. 그런데 이 마음의 병을 어디서 고치겠습니까? 사람의 마음의 병을 고칠 수 있는 분은 오직 성령님밖에 없습니다. 교회에서 교인들이 예배를 드리면서 감동을 받고 말씀을 듣고 울고 웃으면서 마음의 병이 치료가 되는 것입니다. 예수님께서 귀신들린 자에게서 귀신을 쫓아내셨을 때 유대 지도자들은 예수님이 귀신의 왕의 힘을 빌어서 귀신을 쫓아낸다고 비난을 했습니다.

그때 예수님은 같은 집끼리 싸우면 어떻게 집이 서겠느냐고 하시면서 귀신의 시계도 그렇게 엉터리는 아니라고 말씀하셨습니다. 예수님께서 귀신을 쫓아내시는 것은 강한 자가 강한 자를 결박하고 그 세간을 빼앗는 것이라고 말씀하셨습니다. 주님께서는 우리에게 사탄을 쫓아낼 수 있는 강한 힘을 주셨습니다. 그것은 바로 말씀의 능력과 성령의 능력입니다. 이 세상에 얼마나 많은 사람들이 사탄의 공격으로 정신적인 고통을 당하고 있습니까? 예수 그리스도의 복음과 성령의 능력은 사탄의 세력을 부수는 원자폭탄인 것입니다.

교회에서 설교를 통하여 증거되는 소리는 수백 개의 대포 소리보다 더 큰 경고의 소리입니다. 사람들은 주위에서 일어나는 환경의 변화만으로는 무엇이 죄이고 무엇이 문제인지 절대로 알 수 없습니다. 오늘 죄에 빠져 잠자는 자들을 깨울 수 있는 가장 확실한 나팔은 교회의 메시지입니다. 교회에서 선포되는 말씀을 통하여 끊임없이 사람들의 잠자는 양심을 깨워야 하며 그들에 대한 하나님의 최종적인 진노의 심판에 대하여 알려 주어야 합니다. 결국 사람들에게 싫은 소리 하기 싫어서 듣기 좋은 소리만 한다면 그때는 천재지변이 일어나고 전쟁이 일어나도 깨닫지 못하게 됩니다.

그래서 이 여섯 번째 나팔은 믿지 않는 자들이 당할 비참한 재앙의 경고의 나팔임과 동시에 교회는 정신을 차리고 자신의 위상을 되찾도록 경고하시는 말씀입니다.

집에서나 가까운 사람들에게 하는 말이 나팔 소리가 되게 합시다. 내가 깨달은 말씀으로 한마디 하는 것은 수십 번 실패하고서도 깨닫지 못한 진리를 깨닫게 하는 힘이 있습니다. 하나님의 말씀의 능력은 원자폭탄보다 더 위력이 있습니다.

하나님께서는 기드온의 용사들이 미디안 군대를 에워싸고 나팔을 불고 횃불을 들고 항아리를 깨트렸을 때 십만 명이 넘는 군대들이 미치게 하는 능력을 주셨습니다. 오늘 우리에게는 온 세상을 제대로 미치게 할 수 있는 말씀의 능력이 있습니다. 이 말씀의 능력이 2억의 마귀의 졸개들을 달아나게 할 것입니다. 여호수아와 이스라엘 백성들이 난공불락의 성 여리고를 하루에 한 바퀴씩 돌고 일곱째 날에 일곱 번 돌고 소리를 질렀을 때 그 성은 지진으로 무너지고 말았습니다. 이것은 우리 성도들의 나팔에 신적인 능력이 있다는 것을 의미합니다. 사탄의 역사로 미쳐 있는 이 세상을 제대로 돌아오게 할 수 있는 능력이 우리에게 있습니다. 우리는 이 말씀의 뿔 나팔로 미쳐 있는 세상을 바로 잡고 사탄의 세력을 물리치는 능력을 체험할 수 있기를 바랍니다.

CHAPTER • 21

힘 센 천사와 작은 책

요한계시록 10:1-11

우리는 때때로 한 권의 책을 통해서 우리의 인생이 바뀔 때가 있습니다. 가끔 세계적으로 유명한 사람들이 하는 말을 들어보면 자신들이 젊었을 때 읽었던 어떤 책 한권으로 자신의 운명이 달라지게 되었다고 말하는 사람들이 있습니다. 대개 이 사람들은 한권의 책을 만남으로 미지의 세계에 대하여 눈을 뜨게 되었고 그 후로부터 그 분야에 빠져들어 많은 연구를 하게 되면서 결국 권위자가 되게 된 것입니다. 대개 이런 책을 쓸 수 있는 사람은 백 년에 한 명 나올까 말까 하는 아주 위대한 인물일 것이며 어떤 학문의 세계에 대하여 기존의 모든 패러다임을 뒤엎을 수 있는 새로운 안목을 가진 사람일 것입니다. 왜냐하면 기존의 케케묵은 관점으로는 절대로 그런 새로운 이정표를 제시할 수 있는 이론이 나올 수가 없기 때문입니다.

그런데 우리가 알아야 하는 것은 사람의 지식이라는 것은 결국 인간이 살면서 생각하고 겪은 것을 모아놓은 것입니다. 결국 이런 지식은 수평적인 지식이라고 말할 수 있습니다.

즉, 같은 평면 위에서 어떤 것이 우리에게 더 유익하며 바른 길이냐 하는 것을 살피고 방향을 제시해주는 것입니다. 그러나 어떤 경우에는 마치 하늘에서 벼락이 떨어지듯이 새로운 영감이 갑자기 머리에 떠오를 때가 있습니다. 우리 인간의 인생길에 도움이 되는 것은 바로 이러한 새로운 영감입니다.

하나님께서는 우리의 인생만이 아니라 영생을 결정하는 아주 중요한 책을 한 권 주셨습니다. 이 책은 사람이 자기 경험을 모아서 쓴 책이 아니라 하나님의 생각과 계획을 영감으로 기록한 책입니다. 이 책은 우리가 가지고 있는 성경입니다. 이 성경은 수많은 사람들의 인생을 바꾼 책입니다.

영국에 유명한 기독교 출판사 중에 '배너 오브 투루스'라는 출판사가 있습니다. 이 출판사는 소위 사람들의 인기에 영합하지 아니하고 깊은 진리가 담겨져 있는 청교도 계통의 서적만 출판합니다. 그래서 수백 년 전의 깊이 있는 고전들을 찾아내 출판을 하고 있습니다. 그 중에 사백 년 전의 칼빈 선생의 '신명기 강해'와 '욥기 강해'서도 있습니다. 그리고 영국의 저명한 설교자 로이드존즈 목사의 '로마서 강해'라든지 '에베소서 강해'를 출판을 했습니다. 이 출판사의 로고는 어떤 사람이 책을 하나 높이 들고 있는 그림입니다. 그 사람은 바로 18세기에 영국의 부흥을 일으켰던 조지 휫필드의 모습인데 한 손에 성경을 높이 들고 사람들에게 설교하는 모습입니다. 특히 조지 휫필드의 설교는 마치 번개가 치는 것과 같았고 천둥이 울리는 것과 같았습니다. 그래서 어떤 출판업자가 조지 휫필드의 설교를 책으로 출판하겠다고 했을 때 내 설교 속에 있는 천둥과 번개까지 책에 넣어 달라고 부탁한 적이 있다고 합니다.

오늘 본문 말씀을 보면 하늘에서 아주 힘이 센 한 천사가 내려오는데 손에 작은 책 하나를 들고 큰 소리로 부르짖는 모습을 보여주고 있습니다. 바로 이 힘 센 천사가 들고 있는 작은 책이 바로 우리가 가지고 있는 성경책인데 이 책은 우리의 인생을 바꾸는 책이 될 것입니다.

많은 사람들은 우리나라의 정치와 경제에 대하여 걱정을 합니다. 우리나라의 정치는 정상적인 방법으로는 치료되기가 어려운 상태까지 와 있습니다. 어떤 사람들은 이제 세계 경제는 어떤 경제 이론으로도 풀릴 수 없는 상태에 와 있다고 합니다. 이럴 때 필요한 것이 바로 영감인 것입니다. 하나님의 영감은 사망에 빠진 자들을 집단적으로 살릴 수 있는 안내자 역할을 합니다. 사람들이 사막이나 산에서 길을 잃으면 계속 같은 길을 돌면서 방황을 합니다. 그러나 정확한 길을 아는 자가 나타나면 그들은 살 수가 있는 것입니다. 이 민족을 살릴 수 있는 것은 많은 지식이 아닙니다. 오로지 하나님의 영감에 찬 말씀인 것입니다.

힘 센 천사의 출현

오늘 본문 말씀은 일곱 나팔의 재앙 중에서 여섯 번째 나팔과 일곱 번째 나팔 사이의 중간에 있는 내용입니다.

1, 2절 내가 또 보니 힘 센 다른 천사가 구름을 입고 하늘에서 내려 오는데 그 머리 위에 무지개가 있고 그 얼굴은 해 같고 그 발은 불기둥 같으며 그 손에 펴 놓인 작은 책을 들고 그 오른발은 바다를 밟고 왼발은 땅을 밟고

여섯 번쩌 나팔이 불 때까지 이 세상에는 모든 악한 자들에 대한 하나님의 진노의 심판과 사탄의 활동이 나옵니다. 심지어는 이만 만의 마병이 나와서 지옥불로 사람들을 태워서 고통스럽게 합니다. 그런데 하나님께서는 이 세상을 결코 사탄의 손에 넘겨주지 않으시고 사탄의 세력을 물리칠 수 있는 방법을 허락하여 주셨습니다. 그것은 아주 힘이 센 한 천사가 작은 책을 들고 나타난 것입니다.

아주 영광스러운 한 천사가 하늘에서 내려 왔는데 그의 손에 작은 책이 펴진 채 들려져 있는 것입니다. 이 책이 펼쳐져 있다는 것은 이 책이 공개되어 누구든지 읽으려고 하기만 한다면 얼마든지 읽을 수 있다는 뜻입니다. 물론 이 당시 성경책은 아직 하나로 편집되지 않았고 여러 개의 두루마리로 돌아다니고 있었습니다. 그럼에도 불구하고 성경이 하나의 책인 이유는 한 성령께서 영감으로 기록하게 하신 책이기 때문입니다.

하늘에서 내려온 이 천사가 누구냐 하는 것에 대하여 많은 논란이 있습니다. 우선 힘이 센 이 천사는 예수님을 많이 닮았습니다. 그가 구름을 입고 하늘에서 내려왔다고 하는데 구름은 하나님의 신적인 영광을 나타냅니다. 그리고 무지개가 있다고 했는데 이것은 노아의 무지개를 연상하게 합니다. 하나님께서는 이 세상에 인간의 죄악으로 망할 수밖에 없게 되었을 때 노아의 무지개를 통하여 다시는 이 세상에 홍수와 같은 재앙으로 망하지 않게 하겠다고 약속을 하셨습니다. 사탄이나 악한 인간들은 원자탄을 터트려서라도 이 세상을 멸망시켰을 것입니다. 그러나 하나님께서는 사탄의 세력을 막으셔서 인간들이 그렇게 한꺼번에 다 망하는 일은 일어나지 않게 하시고 오히려 교회가 그 중심이 되게 하셔서 멸망할 영혼들을 건지게 하시는 것입니다. 요즘도 이 세상에 가장 필요한 것이 있다면 무지개 언약입니다. 악한 독재자들이나 테러집단은 툭하면 세상을 불바다로 만들겠다고 위협을 합니다. 그러나 하나님께서는 결코 그런 일이 일어나지 못하도록 무지개를 하늘에 걸어 놓으셨습니다.

이 천사의 얼굴은 해 같고 발은 불기둥 같다고 했습니다. 얼굴이 해와 같다는 것은 마치 이 천사의 책이 아침 해가 떠오르는 것과 같다는 뜻입니다. 즉 아침 태양이 떠오르기 전에는 온 세상이 캄캄하고 추워서 아무것도 활동을 할 수가 없습니다. 그러나 드디어 아침 태양이 떠오르면 세상이 밝아지고 따뜻해지면서 사람들도 활동을 하고 식물들도 자라기 시작합니다.

마찬가지로 우리 인생에 있어서 하나님의 말씀을 듣기 전에는 모든 것이 미신적이고 불신앙적이며 우리는 진정한 사랑을 알지 못합니다. 그러나 우리가 하나님의 말씀을 듣게 되었을 때 비로소 우리는 내 자신의 가치를 알게 되고 미신과 무지에서 벗어나게 됩니다. 즉 복음의 영광은 우리는 덮고 있는 모든 두려움과 불안을 내어 쫓습니다. 아무리 이 세상이 어둡고 혼란스러워도 하나님의 말씀이 있는 곳은 결코 어둡지 않습니다.

그리고 그 발이 불기둥 같다는 것은 악한 자들은 접근할 수 없는 거룩함을 보여줍니다. 악한 자들이 이 힘 센 천사에게 가까이 했다가 한번 불기둥 같은 다리에 걷어채인다면 아마 시커멓게 불에 타고 말 것입니다. 그런데 하나님의 백성들에게는 이 다리가 밤에 길을 인도하는 안내등이 되는 것입니다. 이 두 다리가 가는 방향으로 따라가기만 하면 아무리 어두운 곳에서도 길을 잃지 않고 안전한 목적지로 갈 수 있습니다.

지금 우리나라의 어려움도 풀 수 있는 해법이 반드시 있습니다. 그런데 단지 사람들이 인간적인 방법으로 풀려고 하니까 돈은 돈대로 들고 힘은 힘대로 들고 결국은 다 지쳐서 쓰러져 죽게 되는 것입니다. 그러나 이 불기둥 같은 두 다리를 보고 따라가면 결국 간단하게 지금 이 어려움을 풀 수 있는 길이 있는 것입니다. 그런데 이 힘이 센 천사가 오른 발로는 바다를 밟고 있고 왼발은 땅을 밟고 있다고 말씀하고 있습니다. 이것은 이 천사의 세력이 땅과 바다에 다 미치는 것이며 이 책이 결국 믿는 자들이나 믿지 않는 자들 모두에게 영향을 미치는 것을 의미합니다.

그러면 결국 하늘에서 내려온 이 힘 센 천사는 누구를 말하겠습니까? 모든 정황을 볼 때 그리스도와 너무나도 비슷합니다. 그리스도께서는 우리에게 하나님의 말씀을 가지고 오신 분이십니다. 그럼에도 불구하고 오늘 이 본문의 천사는 단지 하나님의 말씀의 매개체가 하나님의 능력으로 이루어진 것을 보여주는 것이라고 생각하면 좋겠습니다. 그리고 결국 우리 그리스도인들이 이 힘 센 천사로부터 말씀을 받아서 외칠 때 우리들이 바로 이런 힘 센 천사가 되는 것입니다. 이 세상에서 새카맣게 사탄의 졸개들이 몰려 올 때 우리들에게는 이들을 다 물리칠 수 있는 원자폭탄이 있습니다. 그것이 바로 하나님께서 우리에게 주신 능력의 말씀인 것입니다. 그래서 여호수아와 이스라엘 백성들이 여리고성을 일곱 번 돌고 소리를 질렀을 때 그 성이 무너졌으며 기드온과 삼백 용사들이 미디안 군사들을 에워싸고 소리를 질렀을 때 그들이 미치는 결과가 나타났던 것입니다.

복음을 전하는 자는 사람이 보내어서 복음을 전하는 것이 아닙니다. 복음은 하나님이 힘이 센 천사를 보내어서 우리 성도들에게 복음을 전하게 하는 것입니다. 그리고 우리가 전하는 복음에는 아주 큰 권세가 있고 큰 힘이 있어서 어떤 사탄의 세력도 능히 쫓아낼 수 있습니다. 그 태양과 같은 얼굴빛으로 사탄의 모든 속임수는 다 달아나게 되어 있습니다. 그리고 그 불기둥 같은 다리로 아무리 칠흑 같은 어두움이 세상을 덮고 있다 하더라도 능히 성도들을 인도하여 바른 길로 가게 할 수 있습니다. 그리고 그 발은 바다와 땅을 함께 밟고 있기 때문에 믿는 사람들이나 믿지 않는 사람 모두가 이 복음의 말씀을 들어야 하는 것입니다.

일곱 우뢰 소리

이 천사는 손에 이 작은 책만 들고 있는 것이 아니라 사자가 부르짖는 것처럼 아주 큰 소리로 무엇인가 외칩니다. 그런데 중요한 것은 이 천사가 부르짖을 때 무슨 소리가 들렸는데 일곱 우뢰 소리였습니다. 그런데 이 일곱 우뢰 소리는 기록하지 말고 인봉하라고 하는 소리가 들립니다.

3, 4절 사자의 부르짖는 것 같이 큰 소리로 외치니 외칠 때에 일곱 우뢰가 그 소리를 발하더라. 일곱 우뢰가 발할 때에 내가 기록하려고 하다가 곧 들으니 하늘에서 소리나서 말하기를 일곱 우뢰가 발한 것을 인봉하고 기록하지 말라 하더라

사람이라고 하는 것은 이상해서 중요한 것을 실컷 이야기 해주면 거기에 대해서는 별로 관심을 가지지 않다가 무엇인가 비밀로 붙이면 그것을 알고 싶어서 견디지 못하는 법입니다. 오늘 여기서 하나님의 천사는 사자 같은 큰 소리로 부르짖습니다. 그런데 사람들은 사자 같은 그 소리를 들으려고 하지 않고 기록하지 말라고 한 일곱 우뢰 소리에 대하여 더 알고 싶어 하는 것입니다.

우선 이 천사가 부르짖은 큰 사자와 같은 소리는 온 세상에 흩어져 살고 있는 하나님의 택하신 백성들을 부르시는 소리입니다. 호세아 11장에 보면 하나님께서 사자와 같은 큰 소리로 부르시니까 흩어져 있던 이스라엘 백성들이 마치 비둘기같이 떨면서 돌아온다고 말씀하고 있습니다. 이스라엘 백성들은 포로가 되어서 전 세계에 흩어져서 다른 사람들과 섞여서 살아가고 있습니다. 그러니까 이 세상 어디엔가 이스라엘 자손들이 있기는 한데 구석구석에 처박혀 있어서 도저히 어디에 숨어 있는지 알 수가 없습니다. 마치 큰 숲 속에 새들이 숨어 있으면 도저히 이 새들을 일일이 찾아낼 수가 없습니다. 그런데 사자가 큰 소리로 부르짖으면 새들이 모두 놀라서 숨어 있던 나무 가지에서 하늘로 치솟아 오르게 되는데 그때 새들의 정체가 나타나는 것입니다.

사실 요즘 같은 세상에 사람들이 일요일이라고 해서 교회에 나와서 예배드리는 것이 결코 쉬운 일이 아닙니다. 왜냐하면 세상이 너무 강하게 우리들을 부르고 있기 때문입니다. 그런데 주일이 되고 예배 시간이 되면 구

석구석에서 생활하던 하나님의 백성들이 모두 손에 성경책을 들고 예배당에 모여서 예배를 드리는 것입니다. 이것은 하나님의 강한 능력이 우리를 불러 주셨기 때문에 모이게 되는 것이지 약한 소리로 우리를 부르셨다면 이렇게 모이지도 않을 것입니다. 특히 요즘은 세상에서 사람들을 부르는 소리가 더 강한 것 같습니다. 텔레비전이나 영화에서 부르는 소리가 더 세거나 혹은 술친구들이 부르는 소리가 더 세면 그 쪽으로 끌려가게 될 텐데 결국 하나님이 부르는 소리가 더 강하기 때문에 결국 하나님 앞에 나오게 되는 것입니다. 하나님의 말씀은 우리의 양식입니다. 예수님이 말씀하시기를 '사람이 떡으로만 살 것이 아니요, 하나님의 입에서 나오는 말씀으로 살 것이니라'고 하셨습니다. 사람들은 모두 먹고 살기 위하여 살아가고 있습니다. 먹고 사는 것이 이 세상 사람들에게 가장 중요한 것은 사실입니다. 그러나 예수님은 단순히 먹고 사는 것 이상의 훨씬 더 고상한 삶이 있다는 것을 보여주셨습니다. 그것은 하나님의 말씀을 듣고 그 말씀에 순종하여 사는 삶입니다.

우선 중요한 것은 이 천사가 큰 소리로 외칠 때에 일곱 우레 소리가 들렸다는 것입니다. 어떤 번역에는 일곱 우뢰가 각기 소리를 내었다고 말씀하고 있습니다. 즉 우뢰 같은 소리가 일곱 소리가 났는데 그것은 무슨 메시지를 가진 말씀이었습니다. 그런데 그것은 기록하지 말라고 말씀하셨습니다.

요한복음 12장에 보면 예수님께서 십자가를 지시기 전에 하나님께 자신의 두려운 마음을 표현하면서 '아버지여 아버지의 이름을 영광스럽게 하옵소서'라고 말씀하십니다. 그때 하늘에서 소리가 나면서 '내가 이미 영광스럽게 하였고 또 다시 영광스럽게 하리라'고 하는데 무리들 중에는 알아들은 사람이 있는가 하면, 우뢰가 울렸다라고 말하는 사람도 있었습니다.

이것을 보면 하나님의 말씀이 알아들을 수 있는 사람에게는 메시지를 가진 말씀으로 들리지만 알아듣지 못하는 사람에게는 우뢰 소리로 들린다는 것을 알 수 있습니다. 무엇인가 '웅웅'하는 소리로 들리는데 그 의미를 도저히 알아듣지 못하는 것입니다. 이것을 보면 하나님께서는 이 세상에 진리를 선포하시면서도 어떤 사실에 대해서는 사람들이 모르게 하시는 것이 있다는 것입니다. 하나님께서 우리로 하여금 깨닫지 못하도록 감추어 놓으신 진리가 무엇일까요?

우리 미래에 대하여 정확한 일정은 우리에게 감추어 놓으셨습니다. 그래서 우리는 이 세상이 어떻게 되거나 미래에 믿는 사람이나 믿지 않는 사람의 운명이 대충 어떻게 된다는 것은 알지만 우리 개개인의 미래에 대하여 정확하게 아는 것은 허락되어 있지 않습니다. 그래서 우리는 정확한 미래의 일정을 모르는 가운데 오직 말씀과 믿음으로 하루하루를 살아갈 수밖에 없습니다.

우리는 마치 아브라함이 가나안 땅에 살 때에 갈 바를 알지 못하고 하루하루를 살았던 것처럼 이 세상을 살아가고 있습니다. 아브라함은 흉년을 만날 때도 있었습니다. 또 아브라함은 전쟁을 겪어야 할 때도 있었습니다. 또 아브라함은 바로 옆에 있는 네 개의 도시가 하나님의 진노의 심판으로 불바다가 되는 것을 보았습니다. 그럼에도 불구하고 아브라함은 살아남았고 오히려 그때마다 더 크게 되고 더 큰 축복을 받았던 것을 볼 수 있습니다. 우리도 이 세상을 그런 식으로 승리할 것입니다. 결코 우리 앞에 어려움이 없다고 말할 수는 없습니다. 그러나 이 어려움들이 우리를 이기지 못할 것이며 우리를 더 크게 하고 우리를 더 큰 축복으로 인도할 것입니다.

또 우리는 어떤 사람이 구원받을 것인지 그리고 어떤 사람이 멸망당할 사람인지 알지 못합니다. 그래서 우리는 불특정 다수에게 전도를 할 수밖에 없습니다. 만약 우리가 어떤 사람이 구원받기로 예정된 자들이고 어떤 자들이 지옥에 갈 자인지 안다면 더 효과적으로 전도할 수 있을 것입니다. 구원받을 자가 믿지 않으면 '너 그렇게 해 봐야 소용이 없어. 너는 구원받게 되어 있단 말이야'라고 할 것이며 구원받지 못할 자 같으면 아예 전도도 하지 않고 포기할 것입니다. 그러나 우리는 그것을 모르기 때문에 무작정 모든 사람에게 하나님의 사랑을 전할 수밖에 없습니다. 그러니까 우리는 조롱도 당하고 바보짓도 해야 하는데 바로 이것이 하나님의 자비하심이고 긍휼하심입니다. 하나님의 진심은 할 수 있으면 이 세상 모든 사람들이 다 구원받는 것입니다. 그리고 우리는 예수님이 언제 재림을 하실지 알지 못합니다. 만약 우리가 예수님이 재림하시는 시간을 알기만 한다면 그 전까지 좀 놀다가 예수님이 오시기 직전에 정신을 차리고 신앙생활을 반짝 잘 할 것 같은데 예수님은 도적같이 오신다고 했습니다. 즉 도적이 언제 옵니까? 도적은 오지 않을 것 같은 때 꼭 옵니다. 그러니까 우리는 절대로 방심할 수가 없는 것입니다.

그리고 우리는 천국 생활에 대하여 구체적인 것을 알지 못합니다. 천국이 얼마나 좋은지 그리고 얼마나 영광스러운지 우리는 성경의 기록을 미루어서 짐작할 수밖에 없습니다. 결코 천국에 대한 모든 것을 이 세상에서 알 수 없습니다. 우리는 지옥에 대해서도 자세한 것을 알지 못합니다. 그곳은 뜨거운 불이 있고 무지무지한 고통이 있는 저주의 장소라는 것은 알고 있습니다. 그러나 자세한 것은 알지 못합니다. 그런데 사람들은 지옥에 대하여 나름대로 꿈에 본 것을 기초해서 설명을 하는데 사실 상상한 것에 불과하지 지옥에 대한 정확한 것은 아무도 모릅니다. 그리고 우리는 하나님에 대해서도 성경에 기록한 이상은 알지 못합니다. 하나님께 성부 성자 성령의 삼위가 있다는 것은 알고 있습니다. 그런데 성자가 어떻게 성부로부터 나셨는지 성령께서 어떻게 생기셨는지 우리는 모릅니다. 그리고 우리는 하나님께서 정확하게 우리 인간에 대한 구원 계획을 언제 세우셨는지 지금은 모릅니다. 단지 영원전에 우리를 구원하실 계획을 세우셨다고 하셨는데 자세한 것은 알지 못합니다.

그러니까 우리가 알 수 있는 것은 성경이 우리가 구원을 얻는데 꼭 필요한 책이지만 하나님에 대한 모든 진리를 다 말씀하고 있는 것은 아니라는 것을 알 수 있습니다. 그래서 성경을 큰 책이라고 하지 않고 작은 책이라고 말씀하시는 것입니다. 그러나 우리가 구원을 얻는 데는 성경 외에 다른 책은 필요가 없습니다. 왜냐하면 이 안에 모든 구원의 진리가 다 들어 있기 때문입니다. 그러나 우리는 아무리 성경을 읽어도 하나님에 대한 모든 지식을 다 가질 수는 없습니다. 아마도 일곱 우뢰 소리라고 하는 것도 우리가 이 세상에서는 알 필요가 없는 하나님에 대한 진리인 것 같습니다. 그래서 우리가 믿지 않는 사람들에게 복음을 전할 때 우리는 그들이 하나님 앞에 죄인이며 그리스도가 우리를 위하여 죽으신 것과 하나님의 임박한 심판에 대해서만 증거하면 됩니다. 우리 믿는 자에게 주어질 놀라운 축복은 거의 대부분 인봉되어 있습니다. 그러나 하나님께서는 우리가 날마다 하나님을 새로 알아가기를 바라십니다. 우리에게는 인봉된 하나님의 은혜와 축복이 있습니다. 그것은 말로 설명할 수도 없고 또 이야기 할 수도 없습니다. 왜냐하면 그것은 아직 비밀에 붙여져 있기 때문입니다.

작은 책의 맛

복음을 가져 온 이 천사는 하나님을 향하여 큰 소리로 보고합니다.

5, 6절 내가 본바 바다와 땅을 밟고 섰는 천사가 하늘을 향하여 오른손을 들고 세세토록 살아계신 자 곧 하늘과 그 가운데 있는 물건이며 땅과 그 가운데 있는 물건이며 바다와 그 가운데 있는 물건을 창조하신 이를 가리켜 맹세하여 가로되 지체하지 아니하리니

'바다와 땅을 밟고 섰는 천사'라고 하는 것은 조금 전에 말한 것처럼 이 복음의 성격이 어떤 특정 민족이나 사람에게만 해당되는 것이 아니라 온 인류에 해당된다는 뜻입니다. 이 천사가 '오른손을 든다'고 하는 것은 하나님 앞에 엄숙하게 맹세하는 것입니다.

그런데 하나님께 대하여 '세세토록 살아계신 자'라고 하면서 '하늘과 그 가운데 있는 물건이며 땅과 그 가운데 있는 물건이며 바다와 그 가운데 있는 물건을 창조하신 자'라고 소개하고 있습니다. 하나님께서는 이 세상에 있는 모든 것을 다 만드신 분이십니다. 다시 말해서 이 세상에 있는 모든 것들은 하나님의 예술 작품인 것입니다.

서울에는 난지도라고 해서 서울에 있는 모든 쓰레기들을 다 모아서 쌓아 놓는 곳이 있었습니다. 그 난지도 주위에 있는 사람들은 거기서 날아오는 매캐한 냄새와 먼지로 많은 고통을 받았습니다. 그러나 이제 그곳에는 쓰레기 반입이 끝나고 흙으로 덮어서 공원을 만들었는데 이제는 새가 날아오고 봄이 되면 꽃이 피는 곳이 되었습니다. 물론 그 속 깊은 곳에는 수십 년 동안 없어지지 않은 쓰레기가 있습니다만 일단 겉으로 보기에는 새로운 곳이 된 것입니다. 하나님은 이 세상을 그렇게 만드실 것입니다. 그 중에서 우리 성도들의 변화가 가장 중요합니다. 아직도 이 세상이 계속 타락하고 있는 이유는 아직 성도들이 다 구원받지 못했기 때문입니다. 이것은 순전히 우리 문제인 것입니다.

'지체하지 않을 것'이라고 합니다. 오래 기다리지 않고 모든 것이 이 말씀대로 이루어질 것이라고 보고 드립니다.

예수님께서 이렇게 말씀하셨습니다.

마 5:18 진실로 너희에게 이르노니 천지가 없어지기 전에는 율법의 일점일획이라도 반드시 없어지지 아니하고 다 이루리라

이 눈에 보이는 하늘과 땅 보다 더 견고하고 확실한 것이 하나님의 말씀입니다.

그러나 왜 우리가 생각하기에 이 하나님의 심판은 더디게 이루어지는 것일까요? 하나님의 구원은 우리가 생각하는 것처럼 더딘 것이 아닙니다. 오히려 반대입니다. 전 세계적으로 하나님의 구원은 긴박하게 이루어지고 있습니다. 우리는 편안한 가운데서도 또 이 지구의 다른 부분에서는 놀라울 정도로 긴급하게 영혼을 구원하는 일이 이루어지고 있습니다.

7절 일곱째 천사가 소리 내는 날 그 나팔을 불게 될 때에 하나님의 비밀이 그 종 선지자들에게 전하신 복음과 같이 이루리라

일곱째 천사가 나팔을 분다고 하는 것은 이 모든 일이 최후 심판의 날이 있기 전에 반드시 이루어진다는 의미로 생각할 수 있습니다. 예수님께서도 제자들에게 마지막 심판이 있기 전에 난리와 난리의 소문을 들을 것이며 여러가지 재앙과 천재지변을 듣게 될 것이라고 말씀하시면서 그러나 끝이 온 것은 아니라고 말씀하셨습니다. 중요한 것은 눈에 보이는 이런 작은 경고들도 중요하지만 결국 중요한 것은 사람들이 하나님의 말씀에 어떤 반응을 보이느냐 하는 것입니다. 여러가지 재앙들은 사람들의 교만을 꺾고 하나님의 말씀에 귀를 기울이게 하기 위해서 일어나는 것입니다. 사람들은 이 재앙만으로 회개하지 않습니다. 반드시 하나님의 말씀이 있어야 바른 길로 돌아올 수 있습니다. 그러니까 어려움을 열 번 당하는 것보다는 참된 진리의 말씀을 한번 듣는 것이 훨씬 더 진리를 깨닫게 할 것입니다.

결국 우리에게 하시는 말씀이 무엇입니까? 그것은 이 작은 책의 가치입니다. 사람들은 이 하나님의 말씀을 꼭 들어야 합니다. 눈에 보이는 현상은 잠깐입니다. 너무나도 모든 것이 일시적이고 잘 변합니다. 조금 지나면 그

원형을 발견할 수 없을 정도로 변합니다. 그러나 하나님의 말씀은 변하지 않습니다. 그 대신에 반드시 성취됩니다. '지체하지 않는다'고 하는 것은 우리가 생각하기에는 더디게 느껴질지 몰라도 하나님께서는 영혼을 구원하는 이 일을 참으로 긴박하게 성취시키신다는 뜻입니다.

요즘은 책이 참 많습니다. 어떤 책들은 너무 비싸서 구입할 수 없는가 하면 또 어떤 책들은 너무 어려워서 읽을 수 없는 것들도 있습니다. 그래서 사람들은 할 수 있는 대로 쉽고 값이 싼 책을 찾습니다. 큰 서점에 가면 너무나도 많은 책들이 있습니다. 그 책들은 우리의 유익을 위하여 읽혀지기를 기다리고 있습니다.

그러나 오늘 우리 인간들에게 가장 필요한 책은 바로 천사가 가지고 내려온 이 작은 한 권의 책입니다. 오늘 우리가 보는 수많은 책들은 모두 이 세상에서의 크고 작은 경험들을 기록하여 놓은 것입니다. 그러나 우리가 경험할 수 없는 것은 이 수많은 책들 가운데도 담을 수가 없습니다. 우리에게 가장 중요한 것은 하나님에 대한 지식입니다.

우리는 하나님을 알아야 우리 자신을 알 수 있습니다. 현재 우리는 우리의 원래 모습이 아닙니다. 너무나도 변한 모습이고 타락한 모습입니다. 이 작은 책은 하나님의 말씀을 담은 책입니다. 그래서 요한은 요한복음에서 이 책을 빛이라고 표현하고 있습니다. 마치 어두움 속에 빛이 비춰는 것 같습니다. 어두움 속에 많은 것이 있으면 무슨 소용이 있습니까? 어두움에는 필요한 것이 빛입니다. 빛이 비취기만 하면 모든 것의 모습과 위치가 다 드러납니다.

주님은 이 빛을 비추는 일을 누구에게 맡기셨습니까? 주님은 바로 우리들에게 맡기셨습니다.

모든 인류는 거대한 소경 집단과 같습니다. 이들의 눈을 뜨게 할 수 있는 빛이 바로 우리 교회에 주어져 있습니다. 주님은 오늘 우리들에게 이렇게 말씀하십니다. 하늘과 땅을 밟고 있는 천사에게 가서 손에 들고 있는 그 작은 책을 달라고 하라고 말입니다. 그 책은 바로 우리들의 책입니다. 그러나 이 진리는 그냥 주어지는 것이 아닙니다. 우리가 가서 달라고 해야 합니다. 다시 말해서 우리가 주님께 나아가서 '주님, 우리들이 모인 것은 다른 이유 때문이 아닙니다. 사람들끼리 잘 지내기 위해서도 아닙니다. 나를 알아주는 사람이 있기 때문도 아닙니다. 하나님의 진리를 더 알고 그것을 더 깨닫기 위해서입니다. 우리에게 진리를 주시면 우리가 열심히 모여서 그 진리를 온 세상에 드러내겠습니다' 하면서 말씀을 달라고 해야 합니다. 이것은 우리의 모임에서 가장 중요하게 생각하는 것은 더 많은 진리가 우리 가운데 선포되고 참된 진리가 우리 안에 드러나는 것이라는 뜻입니다.

이것이 가장 중요한 목적이 되지 못하는 교회는 바른 교회가 아닙니다. 주님께서는 교회에 다른 것을 주시지 않으셨습니다. 주님이 교회에 주신 것은 바로 이 하나님의 진리를 비추는 권세입니다. 여러분, 신앙생활을 열심히 하고 말씀을 들어도 생활이 갑자기 윤택해지지 않을 수 있습니다. 어쩌면 병도 금방 낫지 않을지 모릅니다. 그러나 진리가 비추어지는 동안 사탄이 여러분의 영혼을 도둑질하지 못할 것이며 여러분은 거짓에 속지 않을 것입니다. 여러분은 자신의 고귀한 가치를 발견하게 될 것이며 여러분 안에 있는 하나님께 대한 믿음이 이 눈에 보이는 어려움을 넉넉히 이기게 할 것입니다.

말씀을 주는 천사는 요한에게 이 말씀을 갖다 먹어버리라고 합니다. 이 말은 말씀을 받는 즉시 자기의 것으로 소화를 시키라는 뜻입니다. 그런데 천사는 이 말씀이 두 가지 맛이 있다고 말씀하십니다.

9, 10절 내가 천사에게 나아가 작은 책을 달라 한즉 천사가 가로되 갖다 먹어버리라 네 배에는 쓰나 네 입에는 꿀 같이 달리라 하거늘 내가 천사의

손에서 작은 책을 갖다 먹어버리니 내 입에는 꿀 같이 다나 먹은 후에 내 배에서는 쓰게 되더라

하나님의 말씀에는 두 가지 맛이 있습니다. 이것이 두루마리 책이 입에서는 꿀같이 단데 배에서는 쓰게 되어 고통을 느끼는 것입니다. 그런데 이 두 가지 맛이 정확하게 무엇을 의미하느냐 하는 것은 분명치 않습니다.

우선 첫째는 말씀을 듣는데 느끼는 기쁨과 그것을 실천하는데 뒤따르는 고통입니다.

우리가 하나님의 말씀은 듣는 것은 쉽습니다. 물론 말하는 것도 쉽습니다. 그러나 그것을 실천하는 데는 많은 어려움이 있습니다. 왜냐하면 몸이 말을 듣지 않기 때문입니다. 알기는 다 알아 듣습니다. 그러나 몸은 도대체 움직이려고 하지 않습니다. 그래서 우리는 말씀만으로는 잘 변하지 않습니다. 말씀과 함께 고난이 와야 순종합니다.

또 다른 의미로는 우리가 하나님의 말씀을 듣고 깨닫는 것은 영광스럽고 기쁜 일이지만 이것을 이 불신의 사회 속에 전하는 일에는 많은 어려움이 따르게 될 것이라는 뜻입니다.

우리가 교회에서 하나님의 말씀을 들을 때에는 너무나도 말씀이 달고 영광스럽습니다. 나의 모든 죄는 사하여 졌고 주님은 승리하셨고 우리도 승리하였습니다. 얼마나 울면서 기도했는지 모르고 또 얼마나 찬송을 불렀는지 모릅니다. 그러나 현실로 돌아왔을 때 해결되어 있는 것은 아무것도 없습니다. 부모님의 병환은 그대로입니다. 집의 빚도 그대로 남아 있습니다. 하숙비를 낼 대책이 서지 않습니다. 도대체 그 엄청난 영광은 무엇이며 그대로 남아 있는 현실은 무엇입니까? 그래서 어떤 교인은 이 세상에 적응이 되지 않아서 은혜 받았던 찬송만 부르면서 마치 실성한 사람처럼 웃기도 하고 울기도 하면서 보냅니다.

그러나 우리가 생각해야 할 것이 무엇입니까? 우리 안에서 맛본 이 영광은 시작이라는 것입니다. 이제 우리는 움직여야 합니다. 우리는 지금 눈에 보이는 이상의 것을 알았고 맛보았기 때문에 이 현실과의 싸움에서도 이겨야 합니다.

하나님께서는 우리를 사용하십니다. 우리가 하나님의 영광을 맛보았다고 해서 모든 것이 저절로 되는 것이 아닙니다. 우리 자신이 하나씩 하나씩 해 나가야 하고 우리는 할 수 있다는 것을 알아야 합니다. 왜냐하면 이제는 하나님께서 우리에게 계속 힘을 주시기 때문입니다.

세 번째로 진리가 가지는 두 측면을 쓰고 단 것으로 생각할 수 있습니다. 진리는 두 가지 내용을 가지고 있습니다. 하나는 회개한 자들에 대한 은혜의 말씀입니다. 그리고 다른 하나는 회개하지 않는 자에 대한 진노의 심판입니다. 항상 하나님의 진리에는 반드시 이 두 가지가 다 들어 있습니다. 우리가 하나님의 뜻대로 순종하면 하나님은 우리에게 은혜로 찾아오십니다. 그러나 불순종하면 하나님은 싫어하십니다. 그래서 복음에서 '하나님은 사랑이시다'는 말씀 하나만 택한다면 그것은 거짓된 복음입니다. 오늘날 사람들은 복음에서 단 맛만 맛보려고 합니다. 오직 은혜로운 말씀, 축복의 말씀만 들으려고 합니다. 그리고 자기 자신은 전혀 쓴 맛을 보지 않으려고 합니다. 그것은 바른 복음이 아닙니다. 그러나 하나님의 말씀은 우리를 그냥 두시지 않습니다. 심하게 치십니다. 그리고 나서는 싸매어 주십니다. 하나님께서 싸매어 주실 때에는 어떻습니까? 처음 치시기 전보다 더 아름답고 힘차게 만들어 놓으십니다. 고난을 받고 나면 고난을 받지 않았을 때보다 훨씬 더 건강하고 순수하고 풍성한 것을 볼 수 있습니다. 특히 그 고난 중에 하나님의 영광을 많이 경험합니다.

주님은 요한에게 이 책이 가지는 귀한 체험을 주신 후에 책의 비밀을 온 세상 사람들에게 전파하라고 명하십니다.

11절 저가 내게 말하기를 네가 많은 백성과 나라와 방언과 임금에게 다시 예언하여야 하리라 하더라

어쩌면 요한은 이제 자신의 사역이 거의 끝나가고 있다고 생각하고 있는지도 모르겠습니다. 그러나 주님은 지금부터 시작이라고 말씀하십니다. 이제 더 많은 나라와 백성들과 방언을 쓰는 사람들과 임금들에게 살아 계신 주님을 증거하라고 하십니다.

지금 교회의 형편은 대단히 어렵습니다. 교회는 마치 로마 감옥에 갇혀 있는 것 같습니다. 그러나 주님이 하시는 말씀이 무엇입니까? 교회는 포로 되어 와 있을지 몰라도 결코 주님은 포로 되어 있지 않다는 것입니다. 악의 세력이 교회를 에워싸도 교회는 두려워하지 말고 진리의 빛을 밝히라는 것입니다.

말씀의 책을 받아먹으라는 것은 주님이 에스겔 선지에게도 하신 말씀입니다. 에스겔 때의 교회도 바로 계시록의 상황과 비슷했습니다. 유다 백성들은 바벨론에 포로 되어 있었습니다. 그러나 이런 악한 때일수록 더욱 더 진리를 잘 소화해서 진리가 살아 있게 구체적으로 삶에 적용될 수 있도록 전파하라는 것입니다. 왜냐하면 그래야 교회가 살아남을 수 있기 때문입니다. 오늘 우리 시대는 교회가 포로 되어 있는 상태는 아닙니다. 그러나 교회는 이 세상 한 가운데 내동댕이쳐져 있는 것 같습니다. 세상은 끊임없이 교회에 도전하고 있습니다.

이런 상황에서 교회가 해야 할 일이 무엇입니까? 더욱 더 진리의 말씀을 소화해서 정말 누구든지 알아들을 수 있는 생생한 말로 진리를 살아 있게 증거하라는 것입니다. 아주 오래된 케케묵은 신학 논쟁이나 하고 아무리 주의를 기울여도 알아들을 수 없는 소리로 중얼거린다면 교회는 살아남을 수 없습니다. 진리를 먼저 전하는 자들이 잘 소화해서 오늘 이 시대에 적절

하게 증거하지 않으면 교회는 세상에 먹히고 맙니다.

세상의 죄는 거친 파도처럼 몰려옵니다. 이제는 우리가 사느냐 죽느냐 하는 문제가 달려 있습니다. 우리는 하나님의 말씀을 더 잘 소화해서 사람들이 알아들을 수 있는 말씀으로 전해야 더 많은 사람들을 얻을 수 있을 것입니다.

주님께서는 이방인 전도를 위하여 열두 사도들 대신에 사도 바울이라는 사람을 세우셨습니다. 그 이유는 아무래도 열두 사도는 유대주의적인 성향이 강해서 이방인들에게 복음을 전하는데 높은 벽이 있었기 때문입니다. 바울은 이방인들이 잘 알아들을 수 있도록 하나님의 말씀을 잘 소화를 해서 전했습니다. 물론 바울이 그렇게 하는데 많은 어려움이 따랐습니다. 그는 유대인들로부터 말할 수 없는 핍박을 받았습니다. 그러나 바울은 진리를 잘 소화해서 전했기 때문에 오늘 우리들에게까지 이 복음이 오게 된 것입니다.

우리는 항상 말씀이 다른 민족과 방언들에게도 전파될 수 있게 해야 합니다. 그렇게 바쁘고 정신없는 어린이 세계를 파고 들어갈 수 있는 사람, 젊은 세대에 복음을 전할 수 있는 사람, 그리고 다른 나라에도 기꺼이 가서 복음을 전할 사람들이 필요합니다. 교회는 움직여야 합니다. 움직이는 교회, 움직이는 성막, 움직이는 하나님의 보좌, 진리 자체는 변함이 없지만 우리라는 좁은 테두리를 벗어나서 온 세상을 향하여 행진할 것을 주님은 말씀하십니다.

CHAPTER • 22

능력 있는 두 증인

요한계시록 11:1-10

예전에 미국의 전쟁 영화 중에서 《풀 메탈 재킷》Full Metal Jacket이라는 영화가 있었습니다. 이 영화는 월남전을 배경으로 한 것인데 미국 청년들이 해병대에 지원을 해서 훈련을 받고 월남전에 배치되어서 싸우는 내용을 그린 것입니다. 그런데 이들이 해병대 신병 훈련소에서 훈련을 받는데 교관인 상사가 너무 지독하게 훈련을 시키고 또 인격적인 모욕까지 주니까 정신이 약한 한 신병은 훈련소를 마치기 전에 사고를 쳐서 교관인 상사를 쏘아죽이고 자신도 자살을 합니다. 그는 자기를 무시하고 괴롭히는 교관을 적으로 생각했던 것입니다. 그런데 해병대 대원들이 막상 월남에 가서 싸우는데 많은 병사들이 저격병의 총에 맞아 죽습니다. 나중에 그 저격병을 총으로 쏘아서 잡고 보니까 머리를 길게 땋은 소녀였습니다. 미 해병대의 적은 무시무시한 교관이 아니라 눈에 보이지 않는 곳으로 총을 쏘는 저격병 소녀였던 것입니다.

월맹에는 지압이라는 유명한 장군이 있었습니다. 이 사람이 전투에 대하여 가지고 있는 철학은 적이 원하지 않는 장소에서 적이 원하지 않는 시간에 싸우라는 것이었습니다.

주님께서 요한에게 이 요한계시록을 보여주신 이유는 왜 교회가 이렇게 하나님을 믿고 진리를 믿는데 세상에서 핍박을 당해야 하느냐 하는 것을 가르쳐주기 위해서입니다. 우리는 이 세상에 좋은 것만 있으면 금방 싫증을 느끼고 지루해 합니다. 예를 들어, 우리가 소설을 읽는데 좋은 내용만 잔뜩 적혀 있으면 재미가 없어서 금방 싫증을 느끼고 읽지 않을 것입니다. 결국 이 세상에서 우리로 하여금 긴장하게 하는 것은 악의 등장입니다. 하나님의 백성들은 악의 세력과 싸우면서 자신의 모습을 더 완전하게 만들어갑니다.

이것은 오늘 청년들도 마찬가지인데 만일 청년들에게 어떤 도전이 없다면 금방 권태를 느끼고 타락하고 말 것입니다. 그러나 우리는 사느냐 죽느냐 하는 무시무시한 도전이 있기 때문에 정신을 차리고 더욱 더 자기 자신을 갈고 닦게 되는 것입니다. 그래서 그리스도인들이 가장 그리스도인다울 때는 평안하고 잘 살 때가 아니라 고난 가운데서도 기도하며 말씀 붙들 때입니다.

요한계시록 11장에는 두 증인이 나오는데 이 증인은 바로 오늘 이 세상 가운데 있는 교회요, 그리스도인들인 것입니다. 오늘 본문에는 세 가지 내용이 나오는데 첫 번째는 어떻게 하나님이 성전을 구별하시며, 두 번째는 이 증인에게 어떤 능력을 주시며, 세 번째는 이 증인들이 세상에서 어떤 핍박을 당하느냐 하는 것입니다.

성전 측량

우리가 가끔 길을 가다보면 길 가에서 삼각자 같은 것을 세워놓고 망원경 같은 것으로 땅을 측량하는 사람들이 있습니다. 이런 사람들을 측량 기사라고 하는데 대개 새로운 곳에 도로를 내려고 할 때 땅을 미리 측량하는 것입니다. 그런데 오늘 말씀을 보면 주님이 요한에게 갈대 같은 자를 주시면서 성전을 측량하라고 하십니다.

1절 또 내게 지팡이 같은 갈대를 주며 말하기를 일어나서 하나님의 성전과 제단과 그 안에서 경배하는 자들을 측량하되

건물을 측량하는 것은 대개 건물을 짓기 전에 건물이 지어질 땅 위에 측량해서 기초를 놓고 그 위에 건물을 짓기 위해서 하든지 아니면 건물이 완성이 되었을 때 정말 설계도면이나 허가대로 건물이 바로 지어졌는지 준공검사할 때 하는 것입니다. 주님은 요한에게 갈대 같은 자를 주시면서 일어나서 하나님의 성전과 그 제단에서 경배하는 자들을 측량하라고 말씀하십니다. 즉 이것은 새로운 건물을 짓기 위해서 측량하는 것이 아니라 이미 지어져 있는 성전이 원래 설계대로 지어졌고 제대로 운영되고 있는지 측량하라고 하시는 것입니다.

구약 에스겔서에 보면 천사가 에스겔에게 성전을 측량하라고 합니다. 물론 에스겔이 성전을 측량할 때 예루살렘 성전은 이미 불타서 없어졌을 때입니다. 이때 천사가 에스겔에서 성전을 측량하라고 하는 것은 다시 성전이 재건될 것이기 때문에 성전을 측량해서 설계도면을 남겨놓으라는 뜻입니다. 그런데 에스겔이 측량한 성전은 모두 빈방들이었습니다. 즉 이것은 앞으로 하나님의 능력으로 채워져야 할 방들인 것입니다. 결국 에스겔의 이 성전은 불타 없어진 옛날 성전을 재건하는 것이 아니었습니다. 에스겔 성전은 앞으로 세워질 신약 교회를 말하는 것입니다. 그래서 에스겔은 환상 가운데서 성전 문지방에서 흘러내린 생수가 죽음의 바다를 살리는 환상을 보게 됩니다. 그런데 주님이 요한에게 성전을 측량하라고 하는 것은 이것과는 다른 의미였습니다. 즉 주님이 요한에게 성전을 측량하라고 하신

것은 지금 세워져 있는 많은 교회들이 정말 주님의 말씀대로 제대로 세워졌는지 아니면 엉터리로 세워졌는지 확인을 하라는 것이었습니다. 건축업자가 건물을 지을 때 설계도면을 무시하고 자기 마음대로 건물을 지으면 나중에 관청에서 준공 검사를 통해서 실제로 이 건물이 허가를 받은 설계대로 지어졌는지 확인을 하게 됩니다. 그런데 만일 그 건물이 설계와 완전히 다르게 지어졌다면 그 건물은 엉터리로 지은 부분을 시정할 때까지는 사용하지 못하게 됩니다.

마찬가지로 초대 교회 당시에 여러 곳에 이미 교회들이 세워져 있었습니다. 그러나 교회마다 지역이나 문화에 따라서 많은 차이가 있었습니다. 예수님께서는 요한으로 하여금 이 교회들이 모두 하나님의 말씀에 합당하게 이루어지고 있는지 확인하게 하셨습니다. 즉 이 당시나 지금이나 모든 교회가 다 하나님의 말씀으로 부흥된 것은 아니었습니다. 물론 교회 중에는 서머나 교회나 빌라델비아 교회같이 하나님의 말씀을 끝까지 지키고 오직 말씀으로 부흥되는 교회도 있었지만 교회 중에는 세상적인 지식이나 세상적인 유행을 끌고 들어와서 비성경적인 방법으로 성공하는 교회들도 많이 있었던 것입니다. 그런데 교회가 하나님의 진리가 아닌 세상적인 지식이나 유행을 붙들고 부흥하면 결국 교회는 썩어서 부패하게 되어 있습니다. 왜냐하면 세상적인 지식이나 방법은 언제나 성령의 통로를 막아서 하나님의 능력이 임하지 못하게 막기 때문입니다. 교회 안에서 하나님의 은혜가 강같이 흐르지 않으면 교회는 부패하게 되어 있습니다. 우리가 알아야 할 것은 진정한 성전은 예루살렘 성전이 아닙니다. 오늘 진정한 하나님의 성전은 거대한 예배당 건물도 아닙니다. 하나님의 성전은 우리 믿는 사람들이 모여서 예배드리는 모임 그 자체입니다. 원래 하나님은 모세에게 성전을 짓게 하셨을 때에도 움직이는 텐트로 짓게 하셨습니다. 그 이유는 진정한 성전은 하나님의 말씀과 능력을 가진 이스라엘 백성 자신들이었기 때문입니다. 그래서 오늘 우리가 예배드리는 이곳이 하나님의 지성소이고 설교를 하는 이 강대상이 바로 옛날 제사장들이 어께에 매였던 하나님의 언약궤인 것입니다. 결국 교회에 바른 복음이 살아 있을 때 그 예배하는 모임은 하나님의 영광이 거하는 거룩한 지성소가 됩니다. 그리고 거기에 모인 성도들은 모두 예수님의 십자가로 씻음을 받은 거룩한 백성이 되는 것입니다. 교회는 그리스도의 신부입니다. 그러나 때로 우리는 그리스도의 신부라고 하는 그 영광스러운 위치를 망각할 때가 많이 있습니다. 2011년 4월 29일 영국의 황태자가 결혼식을 하는 모습이 전 세계에 생중계가 되었습니다. 황태자는 영국 기병대의 빨간 예복을 입었고 신부는 하얀 웨딩드레스를 입었습니다. 신부는 평민출신이었지만 어느 누구보다 품위가 있었고 당당했습니다. 어떤 분이 책을 하나 썼는데 그 책의 이름은 '기억 상실증에 걸린 신데렐라'였습니다. 신데렐라는 유리 구두를 신고 호박으로 된 마차를 타고 왕궁에 가서 왕자와 춤을 추고 왔는데 그만 자신의 신분을 잊어버린 것입니다.

하나님의 백성들이 하나님이 주신 것으로 만족하지 못하고 세상의 좋은 것으로 스스로를 치장하고 자랑할 때 우리는 자신의 신분을 잊은 신부가 되는 것입니다. 황태자는 신부에게 반지 하나만 주지만 그 반지 안에 자신의 모든 것을 다 주겠다는 약속이 들어 있는 것입니다. 마찬가지로 주님은 우리에게 오직 말씀과 성령을 주시지만 그 안에 하나님의 모든 축복과 능력이 다 들어 있는 것입니다. 그래서 주님께서는 먼저 교회나 성도 중에서 주님의 것이 아닌 것으로 치장을 하고 주님이 주시지 않은 축복으로 채우고 있는 것들을 말씀의 잣대로 구별해서 잘라버리라고 말씀하고 있습니다.

만약 주님이 이 세상에서 정말 완전한 교회와 완전한 목회자 그리고 완전한 성도를 구별하신다면 몇 퍼센트나 그 기준에 합격할 수가 있을까요? 요즘 교회는 너무 커져서 세상적으로 많은 우려와 걱정의 대상이 되고 있고 목회자들 중에서도 도덕적으로 정말 깨끗하고 때가 묻지 않은 사람이 얼마나 있을지 걱정이 되는 때입니다. 우리 성도들의 경우에도 우리가 세상에 나가면 눈으로 보고 귀로 듣는 것이 모두 죄인 세상에서 매일 죄의 독약을 한 사발씩 마시면서 살아가고 있습니다. 이때 주님이 그 불꽃같은 눈으로 우리의 중심을 살피신다면 아마 우리는 모두 주님의 눈 앞에서 불합격이 되고 말 것입니다. 그래서 우리는 언제나 주님 앞에서 우리가 부족한 것을 인정하고 항상 성경으로 돌아가야 합니다. 우리는 무한정 커지거나 무한정 유명해지려고 할 것이 아니라 성경에 의해서 우리 자신을 통제해야 합니다. 그리고 주님은 우리를 깨끗케 하시기 위해서 고난을 사용하십니다. 우리는 고난이 닥치게 되면 어쩔 수 없이 하나님을 붙들고 죄를 다 내어놓고 회개할 수밖에 없기 때문입니다.

그러나 교회가 깨끗하게 부흥되는 최고로 좋은 방법은 강력한 말씀의 선포를 통하여 교회가 성령의 부으심을 체험하는 것입니다. 말씀과 성령의 강한 역사는 우리로 하여금 하나님께 돌아가게 합니다. 이것이 하나님의 축복이며 이것이 하나님이 우리를 사랑하시는 것입니다. 옛날에 목자는 양떼들을 자기 지팡이로 항상 확인을 했습니다. 그래서 목자는 양이 한 마리라도 보이지 않으면 나머지 양떼는 다른 사람에게 맡겨두고 양을 찾으러 나갔습니다. 목자가 양들을 부르는 그 음성이 바로 하나님의 말씀이고 지팡이로 성전을 측량하는 것입니다.

그런데 오늘 여기에 보면 이상한 말씀을 하십니다.

2절 성전 밖 마당은 척량하지 말고 그냥 두라. 이것을 이방인에게 주었은즉 저희가 거룩한 성을 마흔두 달 동안 짓밟으리라

여기서 성전 마당이라고 하는 것은 제단 밖에 있는 부분을 말합니다. 즉

성전 마당은 진정으로 하나님을 믿는 자가 아니라 하더라도 얼마든지 들어올 수 있는 구역을 말합니다. 옛날에 성전 마당은 이방인들이 들어올 수 있는 곳이 있었습니다. 왜냐하면 그곳은 누구에게나 개방이 되는 곳이기 때문입니다. 오늘도 반드시 예수를 믿지 않는다 하더라도 교회 안에 있는 휴게소라든지 혹은 문화 공간에는 들어올 수 있습니다. 또한 예수 믿지 않는 사람들 중에서 기독교 음악을 배우는 사람들이 있습니다. 그러나 그들은 이것을 신앙으로 배우는 것이 아니라 문화나 교양으로 배우는 것입니다. 이것은 성전 마당이기 때문에 반드시 예수 믿지 않는 사람도 들어와서 구경할 수 있습니다. 심지어 요즘은 교회 문턱을 낮춘다고 해서 교회 안에서도 세상의 음악을 연주하고 믿지 않는 사람들을 초청하기도 합니다. 그러면 그 시간 교회는 성전이 아니라 성전 마당이 되는 것입니다. 그러나 나중에 성전 마당은 이방인에게 빼앗겨서 마흔두 달 동안 짓밟히게 될 것입니다. 결국 진정으로 예수 믿지 않는 사람은 세상이 너무 악해지면 신앙을 다 팔아먹고 신앙을 버리게 되는 것입니다.

예수님 당시에도 많은 사람들이 예수님의 기적의 떡을 먹었지만 영생하는 말씀을 먹지 못했기 때문에 나중에 예수님을 버리고 오히려 예수님을 십자가 못 박으라고 소리를 치는 것을 보게 됩니다. 그러나 하나님의 말씀을 통해서 예수님을 만난 사람만은 절대로 주님을 떠나지 않고 끝까지 예수님을 붙들었습니다. 베드로는 예수님이 너희도 가려느냐고 물으셨을 때 '영생하는 말씀이 주께 있사오니 우리가 뉘게로 가겠습니까?'라고 대답을 했습니다.

결국 교회를 오는데 사람을 만나려고 하거나 돈을 벌려고 오거나 사람들에게 인정을 받으려고 하는 사람들은 성전 마당만 밟고 다녔지 한 번도 하나님의 지성소에 들어가 본 적이 없기 때문에 결국 나중에는 세상의 죄를 따라가게 되는 것입니다. 그러나 우리가 주님의 말씀을 붙들고 예배를 드릴 때 우리는 성전 문지방이나 뜰만 밟는 것이 아니라 하나님의 지성소에서 예배를 드리게 됩니다.

하나님의 진짜 지성소는 결코 사람이 짓밟을 수가 없습니다. 왜냐하면 진짜 지성소는 진정한 성도들이 모인 모임이기 때문에 결코 이방인들이 그곳을 짓밟을 수 없습니다. 예를 들어, 사도 바울을 감옥에 가두었지만 바울에게는 감옥이 지성소였습니다. 그리고 사도 요한을 밧모 섬에 유배를 시켰지만 밧모 섬은 요한에게는 지성소였던 것입니다. 결국 이방인들이 짓밟을 수 있는 것은 교회의 건물을 부수거나 성도들의 육체에 고통을 주는 것뿐이지 마음속에 있는 이 성전과 이 평화는 누구도 빼앗아 갈 수 없는 것입니다.

주님은 이방인들이 '거룩한 성을 마흔두 달 동안 짓밟는다'고 했습니다. 마흔두 달은 삼 년 반의 기간입니다. 엘리야가 비가 오지 않도록 기도했던 기간이며 이때 이세벨이 성도들을 지독하게 핍박을 했던 기간입니다. 즉 예수님은 앞으로 예수 믿는 사람들에게 예수 믿지 못하게 하는 핍박의 시기가 올 것을 말씀하시는 것입니다. 즉 마흔두 달 동안은 사탄이 로마 황제를 신이라고 하면서 강제로 절하고 분향하게 할 것입니다. 이때 교회나 교인들은 생존의 위협을 당하게 될 것입니다.

두 증인의 능력

하나님께서는 먼저 성전과 성도들을 말씀의 잣대로 구별하신 후에 이 세상에 보내셔서 능력을 행하게 하십니다. 하나님께서는 교회에서 한창 부흥이 일어날 때 먼저 교회를 깨끗케 하십니다. 그래서 하나님은 여호수아와 이스라엘 백성들이 가나안에서 본격적으로 싸우기 이전에 아간이 여리고에서 금덩이와 은덩이와 외투를 감춘 것 때문에 징계하셨습니다. 결국 아간은 이스라엘 백성들의 돌에 맞아 죽습니다. 그리고 초대 교회 때 예루살렘에 부흥이 일어나면서 사람들이 사도들 앞에 재산을 팔아서 헌금을 바쳤을 때 아나니아와 삽비라가 거짓말을 했다가 즉사를 하게 됩니다. 그리고 예루살렘에 핍박이 일어나는데 그때 성도들은 흩어지면서 온 세상에 복음을 전하게 됩니다.

3-5절 내가 나의 두 증인에게 권세를 주리니 저희가 굵은 베옷을 입고 일천 이백육십 일을 예언하리라 이는 이 땅의 주 앞에 섰는 두 감람나무와 두 촛대니 만일 누구든지 저희를 해하고자 한즉 저희 입에서 불이 나서 그 원수를 소멸할찌니 누구든지 해하려 하면 반드시 이와 같이 죽임을 당하리라

여기 이 두 증인은 교회를 상징합니다. 즉 이 교회는 한편으로는 구약 교회와 신약 교회로 볼 수 있고 다른 한편으로 보면 유대인 교회와 이방인 교회로 생각할 수 있습니다.

그런데 주님은 이 교회에 권세를 주시는데 하나님의 말씀이 증거될 때 반드시 하나님의 능력이 나타나게 되는 것입니다. 옛날 구약 시대 때 가장 많은 능력이 나타난 때는 모세가 출애굽할 때와 엘리야와 엘리사 때였습니다. 하나님의 진리가 증거가 되면 거기에는 반드시 따라오는 증거가 있습니다. 그것은 그 사람의 삶이 변하는 것입니다. 우리가 알아야 할 것은 사람이 변하는 것이 물이 피가 되고 하늘이 닫혀서 비가 오지 않는 것보다 더 큰 능력인 것입니다. 무엇 때문에 모세가 물이 변하여 피가 되게 했고 엘리야는 삼 년 반 동안 비가 오지 않게 했습니까? 하나님이 살아계신다는 것을 사람들에게 믿게 하기 위해서였습니다. 사람들은 삼 년 반 동안 비가 오지 않는 고통을 통하여 비를 주시는 분이 하나님인 것을 알게 되었습니다. 그러나 예수 그리스도의 십자가는 물이 피가 되는 것이나 비가 오지 않는 것

보다 더 강력한 증거였습니다. 하나님의 아들이 우리를 대신하여 십자가에서 죽으시고 부활하셨는데 그것보다 더 큰 증거는 없습니다. 그래서 예수 그리스도의 복음을 전하면 사탄의 세력이 굴복하게 됩니다. 그리고 주님의 복음이 증거되면 아무리 반석같이 단단한 마음도 열리게 됩니다. 이것이 엘리야의 능력이나 모세의 능력보다 더 강한 능력입니다. 즉 오늘날 우리 믿는 자들에게는 하나님의 말씀과 성령의 능력이 있는 것입니다. 사탄의 세력이 아무리 강하여도 절대로 복음을 전하는 자를 이길 수가 없습니다.

그런데 이 두 증인은 하나님이 권세는 받지만 굵은 베를 입고 예언을 한다고 했습니다. 이것은 교회가 이 세상 사람들에게 장차 임할 하나님의 무서운 진노의 심판에 대하여 증거하는 것을 말합니다. 노아는 당시 사람들에게 장차 임할 하나님의 무서운 진노의 심판을 이야기했습니다. 물론 사람들은 노아가 미쳤다고 조롱하고 받아들이지 않았지만 결국 이 세상에는 하나님의 무서운 대심판이 임해서 모든 사람들과 짐승들과 새들이 홍수로 멸망하고 말았습니다. 요나는 니느웨성에서 사람들에게 사십 일 후에는 이 성이 망하리라고 했습니다. 그러나 니느웨 사람들은 요나의 말을 듣고 회개하는 바람에 멸망을 피할 수 있었습니다. 우리는 이 세상이 아무리 살기 좋고 발전하고 있다 하더라도 하나님의 진노의 심판에 대하여 이야기를 해야 합니다.

이 두 증인은 일천이백육십 일을 증거합니다. 일천이백육십 일은 마흔두 달과 같은 기간입니다. 마흔두 달과 일천이백육십 일은 같은 삼 년 반입니다. 그런데 교회가 핍박을 받을 때에는 이것을 마흔두 달이라고 하고 교회가 능력을 받아서 증거할 때에는 일천이백육십 일이라고 합니다. 똑같은 기간인데도 마흔두 달보다는 일천이백육십 일이 훨씬 더 길게 느껴집니다. 그 이유는 숫자적으로는 같은 기간일지 몰라도 나타나는 능력이 더 크기 때문입니다.

예를 들어, 생각해보면 모세의 생애는 사십 년, 사십 년, 사십 년으로 되어 있습니다. 처음 사십 년은 바로의 왕궁에서 교육을 받은 사십 년입니다. 그리고 나중 사십 년은 미디안 광야에서 연단을 받던 사십 년입니다. 그리고 마지막 사십 년은 하나님의 손에 붙들려서 사용된 사십 년입니다. 그러나 하나님의 손에 붙들려 사용된 사십 년은 사십 년이 아니고 사백 년과 같은 능력의 기간이었습니다. 아브라함도 하나님의 부르심을 받을 때가 75세였습니다. 아브라함에게 있어서 부르심을 받기 전 75년과 그 후의 60년은 완전히 다른 인생이었습니다. 그래서 우리에게 중요한 것은 성령의 능력으로 일한 기간입니다. 그 기간이 진짜 중요한 기간이며 그때는 하루하루가 하루가 아니고 백 년 같은 축복의 시기인 것입니다.

4절 이는 이 땅의 주 앞에 섰는 두 감람나무와 두 촛대니

이 두 증인은 두 촛대인데 그것이 아예 감람나무에 연결되어 있습니다. 즉 보통 촛대나 등대는 기름 그릇에서 기름을 넣어야 하는데 두 증인은 감람나무에 바로 연결되어 있기 때문에 항상 기름이 흘러들어가게 되어 있습니다. 그래서 이 두 증인은 언제나 부흥의 불이 붙고 언제나 하나님의 능력이 나타나게 됩니다.

옛날에 어떤 이단은 자기가 이 감람나무라고 해서 많은 사람들을 속인 적이 있습니다. 여기 이 감람나무는 구약과 신약 두 성경이라고 생각하면 좋을 것입니다. 우리는 하나님의 말씀을 붙들 때 언제든지 성령의 능력이 임합니다. 그리고 성령의 불길이 꺼지지 않고 부흥의 불길이 소멸되지 않습니다. 교회가 하나님의 말씀에서 그 모든 능력을 끌고 오는 이상 부흥의 불은 결코 꺼지지 않습니다. 그러나 교회의 촛대가 감람나무에 연결되어 있지 않고 세상에 연결되어 있으면 결국 불이 꺼지게 될 것입니다. 교회에

서 부흥의 불이 꺼지게 되면 세상은 마치 영적인 정전 사태가 일어난 것처럼 캄캄하게 될 것입니다.

교회는 이 세상에 빛을 비추기 위하여 존재하는 것입니다. 교회는 죄인이 회개하며 영적으로 병든 자들이 치료되는 새로운 일이 나타나야 합니다. 교회가 존재하는 이유는 세상에 하나님의 진리를 비추며, 멸망하는 영혼을 건지는 등불이 되기 위해서입니다.

5절 만일 누구든지 저희를 해하고자 한즉 저희 입에서 불이 나서 그 원수를 소멸할찌니 누구든지 해하려 하면 반드시 이와 같이 죽임을 당하리라

하나님의 말씀이 살아 있는 교회는 하나님의 능력이 부어지기 때문에 감히 사탄의 세력이 이기지 못합니다. 옛날 히스기야 때 앗수르의 군대 18만 5천 명이 예루살렘을 공격했지만 밤새 모두 의문의 죽음을 당하고 말았습니다. 그만큼 하나님의 말씀은 능력이 있고 권세가 있습니다. 우리가 하나님의 말씀대로 믿으면 결국 모든 성도들이 다 축복을 받게 되어 있습니다. 그리고 성도들은 이 세상을 이기는 능력을 받게 됩니다.

6절 저희가 권세를 가지고 하늘을 닫아 그 예언을 하는 날 동안 비 오지 못하게 하고 또 권세를 가지고 물을 변하여 피 되게 하고 아무 때든지 원하는 대로 여러가지 재앙으로 땅을 치리로다

하늘을 닫아서 비가 오지 않게 한 선지자는 엘리야 합니다. 그리고 물이 변하여 피가 되게 한 사람은 모세입니다. 결국 이 두 증인인 교회는 엘리야의 능력과 모세의 능력을 가지고 사탄의 세력과 싸워서 하나님의 백성들을 구원하게 되는 것입니다.

우리가 하나님의 말씀을 붙들고 기도할 때 하나님께서는 엘리야와 같은 능력으로 응답을 주십니다. 그래서 우리가 엘리야가 되기도 하고 모세가 되기도 하는 것입니다.

개인적으로 언제 가장 무섭게 기도가 응답됩니까? 가장 큰 고난 중에 있을 때입니다. 특히 우리가 하나님의 진리를 위하여 목숨 바쳐 싸울 때 오늘도 우리에게 이런 능력이 임하게 됩니다.

그러므로 우리 개인에게 있어서 가장 위험한 적은 편하게 살고자 하는 마음입니다. 그리고 교회적으로도 편하게 믿으려고 하는 자들이 교회를 가장 위험하게 만들고 우리의 능력을 빼앗아 가는 자들입니다. '내가 약할 때에 오히려 더 강함이라' 우리가 만일 이 비밀을 안다면 조금이라도 의지할 만하고 힘이 될 만한 것을 스스로 다 버릴 것입니다. 왜냐하면 그렇게 할 때 우리 안에 엘리야의 능력이 나타나며 모세의 기적이 일어나는 것을 믿기 때문입니다. 고난 중에 있는 교인은 귀한 보배입니다.

고난 중에 기도합시다. 그러면 오늘도 하나님의 기적이 나타나게 될 것입니다.

두 증인의 죽음

오늘 본문에서 가장 충격적인 것은 이렇게 능력 있고 이렇게 아름다운 두 증인이 죽임을 당하는 것입니다.

7, 8절 저희가 그 증거를 마칠 때에 무저갱으로부터 올라오는 짐승이 저희로 더불어 전쟁을 일으켜 저희를 이기고 저희를 죽일터인즉 저희 시체가 큰 성 길에 있으리니 그 성은 영적으로 하면 소돔이라고도 하고 애굽이라고도 하니 곧 저희 주께서 십자가에 못 박히신 곳이니라

두 증인이 하나님의 말씀을 담대하게 전하는 동안에 사탄의 세력들은 교회를 이기지 못했습니다. 그런데 문제는 두 증인이 증거를 마쳤을 때 그 동안 참고 있었던 무시무시한 사탄의 세력이 무저갱에서 올라와 증인을 죽여 버리는 것입니다. 그래서 이 두 증인은 어떤 일이 있어도 증거를 마쳐서는 안 됩니다. 즉 다른 말로 말해서 '우리는 지금까지 하나님의 말씀을 다 전했다. 이제 더 이상 하나님의 말씀을 전하지 말고 쉬어야 되겠다'고 해서는 안 됩니다. 왜냐하면 교회가 침묵을 하거나 혹은 자기만족에 빠질 때 무저갱에서는 거대한 사탄의 세력이 나와서 이 두 증인을 죽이기 때문입니다.

다시 말해서 교회가 구원의 복음을 충분히 전할 때까지 하나님께서는 엘리야의 능력과 모세의 능력으로 교회를 지켜 주십니다. 그러나 교회가 증거를 끝낼 때에는 지옥에서 올라온 어떤 세력이 교회를 대적하여 이겨서 교회를 죽입니다. 그래서 교회는 어떻게 해서든지 그 증거를 끝을 내어서는 안 되는 것입니다.

여기 '무저갱에서 올라온 짐승'이라고 하는 것은 악한 권력자를 의미합니다. 모든 권력자가 다 지옥에서 올라 온 짐승은 아닙니다. 그러나 마귀는 정치하는 사람들을 절대로 그냥 두지 않습니다. 마귀는 정치 권력자들의 교만을 충동질해서 하나님을 대적하게 합니다.

'저희 시체가 큰 성 길에 있다'고 하는 것은 바로 이 세상이 교회가 공개적으로 핍박을 당하고 비참한 상태에 버려지는 것을 말합니다. 다시 말해서 그들이 모이는 장소가 습격을 받아서 완전히 파괴되기도 하고 때로는 신자들이 공개적으로 처형을 당하기도 하는 것을 말합니다. 주님은 교회가 어떤 때에는 모세나 엘리야 같이 능력 있게 복음을 전하지만 늘 그런 것은 아닐 것이라고 말씀하십니다. 즉 교회는 장차 오히려 사람들에게 미움을 받아서 처참한 모습으로 교회가 파괴되고 교인들이 죽임을 당하는 때가 올 것이라고 말씀하십니다.

교회가 이렇게 죽임을 당하는 곳의 영적인 이름이 '소돔'이라고도 하며 또 '애굽'이라고 부르기도 합니다. 다시 말해서 기독교의 이러한 박해가 일어나는 곳의 특징은 두 가지입니다. 하나는 소돔처럼 음란이 지배하는 곳입니다. 그리고 다른 하나는 애굽처럼 우상이 즐비한 곳입니다. 소돔처럼 음란하고 애굽처럼 우상 숭배가 심한 곳은 바로 로마였습니다. 그러나 성경은 로마라는 표현을 직접 사용하지 않고 무저갱에서 올라온 짐승이라고 하기도 하고 소돔이나 애굽이라는 표현으로 교회를 대적하는 세력의 정체를 깨닫게 합니다. 바로 주님이 십자가에 못 박히신 곳이 여기라고 말씀하고 있습니다. 그것은 음란하고 악한 세상이 주님을 십자가에 못 박아 죽였듯이 로마도 기독교인들에 대하여 그렇게 할 것이라는 뜻입니다.

이때 나타나는 현상이 음란과 우상숭배입니다. 이 두 가지 현상이 나타날 때에는 이것의 출처는 바로 무저갱인 것입니다. 그리고 그곳이 바로 우리 주님이 못 박히신 곳입니다. 즉 이곳은 하나님의 진리를 대적하는 본부인 것입니다. 이때 우리는 세상에 대한 모든 미련을 버리고 말씀으로 돌아가야 합니다. 만일 세상에 미련을 가지게 되면 롯의 아내처럼 소금 기둥이 되고 맙니다. 애굽을 떠나기 싫어했던 히브리인들은 모두 광야에서 다 죽었습니다. 우리는 음란과 우상의 도시를 떠나기를 주저해서는 안 됩니다.

사람들은 교회의 사망에 대하여 대단히 기뻐합니다. 그 이유는 교회가 그동안 이들을 무척이나 괴롭게 했기 때문입니다.

9, 10절 백성들과 족속과 방언과 나라 중에서 사람들이 그 시체를 사흘 반 동안을 돈도하며 무덤에 장사하지 못하게 하리로다 이 두 선지자가 땅에 거하는 자들을 괴롭게 한고로 땅에 거하는 자들이 저희의 죽음을 즐거워하고 기뻐하여 서로 예물을 보내리라

하나님의 교회가 이 세상에서 핍박을 받고 파괴당해서 없어질 때 많은 사람들은 좋아하며 기뻐합니다. 그 이유는 이 세상이 바른 진리의 증거보다 더 두려워하고 더 시기하는 것이 없다는 것을 보여 줍니다. 이 세상이 가장 싫어하고 두려워하는 것이 바른 진리를 증거하는 교회가 있는 것입니다. 그래서 이 세상 사람들은 교회가 타락하고 목회자가 윤리적으로 죄를 지으면 그렇게 좋아할 수 없습니다. 왜냐하면 교회도 별 것이 아니라는 것을 알게 되었기 때문입니다.

우리가 하나님의 말씀대로 살면 우리를 시기하는 사람들이 너무나도 많은 것을 알게 될 것입니다. 이 세상에는 우리가 죄를 지어서 쓰러지기를 기다리는 자들이 한 둘이 아닙니다. 왜냐하면 그만큼 하나님의 백성들은 특별하기 때문입니다. 사람들은 빛을 좋아하지 않습니다. 빛만 보면 시기하고 이 빛이 없어지거나 변질되기를 은근히 바랍니다. 그래서 빛이 오래 오래 이 세상에 빛을 비추기 위해서는 철저하게 성경 말씀을 붙들어야 합니다.

오늘 우리가 생각해야 할 것은 왜 하나님께서는 바른 교회를 이런 로마 같은 짐승의 압제아래 두시는가 하는 것입니다. 우리의 짧은 소견으로는 도저히 알 수가 없습니다.

그러나 하나님께서 교회를 이러한 세상 권력의 압제 아래 두실 때에는 반드시 교회가 순수하지 못할 때였습니다. 교회가 스스로 잘못을 회개하지 않을 때에는 하나님께서 이 세상에서 가장 무지막지한 세력을 동원해서 교회를 심판하십니다. 그래서 교회가 정신을 차리고 스스로를 개혁해야 하는 이유는 그렇게 하지 않으면 가장 악한 세력이 이 세상에 등장하기 때문입니다.

CHAPTER • 23

살아나는 두 증인

요한계시록 11:11-19

요즘은 위성 텔레비전 시대이기 때문에 시청자들은 수백 개의 채널 중에서 자기 마음에 드는 채널을 찾아서 얼마든지 시청할 수 있습니다. 요즘 남자들이 가장 좋아하는 채널 중에 축구 프로가 있습니다.

우리나라 사람들이 유럽 프로팀이 축구 경기하는 것을 보면 선수들이 너무 빠르고 정확하며 거친 것을 볼 수 있을 것입니다. 그런데 똑같이 축구를 잘한다 하더라도 경기에서 이기는 팀은 선수가 공을 가졌을 때 이미 패스하려고 하는 곳에 자기 선수가 가 있는 것을 보게 됩니다. 그래서 경기를 잘하는 팀은 공의 패스가 끊어지지 않고 자연스럽게 연결이 되니까 쉽게 득점을 하는 것입니다. 그러나 경기를 못하는 팀은 자기 편 선수가 공을 잡아서 패스를 하려고 해도 패스할 자리에 상대편 선수가 가리고 있어서 패스할 곳을 찾지 못하다가 결국 공을 빼앗기고 마는 것입니다.

이런 것을 보면 이기는 팀은 그만큼 경기의 흐름을 잘 읽고 몸을 효과적으로 잘 움직이고 지는 팀은 뛰기는 하는데 경기의 흐름을 읽지 못하고 몸의 움직임이 효과적이지 못해서 지는 것입니다. 이것을 보면 우리가 시대의 흐름을 정확하게 알고 우리 자신을 능동적으로 대처하는 것이 아주 중요하다는 것을 알 수 있습니다.

그런데 요즘 우리나라의 사정을 보면 젊은이들이 도저히 미래의 길이 보이지 않는다고 말할 정도로 모든 것이 혼란스러워지고 있습니다. 우선 청년들은 우리나라에서 사람 행세를 하려고 하면 대학은 나와야 하겠는데 등록금은 엄청나게 비싼데다가 나오더라도 미래는 전혀 보장이 되지 않는다는 것입니다. 그러면 젊은이들 입장에는 대학을 나올 필요가 없는데 대학을 안 나오면 아예 사람 취급을 해주지 않고, 또 대학을 나오자니 돈이 너무 많이 들고 거기에다가 지방은 더 알아주지 않는다는 것입니다. 그렇다고 해서 무조건 외국으로 나가는 것이 성공하던 시대는 지난 것입니다. 사람들은 외국에서 돈 떨어지면 더 이상 버틸 수 없다고 합니다. 이제는 젊은이들의 선망의 대상이던 유럽이 소망이 없어지고 미국은 가난해지고 있으며 일본은 늙은 나라로 변하고 있습니다. 이때 우리 젊은이들은 어떤 길을 찾아가야 할까요?

그 대답은 지금이나 옛날이나 변함이 없습니다. 즉 '사람이 떡으로만 살 것이 아니요, 하나님의 말씀으로 사는 것'입니다. 미국의 달라스 같은 도시는 사막 위에 기름이 나서 세워진 도시입니다. 아무리 이 세상에 먹고 살 길이 없다 하더라도 하나님의 말씀의 부흥이 일어나면 우리는 살 수 있습니다. 하나님이 우리에게 주시는 성령의 부흥은 그 가치가 석유와 비교되지 않는 생명의 기름이기 때문입니다.

그래서 우리가 이 세상에서 성공하려면 두 가지에 성공해야 합니다. 하나는 하나님의 말씀의 보물을 캐내는 노하우가 있어야 합니다. 왜냐하면 성경은 어마어마한 가치를 가진 금광과 같기 때문입니다. 결국 이 세상에서 성경을 붙드는 사람이 결국 이 세상에서 이기게 되어 있습니다. 또 다른 하나는 교회를 살아있는 성전으로 만드는데 성공해야 합니다. 다른 사람들은 열심히 눈에 보이는 건물을 짓고 많은 사람들을 모으지만 그것은 실패한 성전입니다. 살아있는 성전이 되려면 각 사람이 하나님의 말씀으로 다져져야 하고 공동체가 신뢰로 하나가 되어야 합니다. 그때 하나님의 기적이 나타나게 되고 거기에 새로운 축복이 임하게 됩니다.

교회도 죄성을 가진 사람들의 모임이기 때문에 별의별 사람들이 다 있습니다. 그 중에는 교만한 사람도 있고, 신앙이 없음에도 불구하고 교회에서 주도권을 행사하려고 큰 소리를 치는 사람도 있습니다. 그럼에도 불구하고 교회가 전체적으로 겸손하고 정직할 때 그 안에 주님이 우리와 함께 하시면서 우리의 길을 인도하시고 우리를 축복해주십니다. 우리는 양이기 때문에 목자만 우리와 함께 계시면 걱정할 것이 없습니다.

요한계시록 11장은 두 증인 이야기입니다. 여기서 두 증인은 이 시대의 교회를 상징합니다. 교회를 두 증인이라고 말하는 이유는 진리는 꼭 두 사람이 증거해야 효력이 있었기 때문입니다. 그래서 예수님께서도 제자들을 보내실 때 두 사람씩 보내셨습니다. 그러나 우리는 굳이 두 사람이 전도하지 않아도 하나님의 진리를 틀림없이 효력을 나타낼 것입니다. 그런데 우리가 이전에 본 충격적인 내용은 이 두 증인이 엘리야와 모세의 능력으로 하나님의 진리를 증거하다가 진리를 다 증거한 후에는 죽임을 당하는 것입니다. 이때 세상 사람들은 너무나도 좋아한다고 했습니다. 그 이유는 사람들은 하나님의 진리를 듣지 않는 것이 그만큼 속이 편하기 때문입니다. 그런데 오늘 말씀에는 죽었던 두 증인이 다시 살아나는 것입니다. 이것은 죽은 교회에 다시 부흥이 일어나는 것을 말합니다.

세상의 자기 함정

우리가 세상에서 하나님을 믿고 자신의 능력을 믿고 당당하게 살아가는 사람들을 보면 너무나도 자신에 차 있고 모든 것을 다 할 수 있을 것 같습니다. 반대로 하나님을 믿는 사람들은 하나님의 뜻을 생각하고 이것저것을 생각하다 보면 할 수 있는 것이 너무나도 제한되어 있는 것을 보게 되고 어떤 때에는 우리가 너무 맹목적으로 하나님에 매이는 것 같은 생각이 들 때가 있습니다. 그러나 이 세상에는 세상 사람들이 알지 못하는 무서운 함정이 있습니다. 그것은 바로 권태라는 것입니다.

사탄은 하나님의 백성들을 시기해서 어떻게 해서든지 이 세상에서 진정한 교회가 하나도 남김없이 완전히 없애려고 합니다. 또 사실 우리가 어려운 시험을 당하고 보면 도저히 이 세상에서 살 자신이 없을 때가 있을 것입니다. 그래서 우리가 성경대로 믿으려 하고 열심을 내면 얼마나 시험이나 어려움이 많이 있는지 모릅니다.

대개 사탄이 하나님의 백성이나 교회를 없애는 방법은 크게 두 가지입니다. 하나는 사탄이 교회나 믿는 자들에게 노골적으로 핍박을 하는 것입니다. 그래서 어떤 곳에서는 예수 믿는 사람들을 노골적으로 처형시키기도 하고 감옥에 가두기도 할 뿐 아니라 아예 정부에서 교회를 폐쇄하도록 명령을 내리기도 합니다. 2010년 11월에는 파키스탄에서 어느 여성이 예수를 믿었다고 해서 사형이 선고되었는데 기독교 국가에서 워낙 반발하는 바람에 사형을 시키지 못하고 석방을 시킨 일이 있었습니다. 이슬람 국가에는 누구든지 기독교로 개종하면 사형에 처하게 되어 있습니다. 즉 사회 전체적인 분위기가 반기독교적이고 누구든지 기독교인이 되면 끔직한 고통을 당하게 될 때 아무도 예수 믿으려고 하지 않을 것입니다. 그리고 또 하나의 방법은 예수 믿는 사람들로 하여금 세상의 쾌락과 즐거움에 도취되어서 신앙을 멀리하게 만드는 것입니다. 즉 사람들은 세상에서 자기 멋대로 술도 마시고 죄도 짓고 즐기는 것이 좋기 때문에 굳이 욕망을 억제해가면서 바보같이 예수를 믿을 필요가 없는 것입니다. 사실 로마 시대에 이 두 가지가 모두 다 사용되었습니다. 한쪽에는 발람의 교훈이나 이세벨의 교훈과 같은 탐욕이나 쾌락적인 유혹에 넘어가는 사람들이 있었는데 다른 한쪽에서는 황제 숭배를 거부하는 자에 대한 고문과 핍박으로 기독교를 박해했습니다.

지금도 북한에서는 기독교를 믿으면 강제 수용소에 보내져 인간 이하의 고통을 당하게 하는데 그 중에는 허리를 구십 도로 숙여서 몇 시간씩 있게 하거나 추운 날씨에 옷을 벗겨서 고통 받게 하기도 하고 심지어는 신의주에서 전도하던 사람을 공개 처형하기도 했습니다. 2009년 말에는 미국 국적을 가진 한국계 젊은이 로버트 박이라는 사람이 북한을 변화시켜야 한다고 하면서 압록강을 넘어가서 체포되었는데 나중에 정신병자가 되어서 미국으로 보내어졌습니다. 사람들은 아마도 로버트 박이 북한에서 지옥을 본 것 같다고 말을 합니다.

거기에 비해서 우리나라 같은 경우에는 세상에서 돈만 가지고 있으면 무엇이든지 즐길 수는 무한정의 자유가 있는 세상이 되었습니다. 거기에다가 우리나라 젊은이들은 미래가 불안해지게 되니까 젊은이들이 아예 신앙을 가질 생각을 할 여유조차 없습니다. 옛날에는 젊은이들이 대학에 입학하면 낭만을 생각하고 또 대학 생활을 충실히 하려고 생각했는데 이제는 아무리 대학 생활을 충실히 해도 취직이 어려우니까 아예 대학이 취업 준비반이 되어버린 것입니다. 거기에다가 세상은 타락하고 육체적인 쾌락은 젊은이들을 유혹하니까 신앙을 더 멀리하게 되는 것입니다.

그러나 하나님은 교회에 다시 부흥의 불이 일어나게 하십니다.

11절 삼 일 반 후에 하나님께로부터 생기가 저희 속에 들어가매 저희가 발로 일어서니 구경하는 자들이 크게 두려워하더라

'삼 일 반 후'라고 하는 것은 짧지만 충분한 기간을 말합니다. 여기서

'삼 일 반'이라고 하는 것은 하나님께서 사람들에게 자기 멋대로 행동할 수 있는 기간을 말합니다. 이 기간은 아주 짧은 기간이지만 무서울 정도로 악한 시기입니다.

미국에서는 정전이 일어나면 하루나 이틀의 짧은 기간에도 도시가 무법천지로 변하게 됩니다. 그 이유는 정전이 일어나면서 인간 속에 있는 양심의 불도 꺼지기 때문입니다.

옛날에 노아 홍수 때 사람들은 대단히 교만했습니다. 이때 하나님께서는 노아로 하여금 큰 배를 지으라고 하셨습니다. 물론 이 배는 엔진도 없고 노도 없는 네모난 배였습니다. 사람들은 노아가 이런 쓸데없는 배를 만드는 것을 보고 조롱을 하였습니다. 그런데 이상한 것은 어느 날 자꾸 동물들이 이 배를 향하여 몰려들기 시작하는 것입니다. 코끼리 같은 큰 것도 오고 사자나 늑대나 표범 같은 것들도 모두 두 마리씩 이 네모난 배를 향하여 오는데 모두 그 배 안으로 들어가는 것입니다. 사람들은 모두 이 배를 비웃었습니다. 왜냐하면 이 배는 야생동물들이 서로 잡아먹는 곳이 될 것이라고 생각한 것입니다. 그런데 하나님께서는 동물들이 배 안으로 다 들어가고 배의 문을 닫으신 후에도 일주일을 더 기다리셨습니다. 이 일주일 동안 사람들은 마음껏 노아를 비웃고 하나님을 조롱했습니다. 그래도 하늘에선 아무 일도 일어나지 않았습니다. 그러나 일주일이 지난 후부터 비가 쏟아지기 시작하는데 사십 일을 쏟아지면서 온 세상이 다 물에 잠기고 만 것입니다.

그래서 여기서 말하는 '삼 일 반'이라고 하는 것은 일주일의 반입니다. 하나님은 이 짧은 기간 동안 인간들에게 스스로 깨달을 수 있는 시간을 주시는 것입니다. 물론 이 기간은 삼 년 반에 비하면 엄청나게 짧은 시간이지만 하나님은 이 짧은 시간을 통해서 우리 인간들이 모든 것을 다 부정하면 미쳐서 죽게 되는구나 하는 것을 깨닫게 하시는 것입니다.

사람들은 하나님의 진리가 없는 동안 편했습니다. 왜냐하면 사람들은 말씀이 없으니까 양심의 가책도 없고 또 자기가 하고 싶은 대로 모든 것을 다 할 수 있으니까 좋기는 좋은데 마음이 허무합니다. 사람들이 술을 원하는 대로 마시고 사람들이 성적인 쾌락을 원하는 대로 즐길 때 나타나는 현상은 완전한 인간성 상실입니다. 그리고 이런 식으로 산 사람들은 삶에 의미가 없으니까 자살을 하려고 합니다. 그런데 우리나라에 자살을 하는 사람이 얼마나 많습니까? 그 이유가 바로 이 허무감 때문인 것입니다. 사람들은 교회에서 흘러나오는 성령의 은혜로 이 세상에서 삶의 가치를 찾으면서 살아야 하는데 성령의 생수가 없으니까 마음이 컬컬하고 답답해서 견디지 못하는 것입니다.

그래서 세상에서 사람들을 만나보면 모두 냉동인간들처럼 그렇게 마음이 차가울 수가 없습니다. 특히 머릿속은 엘리트면 엘리트일수록 가슴이 차가운 것을 보게 됩니다. 결국 차가운 사람들끼리 사니까 사랑이 없고 사람들은 자신을 따뜻하게 하는 방법은 육체적인 사랑이고 반항하는 것이라고 생각하니까 자꾸 죄를 더 짓게 되는 것입니다.

이때 인간들이 비로소 깨닫는 것이 우리가 머리로 이 세상을 사는 것이 아니다는 것입니다. 우리 인간에게 머리보다 더 중요한 것은 제대로 된 사랑을 받는 것입니다. 그것은 하나님이 우리를 사랑해주셔야 합니다.

사람들은 먹고 살기 위해서 죽도록 돈을 벌었는데 나중에 보니까 자기는 변한 것이 아무것도 없는 것입니다. 오로지 그 돈을 벌기 위해서 몸만 망가지게 되었고 머리만 빠지고 늙게 되었습니다. 사람들은 이제 취미다 동호회다, 헬스다 하면서 열심히 육신의 건강을 찾지만 그것으로도 마음의 허무를 해소해주지 못하는 것입니다.

그런데 우리가 하나님의 말씀을 들으면 우리 안에 변화가 일어나게 됩니다. 즉 우리 자신의 속사람 안에 만족이 생기는 것입니다. 우리는 많지 않아도 또 세상적으로 유명하지 않아도 우리 자신이 존귀해지는 것을 느끼게 됩니다. 그리고 하나님은 우리에게 필요한 모든 것을 다 채워주십니다.

교회의 부흥

여기에 보면 두 증인이 죽었다가 살아나는 기간이 '삼 일 반'이라고 해서 아주 짧은 것 같지만 사실은 결코 짧은 기간이 아닙니다. 중세 유럽에서 부흥의 불이 꺼지고 다시 붙는데 천 년의 기간이 걸려야 했습니다. 하나님의 말씀의 역사가 죽고 다시 신앙의 부흥이 일어나기까지 많은 시간이 걸립니다. 왜냐하면 사람들은 하나님의 말씀이 자기 생각이나 머리보다 수억만 배 중요하며 능력 있다는 것을 도무지 깨닫지 못하기 때문입니다. 하나님의 말씀이 부흥의 핵심 뇌관이라는 것을 깨닫는 사람이 나오려고 하면 몇 백 년은 걸려야 할 것입니다.

그런데 교회가 하나님의 말씀 없이 의식적으로 믿을 때 교회는 서로 싸우고 침체되며 심지어는 목회자들이 부정과 육체적인 정욕으로 타락해서 사회적인 지탄과 불신을 당하게 됩니다. 그때 하나님의 백성들 중에는 이것은 과연 진정한 기독교가 아니라는 것을 깨닫고 완전히 시대의 가면과 틀을 깨고 다시 밑바닥에서 시작을 합니다. 그러면 기존 종교 지도자들은 그런 사람을 이단이라고 해서 화형 시키려고 하고 파문하려고 하지만 백성들 중에는 추종자들이 생겨나게 됩니다. 하나님은 그런 모임을 참 성전으로 삼으셔서 대성당이나 대주교가 있는 곳이 아닌 거기서 대부흥이 일어나게 하시는 것입니다.

그래서 교인들은 어렸을 때나 청소년기에나 청년기라도 진정한 부흥을 체험해보는 것이 좋습니다. 왜냐하면 어렸을 때 교회에 새카맣게 많은 사람들이 몰려가고 설교 시간에 권세 있는 하나님의 말씀이 선포되고 어른들이 그렇게 울면서 기도하고 은혜 받는 것을 본 사람들의 마음속에는 부흥의 불씨가 있기 때문에 얼어붙은 신앙이 옳다고 생각하지 않기 때문입니다. 이런 사람들은 어떻게 해서라도 옛날에 보고 들었던 그 부흥을 도로 찾고 싶어 합니다. 그런 사람들에게 부흥이 일어나게 되는 것입니다.

우리나라에서도 옛날 교회에서 부흥회를 하면 어른들이 쌀과 이불을 싸가지고 교회에 가서 자면서 말씀을 들었던 경험들이 있습니다. 이 사람들은 지금 우리 교회는 이렇게 침체되어 있고 왜 이렇게 사랑이 식었고 능력이 없는지 생각하게 됩니다. 그래서 그 중에서 어떤 사람이 사생결단하고 하나님의 말씀을 연구하기 시작합니다. 그러면 대개 부모나 교회로부터 욕을 무지무지하게 듣습니다. 왜 너는 세상에서 출세할 생각을 해야지 쓸데없이 성경이나 연구한다고 하고 교회에서는 나름대로 권위에 복종하지 않는다고 책망을 합니다. 때로는 집이나 교회에서 쫓겨날 때도 있습니다. 그러나 목숨을 걸고 붙들었던 그 사람을 통하여 다시 하나님의 성령의 능력이 나타나기 시작하는 것입니다. 바로 이때가 죽은 두 증인이 살아날 때입니다.

'생기가 저희 속에 들어간다'고 하는 것은 다시 성령의 역사가 교회 안에서 일어나게 되는 것을 말합니다. 성령이 일하시는 것은 언제나 하나님의 말씀을 연구하는 일에서부터 시작됩니다. 누군가가 영적으로 어둡고 메마른 가운데서 성경을 연구하는 일을 시작합니다. 그러면 사람들은 그의 설교가 직업적인 목회자의 설교와 다르다는 것을 깨닫게 되고 거기에 성령의 능력이 나타나는 것을 알게 됩니다.

'저희가 발로 일어선다'는 것은 교회는 세상이 고칠 수 없는 것을 말합니다. 오늘 세상이 건방지게 교회를 고치겠다고 말을 합니다. 이것은 자기 눈에 들보가 있는 자가 남의 눈에서 티끌을 빼려고 하는 것과 같습니다. 왜냐하면 아무리 원전이 고장이 나서 방사능이 누출이 되어도 전문 지식이 없는 외부인은 원전을 고칠 수 없는 것과 같기 때문입니다. 원전 고장은 원전 기술자만이 고칠 수 있습니다.

교회는 세상 사람들이 일으킬 수가 없습니다. 교회는 오직 스스로의 발로 일어서야 하고 잘못된 것은 스스로 고쳐야 합니다. 그렇지 않으면 무시무시한 하나님의 불 몽둥이 찜질을 당하게 될 것입니다. 그때 사람들은 진정한 교회의 모습을 다시 보고서 두려워하기 시작합니다. 그 이유는 지금까지 옳지 않은 교회의 모습을 보면서 하나님을 우습게 생각했던 것입니다. 그런데 어느 날 정말 성경대로 믿는 사람들이 나타나면 그때는 하나님을 두려워하게 될 것입니다. 왜냐하면 저 사람이 옳다면 내가 틀려야 하기 때문입니다. 그래서 이 지상에 진정한 교회가 존재해야 합니다. 그래야 사람들은 자신들의 교만과 헛된 생각을 두려워 할 것입니다. 사람을 두려워하지 않고 오직 바른 진리를 붙드는 교회의 존재는 온 세상을 다시 두려움에 빠지게 합니다. 교회로 하여금 자기 생명을 되찾는 것은 성령이 하시는 일입니다.

12, 13절 하늘로부터 큰 음성이 있어 이리로 올라오라 함을 저희가 듣고 구름을 타고 하늘로 올라가니 저희 원수들도 구경하더라 그 시에 큰 지진이 나서 성 십분의 일이 무너지고 지진에 죽은 사람이 칠천이라 그 남은 자들이 두려워하여 영광을 하늘의 하나님께 돌리더라

교회는 결국 하늘로 올라가게 되어 있습니다. 왜냐하면 그들은 이 세상에 있지만 원래 소속이 하나님 나라이기 때문입니다. 그래서 언젠가 하나님께서 교회를 향하여 큰 소리로 올라오라고 하시면 하늘로 올라가야 합니다.

구름을 타고 올라간다고 하는 것은 교회가 하나님의 영광으로 변화되어 하나님 앞으로 올라가게 되는 것을 말합니다. 즉 교회는 그리스도의 신부

요 하나님의 거룩한 백성이었던 것입니다. 교회는 원래 하늘에 속한 기관이고 그 모든 능력은 하늘에서 왔던 것입니다. 이것은 마치 미군 부대가 한국에 있지만 필요한 모든 물자는 미국에서 왔고 여차하면 그 부대는 다시 미국으로 돌아가야 하는 것과 같습니다.

그러나 우리는 주님이 오라고 하시기 전까지는 이 세상에서 우리에게 주어진 사명을 다 해야 합니다. 예를 들면, 우리는 마치 침몰하는 배에 타고 있는 사람들과 같습니다. 우리는 그 배가 침몰할 것을 알고 있지만 사람들은 아무도 그 사실을 믿지 않습니다. 물론 우리는 우리라도 먼저 빠져 나와야 하겠지만 주님은 우리에게 끝까지 그 배에 남아서 마지막 순간까지 건질 자를 찾으라고 명령하셨습니다. 그러면 우리는 다른 사람들을 설득하기 위해서 다른 사람들과 같이 행동할 수밖에 없습니다. 그래서 믿는 사람들은 배에서 다른 사람들과 같이 식사도 하고 일도 하면서 다른 사람들에게 믿음을 주어야 합니다. 마찬가지로 우리는 이 세상에서 공부하고 직장생활도 하지만 그것은 우리가 정상적인 생활을 하는 것을 통해서 더 많은 사람들을 사귀고 구원시키기 위한 것입니다. 그래서 우리는 세상 사람들과 같이 생활하지만 죄를 지어서는 안 됩니다. 같이 술을 마시면서 전도해서는 안 되는 것입니다.

13절 그 시에 큰 지진이 나서 성 십분의 일이 무너지고 지진에 죽은 사람이 칠천이라 그 남은 자들이 두려워하여 영광을 하늘의 하나님께 돌리더라

두 증인이 아무리 하나님의 진리를 증거해도 하나님께 돌아오지 않는 자들에게 하나님은 큰 지진을 내리시는데 성의 십분의 일이 무너집니다. 여기서 십분의 일이라고 하는 것은 대표적인 의미를 가집니다. 즉 앞으로

는 다 무너진다는 뜻입니다. 그리고 '7천 명이 죽는다'고 합니다. 원래 엘리야 때 이세벨은 하나님을 믿는 사람들을 다 죽였습니다. 그래서 엘리야가 하나님께 항의하기를 '믿는 사람들은 다 죽고 나만 남았는데 이세벨이 나까지 찾아서 죽이려고 합니다'라고 했을 때 하나님께서는 엘리야에게 바알에게 무릎을 꿇지 아니한 7천 명을 남겨놓았다고 했습니다. 여기서 죽임을 당하는 7천 명은 하나님을 믿지 않는 사람들입니다. 마치 출애굽 때 열 번째 재앙에서 장자가 죽었듯이 하나님을 믿지 않다가 죽는 사람 대표인 것 같습니다. 아마도 이것은 교회가 부흥되고 있음에도 불구하고 이것을 인정하지 않는 자들에게 하나님이 경고하는 재앙을 주시는 것입니다. 아브라함이 있을 때에도 바로 그 옆에 있던 소돔과 고모라 사람들은 정신을 차리지 않다가 결국 유황불로 멸망했습니다. 그래서 부흥이 일어나는 나라라고 해서 반드시 안전한 것은 아닙니다, 오히려 하나님은 부흥이 일어나는 가정이나 나라에 더 큰 징계를 주실 수도 있습니다. 그래서 우리는 잠시도 방심을 해서는 안 됩니다.

일곱 번째 나팔

일곱 번째 천사가 나팔을 불기 전에 요한은 이렇게 말하고 있습니다.

14절 둘째 화는 지나갔으나 보라 셋째 화가 속히 이르는도다

여기서 사도 요한이 일곱 천사의 재앙에 세 개의 재앙이 있다고 말하고 있습니다.

첫째 화는 9:12에 나옵니다. "첫째 화는 지나갔으나 보라, 아직도 이 후에 화 둘이 이르리로다"

여기서 첫째 화라고 하는 것은 첫 번째부터 다섯 번째 천사가 나팔을 부는 것을 말합니다. 이때 이 세상은 마치 출애굽의 재앙처럼 믿지 않는 사람들에게 하나님의 재앙이 임하게 됩니다. 이것은 자연 파괴와 더불어 인간성의 파괴가 일어나는 재앙입니다. 이 세상에 화산이 터지고 홍수가 나고 지진이 나는 것은 인간의 불신앙 때문이고 우상 숭배 때문입니다. 그래서 지진이 많이 일어나는 곳을 보면 우상 숭배가 그렇게 심한 곳이라는 것을 알게 됩니다. 왜 인간같이 존귀한 자들이 신도 아닌 것들을 섬겨야 할까요? 그것이 바로 인간의 지각이 미련하게 되어서 그렇게 하는 것입니다. 그런데 우상 숭배하는 나라들을 보면 다른 것은 모두 세계에서 가장 지혜가 있습니다. 그리스가 그랬고 로마가 그랬고 일본이 그렇습니다. 그러나 세상에서 아무리 똑똑하고 지혜로워도 하나님을 모르고 우상을 믿는 것이 미련한 것임을 알아야 합니다.

우리 주위에서 일어나는 모든 재해들은 하나님의 심판에 대한 경고의 나팔입니다. 이것이 인재이든 천재이든 모두 다 경고의 나팔입니다.

그러나 두 번째 화가 있습니다. 9:13 이하에 나오는 재앙을 의미하는데 여기에는 유브라데 강에 묶여 있던 네 천사가 풀려나서 사람의 삼분의 일을 죽이는 세계적인 전쟁을 일으키는 것입니다. 이 화는 사탄이 이만만의 마병을 풀어서 세상을 공격하는 것입니다. 이것은 본격적인 사탄의 공격인데 결국 세계적인 전쟁이 일어나거나 혹은 인간을 미쳐서 망하게 하는 것입니다. 요즘은 사탄의 2억 마리의 공격이 있습니다. 그래서 오늘 세계 대전이 터지지 않고 정신적으로 미치지 않는 것이 복입니다.

그리고 세 번째 화는 결국 궁극적으로 하나님을 끝까지 믿지 않는 자들에게 임할 하나님의 심판을 말합니다. 결국 하나님의 심판도 삼심제라는 것을 알 수 있습니다. 우리가 이 세상 법정에서도 중요한 재판은 세 번에 걸쳐서 이루어집니다. 사람들은 전혀 예고 없이 바로 지옥에 가는 것이 아니라 하나님께서는 이미 이 세상에서 충분한 경고를 하신 후에 사람들로 하여금 결단을 하게 하시는 것입니다.

그러니까 모든 사람들은 스스로 결정을 내려야 합니다. 즉 우리가 이 짧은 세상을 사는 동안 욕심을 버리고 영원한 천국을 차지하느냐 아니면 이 세상 70년도 안 되는 인생을 자기 욕심대로 살다가 영원한 지옥의 형벌에 빠지느냐 하는 것입니다. 사람들의 어리석음이 눈에 보지 않으면 믿지 못하겠다는 것입니다. 눈으로 보지 않는 이상 죽은 후에 지옥이 있는 것을 믿지 못하겠다고 합니다. 이 세상에서 하나님이 없는 곳은 다 지옥입니다. 깡패들의 세계도 지옥이고 매춘의 세계도 지옥입니다. 정신병의 세계도 지옥입니다. 화재가 나서 타 죽을 때에도 지옥이 바로 거기에 있다고 하는 것입니다.

일곱 번째 천사가 나팔을 부니까 그 무섭던 이 세상의 재앙과 싸움은 잠시 보이지 않고 하늘에서 천사들과 성도들이 그리스도의 왕권을 찬양하는 장면을 보여 줍니다.

15절 일곱째 천사가 나팔을 불매 하늘에 큰 음성들이 나서 가로되 세상 나라가 우리 주와 그 그리스도의 나라가 되어 그가 세세토록 왕노릇 하시리로다 하니

일곱 번째 천사가 나팔을 불었다고 해서 바로 심판으로 넘어가지 않는 이유는 궁극적으로 이 세상을 심판하는 그 자체가 목적이 아니라는 것을 보여 줍니다.

계시록에 수많은 재앙과 심판의 말씀이 기록된 것은 우리 인간의 상태가 그만큼 위험하고 죄에 대한 하나님의 진노가 무섭다는 것을 보여주기 위한 것입니다. 그러나 하나님은 죄인들이 회개하기를 기다리십니다.

모든 것을 무조건 파괴하는 것만이 하나님의 목적이 아닙니다. 하나님은 모든 것을 회복시키는 것이 목적이십니다. 그러나 사람은 옳지 않은 줄 알면서도 끝장을 보기 전에는 돌이키려고 하지 않습니다. 물론 많은 경우에는 끝장을 보기 전에 돌이킵니다. 그러나 어떤 경우에는 끝까지 돌이키지 않습니다. 하나님께서는 때때로 그런 것을 허용하십니다. 그렇게 하셔서 인간으로 하여금 스스로가 얼마나 악하고 고집스러운지 깨닫게 하시는 것입니다.

사람이 자기 자신의 악한 것에 충격받기 전에는 절대로 예수를 믿으려고 하지 않습니다. 그래서 사람들은 자기 자신의 악하고 치사한 본성에 대하여 충격을 좀 받아야 합니다. 도대체 나라고 하는 사람이 얼마나 야비하고 더럽고 추한지 알기 전에는 십자가 앞에서 통곡을 하지 않습니다. 그래서 하나님은 아무리 실패한 사람들도 포기하지는 않습니다. 그 이유는 혹시라도 자신의 참 모습을 보고 주님께 항복할 가능성이 있기 때문입니다.

그러나 끝까지 그리스도의 뜻에 불순종하는 사람들이 있습니다.

18절 이방들이 분노하매 주의 진노가 임하여 죽은 자를 심판하시며 종 선지자들과 성도들과 또 무론대소하고 주의 이름을 경외하는 자들에게 상 주시며 또 땅을 망하게 하는 자들을 멸망시키실 때로소이다 하더라

결국 이 세상 사람들이 예수님을 거부하는 이유는 하나님께 영광 돌리기 싫어하기 때문입니다. 즉 사람들은 내 인생이니까 내 마음대로 해도 되고 내 몸이니까 내 마음대로 죄를 지어도 된다고 큰 소리를 치는 것입니다. 그런데 예수님이 오셔서 우리는 스스로 영광을 취하면서 잘난 체해서는 안 되고 오직 하나님께만 영광을 돌려야 한다고 하니까 '그러면 나는 무엇이냐?'고 하면서 반발하는 것입니다. 세상 사람들은 그것보다 더 싫은 것이

없습니다. 그러나 하나님을 믿는 자들은 오직 살아 계신 하나님께만 경배를 드립니다.

그러나 사람들은 모든 영광이 몽땅 하나님께 돌아가는 것에 대하여 참지 못합니다. 세상 사람들은 어떻게 해서든지 그것을 깎아 내려서 자기 몫을 챙기려고 합니다. 그래서 열방이 분노했습니다. 예수님이 하나님께만 영광 돌리고 우리는 성경대로 살자고 하니까 대제사장도 분노하고 서기관들도 분노하고 로마 총독도 분노하고 심지어는 헤롯왕까지 분노했습니다. 그리스도의 통치의 핵심이 무엇입니까? 모든 영광은 하나님께 돌리라는 것입니다. 우리가 먹고 사는 것도 모두 하나님이 주신 것입니다. 그래서 우리의 삶에는 하나님께 감사드리지 않을 것이 아무것도 없습니다. 우리의 삶 전체가 하나님으로부터 받은 은혜요 선물입니다. 우리 몸에 있는 뼈 하나 힘줄 하나 모두 하나님이 주신 것입니다.

마귀가 시키는 것이 무엇입니까? 그것을 잊어버리고 계속 자기의 것을 챙기고 하나님을 불평하게 하는 것입니다. '하나님은 왜 나에게 이것도 주시지 않고 저것도 주시지 않습니까?' 하는 불평입니다. 이런 불평이 바로 그리스도의 통치를 거역하는 것입니다.

사람들은 분노로 이 세상을 파괴하고 있습니다. 여기 보면 '땅을 망하게 하는 자들'이라고 했습니다. 사람들이 감사하는 마음으로 살지 않고 원망과 불평의 마음으로 사니까 생명의 중요성을 깨닫지 못합니다. 그래서 재앙이 오고 사고가 터지니까 많은 사람들이 목숨을 잃거나 가족들을 잃어버리는 것입니다. 하나님께 영광을 돌리지 않는 자는 땅을 망하게 하는 자들입니다. 분노나 야망으로 일을 하는 사람은 반드시 망하게 되어 있습니다. 그 이유는 그가 무슨 일을 한다고 하지만 실제로는 하나님이 만드신 것을 망치고 있기 때문입니다.

결국 이 세상은 파괴시키려는 자와 그것을 막으려는 자 사이의 끝없는 긴장 관계입니다. 우리는 하나님이 만든 세상과 그 축복을 파괴시키려는 자를 막아야 합니다.

19절 이에 하늘에 있는 하나님의 성전이 열리니 성전 안에 하나님의 언약궤가 보이며 또 번개와 음성들과 뇌성과 지진과 큰 우박이 있더라

오늘 우리는 성전 휘장에 가려서 볼 수 없었던 하나님의 언약궤를 보고 있는 것입니다. 그것이 무엇입니까? 우리가 하나님의 말씀을 듣는 바로 이 장소입니다. 오늘 우리에게는 성전 휘장이 찢어져서 마음껏 하나님의 세계를 볼 수 있는 데 바로 그 세계가 성경 속에 다 들어 있습니다. 구약 시대 하나님의 언약궤에 함부로 손을 대었던 웃사라는 청년은 죽임을 당했습니다. 그만큼 하나님의 법궤는 두려운 것이었습니다. 여호수아 때 제사장들이 이 언약궤를 들고 요단강에 들어섰을 때 강물은 말라 붙어버렸습니다. 제사장이 이 언약궤를 매고 여리고성을 돌았을 때 여리고성은 무너졌습니다. 바로 이 언약궤가 오늘 우리가 보고 있는 이 강대상입니다.

이제는 하나님의 성전이 완전히 개방되어 있고 우리는 하나님의 지성소 안에서 예배를 드리고 있습니다. 그리고 이 지성소는 바로 하나님의 보좌로 통하는 문입니다. 우리는 이 말씀을 앞세우고 갈 때 요단강이 갈라지고 여리고성이 무너질 줄 믿습니다.

그리고 이 안에는 번개와 음성들과 뇌성과 지진과 우박이 있습니다. 이것들은 구약 때 이스라엘 백성들이 위험에 처했을 때 하나님께서 도우셨던 무기들입니다. 하나님께서는 참으로 겸손한 자들의 기도를 응답하시기 위한 많은 능력을 하늘에 쌓아 놓고 계십니다. 우리가 하나님의 언약궤를 붙들고 걸어갈 때 놀라운 기적들을 많이 체험하게 될 것입니다.

CHAPTER • 24

용과의 전쟁

요한계시록 12:1-9

중세 영국이나 북 유럽의 신화들을 보면 어김없이 등장하는 것이 주인공과 용과의 싸움입니다. 원래 용이라고 하는 것은 상상속의 짐승이지만 대개 동서양을 막론하고 전설이나 이야기 가운데 나오고 있습니다. 특히 중국이나 동양 문화권에서는 용이 아주 신성하고 좋은 짐승으로 여겨지고 있지만 유럽에서는 대개 사람을 해치는 악한 짐승으로 나타날 때가 많습니다. 그런데 성경에서 나오는 용은 서양의 신화에서 나오는 악한 짐승을 의미합니다.

용이란 짐승은 덩치가 어마어마하게 크고 힘이 세어서 사람은 아무도 이길 수가 없는 상대입니다. 특히 용은 꼬리에 엄청난 힘이 있어서 사람이나 집을 치면 다 부서지든지 날아가고 날카로운 발톱이 있어서 한번 걸려들면 찢어놓습니다. 더욱이 용은 하늘을 날기도 하고 특히 입에서 화염 방사기처럼 불을 뿜기 때문에 보통 사람들은 용과는 싸워서 이길 수가 없습니다. 그래서 많은 사람들은 용의 지배를 받아서 처녀들을 갖다 바치기도 하고 용을 숭배하기도 합니다. 그러나 대개 주인공들은 이런 용을 두려워하지 않고 끝까지 용과 싸워서 용의 목을 칼로 찌르기도 하고 혹은 눈을 칼로 찔러서 그 거대한 용을 이기고 용에게 갇힌 여자들을 구출하게 되는 것입니다.

서양의 신화에 나오는 이런 용은 실제로는 악한 통치자들을 상징할 때가 많습니다. 즉 악한 사람이 정권을 잡게 되면 그는 무소불위의 권력을 휘둘러서 다른 모든 사람들을 학대하고 자기 말을 듣지 않는 사람들을 엄청나게 괴롭힙니다. 이런 악한 통치자가 있으면 평민들은 감히 이런 지도자와 대항하여 싸울 수가 없습니다. 이런 악한 통치자들은 잔인해서 자기에게 반항하는 자들을 무자비하게 죽이기도 하고 혹은 음모를 꾸며서 억울하게 죽임을 당하도록 만들기도 합니다. 그리고 어떤 사람들은 이런 악한 통치자의 분노에 걸려들어서 그 입에서 나오는 불에 타서 죽기도 합니다. 그러나 진정으로 용기 있는 사람이 이런 악의 세력에 굴복하지 않고 끝까지 싸워서 이길 때 이 사람은 진정한 영웅이 되는 것입니다.

그런데 우리 주님은 참으로 악의 세력과 타협하지 않으시고 끝까지 싸워서 이기셨습니다. 예수님은 사십 일을 금식하신 후에 마귀의 시험을 받으셨습니다. 그때 마귀는 예수님에게 말하기를 자기에게 절을 하기만 하면 천하의 모든 영광을 다 주겠다고 했습니다. 그러나 예수님은 마귀의 유혹을 단번에 거절하면서 오직 하나님께만 절을 하고 경배해야 한다고 말씀하셨습니다. 결국 마귀는 예수님과는 타협이 불가능하다는 것을 알고는 기회가 있을 때마다 죽이려고 애를 썼습니다. 그러다가 드디어 마귀는 가룟 유다가 예수님을 배반했을 때 모든 악한 권력을 다 동원에서 예수님을 십자가에 못 박아 죽였습니다. 그러나 이것은 예수님이 망하는 것이 아니라 끝까지 마귀와 싸우는 것이었습니다. 예수님은 사망을 깨트리기 위해서 자기 자신이 죽음 속으로 들어가셨습니다. 그리고 예수님은 마귀를 이기기 위해서 자기 자신이 죄인이 되셔서 심판을 받으셨습니다. 예수님은 지옥을 이기기 위해서 자기 스스로 지옥의 고통을 당하셨습니다. 그리고 예수님은 승리하셨던 것입니다. 예수님은 거대한 용과 싸우셔서 이기신 것입니다. 마찬가지로 우리도 이 세상에서 싸워야 할 대상들이 있습니다. 이것이 때로는 너무나도 거대한 용이어서 내 힘으로는 도저히 이길 수 없을 때가 있습니다. 그러나 우리는 하나님이 주시는 힘으로 이길 수 있습니다.

한 존귀한 여인

악이 지배하는 시대에서 따뜻한 마음을 가진 사람들이 있습니다. 대개 이런 사람들 중에 여인들이 있을 때가 많이 있습니다. 예를 들면, 모세가 태어나기 전에 히브리 남자 아이들을 살려준 두 산파 같은 사람이 있었고 또 예수님이 태어나시기 전에 마리아나 엘리사벳 같은 여인들이 있었습니다. 이런 여인들은 믿음을 가진 여인들이고 대개 이런 여인들이 악의 세력을 물러가게 하고 따뜻한 하나님의 나라가 오게 하는 역할을 합니다.

1절 하늘에 큰 이적이 보이니 해를 입은 한 여자가 있는데 그 발 아래는 달이 있고 그 머리에는 열 두 별의 면류관을 썼더라

오늘 말씀도 보면 용이 온 세상을 지배하려고 할 때에도 용에게 굴복하지 않는 한 존귀한 여인이 나타나게 됩니다. 바로 이 여인을 통해서 위대한 아들이 오게 되고 결국 사탄을 이기게 되는 것입니다.

'하늘에 큰 이적이 보인다'는 것은 하늘에서 어떤 환상이 나타나는 것을 말합니다. 이것은 마치 아무것도 없는 평범한 하늘이 어느 한 순간 마치 영화 스크린처럼 변하면서 거기서 하나님의 말씀이 담겨있는 영상물이 나타나는 것을 말합니다. 구약 시대에 선지자들이 꿈을 꾸는데 하나님의 예언이 담겨져 있는 꿈을 꾸게 되면 '징조가 있다'라고 말을 하였습니다. 그런

데 선지자들이 하나님의 말씀을 가진 꿈이나 이상을 볼 때에는 이것이 너무나도 생생하고 자기 온 영혼을 사로잡는 영적인 파워가 있기 때문에 본인이 하나님의 말씀이라는 것을 알 수 있었습니다. 이 시대에도 가장 놀라운 이적은 사람의 입을 통해서 하나님의 말씀을 듣는 것입니다. 즉 오늘날 많은 기적들 중에서 가장 중요한 기적은 설교를 하고 또 설교를 듣는 것입니다. 오늘날 하나님께서는 설교를 통해서 우리로 하여금 하나님의 말씀을 듣게 하시고 또 사탄의 시험을 이기게 하십니다. 우리는 설교를 들음으로 우리가 처한 현실을 깨닫게 되기도 하고 또 내가 나아가야 할 바를 알게 됩니다.

우리가 이 세상에서 가장 답답한 것이 있다면 마치 다람쥐가 쳇바퀴 돌듯이 계속 제자리에서 맴도는 것입니다. 특히 우리에게 하나님의 말씀이 없으면 우리는 계속 제자리에서 맴돌게 됩니다. 이 세상은 마치 거대한 풍랑이 이는 바다와 같기 때문에 배에 튼튼한 엔진이 없으면 아무리 노를 저어도 제 자리에서 맴돌게 됩니다. 그래서 우리로 하여금 풍랑을 헤치고 앞으로 나갈 수 있게 하는 것은 하나님의 말씀을 듣는 것입니다.

하나님께서 요한에게 보여주신 영상은 대단히 존귀한 한 여인의 모습이었습니다. 이 여인이 얼마나 존귀한지 이 여인은 해를 옷처럼 입고 있었습니다. 다시 말해서 그 여인 자체가 태양처럼 빛나고 있었습니다. 우리가 대개 화려한 옷을 입은 여인들을 보려고 하면 큰 파티를 하는 곳에 가보면 될 것입니다. 특히 국제 영화제 시상식 같은 곳에 가면 아름다운 여자 배우들이 모두 반짝이는 장식을 단 옷에 달라붙는 긴 드레스를 입고 등은 거의 다 드러낸 채 등장하는 것을 보게 될 것입니다. 이런 멋진 드레스를 입은 여자 배우들이 아름다울 수는 있지만 존귀하지는 않습니다.

그런데 요한이 하늘에서 본 여인은 아예 입은 옷이 태양이었습니다. 그러니까 이 여인이 입은 옷 자체가 도저히 보통 사람들은 눈을 뜨고 볼 수 없는 너무나도 강렬한 빛을 내는 옷이었던 것입니다. 도대체 이 세상에 태양을 자기 드레스로 만들어서 입고 나올 수 있는 여인은 누구일까요? 바로 이 여인은 교회인 것입니다.

우리가 신데렐라 동화책을 보면 평소에 신데렐라는 누추한 옷을 입고 집에서 하녀가 하는 일을 하지만 마녀가 마술을 부리니까 그 누더기 옷은 멋진 드레스로 변하고 호박은 마차로 변하고 생쥐는 말로 변해서 왕자님의 파티에 초대되어 가게 됩니다. 교회는 겉으로 보기에는 가난한 사람들도 많고 무식한 사람들도 많아서 도저히 태양같이 빛난다고 말하기 어려울 것입니다. 그런데 하나님이 우리에게 주신 하나님의 말씀 속에는 태양보다 더 강한 빛이 들어 있습니다. 우리가 하나님의 말씀을 가지고 고난을 받을 때 우리는 점점 하나님의 보석으로 변하게 되고 우리를 통해서 하나님의 영광이 나타나게 됩니다. 이 영광은 태양보다 더 강한 빛입니다.

그런데 이 여인의 발아래는 달이 있었습니다. 우리는 보통 등잔불 빛은 어둡다는 말을 합니다. 아마 이 여인에게도 어두운 시절이 있었던 것 같습니다. 그러나 이 여인은 아무리 어두운 때에도 발에서 달이 빛나고 있기 때문에 완전히 캄캄하지는 않습니다. 더욱이 이 여인의 머리에는 열두 개의 별로 된 면류관이 있었습니다. 여기서 열두 개의 별이라고 하는 것은 하나님의 백성들이 이 세상에서 변화되어서 만들어지는 모습을 말합니다. 원래 별이라고 하는 것은 이 세상의 어떤 죄도 접근할 수 없는 순수한 존재를 말합니다. 우리도 이 세상에서 하나님의 말씀을 모를 때에는 죄에 오염이 되어서 쓰레기 같은 인생을 살 때가 있었습니다. 그러나 우리가 하나님의 말씀을 듣고 연단을 받으면 순수하게 되는데 나중에는 하늘에 있는 별처럼 이 세상의 어떤 사람도 함부로 대할 수 없는 존귀한 사람이 되게 됩니다.

이 여인에게 가장 중요한 것은 빛이었습니다. 이 여인에게는 태양빛도 있고 달빛도 있고 별빛도 있습니다. 결국 이 여인이 가지고 있는 빛은 하나님의 진리가 가지는 빛을 말하는 것입니다. 구약 이스라엘과 신약 교회의 가장 중요한 특징은 하나님의 진리의 빛이 있는 것입니다. 구약 이스라엘 백성들이나 신약 교회를 보면 우리 한 사람 한 사람은 질그릇같이 보잘것 없지만 우리가 가지고 있는 하나님의 말씀에는 신적인 영광이 있습니다.

여인은 어떤 때는 태양처럼 밝은 빛을 내기도 하고 어떤 때에는 달과 같은 빛을 나타낼 때도 있고 별처럼 사람들의 길을 인도할 때도 있습니다. 그러면 도대체 이 존귀한 여인의 정체가 무엇입니까? 이 여인은 바로 교회입니다. 교회는 이 캄캄한 죄악 세상에서 하나님의 빛을 발하며 사람들로 하여금 죄악의 구렁텅이에 빠지지 않도록 빛을 비추는 등대인 것입니다. 밤에 바다에 가면 반드시 등대가 있습니다. 바다에 등대가 있는 이유는 거기에 암초가 있어서 표시를 하지 않으면 배가 암초에 부딪쳐서 바다에 빠지기 때문입니다. 교회는 단순히 세상에서 지친 사람들이 쉬어가는 휴게소가 아닙니다. 교회는 이 세상에 빛을 발하는 곳이며 바다에 빠진 자들은 건지고 죽어가는 자들을 치료하는 곳인 것입니다.

그래서 우리는 교회를 비유할 때 그리스도의 신부나 예배하는 하나님의 백성들로 정의할 수도 있지만 죄악 세상의 등대요 영혼을 치료하는 병원으로 비유할 수 있습니다. 특히 교회에서 솟아나는 성령의 생수는 죄로 인하여 심하게 부패하고 다친 사람을 치료하는 능력이 있습니다. 그래서 세상이 아무리 미래에 대한 희망이 없고 불안과 두려움이 세상을 덮는다 할지라도 교회에는 하나님의 빛이 있고 내일의 소망이 있는 것입니다.

2절 이 여자가 아이를 배어 해산하게 되매 아파서 애써 부르짖더라

그런데 이 존귀한 여인이 하는 가장 중요한 일은 역시 아기를 낳는 일이었습니다. 물론 우리가 아기라고 할 때는 하나님의 말씀을 듣고 새로 태어

나는 사람들을 생각하게 되지만 여기서는 온 인류를 구원할 그리스도를 말합니다.

그러나 여인이 아이를 배어서 낳았다고 해서 교회가 그리스도를 탄생시켰다는 뜻이 아닙니다. 단지 하나님의 아들 예수 그리스도는 이스라엘이라는 영적인 공동체를 매개로 해서 이 세상에 오셨고 특히 하나님의 백성들을 구원하기 위해서 오셨던 것입니다.

그런데 여기에 보면 여인이 아기를 낳기 위해서 엄청난 해산의 고통을 하는 것을 볼 수 있습니다. 여인은 배가 아파서 부르짖고 있습니다. 이것은 그리스도가 이 세상에 오시기까지 얼마나 이스라엘 백성들이 심한 진통을 해야 했는지 알 수 있습니다. 하나님께서는 그리스도가 오실 때까지 이스라엘이 부패하지 않고 남아 있도록 하기 위해서 엄청난 진통을 겪게 하셨습니다. 그래서 하나님은 솔로몬 때 부패한 이스라엘을 둘로 나누셔서 남쪽 유다는 순수하게 남게 하셨고 나중에는 유다마저도 바벨론의 포로라고 하는 진통을 통해서 순수한 하나님의 백성으로 남게 하셨습니다. 원래 이스라엘 백성들 안에는 하나님의 특별한 언약이 있었고 영적인 부흥이 있었습니다. 그래서 우리 같은 이방인들은 감히 이스라엘의 복에 가까이 접근할 수도 없었습니다.

그래서 사도 바울은 이방인 출신 그리스도인들을 향하여 이렇게 말하고 있습니다. "그때에 너희는 그리스도 밖에 있었고 이스라엘 나라 밖의 사람이라 약속의 언약들에 대하여 외인이요 세상에서 소망이 없고 하나님도 없는 자이더니"(엡 2:12)라고 했습니다.

그러나 구약 이스라엘 백성들은 그 영광만큼이나 또 많은 고통을 받아야만 했습니다. 그것은 그들이 지켜야만 했던 하나님의 말씀에 대한 책임이었습니다. 이스라엘 백성들은 자꾸 이방인들을 따라가려고 했을 때 하나님은 그들에게 엄청난 고통을 주셨습니다. 왜냐하면 그리스도가 오실 때까지 이스라엘은 순수한 하나님의 백성으로 남아 있어야 했기 때문입니다. 그런데 이제는 신약시대 우리들이 이 존귀한 여인의 뒤를 이어받게 되었습니다. 즉 우리는 그리스도의 신부요 하나님의 가장 귀한 축복의 백성이 된 것입니다. 우리는 영적인 순결을 지켜야 하고 정신적인 순결을 지켜야 합니다. 여기서 영적인 순결이라고 하는 것은 성경적인 신앙을 말합니다. 그리고 정신적인 순결이라고 하는 것은 세상에 추파를 보내지 않고 하나님이 주신 것만 가지는 것을 말합니다.

붉은 용의 등장

존귀한 여인의 환상이 있은 후에 하나님께서는 갑자기 다른 환상을 보여주셨는데 그것은 보기에도 징그럽고 무시무시하게 생긴 붉은 용의 환상이었습니다. 그런데 이 용은 자신의 정체를 감추고 할 수 있는 대로 이 여인을 대적해서 하나님의 구원을 방해하고 실패하게 하려는 존재였습니다. 오늘 본문을 보면 그리스도를 대적하는 사탄이 거대한 붉은 용으로 나타나고 있습니다.

3, 4절 하늘에 또 다른 이적이 보이니 보라 한 큰 붉은 용이 있어 머리가 일곱이요 뿔이 열이라 그 여러 머리에 일곱 면류관이 있는데 그 꼬리가 하늘 별 삼분의 일을 끌어다가 땅에 던지더라 용이 해산하려는 여자 앞에서 그가 해산하면 그 아이를 삼키고자 하더니

하나님께서는 요한에도 또 다른 환상을 하나 보여주셨습니다. 이 새로운 환상은 조금 전에 보았던 존귀한 여인의 환상과는 완전히 다른 악한 것을 보여주는 환상이었습니다. 하나님이 두 번째 보여주신 환상에는 이 여

인을 대적하고 괴롭히며 하나님을 훼방하는 악한 마귀가 붉은 용의 모습으로 나타났습니다.

원래 '용'이라고 하는 것은 뱀이 발전한 것인데 이 뱀이라는 짐승 자체가 에덴동산에서 아담과 하와를 타락시켜서 에던 동산에서 쫓겨나게 했던 장본인입니다. 그런데 이 뱀이 세월이 지나면서 엄청나게 거대한 용이 되었습니다. 여기서 '붉은 용'이라고 하는 것은 마귀가 나름대로의 위엄과 권세를 가지고 있는 것을 보여줍니다.

용이라고 하는 것은 일단 덩치가 거대하고 힘이 엄청나게 셀 뿐 아니라 꼬리에 무시무시한 힘이 있고 입에서는 불이 나오기 때문에 아무도 이 용을 상대할 수가 없습니다. 마찬가지로 마귀는 나름대로 거대한 세력을 가지고 있고 또 악으로 통치하기 때문에 어느 누구도 감히 마귀를 대적해서 이길 수 없습니다. 즉 마귀는 자신을 거의 신격화시켜서 절대적인 권력을 휘두르는 악의 세력인 것입니다.

이 붉은 용은 '머리가 일곱이요 뿔이 열이고 여러 머리에 일곱 면류관이 있고 꼬리가 하늘의 별 삼분의 일을 끌어다가 땅에 던지더라'고 말씀하고 있습니다. 머리가 일곱이라는 것은 머리가 굉장히 좋다는 뜻입니다. 더욱이 사탄은 이 세상에서 여러 분야에서 지배권을 가지고 있습니다. 마귀는 때로 학문이나 예술이나 과학이나 종교나 거의 대부분의 영역에서 지배를 하고 있습니다. 그래서 우리가 섣불리 학문을 한답시고 파고 들어가 보면 안에 무속이 있다든지 진화론의 가설위에 세워져 있다든지 혹은 타락한 풍습을 문화나 예술이라는 이름으로 포장해 놓은 것을 볼 수 있습니다. 그래서 우리 그리스도인들은 공부를 제대로 해야 하는 사람들입니다. 그래서 사탄이 거짓으로 만들어 놓은 가설이 왜 틀렸는지를 보여주고 하나님의 영광을 회복해야 할 책임이 있습니다. 거기에다가 용에게는 열개의 뿔이 있습니다. 여기서 열개의 뿔이라고 하는 것은 거의 대부분의 정치세력들이 용의 부하라는 뜻입니다. 대개 모든 나라들의 통치자들은 하나님을 믿지 않고 하나님을 믿지 않는 통치자들은 자기가 신神인 것처럼 절대적으로 군림을 하려고 하는데 그것이 바로 용의 머리에 달려 있는 뿔인 것입니다.

그리고 용의 머리에 면류관이 있다는 것은 용이 영광을 누리고 있다는 것입니다. 용은 나름대로 사람들로부터 숭배를 받고 있고 자기를 신봉하는 추종자들을 가지고 있습니다. 그러나 용이 가지고 있는 영광은 원래 자기 영광이 아니고 하나님의 영광을 도둑질한 것입니다. 그리고 하늘의 별 삼분의 일을 꼬리로 끌어서 세상에 던졌다고 하는 것은 마귀가 타락할 때 자기만 타락한 것이 아니라 천사들 중에서도 건방진 천사들을 데리고 함께 타락을 한 것을 의미합니다. 그래서 사탄의 세력도 하나님의 천사들과 비슷한 조직을 가지고 이 세상에 영향을 미치고 있을 뿐 아니라 때로는 자기들이 천사인 것처럼 나타나서 사람들을 현혹시킬 때가 있습니다. 그러나 우리가 보통 귀신이라고 부르는 것은 마귀가 타락할 때 끌고 온 타락한 천사들인 것입니다.

영적인 대전쟁

이 붉은 용은 여인을 괴롭히고 못살게 하는 것도 목적이지만 더 궁극적인 목적은 여인의 아이를 죽이는 것이었습니다. 그래서 이 붉은 용은 여인이 아이를 낳으면 아이를 잡아먹으려고 기다렸습니다.

4절 하 용이 해산하려는 여자 앞에서 그가 해산하면 그 아이를 삼키고자 하더니

우리가 여기서 알 수 있는 것은 마귀는 하나님의 아들이 이 세상에 태어

나는 것을 알고 있었던 것입니다. 하나님께서는 이 세상에 정말 어느 누구도 모르게 조용하고 은밀하게 하나님의 아들이 태어나게 하셨습니다. 그래서 예수님이 이 세상에 태어나셨을 때 요셉과 마리아 그리고 인근에서 양을 치던 목자들 정도만 하나님의 아들이 태어난 것을 알 정도였습니다. 그러나 역시 문제는 동방에서 찾아온 박사들이었습니다. 이 사람들이 눈치도 없이 끝까지 별의 인도를 받지 않고 예루살렘 왕궁에 들어갔다가 헤롯이 아기가 태어난 것을 알게 되었던 것입니다. 그래서 헤롯은 아기를 죽이기 위해서 동방의 박사들에게 아기가 있는 곳을 알려달라고 했습니다. 왜냐하면 자기도 가서 아기에게 경배하려고 한다고 했는데 그것은 아기를 찾아서 죽이려는 거짓말이었던 것입니다. 결국 요셉과 마리아는 아주 가까스로 아기를 데리고 베들레헴을 빠져 나와서 애굽으로 피난을 감으로 아기 예수가 죽는 것을 면했습니다. 그리고 아기 예수는 성인이 될 때까지 나사렛에서 철저하게 목수의 아들로 자라게 됩니다.

5절 여자가 아들을 낳으니 이는 장차 철장으로 만국을 다스릴 남자라 그 아이를 하나님 앞과 그 보좌 앞으로 올려가더라

오늘 말씀만 보면 붉은 용이 아기를 삼키려고 하고 있는 중에서 드디어 태어나서 하나님 보좌 앞으로 올라간다고 했는데 사실은 하나님의 아들이 이렇게 순조롭게 하늘로 올라간 것은 아니고 그 사이에 엄청난 사건이 있었던 것입니다. 이 사이에 실제로 용은 여인이 낳은 아이를 죽이는데 성공합니다. 그러나 용이 아이를 죽이는 것으로 모든 것이 끝난 것이 아니었습니다. 왜냐하면 이 아이는 전혀 죄가 없는 자였기 때문에 하나님의 말씀은 믿음으로 사망을 이기고 죄를 이기는데 성공했기 때문입니다.

사탄은 하나님의 아들을 십자가에 못 박아 죽이면 모든 것이 끝나고 온

세상은 자기의 것이 될 줄 알았습니다. 그러나 그것이 사탄의 결정적인 실수였습니다. 왜냐하면 죄 없는 자가 죽으면 사망이 죽게 되고 더욱이 하나님은 예수님의 죽으심을 의로운 제사로 받으셔서 우리 인간들의 죄를 사하시고 예수님을 죽음에서 다시 살리셔서 보좌 우편으로 데리고 가셨기 때문입니다. 그래서 예수님의 죽으심으로 인간들을 붙들어 매고 있던 죄의 올무가 다 끊어져버리고 마귀는 모든 인간들을 지배할 능력을 잃어버리게 되었습니다. 예수 그리스도는 하나님의 보좌 우편에서 만국을 다스리는 철장을 받으셨습니다. 이것은 결국 온 세상을 최종적으로 심판할 수 있는 권한을 말합니다. 이 철장으로 질그릇을 때리면 그 자리에서 박살이 나고 말 것입니다. 사탄이 가장 결정적으로 실수한 것이 하나님의 아들을 십자가에 못 박혀 죽인 것이었습니다. 그리스도는 죽음으로 구원의 문을 여시고 사탄을 철장으로 내리치셔서 치명상을 입히셨습니다.

여기에 보면 아들은 하늘로 올라갔지만 여인은 이 세상에 그대로 남아 있습니다. 그 이유는 여인은 이 세상에서 죄인들을 구원하는 일을 마저 다 해야 하기 때문입니다. 그러나 마귀는 화가 나서 이 여인을 핍박하려고 합니다. 그러나 여인은 용을 피해서 광야로 가서 숨게 됩니다.

6, 7절 그 여자가 광야로 도망하매 거기서 일천 이백 육십 일 동안 저를 양육하기 위하여 하나님의 예비하신 곳이 있더라 하늘에 전쟁이 있으니 미가엘과 그의 사자들이 용으로 더불어 싸울쌔 용과 그의 사자들도 싸우나

우리는 여기서 두 가지 장면을 보게 되는데 하나는 여인이 용을 피해서 광야로 도망치는 것과 다른 하나는 하늘에서 미가엘 천사와 용 사이에 전쟁이 일어나는 것입니다.

우선 거대한 용은 하나님의 아들과의 싸움에서 엄청난 상처를 입고 땅

에 떨어지게 되었습니다. 하나님의 아들은 용의 머리에 치명적인 상처를 입혔던 것입니다. 하나님께서는 하와에게 말씀하시기를 '뱀은 여인의 후손의 발꿈치를 상하게 하고 여인의 후손은 뱀의 머리를 깰 것이라'(창 3:15)고 했습니다. 뱀은 하나님의 아들의 발꿈치를 상하게 해서 십자가에 못 박아 죽게 했습니다. 사탄은 하나님의 아들에게 죽음의 독을 뿜어서 죽게 했습니다. 그러나 하나님의 아들은 사망을 이기고 부활하셔서 사탄의 머리를 깨어버렸습니다. 사탄은 머리에 피를 흘리고 있지만 사탄은 완전히 죽지는 않았습니다. 오히려 사탄은 더 화가 나서 이 세상에 더 나쁜 독을 뿜으려고 하는 것입니다. 그래서 어쩔 수 없어서 여인은 용을 피해서 광야로 도망을 치게 됩니다. 이것은 교회가 상당한 시간 정체를 드러내지 않고 속으로 자라는 시기를 가지는 것입니다. 그래서 실제로 초대 교회는 겉으로 자신을 드러내지 않고 숨어서 열심히 성경을 연구해서 많은 교리들을 만들어내게 됩니다. 이것이 여인이 양육되는 기간인 것입니다.

그런데 하늘에서는 사탄을 내어 쫓는 중요한 전쟁이 있었습니다.

7-9절 하늘에 전쟁이 있으니 미가엘과 그의 사자들이 용으로 더불어 싸울쌔 용과 그의 사자들도 싸우나 이기지 못하여 다시 하늘에서 저희의 있을 곳을 얻지 못한지라 큰 용이 내어 쫓기니 옛 뱀 곧 마귀라고도 하고 사탄이라고도 하는 온 천하를 꾀는 자라 땅으로 내어 쫓기니 그의 사자들도 저와 함께 내어 쫓기니라

원래 마귀는 하늘에서 공중 권세를 잡은 자였습니다. 마귀가 하늘에서 대단한 세력을 가지고 있었다는 것은 마귀가 하늘에서 참소하는 직책을 가지고 있었기 때문입니다. 마귀가 얼마나 대단한 존재였는가 하면 하늘과 땅에서 죄를 지은 피조물이 있으면 모두 하나님 앞에 고해바치고 심판받게

하는 역할을 맡았던 것입니다. 우리나라에서도 누구든지 죄를 지으면 국가의 이름으로 법정에 고발하는 자가 있는데 그 역할을 검사가 하고 있습니다. 그래서 검찰이라고 하면 막강한 권세를 가지고 일단 죄를 지은 사람은 누구든지 붙잡아 가서 조사를 하고 법정에 세우는 일을 합니다. 때로는 대기업 회장도 불법 비자금을 모았거나 혹은 자식에게 상속하면서 세금을 빼돌렸다는 혐의가 있으면 검찰이 잡아가서 조사를 해서 감옥에 집어넣습니다. 심지어는 어느 누구도 건드릴 수 없는 정치인들도 정치자금을 잘못 받았으면 감옥에 가두고 심지어는 전직 대통령도 조사를 해서 감옥에 집어넣는 일을 합니다. 그런데 하늘에서 이 일을 맡은 자가 사탄이었던 것입니다. 사탄이라는 이름자체가 참소자라는 뜻인데 우리식으로 말하면 고발자라는 뜻입니다. 그런데 사탄 자신도 죄를 지었습니다. 그것은 하나님께 돌아갈 영광을 자기가 가로챈 것이었습니다. 그럼에도 불구하고 사탄은 자기 세력만 믿고 그 자리에서 자진 사퇴하지 않고 끝까지 버티고 있었던 것입니다.

그래서 구약 욥기를 보면 사탄이 뻔뻔스럽게 하나님 앞에서 욥을 모함을 해서 많은 재앙을 당하게 합니다. 하물며 우리 같은 죄인이 하나님 앞에 가서 기도하려고 하거나 혹은 은혜 받으려고 하면 사탄은 가차 없이 우리 죄를 들추어내어서 말도 꺼내지 못하게 하는 것입니다.

그런데 드디어 사탄이 하늘에서 내어쫓기게 되었습니다. 그 시기는 예수님이 이 세상에 오셔서 십자가에 못 박혀 죽으시고 부활하신 그 시점이었습니다. 그런데 마귀는 이때도 고분고분하게 물러 난 것이 아니고 미가엘 천사가 전쟁을 해서 사탄을 하늘에서 쫓아낸 것입니다.

10절 하 우리 형제들을 참소하던 자 곧 우리 하나님 앞에서 밤낮 참소하던 자가 쫓겨 났고 그러나 하나님께서는 이 사탄의 세력을 꺾으셔서 하늘에서 이 땅으로 내어 쫓아내셨습니다. 이것은 하나님께서 예수 그리스도의 십자가를 통하여 우리 인간들의 죄를 용서하셨기 때문에 더 이상 사탄은 하나님 앞에서 참소할 자격이 없어진 것입니다. 그래서 우리는 적어도 하나님 앞에서 마음껏 기도하며 축복받을 수 있게 되었습니다. 이 세상에 더 이상 우리의 기도를 방해하거나 우리가 하나님의 은혜 받는 것을 방해할 세력은 없어졌습니다.

그 동안 사탄은 우리를 하나님 앞에서 죄인으로 만들어서 하나님의 모든 은혜를 받지 못하게 만들었습니다. 우리는 원래부터 하나님의 은혜로 사는 존재들입니다. 그러나 사탄이 하늘에서 부터 우리 하나님의 은혜를 차단시키는 바람에 우리는 이 세상에서 하나님의 은혜 없이 사는 자들이 되고 말았습니다.

우리 인간이 살 수 있는 힘은 하나님이 주시는 기쁨이고 능력입니다. 예수님이 말씀하시기를 사람이 떡으로만 살 것이 아니요 하나님의 입에서 나오는 말씀으로 산다고 했는데 이것이 정상적인 우리의 모습인 것입니다. 그러나 하나님의 능력이 차단되었을 때 우리 인간들은 앞을 보지 못하는 소경처럼 되었고 표류하는 배처럼 되고 말았습니다.

예를 들어, 어떤 집에 수도물이 나오지 않아서 알아보니까 수원지에 문제가 생겼다는 것을 알았습니다. 이것은 그 집의 힘으로는 고칠 수가 없습니다. 이처럼 인간에게 정말 꼭 필요한 하나님의 은혜가 오지 않아서 그 이유를 알아보니까 하늘에서 부터 그 선이 끊기고 막힌 것입니다. 누가 그랬습니까? 사탄이 그렇게 했습니다. 사탄이 이 약한 인간들을 어떻게 합니까? 그 영혼을 도조리 다 사로잡았습니다. 인간들은 아무 힘이 없기 때문에 사탄에게는 힘이 없는 인간을 사로잡는다는 것은 아무것도 아닙니다. 사탄은 우리 인간들의 영혼을 사로잡아서 그 모든 가치를 잃게 만들고 노예의 정신으로 살게 했습니다. 이것이 우리의 실정입니다.

우리 인간의 문제가 무엇입니까? 이 땅에서 취직이 잘 안되거나 시험에 떨어진 것이 아닙니다. 가뭄이 닥쳐서 양식을 구하지 못하는 것도 아닙니다. 우리 인간의 문제는 저 하늘에 있습니다. 마귀가 하늘에서 우리의 죄를 들추어내어서 모든 하나님의 은혜를 차단시키고 결국 우리 영혼을 사로잡아서 모든 가치를 잃어버리게 만든 무시무시하고 악랄한 형사 같은 존재가 있습니다. 우리의 문제는 저 하늘에 있습니다. 저 하늘에서 누군가가 하나님의 막힌 은혜를 풀어 놓지 않는 이상 이 세상에서 우리가 아무리 몸부림을 친다고 해도 우리는 힘을 낼 수 없고 운명을 극복할 수 없으며 내 자신의 가치를 되찾을 수 없습니다. 모든 인간들은 자신의 가치를 상실했습니다. 그러나 예수님은 우리의 어려움을 근본적으로 해결하셨습니다.

하늘에서 우리의 축복을 막았던 이 무서운 훼방자가 바로 거기서 쫓겨났다는 소식입니다.

7-9절 상 하늘에 전쟁이 있으니 미가엘과 그의 사자들이 용으로 더불어 싸울쌔 용과 그의 사자들도 싸우나 이기지 못하여 다시 하늘에서 저희의 있을 곳을 얻지 못한지라 큰 용이 내어 쫓기니

우리를 병들게 한 근본적인 문제가 치료되고 있음을 보여주고 있습니다.

어떻게 해서 이런 일이 일어나게 되었습니까? 그것에 대하여 본문은 다른 이야기는 하지 않습니다. 단지 하늘에서 미가엘 천사와 그의 사자들이 이 사탄과 그의 사자들과 싸워서 그들을 밀어 내었다고만 말하고 있습니다.

예수님께서는 칠십 명의 전도자들을 파송하신 후 그들이 승리하고 돌아왔을 때 이렇게 말씀하셨습니다.

눅 10:17, 18 칠십인이 기뻐 돌아와 가로되 주여 주의 이름으로 귀신들도 우리에게 항복하더이다 예수께서 이르시되 사탄이 하늘로서 번개 같이 떨어지는 것을 내가 보았노라

어떻게 해서 이 무서운 하늘의 참소자가 하늘에서 내어 쫓기게 되었습니까?

그것은 단지 미가엘이 사탄을 몰아내었기 때문이 아닙니다. 더 이상 인간들을 참소할 여지가 없어졌기 때문입니다. 그것이 무엇입니까? 하나님의 사랑하는 아들이 우리의 죄를 대신하여 십자가에 못 박혀 죽으심으로 인간들의 모든 죄를 예수님이 대신 다 해결하셨기 때문입니다. 하나님의 아들의 순종이 인간에 대한 모든 불명예스러운 비난들을 한꺼번에 일소시켜 버렸습니다. 예수님의 보혈이 흘려지심으로 하나님 앞에서 우리의 축복을 가로막고 우리의 영혼을 도적질하며 우리의 능력을 가로채는 존재는 없어지게 되었습니다. 문제는 우리입니다. 우리가 이것을 믿고 하나님께 나아가기만 하면 모든 어려움을 다 이길 수 있습니다.

사탄을 하늘에서 몰아 낸 것은 미가엘 천사가 아니라 예수 그리스도의 보혈입니다.

그러나 사탄은 세상으로 내어 쫓겼지, 영원히 없어지지는 않았습니다. 그래서 이 세상에서 우리 그리스도인들과 치열한 전쟁을 치르게 되는 것입니다. 그래서 우리는 철저하게 하나님을 의지해야 사탄과의 싸움에서 이길 수가 있습니다. 사탄은 지금 너무나도 화가 나 있기 때문에 제 정신이 아닙니다. 그래서 모든 사람들을 미치게 만들고 더 자포자기하게 만들어서 죄에 빠지게 할 것입니다. 우리는 차분하게 사람들을 설득해서 불안을 이기고 하나님을 의지하도록 만들어야 합니다.

예수님은 십자가를 지시기 전에 이미 사탄이 하늘에서 떨어지는 것을

보았다고 말씀하십니다. 아마 주님의 복음 전파로 인하여 사탄의 세력이 급격하게 파괴되고 있는 것을 말씀하신 것입니다. 이제 하늘에서는 더 이상 우리를 괴롭히고 하나님의 은혜를 받지 못하게 방해하는 자가 없습니다. 우리는 이 사실을 선포해야 합니다.

10절 말씀이 바로 그러한 선포입니다.

"내가 또 들으니 하늘에 큰 음성이 있어 가로되 이제 우리 하나님의 구원과 능력과 나라와 또 그의 그리스도의 권세가 이루었으니 우리 형제들을 참소하던 자 곧 우리 하나님 앞에서 밤낮 참소하던 자가 쫓겨 났고"

이제 더 이상 하늘에서 나의 축복을 가로막고 하나님께서 주시는 모든 은혜를 빼앗아 갈 수 있는 자가 없습니다. 그 악한 무리들은 쫓겨났습니다. 이제 우리는 우리의 연약함에도 불구하고 마음껏 하나님의 은혜를 받을 수 있게 되었습니다. 하나님의 은혜의 샘이 끝없이 솟아납니다. 우리는 무한한 하나님의 은혜를 받을 수 있는 사람이 되었습니다. 우리 모든 사람들은 자신의 가치를 되찾을 수 있게 되었습니다.

예수 그리스도 안에 있는 자에게는 다시 정죄함이 없습니다. 그에게는 저주도 운명도 팔자도 없습니다. 모든 것을 그의 양심에 따라서 할 수 있습니다. 그리고 하면 됩니다.

그리스도의 십자가가 우리 믿는 자들에게 닥치는 그 모든 환란을 이길 수 있는 것으로 바꾸어 놓았습니다. 우리들이 당하는 고난과 어려움 중에서 이기지 못할 것이 없습니다. 그들은 모든 것에서 승리할 수 있습니다. 우리는 어떤 세파도 이길 것입니다. 주님은 이렇게 말씀하셨습니다. "세상에서는 너희가 환난을 당하나 담대하라. 내가 세상을 이기었노라"(요 16:33) 이제부터 늘 승리하는 성도들이 되시기 바랍니다.

CHAPTER • 25

여인의 승리

요한계시록 12:10-17

옛날에 어느 공포 영화를 보니까 맹인인 여자가 살인자와 집안에서 싸우는 내용이었습니다. 어떻게 맹인인 여자가 살인자와 싸울 수 있겠습니까? 이 여자는 결국 머리를 써서 집안에 있는 모든 전구를 다 깨어버려서 캄캄하게 만듭니다. 왜냐하면 결국 캄캄한 곳에서는 보이는 사람보다 맹인이 더 유리할 수 있기 때문입니다. 결국 이 여자는 온 집을 캄캄하게 만들어놓고 잘 숨어 있는 바람에 다른 사람이 와서 그를 구조해주는 내용이었습니다.

그러나 우리 그리스도인들의 싸움은 눈에 보이지 않는 사탄의 세력과의 싸움입니다.

그래서 사도 바울은 이렇게 말했습니다.

'우리의 씨름은 혈과 육에 대한 것이 아니요 정사와 권세와 이 어두움의 세상 주관자들과 하늘에 있는 악의 영들에게 대함이라'(엡 6:12).

여기서 혈과 육에 대한 것이 아니라고 할 때 '혈과 육'은 사람을 말합니다. 사람의 몸은 살과 피로 되어 있습니다. 그런데 우리 그리스도인들의 싸움은 사람과 싸워서 이기는 것이 아닙니다. 아무리 악한 자와 주먹으로 싸워서 이긴다 하더라도 사탄은 그런 악한 자들을 수없이 만들어낼 수 있습니다. 그런데 눈에 보이지 않는 사탄을 이기지 못하면 우리는 늘 사탄에게 괴롭힘을 당할 수밖에 없는 것입니다.

오늘 본문 말씀은 이 세상에서 일어나는 모든 갈등들을 악한 사탄의 세력과 그리스도인들의 싸움으로 설명을 하고 있습니다. 하늘에서 미가엘 천사와 싸우다가 하늘에서 쫓겨난 붉은 용이 이제는 이 세상에 남아 있는 하나님의 백성들을 상대로 싸우려 한다는 것입니다. 물론 이것은 오늘 이 세상에서 일어나는 모든 일들을 다 설명할 수 있는 것은 아닙니다. 그러나 우리 성도들이 신앙생활을 하는 데는 아주 중요한 진리인 것입니다.

분명한 진리의 선포

우리가 이 세상을 살아가면서 혼란에 빠지지 않으려면 일어난 어떤 사실 못지않게 왜 이런 일이 일어났어야만 했느냐 하는 의미를 아는 것이 중요합니다. 왜냐하면 결국 그 원인을 제대로 알지 못하면 그런 일들은 앞으로도 계속 일어나게 될 것이기 때문입니다.

예를 들어, 2001년도에 미국에서 9.11 비행기 테러와 같은 사건이 일어났을 때 비행기 테러로 많은 사람들이 죽었다는 사실보다 더 중요한 것은 왜 이런 일이 일어나야만 했느냐 하는 것입니다. 이것에 대해 우리는 몇 가지 관점에서 생각해볼 수 있을 것입니다.

이 테러가 단순히 미국에 대하여 적대적인 세력이 저지른 행동이라면 미국은 자국에 대하여 적대적인 모든 세력을 다 찾아서 공격하게 될 것입니다. 그래서 9.11 테러 이후로 미국의 전쟁 개념은 변하게 된 것입니다. 즉 미국에 대하여 공격적인 모든 세력이나 그들을 비호하는 세력까지 다 적으로 생각하는 것입니다.

거기에 비하여 이 테러를 문명 간의 충돌로 본다면 문제는 보다 어려워질 것입니다. 그러면 미국은 이슬람 문명에 대하여 더 연구하려고 할 것이며 할 수 있는 대로 원조를 늘린다든지 아니면 문화교류를 활발히 해서 할 수 있는 대로 미국 문화를 이슬람권 사람들에게 이해를 시키려고 할 것입니다. 사실 그래서 나라들마다 외국에 자기 나라의 문화원을 두어서 자국의 문화를 이해시키려고 애를 쓰는 것입니다. 어떤 경우에는 단순한 문화적인 차이가 큰 오해를 가져올 수도 있기 때문입니다.

그런데 만일 이 테러가 미국의 타락한 생활에 대한 하나님의 경고의 심판이라고 본다면 미국 사람들은 하나님 앞에서 무릎을 꿇고 회개해야 할 것입니다. 마치 니느웨성 사람들이 요나의 설교를 듣고 왕으로부터 시작해서 일반 백성에 이르기까지 회개했던 것처럼 회개를 해야 합니다.

우리가 차를 운전해 가다가 길을 잃지 않으려면 지도를 잘 보고 따라가야 하는 것처럼 우리가 이 세상을 살아가면서 혼란에 빠지지 않으려면 하나님의 말씀의 인도를 잘 따라가야 합니다. 우리는 이 세상이 지금 어떤 상태에 있느냐 하는 근본적인 문제를 파악할 필요가 있습니다. 이것은 정치적인 것도 아니고 문화적인 것도 아니고 순수하게 신앙적인 입장입니다.

9절 용이 내어 쫓기니 옛 뱀 곧 마귀라고도 하고 사탄이라고도 하는 온 천하를 꾀는 자라 땅으로 내어 쫓기니 그의 사자들도 저와 함께 내어 쫓기니라

성경이 말씀하는 것은 눈에 보이지 않지만 온 세상을 쥐고 흔드는 사탄의 세력이 있다는 것입니다. 그런데 이 사탄의 신상에 아주 중요한 일이 있었던 것입니다. 그것은 이 사탄이 하늘에서 내어 쫓겨버린 것입니다. 도대체 사탄이 하늘에서 내어 쫓겼다는 말이 무슨 뜻일까요? 과거에는 사탄이

온 세상을 지배한 것은 물론이고 하나님을 상대로 사람들에게 은혜를 주시지 못하도록 대적을 하고 있었다는 뜻입니다. 그러니까 온 세상은 자기들도 모르는 사이에 사탄의 손아귀에 꽉 붙잡혀 있었고, 또 사탄은 하나님께 지속적으로 사람들을 비난하고 그 죄를 들추어내는 것을 통해서 사람들을 구원하지 못하도록 방해를 하고 있었다는 뜻입니다.

그러니까 우리 인간들이 이 세상에서 마귀의 세력에 대적할 수 없는 것은 물론이고 천국에서도 사탄의 방해로 우리 인간들을 구원할 수가 없었던 것입니다. 그만큼 사탄의 세력은 인간들에게 적대적이었습니다. 그래서 이 세상에는 하나님께서 주신 자연적인 은총만 임했지 하나님의 말씀이나 성령의 은총은 도저히 파고 들어올 수가 없었습니다. 겨우 이스라엘 백성들에게만 제한적으로 하나님의 은혜가 임했던 것입니다.

그러나 그리스도가 이 세상에 오셔서 우리 죄를 대신하여 죽으심으로 사탄의 세력은 하늘에서는 완전히 몰락하게 되었습니다. 왜냐하면 하나님께서 누구든지 예수 이름을 믿는 자는 구원하시기로 약속을 하셨기 때문입니다. 이제는 누구든지 예수 이름을 부르기만 하면 사탄의 세력에서 벗어나 구원을 얻습니다. 그래서 이제 사탄은 도저히 하늘에 있을 수가 없게 된 것입니다. 왜냐하면 하늘에 있어봐야 말이 먹혀들지도 않을 뿐 아니라 한 순간이라도 이 세상에 내려와서 예수를 믿으려고 하는 자들을 막아야 하기 때문입니다.

그러나 그들은 이 땅에서 우리 성도들도 이길 수가 없습니다. 왜냐하면 이미 사탄의 세력은 불법의 세력으로 판정이 내려졌기 때문입니다. 그래서 오늘 본문에 보면 성도들의 찬송이 나옵니다.

10절 내가 또 들으니 하늘에 큰 음성이 있어 가로되 이제 우리 하나님의 구원과 능력과 나라와 또 그의 그리스도의 권세가 이루었으니 우리 형제

들을 참소하던 자 곧 우리 하나님 앞에서 밤낮 참소하던 자가 쫓겨났고

하늘에서 나는 큰 음성이 바로 사탄은 예수 그리스도로 인하여 패배했으며 이제 우리에게는 하나님의 구원과 능력과 나라가 이루었다는 것입니다. 우리는 이 사실을 큰 소리로 선포해야 합니다. 왜냐하면 그렇게 하지 않으면 우리는 마귀에게 속기 때문입니다.

마귀는 어떤 상태인가 하면 하나님 앞에서 이미 불법의 세력으로 판정이 났습니다. 그래서 합법적으로는 이 세상에 발도 붙일 수가 없습니다. 그런데 마귀는 사람들을 속이고 마치 예전과 같은 줄 알게 만들고 계속적으로 사람들을 지배하려고 하는 것입니다.

뿐만 아니라 사탄의 세력은 예수님의 십자가 사건 이후로 이 세상에 대한 모든 경영권은 다 잃어버렸습니다. 그 모든 경영권은 부활하신 예수 그리스도가 가지고 계신 것입니다.

우리는 이 사실을 온 세상에 선포해야 합니다. 그러나 마귀가 어느 정도로 교활하게 세상을 속이고 있는가 하면 우선 마귀는 없다고 속입니다. 사실 그럴 수밖에 없는 것이 사탄은 눈에 보이지 않기 때문입니다. 눈에 보이지 않는 사탄을 어떻게 있다고 하겠습니까? 오로지 사탄은 사람의 상상의 산물일 뿐이라고 합니다. 그래서 자기의 존재는 숨어버리는 것입니다. 그리고 나서 예수 그리스도는 부활하지 않았다고 선전을 합니다. 예수는 2,000년 전에 죽었고 아무것도 아니라고 속입니다. 실제로는 예수님이 온 세상의 주인인데 말입니다. 그리고 하나님은 여전히 사람들을 싫어하시고 진노하고 계신다고 선전을 합니다. 실제로 하나님 앞에서 사람들에 대하여 온갖 좋지 않은 말을 다해서 사람들을 깎아내린 장본인이 사탄인데 사람들에게는 하나님이 너희들을 아직도 미워하고 있다고 선전을 하는 것입니다.

그래서 우리는 하나님의 진리를 온 세상에 밝혀야 합니다. 우리는 온 세

상에 하나님은 우리를 사랑하고, 예수 그리스도는 부활하셔서 온 우주의 왕이 되셨고, 사람이 우상을 숭배하는 것은 자기의 존귀함을 포기하고 사탄의 종이 되는 것이라고 선포를 해야 합니다. 그러나 사람들은 이런 말을 들으면 왜 특정 종교만 옳다고 하느냐 하면서 받아들이려고 하지 않습니다. 온 세상의 왕을 왕이라고 하는데도 특정 종교만 옳다고 주장한다고 비난을 합니다. 그래서 우리는 때로 예수 믿지 않는 자들에게 할 말이 없을 때가 많습니다.

11절 또 여러 형제가 어린 양의 피와 자기의 증거하는 말을 인하여 저를 이기었으니 그들은 죽기까지 자기 생명을 아끼지 아니하였도다

여기서 '여러 형제'라고 하는 것은 우리 믿는 사람들을 말합니다. 이들은 그리스도가 왕이시며 사탄은 불법의 세력이라는 것을 증거하기 위하여 죽기까지 물러서지 않았다고 말씀하고 있습니다. 이들은 자신의 죽음으로 사탄의 거짓말을 이겼던 것입니다.

그러면 우리에게 궁금한 것이 왜 사탄은 패배했는데 하나님께서 사탄을 잡아 가두시지 않고 여전히 온 세상을 꾀도록 내버려두시느냐 하는 것입니다. 이것이 우리의 몫인 것입니다. 예수 그리스도께서 모든 것을 다 하시면 우리가 해야 할 것이 없게 됩니다. 우리가 사탄의 세력과 싸워서 피도 흘리고 고지도 빼앗아야 하나님 앞에서 상을 타게 되는 것이지, 예수님이 다 해버리시면 우리가 할 것이 없습니다. 그래서 예수님께서는 사탄의 머리만 깨시고 그냥 몸통은 내버려두셨습니다. 그래서 이 사탄은 온 몸으로 세상을 부수려고 하는 것입니다.

12절 그러므로 하늘과 그 가운데 거하는 자들은 즐거워하라 그러나 땅과

바다는 화 있을찐저 이는 마귀가 자기의 때가 얼마 못된 줄을 알므로 크게 분내어 너희에게 내려 갔음이라 하더라

여기서 '하늘과 그 가운데 거하는 자들'이라는 것은 이미 구원을 얻은 성도들을 말합니다. 이미 천국에 가 있는 성도들은 걱정할 것이 아무것도 없습니다. 왜냐하면 예수께서 피 흘리심으로 그들의 구원이 성취되었기 때문입니다. 그러나 이 지상에서 믿는 자들과 아직 믿지 않는 자들은 사탄과의 한판 큰 싸움을 치러야 하는 것입니다. 그러나 우리는 두려워 할 필요가 없습니다. 왜냐하면 예수님이 주시는 힘으로 반드시 사탄을 이길 수 있기 때문입니다. 그러나 아무리 이기는 전쟁이라고 하더라도 희생자가 없을 수는 없습니다. 사실 교회는 로마 제국 시대에 많은 희생자를 봐야만 했습니다. 교회는 사탄의 세력을 이겼지만 그럼에도 불구하고 치열한 전쟁을 치러야 했고 어떤 때에는 교회가 거의 멸망하는 것 같은 위기를 겪을 때도 있었던 것입니다.

전에 어떤 분의 마음속에는 끊임없는 의심과 혼동이 생겼습니다. 이상하게 복잡한 생각들이 그를 절망과 좌절의 늪으로 빠지게 했습니다. 그때 이 사람은 그 자리에서 벌떡 일어나서 큰 소리로 외쳤습니다. "주님이 나의 모든 죄를 다 용서하셨단 말이야. 아무도 나를 망하게 할 수 없어!" 그렇게 하고는 그는 그 절망에서 벗어났습니다. 그리고 자주 의심과 불안이 몰려올 때마다 그는 큰 소리로 주님이 승리하신 사실을 선포했습니다.

그러나 아직 그리스도께 속하지 않은 자는 큰 어려움에 빠지게 됩니다. 그 이유는 사탄이 보복적으로 인간성을 파괴시킬 것이기 때문입니다. 사탄이 어떻게 인간성을 파괴합니까? 이제는 그나마 남아 있던 인간의 건전한 판단이나 정서마저 파괴시켜 버립니다. 사람의 상식은 죄를 막는 아주 중요한 보루입니다. 그러나 상식이 없어집니다. 사람의 감정은 분노를 식히는

아주 중요한 완충 역할을 합니다. 그러나 정서가 메말라 버리니까 분노를 참지 못하는 것입니다. 이제 사람들은 광란과 보복과 파괴로 한 순간에 나아가 버립니다. 사탄은 불신의 세계에 남아있는 자들을 더욱 더 비참한 동물의 수준으로 짓밟아 놓을 것입니다.

사탄과의 긴장 관계

사실 우리는 신앙 문제만 아니라면 얼마든지 좋은 관계에서 지낼 수 있는 가족이나 친구들이 단지 신앙 하나 때문에 서먹서먹한 관계가 되고 불편한 관계가 되어야 한다는 점에서 안타까움을 느끼고 있습니다.

13, 14절 용이 자기가 땅으로 내어쫓긴 것을 보고 남자를 낳은 여자를 핍박하는지라 그 여자가 큰 독수리의 두 날개를 받아 광야 자기 곳으로 날아가 거기서 그 뱀의 낯을 피하여 한 때와 두 때와 반 때를 양육 받으매

13절에는 '용'이라고 했다가 14절에는 '뱀'이라고 말하고 있습니다. 사실 욥기를 읽어보면 용과 악어를 혼동하고 있는 것을 알 수 있습니다. 그러나 이것은 배경을 생각하면 이해가 좀 될 것입니다. 원래 '용'이라고 하는 것은 바벨론 신화에서 온 개념입니다. 옛날 사람들은 바다에 큰 용이 있어서 바다를 휘저어서 큰 폭풍이 일어나게 한다고 믿었습니다. 그래서 이 세상에서 큰 난리가 일어나는 것은 용이 세상을 휘젓는 것으로 비유를 하는 것입니다.

C. S. 루이스의 작품을 보면 동화에 나오는 왕자와 아이들이 배를 타고 여행을 하는데 갑자기 거대한 바다뱀이 나와서 배를 둘둘 말아서 부수려고 하는 것을 보게 됩니다. 이것이 바로 바다용의 정체인 것입니다. 거기에다

뱀이라고 하는 것은 마치 에덴동산에서 하와와 아담을 속였듯이 세상 사람들을 속여서 마귀의 충동에 넘어가게 하는 것을 말합니다. 보통 다른 사람을 충동질하려면 '저 사람이 다른 데서 너를 욕하더라'고 하면 그때부터 전쟁의 불씨는 시작이 되는 것입니다. 그리고 악어라고 하는 것은 도저히 사람의 말을 듣지 않습니다. 특히 악어는 껍질이 두꺼워서 옛날에는 창으로 찔러도 창끝이 들어가지 않았습니다. 그리고 모든 것을 자기 멋대로 다 해버립니다. 그래서 도저히 상대할 수 없는 자라는 뜻으로 악어로 비유를 한 것입니다. 어떤 사람은 성경이 용이라고 했다가 뱀이라고 했다가 악어라고 했을 때 성경 저자는 생물 실력이 형편없이 딸린다고 말을 하는데, 저자의 실력이 딸리는 것이 아니라 각각의 배경이 있는 것입니다.

특히 오늘 본문은 사탄이 교회를 어떻게 핍박하며 어떻게 교회를 해치려고 하는지, 그리고 그런 가운데 어떻게 교회가 보호되고 지탱되는지 보여주고 있습니다. 그러나 결코 쉽게 이해할 수 있는 그런 내용은 아닙니다. 이것을 바로 이해하기 위해서는 성경에 대한 전체적인 조망이 필요합니다. 그렇지 않으면 전혀 다른 이상한 해석을 할 수밖에 없습니다.

우리는 다른 사람과의 관계가 악화될 때 자신의 부족함을 비난하기 쉽습니다. 즉 내가 좀 더 조심을 했더라면 이런 불필요한 갈등은 생기지 않았을 텐데 라고 후회하기 쉽습니다.

그러나 성경은 다르게 말씀합니다. 이런 갈등이 어제 오늘의 이야기가 아니고 아주 오래된 것이라고 말씀하고 있습니다. 이것은 이미 인류가 하나님 앞에서 죄를 짓고 난 후 부터 시작되는 갈등입니다.

창 3:15 내가 너로 여자와 원수가 되게하고 너의 후손도 여자의 후손과 원수가 되게 하리니 여자의 후손은 네 머리를 상하게 할 것이요 너는 그의 발꿈치를 상하게 할 것이니라 하시고 인류가 범죄하고 난 후 하나님께서 뱀을 저주하신 내용입니다. 하나님께서는 뱀에게 저주하시기를 모든 짐승들보다 더 저주를 받아 배로 기어다니게 될 것이라고 말씀하십니다. 우리는 여자의 후손과 뱀의 후손이 원수가 된다고 해서 우리가 뱀을 끔찍이도 싫어하고 뱀을 보면 꼭 죽이려고 하는 것으로 적용해서는 안 됩니다. 저는 어렸을 때 이 성경 말씀 때문에 뱀을 보기만 하면 다 죽여야 하나님의 뜻에 순종하는 줄 알았습니다. 그러나 여기서 말하는 뱀은 더 이상 파충류의 뱀이 아닙니다. 여기서 말하는 뱀의 후손이라고 하는 것은 타락한 모든 인간들을 말합니다. 하나님의 뜻에 순종하지 않고 자기 쾌락을 좇아서 사는 사람들을 말합니다. 그런데 하나님께서는 이런 중에도 앞으로의 구원을 위하여 한 씨를 준비해 놓으셨습니다. 그것이 바로 여자의 후손입니다. 모든 사람이 타락해서 하나님을 모르고 살지만 그런 가운데도 하나님을 알고 하나님을 섬기며 하나님의 보호를 받는 특별한 사람들이 있었습니다. 구약 성경을 보면 그 전체 역사가 바로 이 두 세력 사이의 갈등과 투쟁으로 되어 있습니다. 결국 세상 사람들과 하나님의 백성들은 물과 기름처럼 서로 화합하지 못합니다.

가장 먼저 일어난 사건이 형제 사이의 살인입니다. 가인은 자기 동생 아벨을 죽였습니다. 그 이유가 무엇입니까? 그것은 이유를 알 수 없는 미움이었습니다. 형인 가인이 생각하기에 동생은 자기가 모르는 어떤 축복을 하나님 앞에서 가지고 있더라는 것입니다. 동생은 자기와 다르게 하나님께 예배를 했고 하나님은 그것을 받으셨습니다. 그것이 미웠던 것입니다. '왜 나는 안 되느냐?'하는 것입니다. 이런 긴장이 극단적인 상태까지 간 것이 노아 때입니다. 노아 때 경건한 사람들은 거의 없어져 버렸습니다. 모두 악의 씨에 삼키우고 말았습니다. 겨우 남은 것이 노아의 여덟 식구였습니다. 이때는 사탄이 사람들로 하여금 먹고 마시고 성적으로 즐기게 하는 세속주의로 하나님의 백성들을 공격했습니다. 하나님께서 노아 홍수로 세상을 멸하신 것은 죄가 너무나도 급속도로 퍼지고 있었기 때문입니다. 하나님께서는 홍수로 심판하심으로 일단 급한 불을 끄셨습니다.

그런데 오늘 본문이 우리에게 말씀하시는 것이 무엇입니까?

13절 용이 자기가 땅으로 내어쫓긴 것을 보고 남자를 낳은 여자를 핍박하는지라

용이 자기 땅으로 내어 쫓겼다고 하는 것은 이미 하나님 앞에서 사탄은 패배를 한 것입니다. 그래서 이제 더 이상 우리의 구원을 방해하거나 우리에게 오는 하나님의 은혜를 막을 수 없습니다. 그 대신 사탄은 아직 이 세상에 남아 있습니다. 그 이유는 아직 이 세상에 하나님을 믿어야 할 사람들이 남아 있기 때문입니다. 사탄이 완전히 제거될 때는 이 세상에 하나님의 택한 백성들이 모두 구원을 받았을 때입니다. 그때까지 사탄은 이 세상에 남아서 몇 가지 일을 합니다. 그 중 하나는 믿지 않는 사람들을 계속 붙들어서 절대로 하나님을 믿지 못하게 합니다. 그리고 그 사람들을 묶어놓을 수 있는 사슬이 정욕인데 이 세상에서 살면서 네 욕심대로 살라는 것입니다. 그리고 믿는 사람들을 공격해서 죄를 짓게 하고 침체에 빠지게 합니다. 그리고 할 수 있으면 이 세상을 그 큰 꼬리로 휘저어 멸망을 시키려고 합니다. 우리가 해야 할 것은 사탄의 공격을 막아내어야 하고 욕심대로 사는 사람들을 불러내어서 하나님의 백성이 되게 해야 합니다. 그리고 사탄이 이 세상을 불바다로 만들지 못하도록 기도로 이겨야 하는 것입니다.

오늘 본문 말씀을 보면 여전히 사탄이 살기등등하게 교회를 핍박하고 공격하는 것 같지만 실제로는 이미 패배한 싸움입니다.

12절 끝에 보면 '자기의 때가 얼마 못된 줄을 알므로 크게 분내어 너희에게 내려 갔음이라 하더라'고 말씀하고 있습니다. 마귀에게는 무한한 시간

이 주어져 있는 것이 아닙니다. 이제 자기 때가 얼마 남지 못한 줄을 자기도 알고 있는 것입니다.

믿는 자들의 힘

오늘 말씀을 보면 세상이 교회를 핍박하지만 그런 중에서도 교회는 특별하게 보호되는 것을 알 수 있습니다.

14절 그 여자가 큰 독수리의 두 날개를 받아 광야 자기 곳으로 날아가 거기서 그 뱀의 낯을 피하여 한 때와 두 때와 반 때를 양육 받으매

여기서 날개를 주신다고 하는 것은 고난 중에 새로운 힘을 주신다는 뜻입니다. 독수리의 두 날개가 어떻습니까? 독수리가 두 날개로 하늘을 박차고 올라가면 끝없이 올라갑니다. 이것은 하나님이 새로운 힘을 주시며 그들의 낙심한 마음을 붙들어 주시는 새로운 능력을 주신다는 뜻입니다.

어디서 그렇게 하십니까? 그리스도인들의 모임 가운데서 입니다. 고난 가운데 성도들이 모이면 그 가운데 아주 강한 성령의 임재하심을 느낄 수 있습니다. 이것을 사탄은 도무지 이해할 수 없는 것입니다. 우리 그리스도인 한 사람 한 사람은 아무 힘이 없습니다. 그들은 세상의 박해를 두려워하고 있고 모든 용기를 다 잃었습니다. 그런데 함께 모여서 찬송하고 기도하는 가운데 말로 표현할 수 없는 성령의 위로와 힘을 느끼는 것입니다. 이것을 여기서는 독수리의 두 날개라고 말씀하고 있습니다.

'광야'는 사람들이 없는 곳입니다. 아무도 하나님의 백성들을 알아주지 않는 외로운 곳입니다. 하나님의 백성들은 바로 그런 낮아짐과 외로움을 통하여 만들어지게 됩니다. 모세를 위대한 하나님의 종으로 만든 학교는

광야였습니다. 이들은 모두 고난 보다 더 큰 영광을 압니다. 하나님의 능력은 핍박과 고난 보다 더 크다는 것을 아는 자들입니다. 이들은 절망 가운데 오직 주님의 말씀을 붙들고 하루하루를 산 사람들입니다. 하나님께서는 사탄의 세력을 통하여 당신의 일꾼들을 훈련시키십니다. 우리는 핍박이 와야 신앙이 간절해지고 눈에 눈물이 고입니다.

우리는 고난 중에 주님이 나에게 두 날개를 달아 주시는 것을 분명히 압니다. 그리고 그 날개를 통하여 어느 누구도 보지 못하는 것을 보고 어느 누구도 품지 못하는 소망을 가집니다. 지금 몸은 어려움 가운데 있지만 그의 정신과 영은 저 하늘 끝까지 올라가서 거기서 몇 십 년 아니 몇 백 년 후를 내다보면서 소망을 가집니다.

'한 때와 두 때와 반 때'를 생각하십시오. 이것은 바로 고난의 기간이요, 악이 득세하는 기간입니다. 엘리야 때 비가 오지 않은 삼 년 반입니다.

미국의 E. J. 영이라는 구약 학자는 왜 끝이 반 때냐 하는 것을 설명하면서 고난의 끝이 갑자기 오기 때문이라고 했습니다. 처음에는 고난이 시작된 후 그 다음에는 본격적으로 고난이 오다가 그 다음에 갑자기 고난이 끝나버린다는 것입니다. 그래서 우리는 한 때와 두 때만 견디어내면 되는 것입니다. 하나님께서 모든 것을 다 회복시켜 주실 것입니다. 그리스도 안에서 고난당하는 자들이 있습니까? 더욱 주님께 가까이 나아가십시오. 이 독수리의 두 날개를 얻으십시오. 남들이 가지지 못한 지혜를 달라고 하십시오. 어느 누구도 흉내 낼 수 없는 인내와 겸손을 달라고 하십시오. 우리에게 어차피 고난의 시간은 필요합니다. 그러나 이 기간을 신실하게 보내어야 합니다. 그래야 우리는 성령의 능력으로 변화될 수가 있는 것입니다. 그러나 이 기간은 결코 견딜 수 없을 정도로 긴 시간이 아닙니다.

뱀의 공격

뱀은 여자를 죽일 수 없다는 것을 알았습니다. 그래서 이상하게 공격을 합니다.

15, 16절 여자의 뒤에서 뱀이 그 입으로 물을 강 같이 토하여 여자를 물에 떠내려가게 하려 하되 땅이 여자를 도와 그 입을 벌려 용의 입에서 토한 강물을 삼키니

이상한 것은 뱀이 그 큰 꼬리로 온 세상을 휘젓지 않고 여자를 뒤로 가서 몰래 공격을 합니다. 그런데 뱀은 여자를 물거나 직접 해치지 않고 물을 강같이 토하여 이 여자를 떠내려가게 합니다. 그러나 땅이 여자를 도와서 물을 흡수하는 바람에 여자는 안전합니다. 이 당시 건조한 땅에서는 비가 갑자기 많이 내려서 강이 흐르지만 워낙 땅이 건조하여 물이 땅 속으로 다 스며들고 마는 장면을 자주 볼 수 있었을 것입니다.

뱀은 여자를 죽일 수는 없었습니다. 그러나 간접적으로 여자를 떠내려 보내려고 합니다.

세상은 교회를 없앨 수 없다는 것을 압니다. 왜냐하면 핍박을 가하면 가할수록 이상하게 이들은 힘을 얻고 더 생기를 얻기 때문입니다. 그래서 어떻게 합니까? 간접적인 방법으로 교회를 해치려고 합니다.

'물을 강 같이 토하여 여자를 물에 떠내려가게' 한다는 것은 세속적인 문화를 통하여 교회를 진리에서 떠나려가게 하는 것입니다. 사실 교회는 외적인 핍박만으로 어려움을 겪었던 것이 아닙니다. 교회 안에 슬그머니 들어 온 거짓 가르침들이 있었고 세상적인 쾌락의 유혹들이 있었습니다. 교인들은 끊임없이 세상의 쾌락에 빠져들어 갔습니다. 우리 자신을 돌아보

면 성경을 읽는 것과 재미있는 영화를 보는 것 사이에서 우리는 당장 영화가 더 끌립니다. 왜냐하면 영화 자체가 재미있기도 하지만 특히 우리 안에 있는 즐기지 못하는 죄성을 대신 충족시켜 주기 때문입니다.

이 당시에는 비인간적인 게임이 많았습니다. 검투라든지 마차경기 같은 것이 있었는데 그런 것들은 모두 주일에 열렸습니다. 크리소스톰 목사는 교인들이 마차경기를 보기 위하여 예배를 빠진 것을 한탄하는 설교를 남겼습니다. 마치 요즘 중요한 경기가 있으면 그것을 보기 위하여 교회를 빠지는 것과 같습니다. 사실 교회는 직접 없애는 것보다는 문화적으로 공격해서 떠내려가게 하는 것이 훨씬 더 성공할 가능성이 높을 것입니다.

그런데 하나님은 어떻게 하십니까? 땅이 여자를 도와서 이 용이 토한 물을 삼켜 버리게 하십니다. 다시 말해서 어떤 외부적인 요인이 생겨서 이런 타락한 문화가 지속되지 못하게 막는 것입니다. 예를 들어, 로마의 타락이 극치에 달했을 때 북쪽에 있는 게르만 민족이 침공을 해온다든지 아니면 또 지진이나 대형 참사 같은 것이 생겨서 사람들이 일시적으로라도 정신을 차리게 하는 것입니다. 하나님께서는 외적인 환경을 바꾸셔서 정신을 차리게 하십니다. 땅은 주님의 명령을 받습니다. 그래서 죄가 무한정으로 확대되지 못합니다. 우리나라 같은 경우에는 북한의 문제라든지 아니면 지하철 화재참사와 같은 큰 사건으로 사람들의 마음이 일시적으로 겸손하게 되는 것입니다.

이 세상에서 일어나고 있는 모든 것은 하나님의 손 안에 있습니다. 하나님께서는 인간의 지나친 죄의 물결을 막으셔서 그래도 아직 남아있는 건전한 상식과 믿음을 지키도록 하십니다. 그래서 이런 작은 심판들은 일시적으로 죄의 불을 끄는 소방관 역할을 하는 것입니다. 물론 이런 일이 일어난다고 해서 죄의 불이 완전히 꺼지는 것은 아닙니다. 그러나 일시적으로는 저지시킬 수 있는 것입니다. 노아의 홍수나 소돔의 멸망도 같은 것입니다.

바벨탑에서 언어가 혼란된 것도 죄의 확산을 막기 위한 것입니다.

그리스도인들은 이 세상에 살면서 언제나 이런 긴장을 느껴야 합니다. 그 이유는 마귀의 세력이 아직 이 세상에 남아있기 때문입니다. 언제나 사탄은 하나님 나라를 노리고 있으며 특히 하나님의 백성들은 노리고 있습니다.

17절 용이 여자에게 분노하여 돌아가서 그 여자의 남은 자손 곧 하나님의 계명을 지키며 예수의 증거를 가진 자들로 더불어 싸우려고 바다 모래 위에 섰더라

사탄은 교회 자체를 없앨 수 없다는 것을 알았습니다. 그래서 어떻게 합니까?

여자의 아들들과 싸우려고 합니다. 다시 말해서 교회 자체를 없애려고 하지 않고 교인 한 사람 한 사람을 개별적으로 넘어뜨리려고 준비하고 있다는 것입니다.

여자의 아들은 어떤 사람들입니까? 하나님의 계명을 지키며 예수의 증거를 가진 자들입니다. 다시 말해서 이들은 세상 사람들과는 다른 윤리를 가지고 사는 자들입니다. 세상 사람들이 아무리 타락한 생활을 즐겨도 이들은 하나님의 계명을 지키는 자들입니다. 그뿐만 아니라 예수의 증거를 가진 자들입니다. 언제든지 자신들의 신앙을 증거하고 고백할 수 있는 자들입니다.

이런 자들을 마귀는 공격하려고 노리고 있습니다. 무엇보다 먼저 가장 가까운 사람 중에서 혈기가 있는 사람을 사용하여 이들을 괴롭힙니다. 혈기가 있는 사람은 언제든지 사탄에게 나쁘게 사용될 수 있습니다. 그리고 사람들은 자기의 일이 잘되지 않으면 누군가를 속죄양으로 삼아서 그에게 모든 분풀이를 하려고 합니다. 가장 만만한 사람이 누구입니까? 그리스도

인들입니다. 그래서 좋지 않은 일이 있으면 그 속죄양은 항상 믿는 자들입니다. '집의 종교가 둘이라서 그렇다'라고 하든지 '네가 시집오고 난 후 우리 집에서 되는 일이 없다'고 하면서 모든 책임을 다 떠넘기려고 합니다. 그뿐만 아니라 우리 안에 있는 혈기와 분노를 충동질해서 하나님을 불신하고 자기 정욕대로 행하도록 계속 충동질합니다. 가만히 자기 자신을 생각해 보십시오. 얼마나 자주 위험한 충동들이 머릿속을 파고들어 왔습니까? 그래서 우리 그리스도인들은 사탄이 자기를 공격하는 줄 압니다. 누군가가 나를 욕하거나 내 안에서 파괴적인 분노가 솟아오를 때 우리는 이것이 사탄에게서 온 줄 알아야 합니다. 그래서 이런 분노나 분노에 찬 말들을 오래 마음속에 가지고 있으면 마음이 불타버리게 됩니다.

용이 바다 모래 위에 섰다는 것은 드디어 자신의 정체를 드러내었다는 것이며 대대적인 싸움을 한번 붙어 보겠다는 뜻입니다. 살아있는 신앙을 가진 자에게는 언제나 저격수가 붙어 있다는 것을 알아야 합니다. 그러나 사탄은 그 정체를 좀처럼 드러내는 법이 없습니다. 나무 위에 숨어 있거나 바위 뒤에 몸을 감추고 있습니다. 그런데 모래 위에 자기 정체를 드러낸다는 것은 아예 노골적으로 핍박하고 공격하겠다는 뜻입니다. 초대 교회 역사를 보면 이런 노골적인 적대 행위는 약 백 년에 걸쳐 이루어졌습니다.

현재는 이 사탄이 그 정체를 감추고 숨어서 저격병을 통하여 우리를 공격하고 있는 때입니다. 정체를 드러내건 드러내지 않건 사탄은 우리를 이길 수 없습니다.

어거스틴은 한 동안 마니교에 심취했습니다. 마니교의 특징이 무엇인가 하면 악신과 선한 신이 싸운다는 것입니다. 그는 이 마니교가 모든 갈등을 풀어 주는 것 같았습니다. 그러나 갈등과 혼란은 더 심해졌습니다. 악신과 선신이 싸우면 어떻게 됩니까? 끝이 없는 혼란만 있을 뿐입니다. 그러나 그가 성경으로 돌아왔을 때 오직 유일하신 참 하나님 한 분이 계시며 그가 그리스도를 통하여 나의 모든 죄를 다 용서하신 것을 알았습니다. 그리고 악은 단지 하나님의 선한 목적을 위하여 사용되는 한 수단에 불과하다는 것을 알았을 때 그는 온전히 하나님을 믿고 주 안에서 평안할 수 있었습니다. 악은 하나님이 쓰시는 수단에 불과합니다. 오직 하나님의 뜻만이 성취될 것입니다.

CHAPTER • 26

바다에서 올라온 짐승

요한계시록 13:1-10

이 세상에서 모든 사람들이 가지고 싶어 하는 세 가지 구슬이 있습니다. 이 구슬을 가진 자는 힘을 가지게 됩니다. 물론 어느 누구도 이 세 가지 구슬을 다 가질 수는 없습니다. 그러나 이 세 가지 중 어느 한 가지만 가져도 힘을 가지게 됩니다. 이 세 가지 구슬 중에 첫 번째가 권력입니다. 모든 사람들이 다가지고 싶어 하는 것입니다. 권력의 놀라운 점은 사람들의 생사를 주장할 수 있다는 것입니다. 사람의 운명을 마음대로 결정하고 살리기도 하고 죽일 수도 있다는 것은 누구든지 다 해보고 싶은 것입니다. 그리고 두 번째 구슬이 돈입니다. 돈은 다른 사람의 생명을 살리거나 죽일 수는 없고 다른 모든 것은 다 할 수 있습니다. 특히 돈은 사람을 자기 마음대로 부릴 수 있습니다. 그리고 원하는 모든 것은 다 할 수 있습니다. 그러나 돈은 권력을 이기지 못합니다. 가위 바위 보를 할 때 가위가 바위를 이길 수 없는 것과 같습니다. 그래서 언제나 돈을 가진 자는 권력을 가진 자와 결탁을 해서 자기를 지키려고 합니다. 그리고 세 번째 구슬이 지식입니다. 이 지식은 주로 말로 존경을 받고, 말로 다른 사람들의 인정을 받습니다. 그러나 지식은 돈이 없고 권력도 없습니다. 그러나 권력자들은 지식을 가진 자들이 필요합니다. 왜냐하면 나라를 통치하거나 혹은 어떤 큰 일을 하려면 지식을 가진 자의 도움이 필요하기 때문입니다. 지식은 주로 자존심을 가지고 먹고 삽니다. 그러나 때로는 권력자를 도와서 자기 지식이 실제 생활에 쓰이는 것을 바라고 또 좋아합니다.

그런데 권력이나 돈이나 지식이 어디서 나왔는가 하면 하나님께서 이 세상에 빌려주신 것입니다. 이것은 마치 장사하는 사람들에게 장사 밑천이 필요한 것과 같습니다. 밑천이 없이는 장사를 할 수가 없습니다. 마찬가지로 이 세상에 국가도 없고 공장도 없고 지식도 전혀 없다면 그 사회는 원시 미개 사회이지 제대로 된 사회일 수가 없습니다. 일단 사람이 잘 살려고 하면 국민총생산이 높아야 합니다. 옛날에 우리나라가 일제 식민지에서 해방되었을 때 우리에게는 이런 밑천이 아무것도 없었습니다. 권력도 없고 산업도 없고 지식인들도 대개 일본에서 공부한 사람들밖에 없었습니다. 그러니까 우리는 거의 굶어죽을 정도로 가난할 수밖에 없었습니다. 지금은 기업들도 많고 공부한 사람들도 많고 국가의 권력도 어느 정도는 안정된 것 같습니다.

그런데 오늘 성경이 말씀하는 것은 이 세 가지 구슬이 사람들을 행복하게 하기 위하여 사용되면 좋은데 그것이 아니고 마술을 부릴 때가 있다는 것입니다. 즉 이 구슬들이 요술 구슬이 되는 것입니다. 예를 들어, 권력이 국민들을 안전하게 통치하는 것으로 만족하지 못하고 자기 자신을 신격화 시키는 것입니다.

주로 그렇게 하는 이유는 통치를 영구적으로 독차지하기 위하여 그렇게 합니다. 이 좋은 구슬을 무엇 때문에 남에게 거저 주겠습니까? 그러니까 남들이 나의 권력에 손을 대지 못하게 하려면 이 권력을 신성시하게 되는 것입니다. 그러면 결국 그 권력자는 이 권력의 주인이 되시는 하나님의 영광을 찬탈하게 되는 것입니다. 이런 권력자를 오늘 본문은 '짐승'이라고 말하고 있습니다. 그런데 돈도 짐승이 될 수 있고 지식도 짐승이 될 수 있습니다. 지식을 가진 학자들이 그 지식으로 하나님의 존재를 부인하고 하나님의 영역을 파괴시키는 연구를 할 때 그 지식은 '짐승'의 지식이 되는 것입니다. 한 때 미국의 어느 단체에서 복제 인간을 만들었다고 발표한 적이 있었는데 바로 이것이 유전학의 지식으로 해서는 안 되는 일을 하고 있는 것입니다. 그런데 가장 위험한 것이 권력이 이런 식으로 요술을 부리는 것입니다. 지식이나 돈은 요술을 부려도 나만 거기에 관계하지 않으면 되지만 권력이 요술을 부리면 모든 사람들이 그 권력의 올무에 발목 잡혀서 하나님이냐 그 권력자냐 둘 중의 하나를 선택하도록 강요합니다. 이때 가장 큰 피해자는 역시 그리스도인들입니다. 왜냐하면 그리스도인들은 하나님 외에 다른 것은 섬길 수가 없기 때문입니다. 적게는 제사에서부터 시작해서 크게는 황제 숭배에 이르기까지 하나님의 백성들은 핍박을 받을 수밖에 없습니다. 그런데 성경은 바로 이런 요술 뒤에 붉은 용 마귀가 있다고 말씀하고 있습니다. 지금도 공산주의 국가에서 기독교인들은 심한 핍박을 받고 있습니다. 바로 이 정치가 짐승의 정치인 것입니다.

바다에서 올라온 짐승

1절 내가 보니 바다에서 한 짐승이 나오는데 뿔이 열이요 머리가 일곱이라 그 뿔에는 열 면류관이 있고 그 머리들에는 참람된 이름들이 있더라

오늘 본문을 보면 소름이 끼칠 정도로 무시무시한 장면이 벌어지고 있습니다. 그것은 바다에서 한 괴물이 등장하는데 뿔이 열이고 머리가 일곱인 무시무시한 짐승이 물위로 나타나는 것입니다.

요한계시록에는 심심찮게 바다도 나오고 육지도 나옵니다. 그런데 분명

한 것은 육지나 바다 모두 하나님을 믿지 않는 세계를 말하는데 바다는 육지보다 훨씬 더 알 수 없는 세계인 것이 분명합니다. 왜냐하면 바다 속 깊은 곳에서 일어나는 일을 어떻게 육지 위에서 알 수 있겠습니까? 그러니까 바다는 육지보다 훨씬 더 비밀스럽고 위험하며 정체를 알 수 없는 세계인 것입니다. 그런데 중요한 것은 바다에서 나오는 '짐승'입니다.

우리가 알아두어야 할 것은 모든 권력이 다 짐승은 아니라는 것입니다. 그러나 사탄의 사주를 받아서 자기 자신을 신격화하는 권력은 짐승입니다. 그래서 로마서 13장에서 사도 바울이 로마에 대하여 말하는 것과 요한계시록에서 사도 요한이 로마에 대하여 말하는 것이 완전히 틀린 것입니다. 사도 바울은 로마서에서 권력자들을 하나님의 대리자라고 말을 하고 있습니다. 그리고 권력자들에게 복종하고 그들을 공경하라고 말을 합니다. 그 이유는 그때까지만 해도 로마는 자신을 신격화하지 않았기 때문입니다. 물론 아우구스투스부터 황제의 신격화는 이루어지고 있었지만 숭배를 강요하지는 않았습니다. 그러나 네로 때부터 이야기는 완전히 달라지면서 로마 황제가 자신을 하나님이라고 주장하면서 황제에게 분향을 하지 않는 자들을 핍박하기 시작한 것입니다. 그때부터 로마는 '짐승'이 되는 것입니다.

성경이 정치권력을 짐승이라고 말할 때에는 몇 가지 특징이 있습니다. 우선 그 첫째는 미련함입니다. 권력자는 하나님으로부터 권력이라는 막강한 힘을 빌렸는데 그것을 잘 사용하고 반납을 해야 하는데 오히려 완전히 찬탈하기 위하여 음모를 꾸미는 것입니다. 예를 들어, 어떤 사람이 은행에서 돈을 빌려 놓고 돈을 갚기 싫으니까 은행을 파괴시키려고 하는 것과 같습니다. 그런데 그것이 뜻대로 잘되겠습니까? 요즘 카드로 돈을 쓰고 잘 갚지 않은 자들에게 대하여 카드 회사의 독촉이 너무 심해서 어떤 사람은 강도를 하기도 하고 어떤 사람은 음독자살을 하기도 한다는데 하나님이 주신 권력을 탈취하는 것이 성공하겠습니까? 그리고 이런 정치권력을 짐승이라고 하는 또 다른 이유는 그들은 대화가 되지 않고 자기를 반대하는 자들을 무자비하게 짓밟고 물어뜯는 것이 특징이기 때문입니다. 일단 자기 자신을 신격화하는 사람은 정신이 정상적이지 않습니다. 이들은 일단 미친 사람들이라고 보아야 합니다. 그리고 자신들만 있는 것이 아니라 반드시 열렬하게 이들을 추종하는 세력이 있는데 그들은 모두 정상적인 생각을 하고 있는 사람들이 아닙니다. 결국 이 짐승들은 하나님께서 사냥하시는 수밖에 없습니다. 그래서 나중에 아주 비참하게 도살을 당하는 것으로 끝을 장식하게 되는 것입니다.

그래서 자기 자신을 신격화하는 권력자는 마치 동물원에서 탈출한 맹수와 같습니다. 온 동네를 돌아다니면서 개들을 다 물어 죽이고 사람들을 공포의 분위기에 몰아넣은 후에 나중에는 사람이 쏜 총에 맞아 죽게 되는 것입니다.

오늘 본문에서 등장하는 바다에서 나온 짐승은 로마를 의미합니다. 그런데 이 짐승에게는 뿔이 열이고 머리가 일곱이고 뿔에 면류관이 있다고 했습니다. 여기서 열이나 일곱은 모두 의미가 있는 숫자들입니다. 우선 뿔이라고 하는 것은 힘을 의미합니다. 모든 권력자들이 다 자기 권력을 신성화하는 것은 아닙니다. 대개 다른 나라와 전쟁을 하고 있을 때에는 감히 신격화하지 못합니다. 그러다가 모든 전쟁에서 이긴 후에 더 이상 정복의 대상이 없을 때에는 이제는 불안한 것입니다. 세상에서 힘이 있는 사람들의 특징이 무엇인가 하면 무엇인가 전력으로 추구할 수 있는 목표가 있는 동안에는 삶이 의미가 있습니다. 그러나 자기가 추구하는 목표를 달성을 해버렸다든지 아니면 그 목표가 없어져버리면 더 이상 해야 할 목표가 없기 때문에 당황하게 됩니다.

이런 현상을 우리 그리스도인들은 이미 경험을 했습니다. 우리도 예수님을 믿기 전에는 열심히 이 세상에 있는 구슬들을 가지기 위하여 달음질을 했습니다. 그런데 하나님을 만나는 경험이 얼마나 우리를 바꾸어놓았는가 하면 예수를 믿고 난 후에는 과거에 세상의 그 대단하던 것들이 전혀 의미를 가지지 못하는 것입니다. 옛날에는 세상에 반짝이던 것들이 모두 보석인 줄 알고 덤벼들었는데 하나님을 만나고 나니까 그것들이 모두 아무것도 아닌 것입니다. 권력도, 돈도, 지식도 아무것도 아닙니다. 그래서 이 세상에서 살아야 할 목표가 없어지는 것입니다. 이때 잘못하면 사회에 적응을 못하는 사회 부적응자가 될 수 있습니다.

그런데 이 세상의 권력자들이라고 하면 얼마나 야망에 불타는 사람들입니까? 그들은 그 권력의 정상에 있기 위하여 모든 정적들을 다 해치우고 그 자리를 차지한 사람들입니다. 그런데 그들이 전쟁도 다 끝나고 정복할 곳도 더 이상 없게 되었을 때 절대로 가만히 있지 않습니다. 자기 속에 있는 욕심을 주위에 있는 사람들에게 쏟아 붓기 시작하는 것입니다. 그래서 만들어지게 되는 것이 황제의 신성화 작업인 것입니다. 자기들은 심심해서 이런 일을 하는지 모르겠지만 실제로는 너무 많은 의인들을 죽음으로 몰아가는 사탄의 장난인 것입니다.

머리가 일곱이라 할 때 많은 사람들은 로마의 일곱 황제를 의미한다고 생각합니다. 그럴 수도 있지만 그렇지 않을 수도 있습니다. 이 일곱 개의 머리는 자기 자신을 신성화시키는 로마 황제 일수도 있고 그 황제 신성화를 위하여 앞장서서 일하는 밑에 있는 사람들을 의미할 수도 있습니다. 아무리 로마 황제라고 하더라도 자기 혼자서는 자신을 신성화하기는 어렵습니다. 그때 그 본심을 알아차리고 주위에서 그런 식으로 정치를 몰아가는 충성파들이 있습니다. 이것이 황제의 교만과 주위에 있는 과잉충성 세력들의 욕심이 맞아 떨어져서 너무나도 엉뚱한 짐승이 하나 만들어지는 것입니다.

그런데 그 뿔에 면류관이 있습니다. 열 개의 뿔에 한 개씩 그러니까 열

개의 면류관이 있는 것입니다. 이것은 이 권력이 그만큼 전과를 올린 것입니다. 즉 온 세상을 정복하고 난 후에 더 이상 정복할 곳이 없으니까 그 대상으로 하나님을 생각한 것입니다. 이제 하나님만 정복하면 자기는 영원한 신이 될 수 있다는 것입니다.

그래서 '그 머리들에는 참람한 이름들이 있다'고 했습니다. '참람한 이름'이라고 하는 것은 어떤 칭호나 형용사들은 사람들에게 돌려져서는 안 되고 반드시 하나님께만 사용되어져야 하는데 그것들을 사용하고 있다는 것입니다. 사람들은 '지존'이라는 칭호를 별로 좋아하지 않을 것입니다. 왜냐하면 이 칭호는 오직 하나님께만 돌아가야 할 칭호입니다. 그런데 이 칭호를 아무 이유도 없이 사람을 죽인 악한 살인자들이 사용하는 바람에 이 칭호를 사용하는 것이 거북하게 되었습니다. 바로 이런 것이 참람한 것입니다. 예를 들어, '지극히 높으신 이'라든지, '생사를 주관하시는 이'라든지, '영광과 찬양을 받으시기에 합당하신 이'라는 칭호들은 사람들에게 돌려서는 안 되는 것입니다. 그러나 바로 이런 칭호들이 이 짐승에게 돌려지고 있는 것입니다.

이 짐승이 원하는 것이 무엇입니까? 사람들의 마음을 영구적으로 지배하고 싶은 것입니다. 쉽게 말해서 왕이나 권력자의 자리에서 내려오고 싶지 않습니다. 그런데 과거에는 그것을 위하여 전쟁의 방법을 사용했습니다. 나라를 지키고 영토를 넓히면 백성들이 그들을 존경했습니다. 그러나 이제 더 이상 전쟁할 곳이 없으니까 자신을 신격화함으로 사람들의 마음을 영구적으로 지배하고 싶은 것입니다. 군사력만으로 사람을 영구적으로 지배할 수 없습니다.

사실은 권력자가 신이 아니고 인간이라는 것은 누구나 다 압니다. 일단 음식을 입으로 먹고 뒤로 배출하는 자는 모두 인간이지 신이 될 수 없습니다. 그러나 자기를 신이라고 주장하면서 그 순간부터 건전한 판단력과 정신이 없어지는 것입니다. 이때부터는 자기를 인정해주지 않는 사람들을 가장 잔인한 방식으로 박해하게 됩니다.

제사 지내는 문제도 그렇습니다. 제사를 지낼 때 분명히 죽은 조상이 돌아오는 것이 아닙니다. 죽은 조상이 숟가락을 들고 음식을 먹는 것이 아닙니다. 그런데도 그런 식으로 몰고 가서 가문을 지배하려고 하는 것입니다. 그런데 자손들 중에서 누군가가 감히 제사를 거부한다면 다른 가족들은 짐승같이 잔인한 마음이 들어서 핍박을 하게 됩니다.

지금 네로 이후의 로마 권력자들은 정상적인 권력자들이 아닙니다. 이들은 사탄의 사주를 받은 짐승들입니다. 그러나 로마가 사탄의 나라라고 하면 이 편지 때문에 많은 기독교 형제들이 로마의 핍박을 받을 것이기 때문에 바다에서 올라온 짐승이라고 상징적으로 표현하고 있는 것입니다.

2절 내가 본 짐승은 표범과 비슷하고 그 발은 곰의 발 같고 그 입은 사자의 입 같은데 용이 자기의 능력과 보좌와 큰 권세를 그에게 주었더라

이 짐승은 여러 동물들을 합친 모습을 하고 있습니다. 짐승의 전체적인 생김새는 표범인데, 발이 곰 같고, 입은 사자의 입 같다고 했습니다. 표범은 신속한 것이 특징입니다. 사람이 자기를 신격화시킬 때에는 아무것도 없이 그렇게 하지 않습니다. 나름대로 무엇인가 힘이 있기 때문에 그렇게 하는 것입니다. 여기에 열거되고 있는 짐승들은 나름대로는 모두 가장 강한 짐승들입니다. 표범은 짐승들 중에서 가장 빠른 짐승입니다. 그리고 곰은 가장 힘이 있습니다. 거기에 비하여 사자는 가장 사납습니다.

로마 황제들이 자신을 신격화시킨 것은 권력의 절대적인 힘의 맛을 보았기 때문입니다. 권력이라고 하는 것은 일단 한번 손에 쥐고 나면 모든 것을 다 할 수 있습니다. 말 한마디면 사람을 죽일 수도 있고 살릴 수도 있습

니다. 그러니까 더 이상 두려워할 대상이 없는 것입니다. 표범은 굉장히 빠릅니다. 군대의 이동은 아주 신속한 것이 특징이었습니다. 그리고 어떤 성을 정복할 때의 원칙이 '돌 하나도 돌 위에 남기지 않는 것'이었습니다. 그래서 로마가 정복한 도시는 그 도시에 대해 남은 것이 없습니다. 왜냐하면 철저하게 파괴시켜버리기 때문입니다. 그리고 발은 곰의 발과 같다고 했습니다. 곰은 일어서서 발로 일격에 상대방을 쓰러트립니다. 그래서 이 짐승은 물기만 하는 것이 아니라 일어서서 공격을 합니다. 사자의 입은 강해서 한번 물면 절대로 놓지 않습니다. 로마도 한번 적으로 지목하고 공격하면 결코 포기하는 법이 없습니다.

특히 로마가 이렇게 하는 데는 용, 즉 사탄의 역사가 그 뒤에 있다고 말씀하고 있습니다. 물론 사탄의 자기 능력이 있어서 능력과 보좌와 큰 권세를 주지 못합니다. 모든 권력은 하나님께 속한 것입니다. 단지 사탄이 로마를 속여서 자기 권력을 남용하게 한 것입니다. 정상적인 상식을 가진 통치자는 자기를 이렇게 신격화시키지 못합니다. 그리고 적이 있어도 무자비하게 쓰러뜨리지 않습니다. 그러나 사탄이 로마에 있는 통치자들의 마음을 극도로 교만하게 만들어서 두려움 없이 자신을 신격화시키고 하나님이 주신 권력을 남용하게 만들었다는 뜻입니다.

머리 하나가 상하게 되다

오늘 말씀은 로마가 원래부터 이렇게 교만했던 것은 아니라고 말씀하는 것이 흥미롭습니다. 로마가 이렇게 교만하게 되는 데는 어떤 계기가 있었습니다.

3, 4절 그의 머리 하나가 상하여 죽게 된 것 같더니 그 죽게 되었던 상처가

나으매 온 땅이 이상히 여겨 짐승을 따르고 용이 짐승에게 권세를 주므로 용에게 경배하며 짐승에게 경배하여 가로되 누가 이 짐승과 같으뇨 누가 능히 이로 더불어 싸우리요 하더라

머리 하나가 상하여 죽게 되었다가 다시 살아나게 되었는데 그때부터 바로 이런 로마 황제의 신격화가 시작되었다는 것입니다. 여기에서 '머리 하나가 상하여 죽게 된 것'에 대하여 몇 가지 해석이 있습니다. 그 중의 하나가, 이 죽은 머리는 네로라는 것입니다. 어쩌면 이것이 로마의 대 화재일지도 모릅니다. 기독교인들은 네로가 정신이 좀 이상해서 일부러 로마시에 불을 붙이고 궁위에서 하프를 뜯으면서 노래를 불렀다고 하는데 그렇지 않을 수도 있습니다. 어쩌면 로마시의 대화재는 네로가 일부러 방화를 한 것은 아니고 누군가가 실수로 불을 내었을 수도 있습니다. 그런데 네로는 너무 큰 화재가 발생하니까 아무리 자기가 왕이라고 하더라도 그 책임을 면하기 어려울 것 같아서 기독교인들에게 그 책임을 뒤집어 씌우고, 거기서부터 이 사람이 더욱 더 악하게 되었다고 생각할 수 있습니다. 이상한 것은 사람이 한번 악한 마음을 먹기 시작하면 그 후부터는 너무나도 잔인하게 변합니다.

그래서 할 수 있으면 마음을 자꾸 선하게 먹어야 합니다. 왜냐하면 사람이 자꾸 악하게 마음을 먹기 시작하면 나중에는 자기 자신도 스스로를 통제할 수 없을 정도로 잔인해지게 됩니다. 히틀러 같은 사람도 어렸을 때에는 새 한 마리도 죽이지 못하는 아무 얌전한 사람이었다고 합니다. 그러나 나중에 사람이 악해지니까 수백만 명의 유대인들을 가스실에 넣어서 죽였던 것입니다.

어쩌면 이 죽은 머리가 네로가 맞기는 한데 로마의 화재를 말하는 것은 아닐 수도 있습니다. 우리는 대개 어떤 악한 사람 하나만 죽으면 모든 악이

끝날 줄 생각합니다. 그러나 그 악한 사람이 죽는다고 해서 모든 악의 뿌리가 다 제거되는 것은 아닙니다. 왜냐하면 그를 지지하는 자들이 있고 그의 후계자가 또 있기 때문입니다. 그러나 더 중요한 것은 뒤에서 그들을 조종하는 악한 사탄의 세력이 있기 때문입니다. 그래서 우리가 알아야 할 것은 악한 자 한 사람이 죽는 것을 목표로 삼으면 안 된다는 것입니다. 왜냐하면 사탄은 그런 머리를 얼마든지 더 만들 수 있기 때문입니다. 그러니까 그런 악의 세력이 등장할 수 없는 제도적인 장치를 만드는 것이 더 중요한 것입니다.

그래서 머리의 상처가 나아서 다시 살아났다고 하는 것은 로마가 내적인 위기와 갈등을 극복하고 무력으로 전 세계를 정복한 때를 의미하는 것 같습니다. 이때 로마는 평화로웠습니다. '팍스 로마나' 즉, 로마의 평화입니다. 로마가 평화로웠던 것은 참으로 진리의 나라가 임했기 때문이 아닙니다. 더 이상 로마를 대적할 나라가 없었기 때문입니다. 로마는 더 이상 전쟁을 할 대상이 없어졌습니다. 속에는 분노와 죄성이 그대로 있지만 무력으로 세계를 통일했기 때문에 그 힘에 기가 꺾여서 평화로운 것이었습니다. 사람들은 이 평화를 인하여 용과 짐승을 경배했습니다. 로마인들은 이 세상의 모든 신들을 '만신전'에 모셨습니다. 로마의 평화가 바로 이 신들이 지켜 주었기 때문이라고 믿었습니다. 참된 하나님을 경배하지 않는 모든 것이 용을 섬기는 것입니다. 그리고 이 때 부터 얻은 평화를 유지하기 위하여 황제를 신성시하고 숭배하는 일이 일어나기 시작했습니다. 평화를 얻는 것도 중요하지만 평화를 지속하는 것이 더 어렵습니다. 그냥 그대로는 절대로 오래 평화로울 수가 없습니다. 아이들도 처음에는 잘 노는 것 같더니 나중에는 서로 싸웁니다. 이것이 인간의 속성입니다. 사람의 마음이 근본적으로 변화하기 전에는 또 싸움이 시작됩니다. 로마는 이 평화를 유지하기 위하여 황제 숭배를 끌어 왔고 황제 숭배를 거부하는 자들에 대한 잔인한 분노를 퍼부음으로 자기들끼리는 평화로울 수 있었던 것입니다. 그래서 때로는 많은 노예들을 검투사로 만들어서 서로 죽이게 함으로 그들은 평화를 즐겼고 때로는 많은 그리스도인들을 짐승에게 물려 죽게 함으로 평화를 누렸던 것입니다.

6, 7절 짐승이 입을 벌려 하나님을 향하여 훼방하되 그의 이름과 그의 장막 곧 하늘에 거하는 자들을 훼방하더라 또 권세를 받아 성도들과 싸워 이기게 되고 각 족속과 백성과 방언과 나라를 다스리는 권세를 받으니

로마는 더 이상 싸워야 할 대상도 없고 넓혀야 할 영토도 없을 때 새로운 목표가 없어졌습니다. 이때부터 이들은 신을 목표로 삼고 하나님을 대상으로 전쟁을 시작한 것입니다. 이것은 결국 사탄의 속임수에 로마의 권력자들이 넘어간 것입니다.

우리가 가끔 영화를 보면 검투사들을 불러 놓고 싸우게 하면서 로마인들이 소리를 지르는 것을 볼 수 있습니다. 사람은 가만히 있으면 견디지 못합니다. 무엇이든지 해야 덜 불안하여 누군가라도 미워하고 소리를 질러야 속에 있는 죄성을 어느 정도 만족을 느끼는 것입니다. 그래서 사람들은 오늘도 끊임없이 새로운 목표를 정해서 그 목표를 향하여 돌진합니다. 가장 견디지 못하는 것이 이제는 더 이상 올라갈 나무가 없는 것입니다.

그런 것이 없어도 평화로울 수 있는 것이 참된 평화입니다. 새로운 목표가 없어도 불안하지 않는 것이 참된 평안입니다. 우리 그리스도인들도 계획이 필요합니다. 그러나 그 계획이라고 하는 것은 이런 식으로 자기 안에 있는 분노를 표출시키는 수단이 아닙니다. 단지 자신의 생활을 절도 있게 하고 게으르지 않기 위한 훈련의 의미로 계획을 세우는 것입니다.

핍박 가운데 있는 하나님의 뜻

먼저 하나님께서는 이러한 사탄의 활동을 허용하시는 이유가 있습니다.

8절 죽임을 당한 어린 양의 생명책에 창세 이후로 녹명되지 못하고 이 땅에 사는 자들은 다 짐승에게 경배하리라

하나님께서 로마 정부를 교만하게 해서 그들로 하여금 믿는 자들의 신앙을 시험하게 하신 것은 그들의 참 신앙 여부를 확인하기 위해서입니다.

성경은 어떤 이름이 기록되어 있는 한 책이 있다고 말씀하고 있습니다. 그 책의 이름은 '어린 양의 생명책'입니다. 여기에는 창세 이후로 진정한 하나님의 백성들의 모든 이름이 기록되어 있습니다. 그런데 짐승의 핍박과 위협이 얼마나 심한지 진정으로 이 책에 이름이 기록된 자가 아니고서는 모두 다 짐승에게 절하더라는 것입니다.

다시 말해서 오늘 말씀은 두 가지 사실을 우리에게 말해주고 있습니다.

즉, 이러한 고난은 참된 그리스도인과 거짓된 그리스도인을 구분하기 위하여 주어진 것이라는 사실입니다. 하나님께서는 우리에게 너무나도 소중한 것을 주셨습니다. 그것은 바로 우리들의 믿음입니다. 하나님께서는 우리가 이 신앙을 우리의 욕심이나 야망보다 더 중요하게 생각하기를 원하십니다. 하나님께서는 우리에게 주신 이 믿음을 자신의 재산이나 명예나 생명보다 더 소중하게 생각하기를 원하십니다. 그래서 하나님께서는 로마의 교만을 허용하셔서 결국 하나님의 백성들의 신앙을 시험해보게 하신 것입니다.

로마는 황제에게 분향하고 절을 하지 않는 자들을 무자비하게 고문하고 죽였습니다. 그러나 오늘 시대에는 세상을 따라가지 않는 자들을 바보취급

을 하고 실패한 사람으로 취급함으로 우리의 믿음을 시험해 봅니다.

그런데 로마의 타락이 얼마나 무서웠는지 어린 양의 생명책에 그 이름이 기록되지 않는 자들은 모두 다 짐승에게 절을 하더라는 것입니다. 왜냐하면 그것이 이 세상에 살 수 있는 방법이기 때문입니다. 이 세상에서 가장 무서운 유혹이 악한 자들이 형통하고 잘되는 것입니다. 그러면 사람들은 아예 하나님이 안 계신 줄 알고 모두 권력에 줄을 대거나 해서 결국 악한 자들과 한 통속이 되어버리는 것입니다. 우리 믿는 자들은 권력이 비정상적일 때 거기에 한 자리하려고 해서는 안 됩니다. 왜냐하면 그것은 짐승에게 이용되는 것이며 결국 신앙 양심을 팔아먹게 되기 때문입니다. 우리는 이 세상에서 무조건 출세하는 것만 중요한 것이 아닙니다. 하나님이 주신 방법으로 성공해야 짐승에게 먹히지 않습니다.

세네카 같은 사람은 얼마나 지혜로운 자였습니까? 그러나 결국 그도 별 수 없이 미친 짐승에게 충성하다가 나중에는 자살하고 말았습니다. 그러나 우리가 망하지 않는 이유는 우리에게는 하나님의 능력이 있기 때문입니다. 신앙 때문에 순교를 당하는 사람들은 정말 특별한 사람들입니다. 그래서 우리는 순교당할 것이라는 두려움에 떨 필요가 없습니다. 왜냐하면 주님은 불필요하게 성도들을 희생시키지 않기 때문입니다.

자기가 믿는 진리를 인하여 죽을 수도 있다는 것이 기독교입니다. 그러니까 누가 이런 사람들을 감당할 수가 있습니까? 로마 황제가 꺾지 못한 신앙은 결국 온 세상을 정복하게 되는 것입니다.

진정한 그리스도인은 우리가 생각하는 것보다 훨씬 더 적극적인 사람들입니다. 물론 그들도 두려움에 빠질 수 있고 신앙을 버리고 싶은 마음이 들 수도 있습니다. 그럼에도 불구하고 그들의 신앙은 이런 외적인 시련도 이겨낼 수 있는 적극적인 것이라는 뜻입니다.

오늘 우리들이 가지고 있는 그리스도인의 범위는 대충 교회 회원이면 누구든지 포함될 수 있는 범위입니다. 그러나 하나님께서는 그런 소극적인 신앙을 원치 않으십니다. 이런 격렬한 시험을 주셔서라도 올바른 신앙을 가진 자와 그렇지 않은 자를 골라내십니다.

그렇게 하시는 이유가 무엇입니까? 우리의 구원은 구원받는 것 자체가 목적이 아닙니다. 왜냐하면 구원은 하나님께서 이루어주시는 것이고 우리는 그 받은 구원에 입각하여 전혀 새로운 삶을 사는 모습을 보여 주어야 하기 때문입니다. 하나님께서는 구원을 받은 사람이 구원받은 자답게 살기를 원하십니다. 그러나 이런 구원의 확신이 없으면 언제나 제자리걸음입니다. 그는 한평생 구원받느냐 버림받느냐 하는 문제로 고민하다가 시간을 다 보내고 말 것입니다.

우리에게 있어서 구원의 확신이 주는 유익이 무엇이 있습니까? 우리에게 구원의 확신이 있으면 그때부터는 멸망과 저주로 부터 해방된 자로서 전혀 새로운 방식으로 삶을 살기 때문입니다. 다른 사람을 사랑하고 남에게 은혜를 베푸는 삶을 사는 것입니다. 결코 먹기 위하여 살거나 그냥 살기 위하여 사는 것이 아닙니다.

하나님께서는 황제 숭배라는 무서운 시험거리를 주셔서 우리 자신으로 하여금 자신의 신앙을 확인하게 하시고 제자리에 쳐져 있는 신앙에서 일어서게 하시는 것입니다. 고난을 한번 받은 신앙은 확실하게 풍성합니다. 고난을 통과한 신앙은 그 후부터는 작은 것들이 더 이상 문제가 되지 않습니다. 그래서 우리는 살든지 죽든지 이 세상에서 한번은 죽음을 통과한 신앙을 가져야 포용력이 있고 비전이 있는 능력 있는 신앙생활을 할 수가 있습니다.

그뿐만 아니라 어린 양의 생명책에 기록된 자라고 해서 원래부터 죽음을 이길 정도로 의지가 강한 것이 아닙니다. 오히려 정반대입니다. 자기 자신은 도저히 이런 시험을 이길 힘이 없을 것 같습니다. 우리는 신앙적인 박해를 두려워합니다. 그러나 절대로 주님을 부인할 수는 없습니다. 왜냐하면 주님을 부인한다고 하는 것은 나에 대한 하나님의 사랑을 모두 거부하는 것이 되기 때문입니다. 지금 눈에 보이는 고통이 중요합니까? 아니면 영원한 하나님의 사랑이 더 중요합니까? 물론 둘 다 중요하고 어려운 것이지만, 더 중요한 것은 아무래도 일시적인 고통이 아니라 영원한 하나님의 사랑입니다. 하나님을 의지하는 사람도 두려움을 느낍니다. 우리가 믿는다고 마음속에 갈등이 없는 것이 아닙니다. 그러나 마음속에 결단을 내립니다. "그래, 십자가에 달리신 주님을 생각하자. 고통은 잠깐이요 그 뒤에 영광은 영원히리라"

십자가에 달리신 주님을 생각하면 마음이 그렇게 뜨거워질 수 없으며 당장의 육체적인 고통을 감당할 수 있을 것 같습니다. 자기 자신도 알 수 없는 용기가 생깁니다. 그러나 또 자기 자신을 바라보면 두렵고 처자식을 생각하면 마음이 아플 것입니다. 그래서 주위의 신앙의 친구들의 기도가 필요합니다. 어려움에서 구출해 달라는 기도가 아니라 그 어려움을 기꺼이 감당하고 고난을 두려워하지 않으며 주님을 부인하지 않게 해 달라는 기도의 도움입니다.

우리는 누군가가 기도해줄 때 알 수 없는 힘을 경험합니다. 다른 형제를 위해서 기도해 주는 것은 그 형제로 하여금 알 수 없는 담대한 마음을 가지게 합니다.

우리에게 있어서 고난은 정말 잠깐입니다. 그리고 하나님이 주시는 영광은 영원합니다. 잠깐의 고통 때문에 영원한 영광을 포기하면 너무나도 큰 것을 손해 보는 것입니다. 어린 양의 생명책에 기록된 사람은 어떤 경우에도 주님을 버리지는 못합니다. 그리고 하나님께서 반드시 그를 지켜 주시며 그로 하여금 깨닫게 해 주셔서 지켜 주십니다.

그러나 생명책에 기록되지 못한 사람은 황제 숭배로 인하여 고난과 핍박을 받아야 할 이유가 없습니다. 황제 숭배는 참된 신자를 골라내는 하나님의 시험이었습니다.

오늘 우리들에게는 황제 숭배 같은 외적인 핍박은 없습니다. 아마 어느 집에서는 조상을 숭배하는 문제로 핍박이 있을 것입니다. 그러나 점점 이 핍박도 약해지고 있습니다. 그러나 어떤 형태로든 하나님께서는 이 세상에서 우리의 신앙을 시험하십니다. 그것은 하나님이 주신 구원을 다른 것과 바꾸게 하는 유혹일 것입니다.

어떤 사람은 세상 사람들로부터 따돌림을 받기 싫어서 하나님이 주신 구원을 소홀히 여깁니다. 참으로 하나님의 구원을 중요하게 붙드는 사람은 다른 어떤 것과도 이것을 바꾸거나 흥정하지 않습니다. 하나님께서 자기에게 주신 삶이 있다는 것을 알고 그것으로 만족하며, 또 신앙으로 인하여 이 세상에서 어려움을 당한다 하더라도 하나님께서 주신 구원 하나로 기뻐하고 감사합니다. 그러나 세상이 너무 크게 보이고 하나님의 구원은 너무 작게 보인다면 바로 그 사람의 신앙은 시험에 빠진 것입니다.

성경이 우리에게 무엇이라고 말씀하고 있습니까?

9절 누구든지 귀가 있거든 들을지어다

물론 우리는 귀를 다 가지고 있습니다. 무슨 말씀을 하고 있습니까? 이 말씀은 마치 숨은 그림처럼 진리가 감추어져 있기 때문에 대단히 주의해서 묵상하라는 뜻입니다.

다시 말해서 짐승에게 절하는 자는 구원을 받지 못하게 되니까 이 우상에게 절하지 말고 이런 일이 왜 일어났는지 의심하지 말고 신앙을 굳게 잡아서 승리하라는 뜻입니다. 이것은 오늘 우리들에게도 마찬가지입니다. 여러가지 유혹들이 우리로 하여금 하나님이 주신 구원을 소홀히 여기고 세상 욕심을 향하여 가게 하는데 거기서 스스로 절제하고 포기하지 않으면 그의 신앙은 엉터리라는 것입니다.

10절 사로잡는 자는 사로잡힐 것이요 칼로 죽이는 자는 자기도 마땅히 칼에 죽으리니 성도들의 인내와 믿음이 여기 있느니라

성도들을 사로잡고 그들을 칼로 죽이는 자는 하나님의 보응을 받습니다. 우리는 우리의 신앙을 위하여 고난을 받고 핍박을 당하지만 성도를 핍박하고 고통을 준 자를 하나님께서는 결단코 용서하지 않습니다. 이 사실을 성도는 알 필요가 있습니다. 악한 자는 성도의 영적인 성숙을 위한 조교로써 단지 우리들의 더 분명한 신앙을 위하여 수고하고 있을 뿐입니다. 이 세상에 악이 없거나 사탄이 없으면 우리들의 신앙은 결코 자라지 않을 것입니다. 우리들의 인내가 어디 있습니까? 이 모든 것이 하나님의 손아래서 이루어지고 있으며 영광의 끝이 있다는 사실입니다. 그래서 우리는 이 세상의 악에 대하여 폭력을 사용하지 않습니다. 아무리 이 세상이 우리를 악하게 대해도 끝까지 인내하면 승리하게 될 것입니다.

CHAPTER • 27

666의 비밀

요한계시록 13:11-18

원래 숫자로 된 암호는 간첩들이 사용하는 난수표에 나오는 것입니다. 옛날에 북한 방송을 들어보면 숫자만 자꾸 불러줍니다. 그런데 그 숫자를 난수표와 맞추면 비밀 지령이 나오는 것입니다. 사람들은 이 666의 비밀을 풀어보려고 애를 많이 썼습니다. 그래서 어떤 사람은 너무 앞질러가서 이 666이라는 것은 요즘의 모든 상업 거래에 사용되는 상품의 바코드를 의미한다고 말하기도 하고, 또 어떤 사람은 크레디트 카드를 말한다 라고 주장하기도 했습니다. 또 유럽을 하나로 묶는 유럽연합EU을 말한다 라고 말하기도 합니다.

사실 이런 암호를 제대로 풀려면 코난 도일경이 만들어낸 셜록 홈즈를 데리고 와야 할 것입니다. 처음에 셜록 홈즈 이야기를 읽으면 그의 추리력이 얼마나 놀라운지 그는 아주 작은 단서를 가지고도 거의 완벽하게 사건을 풀어내는 것을 볼 수 있습니다. 예를 들어, 얼굴이 탄 것을 보고 인도에 있었다든지 아니면 그 사람의 직업이 군인이라든지 하는 것을 놀랍게 추리를 해내는 것입니다. 그런데 이런 추리 소설도 자꾸 읽으면 그것이 별로 신기하지 않다는 것을 알게 됩니다. 여기서 몇 가지 규칙을 발견하게 되는데 우선 처음에 범인 같은 사람은 결국 범인이 아니라는 사실입니다. 그리고 전혀 범인이라고 생각하지 않았던 사람이 나중에 범인으로 드러나게 됩니다. 이것이 현실과의 차이입니다. 현실에서는 범인은 처음부터 범인 같을 때가 많습니다. 물론 아닐 때도 있지만 말입니다. 그리고 사건에 나타나는 단서들이 저자가 아주 교묘하게 의도적으로 조작해서 삽입해 놓은 것을 알게 됩니다. 그래서 추리 소설을 자꾸 읽으면 자기 자신도 추리 소설을 만들게 되는 것입니다.

그런데 요한계시록의 숫자는 간첩의 난수표도 아니고 추리 작가의 단서도 아닌 것입니다. 이것은 고난을 받고 박해를 받는 성도들을 돕기 위하여 주님이 주시는 메시지인 것입니다.

땅에서 올라온 짐승

11절 내가 보매 또 다른 짐승이 땅에서 올라오니 새끼양 같이 두 뿔이 있고 용처럼 말하더라

우리는 이미 13장 앞부분에서 바다에서 올라오는 짐승을 보았습니다. 우리는 여기서 '짐승'이라고 하는 것이 하나님의 영광을 찬탈한 국가 권력을 의미한다고 보았습니다. 원래는 권력이나 돈이나 지식은 짐승이 아닙니다. 하나님께서 이 땅에 사는 사람들을 유익하게 하게 하기 위하여 밑천으로 주신 것입니다. 일종의 장사 밑천과 같은 것입니다. 그러나 악한 마귀는 돈이나 권력이나 지식을 그냥 두지 않습니다. 오히려 그것을 가지고 있는 사람을 충동질해서 마치 자기 자신이 신이나 되는 것처럼 교만하게 만들어서 많은 사람들 위에서 군림하게 하는 것입니다. 그때는 권력이 짐승이 되고 돈도 짐승의 돈이 되고 지식도 짐승의 지식이 되는 것입니다. 우리가 이

미 아는 것처럼 13장에 등장한 짐승은 로마 제국 자체입니다.

원래 로마 사람들은 철저한 평민 중심이었습니다. 그래서 로마는 상당히 오랫동안 공화정이었고 호민관이라든지 집정관 같은 사람들을 통하여 다스렸지 왕이 없었습니다. 이것은 로마 사람들의 권력이 한 사람의 손에 들어가서 독재 권력이 되는 것을 두려워하였기 때문입니다.

그래서 역사를 보면 줄리어스 시저가 갈리아를 정복하고 돌아와서 로마 황제가 되려고 했을 때 원로원을 중심으로 해서 자객들이 줄리어스 시저를 칼로 찔러 죽이는 것을 보게 됩니다. 그때 그렇게 믿었던 부르터스가 시저를 찔렀을 때 시저는 '부르터스 너마저!'라는 말을 남긴 것은 유명한 이야기입니다. 그만큼 로마 사람들은 국가의 권력이 왕이라고 하는 한 사람의 손에 들어가는 것을 두려워했던 것입니다. 그러나 시저 후에 권력을 차지한 옥타비아누스는 자신을 황제라고 했습니다. 그런데 이 권력이 미친 권력이 된 것은 네로 때라고 보는 것입니다. 물론 네로 외에도 여러 명의 악한 왕들이 있었지만 네로를 그 대표자로 보는 것입니다.

사실 네로가 로마 화재 사건 이후에 기독교인들을 화재의 책임자로 몰아서 집단적으로 처형을 했을 때에도 그는 기독교를 잘 몰랐던 것으로 알려지고 있습니다. 그는 단지 화재의 책임을 회피하려고 기독교인들에게 그 책임을 뒤집어 씌웠는데 결국 로마의 핍박으로 기독교는 온 세상에 알려지게 되었고 그 후에는 로마 황제와 기독교가 싸우는 형태가 되었던 것입니다.

그런데 오늘 본문에는 땅에서 나오는 짐승이 있습니다. 땅에서 다른 짐승이 하나 나오는데 새끼 양 같은 두 뿔이 있고 용처럼 말한다고 했습니다. 도대체 바다에서 나오는 짐승은 무엇이며 땅에서 나오는 짐승은 무엇을 말하느냐 하는 것입니다. 실제로 이 두 짐승의 뿌리는 같은 것입니다.

오늘 본문에도 이 두 짐승 뒤에는 모두 용이 있는 것을 말씀하고 있습니다. 바다에서 나온 짐승을 자기 자신을 절대시하는 미친 국가 권력이라면 땅에서 나온 짐승이라는 것은 이런 정치가들이 세상에서 행하는 여러 가지 문화 정책이라든지 경제 정책이라고 생각할 수 있습니다. 정치권력이라고 하는 것은 무자비한 것입니다. 이 세계는 내가 상대방을 잡아먹지 않으면 내가 잡아먹힐 수밖에 없기 때문에 반대파를 제거할 때 무력으로 무자비하게 해치웁니다. 그래서 과거 중국의 공산당 주석 모택동은 말하기를 '권력은 총구멍에서 나온다'라고 했던 것입니다. 로마의 역사를 보아도 권력을 잡기 위해서는 반대파들을 무자비하게 제거를 했습니다. 그래서 권력 투쟁은 짐승과 짐승의 투쟁이라고 말할 수 있습니다. 오직 이긴 짐승만이 살아남을 수 있고 죽은 짐승은 완전히 뜯어 먹히게 되는 것입니다.

그리고 나서는 이 짐승이 변신을 시도합니다. 그것은 바로 국민들 앞에서 참으로 자기가 그들에게 필요한 사람이며 그들을 위하여 수고하는 자비로운 아버지 같은 통치자라는 이미지를 심어주는 것입니다.

그래서 땅에서 올라온 짐승은 '새끼 양'같이 두 뿔을 가지고 있다고 말을 했습니다. 이것은 바다에서 나온 짐승과는 너무나도 다른 모습입니다. 바다에서 나온 짐승은 표범과 같고 곰과 같고 사자와 같다고 했는데 땅에서 나온 짐승은 새끼 양처럼 인자한 모습을 가지고 있습니다.

그래서 그런지 몰라도 독재자들일수록 어린아이들을 안고 사진 찍는 것을 좋아합니다. 왜냐하면 보통 사람들은 어린이를 좋아하는 사람들은 나쁜 사람이 아니라는 생각을 가지고 있기 때문입니다. 그래서 어린이들을 무척이나 싫어하는 독재자들도 어떻게 해서든지 사진을 찍을 때에는 어린아이들을 안고 사진을 찍는 것입니다. 그래서 우리 왕이나 대통령은 국민들을 잘 살게 하기 위해서 이렇게 애를 쓰고 있는데 이렇게 훌륭한 왕의 말을 듣지 않는 기독교인들은 아주 나쁜 사람들이라는 선전을 하는 것입니다. 여기에 보면 '용처럼 말하더라'고 말을 합니다. 이것은 용이 사람들을 속이듯이 결국 이 어린 양 같은 짐승도 사람들을 속인다는 뜻입니다.

원래 어린 양 같은 짐승은 이단을 의미할 때가 많습니다. 왜냐하면 이단들은 자기 자신을 그리스도라고 속이기 때문입니다. 그러나 본문에 나오는 이 짐승은 로마의 또 다른 하나의 얼굴에 해당되는 것입니다. 즉 로마 황제는 이 세상에 평화를 주고 있으며 사람들이 행복하고 잘 살게 하도록 하기 위하여 많은 노력을 하고 있다는 것입니다. 사실 그 평화는 로마 황제가 준 것이 아니고 하나님이 주신 것입니다. 그런데 로마 황제는 하나님께 돌아갈 영광을 가로채면서 자기 자신을 신격화시키고 있는 것입니다.

12절 저가 먼저 나온 짐승의 모든 권세를 그 앞에서 행하고 땅과 땅에 거하는 자들로 처음 짐승에게 경배하게 하니 곧 죽게 되었던 상처가 나은 자니라

여기서 '죽게 되었던 상처가 나은 자'라고 하는 것은 나라의 어떤 큰 위기를 극복하고 난 후에 더욱 더 자기 자신을 절대적인 존재로 만든 로마 황제를 말한다고 보아야 합니다.

대개는 어떤 큰 위기를 극복하고 난 후에는 이런 위기 가운데서 도와주신 하나님께 감사드리고 더 겸손하고 더 현명한 정치를 해야 할 텐데 많은 경우는 그렇지 않은 것 같습니다. 오히려 사람들은 자기가 똑똑하고 유능해서 위기를 극복한 줄로 생각해서 자기를 높이려고 할 때가 많습니다.

유다에도 그런 위기가 있었는데 예루살렘을 에워쌌던 앗수르 군대 18만 5천 명이 하룻밤 사이에 모두 죽어버리고 또 죽을병에 걸렸던 히스기야가 눈물의 기도로 낫게 되었을 때 히스기야는 마음이 우쭐해졌습니다. 그래서 히스기야는 바벨론의 사신들이 와서 그의 쾌유를 위한 예물을 바치면서 축하를 했을 때 하나님을 높여드리지 못하고 자기 왕궁과 성전에 있는 보물들을 보여주었던 것입니다. 그래서 이사야 선지는 히스기야 왕을 책망하면

서 이 왕궁과 성전에 있는 보물들이 모두 바벨론에 빼앗기게 될 것이라고 예언을 했고 그것이 그대로 이루어지게 되었습니다. 그래서 우리는 항상 좋은 일이 있을 때 더 긴장을 해야 하고 큰일을 마친 후에 더 겸손해야 마귀의 속임수에 넘어가지 않게 되는 것입니다.

로마의 어려움은 언제나 변방에 있는 야만족들의 침략이었습니다. 어떤 때에는 그 야만족들이 알프스 산을 넘어서 로마 가까이 까지 침략할 때도 있었습니다. 그때마다 하나님께서는 눈에 보이지 않는 손으로 그들을 도와주셨습니다. 그러나 로마 황제들은 이런 위기를 이기고 나면 오히려 우쭐해져서 자기 자신을 더 높이고 방탕한 생활에 빠져들었던 것입니다.

여기서 우리가 알 수 있는 것이 무엇입니까? 우리 기독교는 정치와 전혀 무관할 수가 없다는 것입니다. 물론 기독교인들이 정치에 뛰어들어서 세상을 끌고 가는 것은 별개의 문제입니다. 그러나 정치가 타락했을 때 역시 가장 큰 피해를 보는 대상은 그리스도인들인 것입니다.

왜냐하면 그들은 하나님의 백성들을 시기할 뿐 아니라 결국 자기들처럼 만들려고 하기 때문입니다. 우리가 생각하기에 한두 번 양보하면 만족하지 않겠느냐 하는데 결코 그렇지 않습니다. 교만한 사람들은 그리스도인들도 자기들처럼 미친 사람으로 만들어야 만족을 하는 것입니다.

본문의 짐승을 보면 특히 마르쿠스 아우렐리우스 황제가 생각이 납니다. 마르쿠스 아우렐리우스 황제의 『명상록』은 너무나도 유명해서 어렸을 때 교과서에서도 실렸습니다. 그러나 그는 기독교인들을 심하게 박해한 자로 유명합니다. 그는 겉과 속이 다른 자였습니다. 겉으로는 가장 합리적이며 가장 공정한 것처럼 보였지만 실제로는 심한 강박 관념을 가진 자였고 그는 어느 누구보다 심하게 기독교인들을 박해했습니다. 그는 전쟁을 하면서도 혼자 방에 돌아오면 명상록을 집필하곤 했습니다.

대개 로마 황제들은 그리스 철학으로 무장된 자들이었습니다. 지극히 금욕적인 스토아학파의 교육을 받은 자들이었습니다. 그들은 자기 자신들이 모두 정의롭고 평화를 사랑한다고 믿었습니다. 그러나 나라에 어려움이 생길 때 마다 결국은 로마의 신들에게 의지했고 그래도 여의치 않을 때에는 그리스도인들을 속죄 제물로 삼았던 것입니다. '비가 오지 않고 흉년이 드는 것은 바로 기독교인들 때문이다'는 것이 이들의 주장이었습니다.

이것은 오늘날에도 비슷합니다. 미신적인 생각이 강한 사람은 '자기 집이 기울어진 것은 기독교인 며느리가 들어 온 후부터이다'라는 식으로 예수 믿는 며느리를 속죄양을 만들든지, 또 어떤 사람은 자식들 중에서 '특히 너를 낳았을 때부터 내 사업이 기울기 시작했다. 너는 태어나지 말았어야만 했다'는 식으로 자식을 미워하는 사람도 있습니다.

독재 정치가 만든 영웅

13, 14절 큰 이적을 행하되 심지어 사람들 앞에서 불이 하늘로부터 땅에 내려 오게 하고 짐승 앞에서 받은바 이적을 행함으로 땅에 거하는 자들을 미혹하며 땅에 거하는 자들에게 이르기를 칼에 상하였다가 살아난 짐승을 위하여 우상을 만들라 하더라

하늘에서 불이 내려오게 한 것은 엘리야가 행한 것입니다. 그런데 사실 이것은 엘리야의 능력이 아닙니다. 왜냐하면 엘리야는 그렇게 사용되었을 뿐이고 실제로 그 능력은 그리스도의 능력이었기 때문입니다. 모세가 행했던 모든 능력도 모세 개인의 능력이 아닙니다. 그래서 유대인들이 예수님께 모세가 하늘에서 만나를 내리게 했듯이 당신도 하늘에서 내려오는 표적을 보여 달라고 했을 때 예수님께서는 분명히 말씀하시기를 모세가 만나를 내린 것이 아니고 하나님께서 내리셨다고 대답을 하셨습니다. 모세가 행한

그 모든 능력들이 모세의 능력이 아니었습니다. 그것은 하나님의 능력이고 그리스도의 능력이었습니다.

그런데 이 짐승은 하늘에서 불이 내리는 이적을 행한다는 것입니다. 이것은 이들이 할 수 없는 것입니다. 오직 그렇게 했다는 식의 거짓 신화를 만들어내는 것입니다. 왜냐하면 그렇게 해야 더 많은 사람들이 맹목적으로 자기들을 숭배하고 따를 것이기 때문입니다.

예를 들어, 구약 출애굽기에 보면 모세가 바로와 대면을 하는 이야기가 나옵니다. 그때 모세는 지팡이를 던져서 뱀이 되게 했습니다. 이것은 창조 행위였습니다. 나무라는 식물이 뱀이라는 동물이 된 것입니다. 그러니까 애굽의 마술사들도 지팡이를 던져서 뱀이 되게 했습니다. 그러나 그것은 지팡이가 아니었습니다. 뱀에 마술을 걸어서 지팡이처럼 딱딱하게 만든 것이었습니다. 그러나 그 뱀들은 마술이 덜 풀려서 정신이 없을 때 모세의 뱀이 그 뱀들을 다 잡아먹어 버렸습니다.

옛날에는 가장 애매한 것이 꿈이었습니다. 꿈에 하나님이 나에게 나타나서 이런 계시를 주셨다는 것입니다. 그런데 그 계시가 맞아떨어지면 그때부터 사람들은 그 사람을 맹목적으로 믿고 따르게 되는 것입니다. 그런데 그런 꿈을 진짜 꾸었는지 아닌지는 아무도 모르는 것입니다. 그래서 진리가 없는 곳에는 언제나 미신과 속임수가 판을 치게 되어 있다는 것을 알아야 합니다. 그러나 하나님의 진리가 있는 곳에는 이런 속임수들이 파고들어올 수가 없습니다.

우리나라도 정치가가 자기를 높이기 위해서 과거의 영웅들을 들추어내는 일이 많습니다. 사실 제3공화국 이전까지 이순신 장군은 그렇게 유명하지는 않았습니다. 어쩌면 강감찬이나 을지문덕이 더 유명했을지 모르겠습니다. 그러나 제3공화국에 들어서면서 국민들에게 어떤 절대적인 신뢰를 주면서 그들의 충성을 이끌어 내기 위하여 찾아 낸 인물이 바로 이순신 장군이었던 것 같습니다. 그리고 이순신을 높이려고 하다보니까 원균은 또 나쁜 사람으로 만들어야 하는 것입니다. 정치가들이 과거의 영웅을 들추어 내어서 숭배라는 운동을 벌이는 것은 그것이 바로 자신의 이미지를 절대시 하는데 도움이 되기 때문입니다. 정치는 이미지로 하는 것입니다. 그 근본 원인이 어디 있습니까? 자기 자신의 실력으로는 무엇인가 부족하기 때문입니다. 그러니까 다른데서 도움을 이끌어 옵니다. 사람들은 바로 이 이미지에 속아서 전폭적인 지지를 보냅니다.

로마 천주교만 해도 그들은 마리아나 성인들 숭배를 위해서 많은 신화들을 만들어 내고 있습니다. 어떤 곳에는 마리아 상이 피 눈물을 흘린다거나 또 다른 데서는 성모 마리아가 나타나서 병을 치료해 주었다는 등은 수많은 신화들이 있고 사람들은 그것을 믿고 추종합니다. 성 프란시스 전기도 도대체 어디서부터 어디까지가 사실이며 어디서부터 어디까지가 거짓인지 알 수 없을 정도로 신화투성이입니다. 이것을 볼 때 사람들은 사실을 확인하기 보다는 신화를 믿어버리는 것이 얼마나 편한지 잘 알 수 있습니다. 신화는 어떤 사상이나 기대를 충족시켜주는 일종의 최면입니다.

우리도 어떤 사람을 지나치게 좋아하면 그 사람에 대해서 약간씩 과장되게 말하거나 혹은 흠이 되는 부분은 은폐를 시키는 경향이 있습니다. 그러나 성경은 절대로 그렇지 않습니다. 아무리 위대한 사람이라고 하더라도 그의 치명적인 실수나 결점을 주저 없이 폭로 시킵니다. 그래서 어느 누구도 신화화하지 못하게 합니다. 야곱이나 다윗이나 기드온이나 모두 마찬가지입니다. 베드로는 너무나도 허물이 많습니다. 위대한 영웅은 멀리 있는 것이 아닙니다. 정직하게 자기 자신을 인정하고 하나님의 능력에 의지할 때 아무리 약한 자라 하더라도 위대하게 사용될 수 있습니다.

또 다른 하나는 우상을 만드는 것입니다.

15절 저가 권세를 받아 그 짐승의 우상에게 생기를 주어 그 짐승의 우상으로 말하게 하고 또 짐승의 우상에게 경배하지 아니하는 자는 몇이든지 다 죽이게 하더라

여기서 우상이 말을 한다고 하는 것은 결국 황제 숭배를 정당화하기 위해서 많은 이론들을 만들어내는 것을 말합니다. 주로 이런 일을 하는 것은 황제에게 붙어서 이득을 보려고 하는 어용학자들이 이런 짓을 합니다. 그래서 독재자 주위에는 언제나 독재자를 맹목적으로 추종하는 어용학자들이 있습니다. 그 사람들은 말도 안 되는 궤변들을 갖다 붙여서 결국 황제 숭배를 정당화하려고 하는 것입니다.

로마는 언제나 그리스에 대한 지적인 열등감을 가졌던 것 같습니다. 그래서 자녀들도 주로 그리스에 유학을 보내는 경우가 많았고 모든 것을 그리스를 따라하려고 했던 것 같습니다.

아마도 로마 황제들 중에는 자신을 그리스의 신으로 비유하면서 신격화하려고 했던 것 같습니다. 그리고 그리스 철학을 배운 지식인들이 그 일에 앞장을 섰던 것입니다. 그래서 로마 황제 숭배로 인하여 핍박이 많이 일어났던 곳이 일곱 교회가 있는 소아시아 지방이었던 것입니다. 결국 우상은 우상으로 통한다는 말이 성립되는 것 같습니다.

모택동의 문화혁명 때에는 홍위병이라는 청년집단이 우상의 역할을 했습니다. 그들은 조금이라도 자기들 마음에 맞지 않으면 모두 자본주의자들이라고해서 끌어내어 죽이든지 귀양을 보내었습니다. 홍위병은 모택동의 친위대였던 것입니다.

오늘날 우리 사회에서 우상은 매스컴이 이런 역할을 할 수 있습니다. 매스컴은 그 막강한 힘으로 어떤 사람을 영웅으로 만들기도 하고 멀쩡한 사람을 매장시키기도 합니다. 별 것도 아닌 사람이 매스컴에 한두 번 나와서

뜨기 시작하면 일약 유명 인사가 됩니다. 심지어는 의사가 텔레비전에 나와서 어떤 과일이 몸에 좋다고 하기만 하면 당장 슈퍼마켓에서 그 과일이 동이 나버린다는 것입니다. 매스컴은 자기가 가장 공정하고 가장 정당한 것처럼 보이지만 실제로는 그렇지 않습니다. 많은 편견을 가지고 있고 정당하지 못할 때도 많습니다. 그러나 사람들은 매스컴이 하는 말은 그대로 다 곧이듣습니다.

로마 황제에게도 이러한 친위 세력이 있었습니다. 그들은 맹목적으로 황제를 추종하는 자들이었습니다. 바로 이들이 우상입니다. 이 우상은 황제를 높여 주기도 하지만 결국 이 사람들 때문에 황제 자신도 정상적인 판단을 하지 못하게 되는 것입니다. 우상은 사람을 속입니다.

우리는 자기를 무조건 지지해주고 믿어주는 사람을 조심해야 합니다. 왜냐하면 자기도취에 빠져서 정상적인 분별력을 잃게 하기 때문입니다. 정치가들이 끝에 실패하는 것은 바로 이런 친위세력 때문에 자신의 정확한 위치를 놓치고 착각에 빠지기 때문입니다. 결국 그런 사람은 최종적으로 망하기 전까지 깨닫는 법이 없습니다.

반대자에 대한 박해

황제 숭배의 가장 악랄한 부분이 바로 이 부분에서 나타나고 있습니다.

17, 18절 저가 모든 자 곧 작은 자나 큰 자나 부자나 빈궁한 자나 자유한 자나 종들로 그 오른손에나 이마에 표를 받게 하고 누구든지 이 표를 가진 자 외에는 매매를 못하게 하니 이 표는 곧 짐승의 이름이나 그 이름의 수라

로마는 모든 자로 하여금 황제 숭배에 대한 신앙을 공개적으로 고백하

게 하고 표를 주었습니다. 이것은 실제로 있었습니다. 귀족이나 계급이 낮은 자나 자유인이나 종이나 모두에게 황제의 상 앞에 분향하고 절을 하게 한 것입니다. 그리고 그렇게 하는 자에게 어떤 증표 같은 것을 주었습니다. 물론 그런 증표가 없는 자는 사회 활동에 현저한 제약을 받았고 언제든지 고발당해서 고문이나 처형을 받을 수 있었습니다. 이 점에 있어서는 신분이나 성별의 차이가 없었습니다.

우리들 같으면 이런 때 어떻게 했겠습니까? 둘 중의 하나이겠지요. 하나는 일단 내 마음은 그렇지 않다고 하면서 황제의 상 앞에 절을 하고 표를 받은 후 신앙생활을 하거나, 아니면 황제 숭배를 거절하고 표가 없어서 그 땅에서 대단히 불안한 상태에서 하루하루를 사는 것입니다. 아마 과거의 역사를 보면 황제에게 절을 하지는 않으면서 사회적인 지위는 놓치기 싫어서 표를 돈을 주고 사려는 자도 있었던 것으로 압니다.

그러면 우리는 신앙이 도대체 무엇인가 생각해 볼 필요가 있습니다.

신앙은 무엇입니까? 내가 속으로 하나님을 믿는 신앙을 가지고 있다면 겉으로 잠시 부인하고 황제에게 절을 한 후 다시 신앙생활을 해도 되는 것입니까?

우리는 때로 언제나 자기 신앙을 노출시키지 못하면서 살 때가 많습니다. 만나는 사람 한 사람 한 사람 마다 '나는 그리스도인입니다. 저를 고발하려면 고발하십시오'라고 떠벌리는 것이 신앙이 좋다고 말할 수 없습니다. 그렇게 하는 사람은 어리석은 자입니다. 그러나 누군가가 나에게 정식으로 내가 누구이며 내가 무엇을 믿는지 정식으로 질문을 할 때에 우리는 내 신앙을 말할 수 있어야 합니다.

요나 선지는 하나님의 뜻에 불순종해서 자신의 신분을 감추고 배 밑에 숨었습니다. 그러나 풍랑으로 인하여 배가 완전히 위험에 빠지고 그 원인이 자기에게 있는 것으로 제비뽑기에서 나타났을 때 그는 자신의 신앙을 밝혔습니다. 그리고 자기를 바다에 던지라고 말했습니다.

누군가가 나의 신앙에 대하여 질문했을 때 우리는 그것을 피하면 안 됩니다. 그것을 피하는 것은 그리스도를 부끄러워하는 것이며 주님은 우리가 사람 앞에서 주님을 부끄러워하면 주님도 천사들 앞에서 우리를 부끄러워할 것이라고 말씀하셨습니다. 누군가가 질문을 하면 대답을 해야 합니다. 황제 숭배도 하기 싫고 그렇다고 해서 죽기도 싫어서 많은 교인들이 지하의 굴속으로 들어갔습니다. 그래서 카타콤이라는 지하 동굴이 생기게 되었습니다. 지금도 로마에 가면 그 지하 굴을 구경할 수 있는데 얼마나 깊은지 한번 길을 잃으면 빠져 나올 수가 없다고 합니다. 그리스도인들이 그렇게 한 것은 잘한 것입니다. 잡혀서 절하기 싫으면 사회적인 혜택을 포기해야 합니다. 세상도 움켜쥐고 구원도 놓치지 않으려고 하면 결국 황제에게 분향할 수밖에 없는 것입니다. 그들은 사회적인 지위나 경제적인 것들을 포기하고 지하에서 어렵게 살다가 죽어 갔습니다. 그들에게는 표가 없었습니다. 그래서 거래를 할 수도 없었고 통행을 할 수도 없었습니다. 늘 언제나 도망자처럼 쫓기는 신세였습니다. 그래도 그들은 신앙의 순결을 빼앗기지 않았습니다.

신앙은 고난을 통과해 봐야 제대로 검증이 될 수 있습니다. 편안할 때 그분이 나의 주님이시라면 어려울 때에도 그분은 나의 주님이 되셔야 합니다.

18절 지혜가 여기 있으니 총명 있는 자는 그 짐승의 수를 세어 보라. 그 수는 사람의 수니 육백 육십 육이니라

계시록을 공부하는 많은 사람들이 가장 흥미를 가지는 부분이 바로 이 부분입니다. 오늘 여기서 나오는 666이라는 숫자가 과연 무엇을 의미하느냐 하는 것입니다.

사람들이 이 숫자에 관심을 가지는 이유는 이들은 계시록을 단순히 미래에 대한 예언이라고 믿는 것입니다. 그래서 여러 가지 추측이 나오게 되는데 성경을 해석하는 가장 안전한 방법이 그 서신을 최초로 받았던 사람들의 입장에서 이해를 하는 것입니다. 그러나 계시록은 일단 소아시아에 있는 일곱 교회에 보내어진 편지로 그들의 신앙을 붙들어 주기 위하여 보내신 서신입니다. 그러면 이 666이라는 숫자도 그들이 알아들었을 어떤 암호라고 생각해야 합니다.

17절 끝에는 이 숫자에 대하여 이렇게 언질을 주고 있습니다.

'곧 짐승의 이름이나 그 이름의 수'라고 말하고 있습니다.

666에서 대해서는 많은 해석들이 있습니다. 그러나 가장 타당하다고 생각하는 것은 이것이 로마 황제의 이름을 나타낸다는 사실입니다. 로마 황제 중에서 네로 황제 '카이저 네로'를 히브리어로 풀면 666이 됩니다. 그래서 이 666이라는 숫자는 단지 네로 황제 한 사람만 말하는 것이 아니라 자기를 신으로 추켜세우면서 인간의 숭배를 받으려고 하는 모든 황제가 다 여기에 해당되는 것입니다. 그래서 이 666의 숫자를 받는다는 것은 다 황제에게 절을 하고 경제 활동이나 자신의 생명을 지키는 모든 사람들이 여기에 해당됩니다.

8절 말씀처럼, "죽임을 당한 어린 양의 생명책에 창세 이후로 녹명되지 못하고 이 땅에 사는 자들은 다 짐승에게 경배"하게 되는 것입니다.

그래서 666이라는 숫자는 인간이면서 자신을 신의 위치에 올려놓고 사람들의 추앙을 받는 모든 자의 세력들을 의미합니다.

또 다른 입장에서 보면 대개 성경에서 하나님의 숫자는 7입니다. 그런데 6은 거기서 하나가 모자라는 것입니다. '666' 이렇게 세 개가 나오는 것은 마치 하나님께서 성부, 성자, 성령 이렇게 삼위로 계시는 것처럼 사탄도 그 체계를 흉내를 내어서 그들도 사탄, 귀신들, 거짓 선지자 이렇게 세 종류로 활동하는 것으로 볼 수 있습니다. 그러나 사탄은 자기가 아무리 하나님을 흉내 내어도 하나님보다는 한 수 낮을 수밖에 없습니다. 왜냐하면 숫자가 '6'밖에 되지 않기 때문입니다. 결국 이 숫자는 사람의 숫자이기 때문에 영원하지 않습니다. 인간이 하는 일은 아무리 절대적으로 보여도 영원할 수가 없습니다. 왜냐하면 결국 사람은 죽어야 하기 때문입니다. 이 지구상에 있던 많은 독재자들도 영원히 독재할 수 없었던 것은 결국 죽어야만 했기 때문입니다. 그래서 하나님의 백성들은 정치가들이 미쳐서 날뛸 때에는 결국 '너도 언젠가는 죽을 것이다'는 것을 생각하고 끝까지 잘 인내를 하면 됩니다.

유다의 아하스 왕 때에 이스라엘 왕 베가와 아람 왕 르신이 예루살렘을 공격했습니다. 그때 하나님께서는 이사야를 아하스 왕에게 보내어서 '이스라엘 왕 베가와 아람 왕 르신이 맹렬하게 예루살렘을 공격하고 있지만 그들은 타다 만 두 부지깽이라'고 말씀하셨습니다. 그 말은 이 사람들은 그냥 내버려두면 저절로 꺼지게 되어 있다는 것입니다. 인간의 문제들은 그냥 내버려두면 저절로 해결이 되는 것이 많이 있습니다. 왜냐하면 언젠가는 다 죽어야 하기 때문입니다. 666도 자기가 하나님처럼 흉내를 내어도 결국 죽어야 하기 때문에 결국은 진리가 승리하게 되는 것입니다.

오늘 본문이 우리에게 말씀하시는 것이 무엇입니까? 아무리 자신을 절대화하고 신화를 창조해내며 무시무시한 친위 세력을 사용한다 하더라도 그들은 하나님 앞에서 멸망 받을 하나의 짐승에 불과하니까 두려워하지 말라는 것입니다

주님은 이 짐승의 표를 받지 못해서 이 세상에서 계속 쫓기는 불안정한 삶을 살고 있는 성도들에게 무엇이라고 말씀하고 있습니까? 죽음을 두려워하지 말라고 말씀하십니다. 우리는 모두 죽음이 끝이라고 생각합니다. 우리는 죽은 후에는 아무것도 소용이 없고 오직 죽기 전에 모든 것을 다 가져보

고 누려 보는 것이 소원이라고 생각합니다. 그러나 그것은 바로 믿지 않는 자들의 생각입니다. 우리는 이 세상에서 나의 수명이 얼마나 될지 아무도 알지 못하지만 이 세상의 수명은 영원한 천국에 비하면 아무것도 아닙니다. 주님은 자신이 충실한 증인으로 죽음을 두려워하지 않았는데 왜 종들이 죽음을 두려워하고 이 세상에서 약간 손해보고 쫓겨 다니는 것으로 인하여 불평을 하느냐하는 것입니다. 주님이 바로 이 무지한 짐승들에 의하여 죽임을 당하셨고 그는 다시 부활하심으로 승리하셨는데 왜 주님을 믿는 종들이 죽음을 두려워하고 이런 사람에 불과한 자들의 협박을 두려워하고 그 앞에서 떨고 있느냐 하는 것입니다.

아무리 신의 모습을 하고 있어도 그들은 모두 인간에 불과하고 하나님 앞에서 멸망당할 짐승에 불과합니다. 그런데 왜 하나님께서는 이런 짐승들을 풀어놓아 다니게 할 뿐 아니라 때로는 가장 높은 자리에 앉게 하십니까? 이것은 우리의 믿음을 시험해 보기 위해서입니다. 우리의 믿음은 반드시 시험을 통과해야 합니다. 하나님께서는 고난을 통하여 우리의 믿음을 달아 보십니다. 오늘 믿는 자들은 사회 생활을 하는데 불리한 것이 너무나도 많이 있습니다. 직장 생활을 하시는 분이나 사업을 하는 분들에게는 술이 도장이 될 수 있습니다. 술을 마시지 않으면 완전히 사회에서 따돌림 당할 수가 있습니다. 또 젊은이들은 젊은이 나름대로 유행에 뒤지면 따돌림을 당할 수 있습니다. 부인들은 자식들을 교육하는 것이나 아니면 사치나 집을 장만하는 것이나 여러 가지에 있어서 세상에 맞지 않아서 따돌림을 당할 수 있습니다. 그러나 그 모든 것이 666일 수 있습니다. 그 도장을 맞지 않아야 그리스도의 정결한 신부가 될 수 있는 것입니다.

CHAPTER • 28

승리한 성도들

요한계시록 14:1-5

우리가 큰 도로를 건너다보면 미처 다 건너지 못한 보행자들을 위해 지대를 높여 놓은 곳이 있습니다. 그런 곳을 우리는 '안전지대'라고 부릅니다. 우리는 살아가면서 과연 이 세상에 안전지대가 있을까 하는 생각을 해 보게 됩니다. 지하철은 가장 안전한 교통수단이라고 말들을 했었는데 누군가가 불을 질러버리니까 가장 비참한 곳으로 변하고 말았습니다. 우리가 살고 있는 아파트는 대개 거실 쪽 창문이 아주 큰 대형 통 유리로 되어 있습니다. 그래서 밖에서 아무리 비바람이 몰아쳐도 유리창 안에 서 있으면 절대적으로 안전한 것입니다. 그래서 저는 가끔씩 비바람이 몰아치는 날에는 창밖을 내다보면서 그리스도 안에 있는 내 자신이 얼마나 안전한가 하는 생각을 하면서 감사를 드리게 됩니다.

우리가 즐겨 부르는 찬송 중에 '만세 반석 열리니 내가 들어 갑니다'라는 찬송가가 있습니다. 이 찬송가의 작가는 어느 날 들판을 지나가다가 큰 폭우를 만나게 되었습니다. 그래서 꼼짝하지 못하고 비를 다 맞아야 했는데 주위에 아주 오래된 바위를 발견하게 되었습니다. 그 바위는 아주 크고 견고한 반석이었고 그 바위 밑에 피할 곳을 찾게 되었습니다. 그는 그 튼튼한 바위 속에 들어가 밖에서 아무리 바람이 세차게 불고 폭풍우가 몰아쳐도 아늑한 시간을 보낼 수 있게 되었다고 합니다. 그래서 그 사람은 예수 믿는 내가 이렇게 튼튼한 반석 안에 들어와 있다는 것을 생각하고 이 찬송을 지어서 하나님께 감사를 올렸다는 것입니다.

요즘 많은 사람들이 불안해하고 두려워하는 것이 이 세상에는 안전지대가 없다는 것입니다. 언제 우리나라에 전쟁의 먹구름이 몰려올지 모릅니다. 이미 경제적으로는 말할 수 없이 어려워지고 있는데 거기에다가 괴질까지 겹쳐서 사람들은 언제 무슨 일이 우리에게 닥칠지 모르는 어려운 가운데 살아가고 있는 것입니다. 그런데 오늘 성경은 우리에게 참으로 안전한 피난처가 있다고 말씀하고 있습니다. 그곳은 바로 그리스도께서 함께 하시는 시온 산인 것입니다.

그리스도께서 함께 하시는 시온 산에는 폭풍우가 몰아칠 수 없으며 악한 사탄의 군병들이 몰려올 수 없습니다.

예수님은 제자들에게 이렇게 말씀하셨습니다.

요 10:9, 10 내가 문이니 누구든지 나로 말미암아 들어가면 구원을 얻고 또는 들어가며 나오며 꼴을 얻으리라 도적이 오는 것은 도적질하고 죽이고 멸망시키려는 것뿐이요 내가 온 것은 양으로 생명을 얻게 하고 더 풍성히 얻게 하려는 것이라 나는 선한 목자라 선한 목자는 양들을 위하여 목숨을 버리거니와

옛날에 유다의 목자들은 양들을 데리고 나가면 풀이 있는 들판을 찾아가야 합니다. 그때 밤이 되면 목자들은 양들을 데리고 가까운 곳에 있는 양들의 우리 안에 다 집어넣습니다. 물론 양들은 우리 안에 들어오지 않고 밖에서 돌아다니면 기분이 좋을 것입니다. 그러나 어두운 들판에는 이리나

사자들이 있습니다. 그래서 양들은 밤이 되면 반드시 우리 안에 들어와서 우리 문을 잠궈 놓아야 안전합니다. 이것은 마치 우리 집들이 문이 있어야 안전한 것과 같습니다. 만일 우리 집들이 문이 없다면 아무나 들어와서 우리를 해치거나 좋은 것을 다 가져갈 것입니다. 그런데 바로 이 우리의 문이 예수님의 말씀입니다. 우리가 예수님의 말씀으로 우리 마음을 지키기만 하면 절대로 악한 자들이 우리를 해치지 못할 것이며 우리는 예수님이 주시는 풍성한 삶을 얻을 것이라고 약속을 하셨습니다. 우리가 하나님의 말씀을 붙들고 살아갈 때 유혹이나 죄로부터 얼마나 안전한지 경험하게 될 것입니다.

그리고 예수님께서는 우리 밖에 있는 양들도 우리 안으로 들어와야 안전하다고 말씀하십니다. 즉 우리 밖에 있는 양들은 들 양들이고 주인 없이 돌아다니는 양들입니다. 이 양들은 겁을 집어먹고 모든 것을 의심하고 있습니다. 그리고 이들이 믿는 것은 자신들의 감각과 빠른 발밖에 없습니다. 그러나 양이 아무리 빨라도 사자나 늑대보다 더 빠를 수는 없습니다. 이 세상에서 가장 안전한 곳은 하나님의 말씀이 지켜주는 교회입니다.

사도 요한은 계시록을 통해서 그 당시 얼마나 사탄이 심하게 사람들의 영혼을 도둑질하고 있었는지 잘 보여주고 있습니다. 한쪽으로는 음행과 타락한 문화를 통해서 사람들의 영혼을 도둑질 하고, 또 다른 쪽에는 황제 숭배라고 하는 무시무시한 시험을 통하여 하나님의 백성들의 영혼을 파멸에 빠트리려고 했습니다. 이것은 마치 들판에서 고스란히 폭풍우를 맞아야 하는 것과 같았습니다. 당시 로마에서 하는 말이 무엇이었는가 하면 로마로부터 도망칠 생각을 하지 말라는 것이었습니다. 로마로부터는 도망칠 곳이 없었습니다. 로마 밖은 사하라 사막이나 대서양 바다라든지 아니면 북쪽의 야만족이 사는 곳이었는데 그곳에 도망을 쳐도 다시 잡아서 로마에 넘겨주었습니다. 그런데 로마 안에 하나님의 피난처가 있었습니다. 그곳은 바로 어린 양이 지켜주는 시온 산인데 거기에는 이 세상의 죄에 물들지 않은 거룩한 성도들 십사만 사천 명이 있는 곳이었습니다.

하나님의 피난처

1절 또 내가 보니 보라 어린 양이 시온 산에 섰고 그와 함께 십사만 사천이
섰는데 그 이마에 어린 양의 이름과 그 아버지의 이름을 쓴 것이 있도다

원래 '시온 산'이라 하는 것은 하나님의 성전이 세워져 있는 산을 말합니다. 시온 산은 큰 바위로 만들어진 산인데 아주 크고 튼튼하기 때문에 이 산은 적들이 공격할 수가 없었습니다. 그래서 예루살렘은 사실 난공불락의 성이었습니다. 더욱이 이 산에는 하나님의 성전이 있기 때문에 어떻게 감히 인간들이 하나님의 성전을 넘어트릴 수 있겠습니까? 그래서 시온 산이라고 하는 것은 이스라엘 백성들에게는 가장 안전한 피난처를 의미했습니다.

옛날에 광야를 여행하던 사람들은 가끔 생각지도 못하게 맹수들을 만날 때가 있습니다. 그럴 때 가까운 곳에 맹수가 올라오지 못하는 큰 바위가 있으면 그 바위에 올라가면 안전할 수 있습니다. 다윗은 많은 기간을 쫓겨 다녔는데 그때마다 커다란 반석이 적들의 공격으로부터 다윗을 지켜주었습니다. 그래서 다윗은 하나님을 '나의 피할 반석'이라고 노래했습니다.

그런데 이스라엘 백성들에게는 도저히 믿을 수 없는 사건이 일어났습니다. 그것은 바로 하나님의 성전이 있는 예루살렘이 이방인들에 의하여 짓밟혀버린 것입니다. 바벨론 군대가 예루살렘을 쳐들어와서 성을 함락시키고 성전까지 불태워버리고 그 안에 있는 성전 기구들을 바벨론으로 다 끌고 가버렸습니다. 그 이유는 하나님이 약해서 그런 것이 아닙니다. 이스라엘 백성들이 하나님의 성전을 더럽혔기 때문에 하나님께서 바벨론 군대를

불러서 예루살렘을 청결하게 하신 것입니다. 그러나 하나님께서는 우리들에게 새로운 시온 산을 허락해 주셨습니다. 그곳이 바로 오늘 신약의 우리 교회인 것입니다. 특히 중요한 것은 우리가 이 세상의 모든 사탄의 공격으로부터 안전하려면 다른 것을 붙들면 안 됩니다. 교인들이 잘 사는 것을 믿어서도 안 되고 학벌을 믿어서도 안 됩니다. 그런 것들은 위기의 순간에 우리를 지켜주지 못합니다. 가장 중요한 것은 예수님의 말씀이 우리의 문이 되어야 하는 것입니다. 그래서 예수님께서 문을 열어주시면 어서 나가서 풀을 뜯어먹고, 예수님께서 들어오라고 하면 어서 빨리 문안으로 들어와서 숨어버려야 합니다. 만일 우리가 예수님의 말씀만 듣고 우리 안에서 밖으로 들락날락 거리기만 한다면 절대로 우리의 생명은 안전합니다.

사실 우리가 살아가는 이 세상은 마치 사망의 골짜기를 지나가는 것과 같습니다. 우리가 이 세상을 살아가는데 가장 무서운 것이 무엇입니까? 전혀 생각지도 못한 사고 같은 것이 터질 수도 있습니다. 그러나 전혀 예상치도 못한 사고라고 하는 것도 사실은 전혀 예상하지 못할 성질의 것은 아닙니다. 왜냐하면 이런 사고들도 모두 사람들의 마음속에 있는 분노나 미움이나 욕심이 폭발해서 생기는 것이기 때문입니다. 우리가 살고 있는 이 세상에는 천재도 있고 인재도 있습니다. 그러나 이 모든 것이 인간의 죄 때문에 생기는 것입니다. 사탄은 두 가지 방향에서 이런 재난을 일으키는데 하나는 사람들끼리 죄를 짓게 충동질을 해서 이 세상에 하나님의 심판이 터지게 합니다. 이것은 천재로 나타나게 됩니다. 그리고 또 하나는 사람들끼리 서로 미워해서 공격하고 죽이게 하는 것입니다. 이것은 인재로 나타나게 될 것입니다.

그러나 하나님의 말씀은 우리 마음속에서 사탄의 모든 충동질을 다 막아버립니다. 그래서 사탄이 우리 믿는 사람들을 아무리 충동질 해도 하나님의 심판을 불러일으킬 정도로 죄를 짓지 못합니다. 그리고 아무리 다른 사람을 미워한다고 하더라도 죄를 지을 정도로는 미워하지 못합니다. 이것보다 더 중요한 것이 없습니다. 아무리 이 세상이 죄와 악으로 끓어오른다 하더라도 본질만 파악하고 있으면 절대로 두려워할 필요가 없습니다. 그 본질이라는 것은 내 마음만 믿음으로 지키면 절대로 재앙이 나를 덮칠 수가 없다는 것입니다. 그런데 이것은 나 혼자의 힘으로는 안 됩니다. 교회는 하나님의 말씀이 솟아오르는 영혼의 샘물과 같습니다. 이 샘물만 가지고 있으면 아무리 이 세상이 죄악으로 끓어올라도 절대로 안전한 것입니다.

요한 당시에 로마는 정상적인 정부가 아니었습니다. 로마는 사람들에게 황제 숭배를 강요하고 모두 다 666의 인을 받게 했습니다. 이 666이라는 것이 암호인데 황제 숭배를 하고 표시를 받는 것을 말합니다. 그래서 겉으로 보니까 이 세상 모든 사람들이 다 666의 도장을 받고 사탄의 졸개들이 되는 것 같았습니다. 그런데 실제로는 그 도장을 받지 않은 사람들이 무지무지하게 많았습니다. 이 사람들은 모두 그리스도인들이었습니다. 황제 숭배에 동참하지 않은 성도들의 숫자가 무려 십사만 사천 명이나 되었습니다. 물론 여기 십사만 사천 명이라고 하는 숫자는 상징적인 숫자입니다. 12곱하기 12는 144입니다. 거기에다가 천을 곱하면 십사만 사천 명이 되는 것입니다. 이것은 구원받은 모든 사람들의 숫자입니다. 즉 온 세상에 예수 그리스도의 이름으로 구원받는 사람들이 무지무지하게 많다는 뜻입니다. 어떤 사람은 천국에 가는 사람들이 문자적으로 십사만 사천 명만 구원받는 줄 아는데 그렇지 않습니다. 몇 천만 명 아니면 몇 억 명은 구원을 받을 것입니다. 단지 구약과 신약에서 구원받는 사람들의 숫자가 이렇게 많다는 것을 상징적으로 보여주는 것입니다.

구약 엘리야 때 악한 왕비 이세벨은 이스라엘에서 여호와를 경배하는 자를 모두 다 죽였습니다. 그래서 이세벨이 엘리야도 죽이려고 체포령을 내렸을 때 엘리야는 도망을 치면서 로뎀 나무 아래서 침체되어 자기도 죽여 달라고 하나님께 떼를 썼던 것입니다. 그때 하나님께서는 바알에게 무릎을 꿇지 않은 사람 7천 명을 숨겨놓았다고 말씀을 하셨습니다.

놀라운 것이 바로 이것입니다. 우리는 겉으로 나타나는 것만 보고 제대로 믿는 사람들이 없다고 생각해서는 안 됩니다. 왜냐하면 그런 가운데서도 하나님께서는 참으로 진실한 신자들을 모두 감추어 놓으시기 때문입니다.

놀라운 것은 세상이 악하면 악할수록 믿음을 지키는 사람들은 더 결사적으로 하나님을 붙잡게 되는 것입니다. 그래서 로마 황제는 이 세상에 그리스도인들을 자기가 다 없앴다고 생각하고 만족할지 몰라도 실제로는 그리스도인들의 믿음을 더 강하고 견고하게 만들어 놓는 일을 한 것입니다.

로마 황제가 그 막강한 권력만을 믿고 온 세상으로 하여금 자기를 숭배하게 하고 그렇게 하지 않는 그리스도인들은 잡아서 죽이고 또 물건도 함부로 사고 팔지 못하게 하고 있습니다. 그런데 그리스도인들은 그 도장을 받지 않고 물건을 사고팔지도 않겠다는 것입니다. 그리고 황제 숭배를 하지 않으면 공직을 가질 수 없게 하는데, 공직을 가지지 않겠고 오직 그리스도만 섬기겠다는 것입니다. 그런 사람들이 무려 십사만 사천 명이 되었다는 것입니다. 놀라운 것은 신약의 교회가 철저한 영적인 피난처 역할을 했다는 것입니다. 그리고 거기에 주님이 함께 하셨습니다. 주님이 계신 곳은 로마의 압력과 핍박에 영향을 받지 않는 곳이었습니다. 거기가 바로 '시온 산'이었습니다. 거기에 주님이 서 계십니다. 또 그와 함께 구원받은 성도 십사만 사천 명이 서 있습니다. 이 시온 산이 어디입니까? 시온 산은 문자적인 예루살렘을 말하지 않습니다. 이때는 이미 예루살렘은 파괴되었을 것이라고 믿어집니다. 아마 파괴되지 않았다면 곧 파괴되어질 것입니다. 그러면 여기 주님이 서 계신 시온 산은 어디를 말하는 것입니까?

이것은 바로 신약의 교회입니다.

구약 선지자들은 여러 곳에서 시온성이 회복될 것이라고 예언했습니다.

그것은 눈에 보이는 예루살렘 성전의 회복이 아닙니다. 역사적으로 가장 어리석었던 일은 중세 때 많은 기독교 국가들이 함께 십자군을 조직하여 예루살렘을 되찾기 위하여 회교도들과 싸운 것입니다.

주님이 함께 하시는 시온 산은 신약의 교회입니다. 구약의 선지자들이 고대하였고 주님이 지금 성도들과 함께 서 계시는 시온 산은 바로 우리가 있는 이곳인 것입니다.

히브리서 12:22에서는 '그러나 너희가 이른 곳은 시온 산과 살아계신 하나님의 도성인 하늘의 예루살렘과'라고 말씀하고 있습니다. 우리는 이 말이 금방 이해가 되지 않습니다. 왜냐하면 교회야 말로 이 세상에서 가장 공격받는 곳이며 로마 황제가 가장 노리고 있는 곳이기 때문입니다. 물론 교회가 사람들을 지켜 주지 못할 때가 많이 있습니다. 예배를 드리다가도 누가 와서 잡아가면 잡혀가야 할지도 모릅니다. 물론 그들의 장소는 공격당할 수 있습니다. 또 그리스도인들은 예배드리다가 쫓겨 날 수도 있습니다. 그러나 그 공동체 자체는 얼마나 강하고 생명력이 있으며 안전한지 모릅니다. 사탄이 그 안에 있는 자를 잡아가려면 하나님의 허락이 있어야 합니다. 그렇지 않은 이상 머리털 하나 상하게 하지 못합니다. 하나님께서는 우리의 머리털까지 다 헤아리셨기 때문에 머리털 하나도 손상시키지 못합니다. 믿음의 식구들이 당하는 고난은 하나님께서 허락하셨기 때문이며 하나님의 선한 뜻이 있기 때문입니다.

우리는 믿음의 식구들이 당하는 고난의 이유를 다 알지 못합니다. 그러나 반드시 유익한 것으로 나타납니다. 이것은 분명합니다. 그들의 죽음마저도 결코 헛되지 않게 하십니다. 오늘의 시온은 하나님의 말씀에 순종하고 주님께 복종하는 자들의 모임입니다. 여기가 이 세상에서 가장 안전한 곳입니다. 이곳은 하나님의 은혜가 있는 곳입니다. 이곳은 하나님의 용서가 있고 성령의 은혜가 인간의 분노를 치료하는 능력이 있는 곳입니다. 눈물이 있고 겸손한 자들이 모인 거기가 바로 가장 안전한 시온 산입니다. 거기에 주님이 서 계십니다.

주님의 모습

오늘 본문에서 특이한 것은 시온에 함께 하시는 우리 주님의 모습입니다.

성경에 보면 '보라 어린 양이 시온 산에 섰고'라고 말씀하고 있습니다.

우리가 생각하기에 시온을 지키시는 주님의 모습이라고 하면 큰 칼을 가지고 계신 장군의 모습이거나 혹은 왕관을 쓰신 왕의 모습이어야 할 것입니다.

그런데 시온에 계신 주님의 모습은 너무나도 약한 어린 양의 모습입니다. 어떻게 어린 양이 이 '십사만 사천 명'을 그 악한 로마 황제의 공격에서 지켜줄 수 있겠습니까? 바로 여기에 가장 중요한 비밀이 있습니다.

우선 우리 주님이 어린 양의 모습을 하고 있는 중요한 이유는 시온의 능력은 사람을 이기는데 있는 것이 아니라 하나님 앞에 거룩하고 정결한 데 있기 때문입니다. 어린 양이라고 하는 것은 하나님 앞에서 우리의 모든 죄를 다 해결하신 주님의 모습입니다. 그래서 이 세상의 어떤 재앙도 우리 성도들에게는 미치지 못하는 것입니다. 왜냐하면 이 세상의 그 어떤 재앙도 하나님의 허락 없이는 우리 성도들의 머리털 하나 상하게 할 수가 없습니다. 우리 믿는 자들은 하나님 앞에서 그 모든 죄가 다 사함을 받았기 때문에 아무리 사탄이 충동질을 하여도 통하지 않고 하나님께서 이들을 심판하는 것을 결코 허락하시지 않기 때문입니다. 그래서 우리는 어려운 위기를 당했을 때 사람을 붙들고 사정을 하는 것보다 하나님 앞에 온전한 예배를 드리고 기도로 매달리는 것이 훨씬 낫습니다. 왜냐하면 그 사람들을 움직이시는 분이 하나님이시기 때문입니다. 우리 자신을 하나님 앞에 믿음의 산

제사로 드리면 아무것도 두려워할 것이 없습니다. 하나님께서 불말과 불병거로 우리를 지키시기 때문입니다.

그리고 두 번째로 주님이 어린 양의 모습을 하신 이유는 예수님 자신이 우리의 본이신 것을 보여주시려는 것입니다. 어린 양은 아무 힘이 없습니다. 그리고 자기 자신을 방어할 능력도 전혀 없습니다. 그러나 어린 양이 승리를 하셨습니다. 그 이유는 그가 오로지 하나님 아버지의 말씀만을 붙잡았기 때문입니다. 어린 양은 사망의 세력을 부수고 승리하셨습니다. 원래 양이라고 하는 짐승은 다른 것은 다 모자라지만 귀 하나만은 그렇게 정확할 수가 없습니다. 그래서 자기 목자의 음성만은 정확하게 알아듣습니다. 그래서 우리도 예수님처럼 하나님의 음성만 듣고 따라가면 사망의 세력도 깨트리고 이 세상의 모든 재앙에서도 승리할 수가 있는 것입니다. 사실 로마 황제의 힘은 사람을 죽이는 능력입니다. 그러나 이 세상에서 가장 무식한 힘이 사람을 죽이고 약한 자를 정복하는 능력입니다. 예수님께서 이 세상을 심판하려고 하셨다면 얼마든지 간단하게 심판하실 수 있었습니다. 예수님께서는 유대인들에게 체포되시면서 '내가 하늘의 열두 영 되는 천사들을 지금이라도 부를 수 있다'고 말씀하셨습니다. 예수님이 이 세상의 멸망을 원하셨다면 십자가를 지실 필요도 없으셨습니다. 당장 천사들의 부대를 보내어 심판하시면 될 것입니다. 그러나 죽은 자를 살리려고 하시니까 그렇게 약한 어린 양으로 오실 수밖에 없었던 것입니다.

칼도 여러 종류가 있지만 사람을 죽이는 칼이 생기기는 가장 멋있게 생겼습니다. 그러나 검객들이 쓰는 큰 칼은 사람을 찔러서 죽이기는 하지만, 살리지 못합니다. 반대로 수술하는 의사들이 쓰는 칼은 작고 못생겼지만 사람을 치료하고 살리는 칼인 것입니다. 멸망으로 가는 죄인 한 사람을 살리려면 얼마나 힘이 드는 줄 모릅니다. 오래 참아야 하고 자신을 희생해야 한 사람을 살릴 수가 있는 것입니다.

성도들의 승리 찬송

오늘 본문을 보면 로마 황제의 무서운 핍박 가운데도 믿음을 지키고 승리한 성도들의 찬송이 나옵니다. 그리고 두 번째는 구원받은 성도들의 특징에 대하여 말씀을 하고 있습니다.

우선 이 성도들이 로마 황제의 핍박에도 승리할 수 있었던 것은 믿음 때문이었습니다.

1절 하반절에 '그 이마에 어린 양의 이름과 그 아버지의 이름을 쓴 것이 있도다'라고 말씀하고 있습니다.

이마에 무엇을 썼다고 하는 것은 어떤 사람의 생각 속에 어떤 믿음을 인치는 것을 말합니다. 승리한 성도들의 이마에는 모두 어린 양의 이름과 그 아버지의 이름이 새겨져 있습니다.

성경에는 여러 곳에서 '인친다'는 표현이 나옵니다. 가장 대표적인 것이 성령으로 인을 치는 것입니다. 이것은 믿는 자에게 주시는 체험적인 확신을 의미합니다.

에베소서 1:13에서 "그 안에서 너희도 진리의 말씀 곧 너희의 구원의 복음을 듣고 그 안에서 또한 믿어 약속의 성령으로 인치심을 받았으니"라고 말하는 것은 성령을 통한 체험적인 확신을 의미하는 것입니다.

그러나 여기서 이마에 그 이름을 썼다고 하는 것은 그 사람의 머릿속에 분명한 믿음의 결단이 있다는 것입니다. 그는 예수가 누구이며 그의 아버지가 누구신지 아는 지식이 있고 그 지식은 확신으로 차 있습니다. 그래서 어느 누구도 그의 머리에서 예수 그리스도에 대한 참된 믿음을 지울 수가 없다는 뜻입니다.

구약 성경에 보면 다니엘이 바벨론에 포로로 끌려갔을 때 바베론은 그에게 다른 여러 젊은이들과 함께 왕의 진미를 먹게 했는데 그 왕의 진미는 우상에게 바치고 나오는 우상의 제물이었습니다. 그때 다니엘은 자기 몸을 이 더러운 우상의 제물로 더럽히지 않기로 결심을 했습니다. 그래서 자기들을 책임지고 있는 환관에게 부탁하기를 '나는 왕의 진미를 먹을 수 없다'고 하면서 채식을 달라고 했습니다. 그때 하나님께서는 환관의 마음을 움직이셔서 시험적으로 다니엘에게 채식을 주게 했는데 다른 젊은이들보다 더 윤기가 있고 건강했다고 말씀하고 있습니다. 우리 인간에게 중요한 것은 생각입니다. 즉 우리 인간은 마음먹기에 따라서 천사가 될 수도 있고 짐승이 될 수도 있습니다. 그런데 그리스도인들의 특징이 무엇인가 하면 마음속에 어린 양의 이름이 새겨져 있고 하나님의 이름이 새겨져 있습니다. 이것은 다시 말해서 이들이 바로 하나님의 사람이라는 뜻입니다. 그래서 어떤 우상의 유혹도 이들을 굴복시킬 수 없었고 이들의 머릿속에 파고 들어올 수 없었던 것입니다.

나중에 로마가 기독교인들을 결국 쓰게 되는데 그 이유는 기독교인들만큼 정직하고 도덕적으로 깨끗한 자가 없기 때문이라고 말씀하고 있습니다.

그리스도인은 예수가 누구신지 분명히 아는 자들입니다. 그 이름이 이마에 새겨져 있는 자들입니다. 이 분은 네로와 다른 분이십니다. 네로는 한 인간에 불과하지만 이 분은 영원하신 하나님이십니다. 네로는 우리와 똑같은 인간이며 지금 하나님이 주신 권력을 남용하고 있는 권력의 찬탈자이지만, 그리스도는 영원한 왕이십니다. 눈앞에 있는 고통 때문에 영원한 왕을 부인할 수 없는 자들이 바로 이 시온 산에 서 있는 자들입니다. 이 세상에 있는 권력자들은 자신의 범위 안에서 정당한 것입니다. 그 범위를 벗어나서 월권을 하면 그리스도를 대적하는 것이며 그의 권력을 찬탈하는 것입니다. 이것을 너무나도 분명히 알고 있기 때문에 이들은 그리스도를 부인하고 네로를 경배할 수 없었습니다.

두 번째로 이들은 그리스도와 함께 승리의 찬송을 부릅니다.

2, 3절 내가 하늘에서 나는 소리를 들으니 많은 물소리도 같고 큰 뇌성도 같은데 내게 들리는 소리는 거문고 타는 자들의 그 거문고 타는 것 같더라 저희가 보좌와 네 생물과 장로들 앞에서 새 노래를 부르니 땅에서 구속함을 얻은 십사만 사천인 밖에는 능히 이 노래를 배울 자가 없더라

시온에 있는 성도들이 부르는 노래는 우선 노래 소리가 너무나도 장엄하고 컸습니다. 성경에는 이들이 부르는 노래는 많은 물소리와 같습니다. 많은 물소리가 어떻습니까? 거대한 폭포에서 물이 떨어지는 소리는 힘이 있습니다. 지속적으로 엄청난 소리를 내면서 물이 떨어지는데 다른 소리들은 다 그 소리에 삼키워서 들리지 않습니다. 그 뿐만 아니라 뇌성과도 같습니다. 뇌성과 같은 소리는 확신과 자신에 찬 아주 큰 소리입니다. 우리 성도들이 부르는 찬송은 모든 불안과 두려움을 몰아내고 승리를 확신하는 찬송인 것입니다.

그러면서 이 소리는 거문고 소리와 같다고 했습니다. 이것은 그 찬송 소리가 섬세하고 아름답다는 것입니다. 이 어린 양의 노래는 출애굽기에 나오는 모세의 노래와 같은 맥락의 노래입니다.

이스라엘 백성들이 애굽을 탈출할 때 그들 앞에는 홍해라는 바다가 가로놓여 있고 뒤에서는 애굽의 병거와 마병들이 추격을 하고 있었습니다. 이스라엘 백성들은 꼼짝도 하지 못하고 홍해 바다 앞에서 대 학살을 당할 수밖에 없었는데 하나님의 말씀 하나로 바다가 갈라져버렸습니다. 모든 이스라엘 백성들은 바다 속에 난 길을 걸어서 건넜고 그들을 추격하던 애굽의 군대들은 바다가 다시 합쳐지는 바람에 모두 물에 빠져 죽었습니다. 그 때 그들이 온 힘을 다 하여 부른 노래가 바로 모세의 노래였습니다. 그들이 노래한 것이 무엇입니까? 하나님은 살아계시며 하나님은 애굽의 군병들보다 훨씬 강하시다는 것입니다.

마찬가지로 우리가 이 세상만 보면 인간의 힘이 얼마나 두렵고 위대한지 모릅니다. 그런데 하나님께서는 그런 인간의 교만을 가만히 내버려두십니다. 그래서 결국 극한적인 상황까지 가게 하신 후 한 순간에 악한 자를 내리치시고 우리 성도들에게 이김을 주시는 것입니다.

그때 망할 수밖에 없었던 성도들의 입에서는 온 힘을 다한 찬송이 터져나옵니다. 그 찬송의 내용이 무엇입니까? 하나님은 살아계시며 우리를 구원하시기에 능하시다는 것입니다.

3절 저희가 보좌와 네 생물과 장로들 앞에서 새 노래를 부르니 땅에서 구속함을 얻은 십사만 사천인 밖에는 능히 이 노래를 배울 자가 없더라

우리가 이 세상에서 부르는 찬송은 하나님의 보좌 앞에서 부르는 것입니다. 왜냐하면 우리가 예배드리는 곳은 하늘이 열린 곳이며 우리는 하나님 바로 앞에서 찬송을 드리고 기도를 하는 것입니다. 그런데 이 노래는 구원 받은 십사만 사천 명 외에는 배울 자가 없다고 말씀하십니다. 그 이유가 무엇입니까? 곡조가 어려워서가 아닙니다. 구원받은 체험이 없는 사람은 도저히 이 노래를 이해할 수가 없는 것입니다.

왜 우리가 찬송을 부릅니까? 우리의 구원을 말로는 다 표현할 수 없기 때문입니다. 그 구원의 감격을 찬송의 형태 외에는 달리 표현할 길이 없기 때문에 찬송을 부르는 것입니다. 어떨 때에는 찬송을 부르지 못하면 속이 터져서 죽을 것 같은 때도 있습니다. 만약 우리가 의미 없이 찬송을 부른다면 그것은 차라리 부르지 않는 것만 못한 것입니다. 우리의 찬송 속에는 그리스도의 구원이 주제가 되어야 하고 그 구원에 대하여 말로 표현할 수 없는 감격이 들어 있어야 합니다. 이것이 구원받은 자들의 특징입니다. 이들은 항상 노래를 부릅니다. 이들은 노래로 기도하고 노래로 서로 위로하며

노래로 말을 합니다. 노래로 교제를 합니다. 죽을 때도 노래를 부릅니다. 구원의 감격, 이것이 그들로 하여금 이 세상에서 살게 하는 힘입니다.

찬송이 우리에게 주는 의미가 무엇입니까? 이것은 하나님이 살아계신다는 선포입니다. 우리가 하나님의 이름을 선포할 때 모든 사탄의 세력은 힘을 잃게 되어 있습니다. 그리고 찬송하는 우리가, 바로 우리들이 얼마나 특별한 사람인지 보여주는 증거인 것입니다. 우리는 그 노래 안에 담겨 있는 것 같은 특별한 사람들입니다. 우리가 부르는 찬송보다 우리를 이 세상과 더 구별시켜 주는 것이 없습니다. 아마 세상 사람들은 우리가 이 새 노래를 부를 때 보다 더 무섭고 두려울 때가 없을 것입니다. 왜냐하면 자기들이 전혀 모르는 노래이며 배울 수 없는 노래이기 때문입니다. 우리가 새 노래를 부른다고 하는 것은 우리의 감정과 정서까지 새롭게 창조 받았다는 뜻입니다. 우리에게는 남들이 모르는 기쁨이 있는 것입니다.

구원받은 성도들의 특징

오늘 본문은 이렇게 예수님과 함께 영광의 찬송을 부를 수 있는 사람들이 어떤 사람인지 분명히 보여주고 있습니다.

우선 첫째는 도덕적으로 깨끗한 사람들입니다.

4, 5절 이 사람들은 여자로 더불어 더럽히지 아니하고 정절이 있는 자라. 어린 양이 어디로 인도하든지 따라가는 자며 사람 가운데서 구속을 받아 처음 익은 열매로 하나님과 어린 양에게 속한 자들이니 그 입에 거짓말이 없고 흠이 없는 자들이더라

우선 이들은 '여자로 더불어 더럽히지 않은 자들'입니다. 다시 말해서

성적으로 더러운 짓을 하지 않은 자라는 뜻입니다. 어떤 분은 이것을 문자적으로 해석을 해서 구원을 얻으려면 독신으로 살아야 한다고 주장하는데 그렇지 않습니다. 하나님께서 우리에게 주신 성은 더러운 것이 아니고 가장 아름다운 선물이고 축복인 것입니다. 여기서 여자로 더불어 더럽히지 않았다는 것은 두 가지 의미가 있습니다. 하나는 성적으로 타락한 생활을 하지 않았다는 뜻입니다. 로마의 문제가 무엇입니까? 그들은 성적으로 너무 타락해 있었던 것입니다. 사람이 하나님을 두려워하지 아니하면 가장 먼저 찾아오는 것이 성적인 방종입니다. 하나님께서는 남자와 여자를 하나님의 형상으로 만드시고 남녀 간의 바른 관계에서 하나님의 아름다운 성품이 나타나게 하셨습니다. 인간이 짐승이 아닌 것은 성을 스스로 절제할 수 있는 점입니다. 그러나 사람이 교만하면 하나님이 주신 아름다운 선물인 성을 더럽히게 되어 있습니다. 로마는 겉으로 보이는 화려함과는 달리 성적으로 엄청나게 타락한 사회였습니다. 그리스도인들은 그런 가운데서도 성적으로 자신을 지킨 자들이며 자신을 절제한 사람들이었습니다.

그리고 여기서 정절이 있다고 하는 것은 단순한 성적인 것 이상의 의미가 있습니다. 여기서 '여자로 더불어 더럽힌다'고 하는 것은 그의 삶이 세상 사람들의 사고방식을 따라 하는 것도 포함이 됩니다. 단순히 잘못된 성만이 더러운 것이 아닙니다. 이 세상에는 더러운 말도 있고 더러운 물건도 있고 더러운 생각도 있습니다. 우리가 이런 것을 따라가면 우리의 인격이 더러워지게 됩니다. 이것을 성경은 '여자로 더불어 자신을 더럽히는' 의미에 포함시킬 수 있습니다. 물론 여기서 '여자'라고 하는 것은 좋지 않은 여자를 말하는데 로마 자체가 이런 좋지 못한 여자로 비유가 되는 것입니다. 그리스도인은 자신을 지키는 사람들입니다. 마치 신부가 남편을 위하여 자신을 지키는 것과 같습니다.

나중에 성공한 모든 믿음의 형제들의 말을 들어 보면 가장 힘든 것이 역시 자신을 지키는 것이라고 고백을 합니다. 물론 성공하는 것도 쉬운 것은 아닐 것입니다. 그러나 하나님께서 우리를 축복하시면 우리는 얼마든지 유명해질 수도 있고 높아질 수도 있습니다. 그러나 우리 그리스도인들에게도 가장 힘든 것이 자기 마음을 지키고 자기 입을 지키고 자기 행실을 더럽히지 않고 지키는 것입니다. 그래서 우리 성도들의 성공은 이 세상에서 죄짓지 않고 자기 양심을 더럽히지 않고 깨끗하게 보존하는 것입니다. 그런 사람은 가장 위대한 삶을 산 것입니다.

두 번째로 그들은 '어린 양이 어디로 인도하든지 따라가는 자'입니다. 즉 이들은 어린 양에 대한 절대적인 믿음이 있는 사람들입니다. 어린 양이 목자가 되어서 어디로 데리고 가든지 이들은 믿고 따라가는 사람들입니다. 사실 목자가 양들을 데리고 갈 때 언제나 좋은 길로만 데리고 가지는 않습니다. 때로는 자갈길도 있을 것이고 때로는 진흙길도 있을 것이고 때로는 절벽 옆의 위험한 길도 있을 것입니다. 그러나 이들은 목자가 나를 죽이려고 한다고 하면서 달아나지 않습니다. 그들은 목자에 대한 절대적인 신뢰가 있기 때문에 지금 당장은 거친 길로 가지만 얼마가지 않으면 푸른 초장이 있고 맑은 시내가 있는 곳으로 가게 된다는 것을 알게 됩니다. 예수님께서는 '이 세상에는 두 길이 있는데 멸망으로 가는 길은 크고 넓어서 그리로 가는 사람들이 많고, 생명으로 가는 길은 좁고 협착하고 찾는 사람이 적다'고 말씀하셨습니다.

예수님이 우리를 인도하시는 길은 넓고 편한 길이 아니라 좁고 협착한 길입니다. 그래서 넓은 길을 가는 사람들이 보면 망하는 길을 가는 것 같고 어리석은 짓을 하는 것 같습니다. 그러나 예수님께서는 바로 그 길이 사는 길이요 생명의 길이라고 말씀하십니다. 그런데 이 '십사만 사천 명'은 바로 이 좁은 길을 믿고 따라간 사람들이고 그 길을 통과한 사람들인 것입니다.

그리고 이 사람들은 하나님께서 예비하신 자신의 길이 있다는 것을 믿고 절대로 세상에서 잘되는 사람들을 부러워하지 않았습니다. 이들은 세상의 가치관을 따라가는 자들이 아닙니다. 이들은 어린 양이 어디로 인도하시든지 그래도 따라갈 준비가 되어 있는 자들입니다. 다시 말해서 자신의 삶에 대하여 주님의 선한 뜻이 있다는 것을 믿습니다. 지금 우리 눈앞에는 이해할 수 없는 여러 가지 일들이 일어나고 있지만 그들은 결국 이 모든 것이 합력하여 선을 이룬다는 것을 믿습니다.

우리는 자기 자신의 삶을 자기가 붙들고 쩔쩔매지 않습니다. 주님이 자신을 이끄시는 대로 따라갑니다. 주님이 이끄시는 방향이 어디입니까? 우리가 신앙적으로 더 자라고 영적으로 더 성숙하는 것입니다. 이 방향으로 노력하면 모든 것이 다 잘되게 되어 있습니다. 우리는 어디에 좋은 꼴이 있는지 모릅니다. 결국 좋은 초장을 구하려면 거친 들판을 건너가야 하고 사망의 골짜기도 지나가야 합니다. 결국 주님을 전적으로 의지하는 자만이 이런 모험을 합니다. 신앙은 모험입니다. 우리는 이 하나밖에 없는 인생을 누군가에게 맡겨야 합니다. 그러나 이들은 자신의 인생을 주님께 모두 맡긴 자들입니다. 이들은 자신의 미래를 주님께 맡긴 자들입니다. 우리는 우리가 가야 할 곳과 가서는 안 되는 길을 구별하고 주님이 우리에게 인도하시는 그 길에서 매일매일 최선을 다하면 되는 것입니다. 그러면 기적이 일어나게 되어 있습니다. 요단강이 갈라지고 여리고성이 무너지는 체험을 하게 되는 것입니다.

세 번째로 그들은 하나님께 바쳐진 사람들이었습니다.

'사람 가운데서 구속을 받아 처음 익은 열매로 하나님과 어린 양에게 속한 자들이니'

처음 익은 열매라고 하는 것은 하나님께 바쳐진 존재라는 뜻이고 하나님의 목적을 이루어 드리기 위하여 존재하는 자들이라는 뜻입니다. 이스라엘 백성들은 처음 익은 열매를 하나님께 바쳤습니다. 그것은 온전한 헌신의 의미가 있습니다. 구약 시대에 자신의 삶을 하나님께 바친 자들을 나실인이라고 불렀습니다. 그리고 그들은 성령의 능력으로 이스라엘을 위기에서 구원하기도 했습니다. 믿는 사람들은 하나님의 첫 열매입니다. 즉 이 세상에서 하나님께서 찾는 것은 오직 첫 열매입니다. 좋은 기술이나 학문이 첫 열매가 아닙니다. 예수를 믿는 믿음으로 변화되는 사람들이 첫 열매입니다. 하나님께서는 이 첫 열매 때문에 이 세상을 붙들고 계십니다.

우리가 이 세상에 사는 것은 자기가 해 보고 싶은 것을 실컷 해 보기 위하여 사는 것이 아닙니다. 그것은 첫 열매의 사명이 아닙니다. 그것은 하나님께 속하지 않은 사람들이 할 일입니다. 우리는 자기가 하고 싶은 것을 하기 위하여 살지 않습니다.

나를 통하여 하나님께서 이 세상에 보여 주시고 싶은 일들이 있습니다. 구속받은 자들은 그렇게 사용되어지는 것을 기뻐합니다. 내가 하고 싶은 것과 하나님께서 나를 통하여 이 세상에 보여 주려고 하는 것들은 잘 일치하지 않습니다. 그럴 때 나의 뜻을 죽이고 하나님의 뜻을 기쁘게 이루어 드리는 것이 바로 이 구원받은 자들이 하는 일이라는 것입니다.

하나님께서 나를 통하여 이 세상에 무엇을 보여 주시려고 하는지 우리는 알지 못합니다. 분명한 것은 하나님께서 나를 통하여 하나님의 살아계심을 보여 주시며 하나님의 인자하심과 자비하심의 풍성하심을 보여 주실 것이며 그것이 나에게도 큰 은혜가 되며 유익이 된다는 것입니다.

마지막으로 이들은 거짓말을 하지 않고 흠이 없는 사람입니다. 거짓말을 하지 않는다는 것은 말이 진실한 것입니다. 그는 그가 하는 모든 말이 주님을 증거하는 증거로 채택될 수 있다는 것을 압니다. 사람들은 흔히 공식적인 표현보다는 일상적인 대화에서 무엇을 얻을 때가 많습니다. 그래서 그들은 항상 진실하려고 애를 써야 합니다.

여기서 흠이 없다는 것은 전혀 죄를 짓지 않는다는 뜻이 아닙니다. 그들도 속에 죄성을 가지고 있습니다. 언제나 진실하다는 것이 아닙니다. 이들도 때로는 진실하지 못한 말을 할 때가 많습니다. 그러나 중요한 것은 자신의 거짓말에 대하여 자기가 참지 못하는 것입니다. 이들에게 있어서 중요한 것은 자기에게 있는 도덕적인 흠에 대하여 자신이 견디지 못하는 것입니다.

그래서 자신의 작은 도덕적인 흠이나 거짓말을 가지고 하나님 앞에 가서 늘 씻기를 원합니다. 주의 십자가에서 흐르는 피에 자기의 부정한 양심을 씻지 않으면 견디지 못합니다. 다시 말해서 결코 자신을 다 된 사람이라고 생각하지 않습니다.

우리는 늘 스스로 부족하다고 생각합니다. 그러나 그 사람의 삶은 늘 부족한 가운데도 너무나도 위대합니다. 우리는 늘 미완성의 삶을 삽니다. 그러나 그것은 위대한 미완성입니다.

오늘 본문이 말씀하시는 것이 무엇입니까? 로마 황제의 그 심한 핍박과 로마의 도덕적인 타락에도 불구하고 교회는 전혀 영향을 받지 않고 마치 시온 산처럼 그 정절과 거룩을 지키고 있는 것을 보여주는 것입니다. 이 세상을 보면 모두 황제 숭배의 도장을 받은 자밖에 보이지 않습니다. 과연 황제가 세계 모든 사람들의 육체와 정신을 지배한 것 같습니다. 그러나 시온 산은 건재합니다. 아무리 죄악이 들끓어도 거룩한 백성들은 남아 있습니다. 그들의 이마에는 그리스도와 그 아버지의 이름이 씌여져 있습니다.

그들은 불평하지 않습니다. 오히려 말할 수 없는 기쁨 중에 구원의 감격을 노래합니다. 그들은 매순간 매순간 하나님의 지켜주심을 믿습니다. 세상의 죄악이 그렇게 극심함에도 불구하고 이들은 더욱 더 거룩하고 더 순결합니다. 왜냐하면 성령의 능력이 그들을 지켜 주시기 때문입니다.

CHAPTER • 29

날아가는 천사의 메시지

요한계시록 14:6-13

얼마 전까지만 해도 중국은 경제 호황을 만나서 아시아에서 가장 불경기의 영향을 받지 않는 나라로 여겨졌습니다. 그러나 2003년에 '사스'라는 전염병이 퍼지니까 도시는 죽음의 도시로 변하고 사람들이 중국 물건을 사지 않으니까 중국의 경기는 바닥으로 떨어지게 되었습니다. 이것을 보면 우리는 개인이나 국가나 도무지 한치 앞을 내다 볼 수 없다는 생각을 하지 않을 수가 없습니다. 즉 우리가 살고 있는 이 세상은 어떤 세상이며, 나는 무엇을 붙들어야 하며, 어떤 길을 걸어가야 하나밖에 없는 내 인생이 비참한 멸망에 빠지지 않고 영원한 생명을 얻을 수 있느냐 하는 것입니다.

예수님께서는 우리에게 분명하게 말씀 하시기를 '좁은 문으로 들어가라. 멸망으로 인도하는 문은 크고 그 길이 넓어 그리로 들어가는 자가 많고 생명으로 인도하는 문은 좁고 길이 협착하여 찾는 이가 적음이니라'(마 7:13, 14)라고 하셨습니다. 여기서 우리가 알 수 있는 것은 이 세상에 분명히 생명의 길이 있다는 것입니다. 그런데 그 생명의 길은 많은 사람들이 가는 그 길은 아니고 대단히 좁은 길이라는 것입니다. 얼마나 그 길이 좁을까요? 예수님께서 좁은 문이라고 말씀하시는 것은 많은 사람들이 한꺼번에 들어갈 수 없을 뿐 아니라 들어가는 사람도 많은 것을 짊어지고는 들어갈 수 없을 정도로 좁은 문이요 좁은 길인 것입니다. 예를 들어, 사람이 불타는 건물이나 자동차에서 빠져 나오려고 하면 많은 물건을 가지고 나올 수 없습니다. 그는 겨우 자기 생명 하나 건지면 큰 다행인 것이지요. 마찬가지로 우리는 이 세상에서 우리의 영혼 하나 건지고 나머지는 하나님이 주시는 것으로만 살아야 하는 것입니다.

오늘 말씀은 하늘을 날아가는 세 천사의 메시지가 나옵니다.

우리가 보면 보통 날아가면서 소리를 내는 것은 새들이 하는 것입니다. 새들은 날아가면서 끼룩 끼룩 소리를 내면서 날아갑니다. 그런데 오늘 본문을 보면 세 천사가 날아가면서 소리 내며 가는데 그것은 결국 이 세상에 대한 심판의 메시지인 것입니다.

예를 들어, 전쟁을 할 때 군인들이 어느 도시에 진군하기 전에 그 도시에 있는 사람들에게 항복을 하라고 전단을 뿌리는 것처럼 천사들이 이 세상을 날아가면서 메시지를 전하는 것입니다. 이것은 그만큼 이 세상에 대한 하나님의 심판이 임박한 것을 보여줍니다.

물론 실제로 이런 일은 일어나지 않습니다. 아무리 하나님의 심판이 임박하다 해도 천사들이 날아가면서 심판의 메시지를 전하지는 않습니다. 이것은 그만큼 이 세상에 대한 하나님의 진노의 심판이 임박한 것을 의미하는 것입니다. 단지 세상 사람들은 그 음성을 듣지 못하기 때문에 여전히 죄에 머물러 있는 것입니다.

하늘을 나는 천사가 하는 말은 절대로 이 세상이 안전하지 않다는 것입니다. 이 모든 세상은 마치 바그다드가 미군 폭격으로 무너지듯이 무너질 수밖에 없는 운명에 처해 있습니다.

이것을 아는 사람은 어떻게 해야 합니까? 절대적으로 이 세상에서 빠져 나와야 살 수 있는 것입니다. 그러면 이 세상을 빠져 나와서 어디로 피난을 가야 합니까? 그것은 어떤 장소가 아닙니다. 자신의 삶을 바꾸어야 하는데, 인간을 높이고 자기 자신을 높이는 삶에서 하나님을 경배하고 하나님을 높이는 삶으로 돌아서는 것이 가장 안전한 곳으로 피난하는 것이라고 말씀하고 있습니다. 이 세상에서 가장 안전한 사람들은 하늘과 땅과 만물을 만드신 하나님을 섬기며 하나님의 뜻에 순종하는 사람들입니다. 이 사람은 어떤 곳에 있어도 안전한 것입니다. 왜냐하면 하나님께서 그들의 아버지가 되어주시며 그들의 피난처가 되어주시기 때문입니다.

하나님을 경배하라는 천사의 메시지

6, 7절 또 보니 다른 천사가 공중에 날아가는데 땅에 거하는 자들 곧 여러 나라와 족속과 방언과 백성에게 전할 영원한 복음을 가졌더라 그가 큰 음성으로 가로되 하나님을 두려워하며 그에게 영광을 돌리라 이는 그의 심판하실 시간이 이르렀음이니 하늘과 땅과 바다와 물들의 근원을 만드신 이를 경배하라 하더라

요한은 공중을 날아가는 한 천사를 보게 됩니다. 그가 날아가면서 큰 음성으로 말하는 것을 보면 그가 얼마나 급한 임무를 받았으며 또 얼마나 많은 사람들이 그의 말을 들어야 하는지를 보여주는 것입니다. 이 날아가는 천사가 맡은 임무는 이 세상의 모든 족속과 방언에 있는 사람들에게 하나님을 경배하라는 말씀을 전하는 것입니다. 그리고 하나님께서는 하나님을 모르고 하나님을 섬기지 않는 자들에게 영원한 진노의 심판을 준비하고 있다는 것입니다.

사실 천사가 날아가면서 전하는 이 복음의 말씀을 하나님께서는 우리

믿는 자들을 통하여 온 세상에 전하게 하십니다. 그런데 우리가 온 도시를 돌아다니면서 '이 도시가 하나님을 섬기지 않기 때문에 곧 하나님의 진노의 심판으로 멸망할 것입니다'라고 소리를 치면 사람들이 받아들이느냐 하는 것입니다. 사람들은 오히려 미친놈이라고 하면서 조롱을 할 것입니다. 왜냐하면 이 세상은 아무리 봐도 망하게 생겨 먹었지 않기 때문입니다. 멀쩡한 세상에 대하여 오직 하나님을 믿지 않기 때문에 망한다고 하면 누가 그것을 믿겠습니까? 그러니까 이 세상 사람들에 대한 하나님의 심정을 당장이라도 천사가 하늘을 돌아다니면서 하나님을 경배하지 않고 자기 욕심을 위하여 사는 사람들은 멸망할 수밖에 없다고 외치고 싶지만 사람들은 그것을 믿지 않는 것입니다. 그래서 결국 우리 믿는 사람들이 이 세상에 살면서 사람들을 한 사람 두 사람 만나고 사귀어서 그들에게 자기가 가지고 있는 믿음에 대하여 설득을 하는 수밖에 없는 것입니다. 그때 이상하게 그 사람들의 마음속에도 감동이 일어나면서 어쩌면 이 사람의 말이 맞을지도 모르겠다는 생각을 가지게 되는 것입니다.

구원이라고 하는 것은 어려운 고난에서부터 구출되는 것을 의미합니다.

2003년에 일어났던 지하철 참사에서도 방화를 한 사람이 탄 칸에 있는 사람들은 불이 붙은 것을 알았습니다. 그러나 자기들만 살면 된다는 생각으로 적극적으로 다른 칸 사람들에게 알리지 않은 것입니다. 자기 혼자만 살려고 피해버리니까 결국 다른 사람들은 구원함을 받지 못하고 너무나도 많이 죽은 것입니다. 그런데 성경은 마지막 날에 이런 일이 또 일어난다는 것입니다. 모든 사람들이 다 죽게 생겼는데 아무도 말해주지 않는 바람에 아까운 목숨들이 떼죽음을 당하게 생겼다는 것입니다. 그래서 천사는 날아가면서 이 세상 사람들이 반드시 알아야 할 것을 전해주고 있는데 그것은 천지를 만드신 하나님을 믿고 경배해야 한다는 것입니다. 이 말은 인간은 자기 자신에게 만족하고 자기 자신을 위하여 살아서는 안 된다는 뜻입니다.

예수께서 주시는 구원은 지금 당장 우리들이 처한 어려운 곤경에서 부터 구출되는 것이 아닙니다. 예수 믿는다고 해서 지금 당장 병이 낫거나 어려움에 빠진 사업이 달라지는 것은 아닙니다. 예수 그리스도께서 주시는 구원은 장차 있을 하나님의 무서운 진노의 심판에서부터 구원받는 것입니다. 그래서 대부분의 사람들은 이 약속을 믿지 않습니다. 왜냐하면 앞으로 하나님의 무서운 심판이 있을지 없을지 아무도 장담할 수 없기 때문입니다.

사람들은 대체로 죽으면 끝이라고 생각합니다. 장차 하나님의 무서운 진노의 심판이 있다는 것을 무엇으로 보증합니까? 만약 사람이 죽은 후에 아무것도 없다면 괜히 믿는다고 온갖 고생만 한 사람들만 불쌍한 사람인 것입니다.

그럼에도 불구하고 우리는 이 하나님이 무서운 심판을 믿을 수밖에 없습니다.

첫째는 우리 인간은 피조물이라는 것입니다. 가장 중요한 것이 우리가 이 세상에 살아 있다면 우리를 만든 분이 있을 것이 아닙니까? 세상 사람들은 우리를 이 세상에 만든 분은 부모님이시기 때문에 부모만 잘 섬기면 된다라고 말을 합니다. 그러면 그 부모님을 만드신 분이 있을 것이 아닙니까? 그 부모님은 그 부모님의 부모님이 만드셨다고 생각을 합니다. 어떤 사람들은 결국 원숭이가 진화되어서 인간이 되었다고 말을 합니다. 그러나 한번 생각을 해 보십시오. 물론 원숭이와 우리 인간들이 비슷하게 생기기는 했지만 어떻게 사람이 원숭이와 같을 수가 있습니까? 우리 인간은 다른 피조물에 비하여 너무나도 잘 만들어졌습니다. 바로 이것이 하나님이 계신 증거입니다.

처음에 기독교가 우리나라에 전파되었을 때 사람들은 '야소교는 서양 귀신을 믿는 종교'라고 배척을 했습니다. 그때 선교사들은 야소교는 서양 귀신을 믿는 종교가 아니고 천지를 만드시고 우리 자신을 만드신 창조주 하나님을 믿는 신앙이라고 증거를 했습니다. 그때 이상하게 이 복음을 듣는 사람들의 마음이 뜨거워지면서 이 복음에 끌리게 된 것입니다. 우리가 하나님을 믿는 것은 저절로 끌리기 때문입니다. 이것은 마치 아이가 자기 부모를 찾아가는 것과 같습니다. 아이는 자기 부모에게 증거가 필요치 않습니다. 그냥 본능적으로 저분이 나의 부모라는 것을 압니다. 그리고 자기 부모를 만나기 전까지는 인생의 문제가 풀리지 않습니다.

우리가 진정으로 하나님을 만나기 전까지 가장 답답한 것이 온 인생의 문제가 수수께끼 투성이라는 것입니다. 내가 누구인지 그리고 무엇 때문에 살아야 하는지 모든 것이 의문투성이고 회의에 빠질 수밖에 없습니다. 그래서 인생에 대하여 진지하게 고민했던 모든 철학자들이나 종교인들은 허무주의에 빠질 수밖에 없었습니다. 왜냐하면 우리 인생의 문제는 인격적인 하나님을 만나기 전에는 아무것도 풀리지 않기 때문입니다.

그런데 더 심각한 것이 무엇인가 하면 우리 안에 있는 악한 마음입니다. 모든 사람들은 자신이 정직할 때에는 자기 안에 두 마음이 싸우고 있다는 것을 인정할 것입니다. 하나는 선하고 아름답게 살고 싶은 욕망입니다. 다른 많은 사람들에게 선을 베풀고 사랑을 베풀면서 의롭게 살고 싶은 욕망이 있습니다. 그리고 또 다른 한편으로는 무시무시하게 악한 마음이 또 있습니다. 남을 미워하고 죽이고 살인하고 강간하고 자기 욕심대로 모든 악한 것을 실컷 하면서 사는 것입니다. 그래서 이 세상에 가장 잔인무도한 악당은 마음속에 생각한 것을 실제로 행동으로 옮긴 것이고, 다른 사람들은 마음속으로 이런 생각을 하고 행동으로 옮기지 못한 차이뿐인 것입니다. 그런데 이 선한 마음과 악한 마음 중에서 어느 마음이 이기느냐 하면 언제나 악한 마음이 이깁니다. 이것이 사람을 미치게 만드는 것입니다.

사도 바울이 말한 것처럼 선을 행하기 원하는 나에게 악이 함께 있는 것입니다. 이 악한 것이 예수님의 십자가를 만나기 전까지는 절대로 없어지지 않고 우리의 삶 전체를 지배합니다.

그런데 우리는 예수를 믿게 되면 어떻게 됩니까? 좌우간 그렇게 미워하던 하나님이 사랑의 아버지로 변하면서 자기 자신이 얼마나 존귀하고 소중한지 깨닫게 됩니다. 그래서 복음이 위대한 것은 잃어버린 내 자신의 자아를 되찾을 수 있다는 것입니다. 이 세상의 그 어떤 것도 그리스도의 복음보다 더 진지한 것은 없습니다. 하나님의 말씀은 너무나도 진지합니다. 그 안에는 허황되어 보이거나 속임수 같은 것이 없습니다.

교회에 새로 나오기 시작한 어떤 분이 상당히 어려운 설교를 듣고 있습니다. 그래서 옆에 있는 어떤 교인이 물었습니다. '당신은 저 설교를 다 알아 듣습니까?' 그랬더니 그 사람의 대답이 '아니요. 저는 저 분의 설교를 다 알아듣지 못하고 있습니다. 그런데 저는 저 분이 말씀하시는 것이 옳다는 것은 믿습니다. 왜냐하면 저 말씀이 진리가 아니라면 설교하는 자와 듣는 자가 진지하게 들을 수 없기 때문입니다'라는 것이 그의 대답이었습니다. 저 진지함이 그 안에 무엇인가 참된 것이 있다는 것을 확신하게 만들었다는 것입니다.

우리가 복음이 옳다는 것을 믿는 이유는 말씀을 들은 사람이 변하는 것입니다. 바른 하나님의 말씀에는 반드시 표적이 따르게 되어 있습니다. 그 표적은 단순한 어떤 기적을 말하지 않습니다. 사도 당시에는 기적이었습니다. 그러나 이것은 복음이 옳다는 것을 증명할 수 있는 시간이 너무나도 짧았기 때문이었습니다. 그러나 하나님의 말씀을 듣는 사람 안에는 너무나도 놀라운 변화가 일어납니다. 이것은 이 세상의 돈으로 되는 것도 아니고 학식이나 명예로 되어지는 것도 아닙니다. 이것은 오직 주님의 말씀과 성령이 일으키는 기적인 것입니다.

하나님께서 온 세상에 대하여 하는 말씀이 무엇입니까? 우리 인간은 특별하게 만들어졌다는 것입니다. 그 특별한 것은 우리 인간은 반드시 창조주 하나님만 섬기고 그의 말씀대로 순종하면서 살아야 영원한 생명을 얻는 것입니다. 그러나 하나님을 모르는 인생은 자기 영광을 구하고 사람들에게 인정과 칭찬을 받으려고 하며 자기의 욕망을 실현하기 위하여 이 세상을 살아갑니다. 그것이 바로 하나님의 심판 아래 있는 것이며 그런 안이한 삶에서 탈출하지 않는다면 결국 하나님의 진노의 심판을 피할 수 없다는 것입니다.

저도 주님을 인격적으로 만나기 전에는 이 세상의 사닥다리를 어떻게 하면 더 빨리 올라갈까 하는 것만 생각했습니다. 그리고 어떻게 하면 사람들로부터 인정을 받으며 영광을 받는지 생각을 했습니다. 그러나 하나님을 알고 난 후에는 그 모든 것이 얼마나 허황된 것인지 알게 되었습니다. 사람들은 똑같은 비행기를 타도 일등석과 이등석으로 나누어서 서로 다르게 대접을 합니다. 일등석 좌석이 얼마나 비싸고 편한지 타보지 않은 분들은 모를 것입니다. 그러나 비행기가 추락할 때 일등석이라고 해서 추락하지 않는 것이 아닙니다. 세상은 같은 사람을 돈 있는 사람과 가난한 사람으로 나누고, 지식인과 무식한 자로 나눕니다. 그러나 하나님 앞에서는 똑같은 죄인일 뿐입니다. 사람들은 이 세상에서 영생하는 길이 반드시 있습니다. 그 영생하는 길은 유감스럽게도 많이 있지 않습니다. 오직 하나, 자기를 버리고 우리 인간을 창조하신 하나님을 찾아서 그 하나님께만 영광을 돌려드리고 그분의 뜻대로 순종해서 사는 것입니다. 그러면 마치 에녹이 죽음을 통과하지 않고 영생에 들어갔던 것처럼 우리도 영생에 들어가게 됩니다.

세상적인 눈으로 보기에는 가장 불쌍한 자들이 황제에게 절하지 않아 잡혀 가서 고문을 당하고 때로는 죽임을 당하기도 하는 그리스도인들이었습니다. 그러나 성경은 전혀 다른 말을 하고 있습니다. 이들이야 말로 가장 다행스러운 자라고 말씀하고 있습니다. 왜냐하면 이들이야 말로 분명히 구원을 받은 자들이기 때문입니다. 그리스도를 인하여 고난을 받는 자는 분명히 영원한 생명이 보장되어 있습니다. 특히 구원받지 못한 자들의 영원한 운명에 대하여 말씀하고 있습니다. 우리는 구원받았다고 하면서도 자꾸만 이 세상을 쳐다보는 것은 무엇인가 손해보고 있다는 생각을 가지기 때문입니다. 신앙 없이 이 세상에서 잘 사는 사람들을 보면 무엇인가 부럽고 나는 그들에 비하여 너무나도 불행한 사람인 것 같은 생각이 자꾸 드는 것입니다. 우리는 실로 이 세상을 떨쳐 버리지 못하는 자들입니다. 우리는 믿는다고 하면서도 생각이 자꾸 왔다 갔다 하는 사람들입니다. 마치 기차를 타고 가면서 몸은 서울을 향하고 있지만 고개는 자꾸 반대로 가는 차를 바라보는 것과 같습니다. 우리는 예수를 믿지 않는 것은 아닙니다. 그리스도를 인하여 고통을 받지 않는 것도 아닙니다. 그러나 마음은 자꾸 세상에 대한 미련을 가져서 어떻게 해서든지 이 세상에서 잘 살아 보고 싶고 천국만으로는 완전한 만족이 되는 않는 것입니다. 그래서 오늘 말씀은 우리로 하여금 기왕 천국 길을 가면서 더 담대하게 가게하고 기쁨으로 가게 하기 위하여 실상을 우리에게 보여주는 말씀입니다.

오늘 성경은 이 복음은 모든 민족과 방언과 백성들에게 필요한 것이라고 말씀하고 있습니다. 그리고 너무나도 긴급하게 전파되어야 할 말씀인 것을 보여주고 있습니다.

누군가가 아주 큰 어려움에 빠져서 완전히 삶의 의미를 잃고 있는 자들이 있다면 그들에게는 복음이 필요하다고 생각합니다. 깡패 같은 사람이나 감옥에 들어 가 있는 사람들에게는 복음이 필요하다고 생각합니다. 그러나 아무 문제없이 어려움 없이 편안하게 잘 살고 있는 사람에게는 복음을 필요하지 않다고 생각하는 사람들이 있습니다. 그러나 복음은 어떤 특별한 사람들에게만 필요한 것이 아닙니다. 땅에 거하는 모든 자들에게 필요한 것입니다.

우리는 복음을 믿지만 잘못 오해하는 경우가 많습니다. 왜 나는 예수를 믿는데 이 세상에서 어려움을 겪으며 왜 내가 하는 일은 뜻대로 잘 되지 않는가 하는 의문을 가집니다. 복음이라고 하는 것은 내가 잘되는 것이 아닙니다. 이것은 하나님께 영광을 돌리고 하나님을 두려워하는 생활을 시작하는 것입니다.

세상 나라의 멸망

8절 또 다른 천사 곧 둘째가 그 뒤를 따라 말하되 무너졌도다 무너졌도다 큰 성 바벨론이여 모든 나라를 그 음행으로 인하여 진노의 포도주로 먹이던 자로다 하더라

첫 번째 천사는 날아가면서 모든 인생들에게 창조주 하나님을 경배하라고 선포를 합니다. 그런데 그 뒤에 다른 천사가 따라가면서 바벨론의 멸망을 선포하고 있습니다. 결국 이 두 가지는 같은 것입니다. 왜냐하면 '구원'이라는 말 자체가 멸망을 전제로 하고 있기 때문입니다. 결국 구원이라고 하는 것은 위태로운 형편에 있는 사람을 거기서 건져주는 것이며 만일 그 사람을 건져주지 않고 그대로 두면 죽을 수밖에 없는 것을 말합니다.

그러면 여기에서 말하는 '바벨론'이라고 하는 것이 무엇을 의미합니까? 이미 사도 요한 때에는 바벨론이 멸망한지 수백 년이 지난 때입니다. 그럼에도 불구하고 천사가 바벨론의 멸망을 확정적으로 선포하는 이유가 무엇입니까? 세 가지로 생각해 볼 수 있습니다.

첫째는 하나님을 믿지 않는 세상이 바벨론인 것입니다. 바벨론은 인간의 교만의 상징입니다. 사람들이 하나님의 존재를 인정하지 않을 때 결국 바벨론을 만들게 됩니다. 사람들이 하나님을 두려워하지 않으면 살면서 자신의 욕망을 극대화하면서 살아가게 됩니다. 할 수 있는 대로 이 세상에서

가장 맛있는 음식을 먹으려고 할 것이며 이 세상에서 온갖 부귀영화는 다 누리려고 할 것입니다. 사람들은 이 세상에 살면서 성적인 욕망도 마음대로 채우려고 할 것입니다. 거기가 바로 바벨론인 것입니다. 그래서 바벨론은 인간이 하나님을 거부하고 자기를 최고의 존재로 높였을 때 만들어지는 문화입니다. 두 번째 천사는 이 바벨론이 결국 인간의 실패작인 것을 선포하는 것입니다. 그 이유가 무엇입니까? 바벨론의 문화나 사치나 향락이 하나님 앞에서 전혀 인정이 되지 못하기 때문입니다. 과거에 바벨론에 니므롯이라는 영웅이 있었습니다. 그는 사람의 힘을 모아서 하나님에게까지 올라가려고 바벨탑을 쌓다가 실패를 했습니다. 알렉산더 대왕은 전 세계를 제패하려고 하다가 젊은 나이에 병에 걸려 죽었습니다. 나폴레옹도 온 유럽을 자기 손아귀에 넣으려고 하다가 결국 모스코바의 동장군을 이기지 못하는 바람에 패배하고 말았습니다. 대개 이런 사람들은 머리가 좋고 유능하고 똑똑한 사람들입니다. 그러나 교만하기 때문에 실패하는 것입니다. 이런 사람들은 다른 사람들은 감히 생각하지도 못하는 일들을 해 냅니다. 카르타고의 한니발이나 나폴레옹 같은 사람들은 군인들을 끌고 알프스 산맥을 넘었습니다. 그러나 아무리 유능하고 똑똑해도 하나님 앞에서는 콧구멍으로 숨을 쉬는 인간에 불과하고 콧구멍만 막으면 죽을 수밖에 없는 것입니다.

사람이 하나님을 이길 수 없는 이유가 무엇입니까? 가장 중요한 것이 생명이 유한하기 때문입니다. 결국은 제아무리 똑똑하고 유능하다 하더라도 사람은 죽어야 합니다. 그리고 사람은 이길 수 있을지 몰라도 자연을 이길 수가 없습니다. 추위나 더위를 이길 수가 없습니다. 그리고 중요한 것은 다른 사람들이 알아주지 않고 인정해주지 않으면 그 똑똑한 것이 아무 소용이 없는 것입니다.

두 번째로 이 바벨론은 로마를 의미합니다. 왜냐하면 로마야 말로 철저하게 인간의 노력으로 만든 문화이기 때문입니다. 로마의 가장 큰 장점은 피정복민을 자기편으로 수용하는데 있다고 말합니다. 역사가들은 로마가 그리스보다는 무식하고 카르타고 보다는 경제적으로 가난하고 에투루리아 보다는 기술이 없는 나라인데 어떻게 세계를 정복했느냐 하는데 관심을 가집니다. 사실 이것이 인간의 힘입니다. 인간의 힘이 많이 모이면 거의 하나님의 능력처럼 나타나게 되어 있습니다. 사람이 힘을 합치면 거기서 위대한 문학도 나오고 위대한 건축도 나오고 위대한 전쟁도 치르는 것입니다. 그러나 사람들이 모르고 있는 것은 아무리 사람들이 힘을 합쳐도 죽은 사람은 살릴 수 없다는 것입니다. 바로 이것이 인간의 한계입니다. 그러나 하나님이 하시는 일은 죽은 자를 살리시며 악한 자를 변화시키시는 것입니다. 로마는 군대를 보내어 두들겨 부술 수는 있었지만 악한 자를 변화시킬 수 없었었습니다.

로마의 패망 원인이 무엇입니까? 모든 나라를 음행으로 더럽힌 것입니다. 로마는 점령한 나라에 급속도로 나쁜 풍속을 퍼트렸습니다. 여기서 음행이라고 하는 것은 도덕적인 문란을 의미하기도 하고, 바로 이 황제 숭배의 썩은 풍습을 의미한다고 생각할 수도 있습니다. 로마는 그 막강한 정복을 통하여 한 것이라고는 나쁜 것을 더 빨리 확산시킨 것뿐이었습니다. 그 중에서도 가장 나쁜 것이 이 황제 숭배 의식이었습니다.

음행으로 인하여 진노의 포도주를 먹였다고 하는 것은 다른 모든 사람들도 자기처럼 이 나쁜 포도주를 마시게 했다는 것입니다. 로마가 사람들에게 마시게 한 포도주는 결국 교만의 포도주였습니다. 우리 인간이 이만큼 위대하기 때문에 우리가 원하는 대로 살아도 된다는 아주 나쁜 포도주를 사람들에게 마시게 해서 그렇게 교만하게 악하게 만들었던 것입니다.

에드워드 기번은 『로마 제국의 쇠망사』라는 책을 썼습니다. 아주 여러 권으로 된 책을 썼는데 결국 로마는 어디에서부터 멸망이 시작되었는가 하는 것입니다. 어떤 사람들은 로마의 공중목욕탕에서부터 로마의 부패와 타락은 시작이 되었다고 주장하기도 합니다. 그런데 어떤 역사가는 로마의 특징을 카르타고와는 달리 절대로 용병을 사용하지 않는 것으로 보았습니다. 왜냐하면 나라를 지키는 것을 다른 사람에게 맡길 수 없다는 뜻입니다. 그런데 로마가 자기 나라 젊은이들을 군인으로 쓰지 않고 용병을 쓰면서부터 로마의 정신이 해체되면서 멸망하게 되었다라고 말을 합니다. 그러나 로마는 자신의 교만에서부터 망하게 되었다고 봅니다. 왜냐하면 모든 죄의 원인은 교만에 있습니다. 사람이든지 국가든지 교만하면 죄짓는 것을 두려워하지 않게 되고 사람을 죽이는 것도 쉽게 생각하고 결국 자신의 능력을 과대평가하면서 망하게 되는 것입니다.

사실 로마는 로마 황제 자신을 신격화했을 때 사람들이 그것을 막지 못하고 아부하면서부터 이미 하나님의 진노의 심판은 시작되었던 것입니다.

세 번째로 바벨론은 오늘의 도시 문명이라고 말할 수 있습니다. 오늘 우리가 살고 있는 이 대도시들은 인간에게 편리한 모든 것은 다 갖추어져 있는 문명입니다. 사람들은 오직 전기 스위치만 누르면 자기가 원하는 모든 것을 다 채움받을 수 있습니다. 요즘 우리가 살고 있는 고급 아파트들은 사람들이 살기에 얼마나 좋게 되어 있습니까? 옛날에 어렸을 때 추웠던 방을 생각하면 정말 끔찍할 정도였고 또 부엌은 얼마나 바람이 많이 들어왔는지 모릅니다. 그러나 지금은 수도꼭지만 틀면 일 년 내내 더운물이 나옵니다. 여름에는 에어컨이 없으면 살 수 없다고 말을 합니다. 백화점에 가면 필요한 물건들은 종류대로 쌓여 있고 돈을 들고 갈 필요도 없습니다. 카드로 긁기만 하면 모든 원하는 것을 다 살 수 있습니다. 또 텔레비전을 켜기면 하면 그 안에 있는 배우들이 사람을 울려주기도 하고 웃겨주기도 하고 죽여주기도 합니다.

그리고 사실 우리에게 필요한 모든 것은 대도시에 다 있습니다. 작은 도시에 가면 필요한 것을 구입하는데 얼마나 어려운지 모릅니다. 그러나 대도시에는 모든 것이 다 있습니다. 그래서 사람들은 더 이상 하나님을 두려워 할 필요가 없는 것입니다. 그러나 이 도시 문명은 우리가 영원히 있을 곳이 되지 못합니다. 도시는 현대의 바벨론이며 결국 하나님의 심판으로 무너질 수밖에 없습니다.

황제 숭배한 자에 대한 하나님의 심판

9, 10절 또 다른 천사 곧 세째가 그 뒤를 따라 큰 음성으로 가로되 만일 누구든지 짐승과 그의 우상에게 경배하고 이마에나 손에 표를 받으면 그도 하나님의 진노의 포도주를 마시리니 그 진노의 잔에 섞인 것이 없이 부은 포도주라 거룩한 천사들 앞과 어린 양 앞에서 불과 유황으로 고난을 받으리니

이번에는 세 번째 천사가 그 뒤를 따라가면서 큰 음성으로 말을 합니다. 그것은 누구든지 짐승과 그 우상에게 경배하고 이마나 손에 표를 받은 자는 하나님의 진노의 포도주를 마시게 된다는 것입니다.

결국 바벨론이 한 것이 무엇입니까? 자기들 나름대로 하나님이 없는 세상을 만든 것입니다. 그래서 그 안에서 마음껏 교만하게 향락적으로 살았습니다. 그런데 그것으로 만족하지 못하고 로마 황제를 신으로 추앙하고 황제에게 분향하지 않는 자들을 핍박했습니다. 세 번째 천사는 황제 숭배를 하고 그 표를 받은 사람을 하나님은 진노의 포도주에 취하게 하겠다고 말씀을 하십니다. 무엇 때문에 사람들이 황제가 신이 아닌 줄 알면서 황제에게 하나님께 드리는 예를 바친 것입니까? 그것은 사람들에게 미움을 받기 싫고 또 이 세상에서 출세하고 싶어서 그렇게 한 것입니다. 그것이 바로

자신의 양심을 팔아먹는 것이며 그렇게 자기 양심을 팔아먹는 자는 하나님의 진노의 포도주를 마셔야 하는 것입니다. 그런데 이 포도주는 섞은 것이 전혀 없는 아주 독한 포도주인 것입니다. 중국술 '배갈'같은 것을 잔뜩 마시면 어떻게 되겠습니까? 정신을 차릴 수도 없고 몸도 가누지 못하며 결국 짐승처럼 행동하게 될 것입니다.

11절 그 고난의 연기가 세세토록 올라가리로다 짐승과 그의 우상에게 경배하고 그 이름의 표를 받는 자는 누구든지 밤낮 쉼을 얻지 못하리라 하더라

하나님의 진노의 심판은 잠깐의 고통이 아닙니다. 이것은 영원한 지옥의 고통입니다.

하나님께서는 인간들에게서 '몰랐다'는 대답을 허락하시지 않습니다. 이 세상에 태어났고 하나님의 은혜 가운데 살았으면 온 힘을 다하여 절대적인 분을 찾아야 합니다. 어떻게 우리가 이 세상에 살면서 하나님을 생각하지 않을 수 있습니까? 어떻게 바른 신앙에 대하여 고민하지 않을 수 있으며 진리를 갈망하지 않을 수 있습니까? 그것은 불가능합니다. 세상 전체에 하나님에 대한 흔적으로 가득합니다. 그래서 우리 인간들은 다른 어떤 일보다 우선적으로 근본적인 질문에 대한 답을 진지하게 찾아보아야 합니다. 나는 누구이며 참된 하나님은 누구신가? 그리고 나는 어떻게 해야 바르게 살 수 있는가? 이것은 모든 인간들에게 필수적인 질문입니다. 그리고 그런 진지한 자세를 가진 자들은 복음을 들으면 바로 이것이 참 진리라는 것을 알 수 있습니다. 그럼에도 불구하고 복음을 외면하고 거짓된 것을 받아들인 이유는 그 마음속에 아주 악한 동기와 교만이 있기 때문입니다. 정직한 마음을 가진 사람은 잘은 모르지만 무엇이 옳고 무엇이 틀리다는 정도는

구별할 수 있습니다. 그럼에도 불구하고 도대체 무엇이 옳고 그른지 모르겠다고 말하는 것은 이미 그 사람 속에 악한 생각이 지배하고 있기 때문입니다. 신에 대하여 스스로 무지하기로 결심을 했기 때문입니다. 그래서 하나님께서는 황제 숭배에 참여한 모든 자들을 영원한 지옥에 던지기로 결정하셨습니다.

12절 성도들의 인내가 여기 있나니 저희는 하나님의 계명과 예수 믿음을 지키는 자니라

성도는 누구입니까? 그들은 하나님을 두려워하면서 사는 사람들입니다. 하나님의 제1계명이 무엇입니까? 오직 하나님 한 분만 두려워하고 하나님 한 분만 섬기는 것입니다. 결국 이 세상은 누구를 섬기느냐 하는 1계명으로 결판이 나게 되어 있습니다. 예수님께서는 하나님과 재물을 겸하여 섬길 수 없다고 말씀하셨습니다. 우리가 하나님을 두려워한다면 위선적으로 신앙생활을 할 수가 없습니다. 우리가 하나님만 두려워한다면 절대로 세상적인 즐거움을 하나님보다 더 좋아할 수가 없습니다. 하나님을 믿는 자들은 사람을 두려워하지 않습니다. 그 이유는 하나님이 얼마나 위대하시며 하나님이 얼마나 크신지 알기 때문입니다.

예수님께서도 사람의 육체만 죽이는 사람을 두려워하지 말고 사람의 영혼과 육체를 다 함께 영원한 지옥에 던지시는 하나님을 두려워하라고 말씀하셨습니다.

사람들 중에서 고생을 좋아하는 사람들은 없을 것입니다. 거짓말하고 잘 사는 것이 얼마나 쉽고 편합니까? 적당하게 타협하고 살면서 자기 이익을 챙기는 자들이 얼마나 현명해 보입니까? 그러나 하나님께서 모든 것을 다 보고 계십니다. 그래서 성도들은 편한 길을 버리고 고난 가운데서 인내

하는 것입니다. 우리가 낮아져봐야 어디까지 낮아지겠습니까? 우리가 원래 빈손으로 왔는데 거지 보다 더 비참해지겠습니까? 사람들이 비웃어 봐야 얼마나 비웃겠으며 조롱해 보아야 얼마나 조롱하겠습니까? 그것은 잠깐입니다. 그러나 하나님의 진노는 영원합니다. 마땅히 하나님을 찾아야만 함에도 불구하고 일부러 하나님을 부정하고 스스로 미련한 자리에 있는 모든 인간들에 대하여 하나님께서는 전혀 물이 희석되지 않은 진노의 심판을 퍼부으시는 것입니다.

주안에서 죽은 자들

이제 요한은 하늘에서 한 음성을 듣게 됩니다. 이것은 더 이상 천사들의 선포하는 소리가 아닙니다. 우리 주님의 음성인 듯합니다.

13절 또 내가 들으니 하늘에서 음성이 나서 가로되 기록하라. 자금 이후로 주 안에서 죽는 자들은 복이 있도다 하시매 성령이 가라사대 그러하다 저희 수고를 그치고 쉬리니 이는 저희의 행한 일이 따름이라 하시더라

두 가지 음성이 들립니다. 하나는 하늘에서 나는 소리이고, 다른 하나는 성령이 하시는 소리입니다. 아마도 요한은 자기 안에서 성령께서 증거하시는 분명한 소리를 들은 것 같습니다. 오늘도 우리 안에서 성령이 하시는 소리를 들어야 합니다.

주님이 말씀하시는 것은 '지금부터 주안에서는 죽는 자들에 대한 복'입니다.

주안에서 죽는 자들은 누구를 말합니까? 죽을 때까지 그리스도에 대한 신앙을 잃지 않고 죽는 자들입니다. 물론 이 안에는 주님 때문에 많은 고난

을 받는 자들도 포함이 됩니다. 그들이 복된 이유가 무엇입니까? '저희가 수고를 그치고 쉬기' 때문입니다.

무슨 말입니까? 아무리 우리가 이 세상에서 복된 상태에 있다고 하여도 이미 주안에서 죽은 성도들 보다는 못하다는 뜻입니다. 우리는 아직 주안에서 죽은 자들의 상태를 알지 못합니다. 단지 막연하게 추측하고 있을 뿐입니다. 그러나 예수 믿다가 끝까지 신앙을 지키고 죽은 자는 죽은 것이 아닙니다. 그는 하나님 앞에서 살아 있으며 우리가 도저히 상상할 수 없는 영광과 축복 가운데 있습니다. 우리는 죽은 신자들이 하나님 앞에서 얼마나 축복된 상태에 있는지 제대로 알기만 한다면 죽은 자를 위하여 슬퍼하기보다는 부러워하며 자신도 어서 죽으려고 할 것입니다.

그리스도 안에서 죽은 자는 마치 처녀가 평상복을 입고 있다가 결혼식 날이 되면 웨딩드레스를 입고 모든 사람들의 축복을 받으면서 식을 올리는 것과 같습니다. 얼마나 좋습니까? 그리고 신랑과 함께 최고의 고급 호텔에서 식사를 하면 얼마나 좋습니까?

이 세상에서 우리는 연약한 육신을 가지고 있습니다. 그리고 죄성을 그대로 가지고 있습니다. 그래서 이 세상에서 우리는 육체 때문에 계속해서 시험과 유혹을 받으며 영적으로 심한 투쟁을 하고 있습니다. 누군가 때리면 아프고 겁이 나며 굶으면 배가 고플 뿐 아니라 비참한 생각이 듭니다. 그래서 이 세상에서는 완전한 안식과 기쁨은 없습니다. 무엇인가 부족하고 어디엔가 유혹에 빠져 있고 죄와 싸우고 있습니다. 그러나 죽은 성도들은 육체의 약함에서 완전히 해방되어 있습니다. 그들은 완전한 기쁨을 누리고 있습니다. 이것을 안 사도 바울은 빌립보서에서 자기는 차라리 죽음과 삶 중에서 주님과 함께 있는 죽음을 더 택하고 싶다고 고백을 했습니다.

우리가 이 지상에서 사는 것은 가치가 있습니다. 왜냐하면 우리의 행실이 따르기 때문입니다. 우리의 작품이나 업적이 남는 것이 아닙니다. 믿음으로 한 것이 남아 있습니다. 우리에게 남는 것은 재산이 아닙니다. 학벌도 남지 않습니다. 세상의 직책이나 권세도 남지 않습니다. 오직 우리가 믿음으로 행한 것만 영원히 남아서 우리의 영광이 되는 것입니다.

우리 그리스도인들에게는 분명히 죽음이 삶보다 낫습니다. 그래서 언제든지 하던 일을 그만두고 떠날 준비를 해야 합니다. 아이들이 지금 놀이가 아무리 재미있어도 엄마가 부르면 더 좋은 것을 위하여 손을 털고 가야 하는 것처럼 언제든지 그만 두고 더 나은 것을 위하여 가야 한다는 자세로 일해야 유혹에 빠지지 않을 수 있습니다.

우리는 이 세상을 나그네 길로 가고 있습니다. 이 세상을 너무 좋아하지 마시고 이 세상에서 잘 사는 것도 부러워하지 마시기 바랍니다. 주님이 내 이름을 부르면 언제든지 천국에 갈 준비를 하고 믿음으로 열심히 사시기를 바랍니다.

CHAPTER • 30

두 종류의 추수

요한계시록 14:14-20

가끔 신문이나 텔레비전을 보면 화가 난 농부들이 트랙터를 몰고 자신들이 농사를 지은 고추, 양파, 배추를 밭에 심기어 있는 그대로 갈아엎어 버리는 장면을 볼 때가 있습니다. 자기들이 농사를 지었는데 뽑아서 먹거나 남에게 주지 않고 아깝게 갈아엎는 이유가 어디에 있습니까? 너무 과잉공급이 되어서 가격이 폭락하는 바람에 뽑아서 팔아봐야 전혀 수익성이 없기 때문에 갈아엎어 버리는 것입니다. 농부가 밭에 식물을 심는 것은 관상용으로 심는 것도 아니고 취미 삼아 하는 것도 아니고 분명히 수익을 바라고 하는 것입니다.

우리는 이 세상에 무엇 때문에 사느냐 하는 문제를 자주 생각해 보아야 합니다. 많은 사람들이 이 세상을 사는 이유는 보다 나은 행복을 위해서라고 말을 합니다. 사실 모든 사람들은 미래의 보다 나은 행복을 위하여 많은 노력을 하고 있습니다. 그러나 이것이 하나님과 우리 인간 사이에 근본적으로 생각이 다른 부분입니다. 하나님께서는 이 세상에서 보다 나은 삶이라고 하는 것은 중요한 것이 아니라고 말씀을 하십니다. 그 이유는 하나님이 주시는 미래에 보다 나은 삶이 아니고 절대적으로 나은 삶이 우리를 기다리고 있기 때문입니다. 하나님께서 우리에게 원하시는 것은 선한 열매가 있는 삶입니다. 그런데 이 선한 열매가 없는 삶은 그냥 열매가 없는 삶이 아니고 악한 열매가 맺히는 삶이라고 말씀하고 있습니다.

우리가 보기에는 어떤 사람이 얼마나 공부를 많이 하고 또 결혼을 잘 하거나 얼마나 좋은 직장을 가지고 행복하게 사느냐 하는 것이 중요하게 보일 것입니다. 그러나 하나님께서는 그런 것을 중요하게 보시지 않고 그 사람이 어떤 직급에 있든지 아름다운 열매를 얼마나 많이 맺느냐 하는 것으로 판단하시겠다는 것입니다.

성경은 여러 곳에서 하나님을 농사짓는 농부로 비유를 하고 있습니다. 농부가 농사를 짓는 것은 관상용이나 취미용이 아니라 분명히 열매를 바라고 하는 것입니다. 우리가 이 세상에 사는 것은 그냥 열심히 사는 것 같지만 실제로는 열매 맺는 나무나 곡식으로 자라고 있는 것입니다. 우리는 모르지만 둘 중 하나의 열매는 맺게 되어 있습니다. 하나는 하나님이 보시는 아름다운 선한 열매이고 다른 하나는 자신의 정욕대로 산 악한 열매인 것입니다.

오늘 본문은 두 가지 추수에 대하여 말씀을 하고 있습니다. 하나는 알곡의 추수이고 다른 하나는 포도 열매의 추수입니다. 그런데 알곡의 추수는 선한 열매이고 포도의 추수는 악한 행실의 열매인 것입니다. 그래서 우리는 삶의 목표를 잘 설정을 해야 합니다. 즉 내가 이 세상에서 얼마나 높아지고 부요하게 되느냐 하는 것이 목표가 된다면 하나님 앞에서 아무것도 내어놓을 것이 없는 악한 열매만 맺게 될 것입니다. 물론 우리는 이 세상에서 밑천 없이는 아무것도 할 수 없습니다. 선을 행하려고 해도 돈이 있어야 하고 학식이 있어야 합니다. 그러나 궁극적으로 사는 것이 선한 열매를 맺는데 있어야 미래에 보다 나은 삶이 아니라 절대적인 하나님의 축복 안에 들어가게 되는 것입니다.

구름 위에 앉으신 인자

우리는 인간의 삶의 주도권을 가지고 있는 자가 누구냐 하는 것을 생각해 볼 필요가 있습니다. 오늘 세계적인 입장에서는 미국이 최강국으로 전 세계에 영향을 주고 있기 때문에 미국 대통령이나 미국의 정책을 수립하는 자들이 삶의 주도권을 쥐고 있는 것 같습니다. 요즘 미국은 유엔조차도 인정하지 않으려고 합니다. 그리고 미국이 한번 넘어트리겠다고 생각한 나라는 반드시 멸망하게 되어 있습니다. 옛날 같으면 미국이 어느 나라를 공격하면 소련이 그 나라를 도와주어서 결국 미소 대리전쟁이 일어나는 경우가 많았지만 지금은 주위 나라들이 말로만 미국을 비난하고 견제하지만 실제적으로 미국을 대항할 수 있는 나라는 없는 것 같습니다. 요한계시록이 쓰여진 당시에는 전 세계를 지배하고 있던 로마 황제나 원로원이 이 세상의 삶의 주도권을 쥐고 있는 것처럼 보입니다. 그러나 성경은 우리에게 전혀 다른 장면을 보여주고 있습니다.

14절 또 내가 보니 흰구름이 있고 구름 위에 사람의 아들과 같은 이가 앉았는데 그 머리에는 금 면류관이 있고 그 손에는 예리한 낫을 가졌더라

우리가 생각하기에는 로마 왕궁의 황금으로 된 보좌에 앉은 황제가 모든 것을 손가락 하나로 결정할 것 같습니다. 로마 황제는 손가락으로 일을 했던 것 같습니다. 엄지손가락을 치켜세우면 살리라는 뜻이고 엄지손가락을 아래로 내리면 죽이라는 뜻인 것입니다. 사람들이 정치나 권력의 마력에 점점 빠져드는 이유는 내 생각이나 말에 따라서 어떤 사람을 죽이기도 하고 살릴 수도 있는 힘이 있기 때문입니다.

그러나 요한은 흰 구름 위에 있는 한 분을 보게 됩니다. 이 분은 '사람의

아들'같은 분이라고 말씀하고 있습니다. '사람의 아들'이라고 하는 것은 그리스도의 중요한 칭호였습니다. 예수님은 이 세상에 계실 때 자신을 그리스도라고 칭하시지 않고 '사람의 아들' 또는 '인자'라고 칭하셨습니다. 그 이유는 그 당시 유대인들은 그리스도라는 칭호를 너무나도 정치적인 의미로 사용하고 있었기 때문입니다. 즉 그리스도는 사람들을 선동하여 무력으로 원수들을 쳐부수고 하나님의 나라를 회복시키는 것으로 생각했습니다. 실제로 구약 시대의 사사들은 그런 사람들이었습니다. 사사들은 이스라엘이 위기에 처했을 때 오직 성령의 능력으로 일어서서 원수들을 쳐부수고 하나님의 나라를 지키든지 회복시키는 일을 했습니다. 그런데 그 사사들이 하지 못했던 일이 하나 있습니다. 그것은 외부에서 쳐들어오는 적은 물리칠 수 있었지만 내부의 적은 물리칠 수 없었던 것입니다. 즉 탐욕이라든지 우상 숭배라든지 죄악된 습관 같은 것들을 사사들은 물리칠 수가 없었습니다. 그래서 구약 성경을 보면 이스라엘 백성들이 늘 고질병으로 고통을 받았던 것을 알 수 있습니다. 즉 사사들은 이스라엘의 병을 근본적으로 치료하지 못했던 것입니다. 예수님께서 이 세상에 오신 것은 우리 인간의 병을 근본적으로 치료하시기 위해서입니다. 이것은 속에 암 덩어리가 있는데 진통제를 맞거나 연고를 바르는 정도가 아니라 완전한 수술을 받는 것입니다. 이것은 우리 자신을 완전히 교체시키는 것입니다. 내 안에 있는 피나 내장이나 뇌나 나의 모든 것을 드러내고 예수님의 뇌나 예수님의 심장이나 예수님의 혈액으로 교체를 시키는 것입니다. 이것이 바로 예수를 믿는 것입니다. 그래서 예수님은 우리를 대신하여 죽으셨기 때문에 자신을 인자라고 부르셨습니다. 이것은 장차 희생을 당할 양이라는 뜻입니다. 그러나 인자는 또 다른 영광스러운 의미가 있습니다. 그것은 예수님의 사명이 죽음으로 끝나는 것이 아닌 것입니다. 예수님은 죽지만 하나님의 능력으로 다시 살아나셨습니다. 이것이 인간의 머리로는 도저히 상상할 수 없는 것이고 지금도 사람들이 믿지 못하는 것입니다. 어떻게 한번 비참하게 죽은 사람이 다시 살아날 수 있습니까?

그 이유는 죽음 자체가 인간들에게 절대적인 것이 아니었습니다. 죽음은 인간의 불순종과 죄 때문에 생긴 것이지 원래 우리 인간들에게는 죽음이 없었습니다. 하나님의 아들이 하나님의 말씀에 절대적으로 순종하셨을 때 하나님은 그를 살리셨습니다. 다시 생명의 법칙이 적용이 된 것입니다. 그리고 그리스도는 올라가셨습니다. 중요한 것이 바로 이것입니다. 즉 그리스도는 지금 인자의 모습으로 살아계시는 것입니다. 그가 바로 이 세상의 삶의 주인공이 되십니다.

> 시 110:1 여호와께서 내 주에게 말씀하시기를 내가 네 원수로 네 발등상 되게 하기까지 너는 내 우편에 앉으라 하셨도다

여기서 '발등상'이라고 하는 것은 왕의 발을 두는 발판을 말합니다. 옛날에는 왕이 다른 원수들을 정복했을 때 엎드려 놓고 그 목을 발로 밟았습니다. 목을 발로 밟아서 죽이는 것입니다. 죽음에서 승리하신 그리스도께서는 최종적으로 하나님을 대적하는 모든 원수들을 발로 밟을 때까지 하나님의 보좌 우편에서 기다리고 계십니다. 그 동안 크게 두 가지 일을 하십니다. 하나는 우리 성도들에게 계속 성령의 능력을 주시고 말씀을 주셔서 악한 세력을 이기게 하십니다. 즉 우리는 예수님을 대신하여 이 세상에서 영적인 전쟁을 치르는 것입니다.

그리고 또 하나는 이 세상이 사탄의 속임수로 불바다가 되지 않도록 지켜주시는 일을 하십니다. 그것을 위하여 쓰시는 종들이 정치인들이나 세상의 권력자들입니다. 그래서 그리스도는 이 세상을 두 가지 방법으로 다스리십니다. 하나는 우리 믿는 자들을 통하여 복음으로 사람들을 계속 구원

하고 변화시키는 일을 하십니다. 그리고 다른 하나는 세상의 권력자들이나 기업인들이나 지식인들을 통해서 이 세상이 마지막 순간까지 잘 굴러가도록 지키시는 것입니다. 그러나 이 세상의 권력자들은 무식하기 때문에 자주 자신의 힘을 남용해서 이 세상을 불바다로 만드는 경우가 있습니다. 그러니까 우리 믿는 사람들은 그리스도의 암행어사와 같습니다. 겉으로 보기에 권력은 악한 변사또 같은 사람들이 가지고 있지만 실제 힘은 암행어사가 가지고 있는 것입니다. 그러나 우리가 할 일은 권력자들과 대립하여 싸우는 것이 아닙니다. 오직 한 사람 한 사람을 만나서 하나님을 믿게 하는 것입니다. 그리고 사탄이 악한 짓을 하지 못하도록 진리의 빛을 밝히는 것입니다.

그런데 오늘 본문을 보면 인자 같은 분이 하나님의 보좌 우편에 있는 것이 아니라 구름을 타고 있고 손에 예리한 낫을 가지고 당장이라도 무슨 일을 하려고 하는 것처럼 나타나고 있습니다. 바로 이것이 요한계시록이 그리스도의 모습을 우리에게 좀 더 실감나게 보여주려고 하는 것입니다. 여기서 '구름을 타고 있다'는 것은 당장이라도 이 세상에 임하실 준비가 되어 있는 것을 의미합니다. 우리는 보통 '구름을 탄다'는 것에 대하여 통속적인 이미지를 갖고 있습니다. 그것은 주로 홍길동전이나 서유기 같은 옛날이야기들 때문입니다.

그러나 성경에서 구름을 탄다는 것은 세상의 종말을 고하는 절대적인 권력을 가지고 이 세상에 임하시는 것을 의미합니다. 즉 축구 경기를 할 때 아무리 선수들이 더 뛰고 싶어도 심판이 휘슬을 불면 경기는 끝나는 것과 같습니다. 그런데 그리스도는 이 세상에 대하여 휘슬만 부는 것이 아닙니다. 그는 이 세상을 두 가지 방식으로 간섭을 하십니다. 하나는 우리 믿는 자들에게 계속적으로 성령의 능력을 주시는 것과 다른 하나는 이 세상이 사탄의 횡포에 의하여 멸망하지 않도록 지켜주시는 것입니다.

그런데 중요한 것은 언제든지 하나님의 명령이 발하시기만 하면 휘슬을 불고 이 세상에 오셔서 원수들을 발로 밟으시는 것입니다.

우리는 그리스도가 언제 오실지 모릅니다. 분명한 것은 그가 도적같이 오신다는 사실입니다. 도적이 언제 집에 들어와서 물건을 훔쳐 갑니까? 사람이 없을 때 그리고 모두 잠자고 있을 때 몰래 들어와서 돈이나 물건을 훔쳐가는 것입니다. 그러면 왜 그리스도께서는 미리 예고를 하시고 오시지 않고 도적같이 오실까요? 그래야 우리의 평소의 모습을 볼 수 있기 때문입니다.

예수님은 우리의 가식된 모습을 보기를 원치 않습니다. 평소에 하는 모습을 그대로 보기 위하여 우리가 전혀 대비하지 못했을 때 도둑같이 갑자기 오시는 것입니다.

곡식을 거두라는 명령

오늘 본문에는 두 가지 추수가 나옵니다. 하나는 알곡의 추수이고 다른 하나는 포도의 추수입니다.

15, 16절 또 다른 천사가 성전으로부터 나와 구름 위에 앉은이를 향하여 큰 음성으로 외쳐 가로되 네 낫을 휘둘러 거두라 거둘 때가 이르러 땅에 곡식이 다 익었음이로다 하니 구름 위에 앉으신 이가 낫을 땅에 휘두르매 곡식이 거두어지니라

여기서 우리는 몇 가지 중요한 장면들을 보게 됩니다. 그 첫째는 성전에서 나온 천사가 구름 위에 앉은 인자에게 낫을 거두어 추수를 하라고 소리를 치는 것입니다. 이것은 하나님의 심판이 갑자기 이루어지지만 성전의

말씀에서부터 시작이 되는 것입니다. 즉 하나님께서는 평소 우리에게 하신 말씀 그대로 모든 것을 이루어지게 하십니다. 물론 여기서 말하는 성전은 하늘에 있는 성전을 말하지만 지금 우리가 모여서 예배드리는 이곳도 성전입니다. 그래서 이 세상이 겉으로 되어지는 것을 보면 힘을 가진 자들의 생각대로 이루어지는 것 같지만 결국에는 하나님의 말씀대로 이루어지는 것입니다.

사탄이 유대인들을 자극해서 예수님을 십자가에 못 박았지만 결국 하나님의 구원만 이루어지게 되었습니다. 가룟 유다가 예수님을 배반했지만 결국 그가 한 것은 하나님의 구원을 도와드리는 것이었습니다. 로마가 전 세계에 실컷 도로를 닦았지만 사도 바울은 그 도로로 돌아다니면서 주님의 복음을 전했던 것입니다. 로마 황제가 교회를 시기해서 많은 핍박을 했지만 결국 교회는 더 거룩하게 되었고 더 강해지게 되었습니다. 그래서 무서운 것이 바로 이것입니다. 악한 자들이 아무리 날뛰면서 하나님의 백성들을 괴롭혀도 결국 나타나는 것은 하나님의 말씀이 이루어지고 성도들이 더 축복을 받는 것입니다.

군대 훈련소에 가면 구대장들이 있습니다. 그들은 훈련받는 사람들을 악랄하게 괴롭힙니다. 그러나 그들이 아무리 훈련병들을 괴롭힌다고 해도 죽일 수는 없고 괴롭히면 괴롭힐수록 훈련병들은 더 강한 군인이 만들어지는 것과 비슷합니다.

오늘 성경은 하나님께서 가장 관심을 가지시는 것이 무엇인지 보여줍니다. 그것은 바로 알곡이 영그는 것입니다. 곡식이 다 익었기 때문에 낫을 휘둘러 추수를 하라고 말씀을 하십니다.

성경에는 알곡에 대해 많은 비유의 말씀들이 있습니다.

가장 분명한 것이 세례 요한이 말한 알곡과 쭉정이의 비유입니다. 세례 요한은 나보다 능력이 더 많으신 분이 오시는데 알곡은 모아 곡간에 들이고 쭉정이는 꺼지지 않는 불에 던질 것이라고 예언을 했습니다. 여기서 세례 요한이 말한 알곡이 무엇입니까? 그것은 우리 인간이 하나님을 믿는 것입니다. 우리가 예수님을 믿을 때 하나님을 믿게 됩니다. 그 전에는 내 자신을 믿었고 눈에 보이는 것을 믿었습니다. 그런데 예수님을 믿으면 그 순간부터 하나님의 살아계심을 믿게 되고 하나님의 말씀을 믿게 됩니다. 그러면 우리에게는 아주 중요한 한 가지 변화가 일어나게 되는데 그것은 하나님과 우리 사이에 관이 하나 뚫리는 것입니다. 즉 믿음의 관이 생기는데 그 관을 통하여 하나님의 능력이 우리에게 공급이 됩니다. 우리는 이 세상에서 정욕이나 야망을 위하여 살지 않고 하나님의 말씀에 순종하는 삶을 살게 되는데 이것이 바로 우리의 열매인 것입니다. 그래서 우리 믿는 사람들은 세상 사람들과 공급되는 힘이 틀립니다. 세상 사람들은 혈기라든지 야망이라든지 아니면 오기 같은 것을 가지고 살아갑니다. 그러나 그런 것으로는 하나님의 말씀에 순종할 수 없습니다.

그런데 세례 요한은 우리가 알곡이 되기 위해서는 반드시 거쳐야 하는 것이 있다고 했습니다. 그것은 바로 죄의 고백이며 성령 세례라고 말을 했습니다. '나는 물로 세례를 주거니와 내 뒤에 오시는 이는 나보다 능력이 많으시니 불과 성령으로 세례를 주실 것이라'고 예언을 했습니다. 우리가 하나님의 말씀을 들으면 큰 혼란이 생깁니다. 즉 내가 지금까지 붙들고 살아왔던 것이 모두 내 욕심이고 교만하게 살아왔다는 것을 깨닫게 됩니다. 그것을 하나님 앞에 고백하고 인격적으로 항복을 할 때 성령께서 내 마음속에 부어지게 됩니다. 이것을 성령 세례라고 하는데 사람마다 강도라든지 나타나는 현상은 다르지만 분명한 것은 내가 하나님 앞에서 말할 수 없는 죄인인데 예수님의 십자가 보혈이 내 모든 죄를 다 씻었다는 확신인 것입니다.

그리고 또 하나는 예수님이 말씀하신 알곡과 가라지의 비유입니다. 예수님은 비유를 통하여 주인이 밭에 좋은 씨를 뿌렸는데 거기에 가라지가 함께 자라더라는 것입니다. 이 가라지는 마귀가 뿌린 씨입니다. 그래서 밭이 가라지 때문에 아주 보기 싫게 되었습니다. 그래서 종들이 가라지를 뽑으려고 하니까 주인은 가라지를 뽑지 말라고 하면서 잘못해서 알곡을 다치게 될까 염려가 되니까 마지막 심판의 때까지 그대로 두라고 말씀을 하십니다.

예수님은 이 비유를 통해서 알곡도 제대로 은혜를 받지 못했을 때에는 가라지처럼 보일 수 있다는 것입니다. 하나님의 말씀에 반항을 하기도 하고 세상 사람들처럼 욕심대로 살아가기도 합니다. 그런데 어느 한 순간 갑자기 변하면서 알곡으로 자라게 되는 것입니다. 그래서 우리에게 가장 어려운 것이 바로 이것입니다. 우리는 지금 이 세상에서는 누가 구원받을 사람인지 아닌지 단정해서는 안 되는 것입니다. 일단 모든 사람들이 구원받을 수 있는 가능성이 있다고 생각해서 열심히 복음을 전해야 하는 것입니다. 그 중에는 말씀을 듣고 바로 순종하는 사람이 있는가 하면 어떤 사람은 처음에는 반발을 하다가 나중에 때가 되었을 때 믿는 사람도 있습니다. 그리고 어떤 사람은 끝까지 복음을 거역하고 반발하다가 나중에 멸망하는 사람인 것입니다. 구약 성경에 나오는 애굽의 바로 왕 같은 경우에는 중간에 약한 알곡이 될 것 같은 적도 있었습니다. 중간에 재앙이 심하게 닥치니까 마음이 일시적으로 겸손해져서 모세에게 기도를 부탁하기도 했습니다. 그러나 결국 바로는 마음이 강퍅해져서 멸망의 길을 가고야 말았습니다.

우리가 알게 되는 것은 우리가 하나님을 믿을 때부터 알곡으로 자라게 된다는 것입니다. 그리고 그렇게 되기 위해서는 내가 죄인으로 살아온 것을 고백하고 시인을 해야 합니다.

그런데 그 후에도 저절로 열매가 맺히는 것은 아니고 믿음으로 살기 위하여 애를 써야 합니다. 그러면 오늘 본문에서 '곡식이 다 익었다'는 것은 무엇을 의미할까요?

일단 믿을 사람이 다 믿게 되어서 더 이상 믿을 사람이 이 세상에 남아 있지 않은 상태를 말하는 것입니다. 결국 하나님께서 택하신 자들이 다 믿게 되면 그 후에는 아무리 전도해도 새로 믿는 사람이 한 사람도 없게 될 때가 올 것입니다. 그때는 바로 심판의 때이고 지체 없이 낫을 휘둘러서 곡식을 거둘 때인 것입니다. 그 대신 복음을 전하는데 계속 믿는 사람이 생기는 것은 아직 최종적인 심판의 때가 아닌 것입니다.

우리가 보통 교회에서 추수라고 할 때에는 믿지 않는 사람들을 교회에 초청해서 세례를 주어서 예수를 믿게 하는 것을 말합니다. 예수님께서 사마리아에 가셨을 때 사마리아 여인 한 사람을 전도하신 후에 '보라 밭이 희어져 추수하게 되었도다'라고 말씀하셨습니다. 그것은 이 여자 한 사람을 통하여 많은 사마리아 사람들이 예수를 믿게 될 줄을 아셨기 때문입니다. 거리에서 아무에게나 복음을 전하는 것은 씨를 뿌리는 것입니다. 그런데 한 사람 한 사람을 교인이 되게 하는 것은 추수를 하는 것입니다. 그런데 오늘 본문의 추수는 최종적인 심판을 말합니다. 우리가 전도를 두려워하는 것은 내가 예수를 믿게 해야겠다고 생각하기 때문에 어려운 것입니다. 우리가 해야 할 것은 그냥 증거하기만 하면 됩니다. 즉 하나님은 살아계시며 예수를 믿는 자에게는 구원이 있다고 하면서 교회에 초청을 하는 것입니다. 그러면 하나님께서 그 사람의 마음에 감동을 주셔서 결국 예수를 믿게 하십니다.

그런데 우리 한 사람 한 사람도 쭉정이 신자가 되어서는 안 되겠습니다. 예수님의 비유 중에는 예수 믿는 자 중에서도 열매 맺지 않는 자는 결국 영원히 꺼지지 않는 불에 던지리라는 말씀들이 많이 있습니다. 오래 믿는 분들 중에서 습관적으로 믿으면 쭉정이가 될 수밖에 없습니다. 저는 이 과정을 경험을 해 보았기 때문에 더 두려워하는 것입니다. 저는 어렸을 때부터 신앙생활을 해 왔기 때문에 종교인으로서 열심히 신앙생활을 해 왔습니다.

그러나 내 속에는 진정한 생명이 없었습니다. 그저 나 혼자 힘으로 열심히 신앙생활을 할 뿐이었고 봉사를 할뿐이었습니다. 마찬가지로 교회 생활 자체로 만족해서는 안 됩니다. 주님을 나의 구주 나의 하나님으로 영접하고 내 교만과 고집을 꺾고 항복할 때 그때부터 열매 맺고 자라게 됩니다. 저는 목회를 하면서 많은 교인들이 복음의 말씀을 싫어하고 또 이 복음의 말씀에 깊은 상처를 받는 것을 보았습니다. 그 이유가 무엇인지 곰곰이 생각해 보게 되었습니다. 즉 아직 예수님 앞에서 완전히 항복하지 못하고 내 생각과 내 열심으로 신앙생활을 하는 것입니다. 그러나 거기서 한 걸음 더 나가야 열매를 맺는 신앙이 될 수 있습니다.

내 힘으로 신앙 생활하는 신앙의 특징이 무엇인가 하면 나의 모든 짐을 내가 지고 가는 것입니다. 그리고 내 힘으로 완전한 의를 이루려고 하는 것이지요. 그러니까 절대로 자기 자신이 편한 것을 용서하지 못하고 다른 사람도 조금이라도 자기와 다른 것을 용서하지 못합니다. 그 결과가 무엇입니까? 무거운 짐을 지고 가다가 결국 쓰러지고 마는 것입니다. 예수님께서는 '수고하고 무거운 짐을 진 자들아 다 내게로 오라 내가 너희를 쉬게 하리라'고 말씀하셨습니다. 우리는 모든 의를 이룰 수가 없습니다. 오직 매 순간 예수님이 주시는 힘으로 살 뿐입니다. 그리고 실수하고 넘어지면 다시 일어서면 되는 것입니다.

포도의 추수

성경은 또 다른 하나의 추수를 보여주고 있습니다. 이것은 성령으로 거듭나지 못한 사람들의 추수입니다. 그 추수는 포도의 추수로 나타나고 있습니다.

17-20절 또 다른 천사가 하늘에 있는 성전에서 나오는데 또한 예리한 낫을 가졌더라. 또 불을 다스리는 다른 천사가 제단으로부터 나와 예리한 낫 가진 자를 향하여 큰 음성으로 불러 가로되 네 예리한 낫을 휘둘러 땅의 포도송이를 거두라 그 포도가 익었느니라 하더라 천사가 낫을 땅에 휘둘러 땅의 포도를 거두어 하나님의 진노의 큰 포도주 틀에 던지매 성 밖에서 그 틀이 밟히니 틀에서 피가 나서 말 굴레까지 닿았고 천육백 스다디온에 퍼졌더라

원래 포도는 하나님의 백성들을 상징하는 대표적인 비유입니다. 그 이유는 포도는 외모는 보잘 것이 없지만 그 열매가 너무나도 풍성하고 맛있기 때문입니다. 그래서 구약 성경에는 이스라엘 백성들을 포도원으로 비유하셨고 예수님도 그 유명한 포도나무와 가지 비유를 말씀하셨습니다.

하나님께서는 이사야서에서 잘못 투자해서 망한 사람의 비유로 포도원을 말씀하십니다. 하나님께서는 이스라엘 백성들이 극상품 포도를 맺을 줄 알고 모든 것을 다 넣어서 투자를 하셨는데 들포도를 맺는 바람에 망하게 되었다고 말씀을 하십니다. 그만큼 하나님은 우리에게 모든 것을 투자하십니다. 신앙은 우리가 하나님께 대하여 우리 자신을 투자하는 것입니다. 그런데 하나님께서도 우리가 열매 맺는 것 하나만 바라보시고 모든 것을 다 투자해버리십니다. 그래서 만일 우리가 극상품 포도 열매를 맺지 않고 엉터리 같은 들포도를 맺으면 하나님은 망하시는 것입니다. 그리고 예수님께서는 포도나무와 가지 비유를 통하여 가지가 나무에 붙어 있기만 하면 열매를 저절로 맺는다고 말씀하셨습니다. 그런데 가지가 나무에 붙어 있는 것이 무엇인가 하면 우리가 주님의 말씀을 붙드는 것입니다. 그러면 우리에게 가장 중요한 성령의 진액이 공급됩니다. 극상품의 포도를 맺는 방법은 다른 것이 없습니다. 극상품의 하나님의 말씀을 듣고 자라는 것입니다.

그러면 저절로 열매를 맺게 되어 있습니다.

그런데 오늘 본문이 말씀하시는 포도 추수는 좋은 의미가 아닙니다. 이것은 포도의 좋은 맛을 말씀하시는 것이 아니라 포도를 터트릴 때 터지면서 나오는 그 붉은 과즙이 사람의 피를 연상케 하기 때문입니다. 그래서 포도 추수는 하나님의 말씀에 불순종하면서 산 자에 대한 무서운 하나님의 진노의 심판을 나타내는 것입니다.

이 당시 사람들에게 가장 익숙한 것은 포도주를 담그는 것입니다. 포도를 수없이 따오고 난 후에는 여러 사람들이 들어 갈 수 있는 포도주 틀에 넣고 그 안에 남자들이 들어가서 발로 포도주를 밟아 터지게 합니다. 그러면 포도를 밟는 사람 몸 전체가 벌겋게 물들고 옷도 완전히 피에 젖은 것처럼 붉게 물들게 됩니다. 포도가 많으면 허벅지까지 포도즙으로 물들게 됩니다. 사실 하나님의 심판을 포도를 밟는 것으로 비유한 것은 계시록이 처음이 아닙니다.

이사야 63장에 보면 에돔에서 붉은 옷을 입고 나타나는 한 사람이 있습니다.

그에게 누군가가 질문을 합니다.

사 63:2 어찌하여 네 의복이 붉으며 네 옷이 포도즙 틀을 밟는 자 같으뇨

그러니까 이렇게 대답을 합니다.

사 63:3 만민 중에 나와 함께한 자가 없이 내가 홀로 포도즙틀을 밟았는데 내가 노함을 인하여 무리를 밟았고 분함을 인하여 짓밟았으므로 그들의 선혈이 내 옷에 뛰어 내 의복을 다 더럽혔음이니

오늘 여기서 성경이 말씀하는 것은 결국 진액이 다르기 때문에 다른 열매를 맺을 수밖에 없는 것입니다. 불과 성령으로 거듭난 사람은 어떻게 됩니까? 하나님의 은혜가 공급되기 때문에 알곡이 될 수밖에 없습니다. 물론 처음부터 열매를 잘 맺는 사람이 있는가 하면 처음에는 욕심대로 나가다가 나중에는 결국 열매를 맺는 사람들도 있습니다. 그런데 익은 곡식의 특징이 무엇입니까? 알곡은 머리가 무거워지니까 머리를 숙이게 됩니다. 그래서 성숙한 그리스도인의 특징은 그렇게 겸손할 수가 없습니다. 그리고 다른 사람을 참 편하게 해 줍니다. 그러나 겸손하다고 해서 반드시 약한 것은 아닙니다. 그 사람에게는 놀라운 경건의 능력이 있고 거룩한 열정이 있습니다.

그러나 거듭나지 않은 자는 하나님의 거룩한 성품을 공급받을 수가 없습니다. 그러니까 자꾸 자기 생각대로 자기 야망대로 살아가는 것입니다. 그러다 보니까 자기도 모르게 죄악의 열매가 맺히게 됩니다. 여기서 포도가 익었다고 하는 것은 겉으로 보기에는 탱탱하게 잘 익었을 것 같은데 그 안에는 교만으로 가득차 있는 것입니다. 그리고 결국 자기 욕심을 채우기 위해서 사람들의 눈에 보이지 않는 죄를 많이 짓고 그 죄가 그 사람 안에 가득 차 있게 됩니다.

그래서 마치 포도주를 담그기 위해서 포도를 따서 틀 안에 넣고 발로 밟으면 그 붉은 액이 튀어서 사람들의 옷도 붉게 되고 사람들의 얼굴에까지도 그 액이 튀게 되는 것입니다. 이것은 다른 것이 아니고 바로 교만의 액인 것입니다.

그래서 하나님께서 이 세상을 심판하실 때가 되면 구원받는 자와 심판받는 자가 분명하게 차이가 나게 됩니다. 구원받은 자는 그렇게 겸손할 수가 없습니다. 그리고 약간의 거짓말하는 것도 벌벌 떨고 죄를 지으면 눈물로 회개하지 않으면 견디지 못합니다. 그러나 망할 자들은 아무도 모른다고 생각을 해서 자꾸 죄도 쌓아놓고 교만도 쌓아놓고 욕심도 쌓아놓다가 나중에 밟으면 터지는데 그것이 온 세상으로 다 튀는 것입니다.

어느 정도로 하나님의 심판이 참혹한가 하면 피가 말 굴레까지 닿을 것이라고 말씀하십니다. 이것은 마치 피가 아주 큰 강이 되어서 흘러간다는 뜻입니다. 말을 타고 강을 건너면 물이 말 굴레까지 오지 않습니까? 그리고 그 피가 천육백 스다디온까지 퍼졌다고 합니다. 천육백 스다디온은 대략 300km정도 되는데 팔레스타인 전체 길이 정도 됩니다.

결국 이것은 두 가지를 의미한다고 보아야 합니다. 즉 하나는 사람들이 얼마나 미련하게 죄를 품고 있는지 그것을 터트리니까 온 세상으로 다 튀더라는 것입니다. 즉 이 세상에서 가장 미련한 사람이 하나님 앞에 죄를 다 토해놓으면 되는데 자기가 책임지려고 죄를 품고 있다가 결국 그것이 곪아서 나중에 터지게 되면 온 세상을 다 더럽힐 정도로 죄를 많이 가지고 산다는 것입니다. 병원이 중요한 이유가 무엇입니까? 병을 치료할 수 있다는 것입니다. 마찬가지로 교회는 죄를 치료하는 곳입니다. 많은 사람들이 할 수 있는 대로 빨리 하나님 앞에 나와서 죄를 토해버리면 치료가 되는데, 자기가 치료하려고 붙들고 있다가 나중에는 이렇게 곪아서 터지게 되는 것입니다. 그리고 또 다른 하나의 의미는 이렇게 망하는 사람들이 너무나도 많다는 것입니다. 그래서 진노의 포도주 틀에서 멸망하는 자들의 피가 말 굴레까지 오게 되는 것입니다. 하나님께서 우리를 구원하는데 돈 한 푼 받지 않으십니다. 그리고 우리가 천국에 가는데 무슨 공로나 자격이 필요한 것도 아닙니다. 오직 한 가지 필요한 것은 내 교만을 버리고 겸손하게 하나님의 말씀에 순종하는 것인데 교만을 버리지 못해서 망하는 사람이 이스라엘 전체를 채우는 것입니다.

다시 말해서 이 세상 사람들은 둘 중의 하나입니다. 하나는 성령의 진액을 받아들여서 하나님 앞에서 알곡이 되느냐, 아니면 자기 자신의 욕심과 기질대로 살다가 나쁜 포도송이가 되어서 나중에 밟혀서 터지느냐 하는 것입니다. 우리에게 궁금한 것은 알곡과 포도송이 외에 다른 것은 없느냐 하는 것입니다. 예를 들어, 대추나 호두 같은 것은 안 될까요? 성경은 다른 종류는 없다고 말씀하고 있습니다. 사람은 아무리 노력을 한다고 해도 결국 나쁜 포도송이를 맺게 되어 있습니다. 그 이유는 죄의 본능이 그 만큼 강하기 때문입니다. 결국 예수님의 십자가와 성령의 능력이 없이는 진노의 포도가 될 수밖에 없습니다.

사도 바울은 말하기를 사람은 심은 대로 거두는데 육체를 위하여 심어서 썩어질 것을 거두고 성령으로 심어서 영생을 거둔다고 했습니다. 우리 모두는 자기가 심은 대로 거두게 되어 있습니다. 결국 자기가 믿는 바에 따라서 살아가게 되어 있고 그 열매를 자기가 가두게 되는 것입니다. 오늘 많은 사람들이 속고 있는 것이 누구든지 예수만 믿으면 구원을 얻기 때문에 천국이 보장되어 있다고 생각해서 열심히 세상을 따라서 사는 것입니다. 여기서 예수를 믿는다고 하는 것이 교회만 다니는 것을 말하지 않습니다. 오직 성령의 인도하심을 따라서 사는 것을 말하는 것입니다. 오늘 우리에게 중요한 것은 아직 우리에게 시간이 있다는 사실입니다. 우리는 아직 하나님 앞에서 열매를 맺을 수 있는 기회가 있습니다. 잘 생각하셔서 영원히 후회 없는 삶을 선택하시기 바랍니다.

CHAPTER • 31

불이 섞인 유리 바다

요한계시록 15:1-8

이 세상에서 일어나는 끔찍한 사고들은 하나님과 관계가 있다는 것을 알게 됩니다. 하나님께서 허락하시지 않으시면 이런 재앙들은 일어날 수가 없는 것입니다. 2001년에 우리는 미국의 가장 훌륭한 빌딩이라고 하던 국제 무역센터 빌딩이 비행기 테러 폭파로 무너지는 것을 보았습니다. 갑자기 비행기가 날아가더니 그 건물과 충돌을 하고 또 잠시 후에 옆에 있던 쌍둥이 빌딩에 또 다른 비행기가 와서 충돌을 했습니다. 그리고 그 건물에 있던 사람들은 도망가지 못해서 빌딩에 매달려 있다가 떨어지기 시작했습니다. 그 후 잠시 있다가 백층이 넘는 그 건물이 무너지고 그 안에 있던 대부분의 사람들은 뼈도 추릴 수 없는 상황이 됐습니다. 오늘날 사람들이 도무지 믿을 수 없는 것은 어떻게 하나님께서 우리 인간들에게 이렇게 비참한 비극이 일어나게 하실 수 있느냐 하는 것입니다. 그것에 대한 성경의 답은 놀랍게도 우리 인간들에게는 언제나 이런 끔찍한 죽음이 기다리고 있다는 것입니다. 우리 인간에게 가장 좋은 복은 이 세상에서 큰 어려운 일을 겪지 않고 편안하게 살다가 늙어서 자다가 죽는 것입니다. 그 외의 죽음은 모두 고통스럽고 비참한 것입니다. 암으로 죽거나 사고로 죽거나 물에 빠져 죽거나 어떻게 죽어도 비참하고 고통스러운 죽음을 죽는 것입니다. 그런데 성경이 말씀하는 것은 죽음이 결코 끝이 아니라는 것입니다. 사람들에게 진짜 무서운 고통의 심판은 죽음 후에 있다고 말씀하고 있습니다. 우리 인간들이 이 세상에서 당하는 재앙이나 죽음의 고통은 최후 심판의 한 경고에 불과한 것입니다.

오늘 본문은 하나님께서 이 세상에 최종적인 재앙을 내리시기 전에 마지막으로 사람들의 운명이 갈라지는 것을 보여주고 있습니다. 그런데 그 배경이 무엇인가 하면 이스라엘 백성들이 애굽을 탈출해서 홍해를 건너는 사건입니다. 하나님께서 이스라엘 백성들을 애굽에서 이끌어 내신 이유가 있습니다. 그것은 바로 그들로 하여금 이 세상의 우상을 숭배하지 않고 오직 살아계신 하나님 한 분만 섬기게 하기 위한 것입니다. 모세는 애굽의 바로를 찾아가서 우리 조상의 하나님께서 우리에게 나타나셔서 하나님을 섬기라고 했기 때문에 우리는 하나님을 섬기러 가야겠다고 말을 합니다. 그랬더니 애굽의 바로는 '내가 애굽의 왕이고 신인데 내 말을 듣지 않고 도대체 여호와가 누구인데 여호와를 섬기러 간다고 하느냐'면서 안 된다고 했습니다. 그때 하나님께서는 애굽의 바로와 그 신하들을 열 가지 재앙으로 치시고 이스라엘 백성들을 이끌어 내셨습니다. 그런데 문제는 이것으로 끝나지 않았습니다. 만일 여기서 이야기가 끝이 났다면 이스라엘 백성들은 하나님을 섬기러 광야로 들어가고, 바로와 그 백성들은 남아서 우상을 섬겼다고 보면 될 것입니다. 그런데 애굽의 바로와 그 군사들은 이스라엘 백성들을 도로 붙잡기 위하여 병거를 몰아서 추격해 왔습니다. 그때 이스라엘 백성들과 애굽의 군사들 사이에 운명이 갈라지게 되었습니다. 이스라엘 백성들은 갈라진 홍해 바다를 통해서 건너편으로 무사하게 넘어갔지만 추격하던 바로와 애굽의 군대는 바다가 도로 합쳐지는 바람에 모두 바다에 빠져 죽고 말았습니다.

결국 이 세상에 사는 모든 사람들은 운명이 갈라지게 됩니다. 아무리 형제 사이이거나 부부사이라 하더라도 1계명에 의하여 운명이 갈라지게 되는 것입니다. 즉 살아계신 하나님을 믿고 섬기느냐, 아니면 하나님 없이 허망한 우상을 섬기면서 살았느냐 하는 것에 따라서 사람의 영원한 운명이 달라지게 되는 것입니다.

요한계시록의 뼈대를 이루는 것은 세 번의 재앙입니다.

첫 번째는 일곱 인의 재앙이고, 두 번째는 일곱 나팔의 재앙이며, 세 번째는 일곱 대접의 재앙입니다. 인을 뗀다고 하는 것은 어떤 일을 개시하는 성격이 있습니다. 이것은 하나님의 심판이 시작되는 것입니다. 사실 복음 자체가 하나님의 심판의 인을 떼는 것입니다. 왜냐하면 하나님의 심판이 없다면 복음이 있어야 할 이유도 없고 예수님의 십자가도 있어야 할 이유가 없기 때문입니다. 우리 인간의 불행은 심판을 전제로 하고 이 세상에 태어난다는 것입니다. 자기 생각으로는 아무 죄를 짓지 않았다 하더라도 인간은 운명적으로 하나님의 심판을 받아야 하는 것입니다. 그런데 놀라운 것은 우리 인간들이 이 세상에 살면서 심판을 피할 수 있는 기회가 있다는 것입니다. 오히려 심판을 피하는 정도가 아니라 심판을 영원한 축복으로 바꿀 수 있는 기회가 있는 것입니다. 이것을 안다면 사람들은 이 세상에 살면서 다른 엉뚱한 일에 신경을 쓸 겨를이 없습니다. 가장 중요한 것이 자기 영혼을 구하는 것이고 그 다음에 가족들의 영혼을 구하는 것입니다. 그리고 나서 여유가 있으면 다른 사람들을 건지는 것이지요.

일곱 나팔의 중심 메시지는 고난 받는 교회입니다. 이 세상은 여러 가지 방법으로 교회를 삼키려고 합니다. 세상이 교회를 미워하는 이유가 무엇입니까? 그 이유는 교회가 자기들과 다른 것을 믿고 있기 때문입니다. 그래서 세상 사람들은 이상하게 교회가 싫은 것입니다. 자신들은 정욕대로 사는데 이 사람들은 정욕대로 살지 않습니다. 세상 사람들이 왜 그렇게 바보같이 사느냐 물어보면 어차피 이 세상은 멸망한다는 것입니다. 만일 교회가 세상과 똑같다면 세상은 교회를 미워할 필요가 없습니다.

일곱 대접의 중심 메시지는 이 세상 나라의 완전한 심판입니다. 이때 하나님께서는 복음에 불순종한 나라와 그 백성들에게 모든 진노를 남김없이 퍼부으실 것입니다. 그때 성도들은 우리가 받은 구원의 의미를 바로 깨닫게 될 것입니다. 이 세상이 하나님의 진노의 대접을 남김없이 마시는 것을 보고 우리는 놀라게 됩니다. 우리도 본질적으로는 저 사람들과 똑같은 사람들인데 도대체 어떻게 해서 우리는 이 구원받는 자리에 있게 되었는지 놀라게 될 것입니다.

오늘 본문에는 요한이 하늘에서 큰 두 가지 이적을 보게 됩니다. 여기서 이적이라고 하는 것은 엄청난 큰 광경을 의미합니다. 너무나도 거창하고 엄청난 장관입니다.

하나는 구원받은 백성들이 불이 붙는 유리 바다를 건너가서 거기서 하나님께 찬양을 드리는 것입니다. 그런데 그 찬양이 얼마나 장엄한지 이것은 바로 이스라엘 백성들이 홍해를 건넌 후에 그들이 눈물과 감격으로 부르던 바로 그 모세의 노래였습니다.

그리고 다른 하나의 장면은 이제 하나님의 성전이 열립니다. 그 하나님의 성전에서 이 세상에 내릴 진노를 대접에 가득히 담아서 일곱 천사에게 주는데 그때 하나님의 위엄과 영광이 얼마나 무섭고 두려운지 아무도 그 앞에 감히 나아갈 수 있는 자가 없는 것입니다.

이것은 결국 동시에 일어나는 일입니다. 성도의 구원과 이 세상 나라에 대한 하나님의 진노의 심판은 동시에 일어납니다. 결국 둘 중의 하나입니다. 하나는 불타는 유리 바다를 건너가서 구원의 찬송을 부르는 자이며, 그렇지 않는 자들은 모두 하나님의 진노의 대접을 한 방울도 남기지 않고 모두 마셔야 하는 불행한 사람들입니다.

하나님의 마지막 재앙

1절 또 하늘에 크고 이상한 다른 이적을 보매 일곱 천사가 일곱 재앙을 가졌으니 곧 마지막 재앙이라 하나님의 진노가 이것으로 마치리로다

요한계시록을 보면 요한은 하늘에서 몇 가지 큰 이적을 보게 됩니다. 그 중 하나는 해를 입은 여자의 모습이었습니다. 해를 옷으로 입었으니까 얼마나 영광스럽고 찬란한 모습의 여인입니까? 해를 옷으로 입고 있는 여인은 교회를 말합니다. 교회는 이 세상에서 가장 존귀한 사람들의 모임입니다. 그러나 그들은 그만큼 존귀하기 때문에 이 세상에서 고통을 당하게 됩니다. 요한이 본 또 다른 이적은 큰 붉은 용이었습니다. 이 큰 붉은 용은 마귀를 의미합니다. 세상은 모르고 있지만 이 세상 모든 것이 이 마귀의 조종에 의하여 이루어지고 있습니다. 마귀는 이 세상 사람들을 충동질해서 사람들로 하여금 서로 미워하게 만들고 죄를 짓게 해서 하나님의 진노의 심판으로 망하게 합니다. 마귀는 하나님의 법을 다 알고 있습니다. 그래서 사람들이 어떻게 하면 그 벌을 받게 되는지 알고 자꾸 못된 마음을 불어넣어서 결국 죄를 지어 하나님의 심판을 받게 되는 것입니다. 그리고 교만한 사람들을 자극해서 교회를 핍박하게 만들고 심지어는 하나님의 백성들을 죽이게 합니다.

그러나 세 번째로 요한이 본 환상에는 이미 일곱 천사가 모두 하나씩 하나님의 진노의 대접을 들고 있습니다. 이것이 마지막 재앙입니다. 성경은 하나님의 진노가 이것으로 마칠 것이라고 말씀하고 있습니다. 사람들이 알지 못하고 있는 가장 심각한 문제가 우리 모든 인간들에게는 하나님의 심판이 기다리고 있다는 사실입니다. 그 심판은 마치 대접으로 물을 들어붓는 것처럼 인정사정 없는 무서운 하나님의 진노의 심판인 것입니다.

우리는 어떻게 사랑이 풍성하신 하나님이 그런 무서운 심판을 내리실 수 있는지 믿지 못합니다. 그러나 하나님의 사랑을 알기 이전에 알아야 할 것이 있습니다. 그것은 하나님은 죄에 대해선 철저한 분이시란 사실입니다. 하나님은 무슨 일이 있어도 죄는 절대로 용서하지 못하십니다. 특히 하나님을 거역하고 자기 정욕을 위하여 진리를 거부한 인간들의 교만에 대하여 하나님의 최종적인 진노의 심판이 기다리고 있습니다.

우리는 그 심판이 구체적으로 어떤 것인지 알지 못합니다. 그러나 자비로우신 하나님으로부터 영원히 버림받는 그 자체가 얼마나 무서운 일이며 비참한 것인지 모릅니다.

모든 사람들은 지금은 하나님의 은혜를 받고 있습니다. 하나님께서 의인이든지 악인이든지 비를 내리시고 햇빛을 주십니다. 건강을 주시고 생명을 지켜 주십니다. 그러나 마지막 하나님의 진노 때에는 그 어떠한 햇빛이나 빗물도 그리고 그 어떤 긍휼이나 자비도 하나님으로부터 기대할 수 없습니다. 왜냐하면 그때에는 하나님께서 우리 죄인들을 기다리신 시간이 다 끝나버렸기 때문입니다. 그때 하나님을 인정하지 않고 교만하게 살아온 모든 사람들은 온전한 하나님의 진노의 대접을 그대로 다 마셔야합니다. 이것이 무서운 것입니다.

아마 독일의 아우슈비츠 수용소도 거기에 비하면 나을 것입니다. 우리는 그 심판의 장면을 상상할 수 없을 것입니다. 그때 우리는 내가 구원받았다는 사실이 얼마나 신기하고 놀라운지 입을 다물지 못하고 계속 울면서 지낼 것입니다.

홍수 심판에서 구원받은 노아를 생각해 보십시오. 그 많던 사람들이 갑자기 다 어디로 가 버렸습니까? 그 많던 집들, 시장들, 그리고 화려한 극장들, 영웅들 다 어디로 가버렸습니까? 자기들 외에는 아무것도 남아 있는 것이 없습니다. 이 사실을 확인한 순간 자기가 살아 있다는 것이 믿어지지 않을 것입니다. 소돔에서 구원받은 롯을 생각해 보십시오. 그 좋은 평야가 아무것도 남아 있지 않습니다. 집들도, 사람들도, 아무것도 남아 있지 않습니다. 모두 유황불에 타 죽어버렸습니다. 도대체 믿어지지가 않습니다. 그런데 성경은 그것이 끝이 아니라고 말씀하고 있습니다. 물에 빠져 죽거나 불에 타 죽는 것은 심판의 시작에 불과하고 그때부터가 하나님의 본격적인 심판이 이루어지는 것입니다.

마지막 때에 이런 일이 일어날 것입니다. 그렇게 많던 사람들, 좋은 집들, 권세 있는 영웅들, 아무것도 보이지 않습니다. 하나님을 믿지 않던 모든 사람들이 다 갑작스런 죽임을 당할 것입니다. 그것도 그냥 죽는 것이 아니라 아주 비극적인 재앙의 죽음을 당하게 될 것입니다. 그런데 그것이 재앙의 끝이 아니고 그 후에 그들은 그 불에 탄 모습으로 그리고 물에 빠져 죽은 모습으로 더 무서운 하나님의 심판을 받기 위하여 기다리게 되는 것입니다.

우리가 이런 무서운 하나님의 심판을 생각한다면 이 세상의 행복은 그야말로 무서운 유혹이 되는 것입니다. 차라리 사람들은 이 세상의 행복이 있기 때문에 장차 올 하나님의 심판을 더 소홀히 하게 됩니다. 출애굽 때를 생각해 보십시오. 그 당시 애굽은 최고의 문명국이었고 최고의 선진국이었습니다. 그래서 이스라엘 백성들은 애굽을 떠나려고 하지 않았습니다. 이스라엘 백성들은 할 수 있으면 애굽에 눌러 붙어서 살려고 했습니다. 그러나 하나님께서는 이스라엘 백성들을 애굽에서 이끌어 내셔서 물도 없고 양식도 없는 광야에서 고생하면서 하나님을 섬기게 하셨던 것입니다. 오늘도 이 세상의 풍족한 삶과 잘 사는 것을 좋아하면 하나님께로 나아갈 수가 없습니다.

사실 우리는 지옥에 대하여 자세히 알지 못합니다. 예수님께서는 지옥에 아주 뜨거운 불이 있으며 사람들은 거기서 영원토록 고통 가운데 살게 된다고 말씀하셨습니다. 그런데 더 중요한 것은 거기에 있는 사람들은 영혼 자체가 비참한 상태에 버려지게 되는 것입니다. 그리고 거기에는 기쁨이라고는 전혀 없습니다. 소망이라고는 영원히 없습니다. 오직 번민과 분노와 고통뿐입니다. 이것은 산 것이 아니지요. 영원한 속박이요 저주입니다.

그러나 우리 믿는 사람들은 살아 있습니다. 우리는 영원한 저주에서 구원받았습니다. 우리는 그 멸망당하는 사람들을 볼 때 내가 받은 구원이 얼마나 영광스럽고 축복된 것인가 하는 것을 비로소 깨닫게 되는 것입니다.

구원받은 성도

요한이 보니까 불이 섞인 유리 바다 같은 것이 있습니다. 그리고 그 유리 바닷가에는 짐승의 핍박에서 승리한 성도들이 서서 하나님을 찬양하고 있습니다.

2절 또 내가 보니 불이 섞인 유리 바다 같은 것이 있고 짐승과 그의 우상과 그의 이름의 수를 이기고 벗어난 자들이 유리 바다 가에 서서 하나님의 거문고를 가지고

'불이 섞인 유리 바다 같은 것'이 있습니다. 우리는 불이 섞인 유리 바다가 어떤 것인지 정확하게 알 수는 없습니다. 그러나 하나님의 백성들은 누구든지 반드시 통과해야만 하는 과정인 것을 알 수 있습니다. 즉 누구든지 영원한 지옥의 저주를 받지 않으려면 이 불이 섞여 있는 유리 바다를 반드시 건너가야 하는 것입니다. 여기서 우리는 두 가지를 생각할 수 있습니다.

하나는 '불'이라는 것입니다. 여기서 불이라고 하는 것은 우리 믿는 자들이 이 세상에서 신앙 때문에 받아야 하는 고통을 의미한다고 생각됩니다.

그리고 또 하나, 유리 바다라고 하는 것은 정결한 것을 의미합니다. 즉 하나님의 백성들은 이런 환난을 통하여 흠이나 티 없이 깨끗해야만 하는 것입니다.

옛날 일제시대 때 일본 순사들은 신사 참배를 거부하는 목사들에게 나무판에 대못을 박아 놓고 신사 참배하지 않으려거든 그 못 위를 걸어가라고 했다는 것입니다. 그래서 목사님들 중에는 그 못 위를 밟고 지나갔다고 합니다. 그런데 이스라엘 백성들은 불이 붙는 사막 길을 사십 년 동안 걸었습니다. 이스라엘 백성들은 그 뜨거운 사막 길을 계속 걸으면서 애굽 땅에서 가졌던 죄스러운 습관들은 차츰 씻겨지고 거룩하고 경건한 하나님의 백성들로 만들어졌던 것입니다.

이스라엘 백성들이 불붙는 사막을 걸으면서 배워야 했던 것은 철저하게 자기 생명을 하나님께 맡기는 것입니다. 하나님께서는 이스라엘 백성들에게 '사람이 떡으로만 살 것이 아니요 하나님의 입에서 나오는 말씀으로 살 것이라'고 말씀하셨습니다. 그들은 그 말씀 그대로 아무 먹을 것도 없는 사막에서 수백만 명이 만나를 먹고 살았던 것입니다. 그런데 이스라엘 백성들은 하나님의 뜻이 자기 생각과 맞지 않으면 계속 원망하고 불평했습니다. 그래서 그들은 그 원망과 불평 때문에 사십 일 만에 갈 수 있는 거리를 사십 년 걸려서 갔던 것입니다. 하나님께서는 이스라엘 백성들이 무조건 하나님의 말씀에 순종할 때까지 광야에서 뺑뺑이를 돌리셨습니다. 그들은 불붙은 사막을 걸으면서 무조건 하나님의 인도하심을 받는 훈련을 받았습니다. 하나님의 구름 기둥이 움직이면 그들도 움직이고 하나님의 구름이 머물면 끝없이 기다리는 훈련을 받았습니다. 이스라엘 백성들은 사십 년 불사막을 통과한 후에 이 유리 바다를 건너갔던 것입니다.

오늘도 하나님께서 우리 믿는 사람들을 고난의 불바다를 통과하게 하십니다. 자기가 얼마나 똑똑하고 유능하건 그것은 상관이 없습니다. 하나님께서 택하신 백성들은 반드시 이 불바다를 건너가야 하는데 하나님께서는 그 연단의 과정을 통하여 우리 속에 남아 있는 마지막 교만의 한 방울까지 다 짜내는 것입니다. 결국 그대로 하나님의 유리 거울에 비추어서 흠이나 티가 전혀 없도록 만드시는 것입니다. 하나님께서 우리를 어떻게 만지셨는지 교만하게 자기가 최고라고 생각하던 사람들이 모세처럼 겸손하게 변하는 것입니다.

그러나 세상 사람들은 이 불이 섞인 유리 바다를 통과하지 않습니다. 그들은 다른 불바다를 통과합니다. 그것은 정욕의 불바다이고 음란의 불바다이며 죄악의 불바다입니다. 결국 예수님의 말씀처럼 그 뱃속에 성령의 생수가 없는 사람은 이 세상의 죄악의 불에 타지 않을 수가 없습니다.

이 세상의 죄악의 독가스는 성령의 생수가 없는 사람들은 모두 죄로 다 죽어버립니다. 그러나 예수 믿는 사람들 속에는 성령의 생수가 강같이 흐르기 때문에 죄의 불기운을 몰아 내어버립니다. 세상 사람들은 실컷 자기 욕심대로 사는 것이 망하는 길인 줄도 모르고, 고난 받는 믿는 사람들을 업신여기고 조롱을 하다가 결국 자기는 영원한 지옥의 고통에 빠지게 되는 것입니다.

말씀을 보면 성도들이 '짐승과 그의 우상과 그의 이름의 수'를 이겼다고 말씀하고 있습니다. 여기서 '짐승과 그의 우상의 수'라고 하는 것은 666의 수를 말합니다. 사람들은 무엇 때문에 로마 황제가 신이 아닌 줄 알면서 그 앞에 절을 하고 분향을 합니까? 일단은 세상의 권력자가 두렵기 때문입니다. 로마 황제의 뜻을 거스려서 미움을 사면 아마도 이 세상의 모든 좋은 것을 다 잃어버리고 비참하게 죽게 될 것입니다. 다른 말로 표현해서 마음속에 진리에 대한 확신이 없으니까 가짜에게 절하고 경배를 하는 것입니다.

결국 이 세상에서 가장 중요한 것은 누가 참 하나님이냐 하는 것입니다. 살아계신 하나님을 알지 못하는 자는 아무리 똑똑하고 유능한 자라 하더라도 우상에게 절을 하지 않을 수가 없습니다. 왜냐하면 무엇 때문에 일부러 고집을 부려서 사서 고생을 하겠습니까? 그러나 제대로 하나님을 믿는 사람들은 아무리 무식해도 우상에게 절을 하지는 않습니다. 왜냐하면 그것이 신이 아니라는 것을 너무나도 분명하게 알기 때문입니다. 결국 인간은 지식이나 사회적인 지위로 바른 길을 갈 수가 없습니다. 어차피 이 세상에서 얼마든지 편하게 살 수 있는 길이 있는데 무엇 때문에 일부러 좁은 길을 가면서 욕을 얻어먹고 고생을 하겠습니까? 그래서 결국 이 세상에서 아무리 유혹을 하고 어려운 고통을 당해도 끝까지 바른 길을 가는 사람들은 짐승의 수를 이긴 사람이며 하나님을 믿는 사람들 밖에 없는 것입니다.

이 세상에 마귀가 하는 일이 무엇입니까? 놀랍게도 참 믿음을 가진 자와 엉터리 믿음을 가진 자를 구별하는 일을 합니다. 아무런 유혹이 없는데도 유혹을 이기는 것은 시험이 아닙니다. 눈앞에 유혹이 있는데도 불구하고 끝까지 유혹을 거부하는 것이 이기는 것이지요. 마찬가지로 제사나 우상숭배의 강요가 없는데도 하나님을 섬기는 것은 시험이 아닙니다. 주위에서 우상숭배를 강요하고 제사를 하지 않는다고 욕을 하고 핍박을 해도 끝까지 하나님만 섬기는 것이 제대로 된 신앙인 것입니다. 마귀가 로마 황제를 교만하게 해서 억지로 황제숭배 운동을 일으키지 않았더라면 누가 정말 하나님을 섬기는 자인지 아닌지를 구분할 수가 없습니다. 마귀가 온 세상을 유혹해서 그들로 하나님을 대적하게 했을 때 그때 정말 하나님을 사랑하고 그 계명을 지키는 자들이 드러났습니다.

주님은 무엇이라고 말씀하셨습니까? 넓은 길로 가지 말라고 하셨습니다. 넓은 길로 가면 반드시 멸망하게 되어 있습니다. 넓은 길로 가는 많은 사람 속에 입을 다물고 있으면 도매금으로 넘어가는 것입니다. 그 자리를 박차고 나와야 합니다. "안 됩니다. 나는 하나님을 섬기는 사람입니다. 나는 이 우상에게 절할 수 없습니다"라고 하면서 그 자리를 박차고 나오지 않으면 다 함께 멸망하는 것입니다. 사탄은 필요악입니다. 사탄이 있기 때문에 적극적으로 하나님을 사랑하고 하나님을 섬기는 자가 구별이 되는 것입니다.

하나님께서 우리들에게 요구하시는 것은 소극적인 신앙이 아닙니다. 믿는 것도 아니고 믿지 않는 것도 아닌 신앙은 대단히 위험합니다. 나중에 보십시오. 적당하게 믿는 신앙은 고난이 오면 속으로 '아닌데, 아닌데…'하면서 결국은 대세를 따라가게 되어 있습니다. 편하게 믿는 사람은 결국 넘어집니다.

신앙은 처음부터 분명합니다. 좋은 나무가 좋은 열매를 맺고 나쁜 나무가 나쁜 열매를 맺게 되어 있습니다. 나무가 나쁘기 때문에 열매가 나쁜 것입니다. 지금 제대로 신앙 생활하지 못하고 있다고 생각되면 다른 것을 점검하면 안 됩니다. 나무 자체를 의심할 수밖에 없습니다. 처음부터 바로 믿어야 합니다.

참으로 예수를 믿는 자는 그 몸에 그리스도의 흔적을 가지고 있습니다. 여기서 흔적이라고 하는 것은 그리스도를 인하여 고난당한 증거를 말합니다. 내가 그리스도를 인하여 고난당한 증거가 있는지 스스로에게 물어 보아야 합니다. 왜냐하면 그리스도인은 이 세상에서 분명히 고난을 받기 때문입니다. 요즘 마귀는 편하게 잘 믿는 방법을 제시하고 있습니다. 거기에 속아 넘어가면 안 됩니다. 주님이 이 유리 바닷가에 서 있는 성도들을 통하여 말씀하시는 것이 무엇입니까? 황제숭배를 하고 적당하게 타협하면 구원을 얻지 못한다는 것입니다.

황제에게 머리를 숙이고 이 세상에서 재산이나 명예를 지키려고 하는 자들은 이 불이 섞인 유리 바다를 통과하지 못한다는 뜻입니다. 우리가 건너가야 할 바다가 있습니다. 그것은 참으로 어린 양의 피로 구속받은 자들만이 건너갈 수 있는 바다입니다.

이스라엘 백성들이 마주 해야 했던 바다는 그들의 믿음을 시험하는 바다였습니다. 오직 어린 양의 피로 구속받지 않은 자들은 통과할 수 없는 바다였습니다. 애굽 사람들은 믿음이 없으면서도 그들을 따라서 건너다가 모두 물에 빠져 죽고 말았습니다. 믿음이 없는 자들은 믿는 자들을 흉내 내면 망합니다. 이것은 위대한 신앙의 인물들의 믿음을 본받지 말라는 말이 아닙니다. 우리들이 사는 것은 믿지 않는 자들의 삶과 근본적으로 다릅니다. 우리는 무엇을 먹을지 무엇을 입을지 염려하지 말아야 하지만 그들은 염려를 해야 합니다. 왜냐하면 그렇게 하지 않으면 그들은 굶어 죽기 때문입니다.

승리의 노래

유리 바다를 통과한 성도들은 노래를 부르고 있습니다. 이것은 모세의 노래며 어린 양의 노래입니다.

3, 4절 하나님의 종 모세의 노래 어린 양의 노래를 불러 가로되 주 하나님 곧 전능하신이시여 하시는 일이 크고 기이하시도다. 만국의 왕이시여 주의 길이 의롭고 참되시도다 주여 누가 주의 이름을 두려워하지 아니하며 영화롭게 하지 아니하오리이까 오직 주만 거룩하시니이다 주의 의로우신 일이 나타났으매 만국이 와서 주께 경배하리이다 하더라

우리가 부르는 찬송에는 여러 가지 종류가 있습니다. 우선 하나님을 경배하는 찬송이 있습니다. 그리고 우리의 신앙을 고백하고 간증하는 찬송도 있습니다. 그런데 성도들이 부르는 찬송 중에는 승리의 찬송이라는 것이 있습니다. 이 승리의 찬송은 성도들이 이 세상에서 사탄의 세력에 빠져서 꼼짝 없이 멸망하게 되었는데 갑자기 하나님께서 도와주심으로 오히려 이

악의 세력을 이기고 승리하게 되었을 때 말로 표현할 수 없는 감격 가운데 부르는 찬송입니다. 이 찬송은 그냥 부를 수 없고 기뻐 뛰면서 춤을 추면서 온 힘을 다하여 구원을 주신 하나님을 노래하는 것입니다.

이스라엘 백성들이 홍해 앞에서 바로의 군대에게 꼼짝없이 다 죽게 되었는데 바다가 갈라짐으로 이스라엘 백성들은 살고 바로의 군대는 다 물에 빠져 죽었을 때 그들은 이 승리의 노래를 불렀던 것입니다.

이것은 두 가지로 생각할 수 있습니다. 우리 성도들은 이 세상에서 승리의 노래를 부르게 됩니다. 하나님께서는 어느 정도 악의 세력이 날뛰는 것을 내버려두십니다. 그러다가 나중에 결정적인 순간에 악의 세력을 내리치시고 성도들에게 이김을 주십니다. 로마에서도 결국 콘스탄틴이 이김으로 종교의 자유가 선포되었을 때 모든 성도들은 감격의 눈물을 흘리면서 숨어 있던 굴이나 지하에서 나왔던 것입니다. 우리가 이 세상에서 어려움을 당한다 하더라도 결코 악의 세력이 이기지 못합니다. 그 대신 우리 성도들은 끝까지 인내하고 기다려야 합니다. 그러면 마지막 결정적인 순간에 이 승리의 노래를 부르게 되는 것입니다.

그러나 또 다른 의미는 하나님께서는 우리 성도들의 죽음으로 결국 모든 사탄의 세력을 이기고 영광중에 승리하게 하십니다. 우리 성도들이 이 세상에서 자기 욕심을 죽이고 거기에다가 환난과 핍박을 당할 때 마귀가 이긴 것 같고 믿는 자들은 실패한 것 같습니다. 그러나 결국 하나님 앞에서 사탄과 그의 추종자들은 모두 비참하게 쇠사슬에 매여서 지옥으로 끌려가는데 성도들은 영광 가운데 이 승리의 노래를 부르게 되는 것입니다.

이 세상에 사는 사람들은 죽음 이후에 무엇이 기다리고 있는지 전혀 알지 못하고 있습니다. 아마 그것을 조금이라도 깨닫는다면 절대로 이런 식으로 살지 않습니다. 아마 가진 재산을 다 버리고 모든 명예를 다 버리고 하나님의 말씀을 구할 것입니다.

성도들이 노래 부르는 내용이 무엇입니까? 하나님이 하시는 일이 너무나도 놀랍다는 것입니다. 하나님이 하시는 일은 너무나도 신기합니다. 왜냐하면 구원받을 것 같은 사람은 아무도 구원받지 못하고 전혀 예상하지 못했던 자들이 이 유리 바다를 다 건너가기 때문입니다. 구원받은 사람들이 다 놀랍습니다. 그 유명하던 사람 누구누구 하는데 다 아닌 것입니다. 전혀 생각지도 못했던 겸손한 자들 그런 사람들을 하나님이 어떻게 다 아셨는지 그들이 구원의 영광을 누립니다. 얼마나 하나님이 의로우시고 공평하시고 참되신지 우리들은 찬송을 부르지 않을 수 없습니다. 하나님 앞에는 사람의 외모로 봐준다는 것이 없습니다. 우리는 사람의 외모를 보지만 하나님은 그런 것이 없습니다. 하나님은 절대로 사람의 외모를 보시지 않습니다. 하나님은 오직 겸손한 자들, 하나님의 은혜가 없으면 한 순간도 살 수 없는 그런 자들, 이 세상에서는 괄시받고 천대받았지만 오직 주님의 말씀만 붙들었던 사람, 그 사람들을 영광스럽게 하십니다. 그러니까 누가 하나님의 이름을 두려워하지 않겠습니까? 나중에 구원받은 모습은 우리가 세상에서 생각하던 것과는 완전히 다릅니다.

우리는 내가 아는 사람이면 이 사람 저 사람 다 끼워 줄 것 같은데 하나님의 구원은 절대로 그렇지가 않습니다. 하나님은 형제라고 해서 구원하시는 것도 아닙니다. 부부 사이도 정확하게 나누어집니다. 친한 친구들 사이도 운명이 갈라집니다. 부모가 악하다고 해서 자식을 버리지도 않습니다. 하나님은 너무나도 정확하시고 의로우시고 정직하십니다. 우리가 이것을 보면 하나님을 두려워하지 않을 수 없고 경배드리지 않을 수 없습니다. 무엇이라고 찬양합니까? '오직 주만이 거룩하시나이다.'

오직 하나님만이 거룩하십니다. 우리가 구원받은 것은 오직 하나님의 은혜와 자비 때문이지 우리가 잘 나서 구원받는 것은 아닌 것입니다.

지성소가 열리다

이 지상에 있던 모세의 성전은 하늘에 있는 성전의 모형을 본떠서 만든 것이었습니다. 따라서 중요한 것은 모두 하늘에 있고 이 지상에 있는 것은 교육을 위한 성전이었습니다. 구약 시대에는 이 세상에 있는 성전에 지성소는 휘장으로 언제나 닫혀 있었습니다. 그러나 그리스도께서 십자가에 못 박히셨을 때 성전의 휘장이 위에서부터 아래로 찢어져서 사람들은 그 안을 볼 수 있게 되었습니다. 그리고 우리 믿는 자들은 지성소 안에 들어가서 하나님께 예배를 드리게 된 것입니다. 그러나 오늘 말씀에서 휘장이 걷힌다고 하는 것은 바로 하나님께서 이 세상에 임하시는 것이며 그것은 바로 죄인들에 대한 심판을 의미하는 것입니다.

5, 6절 또 이 일 후에 내가 보니 하늘에 증거 장막의 성전이 열리며 일곱 재앙을 가진 일곱 천사가 성전으로부터 나와 맑고 빛난 세마포 옷을 입고 가슴에 금띠를 띠고

인간의 죄는 이 세상에서 처리되는 것이 아닙니다. 이 세상에서 처리되는 것처럼 보여지는 것은 가르침과 확신을 위한 것이지 실제로 죄가 처리되는 것은 하나님의 보좌 앞입니다.

우리 인간의 모든 운명은 하나님의 성전에서 결정이 됩니다. 그것을 알면 우리는 성전을 더욱 더 가까이 하게 될 것입니다. 여기에 온 세상의 운명이 있습니다.

맑고 빛난 세마포를 입고 가슴에 금띠를 했다고 하는 것은 제사장의 복장입니다. 보통 제사장은 아니고 왕권을 가진 제사장을 의미합니다. 사실 이것이 우리의 신분입니다. 우리는 이 세상에서 사실 이러한 복장을 가진

지위에 있습니다. 우리가 이 세상을 용서하면 그 용서가 이루어지고 축복을 하면 그 축복이 이루어집니다. 물론 전혀 축복을 받을 수 없는 사람인데 축복이 이루어지지는 않습니다. 우리는 이 세상에서 축복권을 가진 사람들입니다. 그러나 그 축복을 무시하고 정욕대로 산 사람들을 향해 천사들이 왕 같은 제사장의 옷을 입고 진노의 대접을 가지고 나타납니다. 사람들은 복음을 전하는 우리가 하나님의 보냄을 천사라고 생각하지 않습니다. 그래서 무시하고 업신여기는데 그 후에는 진노의 대접을 가진 제사장들을 만나게 될 것입니다. 그러나 그때는 더 이상 사정이 통하지 않습니다.

8절에 보면 "하나님의 영광과 능력을 인하여 성전에 연기가 차게 되매 일곱 천사의 일곱 재앙이 마치기까지는 성전에 능히 들어갈 자가 없더라"고 말씀하고 있습니다.

하나님의 진노의 심판이 시작되면 그때에는 더 이상 성전에 들어갈 수 있는 사람이 없습니다. 왜냐하면 하나님의 영광이 너무나도 두렵기 때문에 죄인들은 도저히 가까이 할 수가 없기 때문입니다. 구원받을 사람들은 미리 기회가 있을 때 열린 휘장을 통하여 성전 안으로 들어가야 합니다. 이렇게 복음이 선포될 때 믿지 않던 사람은 나중에는 다시는 기회를 얻지 못하고 하나님의 지엄하신 심판만 기다리게 되는 것입니다.

우리는 이 세상에서 불이 섞인 유리 바다를 통과하는 것이 얼마나 축복인지 알아야 합니다. 그것을 통과하기 싫으면 결국 하나님의 진노의 대접을 다 마셔야 하는 것입니다.

여기의 '연기'는 하나님의 영광을 말합니다. 그 영광이 얼마나 충만한지 아무도 접근할 수 없습니다. 왜냐하면 하나님은 소멸하시는 불이시기 때문입니다.

결국 이 말씀의 결론은 무엇입니까? 이 세상 나라는 결국 하나님의 심판을 받게 되어 있습니다. 우리는 이 세상 나라에 속해 있으면 안 됩니다. 이 세상에서 떠나 그리스도의 나라에 속해야 하며 그리스도께 충성을 바쳐야 합니다. 우리는 끝까지 증거를 지켜야 그 영광의 나라에 들어갈 수 있습니다. 이 세상의 부귀와 영광에 속지 마시기 바랍니다. 날마다 저 높은 곳을 향하여 올라가는 신앙이 되시기 바랍니다.

CHAPTER • 32

회개치 않는 사람들

요한계시록 16:1-11

병원에서 환자에게 수술을 하려면 마취를 해야 합니다. 어떤 때에는 부분 마취를 하고 어떤 때는 전신 마취를 할 때도 있습니다. 의사가 환자를 마취시켜놓으면 전혀 감각이 없기 때문에 얼마든지 살을 찢고 뼈를 들어내는 수술을 할 수가 있는 것입니다. 그러나 만일 마취제가 없어서 마취를 하지 않고 생살을 찢어내야 한다면 환자가 너무 고통스러워서 견디지 못할 것입니다. 그래서 환자를 치료하는데 마취는 아주 중요한 것입니다. 그러나 의사가 환자에게 너무 심하게 마취를 시켜놓으면 마취에서 깨어나지 않아서 식물인간이 되는 수가 있습니다. 바로 이것이 이 세상을 살아가는 사람들에게서 나타나는 것입니다.

신앙의 형제자매들에게 신앙이 없는 자들에게서 부러운 것이 하나 있으면 그것은 아마도 '자유로움'이라고 말할 것입니다. 믿는 자들은 양심이 살아있고 감각이 있기 때문에 양심을 속이고 죄를 지으면 자기 자신이 고통스러워서 견디지 못합니다. 그래서 어떻게 해서든지 하나님 앞에 나와서 눈물 콧물을 흘리면서 자기 죄를 다 토하여 내지 않으면 마음의 평안을 얻지 못하는 것입니다. 그러나 하나님을 믿지 않는 자들은 양심을 마비시켜

놓았기 때문에 아무리 죄를 지어도 마음에 통증을 느끼지 못합니다. 그래서 죄에 대하여 점점 더 무감각해져서 나중에는 하나님께서 아무리 깨우치시고 혹은 징계를 하셔도 끝까지 깨닫지 못해서 망하고 마는 것입니다.

우리 믿는 사람들은 때때로 믿지 않는 사람들이 부러울 때가 있습니다. 왜냐하면 그들은 자기가 원하는 모든 것을 다 할 수 있기 때문입니다. 그래도 그들은 그런 것에 대하여 전혀 양심의 가책을 받지 않습니다. 그러나 믿는 사람들은 성경에서 너무나도 많은 것을 죄라고 말씀하고 있기 때문에 도무지 내가 원하는 대로 살 수가 없습니다. 그런데 세상 사람들이 자기 마음대로 사는 것은 양심에 마취 주사를 놓아서 통증을 느끼지 못하기 때문입니다.

당시 로마의 여러 가지 문화와 정책들이 신앙의 걸림돌이 되고 있었습니다. 그 중에 하나가 사람들이 너무나도 정욕적으로 살아가는 것이었고 또 하나는 황제숭배 운동을 통해서 로마 황제를 숭배하지 않는 자들은 핍박을 하는 것입니다. 그러나 하나님을 믿지 않는 자들에게는 황제숭배가 전혀 문제가 되지 않습니다. 왜냐하면 늘 우상에게 절하는 것이 그들의 생활이기 때문에 절을 한 번 더 한다고 해서 달라질 것이 아무것도 없기 때문입니다. 그러나 믿는 자들에게는 이것이 그들의 생계를 빼앗고, 그들의 사회적인 지위를 빼앗았으며 결국에는 생명까지 위태롭게 하였습니다. 그리스도인들이 무슨 큰 죄를 짓는 것도 아니었습니다. 단지 우상에게 한번 절하지 않은 것으로 로마 사회는 그리스도인들에게 너무 가혹한 처벌을 내렸던 것입니다. 그러나 오늘 말씀을 보면 그것이 그렇게 단순한 문제가 아니라는 것을 알게 됩니다. 왜냐하면 황제숭배는 양심에 전신 마취 주사를 맞는 것이며 한번 여기에 걸려들면 다시는 깨어나지 못하게 된다는 것입니다. 그래서 차라리 우리 믿는 사람들은 이 세상에서 명예나 재산은 잃어버리는 한이 있다 하더라도 양심만큼은 깨끗하게 지켜야 한다고 말씀하십니다.

오늘 본문 말씀은 우상에게 절한 자들에게 임할 하나님의 최종적인 심판에 대하여 말씀하고 있습니다. 그 중요한 내용은 그들은 괴로움을 당하고 고통을 받으면서도 깨닫지 못하고 회개하지 않는다는 사실입니다. 하나님께서 버리는 자들의 특징이 바로 이것입니다. 하나님께서 버리는 자들은 실컷 매 맞고 두들겨 맞으면서도 이런 일이 왜 일어났는지 깨닫지 못하는 것입니다. 하나님의 백성들은 양심이 살아있고 의식이 살아있기 때문에 자기에게 어떤 어려운 일이 닥치면 왜 이런 일이 일어났는지 곰곰이 생각을 해서 반드시 신앙적으로 유익한 교훈을 얻습니다. 그래서 한번은 모르고 당할 수도 있고 실수 할 수도 있지만 같은 실수를 반복하지 않습니다. 그러나 멸망당할 자들은 생각하는 것이 짐승 같은 자들이어서 비슷한 일들을 계속 당하면서도 그 원인을 깨닫지 못하고 그것으로부터 아무 교훈을 얻지 못하는 것입니다.

오늘 본문은 하나님의 마지막 재앙인 일곱 대접의 재앙입니다. 이 일곱 대접의 재앙은 일곱 나팔의 재앙에 비하여 크게 다른 것 같지 않습니다. 우선 재앙이 땅과 바다 그리고 물의 근원, 그리고 하늘의 순으로 이루어지는 것이 비슷합니다. 하나님께서 애굽 바로에게 내리셨던 재앙과 비슷한 것 같습니다. 그러나 일곱 나팔의 경우는 세상의 삼분의 일만 재앙에 빠지는데 비하여 일곱 대접의 재앙에는 세상 전체가 재앙에 빠지는 것이 특징입니다.

우상 숭배자들에게 임하는 재앙

1, 2절 또 내가 들으니 성전에서 큰 음성이 나서 일곱 천사에게 말하되 너희는 가서 하나님의 진노의 일곱 대접을 땅에 쏟으라 하더라 첫째가 가서 그 대접을 땅에 쏟으매 짐승의 표를 받은 사람들과 그 우상에게 경배하는 자들에게 악하고 독한 종기가 나더라

오늘 본문 말씀은 세 가지를 말씀하고 있습니다. 하나는 성전에서 큰 음성이 나는 것이고, 두 번째는 하나님의 진노의 대접을 땅에 쏟는데 우상에게 절한 자들에게 하나님의 재앙이 임하는 것이고, 세 번째는 그 재앙이 몸에 종기가 생기는 것이었습니다.

우선 첫 번째는 하나님의 음성이 성전에서 나오는 것입니다. '또 내가 들으니 성전에서 큰 음성이 나서'라고 말씀하고 있습니다. 성전에서 나는 음성이 왜 중요합니까? 그 동안 하나님께서는 이 세상에 대하여는 침묵하신 것입니다. 하나님께서는 오직 믿는 자들에게만 성경을 통하여 말씀하시고 이 세상은 사람들의 법과 양심에 맡겨두셨습니다. 그런데 사람들은 하나님을 두려워하면서 법과 양심을 사용해야 하는데 법과 양심을 마비시켜놓고 자기 멋대로 세상을 차지하기 위하여 온 세상을 우상의 세상으로 만들어버린 것입니다. 마치 어떤 사람에게 집을 세로 주었는데 그 사람이 집을 완전히 쓰레기장으로 만들어버린 것과 같습니다.

그때 비로소 하나님께서는 이 세상에 대하여 말씀을 하시는 것입니다. 하나님께서 우리 성도들에게 말씀을 하실 때에는 이것이 은혜요 축복이 되지만, 세상에 대하여 말씀을 하실 때에는 바로 심판의 말씀이 됩니다. 그래서 세상 사람들은 평소에 성경에서 하나님께서 하시는 말씀에 관심을 가져야 합니다. 왜냐하면 결국 모든 것이 성경대로 이루어지기 때문입니다.

여기서 일곱 대접의 마지막 재앙은 황제숭배를 거부하지 않고 황제에게 향을 피우고 경배를 한 자들에게 주는 하나님의 재앙입니다. 여기서 짐승에게 절했다고 하는 것은 단지 우상에게 한번 절을 했느냐 하지 않았느냐를 말하는 것이 아닙니다. 사람들은 신이 아닌 것을 신으로 경배함으로 자기 영혼을 팔아버리는 것입니다. 즉 양심을 마비시켜놓고 이 세상에서 평안한 삶을 얻는 것입니다. 그래서 우상 숭배자는 일종의 거래를 하는 사람들인데 그들은 자기 양심을 포기하고 세상의 부귀와 영화를 얻습니다. 그러면 결국 이것이 이득이냐 하면 아닙니다. 엄청나게 손해를 보는 거래를 한 것입니다. 우리는 차라리 돈이나 세상의 출세를 조금 손해를 보더라도 자기 양심을 깨끗하게 지키는 것이 좋습니다. 왜냐하면 그렇게 하면 하나님께서 나의 편이 되어주셔서 내가 하는 모든 일에 형통함을 주시는 것입니다.

그러면 결국 하나님께서 우상 숭배한 사람들에게 치시는 재앙이 무엇입니까? 그것은 놀랍게도 몸에 종기가 생기는 것입니다. 우리가 알 수 있는 것이 일곱 대접의 재앙이 출애굽 때 하나님께서 애굽의 바로에게 내리셨던 재앙과 아주 비슷하다는 것입니다. 그 중에서 이 종기가 생기는 재앙은 열 가지 재앙 중에서 여섯 번째 재앙과 비슷합니다.

출애굽 때 바로가 하나님의 말씀에 불순종한 이유가 있습니다. 그 중의 하나는 하나님이 내리시는 재앙을 애굽의 마술사들도 흉내를 낼 수 있었다는 사실입니다. 지팡이를 던져서 뱀이 되게 하거나 물이 변하여 피가 되게 하는 재앙들을 애굽의 마술사들도 흉내를 낼 수 있었습니다. 이것을 보고 바로가 생각한 것은 하나님이라고 해봐야 자기 마술사보다 조금 센 정도라는 것이었습니다. 그래서 그는 쉽게 굴복하지 않았습니다. 그뿐만 아니라 바로가 보기에 하나님께서 주시는 재앙이라고 해봐야 너무나도 작은 것이었습니다. 바로의 생각에 자기가 신이라고 하면 염병이나 화산 폭발 같은 엄청난 재앙을 내려서 사람들을 한꺼번에 다 죽이는 것으로 생각을 했습니다. 그러나 하나님이 주시는 재앙은 기껏해야 개구리가 올라오거나 아니면 파리가 날아드는 정도였습니다. 그러니까 그 정도는 견딜 수 있는 재앙입니다. 물론 개구리 재앙이나 파리 재앙이 힘들지 않았던 것은 아니지만 자기들이 생각하는 신의 진노는 아니었습니다. 바로는 자기가 하나님이라면 한꺼번에 온 세상을 불바다로 만들어버리고 다시는 상대도 하지 않는 그런 재앙을 내릴 것 같은데 하나님께서는 조금씩 조금씩 재앙을 내리셨습니다.

그래서 바로는 하나님을 업신여기고 즉시 회개하지 않았습니다. 그런데 바로 이것이 하나님의 무서운 지혜였습니다. 하나님께서는 바로를 한꺼번에 멸망시키는 것을 원치 않으셨습니다.

사실 천사가 몇 번씩이나 나와서 대접을 붓고 가고 또 와서 붓고 가는 것은 천사들에게도 가소로운 일입니다. 왜냐하면 유다를 침공한 앗수르 군대를 천사 하나가 하루 저녁에 18만 5천명을 죽였기 때문입니다. 페스트로 공격을 하면 하루 저녁에 애굽의 모든 사람들을 끝낼 수 있습니다. 또 하나님께서 실제로 그렇게 말씀하시기도 하셨습니다. 그러나 하나님의 진노의 목적은 바로를 한꺼번에 멸망시키는 것이 아니었습니다. 하나님께서 열 가지 재앙을 통하여 보여 주시려고 했던 것은 바로가 얼마나 미련하고 깨닫지 못하는가 하는 것이었습니다. 우상 숭배자의 특징은 아무리 징계를 당하고 두들겨 맞아도 절대로 깨닫지 못한다는 것입니다.

우리 생각에는 하나님께서 황제숭배를 한 사람들에게 내리실 재앙은 엄청난 재앙일 것 같지만 그렇지 않았습니다. 이것은 단순한 피부병에 불과했습니다. 이것은 마땅히 하나님께 돌려야 할 경배를 돌리지 않고 로마의 황제에 자신의 영혼을 팔아먹은 이들을 하나님께서 징계하시는데 너무 가볍지 않습니까? 성도들이 바로 이들이 보는 앞에서 모든 조롱과 욕을 다 당하고 비참하게 죽어간 것에 비하면 피부에 약간 헌데가 생기고 종기가 생긴 것으로는 너무 부족하다고 생각하지 않습니까? 사실 너무 부족한 재앙입니다. 이것은 너무 가벼운 고통입니다. 물론 저는 종기가 아프지 않다는 뜻이 아닙니다. 그러나 종기 정도는 생명에 결정적이지 않기 때문에 고약 같은 것을 발라서 얼마든지 견딜 수 있는 고통입니다. 하나님께서 이렇게 하시는 이유가 무엇입니까? 그들로 하여금 하나님의 심판을 우습게 알게 하시는 것입니다. 하나님께서 이들에게 한꺼번에 큰 고통을 주시면 이들은 회개할 것입니다. 하나님께서는 이들이 돌이키지 못하도록 그들의 죄에 비하여 말할 수 없을 정도로 작은 고통만 주시는 것입니다. 그래서 신앙에 있어서 결정적으로 중요한 것은 큰 것이 결코 아닙니다. 큰 것은 누구든지 다 알 수 있습니다. 중요한 것은 항상 작은 것에서 시작됩니다. 큰 거짓말은 누구든지 알 수 있습니다. 그러나 작은 거짓말은 쉽게 들통이 나지 않습니다. 작은 거짓말을 하고 작은 종기가 났다고 합시다. 그 사람은 이것을 그냥 평범한 여드름이나 뾰루지로 알고 회개하지 않을 것입니다. 그는 그만큼 죄에 대하여 면역이 생기는 것입니다. 무서운 것은 바로 이것입니다. 진짜 하나님이 내리시는 심판은 죄에 대하여 가벼운 재앙이 아닙니다. 진짜 중요한 것은 그 작은 재앙으로 인하여 마음이 더 굳어지고 마음이 더 단단해지는 것입니다. 하나님께서 바로에게 내리신 재앙은 그 수많은 재앙이기도 했지만 실제로는 그의 마음을 거만하게 해서 점점 더 마음을 완악하게 만드신 것입니다. 그래서 나중에 재앙이라는 재앙은 다 당하게 되는 것입니다. 이것은 마치 후천성 면역 결핍증과 같습니다. 전혀 죄에 대하여 저항력이 없기 때문에 죄라는 죄는 다 짓게 되어서 나중에는 죄 덩어리가 되어서 망하는 것입니다.

세상 사람들은 죄를 지으면 하나님이 무슨 큰 벌을 내리실 줄 알고 은근히 걱정을 합니다. 그러나 나중에 생긴 것을 보면 종기가 하나 생긴 정도입니다. 물론 이것 때문에 기분이 나쁘지 않은 것은 아니지만 죄에서 떠날 정도로 다급한 것은 아닌 것입니다. 그래서 그는 죄에 대하여 더 미련을 가지게 되어 계속 자기 욕심을 버리지 않는 것입니다.

사람이 잘못된 것을 먹었을 때 꾹 참고 있으면 결국 죽습니다. 할 수 있는 대로 빨리 병원에서 가서 위를 세척해서 안에 있는 것을 다 토해내어야 합니다. 그런데 그 죄의 독성을 느끼지 못하게 만드는 것이 바로 우상 숭배인 것입니다. 죄를 한 번 지었을 때 차라리 큰 고통을 받아서 아예 다시는 그런 일을 생각조차 하지 못할 정도로 경고를 받는 사람은 복이 있습니다.

한 번 잘못을 저지르고 나서는 너무나도 양심이 고통스러워서 밤에 잠을 이루지 못하고 고통 중에 있다가 결국 울고불고 하면서 죄를 다 토해내고 망신당하는 사람이 복된 사람입니다.

다윗은 신하의 아내를 건드린 결과 온갖 재앙을 다 당했습니다. 그리고 하는 말이 하나님 앞에서 허물이 가리움을 받는 자가 복이 있다는 것입니다. 왜냐하면 하나님의 최후의 심판은 너무나도 철저하고 너무나도 수치스럽고 너무나도 무섭기 때문입니다.

사람들이 황제에게 절하는 이유가 무엇입니까? 이 몸뚱이 하나 편하게 살려고 하는 것입니다. 로마 황제에게 아부를 해야 지위가 유지되고 재산을 누릴 수 있기 때문입니다. 그러나 하나님께서는 그 몸뚱이를 축복하지 아니하시고 종기를 내려서 고통스럽게 하십니다.

환경의 파괴

하나님께서 우상 숭배자들에게 주신 두 번째와 세 번째 재앙은 주위 환경이 파괴되는 것입니다. 사실 이 재앙도 크게 심각한 것은 아닙니다. 왜냐하면 자기 자신이 고통 받는 것은 아니기 때문입니다. 미련한 사람의 특징이 무엇인가 하면 아무리 좋지 않은 일이 일어나도 막상 자기 자신과 상관이 없으면 별로 심각하게 생각하지 않는 점입니다. 두 번째 대접 재앙은 바다가 죽은 자의 피 같이 되는 것입니다. 그리고 세 번째 대접 재앙은 강과 물의 근원에 대접을 쏟으니까 물이 모두 피같이 되는 것입니다.

3, 4절 둘째가 그 대접을 바다에 쏟으매 바다가 곧 죽은 자의 피 같이 되니 바다 가운데 모든 생물이 죽더라 세째가 그 대접을 강과 물 근원에 쏟으매 피가 되더라

두 번째와 세 번째 대접의 재앙은 출애굽 때 하나님이 바로에게 첫 번째 내리신 재앙과 비슷합니다. 사실 바로에게 내리신 재앙에는 바다가 피로 변한 것은 없습니다. 왜냐하면 애굽 사람에게는 강이 중요했지, 바다는 그렇게 중요한 것이 아니었기 때문입니다. 그러나 로마 사람들에게는 바다가 중요했습니다. 그들의 세계는 지중해를 가운데 품고 있는 모습을 하고 있었기 때문입니다. 그래서 바다가 죽는다고 하는 것은 그들의 심장이 썩는 것과 같았습니다.

바다가 피가 되고 물의 근원이 피가 된다고 하는 것은 하나님께서 그 동안 주셨던 모든 축복을 재앙으로 바꾸신다는 뜻입니다. 애굽은 나일강이 날라다주는 비옥한 땅으로 매년 하나님의 축복을 누렸습니다. 그러나 그들이 하나님을 섬기지 않는 것에서 한 걸음 더 나아가서 하나님의 백성들에게까지 우상 숭배를 강요했을 때 하나님께서는 애굽의 축복을 다 빼앗아 가셨던 것입니다. 마찬가지로 오늘날도 이 세상의 축복은 하나님의 교회에서부터 세상으로 은혜의 강물이 흘러가야 세상이 복을 받을 수 있는 것입니다. 그래서 세상 사람들도 하나님의 축복을 빼앗기지 않으려면 교회에서 떨어지는 부스러기 은혜라도 사모를 해야 합니다. 어떤 사업가는 자기는 교인은 아니면서 직장에서 기독교 모임도 도와주고 가끔씩 예배에도 참석하기도 합니다. 그러면서 하는 말이 자기는 부스러기 은혜라도 충분하다는 것입니다. 그것은 그 사람이 참으로 겸손한 것입니다. 신앙이 없는 사람들도 정상적인 사람은 교회나 진리에 대하여 관심을 가지게 되어 있습니다. 그러나 교만하게도 신이 아닌 것을 자기도 믿을 뿐 아니라 믿는 사람들에게도 강요할 때 그의 축복은 썩기 시작하는 것입니다. 그리고 강의 근원부터 썩어 들어가기 시작합니다. 그러나 그 본인은 그 사실을 알지 못합니다. 결국 그 사람은 자기도 모르는 사이에 망해있는 것입니다. 왜냐하면 하나님께서 그 사람을 서서히 망하게 하셨기 때문입니다.

요즘 사람들은 어떤 나라의 경제의 부흥에 대하여 '라인강의 기적'이니 '한강의 기적'이니 하는 말을 합니다. 그러나 강이 썩으면 그런 경제도 죽어지게 됩니다. 그 이유는 하나님께서 인간들의 교만을 치셔서 복의 근원이 썩게 하셨기 때문입니다. 그래서 항상 큰 축복이 임하는 곳을 보면 하나님의 위대한 말씀의 역사가 일어나는 곳입니다. 그곳에는 바다가 살아나고 강이 살아나고 물의 근원이 살아나기 때문에 모든 사람들이 복을 받게 됩니다.

우리나라 사람들도 그 동안 한번 잘 살아보려고 그렇게 몸부림을 쳤는데 어느 한 순간에 가난하게 되었습니다. 그 이유가 어디에 있습니까? 하나님께서 물의 근원을 치셨기 때문입니다. 그 이유는 그 동안 마땅히 우리는 인간으로 삶의 근본이 되시는 하나님을 찾아야 하는데 돈만 벌려고 뛰어다녔기 때문입니다. 그래서 차라리 좀 가난하게 되더라도 신앙을 도로 찾는 것이 복입니다. 그러나 멸망할 자들은 가난하게 되었고 물이 다 썩었는데도 당장 죽는 것은 아니기 때문에 하나님을 찾으려고 하지 않습니다.

재앙이 가볍게 느껴지는 것은 하나님의 지혜입니다. 교만한 자는 문제의 핵심을 보지 못합니다. 하나님에게서 가장 두려운 것은 깨닫지 못하도록 그냥 내버려두시는 것입니다. 재앙이 가볍게 느껴지는 것은 하나님께서 이들을 버리시기로 작정하셨기 때문입니다.

그래서 로마서에서 사도 바울이 무엇이라고 말씀하고 있습니까?

롬 1:24, 25 그러므로 하나님께서 저희를 마음의 정욕대로 더러움에 내어 버려두사 저희 몸을 서로 욕되게 하셨으니 이는 저희가 하나님의 진리를 거짓 것으로 바꾸어 피조물을 조물주보다 더 경배하고 섬김이라 주는 곧 영원히 찬송할이시로다 아멘

롬 1:28 또한 저희가 마음에 하나님 두기를 싫어하매 하나님께서 저희를 그 상실한 마음대로 내어 버려두사 합당치 못한 일을 하게 하셨으니

가장 무서운 것은 하나님께서 내버려두시는 것입니다. 하나님은 사랑하는 자녀들은 반드시 치셔서 하나님의 말씀을 붙들게 하시고 반드시 믿음으로 살아가게 하십니다. 그러나 버리시는 자들은 내버려두시는 것입니다. 그래서 서서히 망해가게 하시면서도 자신의 비참함을 깨닫지 못하게 하십니다.

세 번째 재앙에서 특별한 것은 물의 천사가 이렇게 물을 저주하신 하나님을 찬양하는 것입니다.

5-7절 내가 들으니 물을 차지한 천사가 가로되 전에도 계셨고 시방도 계신 거룩하신 이여 이렇게 심판하시니 의로우시도다 저희가 성도들과 선지자들의 피를 흘렸으므로 저희로 피를 마시게 하신 것이 합당하니이다 하더라 또 내가 들으니 제단이 말하기를 그러하다 주 하나님 곧 전능하신 이시여 심판하시는 것이 참되시고 의로우시도다 하더라

하나님께서 이렇게 물을 오염시키신 것에 대하여 물을 지키는 천사가 옳다고 하면서 하나님을 찬양합니다. 하나님께서 이 세상을 창조하셨는데 물이 깨끗한 것이 좋지, 왜 물이 피가 되는 것이 좋습니까? 그 이유는 성도들의 피를 흘린 자들이 깨끗한 물을 마실 수 없기 때문입니다. 악한 자들은 성도들의 피를 흘리고 눈물을 흘리게 만들었기 때문에 그들도 오염된 물을 마셔야 공평하기 때문입니다. 그래서 하나님께서는 죄를 지은 사람들의 입을 벌리게 하시고 썩은 물을 한없이 쏟아 부으시는 것입니다.

그러나 여기서 피를 마신다고 하는 것은 단순히 오염된 물을 마시는 것

을 의미하지 않습니다. 이것은 이 세상 사람들이 하나님의 은혜를 받지 못해서 그만큼 서로 미워하고 증오하면서 살아가게 되는 것을 의미합니다.

성도들에게 고통을 준 자는 하나님께서 절대로 그냥 넘어가시는 법이 없습니다. 하나님께서는 우리 믿는 자들에게 축복권을 주셨습니다. 그래서 다른 사람을 저주하면 저주가 임하고 축복을 하면 축복이 임합니다. 그러나 그 대신 하나님의 백성들을 두려워하지 않고 그들의 피를 흘린 자들은 그 피 값을 그들이 영원히 감당해야 합니다. 왜냐하면 그 피는 깨끗한 피이기 때문입니다.

유대인들은 예수님을 십자가에 못 박으면서 그 피를 자기 머리와 자기 자손들의 머리에 돌리라고 큰 소리를 쳤습니다. 그 결과 그들은 주후 70년에 로마 디도 장군의 공격으로 엄청난 피를 흘려야만 했습니다. 하나님께서 이 세상에서 가장 귀하게 생각하시는 것이 성도의 눈물입니다. 그래서 우리가 눈물을 흘리면서 기도하는 것을 하나님은 반드시 들어주십니다. 그러나 눈물보다 더 귀한 것이 있습니다. 그것은 바로 성도들이 흘린 피인 것입니다. 이 세상 사람들이 모르는 것은 그들이 흘린 성도의 피는 자신들이 반드시 감당을 해야 한다는 것입니다.

그러면 우리에게 궁금한 것이 우리 성도들의 피가 그렇게 귀하면 하나님께서 우리를 죽지 않도록 지켜주시면 되지 않겠습니까? 아예 악한 자들이 성도들의 피를 흘리지 못하게 막아주시면 될 것 같습니다. 그러나 하나님은 우리 성도들이 이 세상에서 완전히 순결한 주님의 신부가 되기를 원하십니다. 우리 믿는 자들이 주님께 바칠 수 있는 최고의 헌신이 성도들의 피인 것입니다. 진정한 진리는 죽음을 통과해야 증명이 되는 것입니다. 그래서 하나님은 우리가 믿는 이 진리가 얼마나 값진 것인지 보여주시기 위하여 성도들의 피를 흘리게 하십니다.

물론 피 흘린 성도는 그냥 죽는 것이 아닙니다. 최고의 산제사를 하나님께 바치고 올라가는 것입니다. 그러나 그 성도의 피를 흘린 자는 영원토록 지옥에서 심판의 고통을 받게 될 것입니다. 지옥은 영원히 위로가 없고 영원히 소망이 없습니다.

저는 한 20년을 감옥에 갇혀 있다가 나온 분을 만난 적이 있습니다. 그 분은 자신의 젊음을 모두 감옥 안에서 다 보내었습니다. 한번 생각해 보십시오. 20년을 감옥에서 썩었다면 얼마나 답답한 인생을 살았습니까? 그런데 지옥은 그것이 영원히 계속이 됩니다. 성도의 소중함을 알지 못하고 교만하게 피를 흘렸다가 그 피 값을 영원히 감당해야 하는 것입니다.

여기에 있는 재앙들이 보여 주는 것이 무엇입니까? 하나님께서는 우상숭배자들에게 이 세상에 있을 때에도 많은 고통을 주신다는 것입니다. 그러나 그들은 그 많은 고통을 당하면서도 자신들의 잘못을 깨닫지 못합니다. 왜냐하면 하나님의 재앙이 자기들의 교만보다 너무 작다고 느끼거나 아니면 자기 자신과는 직접 상관없는 것으로 느끼기 때문입니다. 그러나 중요한 것은 고통의 정도가 아닙니다. 그것으로 인하여 그들의 마음이 더 굳어지는 것입니다. 그리스도인들은 결코 마음이 굳어져서는 안 됩니다. 우리에게는 언제나 눈물이 살아 있어야 합니다. 그리고 하나님께서 조금만 책망을 하셔도 바로 무릎 꿇고 회개하면서 거룩한 양심을 회복시켜 달라고 눈물로 기도해야 합니다. 그래야 항상 우리에게서 하나님의 은혜가 떠나지 않습니다.

회개치 않는 자들

네 번째와 다섯 번째 재앙은 태양이 이상이 생기는 것입니다. 한번은 태양이 너무 뜨거워져서 사람들이 고통을 받는 것이고, 다른 한번은 태양이 어두워져서 사람들이 두려움에 빠지고 몸에 고통이 생기는 것입니다.

8-11절 네째가 그 대접을 해에 쏟으매 해가 권세를 받아 불로 사람들을 태우니 사람들이 크게 태움에 태워진지라 이 재앙들을 행하는 권세를 가지신 하나님의 이름을 훼방하며 또 회개하여 영광을 주께 돌리지 아니하더라 또 다섯째가 그 대접을 짐승의 보좌에 쏟으니 그 나라가 곧 어두워지며 사람들이 아파서 자기 혀를 깨물고 아픈 것과 종기로 인하여 하늘의 하나님을 훼방하고 저희 행위를 회개치 아니하더라

참으로 재미있는 것이 바로 이것입니다. 네 번째 천사가 대접을 부으니까 태양이 너무 뜨거워져서 사람들이 타게 됩니다. 너무 뜨거우니까 하나님의 이름을 훼방하며 영광을 돌리기를 거부합니다. 그러나 다섯 번째 천사가 대접을 부으니까 태양이 어두워지면서 사람들이 너무 아파서 혀를 깨물고 종기로 인하여 하나님을 훼방한다고 했습니다.

사실 우리가 잊고 있는 것이 바다에 그렇게 물이 많은데 육지로 넘치지 않는다는 사실입니다. 그 이유는 하나님께서 바다에 경계를 그어놓으셔서 바다물이 넘치지 못하게 하셨기 때문입니다. 그런데 더 놀라운 것은 태양이 너무 뜨거워지지 않고 늘 일정한 온도를 유지하고 있는 것입니다. 만약 태양이 지금보다 더 많이 뜨거워지면 사람들은 모두 죽고 말 것입니다. 그럼에도 불구하고 사람들은 하나님께 감사하지도 않고 영광을 돌리지도 않습니다. 그러니까 하나님께서 태양을 더 뜨겁게 하셔서 사람들이 그 뜨거움에 타죽게 된 것입니다.

태양은 어떤 큰 권세를 의미합니다. 즉 로마 황제에게 아첨하면서 출세를 했던 자들이 결국은 로마 황제의 변덕에 말려들어서 죽임을 당하는 것입니다.

사사기에 보면 기드온에게 아들이 칠십 명이나 있었습니다. 그런데 첩에게서 난 아들이 하나 있었는데 그 아들의 이름이 아비멜렉이었습니다.

아비멜렉은 세겜 사람들과 뜻이 잘 맞아서 아들 칠십 명을 다 죽이고 세겜의 왕이 되었습니다. 그때 가까스로 목숨을 건진 요담이 무엇이라고 하면서 도망을 치는가 하면 '아비멜렉에게서 불이 나와서 세겜 사람들과 밀로 족속을 사를것이요 세겜 사람들과 밀로 족속에게서도 불이 나와서 아비멜렉을 사를 것이니라'고 하면서 도망을 칩니다. 처음에는 세겜 사람들과 아비멜렉이 잘 지냈지만 나중에 서로 의심을 하고 심한 질투심으로 결국 서로를 해쳐서 함께 망하고 말았습니다.

결국 세상의 사랑은 이런 것입니다. 처음에는 악한 자들끼리 의기투합해서 잘 나가는 것 같지만 얼마 가지 않아서 결국 자기들끼리 시기하고 질투하는 바람에 서로 물고 뜯다가 함께 망합니다. 악한 자들이 연합을 하면 금방 모든 것을 다 차지할 것 같습니다. 그러나 결국은 자기들끼리 의견이 맞지 않아서 내분으로 망하고 마는 것입니다. 그래서 망하는 나라의 특징을 보면 자기들끼리 미워하고 싸웁니다.

더욱이 짐승의 보좌에 대접을 붓는 것은 왕이 정상적으로 판단하지 못하고 아주 심한 정신적인 문제로 시달리면서 정치를 하기 때문에 그 측근들이 많은 피해를 보는 것을 의미하는 것입니다. 사실 나중에 로마 황제들은 제정신이 아니었습니다. 그리고 그 옆에 있다가 숙청당하는 것도 파리 목숨보다 못하였습니다.

결국 하나님께서는 우상 숭배자들을 그냥 내버려두시는 것 같지만 자기 안에 있는 모순과 시기심으로 결국 다 망하게 하시는 것입니다. 그러나 본인들은 이것이 하나님의 심판인 줄 알지 못하고 하나님에 대한 훼방과 악한 행동을 돌이키지 않습니다.

중요한 것은 악한 자들이 깨닫지 못하고 끝까지 회개하지 못하는 것입니다. 회개하고 뉘우치는 것도 하나님께서 그러한 마음을 주셔야 뉘우칠 수 있는 것이지 단지 어렵거나 사정이 악하다고 해서 회개하는 것은 아닙니다. 그래서 어려운 일을 통하여 자신의 교만을 뉘우치고 참으로 하나님께 돌아오는 자들은 진정으로 은혜 받은 자들입니다. 그 사람은 하나님께서 사랑하시는 자들입니다. 우리 마음에 회개하고 싶은 마음이 들 때에 저주하지 마시고 회개하십시오. 어떻게 해서든지 낮아지는 길을 택하십시오. 그렇게 하면 절대로 망하지 않습니다.

우리 주위에 유난히 하나님을 훼방하며 신앙에 대하여 박해하는 자들이 있습니까? 우리는 그들을 진정으로 불쌍히 여겨야 합니다. 특히 그들에 대한 하나님의 심판이 더딘 것 때문에 약이 오르거나 상심해 해서는 안 됩니다. 그것은 하나님께서 다 알아서 하실 일입니다. 우리는 그리스도로 인하여 고난을 받는 자가 가장 복된 줄 알아야 합니다. 하나님은 사랑하시는 아들에게 고난을 주시며 징계의 채찍으로 때리십니다. 우리는 고난당하는 성도들을 부러워해야 합니다. 그리고 고난당하는 성도들을 업신여기고 고통스럽게 하는 것을 두려워해야 합니다.

무엇보다 먼저 하나님을 두려워하는 마음을 가져야 합니다. 이 세상에 사는 동안에 모든 인생에게는 하나님의 은혜가 있습니다. 심지어 하나님께서는 하나님을 훼방한 자들에게까지도 어느 정도 이상의 심판을 주시지 않습니다. 그러나 하나님은 반드시 이들을 심판하십니다. 시간이 몇 년이 가든 몇 십 년이 가든 절대로 그냥 두는 법이 없습니다. 그 자손들까지도 심판을 하실 것입니다. 그래서 가문이 망하는 경우를 보면 부모가 너무 교만해서 정신이 이상해집니다. 그래서 자식들에게 많은 상처를 주게 되는데 그 독을 마시고 자란 자식들이 모두 정신 이상이 되든지 자살을 하든지 결혼에 실패를 하게 되는 것입니다. 이것은 하나님께서 교만한 자들의 가문을 치시는 것입니다. 이런 집에서 재앙을 당하지 않으려면 오직 예수를 믿음으로 철저하게 새 사람이 되어야 합니다. 그렇지 않으면 부모가 분노로 키운 독을 다 마시게 되며 결국은 정신이상이 되고 마는 것입니다. 하나님은 참으로 의로우신 재판장이십니다. 그래서 하나님께서는 교만한 자들의 모든 악행을 영원히 기억하십니다. 그리고 우리는 무엇보다 먼저 이런 교만한 자들을 가까이 해서는 안 됩니다. 그들과 가까이 해서 덕이 될 것이 아무것도 없습니다. 그들이 하나님을 훼방하는 소리를 들어서 무슨 유익이 있겠습니까?

하나님께서는 로마라는 무서운 시험자를 사용해서 전 세계를 시험하셨습니다. 참으로 지성인은 로마가 하는 헛된 말에 따라가지 않습니다. 왜냐하면 그들이 하는 주장이나 하는 짓들이 너무나도 엉터리이기 때문입니다. 거짓을 인정하면 결국 마음이 무디어져서 하나님과 원수되는 위치에 있으면서도 깨닫지 못하게 되는 것입니다. 자기 자신에게 어떤 어려운 일이 닥칠 때 한번 깊이 생각해 보십시오. 그 일을 통해서 마음에 걸리는 모든 일을 청산하고 하나님을 기쁘시게 하는 삶으로 돌아오십시오. 그렇게 하지 않으면 마음이 점점 더 미련하게 되어 나중에는 자기도 모르는 사이에 하나님을 훼방하고 대적하는 사람이 되고 맙니다.

10, 11절 또 다섯째가 그 대접을 짐승의 보좌에 쏟으니 그 나라가 곧 어두워지며 사람들이 아파서 자기 혀를 깨물고 아픈 것과 종기로 인하여 하늘의 하나님을 훼방하고 저희 행위를 회개치 아니하더라

짐승의 보좌라고 하는 것은 로마 황제의 보좌를 말합니다. 하나님께서 로마 황제를 치시니까 나라에 계속적인 어려움이 생기게 됩니다. 그때 사람들이 얼마나 큰 고통을 받는지 자기 혀를 깨문다고 했습니다. 사람이 도대체 얼마나 아프면 자기 혀를 다 깨물겠습니까? 그러나 아무리 이 세상에서 잘 살아도 하나님이 축복하시지 않으면 어려움이 닥치게 됩니다. 그리

고 아픈 것과 종기로 인하여 하나님을 더 훼방하고 욕을 한다고 했습니다.

하나님께서 여기서 보여주시는 것은 한번 미련하게 우상 숭배에 빠진 자는 진정으로 하나님께로 돌아오지 않는 이상 아무리 고통스럽고 아무리 절망적인 어려움에 빠져도 절대로 회개하지 않고 오히려 더 지독하게 된다는 것입니다.

사람에게 가장 어려운 것이 하나님 앞에 겸손한 것입니다. 이것만 되면 모든 축복을 다 받는데 그것이 되지 않아서 끝까지 고통 중에 망해가면서도 하나님을 거부하고 저주합니다. 그래서 결국 지옥에 간 사람들은 하나님이 싫어서 간 사람들입니다. 자기 자신이 너무 똑똑하고 훌륭하기 때문에 하나님이 죽어도 싫었던 그 교만한 사람들이 지옥에서 영원히 고통 가운데 있게 되는 것입니다.

우리 인간이 잘났으면 얼마나 잘났겠습니까? 코로 숨 쉬는 자들은 코만 막으면 다 죽게 되어 있습니다. 그런데 끝까지 하나님과 같아지려고 대항하다가 이 세상에서도 저주를 받고 영원한 저주를 또 받는 것입니다. 천사들은 이것이 합당하다고 찬송을 하는 것입니다. 하나님 앞에서 겸손하십시오. 설사 이 세상에서 많은 것을 잃는 한이 있더라도 하나님 앞에 겸손하고 선한 양심을 가짐으로 이 세상에서도 성령 충만하고 영원한 하나님의 영광 가운데 있기를 바랍니다.

CHAPTER • 33

아마겟돈 전쟁

요한계시록 16:12-21

수년 전에 ≪아마겟돈≫이라는 영화가 상영이 되었습니다. 그 영화는 지구를 향하여 돌진해오고 있는 어떤 거대한 운석을 부수는 것입니다. 만일 그 운석이 지구와 충돌하게 된다면 전 세계는 마치 거대한 원자폭탄이 폭발한 것과 같이 되어서 모두 멸망하게 되는데 석유를 시추하는 기술자들이 우주선을 타고 올라가서 그 별에 원자폭탄을 설치하여 폭발시킴으로 지구를 멸망으로부터 구한다는 내용입니다. 사실은 이름만 성경에서 따왔을 뿐이지 내용은 요한계시록과는 아무 상관이 없는 영화입니다. 그럼에도 불구하고 이 영화가 인기를 끌었던 것은 새로운 세기가 시작되면서 인간들은 자꾸 이 지구가 멸망할 것 같은 두려움이 생기기 때문입니다.

그런 두려움에는 전혀 이유가 없는 것이 아닙니다. 우선 일차적으로 인류가 가지고 있는 핵무기는 지구를 완전히 멸망시킬 수 있는 폭발력을 가지고 있습니다. 그래서 미국은 북한 같은 나라가 핵무기를 만들어서 테러집단에 파는 것을 두려워합니다. 왜냐하면 작은 규모의 핵무기 하나만 해도 거대한 도시 하나는 그냥 날려버릴 수 있기 때문입니다. 그리고 또 두려운 것이 지금 지구의 공해가 점점 더 심해지고 있는데 언젠가는 지구 전체가 완전히 공해 물질로 덮여버리는 것이 아니냐는 것입니다. 그리고 지금 주로 우리 인간들이 문명의 혜택을 누리고 있는 것은 거의 대개 석유 에너지 때문이라고 보아야 합니다. 우리 인간들은 땅 속에 들어 있는 석유로 난방도 하고 차도 굴리고 발전도 합니다. 그런데 땅 속에 있는 석유는 과거에 만들어진 것을 퍼내는 것이지 새로 만들어지는 것이 아닌 것입니다. 그래서 언젠가 석유가 동이 나게 될 때 자동차도 서게 될 것이며 난방도 안 될 것이며 전기도 사용할 수 없게 될 것이 아니냐 하는 것입니다.

특히 요한계시록을 읽는 성도들은 언젠가는 이런 어마어마한 세계 전쟁이 있을 것이라고 생각합니다. 왜냐하면 성경에 분명히 아마겟돈 전쟁이라는 것이 있다고 쓰여져 있기 때문입니다. 그리고 어차피 예수님께서 다시 오실 때 이 세상에 있는 악의 세력들이 호락호락하게 예수님께 굴복하지 않고 대대적인 반항을 한 후에 멸망하지 않겠느냐는 나름대로의 시나리오를 만들어서 생각하고 있는 것입니다. 그런데 우리가 알아야 할 것은 이 요한계시록의 말씀이 우리를 기준으로 해서 쓰여진 말씀이 아니라는 사실입니다. 이 말씀은 이천 년 소아시아에서 로마의 통치하에 신앙 생활하던 교회와 성도들을 위하여 일차적으로 쓰여진 말씀입니다. 그 중에서 어떤 보편적인 원리들은 우리들에게도 적용이 될 수 있겠지만 모든 것을 우리의 시각에서 해석을 하려고 하면 무리하게 전쟁의 시나리오를 만들게 되는 것입니다.

먼저 우리가 알아야 할 것은 요한계시록 16장이 일곱 대접의 재앙들에 대하여 말씀하고 있고 이 재앙들은 로마에서 황제 숭배에 동참한 우상 숭배자들에게 내리시는 재앙에 초점을 맞추고 있다는 사실입니다. 그런데 이 대접의 재앙들을 보면 주로 출애굽기에서 하나님께서 바로에게 내리셨던 재앙과 비슷한 것을 볼 수 있습니다. 첫 번째 대접의 재앙은 우상 숭배한 자에게 독한 종기가 생기는 것이고 두 번째와 세 번째 대접의 재앙은 물이 피가 되는 것입니다. 그리고 네 번째와 다섯 번째 대접의 재앙은 태양이 너무 뜨거워지거나 어두워져서 사람들이 고통을 받는 내용을 기록하고 있습니다. 오늘 본문은 여섯 번째와 일곱 번째 대접의 재앙을 보여주고 있습니다. 여섯 번째 대접을 쏟으니까 유브라데 강이 말라버리고 사람들이 마음대로 내왕을 하게 됩니다. 그리고 일곱 번째 대접을 쏟으니까 결국 성이 세 갈레로 갈라지면서 멸망을 하는 내용입니다. 그런데 아마겟돈이라는 말은 여섯 번째 대접 재앙 끝에 나옵니다. 즉 악한 영이 세상의 왕들을 아마겟돈이라는 곳으로 모은다는 것입니다.

결국 오늘 본문 말씀이 보여주고자 하는 것은 우상 숭배자들이 아무리 큰 소리를 치고 힘이 센 것 같지만 하나님의 진노의 심판을 피할 수가 없다는 것입니다. 어떻게 생각하면 하나님을 모르는 사람들이 우상을 섬기는 것은 당연한 것 같습니다. 하나님에 대하여 전혀 들은 적도 없고 배운 적도 없는 사람들이 어떻게 하나님을 알겠으며 어떻게 예수를 믿을 수 있겠습니까? 하나님께서는 그것까지 진노하시는 것이 아닙니다. 그러나 일단 복음이 전파된 후에는 모든 사람은 하나님을 믿을 의무와 책임이 있는 것입니다. 왜냐하면 복음은 모든 인류에게 하나님만 믿으라는 하나님의 명령이기 때문입니다. 그러나 악한 인간들은 자신들의 생활을 바꾸기 싫어서 복음을 거부할 뿐 아니라 다른 사람들까지 동원해서 예수 믿는 자들을 박해하고 심지어는 무력을 행사할 때도 있는 것입니다.

오늘 성경에서 하나님께서는 사람들이 끝까지 하나님을 거부하여 그 결과가 어떻게 되었는지 보여주고 있습니다. 그리고 우리 믿는 자들은 아무리 주위 사람들이 복음을 대적하고 예수 믿는 사람들을 핍박한다도 하여도 끝까지 정신을 차리고 이 신앙을 끝까지 지켜야 한다고 말씀을 하시는 것입니다.

유브라데 강이 마름

12절 또 여섯째가 그 대접을 큰 강 유브라데에 쏟으매 강물이 말라서 동방에서 오는 왕들의 길이 예비되더라

드디어 하나님의 여섯 번째 재앙이 시작이 됩니다. 하나님의 여섯 번째 재앙은 대접을 유브라데 강에 쏟는 것인데 그렇게 되니까 강물이 말라버려서 동방에서 오는 왕들의 길이 준비된다고 말씀하고 있습니다. 물론 여섯 번째 재앙도 복음이 전파되었음에도 불구하고 의도적으로 하나님을 믿지 않고 우상을 섬긴 자들에 대한 심판을 보여주는 것입니다.

여기서 우리는 몇 가지를 생각할 필요가 있습니다.

우선 첫째는 복음을 전혀 들을 기회가 없어서 하나님을 믿지 못한 사람들이 있습니다. 예를 들어, 우리나라에도 복음이 들어 온 지는 백 년 밖에 되지 않습니다. 그래서 처음 예수를 믿을 때 가장 궁금한 것이 복음을 들을 기회가 없어서 예수 믿지 못한 사람은 모두 지옥에 가게 되느냐 아니면 양심에 따라서 착하게 산 사람은 복음이 없어도 구원을 받을 수 있느냐 하는 것입니다. 여기서 우리는 누구든지 예수 그리스도를 믿는 믿음 외에는 구원을 받을 수 있는 길이 없다는 것이 성경이 증거하는 것을 알아야 합니다. 만일 복음이 없어도 양심에 따라서 구원을 받을 수 있다면 복음은 그렇게 절실하지 않을 수도 있습니다. 예를 들어, 과거에 페니실린이 발명되기 전에 사람들은 폐렴이 걸렸을 때는 어떻게 했느냐 하는 것입니다. 그것은 어쩔 수 없는 것입니다. 과거에는 약이 없어서 맹인이 된 사람들이 많고 약이 개발이 되지 않아서 약만 있다면 충분히 살 수 있었을 사람들도 많이 죽었습니다. 그래서 과거 로마 시대 사람들의 평균 수명은 22세였다고 합니다. 그런데 지금은 사람들의 평균 수명이 거의 80세 가까이 가는 것입니다. 일

단 교통사고 당하지 않고 암에 걸리지 않으면 80세까지는 산다는 이야기입니다. 그런데 지금도 환자가 병원을 잘못 찾아가거나 의사를 잘못 만나는 경우 살 수 있는 사람이 죽는 경우도 많이 있습니다.

그러나 더 문제는 복음을 아예 들을 기회가 없어서 구원을 받지 못한 사람들보다는, 지금은 얼마든지 복음을 들을 수 있음에도 불구하고 자기 교만과 욕심 때문에 끝까지 복음을 거부하고 대적하는 사람들이 더 큰 지옥의 심판을 받게 되는 것입니다. 사람들은 지옥의 심판이 다 똑같을 줄 생각하지만 결코 그렇지 않습니다. 복음이 간절하게 증거됨에도 불구하고 하나님의 아들의 십자가를 업신여긴 자들의 심판이 더 무서운 것입니다. 그래서 가장 불쌍한 남편들이 부인은 예수를 잘 믿는데 자기 자신은 끝까지 예수를 믿지 않는 것입니다. 그러면서 속으로 '나는 부인의 치마를 잡고 천국 가겠지'라고 생각하지만 오히려 정반대로 가장 무서운 심판을 받게 되는 것입니다.

두 번째 문제는 우상을 섬기는 자들의 가장 무서운 심판이 무엇이냐는 것입니다. 우상 숭배자들에게 가장 무서운 심판은 그들의 마음이 돌같이 단단해지는 것입니다. 사람들은 자기가 섬기는 대상을 닮아가게 되어 있습니다. 우리가 예수님을 믿으니까 우리는 자꾸 예수님을 닮아가고 하나님을 닮아가게 됩니다. 그래서 지혜롭게 되고 그러면서도 거룩하게 되는지 모릅니다. 그러나 돌을 섬기는 자는 돌같이 미련하게 되고 마음에 사랑이라는 것이 없습니다. 왜냐하면 허망한 우상을 섬기면서 완전히 탐심에 빠져버리기 때문입니다. 그리고 모든 것을 미련하게 행합니다. 그래서 점점 더 하나님으로부터 마음이 멀어지게 되어 나중에는 자기 자신이 철저하게 하나님의 축복에 문을 닫아버립니다. 그래서 우상 숭배하는 자들이 좋아하는 것은 오직 돈밖에 없고 이 세상에서 오래 사는 것밖에 없습니다. 그러나 돈을 많이 번다고 해도 사랑이 없는데 어떻게 행복할 수 있으며, 하나님의 은혜가 없는데 오래 살면 무슨 낙이 있겠습니까? 우상 숭배자들은 완전히 영적인 자폐아이기 때문에 눈에 아무것도 보이지 않고 귀에 아무 소리도 들리지 않습니다. 완전히 자기 혼자의 세계에 빠져서 살다가 죽는 것입니다.

그러면 오늘 말씀에서 여섯 번째 천사가 대접을 유브라데 강에 쏟으니까 강이 말랐다는 것이 무슨 뜻일까요? 일단 유브라데라고 하는 것은 이스라엘과 이방 세계를 나누는 정신적인 경계선이었습니다. 그래서 여호수아서를 보면 하나님께서는 이스라엘의 경계선을 유브라데 강까지라고 말씀하시는 것을 여러 번 볼 수 있습니다. 그러면 우상을 섬기는 자들의 유브라데는 무엇일까요? 이것은 나름대로 그들을 지키는 경계선이라고 볼 수 있습니다. 로마를 염두에 두고 생각한다면 로마가 적으로부터 침공을 받지 않도록 지켜지는 정신적인 경계선이라고 말할 수 있을 것입니다. 그런데 그 경계선이 없어지면서 동방 나라 사람들이 마음대로 들어올 수 있게 된다는 뜻입니다. 즉 로마라는 나라를 존재하지만 국경의 의미가 없어지면서 다른 나라 사람들이 마음대로 들락거리면서 로마의 것을 다 가지고 가는 것입니다. 이런 의미에서 본다면 동방 사람이 사라센 제국일 수도 있고 게르만족일 수도 있을 것입니다.

옛날에는 야만족들의 이동이 큰 골칫거리였습니다. 야만족이 먹을 것이 없으면 옆의 부족을 공격해서 먹을 것을 빼앗았습니다. 그러면 옆의 부족은 또 먹을 것을 찾아서 더 옆에 있는 부족을 칩니다. 그러면 이것이 연쇄반응을 일으켜서 수십만 명 혹은 수백만 명이 먹을 것을 찾아서 이동하게 되는데 이 많은 사람들을 막을 수가 없는 것입니다.

무슨 말인가 하면 지금까지 로마가 평화스러웠던 이유는 자기들이 알지 못하는 가운데 하나님께서 이 유브라데 강을 지켜주셨기 때문입니다. 하나님은 전쟁을 막으시고 억제하시는 분이십니다. 이 세상 역사를 인간의 손에 맡겨 둔다면 하루라도 전쟁이나 살육이 일어나지 않는 날이 없을 것입니다. 그러나 하나님께서는 이 세상의 싸움과 분쟁을 억제하십니다. 사람들 사이에도 유브라데가 있고 나라와 나라 사이에도 유브라데가 있는 것입니다. 그러나 하나님께서 이 유브라데 강을 마르게 하시면 한 순간에 외국 군대가 쳐들어와서 나라를 완전히 다 파괴시켜버리는 것입니다.

사람들의 마음속에도 유브라데 강이 있습니다. 사람들은 마음속에 신뢰나 믿음이라는 것이 있어서 누가 뭐라고 하든지 아니면 어떤 의심이 들어와도 그것을 잘 조정할 수 있는 능력을 가지고 있습니다. 그러나 사람이 오랫동안 마음속에 분노를 품으면 그런 감정을 조절할 수 있는 기능이 없어지면서 바로 분노나 불안의 감정에 지배를 당해서 충동적으로 일을 저지르는 것을 보게 됩니다. 이제 사람들이 깨닫는 것이 머리가 좋고 돈을 많이 버는 것이 중요한 것이 아니라 정신적인 건강이 대단히 중요하다는 것입니다.

특히 사람이 다른 사람에 대하여 신뢰를 가지며 자신의 감정이나 충동을 통제할 수 있다는 것이 얼마나 귀한 일인지 모릅니다. 요즘 청소년들은 자꾸 컴퓨터의 가상세계에 빠져 듭니다. 그 결과가 무엇인가 하면 가상과 현실이 구별이 되지 않고 모든 일들을 일시적인 감정과 충동으로 하려고 하는 것입니다. 이제는 사람들에게 중요한 것이 공부를 좀 더 잘하느냐 못하느냐 집에 좀 더 잘 사느냐 못사느냐 하는 것보다 진정으로 마음속에 성령이 주시는 평안과 기쁨을 누리느냐 하는 것이 중요한 것입니다.

나라나 민족 사이도 개인 사이처럼 의심과 미움이 있습니다. 그래서 이 의심이 커지면 전쟁이 터지는 것입니다. 그러나 특사가 왔다 갔다 하기도 하고 옆의 나라가 중재를 하기도 해서 전쟁을 억제하기도 합니다. 그러나 천사가 유브라데에 진노의 대접을 부으면 사람 사이나 나라 사이에 싸움을 막을 수 있는 힘이 전혀 없어집니다. 그때에는 사람들의 분노가 극대화되어서 작은 분노도 참지 못합니다.

여기에 보면 유브라데가 말라서 동방의 왕들이 오는 길이 예비된다고 말씀하고 있습니다. 여기서 동방의 왕이라고 하는 것은 회교도 왕일 것입니다. 아니면 게르만족의 추장일지도 모릅니다. 지금까지 로마가 평화스러울 수 있었던 것은 하나님께서 유브라데 강을 붙들고 계셨기 때문입니다. 그러나 그들이 자기를 높이고 황제에게 분향하게 하며 하나님께 영광 돌리기를 거부할 때 하나님께서는 더 이상 로마의 안전을 지켜주시지 않고 서로 마음껏 미워하고 싸우도록 내버려두신다는 뜻입니다.

여섯 번째 천사가 대접을 부었을 때 일어나는 또 다른 현상은 수많은 개구리들의 소리입니다.

13절 또 내가 보매 개구리 같은 세 더러운 영이 용의 입과 짐승의 입과 거짓 선지자의 입에서 나오니

출애굽기에도 하나님께서 바로에게 재앙을 내리실 때 개구리 재앙을 내리신 것을 알 수 있습니다. 그러나 그 개구리 재앙에서 우리가 생각하게 되는 것은 주로 개구리들이 사람들을 귀찮게 했을 것이라는 것입니다. 개구리들이 온 집안에 돌아다니니까 얼마나 정신이 없고 귀찮겠습니까? 그러나 이번에는 개구리 재앙의 좀 더 상세한 내용을 보여주고 있습니다. 개구리 재앙의 핵심은 개구리들의 합창에 있었습니다. 개구리들은 그의 똑같은 톤으로 끝없이 개골개골 소리를 지르면서 합창을 했던 것입니다. 그런데 여기에 보면 이 개구리의 소리가 다른 것이 아니고 '용의 입과 짐승의 입과 거짓 선지자의 입'에서 나오는 소리인 것입니다. '용'은 마귀입니다. 뒤에서 조종하는 영이며 정신적인 조종자입니다. '짐승'은 앞에서 나서서 설치는 세력인데 로마의 왕입니다. 그리고 '거짓 선지자'는 짐승에게 계속 아첨하는 세력들입니다. 여기에 똑같이 개구리의 영이 활동을 합니다.

그러면 왜 하필 여기서 개구리의 영입니까? 우선 개구리는 요란스러운

소리로 똑같이 떠들어댑니다. 그렇다면 한 두 사람이 떠드는 소리가 아니고 많은 사람들이 그렇게 말을 하기 때문에 사람들이 일단 그 소리를 믿게 되는 것입니다.

열왕기상 22장에서 그 예를 찾아 볼 수 있는데 아람과 이스라엘 사이에 전쟁이 붙었는데 그때 이스라엘 왕은 아합 왕이었습니다. 왕은 이스라엘 선지자들에게 지금 길르앗 라못으로 올라가서 아람 군대와 싸우면 이길 수 있겠느냐고 묻습니다. 그렇게 했더니 모든 선지자들이 다 똑같이 한 목소리로 '올라가서 승리를 취하소서' '올라가서 승리를 취하소서'라고 소리를 질러대었습니다. 사실 이것이 개구리의 소리였던 것입니다. 개구리는 한 마리의 개구리가 소리를 지르면 자동적으로 다른 개구리들도 같은 소리를 지르게 되고 모두 그것을 믿게 되는 것입니다. 그때 아합은 자기가 전쟁을 하면 이긴다고 믿게 됩니다. 왜냐하면 모든 선지자들이 다 똑같이 올라가서 승리를 취하라고 소리를 질러대기 때문입니다.

그런데 그때 같이 있던 유다의 여호사밧 왕은 좀 이상하게 생각했습니다. 왜냐하면 이 선지자들이 다 똑같이 승리를 예언하는데 무엇인가 좀 천박하고 진지하지 못한 것 같았기 때문입니다. 하나님의 선지자라고 하면 무엇인가 그 예언에 무게가 있고 힘이 실려 있어야 하는데 그런 것이 없이 오직 똑같이 마치 녹음기를 틀어 놓은 것같이 소리를 내고 있었기 때문입니다. 그래서 다른 선지자가 없느냐고 했더니 미가야라는 선지자가 있는데 늘 좋지 않은 예언을 하기 때문에 자기가 싫어한다는 것입니다. 그때 여호사밧은 그런 소리를 하지 말라고 하면서 미가야를 부르니까 미가야는 놀라운 사실을 이야기를 했습니다. 그것은 하나님 앞에 회의가 열렸는데 하나님께서 앞에 있는 천사들이나 영들에게 묻습니다. 아합을 길르앗 라못에 올라가서 죽게 해야 할 텐데 누가 그렇게 하겠느냐고 물으니까 하나는 이렇게 말하고 다른 사람들은 또 다르게 말했습니다. 그때 거짓말하는 한 영이 자기가 모든 선지자 속에 들어가서 거짓 예언으로 아합을 꾀겠다고 말합니다. 그랬더니 하나님께서 너는 꾀이겠고 또 이룰 것이라고 말씀하십니다. 이 개구리의 영은 거짓말하는 영이며 사람들을 속여서 거짓된 것을 믿게 하는 영을 말합니다. 오늘 민주주의라고 하지만 민주주의가 잘못되면 바로 이런 개구리의 영이 들어가서 완전히 집단 이익을 위해서 행사를 하게 됩니다. 지금 우리 사회를 망치고 있는 것은 모두 이런 개구리의 영들인 것입니다. 개구리의 영이 들어서 모든 분쟁을 일으키고 결국 사회를 깊이 병들게 합니다. 이것을 이길 수 있는 것은 오직 성령의 능력밖에 없습니다. 요즘은 과거 군사 독재 시절이 아니기 때문에 정부가 이런 집단들의 소리를 이기지 못합니다. 학교에서 일어나는 문제를 정부가 해결을 못합니다. 요즘은 모두 단체 행동을 하면서 개구리 소리를 내면 다 통하게 되는 것입니다. 바로 이것이 무서운 악령의 역사인 것입니다.

14절 저희는 귀신의 영이라 이적을 행하여 온 천하 임금들에게 가서 하나님 곧 전능하신이의 큰 날에 전쟁을 위하여 그들을 모으더라

성령이 하시는 일이 무엇입니까? 하나님 앞에서 죄가 되는 모든 것을 청산하고 하나님이 원하시는 삶을 살게 하는 것입니다. 그러나 거짓 영이 하는 것은 그런 거짓된 생활을 계속하게 하면서 실제로는 하나님을 대적하는 위치에 계속 있게 하는 것입니다.

사람들에게 가장 무서운 것은 거짓된 확신을 가지게 하는 영입니다. 안전하지 않은데 안전한 것으로 믿게 하고 이길 수 없는 싸움을 이긴다고 믿게 하는 것보다 더 무서운 것이 없습니다. 왜냐하면 이 거짓된 확신은 수정할 수 있는 기회를 주지 않기 때문입니다. 사람들이 집단 가운데 있으면 하나님을 바로 믿을 수가 없습니다. 왜냐하면 온 세상을 개구리의 영들이 지

배를 하고 있기 때문입니다. 그래서 하나님의 백성들은 이 세상에서 나와서 하나님 앞에 단독자로 서야 바로 하나님을 만날 수가 있는 것입니다.

또 다른 하나는 복음에서 활동하고 있는 거짓된 이 개구리 영을 찾아 볼 수 있습니다. 우리 사회는 복음 아닌 것이 복음으로 믿어지고 있습니다. 그리고 그 거짓된 복음에 엄청나게 많은 사람들이 몰리고 있습니다. 그것이 무엇입니까? 복음이 죄에서 해방이 아니요 가난이나 질병에서부터 자유라고 부르짖는 것입니다. 얼마나 듣고 싶었던 복음입니까? 무엇이든지 믿으면 할 수 있다는 것입니다. 이것은 설교자의 마음속에 거짓된 영이 들어 간 것입니다. 그러나 복음은 사람의 죄를 책망하고 바른 길로 돌아오게 하는 것입니다.

세 번째 거짓된 영은 잘못된 열광주의자들에게서 찾아 볼 수 있습니다. 그들은 은혜를 열광적인 흥분으로 받는다고 생각합니다. 수년 전에 온 사회를 떠들썩하게 만들었던 휴거론자들이야말로 이 개구리 영이 들어간 자들이 틀림없습니다. 그들은 사실이 아닌 것을 사실로 믿었고 온 세상으로 하여금 정신을 차리지 못하도록 개구리처럼 떠들어 대고 있었습니다.

하나님을 믿는 자들의 자세

우리는 무엇보다 개구리들이 하는 거짓된 영의 활동과 참된 성령의 활동을 구별할 수 있어야 합니다. 우선 성령의 활동은 말씀을 깊이 해석하고 깨닫게 하는 일을 통하여 이루어집니다. 성경은 성령의 감동으로 기록된 글입니다. 성령이 성경을 무시한다면 그러면 왜 성경을 기록하게 하셨겠습니까? 성령이 우리의 지각을 깊이 깨닫게 하십니다. 그래서 성령님은 우리의 지성과 이성을 바르게 사용하십니다. 성령의 활동에 뜨거움이 없는 것이 아닙니다. 오히려 때로는 감당할 수 없는 흥분과 뜨거움이 있습니다. 그러나 우리는 성령 충만하다고 해서 정신을 잃지는 않습니다. 요한이 이 계시록을 받을 때 성령의 강한 감동이 그에게 있었습니다. 그러나 그는 정신을 잃지 않았습니다. 그의 지성이나 판단력은 건전했습니다.

그뿐만 아니라 성령의 활동은 현재의 도덕성을 회복시켜서 추한 것을 아름답게 하십니다. 성경에 미래에 대한 예고가 없는 것이 아닙니다. 그러나 그런 경우에도 현재의 잘못된 부분을 바로 잡기 위하여 미래의 위험을 경고하시는 것이지 중요한 것은 항상 현재의 도덕적인 결단입니다. 그래서 성령이 하시는 일은 모든 것을 견고하게 회복시키십니다. 가정을 회복시키시고 개인의 삶을 질서 있게 하시고 교만한 자로 겸손하게 하십니다. 술 취한 자로 술을 끊게 하시고 두려움에 사로잡힌 자로 두려워하지 않게 붙들어 주십니다. 도덕적인 결단이 있습니다. 그리고 성령의 활동은 아름답습니다. 왜냐하면 모든 것이 절제된 사랑으로 나타나기 때문입니다. 사랑한다고 해서 아무렇게나 말하지 않습니다. 사랑하면 사랑할수록 더욱 더 조심스럽게 접근합니다. 왜냐하면 나의 죄성으로 인하여 형제와 자매가 회복될 수 없을 정도로 상처 입을 수 있기 때문입니다. 성령의 역사는 항상 절제된 사랑으로 나타나게 되어 있습니다. 그러니까 아름답습니다. 그리고 또 변하지 않습니다. 사람을 아주 편하게 합니다. 그러면서도 대단히 정신을 차리게 합니다.

그러나 거짓된 개구리의 영은 언제나 선동적입니다. 그것이 사실이든지 사실이 아니든지 무조건 소리를 지르고 봅니다. 그래서 모든 것을 다수의 완력으로 밀어붙이려고 합니다. 그뿐만 아니라 개구리의 영들은 거짓말을 너무나도 잘합니다. 그래서 무엇이든지 자기에게 유리한 것은 옳은 것이고 상대편이 하는 것은 모두 다 악한 것이고 나쁜 것이라고 소리를 질러댑니다. 그런데 요즘 현대인들은 옳고 그른 것을 구별할 수 있는 능력이 없기 때문에 개구리의 소리에 넘어가는 것입니다. 그뿐만 아니라 개구리가 하는 것들은 언제나 더럽고 추합니다. 거기에는 절제나 예의는 찾아볼 수가 없습니다. 그리고 파괴적이고 폭력적인데 특히 자기들의 마음에 들지 않는 사람을 희생양으로 삼아서 집중적으로 공격을 하는 것입니다.

오늘 본문에서 주님이 무엇이라고 말씀하고 있습니까?

15절 보라 내가 도적 같이 오리니 누구든지 깨어 자기 옷을 지켜 벌거벗고 다니지 아니하며 자기의 부끄러움을 보이지 아니하는 자가 복이 있도다

여기서 '벌거벗는다'는 말은 도덕적으로 정신을 차리지 못하고 세상 사람들과 똑같이 생활하고 있는 것을 말합니다. 반대로 '깨어 있다'는 말은 언제나 대비가 되어 있는 것입니다. 사람들이 밤에는 다른 사람들이 잘 보지 않을 줄 알고 벌거벗고 잠을 잡니다. 그러나 낮에는 그렇게 벌거벗고 잠을 잘 수가 없습니다. 왜냐하면 손님들이 찾아오기 때문입니다.

성경적으로 벌거벗는다는 것은 주님이 주신 의의 옷을 벗어버리고 도덕적으로 몰래 타락한 생활을 하고 있는 것을 말합니다. 다른 사람들이 모르게 혼자서 세상적인 죄를 즐기면서 살아가는 것입니다. 그렇게 벌거벗고 있다가는 반드시 사탄에게 당할 날이 옵니다. 왜냐하면 사탄은 할 수만 있으면 하나님의 택한 백성들을 삼키려고 우는 사자처럼 돌아다니고 있기 때문입니다.

구약 성경에 보면 삼손이라는 위대한 인물이 있었습니다. 이 사람은 성령의 능력으로 굉장한 힘을 나타내는 사람이었습니다. 그는 나귀 턱뼈 하나로 블레셋 사람 천 명을 죽이기도 했습니다. 그런데 삼손은 몰래 벌거벗는 버릇이 있었습니다. 즉 하루는 다른 사람 몰래 가사라는 곳의 창녀 집에 들어갔다가 블레셋 사람들에게 포위가 되었던 적이 있었습니다. 이것은 하

나님의 무서운 경고였습니다. 즉 앞으로 이런 식으로 몰래 죄를 짓고 다니다가는 망하게 된다는 뜻입니다. 그때 삼손은 하나님이 주시는 능력으로 성 문짝으로 뜯어내고 도망을 쳤습니다. 그러나 그 후에도 회개하지 않고 들릴라라는 여자와 사랑을 하다가 결국 들릴라의 배신으로 머리털이 밀리고 눈알이 뽑히는 큰 망신을 당하게 된 것입니다. 죄라는 것은 중독성이 있기 때문에 한번 빠지면 눈알을 뽑거나 손을 자르지 않는 이상 빠져 나올 수가 없습니다. 그래서 아예 처음부터 발을 들여놓지 않는 것이 중요하고 만약 발이 빠지게 되었다면 눈알을 뽑고서라도 거기서 빠져 나와야 하는 것입니다.

영적으로 깨어 있는 것은 욕심에 빠져 있지 않고 자신의 마음을 잘 지키고 있는 것을 의미합니다. 벌거벗고 다니는 자는 부끄러움을 당할 것이라고 말씀하셨습니다. 어떤 사람들은 생각하기를 "주님이 오늘 당장 오시겠는가? 한 번 더 죄를 짓고 회개하지 뭐"하면서 술이나 마시고 죄에 빠졌다가는 큰 실패를 하게 됩니다. 일단 죄에 빠졌으면 중대한 결단을 내려서 거기서 빠져 나와야 합니다.

오늘 성경에 주님은 도적같이 온다고 했습니다. 도적이 언제 옵니까? 도적은 가장 오지 않을 것 같은 때 옵니다. 모든 식구들이 집을 비웠을 때 도적은 옵니다. 무슨 말입니까? 우리는 항상 주님이 오실 수 있다는 생각을 가지고 긴장하고 있으라고 말씀하시는 것입니다.

신부는 긴장하게 되어 있습니다. 그것이 신부의 아름다움입니다. 모든 그리스도인은 신부입니다. 그리스도인의 아름다움은 그들이 긴장하면서 사는 데 있습니다. 그래서 언제나 모든 것을 조심스럽게 합니다. 그 이유는 내가 지금 하고 있는 모든 것이 주님 앞에서 다 드러날 것이기 때문입니다. 이런 자에게 주님이 함께 하십니다.

우상을 섬기는 나라의 멸망

이 개구리의 소리를 내는 영이 하는 것이 무엇입니까?

16절 세 영이 히브리 음으로 아마겟돈이라 하는 곳으로 왕들을 모으더라

여기서 그 유명한 '아마겟돈'이라는 지명이 등장합니다. 사람들은 이 말씀을 통해서 앞으로 엄청난 세계 대전을 일어날 것이며 거기가 아마겟돈이 될 것이라고 상상합니다. 물론 우리는 앞으로 1차 세계대전이나 2차 세계대전 같은 전쟁이 일어나지 않는다고 장담할 수는 없습니다. 왜냐하면 전쟁은 하나님께 속한 것이기 때문입니다. 이 세상 사람들의 죄악이 너무 커지면 하나님은 큰 전쟁을 일어나게 하실 수도 있습니다. 그러나 우리가 알아야 할 것은 전쟁으로 이 지구가 망하지는 않는다는 것입니다. 그리고 원자탄의 폭발로서도 이 세상은 망하지 않습니다. 왜냐하면 하나님께서는 세상 끝날 까지 우리를 지켜주시겠다고 약속을 하셨기 때문입니다. 그 근거가 되는 것이 하나님께서 노아와 세우신 언약입니다. 노아 홍수가 끝났을 때 하나님께서는 노아에게 약속하기를 다시는 홍수로 이 세상을 심판하시지 않겠다고 하셨습니다. 그리고 그 증거로 하늘에 무지개를 주셨습니다. 아마 그 전에는 무지개 현상이 나타나지 않았던 것 같습니다. 사실 노아의 홍수는 단순한 홍수가 아니라 자연 질서의 붕괴였습니다. 산은 꺼지고 바닷물은 밀려 들어왔던 것입니다. 우리가 살고 있는 이 지구는 아주 약한 재질로 되어 있어서 밑으로 꺼질 수도 있고 불에 탈수도 있습니다. 그런데 하나님께서는 세상 마지막 날까지 지구를 지켜주셔서 교회를 통하여 인간의 구원을 완성하겠다고 약속을 하셨습니다. 그래서 아마겟돈 전쟁은 지구를 멸망시키는 전쟁은 아닌 것입니다. 지구가 완전히 다 오염이 되거나 혹은

석유를 다 파내어서 얼어서 죽는 일은 없을 것입니다. 또 혜성이 지구와 충돌을 해서 모든 인간들이 다 죽는 일은 일어나지 않을 것입니다.

오늘 본문에서 말씀하는 것은 우상을 숭배하는 자들이 자기들만 하나님을 믿지 않는 것이 아니라 다른 모든 사람들까지 끌어 들여서 하나님의 백성들을 대적하게 되는데 이것이 결국 자기들이 멸망하는 길이라는 뜻입니다.

아마겟돈은 히브리 음으로 '할 므깃도'이며 이것은 '므깃도의 산'이라는 뜻입니다. 므깃도에서는 여사사 드보라와 가나안 왕 야빈 사이에 대 전쟁이 벌어졌던 곳입니다. 이때 하솔 왕 야빈은 이스라엘 백성들을 멸망시키려고 철병거 구백승과 군대를 보내었습니다. 그러나 하나님께서는 이스라엘에 위대한 승리를 주셨고 군대장관 시스라는 한 이방 여인의 말뚝에 머리를 박혀서 죽습니다. 따라서 아마겟돈이라고 하는 곳은 어떤 특정 장소라기보다는 하나님의 백성들을 뿌리 뽑기 위하여 사탄이 모든 학문과 지식과 기술을 다 동원하여 하나님을 대적하는 영역이라고 보아야 합니다.

특히 믿지 않는 사람들은 이 세상을 자신의 것이라고 생각합니다. 사탄은 하나님의 아들에게 자기에게 절을 하면 온 세상을 주겠다고 말을 했습니다. 그것은 이 세상을 자기 것으로 알고 있다는 뜻입니다. 그래서 하나님을 믿는 사람들을 이 세상에 발을 붙이지 못하도록 쫓아내려고 합니다. 그래서 예수 믿는 사람들의 장사를 방해하거나 사업을 방해하고 때로는 그것도 모자라서 나쁜 음모를 세워서 완전히 이 세상에서 멸절시키려고 하는데 그것이 바로 사탄이 하는 것이며 결국 자기들이 망하는 짓인 것입니다.

우리가 에스더서에 보면 이것을 잘 알 수 있는데 발단은 모르드개라는 사람이 하만에게 절을 하지 않은 것입니다. 우리는 모르드개가 왜 뻣뻣하게 절을 하지 않아서 하만의 심기를 상하게 했는가 생각할지 모릅니다. 그러나 모르드개는 '하나님 외 다른 신에게 절하지 말라'는 제1계명 때문에 하만에게 절을 하지 않은 것입니다. 하만은 사람들이 자기에게 신처럼 대해주기를 바랐습니다. 하만은 모르드개만 죽이는 것으로는 충분치 않다고 생각해서 왕에게 나쁘게 말을 해서 모든 히브리인들을 다 죽이는 조서를 작성하게 하고 거기에 인을 치게 했습니다. 그래서 모든 이스라엘 자손들은 그들을 미워하는 자들의 손에 죽게 되었습니다. 그때 하나님께서는 에스더라는 왕비를 사용하셔서 하만의 모든 거짓된 것을 드러내게 하시고 하만은 모르드개를 죽이려고 했던 장대에 자기가 매달렸을 뿐 아니라 오히려 그날에 이스라엘 백성들은 살게 하시고 그 대신 원수들을 죽게 하셨던 것입니다. 바로 이것이 에스더와 모르드개에게는 아마겟돈 전쟁이었습니다.

중세의 로마 가톨릭은 온 세계를 지배하고 있는 거대한 세력이었습니다. 그러나 이 거대한 세력이 독일의 한 무명의 신학자 루터가 문에 붙인 95개의 질문으로 무너지고 말았습니다. 천주교는 루터를 정죄하기 위하여 보름스 회의를 소집했지만 그때 루터는 '보름스 회의장 천정의 기와가 다 마귀라 해도 굴복하지 않을 것이라'고 했습니다.

드디어 하나님께서 로마를 심판하실 시간이 되었습니다. 그때 하나님께서 무엇이라고 말씀하십니까? '되었다'라고 선언을 하십니다.

17절 일곱째가 그 대접을 공기 가운데 쏟으매 큰 음성이 성전에서 보좌로부터 나서 가로되 되었다 하니

하나님께서는 로마가 마음에 들지 않는다고 해서 바로 무너지게 하지 않습니다. 그 대신에 그들의 죄가 차오르기를 기다리십니다. 드디어 로마의 죄가 다 찼을 때 하나님께서는 '되었다'라고 합니다. 이것은 드디어 로마를 심판할 때가 다 되었다는 뜻입니다. 이것은 로마의 죄가 하늘까지 다 차오른 것입니다.

이때 하나님의 진노의 표시가 여러모로 직접 나타나고 있습니다.

18절 번개와 음성들과 뇌성이 있고 또 큰 지진이 있어 어찌 큰지 사람이 땅에 있어 온 이래로 이같이 큰 지진이 없었더라

하나님의 보좌 앞에는 항상 번개와 음성과 뇌성이 있습니다. 이 번개와 음성과 뇌성은 죄인들을 심판하는 소리입니다. 원래 죄인들은 언제나 자기가 지은 죄를 딱 잡아떼고 인정을 하지 않기 때문에 분명한 증거를 들이대어야 비로소 시인을 합니다. 하나님께서는 번개와 뇌성으로 추궁하시기 때문에 죄인들은 감히 하나님 앞에서 거짓말을 할 수 없고 자기가 지은 죄를 시인할 수밖에 없습니다. 하나님 앞에서는 누구든지 조금이라도 거짓말을 하거나 남에게 핑계를 댈 때마다 천둥소리가 나고 큰 음성이 나서 크게 꾸짖을 것입니다. 그때 그들이 지은 모든 죄들이 온 천하에 다 드러나면서 수치를 당하게 될 것입니다.

로마가 멸망당할 때 대단히 큰 지진이 일어날 것입니다. 이것은 그들을 세우고 있는 기초가 무너진다는 뜻입니다. 어떤 나라든지 그 나라가 서 있는 기초가 무너지면 모든 건물들이 다 무너질 수밖에 없습니다. 큰 성이 세 갈래로 갈라진다고 하는 것은 도저히 회복할 수 없는 분열이 일어난다는 뜻으로 보입니다. 그리고 무게가 한 달란트나 되는 우박이 떨어집니다. 일 달란트는 50kg 정도 됩니다. 하늘에서 50kg나 되는 우박이 떨어진다는 것은 하나님이 조금도 불쌍히 여기지 아니하시고 피할 길 없이 망하게 하신다는 뜻입니다.

하나님께서는 우리 믿는 자들이 환난을 당할 때에는 반드시 감당할 수 있게 하시고 또 피할 길을 주십니다. 그러나 악한 자들이 당하는 심판의 특징은 그들이 감당할 수 없으며 또 피할 길이 없는 것입니다.

우리 성도들은 절대로 세상을 따라가면 안 된다는 것입니다. 결국 인류를 가르는 것은 1계명입니다. 하나님을 제대로 믿는 사람들은 절대로 세상 사람들처럼 살 수가 없습니다. 하나님을 믿느냐 믿지 않느냐 하는 것은 단순히 하나의 신앙의 문제가 아니고 삶 전체의 가치를 결정하는 문제인 것입니다. 엘리야는 하나님과 바알신 사이에서 우물쭈물하는 이스라엘 백성들을 향하여 언제까지 중간에서 머뭇머뭇하려고 하느냐고 소리를 질렀습니다. 비를 내리시는 분은 하나님이신데 삼 년 반 동안 기근으로 고생을 하고서도 이스라엘 백성들은 깨닫지 못하고 있었습니다.

우리에게 축복을 주시는 분은 오직 하나님 한 분 밖에 없습니다. 이 세상은 마귀의 것도 아니고 사람들의 것도 아니고 오직 우리 하나님의 것입니다. 이 세상 사람들이 우리를 미워하는 것은 시기해서 그런 것입니다. 우리는 그런 미움이나 시기를 두려워하지 말고 예수님이 주신 의의 옷을 끝까지 지키시기를 바랍니다.

CHAPTER • 34

짐승을 탄 음녀

요한계시록 17:1-6

남편이 있는 부인들 중에서 자기 남편이 다른 여자에게 유혹 받는 것을 좋아할 사람은 아무도 없을 것입니다. 부인들에게는 자기 남편이 바람을 피워서 다른 여자와 놀아난다고 하는 것은 청천벽력과 같은 충격인 것입니다. 그러나 가끔씩 믿는 부인들 중에서도 자기 남편이 바람이 났는데 어떻게 하면 좋을지 모르겠다는 상담을 할 때가 있습니다. 그럴 때 도대체 어떻게 해야 합니까? 부부 관계에 있어서 가장 중요한 것은 서로에 대한 믿음이고 이 믿음은 어떤 유혹도 이겨내어야 하는 것입니다. 만약 이 믿음이 깨어진다면 그때부터는 모든 것을 의심할 수밖에 없고 결국 가정은 깨어질 수밖에 없는 것입니다. 그러나 오늘 사람들은 애써 이 기본적인 신뢰를 지키려고 하지 않는 것입니다.

이것은 하나님께도 마찬가지입니다. 하나님께서는 우리를 믿고 이 세상에 풀어 놓으셨습니다. 이 세상이 아무리 우리를 유혹한다 하더라도 우리 믿는 사람들은 절대로 흔들리지 않고 꿋꿋하게 믿음의 길을 가라는 것입니다. 그러나 우리 그리스도인들이 가는 믿음의 길에는 너무나도 무서운 유혹이 도사리고 있는 것입니다.

오늘 본문에는 붉은 짐승을 탄 아주 유명한 음녀가 등장합니다. 이 음녀가 얼마나 세력이 대단한가 하면 왕들이나 권력을 가진 자들 중에서 이 음녀와 음행을 하지 않은 자들이 없었다고 말을 하고 있습니다. 그런데 이 음녀는 온 세상 사람들을 다 유혹할 뿐 아니라 특히 하나님의 백성들을 더 집요하게 유혹하는 것입니다. 그래서 결국 바른 믿음의 길에서 떠나게 만들고 그래도 말을 듣지 않는 자는 죽여서 피를 흘리게 만들었습니다. 그런데 우리 성도들에게 이 음녀가 무서운 이유가 무엇입니까? 그것은 우리가 아무리 믿는다고 하지만 우리 마음속에도 이런 음녀를 좋아하는 타락한 본성이 있어서 한편으로는 이런 타락한 생활을 해서는 안 된다는 것을 알지만 다른 한편으로는 호기심이 생기기도 하고 또 한 번쯤 죄에 빠지고 싶은 유혹이 스스로 생기기도 하기 때문입니다. 만약 우리가 천사라면 이런 붉은 짐승을 탄 음녀는 아무 문제가 되지 않을 것입니다. 왜냐하면 천사는 육체나 정욕을 가지고 있지 않기 때문에 이런 음녀의 유혹이 전혀 유혹이 되지 않기 때문입니다. 그러나 우리들은 육체를 가진 인간이고 아직 우리 속에는 죄성이 남아 있기 때문에 이 세상의 유혹에 끌릴 때가 많고 자칫 잘못하면 바른 믿음의 길에서 탈락할 가능성이 있는 것입니다.

가장 대표적인 예가 이스라엘 백성들이 출애굽해서 광야를 40년을 돌면서 모세의 설교를 들었을 때입니다. 우리가 보통 생각하는 수련회는 3박 4일이나 5박 6일 정도이지만 이스라엘 백성들은 무려 40년 동안 광야에서 모세의 설교를 들으면서 하나님의 말씀을 받았습니다. 그러나 길을 가다가 아름다운 모압 여인들이 우상에게 제사를 드리는 것을 보고 유혹에 끌려서 그곳에 가서 음행을 하고 우상의 제물을 먹다가 하루에 이만 사천 명이나 되는 사람들이 죽은 것입니다. 그리고 나서도 이스라엘 백성들은 가나안 땅에 들어가서 여호수아의 지도로 가나안 땅을 정복한 후에 얼마 되지 않아서 가나안의 우상을 받아들이고 그들의 음란한 생활을 따라갔던 것입니다. 이런 것을 보면 우리는 스스로는 어떻게 할 수 없는 구제 불능의 사람들인가 하는 생각이 들 때도 있을 것입니다. 그러나 하나님께서는 오늘 말씀을 통해서 우리는 절대로 이 세상의 큰 음녀의 유혹에 넘어가서는 안 되며 끝까지 믿음의 순결을 지켜야 한다고 말씀하시는 것입니다.

많은 물위에 앉은 큰 음녀

1절 또 일곱 대접을 가진 일곱 천사 중 하나가 와서 내게 말하여 가로되 이리 오라 많은 물위에 앉은 큰 음녀의 받을 심판을 네게 보이리라

우리는 이미 요한계시록 16장에서 하나님의 진노의 일곱 대접이 이 땅에 쏟아지는 것을 보았습니다. 큰 성 바벨론이 하나님의 진노의 대접을 일곱 잔이나 마셨으니까 도저히 살아날 가능성이 없는 것은 분명합니다. 그런데 오늘 본문은 다시 큰 음녀의 모습을 보여주고 있습니다. 이것은 하나님께서 우리에게 로마의 또 다른 측면을 보여주시려는 것입니다. 즉 로마가 하나님 앞에 무서운 진노로 심판을 받는 것은 기정사실인데 도대체 무엇 때문에 이런 무서운 심판을 받아야 하느냐 하는 것을 설명해주시려는 것입니다. 성경에서 로마를 죄악시한다고 해서 로마의 모든 것이 다 악하다는 뜻은 아닙니다. 비록 로마가 하나님을 믿지 않는다 하더라도 하나의 국가로서 걸어가야 할 길이 있는 것입니다. 그러나 로마는 스스로 교만하여져서 하나님을 대적하고 타락한 문화를 만들어냈습니다. 그래서 온 세계 사람들을 그런 교만하고 타락된 세계로 끌고 갔습니다. 하나님께서는 로마가 바로 그것 때문에 하나님의 심판을 면할 수 없다는 것입니다. 그러나 무서운 것은 세상은 자꾸만 하나님의 진노의 대접을 다 마시는 쪽으로 갈 수밖에 없다는 사실입니다. 왜냐하면 나라가 커지거나 권력이 강해지면 강해

질수록 사람들은 자꾸만 더 교만해지기 때문입니다. 대개 죄를 짓는 사람들을 보면 너무나도 가난해서 먹을 것이 없어서 먹을 것을 훔치는 것은 그야말로 좀 도둑들이 하는 짓이지요. 그러나 대개 큰 죄를 짓는 사람들은 마음이 교만하여져서 속으로 생각하기를 '나는 대단하기 때문에 이 정도의 죄는 지어도 된다'는 마음을 가지기 때문에 죄를 짓는 것입니다. 돈이 아주 많은 사람은 속으로 '내가 이 정도의 돈이 있는데 내 마음대로 하지 못할 것이 뭐가 있어?'하는 식으로 죄를 짓는 것입니다. 그것이 바로 로마의 많은 사람들이 빠진 죄 중의 하나였습니다.

오늘 말씀을 보면 일곱 대접을 땅에 붓던 천사 중 하나가 요한에게 '많은 물위에 앉은 큰 음녀의 받을 심판을 보여주겠다'라고 말을 합니다. 여기서 도대체 '많은 물위에 앉은 큰 음녀'라고 하는 것은 무엇을 의미하느냐 하는 것입니다.

우선 여기서 '많은 물'이라고 하는 것은 아주 큰물에서 놀고 있는 통이 큰 음녀라는 뜻으로 생각을 해 볼 수 있습니다. 즉 시시하게 돈이 없는 가난한 노동자 같은 사람들을 유혹하는 음녀가 아니라 정치인이라든지 대재벌 같은 사람들을 상대하는 음녀라면 많은 물에 있는 큰 음녀라고 말할 수 있을 것입니다. 또 다른 의미로 생각해 보면 주위에 아주 깊은 물이 있어서 어느 누구도 접근할 수 없는 막강한 실력을 가진 음녀라는 뜻도 될 수 있습니다.

주로 이런 표현은 구약 성경에서 해안 도시 두로에 대하여 쓰던 표현이었습니다. 두로는 해변에 세워진 성이기 때문에 난공불락의 성이었고 어느 누가 공격을 해도 쉽게 무너뜨릴 수 없었습니다. 그러니까 두로는 자신의 능력을 믿어서 아주 교만할 대로 교만하여서 못할 짓이 없었습니다. 구약 성경에는 애굽 같은 나라를 '강 속에 숨어 있는 악어'라고 말씀하셨습니다. 이것은 지형적으로 안전한 곳에 자리 잡고 있기 때문에 공격하기가 쉽지 않다는 뜻입니다. 일본 같은 나라를 한번 생각해 보십시오. 사면이 바다로 싸여 있어서 쉽게 공격을 받지 않습니다. 그러니까 그 안에서는 자기들 마음대로 음란한 짓을 하고 못된 짓을 해도 간섭하는 사람이 없는 것입니다.

우선 '음녀'라고 하는 것이 무엇입니까? 음녀는 고급 창녀를 말합니다. 다른 사람의 남자들을 유혹해서 음란한 짓을 하고 그 영혼과 가정을 파괴시키는 것은 음녀가 하는 일입니다.

그런데 왜 도대체 그 유명한 사람들이 이런 음녀의 유혹에 말려서 들어가게 되는 것일까요? 가장 중요한 이유가 아마 자기 자신이 정신을 차리지 않아서 그럴 것입니다. 사람이 정신만 똑바로 차리고 있으면 아무리 엉뚱한 사람이 와서 유혹을 한다고 해도 넘어가지 않을 것입니다. 그래서 음녀들이 주로 사람들이 정신을 차리지 못하게 하기 위하여 술을 마시게 하는 것입니다.

그런데 여기서 이 음녀는 아주 막강한 권력을 가진 음녀였습니다.

2절 땅의 임금들도 그로 더불어 음행하였고 땅에 거하는 자들도 그 음행의 포도주에 취하였다 하고

이 음녀의 세력이 얼마나 막강한가 하면 출세를 하려면 이 음녀를 통하지 않으면 안 되는 것입니다. 이 음녀에게 입을 맞추고 무릎을 꿇으면 빨리 출세를 할 수 있습니다. 그러나 이 음녀에게 한번 밉게 보이면 그때는 이 세상에서 잘 될 생각을 하지 말아야 합니다. 그러면 도대체 이 음녀가 누구입니까? 로마 자체가 하나님의 눈으로 보기에는 이 거대한 음녀였습니다. 그런데 이 음녀의 발이 얼마나 넓은가 하면 로마뿐 아니라 많은 물까지 다리를 걸쳐서 온 세상을 유혹하고 있었던 것입니다. 다시 말해서 로마 시대 성도들이 살던 세상은 정직한 사회가 아니었습니다. 로마 사회는 아부하는

사람들이 출세하는 사회였고 믿음의 정조를 팔아먹는 사람들이 성공하는 사회였습니다. 결국 이 세상의 모든 사람들은 로마의 타락한 포도주를 마시지 않을 수 없었다는 것입니다.

오늘 우리가 사는 이 세상을 한번 생각해 봅시다. 우리가 사는 이 세상에서 믿음으로 살아가려면 어떻습니까? 믿음으로 장사하는 것이나 사업하는 것이 너무나도 어렵습니다. 무엇인가 입에 풀칠을 하려면 부정한 방법이 개입되지 않을 수 없으며 신앙 양심을 조금은 접어야 겨우 현상 유지를 할 수 있다는 것입니다. 그러나 문제는 이것으로 그치는 것이 아닙니다. 그야말로 어쩔 수 없어서 세상적으로 타협하는 정도가 아니라 적극적으로 세상적인 방법으로 성공하기 위하여 아예 발을 벗고 나서는 것입니다. 이런 것을 성경은 음녀의 포도주에 취한다고 말씀을 하시는 것입니다.

여기서 우리가 생각해야 하는 것은 도대체 이 세상이 어떤 곳이냐 하는 것을 우리는 분명히 알아야 합니다. 어떤 사람은 '죄 많은 세상은 내 집 아니네'라고 하면서 무조건 세상을 멀리하고 죄악시하려고 하는 분들이 있습니다. 이런 입장에서 볼 때에는 믿는 사람들끼리 산에서 수도원을 차리는 것이 가장 거룩하게 생각될지도 모르겠습니다. 그러나 주님은 분명히 우리가 이 세상에 살아야 하며 이 세상에서 빛이 되고 소금이 되라고 하셨습니다. 그렇다면 이 세상은 무엇입니까? 이 세상은 나의 믿음을 펼쳐 볼 수 있는 장인 것입니다. 우리는 이 세상을 따라갈 것이 아니라 내가 가지고 있는 신앙의 원리를 가지고 이 세상을 새롭게 만들어보아야 하는 것입니다. 마치 여호수아가 가나안 땅에 들어갔을 때 가나안 사람들의 사는 것을 따라가지 않고 그들의 방식을 부수고 새로운 세상을 만들었던 것과 같습니다. 그러나 다른 이스라엘 백성들은 이 세상에서 쉽게 잘 살기 위하여 가나안을 부수지 않고 그대로 따라갔던 것입니다. 그것이 바로 큰 음녀의 유혹에 빠지는 것입니다.

우리가 세상의 유혹에 빠져드는 이유는 일차적으로는 믿음이 분명치 못하기 때문입니다. 그리고 다음으로는 솔직히 말해서 이 세상에서 죄를 지으면서 사는 사람들을 볼 때 마음속으로 유혹을 느끼는 것입니다. 우리도 저 사람들처럼 이 세상에서 내가 하고 싶은 대로 실컷 즐기면서 살아보자는 죄의 충동이 있는 것입니다.

그런데 우리가 결코 세상 사람들처럼 살아갈 수 없는 이유가 무엇입니까? 우리 안에 성령님이 계시기 때문입니다. 우리 안에 있는 성령님께서 우리가 죄를 사랑하면 마음속에서 평안을 다 빼앗아 가시고 죄를 지으면 그 죄를 다 토해낼 때까지 우리 속을 뒤집어 놓으시는 것입니다. 그래서 우리가 바른 신앙으로 돌아오기 전까지는 절대로 마음속에 기쁨과 평안이 없게 하십니다. 그래도 말을 듣지 않을 때에는 우리의 사업을 치시고 때로는 우리의 육신까지 치셔서 하나님께 돌아오지 않으면 안 되게 만들어 놓으십니다. 이것을 깨닫고 나면 우리 그리스도인들은 절대로 죄를 지어서는 안 되는구나 하는 것을 깨닫게 됩니다. 죄는 우리에게 즐거움이 되지 않고 기쁨을 주지 않습니다. 오히려 우리 영혼을 썩게 만들고 우리 안에 있는 모든 능력을 다 갉아먹고 우리를 비참하게 만듭니다. 그래서 우리 그리스도인들에게는 세상에서 성공하는 계획 못지않게 내 자신의 거룩을 지켜나가고 발전시켜 나가는 계획을 세워야 합니다.

결국 이 세상에는 전혀 섞일 수 없는 두 종류의 사람들이 살아가고 있는 것입니다. 하나는 이 세상에 있는 것이 좋아서 무한정으로 세상의 것을 위하여 사는 사람들입니다. 그렇게 하기 위해서는 세상의 유혹이나 죄를 받아들이지 않을 수 없습니다. 그러나 또 한 부류의 사람들은 이 세상에 있는 것을 보기만 해야지 결코 가져서는 안 되는 사람들입니다. 우리는 하나님이 주시는 것만 가져야지 주시지 않은 것을 가지면 죄를 짓게 되고 이 음녀의 유혹에 걸려들게 되는 것입니다. 결국 세상 사람들과 우리 믿는 사람들 사이에는 유리벽이 있습니다. 우리는 그 사람들처럼 살 수 없습니다. 하나님을 모르는 사람들이 이 세상의 좋은 것을 다 가져가더라도 우리는 보고만 있어야 합니다. 그 대신 우리는 성도의 좁은 길을 걸어가야 하는데 자신의 능력도 다 발휘하지 못하고 오직 말씀에 순종하는 길만 걸어가야 하는 것입니다.

음녀의 정체

주님께서는 성령으로 요한에게 로마의 정체를 보여 주십니다.

3절 곧 성령으로 나를 데리고 광야로 가니라 내가 보니 여자가 붉은 빛 짐승을 탔는데 그 짐승의 몸에 참람된 이름들이 가득하고 일곱 머리와 열 뿔이 있으며

'광야'라고 하는 곳은 아무것도 없는 곳입니다. 이곳은 아무것도 없는 황량한 들판입니다. 우리는 모든 것의 정체를 바로 이런 광야에서 알 수 있습니다. 우리는 하루하루 복잡한 삶이 연속될 때에는 도저히 어느 것이 옳고 그른지 분별할 수 없습니다. 지금 내가 어디에 서 있으며 어디로 가고 있는지 알지 못합니다. 그러나 아무도 없는 황량한 들판에 서 있으면 진실한 자신의 모습과 또 이 세상의 모습이 눈에 들어오기 시작합니다. 우리는 아무것도 없는 광야에서 다시 한번 내 자신의 실체와 이 세상의 실체를 분명히 보게 되는 것입니다.

그래서 성도들은 한 번씩 실패를 경험해 보아야 합니다. 실패를 경험한 적이 없는 사람은 한번 실패하는 것에 대하여 그렇게 두려워 할 수가 없습니다. 그러나 몇 번 실패를 해 보면 실패도 별 것 아니며 그런 가운데서도

사람이 얼마든지 잘 살 수 있다는 것을 깨닫게 됩니다.

광야에서 보니까 지금 로마를 지배하고 있는 정신이 무엇인지 눈에 들어 왔습니다. 그것은 짐승을 타고 있는 어떤 음녀였습니다. 이 여자는 붉은 빛 짐승을 탔습니다.

원래 붉은 빛이라고 하는 것은 대단히 화려한 색입니다. 이 음녀가 짐승도 없이 걸어 다녔다면 별로 대단하게 보이지 않았을 것입니다. 그러나 이 여자는 가장 화려한 색을 가진 붉은색의 짐승을 타고 있었습니다. 이것은 이 세상의 권세를 나타내는 것입니다.

사람들이 유혹에 넘어가는 이유는 무엇인가 넘어갈만한 것이 있기 때문입니다. 예를 들어, 어떤 남자가 제비족인데 머리가 대머리이고 배가 불룩하게 나왔다면 아무리 유혹을 한다고 해도 넘어갈 여자가 없을 것입니다. 제비족 남자들은 다 날씬하게 생기고 얼굴도 반반하게 생기고 춤도 잘 추고 말도 잘 해야 정신이 나간 여자들이 유혹을 받는 것입니다. 그런데 그 사람의 실상은 어떻습니까? 게으르고 거짓말쟁이이고 형편없는 사람인데 그것을 보지 못해서 속아 넘어가는 것입니다. 마찬가지로 여자도 정말 못생긴 여자라면 아무리 유혹을 해 봤자 넘어갈 사람은 없을 것입니다. 그러나 아주 절세의 미인이라면 이것은 큰 시험거리가 될 수 있는 것이지요. 마찬가지로 로마가 지지리도 못사는 나라이고 문화도 형편이 없는 야만족들이었다면 그들이 하는 말을 믿을 자가 없었을 것입니다. 그러나 로마는 부유하고 문화적인 수준이 높았기 때문에 모든 나라나 민족이 로마의 모든 것을 절대적으로 믿고 따라갔던 것입니다. 특히 소아시아에서는 로마를 위한 충성의 경쟁이 일어나서 자진해서 황제 숭배를 하고 황제 숭배를 하지 않는 기독교인들을 핍박했습니다. 나라에서 위정자들이 부정을 저지르면 기업가들이 따라가지 않을 수 없습니다. 왜냐하면 최고 권력자의 눈에 벗어났다가는 하루아침에 회사가 공중 분해되어버리기 때문입니다.

그래서 최고 권력자가 정직하지 않은 것은 무서운 음녀가 되는 것입니다.

로마는 거대한 나라입니다. 로마는 인간이 만들 수 있는 최고의 걸작품이었습니다. 그래서 사람들은 무조건 로마를 믿었고 무조건 로마가 하는 말은 진리로 받아들였습니다. 로마가 사람들을 속인 것이 무엇입니까? 그 거대한 나라의 규모를 통해서 사람들로 하여금 잘못된 것을 믿게 하였습니다. 그것은 하나님의 위대함이 아니요 인간의 위대함을 믿게 만든 것입니다. 그래서 성경은 로마를 거대한 음녀로 표현하고 있습니다. 음녀는 어떤 여자입니까? 이 세상에 정신 나간 모든 남자를 후려서 음란한 짓을 하게 하는 여자입니다.

그런데 얼마나 사람을 정신 나가게 만드는지 완전히 정신을 차리지 않으면 말려들게 되어 있습니다. 분명히 이런 여자는 좋은 여자가 아닙니다. 그리고 이런 여자를 만나고 관계를 맺으면 모든 것을 잃고 완전한 파멸에 빠지고 만다는 것을 압니다. 그러나 여자의 뛰어난 미소와 화장품 냄새와 애교가 자꾸 판단력을 흐리게 만들어서 결국은 걸려들게 합니다. 한번 걸려들면 어떻게 됩니까? 다시는 그 손에서 벗어나지 못합니다. 한번 빠져 나오려고 하면 온갖 짓을 하더라도 빠져 나오지 못하게 합니다.

결국 이 정도의 음녀라면 어떻습니까? 완전히 정신이 바로 박혀 있는 자 말고는 전부 다 이 음녀의 손에 걸려들게 되어 있는 것입니다. 자기 아내에 대하여 철저하게 헌신되어 있고 죄라고는 절대로 지을 수 없는 자가 아니면 전부 다 이 음부의 손에 걸려들게 되어 있습니다.

하나님께서는 로마를 온 세상을 유혹하는 음녀가 되게 하셨습니다. 이 세상에서 성공하려면 로마식의 사고방식을 가져야 하고 로마의 혼으로 도장이 찍혀야 합니다. 왜냐하면 로마가 눈에 보이는 절대 세력이기 때문입니다. 그래서 임금들 중 로마의 사고방식에 물들지 않은 자가 없었고 이 세상에 있는 사람들 중에서 로마의 사고방식에 취하지 않은 자가 없었습니다.

우리는 결국 죄의 결과를 보아야 합니다. 자기 힘만 믿고 주먹을 쓰는 건달들이 나중에 일망타진이 되어서 감옥에 들어가 있는 것을 미리 보아야 합니다. 그리고 자기 정욕을 따라 유혹에 넘어간 자들이 나중에는 패가망신하여 자살하는 모습을 보아야 하는 것입니다. 우리는 이런 모습을 성경에서 미리 볼 수 있습니다. 특히 삼손은 우리에게 절대로 여자 무릎을 베개로 삼지 말라고 소리를 칩니다. 들릴라라는 여자의 무릎을 베고 자면 머리 밀리고 눈알 뽑힌다고 소리를 칩니다. 다윗은 우리에게 절대로 옆집에서 목욕하는 물소리가 나더라도 내다보지 말라고 말합니다. 왜냐하면 다윗이 옆집에 목욕하는 것을 보다가 완전히 지옥의 입구까지 갔다가 겨우 살아왔기 때문입니다.

하나님께서 우리 인간에게 요구하시는 것이 무엇입니까? 그것은 되는 대로 사는 것이 아닙니다. 남들이 이런 식으로 하니까 나도 이런 식으로 산다고 하는 것은 이미 이 음녀의 포도주에 취한 것입니다. 하나님께서는 모든 인간들에게 적극적으로 의롭고 바른 길을 택하게 하셨습니다. 아무리 로마가 절대적인 힘을 가지고 있고 로마의 방식대로 하지 않으면 그 사회에서 성공할 수 없다 하더라도 양심까지 팔아먹어 가면서 로마에 충성하는 것은 마치 음녀에게 자기 영혼과 육체를 팔아먹는 어리석은 사람과 같다는 것입니다.

모든 인간들은 적극적으로 선하고 의로운 길을 택하도록 명령받고 있습니다. 이것은 신 불신을 막론하고 누구에게나 적용되는 조물주의 명령입니다. 그러나 로마는 사람들을 속게 만들었습니다. 왜냐하면 워낙 로마가 막강했기 때문입니다. 일단 로마의 사고방식대로 살면 어느 정도까지는 출세가 보장되었기 때문입니다. 그래서 성경은 로마가 온 세상을 유혹하는 음녀라고 비난하고 있는 것입니다.

마찬가지입니다. 오늘날 우리 사회도 어떻게 하면 빨리 인정받고 성공하는 길인지 찾고 있습니다. 젊은이들은 약간 비양심적인 방법이라도 출세할 수 있으면 그런 방법을 쓰려고 합니다. 마치 괴테의 『파우스트』에 나오는 사람처럼 성공을 위해서라면 자기 영혼이라도 팔아먹으려고 합니다. 그러나 영혼은 팔 수 있는 것이 아닙니다. 단지 자기 양심을 팔아먹는 것이지요. 오늘 젊은이들은 안정된 삶을 보장해주고 출세를 보장해준다면 얼마든지 그런 사상에 입을 맞추고 충성할 수 있다고 생각합니다. 그래서 하나님께서는 이 세상에 힘 있는 여러 실력자들의 탈선을 통하여 중심이 바로 되어 있지 않은 얼간이들을 유혹하고 있는 것입니다.

신앙이라고 하는 것은 소극적인 것이 아닙니다. 이 세상에서 남들이 하자고 하는 대로 다 따라 하고 나서 시간이 나면 교회에 오는 것이 아닙니다. 왜 교회에 와서 좁니까? 이미 음녀의 포도주에 취했기 때문입니다. 세상의 방식에 잔뜩 취해 있기 때문에 하나님의 말씀이 들어 갈 수 있는 자리가 없기 때문입니다.

권력은 악한 것이 아닙니다. 그리스도인은 정치를 해서는 안 된다는 법은 없습니다. 그러나 마귀는 권력자를 자꾸 충동질시켜서 마치 자기가 사람을 살릴 수도 있고 죽일 수도 있는 절대자인 것처럼 생각하게 만듭니다. 이것이 권력의 타락입니다. 돈도 마찬가지입니다. 돈은 나쁜 것도 아니고 좋은 것도 아닙니다. 그러나 마귀는 부자를 충동질해서 돈이 있기 때문에 사람들을 자기 마음대로 부리고 자기 정욕을 채우도록 합니다. 그때부터 돈은 악한 수단으로 사용되기 시작하는 것입니다. 그래서 돈을 사용할 자격이 있는 사람은 철저히 돈을 무시할 수 있는 사람이어야 합니다. 돈이 있든 없든 전혀 영향을 받지 않을 수 있는 사람이 돈을 가져야지, 그렇지 않은 사람은 그 돈 위에 바로 이 음녀가 올라앉게 되는 것입니다. 권력도 마찬가지입니다. 철저하게 자기는 하나님의 대리자이며 오직 하나님의 뜻대로 권력을 사용하는 자가 아니면 그 권력을 바로 이 악하고 더러운 음녀가 조정

합니다. 그렇게 되지 않을 수 없습니다. 그래서 가난할 때 순진하던 자가 돈을 벌면 교만하게 되고, 낮은 자리에 있을 때에는 사람이 쓸 만했는데 권력을 가지면 눈뜨고 볼 수 없을 정도로 오만하게 되는 것입니다.

하나님께 돌아갈 칭호를 사람에게 돌려서는 안 됩니다. 그것은 참람한 것이며 사탄이 하는 짓입니다.

일곱 머리와 열 뿔은 로마에 나왔던 뛰어난 여러 왕들이나 장군들을 의미합니다. 아주 유명한 자들입니다. 인간의 입장에서 볼 때에는 그만큼 훌륭하고 인기와 존경을 받았던 자가 없습니다. 그러나 성경은 이들이 모두 이 더러운 짐승의 몸에서 났던 한 때의 머리나 뿔이라고 말씀하는 것입니다.

이 여자에 대하여 무엇이라고 말씀하고 있습니까?

4절 그 여자는 자주 빛과 붉은 빛 옷을 입고 금과 보석과 진주로 꾸미고 손에 금잔을 가졌는데 가증한 물건과 그의 음행의 더러운 것들이 가득하더라

음녀의 삼박자가 무엇이겠습니까? 우선 붉은 가운입니다. 향수를 많이 뿌린 가운일 것입니다. 그리고는 몸에 두른 보석들입니다. 그리고 세 번째는 게슴츠레한 눈으로 바라보면서 손에 들고 있는 금 술잔입니다. 이 세 가지가 빠지면 음녀라고 말할 수 없습니다.

우선 옷이라고 하는 것은 행실을 말합니다. 붉은 옷은 정욕적인 삶을 말합니다. 그리고 사치와 방탕으로 가득 찬 생활을 하고 있습니다. 성도들의 모습과 얼마나 대조적입니까? 성도들은 흰 세마포 옷을 입습니다. 이것은 그들의 바른 행실입니다. 그리고 주님이 주신 성품들로 단장을 합니다. 음녀의 단장은 세상의 가치관을 잘 보여 줍니다. 세상은 무엇보다 잘 입어야 합니다. 비록 안에 들어 있는 것은 더러운 창녀의 몸일지라도 입고 있는 옷

만큼은 가장 비싼 옷을 걸쳐야 사람들이 주목해서 보는 것입니다.

이 금 술잔은 어디에 쓰는 것입니까? 자기도 취하고 다른 사람도 취하게 만듭니다. 그러니까 술에 취한 사람들에게 무슨 미래가 있겠습니까? 우리에게 주어진 인생이 얼마나 소중한데 술에 취해서 시간을 다 보내게 하는 것이 마귀의 장난인 것입니다. 그리스도의 삶의 특징이 어디에 있습니까? 어떤 상황과 위기에 처하더라도 내가 가진 이성과 믿음을 잃지 않습니다. 왜냐하면 어떤 위기도 우리가 가진 이성과 믿음으로 이겨낼 수 있기 때문입니다. 그래서 그리스도인은 정신을 잃지 않습니다. 자포자기하지 않습니다. 그러나 세상의 풍조를 따라가는 사람은 결국 운명과 미신에 자신의 가치를 모두 맡길 수밖에 없습니다. 요즘 점을 치는 사람들이 그렇게 많은 모양입니다. 그 이유가 무엇입니까? 자신이 없고 믿을 수 있는 것이 아무것도 없기 때문입니다.

이제 드디어 이 음녀의 정체가 소개되고 있습니다.

5절 그 이마에 이름이 기록되었으니 비밀이라 큰 바벨론이라 땅의 음녀들과 가증한 것들의 어미라 하였더라

세 가지 이름을 가지고 있습니다. 하나는 비밀이고 다른 하나는 큰 바벨론이고 세 번째는 모든 음녀와 가증한 것의 어미라는 이름입니다.

비밀이라고 하는 것은 이것이 영적인 운동이라는 뜻입니다. 눈에 보이는 어떤 사람이나 사건이 아니고 어떤 사상적으로 사람을 지배한다는 의미에서 비밀입니다. 그래서 성경의 시각을 가지고 보지 않으면 무엇이 잘못인지 알 수도 없습니다. 그뿐 아니라 큰 바벨론입니다. 로마는 인간이 만들어 낸 가장 위대한 업적 중의 하나입니다. 그리고 세 번째는 여기서 부터 모든 하나님을 대적하는 사상과 비도덕적인 우상 숭배가 나오게 되었다는 뜻

입니다. 인간의 교만이 꽃피는 곳은 항상 모든 더러운 사상과 부도덕의 원천입니다.

주님이 요한에게 이런 모습을 보여주는 이유가 무엇입니까?

그것은 교인들은 자기들에게 무엇인가 잘못하고 있기 때문에 이런 고난이 온다고 생각하기 때문입니다. 로마가 옳고 결국 그들의 신앙이 좋게 되면 로마에서 훌륭한 시민으로 좋은 직책과 신분을 가지고 살게 되리라고 꿈꾸고 있는 것입니다. 주님은 아예 로마에 대해서는 어떤 소망도 가지지 말고 이 세상을 나그네 인생으로 생각하라고 하시는 것입니다. 우리는 이 세상에서 취할 수 있는 것이 아무것도 없습니다. 아무것도 욕심낼 것이 없습니다. 그저 매 순간 믿음으로 아름답게 살면 되는 것입니다. 나름대로 이 세상에 대한 꿈과 욕심을 가지고 있는 자들은 그것이 아무것도 아니라는 것을 깨닫게 될 때가 올 것입니다. 가장 중요한 것이 연단된 믿음입니다.

성도들의 피에 취한 음녀

이 로마의 정신에 있어서 가장 악한 것이 무엇인가 하면 이것이 많은 성도들의 피를 흘렸고 또 그것도 모지라서 피에 취했다는 사실입니다.

6절 또 내가 보매 이 여자가 성도들의 피와 예수의 증인들의 피에 취한지라 내가 그 여자를 보고 기이히 여기고 크게 기이히 여기니

이 로마의 정신은 세상을 자기 손아귀에 넣기 위하여 자기의 뜻에 복종하지 않는 자들을 죽였습니다. 이 음녀에게 굴복하지 않는 자를 보니 모두 그리스도인들이었습니다. 결국 그리스도인들 외에는 모든 사람들이 다 이 음녀에게 굴복을 하고 말았더라는 것입니다.

이 세상은 크게 두 가지 사상으로 나누어지지 않을 수 없습니다. 하나는 음녀의 사상이요 다른 하나는 성도들의 믿음입니다. 많은 학설과 종교와 신념들이 있지만 결국은 둘로 나누어지게 되어 있습니다. 그래서 요한은 이상하게 생각하는 것입니다. '내가 그 여자를 보고 기이히 여기고 기이히 여기니'라고 말하고 있습니다. 여기서 기이히 여긴다는 것은 너무나도 이상해서 도무지 이해가 되지 않더라는 것입니다. 그 기이한 이유는 두 가지였습니다. 하나는 이 세상에 그렇게 똑똑한 사람들이 많은데 왜 한결같이 권력과 돈의 유혹에 넘어가고 말았느냐는 것입니다. 특히 로마에는 스토아학파라는 사상이 있어서 아주 금욕적인 생활을 지향했습니다. 그러나 세상의 권력과 돈의 유혹과 성적인 유혹 앞에서는 힘을 쓰지 못했습니다. 그것이 이상했던 것입니다. 그 이유는 죄는 사람의 결심으로 이겨낼 수 없기 때문입니다.

결국 우리 안에 하나님의 능력이 임해야 하는 것입니다. 사람의 힘으로는 죄를 이길 수 없습니다. 많은 사상과 철학이 있었지만 결국은 다 이 음녀의 사상에 굴복하고 말았습니다. 그리고 요한이 기이했던 또 하나의 이유는 왜 로마같이 거대한 나라가 겨우 그리스도인들을 상대로 해서 그렇게 미워하고 핍박하느냐 하는 것입니다. 사람의 눈으로 보기에 로마와 기독교인들의 싸움은 마치 거인과 벌레의 싸움과 같았습니다. 그런데도 로마는 그리스도인들을 용납할 수 없었습니다. 그 이유는 그리스도인들은 로마와 달랐기 때문입니다. 그들은 너무나도 거룩했고 고상해서 돈으로도 구워삶을 수가 없었고 권력으로도 꺾을 수가 없었기 때문입니다. 그래서 결국 영적인 열등감 때문에 기독교인들을 미워할 수밖에 없었던 것입니다. 오늘이 세상 사람들이 우리에 대하여 이런 시기심이 없으면 그것은 더 이상한 것입니다. 우리는 돈으로도 굴복시킬 수 없고 권력으로도 꺾을 수 없는 존귀함이 나타나야 합니다.

오늘 우리들에게 있어서 이 음녀는 무엇이겠습니까? 오늘 이 시대를 지배하고 있는 어떤 정신이요 가치관입니다. 우리 사회의 가치관이 무엇입니까? 좋은 집에서 보다 편하게 즐기면서 사는 것이 오늘 시대의 사상입니다. 진실한 것 보다는 우선 잘되고 보자는 식입니다. 이 모든 경향 위에는 음녀가 앉아 있는 것입니다. 이 세상의 모든 부분을 조종하고 통제하는 것이 악한 사탄의 사상입니다. 그래서 어떻게 해서든지 하나님께 돌아갈 영광을 막고 이 세상과 인간의 만족한 삶에 영광을 돌리는 것입니다. 그런데 모든 사상과 종교와 활동 안에는 돈이나 이 타락한 경향이 있습니다. 이것과 싸울 수 있는 것은 참된 믿음 하나 밖에 없습니다. 저는 모든 기독교인이 그렇게 살 수 있다는 뜻이 아닙니다. 명목상의 기독교인들은 이 음녀의 사상에 무릎을 꿇지 않을 수 없습니다. 오직 참으로 그리스도께 속한 자들, 이 세상에 있는 모든 것으로 하나님께 영광을 돌리기 원하는 자들만 이 음녀와 싸울 수 있습니다.

오늘 많은 사람들이 어떻게 하든지 근면하고 성실하고 남을 돌아보며 거룩한 성품으로 단장하려고 하지 않고 그저 화려하게 하고 겉멋만 내고 한 순간 재미있게 사는데 마음이 가 있습니다. 이것이 바로 음녀의 유혹에 넘어가고 있는 것입니다. 정결한 처녀 이스라엘은 그런데 절대로 마음을 빼앗기지 않습니다. 주님이 주신 그 범위를 벗어나지 않습니다. 우리는 다른 사람들 잘 나가는 것을 절대로 비교하거나 부러워하지 않습니다. 나에게 주신 매일의 삶으로 만족합니다.

음녀에게 한번 빠지면 어떻게 됩니까? 완전히 망하기 전까지는 절대로 빠져 나오지 못합니다. 주님과 동행하는 삶을 살지 않고 일주일에 한 번씩 주님을 찾는 사람은 이미 음녀에게 마음이 빼앗긴 자입니다.

여러분, 그리스도인이라고 하면서 술을 마시고 거짓말을 예사로 하는 자는 이미 음녀에게 마음이 빼앗긴 자입니다. 자기가 잘못되었다고 생각될 때에는 새가 새장을 빠져 나오듯이 모든 것을 다 버리고 목숨만 건져야 합니다. 그렇지 않으면 이 세상이 절대로 놓아주지 않습니다. 내가 성경에 비추어서 삶이 잘못되었다고 판단되면 영혼을 위하여 모든 것을 다 포기해야 합니다.

CHAPTER • 35

일곱 머리와 열 뿔

요한계시록 17:7-18

병원에서 큰 수술을 받고 나면 수술 받은 부위가 굉장히 아픕니다. 그때 수술을 받은 환자는 담당 의사에게 도대체 내가 얼마 동안 이 통증을 견뎌야 하느냐고 묻습니다. 그때 의사가 친절하게 '한 삼일 아프고 그 뒤에는 견딜 만할 것입니다'라고 설명을 해 준다면 환자에게 큰 위로가 될 것입니다. 또 해산을 하는 산모에게 가장 두려운 것은 도대체 얼마나 오래 이 통증을 견디어야 하느냐 하는 것입니다. 열 시간씩, 스무 시간씩 진통이 올 때 이렇게 하다가 죽을 것 같습니다. 그래서 경험이 많은 의사는 초기에 산모가 힘을 다 쓰지 않게 하고 나중에 결정적인 순간에 힘을 몰아서 쓰게 함으로 무사히 분만을 하게 하는 것입니다.

고난 가운데 있는 성도들에게는 가장 궁금한 것이 있습니다. 그것은 도대체 내가 지금 어디쯤 있으며 얼마나 더 오래 이 고난을 참아야 하느냐 하는 것입니다. 만일 내가 지금 어려움 가운데 있다고 해도 이것이 바른 길이며 또 이렇게 가만히 견디기만 하면 된다면 얼마든지 참을 수 있습니다. 그러나 마귀는 그렇게 말하지 않습니다. 지금 우리는 대단히 잘못된 길을 가고 있으며 하나님만 믿고 이대로 있다가는 모두 멸망할 것이라고 속삭이는 소리를 합니다. 그리고 마귀는 우리 믿는 자들에게 네가 만일 하나님을 믿으면 영원히 이런 식으로 죽도록 고생만 하기 때문에 더 늦기 전에 세상과 타협을 해야 한다고 속삭이는 것입니다. 이럴 때에는 마음이 불안해서 도저히 앉아서 기다릴 수만은 없고 무엇인가 해야 할 것 같은 생각이 듭니다.

그러나 어려운 고난 가운데 있을 때 우리가 할 수 있는 것은 하루하루 살아가는 수밖에 없습니다. 그리고 할 수 있는 대로 불필요한데는 에너지를 낭비하지 말고 최소한의 에너지로 견디는 것입니다. 그러면 하나님의 때가 다 되어가면 다 되어간다고 우리들에게 알려주시는 것입니다.

오늘 본문 말씀은 대단히 난해하고 어려운 말씀으로 되어 있습니다. 특히 요한이 말하고 있는 짐승의 일곱 개의 머리나 열 개의 뿔이 무엇을 말하는지 분명히 알 수 없습니다. 그럼에도 불구하고 오늘 말씀은 네로 황제 이후로 신앙으로 인하여 핍박을 당하는 성도들에게 고난이 거의 막바지에 도달해 있는데 마지막 핍박을 조심해라고 알려주시는 것입니다.

로마시의 정체

옛말에 '모든 길은 로마로!'라는 말이 있었습니다. 로마인들이 열심히 한 것은 도로망을 구축하는 것이었습니다. 결국 로마는 이 도로망 때문에 신속하게 군인들을 보내고 또 물자를 이동시킬 수 있었기 때문에 정복도 용이했고 통치도 그만큼 수월했다고 말할 수 있을 것입니다. 이 당시 세계의 도로망은 로마시를 중심으로 되어 있었기 때문에 결국 어떤 길을 따라 가더라도 따라 가다 보면 로마로 가게 되어 있는 것입니다. 그 만큼 로마는 세계의 중심지였습니다. 로마는 전 세계의 모든 사람들이 동경하고 사모하는 문화의 도시였고 권력의 도시였습니다. 오늘 본문은 온 세상을 타락하게 만든 그 음녀와 짐승의 정체를 보여 주겠다고 말씀을 합니다.

7절 천사가 가로되 왜 기이히 여기느냐 내가 여자와 그의 탄바 일곱 머리와 열 뿔 가진 짐승의 비밀을 네게 이르리라

요한에게 이상하게 보였던 것은 바로 이 붉은 짐승을 타고 있는 음녀였습니다. 도대체 이 음녀가 얼마나 똑똑하고 힘이 있었으면 온 세상에 있는 왕 중에서 이 음녀와 음행을 하지 않은 자가 없었고 또 땅에 사는 사람들 중에서 이 음녀의 포도주에 취하지 않은 자가 없다고 말했습니다. 그것은 그만큼 이 음녀는 세계적인 영향력을 나타내었다는 뜻입니다.

사실 우리는 로마라고 할 때 로마시와 로마 제국을 생각하게 됩니다. 그런데 로마시는 결코 큰 도시가 아니었습니다. 흔히들 로마시는 일곱 개의 언덕 위에 세워진 도시라고 말을 합니다. 그런데 그 언덕도 큰 언덕이 아니고 작은 구렁 같은 언덕인 것입니다. 로마는 아주 작은 도시였습니다. 그러나 로마가 로마 제국이라는 나라를 등에 업으니까 온 세상을 로마화시킬 수 있었습니다. 당시 로마는 전 세계를 로마의 사고방식에 물들게 할 수 있었습니다.

사실 전 세계를 사상적으로 지배하려고 했던 자는 알렉산더 대왕이었습니다. 알렉산더 대왕은 자기 자신을 헬라 문화의 전도사로 생각했습니다. 그래서 알렉산더 대왕은 자기가 정복한 곳은 반드시 헬라어를 사용하게 했고 헬라의 문화를 심어놓았습니다. 마케도니아의 헬라화에 대하여 강한 반발을 보였던 사람들은 역시 팔레스타인의 유대인들이었습니다. 유대에서는 마카비라는 장수를 중심으로 강한 반발을 보여서 거의 마카비 왕국을 이룬 적도 있었습니다. 그러나 유다에는 헬라화되었던 자들도 많았습니다. 그들은 헬라어를 사용하며 헬라 방식으로 살았습니다. 그러나 유대인들 중에서 강한 반발을 보였던 자들은 안티오커스 에피파네스라는 자로부터 엄청난 박해를 받았습니다. 안티오커스 에피파네스는 성전에 돼지 피를 뿌리

고 헬라 문명에 반대하는 자들을 무자비하게 죽였습니다. 그래서 히브리서 11장 뒤에 가 보면 돌에 맞아 죽는 것이나 톱에 켜 죽는 것 또는 염소의 가죽을 입고 온 세상을 유리한 자들이 받은 시험에 대하여 말하고 있는데 주로 이때 받은 고통을 말합니다. 다니엘은 이 안티오커스 에피파네스의 교만에 대하여 '멸망의 가증한 것이 서지 못한 곳에 서는 것이라'(단 9:27)고 말씀하고 있습니다.

사실 알렉산더 대왕이 좀 오래 살았더라면 전 세계를 헬라화시킬 수 있었을 것입니다. 그러나 알렉산더 대왕이 너무 빨리 죽는 바람에 결국 전 세계는 로마라고 하는 작은 나라의 손 안에 들어오게 되었습니다. 로마는 처음에는 전 세계를 로마화하려고 하지 않았습니다. 오히려 적극적으로 다른 나라의 문화를 받아들이고 그것을 인정하는 개방적인 태도를 취했습니다. 오히려 로마는 그렇게 했기 때문에 아주 짧은 시간 안에 세계적인 대국이 될 수 있었을 것입니다. 그러나 로마가 전 세계를 손에 넣은 후에는 달라지기 시작했습니다. 그것은 손안에 넣은 세계를 자기 것으로 만들기 위하여 전에 하지 않던 방법을 자꾸 사용하게 된 것입니다. 그것이 무엇인가 하면 로마의 타락한 문화를 전 세계 사람들의 머리 속에 강제로 집어넣는 것이었습니다.

우리나라 정치도 가만히 보면서 권력자가 정권을 잡기까지 전력을 다하여 투쟁을 하다가 권력을 잡고 난 후 어느 정도 시간이 지나면서 권력을 놓지 않기 위하여 굉장히 비열한 음모들을 많이 꾸미는 것을 느낄 수 있습니다. 그러나 그것이 어떤 시나리오가 되어서 나타나게 되는데 정적들은 형편없는 악성 루머에 희생이 되는 것입니다.

로마가 초기에는 다른 나라의 종교도 인정을 하고 다른 문화도 잘 용납했습니다. 그러다가 세계를 정복하고 난 후에는 불안을 느끼면서 바로 그런 이교적인 사상으로 온 세상을 물들이는 이교의 전도적인 역할을 하게 된 것입니다. 그것이 바로 로마라고 하는 음녀의 역할이었던 것입니다. 그러면 이것을 로마 황제가 혼자 하느냐 하면 그것이 아니었습니다. 전 세계에서 알아서 '기는'(?) 과잉 충성파 사람들이 있었던 것입니다. 그것이 바로 오늘 본문이 말하는 일곱 머리이고 열 뿔인 것입니다. 계시록을 받아 보는 소아시아의 일곱 도시는 로마에서 상당히 멀리 떨어진 곳에 있었습니다. 그러나 로마의 영향은 바로 이 소아시아에서도 로마 못지않게 나타나고 있었고 오히려 더 강하게 영향을 받고 있는 것을 볼 수 있습니다.

아마도 여러분들이 지방에 있는 소도시를 가보면 이런 것을 느낄 것입니다. 지방에 있는 소도시들이 서울에서 멀리 떨어져 있지만 여자들이 입고 다니는 것이나 술집이나 유흥가를 보면 결코 서울에 뒤떨어지지 않는다는 것을 알 수 있을 것입니다. 물론 병원이나 공공시설 면에 있어서는 분명히 수준이 뒤떨어진 면이 있지만 향락 문화나 죄를 짓는데 있어서는 오히려 서울 중심을 무색하게 할 정도로 따라 가고 있는 것을 볼 수 있을 것입니다.

바로 로마에 있는 여러 도시들이 그러하였습니다. 소아시아에 있는 여러 도시들은 로마로부터 아주 멀리 떨어져 있는 곳이었습니다. 그리고 지금처럼 TV가 발달한 것도 아니고 전화나 통신 수단이 뛰어났던 것도 아닙니다. 그러나 마차 경기라든지 검투사들의 경기나 혹은 타락한 성 문화는 로마의 축소판과 같았고 그렇게 하지 않는 도시가 없었습니다. 그들은 로마를 닮은 것에 대하여 대단히 자랑스럽게 생각하고 있었습니다.

천사는 이 음녀를 보고 놀라워하고 있는 요한을 보고서 놀랄 것이 하나도 없다고 하면서 그 정체를 보여 주겠다고 말씀하십니다. 그런데 사실은 그 모든 정체를 다 말하지 않습니다. 천사는 여자에 대하여는 말하지 않고 짐승에 대해서, 그리고 짐승에 달려 있는 머리와 뿔에 대하여 설명을 하고 있을 뿐입니다.

8절 네가 본 짐승은 전에 있었다가 시방 없으나 장차 무저갱으로부터 올라와 멸망으로 들어갈 자니 땅에 거하는 자들로서 창세 이후로 생명책에 녹명되지 못한 자들이 이전에 있었다가 시방 없으나 장차 나올 짐승을 보고 기이히 여기리라

성경 묵시에서 짐승은 하나님의 뜻을 거스리는 거대한 나라를 의미합니다.

그런데 중요한 것은 이 짐승보다 음녀입니다.

15절 또 천사가 내게 말하되 네가 본바 음녀의 앉은 물은 백성과 무리와 열국과 방언들이니라

18절 또 네가 본바 여자는 땅의 임금들을 다스리는 큰 성이라 하더라

이 음녀는 정신적으로는 로마의 타락한 사상을 의미하고 구체적으로는 로마의 타락한 도시 생활을 의미하는 것입니다. 결국 로마라는 도시의 그 화려하고도 사치스럽고 방탕한 문화가 로마라는 나라의 힘을 입고 온 세상에 그 문화를 전파시키고 있는 것입니다.

오늘 로마와 가장 비슷한 것이 도시 생활입니다. 오늘날 도시 생활의 특징이 무엇입니까? 물론 대도시에는 많은 사람이 몰려 있습니다. 그러나 도시에는 사람만 많은 것이 아닙니다. 일자리도 대도시에 다 있고 필요한 물건도 여기에 다 있습니다. 시골에 살면 모든 것을 자기가 다 해야 합니다. 그러나 도시는 워낙 사람들이 많기 때문에 모든 것이 분화되어 있고 무엇이든지 돈만 있으면 할 수 있습니다. 이 세상의 모든 것이 다 모인 곳이 도시입니다. 사람들도 모이고 물건도 모이고 타락한 사상이나 죄도 모두 다

모인 곳이 오늘날의 도시입니다. 그래서 도시 생활에 한번 길들여진 사람은 도시를 떠나서는 살 수가 없습니다. 여러분, 이렇게 편한 맨션, 아파트를 떠나서 군불을 때고 우물에서 물을 길어야 하는 시골에서 살라고 해 보십시오. 아마 살기 어려울 것입니다.

왜 도시에 있는 처녀들이 시골로 시집을 가지 않으려고 합니까? 시골에 시집을 가면 그야말로 죽도록 농사를 지어야 하고 고생을 해야 하기 때문이지요. 모든 것이 다 있는 곳이 도시입니다. 도시에는 부자부터 가난한 자들이 다 살고 있습니다. 능력이 있으면 얼마든지 잘 살 수 있고 무능하면 최하위 생활을 할 수밖에 없습니다. 그러니까 도시는 철저하게 인본주의 사회가 되는 것입니다. 처음부터 끝까지가 인간입니다. 모든 것은 다 인간이 만든 것이고 철저하게 인간이 위대합니다. 그래서 도시는 사람들에게 일종의 최면을 겁니다. 그것은 인간이 모든 것이라는 것입니다. 도시는 사람들에게 인간의 위대함에 취하게 합니다. 그 대신 하나님에 대한 불감증에 걸리게 합니다. 농사를 짓는 사람들은 신을 두려워합니다. 왜냐하면 비가 오지 않으면 큰일 나기 때문입니다. 그러나 도시 생활하는 자들은 비가 오지 않는 것을 두려워하지 않습니다. 왜냐하면 자기들이 직접 농사를 짓지 않기 때문입니다. 시골에는 초저녁만 되면 캄캄하고 또 돌아다니는 사람들도 없습니다. 그러나 도시는 전기불이 있기 때문에 밤에도 대낮같이 생활을 할 수가 있습니다. 그래서 사람들은 이 거대한 도시 문명을 동경하고 인간이 만든 이 거대한 나라를 찬양하게 되는 것입니다. 서울찬가 같은 것을 만들어서 '서울에서 살렵니다'라고 노래를 하는 것입니다.

성경은 우리로 하여금 모두 도시를 떠나야 한다고 말씀하지 않습니다. 사도 바울도 로마서에서 모든 교인들은 빠른 시일 내에 로마를 떠나야 한다고 말하지 않았습니다. 성경이 말한 것은 이 도시 사회가 주는 편의에 속아서 그 독소까지 마시지 말라는 것입니다. 그리스도인들은 어차피 세상의 소금이요 빛입니다. 다시 말해서 우리는 어차피 세상 속에서 살아야 합니다. 마치 어떤 선원들이 배가 침몰하는 줄 알면서도 배에서 끝까지 구조해야 하는 것과 같습니다. 그러나 우리가 알아야 할 것은 세상 중에서도 가장 부패한 곳이 도시이고 가장 어두운 곳이 도시입니다. 그리고 특히 인터넷과 텔레비전 등을 통하여 죄악된 문화가 급속하게 퍼지는 곳이 바로 도시입니다. 그래서 우리 그리스도인들이 가장 치열한 영적인 싸움을 벌이게 되는 곳이 바로 이 도시인 것입니다. 그리스도인들은 도시에 살면서도 도시 사람들의 가치관을 따라 가면 안 됩니다. 그들의 가치관은 인간 제일의 가치관입니다. 일단 거기 있는 사람들에게 인정을 받으면 높은 지위와 풍부한 생활이 보장되기 때문에 어쩔 수 없이 사람을 따라가게 되어 있습니다. 우리는 세상을 좋아합니다. 세상은 너무나도 재미있고 거기에는 우리가 필요로 하는 모든 것이 다 있습니다. 그러나 그것을 좋아하면 하나님과 원수가 되는 것입니다. 마치 맛을 잃은 소금과 같고 불이 켜지지 않은 전등과 같습니다.

우리는 도시에 살더라도 항상 비판의식의 등불은 켜 놓고 살아야 합니다. 항상 우리 자신을 점검해 보아야 합니다. 그렇지 않으면 금방 함께 썩어버리고 금방 신앙의 등불을 끄고 세상과 함께 어울리게 되는 것입니다.

항상 하나님의 말씀이 우리를 깨우쳐야 합니다. 그래서 우리가 이 도시 문화 가운데 살지만 이곳은 우리의 살 곳이 아니며 우리는 그저 이곳을 지나쳐가는 과객에 불과하다는 것을 깨우쳐야 합니다. 아브라함의 조카 롯이 소돔을 한번 지나쳐 갔으면 문제될 것이 전혀 없습니다. 그러나 그는 그 안에 속하기를 원했고 거기의 충실한 일원이 되려고 했기 때문에 멸망의 위기에 빠졌습니다. 그의 아내가 멸망을 피하지 못한 것은 진정으로 그는 소돔여자였기 때문입니다. 소돔을 너무나도 사랑했기 때문에 소돔과 운명을 함께 하지 않을 수 없었습니다.

우리는 도시에 살지만 도시에 영구적으로 거주할 자가 아닙니다. 누군가가 묻는다면 잠시만 살다가 떠날 것이라고 말을 해야 합니다. 그렇다고 해서 매사를 무성의하고 불성실하게 하라는 뜻이 아닙니다. 지나가는 과객이라도 주어진 일만큼은 성실하게 해야 합니다. 왜냐하면 그 정도라도 하지 않으면 당장 쫓겨나게 되기 때문입니다. 그러나 우리는 늘 하늘에 있는 것을 사모해야 하며 그것을 나의 목적으로 삼아야 합니다. 이 세상에 있는 것들을 너무 결정적으로 하지 마십시오. 사랑하는 마음으로 해서는 안 됩니다. 늘 성실하게 하십시오. 하늘에 있는 것을 사랑하십시오. 그렇게 하지 않으면 이 음녀에게 빠지게 됩니다.

고난의 위치

지금 소아시아에 있는 성도들은 황제숭배 운동으로 인한 핍박 가운데 있습니다. 그런데 그들에게 가장 견디기 힘든 것은 과연 언제쯤이면 이 핍박이 끝날 것인가 하는 것입니다. 왜냐하면 이 핍박이라고 하는 것이 일정하게 늘 심했던 것이 아닙니다. 심할 때도 있었고 대단치 않을 때도 있었습니다. 물론 가장 심할 때는 네로 황제 때였다고 생각됩니다. 도대체 핍박은 어느 정도 지나갔으며 앞으로 얼마나 남았는가 하는 것이 그들의 문제였습니다. 거기에 대하여 성경은 이렇게 말씀하고 있습니다.

9-11절 지혜 있는 뜻이 여기 있으니 그 일곱 머리는 여자가 앉은 일곱 산이요 또 일곱 왕이라 다섯은 망하였고 하나는 있고 다른 이는 아직 이르지 아니하였으나 이르면 반드시 잠간 동안 계속하리라 전에 있었다가 시방 없어진 짐승은 여덟째 왕이니 일곱 중에 속한 자라 저가 멸망으로 들어가리라

여기에 말하는 일곱 머리가 무엇이냐 하는데 대해서는 여러 가지 주장들이 있습니다. 그러나 그 어느 것도 명확한 답을 주고 있지는 못합니다. 대개 사도 요한 때까지의 로마 황제는 아우구스투스, 티베리우스, 칼리굴라, 글라디우스, 네로를 들고 베스파시안과 티토를 듭니다. 물론 네로와 베스파시안 사이에 갈바, 오토, 비텔리우스가 있지만 이들은 서로 죽였고 제위 기간도 짧습니다. 그러면 아우구스투스, 티베리우스, 칼리굴라, 글라디우스, 네로는 이미 지나간 다섯 왕이고, 지금 있는 왕은 베스파시안이며 앞으로 올 왕은 티토라고 생각할 수 있습니다. 사실 티토는 예루살렘을 멸망시킨 장군이며 그가 로마에 돌아가서 황제가 되었습니다.

예수님께서는 예루살렘의 망하는 것에 대하여 멸망의 가증한 것이 서지 못할 곳에 서는 것을 보거든 산이나 들로 피하라고 제자들에게 말씀하셨습니다. 그때의 멸망의 가증한 것이 바로 티토가 예루살렘을 에워싸는 것이었습니다. 그러나 티토는 그리스도인들에 대한 핍박보다는 유대인들에 대한 잔인한 핍박을 가한 자로 남아 있습니다.

그리스도인들에 대한 핍박은 이 뒤에 나오는 도미티아누스 황제 때 더 본격적으로 이루어졌습니다. 그러면 지금 말씀 중 다섯은 망하였고 하나는 있고 다른 이는 아직 오지 않았다는 말은 물론 그들이 이 하나 하나를 그 당시의 왕들과 정확하게 일치시켜서 이해하라는 뜻은 아닐 것입니다. 말씀의 의도는 그들에게 임할 핍박이 이미 거의 대부분이 지나 간 말기에 해당된다는 뜻입니다. 남은 하나도 잠깐 있을 것이고 중요한 것은 마지막 남은 여덟 번째 왕이라는 뜻입니다. 그들은 시간적으로 고난의 거의 대부분의 시간을 지나고 있습니다. 그러니까 고난의 기간을 8로 본다면 그들은 지금 6에 해당되고 있는 것입니다. 그러나 아직 안심해서는 안 되는 것이 여덟 번째 왕으로 올 자, 그 자를 경계해야 한다는 뜻입니다.

우리가 일제 때를 보면 무려 30년 이상을 일제의 핍박을 견디다가 해방을 한두 달 앞두고 감옥에서 병사하신 분들이 상당히 많은 것을 보게 됩니다. 아마도 그분들이 조금만 더 견디었더라면 광복의 순간을 보게 될 텐데 그만 몇 달을 참지 못해서 해방 직전에 돌아가시고 만 것입니다. 이 분들은 감옥에서 견딜 수 있는데 까지 견디다가 끝에 가서 그만 힘을 다 소진하고 말았습니다. 그만큼 무엇인가 인내하고 기다린다는 것은 에너지가 많이 드는 일입니다.

무엇인가 소망을 주는 일이 없으면 건강도 약하고 정신도 쇄약해지면서 더 이상 견디지 못합니다. 오늘 말씀을 통하여 주님은 성도들에게 그들이 이제 거의 다 고난의 끝 지점에 와 있으며 이제 사탄의 마지막 발악을 조심하면 능히 승리할 수 있을 것이라고 말씀하십니다.

오늘 고난 가운데 있는 성도들은 한번 생각해 보십시오. 지금 여러분들은 고난의 어느 시점에 와 있다고 생각합니까? 어떤 분은 고난을 잘 견디었는데 끝이 다 되어서 사탄의 마지막 발악에 걸려들어서 망하고 마는 것입니다. 이것은 마치 월드컵 축구에서 거의 끝까지 1점을 이기고 있다가 경기가 종료하기 1분 전에 한 골을 주는 바람에 연장전에서 지는 것과 같은 것입니다. 마지막 1분만 정신을 차리고 견디었더라면 승리의 영광을 얻을 수 있었을 텐데 마지막 1분을 견디지 못해서 통곡하고 돌아가게 되는 것입니다.

어떤 분은 고난의 시작임에도 불구하고 아직 정신을 차리지 못하고 에너지를 전부 낭비하는 분들이 있을 것입니다. 우리가 고난의 초기 단계에는 마치 곰이 겨울잠을 준비하듯이 많은 말씀과 기도로 장기전에 대비하는 것이 중요합니다. 그런데 고난이 끝나갈 때에도 조심을 해야 합니다. 왜냐하면 사탄의 마지막 발악이 한번 있기 때문입니다. 저는 그런 경우를 많이 겪었습니다. 어떤 경우에는 생각지도 않은 사람으로부터 말로 너무나도 날카로운 공격을 받았는데 그것이 몇 달이 아니라 몇 년이 가도 마음이 계속 아픈 것입니다. 그래서 고난이 끝나갈 때에도 기도를 많이 해야 합니다.

우리 성도들에게는 어떤 고난이나 환난도 다 끝이 있습니다. 그리고 이 고난이 끝난 후에는 찬란한 축복의 아침이 오게 됩니다. 그때에는 이 현실이 꿈인지 생시인지 잘 이해가 되지 않을 정도로 세상이 바뀌어 있습니다.

그래서 우리 성도들의 고난은 자신의 무능과는 상관이 없습니다. 물론 우리 자신도 잘못한 것이 있습니다. 욕심에 따라서 일을 했고 하나님의 말씀에 철저히 순종하지 않았습니다. 그러나 더 중요한 것은 이런 일이 하나님의 허락 하에서 일어났고 나의 능력과는 상관이 없다는 것입니다. 그냥 때가 되면 일이 해결됩니다. 만일 그렇지 않으면 우리는 고난을 견디지 못합니다. 이때 사탄이 속삭이는 말이 무엇입니까? 이 고난은 바로 네가 잘못해서 생긴 것이며 지금이라도 너는 무슨 대책을 세우며 네 나름대로 시도를 해 보아야 한다는 것입니다. 얼마나 이치에 닿는 소리입니까? 아무것도 하지 않고 가만히 있는 것보다 내 나름대로 열심히 시도해 보는 것이 좋지 않습니까? 그러나 기억해야 할 것은 그런 시도가 먹혀 들어가지 않는다는 것입니다. 하나님의 백성들의 모든 문제는 하나님께서 관계하고 계십니다. 시기와 때가 있습니다. 하나님께서 막으시면 아무리 몸부림을 쳐도 소용이 없습니다. 이것은 하나님의 훈련이고 연단입니다. 그때는 때를 기다려야 합니다. 조용히 기다리십시오. 그런데 어두움은 너무나도 심하게 날뛥니다. 그래서 견디다 못해서 하나님을 포기하고 타락하는 자들이 있습니다. 그런 자들이 가장 불쌍한 사람입니다. 조금 더 기다리십시오. 그러면 갑자기 아침이 올 것입니다. 항상 아침은 아주 깊은 어두움 다음에 찾아오는 법입니다.

그래서 고난을 통과한 성도들은 철저하게 하나님의 사인을 보고 하나님의 때를 분별합니다. 하나님께서 길을 열어 주시지 아니하시면 철저하게 기다립니다. 꼼짝도 하지 않고 있습니다. 그러나 하나님께서 사인을 보여주시면 갑자기 덤벼들어서 하나님의 뜻을 이루어 드립니다. 자기 기분대로 사는 사람에게는 하나님의 때라는 것이 없습니다. 그냥 일이 잘 되면 때를 잘 만난 것이고, 일이 뜻대로 잘되지 않으면 시기를 잘못 만난 것으로 생각합니다.

그러나 하나님의 사람들은 하나님의 뜻을 압니다. 씨를 뿌릴 때가 있고 뿌린 것을 거둘 때가 있습니다. 자기가 노력한다고 해서 많은 일을 할 수 있는 것이 아닙니다. 성령의 역사가 있을 때가 있고, 성령이 역사하시지 않을 때가 있습니다. 성령이 일하게 하실 때에는 정신없이 일을 합니다. 어두운 밤이 오기 전에 모든 것을 다 해버리듯이 일을 합니다. 그러나 아무것도 할 수 없는 밤이 올 때에는 조용히 성경을 읽고 기도하면서 또 때를 기다립니다. 밤이 왔을 때 성경을 읽고 기도를 하십시오. 성경을 철저히 연구를 하십시오. 할 수 있으면 하루 종일 하나님을 가까이 하십시오. 그러면 또 낮이 옵니다. 그때는 또 정신없이 뛰어다녀야 합니다. 예수님처럼 밥을 먹을 시간이 없을 것입니다. 앉아서 쉬거나 놀러 다닐 시간이 없습니다.

그러나 하나님께서 크게 사용되었던 대부분의 사람들이 가장 아쉬워하는 것은 그래도 기도가 부족했고 성경 연구를 등한히 했다는 것을 고백하고 있습니다. 20세기의 위대한 전도자인 빌리 그레함 목사는 자기에게 마지막 3년의 시간이 주어진다면 2년은 성경을 읽고 1년은 기도를 하면서 보내고 싶다고 말을 한 적이 있습니다. 그동안 너무 준비가 부족했고 기도가 부족한 채로 일에 뛰어 들었다는 것입니다.

밤이 깊어야 준비가 제대로 될 수 있습니다. 오늘 사역자들의 문제는 준비가 안 된 상태에서 사역에 뛰어든다는 것입니다. 그 결과는 실패입니다. 봉사 중심으로 신앙생활을 해 온 사람의 특징이 무엇인가 하면 고난과 시련에 대하여 전혀 준비되어 있지 않다는 것입니다. 하나님의 나라는 거의 대부분이 기다림으로 되어 있습니다. 하나님을 기다리는 것입니다. 그 이유는 사람이라고 하는 것이 그렇게 빨리 변하지 않기 때문입니다. 우리 자신은 변했다고 이야기 하지만 실제로는 전혀 변하지 않은 경우가 많습니다.

우리를 참으로 변화시키려면 압력 밥솥에 넣어서 충분한 시간을 가열해서 완전히 숨을 죽여 놓아야 합니다. 그 입에서 아직 자기 주장이 나오고 아직 자기가 다른 사람보다 조금이라도 똑똑한 것 같은 소리가 나올 때에는 아직 밥이 설익은 것입니다. 아무 소리가 나오지 않아야 합니다. 그래서 하나님이 시키시면 어떤 일이든지 또 언제든지 할 수 있을 때, 그때 일할 수 있습니다.

어린 양을 대적하는 열 뿔

여기서 정체가 불명인 것이 열 뿔입니다. 본문에 의하면 열 뿔은 아직 왕이 되지 못한 자들입니다. 그러나 그들도 짐승과 함께 임금 같은 권세를 받게 됩니다.

12, 13절 네가 보던 열 뿔은 열 왕이니 아직 나라를 얻지 못하였으나 다만 짐승으로 더불어 임금처럼 권세를 일시 동안 받으리라 저희가 한 뜻을 가지고 자기의 능력과 권세를 짐승에게 주더라

이 열 뿔은 로마의 황제는 아닙니다. 그러나 그의 황제와 같은 권력을 휘두르게 됩니다. 그들이 하는 것은 짐승에게 권력을 더하여 주는 것입니다. 아마도 이 열 뿔은 로마 밖의 식민지에서 권력을 잡은 자들인데 철저하게 로마에 충성하는 사람들이 아닌가 생각이 됩니다.

문제는 이 열 뿔이 어린 양을 대적하는 일을 하게 되는 것입니다. 성경에서 뿔이라고 하는 것은 권세를 의미합니다.

14절 저희가 어린 양으로 더불어 싸우려니와 어린 양은 만주의 주시오 만

왕의 왕이시므로 저희를 이기실터이요 또 그와 함께 있는 자들 곧 부르심을 입고 빼내심을 얻고 진실한 자들은 이기리로다

열 뿔이 구체적으로 어느 사람을 의미하느냐 하는 것은 중요하지 않습니다. 또 맞아 떨어지지도 않을 것입니다. 중요한 것은 우리가 이 세상의 구조를 정확하게 파악하는 것입니다. 우리는 이 세상에 살고 있습니다. 이 세상에는 짐승들이 있습니다. 짐승은 흔히 여러 개의 머리와 여러 개의 뿔로 사람들을 위협하며 특히 하나님의 백성들을 박해함으로 그리스도를 대적하려고 합니다. 그러나 그리스도인들은 뿔이 없습니다. 그리스도인들은 머리도 여러 개가 아닙니다.

그리스도인들에게는 머리는 오직 하나, 그리스도밖에 없고 주님이 지켜주시지 않으면 죽을 수밖에 없는 연약한 양들입니다. 그런데 오늘 성경을 보면 이 일곱 머리와 열 뿔을 가진 짐승이 어린 양과 싸우려고 합니다. 이 양은 물론 그리스도이지만, 열 뿔을 가진 짐승이 우리 성도들을 대적하는 것을 의미합니다. 우리 성도들은 뿔도 없고 머리도 없습니다. 그런데 무슨 재주로 이 강한 맹수를 이길 수 있습니까? 중요한 것은 이 맹수들이 앞을 보지 못한다는 사실입니다. 우리는 양이지만 가장 중요한 것이 앞을 볼 수 있습니다. 그래서 우리는 이 사나운 맹수의 발톱에 걸려들지만 않으면 이기는 것입니다.

그리나 또 중요한 것은 우리는 이 세상에 우리만 있는 것이 아니라는 것을 알아야 합니다. 구약 성경을 보면 이스라엘 백성들을 대적하는 세력들이 아주 많았습니다. 그들이 이스라엘 백성들을 그토록 미워했던 이유는 그들이 지극히 높으신 하나님의 백성들이었기 때문입니다. 그 사실을 이들은 알았습니다. 그래서 틈만 나면 이스라엘을 쳐들어오고 예루살렘을 함락시키려고 했습니다. 그러나 그럴 때마다 이스라엘은 하늘을 바라 볼 필요

가 있었습니다. 왜냐하면 하늘에는 하나님의 불 말과 불 병거가 언제나 준비되어 있기 때문입니다.

수리아 군대가 쳐들어 왔을 때 엘리사가 한 것이 무엇입니까? 그의 종 게하시의 눈을 밝게 해서 하늘의 군대를 보게 한 것입니다. 사마리아를 싸고 있는 하늘의 불 군대를 그는 보았습니다. 우리가 이 세상만 바라볼 때에는 아무 소망이 없습니다. 그러나 눈을 들어서 하늘을 바라보아야 합니다. 그러면 이 세상의 악의 세력을 에워싸고 있는 하늘의 군대를 보게 될 것입니다. 만주의 주시며 만왕의 왕이신 그리스도를 보게 될 것입니다. 그리스도는 지혜의 신이십니다. 사실 애굽의 바로를 열 가지 재앙으로 치신 분도 그리스도이십니다. 그리스도는 놀랍게도 똑같은 방법을 한 번도 쓰신 것이 없습니다. 항상 새로운 방법과 새로운 메뉴로 바로를 징계하셨던 것입니다. 아마 바로도 그리스도의 심판을 받으면서도 과연 다음 재앙이 무엇일까 궁금해 했을 것입니다.

오늘 말씀에는 그와 함께 한 자들, 부르심을 입고 빼내심을 얻은 자들, 진실한 자들은 이길 것이라고 했습니다. 우리는 이길 것입니다. 지혜로 이깁니다. 진실한데는 마귀가 이길 도리가 없습니다. 우리는 완전할 수 없습니다. 그러나 하나님 앞에 나와서 자신의 부족함을 고백하는 데는 도리가 없습니다. 주님은 우리들에게 지혜를 주셔서 눈에 보이지 않는 것을 느끼게 하십니다. 이미 우리 눈에 드러났고 모든 사람들이 알고 있는 사실은 더 이상 우리의 위협이 되지 않습니다. 마귀가 정말 마귀처럼 미쳐 날뛸 때 더 이상 위협이 되지 않습니다. 문제는 광명의 천사로 나타날 때입니다. 나의 사랑하는 친구로 위장하고 접근할 때입니다. 불신앙을 문화라는 이름으로 주입시키려고 할 때입니다. 거짓을 사랑이라는 미명으로 덮으려고 할 때입니다. 항상 위험은 우리가 알지 못하는 곳에 도사리고 있습니다. 악한 왕이 표면적으로 기독교를 박해하는 것은 오히려 작은 문제일 수 있습니다. 더 무서운 적은 형제의 이름으로 거짓된 교리를 불어넣는 것입니다. 교회로 하여금 도덕적인 불감증에 빠지게 하는 것입니다. 그리스도인들로 하여금 영적인 전쟁을 포기하게 하는 것입니다. 나도 알지 못하는 사이에 세상의 기름이 잔뜩 끼어서 신앙인으로 살지 못하게 하는 것입니다.

16절을 보십시오. "네가 본바 이 열 뿔과 짐승이 음녀를 미워하여 망하게 하고 벌거벗게 하고 그 살을 먹고 불로 아주 사르리라"

로마는 자기 자신들의 분쟁으로 인하여 약탈되고 불에 타게 될 것이라고 말씀하고 있습니다. 이 세상은 결국 자기들끼리 싸우게 되어 있습니다. 어제는 친구였다가 오늘은 적입니다. 이 세상에는 영원한 친구도 영원한 적도 없습니다. 그 이유는 하나님께서 그들의 마음속에 서로 의심하는 마음을 주시기 때문입니다. 상대방을 해치지 않으면 자기가 죽기 때문입니다. 그래서 서로를 의심하고 서로를 미워하고 헐뜯는 것입니다. 세상의 우정은 이렇게 끝나게 되어 있습니다. 그러나 그리스도의 나라는 영원할 것이며 성령의 역사는 끝이 없습니다. 영원히 지속될 것이며 열매를 맺을 것입니다.

오늘 우리나라에 걱정이 되는 것은 이미 로마의 말기적인 현상이 나타나고 있다는 것입니다. 음녀들이 자기들끼리 싸우는 것입니다. 전에는 온 세상이 믿는 사람들을 공격하고 핍박했는데 이제는 자기들끼리 싸우고 있습니다. 이것이 하나님께서 이 세상에 내리시는 심판입니다. 이미 우리 사회에는 스스로 이렇게 분쟁하는 가운데 하나님의 심판을 받고 있는 것입니다. 이 심판을 피하는 대안은 기독교 밖에 없습니다. 학교에서도 믿는 교사들이 문제를 해결할 것입니다. 노사 관계도 결국 세상은 스스로 해결할 수 없습니다. 결국 우리 믿는 사람들이 곳곳에 소금으로 빛으로 들어가서 이 세상을 건지게 될 것입니다.

CHAPTER • 36

로마의 위기

요한계시록 18:1-8

과거에 바벨론은 전 세계를 지배했던 나라였습니다. 그러나 이 당시에 바벨론은 완전히 폐허가 되어서 아무것도 남아 있지 않았습니다. 성경은 장차 로마가 바벨론처럼 될 것이기 때문에 하나님의 백성들은 로마에서 나와서 로마가 받을 비참한 재앙을 받지 말라고 말씀하고 있습니다.

그러면 이 당시 전 세계를 로마가 지배하고 있었는데 로마를 떠나서 어디로 가겠습니까? 로마를 떠나서 사막이나 산 속에서 집을 짓고 살라는 뜻입니까? 과거에 아브라함의 조카 롯은 그렇게 하였습니다. 롯은 소돔 성에서 살고 있다가 천사의 강권으로 겨우 소돔을 떠나게 되었습니다. 그런데 롯이 소돔을 떠나자 마자 하늘에서 불과 유황이 비 오듯이 내려와서 소돔과 그 옆에 있는 성들을 불태워서 다 멸망을 시켜버렸습니다. 이것을 보고 롯은 너무 놀라서 자기가 살고 있던 소알에서 산으로 도망을 쳐서 산에서 움막을 짓고 생활을 했습니다. 그런데 롯은 산으로 도망쳐서 살 필요가 없었습니다. 왜냐하면 롯이 살던 소알은 그 후에도 멸망하지 않았기 때문입니다. 그 이유는 하나님께서 롯의 청을 받아주셔서 소알은 망하지 않게 하겠다고 약속을 하셨기 때문입니다. 하나님께서 한번 약속하신 것은 어떤 일이 있어도 반드시 지켜주십니다. 그러니까 우리 눈에 보이는 것보다 더 중요하고 확실한 것이 하나님의 말씀입니다.

우리는 이 세상에서 살 수밖에 없습니다. 그런데 우리는 지금 나의 선택이 십 년이나 이십 년 후에 축복으로 나타날지, 아니면 멸망으로 나타날지 알 수가 없는 것입니다. 그때 우리를 가장 안전한 곳으로 인도하는 것이 있습니다. 그것은 바로 하나님의 말씀입니다. 하나님께서 한번 망하지 않는다고 약속하셨으면 망하지 않는 것입니다.

장차 멸망할 나라 로마

1절 이 일 후에 다른 천사가 하늘에서 내려오는 것을 보니 큰 권세를 가졌는데 그의 영광으로 땅이 환하여지더라

모든 사람들은 단 하나 밖에 없는 소중한 인생을 가지고 있습니다. 우리들은 이 하나 밖에 없는 자신의 인생이 실패하지 않기 위하여 모두 많은 노력을 기울이고 있습니다. 학생들은 좋은 학교에 진학하기 위하여 죽도록 공부하고, 사업하는 사람들은 성공할 수 있는 투자 기회를 찾으려고 애를 씁니다. 그런데 우리 인간은 어느 길이 가장 안전한 길인지 알지 못한다는 것입니다. 어떤 분들은 이자를 많이 준다는 말에 현혹이 되어서 제2금융권에 자기가 모은 돈을 모두 투자했다가 그 회사가 망하는 바람에 한 푼도 찾지 못한 경우도 있을 것입니다. 사실 어떤 의미에서 그 잃어버린 돈은 먹을 것을 먹지 않고 입을 것을 입지 않고 모은 것인데 한순간에 날려버리니까 얼마나 억울하겠습니까? 그러나 그 정도니까 사실 다행인 셈입니다. 왜냐하면 우리가 하나님 앞에 섰을 때 우리의 인생 자체가 하나님 앞에서 부도

가 나서 그 동안 수고했던 모든 것을 다 잃어버리고 영원한 지옥에 들어가게 된다면 얼마나 억울하겠습니까?

지금까지 요한이 본 것은 하나님을 인정하지 않는 로마의 모습이었습니다. 사람이 하나님을 인정하지 않을 때 머리가 있고 힘만 있으면 하지 못할 일이 없습니다. 이것은 마치 운동 경기를 하는데 심판을 인정하지 않는 것과 같습니다. 그러면 다른 선수들을 때리고 차고 넘어뜨리면서 자기가 원하는 대로 불법적으로 경기를 해서 이길 수 있을 것입니다.

그런데 오늘 본문에는 또 다른 모습을 보여주고 있습니다. 즉 그것은 하늘에서 큰 권세를 가진 천사가 내려오는데 그의 빛으로 인하여 땅이 밝아지는 것입니다. 즉 한동안 하나님께서는 이 세상일에 전혀 간섭하지 않으시고 내버려두시다가 어느 정도 때가 되었을 때 권세 있는 천사를 내려 보내셔서 어두운 세상을 환하게 밝히시는 것입니다.

우리가 잘 모르는 것이 이 세상에는 때가 있는데 하나는 악한 자들이 사람들을 유혹하는 때입니다. 그때는 진리는 잘 밝혀지지 않고 악한 사람들의 말대로 모든 것이 척척 잘 맞아떨어지기 때문에 많은 사람들이 악한 자의 말을 곧이 듣고 따라가게 됩니다. 이것이 바로 어두움의 때이고 음녀의 때입니다. 그런데 상당한 시간이 지난 후에 하나님께서는 악을 심판하시는 때가 있습니다. 그때는 새로운 바람이 불면서 갑자기 악한 자들이 힘을 잃게 되고 오히려 그들이 그 동안 감추어두었던 죄나 문제점들이 하나씩 드러나면서 악의 세력이 망하게 되는 때가 있는 것입니다. 하나님께서는 이 세상의 악한 자들을 그냥 두지 아니하시고 반드시 심판하십니다. 그래서 사람들은 아무리 악한 자가 잘 되고 그가 형통한 것처럼 보인다 하더라도 그들의 길을 따라가서는 안 되는 것입니다. 왜냐하면 하나님께서 일시적으로 악한 자를 내버려두고 보시는 것이지, 그 길이 영구적으로 잘 되는 길이 아니기 때문입니다.

그러면 우리에게 가장 이해가 되지 않는 것이 왜 하나님은 처음부터 나쁜 길은 나쁜 길이라고 말씀하시면서 사람들을 막으시지 않으시는가 하는 것입니다. 예를 들어, 로마와 같은 유혹에 빠지지 않도록 하나님은 막지 않으시고 실컷 내버려두셨다가 나중에 나타나셔서 심판하시는가 하는 것입니다. 그것이 우리가 이해하기 어려운 점입니다. 그런데 하나님께서는 우리 인간들을 짐승처럼 마구잡이로 몰아가시지 않는 것은 분명합니다. 그래서 인간은 선한 길이든지 악한 길이든지 스스로 분별을 해야 하고 자기가 선택한 결과에 대하여 자기 자신이 책임을 져야하는 것입니다. 이것은 결혼에 있어서도 마찬가지입니다. 사람은 살아보고 결혼할 수는 없는 것입니다. 그래서 중매하는 사람의 말만 믿고 결혼을 했는데 알고 보니까 그 사람이 알코올 중독자이고 의처증이 있어서 부인을 때리는 사람이라는 것을 나중에 알게 되었을 때 한번 결혼한 것을 어떻게 물리겠습니까? 그래서 요즘 젊은 사람들은 이혼이라는 방법을 선택을 합니다. 일단 한번 결혼을 잘못한 것은 어쩔 수 없다 하더라도 앞으로 계속 이런 식으로는 살지 않겠다는 것입니다. 그러니까 이혼을 하는 것보다는 처음 선택을 잘 해야 하는 것입니다.

우리는 오늘 본문에서 로마는 한참 회사의 규모를 늘려가고 있는 대기업으로 생각하면 이해가 쉬울 것입니다. 사람들은 로마가 너무나도 큰 기업이기 때문에 로마는 망하지 않을 것이라고 해서 로마에 모든 것을 다 투자합니다. 그리고 로마가 하는 모든 말을 믿고 로마가 시키는 대로 열심히 합니다. 그런데 이제 하나님의 시간이 다 되어서 하늘에서 한 천사가 내려오는데 갑자기 어두웠던 세상이 밝아지게 되는 것입니다.

지금까지는 무대가 완전히 어두웠습니다. 무대를 가득 채우는 것은 붉은 짐승을 탄 음녀의 모습이었습니다. 무엇인가 좋지 않는 내용, 음침하고 불건전한 내용을 다루고 있는 드라마나 영화는 배경이 붉고 칙칙하고 어둡습니다. 마치 사람들은 무엇에 홀린 것 같습니다. 아무 생각 없이 그런 분위기를 따라갑니다. 그런데 갑자기 새로운 조명이 환하게 비칩니다. 그러면 무대를 가득 채우던 이 음침한 분위기는 완전히 사라지고 모든 사람들은 갑자기 정신을 차리게 되는 것입니다. 무거운 커튼을 쳐 놓고 컴컴한 분위기에서 영화를 보던 자들에게 커튼이 젖혀지고 환한 빛이 들어오면 어떻게 됩니까? 갑자기 정신이 들면서 현실을 똑바로 보게 되는 것입니다. 지금까지 온 세상은 로마에 취해 있었습니다. 온 세상 사람들은 그 동안 '위대한 로마!'라는 영화에 취해 있었습니다. 그런데 갑자기 이 영화는 끝나고 환한 빛이 비취면서 사람들이 정신을 차리는 것입니다. 본문에 보면 '그의 영광으로 땅이 환하여지더라'고 말하고 있습니다.

사람들이 로마의 도취에서 잠을 깨는 때가 언제일까요? 알 수가 없습니다. 그러나 역사의 어느 한 시점이 되면 사람들은 더 이상 로마가 대단치 않다는 것을 깨닫게 될 때가 오는 것입니다. 그때가 빨리 오면 올수록 좋습니다. 사람들은 자꾸만 환상을 붙들고 살고 있습니다. 그런데 빨리 그 환상을 버리고 정신을 차릴 때가 오면 좋습니다. 더욱이 그리스도인들은 빨리 환상에서 깨어서 실체를 분명히 보아야 합니다.

천사는 로마의 실제를 보여 줍니다.

2절 힘 센 음성으로 외쳐 가로되 무너졌도다 무너졌도다 큰 성 바벨론이여 귀신의 처소와 각종 더러운 영의 모이는 곳과 각종 더럽고 가증한 새의 모이는 곳이 되었도다

성경은 로마를 과거에 한때 번창하였다가 지금은 멸망한 바벨론이라는 나라에 비유하면서 '무너졌도다, 무너졌도다. 큰 성 바벨론이여'라고 말하고 있습니다. 왜 요한은 '무너졌도다, 무너졌도다, 큰 성 로마여!'라고 말하

지 않습니까? 그 이유는 로마 경찰들이 교회를 감시하고 있기 때문에 로마를 비판하는 표현을 사용했다가는 교회가 무서운 박해를 피할 수 없기 때문입니다. 그러나 그리스도인들은 이 정도의 표현이면 바벨론이 무엇을 의미하는지 알 수 있는 것입니다. 과거에 바벨론은 어떤 도시였습니까? 그 도시는 도둑질하여 세운 도시였습니다. 바벨론이라는 나라 자체가 무엇을 생산하는 나라가 아니었습니다.

그런데 바벨론의 중요한 의미는 무엇 때문에 그 나라가 그렇게 커지게 되었느냐 하는 것입니다. 그것은 이유가 없습니다. 이상하게 어느 날부터 나라가 커지기 시작했습니다. 그 이유는 하나님께서 바벨론을 사용해서 온 세상을 심판하기로 작정하셨기 때문입니다. 하나님께서는 온 세상의 불의가 너무 심하게 되었을 때 갑자기 아주 악독한 나라 하나를 일으켜서 온 세상을 전쟁의 소용돌이에 빠지게 하십니다. 바벨론은 하나님께서 이 세상을 심판하시기 위하여 쓰시는 몽둥이였습니다. 바벨론은 유다를 멸망시킨 후 포로들을 자기 나라로 끌고 갔습니다. 그런데 이 바벨론은 영구적으로 잘사는 나라가 될 수 없었습니다. 왜냐하면 하나님께서 처음부터 70년 동안만 바벨론을 키우기로 결정하셨기 때문입니다. 그래서 70년이 지난 후에는 파사 나라의 고레스라는 사람이 나타나서 바벨론을 멸망시켜버렸습니다.

그래서 바벨론의 영광은 너무나도 허무한 영광이 되었습니다. 한때는 마치 전 세계를 손아귀에 넣고 마치 바벨론 왕은 전지전능한 하나님처럼 세상을 지배했는데 예레미야가 예언한 70년이 되었을 때 갑자기 나라가 힘을 잃으면서 자기들이 멸망을 시켰던 나라와 똑같이 고레스의 손에 멸망하고 말았던 것입니다. 그 화려하던 바벨론 성은 폐허가 되어버리고 바벨론 사람들은 모두 일하는 잡역부로 끌려가고 말았습니다.

하나님께서는 로마도 그렇게 사용하겠다고 말씀하십니다. 무엇 때문에 로마가 갑자기 강하여져서 전 세계를 손 안에 넣게 되었을까요? 사실 사람들은 그 이유를 잘 알지 못합니다. 우리가 알지만 로마라는 나라 자체가 그렇게 큰 나라가 아닙니다. 그렇다고 해서 자원이 풍부한 나라도 아니고 경제력이 대단한 나라도 아닌 것입니다. 그런데 이상하게 로마는 전쟁하는 것마다 이기기 시작하더니 어느 한 순간에 전 세계를 손아귀에 넣게 되었습니다. 그 이유는 하나님께서 온 세상의 악을 심판하시는 도구로 로마를 사용하신 것뿐입니다. 그런데 하나님이 몽둥이로 사용한 나라는 몽둥이로 사용되고, 그 임무가 마친 후에는 몽둥이를 반납해야 하는데 절대로 그렇게 하지 못합니다. 자기 자신이 절대적인 존재인 줄 알고 부귀와 영화와 사치에 빠져서 방탕하게 지내다가 어느 한 순간이 되면 자기가 멸망시킨 나라들과 똑같이 멸망하게 되는 것입니다.

더럽고 가증한 새가 모이는 곳

본문에 보면 2절 후반에 '귀신의 처소와 각종 더러운 영의 모이는 곳과 각종 더럽고 가증한 새의 모이는 곳이 되었도다'라고 말씀하고 있습니다. 이것을 몇 가지 의미로 생각해 볼 수 있습니다. 일단 '귀신과 각종 더러운 영이 모이는 곳이 되었다'는 것은 사람들이 아무도 없는 황량한 곳이 되었다는 뜻입니다. 과거에 바벨론이 멸망하게 되었을 때 거기에는 사람들이 아무도 남지 않게 되었습니다. 그 이유는 더 이상 거기에 사람들이 모일 이유가 없었기 때문입니다. 사람들이 모인다고 하는 것은 반드시 거기에 이유가 있습니다. 즉 돈이 있다든지 물건이 있다든지 권력이 있다든지 하기 때문에 모이는 것이지 그런 것이 없으면 무엇 때문에 사람들이 모이겠습니까? 예를 들어, 석탄이 나던 도시에서 석탄이 나오지 않게 되면 사람들이 다 떠나서 유령의 도시로 변하게 됩니다. 왜냐하면 돈벌이가 없는데 무엇 때문에 사람들이 거기에 남아 있겠습니까? 바벨론에 사람들이나 물건이 모였던 이유는 거기에 하나님의 권력이 있었기 때문입니다. 그 권력의 힘이 아무것도 없는 들판에 엄청난 사람들이 모이게 하고 수많은 물건들이 모이게 했습니다. 그런데 하나님께서 그 힘을 거두어 가시니까 거기에는 사람이라고는 그림자조차 볼 수 없게 되었습니다. 그리고 여기에 보면 '가증한 새의 모이는 곳이 되었도다'라고 말씀하고 있습니다. 여기서 말하는 가증한 새는 죽은 사람의 시체를 뜯어먹는 새들을 말합니다. 까마귀라든지 독수리 같은 새를 말하는 것입니다. 결국 남은 것은 시체밖에 없기 때문에 그 시체를 뜯어먹기 위하여 가증한 새들이 모이는 것입니다.

예수님께서는 말씀하시기를 '주검이 있는 곳에는 독수리가 덮치느니라'고 말씀하셨습니다. 시체가 있는 곳에는 하나님의 심판이 임할 수밖에 없는 것입니다. 결국 생명이 없는 곳은 비참하게 망할 수밖에 없습니다. 우리 사회에 보면 한때는 세상을 떠들썩하게 하던 이단 집단들이 있었습니다. 그 집단들이 다 망하고 있습니다. 그 이유가 무엇입니까? 그 안에 새로운 생명이 없기 때문입니다. 결국 자기들이 가지고 있던 그 엄청난 돈 때문에 서로 싸우고 갈라져서 망하고 마는 것입니다.

우리가 여기서 알 수 있는 것이 무엇입니까? 진정으로 지혜로운 자는 이 세상의 처세를 따라가면 안 된다는 것입니다. 왜냐하면 거기에는 새로운 생명이 없기 때문에 언젠가는 썩어서 부패하게 되어 있습니다. 그러면 바로 하나님의 독수리가 덮치는 것입니다. 그리고 이 세상을 망하지 않게 붙드는 것이 하나님의 말씀이라는 것을 알아야 합니다.

소돔이 멸망할 때 소알 성은 똑같은 죄인 도시였습니다. 그런데 롯은 자기도 모르게 소알이 망하지 않게 해 달라고 기도하고 허락을 받았습니다. 그래서 소알은 소돔과 같은 죄인들이었지만 멸망하지 않았습니다. 왜냐하면 롯이 그곳을 위하여 기도를 했고 하나님께서 약속을 하셨기 때문입니다. 기도가 있고 말씀이 있으면 망할 곳도 망하지 않게 됩니다. 왜냐하면 이 모든 것이 하나님의 손에 달려 있기 때문입니다.

원칙적으로 우리 그리스도인들이 있는 곳은 더러운 악령들이나 가증한 새들이 올 수 없습니다. 왜냐하면 그것은 말씀과 성령의 역사로 언제나 새로운 생명이 넘치기 때문입니다. 그러나 성령의 샘이 막히면 심판이 올 수 있습니다. 우리가 교만하여 하나님의 말씀을 막아버리거나 혹은 죄를 지어 놓고도 숨기고 있으면 하나님의 은혜가 막힐 수 있습니다. 그러면 어느 순간 더러운 것들이 가득하게 되는데 그때 이 악령들이나 가증한 새들이 썩은 냄새를 기가 막히게 알고 덮치는 것입니다. 그래서 우리에게 말씀의 샘물이 막히지 않고 회개의 눈물이 마르지 않으면 절대로 망하지 않을 것입니다. 우리 성도들의 가정과 직장을 지켜주시며 설사 우리가 잘못된 선택을 했다 하더라도 모든 것이 합력하여 선을 이루게 하실 것입니다.

3절 그 음행의 진노의 포도주를 인하여 만국이 무너졌으며 또 땅의 왕들이 그로 더불어 음행하였으며 땅의 상고들도 그 사치의 세력을 인하여 치부하였도다 하더라

여기에 보면 그냥 '음행의 포도주'가 아니고 '음행의 진노의 포도주'입니다. 이것은 이 포도주에 취해서 음행을 즐길 때에는 행복한 것 같지만 그 후에는 반드시 하나님의 무서운 진노의 심판이 따라온다는 뜻입니다. 사실 사람들 중에서 음행이나 더러운 죄를 좋아하지 않는 사람은 아무도 없을 것입니다. 그러나 모든 죄에는 반드시 하나님의 진노의 심판이 따라오게 되어 있습니다. 사람들이 술을 마시면 마실 때는 취해서 기분이 좋은 것 같은데 아침이 되어서 술을 깨게 되면 얼마나 머리가 아픈지 모릅니다. 그러나 음행의 포도주는 단순히 머리만 아픈 것이 아니라 아름다운 모든 것을 다 잃어버리게 됩니다. 왜냐하면 음행은 사람을 더러운 짐승으로 만들어버

리기 때문입니다. 로마 사람들의 죄는 무서운 음행이었습니다. 우리는 이것을 로마서 1장의 사도 바울의 증거에서 찾아볼 수 있습니다. 이때 남자들은 동성애에 빠져들었습니다. 그리고 여자들도 정상적인 성생활을 하지 않았습니다. 그러면서 사도 바울은 '저희의 그릇됨에 상당한 보응을 그 자신에 받았느니라'(롬 1:27)고 말씀하고 있습니다. 로마 사람들은 극도의 사치스러운 생활을 즐기고 있습니다. 그 결과가 먹는데 엄청난 돈을 소비하는 것이었습니다. 그들은 너무나도 많은 음식을 먹었습니다. 그리고 정상적인 부부 생활로 만족을 할 수가 없어서 남자들은 동성애에 빠지고 여자들은 노예들을 끌어 들여서 음행을 행했습니다. 그 결과가 무엇입니까? 완전한 인간성의 상실이었습니다. 쾌락을 즐기면 행복할 줄 알았는데 너무나도 허무한 것이었습니다.

톨스토이가 쓴 『안나 카레리나』라는 소설이 있습니다. 이것은 그 옛날 상황으로 보면 대단한 작품이 아닐 수 없습니다. 안나 카레리나는 자기 남편을 버리고 멋있게 생긴 남작과 연애를 해서 가출을 해버립니다. 그래서 로마도 가고 다른 여러 곳을 멋지게 여행을 합니다. 그러다가 다시 러시아로 돌아왔는데 남자에 대한 완전히 소유하지 못한 불안이 일어나서 이 여자는 달리는 기차에 몸을 던져서 죽고 남자는 전쟁 중인 터키에 지원해서 싸우다 죽게 됩니다.

사람들이 완전한 기쁨을 누릴 수 있는 것은 욕망을 하나님의 진리 안에서 사용하는 것입니다. 이것을 벗어나면 행복할 것 같지만 마치 마약이나 알코올 중독에 빠지는 것처럼 결국 자기 인간성을 상실하게 되고 나중에는 스스로 무덤을 파게 되는 것입니다.

그런데 로마에서 이 음행의 포도주에 취하지 않는 자가 없다고 말씀하고 있습니다. 왕들도 땅의 상인들도 모든 사람들이 돈만 있으면 음행에 빠졌습니다. 그 이유는 아무도 음행을 처벌하지 않았기 때문입니다. 오늘 우리 사회의 두려운 점이 바로 여기에 있습니다. 오늘날 우리 사회는 돈만 있으면 무엇이든지 할 수가 있습니다. 그래서 사람들은 흔히 돈이 생기면 가장 먼저 차를 바꾸고 그 다음에 집을 바꾸고 그 다음에는 여자나 남자를 바꾼다는 말을 합니다. 내 돈을 가지고 내 욕망을 채우겠다는데 누가 뭐라고 하겠습니까? 그러나 그것이 바로 음행의 진노의 포도주에 취하는 것이며 이 음행의 잔을 마시면 결국 자기 인간성을 상실하게 되고 영혼을 잃게 되어 비참하게 망하는 것입니다. 그래서 망하지 않고 사는 사람은 돈이 있어도 차를 바꾸지 않고 돈이 있어서 여자나 남자를 바꾸지 않고 끝까지 견디는 사람인데, 이 사람들은 돈 이상의 가치를 가지는 사람들인 것입니다. 그것이 무엇입니까? 그리스도 안에 있는 부요함을 아는 자들이며 하나님을 알아가는 지식의 고상함을 아는 사람인 것입니다.

내 백성아 거기서 나와

4절 또 내가 들으니 하늘로서 다른 음성이 나서 가로되 내 백성아, 거기서 나와 그의 죄에 참예하지 말고 그의 받을 재앙들을 받지 말라

우리는 어떤 건물이 무너지려고 할 때 만일 그 건물 안에 내 가족이 들어 있다면 어떻게 해서든지 거기서 불러내어서 죽지 않게 할 것입니다. 하나님의 천사는 우리 성도들에게 '거기서 나와 그의 죄에 참예하지 말고 그의 받을 재앙들을 받지 말라'고 소리를 치고 있습니다.

우리는 여기서 두 음성을 듣게 됩니다. 하나는 로마의 멸망을 예고하는 음성입니다. 그리고 다른 하나는 목자가 자기 양들을 부르는 소리이며 부모가 자기 자식을 부르는 소리입니다. 저희들이 어렸을 때 저녁이 되면 온 동네가 자기 자식을 부르는 어머니의 소리로 시끄럽습니다. '누구야! 누구

야!' 하면서 큰 소리로 자기 자식을 부르시는데 그때 대답이 없으면 찾으러 나가는 것입니다. 주님은 자기 백성들을 로마에서 불러내시면서 그들의 죄를 짓지 말고 그들의 재앙을 받지 말라고 말씀하십니다.

우선 첫째로 주님은 성도들을 거기서 나오라고 하십니다. 이것은 지역적으로 떠나라는 말은 아닐 것입니다. 왜냐하면 지역적으로 로마를 떠나 어디로 가겠습니까? 그 당시 온 세계가 로마의 손 안에 있는데 로마를 떠나서 어디로 가겠습니까? 그렇게 하려면 과거에 롯이 했던 것처럼 산이나 사막으로 가서 움막을 짓고 사는 수밖에 없습니다. 그러면 만일 우리가 산이나 사막으로 가면 죄가 따라오지 않습니까? 죄는 거기까지 따라옵니다. 그래서 롯은 산으로 도망을 쳤지만 롯의 딸들은 산에 남자가 없기 때문에 아버지에게 술을 마시게 하고는 성 관계를 가져서 암몬 족속과 모압 족속이 생기게 된 것입니다. 거기서 나오라는 것은 일단 로마인들의 가치관을 따라가거나 생활 방식을 따라가지 말라는 뜻입니다.

이것은 다시 몇 가지로 생각해 볼 수 있습니다. 우선 첫째로 그리스도인들은 로마의 오락이나 쾌락을 따라가면 안 됩니다. 왜냐하면 그 오락이나 쾌락 자체는 죄가 아니더라도 우리 안에 있는 신앙 양심을 무디게 할 수 있기 때문입니다. 이 당시 로마인들은 전차 경기나 검투사들의 경기를 좋아했습니다. 일단 검투 경기는 비성경적인데 하나님은 살인하지 말라고 하셨기 때문입니다. 그래서 그 살인하는 경기는 본다면 영성이 추락하면서 난폭해질 수 있습니다. 그리고 물론 전차 경기는 죄가 아니고 스포츠이고, 또 벤허의 주인공도 마차 경기에서 우승을 하지만 당시 전차 경기가 주로 주일에 했습니다. 그래서 그런 경기를 좋아하면 성도들의 교제를 멀리하게 되는 것입니다. 이것은 요즘 골프를 좋아하는 사람들이 주일 예배를 빠져야 하는 것과 비슷할 것입니다. 특히 로마인들이 하는 식으로는 결혼을 할 수가 없습니다. 왜냐하면 그 사람들은 대단히 난잡한 성생활을 했기 때문입니다. 그러면 그리스도인들은 로마 사회에서는 제대로 사회생활을 할 수가 없게 될 것입니다. 그렇게 하는 것이 바로 사회적인 장애인이 되는 것입니다. 그러나 그리스도인들은 사회적으로 장애인이 되는 것을 두려워하지 말아야 합니다.

그리고 둘째로 우리 그리스도인들은 로마 사회에서 너무 출세에 욕심을 내면 안 됩니다. 단지 자기에게 주어진 일을 열심히 하다보면 인정을 받아서 부자가 되기도 하고 또 높은 자리에 올라갈 수도 있겠지만 만일 출세 자체를 목적으로 한다면 결국 세상 사람들의 요구를 다 들어줄 수밖에 없는 것입니다. 그러면 결코 그의 신앙 양심이 온전할 수가 없습니다.

그래서 우리 그리스도인들은 이 세상에서 일단 자기가 맡은 일이니까 최선을 다해서 열심히 해야지, 세상 사람들처럼 성공하려고 해서는 안 됩니다. 왜냐하면 하나님께서는 나의 길을 인도하실 것이며 내가 세상에서 불리하게 산다고 하더라도 하나님은 나에게 더 귀한 천국의 축복을 주시기 때문입니다.

그리고 내가 죄에 빠지게 되었을 때에는 모든 것을 잃어버릴 각오를 하고 그 죄에서 빠져나와야 합니다. 사람들이 죄인 줄 알면서도 떠나지 못하는 이유는 누리고 있는 직위나 수입을 잃고 싶지 않기 때문입니다. 사람들은 지금까지 자기가 누리고 있는 화려한 생활을 포기하거나 교제하고 있는 사람들을 잃고 싶지 않아서 죄를 떠나지 못합니다. 그러면 그것들을 포기하지 않으면 결국 같이 망하게 되는 것입니다.

주님이 말씀하시는 것은 모든 것을 다 잃고 바른 양심을 사라는 것입니다. 우리는 지금까지 양심을 팔고 많은 물건들을 가져 왔습니다. 때로는 학교 성적도 나의 성적이 아니기도 합니다. 이력도 자기 이력이 아닙니다. 집도 자기 집이 아닙니다. 회사도 자기 회사가 아닙니다. 모든 것이 거짓으로 세워져 있습니다. 왜냐하면 하나씩 둘씩 양심을 팔아 먹어버렸기 때문입니다. 나중에는 울 수 있는 양심조차도 없습니다. 그런 상태에서 하나님 앞에 선다는 것이 가장 무서운 일입니다. 주님은 빨리 양심을 되찾으라고 말씀하십니다. 자기의 것이 아닌 것이 있으면 다 돌려주라는 것입니다. 그리고 마음의 자유를 되찾으라는 것입니다.

예수님을 만난 삭개오는 과감하게 죄에서 떠났습니다. 그는 자기 재산을 한번 생각해볼 때 자기가 열심히 일을 해서 번 것도 있지만 양심을 팔아서 도둑질 한 것도 많은 것을 알았습니다. 그래서 그는 예수님 앞에서 재산의 반을 포기함으로 양심의 깨끗함을 얻었고 아브라함의 자손의 지위를 얻었습니다.

특히 우리가 이 세상을 떠난다고 하는 것은 말씀의 세계 안으로 이사를 하는 것을 말합니다. 어떤 분은 세상을 떠나라고 하니까 교회로 이사를 하는 것으로 생각하기 쉬운데 이것은 말씀의 세계 안으로 이사를 하는 것입니다. 우리는 이 세상에서 내 방법으로 살아왔습니다. 그러나 그것을 다 포기하고 말씀의 방법으로 사는 것입니다. 말씀의 방법이 무엇입니까? 그것은 하나님의 말씀을 듣고 기도로 응답 받아서 사는 것입니다. 한때 텔레비전에서 인터넷 서바이벌 게임이라는 것을 했습니다. 이것은 몇 사람이 게임을 하는데 오직 인터넷 통신으로만 사는 것입니다. 먹는 것도 인터넷으로 주문하고 옷도 인터넷으로 주문하고 모든 것을 인터넷으로 해서 오래 살아남아야 하는 것이었습니다. 만일 인터넷으로 음식을 주문했는데 음식이 배달되지 않는다고 해서 전화로 짜장면을 신청하면 지는 것입니다.

마찬가지로 우리가 처음 예수를 믿으면 어린아이로 태어나는 것입니다. 어린아이는 모든 것을 부모로부터 공급을 받습니다. 그런데 우리는 자신을 어린아이로 생각하지 않고 이 세상에서 여전히 뛰어가려고 하고 어른처럼 살려고 하는 것입니다. 그 결과는 신앙이 절대로 어린아이 수준을 벗어날 수 없습니다. 누구든지 예수님 안에서 밑바닥에서 서바이벌 게임을 해서 말씀으로 살아봐야 죄를 거절하게 되고 결국 그 사람이 이 세상에서 거룩한 백성으로 살아남게 되는 것입니다. 우리가 이 세상에 살아남을 수 있는 방법이 딱 하나 있습니다. 그것은 말씀과 공동체입니다. 즉 말씀이 있는 공동체를 만드는 것입니다. 이것이 로마에 속하지 않고 로마가 당할 재앙을 받지 않는 유일한 방법입니다. 이스라엘 백성들이 출애굽을 했을 때 그들은 물도 없고 양식도 없는 광야로 들어갔습니다. 그러나 그들은 굶어죽지 않고 목말라 죽지 않았습니다. 그 이유는 하나님의 성령이 그들과 함께 하셨기 때문입니다. 지금 우리는 그때와 같은 광야 길을 가고 있습니다. 우리에게는 미래를 예측할 수 없는 어려움이 있습니다. 그러나 살고자 하는 자는 죽고, 죽고자 하는 자는 산다고 말씀하셨습니다. 말씀이 있는 공동체 안에 세상을 이길 수 있는 길과 능력이 있는 것입니다.

우리의 삶은 탕진할 시간이 없습니다. 한 순간 한 순간을 가치있고 아름답게 사용해야 합니다. 그러나 한번 세상 욕망에 빠졌다가 다시 돌아오려면 잃는 것이 너무 많습니다. 우리는 가장 좋은 시간을 하나님께 드려야 합니다.

로마에 대한 진노

하나님께서 로마에 대하여 진노하시는 이유가 무엇입니까? 우선 그들의 죄가 너무 많아서 하늘에 사무쳤습니다.

5절 그 죄는 하늘에 사무쳤으며 하나님은 그의 불의한 일을 기억하신지라

죄가 하늘에 사무친다는 것은 어떤 것을 말하는 것입니까? 남에게 억울한 일을 행했는데 그런 꼴을 당한 자들이 너무 많다는 것입니다. 이것은 한

두 사람의 원한이 아니기 때문에 하나님께서 기억하시지 않을 수 없다는 뜻입니다. 원한이 하늘에 사무치지 않으려면 어떤 처벌을 하더라도 공정한 기준이 있어야 합니다. 법에 따라서 모든 것을 판단할 때 원한이 하늘에 사무칠 이유가 없습니다. 법이 없이 자기 감정에 따라서 마구잡이로 권력을 휘두를 때 원한이 하늘에 사무치는 것입니다.

한때 우리나라 집세가 너무 갑자기 오르는 바람에 여러 사람들이 자살을 했습니다. 이렇게 하면 안 됩니다. 죽은 사람들도 문제가 있지만 그렇게 원한이 사무치면 안 됩니다. 만일 그렇게 하면 어떻게 하겠다고 말씀하십니까?

6절 그가 준 그대로 그에게 주고 그의 행위대로 갑절을 갚아주고 그의 섞은 잔에도 갑절이나 섞어 그에게 주라

이 세상에 영원한 권력은 없습니다. 우리 인생은 모두 무대에 잠깐 서는 배우와 같습니다. 사람은 모두 각자의 연기를 하고 내려올 뿐입니다. 악역을 맡았다고 해서 악역을 열심히 하라는 뜻은 아닙니다. 악역을 맡아서 열심히 한 자는 불행한 사람입니다. 애굽의 바로 왕을 보십시오. 얼마나 충실한 연기자였습니까? 그러나 그는 칭찬 듣지 못했습니다. 왜냐하면 바로 그가 맡은 일이 자기의 상급이 되기 때문입니다.

우리가 아주 보잘 것 없는 배역을 맡았다고 합시다. 그것을 열심히 할 때 하나님은 상급을 후하게 주십니다. 그러나 장군역을 맡았다고 해서 마치 그것이 정말 자기 자신일 줄 알고 수많은 사람들에게 이유 없는 고통을 주고 모든 사람들을 자기 추종자로 만든 자들은 그 배역이 끝났을 때 하나님의 무서운 진노의 심판을 면할 수가 없습니다.

하나님은 그 행위대로 갚아주시는 분이십니다. 자기가 한 그대로 영원

히 판단 받을 것입니다. 왕이 되었다고 해서 영원한 왕이 아닙니다. 그는 왕의 배역을 맡았을 뿐입니다.

우리는 이 세상이 하나님 앞에서 주어진 공연장이라는 것을 생각하지 않습니다. 우리는 여기서 가장 높은 곳을 찾고, 무엇인가 가장 중요한 역할을 하려고 합니다. 그러나 중요한 역할을 맡은 자는 더 중요한 책임이 있습니다. 무엇이라고 말씀하고 있습니까?

7절 그가 어떻게 자기를 영화롭게 하였으며 사치하였든지 그만큼 고난과 애통으로 갚아 주라 그가 마음에 말하기를 나는 여왕으로 앉은 자요 과부가 아니라 결단코 애통을 당하지 아니하리라 하니

주로 국가는 여성형으로 표현합니다. 산이나 지명 같은 것도 의인화해서 표현할 때에 여성으로 표현을 합니다. 로마는 자기는 절대로 과부처럼 처량하게 살지는 않을 것이라고 결심을 한 것 같습니다. 나는 여자 황제이지 절대로 과부는 안 된다고 큰 소리 치면서 극도로 자기를 높이고 사치스럽게 하였습니다. 그러나 어떻게 됩니까?

8절 그러므로 하루 동안에 그 재앙들이 이르리니 곧 사망과 애통과 흉년이라 그가 또한 불에 살라지리니 그를 심판하신 주 하나님은 강하신 자이심이니라

로마에는 사망과 애통이 있을 것이며 흉년으로 망할 것이라고 합니다. 또 불에 탈 것이라고 합니다. 로마가 불타거나 망하는 것이 당장 우리와 무슨 상관이 있는 것은 아닙니다. 그러나 '나는 과부가 아니라'는 말을 들으니까 서울이 생각이 납니다. 서울은 결코 과부가 아닙니다. 오히려 여자 황

제처럼 모든 것이 거기에 다 있습니다. 그러나 북한의 모든 미사일이나 대포는 서울이 사정거리 안에 들어 있습니다. 그러나 중요한 것은 죄가 있는 곳은 어느 곳이든지 과부 도시로 변할 수 있다는 사실입니다. 단지 하나님께서 지켜주셔서 우리가 사는 것이지 하나님이 지켜주시지 않으면 단 하루도 살 수가 없습니다.

우리는 하나님의 긍휼을 얻기 위하여 스스로 자제하는 것입니다. 하나님께서 환난을 주시면 기쁨으로 감당하고, 그렇지 않으면 자기 스스로 지출을 줄이는 것입니다. 하나님께서 나를 잘되게 하시면 스스로 자신을 절제함으로 고난을 택하십시오. 그러면 하나님께서 긍휼을 베풀어 주실 것입니다.

우리는 지금 지역적으로 이 사회를 떠날 수는 없습니다. 우리들이 해야 할 일은 적어도 정신적인 분리입니다. 정신적으로 여기에 사는 목적을 분명히 하는 것입니다. 우리가 여기에 사는 목적이 모든 것이 이곳에 있기 때문이 아니라 무엇인가 이들을 변화시키고 이들이 덜 썩게 하는 방부제로 존재한다는 것을 분명히 해야 합니다.

하나님께서는 때때로 우리나라 권력자들의 죄를 들추어 내셔서 과부처럼 울게 하십니다. 이럴 때 우리 자신의 정신 상태를 다시 점검해 봅시다. 얼마나 헛된 환상에 빠져서 살아 왔나 하는 것을 깨닫고 사는 목적을 새롭게 하시기를 바랍니다. 이 세상 모든 것은 불에 타지만 하나님의 말씀은 불에 타지 않습니다. 이 말씀을 의지하고 전적으로 하나님을 붙들고 살아갈 때 로마 가운데서도 망하지 않는 하나님의 백성으로 남게 될 것입니다.

CHAPTER • 37

세상의 종말

요한계시록 18:9-24

지금 우리나라의 국토가 넓다고 하지만 거의 대부분 인구들이 도시에 집중이 되어 있습니다. 그리고 도시에는 가난한 사람으로부터 부자에 이르기까지 여러 종류의 사람들이 모여 살아가고 있습니다. 그래서 이제는 선교도 무조건 원시 사회를 찾아가는 선교가 아니라 도시 빈민층을 상대로 하는 선교로 바뀌고 있는 것입니다.

오늘날 우리가 살고 있는 대도시와 가장 닮은 모습을 하고 있는 곳이 고대의 로마였습니다. 로마는 전 세계의 모든 물건이 다 몰려들고 있었고 부라는 부는 모두 로마 한 도시에 집중이 되고 있었습니다. 그리고 로마에서 권력을 가진 자나 상인들이나 무역하는 사람들은 로마를 통하여 엄청난 돈을 긁어모으고 있었습니다. 그런데 오늘 말씀은 이런 로마가 어떻게 되느냐 하는 것입니다. 성경은 로마가 한 순간에 멸망할 것이라고 말씀을 하십니다. 그래서 로마가 망함으로 로마를 통하여 엄청난 덕을 보고 있던 왕이나 상인들이나 무역하는 사람들은 통곡을 하게 되는 것입니다. 그 대신에 성도들은 기뻐 뛰면서 하나님을 찬양하게 되는 것입니다. 우리가 생각하기에 로마는 이 세상에 좋은 것을 다 모아놓은 도시라고 보면 좋을 것입니다.

모든 사람들은 그런 곳에 가서 살기를 원할 것입니다. 심지어는 그런데 가서 실컷 구경이라도 하고 싶을 것입니다. 그러나 바로 그런 곳이 어느 날 갑자기 불이 나서 한 순간에 재로 변해버릴 때 사람의 마음이 얼마나 허망하겠습니까?

그러면 당장은 망하지 않지만 장차 어느 순간에는 망할 수밖에 없는 로마의 운명과 그리스도인의 삶은 무슨 관계가 있는 것일까요? 이것은 주님께서 그리스도인들에게 로마를 너무 의지하지 말라는 것입니다. 그리고 할 수 있는 대로 로마에 많은 것을 투자하지 말라는 뜻입니다. 물론 그렇다고 해서 모든 그리스도인들은 현실을 부정하고 모두 산으로 올라가서 은둔 생활을 하거나 도피 생활을 하라는 뜻은 아닙니다. 어떤 사람이 거래를 하는데 내가 거래하는 이 회사가 당장은 아니라 하더라도 언젠가는 망하게 되어 있다면, 아무래도 그 회사와는 거래를 줄이든지 끊든지 해서 손해를 보지 않으려고 할 것입니다. 마찬가지로 우리 믿는 사람들은 이 세상의 미래가 언젠가는 망하게 되어 있기 때문에 이 세상에 너무 많은 것을 투자하거나 의지하지 말라고 말씀하시는 것입니다.

한시적인 세상의 영광

로마는 군사력을 가지고 세계를 지배했습니다. 그러나 로마가 세계를 지배하는 것으로 모든 것이 끝나는 것이 아니었습니다. 세계에 있는 모든 물건들이 로마로 흘러 들어오기 시작한 것입니다. 왜냐하면 그 당시 모든 돈은 로마에 다 있었기 때문입니다. 여기서 로마와 결탁을 한 세 부류의 사람들이 등장하게 됩니다. 하나는 권력을 가진 사람이고 두 번째는 돈을 가진 사람이며 세 번째는 무역을 하는 사람이었습니다.

이 사람들은 서로 연결이 되어서 세상에서 모든 좋은 것을 로마로 다 가져와서 로마를 세계 최고의 도시로 만들어 놓았습니다.

오늘 성경은 로마를 과거의 망한 제국 바벨론에 비교를 하는데 그것은 일리가 있는 것입니다. 고대 바벨론에 니므롯이라는 사람이 있었습니다. 그는 사람이 가진 잠재력을 보았습니다. 한 사람 한 사람 흩어져 있으면 아무것도 아니지만, 사람이 힘을 모으면 거의 신에 가까운 능력이 나타난다는 것을 알았습니다. 그래서 니므롯이라는 사람은 감히 하늘까지 올라갈 수 있는 바벨탑을 쌓았습니다. 그때 만든 바벨탑이 얼마나 높았는지는 모르겠지만 가히 하나님이 걱정하실 정도였습니다. 그런데 원래 인간이 높은 건물을 짓는다는 것이 옛날에는 불가능하게 생각되었습니다. 왜냐하면 돌을 깎는 것은 너무나도 힘이 많이 들었고 흙은 그렇게 높이 쌓을 수가 없었기 때문입니다. 그러나 바벨론이 있는 평지에는 흙이 많았습니다. 그래서 그때 사람들은 흙으로 진흙을 이겨서 구우면 돌처럼 단단해진다는 것을 알아내었습니다. 그래서 벽돌로 그렇게 높은 탑을 쌓으려고 했던 것입니다. 그 후에 사람들이 알아낸 것이 바로 이것입니다. 인간이 한사람 한사람 떨어져 있으면 거의 원시인의 수준을 벗어날 수 없지만 인간들이 영웅을 중심으로 해서 힘을 합치면 거의 하나님처럼 될 수 있다는 것입니다. 이것이 바로 인간들이 바벨탑에서 하려고 했던 것이고 더 거슬러 올라가면 에덴동산에서 타락했던 근본적인 이유이기도 했습니다.

로마라고 하는 것은 다른 것이 아닙니다. 이 세상에서 인간의 힘을 다 합치면 이런 강한 인간의 나라를 만들 수 있다는 것입니다. 여기에는 없는 것이 없습니다. 다시 말해서 교회가 하나님의 나라라면 로마는 인간의 나라였던 것입니다. 바벨론이라든지 로마라든지 현대 문명 세계는 모두 인간의 나라입니다. 그런데 그 안에 하나님의 나라가 기생해 있는 것입니다.

여기서 우리에게 궁금한 것은 바로 이것입니다. 로마라는 나라 안에 교회가 있을 때 이 관계는 과연 어떻게 되겠느냐 하는 것입니다. 로마가 교회를 다 잡아먹어 버릴까요? 아니면 교회가 로마를 잡아 먹을까요? 아니면 세상 끝날까지 로마와 교회는 평행선을 달리면서 같이 공존할까요? 성경은 세상 끝날까지 인간의 나라와 하나님의 나라는 공존할 것이라고 말씀하십니다. 왜냐하면 그렇게 해야 세상 나라에서 사람들을 빼돌려서 하나님의 백성들이 되게 할 것이 아닙니까? 그러나 최종적으로 이 세상 나라는 불타서 없어지게 되어 있습니다. 그 한 예표로서 로마는 불타게 되는 것입니다.

우리가 알아야 할 것은 결코 이 세상은 영원한 것이 아니라는 것입니다.

벧전 1:24, 25 그러므로 모든 육체는 풀과 같고 그 모든 영광이 풀의 꽃과 같으니 풀은 마르고 꽃은 떨어지되 오직 주의 말씀은 세세토록 있도다 하였으니 너희에게 전한 복음이 곧 이 말씀이니라

이 세상의 영광은 결코 영원하지 않습니다. 언젠가는 이 모든 것들은 불타서 없어질 수밖에 없습니다.

그러면 이 세상에 많은 좋은 것들은 무엇 때문에 존재하는 것입니까?

두 가지 이유 때문입니다. 우선 하나는 인간들이 하나님 앞에서 죄인이지만 하나님은 우리 인간들이 너무 비참하게 살지 않도록 아름다운 좋은 것들을 많이 주셨습니다. 이것이 우리 인간들과 하나님의 차이입니다. 우리 인간들은 사람들이 죄를 지으면 아주 형편없는 시설에 잡아 가두어서 비참하게 만듭니다. 그러나 하나님께서는 이 세상에서 인간들이 일을 하거나 혹은 능력을 개발하면서 살 수 있도록 많은 재료들을 주셨습니다. 인간은 그런 잠재력들을 개발해서 비록 죄인이지만 풍성한 삶을 살게 하신 것입니다. 그래서 죄인이지만 공부를 많이 해서 똑똑한 사람이 되게 하시고 비록 죄인이지만 돈을 많이 벌어서 유명한 사업가가 되게 하시고 정치적인 권력

을 가져서 높은 지위에 있게도 하십니다. 그러나 그렇게 한다고 해서 인간들의 죄가 없어지는 것은 아닙니다. 이것은 마치 감옥 안에서 유명해지고 높은 자리에 올라가는 것과 같습니다. 그러나 우리 믿는 사람들에게는 이 세상이 다른 의미를 가집니다. 물론 그리스도인들에게는 세상적인 축복이 하나님의 구원의 부산물로 우리를 풍성하게 하는 축복이 됩니다. 하나님께서는 우리를 죄에서 구원하셨을 뿐만 아니라 지식도 주시고 재물도 주셔서 하나님의 사랑을 피부로 느끼게 하시는 것입니다. 그리고 우리는 이런 축복들을 통하여 이 세상에서 빛과 소금의 직분을 감당할 수 있습니다. 그러나 우리 그리스도인들이 조심해야 하는 것은 이런 축복들을 하나님보다 더 사랑하면 이것은 죄에 빠지게 되는 것입니다.

우리는 절대로 구원의 축복과 이 세상의 축복의 우선순위를 바꾸어서는 안 됩니다. 우리가 하나님의 백성으로 살아가는 것보다 세상에서 돈 벌고 유명해지는 것이 더 중요하게 된다면 그 사람은 구원에서 탈락될 가능성이 있는 것입니다.

우리 그리스도인들이 이 세상에서 주님이 기뻐하지 않는 일을 하지 않으려는 이유가 바로 여기에 있습니다. 그런 일들은 아무리 해도 결국 하나님 앞에서는 아무것도 남지 않습니다. 그러나 영원한 것이 있습니다. 그것은 내가 그리스도 안에서 한 것은 영원히 없어지지 않습니다. 그리고 교회는 영원히 없어지지 않습니다. 교회에서 선포되었던 위대한 말씀들은 영원히 없어지지 않고 남습니다.

로마와 동맹한 사람들

9, 10절 그와 함께 음행하고 사치하던 땅의 왕들이 그 불붙는 연기를 보고 위하여 울고 가슴을 치며 그 고난을 무서워하여 멀리 서서 가로되 화 있도

다 화 있도다 큰 성 견고한 성 바벨론이여 한 시간에 네 심판이 이르렀다 하리로다

오늘 본문을 보면 왕들이 바벨론이 불타는 것을 보고 통곡을 합니다. 왜냐하면 사람들은 이 나라가 영원할 줄 알고 여기에다가 모든 것을 다 바쳤기 때문입니다. 그들은 로마에서 출세하기 위하여 양심도 팔아먹고 신앙도 버리고 또 사람들을 죽이기도 했습니다. 그런데 그렇게 충성했던 로마가 불타버리니까 남는 것이 아무것도 없습니다. 그뿐만 아니라 로마만 믿고 저질렀던 많은 죄로 인하여 받을 고난을 생각하고 두려워한다고 했습니다.

우리 그리스도인들이 기억해야 할 것은 우리가 로마에 속한 자가 아니라는 것입니다. 로마인들과 정신적으로 완전히 일치하면 로마가 망할 때 함께 망해야 합니다. 그러나 로마에 살지만 로마와 정신적으로 결탁하지 않은 자는 로마와 상관없이 살게 됩니다. 그 대표적인 인물이 바벨론의 다니엘입니다.

다니엘은 바벨론의 느부갓네살 왕에서 부터 시작해서 페르시아의 다리오 왕 때까지 재상을 지낸 자입니다. 그가 재상으로 있는 동안 나라가 여러 번 바뀌었습니다. 그러나 그는 계속 총리의 자리에 앉아 있었습니다. 그 이유가 무엇입니까? 그는 바벨론과 결탁하지 않았기 때문입니다. 그는 누가 왕이 되더라도 항상 똑같았습니다. 언제나 정직하고 공정했습니다. 정권이 바뀔 때마다 여기 붙었다가 저기 붙었다가 하지 않았습니다. 그렇다고 해서 다니엘에게 어려움이 없었던 것은 아닙니다. 그에게도 위기의 순간은 많았습니다. 느부갓네살 때에도 죽을 뻔했고 다리오 때에는 사자굴에 들어가기도 했습니다. 그러나 늘 하나님이 함께 하셨고 하나님께서 그를 지켜주셨습니다. 그래서 그는 바벨론이나 페르시아와 함께 망하지 않았습니다. 그는 이 세상에서 하나님의 백성으로 용감하게 살았던 사람입니다.

그리스도가 오셔서 모든 나라를 심판하시기 까지 어차피 이 세상에는 어떤 자가 권력에 있어야 합니다. 그래서 누가 왕이 되든 그리스도인은 최선을 다 할 뿐입니다.

우리 그리스도인들은 하나님과 그 왕에게 최선을 다 합니다. 그러나 정신적으로 그 왕과 하나가 되어서는 안 됩니다. 왜냐하면 그 왕을 섬기라고 거기에 보낸 것이 아니기 때문입니다. 우리는 하나님의 뜻을 이루기 위하여 거기에 있는 것입니다. 우리는 직장에서 누가 상관이 되든 항상 정직하고 공평하게 대해야 합니다. 크리스천이 자기 마음에 드는 상관을 위해서는 아주 열심히 일해 주고 마음에 들지 않는 상관은 잘 도와주지도 않고 인사도 잘하지 않는다면 그는 바른 신앙인의 자세로 직장 생활을 하는 것이 아닙니다. 그리스도인들은 누가 상관이 되든지 아부 하지 않고 또 공평하게 나의 지킬 것은 지키고 할 말은 할 때 그는 안전합니다. 또 그리스도인들은 정치적인 즐을 타려고 해서는 안 됩니다. 왜냐하면 줄을 타다가 줄이 끊어지면 함께 떨어지기 때문입니다.

두 번째로 로마의 상인들이 통곡을 합니다. 그것은 로마가 불타 없어지는 바람에 더 이상 장사를 해서 돈을 벌 수 있는 길이 없어졌기 때문입니다.

11절 땅의 상인들이 그를 위하여 울고 애통하는 것은 다시 그 상품을 사는 자가 없음이라

결국 로마에 의지해서 부와 행복을 누리던 자는 모두 로마와 함께 망하게 되어 있습니다. 시장은 항상 돈이 있는 곳에 들어섭니다. 그래서 상인들은 돈 냄새가 나는 곳에 항상 좋은 물건들을 가지고 갑니다. 그리고 돈이 없어지면 어떻게 됩니까? 언제 시장이 있었느냐 싶을 정도로 시장에서 철수하고 맙니다.

당시 전 세계의 돈은 로마에 다 모였습니다. 로마는 전 세계에서 빼앗아 온 전리품이 있었고 또 공세를 거두었기 때문에 돈은 모두 로마에 있었고 좋은 물건들도 모두 로마에 몰렸습니다.

본문에는 이 당시 상인들이 가져 왔던 상품들의 이름이 기록되어 있습니다.

주로 보석류, 옷감, 실내 가구, 향료 그리고 식료품으로 되어 있고 기록되어 있는 것은 스물여덟 가지나 됩니다. 로마의 부자들은 단순히 잘 사는 것으로 만족하지 못했습니다. 삶을 최고로 꾸몄습니다. 그들은 금, 은 보석, 진주 등을 사 모았습니다. 옷은 최고급으로 사서 입었습니다. 가구는 각종 향목과 상아로 만든 것을 사용했습니다. 그런데 여기의 상품 명세 중에는 종들과 사람의 영혼까지 있었습니다. 종까지는 이해가 됩니다. 고대 사회에는 종들을 매매했으니까요. 그런데 어떻게 사람의 영혼까지 매매할 수 있는 것입니까?

사람의 영혼을 거래한다는 것은 사람의 생명마저 거래의 대상이 될 수 있었다는 것입니다. 사람의 생명이라고 하는 것은 무한히 존귀한 것입니다. 이것은 돈을 주고 사고 팔 수 없는 것입니다. 빚을 갚지 못해서 몸이 팔려 사는 것은 어쩔 수 없다고 하더라도 사람의 생명을 거래의 대상으로 한다는 것은 얼마나 그 사회가 타락했는지 보여주는 것입니다.

그런데 요즘 우리 사회가 그렇습니다. 장기를 매매합니다. 특히 빚을 갚지 못하면 끌고 가서 강제로 콩팥을 떼게 만듭니다. 그리고 여성들의 경우에는 카드빚을 갚지 못하면 성 매매를 해도 좋다는 각서를 쓰게 합니다. 얼마나 무서운 사회가 되었는지 모릅니다. 요즘 카드빚을 갚지 못하니까 아이들이나 처녀나 닥치는 대로 납치를 해서 돈을 요구를 합니다. 이런 것이 사람의 영혼까지 파는 것입니다.

상인이 남들보다 좀 부지런하여 여기에 있는 물건을 저기에 가져다가 팔고 또 여기에 없는 물건을 저기에서 떼어다가 판다는 것은 다른 사람을 돕는 것입니다. 사실 이런 상인은 꼭 있어야 합니다. 그러나 로마의 상인들은 그런 자들이 아니었습니다. 사람들의 사치와 허영을 극도로 만족시켜 주면서 거기서 엄청난 부를 벌어들이고 있었습니다.

그러나 더 무서운 장사들이 있습니다. 그것은 영혼을 팔아먹는 장사꾼들입니다. 소위 타락한 종교인들인 것입니다. 이 상인들은 사람의 생명을 사고파는 정도가 아니라 영혼을 미끼로 하여 장사를 하는 상인들입니다.

예수님 당시 예루살렘 당국자들은 상인이었습니다. 어떤 상인입니까? 예루살렘 성전을 담보로 해서 사람들이 하나님께 제사 드리려고 하는 욕구를 충족시켜 주는 장사꾼들이었습니다. 이들은 종교를 밑천으로 해서 자기 욕심을 채우는 자들이었습니다. 예수님은 채찍으로 이들을 성전에서 내어 쫓으심으로 이들에 대하여 노골적인 진노를 나타내셨습니다. 이것은 비단 그때만의 문제가 아닙니다. 종교 개혁 당시에 교황청은 어떤 일을 했습니까? 면죄부를 판매해서 수입을 올렸습니다. 이것은 완전히 종교를 이용해서 사람의 영혼을 팔아먹는 것이었습니다. 면죄부를 산다고 해서 그들의 죄가 용서되는 것이 아닙니다. 그러나 그들은 사람들이 성경 지식에 무지한 것을 이용해서 영혼을 팔아먹는 장사를 했습니다. 이것은 생명을 팔아먹는 것보다 더 무서운 사기 행위입니다. 종교는 정말 순수해야 합니다.

절대로 교회가 돈에 의하여 좌우되어서는 안 됩니다. 여기는 순수하게 말씀으로 영혼을 치료하는 병원이 되어야 하며 의지할 곳이 없는 고아나 가난한 자들의 가족이 되어야 합니다. 교회는 학원이 아닙니다. 가족이요 공동체입니다.

그래서 그리스도인은 반드시 이 세상에서 자기의 그림을 가지고 살아야 합니다. 나에게 있어서 가장 가치 있는 것이 무엇이며 나는 이러 이러한 방식으로 살다가 죽겠다는 그림을 가지고 살아야 합니다. 그것이 바로 그리스도인의 세계관이요 가치관입니다.

우선 그리스도인은 자신이 가장 중요하게 생각하는 것이 무엇인가 하는 것을 분명히 해야 합니다. 주님은 '보물이 있는 곳에 네 마음이 있다'고 말씀하셨습니다. 결국 자기가 가장 중요하게 생각하는 것으로 모든 생활이나 삶이 끌려가게 되어 있다는 뜻입니다.

그리스도인에게 가장 중요한 것이 무엇입니까? 하나님의 말씀으로 내 영혼이 하나님의 성령으로 아름다워지는 것입니다. 이것보다 더 중요한 것이 없습니다. 성령님은 바로 하나님이 자기 아들들에게 주시는 유산의 보증입니다. 다른 것들은 모두 부스러기 은혜에 불과합니다. 천국은 어린아이처럼 붙드는 자가 들어갑니다. 어린아이들은 어떻습니까? 누가 무슨 약속을 하면 아이들은 그것만 붙들고 생각합니다. 하루 종일 아니 몇날 며칠 동안 그것 하나만 생각합니다.

하나님께 감사한 것이 바로 이것입니다. 천국이 얼마나 좋은지 똑똑한 사람들에게는 숨겨 놓으셨기 때문에 가난하고 힘없는 자들이 먼저 거기를 차지하는 것입니다.

두 번째는 직업에 대하여 생각을 바꾸어야 합니다. 직업을 통하여 인정을 받고 돈을 벌려고 생각을 해서는 안 됩니다. 그러면 다른 사람들과 다를 바가 아무것도 없습니다. 결국 남들이 가는 길을 다 따라 가게 됩니다. 중요한 것은 남에게 봉사하는 것입니다. 나에게 주어진 직업을 통하여 다른 사람에게 최대의 봉사를 한다는 것을 분명히 하십시오. 그러면 사람이 돈으로 보이지 않을 것입니다. 병원에 들어오는 사람이 돈으로 보이고 유치원에 오는 아이들이 돈으로 보이면 이미 그는 정신 상태가 썩은 것입니다. 그들 하나하나가 소중한 사람으로 보여야 합니다. 가게에 들어오는 사람이 사람으로 보여야지, 돈을 쓰지 못해서 미친 여자로 보여서는 안 됩니다. 우리는 직업을 통하여 열심히 서비스를 제공하면 되는 것입니다. 그러면 돈이 벌리게 되어 있습니다. 그런 수입은 부끄러운 것이 아니고 하나님이 주신 열매입니다.

그리고 자기가 적당하게 살 수 있는 한계를 정해 놓으십시오. 상한선을 정하는 것입니다. 하한선을 정할 필요가 없습니다. 왜냐하면 얼마나 내려갈지 모르기 때문입니다. 그러나 상한선을 그어 놓아야 합니다. 나는 적어도 이 수준 이상은 넘어가지 않겠다는 것입니다. 그러면 이런 사치에 빠지지 않고 남을 잘 도울 수 있습니다.

성도들의 회복

20절 하늘과 성도들과 사도들과 선지자들아 그를 인하여 즐거워하라 하나님이 너희를 신원하시는 심판을 그에게 하셨음이라 하더라

로마에서 그리스도인들이 가장 억울하게 모함을 받았던 일이 반역죄였습니다. 옛날 국가에서 가장 무섭게 처벌했던 것이 바로 반역죄입니다. 그리스도인들이 반역자로 몰렸던 가장 큰 이유는 그들의 신앙고백이었습니다. '예수를 주'라고 고백하고 로마 황제에게 분향을 하지 않은 것입니다. 그들이 로마의 체제를 전복하려고 한 것도 아닙니다. 또한 로마에 대하여 실제로 위협적인 세력이었던 것도 아닙니다. 단지 그들의 신앙고백 하나만 문제였습니다. 그들은 죽은 가운데서 부활하신 예수를 주라고 고백하며 오직 그만 경배하고 섬긴다는 것이 반역죄로 고소된 이유였습니다. 사실 로마인들은 그리스도인들이 정말 로마 황제에 대하여 반역을 하려고 한다고 생각한 것도 아니었습니다. 그들이 싫었던 것은 이들의 이질성이었습니다. 예수를 믿기 전까지는 모든 것이 다 똑같았습니다. 그런데 일단 예수를 믿고 난 후에는 사람이 달라지는 것입니다. 예수를 믿는 사람들은 모든 것이

그렇게 쉽지가 않았습니다. 그들에게는 무엇인가 삶을 이끄는 다른 원칙이 있었습니다. 아무리 위협하고 때려고 일단 그들이 생각하기에 죄가 된다고 생각하는 것은 어떤 일이 있어도 하지 않았습니다. 그리고 그들이 좋아하는 것은 분명히 달랐습니다. 그들은 일단 예수만 믿고 나면 주인을 전처럼 그렇게 좋아하지 않았습니다. 돈도 별로 좋아하지 않았습니다. 음란한 생활도 좋아하지 않았습니다. 그들이 좋아하는 것은 함께 모여서 예배드리는 것이며 그들 안에서만 무엇인가 특별한 어떤 일체감 같은 것이 있었습니다. 그들은 말씀을 가르치는 무식한 사도들을 좋아했습니다. 그들은 아무런 철학 훈련을 받지 않은 선지자들의 말을 따랐고, 분명히 로마가 가진 부귀나 학식을 존경하지 않았습니다. 바로 이것이 그들이 그리스도인들을 미워했던 이유입니다.

그들은 그리스도인들에게 '왜 우리를 예전처럼 존경하지 않느냐?' 하는 것입니다. '왜 우리의 권세와 학문을 예전처럼 두려워하지 않느냐?' 하는 것입니다. '왜 십자가에 처형당했다는 예수를 그토록 사랑하느냐?' 하는 것입니다. '왜 무식한 사도들을 그토록 존경하고 따르느냐?' 하는 것입니다. 로마가 그리스도인들을 반역자로 몰아서 처형하고 그들의 재산을 빼앗은 것은 바로 속에서 일어나는 질투심 때문이었습니다.

우리에게 가장 이해가 되지 않는 것은 왜 하나님께서는 사랑하시는 자녀에서 이런 불시험 당하는 것을 허락하시느냐 하는 것입니다. 하나님이 크십니까? 아니면 로마가 더 큽니까? 분명히 하나님이 더 크십니다. 그럼에도 불구하고 왜 하나님께서는 당신의 사랑하는 자녀들이 이 무서운 오해와 미움과 박해를 받는 것을 허용하시는 것입니까?

거기에는 몇 가지 이유가 있습니다.

우선 첫째는 이런 불시험이 우리가 이 세상에 속하지 않은 것을 분명히 나타내기 때문입니다. 하나님의 말씀은 우리를 변화시킵니다. 세상은 그대로 있는데 우리는 변합니다. 말씀은 우리의 가치관을 바꾸어 놓습니다. 세상 사람들이 중요하게 생각하는 것이 우리에게는 별로 중요하지 않습니다. 말씀은 우리의 생활 방식을 바꾸어 놓습니다. 그리스도인들은 대충대충 살지 않습니다. 농담이나 하면서 한순간을 즐기는 그런 방식을 미워합니다. 그 이유는 얼마나 내가 존귀한 존재인지 깨달았기 때문입니다. 세상은 자기의 옛 친구를 빼앗기고 있다는 것을 깨닫습니다. 그래서 친구를 되찾기 위하여, 다시 옛 친구를 세상을 끌고 오기 위하여 핍박을 하고 미워하는 것입니다. 그러나 돌아오지 않을 때에는 정말 원수가 되고 맙니다.

두 번째는 이런 고난을 통하여 하나님께서는 우리에게 주시려고 하는 것이 이 세상에 있는 것이 아니라는 것을 분명히 하십니다. 하나님께서는 자기 자녀를 사랑하십니다. 그럼에도 불구하고 이 세상에 있는 것을 다 빼앗기게 하시고 모든 것을 잃음에도 불구하고 내버려 두시는 것은 이 세상에 있는 것이 모든 것이 아니기 때문입니다.

이 세상에 있는 집이나 모든 부귀영화는 임시 가건물과 같습니다. 참된 실체가 나타나면 모두 철수할 것들입니다. 저희 집 가까운데 아파트 모델하우스가 있습니다. 참 좋아 보이고 화려하게 보이지만 실제로는 얼마 있지 않으면 철수될 가건물입니다. 이 세상에 있는 것들은 실체가 아닙니다. 그래서 하나님께서는 이런 가건물에서 좀 손해보고 빼앗기는 것에 대하여 대체로 허용하시는 것입니다.

고난당할 때 무엇이 보입니까? 하늘의 영광이 그토록 실감나게 가깝게 느껴질 수 없습니다. 참된 영광은 죽음 이후에 있습니다. 참된 생명도 죽음 이후에 있습니다. 참된 상급도 죽음 이후에 있습니다. 죽음에 가장 가까운 것이 무엇입니까? 고난입니다. 고난 중에는 죽음 이후가 실감 나게 마음에 와 닿습니다.

세 번째는 고통을 통하여 이 세상의 악의 실체를 똑똑히 보게 하시는 것입니다. 우리는 대개 악을 심각하게 생각하지 않습니다. '악이라고 하는 것은 나쁜 것이 아니다. 나쁜 아이들도 알고 보면 다 좋은 부분도 있다'는 식으로 두둔하려고 합니다. 그러나 이유 없이 그리스도인들을 공격하고 그 가진 것을 모두 약탈하는 것을 보면서 악의 실체를 깨닫는 것입니다. 악은 고의적인 것입니다. 그리고 악은 죄를 짓는 것을 즐깁니다.

사람들 중에는 권투를 좋아하는 사람이 많습니다. 권투를 보면 자기도 모르는 사이에 주먹이 왔다 갔다 하는데 선수가 슬슬 싸우면 모두다 야유를 퍼붓습니다. 그 이유가 무엇입니까? 우리의 인간 본성 속에 바로 이런 식으로 남을 잔인하게 때리고 싶은 악의 본성이 있기 때문입니다. 영화에서 어떤 여인이 남자로 부터 성적인 학대를 받는다면 보는 관객들은 좀 더 잔인한 방법으로 여자를 괴롭혀 주기를 바랍니다. 그 이유는 우리 인간 본성 안에 그런 악이 숨어 있기 때문입니다. 사람을 그렇게 많이 죽이는 영화가 만들어지고 인기리에 상영되는 이유가 무엇입니까? 모두의 마음속에 남을 죽이고 싶은 욕구가 있기 때문입니다.

로마가 무엇입니까? 모든 사람들의 마음속에 있는 악한 생각이 모여서 가시적으로 형성된 나라입니다. 그들은 결국 기독교인들에게서 속죄양을 찾았고 기독교인들을 괴롭히고 죽이면서 속에 숨어 있는 잔인한 본성을 채우고자 했습니다. 왜냐하면 기독교인들은 보복하지 않는다는 것을 알았기 때문입니다.

로마가 없어짐

하나님이 정하신 때가 되었을 때 한 힘 센 천사가 큰 맷돌 같은 돌을 바다에 던지면서 큰 성 바벨론이 이같이 떨어져 다시는 보이지 않을 것이라고 선언을 합니다. '큰 맷돌 같은 돌'이라고 하는 것은 고대 사회에서 쓰던 말이 돌리던 맷돌을 의미합니다. 어떤 것은 바다에 던져도 잘 가라앉지 않고 몇 번씩 떠올랐다가 가라앉았다가 하다가 가라앉습니다. 그러나 이런 무거운 맷돌같은 돌은 한번 바다에 던져지면 다시 떠오를 수가 없습니다.

이 세상에는 찰거머리같이 들러붙어서 계속적으로 괴로움을 주는 어려움들이 있습니다. 물론 성도들에게도 그런 고통거리가 있습니다. 너무나도 집요하게 괴로움을 주기 때문에 도저히 견딜 수가 없습니다. 이런 고통이 영원히 계속되면 어떻게 견디나 하는 두려움이 있습니다. 그러나 오늘 말씀은 맷돌처럼 바다에 던져서 다시는 떠오르지 못하게 할 것이라고 하십니다.

하나님께서는 로마의 성도들에게 로마의 정체가 무엇인지 철저히 깨닫게 하십니다. 성도들이 로마를 완전히 소화하게 되었을 때 어떻게 하십니까? 다시는 로마 같은 것으로 영원히 고통을 당하지 않도록 바다에 던져 버리십니다. 로마가 바다에 던져진다는 것은 무엇을 의미합니까? 문자적으로 로마가 망하는 것입니다. 그러나 다른 의미로 더 이상 로마가 그리스도인들에게 문제가 되지 않게 하겠다는 의미로 볼 수 있습니다. 지금까지 그리스도인들의 로마의 시련을 이해할 수 없었습니다. 그런 시련을 주시지 않아도 잘 믿을 텐데 왜 하나님은 이토록 괴롭게 하시는지 이해할 수 없었습니다. 그러나 하나님이 하시는 목적이 이해되기 시작하니까 다시는 그것이 이들에게 시험거리가 되지 않았습니다. 로마는 바다에 빠져서 다시는 떠오르지 않는 것입니다.

물론 오늘 본문에는 로마의 영광이 다시 회복될 수 없는 것으로 말씀합니다.

22, 23절 또 거문고 타는 자와 풍류하는 자와 통소 부는 자와 나팔 부는 자들의 소리가 결코 다시 네 가운데서 들리지 아니하고 물론 어떠한 세공업자든지 결코 다시 네 가운데서 보이지 아니하고 또 맷돌 소리가 결코 다시

네 가운데서 들리지 아니하고 등불 빛이 결코 다시 네 가운데서 비취지 아니하고 신랑과 신부의 음성이 결코 다시 네 가운데서 들리지 아니하리로다. 너의 상고들은 땅의 왕족들이라 네 복술을 인하여 만국이 미혹되었도다

이 말씀은 놀랍게도 하나님께서 유다 백성들이 망하기 전에 예레미야 선지자를 통하여 말씀하신 것과 거의 같습니다. 하나님께서는 유다가 하나님이 치시기 전에 하나님 앞에서 스스로 겸손하기를 바랬습니다. 그래서 노는 소리를 줄이고 먹는 맷돌소리도 내지 않고 금식을 하고 결혼이나 세상적인 즐거움을 스스로 줄였더라면 예루살렘은 망하지 않았을 것입니다. 그러나 인간들이 하나님을 두려워하지 않을 때에는 욕망을 절제할 줄 모릅니다. 결국 그 교만이 하나님의 심판을 받게 되는 것입니다.

여기서 우리가 생각할 것이 바로 이것입니다. 궁극적으로 이 세상의 모든 운명은 뒤집어질 때가 있습니다. 하나님 앞에서 이 세상에서 웃고 즐거워하던 자들은 영원히 침묵하며 애통할 것입니다. 그 대신 고통과 번민 가운데 있던 자들은 기뻐하며 찬송할 것입니다. 이 세상에서 우리가 보게 되는 것과 반대되는 것을 기대하면 될 것입니다.

하나님께서는 이 세상의 기쁨과 노래를 빼앗아서 성도들에게 주실 것입니다.

우리가 이 세상에 사는 동안에도 내가 완전히 소화한 고통 뒤에는 이런 현상이 일어납니다. 처음에 우리가 시련을 당할 때 우리는 그 시련을 소화해서 나의 것으로 만들지 못합니다. 그 상황에서 도피하고 싶고 왜 이런 일이 나에게 일어나야 하는지 이해가 되지 않습니다. 그러나 하나님의 말씀을 듣는 가운데 하나씩 이해가 되기 시작합니다. 하나님께서 참으로 나를 사랑하셔서 나의 그 강한 기질과 고집을 꺾기 위해서는 이 방법 밖에 없다

는 것을 깨닫게 됩니다. 이런 방식으로 하지 않으면 나의 교만이 치료될 수 있는 방법이 없다는 것을 알게 됩니다. 그때는 고난을 기뻐합니다. 나를 힘들게 했던 그 어려움들을 사랑하기 시작합니다. 나를 힘들게 했던 식구나 친척들에 대하여 감사하기 시작합니다. 그러면 어떤 일이 일어나게 됩니까? 그 문제가 바다에 던져진바 되어서 더 이상 그 문제가 나를 시험하지 못합니다. 만약 시어머니가 나에게 가시가 된다면 내가 그 고통을 완전히 소화할 때까지는 시어머니는 계속 시험거리가 될 것입니다. 나는 완전하고 더 이상 성숙할 필요가 없는데 왜 이런 어려움이 오는지 이해하지 못할 때 그 어려움은 계속될 것입니다. 그러나 어느 한 순간 깨닫습니다. 왜 나에게 이런 어려움이 왔는지 불현듯 이해가 되기 시작하면서 마음에 어떤 결단이 생깁니다. 그때부터 시어머니는 나의 가장 가까운 친구가 될 것입니다. 더 이상 시어머니라는 로마는 없을 것입니다.

사랑하는 성도 여러분, 어려움을 피하여 도망치지 마십시오. 정면으로 받아들이고 인정할 것은 인정하십시다. 무엇보다 어려움이 올 때 내가 이 어려움을 받아야만 하며 아직 내가 모르는 부족한 부분이 너무나도 많다는 것을 인정하십니다. 남편이나 부모를 원망하고 있으면 그는 아직 때가 먼 것입니다. 내가 그 고난을 기뻐하고 감사할 수 있을 때 로마는 바다에 던져지게 됩니다. 그리고 그는 이미 승리했습니다.

우리는 어려움을 통하여 내 속에 아직 성화되지 못한 이기적인 부분들을 깨닫게 되고 또 하나님께서 나를 낮추시기 위하여 이런 어려움을 주셨다는 것을 깨달을 때 또 다시 이 시련은 바다에 던져지게 됩니다. 나는 그만큼 커졌고 승리한 것입니다. 우리는 깨달아야 합니다. 그리고 고난을 껴안아야 합니다. 그렇지 않은 사람은 한 평생 한 문제만 가지고 씨름을 하다가 시간을 다 보내고 말 것입니다.

CHAPTER • 38

할렐루야 찬양

요한계시록 19:1-10

만일 우리 주위의 생활이 언제나 모든 것이 동일하다면 우리는 그 가치의 소중함을 느끼지 못할 것입니다. 그래서 어떤 의미에서는 부잣집에서 자란 아이들이 집의 소중함을 느끼지 못할 때가 많은 것입니다. 왜냐하면 자기 집에는 언제나 모든 것이 풍족하고 부족한 것이 없기 때문에 궁핍이 무엇인지 모르는 것입니다. 그래서 부잣집 아이들은 열심히 공부를 해야 할 이유도 모르고 또 열심히 돈을 벌어야 하는 이유도 느끼지 못하는 것입니다. 그 결과 나중에는 실패한 사람이 되어서 비참하게 살아가게 됩니다. 오히려 어렸을 때 가난의 고통을 뼈저리게 느꼈던 사람이 열심히 노력하고 공부도 해서 나중에 부자가 되었을 때 그 부의 고마움을 감사하게 되는 것입니다.

여자 어린이들이 좋아하는 동화 중에 신데렐라가 있습니다. 여자 어린이들 중에서 심술궂은 신데렐라의 언니를 좋아하는 아이는 아무도 없습니다. 이것은 아무리 어린아이라 하더라도 어느 것이 더 선한 줄은 안다는 뜻입니다. 여자 아이들은 어려운 가운데서도 묵묵하게 자기 일을 하고 있는 신데렐라를 좋아합니다. 그런데 신데렐라만 있어서는 신데렐라의 아름다움을 느끼기 어렵습니다. 신데렐라를 아름답게 만드는 것은 심술궂은 계모와 못된 성질을 가진 언니들인 것입니다. 그런데 왕자님의 사랑이 그 심술궂은 언니들에게 가지 않고 가난하지만 아름다운 신데렐라에게 돌아가게 될 때 여자 아이들은 만족감을 느끼고 행복감을 느끼게 되는 것입니다.

하나님께서는 이 세상에 악을 존재하게 하셔서 하나님의 선을 더 아름답게 나타나게 하십니다. 초대 교회 당시에 두 여성이 있었습니다. 하나는 온갖 사치를 다하고 모든 권력을 다 누리면서도 더럽고 타락된 삶을 살고 있는 로마라는 여성이었습니다. 성경의 비유에 의하면 화려한 옷을 입고 붉은 짐승을 타고 몸에는 모든 보석과 좋은 것을 다 걸치고서 음란한 생활을 합니다. 그러나 또 하나의 여성은 가난하면서도 순결한 처녀입니다. 이 처녀는 교회를 상징하고 우리 믿는 사람들을 상징합니다. 그러나 그냥 두 처녀가 옛날 옛적에 살았다는 것이 아닙니다. 부자이면서 고약한 성질의 음녀는 교회를 몹시도 핍박을 했습니다.

어떤 때는 피를 흘릴 때도 있었습니다. 그리고 이 음란한 여자는 세상에서 좋은 것을 다 누리면서 온갖 거짓말을 다 했습니다. 그런데 급기야 하나님께서 이 못된 음녀를 심판하시고 이 가난하고 순결한 처녀에게 흰 세마포를 입히셔서 어린 양의 혼인 잔치의 주인공이 되게 했을 때 하늘과 땅의 모든 성도와 천사들이 '할렐루야!'라고 외치면서 하나님을 찬양하게 되는 것입니다.

오늘 본문에는 여러 번의 '할렐루야'가 나옵니다. '할렐루야'라는 것은 '여호와를 찬양하라'는 히브리어입니다. 원래 하나님은 찬양을 받으시기에 합당하신 분이십니다. 그래서 이 세상에 존재하는 모든 것들은 하나님을 찬양하기 위하여 존재하는 것입니다. 그런데 모든 것들이 당연히 하나님을 찬양해야 한다고 할 때 사람들은 막연한 의무감이나 마지못해서 하나님을 억지로 찬양할 수도 있습니다. 왜냐하면 하나님은 다른 어느 것과 비교할 수 없기 때문입니다. 하나님은 절대적으로 의로우시고 완전하시기 때문에 우리 인간들은 하나님을 다른 것과 비교해서 알 수가 없습니다. 그래서 의미도 잘 모르면서 마지못해서 찬양을 하는 경우가 많은 것입니다. 그래서 하나님께서는 우리 인간들에게 이 세상에서 비참함을 한번 느끼게 하셨습니다. 그 비참함이라는 것이 그냥 비참함이 아니라 하나님이 안 계신 절대적인 비참함입니다. 그리고 하나님께서는 인간의 죄를 통해서 하나님이 없는 세상이 얼마나 더럽고 추악할 수 있는지 철저하게 깨닫게 하셨습니다. 특히 악하고 추한 세상의 주인공은 로마라고 하는 거대한 나라였습니다. 로마에 비하면 그리스도의 교회는 정말 아무것도 아니었습니다. 로마가 화려한 귀부인이라면 그리스도의 교회는 그 앞에서 발을 닦아주는 하녀에도 미치지 못했습니다. 그러나 그리스도는 자신이 신부로 로마를 선택하지 않고 구원받은 성도들인 교회를 선택했을 때 구원받은 무리들과 하늘의 천사들은 전심으로 하나님을 찬양하게 되는 것입니다. 그래서 오늘 본문에는 '할렐루야'라는 말이 수없이 터져 나옵니다. 하늘에서도 '할렐루야'이고 땅에서도 '할렐루야' 합니다. 구원받은 성도들도 '할렐루야'이고 모든 천사들과 다른 피조물들도 '할렐루야' 합니다. 온 우주가 '할렐루야'라는 찬양으로 충만합니다.

그리스도인들은 찬송을 많이 부릅니다. 그래서 그리스도인들의 특징이라고 하면 '찬양'이라고 말할 수 있을 것입니다. 아마 우리의 신앙생활에서 '할렐루야'를 빼어버린다면 우리에게 과연 무엇이 남게 될지 상상할 수 없습니다. 우리 그리스도인들에게 할렐루야는 신앙고백이며 하나님께 드리는 감사의 제사이며 우리의 승리의 선포인 것입니다. 그래서 그리스도인들 중에는 음치가 거의 없을 것입니다.

그리스도인들이 그렇게 찬양을 많이 부르는 이유가 무엇입니까? 자신의 삶이 완전히 변했기 때문입니다. 우리는 완전히 변화된 새사람이 되었고 마귀에게 도둑맞았던 우리의 인생을 예수님을 통해 되찾게 되었습니다. 그러나 이것이 전부가 아닙니다. 하나님께서는 우리를 신부로 맞이하셔서 하나님의 모든 재산을 우리에게 다 물려주시려고 하십니다. 이 사실을 알고 어떻게 우리가 '할렐루야!'를 외치지 않을 수 있겠습니까?

우리는 마치 잔치집의 신부와 같습니다. 혼인집에서 모든 사람의 부러움과 시선이 집중되는 사람이 누구입니까? 신부입니다. 이 세상 마지막 때에 우리가 그런 모습을 하고 하나님 앞에 서게 될 것입니다. 하나님의 약속은 틀림이 없습니다. 그리고 그분의 심판은 너무나도 의로우십니다. 아무도 건드릴 수 없던 권세 있는 자들은 아무도 구원받지 못했습니다. 오직 아무것도 자랑할 것이 없는 자들이지만 오직 하나님의 말씀만 붙든 그들을 하나님께서는 구원하셨습니다. 하나님의 구원이 너무나도 정의로우십니다. 그래서 모두 '할렐루야'하면서 하나님을 찬양하게 되는 것입니다.

하나님의 의로운 심판

1절 이 일 후에 내가 들으니 하늘에 허다한 무리의 큰 음성 같은 것이 있어 가로되 할렐루야 구원과 영광과 능력이 우리 하나님께 있도다

여기서 '이 일 후'라고 하는 것은 거대한 성 바벨론이 완전히 망하는 것을 의미합니다. 이 당시 교인들에게 있어서 '바벨론'이라고 하는 것은 이 세상의 모든 좋은 것은 다 모여 있는 곳이었습니다. 로마에는 부귀가 있었고 물질적인 풍부함이 있었고 세상의 모든 영광스러운 것이 다 로마에 몰려 있었습니다. 그래서 이 당시 사람들에게는 로마 시민권을 가진다는 것 자체가 대단한 특권을 의미할 정도였습니다.

로마는 사람으로 비교하면 세계적인 갑부의 무남독녀 딸과 같았습니다.

이 딸은 아버지가 너무나도 부자이기 때문에 돈이 아쉬운 줄 몰랐습니다. 자가용도 최고로 비싼 자가용을 몰고 다녔고 수많은 남자들과 놀고 다니면서 염문을 뿌렸습니다. 그리고 겨울에는 스위스에 가서 스키를 즐기고 여름에는 프랑스 해변에서 바캉스를 즐겼습니다. 이런 여자를 좋아하는 남자들이 얼마나 많습니까? 그러나 실제로 제대로 머리가 돌아가는 남자는 이런 여자를 좋아하지 않습니다. 왜냐하면 돈만 많지 머릿속이 완전히 비어 있기 때문입니다. 그런데 문제는 로마가 여자가 아니고 현실 세상이었다는 사실입니다.

로마는 세상의 모든 좋은 것이 다 모여 있는 도시였습니다. 그러면 얼마나 아름답고 찬란하겠습니까? 그러나 실제로 로마는 그렇지 않았습니다. 세상의 좋은 것이 다 모인 로마는 부패의 온상이었습니다. 사람들은 모여서 어떻게 하면 더 더러워질 수 있고 더 타락할 수 있는지 경쟁하듯이 죄를 지었습니다. 우리는 이 세상의 좋은 것을 다 모아놓으면 너무나도 아름답고 찬란할 것 같지만 결코 그렇지 않습니다. 그 안에는 시기와 질투가 있고 음모와 살인이 있고 간음과 모든 타락이 다 있습니다. 단지 겉으로만 모든 것이 번드르르 할 뿐입니다.

거기에 비해서 믿는 사람들은 식모와 같았습니다. 가난해서 공부도 제대로 할 수도 없고 다른 사람들은 휴가를 갈 때에도 돈을 벌기 위해서 열심히 아르바이트를 해야 하고 거기에다가 매일 이 부잣집 아가씨로부터 무시와 멸시를 당하는 처지였던 것입니다.

우리가 생각하기에 하나님께서 왕자의 신부로 당연히 로마를 선택하실 것 같습니다. 그 이유는 로마가 얼마나 아름답고 똑똑하며 화려합니까? 그러나 하나님께서는 그런 외모를 보시지 아니하시고 중심을 보십니다. 하나님께서 가장 중요하게 생각하시는 것은 똑똑하고 화려한 외모가 아니라 순결한 것이었습니다. 그래서 하나님께서는 로마를 선택하지 않으시고 그 모든 죄상을 드러내셔서 심판하셨습니다. 이것을 보고 하나님을 찬양하는 것입니다.

우리는 나중에 아주 아슬아슬한 순간에 우리 눈앞에서 모든 세상의 잘나고 똑똑하고 화려하게 살던 사람들이 심판받는 것을 보게 될 때가 올 것입니다. 마치 롯의 눈앞에 한 순간에 소돔과 고모라가 다 불타서 없어져버리는 것처럼 이 세상은 심판을 받게 되는 것입니다.

하나님의 심판은 너무나도 두렵습니다. 그 앞에는 인정사정이라고는 없습니다. 어느 한 순간에 이 세상의 화려하던 그 모든 것이 다 사라지고 오직 믿는 자만 남게 되는 것입니다. 그때 우리 성도들은 두려워하면서 하나님을 찬양하게 됩니다. 그 이유가 무엇입니까?

우선 첫째는 우리 자신들이 바로 이 안에서 살았기 때문입니다. 만약 하나님께서 적극적으로 구원하시지 않았더라면 우리 자신도 바로 이 안에서 망할 수밖에 없는 사람들입니다. 우리가 구원받았다고 하지만 이 안에서 함께 망하는 자들과 근본적으로 다른 것이 없는 사람들입니다. 다른 것이 있다면 우리 귀에는 하나님의 말씀이 들렸고 그 말씀을 순종했을 뿐입니다. 그런데 복음을 믿는 것과 믿지 않은 것의 차이가 이토록 엄청난 것을 볼 때 도대체 내가 무엇이관대 하나님께서 나를 이토록 특별히 사랑하셨는가 하는 것이 감사한 것입니다. 저에게 있어서 신기한 것은 바로 이것입니다. 도대체 어떻게 해서 제가 이 복음을 듣게 되었으며 이 은혜 안에 들어오게 되었는지 생각하면 생각할수록 신기할 뿐입니다.

우리는 '은혜가 왕노릇한다'는 것을 너무나도 많이 체험했을 것입니다. 정말 하나님의 은혜는 가만히 있는 것이 아닙니다. 우리는 늘 하나님으로부터 도망을 쳐서 욕심대로 살려고 했습니다. 그런데 하나님의 은혜가 우리를 꽉 잡아서 오늘까지 타락하지 못하도록 붙잡았고 오히려 더욱 더 은혜 받는 자리로 이끌어 왔습니다. 우리는 다른 사람들보다 더 나은 것이 아무것도 없습니다. 성격이 좋은 것도 아니고 겸손한 것도 아니었습니다. 단지 거저 하나님의 주권적인 사랑이 걸려든 것 밖에 없습니다. 그리고는 완전히 하나님의 뜻에 따라 만들어졌습니다. 앞으로 운명적인 시간이 올 것입니다. 그때는 이 은혜의 위력이 더욱 더 놀랍게 나타날 것입니다.

멸망당하는 자나 구원받는 우리나 크게 다를 것이 없습니다. 오히려 어떤 점에서는 그들이 훨씬 훌륭할 것입니다. 그러나 신기한 것은 어떻게 내가 이 놀라운 하나님의 은혜에 붙들렸나 하는 것입니다. 도대체 우리가 무엇이 관대 하나님께서 구원받기로 작정한 사람 가운데 넣으시고 이토록 붙드시고 사랑하셨는지 이해가 되지 않는 것입니다.

예를 들어, 어느 집에 불이 났다고 합시다. 식구들은 아무것도 모르고 자고 있었습니다. 그런데 다른 사람들이 이것을 보고 문을 부수고 집안에 들어 와서는 아직도 깊은 잠에 빠져 있는 나를 억지로 깨워서 창밖으로 던졌습니다. 그리고 나서 집은 바로 무너지고 말았습니다.

만약 다른 사람들이 나를 가만히 두었더라면 고스란히 죽는 것입니다. 그런데 내가 무엇이기에 사람들은 그토록 수고하면서 나를 건져 내었을까요? 바로 이것이지요. 이 세상은 그대로 두면 반드시 망합니다. 그런데 하나님께서는 우리를 건져내기 위하여 너무 많은 일을 하셨습니다. 그것이 신기한 것입니다.

우리가 감사하는 두 번째 이유는 이 세상이 그 동안 우리들에게 너무나도 큰 걸림돌과 시험거리가 되었기 때문입니다. 그런데 그 세상이 드디어 망한 것입니다.

우리가 하나님의 백성이 되고 난 후에 우리 마음속에는 하나의 새롭고 뜨거운 열망이 솟아오릅니다. 그것은 제발 이제부터는 하나님의 뜻대로 사는 것입니다. 그러나 우리는 늘 실패했습니다. 그 이유가 무엇입니까? 이 세상에 대한 욕심이 있었기 때문입니다. 우리도 몸을 가진 인간이기 때문에 이 세상에서 적어도 남들이 누리는 행복은 다 누리고 싶었습니다.

사람들이 무엇 때문에 '병신'이라고 부릅니까? 다른 것은 다 있어도 소용이 없습니다. 오직 남들이 다 가지고 있는 것 중에 하나만 빠져도 무엇인가 큰 것이 잘못된 것처럼 따돌리는 것입니다. 그래서 이 세상에서 병신이 되지 않으려면 적어도 남들이 하는 것은 다 해야 하는 것입니다. 적어도 흉내라도 내어야 병신 취급을 당하지 않는 것입니다. 그러나 하나님께서는 우리의 교만을 꺾어서 하나님의 자녀가 되게 하기 위하여 남들이 가지는 그 흔한 것을 하나씩 빼 놓고 주시지 않는 바람에 이 세상에서 장애인이 되게 하시는 것입니다. 고등학교를 나오고 대학을 나온 사람에게는 그것이 별 것이 아닐지 모릅니다. 그러나 막상 학교를 제대로 나오지 못한 사람에게는 그것이 한평생을 따라다니면서 그 사람을 고통스럽게 하는 것입니다. 공부만이 아닙니다. 하나님께서는 우리 믿는 사람들에게 하나씩 중요한 축복을 빼놓으셔서 겸손하게 하시는 것입니다. 그러나 우리는 그 없는 것 하나 때문에 얼마나 주위 사람들로부터 무시를 당하고 업신여김을 당하는지 모릅니다. 그러나 우리는 사실 인간이기 때문에 눈에 보이지 않는 천국보다는 이 세상의 좋은 것을 부인할 수 없습니다. 그런데 하나님을 믿지 않는 사람들은 이 세상에서 성공을 해서 유명해지고 좋은 차를 타고 다니는 것입니다. 그래서 나도 믿는다고 하면서 구질구질하게 고생하면서 사는 것보다는 보란 듯이 잘 살고 싶은 것입니다. 그런데 하나님은 탐심은 우상숭배라고 하면서 세상적으로 잘 사는 길을 허락하시지 않습니다. 그러나 최종적인 단계에 가면 이 세상의 영광이 완전히 가건물의 영광이라는 것을 알게 됩니다.

이것은 마치 아파트의 모델 하우스와 같습니다. 모델 하우스는 화려하게 지었지만 아파트 분양이나 청약이 다 끝나면 철거를 합니다. 그때 보면 아무것도 없는데 합판 같은 것으로 지은 가건물에 불과한 것입니다.

이 세상은 늘 우리를 괴롭혔습니다. 우리가 좀 하나님의 말씀대로 살려고 하면 이 세상은 무슨 수를 써서라도 하나님께 순종하지 못하게 만들었습니다. 우리가 좀 기쁨 가운데 살려고 하면 세상은 우리를 학대하고 무시함으로 그 기쁨을 빼앗아 가버립니다. 주일 은혜를 받고 기쁨으로 하루를 시작하려고 하면 욕설과 무의미한 수고들이 우리를 괴롭힙니다.

우리는 이 세상을 떠나서는 살 수가 없습니다. 그러나 이 세상에서 하는 일들은 양심을 속이는 일이요 남에게 거짓말하는 일이요 추악한 일들입니다. 이 세상에서 사는 하루하루가 지겹고 고통스럽습니다. 좀 거룩하게 살려고 작정을 하면 어떤 일이 생깁니까? 세상의 사치와 음란한 것들이 눈에 들어옵니다. 신앙 양심으로는 그렇게 하면 안 되는 줄 알지만 육체를 가지고 있기 때문에 그런 것들이 마음을 사로잡습니다.

그래서 이 세상은 우리의 양심에 항상 무서운 시험거리였습니다. 우리는 이 세상에 살지 않을 수 없습니다. 그래서 한 평생 우리는 이 세상 때문에 갈등을 일으키고 침체되며 끊임없이 육체의 정욕에 시달립니다.

이 세상이 심판을 받는다는 것은 우리의 육체와 정신과 삶이 이런 유혹에서 완전히 벗어난다는 것을 의미합니다. 우리를 괴롭히던 모든 유혹이 완전히 끝나는 것을 의미합니다. 우리가 완전히 죄의 유혹에서 승리하는 것입니다. 얼마나 속이 시원하고 기쁜 일입니까?

그래서 무엇이라고 말씀하고 있습니까?

2절 그의 심판은 참되고 의로운지라 음행으로 땅을 더럽게 한 큰 음녀를 심판하사 자기 종들의 피를 그의 손에 갚으셨도다 하고

로마는 두 가지 방향으로 그리스도인들을 괴롭혔습니다. 하나는 하나님을 섬기는 자들을 직접적으로 핍박했습니다. 황제 숭배를 거부하는 자들은

잡아서 죽이거나 옥에 가두었습니다. 그들의 모든 재산을 빼앗고 철저하게 망하게 했습니다. 그리고 다른 하나는 다른 사람들에게는 거의 무제한적인 방종과 타락을 허용했습니다. 예수만 믿지 않으면 사람들은 어떤 짓을 해도 괜찮았습니다. 술을 마셔도 되고 음란한 짓을 해도 되고 방종하고 타락을 해도 비난하지 않았습니다. 로마가 저지른 죄가 바로 여기에 있는 것입니다. 하나님을 제대로 믿어보겠다는 사람은 잡아서 핍박하고 하나님만 믿지 않으면 모든 것을 다 하게 한 것입니다. 그래서 로마에서는 손을 뻗으면 모든 유혹이 다 손에 잡혔습니다. 그러니까 죄를 짓지 않을 사람이 어디에 있습니까? 이것이 바로 오늘 현대 사회의 문제입니다. 오늘 예수 믿는 성도들에게 직접적인 핍박은 많이 적어졌습니다. 물론 개인에 따라서는 아직도 남편이나 가족들 몰래 교회 나오시는 분들도 있습니다. 그러나 과거에 비하면 많이 적어졌습니다. 그런데 가장 고통스러운 것이 예수를 믿을 때 내 마음대로 내 정욕대로 살지 못하는 것입니다. 오늘 우리들에게 유혹은 어느 곳에나 있습니다. 손만 뻗으면 어느 곳에서나 음란하고 더러운 죄를 아무 거리낌 없이 즐길 수 있습니다. 그래서 예수님께서 말씀하시기를 '눈이 범죄케하면 네 손으로 눈을 뽑고 오른 손이 범죄케하면 손을 잘라버리리라'고 말씀하셨습니다. 오늘 이 음란한 세상에서 죄를 참는다고 하는 것은 눈알을 뽑는 것과 같고 손을 자르는 것과 같습니다. 그래서 젊은이들이 하나님 앞에 나오는 자체가 얼마나 감사하고 위대한 일인지 모릅니다.

세상 사람들이 보기에 예수 믿는 사람들은 너무나도 어리석은 사람들입니다. 이 엄청난 쾌락들, 그 무제한적인 방종, 이것을 두고 왜 스스로 감옥 같은 신앙생활을 하겠습니까? 그래서 신앙생활을 하는 자들에게는 이 세상의 방종이 얼마나 고통이 되는지 모릅니다. 신앙생활을 하는 자들에게는 혼자서 바보짓 하는 것 같고 혼자서 젊음을 낭비하는 것 같습니다. 그런데 이 무서운 유혹 거리가 되었던 세상이 완전히 눈앞에서 불바다가 될 때 이제 더 이상 나를 유혹하거나 괴롭힐 시험거리가 없어지는 것입니다.

이제부터는 침체라고 하는 것이 없습니다. 이제부터는 주님께 한없이 나아가서 그 모든 영광 가운데서 주님 뜻대로 모든 것을 행할 수가 있습니다. 육체의 정욕과 시험거리들은 이 세상과 함께 영원히 사라지고 말았습니다. 여기서 무엇이라고 노래하고 있습니까? '그의 심판은 참되고 의로우시도다'라고 말씀하고 있습니다. 이 말이 무엇입니까? 이 세상은 모든 것이 실력 있는 자 중심입니다. 실력 있고 돈이 있으면 아무도 말릴 수 없습니다. 신앙도 마찬가지입니다. 비록 옳지 않아도 실력만 있으면 잘 믿는 것으로 인정을 받습니다. 그래서 진실한 신자들에게 가장 큰 고통을 주는 것이 무엇인가 하면 예수를 믿기는 하지만 세상적으로도 출세하고 잘되어서 인정을 받고 싶은 것입니다.

저 사람은 대충대충 믿으면서 세상적으로도 즐길 것은 다 즐기고 큰 소리 칠 것은 다 치는데도 축복을 받으면서 잘 삽니다. 그런데 나는 왜 저렇게 살 수 없느냐 하는 것입니다. 그런데 최종적인 심판 때에 가 보면 절대로 그럴 수 없었다는 것을 깨닫고 하나님을 찬양하게 됩니다. 그렇게 믿을 수가 없습니다. 하나님도 섬기면서 또 돈을 추구할 수 없습니다. 주님을 섬기면서 많은 사람들에게도 인정받는다는 것이 불가능하다는 것을 깨닫게 될 것입니다. 그때 어떤 일이 일어납니까? 우리 생각에 훌륭하다고 생각하던 사람들이 아무도 보이지 않는 것을 보고 충격을 받을 것입니다.

3절 두번째 가로되 할렐루야 하더니 그 연기가 세세토록 올라가더라

여기서 '연기가 올라간다'는 세 가지로 생각할 수 있습니다. 하나는 로마가 탄 연기인 것입니다. 소돔과 고모라가 망했을 때 아브라함이 보니까 연기가 옹기점의 연기처럼 하늘로 치솟고 있었습니다. 로마의 영원히 올라가는 연기는 그동안 하나님의 진노가 얼마나 컸던가 하는 것을 보여 줍니다. 이 세상이 불타도 하나님의 진노는 그칠 수 없습니다. 왜냐하면 인간들의 그 교만과 더러운 죄에 대하여 너무나도 오랫동안 참아 오셨기 때문입니다. 하나님의 진노는 영원히 그치지 않을 것입니다. 또 어떤 의미에서는 우리 성도들이 하나님께 바치는 찬양의 제사를 생각해볼 수 있습니다. 이제 우리 성도들은 이 세상의 악을 통과하면서 하나님의 사랑이 얼마나 크고 두려운지 알았습니다. 그래서 영원토록 하나님을 찬송할 이유를 알게 되었고 이제는 우리 성도들이 천사들과 함께 오직 하나님을 찬양하는 일에만 집중을 하게 되는 것입니다. 세 번째로는 이 연기를 하나님의 영광의 구름으로 생각할 수도 있습니다. 구약 성경에 보면 하나님이 임재하실 때 영광의 구름이 나타났습니다. 물론 이 세상에 하나님은 어디서나 계시지만 죄로 인하여 하나님의 영광이 온전히 나타난 것은 아니었습니다. 사탄과 로마가 하나님의 영광을 가리고 있었던 것입니다. 그러나 세상이 심판받았을 때 하나님의 영광이 바로 이 세상에 나타나게 되는 것입니다.

하늘의 찬양

이 세상이 멸망할 때 하늘에서도 엄청난 찬양 소리가 들립니다.

4절에 보면 "또 이십사 장로와 네 생물이 엎드려 보좌에 앉으신 하나님께 경배하여 가로되 아멘 할렐루야 하니"라고 합니다.

6절에는 "또 내가 들으니 허다한 무리의 음성도 같고 많은 물 소리도 같고 큰 뇌성도 같아서 가로되 할렐루야 주 우리 하나님 곧 전능하신 이가 통치하시도다"라고 찬양하고 있습니다.

이십사 장로는 이미 구원을 받은 모든 성도의 대표들입니다. 보좌 앞에 있는 네 생물은 천사들의 대표입니다. 그리고 수많은 물소리와 같은 음성의 찬양은 모든 피조물들이 하나님께 드리는 찬양입니다. 그래서 구원받은 성도들과 천사와 모든 피조물들이 '할렐루야!'라고 외치면서 하나님의 영원한 통치를 찬양합니다.

왜 이들이 하나님을 찬양합니까?

그 동안 죄가 심판되지 않음으로 해서 하늘과 땅의 모든 것이 불완전했기 때문입니다. 하늘의 천사들도 오직 이것 때문에 하나님께 온전한 영광을 돌려드리지 못했습니다. 왜냐하면 하나님께서 원하신 찬양과 경배는 우리 구원받은 성도들이 중심이 된 예배이기 때문입니다. 하나님께서는 천사들을 하나님의 아들로 삼지 않으셨습니다. 물론 하나님은 천사들의 찬양과 경배를 받으시지만 하나님께서 더 원하신 것은 우리 구원받은 성도들이 중심이 되어서 천사들과 함께 하나님을 찬양하는 예배입니다. 그래서 우리의 구원이 완전해지기 전에는 천사들의 찬송도 부족했고 피조물의 찬송은 더욱 더 부족했습니다. 오히려 성경에는 찬송이 아니라 탄식한다고 말씀을 하고 있습니다.

원래 하나님께 드리는 찬송은 천사와 우리 구원받은 성도와 피조물들이 어울려야 온전한 찬양이 되는 것입니다. 그런데 찬송에는 가장 중요한 것이 주된 멜로디입니다. 합창을 하는데 베이스만 너무 잘 불러도 소용이 없고 테너 소리만 너무 커도 소용이 없습니다. 가장 중요한 것은 역시 소프라노의 멜로디인데 그 파트를 우리 성도들이 맡은 것입니다. 그러나 그 동안 연습도 부족하고 멤버들도 빠지는 바람에 제대로 찬송을 부를 수가 없었습니다. 그러나 이제는 모두 다 같이 제대로 된 찬양을 하나님께 드릴 수 있게 된 것입니다.

그것이 과연 언제냐 하는 것입니다. 이것은 세 가지로 생각할 수 있습니다. 하나는 하나님의 택한 백성들이 다 예수를 믿을 때입니다. 아니면 우리가 단지 믿을 뿐 아니라 그 거룩함이 하나님이 원하는 수준에 도달했을 때입니다. 그것도 아니면 하나님이 속으로 생각하신 순교자의 수가 찼을 때입니다. 그때는 모든 피조물들도 드디어 하나님이 원하신 그 모습을 되찾을 수 있게 되었습니다.

우리는 모든 피조계가 어떻게 변할지 알지 못합니다. 그러나 적어도 지금 모습은 아닙니다. 지금은 하나님의 저주아래서 신음하고 있는 모습입니다. 그러나 이 세상이 심판될 때에 그들도 온전한 모습으로 나타나서 모두 하나님을 찬양하고 경배하는 일에 하나가 될 것입니다. 하늘도 바다도 함께 찬양할 것입니다.

이 세상 모든 것은 하나님을 찬양하기 위하여 존재합니다. 그런데 이 세상이 멸망할 그때에 모든 것들이 다 함께 온 우주를 구원하시고 회복시키신 하나님을 찬양하게 될 것입니다. 그래서 우리는 지금 우리가 드리는 예배가 이런 우주적인 회복의 전주곡이라는 것을 알아야 합니다. 우리는 지금 너무 작은 소리로 찬송하고 있습니다. 우리들이 드리는 예배는 너무 작습니다. 그러나 얼마 있지 않으면 이 예배에 천사들이 참가하게 될 것이며 수많은 새들과 하늘과 바다와 땅들이 우리와 함께 하나님을 찬양하게 될 것입니다. 땅이 하나님을 찬양하는 소리를 듣게 될 것입니다. 그리고 하늘이 하나님을 노래하는 것을 보게 될 것입니다. 천둥과 바람이 정확하게 박자를 맞추게 될 것입니다.

무엇이라고 노래하고 있습니까? '할렐루야, 주 우리 하나님, 전능하신 이가 통치하신다'라고 노래하고 있습니다. 이제 하나님께서 직접 다스리시는 것입니다. 우리가 직접 하나님을 만날 것입니다. 원래 하나님의 통치는 억압의 통치가 아닙니다. 하나님의 통치는 사랑의 통치입니다. 그래서 약한 자가 절대로 무시되지 않고 억울함이라는 것이 없습니다. 그때에는 우리도 그리스도와 함께 영원히 왕노릇할 것입니다. 그런데 중요한 것은 여기에는 다시는 신분의 변화가 없다는 것입니다. 천국에 있다가 지옥으로 가는 일도 없고 영광스러운 위치에 있다가 강등되는 일도 없고 영원히 우리의 신분과 상급이 고정이 될 것입니다.

준비된 혼인 잔치

이 세상이 심판받으면 바로 어린 양의 혼인 잔치가 시작됩니다.

7절 우리가 즐거워하고 크게 기뻐하여 그에게 영광을 돌리세 어린 양의 혼인 기약이 이르렀고 그 아내가 예비하였으니

잔치 중에서 가장 기쁜 잔치는 혼인 잔치입니다. 그래서 예수님께서는 이 세상에 계실 때 천국을 혼인 잔치에 비유를 하시곤 하셨습니다. 그리고 직접 제자들을 데리고 혼인집에 가셔서 포도주가 떨어졌을 때 물로 포도주를 만드는 기적을 행하기도 하셨습니다. 혼인 잔치 집에는 기쁨이 있습니다. 그리고 모든 것이 풍족합니다. 하나님이 우리에게 주시는 축복은 바로 이런 것입니다. 하나님께서는 예수 믿는 우리에게 하나님의 모든 것을 다 주시려고 하십니다. 우리는 모두 하나님의 영광과 능력과 재산의 상속자들인 것입니다.

영광의 주님과 우리 성도들이 만나는 이 잔치는 혼인 잔치에 비교할 만합니다. 주님과 성도들의 사랑은 배타적이고 전적으로 의존적인 관계였습니다. 주님은 성도들만 사랑하시고 성도들은 오직 주님만 믿고 의지했습니다. 이것은 신랑과 신부 이상의 관계입니다. 그뿐만 아니라 성도들이 주님의 영광으로 온전히 변화가 됩니다. 이것은 마치 신부가 신랑을 맞이하는 그날 가장 아름답게 나타나는 것과 같습니다. 성도들은 오직 이때에 가장 영광스러운 모습으로 나타납니다. 왜냐하면 이 전까지는 육신을 가지고 연

단 받는 가운데 있었기 때문입니다. 이때 인간 육체의 모든 연약함을 벗어 버리고 하나님의 영광으로 나타날 것입니다. 태양보다 더 환한 모습으로 나타날 것입니다.

그리고 그날의 잔치는 가장 영광스럽고 풍성한 잔치가 될 것입니다. 온 우주와 천사들이 다 참가하는 잔치입니다. 그러니까 혼인 잔치 외에 다른 것으로는 비유할 수가 없습니다. 그날 성도들은 온 우주의 주인공으로 등장할 것입니다. 엄청난 천사들이 보는 앞에서 가장 아름답고 영광스러운 모습으로 나타나서 가장 존귀한 자리에 앉게 될 것입니다.

그런데 본문에는 아주 무서운 단서를 하나 달고 있습니다.

8절 그에게 허락하사 빛나고 깨끗한 세마포를 입게 하셨은즉 이 세마포는 성도들의 옳은 행실이로다 하더라

'흰 세마포'는 원래 순결을 상징합니다. 우리가 예수님을 만났을 때 이미 흰 세마포 옷을 받았습니다. 우리가 하나님께 예배드릴 수 있는 것은 이 흰 세마포 옷을 입었기 때문입니다. 하나님께서는 우리의 모든 과거의 허물을 다 씻으시고 죄 없다고 인정을 해 주십니다. 그러나 앞으로는 처음 받은 흰 세마포 옷보다 더 완전한 옷을 입혀 주십니다. 이 옷은 영원히 죽지 않는 새로운 부활의 옷인 것입니다.

예수님이 부활하셨을 때 제자들은 예수님을 잘 알아보지 못했습니다. 그 이유는 그가 변하셨기 때문입니다. 예수님은 다시는 죽지 아니하시고 다시는 아프지 않는 몸으로 다시 사셨습니다. 그리고 다메섹으로 가던 바울에게는 태양보다 더 빛나는 모습으로 나타나셨습니다. 그는 문이 잠겼지만 들어오셨습니다. 그리고 제자들이 보는 앞에서 하늘로 올리워가셨습니다. 이것이 장차 우리가 입게 될 옷인 것입니다.

하나님께서 우리를 구원하신 것은 그냥 가만히 있다가 구원을 받는 것이 아닙니다. 어떤 사람은 구원의 확신이 생긴 후에 이렇게 말합니다. '빨리 주님이 재림하셨으면 좋겠다'는 것입니다. 하나님께서 우리를 구원하신 것은 실제로 우리가 하나님의 뜻대로 사는 백성들이 되기 위해서 입니다. 그래서 이 세상에서 얼마를 살더라도 하나님의 말씀대로 산 증거가 있어야 합니다. 물론 누구든지 예수를 믿기만 하면 모든 죄를 용서해 주십니다. 그러나 이제는 그 용서받은 자의 삶을 살아야 합니다.

우리 자신을 한번 생각해 봅시다. 우리는 얼마나 많은 시간을 내 멋대로 살았습니까? 내가 주인이 되어서 내가 하고 싶은 대로 하면서 살았습니까? 그러나 이제는 그렇게 살지 않도록 예수님이 죽으셨습니다. 이제는 먹는 것도 걱정하지 마십시오. 앞으로 나의 일이 어떻게 될지 염려하지도 마십시오. 우리는 다시는 죽지도 않을 것이며 망하지도 않을 것입니다. 우리는 더 이상 죽음이 두렵지 않습니다. 죽음은 오히려 영광의 주님 앞에 더 가까이 가는 것 밖에 되지 않습니다.

누구든지 예수 믿는데 있어서 선행은 필요가 없습니다. 그러나 예수 믿고 난 후에는 한 순간이라도 하나님의 뜻대로 살아야 합니다. 그리고 믿고 난 후에는 예수님이 주신 흰 세마포를 더럽혀서는 안 됩니다. 우리는 양심을 속여서는 안 됩니다. 혹시 양심을 어쩔 수 없이 속이게 되었다면 빨리 주님께 달려가서 주님의 피로 씻으십시오. 그리고 언제든지 주님을 맞이할 수 있는 자세로 살아가십시오. 이 옳은 행실이 없는 자는 믿는다는 이름만 가진 자입니다. 그런 자가 어떻게 그 존귀한 혼인 잔치에 참여할 수 있단 말입니까? 이 세상에서 하나님의 뜻대로 사는데 그렇게도 주저하고 그 뜻에 순종하기를 그렇게 싫어했던 자들이 어떻게 그 영광의 잔치에 들어갈 수 있습니까? 하나님은 공평하신 분이십니다. 이 세상에서 자기하고 싶은 대로 다 한 사람은 지옥에 들어가서 고민하면서 영원히 지내는 것이 옳습니다. 이 세상에서 주님 때문에 하고 싶은 것 하지 못하고 먹고 싶은 것 먹지 못하고 듣고 싶은 칭찬도 듣지 못한 자들이 아브라함의 품에서 영원히 기뻐하는 것이 옳습니다.

이 세상은 망하고 성도들이 어린 양의 혼인 잔치에 참여하는 것은 너무나도 분명한 일이기 때문에 천사는 요한에게 기록하라고 말씀하고 있습니다.

9절 천사가 내게 말하기를 기록하라 어린 양의 혼인 잔치에 청함을 입은 자들이 복이 있도다 하고 또 내게 말하되 이것은 하나님의 참되신 말씀이라 하기로

하나님의 진실한 말씀이 무엇입니까? 이 세상에서 잘 살고 다른 사람의 인정을 받는 것이 하나님의 축복이 아니라는 것입니다. 오직 어린 양의 혼인 잔치에 들어가는 자가 복이 있습니다.

한번은 예수님의 제자들이 주님의 이름으로 사람들의 병을 낫게 하고 귀신을 고치고 돌아와서 기뻐했을 때 예수님께서는 그것으로 기뻐하지 말고 하늘나라에 너희 이름이 기록된 것으로 기뻐하라고 말씀하셨습니다. 무슨 말입니까? 이 세상에서는 능력을 행하고 귀신을 쫓아내는 능력을 가졌음에도 불구하고 자기 자신이 하나님의 뜻대로 순종하는 생활을 하지 않았기 때문에 구원 받지 못하는 자가 있다는 것을 말씀하시는 것입니다. 우리는 나타나는 능력을 보고 그 사람의 신앙을 지레 짐작합니다. 그러나 그것은 그의 신앙의 기준이 되지 못합니다. 구체적으로 그의 삶에서 하나님의 말씀에 순종하는 생활이 있어야 합니다.

요한이 이 말씀에 압도되어 엎드려 절하려고 했을 때 천사는 요한에게 절을 하지 말라고 합니다. 그러면서 '오직 하나님께 경배하라. 예수의 증거

는 대언의 영이라 하더라'고 합니다. 요한은 천사가 너무 영광스럽고 권세가 있어서 절을 하려고 했지만 천사는 예수의 증거는 그것이 아니라고 합니다. 이것은 바로 대언의 영입니다. 진리를 천사 같은 사람을 통해서가 아니라 요한 같은 연약한 사람들을 통하여 대언되어지는 것이며 이것이 복음의 바른 증거입니다. 어떤 사람들은 천사가 전하면 믿겠다고 합니다. 그런 교만한 자는 결코 진리를 얻지 못할 것입니다.

예수의 증거는 오직 부족한 종들을 통해서 전달되며 그 말을 듣는 것이 생명을 얻는 유일한 길입니다.

CHAPTER • 39

최후의 전쟁

요한계시록 19:11-21

우리에게 궁금한 것이 마지막 순간 이 세상은 어떻게 되느냐 하는 것입니다. 즉 그리스도가 이 세상에 재림을 하실 때 그때 악의 세력들은 모두 권력을 잃어버리게 됩니다. 그리고 모두 다 체포되어 그리스도의 심판을 받게 되는데 실제로 그때 아마겟돈 전쟁처럼 천사들과 사탄의 세력 사이에 큰 전쟁이 이 지상에서 일어나겠느냐 하는 것입니다. 저는 그렇지 않을 것이라고 생각됩니다. 즉 악의 세력이 최후의 순간까지 온 세상을 지배하려고 하겠지만 그리스도가 살아서 오시는 그 순간에 사탄의 세력은 몰락할 수밖에 없습니다. 어떻게 감히 사탄이 재림하시는 그리스도와 상대하여 싸울 수 있겠습니까?

오늘 본문 말씀은 요한계시록의 요약판이라고 말할 수 있습니다. 그래서 심장이 떨려서 교회의 치열한 영적인 전쟁을 다 볼 수 없는 사람들은 오늘 본문만 읽어도 그 결과를 알 수 있습니다.

그리스도의 네 가지 이름

그리스도의 전쟁은 크게 두 가지 방식으로 이루어집니다. 하나는 먼저 복음으로 이 세상에서 철저하게 무저항으로 믿는 자들을 골라내는 방식입니다. 그리고 나서 그리스도는 온 세상을 최종적으로 심판하시는 것입니다. 그래서 마지막 한 사람이라도 믿어야 할 사람이 믿지 않고 방황하고 있으면 그 사람을 찾아서 믿게 하실 때까지 이 세상을 지켜주시는 것입니다.

오늘 본문에서 그리스도께서 어떻게 이 세상을 이기시는지 네 가지 이름으로 보여주고 있습니다. 첫 번째는 11절의 '충신과 진실'입니다. 두 번째는 12절에 '자기 밖에 모르는 이름'입니다. 그리고 세 번째는 13절의 '하나님의 말씀'이라는 이름입니다. 그리고 네 번째는 16절에 그의 옷과 다리에 쓴 이름인데 '만왕의 왕이요 만주의 주'라는 이름입니다. 이 네 가지 이름은 그리스도의 정체를 보여 줌과 동시에 그가 이 세상에서 우리들을 통하여 싸우시는 방식을 나타내기도 합니다.

첫 번째는 '충신과 진실'이라는 이름입니다.

11절 또 내가 하늘이 열린 것을 보니 보라 백마와 탄 자가 있으니 그 이름은 충신과 진실이라 그가 공의로 심판하며 싸우더라

요한이 하늘을 보니까 하늘이 열리고 백마를 탄자가 나타나고 있습니다.

우리는 하늘이 열릴 수 있다는 것을 알아야 합니다. 지금 우리가 보고 있는 하늘은 닫혀 있는 하늘입니다. 닫혀 있기 때문에 아무리 날아 봐도 하늘밖에 없습니다. 그러나 하늘이 열릴 때가 있는데 이렇게 놀라운 계시의 말씀을 주실 때 하늘은 열립니다. 하늘이 열리면 바로 무엇이 보입니까? 거기는 하나님의 보좌입니다.

마지막 때 주님이 오실 때에도 하늘이 열릴 것입니다. 그리고 주님이 수많은 천사들과 함께 바로 우리들을 심판에서 건지시며 악을 심판하러 오실 것입니다. 사람들은 닫혀 있는 하늘만 보고 하나님이 안 계시다고 말합니다. 마치 하늘은 한쪽만 보이는 거울과 같습니다. 하나님은 우리들이 하는 것을 모두 다 보실 수 있습니다. 그러나 우리는 하나님을 보지 못하고 그 세계를 알지 못합니다. 세상 사람들은 하나님이 안 계신 줄 알고 하나님이 듣지 못하시는 줄 압니다. 그러나 우리는 믿음의 눈으로 이 하늘 뒤에 있는 것을 볼 수 있습니다.

요한은 지금 믿음의 이 하늘 뒤에 있는 하나님의 계시를 보고 있는 것입니다.

요한은 백마 탄 자를 보았습니다. 로마 시대에 백마는 전쟁에서 승리한 개선장군이 타는 것입니다. 로마 장군의 평생소원은 로마에서 개선식을 하는 것입니다. 큰 전쟁에서 승리하면 개선식을 하게 되는데 그때 백마를 타고 로마 시에 입성을 하며 그 뒤에는 수많은 포로들을 쇠사슬에 엮어서 사람들에게 구경을 시키게 됩니다. 여기서 백마를 탔다고 하는 것은 예수 그리스도께서 복음으로 이 세상을 이기시는 것을 말합니다. 로마가 기독교인들을 박해하고 공격할 때에 우리 주님은 가만히 계시지 않습니다. 오히려 그는 복음으로 이 세상을 이기고 있습니다. 왜냐하면 로마의 핍박 가운데서도 예수님은 믿을 자들은 다 믿게 하셨기 때문입니다. 우리가 생각하기에 핍박을 받으면서 누가 예수를 믿겠느냐고 하겠지만 그리스도는 한 사람도 빼놓지 않고 믿을 자는 다 믿게 하시는 것입니다.

그런데 특이한 것은 주님의 이름을 '충신과 진실'이라고 말씀하고 있는 것입니다. 우리가 보통 '충신'이라고 하는 것은 자신의 약속이나 어떤 진리를 끝까지 지키는 것을 말합니다. 그래서 다른 말로 표현하면 '신실함'이라고 말할 수 있을 것입니다. 그리스도는 진실하십니다.

우리가 사람을 만나서 개인적으로 교제해 보면 그 사람의 됨됨이를 알 수가 있습니다. 역시 사람은 아무리 성숙해도 사람입니다. 사람은 개인적으로 사귀어 보면 완전히 진실할 수는 없습니다. 말을 하면서 약간의 과장도 있고 진실하지 못한 표현도 있습니다. 그리고 얼마간은 자기 자랑을 하기도 하고 남을 흉보는 말을 하기도 합니다. 그러나 그리스도를 만난 자들은 모두 예수님이 참으로 진실한 분이이라는 것을 알게 됩니다. 예수님의 인격이나 그의 말씀에는 거짓이라고는 티끌만큼도 포함될 수 없었습니다. 예수님을 만난 사람들이 공통적으로 느낀 것이 바로 이 두 가지였습니다. 하나는 그는 너무나도 진실하다는 것이었습니다. 그에게는 과장이나 거짓이라는 것이 있을 수가 없었습니다. 그가 말씀하시는 것은 모두 백퍼센트 진실이었습니다.

그리고 또 하나는 그의 인자하심입니다. 즉 회개하는 죄인에 대한 무한한 자비와 사랑입니다. 예수님은 누구든지 회개하고 돌아오는 자는 절대로 거부하지 않으셨습니다. 그가 어떤 죄를 지었든 어떤 생활을 했든 불문하고 모두 다 용납하셨습니다. 예수님은 이 진실과 인자로 온 세상을 이겼습니다.

주님은 그리스도인들을 통하여 이 싸움을 싸우십니다. 세상 사람들이 그리스도인을 만났을 때 느끼는 신선한 충격이 무엇입니까? 정직한 것입니다. 우리는 그리스도처럼 진실할 수는 없습니다. 그러나 그리스도인들은 거짓을 말하지 않습니다. 자기가 부족한 것을 솔직하게 인정합니다. 우리는 모르는 것에 대하여는 말할 수가 없습니다. 그러나 자기가 알고 믿는 바에 대해서는 누구든지 조용하게 그러나 확신에 차서 말을 합니다. 그때 성령의 능력이 나타나더라는 것입니다. 로마 권력자들이 그리스도인들을 심판석에 세웠을 때 그들은 바로 이들의 정직한 증거를 들을 수 있었습니다. 그리고 이 복음으로 변한 자신들의 삶을 복음의 증거로 제시했습니다. 이들의 증거는 그 법정을 숙연하게 만들었습니다. 이것이 사람들의 마음속에 무엇인가 지울 수 없는 흔적을 남겨 주었습니다. 왜냐하면 성령이 이들과 함께 진리에 대하여 증거하면서 거기에 있는 사람들을 책망하셨기 때문입니다.

주님은 우리에게 다른 것을 무기로 주시지 않으셨습니다. 칼을 주시지도 않으셨고 방패를 주시지도 않으셨습니다. 적과 싸우러 보내시면서 아무것도 주시지 않으셨습니다. 오직 진실을 사랑하는 마음을 주셨습니다. 진리에 대한 열정, 이것이 이 세상을 이기는 우리들의 무기이기 때문입니다.

이 세상에는 모든 것이 상대적입니다. 수많은 가르침이 있지만 그것은 모두 이럴 수도 있고 저럴 수도 있는 것입니다. 그러나 그리스도인들은 자기가 믿는 진리를 위하여 모두 죽을 수 있는 사람들입니다. 그것이 신실한 것입니다. 예수님은 자기가 믿는 진리를 위하여 죽으셨습니다. 그리스도인은 자기가 믿는 것을 위하여 죽을 수 있는 자입니다. 그러니까 로마가 두려워하는 것입니다. 로마는 이렇게 무서운 자들을 본 적이 없었습니다. 무엇이라고 말씀하고 있습니까? '그가 공의로 심판하여 싸우더라'

두 번째는 '자기밖에 모르는 이름'입니다.

12절 그 눈이 불꽃 같고 그 머리에 많은 면류관이 있고 또 이름 쓴 것이 하나가 있으니 자기밖에 아는 자가 없고

그리스도의 눈이 불꽃같다고 하는 것은 그가 말씀으로 모든 자들의 마음을 다 드러내는 것을 의미합니다.

히 4:13 지으신 것이 하나라도 그 앞에 나타나지 않음이 없고 오직 만물이 우리를 상관하시는 자의 눈앞에 벌거벗은 것 같이 드러나느니라

하나님의 말씀의 특징은 그것이 단순한 가르침으로 끝나지 않고 마치 엑스레이가 사람 속에 있는 것을 보여주는 것처럼 속에 있는 생각을 드러내고 속에 있는 죄를 드러내는 것입니다. 어떤 때 하나님의 말씀을 듣고 있으면 자기 내면 깊숙한 곳에 자리 잡고 있는 죄가 다 드러나는 것 같고 자신이 벌거벗겨지는 것 같은 것을 느끼게 될 것입니다. 복음의 특징이 한 사람 한 사람에게 실제적으로 적용이 된다는 사실입니다. 다른 것으로는 이런 것이 되지 않습니다.

어떤 사람이 말하는 것은 유익한 이야기로 들립니다. 또 어떤 사람의 간증이 나의 경우와 비슷하면 눈물을 흘립니다. 그러나 성경 말씀은 그렇지 않습니다. 불꽃같은 눈으로 사람의 마음속에 있는 생각과 지은 죄를 살핍니다. 마치 서치라이터와 같이 마음속 깊은 곳을 비추는 것입니다. 이것이 바로 성령의 능력입니다.

유대인들은 예수님 앞에 현장에서 간음하던 한 여자를 잡아 왔습니다. 그들은 이 여자가 간음하는 자라는 것을 알았습니다. 그렇지 않으면 꼭 그 시간에 잡아 올 수 없었을 것입니다. 그들은 이 여자로 주님을 시험했습니다. 자기들의 수많은 죄는 감추고 주님의 잘못을 캐내려고 했습니다. 그때 주님이 무엇이라고 말씀하셨습니까? 누구든지 죄 없는 자가 돌을 들어 먼저 이 여자를 치라고 하셨습니다. 이 한 마디의 말씀은 그들의 마음속 깊이 감추인 죄를 찾아내고 있었습니다. '만약 네가 돌을 들어서 이 여자를 친다면 다음 순서는 바로 네 차례이다'라는 생각이 강하게 그들의 마음에 부딪쳐 왔습니다. 그들의 삶은 이 여자와 다를 바가 없었습니다.

어떤 사람은 아예 마음의 셔터를 내려놓고 설교를 듣는 사람이 있습니다. 그러나 아무리 셔터를 내려놓아도 말씀은 그 속을 파고 들어가게 되어 있습니다. 그 머리에 많은 면류관을 썼다고 하는 것은 진리가 이겼다는 뜻입니다. 진리가 선포되면 어두움은 물러가게 되어 있습니다. 무지로 사람들을 속이던 사탄의 역사가 물러가게 됩니다. 진리는 온 세상의 거짓을 이기는 힘이 있습니다.

그런데 여기에 보면 '자기밖에 모르는 이름'이 있습니다. 여기서 '이름'이라고 하는 것은 새로운 한 생명이 태어나는 것을 말합니다. 우리는 어느 누구도 모르는 신비로운 방식에 의하여 일어나는 하나를 알고 있습니다. 그것이 여기에 '자기밖에 모르는 이름'인 것입니다. 이것은 바로 중생의 신비입니다. 사람이 거듭날 때 언제 어떻게 거듭나는지 알지 못합니다.

물론 우리는 구원의 확신이 생긴 때를 기억합니다. 그러나 구원의 확신이 생긴 그때를 정확하게 중생한 때라고 말할 수 있느냐 하면 그렇지도 않습니다.

우리는 사람이 언제 어떤 식으로 거듭나서 하나님의 백성이 되는지 그 정확한 방법을 알지 못합니다. 여러분들은 언제 중생했습니까? 우리는 모릅니다. 우리는 말씀을 들었습니다. 물론 처음부터 그 말씀이 나에게 와 닿았던 것은 아닙니다. 그러나 어느 한 순간부터 말씀이 나의 가슴에 와 닿기 시작하더니 나의 엄청난 죄를 들추어내기 시작했습니다. 울어도 울어도 나의 죄를 다 갚을 수가 없었습니다. 그때 제 눈앞에 그리스도의 십자가가 보였습니다. 그 십자가를 꽉 붙들고 새사람이 되었습니다. 어떤 사람은 아무리 말씀을 들어도 자기가 죄인이라는 사실을 알지 못합니다. 의무적으로 열심히 신앙생활을 하는데 분명히 그는 거듭난 자는 아닙니다. 거듭남은 오직 주님만이 아시는 방법으로 이루어집니다.

우리에게 있어서 중요한 것은 고난이 사람들의 마음을 준비시킨다는 사실입니다. 교만할 때에는 자기 자신에게 잘못이 있다는 생각을 아무도 하지 않습니다. 왜냐하면 교만한 마음에는 아무리 진리가 비추어도 자신에게 적용되지 않기 때문입니다. 그러나 고난이 오면 이상하게 마음이 가난해지면서 모든 설교말씀이 자기 들으라고 하는 말씀처럼 은혜가 되고 적용이 되는 것입니다. 옛날에 자신이 잘했다고 생각했던 것까지도 모든 것이 죄라는 것을 깨닫게 되면서 눈물을 흘리며 그리스도의 긍휼을 간구하게 됩니다.

그때 붙잡을 수 있는 것은 오지 십자가 하나뿐입니다. 이제는 더 이상 학벌도 아니고 자기 머리도 아니고 자격증도 아닙니다. 오직 십자가요 하나님의 용서입니다. 그리고는 모든 것이 변하여 새사람이 됩니다. 이제부터는 생각하는 것도 달라지고 이 세상을 사는 목적이나 원리도 달라지게 됩니다. 전에는 모든 것을 일차원적으로 생각했습니다. 그것은 오직 좀 더 인정받고 출세하는 것입니다. 그러나 거듭나고 나면 이제 하나님의 뜻에 비추어 생각하기 시작합니다. 참으로 중생의 신비는 말로 표현할 수 없습니다. 성령은 바람이시기 때문에 언제 어떻게 일하시는지 눈으로 볼 수가 없습니다. 그러나 참으로 거듭난 자는 분명히 알 수가 있습니다. 그는 겸손의 영에 의하여 지배당하고 있습니다. 그리고 자기 혼자의 생각대로 모든 것을 하지 않습니다. 서로가 서로를 필요로 합니다. 서로가 서로에게 묻습니다. 자기 문제를 의논하지 않는 것이 얼마나 무서운 교만인지 모릅니다.

세 번째는 '하나님의 말씀이라는 이름'입니다.

13절 또 그가 피 뿌린 옷을 입었는데 그 이름은 하나님의 말씀이라 칭하더라

그리스도인의 힘은 돈이나 권력에서 나오는 것이 아니라 거룩에서 나옵니다. 우리가 알아 두어야 할 것은 우리들의 능력은 기도에서 나오는데 거룩한 삶을 살지 못하면 기도할 수 있는 능력을 빼앗기게 된다는 것입니다. 우리는 양심에 조금이라도 꺼리는 것이 있으면 부끄러워서 기도하지 못합니다. 사탄은 어디에 있습니까? 우리 안에도 있고 우리 주위에도 있습니다. 우리 안에서 분노를 일으키고 악한 생각에 사로잡히게 하는 것은 사탄의

역사입니다. 우리가 조금이라도 양심을 속이면 사탄은 우리를 참소하여 하나님으로부터 아무것을 얻지 못하게 합니다. 우리는 우리의 양심을 속일 때가 많습니다. 우리를 힘들게 하는 것은 외적인 고난보다는 우리 양심의 문제일 때가 더 많습니다. 여기서 '피 뿌린 옷'이라고 하는 것은 피를 뿌려서 정결케 한 양심을 말합니다. 물론 우리가 처음 예수를 믿을 때에 이 피 뿌린 거룩한 세마포 옷을 주십니다. 그러나 우리는 이 세상사는 가운데 이 옷을 자꾸 더럽게 합니다. 왜냐하면 이 세상에서 보고 듣고 생각하는 모든 것들이 죄이기 때문입니다. 그래서 우리는 하나님의 말씀을 통하여 계속 깨끗함을 받아야 합니다.

우리는 말씀만 들으면 우리는 하나님 앞에 설 수 있습니다. 하나님의 말씀이 우리를 깨끗케 하기 때문입니다. 그래서 그리스도인들은 말씀을 듣기만 하면 살아나게 되어 있습니다. 하나님께서는 우리에게 힘을 주시고 생명력을 주실 때 다른 것으로 주시지 않습니다. 말씀을 들려주십니다. 이것은 마치 응급 환자에게 놓는 링거 주사와 같습니다. 아무리 오랫동안 시들시들 살아온 자라 하더라도 말씀만 들으면 살아납니다. 그 이유가 무엇입니까? 말씀 안에 그에게 필요한 모든 영양소가 다 들어 있기 때문입니다.

이 세상 사람들이 하는 것이 무엇입니까? 그들은 모험을 하지 못합니다. 이 세상 사람들이 하는 것은 빨리 안정하는 것입니다. 그래야 먹고 살 수 있기 때문입니다. 앞을 보지 못할수록 자기 세계가 강합니다. 그러나 그리스도인들은 안정을 택하지 않습니다. 진리가 가는 데까지 가보는 사람입니다. 그래서 그의 삶 전체가 모험이요 새로운 항해입니다. 처음에는 괜히 항해를 떠났다는 후회가 듭니다. 가만히 있었더라면 남들처럼 살 수 있을 텐데 괜히 믿음을 가지는 바람에 평범한 삶을 놓치고 거친 격랑에 던져지게 되었다고 후회를 하게 됩니다. 바로 이 항해가 생명의 길이며 누군가가 나와 함께 하고 있다는 것을 느끼는 것입니다. 우리가 어떻게 이 항해를 감당할 수가 있습니까? 그것은 끊임없이 하나님의 말씀이 공급되기 때문입니다.

주님은 사람이 사는 것이 떡으로만 사는 것이 아니요 하나님의 입에서 나오는 말씀으로 사는 것이라고 말씀하셨습니다. 말씀만 의지하면 결코 죽지 않는다는 것을 보여 주시기 위하여 이스라엘 백성들을 물도 없고 양식도 없는 광야로 몰아 넣으셨습니다. 말씀이 내 귀에 들리면 절대로 죽지 않습니다. 말씀이 들리면 산 것입니다. 가장 불쌍한 사람은 변화가 두려워서 영적인 항해를 떠나지 않은 자입니다. 그는 결국 그 안정된 생활과 함께 망할 것입니다.

그러므로 우리가 가장 두려워해야 할 것은 나의 경건의 능력을 갉아 먹는 과거의 죄스러운 습관입니다. 병에 오래 걸려 본 사람은 자기의 증세를 잘 알고 있습니다. 이렇게 되면 열이 나서 결국 쓰러지게 된다는 것을 잘 압니다. 우리도 자기 자신에 대하여 잘 알아야 합니다.

14절의 말씀을 보십시오. "하늘에 있는 군대들이 희고 깨끗한 세마포를 입고 백마를 타고 그를 따르더라" 주님을 따르는 하늘의 세력들입니다.

우리가 복음과 함께 싸울 때 우리만 싸우는 것이 아닙니다. 하늘의 군대가 나와 함께 합니다. 그래서 우리는 엘리사의 종 게하시처럼 이 세상에 보이는 군대나 무기들만 보고 두려워하지 말고 우리를 에워싸고 있는 하늘의 불말과 불병거를 볼 수 있어야 합니다.

네 번째는 옷과 다리에 쓴 이름인데 '만왕의 왕, 만주의 주'입니다.

15, 16절 그의 입에서 이한 검이 나오니 그것으로 만국을 치겠고 친히 저희를 철장으로 다스리며 또 친히 하나님 곧 전능하신 이의 맹렬한 진노의 포도주 틀을 밟겠고 그 옷과 그 다리에 이름 쓴 것이 있으니 만왕의 왕이요 만주의 주라 하였더라

복음의 국적은 이 세상에서 끊임없이 진리를 세우는 것만이 아닙니다. 진리를 증거하는 것은 택한 백성들을 구원하기 위한 것입니다. 택한 백성들을 다 구원했을 때 어떤 일이 일어납니까? 그때에는 더 이상 복음을 들어도 믿는 자가 없습니다. 그때 주님은 즉시 심판을 집행하십니다. 한 순간에 하늘에서 강림하셔서 이 세상의 불순종하는 모든 자들을 철장으로 다스리시며 영원한 지옥 불에 던지십니다.

여기에 세 가지 비유가 나옵니다. 하나는 입에서 나오는 검입니다. 두 번째는 철장으로 깨트리는 모습입니다. 그리고 세 번째는 포도즙 틀을 밟아서 사람들을 터트리시는 장면입니다. 이 모두가 그리스도의 심판하시는 모습을 나타내는 것입니다.

입에서 나온 검이라고 하는 것은 이 세상 사람들의 모든 숨은 죄를 다 들추어 내셔서 고발하시는 것입니다. 악한 자의 특징이 자기 자신의 죄를 자꾸 은폐하는 것입니다. 그래서 악한 자들은 거짓말을 많이 합니다. 그러나 결국 이 모든 죄상들이 다 드러나게 되면 결국 법의 심판을 받지 않을 수가 없는 것입니다. 마찬가지로 그리스도께서 오셔서 맨 먼저 하실 일은 이 세상의 모든 비밀들을 다 드러내시는 것입니다. 그러면 악한 자들은 어쩔 수 없이 힘을 다 잃을 수밖에 없습니다. 왜냐하면 악한 자들은 남을 속이는 것으로 힘을 얻는데 모든 사람들이 다 알아버렸는데 무슨 재주로 남을 속일 수 있겠습니까?

그리고 두 번째는 철장으로 부수어버립니다. 질그릇을 아주 튼튼한 철장으로 때리면 박살이 나게 되어 있습니다. 그리스도는 이 세상에 오셔서 악한 세력을 조금 부수는 것이 아니라 철장으로 질그릇을 부수듯이 하셔서 다시는 세력이 집결되지 못하게 하시는 것입니다. 그 다음에는 진노의 포도주 틀에 넣어서 철저하게 터트리시는 것입니다.

여기에 그리스도의 종말적인 이름이 나타나고 있습니다. 그 이름은 '만왕의 왕이요 만주의 주'입니다. 그리스도의 이름은 옷자락과 다리에 기록되어 있습니다. '옷자락'은 긍휼을 나타냅니다. 주님은 자기 백성들에게는 말할 수 없는 위로의 주로 나타나실 것입니다. 그러나 '다리'는 무서운 심판을 나타냅니다. 말씀을 불순종하고 자기 종들을 핍박한 자들에게는 무자비한 심판의 주로 나타날 것입니다.

오늘 우리의 신앙고백이 무엇입니까? 그리스도는 지금 살아계신다는 것입니다. 그리스도는 지금도 살아 계십니다. 그래서 우리의 머리가 되시며 온 우주의 통치자가 되십니다. 지금 이 세상을 다스리고 있는 자는 참된 통치자가 아닙니다. 그러나 그들은 마치 모든 것이 자기의 것인 것처럼 불의로 교만하게 다스리고 있습니다. 그러나 그들은 참된 우리들의 주인이 아닙니다. 그들도 그리스도께 복종해야 할 의무가 있습니다. 이 세상에 그리스도를 왕으로 인정하지 않는 자들이 많이 있습니다. 우리가 그들에게 증거해 주어야 할 것이 바로 이것입니다. 그리스도가 참으로 왕이요 주시며 그것을 인정하지 않는 자는 그의 다리를 보게 될 것이라는 사실을 말입니다. 우리는 주님의 옷자락 안에 싸여 있는 사람들입니다. 그래서 절대로 악한 자들이 우리를 멸망시킬 수가 없습니다.

버려진 죽음들

옛날에 길을 가다가 교통사고를 당한 사람을 보게 되었습니다. 그런데 사고처리가 되지 않아서 길에 시체를 방치해 놓고 있었습니다. 시체를 가마니로 덮어놓기는 했지만 참으로 보기가 좋지 않았습니다. 사람이 죽었을 때 제대로 장사되지 못하고 그 시신이 구경거리가 될 때 사람들은 그 죽음이 참으로 좋지 않은 죽음이라고 생각합니다.

참으로 좋지 않은 죽음은 화장터에 가면 많이 볼 수 있습니다. 다 그런 것은 아니지만 주로 시신을 화장할 때에는 우리나라에서는 좋은 경우 보다는 좋지 않은 경우가 더 많습니다. 예를 들어, 자살을 했다거나 교통사고로 아주 끔찍하게 죽었다거나 아니면 어린아이가 병으로 죽었을 때 화장을 많이 합니다. 그래서 이 세상에서 가장 슬픈 곳은 화장터가 아닌가 하는 생각이 들 때가 있었습니다.

그러나 오늘 본문 말씀은 이 세상에서 가장 슬픈 죽음은 그런 죽음이 아니라고 말씀하고 있습니다. 자살을 하거나 교통사고로 끔찍하게 죽는 죽음보다 훨씬 더 비참하고 훨씬 더 불쌍한 죽음이 있습니다. 그 죽음이 얼마나 끔찍한가 하면 아무도 그 시체를 장사해 주는 사람이 없습니다. 모두 들판에 버려져 있습니다. 대신 온 세상에 있는 새들이 모여서 이들의 시체로 향연을 베푸는 것입니다. 바로 이 저주받은 죽음의 주인공들은 이 세상에 살면서 하나님의 말씀을 두려워하지 아니하고 하나님의 백성들을 업신여긴 자들입니다.

첫 번째는 새들이 먹는 죽음입니다.

오늘 본문에 보면 한 천사가 해 가운데 서서 온 세상의 모든 새들을 초청하여 하나님의 큰 잔치에 참여하라고 하십니다. 이 하나님의 큰 잔치는 모든 저주받은 자의 시신을 뜯어 먹는 새들의 잔치입니다.

17, 18절 또 내가 보니 한 천사가 해에 서서 공중에 나는 모든 새를 향하여 큰 음성으로 외쳐 가로되 와서 하나님의 큰 잔치에 모여 왕들의 고기와 장군들의 고기와 장사들의 고기와 말들과 그 탄 자들의 고기와 자유한 자들이나 종들이나 무론대소하고 모든 자의 고기를 먹으라 하더라

고대에는 왕들과 신하가 언약을 세울 때에는 짐승을 잡아 죽여서 쪼개

어 놓고 약속을 하는 사람이 그 짐승 사이를 지나가는 의식을 행했습니다. 그것은 생명을 걸고 이 약속을 지키겠으며 만일 이 약속을 어길 때에는 이 죽은 짐승처럼 쪼개어져서 새의 먹이로 던져져도 좋다는 뜻입니다. 이것이 바로 저주의 개념입니다. 하나님께서는 이스라엘 백성들을 애굽에서 인도하시면서 언약을 세우셨습니다. 그때 그 언약에 피를 뿌리게 하셨는데 이것은 이 언약이 깨어졌을 때 이스라엘 백성들이 하나님의 저주를 받게 된다는 뜻입니다. 그러나 하나님의 백성들은 하나님의 말씀을 잘 지키는데 주위에 있는 악한 자들이 교만하게도 하나님의 백성들을 핍박하면 자기 자신들이 저주를 받게 됩니다. 그 대표적인 경우가 다윗과 싸웠던 골리앗입니다. 다윗은 골리앗을 향하여 그가 저주받은 죽음을 당하여 그 시체를 공중의 새와 들의 짐승들이 먹게 될 것이라고 했습니다(삼상 17:45, 46). 또 다른 한 경우에는 거짓된 신앙으로 하나님의 백성들에게 큰 고통을 준 아합과 이세벨의 경우인데 그들의 피를 개들이 핥았고 이세벨의 시체는 개들이 뜯어 먹었던 것입니다.

그래서 우리는 저주받은 자의 죽음을 다음 세 가지로 정리해 볼 수 있습니다.

우선 첫 번째는 이스라엘 백성들로서 하나님의 말씀을 저버리는 자입니다.

광야에서 모세를 대적했다가 땅이 갈라져서 죽은 고라와 다단 같은 사람의 저주 받은 죽음입니다. 또 여리고성에서 외투와 은이 탐나서 하나님의 말씀을 어긴 아간의 죽음이 그런 경우입니다.

두 번째는 골리앗처럼 자기의 힘만 믿고 하나님의 백성들을 탄압하고 그들을 업신여기고 모욕한 자의 죽음을 말합니다. 로마의 높은 자들은 바로 이러한 골리앗의 저주의 죽음에 해당될 것입니다.

세 번째는 이세벨처럼 거짓된 선지자를 끌어 들여서 종교적으로 하나님을 대적한 자들의 죽음입니다. 그들의 시체를 들에 방치해 둠으로 하나님께서는 이들의 죽음을 저주하셨습니다.

오늘 본문에서 저주하고 있는 자들은 누구들입니까? 로마의 모든 높은 자들입니다. 이들은 모두 자기들의 힘만 믿고 하나님의 백성들을 업신여기고 그들에게 고통과 수치를 안겨다 주었던 자들입니다. 왕들과 장군들과 장수들이나 말을 탄 자들은 모두 다 그 당시의 실력자들이었습니다. 이들은 하나님을 믿는 그리스도인들을 업신여겼습니다. 그래서 이들에게 말할 수 없는 고통과 수치를 안겨 줌으로 하나님을 대적한 자들입니다. 이 뿐이 아닙니다. 이중에는 자유자나 종들도 있습니다. 자기 주인들이 교만하면 종들도 교만한 법입니다. 이들은 모두 저주의 죽음을 당하게 될 것입니다.

두 번째는 그들의 영원한 영적인 상태입니다.

여기서 새가 그 시체를 뜯어 먹는다고 해서 문자적으로 그런 일들이 일어나는 것을 의미하지 않습니다. 왜냐하면 물론 죽을 때 저주스럽게 죽는 자들도 있지만 아주 호화판으로 장례를 지내는 자들도 많기 때문입니다. 여기서 새가 그 시체를 뜯어 먹는다고 하는 것은 그들의 영적인 상태가 그토록 비참한 상태에서 영원토록 버려지게 되는 것을 의미합니다.

성도의 죽음을 하나님께서는 참으로 존귀하게 보십니다. 성도가 죽으면 천사들이 바로 그를 데리고 하나님 앞으로 갑니다. 이제 그에게는 더 이상 고통이나 눈물, 시련이 없습니다. 모든 것이 다 끝났기 때문입니다. 시험을 치고 나오는 학생들에게 부모님이 무엇이라고 격려합니까? '이제는 모든 것이 다 끝났어. 아무것도 걱정하지 말고 푹 쉬어'라고 말하지요.

믿는 자의 죽음이 바로 그렇습니다. 우리 믿는 자들은 이 세상에 사는 동안에는 한 순간도 마음 편하게 쉴 수 없었습니다. 왜냐하면 육체를 가지고 있기 때문에 언제 어떤 방식으로 사탄의 시험이 올지 모르기 때문입니다. 우리들에게는 늘 조금씩은 염려나 걱정거리들이 있습니다. 그러나 죽으면 어떻게 됩니까? 이 모든 염려와 걱정이 다 끝납니다. 우리는 태양 같은 빛 가운데서 하나님 앞으로 나아가게 됩니다. 하나님 앞에서는 걱정이나 근심 같은 것이 전혀 없습니다. 이 세상의 일들을 기억할 수 없을 정도로 영광과 기쁨이 충만합니다.

그러나 하나님을 무시하고 성도들을 괴롭게 한 자들의 죽음은 어떻게 됩니까? 죽는 그 순간부터 그 처지가 완전히 들판에 버려진 시체처럼 되는 것입니다. 하나님께서 그 영혼을 가장 추하고 더러운 상태에 버리십니다.

20절 끝에 보면 '유황 불붙는 못'이라고 하는 데가 나옵니다.

유대인들에게 있어서 지옥이라고 하는 데가 있었습니다. '게헨나'라고 하기도 하고 '힌놈의 아들의 골짜기'라고 하기도 하는데 그들이 이방신을 섬길 때 자기 자식들을 산채로 태워죽이던 곳입니다. 나중에는 유대인들이 그곳을 온갖 쓰레기를 버려서 태우는 곳이 되었는데 영원히 악한 연기 냄새가 그치지 않았습니다. 우리들에게 있어서 이 지옥과 비슷한 개념은 화장터를 생각하면 좋겠습니다. 아무도 화장터를 좋아하는 사람은 없습니다. 왜냐하면 거기는 시체를 태우는 곳이기 때문입니다.

성경은 하나님을 대적하던 자들이 갈 곳이 바로 이 지옥이라고 말씀하고 있습니다. 예수님께서는 지옥에서 사람들마다 불로 소금치듯함을 받으리라고 말씀하셨습니다. 불에 소금을 뿌리면 어떻게 됩니까? 탁탁 튀게 됩니다. 얼마나 뜨겁고 고통스러운지 그렇게 표현을 하고 있습니다. 사실 우리는 지옥이 구체적으로 얼마나 두렵고 무서운 곳인지 모릅니다. 또 성경에서는 지옥의 고통에 대해 상세하게 말씀하고 있지도 않습니다. 그러나 우리가 알아야 할 것은 분명히 지옥이 있다는 것입니다. 그렇지 않으면 성경 여러 곳에서 그렇게 말씀하실 리가 없습니다. 그리고 이 세상에서 악인에 대한 심판이 이루어지지 않는 것을 보아서도 참된 심판은 죽음 이후에 있다는 것을 짐작할 수 있습니다.

주님의 십자가의 고통을 보십시오. 주님은 십자가 위에서 지옥을 맛보셨습니다. 그 뜨거운 햇살 아래서 그의 몸은 타 들어 갔습니다. 팔레스타인의 여름은 우리 여름날과 비교되지 않습니다. 그 태양 아래 벌거벗고 매달려 있는다는 것은 완전히 타 죽어가는 것입니다. 그는 목말라 하셨습니다. 그의 육체적인 고통을 말로 표현할 수가 없었습니다. 사람이 나무에 못 박혀 죽어간다고 하는 것은 사람이 당할 수 있는 절망 중에서 가장 큰 절망입니다. 수술을 받기 위하여 수술대 위에 올라가도 내려 올 희망이 있습니다. 그러나 십자가는 완전히 죽기 전에는 내려 올 수가 없습니다.

그뿐 아니라 그가 심리적으로 당한 고통과 부끄러움이라고 하는 것은 말로 표현할 수가 없었습니다. 도저히 위로받을 수 없는 정신적인 고통이 있었습니다. 사실 그 고통이 너무 커서 그가 죽었을 것이라고 의사들은 말을 하기도 합니다.

아마 지옥의 고통은 십자가의 고통이 영원히 계속되는 것이라고 생각할 수 있을 것입니다. 영원히 못 박히는 것이며 영원히 속이 타는 것이며 영원히 고민하고 영원토록 절망하며 영원토록 부끄러워해야 하는 곳이 지옥입니다. 성경은 그런 사람은 차라리 태어나지 않는 것이 나았을 뻔 했다고 말씀하십니다. 하나님을 모르고 사는 사람은 차라리 태어나지 않는 것이 좋습니다. 왜냐하면 그를 기다리고 있는 하나님의 심판이 너무나도 두렵기 때문입니다.

세 번째는 사탄의 심판입니다.

우리는 의문스러운 것이 하나님을 믿지도 않지만 굳이 하나님을 대적하지도 않은 자의 운명은 어떻게 되느냐 하는 것입니다. 만약 그런 사람들이 영원한 지옥에 빠지게 된다는 것은 하나님으로서는 너무나도 불공평한 일이 될 것입니다. 그러나 이 세상에 있어서 신앙의 중립 지대라고 하는 것은 존재하지 않습니다. 사탄은 두 가지 방향에서 사람들의 마음을 빼앗습니다.

하나는 무력으로 탄압하는 것입니다.

19절 또 내가 보매 그 짐승과 땅의 임금들과 그 군대들이 모여 그 말 탄 자와 그의 군대로 더불어 전쟁을 일으키다가

마귀는 이 세상에서 믿는 자들을 그냥 두지 않습니다. 세상의 온갖 세력을 다 동원하여 믿는 자들을 박해합니다. 그러면 사람들은 둘 중 하나로 나누어지게 됩니다. 하나는 공격을 가하는 자요 다른 하나는 그리스도인들을 돕는 자들입니다. 이 사람들이 그리스도인들을 감추어 주거나 물질로 돕는 사람은 분명히 기독교의 아름다움을 조금이라도 발견한 사람입니다. 그는 계속 그런 상태에 있을 수가 없습니다. 결국 이 사람들은 예수를 믿고 진리와 함께 고난을 당하는 편을 택합니다. 모세를 보십시오. 그는 고생하는 히브리 노예들을 보러 갔다가 결국 그들과 한편이 되고 말았습니다.

그러나 그렇지 않은 자는 그리스도인들이 무엇인가 마음에 들지 않습니다. 특히 그들의 굴복하지 않는 자신감이 기분 나쁠 수도 있습니다. 그리고 그들의 신앙에 대하여 경멸하기도 합니다. 그래서 결코 중립 지대라고 하는 것은 존재하지 않습니다.

그뿐이 아닙니다. 사탄은 거짓된 가르침을 퍼트려서 결국 하나님을 신뢰하지 못하게 합니다.

20절 짐승이 잡히고 그 앞에서 이적을 행하던 거짓 선지자도 함께 잡혔으니 이는 짐승의 표를 받고 그의 우상에게 경배하던 자들을 이적으로 미혹하던 자라 이 둘이 산채로 유황불 붙는 못에 던지우고

무력으로 기독교를 탄압하는 것보다 더 두려운 것이 거짓된 가르침입니다. 마귀는 이 세상에 수많은 거짓된 가르침을 유포시켜서 결국 하나님께 나아가지 못하게 막습니다. 여기에는 이상한 신비적인 종교가 있는가 하면 기독교적인 색채를 띠고 있는 이단들도 있습니다. 사람들이 유혹되는 이유는 무엇인가 그럴듯한 것이 있기 때문입니다. 기적이 나타나거나 예언이 맞아 떨어지거나 병이 낫거나 하는 것이 있기 때문에 믿고 따라가는 것입니다.

결국 어떤 사람이 끝까지 신앙을 지키게 됩니까? 하나님에 대하여 적극적인 사람입니다. 어떤 유혹이 와도 하나님을 붙들고 또 비슷비슷한 이단들이 유혹을 해도 넘어가지 않는 자는 끝까지 말씀을 붙드는 자입니다. 오늘 우리 사회에는 기독교에 대한 박해는 거의 없습니다. 그러나 무엇이 무섭습니까? 바로 쉽게 천당 갈 수 있다고 떠들어대는 자들입니다. 오직 하나님의 은혜만 전하고 진노의 심판에 대하여 가르치지 않습니다. 그들은 사람을 사귀듯이 얼마든지 믿을 수 있다고 가르치는 자들입니다.

21절 그 나머지는 말 탄 자의 입으로 나오는 검에 죽으매 모든 새가 그 고기로 배불리우더라

말 탄 자의 입에서 나오는 검으로 모든 사람들을 죽인다고 하는 것은 하나님의 심판이 오직 하나님의 말씀대로 이루어지는 것을 의미합니다. 하나님의 심판은 오직 성경대로 이루어집니다. 심판이 하나님의 말씀대로 이루어진다는 것은 무엇을 의미합니까? 우선 구원받는 사람은 오직 그리스도의 피로 그 모든 죄를 씻음 받은 자들뿐입니다. 기독교는 많은 종교중의 하나가 아닙니다. 이것은 사람들을 구원할 수 있는 유일한 복음입니다. 이 복음을 듣지 않고서는 어느 누구도 구원을 얻을 수 없습니다.

그리고 이 세상에는 전쟁이 있습니다. 그래서 믿는 자는 항상 주의를 해야 합니다. 마귀는 어떻게 해서라도 우리의 믿음을 빼앗으려고 합니다. 그리스도를 의지하지 않고 자기 자신을 의지하게 만들려고 합니다. 무력으로 협박하기도 하고 거짓된 가르침으로 유혹하기도 합니다. 이 모든 시험을 이기지 못하면 믿음을 지킬 수 없습니다.

우리는 어떤 일이 있어도 나에게 주어진 이 믿음을 빼앗기지 않겠다고 굳게 결심해야 합니다. 사람들에게 가장 큰 축복은 온전한 복음을 듣는 것입니다. 부분적인 복음도 많습니다. 그러나 온전한 복음을 들어야 합니다.

사람들은 진리를 끝까지 찾고 구할 책임이 있습니다. 아무것이나 가르쳐 주는 대로 배우면 거짓된 진리를 배우게 되고 그 책임은 자기에게 돌아가게 됩니다. 그래서 땅 끝까지 가서라도 진리를 찾아야 하는 것입니다. 그래야 하나 밖에 없는 영혼을 가장 비참한 자리에서 건질 수 있습니다.

CHAPTER • 40

천년 왕국

요한계시록 20:1-6

동물원에 가면 맹수들이 많이 있지만 모두 우리 안에 갇혀 있기 때문에 가족들이 휴일을 동물원에서 즐겁게 보낼 수 있는 것입니다. 아마 용인 에버랜드 같은 곳에 아이들이 놀라간다면 바로 여기가 낙원이라고 생각할 것입니다. 왜냐하면 아이들이 놀 수 있는 좋은 것들이 있는데다가 맹수들은 풀어놓아도 모두 큰 우리 안에 갇혀있기 때문에 전혀 두려울 것이 없기 때문입니다. 그런데 만일 그 맹수 중에 하나라도 우리를 탈출해서 돌아다닌다면 그때는 에버랜드가 결코 낙원이 될 수 없고 비참한 지옥으로 변하고 말 것입니다. 왜냐하면 맹수가 돌아다니면서 아이들을 물어뜯거나 그렇지 않다하더라도 돌아다닌다는 자체가 큰 공포가 되기 때문입니다.

전에 자신의 아버지로부터 오랫동안 성폭행을 당한 여성이 있었습니다. 그 여성은 오랫동안 고통을 받다가 결국 경찰에 신고를 해서 아버지의 폭행으로부터 벗어나게 되었습니다. 아버지가 감옥에 갇혀 있는 동안에 이 여성은 마음껏 공부도 하고 자유롭게 생활을 했습니다. 그런데 세월이 많이 흘러서 아버지가 풀려날 때가 가까워지니까 불안해지기 시작했습니다.

왜냐하면 이 아버지가 다시 나와서 자기가 감옥에서 고생한 것까지 복수할 것이 두렵다는 것입니다. 그래서 아버지를 피해서 외국으로 공부하러 가야 되겠다고 말하는 것을 들은 적이 있습니다.

우리가 이렇게 큰 박해나 위험 없이 편안하게 살고 있는 것은 하나님께서 악의 세력을 결박하셔서 붙들고 계시기 때문입니다.

우리 사회에서 죄를 지은 자들은 감옥에 넣어서 격리를 시키고 있습니다. 물론 감옥 안에 들어가 있는 사람들이 모두 다 악한 본성을 가진 사람이라고 말할 수는 없을 것입니다. 그 중에는 이 세상에 살다보니까 자기 생각과는 달리 죄를 지어서 감옥에 들어가게 된 사람도 있을 것입니다. 그러나 사납고 난폭한 자들은 감옥에 가두어야지 사회가 안심하고 살 수 있는 것입니다.

그러나 우리 인간의 힘으로 도저히 잡아 가둘 수 없는 맹수가 하나 있습니다. 그것은 바로 모든 사람들을 타락시킨 장본인인 용이요 옛 뱀인 마귀입니다. 실제로 이 세상에서 일어나는 모든 죄나 악한 것 뒤에는 이 마귀의 충동질이 있는 것입니다. 그런데 이 세상이 진정으로 사람들이 살기 좋은 낙원이 되려면 이 악한 마귀가 붙잡혀 감옥 안에 들어가야 하는 것입니다.

사탄의 결박

만약 저희들이 집으로 가는데 길목에서 칼을 든 강도가 지키고 있다면 우리는 불안해서 집으로 가지 못할 것입니다. 굳이 칼을 든 강도가 아니라 하더라도 미친개가 집 주위에서 돌아다니고 있다고 해도 우리는 불안해서 집에서 나오지 못할 것입니다. 그런데 오늘 성경에서는 더 근본적으로 이 모든 악의 근원이 되는 사탄을 결박해서 무저갱에 집어넣는다고 말씀하십니다.

1-3절 또 내가 보매 천사가 무저갱 열쇠와 큰 쇠사슬을 그 손에 가지고 하늘로서 내려와서 용을 잡으니 곧 옛 뱀이요 마귀요 사탄이라 잡아 천 년 동안 결박하여 무저갱에 던져 잠그고 그 위에 인봉하여 천 년이 차도록 다시는 만국을 미혹하지 못하게 하였다가 그 후에는 반드시 잠깐 놓이리라

여기에 보면 아주 힘 센 천사가 쇠사슬로 결박을 해서 무저갱에 집어넣는 사탄의 정체가 드러나고 있습니다. '용을 잡으니 곧 옛 뱀이요 마귀요 사탄이라'고 했습니다.

우선 첫째로 용이라고 하는 것은 영적인 존재라는 뜻입니다. 용이라고 하는 것은 실제로 존재하지는 않으면서도 모든 사람들의 마음속에 어떤 신비로운 힘을 가지고 있는 것으로 자리 잡고 있습니다. 사탄은 바로 그런 존재입니다. 영적인 존재이기 때문에 눈으로 보이는 어떤 외모를 가지고 있지 않습니다. 단지 사람의 마음속에 악한 사상이나 충동질을 해서 죄를 짓게 하는 영입니다. 우리는 사탄을 손으로 잡아서 두들겨 패거나 발로 밟을 수 없습니다. 왜냐하면 영물이기 때문입니다. 사탄은 단지 사람의 생각을 속입니다. 그리고 분노를 자극합니다. 예수를 믿지 않는 사람들의 마음은 언제나 미래에 대하여 불안해합니다. 그리고 마귀의 보복을 두려워합니다. 예수 믿지 않는 사람의 특징은 자기 안에 있는 욕망은 절대적이며 자기 욕망이 하고자 하는 대로 해야 한다는 생각을 가지고 있습니다. 그리고 남이 하는 이야기를 너무나도 잘 믿습니다. 그 이유는 마음속에 아무런 믿음이 없기 때문입니다. 이 사탄은 옛 뱀입니다. 즉 에덴동산에서 인류의 조상을 꾀어서 타락시킨 바로 그 존재인 것입니다. 그리고 마귀나 사탄은 참소자라는 뜻을 가지고 있습니다. 즉 인간이 지은 모든 죄를 하나님 앞에 고발을 해서 심판을 받게 하는 자인 것입니다. 그러니까 마귀가 하는 짓은 뻔한 것입니다. 사람들로 하여금 분노하게 만들고 정욕에 빠지게 만들어서 결국

죄를 짓고 하나님의 심판을 받게 하는 것입니다. 결국 하나님의 심판으로 병도 생기게 되고 사고도 발생하며 지진이나 전쟁도 터지게 되는 것입니다. 그런데 사탄을 결박해 버리면 더 이상 사람을 속일 수도 없고 죄를 짓도록 충동질할 수도 없기 때문에 결국 근본적으로 인간의 문제가 해결되게 되는 것입니다.

여기에 보면 하나님의 천사가 무저갱의 열쇠와 큰 쇠사슬을 가지고 내려오게 되는데 열쇠와 쇠사슬은 사탄을 제어하는 절대적인 권세를 말하는 것입니다. 물론 나중에 예수님께서 오시면 악한 사탄이 궁극적으로 무저갱에 들어가게 되는 것은 사실입니다. 그러나 이미 그 전에 사탄은 결박을 당하게 됩니다. 중요한 것은 여기서의 사탄의 결박이 어느 정도의 결박을 말하느냐 하는 것입니다.

우리는 여기서 몇 가지의 사탄의 결박에 대하여 생각해볼 수 있습니다.

하나는 예수님께서 이미 이 지상에서 복음을 전하실 때 사탄이 어느 정도 굴복한 것입니다. 예수님께서는 누가복음 10장에서 칠십 명의 제자들이 나가서 복음을 전하고 돌아왔을 때 하늘에서 사탄이 번개처럼 떨어지는 것을 보셨다고 말씀하셨습니다. 그리고 예수님께서 이 세상에 오신 것은 사탄을 결박하기 위하여 오셨다고 분명히 말씀하셨습니다.

예수님께서는 귀신들린 자를 고쳐주셨을 때 강한 자가 무장을 하고 자기 재산을 지키면 아무도 그 가진 것을 빼앗을 수 없다고 말씀하시면서 더 강한 자가 와서 저를 이기면 저의 무장을 빼앗고 저의 재산을 가져간다고 말씀하십니다. 즉 사탄은 강한 자이지만 예수님은 더 강한 자로 오셔서 사탄을 결박하여 귀신 들린 사람을 빼앗아 내신 것입니다. 예수님은 귀신들린 사람만 빼앗은 것이 아니라 우리 모두를 무지와 미신으로부터 빼내셨습니다. 칠십 명의 제자들이 나가서 복음을 전할 때에 예수님은 사탄이 하늘에서 번개같이 떨어지는 것을 보았다고 말씀하신 것은 우리의 복음 증거로 사탄이 모든 힘을 다 잃게 되는 것을 말하는 것입니다.

사탄이 결정적으로 결박을 당하게 된 것은 예수 그리스도께서 십자가에 못 박혀 죽으셨을 때입니다. 사탄은 범죄한 인간들을 하나님께서 버리셨을 때 그 버린 자식들을 모아서 왕노릇을 해온 것입니다. 이것은 마치 집 나온 가출한 아이들을 깡패 두목이 다 모아서 자기가 왕노릇을 하고 있는 것과 같습니다. 그러나 예수님께서 십자가 위에서 죽으심으로 하나님께서는 모든 죄인들에 대한 대 사면령이 내려졌습니다. 하나님께서 죄인들을 무조건 은혜로 불러들이기 시작했습니다. 이때 사탄은 사람들을 지배할 수 있는 법적인 근거가 없어져 버렸습니다. 이 순간 사탄은 사람들을 지배할 수 있는 모든 권한이 없어졌습니다. 이것이 사탄의 일차 결박입니다. 그래서 사탄은 절대로 우리 믿는 자들을 붙들어서 자기 종으로 만들 수 없습니다. 그리고 누구든지 예수의 이름을 부르는 자는 사탄이 놓아주어야 합니다.

그러나 사탄의 지배가 완전히 끝난 것은 아닙니다. 왜냐하면 사탄은 거짓의 명수이기 때문입니다. 사탄은 그리스도께서 십자가 위에서 하나님의 대 사면령을 이루신 후에도 엄청나게 수많은 사람들을 지배하고 있습니다. 그 이유는 수많은 사람들이 아직도 그리스도의 십자가 사건의 의미를 모르기 때문입니다. 이것은 마치 2차대전이 끝났음에도 불구하고 일본군이 필리핀 정글에서 여전히 숨어 있었던 것과 같습니다. 그들은 일본 천황이 항복했다는 소식을 듣지 못했던 것입니다.

그래서 우리 믿는 사람들이 담대하게 복음을 전함으로 아직도 활동하고 있는 사탄의 세력을 결박하여 무저갱에 집어넣게 되는 것입니다. 우리가 복음을 전하면 사탄이 무지와 미신으로 지배하고 있는 곳이 변하게 됩니다. 예를 들어, 복음을 듣지 못한 자들은 지금도 남편이 술을 마시면 부인을 구타하고 집안을 두들겨 부숩니다. 그리고 많은 부부가 정욕으로 이혼을 해서 가정을 깨트립니다. 그리고 젊은이들은 마약이나 도둑질로 타락한 삶을 살아가고 어른들은 점을 친다든지 굿을 합니다. 특히 복음이 없는 곳에는 정신병자들이 많습니다. 왜냐하면 하나님의 위로가 없고 축복이 없는데 사람이 미치지 않을 수 없고 정신이상이 되지 않을 수 없기 때문입니다. 그런데 주님의 복음이 담대하게 증거되면 미신적인 신앙이 없어지게 됩니다. 정신병자들이 치료되고 더 이상 깨어지는 가정이 없게 됩니다. 술을 마시고 아내나 아이를 구타하는 일은 상상할 수 없게 됩니다. 왜냐하면 아버지라는 것이 얼마나 아름답고 좋은 직분인지 모릅니다. 복음이 우리 믿는 남자들로 하여금 성경적인 아버지의 모습을 회복시켜주기 때문입니다. 대개 망하는 집은 묘를 잘못 만들어서 그런 것이 아니라 부모가 자식을 분노로 키우기 때문에 망하는 것입니다. 그러면 자식의 마음속에 어렸을 때부터 분노가 있기 때문에 우울증이 생기고 또 정신이상이 되기도 하고 어떤 경우에는 자살을 하고 결혼이나 사회생활에도 실패하게 되는 것입니다. 아버지가 분노로 자식을 키우면 아들은 결국 바보가 되고 딸은 우울증 환자가 될 수밖에 없습니다. 그런데 그리스도의 사랑이 그 분노를 치료해서 사랑의 공동체가 되게 하는 것입니다. 좌우간 아버지의 역할은 한 시대에 끝나는 것이 아니고 자식 대대로 영향을 미치게 됩니다. 그리고 복음을 들으면 믿는 사람의 마음속에 자신감이 생기게 됩니다. 하나님이 나의 아바 아버지가 되시는데 무엇을 두려워하겠습니까? 그래서 두려워하고 불안해하는 사람들을 위로하고 격려하며 축복하는 사람이 되게 됩니다.

대개 싸우는 교회를 보면 말씀이 없는 것이 특징입니다. 그러니까 마음속에 분노가 가득차 있기 때문에 작은 오해나 불만을 극복하지 못하고 싸우는 것입니다. 그러면 마치 병원이 싸우면 환자들을 치료할 수 없는 것처럼 교회가 싸우면 죄인을 고치지 못하는 것입니다.

기독교가 죄인들을 치료하는 것은 사랑과 용서인데 자기들끼리도 사랑하지 않고 용서하지 않는 자들이 어떻게 다른 사람들보고 사랑하라고 할 수 있겠습니까? 바로 이것이 거짓말하는 것입니다.

예수님께서는 베드로에게 '내가 네게 이르노니 너는 베드로라 내가 이 반석 위에 내 교회를 세우리니 음부의 권세가 이기지 못하리라'(마 16:18)고 하셨습니다. 여기서 음부의 권세가 무엇입니까? 바로 죄의 세력을 말하는 것입니다. 죄를 이기지 못하는 교회는 이미 음부의 세력에 삼키운 것입니다.

그러나 아무리 말씀을 전한다 하더라도 악의 세력을 직접 제재를 할 수가 없습니다. 구약 시대는 신정시대였기 때문에 악한 자를 바로 제재할 수 있었지만 지금은 악한 자를 제재하는 권한은 국가에 있고 교회는 오직 하나님의 말씀으로만 증거할 뿐입니다. 그래서 물리적으로 제재할 수 있는 방법이 없습니다. 그러나 하나님께서는 살아계시며 이 모든 것을 보고 계십니다. 그라서 악한 자가 나타나서 하나님을 두려워하지 않고 자기 마음대로 설치고 다닐 때 가만히 보고만 계십니다. 그렇게 하시다가 누가 보아도 저 사람이 하는 것이 해도 너무 한다 싶을 때에 하나님께서는 갑자기 악의 세력을 처부수어서 감옥 밑바닥에 집어 넣어버리시는 것입니다. 이런 악을 두들겨 잡을 수 있는 분은 오직 한 분 예수 그리스도 밖에 없습니다.

이스라엘 백성들이 출애굽할 때 바로와 그의 군대를 홍해에 처넣으신 분도 그리스도이십니다. 예루살렘에 몰려와서 거룩한 성을 삼키려고 했던 앗수르의 군대 18만 5천 명을 하루 밤 사이에 다 죽게 하셨던 분도 그리스도이십니다.

우리가 알아야 할 것은 교회가 제대로 성전의 기능을 감당을 할 때 즉 하나님의 말씀이 살아서 선포되고 죄인들이 회개하고 돌아올 때에는 어떤 악의 세력도 교회를 이기지 못합니다. 그러나 교회가 형식적인 예배만 드리고 하나님을 두려워하지 않고 자기 멋대로 행할 때 가장 먼저 하나님의 심판의 된서리를 받게 되는 것입니다.

오늘날도 그 강한 권력자들을 하루 밤 사이에 그 권좌에서 내어 쫓으시고 감옥에 처넣으시는 것은 그리스도이십니다. 이것을 통해서 우리는 그리스도의 통치는 전혀 이상이 없다는 것을 깨닫게 되는 것입니다. 지금 이 세상을 다스리는 것은 백악관이나 청와대가 아닙니다. 하나님의 보좌 우편에 앉으신 그리스도께서 통치하시는 것입니다. 그러나 마지막으로 사탄은 결국 결박되어 영원한 지옥에 갇히게 되어 있습니다.

마지막으로 모든 죄와 악의 세력, 그리고 사탄이 완전히 결박되고 심판되어야 진정한 하나님의 나라가 임할 수 있습니다.

그렇다면 여기서의 사탄의 결박은 주님의 십자가 사건으로 인한 사탄의 결박과 또 주님을 구체적으로 믿는 자 한 사람 한 사람에게 닥친 악의 세력의 몰락을 약속해 주는 말씀으로 볼 수 있습니다. 다시 말해서 사탄은 이미 아무도 지배할 수 없음에도 불구하고 끝까지 하나님의 뜻에 불순종하는 자들과 공모해서 하나님의 백성들을 억압하고 그들에게 아주 비참한 고통을 안겨다 줍니다. 성경이 약속하고 있는 것은 사탄이 이렇게 악의 세력을 이용해서 하나님의 백성들을 억압하는 것은 불법이기 때문에 언젠가는 반드시 몰락하고 만다는 것입니다. 이미 사탄은 그 모든 힘을 다 잃어버렸습니다.

성도들의 왕노릇

사탄이 결박된 천 년 동안 이미 죽은 성도들과 또 우상에게 절하지 아니한 살아 있는 성도들은 왕노릇한다고 말씀하고 있습니다.

4, 5절 또 내가 보좌들을 보니 거기 앉은 자들이 있어 심판하는 권세를 받았더라. 또 내가 보니 예수의 증거와 하나님의 말씀을 인하여 목 베임을 받은 자의 영혼들과 또 짐승과 그의 우상에게 경배하지도 아니하고 이마

와 손에 그의 표를 받지도 아니한 자들이 살아서 그리스도로 더불어 천 년 동안 왕노릇 하니

여기서 요한은 보좌를 보았다고 말을 합니다. 보좌에는 앉은 자들이 있는데 심판하는 권세를 받았습니다. 여기 보좌에 앉은 자는 이미 영적인 전쟁을 마치고 죽어서 그리스도 앞에 영광스럽게 있는 성도들을 말합니다. 이들은 이 세상에서는 그리스도의 증거로 인하여 비참하게 목 베임을 받은 자들입니다. 그들은 이 세상에서 짐승과 그 우상에게 경배를 하지 않았기 때문에 많은 어려움을 당한 자들입니다. 그런데 그들이 모두 주님 앞에서는 보좌에 앉아서 온 세상을 심판하는 권세를 받게 되는 것입니다.

이것은 두 가지를 우리에게 말해주고 있습니다. 하나는 이 세상에서 사람들의 눈에 보이는 것이 모든 것의 끝이 아니라는 사실입니다. 이 세상에서 가장 비참하게 보이고 어리석은 자들이 신앙을 인하여 순교를 당하는 자들입니다. 그리고 비록 순교까지는 당하지 않는다 하더라도 신앙 때문에 많은 불이익을 당하는 자들입니다. 예수만 믿지 않으면 부정한 방법으로 취직이 될 수도 있고 행복한 결혼 생활도 할 수 있는데 신앙 때문에 아무것도 할 수가 없는 것입니다. 세상적인 눈으로 보기에는 이런 사람들보다 더 어리석은 사람들이 없을 것입니다. 이런 사람들은 마치 부자 집 앞에서 부스러기를 얻어먹는 거지 나사로와 같은 자들인 것입니다. 거기에 비하여 세상과 짝하여서 세상에서 온갖 좋은 것을 다 누리면서 사는 자들이 있습니다. 그런데 예수님 앞에서는 세상에서 보던 것과는 모든 것이 정반대가 되더라는 것입니다. 이 세상에서는 알아주지도 않던 자들이 모두 주님의 보좌에 앉아 있습니다. 그 이유는 신앙은 이 세상에서 버리는 자들이 더 큰 자이기 때문입니다. 예수님 때문에 돈을 버린 자는 버린 돈만큼 예수님을 사랑하는 것입니다. 예수님 때문에 학벌을 버린 자들은 버린 학벌만큼 예

수님을 사랑하는 것입니다. 예수님 때문에 자식을 잃고 부모를 잃은 자들은 그 잃어버린 부모나 자식만큼 주님을 사랑하는 것입니다. 그런데 요즘 잘 믿는다는 사람들의 특징이 주님을 위해 하나도 잃어버린 것이 없습니다. 오히려 세상의 성공한 것을 전부 교회 안에 다 끌고 들어와서 잘난체하는 세상이 된 것입니다. 이런 자들은 예수님 앞에서 '국물'(?)도 없을 것입니다.

신앙은 기사도와 같은 것입니다. 다른 사람들이 알아주든지 알아주지 않든지 그것은 상관이 없습니다. 오로지 주님 앞에서 나의 충성심을 끝까지 지키다가 나중에 주님 앞에서 무릎을 꿇고 자기가 이 세상에서 어떻게 끝까지 충성했는지 보고하는 것입니다. 이렇게 믿음의 선한 싸움을 싸운 자들만이 주님과 함께 영원히 왕노릇을 하게 되는 것입니다.

주님은 무엇 때문에 이 세상의 악의 세력을 바로 심판하시지 않고 내버려두셨을까요? 그것은 바로 우리로 하여금 악의 세력과 싸워서 영원한 상급을 받도록 하기 위해서인 것입니다. 우리는 사탄을 정죄하고 영원한 멸망에 빠트릴 심판자의 위치에 있습니다.

또 하나는 왕노릇하고 있다는 말입니다. '왕노릇'은 도대체 무엇입니까? 왕이면 왕이고 아니면 아니지, 왜 왕노릇을 한다고 말씀을 하실까요? 그것은 왕과 같은 권세로 죄와 사탄의 세력을 이긴다는 것입니다. 좋은 예는 아닙니다만 보통 사람들이 뱀을 보면 무서워합니다. 그러나 땅꾼들은 뱀을 무서워하지 않고 뱀을 보는 즉시 잡아서 자루 안에 넣어버립니다. 아무리 무서운 독사나 살모사도 전혀 두려워하지 않습니다. 마찬가지로 보통 사람들은 개들을 무서워합니다. 그러나 개장수들은 개를 전혀 무서워하지 않습니다. 오히려 개들이 개장수들을 알아보고 꼼짝을 하지 못한다는 것입니다.

구약 시대 이스라엘 백성들은 바알과 아세라 앞에서 꼼짝을 하지 못했습니다. 그들은 모두 바알이나 아세라 단을 건드리면 죽임을 당하다고 믿었습니다. 그러나 기드온은 바알의 단을 부수고 아세라상을 찍었지만 죽지 않고 잘만 살아 있었습니다. 그래서 기드온이 받은 별명이 '여룹바알'인데 '바알 킬러'라는 뜻입니다. 우리 그리스도인들은 미신의 킬러이고 죄의 킬러이고 음란의 킬러가 되어야 하는 것입니다.

우리는 모두 하나님 앞에서 가장 존귀한 자들의 신분을 가지고 있습니다. 우리는 천지의 주재이신 하나님께 나아가서 원하는 모든 것을 마음껏 요구할 수 있는 권세를 가지고 있습니다. 마치 옛날 우리나라의 암행어사와 같은 자들인 것입니다. 물론 이 세상에 있는 동안에 우리는 주님처럼 왕이 아니기 때문에 인정도 받지 못하고 오히려 모욕을 당하고 배척을 받고 있습니다. 그렇다고 해서 우리는 하나님 앞에서 존귀함까지 빼앗긴 것은 아닙니다. 그리고 기도할 수 있는 특권까지 빼앗긴 것은 아닙니다. 아무리 사면을 에워싸도 하늘까지 막을 수는 없습니다. 우리는 언제든지 하나님의 보좌 앞에 나아가서 기도할 수 있습니다. 하나님의 도우심을 간구할 수 있고 새로운 힘을 주시도록 기도할 수 있습니다.

그런데 여기서 왕노릇 하는 자들이 누구입니까? 예수의 증거와 하나님의 말씀을 인하여 목 베임을 당한 자들입니다. 끝까지 신실하게 하나님의 말씀을 붙든 자들입니다. 그리고 또 누구입니까? 짐승과 그 우상에게 절하지 아니하고 이마나 손에 짐승의 표를 받지 않고 끝까지 버티고 있는 자들입니다. 결국 살아 있거나 죽었거나 복음을 끝까지 붙들고 이 세상과 타협하지 아니한 사람들입니다. 이 세상과 타협한 사람들은 왕노릇할 수 없습니다. 경제적인 고난이나 핍박이 두려워서 황제의 상에 분향을 하고 표를 받은 자는 주님의 보좌에 앉을 수 없습니다.

결국 이 세상을 심판하는 자들이 누구입니까? 죽음을 두려워하지 않고 신앙 양심을 지킨 자들입니다. 사람들은 이 사람들이 누구인지 알지 못하지만 주님은 다 알고 계십니다. 이 세상에서 좀 더 편하게 잘 살아 보려고 신앙 양심을 팔아먹은 자는 결코 영원한 생명에 들어가지 못할 것이며 함께 믿던 형제들로 부터 심판받을 수밖에 없습니다.

주님이 말씀하시는 것이 무엇입니까? 왜 성도들이 죽음이 두려워서 타협하느냐 하는 것입니다. 왜 경제적으로 좀 고생하고 친척들이나 아는 사람들에게 손가락질 당하는 것이 두려워서 양심을 배신하느냐 하는 것입니다. 주님은 손가락질 당하고 그 모든 모욕을 다 받고 심지어는 자기를 키우신 어머니 앞에서 십자가에 못 박히면서도 하나님의 약속을 붙들었는데 왜 그 종들이 죽음을 두려워 하느냐 하는 것입니다.

그러면 하나님의 복음에 불순종하는 사람들은 어떻게 됩니까?

5, 6절 그 나머지 죽은 자들은 그 천 년이 차기까지 살지 못하더라 이는 첫째 부활이라 이 첫째 부활에 참예하는 자들은 복이 있고 거룩하도다 둘째 사망이 그들을 다스리는 권세가 없고 도리어 그들이 하나님과 그리스도의 제사장이 되어 천 년 동안 그리스도로 더불어 왕노릇 하리라

여기서 두 가지 사실을 말씀하고 있습니다. 하나는 첫 번째 부활이고 다른 하나는 두 번째 사망입니다. 첫 번째 부활이라고 하는 것은 성도들이 하나님의 능력으로 부활하는 것입니다. 물론 오늘 본문을 보면 천년 왕국이 시작되면서 믿는 자들은 먼저 부활하고 그 나머지 사람들은 모두 죽은 상태에 있다가 마지막 심판 때에 다시 모두 살아나서 영원한 지옥의 심판에 떨어지는 것처럼 보입니다. 그러나 저는 본문이 부활의 정확한 순서를 말씀하고 있다고 생각하지 않습니다. 이것은 단지 부활의 종류를 말할 따름입니다.

하나는 분명히 그리스도 안에서 생명을 걸고 말씀을 지키는 자는 부활합니다. 몸을 입고 다시 살아납니다. 이것이 첫 번째 부활입니다. 그러나 복음에 굴복하지 않고 끝까지 자기 정욕대로 사는 자는 두 번째 부활에 참예

하게 되는데 이것은 영원한 멸망의 부활이기 때문에 두 번째 부활이라고 말하지 않고 두 번째 사망이라고 말씀하고 있는 것입니다. 다시 말해서 이 생명이 죽는 것이 첫 번째 사망이고 나중에 영원한 멸망의 죽음이 다시 기다리고 있습니다. 그때는 고통과 수치가 영원히 계속될 것입니다.

오늘 우리는 사탄이 결박되어 있는 상태에서 살고 있습니다. 이때 우리가 해야 할 일은 마음껏 복음을 위하여 사는 것입니다. 평안할 때 자기 행복만을 위하여 사는 자는 가장 어리석은 자입니다. 우리나라에 전쟁이 일어나기를 원치 않는 자는 자기 행복을 빼앗기지 않으려고 하는 이기적인 생각 때문입니다. 그러나 그것은 어리석은 생각입니다. 우리는 사탄이 결박되어 있는 동안 마음껏 하나님의 진리를 밝혀야 합니다. 그러면 사탄이 전쟁을 일으키도록 충동질을 하지 못할 것입니다. 그리고 악이 미쳐서 날뛰고 있다면 보좌 우편에 계신 그리스도께 간구하여 이 미친 사탄을 결박시켜주시도록 간구해야 할 것입니다.

우리는 왕입니다. 이 세상에서는 나그네지만 존귀한 왕들입니다. 왕의 모습을 되찾아야 하겠습니다.

천년 왕국의 개념

오늘 본문은 성경에서 유일하게 천년 왕국에 대하여 말씀을 하고 있습니다. 즉 하나님의 천사가 하늘에서부터 내려와서 큰 쇠사슬을 가지고 사탄을 결박하여 무저갱이라는 감옥에 집어 넣어버리니까 이 세상에는 전혀 죄가 없는 낙원이 이루어지게 되는 것입니다. 이때 사탄이 결박되어 있는 기간은 천 년이 됩니다. 그래서 천 년 동안 이 세상에는 죄가 없는 낙원의 상태가 이루어지게 되는데 그래서 이것을 천년 왕국이라고 부르는 것입니다. 2000년도부터 새 천 년이 시작되면서 사람들이 '뉴 밀레니엄'이라는 말을 많이 했는데 바로 이 천년 왕국이 '뉴 밀레니엄'인 것입니다. 그런데 이 천년 왕국론은 우리 그리스도인들 안에서 많은 논란을 가져왔습니다. 그 논란의 핵심은 과연 이 지상에서 이런 낙원이 천 년 동안 이루어지느냐 하는 것입니다.

초기의 기독교인들은 이 천년 왕국을 거의 문자 그대로 믿었습니다. 즉 얼마 있지 않으면 그리스도께서 재림하셔서 사탄을 결박하고 무저갱에 넣고 천 년 동안 이 지상에 낙원의 상태가 이루어진다고 생각을 했습니다. 이사야가 예언을 한 것처럼 어린아이가 독사굴에 손을 넣어도 물리지 않고 사자가 어린 양과 함께 풀을 뜯어먹는 평화의 시기를 믿은 것입니다. 사람들도 죄를 짓지 않으니까 모두 건강해서 므두셀라 같이 구백 년씩 사는 시기가 올 것이라고 생각한 것입니다. 요즘 건강을 전문으로 하는 사람들은 사람의 수명이 백 이십 세까지는 살 수 있다고 말을 합니다. 그리고 우리나라 장수 마을에 가보면 웬만한 사람들은 팔구십 세씩 사는데 백세가 넘은 분들도 있는 것입니다. 그렇지 않아도 최근에 사람들의 평균 수명이 많이 늘어서 칠십 육세 정도까지 이르고 있습니다. 그러니까 요즘은 누구든지 암에 걸리지 않고 교통사고를 당하지 않으면 팔십까지는 산다는 이야기인 것입니다. 그러나 이런 장수 말고 이보다 훨씬 더 건강하고 아름답게 오래 오래 행복하게 사는 천년 왕국이 온다는 것입니다.

그런데 이런 천년 왕국에 대하여 회의를 가진 신학자가 어거스틴이었습니다. 어거스틴은 천년 왕국이라는 것이 문자적으로 그렇게 오래 사는 시대가 아니고 바로 하나님의 말씀으로 복음이 증거되는 신약 시대가 천년 왕국이라고 주장을 한 것입니다.

그래서 천년 왕국에 대하여 대개 세 가지 주장이 있습니다. 하나는 자꾸 자꾸 복음이 증거되어 땅 끝까지 복음이 전해지면 온 세상이 복음화되어서 성시화가 된다는 것입니다. 그리고 그 후에 예수님이 재림하신다는 주장입니다. 이런 주장을 후천년설이라고 합니다. 왜냐하면 천년 왕국이 온 후에 예수님이 재림하시기 때문입니다. 그런데 이 세상은 완전히 성시화는 되지 않습니다. 또 성경 여러 곳의 증거도 마지막 때까지 죄를 짓는 사람들은 그대로 죄를 짓고 믿지 않는 사람들은 믿지 않을 것이라고 말씀하고 있습니다. 그래서 믿는 사람 안에는 천년 왕국이 오겠지만 믿지 않는 사람들 안에는 그대로 사탄은 살아있게 되는 것입니다.

그리고 또 다른 입장은 예수님이 재림하셔서 모든 악의 세력을 심판하시고 사탄을 무저갱에 처넣으신 후에 이 세상에 죄가 없는 천 년 동안의 왕국이 이루어지게 된다는 주장입니다. 이것은 성경을 거의 문자 그대로 믿는 것입니다. 이런 주장을 전천년주의라고 하는데 그 이유는 천년 왕국 전에 예수님이 재림하신다고 믿기 때문입니다. 이때는 죄가 없고 악한 것이 아무것도 없으며 오직 평화만 있게 되는 것입니다. 이런 전천년주의가 힘을 얻게 되는 것은 악이 통치하는 시대입니다. 예를 들어, 우리나라의 일제 시대라든지 아니면 지금의 북한 같은 곳에서는 하루 속히 이 악의 세력이 심판을 받고 의로운 그리스도의 나라가 이루어지기를 바라는 것입니다. 그런데 이 전천년설의 약점은 예수님의 재림과 심판 사이에 천 년이라는 기간이 있는데 왜 이런 기간이 있어야 하느냐 하는 것을 설명하기 어려운 것입니다. 즉 예수님이 오셔서 바로 우리 성도들을 영원한 천국으로 인도하시지 않고 왜 천 년이라는 지상의 시간을 두셔야 하느냐 하는 것입니다.

세 번째 입장이 이 사탄이 결박되는 천년 왕국은 상징으로 보아야 한다는 것입니다. 즉 지금 복음이 왕성하게 전파되는 이 시점이 천년 왕국이며 이때 우리는 진리로 악의 세력을 물리는 영적인 승리를 거두며 특히 사탄이 파괴시킨 하나님의 질서를 회복시키는 영적인 싸움을 감당해야 한다는 것입니다. 이때 하나님의 보좌 우편에 계신 그리스도께서는 우리들이 얼마든지 이길 수 있도록 무한대의 능력을 공급해주십니다. 그래서 이런 입장은 천 년을 인정하지 않는다고 해서 무천년주의라고 말을 합니다.

결국 우리에게 의문이 되는 것은 이 천 년의 행복이 문자 그대로 주어지는 것이냐 아니면 복음의 능력을 상징적으로 나타내는 것이냐 하는 것입니다. 그리고 이 천년 왕국이 예수님이 오시기 전에 이 세상에 이루어질 것인가 아니면 예수님 오신 후에야 이루어지게 되느냐 하는 것입니다. 사실 이 부분은 실현되기 전까지는 어느 누구도 분명하게 말할 수는 없을 것입니다.

복음을 전하는 사람의 입장에서는 말씀을 통하여 천년 왕국이 올 것을 믿고 복음을 전합니다. 그러나 모든 사람이 다 예수님을 믿고 변하여 새사람이 되는 일은 일어나지 않을 것 같습니다. 그러나 이것을 믿을 때 우리는 더 철저하고 헌신적으로 복음을 전하려고 할 것입니다. 우리는 주님이 오신 후에 어떻게 되는지는 말할 수가 없습니다. 그리고 성경도 자세하게 말씀하고 있지 않습니다. 그래서 이 세상에서 천년 왕국이 있고 그 후에 영원한 천국 생활로 들어가든지 아니면 바로 천국 생활로 들어가게 되든지 우리가 상관할 것은 아닌 것 같습니다.

그런데 분명한 것은 우리가 이 세상에 있는 동안에도 천년 왕국에 가까운 능력 있는 삶을 살 수 있다는 것입니다. 그리고 악의 세력이 아무리 날뛴다 하더라도 지금은 예수 그리스도의 능력의 손에 붙들려 있기 때문에 결국 심판을 받을 것입니다. 그래서 우리 그리스도인들은 어떤 절망적인 상황에 처해 있다 하더라도 자포자기해서는 안 됩니다. 왜냐하면 모든 권력은 우리 주님의 손에 있으며 우리가 인내하기만 하면 결국 주님의 축복이 우리에게 이루어지기 때문입니다. 결국 끝까지 믿음을 붙들고 인내하는 자만이 그리스도와 함께 왕노릇하는 이 축복을 받게 되는 것입니다.

CHAPTER • 41

마지막에 될 일들

요한계시록 20:7-15

연극은 어떤 의미에서 보면 인생의 축소판이라고 말할 수 있습니다. 연극의 무대를 보면 등장인물의 인간관계를 중심으로 스토리가 전개됩니다. 그러나 그것이 연극의 전부가 아닙니다. 연극은 무대 뒤가 더 중요합니다. 무대 뒤에는 이러한 연극이 이루어지도록 미리 각본이 있고 또 실제로 연극을 총감독하는 연출자가 있습니다. 그리고 수많은 스텝들이 이 연극을 돕고 있습니다. 연극이 다 끝나면 어떻게 합니까? 연극에 참여한 모든 사람들이 무대에 올라와서 관객들에게 인사를 합니다. 그 때 가장 뛰어난 연기를 하여 큰 감동을 안겨다 준 배우나 스텝들에게는 우뢰와 같은 박수가 주어질 것입니다.

우리가 살아가고 있는 모습은 무대의 전면과 같습니다. 모든 것이 사람들의 관계에 의하여 이루어지고 있습니다. 힘이 있는 자가 권력을 잡는가 하면 또 얼마 있지 않아서 또 다른 실력자가 등장합니다. 그러나 성경이 이야기하고 있는 것이 무엇입니까?

이것은 오직 무대의 전면에 불과하고 더 중요한 것은 무대 뒤에 있는 것입니다. 사실 '계시'라는 말 자체가 막을 걷어서 그 뒤에 있는 것을 보여 준다는 뜻입니다. 막을 들추고 그 이면을 보면 무엇이 보입니까? 우리의 구원을 모든 열정을 다하여 이끌어 가시는 총감독이신 하나님이 계십니다. 그리고 할 수 있는 한 그 구원을 저지시키려는 사탄의 역사가 있습니다. 무대 전면만 보면 사람들 사이의 수평적인 관계 밖에 보이지 않습니다. 그러나 무대 뒤를 보면 하나님과 사탄의 싸움이라는 수직적인 관계가 보입니다. 그리고 연극이 다 끝나면 어떻게 됩니까? 이 세상에서 한번이라도 숨을 쉬고 살았던 자들은 모두 다시 등장하여 총감독이신 하나님 앞에 서게 됩니다.

오늘 본문 말씀은 바로 그 부분에 대한 말씀입니다.

모든 연극이 다 끝났습니다. 이 세상에 대한 하나님의 구원이 모두 다 성취되었습니다. 그것으로 그냥 끝나는 것이 아닙니다. 하나님께서는 이 세상에 한번이라도 존재했던 모든 사람들을 다 불러내십니다. 그들이 어떻게 죽었든 상관이 없습니다. 편안히 죽어서 무덤에 묻혔든, 아니면 바다에 빠져 죽어서 시체를 건지지 못했든 상관이 없습니다. 이 세상에서 단 한번이라도 살았던 자들은 모두 불러내어서 하나님은 심판하시는 것입니다. 이것이 바로 모든 인간들을 기다리고 있는 최종적인 결과입니다. 여기서 우리 인간의 영원한 운명이 갈라지게 됩니다.

오늘 본문 말씀은 이 세상 마지막 때에 되어질 일들을 말씀하고 있습니다. 그것은 최종적인 하나님 나라가 임하기 전에 사탄이 격렬하게 성도들의 믿음을 방해할 것을 보여주는 것입니다. 그리고 하나님께서 이 미쳐서 날뛰는 사탄을 결박하여 다시는 나오지 못할 불못에 가두신 후에 이 세상에 산 모든 자들을 심판하시는 것으로 인류의 역사는 마치게 될 것입니다.

사탄이 풀려 남

옛날에는 노예 상인들이나 교도소 간수들 중에서 참으로 잔인하게 사람을 대하는 악한 사람들이 있었습니다. 그들은 굳이 그렇게 할 필요가 없는 데도 불구하고 할 수 있는 대로 사람을 더 괴롭히는 것이 자신들의 삶의 목적인 것처럼 생각합니다. 그런데 아무리 악한 사람이라 하더라도 나중에 시간이 오래 흐르게 되면 어쩔 수 없이 정이 들어서 독한 마음을 먹지 못하고 조금씩 봐주게 되어 있습니다. 그런데 사람들 중에는 끝까지 다른 사람에게 못되게 굴거나 심지어는 마지막 순간까지 다른 사람들을 괴롭힐 때 우리는 그런 사람을 악마와 같다고 말합니다. 어떤 사람은 자기가 떠날 때가 다 된 줄 알고 다른 사람들을 더 괴롭게 하는 사람도 있습니다. 자기가 떠나고 나면 더 이상 사람들을 괴롭힐 수가 없고 또 그 동안 괴롭힘을 당하던 사람들이 너무 좋아할 것 같으니까 좋아하지 못하도록 끝까지 독을 피우는 사람이 있습니다. 그런 사람이 바로 악마와 같은 사람인 것입니다.

오늘 성경을 보면 마지막 때에 사탄이 바로 그렇게 할 것을 말씀하고 있습니다.

예수님께서 십자가 위에서 부활하심으로 사탄은 완전히 망하고 말았습니다. 왜냐하면 사탄의 밑천이 타락한 인간들인데 하나님께서 누구든지 예수 이름을 부르는 자는 다 구원하시기 때문입니다. 그뿐만 아니라 우리 믿는 사람들이 복음을 외치면 사탄은 다 힘을 잃고 결박당하게 되어 꼼짝을 하지 못하게 됩니다. 사람들이 진리를 알지 못하고 미신적이어야 사람들을 지배할텐데 진리를 들으면 사탄은 우리를 속일 수가 없게 되는 것입니다. 이것이 바로 사탄을 결박하는 것입니다.

그러나 사탄이 그렇게 호락호락 끝을 낼 존재가 아닙니다. 왜냐하면 사탄은 질투의 화신이기 때문에 자기 지배 밑에 있던 인간들이 예수를 믿고 구원받을 것을 생각하면 배가 아파서 그냥 보지 못하는 것입니다. 그래서 사탄은 마지막 때가 되었을 때 다시 한번 이 결박을 끊고 온 세상을 충동질해서 하나님과 성도들을 대적하게 하고 한 바탕 못된 짓을 하고 난 후에야 영원한 지옥 불에 던지우게 되는 것입니다.

그래서 천 년이 끝날 때 사탄은 일시적으로 그 결박에서 풀려나와 온 세상을 미혹하여 하나님과 그 백성들을 대항하는 전쟁을 벌입니다.

7, 8절 천 년이 차매 사탄이 그 옥에서 놓여 나와서 땅의 사방 백성 곧 곡과 마곡을 미혹하고 모아 싸움을 붙이리니 그 수가 바다 모래 같으리라

여기서 우리가 생각하게 되는 것이 아무리 복음의 때라고 하더라도 늘 복음이 승리하는 것은 아니라는 것입니다. 때대로 불의의 세력이 다시 온 세상을 덮을 때도 가끔씩 오게 되는데 그때 우리 성도들은 너무 두려워 할 필요가 없습니다. 왜냐하면 그것은 사탄이 우리를 시기해서 발작을 일으키는 것이기 때문입니다.

예수님께서는 제자들에게 이런 말씀을 하신 적이 있습니다.

요 9:4, 5 때가 아직 낮이매 나를 보내신 이의 일을 우리가 하여야 하리라 밤이 오리니 그때는 아무도 일할 수 없느니라 내가 세상에 있는 동안에는 세상의 빛이로라

예수님께서는 우리가 매일 보는 밤과 낮 외에 영적인 밤과 낮을 알고 계셨습니다. 보통 사람들에게는 해가 뜨면 낮이 되는 것이고 해가 져서 어두워지면 밤이 되는 것입니다. 그러나 우리 믿는 사람들에게는 또 다른 밤과 낮이 있습니다. 여기서 낮이라고 하는 것은 아버지께서 마음껏 선한 일을 할 수 있도록 허용하신 시간이었습니다. 낮 동안에 유대 당국자들이 아무리 예수님을 잡으려고 해도 잡을 수가 없었습니다. 왜냐하면 하나님께서 허용하신 기간이었기 때문입니다. 그 시간은 예수님께서 마음껏 진리를 증

거하실 수 있는 시간이었고 사탄은 결박되어 있어서 아무리 예수님을 죽이려고 해도 이상하게 죽일 수가 없었습니다. 그러나 예수님은 밤이 다가오고 있는 것을 알고 계셨습니다. 밤이라고 하는 것은 사탄의 세력이 온 세상을 지배하는 때입니다. 그때 그리스도가 체포되시고 제자들은 모두 도망가며 성령이 역사하시지 않는 시간이 있었습니다.

그러나 우리들에게도 보통 의미의 영혼의 밤이 있고 낮이 있습니다. 물론 개인적으로는 진리를 깨닫지 못하고 방황하던 시기가 영혼의 밤입니다. 그때는 꼭 밤에 산에서 길을 잃고 헤매는 것과 같습니다. 우리가 진리를 알지 못하고 방황할 때에는 무엇인가 열심히 하기는 하는데 결국 보면 제자리입니다. 그러나 진리가 내 마음에 비춰고 난 후 부터는 우리는 인생의 의미를 알기 시작하고 바른 길이 무엇인지 알게 됩니다. 물론 낮에 우리는 무엇인가 알기 때문에 더 힘이 들 수도 있습니다. 그러나 과거처럼 의미도 모르고 어두움 속을 헤매지는 않습니다. 이것은 개인적인 낮과 밤입니다.

그러나 시대적으로 낮과 밤이 있습니다. 이것은 하나님의 진리가 마음껏 활동하여 사람들은 다 진리를 바로 알고 하나님을 바로 섬기며 모든 우상과 미신을 떨쳐 버리고 온 세상에 부흥의 역사가 일어날 때 이것은 영적인 낮인 것입니다. 이것이 바로 계시록에서 말하는 천년 왕국인 것입니다. 그래서 천년 왕국은 단순히 꼭 천 년 동안의 복된 기간만을 의미하는 것이 아닙니다. 천 년 일 수도 있고 백 년 일 수도 있습니다. 진리가 바로 비춰고 사람들이 쓸데없는 미신에 사로잡히지 않고 바른 신앙을 가지고 바른 이성을 사용하여 살기 때문에 악의 세력이 마음껏 사람을 속일 수 없는 그런 때가 바로 천년 왕국인 것입니다. 그러면 사탄이 옥에서 풀려 나와서 사람들을 미혹하는 것은 무엇을 의미합니까? 이것은 진리가 다시 어두워지는 것입니다. 진리가 있어야 할 그 자리에 다시 미신이 자리를 차지하고 악한 권력이 세상을 지배하게 되는 것입니다. 사회의 권력을 악한 집단이 장악을 해서 그들의 악을 제재할 수 있는 세력이 아무것도 없는 것입니다. 그런 것이 바로 사탄이 결박을 풀고 자기 마음대로 돌아다니는 것입니다.

사회마다 여러 가지 제도를 통하여 악이 날뛰지 못하도록 안전장치가 되어 있습니다. 그러나 악한 세력이 권력을 잡아서 사람들을 거짓으로 지배할 때에는 도저히 이 악을 제어할 수 있는 길이 없습니다. 그때 이 악한 정권이 가장 적대시하는 세력이 누구인지 아십니까? 그것은 바로 그리스도인들이요, 교회입니다. 그 이유는 교회는 하나님 외에 아무도 두려워하지 않기 때문입니다. 악의 세력이 등장하면 반드시 교회부터 핍박을 합니다. 왜냐하면 바로 교회가 양심의 등불이기 때문입니다.

러시아 혁명이 일어났을 때 공산주의자들은 러시아 정교의 최고 수장을 불러서 절대로 정치에 관여하지 않고 정치적인 발언을 하지 않기로 약속을 받았습니다. 그것이 바로 교회를 묶어 두는 것입니다. 교회는 존재하지만 진리의 등불을 켜지 못하게 하는 것입니다. 러시아 정교 수장은 그렇게 하겠다고 약속을 했습니다. 그 이유는 교회가 없어지는 것보다는 그것이 더 낫다고 생각했기 때문입니다. 초는 있는데 불은 켜지 않기로 약속한 것입니다.

히틀러는 독일 교회로 부터 충성의 서약을 받았습니다. 그리고 독일 교회는 독일 교회 안에서 도든 유대인 교인들을 내어 쫓기로 결정을 했습니다. 그것이 무엇을 의미합니까? 교회를 묶어 버리는 것입니다. 여러분, 빛과 어두움은 결코 함께 존재할 수 없습니다. 진리가 비취면 반드시 사탄이 결박되게 되어 있습니다. 그리고 사탄이 풀리면 먼저 교회부터 결박하게 되어 있습니다. 서로는 원수이기 때문입니다.

북한에도 교회는 있지만 정치적인 발언을 하는 것은 불가능할 것입니다. 왜냐하면 사탄이 고삐를 풀고 마음대로 돌아다니고 있기 때문입니다. 이때 정부는 미친 정권이며 마치 동물원에 갇힌 호랑이가 탈출해서 돌아다니는 것처럼 마음대로 사람들을 물어뜯어 죽입니다.

그러나 여기에 나오는 사탄의 활동은 또 다른 의미가 있습니다. 그것은 이 세상이 진정으로 끝날 때 정말 마지막 발악처럼 진리가 어두워지고 악이 무섭게 사람들을 속이고 그들을 이용해서 하나님을 대항하게 하는 것입니다. 이것은 이 세상에서 부분적으로 있던 그 어떤 대항보다 더 크기 때문에 특히 강조해서 말씀하고 있는 것으로 생각됩니다. 예수님께서도 주님의 재림이 임박할 때에 사람들의 불신앙의 정도가 심한지 '내가 다시 올 때 세상에서 믿음을 보겠느냐'라고 말씀하셨습니다.

여기에 보면 '곡과 마곡'이 나옵니다. 곡과 마곡은 마케도니아를 의미하는 것으로 생각됩니다. 여기에 무슨 일이 있었는가 하면 알렉산더 대왕이 죽은 후에 그의 나라는 네 부분으로 나뉘어 분할 통치되었습니다. 그 중에서 이스라엘 자손들에게 가장 큰 고통을 준 것은 시리아에 수도를 둔 셀류커스 왕조였습니다. 특히 안티오커스 에피파네스는 유대인들을 헬라화시키기 위하여 엄청난 핍박을 가했습니다. 성전 제단에 돼지 피를 뿌리기도 하고 안식일을 지키는 자들을 잡아서 톱으로 켜 죽이기도 했습니다.

그래서 다니엘은 그를 '멸망의 가증한 것'이라고 말했고 에스겔서 38장과 39장에 곡과 마곡에 대한 예언이 나오는데 그것도 바로 이 안티오커스 에피파네스의 무자비한 핍박을 예언한 것으로 생각됩니다. 그는 거의 미친 사람처럼 통제되지 않는 분노로 유대인들을 핍박했습니다. 그래서 곡과 마곡이라고 하는 것도 거의 인간들이 인간으로서 가져야 할 최소한도의 기본 상식까지 다 내버리고 하나님을 대항하기 위하여 온갖 미친 짓을 다하는 움직임이라고 생각됩니다. 어떤 사람들은 곡과 마곡을 중동을 중심으로 한 일종의 세계 대전이 아니겠느냐 라고 생각하는 사람들도 있고, 또 어떤 사람들은 회교도들이 세력을 넓혀서 최종적으로 기독교를 대항하는 전쟁을 일으키는 것이 아니겠느냐 라고 생각하기도 합니다. 그러나 이제는 사탄이 과거처럼 무식한 방법으로 세계를 지배하는 것이 아니라 과학과 인간의 상상력을 최대한으로 충동질해서 인간의 교만으로 세상을 지배하려고 하는 시도라고 생각됩니다. 지금은 사탄이 인터넷이나 다른 방법들을 사용해서 얼마나 세상을 더럽히며 영혼을 타락시키고 있는지 모릅니다. 그런데 너무나도 이 힘이 강하기 때문에 제재를 하는 것이 불가능합니다. 우리가 지금 두려운 것은 북한의 핵무기도 통제가 되지 않지만 우리나라 안에서 날뛰는 음란과 더러운 정욕을 통제할 수가 없다는 것입니다. 사탄은 지금 우리나라 전체를 소돔과 고모라로 만들어서 하나님의 유황불의 심판을 받게 하려고 하고 있습니다.

그렇게 본다면 이미 곡과 마곡의 전쟁은 시작되었다고 보아야 할 것입니다. 왜냐하면 이미 의학의 분야에서는 인간의 생명마저도 과학의 힘으로 좌우할 수 있다고 생각합니다. 우리는 잘 모르지만 아주 전문적인 영역에 들어가면 의학은 이미 하나님의 영역을 많이 침범했다는 것을 알 수 있습니다. 어떤 잡지에 보니까 한 아이가 혈액 암에 걸렸는데 그 아이를 살리기 위하여 아이를 하나 더 낳았습니다. 그래서 그 아기의 골수를 이식하여 병든 아이를 살리고 그 아기는 죽는 것입니다.

문학이나 음악의 영역에 보십시오. 과거에는 아름다움이 있었는데 이제는 미친 광란이 그 자리를 차지하고 있습니다. 결국 이제는 음악도 대단히 종교성을 띄고 있습니다. 음악을 통해 과거에는 생각할 수 없었던 영역을 뛰어넘는 것입니다. 사탄을 찬양하고 살인을 노래합니다. 문학도 미친 사람의 문학이 주목을 받고 성도 지극히 도착적으로 만들어 냅니다. 사탄은 인간의 교만한 심성을 충동질하여 모든 분야에서 하나님을 대적하고 있습니다. 바다의 모래같이 많은 사람들을 모아서 하나님을 대적한다고 하는 것이 바로 이런 경향이라고 생각합니다. 그런데 교회는 자꾸 힘을 잃고 있습니다. 겨우 일주일에 한번 모여서 예배 한번 드리는 것이 고작입니다.

9절 저희가 지면에 널리 퍼져 성도들의 진과 사랑하시는 성을 두르매 하늘에서 불이 내려와 저희를 소멸하고

여기서 '성도들의 진'과 '사랑하시는 성'은 같은 것입니다. 이것은 예루살렘을 의미하고 결국 오늘 믿는 자들의 신앙 공동체인 교회를 의미합니다. 조직 교회와 신앙 공동체는 결국 같은 것이지만 인간의 죄성 때문에 구별해야 할 때가 있습니다.

만약 우리가 진정으로 거듭난 자들의 모임이라면 일곱 눈이신 성령의 역사가 우리 가운데 항상 있을 것이며 사탄은 다른 곳을 공격하지 않습니다. 반드시 우리들을 공격할 것입니다. 우리는 그것을 각오하고 있어야 합니다. 항상 살아 있는 공동체에는 사탄의 십자포가 맞추어져 있습니다. 사탄은 언제든지 살아있는 공동체를 포격할 준비가 되어 있습니다. 왜냐하면 살아있는 공동체는 사탄의 나라에 가장 무서운 적이기 때문입니다. 우리가 사탄을 이길 수 있는 길은 항상 진리를 비추는 것입니다.

여기에 보면 하늘에서 불이 내려서 저희들을 소멸한다고 말씀하십니다. 이것은 실제로 하늘에서 불이 내려서 교회를 공격하는 자들을 심판하신다는 뜻이 아닙니다. 이것은 하나님의 특별한 간섭하심과 도우심으로 사탄의 역사를 물리치고 이기게 하신다는 뜻입니다. 진정한 신앙의 공동체는 성령의 능력으로 사탄의 세력을 이깁니다. 왜냐하면 성령님께서 우리들에게 사탄이 활동하는 것을 볼 수 있게 하기 때문입니다.

요즘 군인들이 야간에 전투를 할 때 밤에도 상대방을 볼 수 있는 야간 투시경을 씁니다. 이 안경만 쓰면 아무리 캄캄해도 적이 오는 것이 다 보이는 것입니다. 마찬가지로 성령의 등불을 켜고 있으면 사탄이 활동하는 것이 감지가 되기 때문에 속지 않습니다. 그리고 언제나 믿음으로 나가기 때문에 사탄이 아무리 충격을 주어도 흔들리지 않는 것입니다.

사탄이 활동할 때 기도하는 길 밖에 다른 길이 없습니다. 하나님이 주시는 지혜로 이기는 것이지 나의 머리나 나의 혈기로는 절대로 이기지 못합니다. 만일 예수 믿는 사람들이 사탄과의 싸움을 혈기로 이기려고 하면 이미 진 것이나 마찬가지입니다.

우리는 악한 사람의 뒤에 있는 악한 영의 생각을 읽을 수 있어야 합니다. 기도로 하나님께 나아가는 자는 반드시 하나님의 도우심으로 이기게 되어 있습니다. 기도하는 자에게 하나님께서는 반드시 사탄의 약점을 보게 하십니다. 그리고 어떻게하면 이길 수 있는지 가르쳐 주십니다. 특히 악한 자를 자극해서 미쳐서 날뛰게 하면 안 됩니다. 차분하게 가라앉혀서 자기 스스로 잘못된 것을 인정하게하면 이기는 것입니다. 그러나 약간이라도 틈을 보이면 벌떼처럼 덤벼들 것입니다. 처음부터 태도를 분명히 하십시오.

그러면 이제 생각되는 것은 왜 하나님께 사탄의 활동을 일시적으로 허용하시느냐 하는 것입니다.

우리는 교회가 항상 기본적인 진리를 등한시할 때마다 영적인 암흑기가 온다는 것을 알았습니다. 바로 이것입니다. 교회가 가장 중요한 진리를 놓치고 인간의 자랑이나 공로에 매달릴 때마다 사탄은 올무에서 놓여나서 온 세상을 지배하는 것입니다. 이것은 하나님께서 교회에 주시는 경고입니다. 중세의 암흑기는 믿음으로 의롭다 함을 얻은 바울의 진리를 교회가 놓쳤을 때 온 어두움입니다. 이 어두움은 무려 천 년 동안이나 계속되었습니다. 오늘 교회가 참된 성경적인 진리를 놓치고 건물이나 사람의 숫자에 매달린다면 사자는 또 다시 우리에서 나와서 수많은 사람들을 잡아먹을 것입니다. 우리는 작은 하나님의 진리라고 해서 소홀히 해서는 안 됩니다. 아주 작은 문 고리 하나라도 다시 한 번 봅시다. 그렇지 않으면 기껏 우리 안에 가두어 놓은 맹수가 다시 탈출하여 사람들을 해칠 것입니다.

오늘 말씀은 사탄의 영원한 운명에 대하여 말씀하고 있습니다.

10절 또 저희를 미혹하는 마귀가 불과 유황 못에 던지우니 거기는 그 짐승과 거짓 선지자도 있어 세세토록 밤낮 괴로움을 받으리라

마귀는 원래 참소자였습니다. 마치 천국의 헌병 대장과 같은 위치였습니다.

물론 하나님의 나라에 헌병 대장 같은 것이 필요할 리가 없습니다. 그러나 하나님께서는 사탄에게 특별한 지위를 주셨습니다. 그것은 하나님께서 만드신 것 중에서 조금이라도 잘못된 것이 있으면 사정없이 하나님께 고발하는 직책입니다. 그렇게 하신 이유가 무엇입니까? 천사들이 무엇인가 잘못할까봐 그렇게 하신 것입니까? 그렇지 않습니다. 하나님께서 사람들을 구원하시되 완전무결하고 조금도 흠이나 티가 없이 구원하시기로 결심하신 것입니다. 그러나 사탄은 거기서 끝나지 않았습니다. 인간으로 하여금 적극적으로 죄를 짓게 유도했고 예수 그리스도의 나라를 완전히 대적하는 자리에까지 나아갔습니다. 하나님께서는 사탄의 영원한 운명을 결정해 놓으셨습니다. 그것은 불과 유황 불못에서 영원히 고통 중에 있는 것입니다.

우리는 불과 유황 불못이 구체적으로 어떠할지 모르겠습니다. 왜냐하면 성경은 사람의 사후 세계에 대하여 자세하게 말씀하고 있지 않기 때문입니다. 그러나 분명히 알 수 있는 것은 인간으로써 마귀의 유혹을 따라가면 마귀와 운명을 함께 할 수밖에 없다는 사실입니다.

그리고 짐승이라고 하는 것이 이 세상의 권력을 남용하여 하나님을 대적한 모든 사람들입니다. 역사 이래로 막강한 권력을 하나님께서 일시적으로 맡겨 주신 것으로 생각하지 아니하고 마치 자기가 신인 것처럼 함부로 휘두른 모든 자들이 짐승들입니다. 우리가 보기에는 영웅일지 모릅니다. 그러나 하나님 앞에서는 모두 짐승들입니다. 사자나 늑대와 다를 바가 없습니다. 그들은 마귀가 함께 영원한 지옥에 던지울 것입니다. 그리고 마귀에

게 속아서 거짓 선지자 노릇을 한 사람들도 모두 영원한 지옥에 일차적으로 던지우게 됩니다. 그리고 나서 생명책에 기록되지 못한 모든 자들이 이 영원한 불못에 던져지게 될 것입니다.

이들은 공통된 문제점이 무엇인가 하면 지나치게 교만했던 것입니다. 겸손하기만 했으면 마귀의 속임수에 절대로 넘어가지 않았을 텐데 교만했기 때문에 진리를 바로 붙들지 못한 것입니다. 거짓 선지자들의 문제점이 무엇인가 하면 마귀의 약속을 철석같이 그것을 믿었다는 것입니다. 그러나 잘못된 것을 믿은 책임이 그들에게 있습니다. 사람이 참으로 자기 양심을 바로 사용한다면 진리의 음성을 듣지 못할 리가 없습니다. 그러나 교만한 마음이 양심을 마비시켜서 끝까지 진리가 아닌 것을 진리인 것처럼 믿게 만들었고 그 결과는 영원한 멸망이었습니다.

영원한 멸망이냐 생명이냐를 가르는 기준은 결국 하나님 앞에서의 겸손입니다. 자기 자신은 하나님 앞에서 한낮 티끌에 불과하며 나에게 생명을 주신 하나님께 감사하고 영광 돌리기 원하는 자는 아무리 사탄이 유혹을 해도 유혹을 받지 않습니다. 그것이 바로 성령님이 주시는 마음입니다. 자기 자신의 교만에 넘어가지 마십시오. 가만히 엎드려서 진리가 나에게 하는 소리를 들어 보십시오. 그러면 절대로 사탄의 유혹에 넘어가지 않습니다. 사람은 스스로 진리를 찾아야 합니다. 그렇게 하지 않은 것이 가장 큰 죄입니다. 인간의 가치는 돈을 많이 버는데 있지 않습니다. 명성을 얻는데 있지도 않습니다.

사람의 진정한 가치는 철저히 정직한 자세로 진리를 추구하는 것입니다. 그렇게 하지 않는 것이 가장 무서운 죄입니다. 마귀에게 속는 것입니다. 마귀의 운명을 따라가서는 안 됩니다.

흰 보좌의 심판

오늘 본문 말씀이 보여주는 것은 인류 역사의 종착역입니다. 기차가 철로를 달리다가 최종적인 종착역에 도달하면 어떻게 합니까? 이제 더 이상 달리지 않습니다. 왜냐하면 모든 것이 다 끝났기 때문입니다. 인류 역사의 맨 마지막 종착역이 어디일까요? 그것은 황폐한 자연이 아닙니다. 혹은 원자폭탄으로 인한 파멸이 아닙니다. 놀랍게도 한 크고 흰 보좌입니다.

11절 또 내가 크고 흰 보좌와 그 위에 앉으신 자를 보니 땅과 하늘이 그 앞에서 피하여 간데 없더라

인간의 역사를 시작하신 분은 하나님이십니다. 그래서 인류 역사의 마지막도 하나님으로 마치게 되어 있습니다. 인류의 역사가 더 이상 가고자 해도 갈 수 없는 최종적인 종착역은 하나님께서 이 세상의 모든 사람들을 심판하시는 크고 흰 보좌입니다.

여기서 크고 흰 보좌가 있다는 것은 상징적인 표현입니다. 반드시 최종적인 하나님의 심판이 있으며 그 심판은 대단히 권세 있고 공정한 심판이라는 뜻입니다.

오늘 대부분의 사람들이 가지고 있는 생각이 무엇입니까? 역사가 어느 한 목표를 향하여 달려가고 있다는 사실을 알지 못합니다. 하나님은 시작과 끝이십니다. 하나님이 시작하셨으면 하나님이 반드시 마치십니다.

거의 대부분의 사람들은 인간의 모든 것이 죽음으로 끝이 난다고 생각합니다. 그래서 죽기 전에 가보지 못한 곳이 있으면 원통해 합니다. 요즘 효도 관광이 많이 유행하고 있습니다. 부모님이 돌아가시기 전에 가 보지 못한 곳을 실컷 구경시켜 드리자는 것입니다. 그러나 오늘 본문이 말씀하고

있는 것이 무엇입니까? 하나님의 보좌 앞에서 '땅과 하늘이 그 앞에서 피하여 간 데 없더라'는 것입니다. 우리가 보고 있는 이 하늘과 땅은 영원한 것이 아닙니다. 예를 들어, 표현하자면 마치 무대 장치와 같습니다. 하나님의 구원을 이룰 때 까지만 무대 장치로 사용되고 그 뒤에는 치워버리는 것입니다. 그리고는 무대 뒷면에 늘 계셨던 바로 높으신 그분이 등장하시는 것입니다. 주인공이 나타나니까 땅이나 하늘은 간 곳이 없습니다.

사람들은 수없이 하늘을 바라보고 땅을 밟고 살면서 이것이 무대 세트라는 생각을 하지 않고 오히려 이것이 영원할 것이라고 생각합니다. 영원한 것은 하나님이시며, 하늘과 땅은 그 앞에서 종이나 마분지로 만든 무대 세트에 불과합니다.

하나님은 시작이십니다. 우리의 삶을 시작하게 하신 분은 하나님이십니다. 우리는 모두 그분 앞에 서야 합니다. 그래서 우리에게 주어진 삶을 어떤 식으로 살았는지, 왜 그런 식으로 살아 왔는지 모두 하나님 앞에서 설명을 해야 할 때가 오는 것입니다. 우리 인간은 마치 장사할 기회가 주어진 종들과 같습니다. 많은 것을 맡은 자들도 있고, 적게 맡은 자들도 있습니다. 그러나 중요한 것은 나에게 주어진 삶을 어떻게 살았는지 하나님 앞에서 책임을 져야 하는 것입니다.

하나님은 그냥 대충 대충 넘어가시는 분이 아니십니다. 어떤 일을 벌여 놓고 수습을 하지 못하시거나 아니면 아무렇게나 끝내시는 분이 아니십니다. 우리는 사람이라도 그런 식으로 일을 마치지는 않습니다. 시작이 있으면 반드시 끝이 있습니다.

하나님은 이 세상 모든 것의 알파와 오메가가 되십니다. 인류 역사 끝에는 하나님의 심판의 보좌가 있습니다. 하나님은 아주 공평하게 판단하실 것입니다. 모든 사람들을 동일한 잣대로 재지 않으십니다. 그의 형편과 처지에 맞게 판단하십니다.

많은 것을 맡은 자에게는 많은 것을 요구하십니다. 높은 자리에 있으면서 악하게 산 자는 더 크게 심판하실 것입니다. 하나님이 누구신지 알면서 불순종한 자는 더 큰 심판에 던지우게 될 것입니다. 하나님이 누구신지도 모르고 자기 양심에 따라서 산 자는 좀 덜한 심판에 던지우게 될 것입니다. 그러나 하나님은 공평하게 판단하실 것입니다.

하나님께서 판단하시는 기준이 무엇입니까? 우리의 삶을 통하여 얼마나 하나님의 뜻에 복종했으며 얼마나 많은 영광을 하나님께 돌려 드렸느냐 하는 것입니다.

> 롬 2:6-8 하나님께서 각 사람에게 그 행한대로 보응하시되 참고 선을 행하여 영광과 존귀와 썩지 아니함을 구하는 자에게는 영생으로 하시고 오직 당을 지어 진리를 좇지 아니하고 불의를 좇는 자에게는 노와 분으로 하시리라

하나님께서는 영광 받으시기 위하여 우리 인간을 만드셨습니다. 우리가 하나님의 뜻에 온전히 복종하는 것이 하나님을 높이고 하나님께 영광을 돌려드리는 길입니다.

하나님께서 우리 모든 인간들에게 명령하셨습니다. 그것은 이제 온전히 하나님의 뜻에 복종하는 삶을 살라는 것입니다. 그것이 없는 자들에 대하여 하나님은 심판하십니다. 그들의 교만과 순종치 않음에 대하여 심판하시는 것입니다.

예수님은 제자들에게 이렇게 말씀하셨습니다.

> 마 10:28 몸은 죽여도 영혼은 능히 죽이지 못하는 자들을 두려워하지 말고 오직 몸과 영혼을 능히 지옥에 멸하시는 자를 두려워하라

무슨 말입니까? 이 세상에서 죽는 것을 두려워하지 말라는 것입니다. 물론 우리에게는 죽음의 고통이 두렵습니다. 병들어 죽는 것도 두렵고 사고로 죽는 것도 두렵고 특히 핍박을 당해서 죽는다면 얼마나 더 두렵겠습니까? 그러나 주님은 절대로 우리 믿는 자들은 이 세상에서 죽는 것을 두려워하지 말라고 말씀하십니다. 왜냐하면 죽음의 고통은 잠간이고 그 후에 영원한 하나님의 축복이 우리를 기다리고 있기 때문입니다. 우리에게 죽는 것은 쓴 약을 잠깐 삼키는 것과 같고 잠시 주사를 맞는 것에 불과합니다. 정말 중요한 것은 죽은 후에 있습니다.

하나님께서 우리를 구원하신 것은 이제 부터는 하나님의 뜻대로 살도록 하기 위해서입니다. 그래서 우리의 감정까지 다 새로워져야 합니다. 감정과 뜻과 생각이 모두 하나님께 일치되어야 합니다. 그렇지 않으면 죄짓는 것입니다. 이제 나의 남은 삶은 온전히 주님을 높여 드리는 삶으로 살아야합니다. 그것이 영생의 길입니다. 우리는 늘 언제나 성령으로 충만해야 합니다. 왜냐하면 잠시라도 성령으로 충만하지 못하면 우리는 금방 자기를 높이는 자세로 돌아서기 때문입니다. 이 세상 사람들은 하나님의 심판을 견디지 못합니다. 왜냐하면 그들은 한 평생 자기를 만드신 분들을 잊고 살았기 때문입니다. 그분을 대적하고 그분을 업신여기며 살았기 때문입니다. 이 세상 사람들은 경쟁적으로 죄를 짓습니다. 혹시라도 남이 짓는 죄 중에 내가 빠트리는 것이 있을까봐 연구를 해 가면서 정보를 교환해 가면서 죄를 짓습니다. 바로 그렇게 산 자들에 대한 하나님의 진노의 심판이 역사의 끝입니다.

오늘 말씀이 두려운 것은 죽음이 인간들에게 있어서 끝이 아니라는 것을 분명히 말씀하고 있다는 사실입니다.

12절 상 또 내가 보니 죽은 자들이 무론대소하고 그 보좌 앞에 섰는데 여기서 '무론대소하고'라는 것은 '지위의 고하에 상관없이'라는 뜻입니다. 이 세상에 살면서 하나님 없이 살았던 모든 자들이 바로 이 흰 심판의 보좌 앞에 서게 됩니다. 이미 죽었던 자들은 모두 다시 살아나서 하나님의 심판대 앞에 서게 됩니다.

13절 바다가 그 가운데서 죽은 자들을 내어주고 또 사망과 음부도 그 가운데서 죽은 자들을 내어주매 각 사람이 자기의 행위대로 심판을 받고

모든 사람들은 마지막 순간에 다시 다 살아나게 되어 있습니다. 그들이 어떻게 죽었든 상관이 없습니다. 어떤 사람은 무덤에 너무 오래 있어서 시체가 완전히 썩어서 없어져 버렸습니다. 그래도 죽은 자는 다시 살아납니다. 어떤 사람은 바다에 빠져 죽는 바람에 아예 시체를 건지지도 못했습니다. 그래도 바다가 그 사람을 내어 줍니다. 어떤 사람은 지하철에서 타 죽는 바람에 뼈도 찾지 못했습니다. 그래도 이 세상에 잠시라도 살았던 자들은 모두 하나님의 부름을 받아서 하나님의 심판대 앞에 서게 됩니다. 죽는 것이 끝이 아닙니다. 오히려 그때부터가 시작입니다.

본문에 보면 '사망과 음부'도 하나님이 사용하시는 수단에 불과했다는 것을 알게 됩니다.

14절 사망과 음부도 불못에 던지우니 이것은 둘째 사망 곧 불못이라

사람들은 사망이 끝이라고 생각했습니다. 그러나 사망이 끝이 아닙니다. 사망은 하나님께서 일시적으로 사용하시는 한 수단에 불과했습니다. 사망과 음부는 지금까지 불순종하고 죽은 모든 영혼들을 가두어 두었습니다. 그러나 세상의 모든 역사가 다 끝났을 때 하나님께서는 사망과 음부를 버

리십니다. 그러면 디시는 사망이 없기 때문에 모든 사람들이 다 살아나게 되는 것입니다. 이 세상 살면서 하나님의 영광을 구하지 않고 자기 욕심대로 산 사람은 영원한 불못에 던지우게 될 것입니다.

우리는 불못의 형편이 어떠할지 그리고 하나님의 심판이 구체적으로 어떤 식으로 이루어질지 알지 못합니다. 그러나 분명히 알아야 할 것은 거기는 하나님의 주시는 은혜라고는 조금도 기대할 수 없다는 사실입니다. 사실 이 세상에는 하나님께서 주신 은혜가 있습니다. 이 세상에는 아름다운 자연도 있고 멋진 자연도 있습니다. 사람의 마음에는 양심도 있고 이성도 있습니다. 그러나 불못은 이런 일반적인 은총마저 전혀 없는 상태일 것입니다. 인간들이 서로 극도로 미워하고 극도로 분노하며 극도로 절망한 상태에서 영원히 살게 될 것입니다. 다시는 사망이나 음부가 없습니다. 죽으면 좋습니다. 그러나 죽음이 없는 것이 문제입니다. 우리가 이 세상에서 견디다 못하면 무엇을 생각합니까? 자살을 생각하지요. 사실 죽어버리면 더러운 꼴을 더 이상 보지 않아도 됩니다. 그러나 지옥에는 죽음이 없습니다. 아무리 죽고 싶어도 죽을 수가 없습니다. 영원히 분노합니다. 그리고 영원히 미워합니다. 그리고 영원히 절망합니다.

이 세상에서 조금 고통 받고 조금 욕을 먹는다 하더라도 하나님께 복종하는 것이 복입니다. 약간의 쾌락과 영원한 고통을 바꾸는 자는 가장 어리석은 자입니다. 고통을 조금 참읍시다. 남들처럼 누리지 못하는 삶을 조금만 참읍시다. 무대 뒤에서 하나님께서 우리들을 보고 계십니다. 조금만 더 참으면 영원히 웃을 수 있습니다. 우리는 영원히 기뻐할 수 있습니다. 우리는 영원히 존귀할 수 있습니다.

주님은 오른 손이 범죄하면 잘라 버리라고 하셨습니다. 손 하나 없이 천국에 가는 것이 온 몸으로 지옥에 던져지는 것보다 낫다고 말씀하셨습니다. 오른 눈이 범죄케 하면 빼버리라고 하십니다. 눈 하나 없이 천국에 들어가는 것이 온 몸으로 지옥에 던지우는 것보다 낫다고 말씀하셨습니다. 이것은 이 세상에서 욕망을 죽임으로 지옥에 갈 죄를 짓지 말라는 뜻입니다.

하나님 없이 산 사람들을 심판하는 기준이 있습니다. 그것은 그들의 모든 행위를 기록한 책들입니다.

12절 또 내가 보니 죽은 자들이 무론 대소하고 그 보좌 앞에 섰는데 책들이 펴 있고 또 다른 책이 펴졌으니 곧 생명책이라 죽은 자들이 자기 행위를 따라 책들에 기록된대로 심판을 받으니

15절 누구든지 생명책에 기록되지 못한 자는 불못에 던지우더라

심판 받는 사람들의 모든 행위가 기록된 책이 있습니다. 이것은 그들이 변명하지 못하게 그들의 모든 더럽고 추악한 행위를 기록해 놓은 책으로 생각됩니다. 그런데 이것은 비유입니다. 다른 말로 표현하면 그가 행한 어떠한 죄도 모두 하나님 앞에서 잊혀진 바 되지 않고 모두 다 기억되고 있다는 점에서 책으로 표현하고 있다고 생각합니다. 실제로 죽은 사람들이 모두 일일이 하나님의 심판대 앞에 서고 그 앞에 책이 펼쳐져 있지는 않을 것입니다. 중요한 것은 사람들의 모든 생각과 행위가 하나님 앞에서 없어지지 않고 모두 다 기억되고 있다는 사실입니다. 말 한마디 한 마디까지 모두 다 메모리가 되어 있을 것입니다.

사실 저는 하나님 앞에 책이 펼쳐져 있을 것이라고 생각하지 않습니다. 책은 펼칠 필요도 없습니다. 하나님의 보좌 앞에 섰을 때 갑자기 우리 인간들의 죽은 양심이 살아나기 시작합니다. 지금까지 죽여 놓았던 양심이 갑자기 살아나서 소리를 지르기 시작합니다. 내가 오래 오래 감추어 두었던 그 모든 더럽고 추악한 죄들이 전부 다 생각나면서 이 양심이 큰 소리로 떠

들어 대기 시작할 것입니다. 주님이 말씀하신대로 은밀한 곳에서 저지른 것들이 온 세상 사람들이 다 보는 앞에서 내 입으로 폭로될 것입니다.

내가 한 짓을 듣고서 같은 죄인들이 욕을 할 것입니다. '저런 더러운 인간을 내가 모르고 오늘까지 믿어 왔다'고 하면서 욕을 하고 침을 뱉을 것입니다. 그때는 아무 죄도 감춰어질 수 없습니다. 모두 자기 입으로 그것도 아주 큰 소리도 떠들게 될 것입니다.

우리가 여기서 회개해야 할 이유가 바로 여기에 있습니다. 그리스도의 피로 씻음 받지 않은 모든 죄는 전부 온 세상 앞에서 공포되고 발표될 것입니다.

인간들이 저 그럴듯한 껍질 뒤에 저토록 추악한 죄를 감추고 버틸 수 있었던 사실에 놀랄 것입니다. 겉은 미인이지만 속은 창녀이고 겉은 도덕군자이지만 속은 가장 비열한 자로 드러날 것입니다.

그러나 여기 또 다른 하나의 책이 소개되고 있습니다. 이것은 구원받은 자들의 이름이 적혀 있는 '생명책'입니다. 모세는 이런 책이 있다는 것을 알았습니다. 그래서 이스라엘 백성들이 하나님을 반역했을 때 자기 이름을 그 책에서 지워버리시더라도 이스라엘 백성들을 버리지 말아 달라고 간구했습니다. 예수님께서 제자들이 나가서 귀신을 쫓아내며 사람들의 병을 고치고 돌아왔을 때 귀신들이 너희에게 항복하는 것으로 기뻐하지 말고 너희 이름이 하늘에 기록된 것으로 기뻐하라고 하셨습니다.

생명책이라고 하는 것이 무엇입니까? 이것은 하나님의 구원에 포함된 자들입니다.

하나님께서 구원하실 때 아무렇게나 즉흥적으로 하시지 아니하시고 구원받을 자들을 예정하시고 구원하십니다. 그래서 사도행전 13장에는 바울과 바나바가 하나님의 말씀을 전할 때 "영생을 주기로 작정된 자는 다 믿더라"고 말씀하고 있습니다.

그러면 우리가 이 생명책에 누가 기록되었는지 미리 알 수 있습니까? 그것은 아무도 알 수 없습니다. 그리고 얼마나 많은 사람이 기록되어 있는지도 알 수 없습니다. 그러나 구원받은 사람은 자기는 여기에 이름이 기록되어 있다는 것을 체험으로 알 수 있습니다. 어떻게 알 수 있습니까? 하나님께서 나를 꽉 쥐고 있다는 것을 느낄 수 있습니다. 조금이라도 죄를 향하여 갈 때 추호라도 용납하시지 않는 것을 알 수 있습니다. 그리고 아직 하나님께 맡기지 못한 영역이 있을 때 인정사정없이 빼앗아 가십니다.

그래서 사도 바울은 존귀한 그릇과 천한 그릇의 비유로 설명을 합니다. 우리는 귀한 그릇과 천한 그릇을 이 세상의 신분이나 직위로 생각하기 쉽습니다. 높은 자리까지 올라가는 사람은 귀한 그릇이고 별 볼일 없이 사는 사람은 천한 그릇이라고 생각하기 쉽습니다. 그러나 그렇지 않습니다. 이 세상에서 자기가 하고 싶은 대로 다 할 수 있는 사람은 버리는 그릇입니다. 자기 하고 싶은 대로 다 하게 하시고 자기가 가지고 싶은 것은 다 가지고 하시고 누리고 싶은 것은 다 누리게 하시고 끝에는 철장으로 두들겨 부수는 그릇입니다.

대표적인 것이 애굽왕 바로입니다. 바로는 자기가 하고 싶은 대로 다 했습니다. 성경은 하나님께서 바로를 충동질하셨다고 말씀하고 있습니다. 그것은 마음씨 착한 바로의 성미를 건드렸다는 것이 아닙니다. 그가 마음껏 분노하고 하나님을 시험하도록 내버려 두었다는 뜻입니다. 그리고는 어떻게 하셨습니까? 열 가지 재앙으로 실컷 두들겨 패고 끝에는 홍해에 빠트려 죽여 버리셨습니다. 그것이 천한 그릇입니다. 그러나 하나님의 자녀는 어떻게 하십니까? 조금이라도 하나님의 뜻을 벗어나려고 하면 가만히 두시지 않습니다. 주야로 책망하시고 아무것도 하지 못하게 하십니다. 하나님의 택하신 자녀들은 이 세상에서 절대로 모든 것을 다 누리지 못합니다. 가장 중요한 것을 잃어버리게 하시고 빼앗아 가십니다. 그래서 늘 하나님의 은혜의 줄에 매이게 하십니다. 하나님께서 나의 삶에 간섭하셔서 절대로 죄짓는 자리에 가지 못하게 하시고 억지로 가려고 할 때 손을 들어 치시는 것을 볼 때 우리는 나의 이름이 생명책에 기록되어 있다는 것을 간접적으로 알 수 있습니다. 그러나 간접적으로 아는 것 보다는 직접적으로 아는 것이 더 좋습니다. 그것은 하나님의 말씀이 그렇게 나에게 좋을 수가 없습니다. 하나님이 너무 너무 좋습니다. 어떻게 하든지 하나님을 닮아가고 싶고 하나님께 더 붙들리고 싶고 하나님 앞이 이 세상의 즐거움 보다 말할 수 없이 기쁘고 황홀할 때 그는 분명히 생명책에 이름이 기록된 사람입니다.

이 생명책을 우리에게 소개하시는 것은 우리로 하여금 교만하라는 것이 아닙니다. 우리는 하나님을 시험해서는 안 됩니다. 어떤 사람은 자기가 생명책에 기록되었으면 죄를 지어도 회개하고 돌아올 것이라고 장담합니다. 그것은 믿음이 아니라 무지한 것입니다. 하나님께서 우리를 택하신 것은 어려움 가운데 온전히 하나님을 찬양토록 하기 위한 것입니다. 나의 연약함에도 불구하고 하나님 앞에서 나의 지위가 흔들림이 없다는 것을 깨달을 때 하나님을 찬양하지 않을 수 없습니다. 나는 부족합니다. 또 불순종했습니다. 그러나 하나님은 신실하게 나의 필요를 채워주시고 사랑하시는 증거를 보여 주실 때 이 세상의 아무것도 두렵지 않고 더욱 더 담대하게 하나님 앞에 나아가게 되는 것입니다.

CHAPTER • 42

새 하늘과 새 땅

요한계시록 21:1-8

젊은 남녀들에게 가장 영광스러운 날은 결혼식을 올리는 날입니다. 그날은 오직 신랑 신부 두 사람만이 주인공이고 다른 모든 사람들은 이 두 사람만을 위하여 몰려듭니다. 이 날에 신랑과 신부는 최고의 옷을 입고 특히 신부는 가장 아름답게 단장을 하고 등장해서 신랑을 맞이하게 되는 것입니다.

우리가 신앙생활을 하는 최종적인 목적은 영광에 있습니다. 믿는 사람들이 이 세상에서 신앙생활을 하는 것은 마치 마라톤 경기를 하는 것과 같습니다. 중간에 주저앉고 싶을 때도 있고 포기하고 싶을 때도 많이 있습니다. 특히 우리 그리스도인들은 주님의 말씀을 지키기 위하여 끊임없이 긴장을 해야 합니다. 이것은 긴 마라톤 경기를 하는 것과 같습니다. 그러나 끝까지 이 믿음의 길을 달려갔을 때 우리 한 사람 한 사람에게는 말로 표현할 수 없는 영광이 주어지게 되는 것입니다.

하나님의 백성인 우리들은 이 세상에서 살면서 많은 어려움과 고통을 겪습니다. 때로는 남들이 다 당하는 어려움을 겪기도 합니다. 가난이나 질병 등으로 오래 고생하는 사람들도 있습니다. 사업의 실패나 또 입시나 취직의 문제로 인생의 바닥을 체험하기도 합니다. 거기에다가 우리는 이 세상 사람들이면 전혀 당할 필요가 없는 신앙적인 핍박을 당하기도 합니다. 우리 믿는 사람들은 가족 안에서의 신앙적인 갈등이나 자기가 속한 조직 안에서 따돌림을 당하기도 하고 때로는 공개적인 공격을 받기도 합니다. 그래서 승진이나 출세의 기회를 놓치기도 하고 다른 사람들처럼 행복하게 살지 못할 수도 있습니다. 그래서 그리스도인들은 고통의 측면에서만 본다면 남들이 일반적으로 당하는 고통은 다 당하고 거기에 더 얹어서 남들이 전혀 당할 필요가 없는 고통까지 당하는 자들이라고 말할 수 있습니다. 심지어는 멀쩡한 사람을 하나님께서 시험하신다고 세상에서 내동댕이치셔서 우리의 교만을 꺾으실 때 우리는 정말 소망이 없는 사람 같습니다. 그러나 우리의 신앙은 그것으로 끝나는 것이 아닙니다.

최후의 순간에 내 자신도 믿을 수 없는 엄청난 영광과 존귀가 나를 기다리고 있습니다. 만일 이러한 영광의 순간이 없다면 우리는 이 세상에서 가장 불쌍한 자가 되고 말 것입니다.

새 하늘과 새 땅

성경은 우리 눈에 보이는 이 세상이 영원히 지속되지 않는다고 말씀하고 있습니다. 즉 언젠가는 우리 눈에 보이는 이 하늘과 땅은 없어지고 완전히 새로운 하늘과 땅이 만들어지게 되는 것입니다.

1절 또 내가 새 하늘과 새 땅을 보니 처음 하늘과 처음 땅이 없어졌고 바다도 다시 있지 않더라

제가 어렸을 때 놀던 곳을 지금 가보면 놀라울 정도로 변해 있습니다.

작은 산들은 다 없어지고 거기에는 아파트 단지가 들어서 있습니다. 그러나 아무리 산은 변하고 들은 변한다 하더라도 땅은 그대로 있고 하늘도 그대로 있으며 바다도 그대로 있습니다. 그러나 성경은 우리가 살면서 보고 있는 이 하늘과 땅과 바다가 영원하지 않다고 말씀합니다. 이 하늘과 땅은 우리 성도들을 훈련시키는 훈련장의 임시 가건물들에 불과합니다. 그것은 이미 창세기 처음부터 드러나고 있습니다. 처음 하나님께서 천지를 창조하실 때에 이 땅은 혼돈하고 공허하며 흑암이 깊음 위에 있더라고 말씀하고 있습니다. 땅이 혼돈하다는 것은 모든 것이 뒤죽박죽이 되어 있어서 도저히 사용할 수 없는 폐허 같은 땅을 말합니다. 한번 홍수가 지나가고 나면 어떻게 됩니까? 땅이 뒤죽박죽이 되어서 어디가 밭이며, 어디서 길인지, 또 어디가 사람 살던 집인지 분간하기 어렵습니다. 공허하다는 것은 아무도 살지 않는 빈 터를 말합니다.

시골에 사람이 살지 않는 집을 보십시오. 공허합니다. 거기에는 불기운이라고는 찾을 수가 없습니다. 아무것도 없습니다. 그뿐 아니라 거기에는 깊은 어두움이 드리워져 있었습니다. 이것이 이 세상의 모습이었습니다. 그런데 하나님께서 이 세상을 아름답게 만드신 이유가 어디에 있습니까? 우리 성도들의 구원을 완성시킬 장소가 필요했기 때문입니다. 그러나 우리 성도들의 구원이 완성되기만 하면 이 세상은 없어질 것입니다. 왜냐하면 하나님께 중요한 것은 하늘이나 땅이 아니기 때문입니다. 이 세상의 죄 가운데서 훈련된 자들, 자진해서 하나님의 뜻을 찾고 그 뜻에 순종하여 사는 한 사람 한 사람, 바로 그들이 필요하기 때문입니다.

군대에서 제가 훈련을 받던 곳은 1년에 딱 한 번 장교들을 훈련시키기 위한 막사였습니다. 저희들이 훈련받는 동안 거기에는 많은 사람들이 살았습니다. 그러나 저희들이 임관하고 난 후에 그곳은 아무도 없는 곳이 되고 말았습니다. 빈 교실과 풀만 무성한 연병장뿐이었고 아무도 없었습니다.

성경은 우리의 구원이 완성될 때 이 세상은 전혀 쓸모없는 곳이 되고 말 것이라고 말씀하십니다. 그러면 이 세상에서 살던 사람들은 어떻게 되겠습니까? 그들도 이 세상과 함께 없어집니다. 이 세상에 악한 사람들은 모두 우리를 참으로 겸손하게 하며 우리를 연단하기 위한 수단에 불과합니다. 그들은 자기들의 모든 임무를 다 마쳤기 때문에 없어져야 하는 것입니다.

여기서 '새 하늘과 새 땅'이라고 하는 것은 하나님께서 세상을 완전히 새롭게 하시는 것을 말합니다. 하나님께서는 먼저 성도들을 영화롭게 하신 후 우주 전체를 더 하나님의 영광에 맞게 재창조하실 것입니다. 그때에는 하나님께서 구체적으로 하늘과 땅을 어떻게 창조하실지 우리는 구체적으로 알 수가 없습니다. 그러나 지금 우리가 보는 세상과는 근본적으로 다를 수밖에 없습니다. 일단 우리가 사는 이 하늘은 문제가 있습니다. 우선 이 하늘은 몇 개의 층으로 분리가 되어 있습니다. 우선 우리가 살고 있는 지구의 대기권이 있는가 하면 우주가 있고 그 다음에 하나님이 계신 하늘로 들어가는 문이 있는데 하나님이 계신 하늘은 철저하게 분리가 되어 있습니다. 물론 우리가 살고 있는 대기는 엄청나게 오염이 되어 있는데다가 이제는 오존층까지 뚫려서 태양광선을 직접 쪼이면 피부암에 걸릴 가능성도 많아졌습니다. 그리고 우주선을 많이 쏘아 올려서 우주 쓰레기들이 하늘에서 많이 돌아다니고 있습니다. 거기에다가 많은 이산화탄소나 일산화탄소 등으로 이상 기후가 자주 발생하고 있습니다. 하늘도 표정이 있는데 날씨가 우중충한 날은 잔뜩 찌푸렸다고 말을 합니다. 거기에다가 벼락이 치거나 천둥이 치면 하늘이 성을 내었다고 말을 합니다. 우주의 하늘은 삭막합니다. 거기에는 우리 인간들은 접근할 수가 없고 하나님의 하늘은 굳게 닫혀 있는데 에녹이 거기를 통과한 적이 있고 엘리야가 거기로 들어갔으며 부활하신 예수님이 그곳에 들어가셨습니다. 나중에 하나님께서 새롭게 만드실 하늘은 이 세 하늘이 모두 하나가 될 것입니다. 그리고 다시는 하늘이 찌푸리지도 않고 성내지도 않고 미치지도 않을 것이며 언제나 하나님의 영광을 선포할 것입니다. 그리고 땅은 우리 인간들이 살고 있는 작은 지구밖에 없습니다. 우리 인간들은 지구는 거의 다 개발한 것 같습니다. 달에도 사람을 보내어 보았지만 사람이 살 수 있는 곳은 되지 못한다는 것이 이미 밝혀졌습니다. 아마 부활한 성도들이 다시 다 살아나려면 이 지구는 좁을 것입니다. 사실 사람들은 인간들이 이 지구위에 영원히 살 수 없다는 것은 알고 있습니다. 가장 중요한 이유가 석유 매장량이 한계가 있는 것입니다. 우리가 지금 사용하고 있는 것은 상당부분 석유 에너지를 이용한 것인데 석유는 무한한 것이 아닙니다. 만일 석유가 바닥이 난다면 인간들은 추우니까 땅속으로 굴을 파고 들어가든지 아니면 옛날처럼 마차를 타고 나무를 때서 살아야 할 것입니다. 그러나 더 심각한 것이 이 폭발적인 인구 증가를 어떻게 감당을 하느냐 하는 것입니다. 산 사람도 문제이지만 죽은 사람도 문제입니다. 비행기를 타고 산 위를 지나가다가 보면 머리의 버짐처럼 나무가 없는 부분이 있는데 거의가 무덤인 것입니다. 결국 죽은 사람을 계속 산에 묻다 보면 온 산이 무덤으로 변할 것이 아니냐 하는 것입니다. 우리가 생각하는 것은 그 전에 주님이 오시지 않겠느냐 하는데, 분명한 것은 알 수가 없습니다. 아마도 새로 만들어지는 땅은 이 지구보다는 수백 배 수천 배 큰 에덴동산이 될 것입니다.

하나님께서 에덴동산을 만드셨듯이 새로운 하늘과 땅을 만드실 것입니다. 그때에 동물들은 어떻게 되느냐 하는 것이 의문입니다. 우리가 자세한 것은 알 수 없지만 동물들도 많이 만들어질 것입니다. 그런데 지금 우리가 보는 것 같은 미련하고 지적인 능력이 떨어지는 동물들은 아닐 것입니다. 우리는 새나 닭들을 보면 아주 머리가 나쁜 것을 알게 됩니다. 왜냐하면 뇌의 용량이 적기 때문입니다. 그러나 새로 만들어지는 땅의 짐승들은 거의 인간과 의사소통이 가능할 정도로 지각이 뛰어난 동물들이 만들어질 것입니다. 어떤 사람들은 자기 집 개가 그때 부활하느냐고 묻는데 그 개는 부활하지 않을 것이기 때문에 포기하는 것이 좋을 것입니다.

여기서 중요한 것은 '바다가 다시 있지 않더라'는 것입니다. 아마 새로운 천국의 바다 속에 깊이 잠수하여 아름다운 모든 것을 감상하려고 했던 교인들은 실망할지 모르겠습니다. 여기서 바다가 다시 없더라는 것은 상징적인 표현입니다. 바다는 세상을 상징합니다. 계시록에는 짐승들이 모두 바다에서 올라오더라고 말씀하고 있습니다. 바다는 세상입니다. 이 세상에 있는 모든 강물들이 흘러가면 바다에 모이듯이 사람들의 생각과 가치관이 모이고 또 모이면 거대한 세상의 가치관이 생겨나게 되는 것입니다. 그래서 바다는 인간의 부패한 본성이 모인 거대한 사회라고 보아야 합니다. 다시 말해서 이 세상의 모든 것들이 영원히 없어진다는 뜻입니다. 세상의 부자들, 정치권력을 둘러싼 암투들, 그리고 강한 자가 약한 자들을 구박하고 이용하는 그 모든 일들이 영원히 존재하지 않게 됩니다. 그 이유는 이제 모든 것들이 다 끝났기 때문입니다.

우리는 이 영광을 두 가지로 생각해볼 수 있습니다. 하나는 성도들의 개인적인 영광입니다. 그것은 우리가 이 세상에서 죽을 때 이루어집니다. 우리가 죽을 때 우리는 이 세상의 옛 하늘이나 옛 땅과는 완전히 이별합니다. 이 세상의 괴로운 문제들이 다시 그를 쫓아오지 못합니다. 주 안에서 죽은 성도는 이 세상의 모든 고통이나 아픔을 다 잊을 것입니다. 그리고 하나님의 영광이 기다리고 있습니다. 하나님께서 그를 얼마나 존귀하게 하시는지, 그리고 모든 천사들과 성도들이 그를 얼마나 높이는지 최고의 기쁨과 최고의 존귀로 옷 입혀 주실 것입니다.

그러나 결국은 온 우주적으로 새로운 창조가 이루어지면서 우리는 새 땅을 상속받게 되는 것입니다. 여기서 땅이 중요한 것은 구체적인 천국 생활이 있기 때문입니다. 단지 우리가 영으로 오래 오래 사는 것이 아니라 부활한 몸을 가지고 다시는 아프지도 않고 병들지도 않고 더 건강하고 아름다운 몸을 가지고 새로운 삶을 살게 되는 것입니다.

완전한 새로운 우주가 창조될 때에 우리 성도들이 가장 존귀한 자리에 앉게 되며 최고의 영광이 우리에게 주어지게 됩니다. 그리고 이 세상에서 영광을 누리면서 날뛰던 자들은 아무도 볼 수 없습니다. 왜냐하면 이 세상은 다시 하나님 앞에 있을 수 없기 때문입니다. 세상의 가치관들, 세상이 알아주던 명예, 세상이 부여한 작위나 학위 같은 것들이 아무것도 남아 있는 것이 없습니다. 세상의 학벌이나 세상이 부여한 훈장 등 아무것도 없습니다. 왜냐하면 이 모든 것들은 옛것에 속하기 때문입니다. 다시는 그런 것들이 존재하지 않습니다.

하늘에서 내려오는 새 예루살렘

이제 드디어 새로운 우주 한 가운데 등장하는 것이 있습니다. 그것은 바로 새 예루살렘입니다. 지극히 아름다운 성입니다.

2절 또 내가 보매 거룩한 성 새 예루살렘이 하나님께로부터 하늘에서 내려오니 그 예비한 것이 신부가 남편을 위하여 단장한 것 같더라

'또 내가 보매'라고 하는 것은 우리의 모든 시선을 바로 이 한 가지에 집중시키기 위한 것입니다. 그것은 하늘에서부터 내려오는 영광스러운 새 예루살렘의 모습입니다. 여기서 예루살렘이라고 하는 것은 눈에 보이는 성을 말하지 않습니다. 여기서 말하는 새 예루살렘은 우리 믿는 성도들 전체를 말하는 것입니다. 즉 이 세상의 죄에 오염되지 않고 끝까지 믿음을 지킨 모든 믿는 자들을 예루살렘이라고 말을 하는 것입니다.

'하늘에서부터 세상에 내려온다'고 하는 것은 이 아름다운 성도들이 만들어진 것은 세상의 힘이나 지식으로 된 것이 아니라는 뜻입니다. 물론 우리가 거룩한 성도로 만들어지는 것은 이 세상에서 만들어집니다. 그러나 그 모든 재료는 하늘에서 공급된 것들입니다. 우리 안에 있는 아주 작은 것까지 하늘에서 주어지지 않은 것이 없습니다. 우리의 성품이나 능력이나 모든 은사들은 전부 다 하나님께서 주신 것입니다.

그런데 그들의 모습이 어떻습니까? 마치 신부가 남편을 위하여 단장한 것 같더라고 말씀하고 있습니다. 신부가 남편을 위하여 단장하는 것은 최고의 단장입니다. 이 세상에서 최고로 아름다운 것은 신부의 단장입니다. 여인들이 단장을 하는데 여러 가지 종류가 있습니다. 시장에 갈 때에는 간단하게 화장을 할 것입니다. 동창생들을 만나러 갈 때에는 조금 더 신경을 써서 기가 죽지 않으려고 할 것입니다. 그런데 결혼식 하러 갈 때에는 최고의 화장을 하고 최고의 옷을 입고 준비해서 갈 것입니다. 새 예루살렘에 최고로 아름답다는 것을 그렇게 표현하고 있습니다. 물론 이 성의 단장은 외모로 치장하는 것이 아닙니다. 그들의 의로운 삶을 두고 하는 말입니다. 그리스도인들은 자신의 삶을 최고로 거룩하고 아름답게 만들었습니다.

도대체 무엇이 그들을 이토록 눈부시도록 아름답게 만들었습니까? 그것은 이 세상에서는 고난과 성령의 능력이었습니다. 성령께서는 우리 안에 조그만 욕망이 있어도 우리를 괴롭게 하셔서 결국 완전히 깨끗해질 때까지 그냥 두시지 않습니다. 우리 안에 있는 악한 행실이나 성격이 고쳐질 때 까지 무섭게 연단을 시키십니다. 그래서 결국 눈이 부실 정도로 아름다운 그리스도의 신부로 만들어 놓습니다.

베드로 사도는 믿음을 가진 부인들에게 이렇게 권면하고 있습니다.

베드로전서 3:3-4, "너희 단장은 머리를 꾸미고 금을 차고 아름다운 옷을 입는 외모로 하지 말고 오직 마음에 숨은 사람을 온유하고 안정한 심령의 썩지 아니할 것으로 하라 이는 하나님 앞에 값진 것이니라" 고 말씀하고 있습니다.

그리스도인의 단장은 그의 속사람을 아름답게 만드는 것입니다. 모든 혈기를 버리고 온유하고 겸손한 마음을 가지는 것이 최고의 단장입니다. 저는 그리스도인들에게 가장 중요한 기초화장은 '겸손'이라고 믿습니다. 만약 이것이 빠지면 아무리 다른 것으로 단장을 해도 아름답지가 않고 오히려 더 어색하게 보이고, 추하게 느껴질 것입니다.

하나님께서 이스라엘 백성들에게 약속하신 것은 그들과 함께 하시는 것입니다. 그래서 이스라엘 백성들을 애굽에서 이끌어 내신 후 그들과 언약을 맺으시고 하나님께서 성막을 짓게 하셔서 그들과 함께 사셨습니다.

3절 내가 들으니 보좌에서 큰 음성이 나서 가로되 보라 하나님의 장막이 사람들과 함께 있으매 하나님이 저희와 함께 거하시리니 저희는 하나님의 백성이 되고 하나님은 친히 저희와 함께 계셔서

부부가 결혼을 하면 가장 중요한 변화가 함께 한 집에서 살고 한 방에서 잠을 자는 것입니다. 이것이 되지 않으면 온전한 부부라고 말할 수가 없습니다. 이때부터 부부는 모든 것을 함께 나누게 되어 있는데 특히 아내는 결혼을 통하여 남편의 모든 자격과 권리를 함께 누릴 자격을 얻게 되는 것입니다. 그래서 아내는 남편이 파티에 초청되어갈 때 같은 자리에 앉을 당당한 자격이 있습니다. 여기서 하나님의 장막이 우리와 함께 한다는 것은 과거에 이스라엘 백성들과 함께 계셨던 것처럼 불완전한 방식으로 동거하시겠다는 뜻이 아닙니다. 여기서 하나님의 장막이라고 하는 것은 하나님의 은혜와 임재를 의미하는 것입니다. 우리는 이때 하나님의 모든 것을 누릴 자격을 가지게 되는 것입니다.

고후 3:18 우리가 다 수건을 벗은 얼굴로 거울을 보는것 같이 주의 영광을 보매 저와 같은 형상으로 화하여 영광으로 영광에 이르니 곧 주의 영으로 말미암음이니라

우리는 궁극적으로 하나님과 같은 형상으로 변할 것입니다. 삼위 하나님과 같은 영광 가운데서 눈으로 하나님을 보면서, 하나님을 만나고, 하나님의 그 사랑을 직접 우리가 체험하게 될 것입니다. 바로 이것이 하나님이 사람들을 창조하신 근본적인 이유입니다. 하나님께서 사람을 만드신 것은 이 세상에서 돈이나 벌고 밥이나 먹고 살라고 만드신 것이 아닙니다. 하나님께서 사람을 만드신 것은 이 영광 가운데 영원히 있게 하기 위해서 입니다. 하나님 앞에 있는 것은 최고의 것입니다. 이 최고의 것들을 영원히 누리게 하기 위해서입니다.

하나님께서 이 세상에 죄를 허용하신 이유가 무엇입니까? 이 영광에 들어올 자들은 죄를 이기어내라는 것입니다. 하나님께서 우리들에게 고난을 허용하신 이유가 무엇입니까? 우리에게 왜 그토록 많은 눈물의 시간과 한숨을 주신 것입니까? 이 영광에 있기 위해서는 그런 고통 가운데서도 하나님을 찬양하며 온전히 하나님께 영광을 돌리라는 것입니다. 그렇지 않으면 하나님께서 하신 것이 하나도 이해가 되지 않습니다. 하나님께서 에덴동산에 선과 악을 알게 하는 나무를 만드신 것은 실수 밖에 되지 않습니다. 하나님께서 우리에게 어려움을 주신 것은 우리를 더 좋게 하시기 위해서 입니다. 물론 이 세상에서 어느 정도 회복시켜 주십니다. 그러나 이 세상에서 회복시켜 주시는 것은 아주 작은 맛보기에 불과합니다. 우리는 하나님처럼 될 것입니다. 하나님을 직접 이 눈으로 볼 것입니다. 우리의 모습이 태양보다 더 밝게 빛날 것이며 우리 안에 있는 이 기쁨은 저 하늘로도 표현하기 어려울 것입니다.

고전 13:12 우리가 이제는 거울로 보는 것 같이 희미하나 그때에는 얼굴과 얼굴을 대하여 볼 것이요 이제는 내가 부분적으로 아나 그때에는 주께서 나를 아신 것 같이 내가 온전히 알리라

그때 우리는 모든 것을 다 가지며 모든 것을 다 알며 모든 것을 다 보게 될 것입니다.

4절 모든 눈물을 그 눈에서 씻기시매 다시 사망이 없고 애통하는 것이나 곡하는 것이나 아픈 것이 다시 있지 아니하리니 처음 것들이 다 지나갔음이러라

지금까지 성도들은 너무나도 많은 눈물을 흘리며 많은 아픔을 간직한 채 살아 왔습니다. 이 세상에서의 삶이 정말 싫을 때가 많았습니다. 어떨 때 너무 고통스러우면 죽지 못해서 사는 것 같을 때도 있었습니다. 기쁠 때와 힘들 때 비교해 보면 힘들 때가 더 많았던 것 같습니다. 가장 두려운 것이 죽음입니다. 사망이나 애통이나 곡하는 것입니다. 또는 아픈 것도 있었습니다. 우리 성도들 중에서도 중병에 걸려서 돌아가시는 것을 보면 너무나도 가슴이 아프고 또 특히 죽어야 하는 것을 보면 죽음이 야속할 때가 있습니다. 그러나 하나님께서 위로하시면서 하시는 말씀이 이런 것이 다시는 없다라고 말씀하십니다.

우리는 새로운 몸으로 부활하게 되는데 그때에는 절대로 아픈 것이나 죽는 것이 없습니다. 왜냐하면 거기에는 병이라는 것 자체가 없고 죽는 것 자체가 없기 때문입니다.

처음에 아담이 만들어졌을 때 가장 이해할 수 없었던 것이 죽음이었을 것입니다. 하나님께서 '이 나무의 실과를 먹는 날에는 정녕 죽으리라'고 하

셨을 때 도대체 죽는 것이 무엇일까라고 생각했을 것입니다. 왜냐하면 그때까지만 해도 인간들은 죽는 것을 한 번도 본 적이 없었기 때문입니다. 그러나 장차 새 하늘과 새 땅이 오면 그때에도 죽는 것이 없습니다.

하나님의 말씀이 무엇을 이야기 합니까? 하나님께서 이 세상에서 우리가 흘리고 있는 눈물을 다 알고 계신다는 것입니다. 하나님께서는 우리 마음의 고통을 다 알고 계시며 우리가 아파하는 것도 다 알고 계십니다. 죽음이 우리를 찾아 왔을 때 하나님은 우리 곁에 함께 계십니다. 그러나 이제 성도들은 몸을 가지고 다시 삽니다. 생시인지 꿈인지 믿어지지 않습니다. 너무나도 멋있고 영광스러워서 믿을 수가 없습니다. 그러나 혹시 또 다시 죽음이 찾아오거나 아픈 것이 오면 어떻게 합니까? 하나님께서는 그런 일은 다시 없다고 말씀하십니다. 몸을 가지고 영원히 늙지도 않고 영원히 아프지도 않고 영원히 하나님의 축복을 누리면서 살게 될 것입니다.

이제 우리가 누릴 영광을 생각해 보아야 합니다. 그러나 성경은 우리가 누릴 영광에 대하여 많은 말씀을 하시지 않습니다. 단지 고난 가운데 어떻게 주님을 의지하며 어떻게 주님의 뜻대로 살아야 할지에 대하여만 말씀하십니다. 그 이유가 무엇입니까? 영광에 대하여 많은 말씀을 하시면 우리가 이 세상을 견디지 못합니다. 모두 죽으려고 하지, 살려고 하지 않습니다. 여기서 죽으면 바로 영원한 영광에 들어가게 되는데 무엇 때문에 고통을 받아 가면서 불안해하면서 살겠습니까? 그래서 성경은 우리의 영광에 대하여 할 수 있는 한 많이 자제하면서 이 세상에서 승리하는 삶을 살라고 말씀하십니다. 대개 하나님께서 우리의 어려운 사정을 알고 있다는 말씀을 하십니다.

그것만으로도 큰 위로가 됩니다. 전능하신 하나님께서 나의 사정을 알고 계시는데 두려워 할 것이 무엇이 있습니까? 그러나 고난이 너무나도 극심해지면 때때로 그런 위로도 힘이 되지 않을 때가 있습니다. 그럴 때에는 어떻게 하십니까? 그때 비로소 하늘의 영광을 우리에게 일시적으로 부어 주십니다. 그것을 우리는 성령 세례라고 말할 때가 많습니다. 너무나도 마음이 답답하고 고통 중에 있는데 이유를 알 수 없는 하나님의 영광이 나를 덮는 것입니다. 그래서 울고 웃다가 보면 이 세상의 고난이 그렇게 힘들지 않습니다.

전에 어떤 자매가 아이 문제로 많은 고통을 받았습니다. 사람들마다 다 자매가 어떻게 그 고통을 견딜지 걱정을 했습니다. 그러나 그 자매는 놀라운 대답을 했습니다. 자기는 사실 생각만큼 그렇게 고통스럽지는 않았다는 것입니다. 그 이유는 하나님께서 너무나도 많은 기쁨을 부어 주셨기 때문이라는 것입니다. 외로운 줄도 몰랐고 두려운 줄도 몰랐다는 것입니다. 이것은 영광입니다. 우리는 이 세상에서도 영광을 맛봅니다. 때로는 말로 표현할 수 없는 영광 때문에 고난을 이겨 냅니다. 성령의 특별한 감동은 영광의 한 부분입니다. 방언을 하거나 특별한 체험을 하는 것도 작은 영광의 한 부분입니다. 찬송을 드리거나 말씀을 듣는 가운데 엄청난 감동이 몰려와서 눈물을 흘리는 것은 영광의 한 부분입니다. 바울은 우리가 방언을 무시하지 않기를 바랬습니다. 하나님으로부터 오는 위로는 아무리 작은 것이라 하더라도 소중하기 때문입니다. 하나님께서는 우리가 어려움 가운데 있을 때 절대로 우리 혼자 버려두시지 않습니다. 하나님이 함께 하시는 것을 체험하게 하십니다. 그때에는 항상 영광의 체험이 있습니다.

이 세상 모든 것이 우리를 기다리고 있습니다. 세상의 모든 피조물들이 우리가 지금 당하는 이 믿음의 경주를 잘 마치고 승리의 면류관을 쓰고 나타나기를 기다리고 있습니다. 길을 가면서 나뭇잎이 살랑거리는 소리를 들어 보십시오. '존귀한 자여 조금만 더 참고 인내하라'고 말을 할 것입니다. 눈물을 씻고 저 높은 하늘을 바라보십시오.

얼마나 많은 성도들과 천사들이 내 이름을 부르면서 파이팅을 외치고 있는지 모릅니다. 조금만 참으십시오. 그러면 저 영원한 영광은 나의 것입니다.

최종적인 하나님의 선언

인류 역사가 마치는 순간에 하나님께서는 새로운 선언을 하실 것입니다.

5절 상 보좌에 앉으신 이가 가라사대 보라 내가 만물을 새롭게 하노라 하시고

처음 이 세상이 만들어졌을 때에도 하나님께서 선언을 하셨습니다. '태초에 하나님이 천지를 창조하시니라' 바로 이 한마디 말씀으로 온 세상이 있게 되었습니다. 그런데 인류 마지막 순간에 하나님께서 또 한 번의 선언을 하십니다. '내가 만물을 새롭게 하노라'

이 한마디의 말씀으로 이 세상의 역사는 끝나고 지금 우리가 눈으로 보고 있는 세상은 없어지고 완전히 새로운 장면이 눈에 나타나게 됩니다.

새로운 세계의 특징이 무엇입니까? 여기에는 시간이 없다는 것입니다. 지금 우리는 시간의 한계를 받고 있습니다. 하루하루 해가 떠오르고 시간에 따른 변화가 있을 때 시간이 있습니다. 아침에 해가 떠오르고 시간의 흐름에 따라 사람이 변합니다. 얼굴에 주름이 생기기도 하고 키가 크기도 하고 음식은 썩어 갑니다. 여기에는 시간이 있습니다. 그러나 해가 떠오르지도 않고 늙지도 않고 썩는 것도 없다면 시간이 있을 수 없습니다.

새로운 세계는 시간이 없습니다. 모든 것이 똑같습니다. 한번 정해진 지위나 처지는 영원히 불변합니다. 물론 사람이 활동하지 않는 것이 아닙니다. 움직입니다. 느낍니다. 그러나 여기에는 늙는 것이 없고 부패하는 것이

없고 모든 것이 한번 정해지면 그대로입니다.

그런데 가장 중요한 것이 모든 사람이 두 부류로 나누어지는 것입니다. 한 쪽은 구원받은 사람입니다. 그리고 다른 한 쪽은 멸망받는 쪽입니다. 이 외에는 아무도 없습니다.

그리고 우주가 다시 창조됩니다. 이 우주는 지금 우리가 보는 우주와는 완전히 다릅니다. 완전히 성숙한 세상이 됩니다. 많은 피조물들이 있을 것입니다. 그러나 이것들은 우리가 보는 것과는 완전히 다른 것이 틀림없습니다. 이 안에는 갈등이나 모순이라고는 전혀 없습니다.

이 생물들 하나하나에는 하나님의 창조의 능력이 극치로 나타날 것입니다. 우리가 상상할 수 없는 아름다운 세계일 것입니다. 모든 것이 오케스트라의 연주자들처럼 움직이며 그리스도를 노래하며 찬양할 것입니다. 하늘이 살아 있을 것이며 우리의 몸도 태양처럼 빛나는 몸이 될 것입니다.

그러나 본문은 이 새로운 창조가 전체 인간을 두 부류로 나누는 일에서부터 시작될 것임을 말씀하고 있습니다.

오늘 본문에서 하나님께서는 자신을 이런 식으로 소개하고 있습니다.

6절 상 또 내게 말씀하시되 이루었도다 나는 알파와 오메가요 처음과 나중이라

'알파와 오메가'라는 말은 우리가 다 아는 바와 같이 헬라어의 처음 글자가 알파이고 마지막 문자가 오메가입니다. 그러니까 알파 앞에 다른 글자가 없고 오메가 뒤에도 다른 글자가 없습니다. 모든 글자는 다 알파와 오메가 안에 들어 있게 됩니다.

하나님께서는 우리 모든 존재의 시작이 되십니다. 하나님이 '시작'이시란 것은 두 가지 의미가 있습니다. 하나는 이 모든 것의 시작을 거슬러 올라

가면 결국 하나님 한 분이 계신다는 뜻입니다. 이 세상이 어떻게 시작되었습니까? 하나님에서부터 시작되었습니다. 누가복음에 있는 예수님의 족보를 보면 밑에서 부터 거슬러 올라갑니다. 끝까지 거슬러 올라가면 누가 나옵니까? 아담이 나옵니다. 아담 다음에는 누구입니까? 하나님이십니다. 모든 것의 시작이 하나님이십니다. 그러면 하나님 이전에는 누가 있었습니까? 아무도 없었습니다. 하나님으로 부터 인간이 시작되었고 다른 모든 피조물이 시작되었고 눈에 보이는 이 모든 만물들이 시작되게 되었습니다.

우리 모든 존재의 근원이 무엇입니까? 거슬러 올라가 보면 결국 하나님의 창조가 나옵니다. 하나님께서 모든 것을 말씀으로 창조하셨습니다. 그리고 하나님 앞에는 무엇이 있습니까? 아무것도 없습니다. 하나님이 시작이십니다.

우리 집 아이가 어렸을 때 질문한 것이 그것입니다. '아빠, 하나님은 누가 만드셨어요?' '하나님은 아무도 만들지 않았단다. 하나님은 원래부터 계셨어' 아이는 그것을 이해할 수 없어서 힘들어 했습니다. '아무도 만들지 않았는데 그냥 존재하다니…나는 엄마 아빠가 낳았고 또 다른 모든 것들은 다 만든 것이 있는데 하나님은 그냥 혼자 계셨다니…' 아무리 이해를 하려고 해도 이해가 되지 않았던 모양입니다. 그래서 내린 결론은 이것이었습니다. '그러니까 하나님이셔!'

그리고 하나님이 시작이라는 것에는 또 다른 의미가 있습니다. 그것은 바로 내 자신이 존재하게 된 근원도 하나님이시란 뜻입니다.

내가 어떻게 존재하게 되었을까요? 그것은 우연히 생긴 것이 아닙니다. 하나님께서 최초로 남자 한 사람 여자 한 사람 만들어 놓고 가만히 두니까 거기서 저절로 자식이 번식해서 사람들이 생기게 되었고 결국에는 나라는 사람까지 생기게 된 것이 아닙니다. 하나님은 어머니 뱃속에서 정확하게 나를 만드셨습니다. 성경에는 하나님의 허락 없이는 참새 한 마리도 땅에 떨어지지 않는다고 말씀하셨습니다. 그리고 우리에 대해서는 머리털 하나라도 다 세신 바 되었다고 말씀하셨습니다.

나를 만드신 분은 하나님이십니다. 그래서 하나님이 우리의 아버지가 되십니다. 물론 부모님이 없이는 우리가 날 수 없습니다. 그러나 아무리 부모님이 계셨다 하더라도 하나님께서 나를 창조하시지 않으셨더라면 나는 존재할 수 없었습니다.

그리고 모든 것의 마지막이 무엇입니까? 하나님이십니다. 하나님이 '나중'이라고 하는 것은 이 모든 역사는 하나님께서 마치신다는 뜻입니다. 하나님 외에는 인간의 역사를 닫을 수 있는 자가 없습니다. 아무리 인간들이 전쟁을 일으키고 홍수나 지진 같은 재앙이 일어나고 핵무기가 지구를 몇 번씩이나 박살낼 정도로 많다 하더라도 인간의 역사를 마칠 수 있는 분은 하나님이십니다. 세상이 급변해도 우리가 두려워하지 않는 이유는 바로 여기에 있습니다. 하나님이 아니면 인류 역사의 종말은 오지 않습니다. 반드시 그리스도가 구름을 타고 다시 오심으로 역사는 마치게 되어 있습니다. 그때까지 사람들은 살아있을 것입니다. 그리고 살아있는 자들은 눈으로 주님을 보게 될 것입니다. 그때 비로소 모든 것이 끝납니다.

그런데 오늘 본문에서 중요한 것이 무엇입니까?

'또 내게 말씀하시되 이루었도다'고 하시는 것입니다.

하나님께서는 인간의 모든 역사를 시작하시고 마치실 뿐 아니라 그 모든 과정이 하나님의 뜻대로 이루어졌고 하나님의 뜻은 하나도 남김없이 다 성취되었다고 선언하시는 것입니다.

역사에는 하나님의 일이 실패로 보이는 장면들이 많습니다. 그 중에 가장 충격적인 것이 인간이 사탄의 유혹에 넘어가서 범죄한 것입니다. 하나님의 형상대로 창조된 인류의 타락은 하나님이 완전히 실패한 것 같습니다. 그뿐만 아니라 노아의 홍수 사건을 보십시오. 하나님께서는 스스로 만드신 모든 세계를 죄로 인하여 들러 엎어야만 했습니다. 또한 택한 이스라엘 백성들의 패망을 보십시오. 하나님께서 구원하시고 하나님께서 인도하신 이스라엘 백성들이 죄 때문에 멸망하고 만 것은 하나님의 실패가 아닙니까? 또한 하나님의 아들 예수 그리스도의 십자가 처형을 보십시오. 이것은 하나님께서 실패하신 것이 아닙니까? 그 이후에도 계속되어온 교회의 타락과 부패를 보십시오. 모든 역사가 하나님의 뜻대로 이루어졌다고 장담할 수 있습니까? 어떻게 보면 하나님의 모든 선한 뜻이 다 실패한 것만 같습니다. 그러나 하나님께서는 '이루었다'라고 하시면서 하나님의 모든 것이 성취되었음을 선포하고 있습니다.

그러면 이 긴 하나님의 구원 역사를 통하여 하나님께서 이루시기 원하셨던 궁극적인 뜻이 무엇입니까? 그것은 하나님의 뜻대로 사는 하나님의 백성들을 만들어 내는 것입니다. 자진해서 하나님의 뜻에 자신을 굴복시키는 한 사람 한 사람을 만들어내는 것이 하나님의 궁극적인 뜻입니다. 하나님께서는 이 세상에 고통이 전혀 발생하지 않는 것을 원하신 것이 아닙니다. 하나님께서는 전쟁이 전혀 없으며 전염병이나 질병이 없는 세상을 약속하신 적도 없습니다. 하나님께서 인류의 타락을 허락하시고, 노아 홍수로 거의 대부분의 인류를 멸망하시면서 까지도, 이스라엘을 멸망시키며 그리스도를 십자가에 못 박혀 죽게까지 하시면서도 이루려고 하셨던 것은 자기 스스로 하나님의 뜻이 존귀하고 소중한 것을 깨달아 스스로 복종하는 백성들이 생겨나는 것입니다. 그리스도와 같은 자들이 만들어지는 것입니다.

인간에게 있어서 가장 존귀한 것은 바로 이것입니다. 아직도 마음속에는 정욕이 살아 있고 이 세상에서 잘 살고 싶고 모든 것을 육적으로 누리고 싶음에도 불구하고 스스로 자신의 욕심을 포기하고 하나님의 뜻대로 행하는 한 사람 한 사람입니다. 그런 사람을 만들기 위하여 이 모든 역사의 물줄기가 필요했습니다. 마치 수많은 시냇물이 흐르는 가운데서 약간의 사금을 걸러내는 것과 같습니다. 이 무수한 역사의 흐름을 통하여 하나님께서 이루려고 하셨던 뜻이 무엇입니까?

자기 스스로 하나님의 뜻이 얼마나 존귀하고 아름다운지 깨달아서 자신의 전 마음과 인격과 열정을 다하여 하나님의 뜻을 이루며 산 사람입니다. 죽는 것을 두려워하지 아니하고 일분일초라도 하나님을 기쁘시게 하기 위하여 산 사람입니다.

하나님께서 다 이루었다고 선포하시는 것은 인류 역사 전체를 통하여 좋지 않은 일이 전혀 없었다는 뜻이 아닙니다. 오히려 너무 많은 재앙과 좋지 않은 일들이 있었습니다. 전쟁도 있었고 재앙도 있었습니다. 슬픈 이야기가 너무 많았습니다. 때로는 하나님께서 완전히 실패하시는 것 같은 때도 있었습니다. 그러나 결국에 가서 보니까 하나님께서 원하신 사람의 수가 정확하게 다 채워진 것입니다. 하나님께서 정하신 사람의 수가 있습니다.

그들은 누구입니까? 어린 양의 피가 그 옷을 빨고 어린 양이 어디로 이끄시든지 따라갈 수 있는 사람들이었습니다. 이들에게는 자기의 것이라고는 없는 사람들이었습니다. 모든 것이 주님의 것이었고 주님이 그들에게는 모든 것이었습니다. 인류 역사의 마지막 순간이 언제입니까? 바로 이들의 숫자가 채워질 때입니다. 하나님께서 수천 년 혹은 수만 년의 역사를 흐르게 하신 것은 바로 하나님이 원하시는 수의 이 존귀한 자들을 얻기 위해서입니다. 이들은 모두 존귀한 자의 명칭을 얻기 위하여 죄가 들끓는 이 세상에서 믿음을 지킨 자들입니다. 자기 안에 있는 정욕을 이기기 위해 남이 알지 못하는 투쟁과 시련을 통과한 자들입니다.

하나님께서는 이들을 다 얻고 난 후 '이루었다'고 선포하시는 것입니다.

결국 하나님께서 이 모든 역사를 허락하시는 것은 모든 사람들을 두 종류의 사람들로 나누기 위해서입니다. 한 부류의 사람들은 참으로 존귀한 자들입니다. 그들은 하나님의 아들이 되어 하나님의 모든 존귀와 영광을 상속할 것입니다. 그러나 다른 한편은 자기를 창조하신 하나님을 잊고 교만하게 살다가 영원한 멸망에 던져지게 되는 자들입니다.

누가 존귀한 자들입니까? 6절 끝을 보십시오. '내가 생명수 샘물로 목마른 자에게 값 없이 주리니' 이 말씀은 너무나도 오래 전부터 선포되었던 말씀입니다.

예수님이 오시기 수백 년 전에 이사야선지는 선포했습니다.

사 55:1 너희 목마른 자들아 물로 나아오라 돈 없는 자도 오라 너희는 와서 사 먹되 돈 없이 값 없이 와서 포도주와 젖을 사라

예수님께서는 또 이스라엘 자손들에게 이렇게 말씀하셨습니다.

요 7:37, 38 명절 끝날 곧 큰날에 예수께서 서서 외쳐 가라사대 누구든지 목마르거든 내게로 와서 마시라 나를 믿는 자는 성경에 이름과 같이 그 배에서 생수의 강이 흘러나리라 하시니

성경이 말씀하고 있는 것이 바로 이것입니다. 누구든지 목이 마른 자는 하나님 앞에 나아오라는 것입니다. 여기서 목마른 것은 육체적으로 목마른 것을 두고 하시는 말씀이 아닙니다. 지식에 목말라 하는 것도 아닙니다. 사회 정의에 목말라 하는 것도 아닙니다. 이것은 죄 때문에 하나님 앞에서 목말라 하는 것입니다. 참으로 복된 사람은 자기 안에 있는 무서운 죄성을 발견하고 절망하고 절규하면서 십자가를 붙드는 사람입니다. 하나님은 그런 사람에게 생명수 샘물을 값없이 주셔서 영원히 살게 하십니다.

하나님의 최종적인 목적은 사람을 두 부류로 나누는 것입니다. 이 생명

수 샘물을 마시는 자는 극소수입니다. 바로 이들을 하나님께서는 영원한 생명으로 인도하십니다.

7절 이기는 자는 이것들을 유업으로 얻으리라. 나는 저의 하나님이 되고 그는 내 아들이 되리라

이들은 이기는 자들입니다. 다시 말해서 성령의 능력으로 죄를 이기는 자들입니다. 하나님께서는 '이것들을 유업으로 얻으리라'고 말씀하십니다. 예수 믿는 것은 하나님의 아들이 되는 것이고 상속자가 되는 것입니다.

우리가 어디서 무엇을 하든지 상관이 없습니다. 하나님께서 우리에게 원하시는 것은 하루를 살든지 일주일을 살든지 성령의 능력으로 우리 안에 있는 죄성을 이기고 하나님의 뜻에 순종하는 삶을 사는 것입니다. 바로 이들이 이기는 자들이며 하나님께서는 이들에게 하나님의 모든 존귀한 것들을 다 유산으로 주십니다. 하나님의 존귀와 영광과 능력과 그 모든 것이 다 나의 것이 됩니다.

여러분, 한번 생각해 보십시오. 이 세상의 기간은 아주 짧은 순간입니다. 물론 길게 느껴질 때도 있지만 실제로는 너무나도 짧은 기간입니다. 이 짧은 기간 동안 죄의 유혹을 참지 못해서 영원한 하나님의 복을 놓친다고 하는 것은 너무나도 어처구니없는 일이요, 어리석은 짓입니다.

다른 한 부류의 사람들은 누구입니까? 바로 이 성령의 인도하심대로 살지 아니한 거의 대부분의 사람들입니다. 인류를 이 두 부류로 나눈다면 거의 대부분이 바로 이 멸망하는 자들의 편입니다. 그리고 아주 극소수만이 구원받는 자의 편에 서게 될 것입니다. 아마 거의 대부분의 인간들이 이편에 서고 구원받는 자들의 수는 점 하나 찍는 정도가 될 것입니다. 그러나 인류 역사 전체를 통하여 볼 때에는 구원받는 자의 수도 결코 적지 않습니다.

그러나 멸망당하는 자들과 비교하면 도저히 비교가 되지 않을 것입니다.

성경 본문에서는 여덟 종류의 구체적으로 멸망하는 자들의 특징을 열거하고 있습니다. 첫째는 두려워하는 자들입니다. 두려워한다고 하는 것은 사회적인 비난이나 자기 안의 이기심 때문에 분명하게 하나님을 믿지 못하고 여전히 죄에 머물러 있는 것입니다. 사회를 떠나지 못하는 것입니다. 왜냐하면 사회를 떠나면 비난을 받고 자기 부모나 형제들로 부터 버림을 받기 때문입니다.

두려워하는 자는 사람의 눈이 무서워서 감히 신앙생활을 할 엄두를 내지 못하는 사람입니다. 저는 집안의 반대를 피하기 위하여 몰래 신앙 생활하는 것을 두려워하는 자라고 말하지 않습니다. 그는 용감한 자입니다. 그러나 여기서 말하는 것은 아예 신앙생활을 시작하려고 조차 하지 않는 자들입니다. 또 믿지 않는 자들이 있습니다. 그는 복음을 거부하는 것입니다. 복음이 자기 생각과 맞지 않는다고 해서 하나의 인생관이라고 하면서 자기의 길을 가는 자를 말합니다. 그 엄청난 고집과 교만에 대하여 하나님은 진노하십니다. 복음은 하나의 사상이 아닙니다. 이것은 모든 인류에게 주신 하나님의 명령입니다.

세 번째는 흉악한 자들입니다. 흉악한 자들이라고 하는 것은 하나님을 두려워하지 않는 사람을 말합니다. 하나님을 두려워하지 않기 때문에 자기 생각대로 무엇이든지 할 수 있는 사람이 흉악한 사람입니다. 하나님을 두려워하지 않는 사람이 어떻게 구원을 받을 수 있겠습니까? 그리고 살인자가 있습니다. 여러분, 사람을 죽인다고 하는 것은 쉬운 일이 아닙니다. 이것은 극도의 분노로 완전히 상대방의 인격을 발로 밟지 않는다면 사람을 죽일 수 없습니다. 사람을 죽이는 것은 일단 사람으로 할 수 있는 한계선을 넘어선 것입니다. 제정신으로는 사람을 죽일 수 없습니다. 행음자라고 하는 것은 침상을 더럽히는 자를 말합니다. 남녀가 한 사람씩 결혼하도록 만드신 것은 하나님의 뜻입니다. 남녀의 성을 남용하는 것은 하나님에게 상처를 주는 것입니다. 모든 종류의 음행들은 하나님의 형상을 짓밟는 것입니다. 술객이라고 하는 것은 귀신의 능력을 의지해서 어떤 특별한 힘을 행하는 것을 말합니다. 귀신의 앞잡이입니다. 기적을 행할 때도 있습니다. 남이 모르는 어떤 사실을 알아낼 때도 있습니다. 그러나 그들은 지옥의 앞잡이입니다. 우상 숭배자라고 하는 것은 이런 자들의 말을 따라가서 하나님께 영광 돌리기를 거부하고 결국 다른 것을 섬기거나 자기를 숭배하는 사람을 말합니다. 지금 현대에는 우상이 자기 자신입니다. 때로는 자기 자식이 우상이 될 때도 있습니다.

결국 이들은 모두 성령의 능력으로 살지 않는 자들입니다. 이들은 모두 불과 유황으로 타는 불못에 던져지게 됩니다. 거의 대부분의 사람들이 거기에 들어가게 됩니다.

불과 유황이라고 할 때 유황은 무엇을 의미합니까? 그냥 조용히 타는 것이 아닙니다. 유황이 들어가서 폭발을 하고 엄청난 독가스가 난다는 뜻입니다. 이것이 둘째 사망입니다. 첫 번째 사망은 이 세상에서 죽는 것이고 이것이 최종적인 그들의 운명입니다.

성령으로 살지 않는 자는 마치 멸망하기 위하여 태어난 돼지와 같습니다. 차라리 태어나지 않는 것이 좋을 뻔했다고 성경은 말씀하고 있습니다.

하나님께서 인류 역사를 허용하신 것은 진주를 골라내기 위해서입니다. 이 진주는 하나님을 알고 하나님의 아름다움에 자신의 모든 마음과 뜻을 다 드려서 오직 하나님의 뜻대로 사는 자를 말합니다. 모두 이 귀한 축복에 참여하시는 성도들이 되시기 바랍니다.

CHAPTER • 43

새 예루살렘의 영광

요한계시록 21:9-27

성경에 보면 세상과 하나님의 축복을 두 여인으로 비교하는 경우가 많이 있습니다. 잠언에 보면 두 여인이 나오는데 한 사람은 길에 가는 사람들을 유혹하는 음란한 여인인 바로 세상의 지혜입니다. 그리고 다른 한 사람은 사람의 영혼을 살리고 빛나게 하는 정숙한 여인으로 바로 여호와를 경외하는 지식의 근본이 되는 하나님의 지혜인 것입니다. 오늘도 사람들은 이 세상에서 성공하고 처세에 능한 세상적인 지혜를 무기로 삼고 살아갑니다. 그러나 하나님께서는 세상의 지혜는 음녀의 지혜이기 때문에 결코 따라가서는 안 된다고 말씀하십니다. 그러나 하나님을 두려워하며 오직 하나님의 말씀의 인도하심을 따라가는 지혜는 미련하고 융통성이 없는 것 같지만 결국 이것이 하나님의 축복을 받는 지혜인 것입니다.

시바 여왕은 이 세상의 많은 유명한 나라들이 있지만 오직 솔로몬의 나라를 방문하기를 원했습니다. 왜냐하면 세상의 다른 나라들은 모두 돈의 힘으로 다스리고 무력으로 다스리는 뻔한 나라들이었기 때문입니다. 그러나 솔로몬의 나라는 하나님의 지혜로 다스리는 나라인데 솔로몬의 입에서는 끊임없는 하나님의 말씀이 쏟아지고 있었습니다. 솔로몬은 어린 나이에 이스라엘의 왕이 되었을 때 그의 왕위는 대단히 불안정했습니다. 그러나 솔로몬은 하나님께 일천 번제를 드린 후에 무엇을 원하느냐는 하나님의 질문에 오직 이스라엘을 바로 다스릴 수 있도록 말씀의 지혜를 달라고 간구했습니다. 이것이 하나님의 뜻에 맞았기 때문에 하나님께서는 솔로몬이 구하지 않았던 부귀와 영화와 장수까지 다 주었던 것입니다. 우리가 보기에 세상의 지혜는 멋있는 것 같지만 성경은 음란한 창부의 지혜라고 말씀하십니다. 그리고 성경적인 지혜는 미련하고 힘이 없는 것 같지만 하나님께서 축복하시는 지혜라고 말씀하고 있습니다.

이것은 다윗과 사울의 경우에도 대비가 되는 것이었습니다. 사울은 무력으로 나라를 다스리기 위하여 자기 주위에 자꾸 용병들을 사 모았습니다. 결국 사울은 이 용병들의 월급을 주어야 했기 때문에 아말렉을 무조건 멸하라고 하는 하나님의 말씀에 순종할 수가 없었던 것입니다. 그리고 사울은 다윗의 용기만 보고 다윗을 자기 용병으로 신하로 두었습니다. 그러나 다윗은 사울의 용병이 될 수 없었습니다. 왜냐하면 그는 하나님께 대한 믿음이 있었기 때문에 이런 인간적인 방법으로 이스라엘을 다스리는 사울과 맞을 수가 없었기 때문입니다.

우리가 요한계시록을 보면 또 두 여인이 나타납니다. 하나는 이 세상의 모든 부귀와 영화를 다 누리고 있지만 더럽고 음란한 생활을 하는 음녀가 나타납니다. 그리고 또 하나는 이 음녀 밑에서 온갖 멸시와 천대를 다 당하지만 결국은 왕자의 신부가 되는 신데렐라가 있는 것입니다. 온갖 좋은 것을 몸에 다 걸치고 있지만 결국 비참하게 멸망을 하는 음녀는 로마를 말합니다. 거기에 비하여 로마 밑에서 비참한 생활을 하지만 결국 그리스도의 신부로 가장 영광스러운 지위를 물려받게 되는 공주님은 바로 교회인 것입니다.

이것은 다시 한 번 이 세상의 화려한 도시 문명과 어렵고 힘든 가운데서도 믿음을 지키고 그리스도에 대한 순결을 지키는 교회로 비유할 수 있을 것입니다.

역사적으로 보면 세상과 교회가 지금처럼 평화로운 관계에서 지낼 때도 있었지만 어떤 때에는 서로 적대적인 관계에서 교회가 말할 수 없는 핍박을 당하고 때로는 성도들이 순교를 당해야 하는 때도 있었습니다. 그때 우리 믿는 사람들은 이 세상에서 가장 비참한 사람들이 될 수밖에 없는 것입니다. 물론 지금처럼 세상이 교회를 인정하고 교회와 세상이 좋은 관계에서 지낼 때에는 더할 나위 없이 좋은 평화의 시기이고 복음으로는 낮에 해당하는 축복의 시기인 것입니다. 그럼에도 불구하고 우리 그리스도인 한 사람 한 사람을 생각해볼 때 이 세상에서 무엇인가 따돌림을 당하기도 하고 불이익을 겪기도 하며 때로는 남들이 누리는 즐거움과 행복을 포기하면서 살아야 할 때도 있는 것입니다. 그럼에도 불구하고 오늘 성경 말씀은 그리스도의 신부인 교회가 장차 하나님 앞에서 얼마나 영광스럽게 될 것인지 보여주고 있습니다.

로마도 영광스러웠습니다. 그러나 로마의 그 영광은 무엇인가 음란하고 더러운 영광이었습니다. 마치 술집 여자가 싸구려 화장품을 잔득 바른 것 같은 아름다움이었습니다. 그러나 새 예루살렘의 영광은 누구도 감히 접근할 수 없는 고귀함과 품위가 있으며 순결한 그런 아름다움이었습니다. 요한이 본 새 예루살렘의 영광은 우리 믿는 자들이 하나님 앞에서 장차 영광스러워질 모습을 보여주는 것입니다. 지금 교회의 모습은 완성된 모습이 아닙니다. 우리는 아직도 이 세상에 속한 모습들을 많이 가지고 있습니다. 그러나 앞으로 이루어질 교회의 모습은 완전한 하나의 성입니다. 거기에는 전혀 모순이나 거짓된 것이나 추한 것을 찾아 볼 수 없고 하나님의 영광으로 충만하게 될 것입니다. 앞으로 우리가 영원한 천국에서 어떤 모습으로 또 어떤 식으로 살게 될 것인지 구체적으로 성경은 말씀하고 있지 않습니다. 또한 현재의 이 언어로는 설명이 불가능하리라고 생각합니다. 우리는 천국에서 천국의 형편에 맞는 새로운 언어로 그 모든 것을 표현하게 될 것입니다. 그러나 오늘 성경 본문은 앞으로 완성될 교회의 모습을 옛날 그 찬란한 예루살렘과 비교하여 새 예루살렘으로 설명을 하고 있습니다.

그리스도의 신부로서의 교회

성경은 교회를 그리스도의 신부라고 하면서 소개하고 있습니다.

9-11절 일곱 대접을 가지고 마지막 일곱 재앙을 담은 일곱 천사중 하나가 나아와서 내게 말하여 가로되 이리 오라 내가 신부 곧 어린 양의 아내를 네게 보이리라 하고 성령으로 나를 데리고 크고 높은 산으로 올라가 하나님께로부터 하늘에서 내려오는 거룩한 성 예루살렘을 보이니 하나님의 영광이 있으매 그 성의 빛이 지극히 귀한 보석 같고 벽옥과 수정 같이 맑더라

여기서 '신부'라고 하는 것은 결혼식에서 신랑을 맞이하기 위하여 모든 사람들 앞에 등장하는 바로 그 결혼식의 주인공을 말하는 것입니다. 그날 모든 사람들 앞에 당당하게 설 수 있는 사람은 오직 가장 아름다운 모습으로 단장을 한 신부 밖에 없습니다. 그 앞에서 술집 여자들이나 거리의 음란한 여자들은 결코 그 앞에 나서지 못할 것입니다.

어떤 영화를 보면 신부가 결혼식을 하려고 예배당에 입장을 했다가 옛날 애인이 찾아와서 둘이서 도망을 치는데 신부는 웨딩드레스를 입고 도망을 치는 장면이 있습니다. 이런 신부는 정결한 신부가 아닌 것입니다. 이 세상 마지막 날에 온 세상이 보게 되는 것은 최고의 영광의 자리인 그리스도

인 신부로 완전무결한 성도들의 공동체로 교회가 등장하는 것입니다.

이때 사람들은 이 세상의 영광이 교회의 거룩한 영광과 비교될 때 얼마나 더럽고 추악한 영광인지 깨닫게 될 것입니다. 로마는 교회에 비하면 아주 유명한 음녀였습니다. 여기서 음녀라고 하는 것은 아무 남자나 상대하는 정조가 전혀 없는 여자를 말합니다. 음녀는 아무나 사랑하고 어떤 남자가 불러도 따라가고 무엇을 주든지 받아주기 때문에 사람들이 너무나도 좋아합니다. 그러나 신부는 그렇지 않습니다. 신부는 아직 어떤 남자도 만난 적이 없습니다. 어느 누구로부터도 도움을 받은 적이 없습니다. 지금까지 부족하면 부족한대로 없으면 없는 대로 오직 한 남자만을 바라보면서 기다린 정절이 있는 사람입니다. 교회는 이 세상에 유행하는 아무 것이나 쉽게 받아들이지 않습니다. 그들은 오직 그리스도만을 바라보고 그리스도로부터 오는 것만 받아들입니다.

평소에는 음녀가 훨씬 더 아름다운 것 같습니다. 매일 머리를 하러 다닙니다. 왜냐하면 많은 사람들 앞에 나타나서 잘난체를 해야 하고 또 술장사를 해야 하기 때문입니다. 거기에 비하여 그리스도의 정숙한 신부는 꾸밀 이유가 없습니다. 매일 수수하고 초라한 옷을 입고 생활하고 있습니다. 왜냐하면 그리스도인들의 단장은 외모로 하는 것이 아니기 때문입니다. 그리스도인들의 단장은 죄를 이기는 내적인 능력으로 하는 것입니다. 그렇기 때문에 겉으로 전혀 보이지 않습니다. 그러나 그리스도께서 이 세상에 나타나실 때 사람 속에 있는 그 아름다운 믿음이 다 드러나게 되는 것입니다. 그때 교회는 지금까지의 그 누더기 옷을 벗고 최고로 아름답고 영광스러운 옷을 입고 최고로 아름답게 단장하고 모든 사람들 앞에 등장하게 될 것입니다.

지금 사람들이 비웃고 있는 것은 그리스도의 신부의 모습이 너무나도 초라하다는 것입니다. 우리 믿는 사람들이 세상에서 그렇게 잘 사는 것도 아니고 유명한 것이 아니라고 해서 업신여깁니다. 그러나 실제로 교회의 심각한 모습은 그런 세상적으로 화려한 외모가 아닙니다. 오히려 정반대로 세상을 너무나도 좋아한 나머지 믿음의 정절이 없는 것입니다. 그리스도의 신부가 세상을 따라가지 못해서 안달을 하고 있는 것입니다. 그러나 진실한 그리스도의 신부들은 사람들의 눈에 띄지 않게 준비되고 있습니다. 그들은 오직 환란과 고통 가운데서 백 퍼센트 순수한 믿음으로 준비되고 있는 사람들입니다.

지금 우리나라의 큰 교회에서 신앙생활을 하고 있는 사람들은 보면 신앙생활을 한다고 해서 손해 보는 것이 아무것도 없는 것 같습니다. 일주일 동안 세상 사람들과 똑같이 살아가고 일요일에 한번 교회 와서 예배드리고 자신은 그리스도인으로 임무를 다했다고 생각할지 모르겠습니다. 그러나 그는 분명히 속고 있는 것입니다. 왜냐하면 그리스도의 신부는 이 세상을 사랑하지 않습니다. 그리고 철저하게 순결하게 준비되고 있습니다. 나중에 그리스도의 신부들이 나타나는 것을 보고 온 세상이 깜짝 놀라게 되는 것이 도대체 이렇게 거룩하고 순결한 사람들이 자기들 가운데 있었느냐는 것입니다.

나중에 오직 철저하게 거룩한 성도들이 온 세상이 나타날 때 세상 사람들은 자기 자신들이 완전히 잘못 알았고 철저히 속았다는 것을 깨닫고 땅을 치면서 뉘우치게 되는 것입니다. 왜냐하면 자기들이 그리스도의 신부인 줄 알고 욕했던 자들은 그리스도의 신부가 아니었습니다.

그들은 가짜 신부였습니다. 진짜 신부는 다른데서 등장하고 있었습니다. 어디입니까? 말할 수 없는 고난 가운데서 오직 예수님 한 분만 의지하고 모든 어려움을 참아 온 자들입니다. 그들은 고난 가운데서 조금이라도 거룩하지 못한 부분은 완전히 주님 앞에 다 고백하고 그리스도의 피로 완전히 깨끗함을 받은 무리들입니다.

가끔 교회에 너무 실망을 한 나머지 사도신경에서 '거룩한 공회를 믿사오며'라는 고백을 하지 못하는 분들이 있는 것을 보게 됩니다. 그들은 교회에서 많은 상처를 입었고 또 교회가 너무나도 순결하지 못한 것을 보았기 때문에 '어떻게 이것이 거룩한 교회의 모습인가?'하는 의심이 있는 것입니다. 그러나 그리스도의 신부는 따로 준비되어 있었습니다. 눈에 보이는 지상의 교회가 그리스도의 신부에 포함될 수 있을 것입니다. 그러나 전부가 아닙니다. 주님은 사데 교회에 대하여 무엇이라고 말씀하셨습니까? '그 옷을 더럽히지 아니한 자 몇 명이 있어 나와 함께 다니리라'고 주님이 말씀하셨습니다.

여러 가지 사정을 볼 때 사데 교회는 상당히 규모가 큰 교회였습니다. 그러나 그 중에서 그리스도의 신부에 포함될 수 있는 자는 몇 명밖에 되지 않았습니다. 나중에 그리스도의 신부로 나타날 자는 참으로 정결하고 깨끗한 삶을 살아온 몇 명뿐이었습니다. 그들은 주님 외에는 아무것도 모르는 자들이었습니다.

그들이 나타날 때 온 세상은 눈이 멀고 말 것입니다. 왜냐하면 이들보다 더 찬란한 모습은 없을 것이기 때문입니다. 모든 세상의 음란한 자들이 이 순결한 교회의 모습을 보고 '이들이 구원을 얻는다면 우리는 아무 불만이 없다'고 하면서 심판받을 자리로 스스로 물러 갈 것입니다. 그 가운데는 세상 사람들이 감히 '저 사람은 안 됩니다. 저 사람은 나와 함께 나쁜 짓 하던 자입니다'라고 말할 수 있는 자가 없습니다. 왜냐하면 이들은 아무리 털어도 먼지가 나지 않는 완전한 자들이기 때문입니다.

그리스도의 신부의 특징이 무엇입니까? 두 가지입니다. 그들에게는 하나님의 영광이 있었습니다. 11절에 '하나님의 영광이 있으매' 이것은 두 가지 의미로 생각할 수 있습니다. 하나는 이들 가운데 하나님이 임재하고 계신다는 뜻과 다른 하나는 하나님이 이들에게 이미 하나님의 영광을 주었다는 뜻입니다. 이 세상에 있을 때 교회는 아직 인간적인 불완전함을 가지고 있습니다. 왜냐하면 그래야 세상의 죄인들이 자꾸 교회 안에 들어올 수 있기 때문입니다. 그러나 교회 안에 있는 말씀과 성령의 역사는 완전한 하나님의 영광입니다. 여기에 접촉하기만 하면 누구든지 영혼의 구원을 받는데 조금도 부족함이 없는 백 퍼센트 완전한 하나님의 능력입니다.

저는 절망적인 죄인들이 한번이라도 교회 안에 들어와서 말씀을 들을 수 있기를 바랍니다. 우리가 사람을 단정하지 마십시다. 아직 지상의 교회는 완전하지 않습니다. 그러나 우리 안에는 하나님의 임재하심이 있습니다. 예배 가운데 우리에게 어떤 일이 일어납니까? 우리가 변합니다. 하나님께서 함께 하시는 예배는 우리가 변합니다. 우리가 주님의 말씀을 듣고 찬양을 드리는 가운데 우리의 눈이 그렇게 밝아질 수가 없습니다. 내가 가지고 있는 문제들은 아주 작아지고 불안과 두려움은 사라지고 하나님이 그렇게 크게 내 앞에 다가오실 수 없습니다. 바로 이것이 하나님의 영광을 체험하는 것입니다.

그러나 그날이 오면 하나님의 영광을 직접 교회에 주십니다. 우리 믿는 사람들은 태양보다 더 밝은 빛 가운데 있게 될 것이며 세상의 죄인들은 이 영광이 두려워서 모두 도망치거나 피하게 될 것입니다. 모든 세상의 영광이 그리스도의 신부 앞에서 빛을 잃게 될 것입니다. 천사들도 이들보다 더 빛나지 못합니다. 그리고 무엇이라고 말씀하고 있습니까? '그 성의 빛이 지극히 귀한 보석 같고 벽옥과 수정 같이 맑더라' 앞으로 나타날 교회의 모습은 지극히 존귀한 모습입니다.

지금도 참된 그리스도인은 누구든지 쉽게 무시하거나 업신여길 수 없는 위엄과 존귀가 있습니다. 그러나 나중에는 그것이 더 완전하게 나타날 것입니다.

교회의 기초

그러면 그리스도의 신부인 교회는 도대체 무엇을 기초로 해서 세워진 성입니까?

12-14절 크고 높은 성곽이 있고 열두 문이 있는데 문에 열 두 천사가 있고 그 문들 위에 이름을 썼으니 이스라엘 자손 열두 지파의 이름들이라 동편에 세 문, 북편에 세 문, 남편에 세 문, 서편에 세 문이니 그 성에 성곽은 열 두 기초석이 있고 그 위에 어린 양의 십이 사도의 열두 이름이 있더라

본문은 이 성이 어떻게 만들어졌으며 어떻게 이 성 안에 들어 올 수 있는지 보여주고 있습니다. 우선 이 성은 높은 성곽으로 되어 있고 문마다 수호천사가 지키고 있기 때문에 절대로 담을 넘어서 들어온다는 것은 불가능하게 되어 있습니다.

누구든지 이 안에 들어오려면 반드시 문으로 들어 와야 합니다. 그 외에 다른 방법이 없습니다. 그 성의 기초가 무엇입니까? 그것은 열두 문 위에 새겨진 열두 지파의 이름이라고 말씀하고 있습니다. 이것은 교회의 기초가 인간의 사상이나 감정에 있는 것이 아니라 사도의 바른 성경적인 가르침 위에 서 있는 것을 의미합니다. 교회는 사도들의 가르침 위에 세워져 있습니다. 에베소서 2:20에서 사도 바울은 이렇게 말씀하고 있습니다.

"너희는 사도들과 선지자들의 터 위에 세우심을 입은 자라 그리스도 예수께서 친히 모퉁이 돌이 되셨느니라"

교회의 기초는 사람들이 가지고 있는 종교적인 열성이 아닙니다. 또 어떤 사람들이 가진 환상적인 체험이 아닙니다. 교회의 기초는 사도들이 가르친 주님의 말씀입니다.

주님이 친히 교회의 기초가 되셨습니다. 사도들이 가르친 것은 자기들의 생각이 아닙니다. 그것은 바로 주님이 그들의 입에 말씀을 주신 것이고 그 말씀에 기초하지 않은 가르침은 아무리 은혜스럽고 유익이 된다 하더라도 결코 그리스도의 가르침이 아닙니다. 오늘 많은 신자들의 특징이 성경의 가르침을 무시하고 자신의 논리나 종교적인 체험을 말씀보다 더 우위에 두고 있는 것을 볼 수 있습니다. 그러나 그것으로는 이 성 안에 절대로 들어갈 수 없습니다. 오직 주님이 사도들을 통하여 가르치신 말씀입니다.

그뿐만 아닙니다. 그 안에 들어가려면 이스라엘의 열두 지파에 포함되어야 한다는 사실을 말씀하고 있습니다. 이방인들도 얼마든지 하나님의 백성들이 될 수 있었습니다.

그러나 그들은 자연인의 신분으로는 이스라엘이 될 수 없습니다. 그들은 반드시 열두 지파의 한 사람으로 포함되어야 하고 예전의 지위나 신분을 버려야 합니다. 자기 마음대로 열세 번째 지파를 만들 수 없습니다. 구약성경을 보면 이방인 출신으로 하나님의 백성들이 된 자들이 많습니다. 그러나 그들은 모두 이 열두 지파에 포함되어 있었습니다. 이스라엘 백성들은 하나님의 성전에 늘 열두 덩이의 떡을 바쳤습니다. 그것은 바로 자기 자신들을 드리는 의식이었습니다. 그러나 이 떡은 모두 고운 가루로 만든 것이었습니다. 알곡으로 드리는 것이 아니었습니다. 모두 깨트려야 했습니다. 마찬가지입니다.

하나님의 백성이 되는 이 성 안으로 들어가려면 누구든지 자신의 사회적인 지위나 신분의 알갱이를 깨트려야 합니다. 밖에서 박사가 안에서도 박사가 되어서는 안 됩니다. 밖에서 사장이 안에서도 사장이 되어서는 안 됩니다.

저는 그런 교회의 모습을 본 적이 있습니다. 어떤 한 사장님이 자기 공장을 중심으로 해서 교회를 세웠습니다. 교인들의 대부분은 공장 직원이었습니다. 그분은 밖에서도 사장이지만 교회 안에서도 사장이었습니다. 아무도 그의 명령을 거역할 수 없었습니다. 결국 그 교회는 나중에 아주 큰 어려움을 겪었습니다. 왜냐하면 누구든지 진정한 그리스도인이 되려면 알갱이가 부서져서 가루가 되어야 하기 때문입니다. 자신의 신분을 포기하기 싫어서 알갱이 그대로 남아 있을 때 하나님께서는 그 떡을 받지 아니하십니다. 하나님의 백성들의 모임은 감히 내 마음대로 어떻게 할 수 없는 거룩한 모임입니다. 그래서 우리는 세상에서 가지고 있던 모든 지위나 자랑들을 놓고 가루가 되어서 함께 하나님께 드려야 하나님이 우리의 예배를 받으시고 그래야 하나님의 영광 안에 들어가 그 귀한 것을 소유할 수 있는 것입니다. 그렇지 않고서는 이 거룩한 사귐 안에 들어 올 수 없습니다. 이 성이 얼마나 높습니까? 절대로 밖에서 안을 들여다 볼 수 없습니다. 교회 안에서 일어나는 놀라운 일들에 대해서는 밖에서는 도저히 알 수 없습니다.

교회의 재료

주님은 교회가 어떤 상태에 있는지 그리고 어느 부분이 주님의 뜻에 맞고 어떤 부분이 주님의 뜻에서 벗어났는지 항상 체크하고 계시는 것입니다.

15-17절 내게 말하는 자가 그 성과 그 문들과 성곽을 척량하려고 금 갈대를 가졌더라 그 성은 네모가 반듯하여 장광이 같은지라 그 갈대로 그 성을 척량하니 일만 이천 스다디온이요 장과 광과 고가 같더라 그 성곽을 척량하매 일백 사십 사 규빗이니 사람의 척량 곧 천사의 척량이라

예수님이 측량하시는 이 예루살렘 성은 길이와 넓이와 높이가 똑같습니다. 완전히 주사위 모양으로 똑바르게 만들어진 성인데 크기는 엄청나게

큽니다. 일만 이천 스다디온 이라고 하는 것은 약 2,000km 정도입니다. 그리고 성벽의 두께만 해도 일백 사십 사 규빗입니다. 이것은 이 성이 어마어마하게 큰 것을 보여줍니다. 그러면서 여기서 측량한 것은 사람의 척량이요 곧 천사의 척량이라고 말하고 있습니다. 이것은 여기서 말하는 성의 규모가 물리적인 사이즈를 말하는 것이 아니라 영적인 교훈이라는 뜻입니다.

결국 '12'라고 하는 것은 성도들의 숫자인데 거기에 1,000을 곱하면 많다는 뜻입니다. 완성된 하나님의 백성들의 숫자는 우리가 생각하는 것보다는 아주 많을 것이라는 뜻입니다. 우리 생각에는 구원받는 자들이 그렇게 많을 것 같지 않습니다. 그러나 하나님께서는 온전한 신자들을 감추어 놓는데 선수이십니다.

엘리야 때 엘리야가 보기에 진정한 신자는 자기 혼자 남은 줄 알았습니다. 그래서 엘리야는 하나님께 불평하기를 이세벨이 하나님의 백성들을 다 죽이고 나만 남았는데 지금 나까지 죽이려고 한다고 했습니다. 그때 하나님께서는 바알에게 무릎을 꿇지 아니한 자 7천 명을 숨겨 놓았다고 말씀하셨습니다. 오늘도 우리 눈에는 진정한 성도들의 모습이 보이지 않을지 몰라도 하나님은 진정한 성도들을 많이 감추어 놓고 계십니다.

우리 생각에는 북한에 참 성도가 없을 것 같지만 그 안에도 주님은 자기 백성들을 감추어 놓았을 것입니다. 김일성에게 무릎을 꿇지 아니한 자 수천 명 아니 수만 명을 감추어 놓았을 것입니다. 그런데 이제는 이 성곽을 구성하고 있는 보석들을 말씀하고 있습니다.

이 새 예루살렘은 자세히 보니까 하나의 보석이 아니라 무수히 많은 보석들로 구성되어 있는 것을 알 수 있습니다.

18-21절 그 성곽은 벽옥으로 쌓였고 그 성은 정금인데 맑은 유리 같더라 그 성의 성곽의 기초석은 각색 보석으로 꾸몄는데 첫째 기초석은 벽옥이

요 둘째는 남보석이요 세째는 옥수요 네째는 녹보석이요 다섯째는 홍마노요 여섯째는 홍보석이요 일곱째는 황옥이요 여덟째는 녹옥이요 아홉째는 담황옥이요 열째는 비취옥이요 열 한째는 청옥이요 열 둘째는 자정이라 그 열두 문은 열두 진주니 문마다 한 진주요 성의 길은 맑은 유리 같은 정금이더라

요한이 이 모든 보석의 종류를 다 안 것을 보면 아마도 보석을 보는 전문가적인 눈이 있었던 것 같습니다. 우리는 여기에 있는 보석 거의 대부분을 본 적이 없을 것입니다. 주로 우리들에게 익숙한 보석이 다이아몬드, 수정, 에메랄드, 호박, 사파이어, 루비 등일 것입니다. 하나님은 보석을 아주 좋아하십니다. 그래서 구약 시대에 제사장이 하나님 앞에 들어 갈 때 입은 조끼에는 이스라엘 백성들을 상징하는 열두 개의 보석이 달려 있었습니다. 이 보석들은 이스라엘 백성들이 하나님 앞에서 얼마나 존귀한 자들인지 보여주는 것임과 동시에 이들이 실제로 만들어 가야할 거룩한 성품이었습니다.

가장 중요한 것이 이 성의 재질입니다. 이 성은 정금으로 되어 있는데 맑은 유리다고 했습니다. 금이 정금이 되기 위해서는 불같은 용광로를 통과해야 합니다. 처음에 땅에서는 금이 포함되어 있는 원석을 캐냅니다. 그러나 거기에는 많은 불순물들이 섞여 있기 때문에 금으로 사용할 수가 없습니다. 그런데 용광로에 넣어서 녹이면 모든 불순물이 빠지게 되는데 백퍼센트 순수한 정금이 되는 것입니다. 그리고 유리 바다라고 하는 것은 우리 그리스도인들이 통과하는 유리 바다인데 거기에는 조그만 거짓이나 부정도 용납이 되지 않습니다. 하나님 앞에서 완전히 거룩한 자가 되어야 이 성 안에 들어갈 수 있는 것입니다. 그러니까 지금 우리가 받는 신앙 훈련은 너무 약한 것입니다. 조금만 세상 일이 자기 뜻대로 안되면 죽는다고 소리

를 지르는 것은 아직 정금이 되지 못한 것입니다. 방법은 둘 중의 하나입니다. 하나는 이 세상에서 철저히 연단을 받아서 진정으로 겸손하고 순결한 사람이 되든지 아니면 하나님의 말씀을 듣는 가운데 성령의 용광로 같이 뜨거운 바람이 불어서 내 모든 죄를 다 토하여 하나님의 말씀에 붙들리든지 둘 중의 하나인 것입니다. 그러나 말씀으로 순결해지는 것이 훨씬 더 좋은 것입니다. 어떤 사람들은 다른 사람들이 고생을 하고 연단을 받고 울면서 기도하면서 살아갈 때에 '무슨 예수를 저렇게 구질구질하게 믿는지 모르겠다. 나는 절대로 저런 식으로 예수를 믿지 않겠다'고 큰 소리를 칩니다. 그러나 그것은 아직 자기에게 그런 기회가 오지 않아서 그런 것입니다. 누구든지 결국 연단을 받을 때에는 구질구질하게 믿게 되어 있습니다. 그리고 다량의 눈물을 통하여 모든 교만과 거짓과 혈기가 다 빠져 나가야 정금이 되고 유리 바다를 통과한 양심이 되는 것입니다.

여기서 말하는 보석들은 우리 그리스도인들이 변하여 만들어질 새로운 인격들을 말합니다. 우선 보석의 특징은 아름다운 것입니다. 아름답지 않은 것은 보석이 될 수 없습니다. 그리고 보석은 변하지 않습니다. 변하는 것은 보석이 아닙니다. 그리고 보석은 흔치 않습니다. 어디서나 볼 수 있는 싸구려들은 결코 보석이 될 수 없습니다. 우리 그리스도인들의 신앙 인격은 아름답습니다. 그리고 변하지 않으며 이 세상에서는 구할 수도 없고 만들어낼 수도 없는 것들입니다. 그러나 모든 것이 다 똑같은 색이 아니었습니다. 모두 다 소중하고 아름다운데 어떤 것은 붉은 빛을 내는 것도 있고 푸른빛을 내는 것도 있었습니다. 또 아주 하얀 흰 색을 내는 보석도 있었습니다. 이 모든 것이 이스라엘 백성들이 만들어낼 귀한 성품들이었습니다.

우리 한 사람 한 사람은 모두 하나님 앞에서 존귀한 자들입니다. 그러나 또한 실제로 존귀한 성품들을 만들어 내어야 할 책임이 있기도 합니다. 모두 다 똑같은 것이 아닙니다. 어떤 분은 보석이긴 한데 불처럼 타오르는 사람이 있습니다. 거기에 비하여 또 어떤 사람은 아주 조용하게 말없이 섬기는 자도 있습니다. 어떤 분은 보석인데 아주 지혜로운 보석이 있습니다. 모두가 다 같은 것이 아닙니다. 그러나 오히려 다 다르니까 더욱 더 아름답고 충만한 것 같습니다. 그런 의미에서 교회는 보석 상자라고 말할 수 있습니다. 이 안에는 모두 다 똑같은 기질과 똑같은 사람만 있는 것이 아닙니다.

만약 보석이 전혀 없다면 그것은 참된 교회의 모습이라고 할 수 없습니다. 왜냐하면 교회는 하늘의 보석으로 세우는 것이기 때문입니다. 이 세상에 있는 것으로 교회를 세울 수가 없습니다. 고린도전서 3장에서 바울은 이런 말을 합니다. 여러 사람들이 사도 바울이 닦아 놓은 이 기초위에 성전을 짓습니다. 그런데 어떤 사람은 성전을 짓는데 그 재료를 금이나 은이나 보석으로 짓고 또 어떤 사람은 나무나 풀이나 짚으로 짓는다고 말씀합니다. 그런데 나중에 그 공력을 불로 심판하는데 타지 않고 그대로 있으면 상을 받지만 타버리면 아무 상을 받지 못하고 오히려 해를 받을 것이라고 말씀하고 있습니다.

무슨 말입니까? 이 당시 고린도에는 고린도교회라는 하나의 교회만 있었던 것이 아닙니다. 한 도시에는 수많은 작은 가정 교회들이 있었습니다. 그런데 그 교회들에 있어서 어떤 사역자는 순전한 하나님의 말씀과 성령의 역사로 교회를 세워나가는 자가 있었는가 하면 어떤 사역자들은 하나님의 말씀보다는 당시의 철학이나 감정적인 방법으로 교회는 세우는 자들이 있었습니다. 그런데 나중에 보니까 역시 인간의 철학이나 감정으로 세운 교회는 환란을 견디어 내지 못했습니다. 불같은 시험이 왔을 때에는 수고한 아무것도 남아 있지 않았습니다. 그러나 참된 하나님의 말씀과 성령의 역사로 세운 교회는 아무런 해도 입지 않았습니다.

교회는 모두 보석으로 세워져 있었습니다. 인간의 생각이나 철학으로는 하나님의 나라를 세울 수가 없습니다. 그런 것들은 약간의 어려움만 와도 다 흩어져 버리고 맙니다. 여러분, 나는 오늘 무엇으로 신앙생활을 하고 있는지 스스로 질문해 보시기 바랍니다. 이 세상에 유행하는 이론이나 사상이 내 신앙의 기초를 두고 있습니까? 그러면 오래 가지 않아서 무너지고 말 것입니다. 아무것도 남아 있지 않게 될 것입니다.

베드로가 보석이라면 그는 붉은 색이 나는 호박이나 루비일 것입니다. 왜냐하면 그는 뜨겁고 정직한 사람이기 때문입니다. 사도 바울은 보석으로 표현한다면 어떤 보석으로 표현할 수 있을까요? 그는 하나님의 깊은 진리의 말씀을 깨달았으니까 에메랄드나 아니면 빛을 많이 내는 다이아몬드일 것입니다. 이런 중에 나는 어떤 보석으로 만들어지고 있는지 생각해 보십시오. 만약 나의 삶에 진정한 보석 같은 존귀함이 없다면 참으로 교회에 속한 자가 아니든지 그렇지 않으면 마귀에게 속고 있는 것입니다. 주님께 나의 존귀함을 회복시켜 달라고 기도하십시오. 그리고 그 존귀함을 절대로 빼앗기지 마시기 바랍니다.

성의 길은 맑은 유리 같은 정금이라고 했습니다. 길이라면 서로 다니고 교제하는 것을 말하는 것일 텐데 그것은 모두 깨끗한 유리 같은 정금이었습니다. 아마 성도들의 교제가 얼마나 아름답고 순수한지 그것을 보여주는 것이 아닌가 하는 생각이 듭니다. 성도들 사이의 교제는 정말 악한 생각 없이 이루어져야 합니다. 진정으로 상대방을 이해하고 축복하는 마음에서 이루어져야 하며 그것이 교회를 견고하게 만들어 줍니다. 가끔 우리가 얼마나 진지하지 못한 자세로 형제나 자매를 대했는가 하는 것을 생각하면 참으로 가슴 아파야 합니다. 우리 마음속에 유리 같은 황금 길이 놓여져야 하겠습니다. 서로 진실을 말하며 가장 소중한 것을 나누는 교제가 있어야 하겠습니다.

천국 생활

22절 성 안에서 성전을 내가 보지 못하였으니 이는 주 하나님 곧 전능하신 이와 및 어린 양이 그 성전이심이라 그 성은 해나 달의 비췸이 쓸데없으니 이는 하나님의 영광이 비취고 어린 양의 그 등이 되심이라

새 예루살렘의 두 가지 특징에 대하여 말씀하고 있습니다. 그 하나는 성전이 따로 없다는 것입니다. 그 이유는 그들의 생활 자체가 성전이요 예배이기 때문입니다. 이것은 이미 우리 신약 시대에 이루어진 것입니다.

사도 바울은 '너희 몸을 하나님이 기뻐하시는 거룩한 산제사로 드리라'(롬 12:1)고 말씀했습니다. 몸으로 드리는 산제사는 이미 우리의 생활 전체가 하나님 앞에서 성전인 것을 의미합니다. 그래서 우리 집도 성전이고 직장도 성전이며 놀러간 곳도 성전으로 변하는 것입니다. 우리는 성전을 예배당에 한정하지 않습니다. 오히려 우리 성도들이 가는 곳이나 모이는 곳은 어디든지 성전이 될 수 있습니다. 나중에 천국에 가면 생활 전체가 성전이기 때문에 모든 생활이 예배이며 모든 생활이 찬송이며 모든 생활이 하나님께 영광 돌리는 생활이 될 것입니다. 그리고 그곳에는 해나 달이 필요가 없습니다. 그 이유는 하나님의 빛이 온 세상을 찬란하게 비춰기 때문입니다.

그러나 이미 우리들에게는 하나님의 진리의 빛이 찬란하게 비취고 있습니다. 지금 우리들에게는 태양빛이나 달빛과 다른 빛이 있습니다. 그것은 바로 우리를 깨우쳐주시고 바른 길로 인도하시는 진리의 빛인 것입니다. 저는 이 빛만 따라가려고 합니다.

지금까지 하나님께서 말씀으로 우리를 인도하여 주셨는데 앞으로는 계속 이 말씀의 빛만 따라가려고 하고 있습니다. 그러면 하나님께서 여호수

아에게 약속하셨던 것처럼 모든 것이 형통하며 평탄하게 될 것입니다.

24절 만국이 그 빛 가운데로 다니고 땅의 왕들이 자기 영광을 가지고 그리로 들어오리라 성문들을 낮에 도무지 닫아두지 아니하리니 거기에는 밤이 없음이라 사람들이 만국의 영광과 존귀를 가지고 거기로 들어오겠고 무엇이든지 속된 것이나 가증한 일 또는 거짓말 하는 자는 결코 거기로 들어오지 못하되 오직 어린 양의 생명책에 기록된 자들 뿐이라

왕들이 자기 영광을 가지고 그리로 들어온다는 것은 우리 믿는 사람들이 하나님 앞에서 왕같은 지위를 가지고 있는 것을 말합니다. 그리고 모든 사람들이 만국의 영광과 존귀를 가지고 와서 성도들에게 바칩니다. 왜냐하면 결국 가장 귀한 것이 하나님께 있고 이 하나님의 축복은 우리 믿는 자들을 통하여 이 세상에 전달이 되기 때문입니다. 그런데 이 예루살렘 안에는 거짓말하는 자나 가증한 것이나 속된 것은 절대로 들어오지 못할 것이라고 말씀하십니다. 결국 이 새 예루살렘은 이 세상에서 만들어지는 거룩한 하나님의 백성들을 말하는 것입니다.

우리가 예수를 믿는다는 것은 이 세상에서 가장 존귀한 자가 되는 것이 가장 큰 책임을 맡은 자들이 되는 것입니다. 우리는 이 세상의 모든 좋은 것을 다 차지하기 위해서 부름을 받은 것이 아닙니다. 우리는 이 세상에서 진리의 빛을 꺼트려서는 안 됩니다. 그리고 하나님의 생명수 샘물이 이 세상에서 계속 흘러들어가서 이 세상을 살릴 책임이 있는 것입니다. 우리는 더 순결하게 되며 더 정직하게 되며 더 거룩하게 되어야 합니다. 이것이 얼마든지 가능합니다. 우리가 하나님의 말씀을 듣고 결단을 하면 악마의 유혹이 떠날 것이며 천사처럼 거룩해져서 하나님 앞에서 정금 같은 성도들로 서게 될 것입니다.

CHAPTER • 44

천국 생활의 축복

요한계시록 22:1-11

우리는 천국에 대하여 생각할 때 마치 결혼하지 않은 처녀가 결혼에 대하여 생각하는 것과 같은 막연한 느낌이 있습니다. 우리는 천국 생활이 어떨지 도저히 짐작할 수 없습니다. 그리고 이 세상에는 천국 생활에 대하여 분명하게 말할 수 있는 사람이 아무도 없습니다. 왜냐하면 아무도 천국에 가 본 적이 없기 때문입니다.

우리는 천국 생활에 대하여 이런 양극단의 태도를 가지고 있는 것 같습니다. 한편으로는 천국에 대하여 거의 관심을 가기지 않고 할 수 있는 한 이 세상에서 많은 것을 소유하고 많은 것을 즐기려고 하는 사람들이 있습니다. 그러나 다른 한편으로는 자신의 상상력이나 다른 사람의 꿈이나 환상을 통해서라도 천국 생활을 한번 체험해 보려는 사람들도 있습니다. 그러나 이런 양극단 모두 좋지 못한 것입니다.

우선 믿는다고 하면서도 천국을 소망하지 않는 교인은 바른 신앙을 가진 것이 아닙니다. 왜냐하면 우리 그리스도인들은 천국의 소망이 있기 때문에 믿음으로 살아가고 있는 사람들인 것입니다. 우리는 천국의 소망이 있기 때문에 세상 사람들과 다르게 살아갑니다. 마치 시집가기 전에 언니가 자기가 가지고 있던 물건이나 옷이나 화장품 같은 것들을 동생이나 친구들에게 주는 이유는 결혼의 소망이 있기 때문인 것과 같습니다. 우리는 천국 생활이 있기 때문에 이 세상에서 양보하고 남들을 도와주며 하고 싶은 소리도 다 하지 않고 살고 있는 것입니다. 그러므로 천국이 대한 기대가 없는 교인은 지금 신앙생활이 병들어 있고 활기가 없을 것입니다.

그러나 천국에 대하여 너무 환상적으로 생각하는 사람들도 또 문제가 있습니다. 그 이유는 천국 생활이라고 하는 것이 지금 이 세상의 삶과 전혀 상관이 없는 완전한 별개의 것이 아니기 때문입니다. 하나님께서는 이 세상에서 우리가 산 것을 보고 영원한 지위와 영광을 주시겠다고 약속을 하셨습니다. 그래서 우리가 이 세상에서 믿음으로 산 것이 그대로 천국의 축복으로 주어지게 되는 것입니다. 그러나 천국을 지나치게 환상적으로 생각하는 분들은 어떻게 하든지 이 세상에서 도피하려고 합니다. 그리고 이 세상에서 책임을 지려고 하지 않습니다. 만약 우리가 이 세상에서 도피를 하고 이 세상에서 전혀 열매를 맺지 못한다면 하나님 앞에서도 상급이 없는 것입니다.

천국 생활의 유추

우리가 천국 생활을 유추할 수 있는 가장 좋은 것이 결혼 생활일 것입니다.

결혼의 가장 큰 특징이 무엇입니까? 결혼식을 올리는 것입니까? 아니면 신혼여행을 떠나는 것입니까? 아니면 새로운 가구를 사고 새로운 집을 구하는 것입니까? 아니지요. 이런 것들은 다 부차적인 것이고 가장 중요한 것은 사랑하는 사람과 결합해서 영구적으로 함께 사는 것이 결혼인 것입니다. 그래서 결혼이라는 것은 사탕하는 두 사람의 영원한 인격적인 결합입니다.

아무리 결혼식을 멋있게 했고 신혼여행을 잘 다녀왔다 하더라도 남편과의 사이가 좋지 않거나 남편이 멀리 출장을 떠나서 여러 날을 혼자 있어야 한다면 그렇게 기쁘지는 않을 것입니다. 결혼의 가장 큰 행복은 사랑하는 사람과 떨어지지 않고 계속 함께 있을 수 있는 점입니다.

그리고 또한 결혼을 하면 무엇보다 신분이 달라집니다. 사람은 분명히 예전의 그 사람이지만 이제는 예전의 신분이 아닙니다. 신부는 어느 남자의 부인이 됩니다. 그래서 부인은 남편의 모든 것을 누릴 수 있는 자격이 있습니다. 남편의 모든 하인들이 이 신부에게 예의를 표합니다. 왜냐하면 새로운 지위를 얻었기 때문입니다. 전혀 알지 못하던 많은 사람들을 알게 되고 그들과 새로운 관계를 맺게 됩니다. 그리고 이 새로운 생활을 위하여 많은 풍성한 것들이 준비됩니다. 신랑의 아버지는 신부를 위하여 모든 좋은 것을 다 준비합니다. 좋은 옷이나 좋은 집이나 좋은 음식이나 모든 좋은 것을 다 준비하여 신부를 행복하게 합니다.

우리는 바로 이런 유추를 우리의 천국 생활에 적용해 볼 수 있습니다.

가장 중요한 것은 나를 그토록 사랑하시고 나를 위하여 모든 것을 다 주신 사랑하는 주님을 만나게 된다는 사실입니다. 우리는 주님을 만나기만 하는 것이 아닙니다. 이제는 주님과 다시는 떨어지지 않고 영원히 함께 있게 됩니다. 우리는 지금 매일 주님의 숨결을 느끼면서 삽니다. 우리가 듣는 말씀, 모두 주님의 말씀입니다. 우리에게 임하는 기쁨과 감사, 모두 주님이 주신 것입니다. 어려울 때 나에게 주어졌던 도움의 손길들, 모두 주님이 주신 것입니다. 그래서 우리는 주님을 만났을 때 전혀 생소하지 않을 것입니다. 여러분, 지금 너무나도 주님이 보고 싶어야 정상입니다. 만일 내가 지금 신앙 생활한다고 하면서도 순전히 내 힘으로 하고 있다면 주님이 그렇게 보고 싶지 않을 것입니다. 그러나 나는 가진 것이 아무것도 없고 오직 주님이 주시는 힘으로 하루하루를 살고 있다면 얼마나 주님이 보고 싶겠습니까? 만약 내가 누리고 있는 이 모든 삶이 주님으로 부터 온 것임을 믿는다면 우리는 너무나도 주님이 보고 싶을 것입니다. 천국 생활은 바로 그 주님과 영원히 헤어지지 않고 함께 지내는 것입니다. 우리가 아주 멋있는 남자나 혹은 눈부시게 아름다운 여인을 만나고 헤어졌다면 얼마나 보고 싶겠습니까? 아마 항상 눈앞에 그 연인이 있을 것입니다. 아마 사랑에 빠져 본 사람이라면 거리가 멀다 하고 사랑하는 사람이 있는 곳으로 매주 달려갈 것입니다. 달려 갈 때는 거리가 먼 것 같지 않은데 돌아 올 때는 얼마나 먼지 모릅니다. 이것이 바로 사랑입니다. 우리의 천국 생활은 나를 그토록 사랑하신 주님과 영원히 함께 있는 것입니다.

그뿐만이 아닙니다. 우리의 신분은 놀랍게 변화됩니다. 마치 신부가 신랑의 모든 지위와 영광을 차지하는 것과 같습니다. 우리 주님은 천국에서 가장 존귀하신 분이십니다.

우리는 바로 그 주님의 제2인자가 되는 것입니다. 천국에 있는 모든 천사들이 우리에게 부복할 것입니다. 주님이 가지신 그 모든 영광과 지위를 누리게 됩니다.

물론 우리가 주님과 똑같아 지는 것은 아닙니다. 그러나 모든 천국의 천사들이 우리에게 주님과 똑같은 대우를 해줄 것입니다. 천국에서 가장 존귀한 자들이 바로 우리들이 됩니다. 우리가 전혀 다른 사람이 되는 것이 아닙니다. 바로 우리들입니다. 나의 정체성이 없어지는 것이 아닙니다. 분명히 나입니다. 한 사람 한 사람 모두 그대로 정체성은 가지고 있습니다. 그러나 그들의 신분은 지극히 높은 자의 제2인자입니다.

그리고 그 영광된 생활이라고 하는 것은 말로 표현할 수 없습니다.

무엇보다 중요한 것은 우리의 모든 것이 변합니다. 가장 중요한 것이 나의 몸이 변합니다. 우리가 지금 가지고 있는 이 몸이 아닙니다. 전혀 새로운 재질로 된 몸으로 변합니다. 늙지도 않고 병들지도 않고 아프지도 않고 불구도 아닌 가장 아름답고 영광스러운 몸이 될 것입니다.

주님은 이렇게 말씀하셨습니다.

마 22:30 부활 때에는 장가도 아니가고 시집도 아니가고 하늘에 있는 천사들과 같으니라

사도 바울은 이렇게 설명했습니다.

고전 15:42-4 죽은 자의 부활도 이와 같으니 썩을 것으로 심고 썩지 아니할 것으로 다시 살며 욕된 것으로 심고 영광스러운 것으로 다시 살며 약한 것으로 심고 강한 것으로 다시 살며 육의 몸으로 심고 신령한 몸으로 다시 사나니 육의 몸이 있은즉 또 신령한 몸이 있느니라 그때 우리 몸은 재질이 완전히 다른 것으로 다시 입게 됩니다

그뿐 아니라 그때에는 진리에 대하여 모호한 것이 없습니다. 모든 것을 다 알게 될 것입니다.

고전 13:12 우리가 이제는 거울로 보는 것 같이 희미하나 그때에는 얼굴과 얼굴을 대하여 볼 것이요 이제는 내가 부분적으로 아나 그때에는 주께서 나를 아신 것 같이 내가 온전히 알리라

지금 우리가 무엇을 아는 것은 마치 거울로 보는 것 같고 어떤 것의 한 부분밖에 알지 못합니다. 그러나 그때에는 우리가 모든 것을 다 알게 될 것입니다. 하나님의 뜻이나 이 세상에서 깨닫지 못했던 진리나 다른 형제와 자매들의 속사정에 대해서도 마치 주님이 나를 아시는 것처럼 모두 다 알

게 될 것입니다. 그때에는 아무도 나에게 설명해 줄 필요가 없습니다. 그때에는 설교를 들을 필요가 없습니다. 왜냐하면 그때에는 다른 사람이 설명해주지 않아도 우리는 모든 것을 다 알게 되기 때문입니다.

그리고 그때에는 우리의 감정이 온전하여 집니다. 지금 우리의 감정은 정직하지 못할 때가 많습니다. 어떤 때에는 불안해야 하는데도 평안을 느낄 때도 있고 어떤 때에는 편안해야 하는데도 불안을 느끼게 될 때가 있습니다. 그리고 지금은 하나님의 은혜를 다 감당하지 못합니다. 지금 이 상태에서 하나님께서 그 모든 은혜를 다 부어주신다면 우리는 미쳐서 죽을 것입니다.

사도 바울은 이 세상에 있으면서 천국을 체험해 본 적이 있었습니다. 그는 이렇게 말을 했습니다.

> **고후 12:3, 4** 내가 이런 사람을 아노니 그가 몸 안에 있었는지 몸 밖에 있었는지 나는 모르거니와 하나님은 아시느니라 그가 낙원으로 이끌려가서 말할 수 없는 말을 들었으니 사람이 가히 이르지 못할 말이로다

바울이 이 지경이었습니다. 그는 하나님의 은혜를 체험할 때 자기가 몸 안에 있었는지 몸 밖에 있었는지 알지 못한다고 했습니다. 다시 말해서 죽은 상태였는지 어떤 상태였는지 모르겠다는 뜻입니다. 그리고 거기서 들은 것이나 체험한 것을 아무것도 말로 표현할 수 없다고 말하고 있습니다. 지금은 우리가 그 영광을 다 체험할 수 없습니다. 왜냐하면 우리의 감정 자체가 그것을 감당하지 못하기 때문입니다. 그러나 그때는 모든 것을 다 감당하고 더 넘치게 감당할 수 있을 것입니다.

천국의 생명력

1, 2절 또 저가 수정 같이 맑은 생명수의 강을 내게 보이니 하나님과 및 어린 양의 보좌로부터 나서 길 가운데로 흐르더라 강 좌우에 생명나무가 있어 열 두가지 실과를 맺히되 달마다 그 실과를 맺히고 그 나무 잎사귀들은 만국을 소성하기 위하여 있더라

여기서 천국의 생명력은 세 가지로 표현되고 있습니다. 하나는 하나님의 보좌로부터 흘러나오는 생명수입니다. 그리고 두 번째는 생명나무 실과입니다. 그리고 세 번째는 그 나무의 잎사귀입니다.

하나님과 어린 양의 보좌로 부터 흘러나오는 생명수라고 하는 것은 성령의 능력으로 보는 것이 좋습니다. 믿는 자들은 이 세상에서도 성령의 능력으로 삽니다. 그러나 천국에서는 더욱 더 성령의 능력으로 살게 될 것입니다. 성령께서 우리 안에 무한한 생명의 능력을 주실 것입니다. 이것이 구체적으로 어떤 것인지는 말할 수 없습니다. 그러나 단지 살 수 있는 능력만이 아닙니다. 우리의 감정과 지식과 의지를 날로 날로 새롭게 해서 충만한 생명 가운데 살게 하시는 것입니다. 거기서는 피곤이라는 것이 없을 것입니다. 또한 침체나 권태 같은 것이 없을 것입니다. 왜냐하면 매일 새로운 생명력이 솟구치기 때문입니다. 하루하루가 새로울 것입니다. 그때는 마치 천년을 살아도 하루를 산 것처럼 모든 것이 새롭고 신선할 것입니다. 그 이유는 언제나 성령님께서 새로운 힘과 능력을 주시기 때문입니다.

강이 길 가운데로 흐른다고 하는 것은 우리 성도안의 교제에 그런 생명을 살리는 힘이 있고 그것은 천국에서도 영원히 계속된다는 뜻입니다. 지금 우리가 교제하는 것은 영원한 생명의 시작입니다.

그리고 강 좌우에 늘어선 생명나무 실과를 말씀하고 있습니다. 이 나무

는 사람들이 범죄했을 때 하나님께서 금지시키신 나무입니다. 그러나 그 생명나무가 회복이 됩니다.

원래 생명나무가 약속한 것은 우리 인간들이 하나님의 말씀에 온전히 순종을 하면 죽음을 통과하지 않고 바로 영광의 상태에 들어가게 된다는 약속입니다. 구약 성경에 보면 죽음을 통하지 않고 바로 부활에 들어간 사람이 두 사람이 나옵니다. 한 사람이 에녹이고 다른 한 사람은 엘리야입니다. 그런데 이제는 우리 모두가 죽음을 이기고 하나님의 영광 안에 들어가 있게 되는 것입니다. 우리는 하나님 안에서의 사랑이 얼마나 풍성하시고 무한하신지 거기서 깨닫게 될 것입니다.

이 우주에서 가장 아름다운 것은 삼위 하나님 사이의 사랑입니다. 삼위 하나님께서 서로 교제하시는 내용입니다. 그것을 잠시 보기만 해도 수천 년의 시간이 가 버릴 것입니다. 우리가 천국에서 가지는 것은 우리들끼리만 사랑하고 만나는 것이 아닙니다. 삼위 하나님의 사랑을 보는 것입니다. 그분들 안에서 얼마나 놀라운 사랑이 이루어지는지 그것을 보는 것입니다. 그 안에 들어 있는 그 자체가 엄청난 축복이며 말로 표현할 수 없는 영광이 될 것입니다.

여기에 보면 나무 잎사귀들만 해도 만국을 다시 살린다고 말씀하고 있습니다. 잎사귀만 먹어도 온 세상이 살아난다면 그 열매를 먹으면 어떻겠습니까? 여기 잎사귀는 만국을 소생시키기 위하여 사용된다고 했습니다. 누구든지 이 잎사귀만 먹어도 모든 병이 다 낫고 영원히 죽지 않게 되는 것입니다. 그러니까 천국에서는 아픈 것이나 신체의 장애라는 것이 있을 수 없는 것입니다.

3-5절 다시 저주가 없으며 하나님과 그 어린 양의 보좌가 그 가운데 있으리니 그의 종들이 그를 섬기며 그의 얼굴을 볼 터이요 그의 이름도 저희

이마에 있으리라 다시 밤이 없겠고 등불과 햇빛이 쓸데 없으니 이는 주 하나님이 저희에게 비취심이라 저희가 세세토록 왕노릇하리로다

하나님 앞에서는 다시 저주가 없습니다. 저주가 없다는 것은 죄도 없고 분노도 없고 미움이나 시기 질투가 없다는 것입니다. 즉 우리들의 마음이 천사처럼 되어서 도무지 화를 내지 않게 되는 것입니다. 서로 사이에 싸울 일도 없습니다. 왜냐하면 거기에는 언제나 사랑과 은혜가 충만하기 때문입니다. 저주가 없기 때문에 걱정도 있을 필요가 없고 두려움이나 불안도 있을 필요가 없습니다. 더 놀라운 것은 우리가 '그의 얼굴을 본다'는 것입니다. 우리는 그때 변화된 모습으로 하나님을 이 눈으로 보게 될 것입니다. 지금 우리가 드리는 예배는 아무래도 좀 정적인 예배입니다. 의자에 앉아서 예배를 드리고 순서에 따라서 예배를 드리는 수동적인 예배인 것입니다. 그러나 천국의 예배는 수동적이거나 정적이지 않을 것입니다. 우리는 모두 환한 빛 가운데서 영원히 하나님을 찬양해도 지치지 않을 것입니다. 찬양을 드려도 수천 시간이나 수만 시간을 드릴 것입니다. 거기에는 밤이 없습니다. 우리가 사는 이 세상은 밤이 있습니다. 그리고 우리는 밤이 되면 꼭 자야 합니다. 밤에 잠을 자지 않고 일을 하면 병들게 됩니다.

그러나 천국에는 밤도 없고 자지 않아도 되기 때문에 우리는 무한히 하나님을 찬양할 수 있으며 기뻐할 수 있습니다.

우리 인간이 먹는 일만 하지 않아도 너무나도 많은 시간이 남을 것입니다. 실제로 하루에 많은 시간을 먹는 것을 준비하고 먹고 치우는데 사용됩니다. 그리고 나머지 시간은 또 자야 합니다. 그리고 남은 시간으로 우리는 사람들을 만나고 활동을 하는 것입니다. 그러나 천국에는 먹는 것을 준비할 시간도 필요없고 잘 시간도 필요가 없습니다. 그리고 아파서 누워 있을 필요도 없습니다. 오직 하나님의 영광중에 빠져서 무한히 많은 시간을 온

전히 기뻐하고 즐거워하면서 하나님께 영광을 돌릴 수가 있는 것입니다.

오늘 우리들은 무슨 합창 같은 것을 하려면 상당한 기간 준비를 해야 합니다. 파트로 나누어서 연습을 하고 나중에 오케스트라와도 맞추어야 합니다. 그러나 그때에는 준비라는 것이 필요가 없을 것입니다. 우리의 마음에서 끊임없는 찬양과 곡조가 흘러나올 것이며 한 곡조가 나오면 모든 성도들이 자동적으로 거기에 화음을 맞추어서 엄청난 새 노래가 나오게 될 것입니다. 그것이 끝이 없을 것이며 거기서 율동과 다른 새들이나 짐승이나 하늘이나 별들까지 하나님의 위대함을 송축할 것입니다.

천국과 현재

이제 우리가 생각해야 할 것은 그러면 천국과 현재의 생활은 전혀 상관이 없는 불연속적인 것이냐 하는 것입니다. 물론 현재의 보잘 것 없는 상태와 그때의 영광을 생각한다면 분명히 지금과 천국은 불연속적입니다. 아마 그때에는 현재의 모습을 전혀 찾아볼래야 찾아 볼 수 없을 정도로 우리는 변해 있을 것입니다. 그러나 연속적인 부분이 전혀 없는 것이 아닙니다.

그 중의 하나가 우리의 인격입니다. 지금 내가 나인 것처럼 그때에도 나는 분명히 나이며 내가 나라는 사실을 알 수 있습니다. 그리고 우리는 다른 사람들도 다 알아 볼 것입니다. 우리는 완전히 없어지고 전혀 새로운 피조물로 등장하는 것이 아니라 분명 지금의 내가 그때에도 나로 등장하게 될 것입니다. 우리 한 사람 한 사람의 인격도 그대로 존재합니다.

물론 관계가 이 세상 그대로인 것으로 나타난다고 보기는 어렵습니다. 어떤 율법사가 어떤 형제들이 한 부인을 두고 여러 번 결혼을 한 것을 가지고 질문했을 때 예수님은 천국에서는 장가도 가지 않고 시집도 가지 않는다고 하신 것에서 이 세상의 관계가 그대로 천국에서도 지속되는 것은 아니라는 것을 알 수 있습니다.

이 지상에서 주인과 하인의 관계였다면 천국에서도 그런 관계로 나타나는 것은 아닐 것입니다. 모두 주 안에서 한 형제요, 자매로 나타날 것입니다. 할아버지나 십대손자나 모두 한 형제로 나타나지 않을까 추측합니다. 그러나 분명히 그 사람은 그 사람으로 나타날 것이며 다른 사람이 되어서 나타나는 것은 아닙니다.

이 세상에서 그리스도로 인하여 고통 받고 주님을 섬긴 것이 그대로 영원한 지위로 결정 지워진다는 점에서 이 세상과 천국이 연속적입니다. 성도들에게 가장 중요한 것은 바로 이 사실입니다. 천국에서 지위가 모두 같지 않다는 것입니다. 각 사람 모두에게 주어지는 영광과 지위가 다릅니다. 그리고 한번 결정되면 그 지위나 영광은 영원히 갑니다. 믿지 않는 자들의 불행이 무엇입니까? 그들은 참으로 비참한 지위가 주어지고 굴욕과 수치가 주어지는데 그것이 영원히 지속된다는 점입니다. 그들은 영혼과 육체 모두가 그런 지위에 떨어지게 됩니다. 그것을 당연하게 받아들이고 그 굴욕과 수치가운데 영원히 있게 됩니다.

그래서 지금 우리는 마치 상 주심을 향하여 경쟁하며 달리는 선수들과 같습니다. 성도들이 기쁨으로 고난의 길을 택하는 이유가 무엇입니까? 바로 그것이 영원한 나의 지위와 영광이 되기 때문입니다. 그래서 사도 바울은 '그리스도의 남은 고난을 자기 육체에 채운다'라고 말을 했습니다. 왜냐하면 그렇게 하면 할수록 더욱 더 높은 지위와 영광이 주어지는 줄 믿었기 때문입니다. 이 세상에서 많이 버리면 버릴수록 천국에서 더 가질 것이라고 말씀하셨습니다.

지금 이 세상에서 조금만 참고 인내하면 영원한 지위와 영광이 결정됩니다. 이것이 그리스도인들로 하여금 마치 경쟁하듯이 남을 사랑하게 만들며 달음질하듯이 선을 행하게 하는 것입니다. 지금 내가 하는 하나하나가 전부 상으로 연결됩니다. 마치 많은 심사 위원들이 나의 연주를 심사하고 있는 것과 같습니다. 지금은 먹는 것이나 입는 것이나 염려할 시간이 없습니다. 최선을 다하여 나의 삶을 연주하는 것입니다.

7절 보라 내가 속히 오리니 이 책의 예언의 말씀을 지키는 자가 복이 있으리라 하더라

주님이 십자가에 못 박히시고 죽으셨다가 부활하신 후 부터 주님이 다시 이 세상에 오실 때의 기간은 교회 시대입니다. 이 교회 시대는 몇 가지 특징으로 나타낼 수 있습니다.

첫째로 이 기간 중에 사탄은 결박되어 있다는 것입니다. 그리스도께서 십자가 위에서 우리의 모든 죄를 대속하심으로 사탄은 그 모든 공식적인 권한을 모두 다 박탈당했습니다. 그러나 그리스도의 십자가 사건으로 하나님께서는 적극적으로 죄인들을 다시 부르기 시작했습니다. 마치 집을 나간 자식을 아버지께서 다 용서하시고 다시 집으로 불러들이는 것과 같습니다. 적어도 법적으로는 사탄은 이 세상에서 사람들을 지배할 권리가 전혀 없습니다.

그러나 아직도 사탄은 온 세상에서 왕노릇을 하면서 군림을 하고 있습니다. 그 이유는 아직도 그리스도의 복음을 듣지 못한 사람들이 많이 있기 때문입니다. 그리고 복음을 듣고서도 아버지께 돌아가기를 원치 않는 자들이 많이 있기 때문입니다. 우리가 예수 그리스도의 복음을 선포하면 사탄의 결박은 풀어지게 되어 있습니다. 그래서 이 세상에서 가장 위대한 것은 주님의 복음을 사람들에게 전해서 사탄의 결박을 끊어버리고 하나님께로 돌아오게 하는 것입니다. 진리가 밝혀지기만 하면 사탄은 묶이게 되어 있습니다. 지금이라도 진리가 어두워지기만 하면 사탄은 다시 활동을 시작합

니다. 진리를 환하게 비추기만 하면 사탄은 더 이상 사람들을 속일 수가 없습니다.

둘째로 이 기간에는 누구든지 예수의 이름을 부르기만 하면 구원을 얻습니다. 이때는 천국 문이 그야말로 활짝 열린 시기입니다.

롬 10:11-13 성경에 이르되 누구든지 저를 믿는 자는 부끄러움을 당하지 아니하리라 하니 유대인이나 헬라인이나 차별이 없음이라 한 주께서 모든 사람의 주가 되사 저를 부르는 모든 사람에게 부요하시도다 누구든지 주의 이름을 부르는 자는 구원을 얻으리라

아무 때나 구원을 받을 수 있는 것이 아닙니다. 이 교회의 시대가 오기까지 천국문은 너무나도 조금 열려 있었습니다. 아브라함의 자손들이 이 구원에 초청을 받았고 그 중에서도 극히 작은 일부였습니다. 그러나 교회의 시대에는 누구든지 예수 이름을 듣고 그를 믿기만 하면 구원을 얻습니다. 여기에는 인종이나 남녀나 신분에 아무 조건이 없습니다.

세 번째로 이 기간에는 교회에 모든 전권이 위임되어 있습니다. 하나님께서는 우리 믿는 자들에게 하늘과 땅의 모든 권세를 주셨습니다. 그래서 우리가 복음을 전하고 믿음으로 활동하는데 따라서 세계의 역사가 달라지게 되는 것입니다. 그야말로 모든 것이 우리가 하기 나름인 것입니다. 마치 우리나라 대표 선수들이 월드컵에서 이기는 것에 따라서 상금이 달라지고 모든 지원이 달라지듯이 우리의 믿음의 분량에 따라서 모든 것이 주어지기도 하고 닫혀지기도 하는 때인 것입니다. 만일 우리가 하나님 나라를 등한히 하고 자기 욕심을 위해서 산다면 우리는 그만큼 능력을 받지 못할 것이고 전심으로 하나님의 뜻을 구하면 상상할 수 없는 능력이 우리에게 공급이 될 것입니다. 그리고 모든 것이 우리의 손에 달려 있기 때문에 우리의 기

도와 믿음에 따라서 천국의 활동이 좌우되게 됩니다.

그래서 주님이 더디 오시는 이 기간이 사실은 교회에 있어서는 영광의 시간이요 모든 권한이 교회에 위임된 기간이라고 말할 수 있습니다. 교회는 진리로 이 세상과 싸워야 하고 교회에 주님이 주신 모든 기량을 다하여 이 하나님의 구원 계획을 연기해 드려야 하는 것입니다.

속히 오시겠다고 하신 약속

언제 돌아올지 모르는 남편을 밤늦게 까지 기다려 본 부인들은 기다린다고 하는 것이 얼마나 힘든지 잘 압니다. 차라리 외국에 출장을 가서 오늘 오지 않는다는 것이 분명하면 오히려 나을 것입니다. 그러나 오늘 들어오기는 분명히 들어 올 텐데 아무리 시간이 지나도 남편이 집에 들어오지 않을 때에는 별의별 생각이 다 드는 것입니다. 그래서 언제나 긴장을 하게 됩니다.

주님은 하늘로 올리워 가시면서 '다시 오겠다'고 약속하면서 떠나가셨습니다.

그러나 약속한 주님은 오시지 않고 오히려 이 세상은 더욱 더 악해지고 신앙 생활하기는 너무나도 힘들어졌습니다. 믿음의 형제와 자매들은 이제 더 이상 견딜 수 없는 정도로 그 소망이 희미해지려고 하고 있습니다. 그때 이 편지의 결론에서 주님은 무엇이라고 말씀을 하십니까? '내가 속히 오겠다'고 말씀하십니다. 주님은 자신이 다시 오신다는 약속을 반드시 지키겠다고 말씀을 하셨습니다. 그런데 주님은 아직 오시지 않고 있습니다. 이 당시의 교인들도 상당히 오랜 시간을 기다렸습니다. 그러나 그들은 주님이 오시는 것을 보지 못하고 다 죽었습니다. 이 난제를 우리는 어떻게 해석을 해야 하며 어떻게 받아 들여야 하겠습니까?

우선 우리는 몇 가지 경우를 생각해볼 수 있습니다. 우선 주님이 다시 이 땅에 오시는 정확한 시간을 결정하시는 분은 오직 성부의 소관이라는 것입니다. 이것은 아들이나 천사도 결정하지 못하고 오직 하나님 아버지가 결정하시는 것입니다. 그런데 하나님 아버지께서는 우리가 생각하는 것보다 엄청나게 사랑이 많으십니다. 그래서 단 한 사람의 택한 사람도 구원하시기 위하여 그렇게 오래 기다리시는 것입니다.

예를 들어, 수양회를 떠나는데 오겠다고 약속한 사람이 오지 않을 때 버스는 시동을 걸어놓고 그 사람이 올 때까지 기다릴 것입니다. 만약 약속된 시간까지 오지 않는다고 해서 버스가 한번 떠나버리면 그 사람은 다시는 그곳에 가지 못할 것입니다. 마찬가지로 하나님께서는 아직 구원받지 못한 사람들 때문에 시동을 걸어놓고 기다리시는 것이지, 결코 다시 오시겠다는 약속을 잊으신 것은 아닌 것입니다. 우리 교회만 해도 올해 학습 받고 세례를 받으신 분이 많이 있습니다. 특히 이 분들 중에서 너무나도 귀한 믿음으로 자라는 분들이 있습니다. 그런데 만일 주님이 작년이나 그 전해에 오셨더라면 이 분들은 구원의 버스를 놓치고 마는 것입니다.

그 대신에 우리들도 주님이 오시는 일에 모든 초점을 다 맞추어놓고 살아야 하는 것을 의미합니다. 비행기를 타고 여행하는 사람은 가장 중요한 것이 비행기 탑승 수속을 하는 것입니다. 그리고 나서 시간이 나면 면세점에 가서 쇼핑을 할 수도 있고 사람들을 만나서 커피도 마실 수 있는 것입니다. 어떤 사람은 비행기 표도 티케팅을 하지 않고 면세점에서 쇼핑을 먼저 하는 바람에 결국 비행기를 놓쳐서 비행기를 타지 못하는 실수가 생기는 것입니다. 그런데 비행기는 한번 놓쳐도 다음 비행기가 있을지 모르지만 천국은 단 한번으로 모든 것이 끝나버리기 때문에 다시는 기회가 없는 것입니다.

그래서 정상적인 그리스도인들의 특징이 항상 긴장하면서 살아가고 있는 것입니다. 왜냐하면 주님이 언제 오실지 모르기 때문입니다. 우리가 전방 부대에 가보면 군인들의 경계 근무를 서는 자세가 다르다는 것을 알게 될 것입니다. 그들은 적이 언제 쳐들어올지 모르기 때문에 언제든지 전투에 임할 수 있도록 긴장하고 있습니다. 마찬가지로 우리 그리스도인들이 긴장하지 않고 있다면 이것은 영혼이 병든 것이며 죄에 빠져 있는 것입니다.

주님은 지금 당장 오실 수도 있습니다. 그러니까 우리는 주님을 만나는 일을 다른 어떤 일보다 우선적으로 해 놓아야 합니다. 우리 집에 손님이 오기로 되어 있습니다. 그러면 어떻게 하시겠습니까? 다른 어떤 것보다도 손님 맞을 준비부터 먼저 해야 합니다. 잠을 좀 자고 싶어도 청소부터 해 놓고 또 음식이나 다른 것부터 준비해 놓고 그래도 오지 않으면 잠을 약간 잘 수 있을 것입니다. 청소도 하지 않고 음식 준비도 해 놓지 않고 잠만 자고 있는데 손님이 들이 닥치면 그는 참으로 부끄럽게 될 것입니다. 어떤 사람에게 내일 아주 중요한 일이 있다고 합시다. 그것은 준비가 필요한 일입니다. 그렇다면 어떻게 하겠습니까? 다른 어떤 것보다 그것부터 준비해 놓을 것입니다. 중요한 일을 다 준비한 후에야 차도 마시고 뉴스도 보고 이야기들도 할 수 있을 것입니다.

어떤 사람은 주님을 만날 준비를 전혀 해 놓지 않았습니다. 술을 마시고 노름을 하는 동안에 주님이 오셨습니다. 얼마나 당황스럽겠습니까? 우리는 항상 준비되어 있어야 합니다. 언제 어느 순간에 주님이 오시더라도 뛰어나가서 맞이할 준비가 되어 있어야 합니다. 천사가 어서 나와서 주님을 맞이하라고 소리칠 때에 가장 먼저 달려갈 준비가 되어 있어야 합니다. 그러기 위해서는 어떻게 해야 합니까? 항상 주님의 말씀에 비추어서 옳지 않은 것은 그것부터 가장 먼저 청산을 해야 합니다. 그리고 주님이 원하시는 뜻이 있으면 그것을 최우선적으로 해야 합니다. 그리고 나서 공부도 하고 자식도 키우고 집안도 돌보는 것입니다. 그리고 나서 사업도 하는 것이고 취미 생활도 하는 것이며 결혼 생활도 하는 것입니다. 최우선이 주님을 만나는 것입니다.

주님은 이 요한계시록의 결론 부분에서 특히 예언의 말씀의 중요성을 강조하고 계십니다.

6절 또 그가 내게 말하기를 이 말은 신실하고 참된지라 주 곧 선지자들의 영의 하나님이 그의 종들에게 결코 속히 될 일을 보이시려고 그의 천사를 보내셨도다

주님은 이 말씀이 '신실하고 참되다'라고 증거하십니다. 계시록의 이 모든 환상들은 요한이 우연히 체험하게 된 환상이나 꿈이 아니라 반드시 앞으로 되어질 일을 하나님께서 천사를 통하여 보이셨다고 증거하십니다.

7절 보라 내가 속히 오리니 이 책의 예언의 말씀을 지키는 자가 복이 있으리라 하더라

주님은 계속적인 환상의 상태에 빠져 있는 자는 복이 있다고 말씀하시지 않으셨습니다. 주님은 분명히 이 책의 예언의 말씀을 지키는 자가 복이 있다고 말씀하셨습니다. 훌륭한 체험을 했지만 주님의 말씀을 지키지 않음으로 멸망에 빠진 자들이 많이 있습니다. 우리가 영광의 체험만으로 구원을 얻지 못합니다. 우리가 구원을 받는 것은 예수 그리스도에 대한 믿음과 그의 말씀에 대한 순종입니다. 우리 성도들은 황제숭배에 굴복하면 안 됩니다. 황제숭배로 인한 핍박을 받아야 합니다. 요즘은 황제숭배는 아니지만 정경유착이 그것과 비슷한 것입니다. 정경유착하면 이 세상에서도 망하게 되어 있습니다. 그리고 우리 그리스도인들은 절대로 음란한 생활에 빠지면

안 됩니다. 음란한 생활에 빠지면 주님을 만나지 못할 것입니다.

8-9절 이것들을 보고 들은 자는 나 요한이니 내가 듣고 볼 때에 이 일을 내게 보이던 천사의 발 앞에 경배하려고 엎드렸더니 저가 내게 말하기를 나는 너와 네 형제 선지자들과 또 이 책의 말을 지키는 자들과 함께 된 종이니 그리하지 말고 오직 하나님께 경배하라 하더라

요한은 너무나도 놀라운 것들을 보았고 또 체험하였습니다. 그는 이 귀한 환상들을 보여준 천사에게 절하려고 했습니다. 그랬더니 천사는 절을 하지 못하게 했습니다. 그러면서 '나는 네 형제 선지자들이나 또 그 말씀을 지킨 형제들과 같은 종'이라는 것입니다. 무슨 말씀입니까? 중요한 것은 이러한 영광의 체험이 아니고, 말씀 그 자체이며 말씀을 지키는 것이라는 뜻입니다. 다른 말로 표현하면 천사는 요한에게 빨리 환상에서 깨어서 이제 이 말씀을 증거하고 교인들로 하여금 이 말씀을 지키게 하라는 것입니다. 천사는 우리의 숭배의 대상이 아닙니다. 그들은 우리의 들러리인 것입니다. 중요한 것은 천사에게 절을 하는 것이 아니고 성도들을 한 사람이라도 더 붙들어주는 것이라고 말씀하고 있습니다.

우리는 다른 모든 사람들을 책임질 수 없습니다. 모든 사람들은 자기 자신의 문제를 스스로 책임질 수밖에 없습니다. 이것은 부부 사이에도 마찬가지이고 부모와 자식 사이에도 마찬가지입니다.

10, 11절 또 내게 말하되 이 책의 예언의 말씀을 인봉하지 말라 때가 가까우니라 불의를 하는 자는 그대로 불의를 하고 더러운 자는 그대로 더럽고 의로운 자는 그대로 의를 행하고 거룩한 자는 그대로 거룩되게 하라

가 셰익스피어를 읽지 못하는 현실을 안타깝게 여긴다. 심지어 "여러분, 셰익스피어를 읽으세요!"(267)라고 독백을 할 때도 있다. 청중과 관객은 없지만 연극배우처럼 행동하는 것이다. 힐버리 부인은 셰익스피어의 문학을 대중화해야한다고 주장하기도 한다.

힐버리 부인의 남편 힐버리 씨는 문학평론지 「크리티컬 리뷰」(Critical Review)의 편집인이다. 부부는 슬하에 캐서린(Katharine Hilbery)이라는 외동딸을 두고 있다. 무남독녀 캐서린은 27세의 미혼여성으로 부모와 함께 산다. 캐서린은 어머니의 민첩성과 활기찬 분위기를 가진 여성이다. 키가 크고 늘씬하여 돋보이는 체형을 가졌다. 한편으로는 아버지를 닮기도 했다. 어딘지 모르게 그늘이 있는 아버지의 짙은 타원형 눈이 매력적인 인물이다. 캐서린은 멍하니 딴 생각을 할 때가 많지만, 겉으로 보기에는 영락없는 어머니의 딸이다. 십여 년 동안 어머니의 글쓰기 작업을 보조하며 외할아버지 전기문을 쓰는 일을 돕는다. 캐서린은 화려하지는 않아도 품위 있어 보이는 옷을 즐겨 입는다. 저택의 응접실에서 캐서린의 우아한 외모는 빛을 발한다. 손님이 오면 섬세하게 만들어진 고급 중국 찻잔에 차를 내어주며 손님접대를 능숙하게 한다(1). 손님들의 찻잔에 차를 따르는 일 이외에 캐서린이 맡은 중요한 임무가 있다. 방문객을 죽은 시인의 방으로 안내하는 것이다.

위대한 시인이 살아생전 글을 썼던 작업실은 응접실 근처에 있는 "작은 방"이다. 『밤과 낮』의 3인칭 화자는 죽은 시인의 방이 성당의 예배당 혹은 무덤 안 동굴을 연상시킨다고 말한다. 이 방에는 죽은 시인의 유품이 놓여있다. 시인이 생전에 사용하던 잉크 자국 묻은 책상, 펜, 금테두리 안경, 낡은 슬리퍼를 비롯해, 「오드 투윈터」("Ode to Winter")라는 유명한 시의 원본과 다른 작품의 초고가 빼곡히 전시되어 있다. 대부분의 방문객은 마치 박물관 같은 죽은 시인의 방을 관람하기를 즐긴다. 『밤과 낮』에 등장하는 인물 중 랄프 데넘(Ralph Denham) 만큼은 다른 사람들과 다른 반응을 보인다.

랄프는 중류층 계급의 미혼남성으로 29세이며 변호사이다. 힐버리 씨와 친분이 있어 저택의 티타임 사교모임에 참석하게 된 랄프는 여느 손님과 마찬가지로 죽은 시인의 방을 접견할 기회를 얻는다. 그런데 서술자는 랄프가 만일 모자를 쓰고 있었더라면 모자가 벗겨졌을 만큼 화들짝 놀랐다고 말한다(10). 랄프는 한쪽 벽에 걸린 죽은 시인의 초상화가 자신을 보고 있는 시선을 인식하고 기괴한 감정을 느낀 것이다. 이처럼 랄프는 다른 손님들과 사뭇 다른 반응을 보인다. 이러한 재현은 랄프의 특별함을 암시하는 소설의 복선이다.

독자의 입장에서는 랄프를 제외한 다른 방문객들이 죽은 시인의 초상화를 보면서 어떤 감정을 느끼는지 명확하게 알 길은 없다. 그러나 대부분의 손님들이 마치 박물관을 견학하는 관람객처럼 초상화를 보면서 시인의 아우라를 향유한다는 것만큼은 분명하게 드러난다. 죽은 시인의 초상화는 힐버리 가문의 중요한 소장품이다. 매일같이 할아버지의 방을 드나드는 외손녀 캐서린은 여타의 관람객과 달리 진심으로 할아버지를 동경하는 것은 아니다. 그럼에도 불구하고 캐서린에게도 할아버지의 초상화는 매혹적인 데가 있다. 캐서린은 초상화를 바라볼 때 일상에서 분리되어 딴 세상에 와 있는 것 같다고 느낀다. 소소한 일상에서 벗어나 현실적인 자아를 잊어버리는 것 같은 비현실적인 느낌을 받는다. 삶과 죽음의 영역이 공존하는 것 같은 외할아버지의 방에서 캐서린은 일종의 미학적 경험을 하게 된다.

죽은 시인의 방은 힐버리 가문의 문화적 우월성을 증명하는 장소이다. 이 방은 힐버리 가문 사람들이 타인과 구별됨을 보여주는 가시적인 매개체인 것이다. 비즈니스 업계에서 돈을 번 중상류층 영국인이나 벼락부자는 이른바 고급문학과 문화유산을 소유한 힐버리 가문 사람들에 비해 열등한 집단으로 인식된다. 『밤과 낮』의 서술자는 죽은 시인의 직계자손 및 친족들이 누리는 자부심에 관해 다소 비꼬는 투로 언급한다. 죽은 시인과 혈연관계에 있는 밀링톤가(The Millingtons)와 오트웨이가(The Otways) 사람들도 콧대가 높다. 이들은 문화적 "지성"이 마치 "물건"(29)인양 집안사람들끼리 주고받기를 해나간다. 이들은 또한 우생학의 신봉자이다. 자신들을 우월한 유전자라고 믿는다. 이들은 19세기 중후반 우생학의 창시자인 프랜시스 골턴 경(Sir Francis Galton, 1822-1911)이 발표한 "유전적 천재성"(29) 이론을 신봉한다. 서술자가 말하듯이 힐버리 집안사람들은 유전적인 천재성이 자기 가문의 특징을 나타내는 정확한 표현이라고 믿는다. 유전적인 천재성을 이어가고 '우월'한 가문의 명성을 유지하기 위해서, 죽은 시인의 혈통을 이어받은 부모세대는 자식들이 영국 최고의 엘리트 교육을 받도록 한다. 물론 이러한 교육의 수혜는 딸이 아닌 아들에게 한정되어 있다.

울프의 표현에 따르면 힐버리 가문의 사람들은 지적인 '속물'로 볼 수 있다. '속물'이라는 단어에는 다양한 함의가 있지만 울프는 「나는 속물인가요?」("Am I a Snob?")라는 에세이에서 속물을 다음과 같이 정의한다. 속물은 타인에게 중요한 사람으로 인식되기를 갈

망하고, 자신의 중요성을 드러내기 위해 자랑할 만한 무엇인가를 끊임없이 전시하고 드러내는 사람이다. 『밤과 낮』에서 힐버리 가문의 사람들은 죽은 시인의 유산을 전시하고 자랑하는 지적인 속물의 전형이다. 속물이라는 단어에는 배타성이라는 속성이 결부되어 있게 마련이다. 언뜻 보면 힐버리 저택 사람들은 배타적인 사람들로 보이지 않을 수도 있다. 저택의 안주인인 힐버리 부인은 '열린' 마음을 갖고 한 달에 한 번에 한해 오후 세시부터 밤까지 힐버리 가문에 속한 사람이라면 누구나 드나들 수 있도록 그들의 응접실에 램프를 켜 놓고 집을 개방해두었다. 서술자에 의하면 힐버리가는 "거대한 인류"를 향해 "너그럽게 미소를 지을"(317-18) 만반의 준비가 되어있다. 그러나 "힐버리 가문에 속한 사람"이라는 전제조건이 주어에 밀착되어 있듯이, 힐버리 저택은 집 '안' 사람과 집 '바깥' 사람을 구별하는 사고의 토대 위에 있다. 만일 가문 '밖'의 누군가가 힐버리 저택 안에 들어오기를 희망한다면 그는 모종의 희생을 감수해야 할 것이라고 서술자는 언급한다.

문화유산을 사유재산으로 간직한 힐버리 가문은 적절하고 바람직한 취향 역시 소유한다. "오랜 기간에 걸쳐 구축된 문명"을 상징하는 기호들로 만들어진 저택에 사는 힐버리 부부는 문학을 향유하는 데 있어 특정한 취향을 소유한다(362). 무엇이 좋은 취향이고 나쁜 취향인지에 대한 엄격한 잣대를 갖고 있는 힐버리 부부는 문학작품에 대한 자신들의 선호도가 특정한 사회문화의 영향 안에서 만들어졌다는 사실을 인식하지 않는다. 저녁식사를 마친 후 이어지는 힐버리 가족의 일과는 식구들끼리 둘러앉아 소설책을 읽는 것이다. 어머니가 목도리를 뜨개질하고 아버지가 신문을 읽는 동안 외동딸 캐서린은 부모님의 취향에 맞는 "무척 존경할만한" 작가들의 작품들을 선별하여 읽어주는 역할을 한다(90). 캐서린은 부모님의 취향에 맞는 책이 무엇인지 잘 알고 있고, 그러한 취향에 부합하는 책을 선별하는 역할을 한다.

힐버리 부인의 책 취향은 사뭇 흥미롭다. 부인은 책의 내용에만 관심을 갖는 것이 아니라 책의 '외모'에도 주의를 기울여 책을 선별한다. 어느 날 저녁 가족의 책 읽는 일과가 시작될 무렵, 힐버리 부인은 매주 화요일과 금요일마다 책을 빌려주는 이동도서관에서 배달된 각종 현대판 문고를 보게 된다. 영국 중산계급을 위한 이동도서관 책은 캐서린이 빌려온 것이다. 오래된 서적을 소중히 여기는 힐버리 부인의 관점에서 이동도서관용 책을 보는 것은 나쁜 취향에 다름 아니다. 힐버리 부인은 이동도서관에서 가져온 책 표지의 금빛 장식이 유치하다고 생각한다. 또한 책의 조악한 표지를 본 것만으로도 마음이 불편해지는 것을 느낀다. 어머니의 언짢은 마음을 모르는 것은 아니지만, 캐서린은 이동도서관에서 빌린 책 중 한권을 선택하여 앞부분을 읽기 시작한다. 다섯 장 정도를 읽는데 힐버리 부인은 마치 먹기 힘든 음식을 입에 넣은 사람처럼 불쾌감을 느낀다(90). 책을 읽는 딸에게 그 책은 어휘가 "지나치게 영악하고, 가볍고, 천박"하니 좀 더 "리얼"(real)한 소설을 읽어달라고 요청한다(90). 캐서린은 어머니가 말하는 책이 무엇인지를 알고 있다. 어머니의 요청에 따라 캐서린은 책장에 있는 영국 소설가 헨리 필딩(Henry Fielding, 1707-1754)의 소설을 꺼내서 읽기 시작한다.

겉보기에 조야하다는 인상을 주는 책 때문에 마음이 불편했던 어머니는 이내 마음의 평온을 되찾는다. 그리고 힐버리 부부는 딸이 읽어주는 이야기를 들으면서 식사 후 저녁시간을 만족스럽게 보낸다. 우선 사실주의 소설 장르에 속하는 필딩의 소설은 내용의 측면에서 '바람직'하게 보인다. 특히 힐버리 부인의 시각에서 보았을 때, 필딩의 소설은 흡족한 외관을 갖추었다. 두툼한 가죽 표지로 만들어진 고풍스러운 책의 모습이 힐버리 부인에게 만족감을 주는 것이다(90). 힐버리 부인의 기준에서 볼 때 18세기 사실주의 영국소설이 좋은 취향에 속한다면, 이동도서관에서 빌린 현대판 문고는 나쁜 취향의 표식인 것이다. 이와 같이 특정한 것을 좋은 취향으로 규정하고 이상화하는 행위는 그 이외의 것들을 열등한 것으로 보게 하는 도식화의 위험을 수반한다. 사실주의 소설을 이상적인 취향으로 낙인찍는 힐버리 부인의 관점에 의하면, '리얼'하지 않은 모든 문학은 '나쁜' 취향과 관련된다.

울프는 '좋은' 취향을 추구하는 힐버리 부인의 편견과 속물성을 보여준다. 힐버리 부인은 필딩의 소설이 '리얼'하다는 이유를 들면서 사실주의 문학을 높이 평가하지만, 힐버리 부인이야말로 문학과 현실을 혼동하는 인물로 '리얼'한 것에 대한 감각을 결여하고 있다. 힐버리 부인은 문학과 현실을 분명한 경계를 보지 못할 때가 많다. 따라서 현실 속에서 살아가는 사람의 예측 불허한 인생을 문학작품 속 인물의 삶과 동일시하는 오류를 범하곤 한다. 예를 들어 힐버리 부인은 사람의 인생이 사실주의적 성장소설의 내러티브처럼 발전한다고 믿는다. 이러한 성향은 힐버리 부인이 자신의 조카이자 캐서린의 외사촌인 시릴 에일러다이스(Cyril Aldardyce)의 여자관계 스캔들을 접하는 대목에서 잘 드러난다. 부모님께 필딩의 소설을 읽어주던 캐서린은 우편배달부의 방문으로 인해 책 읽기를 멈춘다. 캐서린은 두 통의 편지를 받는다. 한 통의 편지에는 로드니가 캐서린에게 사랑을 고백하는 시가 담겨 있다. 다른 한통의 편지는 캐서린의 고모인 실리아(Aunt Celia)가 보낸 것이다.

실리아의 편지는 시릴이 저지른 부적절한 여자관계를 폭로하는 내용을 담고 있다. 실리아는 유부남인 시릴이 혼외 관계의 여성과 4년 동안이나 두 집 살림을 하고 있었고, 아이까지 둘이나 낳았다는 스캔들을 가십거리로 삼아 편지로 쓴 것이다. 캐서린은 시릴에 관한 소식을 편지로 접한 후 잠시 충격을 받지만 곧 정신을 가다듬는다. 그리고 시릴의 방탕한 행동을 비난하기보다는, 여자문제로 곤경에 처한 시릴이 상황을 극복할 수 있도록 도움을 주어야한다고 생각한다. 캐서린은 어머니가 외조카 시릴의 문제에 관한 소식을 접하면 무척 흥분할 것이라고 여겨, 아버지에게 먼저 이 문제를 털어놓아야겠다고 판단한다. 캐서린은 우선 아버지에게 조언을 구하려고 대화를 시도하지만, 힐버리 씨는 시릴의 스캔들을 사소한 것으로 치부하고 상황을 회피한다. 이처럼 타인의 문제에 관여하지 않으려는 아버지의 무심한 태도는 공감과 연민의 감정을 충분히 갖추지 못한 남성의 모습을 형상화한 것이다.

아버지가 별다른 반응을 보이지 않으니, 캐서린은 어머니에게 직접 시릴의 문제를 알리고 향후 해결방안을 모색하고자한다. 가십을 퍼트리기를 즐겨하는 실리아 고모가 찾아와 어머니에게 스캔들을 발설하기 전에, 자신이 조심스럽게 대화를 시도하는 편이 좋겠다고 판단한 것이다. 하지만 캐서린의 타이밍은 빗나간다. 실리아 고모가 캐서린보다 한발 앞서 힐버리 부인을 찾아온 것이다. 대화를 하러 어머니를 찾아간 캐서린은 실리아 고모와 어머니가 함께 있는 것을 목격한다. 실리아 고모는 힐버리 부인에게 시릴의 스캔들에 관해 이미 발설한 상태이다. 그런데 캐서린의 입장에서는 예상하지 못했던 상황이 발생한다. 캐서린이 시릴의 문제를 어떻게 털어놓아야 할지 고민했던 이유는, 이 사건에 대해 힐버리 부인이 감정적으로 동요할까봐 우려해서였는데 어머니는 사뭇 다른 반응을 보인 것이다. 힐버리 부인은 캐서린의 예상외로 담담하다. 또한 힐버리 부인은 이른바 위대한 시인의 자손인 시릴이 혼외관계를 통해 만일 셋째 아이를 낳게 된다면, 그 아이가 아들이 아니라 딸이었으면 좋겠다고 말하면서 남성중심의 혈통을 잇는데 관심을 보인다. 힐버리 부인은 본인도 여성이지만 전통적인 가부장제의 가치관을 답습하는 한계를 드러낸다.

남편인 힐버리 씨가 시릴의 문제를 의도적으로 회피하면서 냉담한 태도를 보인다면, 힐버리 부인은 스캔들에 관한 자신의 견해를 밝힌다. 얼핏 보기에 힐버리 부인은 감정을 솔직하게 표현하는 인물로 비춰질 수 있다. 힐버리 부인은 조카가 저지른 일이 무척 끔찍하다고 말하면서 안타까워하는 감정을 드러낸다. 하지만 힐버리 부인의 말에는 진정성이 결여되어 있다. 힐버리 부인은 흥분을 가라앉히고 생각에 잠긴 듯 미소를 짓더니, 요즘 사람들은 남녀문제에 관한 스캔들을 예전만큼 심각하게 받아들이지 않는다고 말하면서 벌어진 상황을 가볍게 취급하는 태도를 보인다. 이어서 힐버리 부인은 나름의 결론을 맺으며 대화의 상황을 종료시킨다. 이번 일을 계기로 삼아 시릴은 더 나은 사람으로 발전할 수 있을 것이라는 손쉬운 결론을 내리며 대화를 마무리하는 것이다(108).

울프는 힐버리 부인의 태도에 문제가 있다는 것을 암시한다.

힐버리 부인은 현실이 문학보다 복잡하다는 점을 간과하는데, 작가는 이러한 인식의 패러다임이 수반하는 윤리적인 문제점을 드러내고자 한다. 힐버리 부인은 시릴의 상황을 문학작품을 구성하는 내러티브처럼 여긴다. 조카가 겪고 있는 현재 상황에 자기 나름대로의 결론을 부여하면서, 그가 인생의 장애물을 현명하게 헤쳐나간다면 반드시 더 나은 미래를 맞이할 것이라고 말한다. 마치 시릴을 소설의 성장하는 주인공과 동일시하는 것이다. 이러한 힐버리 부인의 태도는 18세기 영국소설가 필딩의 성장소설(Bildungsroman)을 좋아하는 문학취향과도 모종의 관련이 있을 것이다. 힐버리 부인은 마치 자신이 성장소설의 작가인 듯 행동하면서 문학에 등장하는 성장의 내러티브를 시릴의 상황에 적용하고 해피엔딩이라는 간편한 결말을 만들어낸다. 또한 더 이상 혐오스러운 일을 마음에 두지 말자고 제안한다(108). 복잡한 문제에 대하여 깊게 생각하기 싫어하는 것이다.

힐버리 부인의 태도와 반응은 캐서린을 실망시킨다. 어머니에게 공감의 능력이 있을 것이라고 기대했던 캐서린은 배신감을 느낀다. 힐버리 부인은 시릴이 당면한 현실적 문제를 대면하기보다, 그것을 토대로 자신의 문학취향에 맞는 내러티브를 만들어낸다. 캐서린이 보기에 힐버리 부인은 현실과 문학을 혼동하는 오류에 빠져있다. 이러한 오류는 타인의 인생을 단순하게 여기는 과오와 자기기만으로 이어진다. 힐버리 부인은 시릴의 사건을 통해 내러티브를 만들면서, 상상력을 발휘하여 이야기를 잘 만드는 스스로의 "솜씨"(108)를 은근히 뽐내는 모습을 보인다. 캐서린은 타인의 현실적인 문제를 단순화하고 이야기의 소재로 여기는 어머니의 태도에 대해 단순히 실망하는 것을 넘어 분노를 느낀다. 타인의 삶에 대해 진지하게 고민하지 않고, 근거 없는 낙관주의로 일관하면서 현실을 소설처럼 받아들이는 힐버리 부인의 태도가 위선적이고 자아도취적으로 보인 것이다. 힐버리 부인은 공공연하게 본인이 '리얼'한 문학작품을 추구한다고 말하지만, 무엇이 정말로 '리얼'한지, 혹은 사실적인지에 대한 감각을 놓치고 있다.

'리얼'한 것은 무엇인가? 18세기와 19세기에 활약했던 소위 사실주의 작가들이 재현한 인물의 삶을 리얼한 것으로 바라볼 때 발생할 수 있는 윤리적인 문제는 무엇인가? 힐버리 부인이 보이는 삶과 문학의 혼동은 이러한 질문으로 독자를 유도한다. 『밤과 낮』에 등장하는 중상류층 기성세대는 대부분 문학과 삶의 경계를 간과하고, 현실을 문학처럼 바라보는 특징이 있다. 이를테면 『밤과 낮』의 12장에 등장하는 코즈함 부인(Mrs Cosham)은 옷 주머니에 자그마한 크기의 셰익스피어 작품을 넣고 다니면서 수시로 읽는 셰익스피어의 애독자이다. 코즈함 부인은 셰익스피어의 작품이 인간의 성격을 깊게 탐구한 텍스트라는 점을 믿어 의심치 않는다. 셰익스피어 문학에 대한 코즈함 부인의 신뢰는 타인에 대한 조언으로 이어진다. 힐버리 저택을 방문했던 코즈함 부인은 마침 이 집을 처음 방문한 랄프를 만나고 통성명을 하게 된다. 코즈함 부인은 랄프가 변호사라는 것을 알게 되고, 자신보다 연배가 어린 랄프에게 조언을 한다. "데넘 씨, 고객들을 공부하세요, 그러면 세상이 더 풍요롭게 될 거에요"(134)라고 말하면서, 랄프에게 사람에 대해 배워야한다고 충고하는 것이다.

코즈함 부인이 말하듯이, 독자는 문학작품을 통해 사람에 대해 더 깊은 이해로 나갈 수 있다. 이러한 믿음 없이 문학작품을 지속적으로 공부하기란 어려울 것이다. 하지만 문학작품은 인간을 이해할 수 있는 한 가지 방편이지 모든 것은 될 수 없다. 코즈함 부인의 문제는 문학의 인물을 현실의 사람과 동일시하여 삶을 단순화하는 데 있다. 힐버리 부인과 유사한 오류를 범하는 것이다. 코즈함 부인은 단지 문학의 힘을 신뢰하는 차원을 넘어, 세상이 문학의 내러티브처럼 행복한 결말을 향해 흘러간다고 본다. 특정한 문학을 삶에 적용함으로써 세상을 더 발전시킬 수 있다고 보는 관점은 『밤과 낮』에 등장하는 '좋은' 취향의 소유자들이 공유하는 것이다. 이것이 지나치게 단순한 믿음이라는 것은 분명해 보인다.

취향 모방

힐버리 가문 사람들은 좋은 취향과 나쁜 취향에 대한 명확한 기준을 갖고, 자신들이 좋은 취향이라고 믿는 특정 취향들을 소유함으로써 스스로의 가치를 높여가고 자기 정체성을 구축한다. 『밤과 낮』에는 힐버리 가문과 혈연관계는 아니지만 부모님 세대와 잘 통하는 남성인물, 윌리엄 로드니가 등장한다. 로드니는 젊은 세대에 속해 있지만 캐서린만큼 젊지는 않다. 캐서린보다 열 살 연상인 남자로 나온다. 영국의 정부기관에서 공무원으로 일하는 로드니는 보수적인 영국인으로 보인다. 하지만 『밤과 낮』의 서술자는 로드니의 정치적 입장에 관한 언급은 하지 않는다. 로드니는 타고난 집안 배경이 부유하지 않기 때문에 돈을 벌기 위해 국가기관에서 공무원으로 일한다. 로드니에게 중요한 것은 지위나 권력을 얻는 것 보다는 문화생활을 하는 것이다. 로드니는 공무원으로서의 자신보다 문학 애호가로서의 자신의 모습을 더 사랑한다. 로드니의 하루 일과는 문학적 활동을 중심으로 돌아간다. 직장에서 퇴근한 후 집에 오면 하루 세 시간씩 셰익스피어의 문학작품을 읽는데 시간을 투자한다. 직접 희곡을 쓰는 일도 한다. 로드니는 문학을 즐기기 위해 일을 하는 셈이다.

캐서린보다 열 살 연상인 로드니는 서른일곱 살의 남성으로, 당시 영국사회의 기준으로 보면 '노총각'에 해당된다. 로드니의 결혼이 늦어진 이유는 작품에서 밝혀진바 없지만, 내성적이고 예민한 성격으로 그려지는 것은 분명하다. 로드니는 얼굴에 언제나 홍조를 띄고 있다. 안면홍조 증상에 대한 자의식이 있어, 사람들이 많이 모인 자리에서 불편함을 느끼기도 한다. 스스로의 옷차림에 예민하게 신경을 쓰고 철두철미하게 시간약속을 지킨다. 울프는 옷차림과 정리정돈에 민감한 로드니의 모습을 다소 우스꽝스럽게 표현하기도 한다. 캐서린이 로드니의 집에 방문하는 날, 로드니는 네 시간 이상 집 정돈을 하고, 세 번 이상 옷을 갈아입는다(120).

문학청년으로 묘사되는 로드니는 사교적인 모임 장소에서 사람들과 자연스럽게 어울리는 일이 쉽지 않다. 어딘지 어색한 태도를 취하고 부자연스러운 모습을 보이기도 한다. 로드니는 경제적으로 넉넉하지 않고 상류층 가문의 남성도 아니지만, 힐버리 부부가 점찍어 놓은 사윗감 후보이다. 로드니가 힐버리 부부에게 긍정적인 인상을 심어줄 수 있었던 이유는 그가 '좋은' 취향을 가졌기 때문이다. 로드니는 힐버리 부인 못지않게 셰익스피어를 동경하고, 문학과 예술에 대한 넘치는 열정을 갖고 있으며 그리스어에 능통할 뿐 아니라 유럽의 클래식 음악에도 조예가 깊다. 특히 모차르트(Wolfgang Amadeus Mozart, 1756-1791)의 음악을 즐긴다. 캐서린을 좋아하는 로드니는 구애의 방식도 낭만적이다. 소네트를 직접 만들어 편지를 보낸 것이다. 로드니의 소네트에서 캐서린은 낭만적 사랑의 대상이 된다.

힐버리 가문의 사람들이 위대한 시인으로부터 물려받은 문화 유산과 돈을 통해 좋은 취향을 생산하고 소유한다면, 로드니는 값비싼 취향을 살 수 있는 돈이 없고 이름 있는 조상도 없다. 대신 로드니는 자신에게 있는 시간과 지력과 열정을 최대한 투자하여 상류 사회가 생산해 낸 좋은 취향들을 학습하고 자기 것으로 만드는 재능이 있다. 로드니는 18세기에 지어진 고풍스러운 주거단지가 밀집해 있는 런던의 어느 지역에 살고 있다. 로드니는 경제적인 사정 때문에 18세기 귀족풍의 집들 중 가장 저렴한 집을 얻을 수밖에 없었지만, 공간을 최대한 활용하여 세련된 취향과 미적인 감각을 드러낸다. 로드니의 방은 크기는 작아도 취향을 소중히 여기는 사람의 공간이라고 표현된다(63). 우아하게 방을 꾸미는 것은 로드니에게 대단히 중요한 일이다. 방바닥과 테이블 위에는 책과 종이가 산더미처럼 쌓여있다. 쌓여있는 책과 종이는 로드니의 지적 능력과 문화적 취향을 드러내는 표식으로 볼 수 있다. 이러한 환경에서 심리적인 만족을 느끼는 주체는 로드니 자신이다. 로드니는 책과 종이가 잠옷 가운에 스쳐 무너져내릴까봐, 집 안에서도 조심스럽게 걸어 다닌다.

로드니는 파리와 로마 등을 여행하면서 찍은 사진들도 의자 위에 전시해 놓았다. 유명한 화가가 그린 미술작품과 섬세한 조각품의 이미지가 사진에 담겨있다. 정리정돈을 잘하는 주인의 성격을 반영하듯이, 로드니의 책은 마치 군대의 병정들이 서 있는 것처럼 책장에 빼꼭하게 채워져 있다. 힐버리 부인이 책의 외관을 중요하게 여기는 것처럼, 로드니도 책의 겉모습에 집착하는 특성이 있다. 다량의 서적을 보유한 로드니는 협소한 공간을 활용하기 위해 책장 위에 책을 겹겹이 세워놓는다. 멋진 표지의 책을 앞에 두고, 낡은 표지의 책들을 그 뒤에 배열한 것이다(63). 필요한 책보다는 보기에 좋은 책들을 책장 앞부분에 전시하고 있는 것이다.

로드니의 책 정돈 방식은 『밤과 낮』에서 지엽적인 부분에 불과한 것으로 보일 수 있다. 그러나 울프는 지극히 사소한 부분을 포착하는 것의 중요성을 인식한 작가이고, 인물의 사소한 일상과 습관을 보여주는 방식을 통해 문학작품의 큰 주제의식을 전달하고자 했다. 로드니의 사소한 습관을 간과할 수 없는 이유가 여기에 있다. 중상류층 영국인이 공유하는 좋은 취향의 규범에 따라 꾸며진 로드니의 방은 단순한 주거공간의 차원을 넘어, 인물의 취향과 가치관을 드러내는 영역이 된다. 로드니가 자신의 방을 도서관내지는 미술관처럼 꾸미는 동기는 힐버리 가문 사람들의 전시 욕구와는 다소 차이가 있다. 힐버리 저택의 '중심부'인 시인의 방은 방문객을 의식하고 세팅한 전시용 공간이지만, 로드니의 방을 찾는 손님은 많지 않다. 로드니가 만들어 놓은 미학적인 공간을 향유하는 주체는 로드니 자신인 것이다.

힐버리가는 로드니가 본받고 싶은 '좋은' 취향을 갖고 있는 집이다. 로드니는 상류사회가 만든 좋은 취향의 기준을 수용하고 문화를 향유하는 방식을 모방한다. 로드니는 누가 어떤 취향을 가졌는지에 관해 자주 언급한다. 또한, 빅토리아조의 인물들처럼 남성적인 취향과 여성적인 취향을 엄격하게 구별하는 모습도 보인다. 로드니는 '보편적'인 취향은 남성의 취향이라고 믿는다. 한편 여성은 여성적인 취향을 가져야한다고 본다. 예를 들자면, 셰익스피어를 좋아하는 문학취향은 남성적인 취향에 속한다. 로마나 파리에 여행을 다니며 미술작품의 가치를 평가하는 취향판단도 남성의 역할에 속한다. 로드니에 의하면 여성의 '올바른' 취향은 왈츠 같은 경쾌한 음악을 즐기거나 플루트 등의 악기를 다루는 것이다. 취향에 대한 로드니의 사유는 영국전통사회의 젠더 관점에 영향을 받은 것으로, 로드니 본인의 개인적인 판단이라고 보기는 어렵다. 공동체의 규범과 규율을 존중하는 로드니가 엄격한 형식미를 갖춘 시(時), 소네트를 통해 캐서린에게 구애하는 것은 자연스럽게 보인다.

로드니가 캐서린에게 호감을 느낀 이유는 그녀가 위대한 시인의 손녀라는 후광에 기인한다. 사실 로드니는 캐서린을 잘 알지 못하고, 잘 알 수도 없는 남성이다. 그리고 취향에 관한 도식화된 잣대를 통해 캐서린을 판단하려고 한다. 『밤과 낮』의 5장에서 로드니는 랄프와 대화하던 중 캐서린이 취향을 가진 여자라고 말하면서 그녀를 높이 평가한다. 그러나 로드니는 비록 캐서린이 '보편적'인 취향을 가졌고 지적인 대화에 참여할 수 있는 분별력을 가졌다고 해도 여자이기 때문에 그러한 능력은 별 의미가 없다고 덧붙인다(61). 캐서린은 음악에 큰 관심이 없고 악기를 다루는 것에도 흥미가 없다. 로드니에 따르면 이것은 캐서린의 결함이다(244). 로드니는 캐서린과 약혼하지만 서로 잘 맞지 않는다는 것을 느끼고, 캐서린과의 합의하에 헤어지기로 한다. 그리고 캐서린의 사촌 여동생인 카산드라 오트웨이(Cassandra Otway)와 약혼하여 미래를 약속한다.

카산드라는 소위 여성적인 취향을 가진 인물로 그려진다. 로드니는 플루트를 "발랄하고 매혹적인 자태"로 불던 카산드라의 모습을 기억하면서, 카산드라가 "뛰어난 음악취향"을 가졌다고 평가한다(244). 로드니는 카산드라가 보여주는 여성적인 취향과 감탄을 잘 하는 성격에 매료된다. 하지만 자신이 쓴 희곡을 무작정 칭찬하는 카산드라를 보면서 양가적인 감정을 느끼기도 한다. 문학작품을 읽는 독자가 카산드라처럼 감상주의적인 반응을 보이는 것은 바람직하지 않다고 생각하기 때문이다(302). 로드니가 바라보는 카산드라는 여성적인 취향을 가졌다는 점에서 미덕이 있으나, 문학을 보는 눈은 없는 여성이다. 로드니는 카산드라의 결함을 고치기 위해 인문학 선생이 되기를 자처한다.

카산드라에게 러시아 작가 도스토예프스키(Fyodor Mikhailovich Dostoevsky, 1821-1881)보다는 18세기 영국시인 포우프(Alexander Pope, 1688-1744)의 작품을 읽으라고 권한다. 또한, 영국의 시인이자 정치가이며 역사가인 매콜리(Thomas Babington Macaulay, 1800-1859)가 집필한 5권짜리 전집 『영국사』(*History of England*)를 읽으라고 제안한다. 『밤과 낮』의 서술자는 로드니의 인문학 취향을 언급하면서, 로드니가 뿌리깊이 영국인으로서의 정체성을 의식하고 있음을 보여준다. 보수적인 영국인이 설파해온 취향에 대한 관점을 스스로 받아들일 뿐 아니라, 아내가 될 여성도 순수한 영국인이 되기를 요구하는 것이다. 울프는 로드니의 취향이 영국 상류사회의 수많은 커플이 반복하는 인사법, 그리고 왈츠의 동작과 유사하다고 기술한다. 로드니의 취향은 개인의 취향이 아니다. 영국 상류층의 보수적인 사람들이 여러 세대에 걸쳐 향유하고 학습해 온 취향을 모방한 것이다.

로드니와 캐서린의 아버지인 힐버리 씨에게는 한 가지 공통점이 있다. 세련된 취향을 가진 『밤과 낮』의 두 남성인물은 책을 소유하고 전시한다. 로드니와 힐버리 씨는 책을 자신의 중요성을 증명하기 위한 자원으로 사용한다. 소설의 26장에서 힐버리 씨는 많은 방문객들과 대화를 즐기던 중 캐서린을 불러 책 심부름을 시킨다. 페이톤(Peyton)이라는 이름의 손님과 영국 낭만주의 시인 셸리(Percy Bysshe Shelley, 1797-1851)에 관해 대화하던 힐버리 씨는 셸리에 관한 서로의 기억이 다르다는 것을 발견하고, 자신의 옳음을 증명하기 위해 영국의 철학자 홉하우스(Leonard Trelawny Hobhouse, 1864-1929)가 쓴 셸리 회고록을 가져오도록 지시한다(307). 그리고 자신감에 찬 태도로 페이톤 씨에게 "여기 모인 손님들 앞에서 당신이 실수했다는 것을 인정해야 할 겁니다"(307)라고 말한다. 이처럼 힐버리 씨에게 책은 지식을 증명하는 도구가 된다. 힐버리 씨는 홉하우스의 저서가 서재 "문에서 오른쪽 방향에 있는 세 번째 책장"(307)에 놓여있다는 세부적인 사실을 기억하는 면모도 보인다. 이러한 특징은 책을 소유하고 관리하는 힐버리 씨의 평상시 태도를 드러낸다.

한편 로드니는 단지 책을 소유하고 관리하기만 하는 것이 아니라, 책을 나누는 모습도 보인다. 약혼한 카산드라에게 책을 아낌없이 빌려준다(280). 친구인 랄프에게는 책을 선물하기도 한다. 『밤과 낮』의 5장에서 랄프가 로드니의 집을 방문한다. 그 날 랄프는 책장에 놓여있는 토마스 브라운 경(Sir Thomas Browne, 1605-1682)의 저서를 주목하여 살펴본다. 로드니는 친구가 무슨 책을 보는지 눈여겨 봐두었다가, 며칠 후 그 책을 선물로 준다. 사람들에게 책을 나누어주는 로드니의 서재는 "점점 줄어드는 중"(65)이라고 묘사된다. 그러나 로드니의 책 나눔은 교환경제 체계 안에서 작동한다고 볼 수 있다. 랄프에게 책을 선물하기 전 로드니는 이미 칭찬을 선물로 받은바 있다. 로드니를 방문한 랄프는 집이 멋있다고 칭찬하고, 집주인 로드니는 "소유주로서의 뿌듯함"(63)을 느낀다. 로드니의 책 선물은 칭찬을 선물로 준 랄프에 대한 답례인 셈이다. 이와 같이 힐버리 씨와 로드니는 방식은 다르지만, 책을 속물적인 욕망을 충족시키기 위해 사용하는 한계를 드러낸다.

아버지의 서재에서 훔친 그리스어 사전

『밤과 낮』에는 '취향 모방'을 거부하는 인물이 등장한다. 캐서린과 랄프이다. 겉보기에 두 인물은 공동체의 규범에 순응하고 주어진 환경에 적응하는 듯 보일 수 있다. 그러나 두 남녀는 자신의 주관적인 느낌에 근거하여 사회가 합의한 좋은 취향의 기준을 의심하고 은밀하게 자신이 좋아하는 일을 하면서 시간을 보낸다. 예컨대 두 인물이 공통적으로 즐기는 일은 상상을 통해 마음속으로 장면을 만드는 일이다. 때로는 책을 놀이의 수단으로 전유하기도 한다. 좋은 취향에 대한 관념을 재생산하는 공동체 속에서 두 인물이 개인의 취향을 추구하는 것은 쉬운 일이 아니다. 캐서린과 랄프는 부모세대가 구축한 기존의 환경을 떠나지 않으면서도 자신의 취향을 즐기기 위해 무엇인가를 '훔치는' 행위를 한다. 둘은 견고한 성에 보관된 보물을 훔치는 행위를 하면서 개인의 취향을 은밀하게 즐기는 것이다.

두 인물의 훔치는 행위는 속물적인 욕망이 만들어낸 기존의 체제로부터 일탈하여, 나눔과 공감의 토대를 마련한다는 점에서 긍정적인 효과가 있다.

캐서린의 경우부터 살펴보자. 집안일을 하면서 손님접대를 능숙하게 하는 캐서린의 마음속에는 사실 여러 개의 방이 있다. 소설의 첫 부분에서 서술자는 이 점을 포착하여 보여준다. 캐서린의 마음에 있는 방들 중 오직 "다섯 번째 방"(5)만이 손님접대에 대한 생각으로 차 있고, 나머지 다른 방들은 다른 것들에 대한 관심으로 가득하다는 것이다. 캐서린을 외모만으로 평가하는 사람들은 그녀의 진짜 관심사를 알 수 없다. 예를 들어 힐버리 저택을 방문한 어느 미국 손님은 죽은 시인의 초상화를 보면서 캐서린이 외할아버지를 무척 닮았다고 하면서 위대한 시인의 손녀라는 특권을 가진 그녀를 부러워한다. 그런데 사람들의 일반적인 기대와 달리 캐서린은 정작 문학에는 별다른 취미가 없고 수학과 과학을 좋아한다. 낮의 일과가 끝난 후 조용한 밤 시간 캐서린은 2층에 있는 자기 방에서 수학노트에 수식을 쓰고 도형을 그리면서 어딘가에 집중한다. 부모님에게 캐서린의 남다른 취향은 감춰져 있다.

캐서린이 가족들에게 자신의 취향을 드러낼 수 없는 이유는 "수학이 문학과는 정반대"의 성격을 갖는다고 보기 때문이다(37). 캐서린은 수학 기호를 좋아하지만, 어머니를 포함한 힐버리가 사람들은 문학의 언어를 수학 언어보다 더 우월한 것으로 보는 관점을 갖고 있다. 수학을 문학보다 열등하게 여기는 가족들의 시선을 의식하기 때문에, 캐서린은 수학공부를 몰래 한다. 어느 날 힐버리 부인은 딸의 책상에서 수학 연습노트를 우연히 발견한다. 수식들로 가득 채워진 캐서린의 노트를 보면서 힐버리 부인이 보이는 반응은 특이하다. 수학기호의 의미와 기능에 관하여는 전혀 고려하지 않고, 기호의 모양에만 관심을 갖기 때문이다. 힐버리 부인은 노트에 기입된 수식들이 끔찍하게 못생겼다고 말하면서 기표의 스타일에 집착하는 모습을 보인다(420). 이러한 힐버리 부인의 행동은 내용보다 표면을 중요시하는 삶의 태도를 드러낸다. 겉표지만 보고 이동도서관에서 빌린 책을 얕잡아 본 것과 같은 맥락의 반응이다.

수학을 좋아하는 캐서린의 취향은 어머니에게 인정받지 못한다. 가족 공동체의 구성원으로서 캐서린은 개인의 취향과 부모님의 취향 사이에서 내적 갈등을 경험한다. 그러나 울프는 캐서린은 부모세대의 가치관에 무작정 영향 받거나 희생을 강요당한 인물로 단순화시키지 않는다. 캐서린은 부모님과 함께 살면서도, 주어진 영역에서 개인의 취향을 즐기는 자기만의 방식을 고안해낸다. 무엇인가를 '훔치는' 행위를 통해서 자신이 좋아하는 일을 지속적으로 하는 것이다. 캐서린이 훔치는 것은 아버지의 그리스어 대사전이다. 캐서린은 방안에서 수학기호를 적다가 누군가 계단을 올라오는 발자국 소리가 들리면 그리스어 사전을 자신의 책상위에 펼쳐져 있는 수학노트를 가리는데 활용한다. 두꺼운 사전 사이에 수학노트를 끼워두고 하던 일을 들키지 않도록 감춘다. 캐서린이 수학노트를 그리스어 사전 사이에 감추는 것은 일차적으로 개인의 취향을 향유하지 못하도록 막는 사회의 분위기를 드러낸다.

아버지의 방에서 훔친 그리스어 사전으로 자신의 수학노트를 숨기는 캐서린의 행동의 또 다른 의미를 이해하기 위해서는 겹쳐진 두 텍스트의 형태에 좀 더 주목할 필요가 있다. 캐서린이 그리스어 사전 사이에 수학노트를 끼워놓은 형태를 떠올려보자. 그리스어 사전 사이에 수학노트를 끼워 둘 때, 그리스어 사전은 '표피'가 된다면 수학노트는 '내피'가 된다. 그렇다면 표피와 내피 사이에는 어떤 관계가 성립될까? 내피에 해당되는 수학기호와 표피에 해당되는 그리스어 철자는 모종의 유비관계가 있다. 『밤과 낮』의 서술자는 캐서린은 말로 표현하기 어려운 상상을 마음속으로 그려볼 때 수식이나 도형을 노트에 적는 습관이 있다고 기술한다. 캐서린이 수학기호를 노트에 기록하는 것은 단순히 수학문제풀이를 좋아해서라기보다는 상상하기를 좋아하는 기질과 연관된다. 서술자는 캐서린이 초현실적인 장면을 자주 떠올린다고 말한다. 캐서린은 죽음과 파국에 대한 상상도 즐긴다. 사랑에 관한 장면을 떠올리는 순간에도, 보이지 않는 힘에 의해 모든 것이 산산조각 나서 흩어져버리는 이미지를 떠올리게 된다(93). 캐서린에게 있어 수학의 기호와 도형은 일상의 언어로 전달하기 어려운 초현실적인 상상의 내용을 표현하는 '낯선' 문자인 것이다.

수학노트와 그리스어 사전의 낱장들은 이질적으로 보일 수 있다. 수학노트가 캐서린의 것이라면, 그리스어 사전은 고전문학을 즐기는 아버지의 책이기 때문이다. 그러나 수학기호와 그리스어 철자는 영어라는 기표로부터 멀리 떨어진 언어라는 점에서 공통점이 있다. 울프는 「그리스어를 모른다는 것」("On Not Knowing Greek") 이라는 제목의 1922년 에세이를 통하여, 그리스어는 영어에 비해 의미가 하나로 수렴되지 않고 확장되는 성격이 있다고 설명한바 있다. 그리스어로 된 글을 성공적으로 읽기 위해서 독자는 도식적인 사고의 틀을 탈피하여 직관력을 발휘할 필요가 있다는 것이 울프의 견해이다(7). 캐서린의 노트에 그려진 수학기호가 사회언어인 영어를 대체하는 역할을 하는 것과 마찬가지로, 수학기호를 덮고 있는 그리스어 철자도 영어의 한계를 보완하는 언어로 볼 수 있다. 외피로 작용하는 그리스어 사전과 아래 감춰진 수학노트는 현실을 넘어선 상상의 영역을 반영하는 텍스트인 것이다.

『밤과 낮』은 그리스어와 수학기호가 닮은꼴이라는 점을 보여준다. 그리스어 사전은 수학노트에 담긴 특성을 반투명하게 보여주는 외피 역할을 한다. 이러한 구조는 로드니의 책 배열 형태와 대조를 이룬다. 위에서 언급했듯이, 로드니는 표지가 말끔한 책을 눈에 보이는 위치에 배열하고 그 뒤에 낡은 책들을 숨겨둔다. 이 경우 외피는 내피의 특성을 좀처럼 반영하지 않는다. 책을 장식용으로 활용하는 로드니 책장의 외피는 불투명하다. 반면 캐서린이 개인의 취향을 즐기기 위해 부지불식간에 만들어낸 두 겹의 텍스트는 서로 공명하면서 확장된 의미를 만들어낸다. 캐서린은 수학노트를 숨기려는 목적을 갖고 그리스어 사전을 활용하면서, 동시에 그리스어 사전을 자신의 방식대로 전유한다. 소설의 뒷부분에는 캐서린이 그리스어 철자를 좋아하고 있다는 사실이 드러난다. 수학기호를 좋아하는 것과 같은 이유로 그리스어 문자에 매력을 느끼는 것이다. 캐서린은 로드니와 약혼을 파기한 이후 랄프와 한층 더 가까워진다. 그리고 즐거운 상상을 해본다. 캐서린은 아버지의 책장에서 그리스어 사전을 꺼내어본다. 마치 수학기호와 비슷하게 생긴 그리스어 철자들을 바라보면서, 그동안 은밀하게 즐겼던 개인의 취향을 타인과 공유할 수 있을지도 모른다는 생각을 해보는 것이다(395).

캐서린과 같은 세대의 여성인물 중 카산드라도 그리스어에 대한 감탄을 표현한다. 캐서린의 사촌 여동생인 카산드라는 로드니에게 그리스어가 "멋진" 언어라고 로드니에게 보내는 편지에 쓴 적이 있다. 하지만 독자의 입장에서 보자면 카산드라가 그리스어를 좋아한다고 할 때, 어느 정도까지 이 말이 진심인지 파악하기 어렵다. 편지를 쓴 카산드라는 "멋진"이라는 단어에 밑줄을 그어 놓았는데, 이 밑줄이 어떤 의미를 갖는지 분명하게 전달되지 않기 때문이다(280). 독자의 입장에서는 카산드라가 그리스어의 매력을 강조하기 위한 의도로 밑줄을 친 것인지, 아니면 반어적인 감정을 표현한 것인지 잘 구분이 되지 않는다. 작품 속 편지의 독자인 로드니도 카산드라의 밑줄 친 표현법 때문에 헷갈려하고, 밑줄이 무엇을 의미하는 것인지를 캐서린에게 물어본다. 한편 캐서린이 보여주는 그리스어 대한 관심은 진지하다. 캐서린은 그리스어 사전에 표기된 문자 그 자체의 특이성과 아름다움에 관심을 갖고 있는 것이다.

캐서린이 아버지의 서재에서 그리스어 사전을 훔치는 행동은 프랑스의 사회학자 미셸 드 쎄르토(Michel de Cearteau)가 저서『일상생활의 실천』(*The Practice of Everyday Life*)에서 제시한 "라 페리끄"(la perruque), 즉 주어진 환경 속에서 남 몰래 다른 일을 하는 전술로 볼 수 있다. 드 쎄르토에 의하면 라 페리끄를 실천하는 노동자는 자신이 속한 조직에 큰 피해를 주지 않는 범위 안에서 재료를 슬쩍 훔치거나 기계를 자기목적대로 이용하고, 일하는 시간에 연애편지를 쓰기도 한다. 기업은 개인에게 노동의 시간을 부과함으로써 이윤의 추구를 목적으로 삼지만, 노동자는 훔치는 전술을 통해 경제적 이윤의 창출과 전혀 다른 일을 시도할 수 있다. 드 쎄르토는 노동자가 작업환경 안에서 실천하는 라 페리끄를 제도권에 대한 재기발랄한 저항으로 해석한다(24-28).

라 페리끄는 캐서린의 일상생활 속에서 실천된다. 캐서린이 아버지의 서재에서 그리스어 사전을 훔치는 행동은 책의 보관과 소유에 집착하는 힐버리 씨의 성역에 은밀하게 흠집을 내는 순간을 만들어낸다. 가족 공동체 안에서 개인의 취향을 떳떳하게 밝히지 못하는 캐서린은 그리스어 사전을 슬쩍 훔쳐내어 수학노트를 숨기고, 자신이 좋아하는 일을 한다. 캐서린이 아버지의 방에서 그리스어 사전을 훔치는 행위를 드 쎄르토가 명명한 라 페리끄로 파악하는 것은 적합하지 않게 보일 수도 있다. 캐서린은 힐버리 가문의 문화유산을 물려받을 수 있는 외동딸이지 노동자가 아니다. 또한, 아버지의 서재에 있는 그리스어 사전은 캐서린이 굳이 빼돌리지 않고도 자유롭게 이용할 수 있는 책이기 때문이다. 작품 속 인물 중 캐서린이 아버지의 서재에서 그리스어 사전을 꺼내보는 것을 딱히 비난할 사람은 없을 것 같다. 하지만 울프는 아버지의 서재에서 사전을 가져오는 캐서린의 행동을 묘사하는 장면에서 "훔치다"라는 뜻의 동사 "purloin"을 의도적으로 사용한다. 작가는 "take"(가져오다)나 "borrow"(빌려오다) 대신 "purloin"이라는 단어를 사용함으로써 캐서린의 행동을 라 페리끄로 보여주는 효과를 창출한다.

소설의 다른 부분에서도 울프는 "훔치다"라는 동사를 사용하면서, 이 단어에 특별한 의미를 부여한다. 『밤과 낮』의 29장에서 실리아 고모는 캐서린과 로드니가 파혼했다는 사실을 모른 채, 로드니가 카산드라와 몰래 사귄다고 오해하고 이것을 캐서린에게 알린다. 실리아 고모는 카산드라가 로드니의 사랑을 "훔쳐냈다"(purloined)라고 말한다. 이 경우 "훔치다"는 표현은 우리말에서도 흔히 사용되는 마음을 훔쳤다는 표현과 통한다. 고모의 말을 가만히 듣고 있던 캐서린은 로드니와 카산드라가 "사랑에 빠졌다는 건가요?"(355)라고 되받아친다. 이러한 응수는 단어가 진부한 표현으로 전락하는 상황에 대한 반감을 은연중에 드러낸 것처럼 보인다.

울프가 캐서린을 통해 보여주는 작은 반란, 라 페리끄는 사회제도의 개선이나 공동체의 변화에 즉각적인 영향을 줄 수는 없을 것이다. 라 페리끄보다 적극적이고 솔직한 행동을 통해 사회변화를 이루어내려는 인물도 있다. 『밤과 낮』에 등장하는 인물 중 메리 대칫(Mary Datchet)은 캐서린과 달리, 적극적인 사회활동 참여를 통한 환경의 변화를 꿈꾼다. 목사의 딸인 메리는 대학교육을 받은 25세 여성으로 런던에서 혼자 살면서 여성참정권운동에 참여한다. 가난한 사람들을 위한 자선사업에도 열성을 보인다. 메리에게는 부유한 사람들에 대한 분노가 있다. 일을 하지 않는 유산계급을 자신의 "적"이라고 여기기도 한다(67). 사회운동에 직접 참여하는 메리의 관점에서는 부유한 집 딸인 캐서린도 적으로 보일 수 있다. 어머니의 글 쓰는 활동을 보조하며, 아버지의 서재에서 훔친 책을 통해 개인의 취향을 즐기는 캐서린은 온실 속의 화초처럼 세상물정을 모르는 인물로 비추어질 수 있는 것이다.

『밤과 낮』에서 사회운동에 참여하는 여성인물은 문학 활동을 유의미한 행위로 보지 않는다. 메리의 동료이자 여성참정권운동에 참여하는 씰 부인(Mrs Seal)도 "문학은 즐거움을 주지만 일은 아니지요"(78)라고 말한다. 이러한 견해에는 문학을 즐기는 것이 개인적인 행위라는 전제가 깔려있다. 문학을 읽고 쓰는 것은 쾌락과 놀이의 원천일 뿐, 사회정치적인 의미를 생산하는 일과는 관련이 없다는 것이 그들의 생각이다. 캐서린이 일상 속에서 실천하는 라 페리끄도 본질적으로 문학을 향유하는 행위와 관계있다.

아버지의 서재에서 훔친 그리스어 사전에 적힌 철자를 보면서 기쁨을 느끼고, 은밀하게 수학 기호를 적으며 상상의 나래를 펼치는 캐서린의 행위는 개인적이고 비정치적으로 보일 수 있다. 그러나 캐서린의 일상이 공동체의 변화에 즉각적인 도움을 주지는 못하는 것이 사실이라고 해도, 울프는 『밤과 낮』을 통하여 개인의 취향을 추구하는 것과 사회의 진보가 긴밀한 관계성을 맺고 있음을 보여준다. 단, 울프가 강조하는 사회의 진보는 여성의 참정권 확대와 같은 사회제도적 변화만을 의미하지 않는다. 타인이 좋아하는 것이 아니라 자신이 좋아하는 것을 자유롭게 향유할 수 있는 세상, 그것이 울프가 『밤과 낮』을 통해 보여준 진보적인 사회의 풍경이다.

랄프의 나쁜 취향과 훔치는 상상

사회경제적인 논리에서 은밀하게 이탈하여 개인의 취향을 향유하는 성향은 돈 걱정 없이 사는 캐서린 뿐만 아니라, 매일 아침 변호사 사무실로 출근하고 직업인으로 살아가는 랄프에게도 드러난다. 『밤과 낮』의 6장에서 캐서린은 메리의 사무실을 방문하는데, 때마침 메리와 친구로 지내는 랄프가 나타나서 세 인물은 대화를 나눈다. 이 상황에서 메리는 젊은 사람들의 도덕기준이 너무 낮아졌다고 개탄하며, 거짓말하는 사람들만 보면 화가 난다고 말한다(79). 캐서린은 "누구나 다 거짓말을 한다"고 말하면서 대화를 이어가려고 하는데, 메리는 자신과 랄프는 거짓말을 하지 않는다고 하면서 그의 동의를 구한다(79). 평상시 대화가 잘 통하는 랄프에게 특별한 호감을 느끼던 메리는 그도 자신과 비슷할 것이라고 지레짐작을 한다.

『밤과 낮』은 메리의 추측이 틀렸다는 것을 보여준다. 메리가 생각하는 것만큼 랄프는 투명하지 않다. 겉으로 보기에 성실한 직업인인 랄프의 마음속에는 여러 갈래의 욕망이 있다. 캐서린의 마음속에 적어도 여섯 개의 방이 있다고 서술자가 말한 것처럼, 랄프는 복합적인 욕망을 지녔다. 랄프의 욕망을 이해하는데 있어서 거짓말과 훔치기라는 모티브를 빼놓을 수 없다. 랄프는 스스로에게 거짓말을 하고, 상상을 통해 무엇인가를 훔친다. 흥미로운 점은 캐서린의 라페리끄가 문학 활동과 연결되는 것처럼, 랄프의 훔치는 행위도 소설가의 창작행위와 관련이 있다는 것이다.

랄프가 소설가적인 인물이라는 점을 이해하기 위해서는 소설 창작에 내재된 몇 가지 특성을 언급할 필요가 있다. 울프의 초기작인 『밤과 낮』은 소설쓰기와 시 쓰기의 차이점을 넌지시 보여준다. 장르상 소설은 시보다 훨씬 긴 분량의 글이다. 영감을 받은 작가가 짧은 시간동안 시를 쓰는 것은 가능하지만, 아무리 재능이 뛰어난 작가라도 하루아침에 소설을 쓰는 것은 불가능하다. 소설을 쓰기 위해서는 상대적으로 긴 시간을 들여야 한다. 한 권의 소설을 쓰기 위해 십년이상의 시간을 투자하는 작가도 적지 않다. 십년까지는 아니라고 해도 수개월, 혹은 수년에 걸쳐 소설을 쓰는 작가에게는 어떤 일이 일어날까? 시간의 흐름에 따라 작가 자신이 변할 수 있다. 크고 작은 경험을 통해 인식과 감정의 변화를 겪게 되는 것이다. 어제의 욕망과 오늘의 욕망이 다를 수 있듯이, 작가는 소설을 통해 복합적인 욕망을 드러낼 수 있다. 내러티브에 드러난 소설가의 욕망은 단일하지 않을 수 있다.

아울러 소설가는 타인의 일상생활을 관찰하는 것을 통해 상상력을 키우고 이를 언어로 전환시키는 작업을 하는데, 이러한 과정에서 글쓰기를 '방해'하는 여러 가지 사건에 노출된다. 전업 작가가 아니라면 일상 속 방해는 더욱 심할 것이다. 만일 가정주부 역할을 하는 여성소설가라면, 글을 쓰다가 식사준비를 하거나 아이를 돌봐야 할 수 있다. 집에 손님이 찾아와서 상상 혹은 글쓰기를 멈춰야할 수도 있다. 회사에 다니는 직장인이라면 직장에서 일을 하는 동안 은밀하게 상상을 할 수는 있을지언정, 집중하여 소설 창작을 하기는 어렵다. 글이 작가의 일상을 반영한다는 점을 고려한다면, 소설가의 텍스트는 방해와 중단, 충돌과 불연속이라는 흔적을 남긴다.

시인이라면 잘 빚어진 도자기 같은 글을 쓸 수도 있다. 『밤과 낮』에서 셰익스피어를 동경하는 로드니는 모든 감정은 그것을 표현하기에 합당한 운율과 리듬을 갖고 있다고 믿는다(123). 또한 로드니는 기표와 기의가 언제나 일치한다고 믿는다. 로드니가 쓰고자하는 시는 형식미를 갖춘 잘 빚어진 도자기 같은 시이다. 로드니가 소설에 관심을 두지 않는 이유는 무엇일까? 아마도 소설이 본질적으로 시에 내재된 형식미를 갖기 어렵기 때문은 아닐까? 잘 빚어진 도자기 같은 '단편'은 있을 수 있지만, 장편소설의 내러티브는 불연속과 끊김 현상을 특징으로 한다. 뿐만 아니라 소설 내러티브에는 충돌하는 복합적인 욕망과 다중적인 감정이 혼재한다.

이러한 특징은 작품의 형식미를 파열하는 효과를 일으키게 된다. 울프가 소설가적 인물로 그려낸 랄프는 로드니와 달리 겉으로 보기에 문학청년은 아니다. 랄프는 로드니처럼 셰익스피어를 동경하는 영국인도 아니다. 랄프가 일상에서 하는 문학행위는 상상하는 것이다. 물론 직업의 세계에 몸담고 있는 랄프는 마음속으로 상상의 장면들을 만들다가도 변호사 사무실로 돌아가 일을 해야 한다. 자유롭게 상상의 세계에 머물러있을 수만은 없다. 랄프는 경제적인 논리가 지배하는 직업의 세계와 쾌락의 원칙이 주를 이루는 상상의 영역을 오고가며 내적 갈등을 겪는다. 자신이 어떤 사람인지에 대한 정체성의 혼란을 느끼기도 한다. 그러나 울프는 이와 같은 특징을 소설가의 에토스(ethos)와 연결시킨다.

로드니가 셰익스피어를 동경한 시인이라면, 랄프는 헨리 제임스(Henry James, 1843-1916)를 모방하는 작가적 인물로 볼 수 있다. 헨리 제임스는 미국 뉴욕에서 태어났지만 1915년 영국으로 귀화한 코즈모폴리턴 작가이자, 사람의 내면세계를 묘사하는데 뛰어난 소설가로 알려져 있다. 『밤과 낮』의 서술자가 헨리 제임스라는 이름을 직접 언급한 것은 아니다. 그러나 "폴테스큐"(Mr Fortescue)라는 이름을 가진 작품 속 소설가는 헨리 제임스를 연상시키기는 바가 크다. 『밤과 낮』을 읽다보면 랄프가 "유명한 소설가"인 폴테스큐 씨에게 특별한 매력을 느끼고 있다는 사실이 드러난다. 폴테스큐 씨는 소설 앞부분에서 묘사된 힐버리 저택 티타임 파티에 잠깐 등장했다 사라지는 카메오이지만, 내러티브 전체에서 차지하는 무게감은 크다.

중류층 계급인 랄프는 힐버리 저택에 처음 방문한 날 상류사회의 분위기에 압도되고, 티타임 파티에 괜히 왔다고 생각한다. "거리의 자유"를 포기하고 "세련된 응접실"에 온 것을 후회한다(6). 자신에게 맞지 않는 모임의 분위기에서 랄프가 위안을 삼는 것은 유명한 소설가인 폴테스큐를 만났다는 사실이다. 사람들이 모인 응접실에서 폴테스큐는 직접 구상한 이야기를 들려주고, 주위사람들은 이야기를 듣는다. 서술자에 의하면 폴테스큐는 섬세한 관찰력을 가졌다. 폴테스큐는 감각적인 경험을 언어로 전환시키는 재능을 갖고 있다. 또한, 중간에 끊긴 문장을 이어서 새로운 내러티브를 구성할 줄 안다.

폴테스큐의 유려한 화법 내지는 글쓰기 능력은 랄프의 시선에 포착된다. 랄프는 하이게이트(Highgate)에 있는 집으로 돌아온 후, 혼자 있는 방에서 폴테스큐가 발화했던 문장을 모방해본다. 폴테스큐가 내러티브를 만들 때 사용한 단어 하나하나를 그대로 기억하여 직접 말해본다(22). 마치 어린아이가 부모의 말과 몸짓을 따라하면서 언어를 습득하듯이, 랄프는 폴테스큐의 언어를 모방하여 자신의 것으로 만들어본다. 랄프는 폴테스큐의 언어를 모방하면서 기성세대의 재능 있는 소설가를 닮고 싶어 하는 마음을 드러낸다. 그러나 랄프는 자신 욕망을 투명하게 드러내지 않는다. 모방행위를 들키고 싶어 하지 않는 사람처럼, 랄프는 다른 사람이 보지 않을 때 폴테스큐의 언어를 따라한다. 랄프가 다른 사람에게 폴테스큐에 대한 칭찬을 하는 것도 아니다. 혼자 있는 방에서 은밀하게 하는 랄프의 모방은 유명한 소설가를 동경하면서도, 자신만의 언어를 창조하고자하는 작가의 욕망을 보여주는 것이다.

소설가의 욕망을 갖고 있는 랄프는 캐서린과 마찬가지로 무엇인가를 훔치는 행동을 한다. 그 대상은 캐서린이다. 랄프는 상상을 통하여 힐버리 저택에서 캐서린을 훔친다. 『밤과 낮』의 서술자는 랄프가 힐버리 저택을 처음 방문한 날부터 캐서린을 욕망해왔음을 보여준다. 랄프는 캐서린이 영국 명문가의 외동딸이라는 사실을 애석해한다. 중류계급 출신인 자신이 다가갈 수 없는 상대라고 여기기 때문이다. 랄프는 욕망과 현실의 괴리를 인식하는 가운데 "캐서린을 힐버리 저택에서 데려오는 거야!"(19)라고 혼잣말을 한다. 상상을 통해 힐버리 저택에서 캐서린을 '훔쳐'오기로 한 것이다. 랄프가 현실에서 만난 캐서린은 부모세대가 기대하는 역할을 수행하는 인물이지만, 랄프의 상상 속에서 캐서린은 힐버리 가문으로부터 독립한 여주인공이 된다. 랄프는 힐버리 저택에서 캐서린을 '훔쳐내어' 내러티브를 만드는 상상의 동력으로 활용한다.

캐서린이 초현실적인 장면을 상상해본다면, 랄프는 캐서린을 상상 속 주인공으로 삼아 구체적인 장면을 구상해본다. 울프가 '장면 만들기'를 소설쓰기의 기초 작업으로 여긴 것처럼, 『밤과 낮』은 랄프의 상상 속 장면 만들기를 창작을 위해 필요한 첫걸음으로 제시한다. 서술자는 랄프가 캐서린을 힐버리 저택에서 데려오는 것을 통해, "오랫동안 폐허가 되었던" 그의 마음 한 구석이 채워졌다고 표현한다(19-20). 랄프는 힐버리가에 있는 캐서린을 훔치고 상상하는 과정을 통해 소설가 역할을 한다. 랄프의 상상 속에서 캐서린은 지체 높은 여인처럼 도도하게 행동한다. 그러나 결국 캐서린이라는 여주인공은 랄프의 사랑을 받아준다. 그리고 자신의 머리 위에 왕관을 씌워 주리라는 상상을 한다. 랄프는 상상 속에서 캐서린의 몸을 재창조하기도 한다. 여주인공의 키를 조금 더 키우기도 하고 머리카락에 색채를 덧입히기도 하면서 자신이 원하는 장면을 점진적으로 만들어간다. 랄프는 장면 만들기라는 상상의 과정을 통해 만족감을 느낀다. 현실에서 만난 인물에게 자기 나름대로 감각적인 이미지를 덧입히면서 작가로서의 역량을 실험해본다.

랄프가 상상을 통해 이야기를 만드는 행위는 쾌락적이면서도 위험하다. 변호사인 랄프는 동료들이 부담을 느낄 정도로 사무실에서 일에 집중한다. 그런데 알고 보면 랄프의 일에 대한 몰두는 퇴근 후에 할 일—상상하기—에 대한 기대감 때문에 가능하다. 랄프는 변호사라는 자신의 직업에 대해 대체로 만족하지만, 직업인으로 사는 것은 사회적인 능력과 자신을 통제하는 의지력을 요구하는 피곤한 일이기도 하다. 한편 상상하는 행위는 랄프에게 놀이이며 쾌락이다. 그러나 상상하는 것이 아무리 즐겁다고 해도, 랄프는 상상하는 쾌락에 함몰되지 않기 위해 스스로를 살피고 주의를 기울인다. 상상하는 행위의 즐거움이 직업인으로서의 역할수행에 영향을 주면 안 된다고 생각하기 때문이다.

어렸을 때부터 사회적인 성취를 위해 달려온 랄프는 시간을 낭비하지 않기 위해 계획표를 짜고, 성실한 삶을 살기 위해 주어진 계획대로 살아왔다. 랄프의 일상은 일과 휴식의 명료한 경계로 구획되어 있다. 변호사 사무실에서도 상상의 쾌락을 추구할 때가 있지만, 업무 밖의 일은 쉬는 시간에만 한다. 쾌락의 과도함이 업무를 방해하지 않도록 신경을 쓴다. 상상하는 것을 어린아이의 습관으로 보는 사회적인 시선도 랄프의 자의식을 부추긴다. 『밤과 낮』의 23장에서 랄프는 캐서린에게 자신이 상상하는 것을 좋아한다고 털어놓는다. 그러면서 상상하는 행동은 애들이나 하는 유치한 습관이라고 자조적인 멘트를 덧붙인다(260). 랄프는 성인이 상상하는 일에 탐닉하는 것은 우스꽝스러운 열정이고 낭비라고 보는 사회의 통념을 의식한다(324). 따라서 일과 놀이의 경계를 무너뜨리지 않기 위해 긴장한다.

겉으로 보았을 때 랄프는 문화적인 규범을 지키면서 사는 것처럼 보이지만, 마음속으로는 사회질서에 대한 반항심을 갖고 있다. 특히 힐버리 가문이 대표하는 "위대한 사람들"(15)에 대한 비판적 인식을 보여준다. 랄프가 힐버리 저택을 처음 방문한 날 캐서린은 다른 손님들에게 그러하듯 외할아버지의 유품을 구경시켜준다. 이때 둘은 서로 대화할 기회를 갖는다. 대화하는 중, 랄프는 초면인 캐서린에게 무례한 발언을 한다. "당신들처럼 되고 싶지 않습니다"(15)라는 말을 불쑥 내뱉은 것이다. 문맥상 랄프는 힐버리 가족 같은 '속물'이 되고 싶지 않다는 의미로 이러한 말을 한 것이다. 캐서린은 랄프의 의중을 어느 정도 파악하지만 시치미를 뗀다. 그리고 "그렇겠지요. 하지만 다른 사람처럼 되고 싶은 사람이 어디 있겠어요"(15)라고 대답한다. 캐서린의 응수에 랄프는 한마디 덧붙인다. 자신은 "수많은 사람들"처럼 되기를 원한다고 받아친 것이다(15). "수많은 사람들"처럼 되고 싶다고 한 랄프의 말은 군중속의 일원이 되겠다는 뜻이 아니라, '좋은' 취향을 규정하고 이를 점유하는 소수의 특권계층이 되기를 거부한다는 뜻으로 해석할 수 있다.

『밤과 낮』은 랄프와 캐서린의 공통점을 보여준다. 두 인물은 개인이 되고 싶은 열망을 가졌다. 힐버리 저택을 찾는 방문객의 눈에 캐서린은 위대한 시인의 손녀로서 맡은바 소임을 다하는 인물로만 보일 수 있다. 하지만 랄프와의 대화에서 드러나듯이, 캐서린이 원하는 것은 타인과 구별되는 것이다. '타인'은 물론 가족을 포함한다. 마찬가지로 랄프도 자신의 개성을 지키는 것을 중요시한다. 랄프는 많은 사람들이 동경하는 힐버리 가문의 명성이 폐쇄적인 문화의 구조에서 생겨난 것임을 본다. 그리고 사람들의 욕망과 자신의 욕망이 다르다는 것을 표현한다. 캐서린과 대화할 때 랄프는 종종 삐딱한 발언을 한다. 예컨대 자신의 집안에는 자랑할 만한 유명인이 없고, 그래서 참 다행이라고 말한다. 또한 "나는 위대한 사람들을 싫어해요. 명성에 집착하는 것은 지난 세대의 케케묵은 관습이겠지요"(15)라는 말도 덧붙인다.

랄프의 삐딱한 발언은 캐서린에게 자신을 각인시키고 싶은 욕구에서 비롯된 것일 수도 있다. 그러나 위대함에 대한 랄프의 경멸은 합의된 가치판단의 기준을 허물고 새로운 취향을 받아들이는 태도로 볼 여지가 있다. 랄프는 부모세대 사람들이 공통적으로 보여주는 위대함에 대한 숭배를 비판하고, 취향판단의 자율적인 주체가 되기를 원하는 것이다. 이를테면 리처드 에일러다이스의 유품이 전시된 방을 관람하는 방문객과 랄프의 태도는 구별된다. 대다수의 방문객과 달리, 랄프는 죽은 시인이 남긴 텍스트를 찬찬히 살펴본다. 책의 모양과 인쇄 상태 등을 검토하면서, 텍스트가 자신에게 불러일으키는 반응을 스스로 살피고자 한다. 이러한 판단행위는 "위대한 시인"의 작품이라면 판단보다 동경이 앞서야 한다고 믿는 일반적인 영국인의 태도와 구별된다. 랄프는 위대한 이름을 막연하게 동경하기보다 일상의 '작은' 것을 소중하게 여기는 취향을 갖고 있다. 소설의 37장에서 랄프는 그리스 조각품 사진이 실린 책 한권을 꺼낸다. 그리스 여신 사진 위에는 작은 쪽지와 꽃 한 송이가 놓여있다. 랄프의 "유품"(355)이라고 명명되는 꽃과 쪽지는 캐서린이 준 것이다. 랄프는 사소한 것들을 보면서 캐서린과 함께 정원을 걸었던 순간을 기억하며 작은 것을 소중히 여기는 성향을 드러낸다.

랄프는 명성에 집착하는 힐버리가 사람들을 속물 취급하지만, 다른 한편으로는 힐버리 저택을 욕망한다. 그런데 이러한 욕망은 신분상승의 욕망과는 다소 차이가 있다. 정교하게 세워진 건축물은 랄프의 상상력을 자극하는 촉진제가 된다. 소설가의 잠재력을 가진 랄프에게 힐버리 저택은 매력적이다. 힐버리가를 처음 방문한 날부터 랄프는 집의 이미지를 머릿속으로 떠올리면서 공간의 아름다움에 대해 마음속으로 감탄하고, 집 내부의 구체적인 모습을 떠올려본다. 직접 보지 않은 방은 어떤 모습을 하고 있을지 상상하기도 한다(22). 랄프의 '장면 만들기'는 힐버리 가족이 사는 정교하고 넓은 집을 통하여도 전개된다. 많은 사람들이 힐버리 저택을 박물관처럼 드나드는 반면, 랄프는 집을 상상의 자원으로 활용한다. 힐버리 저택을 처음 방문한 랄프는 응접실의 문턱을 넘는 순간 특이한 경험을 하게 된다. 실내로 들어왔을 때 마치 "부드러운 내장재가 있는 수천 개의 문들"이 닫힌 것 같다고 느낀다(6). 집 안과 밖의 물리적인 거리는 가깝지만, 두 영역 사이의 심리적 거리가 너무나 멀다.

울프와 화자는 안과 밖의 대조적인 풍경을 묘사하면서 힐버리 저택을 현실과 동떨어진 영역으로 표현한다. 3인칭 서술자는 랄프가 바라보는 넓은 응접실에 여백의 미가 있다고 표현한다. 응접실은 탁자위에 줄지어 놓여있는 촛대로 인해 온통 은빛으로 보였다가, 불빛 때문에 붉게 보이기도 한다. 랄프는 공기 중에 미세하고 영롱한 안개 한 줄기가 떠있는 것 같다고 느낀다. 분주한 거리에 있다가 실내로 막 들어온 랄프의 눈에 응접실은 비현실적일 만큼 "외떨어지고 고요하게" 보인다(6). 적당히 거리를 두고 앉아있는 나이 지긋한 사람들의 얼굴은 부드럽고 편안해 보인다. 응접실의 조명이 반사되어 사람들의 얼굴에는 생기가 돈다(6). 『밤과 낮』에서 힐버리 저택은 상류계급의 오만함과 속물성의 기표로 작용하는 한편, 소설가로서의 소양을 지닌 인물의 미학적 경험을 확장시키는 기능도 한다. 랄프가 유명한 소설가인 폴테스큐를 만나는 장소도 바로 이 응접실이다. 소설의 33장에서 서술자는 힐버리 저택이 랄프를 위해 "많은 이야기"를 품고 있다고 말한다(428). 힐버리 집을 관람객처럼 방문하는 수많은 손님들과 달리 랄프는 주어진 공간을 자기만의 방식으로 전유하며 상상의 지평을 넓혀본다.

랄프에 의하면 힐버리 저택뿐만 아니라, 모든 집은 제 나름의 개성을 갖고 있다(343). 랄프는 캐서린이 로드니와 약혼했다는 것을 알게 되어 상심하고, 크리스마스 휴가를 보내기 위해 교외에 있는 메리의 집을 방문한다. 랄프는 메리가 사는 소박한 집이 주는 정취로 인해 마음의 위안을 얻는다. 하지만 랄프의 마음을 강렬하게 사로잡는 공간은 힐버리 저택이다. 영국의 수도 런던에서 태어나고 자란 울프는 시골집이나 전원적인 풍경을 낭만화한 작가계열에 속하지 않는다. 랄프는 도시를 사랑한 작가의 성향을 드러내는 면이 있다. 캐서린과 로드니의 약혼 사실을 알게 된 후, 랄프는 변호사 일을 접고 "오두막"에서 글이나 써야겠다고 생각한다. 원하는 것을 얻지 못하는 상황에서 시골생활을 그려보는 것이다. 랄프가 체념적으로 그려보는 시골의 오두막은 "흰 사각형"의 형태로 미적인 섬세함은 전혀 갖추지 못했다. 랄프의 마음 속 오두막에는 작가에게 필요한 고요함도 없다. 오두막 주변에는 돼지 등의 가축이 있고 아이들이 소란을 피운다(197). 오두막은 "멜론"과 "석류"같은 이국적인 열매를 기르는 작가의 공간이 아니라, "순무"나 "양배추"와 같은 일상의 채소를 재배하는 생활인의 영역이다(197). 랄프에게 있어 힐버리 저택은 멜론과 석류가 표상하는 상상의 열매를 자라게 하는 집이다. 힐버리 집은 상상 속 장면 만들기를 최상의 쾌락으로 여기는 랄프에게 작가로서의 재능을 실험할 수 있는 공간이 된다.

랄프는 힐버리 가문의 속물성을 비판하고 다수의 사람들이 따르는 좋은 취향의 기준을 의심한다. 그러나 18-19세기 영국인이 지어놓은 오래된 집에 대한 애착을 버리지 않는다. 이러한 성향은 실용주의적인 메리에게서는 찾아볼 수 없다. 메리는 현실적인 필요에 따라 집의 내부를 개조하고자 한다(166). 아버지의 집을 벗어나고 싶었던 메리는 참정권운동을 명분삼아 고향집을 떠나 산다. 랄프도 가족이 함께 사는 집을 떠나 혼자 있고 싶어 할 때가 있다. 예닐곱 동생과 홀어머니가 사는 좁은 집에서 정신적인 자유를 누리기 어렵다. 랄프는 가족들의 눈총을 느끼면서도 집에서 혼자 식사를 하고, 방문에 '출입금지'라는 팻말을 붙여 놓는다(22). 함께 사는 집에서 나름대로의 개인플레이를 하는 것이다.

랄프의 행동은 다른 가족에게 환영받지 못하는 것이다. 그러나 랄프는 혼자만의 공간을 추구하면서도, 메리와 달리 집에 머물고 가족을 떠나지 않는다. 한편 힐버리 저택을 경멸하는체하지만 그곳을 다시 찾는다. 오래된 집을 찾는 랄프의 행동은 전통과 기존의 형식에 대한 존중 내지는 인정하는 마음을 드러내는 것이다. 『밤과 낮』의 여주인공 캐서린이 부모님의 집에 머물면서 '라 페리끄'를 실천하듯이, 랄프는 오래된 집에 살면서 혼자만의 공간을 찾는다. 그리고 힐버리 저택을 오가면서 상상하는 쾌락을 향유한다. 랄프의 문학적 행위는 집을 중심으로 일어난다고 해도 과언이 아닐 것이다. 그 중 핵심이 되는 집은 물론 힐버리 저택이다.

취향의 공유

캐서린과 랄프는 사회의 구성원들이 적절하다고 이상화시킨 좋은 취향의 기준을 의심한다. 합의된 취향에 대한 이들의 저항은 훔치는 행위로 이어진다. 훔치기를 통해서 "해야 하는 것"이 아니라 "하고 싶은 것"을 할 수 있는 자유를 획득하기 때문이다. 자신의 수학 노트를 덮기 위해 캐서린은 아버지의 서재에서 그리스어 사전을 훔치고, 상상의 즐거움을 얻기 위해 랄프는 힐버리 저택에서 캐서린을 훔친다. 이 때 아버지의 서재와 힐버리가의 저택은 좋은 취향이라는 표식들을 저장하고 보관하는 상징적인 공간이다. 이러한 공간에서 캐서린과 랄프가 무엇인가를 훔치는 것은 이른바 좋은 취향을 규정하는 기존의 체제에 대한 무언의 저항이다.

캐서린과 랄프는 19세기의 영국인이 동경하는 "위대한 시인"의 이름을 숭배하지 않는다. 그렇다고 '모던'한 취향을 드러내놓고 추구하는 것도 아니다. 예컨대 『밤과 낮』의 4장에는 문학토론을 하려고 모인 보헤미안 스타일 청년들이 언급된다. 사회의 관습에 구애되지 않는 보헤미안 청년들은 자유분방한 예술가의 삶을 추구하고, 외모를 꾸미는데 있어서도 정형화된 규범을 탈피한다. 독특한 패션과 헤어스타일을 통해 기성세대와 스스로를 차별화하는 전략을 구사하는 것이다(43). 적어도 외형상 캐서린과 랄프는 보헤미안 스타일과 거리가 멀다. 오히려 두 인물은 부모세대의 질서를 따르는 다소 보수적인 성향을 보인다. 개인주의적이면서도 공동체의 규범에 귀속된 랄프와 캐서린은 기존의 체제 안에서 나름의 독창성을 구현하려는 욕망을 보여준다. 울프는 공동체 안에서 개인의 취향을 향유하는 캐서린과 랄프를 하나로 이어준다. 그리고 서로의 '나쁜' 취향을 공유하게 한다.

캐서린과 랄프의 나쁜 취향 공유는 소설의 33장에 묘사된다. 두 인물은 타인에게 감추고 싶었던 자신의 '나쁜' 취향을 서로에게 들킨다. 힐버리 저택을 방문한 랄프는 캐서린의 방에 가보게 된다. 이때 랄프는 우연히 캐서린의 수학노트를 보게 되고, 캐서린은 랄프의 쓰다만 편지를 발견한다. 서술자가 "미완성의 논문"이라고 명명한 편지는 랄프가 캐서린에게 쓰다만 편지로 겉옷 주머니 속에 넣어두었으나 실수로 흘린 것이다. 캐서린의 수학노트가 힐버리 부인을 제외한 타인에게 공개된 적은 처음이다. 랄프의 입장에서도 편지는 자기만의 텍스트였다. 랄프는 캐서린에게 마음을 고백하려고 편지를 쓰기 시작했으나 미처 편지를 완성하지 못한 것이다.

랄프가 편지를 끝맺지 못한 이유는 전통적인 연애편지에 사용되는 관용어구나 정해진 표현을 탈피하려고 했기 때문이다. 로드니가 소네트 형식을 따라 '쉽게' 편지를 쓴다면, 랄프는 감정을 쉽게 글로 옮길 수 없다. 내면의 감정과 생각을 말로 옮기려고 할 때마다 언어의 한계에 부딪혀 더 이상 글을 쓸 수 없는 상태를 경험했기 때문이다. 기표가 기의를 적절하게 담아낼 수 없는 상황 속에서, 랄프의 편지는 수많은 잉크자국을 남기게 된다. 얼룩진 랄프의 편지는 사색과 상상을 즐기는 랄프의 성향과 관련 있다. 결론을 맺지 못한 채 방랑하는 랄프의 편지는 상상의 영역에서 곁길로 새는 랄프의 나쁜 취향을 체화한 텍스트인 것이다.

두 인물은 숨기고 싶었던 텍스트를 서로에게 들켰을 때 당황한다. 그러나 나쁜 취향에 대한 자의식으로 텍스트를 숨겼던 두 인물은 진지한 독자를 발견하는 행운을 얻는다. 랄프는 캐서린의 수학노트를 호기심어린 눈빛으로 바라본다. 노트에 적힌 수학기표를 비웃지 않는 랄프의 태도는 캐서린의 마음속에 있던 방어벽을 녹인다. 랄프는 미완성의 편지를 찢어버리려고 한 적도 있다. 그러나 우연히 랄프의 편지를 본 캐서린은 종이 위의 얼룩과 잉크의 흔적인 "작은 점"이 좋다고 말해준다(429). 결론은 없지만 텍스트에 기입된 점의 형태를 미학적으로 볼 줄 아는 독자를 만난 것이다.

울프는 「책을 어떻게 읽어야 할까?」("How Should One Read a Book?")라는 1926년 에세이에서 우리가 누군가의 친구라면 상대방에게 아첨해서는 안 되고, 누군가의 판단자라면 상대방을 무분별하게 비난해서는 안 된다고 말한다(8). 이러한 의미에서 캐서린과 랄프는 서로의 텍스트를 관심을 갖고 읽는 친구이자 독자가 된다. 캐서린과 랄프가 경험하는 취향과 텍스트의 공유는 연대감의 형성에 있어서도 중요하다. 울프는 캐서린과 랄프가 서로 연인이 되기 전에, 취향을 공유하는 친구가 되도록 설정한다. 울프의 초기작 『밤과 낮』의 두 주인공은 부모세대가 합의한 좋은 취향의 규범을 의심하고 '나쁜' 취향을 향유하는 것과 아울러, 개인의 취향을 공유할만한 독자 혹은 공동체를 찾고 있는 것이다.

이 장은 2013년 12월 출간된 『제임스조이스저널』 19권 2호에 실린 필자의 논문 「위대한 시인과 훔치는 예술가들: 『밤과 낮』에 드러난 소설가의 취향」을 수정·보완한 글이다.

틈새비평

02.

버지니아 울프와 자크 랑시에르

두 편의 에세이 읽기

울프문학과 정치비평

버지니아 울프의 문학작품을 읽는 방법 중 하나는 텍스트를 통하여 작가의 정치성을 밝히는 것이다. 울프를 맑시스트 페미니즘(marxist feminism)의 시각에서 읽는 비평집이 1979년 출판된 이후[1], 제인 마커스(Jane Marcus)를 비롯한 수많은 페미니스트 비평가들이 울프를 가부장제에 저항한 여성작가로 해석해왔다.[2] 1986년 알렉스 즈얼드링(Alex Zwerdling)은 울프 문학에 관한 정치비평의 범주를 보다 확장시킨 저서 『버지니아 울프와 현실 세계』(*Virginia Woolf and the Real World*)를 출간하였다. 심미주의적인 작품으로 수용되어온 울프의 작품을 정치적으로 해석하며, 울프를 저항적 페미니스트와 반전주의자 등으로 파악한 비평적 시도였다. 1980년대 중반부터 2015년 현재까지 울프를 가부장제, 제국주의, 파시즘의 형태로 이루어진 지배질서에 저항한 페미니스트, 반전주의자, 반제국주의자 등으로 읽는 비평서와 학위논문들이 발표된 것을 고려할 때, 이른바 '정치비평'이 울프 비평의 주류를 이루었다고 해도 과언이 아닐 것이다.

단순화의 위험을 무릅쓰고 설명하자면, 울프의 정치성을 강조한 기존의 비평에는 몇 가지 특징이 있다. 우선 '심미주의적'(aesthetic) 울프와 '정치적'(political) 울프를 구분하는 비평적 접근이

1 *Virginia Woolf on Women & Writing: Her Essays, Assessments and Arguments*, ed. Michèle Barrett (London: Women's Press, 1979).

2 Jane Marcus, *Virginia Woolf: A Feminist Slant* (Lincoln: Nebraska UP, 1984); *Virginia Woolf and the Languages of Patriarchy* (Bloomington: Indiana UP, 1987) 참고.

있다. 브룸즈베리 그룹의 일원으로 예술지상주의에 탐닉한 울프를 상아탑에 갇힌 비정치적 작가로 보는 한편, 1938년 에세이 『세 닢의 기니』(*Three Guineas*)를 통해 파시즘, 제국주의, 가부장제의 결합을 비판한 울프는 사회현실에 참여한 정치적 작가로 본다. 이 부류에 속한 비평가들은 울프의 여러 작품 중 정치적 이미지가 두드러진 작품을 선택하여 읽는 경향이 있다. 예컨대 페미니스트 비평가인 마커스는 울프의 작품 중 1931년 작 『파도』(*The Waves*)는 "비합리적"이고 과도하게 "특이"하며 신비주의적 성격을 보여주는 비정치적인 소설이기 때문에 가부장제나 자본주의, 제국주의에 저항하는 텍스트가 될 수 없다고 밝힌다(27).

한편, 울프의 모든 작품이 정치적 저항을 의도한 텍스트라고 보는 비평가들이 있다. 이 부류에 속하는 비평가들은 언뜻 보기에 심미주의적이라고 여겨지는 울프의 초기작을 통하여도 작가의 정치적 의도를 해석한다. 즈얼드링의 1986년 비평서는 이 부류에 속한다. 예컨대 즈얼드링은 데이비드 데이쉬스(David Daches)가 울프의 1922년 소설 『제이콥의 방』(*Jacob's Room*)의 미적 "스타일"(style)에 지나치게 집중하여 텍스트에 녹아있는 작가의 정치적 이데올로기를 간과했다고 지적한다(62). 이와 유사한 맥락에서, 마크 허시(Mark Hussey)는 울프를 "전쟁 소설가"로 정의하며, 울프가 쓴 대부분의 작품이 1차 대전에 대한 적극적인 반응이라고 주장한바 있다(1). 또 다른 예로 제인 골드만(Jane Goldman)은 1998년 저서에서 울프의 작품에 드러난 미적재현을 현실정치에 대한 작가의 페미니스트적 입장을 반영하는 것으로 해석하였다.

울프 비평가이자 전기 작가인 허마이오니 리(Hermione Lee)

가 밝히듯이, 울프작품의 정치성을 증명하려는 기존의 연구 덕분에 울프가 비정치적이고, 엘리트주의적이며, 계급의식에 사로잡힌 속물이라는 오해와 편견에서 벗어날 수 있게 된 것은 사실이다. 리는 1920-30년대 Q. D. 리비스(Q. D. Leavis)를 중심으로 이루어졌던 "버지니아 울프의 무례함에 대한 공격"이 90년대 초반 몇몇의 남성 비평가(Tom Pauline, John Carey)에 의해 재생산되었다고 지적한다(133). 리는 기존 페미니즘 비평의 공헌으로 인해, 울프가 엘리트 작가라는 '오해' 대신 "혁신적 사회주의 페미니즘의 주인공"이라는 명칭을 얻을 수 있게 되었다고 말한다(133).

울프 문학을 '정치적'으로 해석한 비평은 울프의 텍스트에 내재된 정치성을 볼 수 있는 관점을 열어주었다. 그러나 기존의 정치비평이 보여주는 한계에 대하여도 생각해 볼 필요가 있다. 울프의 정치성을 논하는 연구는 여러 갈래로 나뉘지만, 다수의 비평이 미학과 정치를 서로 대립된 것으로 설정하는 경향이 있다. 또한 해석의 방식에 있어서 기존의 비평은 '재현'이나 '상징'에 과도하게 초점을 맞추어 텍스트 안에 기입된 역사적 의미를 읽고자 시도한다. 예컨대 골드만은 『파도』에 재현된 시각적 이미지를 정치적 상징으로 읽는다. 소설 초반에 등장하는 여교사 미스 허드슨(Miss Hudson)의 "보라색 단추"(purple buttons)가 여성참정권운동가들이 즐겨 입었던 복장을 연상시킨다고 보며, 소설 『파도』가 참정권운동에 대한 울프의 태도와 입장을 반영한다고 해석한 것이다(Goldman 193). 한편 제시카 버만(Jessica Berman)은 『파도』에 등장하는 영웅적 남성인물 퍼시벌(Percival)이 영국파시스트연합(BUF)의 지도자 오즈월드 모슬리(Oswald Mosley, 1896-1980)를 상징한다고 주장하며, 『파도』를 파

시즘과 제국주의에 저항하는 알레고리 문학으로 읽는다.[3]

이러한 비평은 문학 텍스트를 논의하는데 있어 현실정치에 대한 작가의 반응과 입장을 중요하게 다루고, 작가의 사회참여의 유무를 핵심적인 쟁점으로 다룬다. 하지만 울프의 문학작품을 정치적 알레고리로 보는 비평은 예술과 문학을 정치적 견해를 전달하기 위한 도구로 축소시킬 수 있다는 점에서 한계가 있다. 또한 작품의 정치성을 논하는 과정에서 작가의 의도를 지나치게 강조하는 경우 작가의 의도와 관계없이 유발되는 정치성을 간과할 수 있다는 점을 기억할 필요가 있다. 2019년 현재, 그리고 그 이후 울프 문학을 '정치적'으로 읽고자하는 독자는 텍스트에 기입된 상징적 기표를 해석하는 방법론을 수용하면서도, 그 밖의 다양한 정치적 접근법을 발견하고 제시해야할 것이다.

필자는 울프의 텍스트가 유발하는 정치성의 핵심은 기존체제와 이질적인 공간을 실질적 혹은 상상적으로 열어가는 과정에서 유발된다는 점을 강조하고자 한다. 울프에게 있어 문학의 정치는 단순히 작가의 현실참여나 참여문학을 의미하는 것이 아니라, 문학작품이 생산된 사회의 지배담론과 규칙으로부터 스스로 분리되어 기존체제에 이질감을 불러일으키는 태도, 또한 획일화된 일상과 다른 현실을 창조하는 행위와 관련된다. 울프는 현실정치에 참여함으로써 사회제도의 변화를 이루고자 기획했던 것이 아니라, 일상에 존재하

3 Jessica Berman, "Of Oceans and Opposition: *The Waves*, Oswald Mosley, and the New Party," *Virginia Woolf and Fascism: Resisting the Dictators' Seduction*. Ed. Merry M. Pawlowski (New York: Palgrave, 2001) 105-121면 참조.

는 현실과 다른 자율적인 공간을 창조함으로써 정치적 역할을 수행한 것이다.

울프는 노동자의 자유와 해방에 관해 관심을 기울였으나, 노동자의 권리를 증진시키기 위해 작가가 노동자에 관한 글을 써야한다고 보지 않았다. 교화나 계몽을 목적으로 한 참여문학이나 감상주의적인 대중문학대신, '귀족'들의 문학이라고 일컬어지는 순수문학을 노동자에게 건네는 것이 울프의 방식이다. 사회가 구획해놓았던 노동자의 자리를 이탈하도록 권유한 것이다. 기존에 존재했던 공간의 분할방식을 와해시키려했다는 점에서 울프의 기획은 최근 프랑스 철학자이자 문화평론가인 자크 랑시에르(Jacques Rancière)가 말하는 예술·문학의 정치 개념과 밀접하게 맞닿아있다. 문학의 정치는 재현이나 "사회적 투쟁을 몸소 실천하는 참여"를 통해 일어나지 않으며, 문학이 "시간들과 공간들, 말과 소음, 가시적인 것과 비가시적인 것 등의 구획 안에 문학으로서 개입할 때" 시작된다는 랑시에르의 사유는 울프의 작품을 읽는데도 고려할 수 있다(*PL* 3-4).[4] 랑시에르의 개념을 통해 울프의 텍스트가 창출하는 정치성의 일면을 살펴보는 것은 유의미하다고 여겨진다. 특히 울프와 노동자들 사이에 맺어지는 연대의 성격을 이해하기 위하여, 울프가 중간계급 노동자들을 대상으로 강연했던 내용을 기록한 에세이 두 편에 초점을 두고 논의를 풀어보고자 한다.

4 이 책의 인용은 영문판을 사용한다. Jacques Rancière, *The Politics of Literature*. Trans. Julie Rose (Malden: Polity P, 2011). 이 책을 본문에서 인용할 때는 괄호 속에 *PL*로 표기한다.

랑시에르의 미학적 체제

랑시에르가 제시한 미학체제 개념은 울프 문학의 정치성을 이해하는데 있어 유용하다. 한 때 알튀세르(Louis Pierre Althusser)의 제자이기도 했던 랑시에르는 예술과 문학을 사회구조적 측면에서 해석하는 맑스주의자들의 방식을 거부하고, 예술과 문학의 정치성에 대한 새로운 안을 제시한다. 랑시에르는 1965년 알튀세르와의 공저 『자본론 읽기』(*Reading Capital*)를 통해 맑스주의 정치철학자로서 출발했지만 1974년 출판된 『알튀세르의 교훈』(*The Lesson of Althusser*)을 통해 구조주의 철학과의 단절을 선언한다.

국내외 학자들에게 잘 알려진 비평가 랑시에르는 『감각의 분할: 미학과 정치』를 출간한 이래 주로 예술과 정치의 관계를 사유하는 여러 편의 글을 써왔다. 2000년 프랑스에서 처음 출판된 『감각의 분할: 미학과 정치』(*Le Partage du Sensible: Esthétique et Politique*)는 국내에서 『감성의 분할: 미학과 정치』로 번역되어 2008년에 출판되었다. 역자 오윤성이 옮긴 우리말 번역본의 제목에서 원제에 있는 단어 'sensible'은 '감성'이라고 번역되었다. 그런데 '감성'이 아니라 '감각'으로 번역해야 랑시에르의 문제의식과 논지를 좀 더 분명하게 표현할 수 있을 것 같다. 감성은 감수성, 감정의 반응, 공감의 능력 등을 의미하지만, 랑시에르가 책을 통해 말하는 'sensible'의 개념은 시각과 청각을 포함한 '감각적인 것'이기 때문이다.

랑시에르는 이른바 '감각의 분할'(the distribution of the sensible)을 재구성하는 과정을 통해, 기존의 현실, 즉 상식에 의해서 재생산되는 일상생활과는 다른 현실이 만들어질 수 있다고 설명한다. 랑시에르가 정의한 감각의 분할과 재분할을 이해하기 위해서는, 우선 기존의 현실이 감각의 분할에 의해 유지되고 있다는 전제를 받아들일 필요가 있다. 랑시에르에 의하면, 감각의 분할은 "각각의 역할과 지위를 결정하는 경계와 공유물의 존재를 동시에 드러내는 감각지각의 자명한 사실체계"를 뜻한다(Rancière, *PA* 12).[5] 랑시에르의 정의를 풀어 설명하자면, 시간과 공간의 차이를 막론하고, 일상에 존재하는 지배체제는 엄격하게 구획되어 있으며, 분할된 각각의 체제는 서로 다른 집단에 의해 운영된다. 즉, 감각의 분할은 누군가에 의해 공유된 특정 공간이 있다는 것을 상정한다. 그런데 누군가가 특정체제를 공유한다는 말은 다른 누군가는 이 공간에 들어올 수 없다는 것을 내포한다. 그 결과, 특정체제는 이 영역을 구성하고 있는 특정한 신체와 특정한 목소리만을 드러내게 된다. 특정 공동체로부터 배제당한 집단의 신체와 목소리는 사회 안의 다른 영역에 머물러 있기 때문에, 이 체계 내에서는 지각될 수 없다.[6]

플라톤에 따르면 장인들은 자신들의 직업 때문에 자기 일 이외에는 아무것도 할 수 없는 '철의 종족'에 속한 사람들이다. 온전히 자신의 일에 전념해야하는 장인들은 낮의 노동을 위해 밤에 수면을 취해야하는 노동자라고 할 수 있다. 반면 '황금종족'에 속하는 통치

5 이 책의 인용은 영문판을 사용한다. Jacques Rancière, *The Politics of Aesthetics: The Distribution of the Sensible*. Trans. Gabriel Rockhill (London: Continuum, 2004). 이 책을 본문에서 인용할 때는 *PA*로 표기한다.

6 감각의 분할체계를 설명하는 과정에서 랑시에르는 플라톤(Plato)의 『국가』(*Republic*)에 등장하는 장인들(artisans)에 관해 말한다. Rancière, *The Politics of Literature* 4면과 *The Politics of Aesthetics* 12면 참고.

자들은 공동체의 최고회의였던 야간회의의 계승자들로서, 밤의 계승자이다. 즉, 플라톤의 공화국에서는 노동의 질서에 따라 시간이 분할된다. 이와 같이 공간이나 범위의 배분에 관한 공동체의 시각이 랑시에르가 말하는 감각의 분할체계를 구축한다. 특정 집단의 신체를 응당 '있어야 할 곳'에 배치하며, 노동을 위한 목적지에 적합한 곳에 있게 하는 것이 사회의 지배질서 안에서 이루어지는 일이다. 따라서 분할체계는 공동체 구성원들의 직업과 활동의 시공간적 조건에 따라 누가 공동체의 창조적인 임무를 담당할 수 있고 누가 할 수 없는가를 보여준다(Rancière, *PA* 12). 분할체계에 대한 지배계층의 과민함을 증명하고자 랑시에르는 프랑스 시인 말라르메(Stéphane Mallarmé, 1842-1898)가 살았던 시대의 공화국 교육기관의 교육자들이 보여주었던 '바른 자세'에 대한 집착을 예로 든다.

랑시에르는 『문학의 정치』(*Politics of Literature*, 2011)라는 저서에서 19세기 공화국의 교육자들이 노동자에게 글을 가르치기는 했지만, 그 과정에서 글쓰기 습득이 노동자의 공간이탈이라는 결과로 이어지지 않도록 주의를 기울였다고 말한다(83). 프랑스 공화국의 교사들이 "문자와 문장 습득을 노동 공동체의 원시적 상징물들인 쟁기, 파종기, 추수와 빵의 이미지와 강제적으로 결합시킨 것"과 "글을 쓸 때 몸자세에 병적으로 주의"했던 것은 글쓰는 행위를 통해 노동자가 '있어야 할 곳'으로부터 이탈할 것을 우려했기 때문이라는 것이다(Rancière, *PL* 83). 노동자가 정해진 영역 안에 있어야 한다는 강박관념으로 인해, 공화국의 교육자들이 "서예가와 회계원의 '영국식'(필기체) 글쓰기보다 '곧은' 글쓰기에 특권"을 부여했고, "기울어진 글쓰기는 비틀어진 신체를 만든다"라는 논리를 만들어 냈다는 것이 랑시에르의 견해이다(*PL* 83).

랑시에르의 미학적 체제는 기존의 사회체제가 유지하고자 하는 감각의 분할체계를 이탈하여, 일상의 지배적 체제로부터 잠시 떨어져 나온 상태이다. 미학적 체제는 일치를 강요하는 기존의 지배체제에 '불일치'(the dissensual)를 유발하는 자율적 영역을 의미하며, 랑시에르가 구분한 세 가지 체제 중 하나이다. 랑시에르는 미학적 체제를 설명하기 위해, 이에 대립되는 두 가지 체제, 즉 윤리적 체제(ethical regime)와 재현적 체제(representative regime)를 설명한다. 윤리적 체제는 예술작품을 이미지(image)에 불과하다고 인식했던 플라톤의 시각이 지배하는 영역이다. 윤리적 체제에서는 이미지들의 존재 양태가 개인과 공동체의 에토스(ethos)에 어떠한 영향력을 행사하는지가 중요하다. 즉, 예술은 이미지와 동의어로 사용되므로 독자적인 영역을 갖지 않고, 예술작품의 목적과 용도가 강조된다. 만일 예술가가 노동자의 곤궁한 삶을 정밀하게 묘사하여 현실정치의 개혁에 기여하고자 한다면, 이는 윤리적 체제의 사유를 따르는 것으로 볼 수 있다.

윤리적 체제에 비해 아리스토텔레스(Aristotle)의 미메시스(mimesis), 다시 말해 모방원리를 따르는 재현적 체제는 예술작품의 독자성을 인정하는 영역이다. 재현적 체제 안에서 예술은 실재를 "있는 그대로 복제"해야 한다는 규범으로부터 떨어져 나와, 현실로부터 자유로운 예술적 재현의 고유한 법칙을 갖게 된다(Rancière, *PA* 21). 재현적 체제에서 예술이 자율성을 확보하게 되는 것은 사실이지만 이러한 자율성은 한계가 있다. 재현적 체제는 어떤 방식의 재현이 좋거나 나쁜지, 적합한지 부적합한지, 재현 가능한 것인지 불가능한 것인지를 구획하기 때문에, 배제의 원리에 근거한 "규범의 형식들"(forms of normativity)을 만들어낸다(Rancière, *PA* 21-22). 시 쓰기를 예로 든다면, 재현적 체제에서는 시에 어울리는 주제와 그렇지 않은 주제, 혹은 시를 쓸 수 있는 능력을 가진 자와 갖지 못한 자를 구분하는 통념이 존재한다. 윤리적 체제나 재현적 체제와 달리 미학적 체제는 예술을 실용주의적 용도를 위한 도구로 축소시키지 않고, 예술의 "특이성"(the singular)을 인정한다(Rancière, *PA* 23). 이는 "예술, 주제, 장르"에 존재하는 위계질서로부터 분리된 자율적 공간이다(Rancière, *PA* 23).

랑시에르가 제시한 미학적 체제는 예술의 특이성과 자율성을 강조하고 기존 체제로부터의 분리를 전제하기 때문에, 현실에서 유리된 예술의 탈정치성을 정당화하는 것으로 오해받을 가능성이 있다. 하지만 랑시에르 자신이 2008년 에세이에서 직접 언급한바 있듯이,[7] 미학적 체제가 창조하는 "미학적인 분리"는 "아마추어나 유미주의자들을 위한 사적인 낙원"을 이상화하거나 옹호하기 위한 것이 아니다(9). 랑시에르에게 있어 미학적인 분리는 정치적인 역할을 수행하기 위한 첫걸음이다.

특정한 방식으로 감각이 분할되어 있는 기존의 패러다임으로부터 분리된 미학적 체제는 지배체제와 다른 성격의 공간을 마련하는 방식을 통해 정치적 효과를 창출한다. 따라서 랑시에르가 말하는

7 Rancière, "Aesthetic Separation, Aesthetic Community: Scenes from the Aesthetic Regime of Art," *Art & Research: A Journal of Ideas, Contexts and Methods* 2.1(2008): 1-15면. 이후 이 글을 인용할 때 "Aesthetic Separation"으로 표기함.

미학적 체제는 본질적으로 정치적일 수밖에 없다. 예술은 그것이 지배적 담론 체계의 특정 이데올로기에 대한 견해를 "전달"한다든지, "사회구조나 그룹들 사이의 갈등이나 정체를 재현하기 때문에" 정치적인 것이 아니라, "예술이 개진하는 공간과 시간의 유형, 즉 예술이 시간을 구성하고 이러한 공간을 점유하는 방식" 때문에 정치적이다(Rancière, *AD* 23).[8]

미학적 체제에 결부된 핵심용어인 '미학'(aesthetics)과 '정치'(politics)에 관한 랑시에르의 정의를 짚고 넘어갈 필요가 있다. 랑시에르에게 있어서 미학은 예술철학이나 예술에 관한 학문을 지칭하는 것을 넘어, '감각의 재분배'를 가능하게 하여 지배체제와 다른 영역을 만든다는 점에서 정치적이다. 그러므로 미학적 체제가 유발하는 정치성을 사회의 법질서를 실질적으로 철회하는 것으로 축소시켜서 볼 수 없다. 랑시에르에 따르면, 만일 노동을 위해 밤에 숙면을 취해야했던 노동자가 밤을 점령하여, "자기들에게 없는 시간"을 갖고, 낮의 노동과 질적으로 다른 공동체에 참여한다면, 감각의 재분배를 통해 미학적 체제를 창조하는 것이다(*PL* 4).

플라톤의 『국가』에도 기록되었듯이, 밤은 '금의 종족'에게 속한 공간으로, 낮은 '철의 종족'에게 속한 공간으로 간주되어왔기 때문에, 노동자가 밤의 공간으로 진입한다면 기존에 존재하던 감각의 분할체계에 균열을 일으킨 셈이다. 밤에는 보이지 않았던 노동자의 신체가 드러나고, 들리지 않던 그들의 목소리가 들리게 된다면 감각

8 Jacques Rancière, *Aesthetics and Its Discontents*. Trans. Steven Corcoran (Malden: Polity P, 2009). 이후 이 책을 인용할 때 *AD*로 표기함.

의 재분배가 이루어진 것이다. 감각의 분할을 재구성한 결과, "새로운 대상들과 주체들은 공동 무대" 위에 오르게 되고, "보이지 않았던 것"이 보이게 되며, "킁킁대는 동물로 취급되었던 사람"이 "말하는 존재"로 나타나게 된다(Rancière, *PL* 4). '있어야 할 곳'으로 간주되지 않는 자리에 추방되었던 신체와 목소리를 드러나게 함으로써 감각을 재분배하고, 본질적으로 정치적인 미학적 체제를 형성할 수 있다는 것이 랑시에르가 개진하는 이론의 핵심이다.

감각의 재분배를 통한 미학적 체제의 창조에는 상상적 활동이 포함되며, 그 창조는 영구적이지 않고 일시적일 수 있다. 예컨대 랑시에르는 프랑스 혁명시기인 1848년 발행된 진보적 노동자 신문(The Worker's Tocsin)에 실린 한 목수의 일기를 소개한다.[9] 프랑스 상류층 저택의 마룻바닥을 만드는 일을 했던 목수는 일을 하다가 창문을 통해 밖의 풍경을 바라보고, 정원의 아름다움을 저택의 소유주보다 먼저 경험하게 된다(Rancière, "Aesthetic Separation" 10). 랑시에르는 언뜻 보기에 정치적인 사건과 무관하게 보이는 목수의 일화가 본질적으로 정치적인 미학적 체제의 사례가 될 수 있다고 말한다. 노동자는 사회로부터 자신의 신체를 특정한 장소에 고착시키도록 강요받는다. 즉, 노동에 임하는 팔과 시선이 서로 하나가 되도록 요구받는다. 하지만 노동자 신문에 실린 목수의 경우, 그의 팔은 여전히 노동에 종속되어 있다고 해도, 그의 자유로운 시선은 노동의 영역을 벗어나있다. 노동자의 신체는 사회와 직업의 틀에 귀속되어 있을지 몰라도, 노동자의 눈은 다른 곳을 바라보는 자유를 향유하는

9 Rancière, "Aesthetic Separation" 10면 참고.

것이다. 다른 곳을 보는 행위를 통하여, 노동자는 '있어야 하는 곳'을 벗어나고 '금지'된 영역을 침범하게 된다. 랑시에르에 따르면 이러한 '침범'은 지배체제가 유지하고자 하는 감각의 분할을 해체하고 재창조하는 기능을 한다.

『문학의 정치』에서 랑시에르는 프랑스 시인 말라르메가 살았던 19세기 전반에 걸쳐 노동해방투사들이 사회의 재생산 질서 안에서 강요된 낮과 밤의 분할에 항의했었다고 설명한다. 밤에 활동하는 것은 노동자의 실존의 틀 자체를 해체시키기 때문에 "여가의 인간들"은 노동자들의 밤에 대한 열망을 자살행위로 간주하고 끊임없이 이를 비난했지만, 노동자들은 "사유와 공동체의 황금에 대한 지분"을 얻기 위해, 노동자에게 금지되었던 밤을 전유하여 글쓰기에 전념하고자 했다는 것이다(Rancière, *PL* 92). 지배적 담론의 체계 자체를 파열시켜 새로운 종류의 감각의 분배를 가져올 수 있는 주체는 노동자를 포함한 어느 누구나이지만, 그럼에도 불구하고 랑시에르는 미학적 체제를 여는데 있어 작가의 역할을 강조한다. 랑시에르는 시인의 역할에 대해 다음과 같이 말한다.

> 노동자는 삶을 재생산하기 위해 일주일 내내 땅을 파고 흙을 실어 나르며 노동한다. 그렇게 맞이한 일요일, 그렇다고 해서 그들이 일요일을 삶을 위해, 삶을 유지시키는 휴식을 위해 보내는 것도 아니다. 그들은 일요일을 음주에 의한 자살로 할애한다. 그러나 이 일시적인 자살은 구덩이를 파면서 연명해야 하는 삶의 순환 속에 또 하나의 구덩이이자 재생산적 경제 질서와의 단절을 의미하는 상징적 구멍을 파는 것이다. 이 점에 있어서 노동자는 시인의 흉내를 낸다. … 하지만 그들은 그렇게 파헤친 간극을 곧바로 다시 덮는다. 왜냐하면 크게 자란

> 수림들, 이 열주들의 말없는 영광 속에서 그들의 위대함을 찬미할 사람들이 그들 곁에 없기 때문이다. (*PL* 87)

해방된 노동자는 낮의 노동을 위해 밤에는 수면을 취해야한다는 노동의 규범을 거부하고 사유의 밤을 보내며 휴일을 노동 재생산에 바치는 것이 아니라 음주로 보낸다. 그러나 이들의 미학적 행위에 힘을 실어줄 조력자가 필요한데, 랑시에르에 따르면 작가가 그러한 역할을 할 수 있다. 해방된 노동자와 유사한 입지를 갖는 작가는 감각의 분할을 재구성하는 문학작품을 통해, 보이지 않던 신체와 들리지 않던 목소리를 드러내는 체제를 창조한다.

작가, 노동자, 침입자

랑시에르가 연결시킨 세 가지 에토스(ethos)—노동자, 작가, 침입자—는 울프의 1940년 에세이에서 밀접하게 연관된다. 울프는 1940년 4월 27일 노동자 교육 협회(The Workers' Educational Association)에서 노동자들을 대상으로 영국작가와 문학의 미래를 주제로 한 강연을 한다. 1940년 8월 「기울어가는 탑」("The Leaning Tower")[10]이라는 제목으로 출판된 본 강연은 윤리적 체제에 머무르는 영국작가들의 한계와 참여문학에 대한 울프의 반감을 잘 보여준

10 Virginia Woolf, "The Leaning Tower," *Collected Essays II* (New York: Harcourt, 1966) 162-81. 이후 「기울어가는 탑」을 포함한 울프의 에세이 인용은 본문에 면수만 표시.

다. 1930년대 영국의 엘리트 남성작가들은 문학과 예술을 정치화하여 '참여문학'을 실천하고자했으나, 울프에 따르면 문학의 민주화에 대한 그들의 이상은 피상적인 것이었다. 당시의 주류 영국남성작가들은 사회주의 혁명이나 정치적 이상을 향한 자신들의 목소리를 독서대중에게 설파하고자 했지만, 그들의 설교는 작가 자신이 독서대중이나 노동자보다 여전히 지적·정신적으로 우위에 있다는 엘리트 의식을 반증할 뿐, 진정한 의미에서의 문학의 민주화를 이끌어내지 못했기 때문이다. 울프가 사유한 문학의 민주화는 엘리트 교육의 수혜를 받지 못한 노동자도 이른바 고급문학의 독자가 되고 글을 쓰는 주체가 되는 것과 관계있다.

「기울어가는 탑」에서 울프는 1930년대 영국작가들이 대면한 특수한 상황에 관해 설명한다. 광부의 아들이었던 D. H. 로렌스(D. H. Lawrence, 1885-1930)를 포함하여 극소수의 예외를 제외하면 초서(Geoffrey Chaucer, 1343-1400)시대로부터 1930년대에 이르기까지 대부분의 영국남성작가들은 한결같이 "높은 의자"(168)에 앉아 있다는 것이 울프의 전제이다. 교육받은 영국 남성 엘리트 작가들이 차지한 높은 의자는 '탑'과 동의어로 사용되며, 중산층 이상의 남성 작가들이 누려온 사회적, 경제적 특권을 표상한다. 울프에 따르면 19세기 영국사회는 계급이 엄격하게 분화되어 있었기 때문에 사람들은 계급의 울타리 안에 갇혀 있었고, 자신이 속한 계급 밖의 사회에서 일어나는 일들에 대하여는 대체로 무지했다. 작가도 마찬가지였다.

매튜 아놀드(Matthew Arnold, 1822-1888), 월터 스콧(Walter Scott, 1771-1832), 알프레드 테니슨(Alfred Tennyson, 1809-1892) 등

의 19세기 영국작가들은 부유한 가정에서 성장했고, 옥스퍼드(Oxford)나 케임브리지(Cambridge)대학을 졸업한 엘리트였다. 계급의 울타리 안에 갇혀있는 19세기 작가들은 자신이 속한 계급이 제공하는 혜택을 당연하게 여겼기 때문에, 계급의식을 갖지 않은 채 마음의 평온을 유지하며 특권을 누릴 수 있었다. 하지만 20세기 초반부터는 상황이 달라진다. 1차 세계 대전이 발발한 1914년 무렵부터 가속화된 사회변동으로 인해 작가들이 차지했던 높은 의자는 점차 기울어졌기 때문이다. 계급이라는 울타리에 갇혀서 자신이 누리는 특권이 무엇인지 인식할 수 없었던 19세기 작가들과 달리, 기울어진 탑에 앉아있는 1930년대의 작가들은 울타리 너머의 세계를 비로소 보게 되고, 자신들이 특정한 제도 아래서 살고 있다는 점을 깨닫게 되었다는 것이다.

1930년대 영국작가들의 계급에 대한 자의식은 참여문학에 대한 강박증으로 이어진다. "러시아와 독일과 이탈리아와 스페인에서 무슨 일이 일어나고 있는지를 인식하도록 강요" 받았던 1930년대 영국의 젊은 작가들은 "심미적 감정들"(aesthetic emotions)과 "개인적 관계들"(personal relations)에 대해 토론하며 시간을 보냈던 삶에 회의를 느낀다(172). 자신들의 탑이 "불의"와 "압제"에 의해 지탱되고 있었다는 사실을 자각한 작가들은 문학에서 정치로 노선을 바꾸고자했다(172). 이와 같이 정치적 노선에 있어 전향한 작가들은 독일혁명가 "칼 마르크스"(Karl Heinrich Marx, 1818-1883)의 글을 읽고, "공산주의자"(communists)가 되거나 "반파시스트주의자"(anti-fascists)가 되는 것을 작가의 바람직한 실천으로 여겼다(172).

랑시에르의 용어를 빌리자면, 기울어진 탑에 앉아있는 영국작가들은 '윤리적 체제' 안에서 정치적 역할을 수행하고자 했다. 이들은 실제로 현실정치에 참여하기도 하고, "문학에서 정치로 돌아서야 한다"고 시를 통해 말하기도 한다(174). 예컨대 울프가 인용하는 루이스 맥니스(Louise MacNeice, 1907-1963)의 1939년 시 「가을 일기」("Autumn Journal")가 그러하다. 맥니스를 비롯한 중산층 이상의 작가들은 계급적 특권을 누리는 동시에 자신이 속한 사회를 공격해야만 했던 것이다. 이처럼 글을 통해 "모든 사람이 동등하고 모든 사람이 자유로운 사회를 창조해야 한다고"(175) 설교하는 것이 당시 엘리트 남성작가들이 주로 했던 일이다. 1930년대 사회변화를 꿈꾸는 영국작가들은 글을 통해 자신의 목소리를 내는 행위를 함으로써, 그들 나름의 정치적 '올바름'을 실천하려고 한 것이다.

그런데 울프는 기울어진 탑의 작가들이 결국 그들 자신에 관한 문학작품을 썼다고 말한다. 영국역사에 있어 1930년부터 1940년에 가장 많은 자서전들이 출판되었다는 것이다. 울프에 따르면 이들의 자서전은 19세기 작가들이 외면했던 "불편한 진실들"을 솔직하게 드러낸다는 점에서 미덕이 있다(177). 자의식으로 얼룩진 1930년대 영국작가들의 자서전은 작가 스스로가 느끼는 분노, 무력감, 좌절의 감정을 솔직하게 표출한다. 또한 울프는 자의식에 억눌린 이들의 글을 통해 더 이상 "탑에서 외롭게 고립되고 고양된 상태가 아니라 땅에 내려와 인류의 대다수와 함께 있으면서 그들과 더 가까워지고, 그들과 같은 종류의 일상적 말투를 쓰고, 그러한 감정을 공유하고 싶은 갈구"를 읽어낸다(176). 울프가 보기에 기울어진 탑의 작가들은 여전히 탑에 머물러있다는 점에서 한계가 있다. 아울러 문학작품을 정치를 위한 도구로 만들었다는 점에서도 문제가 있다. 기울어진 탑의 작가들은 계급에 대한 자의식으로 인해 "시"가 아니라 설교조의 "웅변"을 쓰게 되었고, 문학작품을 정치적 이념을 설교하는 이론서로 만든 것이다(175).

울프는 윤리적 체제에 안주했던 1930년대 영국 엘리트 작가들의 한계를 논평한 후, 자신이 사유하는 미학적 체제의 모습을 그려본다. 2차 대전이 끝난 후에는 계급이나 탑들이 없는 세상이 도래하리라는 것이 울프가 상상한 미래사회의 모습이다. 그리고 울타리의 지배를 덜 받는 세상에서는 새로운 형태의 문학작품이 만들어지리라고 예견한다. 탑 없는 세상에서 소설가는 교조적 메시지나 정치적 선전활동을 해야 한다는 의무로부터 벗어날 수 있기 때문에, 유머를 계발하고 작가 특유의 "재능"과 "취향"을 살려 글을 쓸 수 있으리라는 것이다(179).

한편 시인은 탑 없는 "잘리고 가두어진 어휘" 대신 풍부한 언어를 가질 수 있을 것이라고 말한다(179). 하지만 탑 없는 세계는 어디까지나 미래에 이루어질 세상의 모습이다. 울프는 "죽어가는 세계"로부터 "태어나려고 하는 세계"로 가기까지 "큰 심연"이 있다고 언급한 후, 이 길목에서 "우리"가 해야 할 일이 있다고 강조한다(180). 강연에 참석한 청중들에게 울프가 권유하는 바는 공공도서관에서 가능하면 많은 책을 빌려와서 읽으라는 것이다. 또한 자유롭게 글을 쓰고 비판적으로 사고하는 연습을 하라고 촉구한다. "우리 모두가 비평가가 되어야 한다"고 말하며, 청중들을 향해 "매일 글을 쓰라, 자유롭게 쓰라, 그러나 우리가 쓴 것은 위대한 작가들이 쓴 것과 항상 비교하자"고 제안한다(180). 노동자들이 사유행위에 참여하는 능동적인 독자가 됨으로써, 탑 없는 세계의 도래를 앞당길 수 있다는 것이다. 청중을 향해 울프는 "우리가 평민이기 때문에 왕들에게서 수줍어 물러나지 말고"(181), 셰익스피어(Shakespeare), 버질(Virgil), 단테(Dante)의 작품을 읽음으로써 비평가로서의 첫걸음을 내딛자고 말한다.

> Nor let us shy away from the kings because we are commoners. That is a fatal crime in the eyes of Aeschylus, Shakespeare, Virgil, and Dante. … They do not mind if we get our accents wrong, or have to read with a crib in front of us. Of course—are we not commoners, outsiders?—we shall trample many flowers and bruise much ancient grass. But let us bear in mind a piece of advice that an eminent Victorian who was also an eminent pedestrian once gave to walkers: 'Whenever you see a board up with "Trespassers will be prosecuted", trespass at once.'
>
> Let us trespass at once. Literature is no one's private ground; literature is common ground. It is not cut up into nations; there are no wars there. Let us trespass freely and fearlessly and find our own way for ourselves. (180)

> 우리가 평민이라는 이유로 왕들에게서 수줍어 물러나서는 안 됩니다. 그것은 아이스킬로스와 셰익스피어와 버질과 단테의 눈에는 치명적인 죄악입니다. … 그들은 우리가 악센트를 잘못 발음해도, 우리 앞에 참고서를 놓고 읽어야만 해도 개의치 않을 것이다. 물론 우리는 많은 꽃들을 짓밟을 것이고 많은 고대의 풀들을 상하게 할 것입니다—우리는 평민이요, 국외자이지 않습니까? —하지만 우리는 저명한 빅토리아인이자 보행자인 한 분이 길을 걷는 자에게 준 조언을 마음에 새겨두어야 합니다. "여러분이 '무단 침범자는 처단될 것이다'라는 팻말을 보게

되면 즉시 침범하십시오."

즉시 무단 침입합시다. 문학은 어느 한 개인의 사적인 땅이 아닙니다. 문학은 공동의 땅입니다. 그것들은 국가들로 나뉘지 않습니다. 거기엔 전쟁도 없습니다. 자유롭고 대담하게 무단 침입하여 스스로 우리의 길을 찾아봅시다.

울프는 자신과 청중을 '우리'라는 단어로 연결시켜 모종의 연대를 형성하고, 셰익스피어와 단테 등 고전문학의 영역으로 침범하자고 제안한다. 사회의 통념에 따르면 노동자와 셰익스피어는 서로 어울리지 않는 결합으로 보일 수 있다. 심지어 울프 자신도 이러한 통념에서 완전히 자유롭지 못했다. 울프는 영국작가이자 친구인 비타 색빌웨스트(Vita Sackville-West, 1892-1962)의 아들 베네딕트 니콜슨(Benedict Nicolson)에게 보내는 편지에서 「기울어가는 탑」 강연을 회고한바 있다. "열네 살에 학교를 그만두고, 가게나 공장에서 일하는 사람들에게 셰익스피어를 즐겨야한다고 말하는 것이 부질없는 일로 여겨졌다"고 말했던 것이다(*Letter VI*, 419).

그럼에도 불구하고 울프는 노동자들에게도 셰익스피어를 비롯한 고전문학을 향유하고자 하는 욕구가 있다는 믿음을 놓지 않았고, 강연의 자리에서 문학의 민주화를 꿈꾸었다. 고전문학을 특정계급의 전유물로 규정하지 않는다면 엘리트 교육의 부재로 인해 파생되는 문제들은 극복할 수 있다고 보았던 것이다. 원문의 악센트를 잘못 발음하거나 원문을 오독하여, 고대의 꽃들을 짓밟고 풀들을 상하게 하겠지만, 정확한 읽기보다 더욱 중요한 것은 엘리트 독자의 전유물이었던 문학작품을 향유하고 즐기는 행위이다.

울프는 노동자들이 교양을 쌓기 위해 노동자를 위한 글을 읽어야한다고 설교하는 대신, 엘리트 독자의 취향으로 간주되었던 고전문학의 영역에 무단 침입하기를 제안한다. 노동을 위한 몸으로 인식되었던 노동자들이 사유의 밤을 지새우기를 희망했던 까닭이다. 문학을 정치의 수단으로 삼으려는 시도는 울프에게 있어 문학의 민주화를 향한 '혁명'이 아니었다. 울프가 추구했던 문학의 정치는 노동자를 작업현장에 귀속시키려고 했던 기존의 체제로부터 스스로를 분리시킴으로써 이루어질 수 있는 것이었다. 울프는 전통적 위계질서를 유지하는 데 기여했던 감각의 분할방식을 재구성하여 미학적 체제를 형성할 때, 비로소 문학의 민주화가 발현될 수 있다고 보았다. 현실적인 눈으로 보았을 때 '불가능한 것'을 대담하게 요구하는 것이다.

사회주의 혁명을 꿈꾸었던 좌파 영국작가 에드워드 업워드(Edward Upward, 1903-2009)는 「무너져가는 탑」("The Falling Tower")이라는 제목의 1941년 평론에서 「기울어가는 탑」에 대한 불만족을 토로한바 있다. '기울어가는 탑'보다 '무너져가는 탑'이라는 용어가 1930년대 작가의 상아탑을 표현하기에 적절하다는 것이다. 업워드는 울프가 작가의 상아탑을 여전히 미화하는 틀을 깨지 못했다고 지적한다. 울프는 부르주아 작가의 특권을 버릴 필요가 있다고 말했지만, 업워드에 따르면 이러한 주장은 다소 공허하다(4). 업워드는 중상류층 이상의 영국 작가들이 경제력과 지력을 활용하여 더 혁명적인 이론과 행위를 만들어야한다고 생각한다. 마르크스와 레닌(Vladimir Lenin, 1870-1924)이 "부르주아의 교육"을 버리지 않으면서도 공산주의 혁명을 꿈꾸었고, 독일의 사회주의 철학자 엥겔스(Friedrich Engels, 1820-1895)가 "부르주아의 돈"을 버리지 않으면서 혁명적인 이론을 발전시켰듯이, 1930년대의 영국의 진보적인 작가들도 부르주아 계급의 혜택인 교육과 돈을 활용하여 사회주의 투쟁에 즉시 참여할 수 있다고 본 것이다(Upward 4).

전통적인 마르크스주의 시각에서 본다면 「기울어가는 탑」에서 울프가 제안하는 투쟁의 방식은 혁명적으로 여겨지지 않을 것이다. 울프가 상상한 작가와 노동자의 투쟁은 제도를 만들거나 철회하는 행위를 실천하는 것이 아니라, 셰익스피어와 단테의 문학작품을 읽고 사유하는 사색과 즐김의 형태와 관계되기 때문이다. 울프 자신이 고백한바 있듯이, 사실 노동자가 셰익스피어 문학을 즐길 수 있는 상황이 과연 가능할지조차 여전히 의문으로 남는다. 그러나 울프에게 있어 실현가능성의 유무보다 더 중요했던 것은 노동자가 책을 읽고, 글을 쓰며, 비판적으로 사유하는 공간이 가능하리라고 믿음을 갖고 이에 대해 지속적으로 상상하는 일이었다. 랑시에르가 언급했던 목수가 노동의 현장에서 저택의 정원을 바라보고 그 공간의 아름다움을 즐기는 주체가 될 수 있었던 것처럼, 울프가 상상하는 책 읽고 글 쓰는 노동자는 자기 몸을 지배계급에게 내맡긴 노예가 아니라 지배계급이 유지하고자 하는 감각의 분할체제로부터 일탈할 수 있는 자유인이다.

"당신, 무엇 때문에 이곳에 왔소?"

1931년 1월 22일, 울프는 전국 여성 직업 협회(National Society for Women's Service) 런던 지부로부터 의뢰를 받아 「여성에게 있어서의 직업」(“Professions for Women”)이라는 제목의 강연을 한다. 기존의 비평가들은 「여성에게 있어서의 직업」을 “집안의 천사”(the angel in the house)와 싸워야했고 “몸의 느낌”을 표현할 방법을 찾기 위해 투쟁해야하는 여성작가의 에세이로 수용하는 경향이 있다. 하지만 울프의 1931년 텍스트는 직업을 갖고자하는 중간계급 여성들을 대상으로 열렸던 강연의 원고이기 때문에 단순히 여성작가의 체험담으로 보기에는 무리가 있다. 1931년 강연에서 울프는 기존체제를 장악하고 있는 일상의 담론과 다른 종류의 담론을 만들어간다. 이질적인 담론을 형성하는 과정을 통해 랑시에르가 정의한 감각의 재분배를 실천하고 있는 셈이다. 울프의 강연이 감각의 재분배를 수행하는 방식을 살펴보기 위해, 우리는 이 텍스트가 전달하는 내용뿐 아니라, 강연 그 자체가 유발하는 불일치와 부조화의 문제를 고려할 필요가 있다.

울프는 「여성에게 있어서의 직업」에서 빅토리아조의 시인 코벤트리 페트모어 (Coventry Patmore, 1823-1896)가 자신의 아내를 모델로 삼아 쓴 시 「집안의 천사」(“The Angel in the House,” 1854)에서 사용했던 천사라는 이미지를 사용하여 여성작가가 겪는 장애물의 실상에 대해 말한다. 빅토리아조의 이상적 여성의 이미지를 체화한 집안의 천사는 울프가 남성작가들의 작품에 대한 논평을 쓰던 시절 종종 대면했던 “환영”(phantom)이다(285). 울프는 이타적이고 순결한 집안의 천사가 남성작가에 관한 논평을 쓰려고 원고지 위에 “날개의 그늘”을 드리운 채, 남성작가의 글에 감언이설을 하도록 유혹했다고 말한다(285). 여성의 주특기인 “기교”와 “간계”를 사용하여 여성에게도 “마음”이 있다는 사실을 들키지 않도록 하라고 속삭이는 집안의 천사는 울프의 입장에서 볼 때 물리쳐야할 대상이었다. 하지만 집안의 천사는 아름답고 이타적인 어머니의 형상을 갖추고 있는 매혹적인 존재였기에 더욱더 물리치기가 어려운 대상이다. 1927년 소설 『등대로』(*To the Lighthouse*)는 울프가 겪었던 투쟁을 형상화한다. 울프의 페르소나로 볼 수 있는 화가 릴리 브리스코우(Lily Briscoe)는 램지부인(Mrs Ramsay)의 영향력으로부터 벗어나기 위해 투쟁한다. 소설의 끝부분에서 릴리는 램지부인의 환영과 대면하지만, 결국 스스로의 비전을 획득하며 예술가의 자율성을 확보하게 된다(211).

여성작가의 자율성을 강조하는 페미니스트 비평가들이 울프가 "집안의 천사"와 벌였던 투쟁에 관심을 기울이게 된 것은 자연스러운 일이다. 일레인 쇼월터(Elaine Showalter)는 "집안의 천사를 죽이는 것은 여성작가가 해야 할 일 중 하나였다"(286)라는 울프의 구절을 인용함으로써 가부장체제에 울프가 저항한 방식과 그 한계에 관해 논하였다(339). 리 에드워즈(Lee R. Edwards)는 울프의 같은 구절을 인용한다. 에드워드는 천사가 이상적인 여성의 모습을 표상하는 사회 안에서 여성은 결혼과 가족의 울타리에 갇히게 되고, 그 결과 여성자아의 "가장 위대한 의식"세계는 드러날 수 없다고 주장한다(547).

「여성에게 있어서의 직업」 강연에서 주로 다루어지는 내용은 여성작가에 관한 것이지만, 이 강연에 참석한 여성들은 작가지망생이 아니라 생활전선에 뛰어들어 돈을 벌고자 하는 중간계급 여성들이기 때문에 화자와 청중 사이에 계급의 격차가 있다. 따라서 여자라는 사실을 제외하면 화자와 청자를 연결해줄 확실한 끈이 없어보이기도 한다. 울프는 자신과 청자 사이에 존재하는 계급의 차이를 명확하게 인식한다. 이러한 상황에서 울프는 자신이 마치 '침입자'가 되었다고 인식하는 듯하다.

강연의 첫머리에서 울프는 "저를 이곳에 초대해 준 여러분들의 사무장께서는 여러분들이 속한 부서가 여성의 고용과 관련된 것이라고 말씀하셨고, 직업인으로서 제 경험을 여러분에게 알려주라고 하셨습니다"(284)라고 말하며 조심스럽게 청중에게 다가간다. 이어서 울프는 "제가 여자인 것은 사실이고, 직업이 있는 것도 맞지만, 제가 경험한 직업인의 삶이란 무엇일까요? 말하기가 어렵군요"라고 말하며, 과연 자신이 직업여성이라고 불릴만한 "자격이 있을지" 모르겠다고 덧붙인다(284). 이처럼 울프는 직업의 세계로 진출하는 중간계급의 여성들의 처지와 상대적으로 부유한 환경에서 글을 쓰는 자신의 처지가 다르다는 점을 인정하면서 강연을 시작한다.

직업을 갖게 될 여성을 찾아온 울프는 랑시에르가 언급한 바 있는 말라르메의 시 「대면」("Confrontation")에 등장하는 '침입자'로서의 시인을 연상시킨다.[11] 말라르메의 시에는 아침 들녘을 산책하는 시인이 나온다. 시인은 언덕에서 구덩이를 파헤치고 있는 토목인부와 마주치는데, 그의 시선에서 "당신, 무엇 때문에 이곳에 왔소?"라는 질문을 읽는다(85). 랑시에르가 말하듯이, 토목인부의 일터를 가로지르는 시인의 침입은 "조심성 없이 노동자를 방문하고 자신의 한가로운 산책이 노동자의 생활을 방해하지 않을 수 없는 사람의 침입"이다(85). 강연에 참석한 여성들이 울프에게 "당신, 무엇 때문에

11 Rancière, *The Politics of Literature* (*PL*) 80-98면 참고.

이곳에 왔소?"라는 무언의 질문을 던졌는지는 확신할 수 없다. 그러나 화자 스스로는 이러한 질문을 받을 수 있다는 점을 예상하고 있는 것 같다.

침입자 역할을 하는 울프는 "당신, 무엇 때문에 이곳에 왔소?"라는 무언의 질문에 대한 대답을 갖고 있다. 울프는 중간계급 직업여성들이 속한 삶의 체제에 상징적 '구멍'을 내고자 하며, 통상적으로 '해야 한다'고 여겨지는 강연과는 이질적인 담론을 만들어간다. 이 강연에서 울프는 직업여성들에게 해야할 법한 실용적인 지침을 전한다든지, 직업인으로서 성공하기 위해 필요한 처세술을 열거하지 않는다. 울프가 말하는 것은 여성 노동력의 절대적 가치이며, 몸의 자유를 얻기 위한 투쟁의 중요성이다. 기존의 체제를 구성하는 교환의 사슬과 재생산적 노동의 질서를 벗어나는 담론을 만들어가는 울프의 시도는 전통적인 감각의 분할방식을 해체하고 미학적 체제를 구축하는 결과를 가져온다.

울프가 만들어가는 담론은 지배체제 안에서 가치의 위계질서를 전복하는 효과가 있다. 강연 초반에서 울프는 굳이 말하지 않아도 될 법한 이야기를 의도적으로 강조한다. 울프는 자신이 본격적인 직업작가가 되기 전 침실에서 열 시부터 한 시까지 남성작가의 글에 대한 평론을 썼고, 원고료로 식료품이나 생활필수품을 사는 대신 페르시안 고양이를 샀다고 말한다. 애완용 고양이 구매 건은 지극히 사소한 일화로 보일 수 있다. 하지만 페르시안 고양이에 관한 울프의 발언은 지배담론과 구별된 이질적인 담론을 형성하는데 기여한다. 울프는 "고양이—아름다운 고양이, 페르시안 고양이"(285)를 샀다고 표현함으로써 원고료를 통해 자신이 무엇을 구입했는지 강조한다. 이어서 페르시안 고양이를 구매한 사건으로 인해 자신이 "이웃들"과의 "격한 논쟁"에 휘말리게 되었다고 말한다(285). 울프가 남성작가에 대한 평론을 쓰고 페르시안 고양이를 산 것이 사실인지, 이웃들이 이에 관해 논쟁을 왜 한 것인지는 텍스트에 구체적으로 설명되어있지 않다. 다만 확언할 수 있는 바는 만일 원고료로 실용성과는 거리가 먼 애완용 고양이를 장만했을 경우 이를 비난의 눈초리로 바라보는 이웃이 많을 것이라는 것과 울프가 이를 인식하고 있다는 점이다.

울프가 말하는 '이웃'이 누구인지 밝히는 것은 울프가 형성하는 미학적 체제의 성격을 부각시키는 것과 연관이 있다. 울프 자신이 페르시안 고양이를 실용적인 생활필수품과 대립되는 대상물로 제시하였듯이, 흔히 애완용 동물은 상류층 숙녀들이 즐길 수 있는 여유 있는 생활과 경제적 풍요를 드러내는 도구로 간주될 수 있다. 경제성을 강조하는 지배담론의 시각에서 본다면 울프가 구매한 페르시안 고양이는 불필요한 사치품으로 여겨질 것이다. 이러한 관점에서 볼 때 울프가 언급한 이웃은 실용성이라는 경제논리에 함몰되어 '비경제적'인 선택을 무조건 힐난하는 주체를 가리킬 수 있다.

또한, 울프와 대립하는 이웃은 돈을 벌겠다는 목적이나 현실정치에 참여하겠다는 의지와 무관한 아마추어 여성작가를 폄하하는 남성작가나 현실개혁을 외치는 정치적 선동가를 의미할 수 있다. 다시 말해, 울프의 페르시안 고양이 구매를 비난했던 가상 혹은 실제의 이웃은 실용적 가치, 경제논리, 정치적 올바름이라는 명분을 내세워 개인의 사적인 선택과 취향을 비난하고 공적인 압력을 행사하는 집단을 지칭할 가능성이 있다. 울프가 말하는 이웃은 랑시에르가 명명한 윤리적 체제에 안주하며 타인의 사적인 삶에 집단적인 영향력을 행사하려는 통제욕구를 가진 주체로 볼 수 있을 것이다.

「기울어진 탑」을 통해 살펴본 것처럼 울프는 작가가 사적인 세계에 갇혀있는 상황을 부정적으로 파악했다. 예술가가 상아탑으로부터 내려오지 않는다면 더 이상 창조적인 문학작품을 쓸 수 없으리라 예견하기도 했다. 그러나 울프의 기준에서는 작가와 예술가를 상아탑에서 억지로 끌어내리려고 하는 공적인 압력 또한 위험한 것이었다. 예컨대 「예술가와 정치」(“The Artist and Politics”)라는 제목의 1933년 에세이에서 울프는 파시즘, 나치즘, 공산주의의 독재자들이 판치는 세상에서 예술가가 듣게 되는 현실세계의 목소리들이 있다고 말한다. 이 목소리는 예술가들에게 “더 이상 돈을 줄 수 없다”(232)고 협박하고 상아탑에서 내려오라고 재촉하며, “예술가가 되는데 재능을 쓰지 말고, 의사나 교사가 되라”(232)고 외치는 목소리이다. 예술가를 상아탑에서 억지로 끌어내리는 공적체제의 압력은 독재정권이나 교조적인 정치집단 안에서 이루어지는 규제와 유사하다. 이처럼 지식의 상아탑에 갇힌 남성작가를 억지로 끌어내리려는 사회집단이 울프에게 권력을 남용하는 집단으로 비추어졌다면, 사적인 공간에서 페르시안 고양이와 시간을 보내는 여성작가를 비난하는 이웃은 두말할 나위 없이 폭력적이다.

「여성에게 있어서의 직업」에서 애완용 고양이와 소녀라는 이미지는 긴밀하게 연관된다. 남성작가의 글에 대한 논평을 쓰던 시절을 회상하는 울프는 과거의 자신에게 ‘소녀’라는 명칭을 부여한다. 또한 소녀시절 자신의 글쓰기는 ‘침실’에서 이루어졌다고 밝힌다. 울프가 말하는 소녀의 침실과 페르시안 고양이는 동질성을 갖는다. 사적인 영역인 침실은 지식인의 서재와 구별된다. 남성작가들이 글쓰기 행위를 통해 공적인 역할을 수행한다면, 소녀가 침실에서 쓴 평론은 비록 그 주제가 남성작가에 관한 것이어도 아마추어 작가의 글쓰기 정도로 여겨지는 것이 울프가 당면한 사회현실이었다.

페르시안 고양이 역시 소녀의 취향을 드러내는 장치이다. 19세기 영국작가 루이스 캐럴(Lewis Carroll, 1832-1898)의 주인공 엘리스(Alice)의 절친한 벗이 애완용 고양이 다이나(Dinah)이듯이, 울프의 몇몇 텍스트에서 애완동물은 사회적 활동이 제한된 젊은 여성의 반려자역할을 한다. 예컨대 1933년 작품 『플러쉬』(*Flush*)에서 울프는 애완용 강아지를 병약한 여성시인과 결합시킨다. 엘리자베스 브라우닝(Elizabeth Barrett Browning, 1806-1861)의 서신과 전기를 바탕으로 창작된 1933년 작품에는 신체적 장애로 사회적 활동에 제한을 받았던 여성시인이 키우던 코커스파니엘 종의 애완견 플러쉬(Flush)가 주인공으로 등장한다. 반려동물 플러쉬는 폐쇄적인 환경에서 살아가는 병약한 여성작가의 동반자로 묘사된다. 실용성을 강조하는 담론 안에서 소녀의 여가생활을 위한 애완동물은 무가치한 대상물로 보일 수 있지만, 울프의 담론 안에서 페르시안 고양이는 힘없는 여성의 반려자이며, 하나의 생명체로써 생활필수품이나 식료품과는 달리 단순히 '소비'될 수 없는 대상이다.

울프는 자신의 이웃이 평가 절하한 페르시안 고양이의 가치를 인정하지만, 이것이 울프가 말하려는 내용의 전부는 아니다. 화자는 실용성만을 강조하는 사고방식에 문제를 제기하는 동시에, 애완용 고양이가 자신의 노동력에 상응하는 등가물이 될 수 없음을 넌지시 전한다. 「여성에게 있어서의 직업」에서 울프는 페르시안 고양이라는 장치를 통해 자신의 글이 돈으로 환원될 수 없는 절대적인 가치를 지녔음을 암시한다. 다시 말해, 울프는 노동과 급료사이에 일반적으로 존재하는 등가성 논리로부터 스스로를 분리시키며 기존의 체제를 이루는 교환경제의 사슬로부터 이탈하고자 한다.

교환경제의 담론 안에서 보자면, 울프가 구입한 페르시안 고양이는 울프가 쓴 평론과 등가물이 된다. 하지만 울프가 평론에 투입한 노동력의 가치를 고려할 때, 원고료로 구입한 페르시안 고양이는 작가의 글에 준하는 등가물이 되기에는 부족한 감이 있다. 남성 작가의 작품에 대한 평론을 쓰기 위해 울프가 투입한 노동은 물리적 시간의 개념인 세 시간(열 시부터 한 시까지)동안 이루어진 글쓰기가 아니라, 집안의 천사를 죽여야 했던 치열한 전쟁이었기 때문이다. 작가에게 페르시안 고양이가 주는 결코 미미하지 않다고 해도, 목숨을 건 전쟁을 치른 후 고양이 한 마리를 취했다는 설정은 다소 우스꽝스러운 인상을 준다.

울프가 이처럼 해학적인 상황을 연출한 것은 교환경제구조가 유발하는 불일치의 문제를 날카롭게 인식했기에 가능하다. 울프는 자신의 노동이 화폐로써 측정될 수 없다는 사실과 어떠한 대상물도 자신의 노동을 대체할 수는 없다는 것을 알고 있었다. 1938년 출판된 에세이 『세 닢의 기니』에서 울프는 단지 돈을 벌기 위해 글을 쓰는 행위를 "두뇌 매매 무역"(the brain-selling trade)에서 행하여지는 "두뇌 매춘"(brain prostitution)이라고 표현한다(291). 시장의 논리에 따라 두뇌를 파는 일을 거절해야한다고 보았기 때문이다. 손영주가 지적하듯이, 『세 닢의 기니』에서 울프가 거듭 강조한 바는 "직업을 가지면서도 직업에 의해 오염"되지 않는 것이었다(92). "단지 돈을 벌기 위해 글을 쓰는 작가들"을 비판적으로 바라보았던 울프는 예술과 문학작품이 상품으로 전락해버린 사회현실 속에서 경제논리에 휘둘리지 않는 직업인의 정체성에 관해 모색하였다(Chan 73). 1931년 강연에서 울프가 암시한 노동의 절대적 가치도 이러한 맥락에서 고려할 수 있다.

작가로서 첫걸음을 떼었던 시절의 경험담을 털어놓은 후, 울프는 소설가가 된 자신의 현재 상황을 이야기한다. 화자는 여성소설가가 겪는 특별한 곤경이 있다고 말한다. 사회의 검열과 규제로 인해 여성소설가는 몸이 느끼는 욕망을 글을 통해 표현하기 어렵다는 것이다. 환영처럼 나타났던 집안의 천사는 사라졌다고 해도, 몸의 경험을 텍스트에 표현하기 위한 투쟁은 아직 끝나지 않았다고 전한다. 몸에 관해 말하는 울프의 언술행위는 육체보다 정신을 우위에 두고, 여성의 성욕을 인정하지 않았던 지배담론과 대립한다. 울프가 말하는 몸의 욕망은 여성의 성적욕망을 함의하는 면이 크다.

당시 울프가 대면했던 육체적 욕망과 표현의 자유라는 문제는 1931년 출판된 소설 『파도』(*The Waves*)에 극화되어 드러난다. 예컨대 『파도』에 등장하는 지니(Jinny)라는 여성인물은 자신의 몸이 느끼는 욕망에 자유롭게 반응하기를 원하는 인물이다. 기차여행 중인 지니는 창문을 통하여 말을 탄 남자를 보게 되고, 자신의 몸이 달아오르는 것을 느낀다. 몸의 욕망을 느낀 지니는 황홀경에 빠져 반쯤 의식을 잃지만, 이러한 상태는 지속될 수 없다. 기차 안의 한 여성이 지니에게 책망하는 시선을 보내고, 그 눈빛과 마주친 지니의 몸이 "닫혀" 버리기 때문이다(50).

일상에 존재하는 검열과 규제가 여성인물로 하여금 의식 너머의 세계에 머무를 수 없도록 강제적인 힘을 행사한다. 이처럼 의식이 지배하는 세계는 성적욕망을 느끼는 여성의 몸과 소설가의 상상력을 억압하는 영역이다. 울프에 따르면 소설가가 글을 쓰기 위해서는 기존경제의 지배적 담론으로부터 '몸'을 분리시킬 필요가 있다. 소설가는 생산성을 강조하는 지배체제로부터 이탈하여 "반복되는 나른함의 상태"에 자신을 맡길 필요가 있다(287). 나른함에 몸을 맡기고 일종의 "가수면 상태"(a state of trance)로 침잠하는 과정에서 소설가는 의식에 의해 통제받지 않는 무의식의 세계를 경험하게 되고, 그 가운데서 독창적인 이미지를 얻을 수 있기 때문이다(287). 노동의 규칙이 지배하는 공간으로부터 떨어져 나오는 과정이 없다면, 소설가가 창조적인 글을 쓸 수 없으리라는 것이 울프가 강조하는 바이다. 울프에게 있어 몸의 자유를 얻는 것은 더 없이 중요한 일이었다.

1931년 강연에서 울프는 자신의 글이 화폐나 물건으로 교환될 수 없는 성질을 지녔다고 보지만, 그럼에도 불구하고 자신이 쓴 소설과 등가물이 될 가능성이 있는 대상물을 제시한다. 바로 '모토카'(moto-car)이다. 남성작가에 대한 평론을 쓰고 페르시안 고양이를 샀던 작가는 모토카를 사고 싶어졌기에 소설가가 되었다고 말한다(287). "사람들에게 이야기를 주면, 모토카를 준다는 것은 매우 흥미로운 일이다"라고 말한 후 울프는 자신이 소설을 쓴 후 모토카를 샀다고 언급한다(287). 1931년 강연에 모토카의 의미가 자세히 설명되어 있지는 않다. 하지만 비슷한 시기에 기록된 울프의 다른 글을 통해, 모토카가 울프에게 어떤 존재였는지 짐작할 수 있다.

1930년 에세이 「서섹스에 드리워진 저녁: 모토카 안에서의 사색」(“Evening over Sussex: Reflections in Motor Car”)은 울프가 모토카 안에서 바라본 서섹스의 저녁 풍경을 기록한 글이다. 모토카 안에 앉아있는 울프는 전조등이 깜박거릴 때마다 나오는 빛이 바깥 풍경의 일부를 반복적으로 드러내는 모습을 바라본다(292). 해 질 무렵 자연의 아름다움을 볼 수 있도록 해주는 모토카는 인간의 몸이 다할 수 없는 기능을 충족시켜주는 측면이 있다. 차 안에 앉아 밖을 내다보는 울프는 자신의 몸이 보호받고 있다는 안락함을 느끼고, 고독의 즐거움과 수동성이 주는 자유를 만끽한다(292). 이처럼 울프의 모토카는 경제적 능력을 과시하기 위한 수단이나 생활의 편리를 위한 소모품이 아니라, 인간의 신체와 관련된 또 하나의 ‘몸’으로 볼 수 있다.

1931년 강연에서 울프가 밝히듯이 소설을 쓰는 과정에서 작가가 경험한 최대의 어려움은 몸의 느낌을 표현하는 것이었다. 이 문제를 이야기하는 지점에서 울프는 자신과 청중을 하나로 엮는 시도를 한다. “나는 이 문제를 해결했다고 생각하지 않습니다. 또한 어떤 여성분들도 이 문제를 해결했다고 믿지는 않습니다”(288)라고 말하면서, 작가로서 몸의 욕망을 표현하지 못하는 자신의 고민을 모든 여성들의 문제로 확장시킨다. 화자는 소설 창작과 관계없는 일에 종사하는 여성들을 표현의 자유를 위한 ‘남은’ 투쟁에 끌어들인다. 미셸 푸코(Michel Foucault)가 “길들여진 몸”(docile body)라는 용어를 통해 설명하듯이, 사회체제 안에서 개인의 몸은 “훈련”(discipline)이라는 기재를 통해 단련되고 공적인 목적에 봉사하도록 강요받는다. 군대, 학교, 병원 등 사회의 기관을 통해 훈련된 몸은 외부의 압력에 의해 “조종될 수 있는 몸”(the manipulable body)으로 인식되는 것이

다(Foucault 180). 울프가 직업을 갖게 될 여성들에게 몸의 욕망에 관한 이야기를 하는 것은 사적인 몸을 공적인 도구로 사용하는 지배체제의 규범에 위배된다. 지배담론으로부터 이탈된 울프의 언술행위는 생산성 향상이라는 목적을 위해 개인의 몸을 도구화하는 체제에 균열을 일으킬 가능성이 있다.

울프는 청중에게 직업인으로 살아가기 위한 실용적인 처세술에 대하여 침묵하고, 오히려 지배체제에 상징적 구멍을 내기를 역설한다. 화자는 직업을 갖게 될 여성들에게 그들이 일터에서 자신과 유사한 종류의 투쟁을 하게 될 것이며, 그들에게 다가올 투쟁은 더욱 강도 높은 싸움이 될 것이라고 전망한다. "여성을 위한 직업 중 가장 자유로운"(288) 문학 분야에서조차 표현의 자유를 억압하는 체제가 기승을 부리는데, 그 밖의 삶의 현장에서는 두말할 나위도 없이 장애물들이 있으리라는 것이다. 울프는 직업여성들이 이 "무시무시한 장애물들과 투쟁해야 하지만" 무엇을 위해 싸우는지 "토론"해야 한다고 말한다(289). 그리고 돈을 벌어 얻게 될 자기만의 방을 소유하는 것에 만족하는 대신, 방을 가구로 채우고, 꾸미고, 서로 공유해야한다고 덧붙인다(289). 랑시에르의 표현을 빌리자면, 직업여성들에게 토론을 강조하는 울프의 제안은 재생산적 경제 질서와의 단절을 의미하는 상징적인 틈을 여는 행위로 볼 수 있다.

여성노동자들이 작업환경에서 허용되지 않는 토론에 참여하고 공간을 공유하게 된다면, 감각의 분할체계를 재구성함으로써 사색과 토론의 영역에 그동안 보이지 않았던 신체와 목소리가 드러나게 될 것이기 때문이다. 물론 이 강연에 참석한 여성들이 토론에 시간을 할애할 수 있을지는 불분명하고, 토론행위가 여성 직업들의 권리를 실질적으로 향상시킬 수 있을지도 의문으로 남는다. 화자 역시 이 부분에 대해 명확한 전망을 제시하지는 않는다. 그러나 재생산을 위한 노동과 수면 사이를 반복하며 살아가는 직업인에게 사색활동인 토론을 제안하는 것은 경제논리의 원칙과 동떨어진 발화형태라는 점에서 의미가 있다. 실효성의 문제보다 더욱 중요한 것은 화자가 청중이 연대를 맺는 가운데 창조되는 담론 그 자체일 수 있기 때문이다.

마지막으로 1931년 강연에서 울프가 염두에 둔 한 가지 전제를 기억할 필요가 있다. 페르시안 고양이와 등가물로 여겨질 수 있는 울프의 글은 집안의 천사를 물리치고 얻은 결과물이었기에 사실 자신의 '모든 것'을 건 투쟁이었고, 그러므로 작가의 글은 특정 시간 동안 투입된 노동량으로 계산될 수 없다고 말한바 있다. 여성작가인 화자보다 더욱더 치열한 싸움을 해야 하는 직업여성들 또한 노동의 과정에서 모든 것을 걸어야 할 것이고, 결국 이들의 노동력이 화폐 단위로 측정될 수 없다는 것은 자명하다. 노동을 화폐로 교환하는 지배적 구조에 저항하는 울프의 방식은 교환의 사슬에 종속된 노동자가 되기를 거부하고, 스스로 반(反)경제적 자리를 점유하는 것이다. 마치 침입자처럼 여성고용협회에 소속된 여성들을 방문한 울프는 그들의 노동력이 임금과 교환될 수 있는 상품이 아니라는 진실을 드러내고자 했다. 사회체제 안에서 임금노동자로 살아가야 하는 현실이 변화될 구체적인 전망은 없지만, 울프는 시장경제의 논리에 순응하지 않는 직업인의 정체성을 그려보았다. 상상적 활동을 통하여 미학적 자율공간의 창조가능성을 모색한 것이다.

생명이 있는 말

1931년과 1940년 노동자와 중간계급 여성을 대상으로 열렸던 울프의 두 강연은 담론을 만드는 그 자체가 곧 정치행위가 될 수 있음을 보여준다는 점에서 의미가 있다. 랑시에르의 개념을 통하여 설명하였듯이, 울프의 텍스트가 창조하는 '정치'는 기존의 사회체제를 장악했던 감각의 분할을 새롭게 구성하는 언술행위로부터 촉발된 정치성이다. 「기울어가는 탑」과 「여성에게 있어서의 직업」에서 울프는 노동자가 '있어야 할' 노동의 영역을 이탈하여 금지되었던 영역으로 침입할 것을 권유한다. 랑시에르가 논의한바 있듯이, 작가는 해방된 노동자의 미학적 이탈을 지지하고, 이들의 행위에 힘을 실어줄 조력자 역할을 할 수 있다.

울프는 담론을 창조하는 행위를 통해 이러한 역할을 점진적으로 실천한다. 물론 노동자로 구성된 청중을 향한 울프의 제안이 그들에게 어떠한 영향력을 미쳤는가와, 이러한 제안이 과연 구체적인 실천을 이끌어낼 수 있는지에 관하여는 또 다른 차원의 연구가 필요할 것이다. 그러나 울프의 역할은 눈에 보이는 사회개혁이나 급진적인 진보를 일으키는 데 있지 않다. 작가이자 강연자인 울프는 노동자 계층이 모여 있는 청중을 향하여 말하는 존재가 됨으로써 나름의 정치적 역할을 수행한 것이다.

눈에 보이지는 않지만 말의 힘은 강력하다. 울프는 1937년 4월 20일 BBC 라디오 방송국에서 말과 글의 힘을 강조한 원고를 읽은 적이 있다. 「솜씨」("Craftsmanship")라는 제목의 글이다. BBC 강연에서 울프가 전하고자 했던 내용의 핵심은 말과 글을 구성하는 단어의 생명력이다. 울프에 의하면 단어에는 생명이 가득하다. 작가는 생명의 주체인 신이 아니라 인간에 불과하므로, 아무리 재능이 뛰어나다해도 힘찬 생명력을 지닌 단어를 마음대로 지배할 수는 없다. 울프는 작가의 지배를 벗어나 자유롭게 떠도는 단어의 힘과 자율성을 인정했고, 단어를 살아있는 생명체처럼 인식했다. 이처럼 유동성 있는 단어 그리고 말은 "하나의 단순한 진술이 아니라 천 가지의 가능성을 표현"(245)하는 본성을 지녔다고 본 것이다.

울프와 마찬가지로 랑시에르도 문학의 정치를 논함에 있어 단어와 말의 자율성에 주목했다. 랑시에르의 저서 중 1998년 프랑스에서 출판된 『단어들의 살: 글쓰기의 정치』(*The Flesh of Words: The Politics of Writing*, 2004)는 말의 자율성 문제를 보다 본격적으로 다룬다. 랑시에르에 의하면 '누가' 말하는가의 문제는 부차적이다. 랑시에르는 『단어들의 살』의 앞부분에서 말은 발화자의 입술을 떠나 어디든지 자유롭게 "외출"하고, 발화자가 예측하지 못했던 사람들에게도 다가갈 수 있다고 선언한다(1-2). 울프와 랑시에르가 그러하였듯, 말이 지닌 생명력을 인정한다면, 강연자의 언술행위가 일으킬 수 있는 정치적인 변화를 기대해 봄직하다. 말과 텍스트는 강연자 혹은 작가의 몸을 떠나, 누구에게나 흘러가는 하나의 생명이기 때문이다.

이 장은 『제임스조이스저널』 21권 1호(2015)에 실린 필자의 논문 「텍스트의 정치: 버지니아 울프와 자크 랑시에르의 미학적 체제」를 수정·보완한 글이다.

틈새비평

03.

파시즘의 방에서 먼 『자기만의 방』

버지니아 울프 연구의 빈 곳을 찾아서

파시즘에 반대하며

이탈리아 파시즘당의 총통인 베니토 무솔리니(Benito Mussolini, 1883-1945)는 연설을 통해 대중을 호도한 것으로 악명 높다. 1926년 10월 7일 이탈리아의 페루자(Perugia)에서 열린 「순수예술학회」(The Academy of Fine Arts)에서도 무솔리니는 연설을 했다. 무솔리니의 연설은 국가이념으로서 파시즘이 예술과 문학에 영향을 미치고 정치권력이 작가와 예술가를 호도하게 되리라는 것을 예고한다.

> 이탈리아가 분열되었을 때 국가의 통일성을 표현했던 것은 르네상스 예술이었습니다. … 정신적으로 우리는 하나가 될 준비가 되었습니다. 위대한 예술의 지평을 개척하여 고전적이면서도 모던한 작품을 만들어냅시다. 우리는 창조해야만합니다. 그렇지 않으면 구습을 따르는 자가 될 것입니다. 우리는 우리 시대의 새로운 예술, 파시스트 예술을 창조해내야만 합니다. (Benton 90 재인용)

위의 연설문에 드러나듯이 무솔리니는 억압적인 독재자의 이미지를 드러내기보다 새로운 형태의 예술을 지향하고 "모던한 예술가" (Benton 90)들을 후원하는 예술애호가의 면모를 보인다. 독일 비평가 베르너 풀트(Wirner Fuld)에 의하면 무솔리니가 주도한 "이탈리아 파시즘은 대량의 망명자들이 나오지 않은 까닭에 생명을 위협하는 독재로 인지되지"는 않았다고 한다(271). 하지만 이른바 파시스트 예술을 제안하는 무솔리니의 기획은 '생명'에 반하는 것이었다. 무솔리니의 목적은 파시즘 체제의 우월성을 선전하는 것이었고, 예술을 매개로하여 정치 이데올로기를 주입하는 것은 문학을 비롯한 예술전반의 생명력을 빼앗는 것이기 때문이다.

무솔리니는 이탈리아가 분열되었던 시기에 르네상스 예술작품이 국가의 통일에 대한 비전을 제시했던 역사를 언급하면서 1926년 당시에도 국가 이데올로기의 확산을 위해 "위대한 예술"을 창조해야한다고 말한다. 그 밖의 연설에서도 무솔리니는 이탈리아의 '위대한' 역사에 관해 자주 언급하였고, 스스로를 로마의 황제와 동일시하는 발언을 했다. 1920-30년대의 이탈리아는 영웅적인 "로마의 전통"을 복구하기 위해 새로운 형식의 예술작품—파시스트 예술—을 창조하자고 주장한 것이다(Mussolini 343). 무솔리니의 주장은 예술을 통해 정치적 목적을 달성할 수 있다는 그릇된 믿음에 기초한다.

울프는 파시즘에 저항한 작가이다. 울프가 쓴 대부분의 텍스트는 정도의 차이는 있지만 파시즘 이념에 저항하려는 의지를 보여준다. 글쓰기라는 노동을 통해 정치적인 역할을 실천한 것이다. 파시즘에 대한 울프의 저항은 상당히 광범위한 차원에서 일어난다. 작가는 노골적으로 파시즘을 비판하는 것뿐만 아니라, 파시즘 이념과 결부된 말과 행동을 하지 않는 것을 통하여 파시즘의 체제로부터 이탈한다. 무솔리니를 위시한 파시즘이 확산되었던 시기에 출판된 1929년 작 『자기만의 방』(*A Room of One's Own*)에는 파시즘 체제에 대한 울프의 저항이 담겨있다. 무솔리니의 문구인 "위대한 예술"과 "우리가 창조해야한다"에 나타난 것처럼 파시스트 예술이 작가의 야심과 자기중심적인 의지가 빚어낸 산물이라면, 케임브리지(Cambridge)의 여자대학인 뉴넘(Newnham)대학과 거튼(Girton)대학에서 '여성과 픽션'을 주제로 울프가 강연한 원고였던 『자기만의 방』은 파시즘의 욕망을 해체하는 텍스트이다.

울프의 텍스트를 읽는 기존 비평은 작가가 사회문화의 문제점을 글을 통해 고발해야 한다고 보는 경향이 있다. 사회의 부조리를 고발하고 분노를 표현함으로써 문학이 현실영역에 영향을 주고, 정치적 진보를 가져온다고 가정하는 것이다. 이러한 시각은 페미니즘 비평에서도 나타난다. 여러 페미니즘 비평가들은 여성이 분노를 표현하는 것이 "긍정적인 방향으로의 정치적 결과를 이끄는 행동"이라고 인식한다(Hsieh 24). 작가의 "분노"를 예술을 위한 "창조력"의 원천으로 본 비평가 제인 마커스(Jane Marcus)는 1977년 논평「예술과 분노」("Art and Anger")에서 울프가 여성의 분노를 텍스트에 드러냄으로써 가부장제에 저항했다고 평가한다(94).

여타의 페미니즘 평자도 크게 다르지 않은 입장을 보여준다. 일레인 쇼왈터(Elaine Showalter)는 1977년 비평『그들만의 문학』(*A Literature of Their Own*)에서 울프의『자기만의 방』을 탈정치적인 텍스트로 보는데, 이러한 주장 역시 작가의 분노가 텍스트에 표현되었는지의 여부와 관계있다. 쇼왈터는 울프가 남성중심의 체제에 대항하여 분노하기를 포기했고『자기만의 방』을 통해 여성청중에게 분노의 소진을 요청하는 점을 지적하면서 울프의 텍스트가 정치적인 역할을 수행하는데 실패했다고 평가한다. 그러나 분노를 표현하는 것만을 정치적 올바름의 증거로 보는 것은 편협한 견해일 수 있다.

이 장에서는 분노로부터의 탈피를 요청하는『자기만의 방』이 파시즘의 체제에서 이탈하여 정치적인 저항의 담론을 여는 방식을 논의하고자한다. 영국작가 조지 오웰(George Orwell, 1903-1950)이 1946년 에세이「정치와 영어」("Politics and the English Language")

에서 “파시즘”이 “바람직하지 않은 것”(365)을 지칭하는 애매한 용어가 되었다고 지적하였듯이, 오늘날까지도 ‘파시즘’이라는 용어는 광범위한 차원에서 사용된다. 작가에 따라 파시즘을 정의하는 방식에는 차이가 있지만, 『자기만의 방』에서 울프는 파시즘을 “극도의 남성성”(134)을 특징으로 하는 체제로 규명한다.[1] 울프는 이탈리아의 파시즘, 독일의 나치즘, 영국의 제국주의와 가부장제를 남성중심의 군국주의 문화에서 파생된 유사한 체제로 파악하고, 이러한 체제에서 발견되는 몸의 미학화 현상을 비판한다.

아래에서는 1920년대 파시즘·제국주의 체제에서 우세했던 ‘몸의 미학화’가 무엇인지 설명하고 이를 비판한 울프의 논점을 살펴보겠다. 다음으로 『자기만의 방』에 재현된 몸의 ‘비의식적’인 활동을 뜻하는 ‘정동적’인 반응이 군국주의와 파시즘의 이념에 대립되는 양태를 분석한다. 울프는 ‘몸의 미학화’에 대립되는 몸의 정동적인 활동을 강조한다. 이어서 『자기만의 방』에 등장하는 개념인 ‘양성적인 마음’의 정치성을 논의할 것이다. 양성적인 마음에 관한 선행연구는 방대한 분량으로 축적되었으나 수정과 보완이 필요한 부분이 있기 때문에 되짚어 볼 필요가 있다. 본 논의를 통해 울프가 제안하는 양성적인 마음은 글쓰기를 위한 미학원리이자 파시즘의 이념에 대항하는 정치적 실천의 전략임을 밝히고자 한다.

1 본문 속에 『자기만의 방』을 인용할 경우 괄호 안에 페이지 수만 표기하기로 한다.

몸의 미학화: 파시즘의 취향

울프가 『자기만의 방』을 통해 비판한 파시즘의 문화현상인 '몸의 미학화'를 논의하기에 앞서 1938년 6월 2일 호가스 출판사(Hogarth Press)에서 출판된 『세 닢의 기니』(*Three Guineas*)를 언급할 필요가 있다. 『세 닢의 기니』는 히틀러가 1938년 3월 오스트리아를 행진하고 울프가 다가올 전쟁의 위협을 체감했던 시기에 완성된 원고이다(Staveley 295). 이 에세이는 나치즘, 제국주의, 파시즘과 가부장제의 공모관계를 드러낸 울프의 가장 정치적인 텍스트로 알려져 있다. 『세 닢의 기니』에 의하면 전쟁을 촉발하는 파시즘과 제국주의는 소수의 정치인들이 만들어낸 정치적 제도라기보다 남성들로 이루어진 지배계층이 공유하는 집단적인 의식과 감정과 욕망이 뒤엉켜 만들어진 이념의 체제이다.

『세 닢의 기니』에서 권력과 지위를 확보한 엘리트 남성이 공유하는 과시욕과 지배욕은 "전쟁을 일으키는 성향"으로 일컬어진다. 영국의 상류층 남성은 퍼블릭 스쿨과 대학에 다니면서 전쟁영웅을 숭배하고 몸과 마음을 단련하도록 교육받는데, 엘리트 교육을 받는 과정에서 남성은 전쟁을 옹호하는 성향을 체득하게 된다는 것이 『세 닢의 기니』에 나타난 울프의 논지이다. 전쟁의 원인을 추적하는 울프의 설명은 인과관계가 빈약한 논증으로 보일 수도 있다. 그렇지만 전쟁이 발생하는 지점에는 자신의 존재를 드러내고자하는 허영심과 지배욕이 자리 잡고 있다는 울프의 지적만큼은 역사와 정치에 대한 예리한 통찰력에 기인한다.

전쟁과 군국주의 체제에 대항하는 과정에서 울프가 주목하는 현상은 국가의 주도하에 일어나는 '몸의 미학화'이다. 울프가 비판하는 '몸의 미학화'는 개인의 몸을 제복과 훈련이라는 이념적인 도구를 통해 공적인 몸으로 재창조하고 전시하는 행위로써 제국주의적인 감정과 상상력을 불러일으킨다. 몸의 미학화는 본질상 예술작품이 아닌 인간의 몸을 마치 예술작품을 위한 질료인 것처럼 취급하고, 육체를 시각적인 이미지에 불과한 것으로 재현한다. 또한 파시즘 체제에서 일어나는 몸의 미학화는 육체의 본질인 생명력을 은폐하고 몸을 이데올로기의 확산을 위한 도구로 활용하면서 몸에 대한 폭력을 정당화한다. 울프는 독일의 나치즘, 이탈리아의 파시즘, 영국의 제국주의에서 군인들이 나체의 몸을 제복으로 감추고 질서정연한 행렬을 통해 군중에게 몸을 전시하는 몸의 미학화 현상이 강화되는 역사의 현실을 보여준다.

울프는 『세 닢의 기니』에서 제복과 전쟁의 관계에 대해 언급한다. 『세 닢의 기니』에 등장하는 서술자는 영국 군인들이 제복을 입고 질서정연하게 행렬하는 광경은 수많은 군중에게 군대의 위상과 위엄을 보여주는 정치적 전략으로 사용된다고 말한다. 또한 이러한 광경은 군중의 마음속에 위험한 환상을 심어, 소년들을 군대로 동원하여 전쟁을 앞당기는 효과를 유발한다고 말한다(180). 전쟁의 본질은 폭력이지만, 전쟁의 촉매제가 되는 제복 입은 군인들의 행진은 미학적인 광경으로 연출될 수 있다는 것이다. 울프는 파시즘과 제국주의에서 과열된 몸의 미학화를 전쟁을 예고하는 두려운 징후로 파악하고, 전쟁을 막기 위해서는 전쟁을 동경하는 감성의 구조와 몸을 미학화하는 행동양식—예컨대 제복에 대한 환상—을 버려야 한다고 주장한다. 이러한 관점에 의거하여 『세 닢의 기니』에 등장하는 여성화자는 어떻게 하면 전쟁을 막을 수 있을지를 편지로 물어보았던 영국의 엘리트 남성에게 한 가지 제안을 한다. 1936년 발발한 스페인 내전에서 희생된 사람들의 사체가 찍힌 사진을 소개하고, 사진에 실린 시체의 모습을 똑똑히 보라고 말한다. 인간의 몸을 미학화 하는 데 길들여진 영국의 엘리트 남성은 형체를 식별할 수 없을 만큼 훼손된 몸을 외면하려고하겠지만, 손상된 몸이야말로 영국인이 우상화한 전쟁의 실체라는 것을 말하는 것이다(165).

『세 닢의 기니』는 파시즘을 "정치적인 삶의 미학화" (aestheticization of the political life)라고 정의했던 발터 벤야민 (Walter Benjamin)의 1936년 논평과 공명한다. 1936년 논평에서 벤야민은 전쟁을 미학화한 작가의 사례로 미래주의 시인이자 파시즘 예술의 옹호자였던 F. T. 마리네티(Filippo Tommaso Marinetti, 1876-1944)를 예로 든다. 마리네티는 과학기술의 발달로 인해 첨단무기를 갖추게 된 새로운 시대의 전쟁이 "총격, 포격, 사격중지라는 구령소리, [화약]냄새, [시체의] 부패한 악취"를 한데 "결합"해 놓았기 때문에 "아름답다"고 예찬한다(Benjamin 241). 벤야민은 파시즘이 "예술을 정치화"한 공산주의와는 반대로 "정치적인 삶을 미학화"하는 양태를 보인다고 주장한다(242, 241). 파시즘은 과학기술의 발전으로 인해 첨단무기를 동원하게 된 20세기의 전쟁을 마치 모던한 형태의 예술작품인 것처럼 표현하고, 정치적 현실을 미학화함으로써 전쟁의 본질인 폭력을 감춘다는 것이다.

벤야민이 1936년 글에서 일찍이 지적했듯이, 학자들은 파시즘이 기호와 이미지 등 미학적인 반응을 유도하는 시각매체를 통해 "새로운 이미지 정치"(a new image politics)를 보여준 체제라고 평가한다(Schanapp 3). 파시즘은 국가의 이념을 선전하기 위해 "파시스트 기호, 이미지, 슬로건, 책, 건물" 등을 적극적으로 활용했으며, "미학적인 과잉생산"을 통하여 정치이념을 강화하려는 의도를 갖고 있었다(Schanapp 3). 이처럼 파시즘의 시대에는 현실과 이미지의 경계, 정치와 예술의 경계가 무너지는 현상이 나타났고, 연극적인 방식을 통해 국가 이데올로기를 선전하는 방식이 유행했다. 1920-30년대의 이탈리아 파시스트들은 "사람들의 감정을 흥분"시키는 감각적이고 "상징적인 수단과 매체"를 최대한 활용하고 전시하여 대중을 선동했다(Falasca-Zamponi 6). 독일의 히틀러도 음향효과와 연극적인 장치를 통하여 웅변을 하고 수많은 대중을 "열광"하도록 자극한 연극적인 인물이었다(Zalampas 41).

미국의 문화평론가 수잔 손택(Susan Sontag)의 에세이 「매혹적인 파시즘」("Fascinating Fascism")은 1975년 2월 6일 『뉴욕리뷰』(*The New York Review of Books*)에 실렸고, 1980년 출판된 손택의 에세이 모음집 『토성의 영향 아래에서』(*Under the Sign of Saturn*)에 포함되어 있다. 1975년 글에서 손택은 2차 세계대전 당시 독일군의 제복이 미군의 제복에 비해 훨씬 더 정교하게 제작되었고 시각적인 전시효과를 창출하기에 적합하다고 논평한바 있듯이, 나치즘과 파시즘은 옷과 시각적인 수단을 동원하여 인간의 몸을 미학화하고 전시함으로써 연극적인 정치를 했다. 파시스트 예술가들도 독재자의 몸을 우상화하는 작품을 만드는데 치중했다. 파시스트 예술가들은 무솔리니의 "머리"와 "턱" 등 남성적인 외모를 강조하면서 그림과 조각품 등을 만들어 체제의 '남성성'과 강인함을 선전하고자 했다(Pieri 230).

1996년 처음 출판된 파시즘과 몸에 관한 비평서 『슈퍼맨 만들기』(*Shaping the Superman*, 2013)를 편집한 J. A. 망간(Mangan)이 책에 실린 자신의 글을 통해 밝히듯이, 파시즘 시대의 여러 예술가들은 남성지도자의 몸을 "살과 피"로 만들어진 "있는 그대로"의 육체가 아니라, 정치적 이념을 표상할 수 있는 상징적인 "기호"로써의 몸을 작품에 표현했다(11). 독일의 나치즘에서도 동일한 현상이 나타난다. 손택이 파시즘과 나치즘의 체제에서 동일하게 발생하는 '몸의 미학화' 행위를 분석하며 사례로 제시하듯이, 히틀러와 친분이 있었던 독일의 여류감독이자 배우이자 사진가였던 레니 리펜슈탈(Leni Riefenstahl, 1902-2003)은 1935년 다큐멘터리 영화 「의지의 승리」(*Triumph of the Will*)에서 히틀러의 몸을 신격화한다. 1934년에 열린 나치당의 뉘른베르크(Nuremberg) 전당대회에 참석하기 위해 히틀러가 비행기를 타고 오는 장면을 카메라의 특정한 구도를 통해 마치 신이 강림하는 장면처럼 표현한다. 리펜슈탈의 영화는 히틀러를 환영하는 군중들의 행진을 미화시켜 재현하고, 히틀러의 연설장면에 웅장한 음향효과를 삽입해서 카리스마 있는 지도자의 이미지를 연출한다. 관객의 감각에 호소하는 장면들로 만들어진 「의지의 승리」는 독재자를 위대한 영웅인 것처럼 보이게 만들고 체제의 우월성을 선전한 대표적인 시각매체이다.

벤야민을 비롯한 여러 평론가들이 지적했듯이, 울프는 『세 닢의 기니』를 통해 국가적 차원에서 일어난 미학화 현상을 포착한 것이다. 울프는 1920-30년대에 파시즘과 나치즘 체제에서 나타나는 몸의 미학화를 제국주의와 가부장제를 형성한 영국 엘리트 남성들의 문화에 이미 뿌리내린 현상으로 본다. 영국의 전통에서 학계와 종교계와 법조계 등 전문직에 종사하는 엘리트 남성들은 사회적인 지위를 상징하는 의복을 통해 "나체의 몸"을 숨기고 몸을 미학화하는 연극적인 행위를 해왔다는 것이다(*Three Guineas* 179). 울프에 의하면 영국의 엘리트 남성은 의복이라는 상징적인 기표를 통해 자신의 우월성을 광고해왔을 뿐 아니라, 스스로가 우월한 존재라고 믿어버린 나머지 타인(여성)과 타민족에 대한 지배와 통치를 정당화한다. 엘리트 남성은 자신들이 열등한 존재로 규정한 타인(여성)과 타민족에 대한 지배를 정당화하는 제국주의 신화를 만들어냄으로써, 가정과 일터와 국가의 중심부에서 전쟁에 간접적으로 참여해왔다는 것이다(*Three Guineas* 179).

울프는 영국 엘리트가 장악한 세상에 여성이 배제되어 있다는 점을 강조하면서, 제국주의와 가부장제의 연관성을 밝힌다. 제국의 이념을 수호하고 옷으로써 자신의 정체성을 드러내는 영국의 엘리트 남성들은 "법, 사업, 종교 혹은 정치" 등의 영역을 "비밀의 방"처럼 만들어서, 여성들의 출입을 금지하고 '우월'한 남성만이 주도하는 남성들의 세상으로 구획해 놓았다(*Three Guineas* 181). 의복을 통해 자신의 육체를 숨기는 남성들이 여성의 몸을 멸시하는 점에 착안하여, 울프는 만일 여성과 남성이 "옷"을 벗고 "맨살"(flesh)로 만날 수만 있다면 "같은 악센트로 말할 수 있게 될 것"이라고 전망한다(*Three Guineas* 154). 국가 이념에 의거한 몸의 미학화는 육체의 본질인 생명력을 은폐하고 인간의 신체를 정치적인 기호로 축소하여 상징적인 도구로 만들뿐 아니라, 문화의 산물인 젠더의 불평등을 강화한다는 것이다.

울프가 지적하듯이 엘리트 남성이 여성에 대해 갖는 우월감은 나체의 몸을 미학화하는 과정에서 발생한 상상의 산물이자 거짓된 감정이다. 몸의 미학화는 국가와 시대를 초월하여 광범위한 영역에서 발견되지만, 1920년대에 엘리트 남성을 주축으로 형성된 파시즘 체제에서 특히 두드러진다. 울프에 의하면 파시즘과 제국주의에서 일어나는 몸의 미학화는 궁극적으로 남성의 신체를 억압하지만, 이념에 종속된 남성은 자신이 당면한 몸의 문제를 볼 수 없다. 또한 파시스트는 타인에게 영향력을 행사하려는 의지에 사로잡힌 채 스스로를 국가를 위해 희생하는 영웅으로 인식하는 면모를 보인다.

『세 닢의 기니』 보다 십여 년쯤 앞서 발표된 『자기만의 방』에서 울프는 위대한 인물이 되고자하는 의지에 사로잡혀 자신을 과대평가하고 자신이 원하는 방향으로 세상을 변화시키고자 하는 야심이 파시스트의 핵심적인 욕망이라고 밝힌다. 총 여섯 개의 장으로 구성된 『자기만의 방』에서 울프가 파시스트의 욕망을 역사적 현실에 반추하여 구체적으로 언급한 장면은 마지막 장인 6장에 등장한다. 울프의 화자는 신문에서 이탈리아 문학의 미래를 걱정하는 파시스트 지식인들이 '이탈리아 소설의 발전'이라는 구호를 내걸고 회담을 열기로 했다는 기사를 보았다고 말한다.

> There has been a meeting of academicians whose object it is 'to develop the Italian novel'. 'Men famous by birth, or in finance, industry or the Fascist corporations' came together the other day and discussed the matter, and a telegram was sent to the Duce expressing the hope 'that the Fascist era would soon give birth to a poet worthy of it'. We may all join in that pious hope, but it is doubtful whether poetry can come out of an incubator. Poetry

ought to have a mother as well as a father. The Fascist poem one may fear, will be a horrid little abortion such as one sees in a glass jar in the museum of some country town. Such monsters never live long, it is said; one has never seen a prodigy of that sort cropping grass in a field. Two heads on one body do not make for length of life. (134-35)

'이탈리아 소설을 발전시켜야한다'는 목적을 가진 학술 회원들의 모임이 있었습니다. '명망 있는 가문출신이거나, 돈이 많거나, 사업이나 파시스트 조합에서 유명해진 남성들'은 일전에 자리를 함께 하여 그 문제를 논의했고, '파시즘 시대는 곧 그에 걸 맞는 시인을 탄생시킬 것'이라는 희망에 찬 전보를 총통에게 보냈습니다. 그처럼 숭고한 희망에 우리가 함께 할 수도 있겠지만, 과연 인큐베이터에서 시가 태어날 수 있을는지는 의문이군요. 시에게는 아버지뿐만 아니라 어머니도 있어야 해요. 파시스트 시는 어느 시골 마을의 박물관에서나 볼 수 있는 유리병에 담긴 작고 볼썽사나운 낙태된 아이처럼 되지는 않을까 우려됩니다. 누군가가 그러더군요. 그런 괴물은 오래 살지 못한다고요. 그런 식의 천재가 들판에서 풀을 뜯어 먹는 것을 본 사람은 아무도 없답니다. 머리만 두 개 달린 몸은 오래 살지 못하거든요.

위의 인용문에는 파시스트 남성이 당면한 몸의 문제가 대두된다. 울프는 "명망 있는 가문 출신이거나, 돈이 많거나, 사업이나 파시스트 조합에서 유명해진 남성들"이라고 자신을 소개하는 파시스트의 언어를 인용한다. 파시스트의 정체성을 표현하는 "돈"과 "사업"과 "파시스트 조합"은 피와 살로 구성된 인간의 몸이 아니라, 추상적인 물질과 조직을 지칭하고 기계적인 이미지로 표현된다. 파시스트는 자신의 몸을 세상에 드러내려는 욕망을 갖고 있지만, 이념을 내재화하는 과정에서 개인의 몸을 잃고 조직에 귀속된 기계적인 몸을 얻게 된다.

이처럼 울프는 파시스트가 사용한 언어를 의도적으로 인용함으로써 파시스트 남성이 자초한 육체성 상실의 문제를 부각시킨다. 아울러 울프는 작품 창조에 대한 파시스트의 의지와 결과 사이에는 메울 수 없는 간극이 있다고 말한다. 파시스트는 이탈리아 문학과 국가의 미래를 책임져야한다는 의지와 희생정신을 갖고 있지만, 이데올로기에 함몰된 작가는 창조적인 작품을 만들 수 없다는 것이다. 울프에 따르면 글쓰기에 있어 뛰어난 기교를 보인다고 해도 "머리"만 두개 달린 "천재"가 만들어 낸 텍스트에는 몸의 특징인 육체성과 생명력이 없다. 몸을 미학화하는 파시즘의 체제에서는 인간의 형상을 닮은 '살아있는' 텍스트가 태어날 수 없고, 이러한 텍스트는 생명력이 결여되어서 파시스트의 본래 의도와는 정반대로 독자에게 영향력을 줄 수 없다는 것이 울프가 보여주는 전망이다.

경직된 몸 — 'I'

『자기만의 방』의 6장에서 파시즘 문학이 "어머니" 없이 "아버지"만 있는 자식에 비유되듯이, 울프는 파시즘과 파시즘 문학의 관계를 논의하면서 작가를 텍스트의 부모인 것처럼 표현한다. 창작에 관해 울프가 보여주는 중요한 전제는 결국 작가는 자신을 닮은 텍스트를 낳게 된다는 것이다. 파시즘의 이념에 사로잡힌 남성작가의 작품이 "머리만 두 개" 있는 괴물에 비유된다면, 제국주의와 가부장제의 이념을 체화한 영국 남성작가의 텍스트는 '자신'('I')의 집결체로 표현된다. 1920년대 후반의 상황에서 울프는 이탈리아 파시즘과 영국의 제국주의를 동일한 욕망에 뿌리내린 체제로 파악하고, 파시즘 문학의 한계를 언급한 이후 제국주의 이념을 내재화한 텍스트의 특성을 기술한다. 울프에 의하면 태어나면서부터 타인의 "배제"를 경험하거나 "반대에 부딪힌" 적이 없이 '자신'('I')의 존재를 자유자재로 "뻗을 수" 있는 특권을 부여받은 영국남성의 글에는 대문자 'I'가 과도하게 드러난다(130).

6장에서 울프의 화자는 "미스터 A"라는 영국작가의 소설을 읽는 중 책 위에 "그림자"가 드리워진 인상을 받는다(130). 화자는 그림자의 정체가 'I'라는 철자임을 발견한다. 미스터 A의 소설을 읽는 동안 글자 모양의 그림자 'I'가 계속 자신을 맞이했고, 여성인물을 지칭하는 "그녀의 몸"을 자신의 몸으로 가려서 형체를 불분명하게 만들었다고 말한다(130). "그녀의 몸"을 가리는 'I'는 남성의 몸을 표상한다. 화자는 'I'가 "곧고 검은 막대기"(130)로 보였다고 말한다. 곧게 서 있는 형태를 한 알파벳 'I'는 영국의 문화적인 맥락에서 본다면 제국의 이념에 길들여진 영국 엘리트 남성의 경직된 몸을 형상화하는 기표로 볼 수 있다. 이안 바우콤(Ian Baucom)이 설명하듯이, 빅토리아 시대부터 영국 상류층 남성은 퍼블릭 스쿨에 다니며 제국의 통치자가 되기 위한 엘리트 교육을 받았고, 신체훈련과 정신교육을 통해 몸과 마음에 "영국성"(Englishness)이라는 국가이념을 각인시키도록 강요받았다(138). 울프는 이와 같은 교육과 훈련을 통해 재구성된 영국 엘리트 남성의 신체를 "곧고 검은 막대기"의 형상을 한 철자 'I'로 본 것이다.

국가에 봉사하기 위해 만들어진 영국 엘리트 남성들의 경직된 몸은 1차 세계대전 이후 출판된 울프의 작품에 일관성 있게 등장하는 제국의 이미지이다. 예를 들어 1923년 6월을 배경으로 하는 1925년 소설 『댈러웨이 부인』(*Mrs. Dalloway*)에는 퍼블릭 스쿨에 다니는 영국남학생들이 오전에 런던 거리에서 제복을 입고 총을 맨 채 단체로 행진하는 장면이 등장한다. 영국의 퍼블릭 스쿨과 옥스퍼드(Oxford)대학 출신이고, 1918년부터 1923년까지 인도에서 살면서 인도여자와 연애행각을 하고 행정직을 맡아 제국의 일원으로서의 특혜를 누렸지만, 영국의 문명과 제국주의 이념의 정당성을 의심하는 인물 피터 왈시(Peter Walsh)는 신체훈련교육에 임하는 소년들을 바라보면서 양가적인 감정을 갖는다. 피터는 세인트 제임스 공원(St. James's Park)의 화이트홀(Whitehall) 주변을 행진하는 남학생들의 "뻣뻣한" 팔과 영국에 대한 "의무, 감사, 충성, 사랑"을 보여주는 "조각"에 새겨진 "글자 같은 표정"을 바라보면서 향수를 느끼고, 그들이 "참 멋진 훈련"에 임하고 있다고 느낀다(55).

학군단 행진을 "멋진 훈련"이라고 보는 피터의 시각에는 아이러니가 있다. 영국에서 마땅한 직업을 찾지 못하고 인도에서 여성편력을 일삼으며 방황하는 피터는 영국의 상류층 계급이 점유하고 있는 주류사회에 속하지는 못한다. 자칭 사회주의자라고 믿는 피터는 정치적으로 보수적인 영국인을 깔보는 마음도 갖는다. 그러나 영국 엘리트 교육의 수혜자인 피터는 조국을 비판하면서도 제국이 만들어낸 '스타일'에 매혹된다. 한편 복합적인 인물로 그려진 피터는 매혹적인 스타일에 영구적으로 속지는 않는다. 제복을 입은 소년들이 자신의 시야에서 사라져갈 때, 피터는 그들이 아직 "몸의 고충"을 알지 못한다고 생각한다(56). 소년들이 몸의 고충을 아직 깨닫지 못했다는 말에는 사회 비판의 함의가 담겨있다. 제복을 입은 학군단을 보면서 피터가 느끼는 몸의 문제는 제국주의 교육에 대한 작가의 비판적 시선을 반영한다고 볼 수 있다. 울프는 피터의 목소리를 통하여 제복에 감추어진 개인의 몸이 겪게 되는 억압과 고통의 문제를 넌지시 드러내는 것일 수 있다.

『댈러웨이 부인』보다 6년 늦은 해인 1931년 출판된 소설 『파도』(*The Waves*)는 공동체를 위해 몸을 길들이는 제국에 대한 비판을 더욱 섬세하고 확장된 방식으로 수행한다. 총 아홉 개의 장으로 이루어진 『파도』에는 세 명의 남성인물과 세 명의 여성인물이 주인공으로 등장한다. 버나드(Bernard), 네빌(Neville), 루이스(Louis), 로다(Rhoda), 수잔(Susan), 지니(Jinny)라는 여섯 명의 주인공의 어린 시절부터 노년기까지를 다룬다. 어린 시절 여섯 명의 인물은 자유롭게 상상하고 자기 나름의 언어를 구사한다. 예컨대 루이스는 자신의 몸을 "꽃줄기"(8)라고 표현하고, 지니는 자신의 몸에서 "제라늄 향기"가 난다고 말한다(8). 본격적인 사회화과정에 노출되기 전 단계에서 소설 속의 인물들은 자신의 몸이 다른 몸과 하나가 되는 상상을 할 수 있는 능력이 있다. 그러나 젠더역할을 명확하게 구분하는 남녀 중등학교에 입학한 이후부터 여섯 인물은 개인성을 억압하고 국가공동체의 이념을 따르는 학교의 규율에 갇힌다. 국가공동체가 이상화한 젠더역할을 수행하도록 가르치는 학교는 사람들이 서로 다른 몸을 가졌다는 점을 보지 않고, 모두 똑같은 신체를 갖도록 교육한다.

표면상 『파도』는 비역사적인 작품으로 보일 수 있다. 그러나 울프는 이 소설을 통해 영국역사의 일면을 보여준다. 빅토리아조와 에드워드조의 퍼블릭 스쿨이 제국의 지도자를 양성하기 위한 목적으로 군사훈련 프로그램을 제공하는 것과 더불어 체육교육을 장려했던 역사적 현실을 드러내는 것이다. 럭비스쿨(Rugby School) 출신인 19세기 영국작가 토머스 휴즈(Thomas Hughes, 1822-1896)의 자전적 소설 『톰 브라운의 학창시절』(*Tom Brown's School Days*, 1857)에 표현되듯이 19세기 중반 이후 영국의 엘리트 학교는 "근육질의 크리스천 신사"(Muscular Christian Gentleman)라는 이미지를 이상적인 남성상으로 여겼다. 빅토리아조 중후반 명문 퍼블릭 스쿨 교장과 교사들은 영국과 영국의 식민지를 통치할만한 강한 남성을 길러내기 위해서는 체력과 정신력이 필수적이라고 보았고, 이를 위한 교내 체육교육을 강조하였다(Roach 130-32).

보다 구체적으로 1859년부터 1901년까지 해로우(Harrow) 학교의 교사였던 에드워드 보웬(Edward Bowen, 1836-1901)과 1884년부터 1905년까지 이튼(Eton)학교의 교장이자 학군단 지휘관이었던 에드먼드 워(Edmond Warre, 1837-1920) 등의 영국 교육자들은 체육교육의 일환으로 협동정신을 기를 수 있는 운동을 장려했다. 퍼블릭 스쿨에서 기존의 라틴어나 고전문학 교육과 더불어 체육교육을 강조하게 된 배경에는 소위 신사적인 제국주의자를 동경하는 문화의 구조가 있다. 또한 경제활동에 종사하는 사업가가 되는 것보다 군인이나 국가의 고위관료가 되는 것이 "귀족적"이라고 보는 시각이 있다(Roach 133). 제국주의와 애국주의를 당연하게 여겼던 교사가 주도적으로 학교 내 운동경기를 강조한 결과, 1880년 이후 영국에서 체육은 거의 모든 퍼블릭 스쿨에서 필수과목이 되었다. 망간(J.

A. Mangan)이 2008년 저서『애틀레티시즘 그리고 빅토리아조와 에드워드조의 퍼블릭 스쿨』(*Athleticism and the Victorian and Edwardian Public School*)에서 기술한 것처럼, 19세기 중반이후 영국에서는 학교에서 운동경기를 하는 행위자체가 하나의 제도가 된 것이다(83).

이 중 대표적인 종목이 크리켓이었다.『파도』에서 제국주의를 상징하는 인물 퍼시벌(Percival)도 퍼블릭 스쿨 재학시절 크리켓 선수로 활약한다. 하지만 대학졸업 이후 인도로 간 퍼시벌은 스물다섯살의 젊은 나이에 말에서 떨어져 죽는 비참한 최후를 맞이한다. 식민지 통치자 교육을 받고 대영제국의 지도자로 길러진 퍼시벌의 비극적인 죽음은 제국이 추구하는 전쟁영웅의 이미지가 허상에 불과하다는 점을 보여준다. 퍼시벌의 죽음은 길들여진 몸과 나체의 몸 사이의 괴리를 드러낸다. 이와 같이 울프는 개인의 몸을 제국의 목적에 부합하도록 길들이는 영국 남성들의 주류사회를 비판적인 시선으로 바라보고, 남성들의 신체가 기호화되어 제국에 봉사하는 수단으로 활용된 국가공동체의 이념을 비판적인 시선으로 바라본다. 울프는 'I'가 표상하는 길들여진 신체가 아니라, 유동적이고 자유롭게 변할 수 있는 몸을 원했다. 신체적인 자유를 갖는 것이 자유로운 글쓰기를 위해 필요하다고 보았기 때문이다.

『자기만의 방』은 1931년 소설『파도』와 유사한 시기인 1929년에 출판되었다.『파도』에서 그러하였듯이,『자기만의 방』에서 울프는 자유로운 몸과 자유로운 텍스트의 긴밀한 관계에 대해 사유하는 모습을 보여주고, 작가의 경직된 신체와 마음이 글에 주는 부정적인 영향력을 암시한다.『자기만의 방』은 파시즘과 제국주의를 작가의 글쓰기에 치명적인 영향을 주는 체제로 제시한다. 울프에 의하면 파시즘과 제국주의에 매몰된 작가는 좋은 글을 쓸 수 없다. '좋은 글'에는 여러 가지 함의가 있을 것이다. 탄탄한 구성과 형식을 갖춘 글, 명료한 문장으로 이루어진 글, 다양한 어휘를 사용한 글 등이 좋은 글에 속한다고 볼 수도 있을 것이다. 그러나 울프가 『자기만의 방』에서 제시하는 좋은 글은 독자의 마음 혹은 그 너머의 깊은 곳을 건드릴 수 있는 텍스트를 의미한다. 마치 살아있는 생명체처럼 독자와 상호관계성을 형성할 수 있는 글, 오랫동안 기억에 남고 독자의 삶에 실제로 영향을 주면서 변화를 이끌어낼 수 있는 글이 울프가 인식한 좋은 글이다.

『자기만의 방』에서 텍스트와 독자의 생명력 있는 관계를 상상했던 울프는 좋은 글에 대비되는 문학작품을 읽는 독자를 상상해 본다. 울프의 화자인 여성인물은 "거대한 밤나무"의 형상을 한 'I'가 가득 찬 "미스터 A"의 글을 읽으면서 금세 지루해졌다고 고백한다. 'I'의 "지배력"과 글자가 "그늘 아래 드리워 놓은 황폐함"이 그 원인이다(131). 그리고 "미스터 A"의 마음에는 "창조적인 에너지의 샘을 막아버리고 그것을 제한된 구역 안에 가둬버리는 어떤 장애물, 어떤 방해물"이 있는 것 같다고 덧붙인다(131). 다음으로 울프는 "시의 기교"에 관해 논평한 "미스터 B"의 글을 평가한다. 미스터 B의 모든 문장들은 "예리하고 지적"이지만 저자의 "느낌"을 도무지 전달할 수 없다는 것이 울프의 견해이다(132). 낭만주의 시인 콜리지(Samuel Taylor Coleridge, 1772-1834)의 문장을 마음에 떠올리면, 언어가 "폭발하면서 온갖 종류의 다른 생각을 탄생"시키고 "영원한 생명의 비밀"을 갖고 있다는 느낌을 주지만, "미스터 B"가 쓴 문장은 읽는 순간 마음 속에서 "쿵 하고 떨어지는"것 같고 "죽어버려서"

더 이상의 감응을 이끌어내지 못한다는 것이다(132).

"미스터 A"와 "미스터 B"를 언급한 후, 울프의 화자는 제국주의 이념을 옹호했던 영국작가 키플링(Joseph Rudyard Kipling, 1865-1939)과 골즈워디(John Galsworthy, 1867-1933)의 작품에도 대문자 'I'가 장악하고 있다고 말한다. 영국 "남성의 미덕"과 "남성의 가치"를 이상화하고 "남성들의 세상"만을 재현하는 동시대 남성작가의 소설은 "투박하고 미성숙한" 텍스트로써 독자의 마음의 "표면"(surface)은 건드릴 수 있을지 모르겠지만 독자의 "몸 속"을 "관통"하는 느낌까지는 줄 수 없다는 것이다(134). 바꿔 말하면, 파시즘과 제국주의를 숭배하는 남성들의 텍스트는 이념을 체화한 작가 자신과 체제를 선전하는 수단으로 작용할 뿐, 운동력을 갖추고 활동성이 있는 자율적인 텍스트가 될 수는 없다는 것이 울프가 『자기만의 방』에서 보여주는 생각이다.

정동적(affective)인 몸과 글

파시즘과 제국주의 체제의 'I'로 점철된 문학작품이 독자의 "몸 속"까지 건드릴 수 없다는 견해는 『자기만의 방』의 6장에서 직접적으로 언급되지만, 'I'에 집착하는 남성들의 욕망에 대한 비판은 1장에서부터 암시된다. 『자기만의 방』의 1장에서 울프는 남성의 몸을 상징하는 기표 'I'에 대립되는 여성작가의 '몸'을 설정한다. 울프가 재현하는 여성의 몸은 세 가지 측면에서 남성의 몸 'I'와 구별된다.

'I' is only a convenient term for somebody who has no real being. Lies will flow from my lips, but there may perhaps be some truth mixed up with them; it is for you to seek out this truth and to decide whether any part of it is worth keeping. If not, you will of course throw the whole of it into the waste-paper basket and forget all about it.

Here then was I (call me Mary Beton, Mary Seton, Mary Carmichael or by any name you please—it is not a matter of importance) sitting on the banks of a river a week or two ago in fine October weather, lost in thought. (5)

'나'라는 것은 실재 인물이 아닌 누군가를 지칭하는 편의상의 용어입니다. 거짓말들이 내 입술에서 흘러오겠지요. 그러나 어쩌면 거기에 일종의 진실이 섞여 있을 수 있겠지요. 이 진실을 찾아내고 그것의 어느 부분이라도 간직할만한 가치가 있는지의 여부를 판단하는 것은 여러분의 몫입니다. 만일 어떤 가치도 없다면 전부 쓰레기통에 버리고 다 잊게 되겠지요.

그러면 여기 나는 (나를 메리 비튼, 메리 시튼, 메리 카마이클 혹은 여러분이 원하시는 어떤 이름으로든 불러주세요—그것은 중요한 것이 아니랍니다) 한 주 혹은 두 주 전쯤, 시월의 어느 화창한 날, 생각에 잠겨 강둑에 앉아 있었어요.

제국에 의해 길들여진 남성의 획일화된 신체와 달리 울프가 재현하는 여성의 몸은 가변성이 있다. 강연을 시작하면서 울프는 청중들에게 자신의 이름을 메리 비튼이나 메리 시튼, 또는 메리 카마이클 아니면 청중의 마음대로 불러도 상관없다고 말하면서 자신을 기표 'I'에 고정시키지 않는다. 울프는 강연의 주체이지만 자신을 삼인칭으로 설정하면서 마치 소설의 등장인물인 것처럼 이야기를 풀어 나간다. 설교나 주장하는 형태를 벗어나 픽션과 유사한 강연을 진행하면서, 강연과 픽션의 경계를 해체한다. 울프는 설교와 논쟁이 "분노"에 휩싸여 자신의 의견을 "주장"하고자하는 영국 엘리트 남성의 수사학이라고 본다(44). 작가가 청중에게 설교하기를 거부함으로써 자아를 드러내고자하는 남성들의 욕망으로부터 이탈하는 글쓰기를 시도한 것으로 볼 수 있다.

울프는 설득이나 교화를 목적으로 하는 프로파간다 형식의 글을 자기 중심적인 텍스트라고 보았다. 1940년 8월 출판된 에세이 「기울어가는 탑」("The Leaning Tower")에서 울프는 사회주의 혁명을 꿈꾸었던 1930년대의 영국의 좌파 지식인들이 자신들의 글쓰기를 통한 '정치'를 실현하고자하는 이상을 갖고 텍스트를 통해 자신의 견해를 피력한 결과, 문학작품이 자서전으로 변질되었다고 지적한다(175). 평등이라는 가치를 추구했던 영국남성작가들은 스스로를 설교하는 주체로 설정함으로써 작가와 독자 간의 위계질서를 재설정하는 결과를 초래했다는 것이다. 울프에 의하면 창작을 하는 작가는 메시지를 전하는 사람이 아니다. 모든 글에는 작가의 메시지 혹은 주제의식이 담겨있을 수밖에 없겠지만, 울프의 지향점은 자신의 자아(ego)로부터 탈피한 글을 쓰는 것이었다. 자신의 의견을 전달하겠다는 강한 의도와 의지를 내려놓고 글을 쓰는 것이 작가로서 울프의 꿈이었다.

울프에게 있어 글은 '의지의 승리'를 증명하는 수단이 아니라, 작가와 공생하면서도 나름의 자율성을 갖고 있는 자유롭고 활달한 몸이다. 『자기만의 방』에서 이러한 글을 쓸 수 있는 작가는 경직된 형태의 'I'에 대비되는 인물로 설정된다. 'I'에 결부된 이념을 동경하거나 답습하지 않는 작가가 울프가 제시하는 자유로운 작가의 모습이다. 울프는 『자기만의 방』에서 작가에 대한 사회통념을 상당부분 해체한다. 『자기만의 방』은 '여성과 픽션'이라는 분명한 주제를 애당초 갖고 있지만, 텍스트의 화자는 소설가의 정체성을 갖고 독자에게 말을 건넨다. 울프의 목소리를 전하는 여성화자는 설교하기를 거부한다. 앞에 제시한 인용문에 드러나듯이, 『자기만의 방』초반부에서 화자는 "내 입술에서 거짓말이 흘러나올 것"(5)이라고 운을 뗀다. 언뜻 보기에 대수롭지 않게 보일 수 있는 화자의 진술은 작가와 텍스트의 관계에 대한 중요한 의미를 담고 있다.

말이 입술을 통해 나온다는 문장을 통해 무엇을 읽을 수 있을까? 말하는 주체가 '입술'이라는 표현은 인간의 신체에 관한 상식을 해체한다. 울프는 입술을 자신이 통제할 수 있는 신체의 부속품이 아니라, 움직이는 활동력을 가진 자율적인 기관으로 인식하고 스스로를 언술행위의 완벽한 주체로 설정하지 않는다. 비평가 데릭 애트리지(Derek Attridge)는 "입술발화"(Lipspeech)에 담긴 인식론적 전제를 명시한다. 그에 따르면 "입술"을 통해 말이 나온다는 제임스 조이스(James Joyce, 1882-1941)의 표현은 말하는 주체가 발화의 "주인"이 아니며, 스스로의 몸을 완벽하게 통제할 수 없다는 함의를 갖는다(Attridge 162).[2] 말이 입술에서 흘러나온다는 표현은 언어의 자율성을 인정한다는 뜻이다. 작가는 언어를 다루는 일을 하지만, 언

2 애트리지는 조이스의 1922년 작 『율리시스』(*Ulysses*) 중 특히 「사이렌」("Sirens") 장에 초점을 맞추어 논의를 풀어간다.

어는 자유로운 본성을 가졌기 때문에 지배와 통제를 거부한다는 것이 울프가 갖고 있던 생각이다.

앞장에서 논의한바있듯이, 1937년 4월 29일 BBC 라디오 강연 시리즈 「말문이 막힌다」("Words Fail Me")에서 방송된 「솜씨」("Craftsmanship")에서 울프는 인간의 통제 밖에 있는 언어의 자율성에 관해 말하였다.[3] 「솜씨」에 따르면 자유로운 "방랑자"인 단어는 본성상 "변화하는 기질을" 가졌기 때문에 "관습"에 얽매이지 않고 "이용당하는 것"을 싫어하며 "하나의 의미에 고정"되기를 거부하면서 자율적으로 활동한다(626-27). 이와 같이 신체의 일부와 언어에 자율성을 부여하는 화자의 태도는 '자신'(I)을 몸과 말의 주인이라고 여기는 남성중심의 가치관에 대립하고 자기중심적인 문화에 저항하는 잠재력을 보여준다.

"생각에 빠져" 있었다는 울프의 표현에서 드러나듯이, 『자기만의 방』의 내러티브를 이끌어가는 화자는 사색가로서의 정체성을 갖고 있다. 이야기를 어떻게 풀어가야 할지를 생각하는 여성은 무의식적 혹은 '비의식적'(non-conscious)인 세계에 이끌리는 신비로운 경험을 한다. 화자는 '여성과 픽션'에 관한 강연을 하라는 요청을 받은 후 "옥스브리지"(Oxbridge)의 강둑에 앉아 "그 단어들이 무엇을 의미하는지"를 생각하는 가운데 자신이 "낚싯줄을 강물 속"에 드리웠다고 말한다(6). "강물 속"은 무의식의 세계를 표상한다. 또한 화

3 BBC 강연 시리즈인 "Words Fail Me"를 「말문이 막힌다」로 옮긴 것은 손영주의 논문 「"생각하는 일이 나의 싸움이다": 버지니아 울프의 사유, 사물, 언어」를 참고한 것이다(손영주 105).

자는 “갑자기 낚싯줄 끝에 어떤 생각이 모여드는” 느낌을 받았다고 말하면서(6), 글쓰기에 대한 영감을 얻는 일은 의지적인 행동과 다르다는 점을 드러낸다. 이어서 울프는 사색이 몸의 반응을 촉발하는 상황을 묘사한다.

> But however small it was, it had, nevertheless, the mysterious property of its kind—put back into the mind, it became at once very exciting, and important; and as it darted and sank, and flashed hither and thither, set up such a wash and tumult of ideas that it was impossible to sit still. It was thus that I found myself walking with extreme rapidity across a grass plot. (6)

> 그러나 비록 그것이 보잘것없는 것이라고 해도 그 나름의 신비로운 속성을 갖고 있기에 다시 마음속에 집어넣자 아주 흥미롭고 중요한 것이 되었습니다. 솟아올랐다가 가라앉고, 여기저기 번뜩이며 물밀 듯이 밀려오는 사고의 격정으로 더 이상 가만히 앉아 있을 수가 없었지요. 곧 내가 잔디밭을 가로질러 빠르게 걷고 있다는 사실을 알게 되었습니다.

강연을 위해 글쓰기 작업에 착수한 여성화자의 사색은 정신적인 활동일 뿐 아니라 신체적인 움직임을 유발한다는 점에서 특징적이다. 여성화자가 “사고의 격정”으로 인해 잔디밭을 가로질러 빠르게 걷게 되었다는 표현은 두뇌의 활동과 몸의 활동이 이분법적으로 구분되지 않고 자유롭게 상호작용을 하는 현상을 보여준다. 울프의 화자가 보여주는 창작에 대한 인식은 “몸을 통해 생각을 움직이게” 만들고 “몸을 통해 글을 쓴다”(Probyn 76)는 글쓰기에 대한 최근 비평의 관점과 통한다. 울프의 텍스트에 표현된 여성화자의 몸은 체제의 질서에 길들여진 지배계층 남성의 "곧고 뻣뻣한" 몸과 구별되고, 두뇌의 활동 및 사유에 의해 영향을 받는 유연한 육체로써 창작의 과정에 적극적으로 참여한다.

몸의 자율적인 활동에 관한 울프의 인식은 육체의 생명력을 강조하는 정동이론(Affect Theory)의 사유와 만난다. 파시즘과 제국주의의 담론에서는 인간의 이념과 규율을 통해 통제할 수 있는 대상처럼 여기지만, 울프의 텍스트와 정동연구의 담론에서는 몸을 코드화하는 문화적인 법칙들의 한계를 지적하고, 운동하고 실재하는 육체를 사유함으로써 미세한 움직임에도 변화하는 복합적인 신체능력을 드러내고자 한다.

몸과 정동의 관계를 연구하는 캐나다 출신 학자인 브라이언 마수미(Brain Massumi)는 2002년 출판된 저서 『가상계: 운동, 정동, 감각』(*Parables for the Virtual: Movement, Affect, Sensation*)에서 몸을 "느끼면서 움직이고, 움직이면서 느낄 수 있는" 구체적이고 감각적인 실재로 파악하고, 이러한 움직임은 예측하지 못한 순간에 일어난다고 설명한다(1). 역동적인 몸에 관한 마수미의 사유는 몸이 "주체"(The Subject)에게 어떤 존재냐는 질문으로부터 시작한다(1). 마수미는 몸을 단순히 "움직이는" 물질로 볼 수 없다고 말한다. 이어서, 우리는 몸이 외부를 향해 나아가는 과정에서 스스로를 자율적으로 "위치화"(positioning)하는 방식을 살펴볼 필요가 있다고 설명한다(2). 아울러 신체를 "코드화"(coding)하려는 지배체제의 구조로부터 몸을 분리시켜 살펴볼 필요가 있다고 주장한다(Massumi 2).

살아있는 몸의 어딘가에서 발생하는 "정동"(affect)은 "강렬함”(intensity)과 동의어로 볼 수 있다(Massumi 27). 마수미는 이미지를 기반으로 한 후기 자본주의 문화에서 미디어, 문학, 예술이론분야에서 정동에 대한 관심은 확산되고 있으나, 정동을 지칭할만한 딱 알맞은 문화·이론적인 용어가 존재하지 않기 때문에 마치 “정동”과 “감정”이 동의어인 것처럼 여겨지는 상황이 문제라고 말한다(Massumi 27). 마수미가 제시하는 정동과 감정에 관한 구분은 울프의 작품을 이해하는데 있어서도 도움이 된다. 마수미에 의하면 감정과 정동은 “서로 다른 논리”를 따르고, “서로 다른 질서”에 속한다(27). 감정과 정동은 강렬한 신체적·심리적 반응을 수반한다는 공통점이 있지만, 감정은 사회언어학적인 담론 안에서 설명될 수 있고 정동은 언어로 기호화될 수 없다(Massumi 28). 감정은 그 의미가 사회적으로 “합의”될 수 있다는 점에서 “관습적”인 성격을 갖는다면, 정동은 주체에 의해 “소유될” 수 없으며, “육체적이고 자율적인 본성”을 갖는다(Massumi 28). 감정이 주체의 의식에 의해 통제될 수 있고 “말하여질 수 있는” 반면, 정동은 주체의 의식 바깥에서 발생한다(Massumi 28). 마수미와 동일한 관점에서 정동을 해석하는 학자들은 감정이 사회적이고 집단적인 정서와 관련된다면, 정동은 비사회적이고 “비의식적”이기 때문에 정동적인 경험을 언어로 표현하는 것에는 한계가 있다고 설명한다(Shouse 1).

파시즘과 나치즘이 대중의 감정을 이용하면서 정치 이데올로기를 강화했던 현실을 고려한다면 감정의 사회성이 의미하는 바를 명료하게 이해할 수 있다. 예를 들자면 “빅 브라더”(Big Brother)가 군림하는 전체주의 사회를 그린 오웰의 1949년 소설 『1984』(*Nineteen Eighty-Four*)에는 지배체제가 감정을 조작하는 방식이 묘사된다. 오세아니아(Oceania)라는 이름의 초국가(superstate)는 텔레스크린(telescreen)이라는 매체를 통해 당을 배신한 임마누엘 골드스타인(Emmanuel Goldstein)을 '공공의 적'으로 표현한 "이분 증오"(Two Minutes Hate)라는 선전물을 방영하면서 대중에게 증오심을 심어주고, 광고에 영향을 받은 군중들은 스크린에 있는 골드스타인을 향해 증오를 느끼고 야유를 퍼붓는 등의 집단행동을 한다.

이념체제의 강화를 위해 감정을 조작하는 상황이 발생할 수 있듯이, 감정은 집단의 욕구를 만족시키기 위해 형성될 수 있고, 연극적인 상황을 연출해낼 수도 있다. 하지만 정동은 연극화를 거부하는 "내장의 힘"(visceral force)이다(Leys 437). "내장의"라는 수식어가 암시하듯이 정동은 두뇌를 중심으로 한 정신적인 작용이 아니라 몸 전체와 밀접하게 연관되는 비의식적인 힘으로 볼 수 있다. 정동을 "내장의 힘"으로 정의한 연구는 정동이 '어디'에서 일어나는지를 질문하며, 몸의 신비한 능력을 부각시킨다. 멜리사 그렉(Melissa Gregg)과 그레고리 시그워스(Gregory J. Seigworth)는 2010년 출판된 『정동 이론』(*The Affect Theory Reader*)의 서문에서 정동이 발생하는 지점이 어느 곳인지를 묻는다. 그렉과 시그워스는 "정동은 중간지대의 한가운데"에서 일어난다고 설명한 후, 정동을 "몸에서 몸으로 통하는 강렬함" 혹은 "사람과 사람 사이, 사람과 사물 사이, 몸의 부분들 사이의 어느 지점에서인가 유발되는 강렬한 힘"이자 "생명력"이라고 정의한다(1).

정동은 몸과 몸이 만나는 가운데 발생하는 힘으로써, "영향을 줄 수 있고 영향을 받을 수 있는 몸의 능력"을 지칭한다는 것이다(Seigworth and Gregg 2). 실반 톰킨스(Silvan Tomkins)가 설명하듯이 주체의 의지적 행위 밖에서 일어나는 정동적인 힘은 목적지향적인 '욕구'(drive)와 확연한 차이가 있다. 욕구가 대상을 통해 자아의 필요를 채우는 것을 목적으로 한다는 점에서 "도구적"인 성격을 띤다면 정동은 "자기 목적적"(autotelic)인 힘이다(Tomkins 58). 아울러 마수미가 지적하듯이, 몸과 몸의 마주침 가운데 유발되는 정동은 "공감각"적인 활동—특히 "촉각"과 "시각"적인 경험—을 수반한다 (35).

울프의 작품에는 최근 연구자들이 이론화한 정동적인 몸의 특성을 표현하는 장면이 자주 등장한다. 예컨대 1927년 소설 『등대로』(*To the Lighthouse*)에 등장하는 철학자 램지 씨(Mr Ramsay)는 평소에 빅토리아조의 시인 알프레드 테니슨(Alfred Lord Tennyson, 1809-1892)의 전쟁 시를 암송하면서 영웅에게 감정을 이입한다. 램지가 문학작품의 영웅을 통해 고양된 감정을 갖게 되는 이유는 학자로서 자신의 이름을 알리고 싶다는 욕구를 작품 속의 인물에게 투사했기 때문이다. 그러나 하루의 일과를 마치고 혼자만의 시간을 갖는 램지부인(Mrs Ramsay)은 자신의 사적인 감정으로부터 한걸음 물러나서 '정동적'인 몸의 반응을 경험한다.

> She saw the light again. With some irony in her interrogation, for when one woke at all, one's relations changed, she looked at the steady light, the pitiless, the remorseless, which was so much her, yet so little her, which had her at its beck and call (she woke in the night and saw it bent across their bed, stroking the floor), but for all that she thought, watching it with fascination, hypnotized, as if it were stroking with its silver fingers some sealed vessel in her

brain whose bursting would flood her with delight, she had known happiness, exquisite happiness, intense happiness, and it silvered the rough waves a little more brightly, as daylight faded, and the blue went out of the sea and it rolled in waves of pure lemon which curved and swelled and broke upon the beach and the ecstasy burst in her eyes and waves of pure delight raced over the floor of her mind and she felt, It is enough! It is enough! (68)

빛줄기를 다시 보았다. 탐색하는 가운데 약간의 아이러니를 담고, 우리가 잠에서 깨었을 때는 관계의 모습이 달라지고 마니까, 그녀는 그 견고한 빛줄기, 그 인정사정없고 냉혹한 것, 그렇게나 자신을 닮아있으면서도 또 한편으로는 너무 다른, 그 빛을 바라보았다. 그것은 그녀를 좌지우지하는 존재였다. (그녀는 한밤중에 깨어나서 그 빛이 그들의 침대를 가로질러 휘어져서 바닥을 어루만지는 것을 보았다.) 하지만 그럼에도 불구하고 그녀는 홀딱 반해서 그 빛을 지켜보며 최면에 걸린 채, 마치 그 빛이 은으로 된 손가락으로 자신의 머릿속에 봉인된 그릇을 어루만지고 있기나 한 듯이 그것을 바라보았다. 만일 그러한 그릇이 폭발하듯 열리게 되면 환희의 홍수를 분출할 것이다. 그녀는 행복, 특별한 행복, 강렬한 행복에 대해 알고 있다. 그것은 해가 지고 바다의 푸른빛이 사라졌을 때 거친 파도를 은빛으로 부드럽게 만들어 주었다. 그리고 그 빛은 순수한 레몬 빛 파도 속에서 뒹굴었다. 파도는 굽이치고 차올라 해안에서 부서졌고, 환희가 그녀의 눈에서 작열했으며, 순수한 기쁨의 파도는 그녀의 마음 깊은 곳으로 질주하여, 그녀는 느꼈다. 충분하다! 더 바랄 것이 없어!

램지부인은 창문을 통해 등대로부터 비춰오는 세 가닥의 "빛줄기"를 바라보면서 사물 그 자체에 대한 아름다움에 매료되고, 그 중 하나의 빛줄기가 “은빛 손가락”으로 몸속을 어루만지는 느낌을 받는다(68). 빛줄기와의 만남을 통해 램지부인의 만남은 주체가 “성격을 잃어버리는”(67) 비의식의 순간을 창조하고, 시각과 촉각이라는 공감각적 경험을 수반하며, 언어화가 불가능한 신체적인 느낌을 유발한다.

한편 『자기만의 방』에는 몸과 공간 사이에서 일어나는 정동의 존재가 표현된다. 5장에는 익명의 여성이 머물렀던 방이 묘사된다. 울프의 화자는 “어느 거리에 있는 어느 방이든 들어서기만 하면 극도로 복합적인 여성성의 힘 전부가 얼굴에 날아들 것입니다”(114)라고 말하면서 몸과 방의 마주침을 표현한다. 여성의 창조력을 흡수한 방은 신체반응을 유발하는 힘을 지녔다. 아울러 여성의 몸이 공간에 영향을 주는 상황이 암시된다. 화자는 “여성들이 수백 년 동안 방 안에 있었기 때문에 지금은 벽에도 여성의 창조력이 스며들어 있습니다”(114)라고 말한다. 단단한 벽에 여성의 창조력이 “스며들어” 있다는 표현은 사물로 여겨지는 물질적인 공간조차 사람에게 영향을 받을 수 있다는 함의를 갖는다. 이와 같이 울프는 공간과 사람이 조우하는 과정에서 유발되는 신체적인 반응에 깊은 관심을 가졌다. 예컨대 「런던비행」(“Flying over London”)이라는 1928년 에세이에서 울프는 비행기의 출현으로 인해 변화된 런던을 묘사한다. 과학기술로 인해 급격하게 변모한 도시의 풍경을 바라보는 울프는 자발적인 형태의 신체적인 반응을 경험한다. 공간과 조우하는 과정에서 뜻밖의 순간에 자신의 “마음”과 “다리”와 “팔”을 자유자재로 움직이고 싶다는 충동을 느꼈다고 기록한다(“Flying over London” 449-50).

울프의 작품에서 “정동적인 흥분”은 두뇌를 중심으로 한

"인식의 유용성"보다 창조적인 힘의 원천으로 표현될 때가 많다(Abramson 46). 생각해보아야 할 점은 울프가 재현하는 정동적인 힘이 파시즘과 제국주의 담론에 저항하는 힘이 될 수 있는지의 문제이다. 학자들이 정동을 '내장의 힘'이라고 정의하고 정동의 발생장소를 몸과 돈 사이의 '어느 지점'이라고 표현하듯이, 정동은 육안으로 보이지 않는 영역과 마주치는 신비한 힘이고 언어를 통한 명확한 이론화를 거부하기 때문에 현실정치의 영역과 분리된 듯 보일 수 있고, 정동적인 힘이 유발하는 정치적인 효과를 입증하기 어려운 것도 사실이다.

그러나 "일상"에서 놀라운 "파열"이나 "반란"이 일어나지 않는다고 해도, 온건하면서도 지속적인 "저항"과 "전복"적인 실천행위가 일어날 수 있고, 이를 통해 변화의 가능성이 확대될 수 있다는 점을 수긍한다면(Massumi 2), 울프가 표현한 정동적인 몸의 정치성을 가늠할 수 있다. 정동적인 몸의 주체가 실천하는 일상에서의 저항은 비의도적인 방식을 통해 사회적 관습이나 지배체제의 억압성을 드러낸다. 예컨대 『등대로』에서 램지부인은 빛줄기와 마주치는 몰입의 상태에 들어가면서 "우리는 주님의 손에 있다"(66)는 어구를 기계적으로 중얼거리는 자신을 발견한다. 일상에서 정동적인 몸의 활동을 허용하는 가운데 램지부인은 자신이 발화한 말이 세뇌화의 과정에서 체화한 집단의 언어라는 점을 자각하고, 자발성이 결여된 언술행위에 대한 반성적인 사유를 하게 된다. 울프는 램지부인의 정동적인 몸과 교조적인 언어를 배치함으로써 둘의 상반된 특질을 드러내고, 전자를 향유하는 행위 자체가 창출할 수 있는 저항의 가능성을 표현한다.

『자기만의 방』 1장에서 울프가 재현하는 여성화자의 정동적인 몸은 '무단침입'의 가능성을 갖는 전복적인 신체이다. 여성화자가 글쓰기를 위한 사색에 빠져드는 중에 옥스브리지 대학캠퍼스의 잔디밭을 무의식적으로 가로지르는 행위는 일상에서 일어난 사소한 사건처럼 보일 수 있지만, 자신의 우세한 위치를 확보하기 위해 끊임없이 공간을 분할하고 공간을 소유와 관리의 대상으로 삼는 기존의 질서에 도전을 가하는 유쾌한 반란으로 볼 수 있다. 한편 울프는 여성의 정동적인 신체를 억압하는 남성의 행동을 보여준다. 옥스브리지의 잔디밭을 가로지른 울프의 화자는 자신의 침입을 막기 위해 "손가락"질을 하고 "화난 얼굴"을 해 보이는 관리인을 본 후, 자신이 "교수"들과 "학자"들만이 다닐 수 있는 영역에 들어와 있다는 사실을 자각한다(6). 대학의 관리인으로부터 '무단침입'을 지적받을 때 울프의 화자는 일시적으로 몸의 규제에 노출되지만, 옥스브리지의 도서관과 예배당 주변을 거닐면서 다시 사색을 시작한다. 정동적인 몸의 움직임을 허용하는 화자는 문화적 이데올로기에 의해 신비화된 건물의 이미지 이면에 존재하는 사물 그 자체의 아름다움을 발견한다.

화자는 대학건물의 "바깥쪽"도 "안쪽" 만큼이나 아름답다고 말하면서(10), 이념에 의해 추상화된 사물의 '몸'을 복원해야 할 필요성을 보여준다. 이어서 화자는 만일 자신에게 안쪽에 출입할 수 있는 "권리"가 주어졌다고 해도 들어가고 싶은 마음이 없다고 말한다(10). 이러한 발언은 안과 밖을 구획하고 공간의 위계질서를 세우는 체제에 대항하는 울프의 정치적인 시각을 드러낸다. 울프는 여성이 기존의 체제에 편입되기보다 공간을 재창조해야한다고 본다.

예를 들어 5장에서 울프의 화자는 메리 카마이클(Mary Carmichael)이라는 가상의 작가가 쓴 소설 『인생의 모험』(*Life's Adventure*)에 묘사된 전문직 여성의 실험실을 소개한다. 화자는 "클로에는 올리비아를 좋아했다. 그들은 실험실을 함께 썼다"(108)라는 문장에 매료된다. 2장에서 울프는 영국의 수도인 런던이 "작업실" 혹은 "기계"와 같고 "영국박물관"은 "공장"처럼 보인다고 지적한 바 있다(33). 그러나 가상의 소설에 등장하는 두 여성의 실험실은 경쟁적으로 일의 결과를 생산해내는 비인간화된 작업실이 아니라, 사람 사이의 친밀한 교감을 가능하게 하는 공간으로써 기존에 존재하지 않는 형태의 '일터'이다.

'여성과 픽션'에 관한 강연의 도입부인 1장에서 울프는 사회의 여성이 발휘할 수 있는 미학적 창조력과 정치적 실천의 가능성을 보여준다. 6장에서 울프가 제시한 파시스트 작가와 작품의 닮은꼴 관계를 기억한다면, 1장에서 울프가 옥스브리지 일화를 통해 제안하고자하는 글쓰기가 어떠한 것인지를 유추할 수 있다. 만일 작가가 몸과 공간을 지배하려는 파시즘의 욕망에서 벗어나고 정동적인 몸의 활동을 허용한다면, 국가이념에 종속된 채 영향력을 발휘하려는 의지에 사로잡힌 파시스트의 작품과는 전혀 다른 차원의 텍스트를 창조할 수 있다는 의미가 파생된다. 또한 작가의 '정동적'인 몸을 통해 나온 글은 "머리만 두 개" 달린 파시즘 문학과 달리, 독자의 '몸 속' 어딘가를 건드리는 정동적이고 생명력이 있는 텍스트가 될 수 있을 것이다.

『자기만의 방』이라는 텍스트 역시 정동적인 몸의 영향을 받아 다양한 의미가 유동적으로 흘러들어올 수 있는 글쓰기라는 점을 기억할 필요가 있다. 화자 스스로를 'I'라는 기표로부터 분리시킴으로써 자신과 타자의 경계를 해체하고, 픽션과 사실의 경계를 허무는 울프의 글쓰기 기법은 『자기만의 방』이 유연하고 가변적인 '몸'을 체현할 수 있도록 만든다. 이러한 창작의 방식은 새로운 형태의 미학적 원리를 보여줄 뿐 아니라, 정동적인 육체를 억압하고 이념의 법칙에 따라 몸을 미학화하는 파시즘의 체제에 대항하는 글쓰기 전략이다.

양성적인 마음

여성의 분노에는 힘이 있다. 여성의 분노를 옹호하는 문학과 비평은 21세기 현재에도 여전히 유효하다. 스위스의 페미니스트 영화감독 페트라 비온디나 볼프(Petra Biondina Volpe)는 2016년 발표한 영화제목을 아예 「거룩한 분노」(*Die göttliche Ordnung*)라고 붙였을 정도이다. 이 영화의 영어제목은 '신적 분노'라는 뜻의 "The Divine Order"로 이는 '거룩한' 신의 분노라는 함의를 갖고 있다. 2018년 국내에서도 상영된 영화 「거룩한 분노」에는 참정권을 얻기 위해 분투하는 스위스 여성들이 등장한다. 직접 민주주의를 실현한 것으로 알려진 스위스는 1971년에야 비로소 여성참정권을 합법화한 국가이다. 여성인권문제를 다루는 이 영화에는 불평등한 현실에 대해 분노하는 젊은 여성인물들이 등장한다. 스위스의 작은 마을에서 사는 노라는 미국의 페미니스트 작가이자 여성운동가인 베티 프리단(Betty Friedan, 1921-2006)의 저서를 우연히 읽게 된다. 주부이자 엄마로 살아온 노라는 책을 읽으면서 자신의 삶에 주체성이 결여되어 있었다는 점을 깨닫는다. 이후 노라는 같은 처지의 다른 여성들과 연대를 맺고 여성의 투표권을 위한 참정권 확대 운동에 참여하게 된다.

여성의 분노는 사회의 진보를 위한 큰 힘이 될 수 있지만, 울프는 분노의 위험 또한 인식했던 작가이다. 신이 아닌 사람의 분노는 '거룩한' 분노가 아니라 자기중심적인 분노로 변질될 수 있다는 것을 알았기 때문이다. 울프에 의하면 사회의 주류에 속하는 엘리트 남성의 분노는 열등감과 자기중심성의 또 다른 표현일 수 있다. 『자기만의 방』에서 울프는 제국주의와 가부장제와 파시즘이 '분노의 체제'라는 사실을 밝힌다. 2장에서 영국박물관에 들린 화자는 남성 작가들이 쓴 책을 읽는다. 책을 읽으면서 화자가 발견하게 된 것은 여성의 열등함을 증명하고자하는 남성들의 거친 주장과 그 이면에 있는 분노의 감정이다.

『자기만의 방』의 화자가 비판하는 가상의 남성인물 "본 엑스 교수"(Professor von X)는 『여성의 정신적, 도덕적, 신체적인 열등함』(*The Mental, Moral, and Physical Inferiority of the Female*)을 쓴 저자로 등장한다(38). 화자는 교수가 쓴 책을 보면서 저자가 무척 화난 상태에서 글을 썼다고 느낀다. 이어서 울프의 화자는 책의 저자가 왜 그토록 화가 났는지를 추적해간다. "교수들의 분노를 어떻게 설명할 수 있을까요?"(41)라고 질문을 던지고 분노의 원인에 대한 다양한 가정을 제시하던 화자는 남성의 분노가 자신의 우월성을 입증하려는 욕망과 관계있다는 점만큼은 확실하다는 생각을 드러낸다. 울프에 의하면 남성은 스스로의 우월함을 증명하려는 목적을 갖고 여성을 "자신보다 열등한" 대상으로 규정해왔고, 여성을 자신을 확대하여 비추는 "거울"로 활용해왔다(44-45). 여성이라는 거울을 통해 자신을 실제보다 크게 볼 수 있었던 남성은 영웅주의라는 함정에 빠져서 "온갖 폭력적이고 영웅적인 행동"—전쟁—을 일으킬 수 있었다는 것이다(46).

그렇다면 남성의 분노는 우월한 입지가 흔들릴 경우에 강화된다는 것을 알 수 있다. 특히 남성의 우월성을 입증하는데 위협이 되는 '똑똑한' 여성은 남성들의 분노와 편견에 노출되기 쉽다. 3장에서 화자는 케임브리지 출신의 교사이자 장학사였던 "오스카 브라우닝 씨"(Mr Oscar Browning)를 예로 들어, 울프와 동시대의 영국 엘리트 남성이 '똑똑한' 여성에게 갖고 있는 편견을 보여준다. "거튼 대학과 뉴넘 대학의 학생들에게 시험을 내고 평가를 했던" 오스카 브라우닝은 여자 대학의 "가장 똑똑한 여학생조차 가장 우둔한 남학생보다 지적으로 열등하다는 것"을 주장하면서 여성의 학업능력을 폄하하고 다녔던 실존인물이다(69). 그런데 강연을 듣는 울프의 청중이 거튼과 뉴넘대학의 여대생들이라는 점을 고려한다면, 울프가 "거튼과 뉴넘대학" 학생들을 무시하는 발언을 했던 오스카 브라우닝을 굳이 예로 드는 것은 우연이 아니다. 울프의 강연은 설교식의 화법을 지양하고 픽션의 요소를 도입하지만, 여성 청중의 정체성과 직접적으로 관련이 된 사건을 언급함으로써, 남성들의 편견에 노출되어 있는 여성들의 현실을 반추하고, 이러한 편견에 대항해 여성이 실천해야할 바를 말한다.

'여성과 픽션'에 관해 강연하는 울프가 거튼과 뉴넘대학의 청중에게 요청하는 저항적인 행위는 남성들의 분노에 전염되지 않고, 'I'가 지배하는 '분노의 체제'로부터 이탈하는 것이다. 울프에 의하면 파시즘과 제국주의는 분노의 체제에 해당된다. 여성의 창조적인 글쓰기에 관해 말하고 있는 상황에서 울프는 여성이 'I'에 집착하는 남성을 모방하지 않기를 제안한다. 앞서 논의했듯이, 자신을 드러내려는 의지에 사로잡힌 파시스트와 영국엘리트 작가의 문학은 '몸 속'을 건드리는 생명력이 없기 때문이다. 강연의 마지막 부분에서 울프는 자신의 마음속에는 남성과 "대등한 사람"이 되고자하는 욕망이 없고 글을 통해 "세상에 영향을 주고자하는 생각"도 없다고 말하면서, 청중에게도 "다른 사람에게 영향을 주겠다는 꿈"을 갖지 않기를 당부한다. 작가가 되기 위해 가장 중요한 것은 "자기 자신이 되는 것"이고 텍스트에 "사물 그 자체"를 드러내는 것이라고 보기 때문이다(145).

텍스트에 '사물 그 자체'(the thing self)를 표현하는 것은 소설가로서 울프의 목표이자 『등대로』에 등장하는 울프의 예술적 분신인 릴리 브리스코우(Lily Briscoe)가 도달하고자 하는 지향점이다. 화가인 릴리가 궁극적으로 그림을 통해 보여주고자 하는 것은 자신의 인간적인 시선이 투영되지 않은 사물이다. 『등대로』의 화자는 이것을 "어떤 것으로 만들어지기 이전의 사물 그 자체"(196)라고 지칭한다. 인간의 시선으로 읽혀지기 이전의 사물 그 자체를 보는 것이 울프가 추구하는 예술가의 역할이다. 울프가 미래의 여성작가에게 제안하는 두 가지 사항—여성 작가가 "자기 자신이 되는 것"과 텍스트에 "사물 그 자체"를 살려내는 것—은 자신과 타인의 몸을 존중하는 태도와 관계있다. "사물 그 자체"라는 표현이 정확하게 드러내듯이, 울프가 성취하기를 원하는 이상적인 글쓰기의 형태는 파시즘 체제에서 발현되는 '몸의 미학화'를 지양하고 '나체의 몸'을 표현함으로써 대상의 본질을 표현하는 것이다.

울프에 의하면 여성이 분노의 체제로부터 이탈하는 것은 파시즘과 제국주의 체제가 숭배하는 'I'를 해체하는 정치적인 행위이자, 작품의 생명력을 부여하는 미학적인 행위이다. 울프는 여성이 분노에 사로잡히는 것을 남성중심체제로의 편입이라고 본다. 따라서 여성작가가 분노할 경우 체제에 대한 정치적인 저항을 이루어내기 어려울 뿐 아니라 작품을 통해 미학적인 성취를 달성하는 것에도 한계가 있다. 『자기만의 방』은 여성작가의 분노가 텍스트의 결함을 야기하게 된 경우를 보여준다. 2장에서 "본 엑스 교수"의 책을 읽던 화자는 화가 난 남성교수의 얼굴을 상상하고 종이 위에 그려보려고 하지만, 여성화자는 남성의 분노에 전염이 되어서 그림을 제대로 그릴 수 없고, 결국 "분노"가 휘갈긴 그림 이상을 만들어낼 수 없게 된다(40). 화자는 자신이 남성의 얼굴을 상상하는 동안, 분노가 "연필을 낚아채"어 남성의 얼굴을 "인간의 형체"가 아니라 "유령"처럼 만들었다고 말한다(41). 2장에 등장하는 여성화자와 울프가 꿈꾸는 여성작가 사이에는 괴리가 있다. 비의식의 세계로 침잠하는 사색의 과정을 거친 후 작품에 "사물 그 자체"를 표현해야 한다고 보는 울프의 관점을 고려한다면, 분노에 사로잡혀 남성의 얼굴을 "유령"처럼 표현한 화자의 그림은 울프가 도달하고자 하는 미학적인 이상을 보여주지 못한다.

『자기만의 방』 4장에서 울프는 분노로 인해 텍스트에 '자신'(I)을 표현하게 된 과거의 영국여성작가들을 열거한다. 1661년 영국에서 태어난 귀족 여성 레이디 윈칠시어(Anne Finch, Countess of Winchilsea, 1661-1720)는 경제적으로는 부유했지만 "반대당"인 남성에 대한 분노에 사로잡혀서 "모든 장애물을 다 태우고 눈부시게 작열"하는 마음을 가질 수 없었고, 결국 여성의 지위 향상을 주장하는 시를 쓰는데 그쳤다는 것이다(76). 아울러 울프는 외로움과 격정에 사로잡혔던 마거릿 캐번디시(Margaret Cavendish, 1623-1673)를 생각하면 "정원의 장미와 카네이션" 위로 뻗어 나와 꽃을 질식시키는 "거대한 오이"가 떠오른다고 말한다(80). 울프가 말하는 "장미"와 "오이"의 이질적인 조합은 일차적으로 캐번디시의 분열된 마음을 지칭한다. 다른 한편으로는 캐번디시가 만들어낸 글의 특징을 표현한다. 울프의 시각에서 볼 때, 분노를 승화시키지 못한 캐번디시의 글에는 서로 어울리지 않는 장미와 오이가 아무렇게나 배열된 것처럼 글과 작가의 감정이 뒤섞여 혼재한다.

울프는 레이디 윈칠시어와 캐번디시가 여성작가에 대한 남성들의 편견에 분노한 나머지 텍스트에 '자신'(I)을 드러내게 되었다고 말한다. 울프는 19세기 여성작가 샬롯 브론테(Charlotte Brontë, 1816-1855)가 뛰어난 재능과 열정을 소유했지만, 남성중심의 세상에 대해 분노하는 과정에서 "기형이 되고 뒤틀린" 형태의 소설을 쓰게 되었다고 평가한다(90). 브론테의 1847년 소설 『제인 에어』(*Jane Eyre*)에는 여주인공이 창문을 통해 밖을 바라보며 자유를 갈망하는 장면이 나온다. 울프는 이 장면에서 브론테가 여주인공에게 자신의 분노를 투사하고, 인물을 통해 자신의 목소리를 드러내는 약점을 보인다고 평한다. 인물 그 자체를 표현하고 플롯을 이어 나가야 하는 상황에서, 작가가 세상에 대한 자신의 불만족을 장황하게 토로하고 있으며, 그 결과 내러티브의 흐름이 끊기고 미학적인 결함이 생긴다는 것이다(95).

울프는 여성의 분노에 전적으로 공감할 뿐 아니라, '남성들의 세상'에서 억압받고 배척받아온 여성들의 고통스러운 상황을 드러낸다. 울프에 의하면 여성의 몸에 대한 규제는 화자만이 겪은 문제가 아니라 영국이 안고 있는 고질적인 문제이다. 『자기만의 방』은 영국 남성이 여성의 몸을 관리하고 감금해 온 역사를 드러낸다. 3장에서 화자는 남성 교수가 쓴 『영국의 역사』(*History of England*)라는 책을 인용하면서 영국의 가정을 여성의 몸을 학대해 온 주범으로 지목한다. 『영국의 역사』에 따르면 영국의 가정에서 "아내를 구타하는" 행동은 "남성의 적법한 권리"로 받아들여졌기 때문에 계급에 관계없이 영국남성들은 아내에 대한 '합법적'인 폭력을 행사해왔다(54). 만약에 딸이 부모가 정해준 "신사"와 결혼하는 것을 거부할 경우 구타를 당하고 방 안에 "감금"되는 것은 당연한 처벌로 여겨졌다(54). 영국의 가부장제는 아버지와 남편의 폭력을 여성의 몸을 길들이기 위해 필요한 수단으로 인정한 것이다.

울프는 『자기만의 방』의 3장에서 만일 셰익스피어에게 주디스(Judith)라는 이름을 가진 여동생이 있었다면, 그리고 주디스가 오빠만큼의 재능을 갖고 있었다면 위대한 작가가 될 수 있었을지 질문한다. 물론 울프는 그렇지 않다는 답을 하기 위해 주디스에 관한 이야기를 꺼낸 것이다. 주디스가 아무리 뛰어난 재능을 가졌다고 해도 여성을 차별하는 가부장제 사회 속에서 교육을 제대로 받을 수 없는 것은 물론, 부모에게 결혼을 강요당했을 것이고, 돈을 벌 수 있는 수단이 없기 때문에 경제적인 빈곤의 문제에 부딪혀 끝내 재능을 발휘하지 못한 채 비극적인 삶을 살았을 것이라고 말한다.

여성이 열등하다고 믿는 사회에서 살아가는 재능 있는 여성은 사회로부터 익명성을 강요받았고, 그로 인해 16세기에 시를 쓸 수 있는 능력을 갖고 태어난 여성은 분열된 마음을 갖게 되고 “자신과 씨름해야하는” 불운을 겪어야했다(65). 여성의 강요된 익명성은 16세기만의 문제가 아니라, 여성의 열등함에 대한 오스카 브라우닝의 의견이 수용되는 20세기 초반의 시점에서도 여전히 해결되지 못한 문제이다. 그러나 울프가 여성의 분노와 분열된 마음을 이해한다고 해서, 텍스트에 분노를 표출해야한다고 생각한 것은 아니다. 현실에서 여성이 분노의 감정을 갖게 된 것은 자연스러운 현상이지만, 글을 쓰는 여성작가가 미학적인 성취를 위해서는 “머릿속에 무엇이 있든지 간에” 마음이 자유로워져야 할 필요가 있다고 말한다(66).

글을 쓰는 과정에서 어떠한 마음을 가져야할 것인가는 『자기만의 방』에 나타난 주요 쟁점이다. 창조적인 글을 쓰기 위해 울프가 여성 청중에게 제안하는 마음은 “셰익스피어의 마음”이다(66). 울프가 말하는 “셰익스피어의 마음”은 “모든 방해물을 소진시켜 작열하게 된” 마음으로써(76), 작가가 글을 쓰는 동안 자의식에서 벗어나 있고 자신의 ‘성’(sex)을 인식하지 않는 상태를 뜻한다. 그러므로 “셰익스피어의 마음”을 갖는 것은 텍스트에 ‘I’를 드러내지 않고 ‘사물 그 자체’를 표현할 수 있도록 하는 조건이 된다. 울프에 따르면 “셰익스피어의 마음”을 갖고 텍스트에 자신의 흔적을 없앤 여성작가는 제인 오스틴(Jane Austen, 1775-1867)이다. 4장에서 울프는 오스틴을 셰익스피어에 비견할 수 있는 작가라고 말하며 다음과 같이 평가한다.

> Here was a woman about the year 1800 writing without hate, without bitterness, without fear, without protest, without preaching. That was how Shakespeare wrote, I thought, looking at Antony and Cleopatra; and when people compare Shakespeare and Jane Austen, they may mean that the minds of both had consumed all impediments; and for that reason we do not know Jane Austen and we do not know Shakespeare, and for that reason Jane Austen pervades every word that she wrote, and so does Shakespeare. (88)

> 1800년경 한 여성이 증오, 쓰라림, 두려움 없이 반항하거나 설교하지 않으면서 글을 쓰고 있었습니다. 나는 『안토니와 클레오파트라』를 보면서 그것이 셰익스피어가 글을 썼던 방식이라고 생각했습니다. 사람들이 셰익스피어와 제인 오스틴을 비교할 때 그들은 두 작가의 마음이 모든 방해물을 다 소진시켜 버렸다는 것을 뜻할 것입니다. 그런 이유 때문에 우리는 제인 오스틴을 알지 못하고 또한 셰익스피어를 알지 못합니다. 그리고 이러한 이유 때문에 제인 오스틴은 그녀가 쓴 모든 단어에 스며들어 있고, 셰익스피어도 마찬가지입니다.

울프는 오스틴이 이질적인 감정을 다 태워버렸고, 작품을 통해 독자에게 설교하지 않았고, 그 결과 마치 셰익스피어가 그러했듯이 작품에 작가가 드러나지 않는 예술적 성취를 얻게 되었다고 설명한다. "제인 오스틴이 자신이 쓴 모든 단어에 스며들어"(88)라는 문장을 보면 작가의 죽음과 삶이 공존하는 역설이 발견된다. 분노를 태우고 자신의 흔적을 지운 작가는 단어에 스며들어 확장된 삶을 살게 된다는 의미가 있다.

울프가 '자신'을 탈피한 오스틴을 여성예술가의 본보기로 제시하는 이유는 1928년의 시점에서 여성이 남성을 닮아가고 있다고 느꼈기 때문이다. 여성이 남성처럼 글을 쓰거나 남성처럼 행동하는 것은 울프가 보기에 "무척 유감스러운" 일이다(114). 여성의 남성화는 여성 본연의 정동적인 힘을 잃는 것을 의미하고, 사회전반에 자의식의 과잉을 초래한다고 보기 때문이다. 울프는 '반대당'에 대한 여성의 '자기주장'을 경계하면서 여성의 참정권운동도 비판한다. 참정권운동은 남성의 자의식을 자극하여 자기주장에 대한 욕구를 부추기고, 남성의 과열된 자의식은 분노로 이어져 여성의 해방을 방해하는 요인으로 작용한다고 보기 때문이다(129).

1920년대를 자의식 과잉의 시대라고 보았던 울프는 "위대한 마음은 양성적"이라고 말했던 콜리지의 언어를 사용하여 창조적인 글을 쓰기 위해서는 작가가 "양성적인 마음"(androgynous mind)을 가져야한다고 제안한다. 양성적인 마음은 남성성과 여성성이 공존하는 상태로써, "완전히 무르익은" 마음으로써 "공명을 불러일으키고 침투력"이 있으며, "아무런 방해를 받지 않고 감정을 전달"하고 "창조적이고 빛을 발하며 분열되지 않은" 마음이다(128). 울프에 의하면 "양성적인 마음"은 "셰익스피어의 마음"과 같은 의미를 갖는다. 6장에서 울프는 런던 거리에서 남자와 여자가 동시에 택시를 타는 모습을 보았다고 말한다. 한 택시에 다른 성별의 두 사람이 타는 장면은 울프가 말하는 양성적인 마음을 체현하는 시각적인 이미지이다. 울프에 의하면 "양성적인 마음"은 마치 택시에 남자와 여자가 함께 타는 것처럼, 한 사람의 마음속에 있는 "남성"과 "여성"이 자연스럽게 융합된 상태이고, 작가가 자신의 성에 대한 자의식을 잃는다는 함의를 갖는다(128). 남성성과 여성성의 융합을 지칭하는 양성적인 마음은 "과도한 남성성"(133)과 자의식의 과잉을 특징으로 하는 '분노의 체제'에 대립되는 마음이다.

울프의 관점을 받아들인다면, 양성적인 마음을 발전시키는 것은 미학적인 성취를 위한 선결조건일 뿐 아니라, 분노로부터의 자유를 성취한다는 점에서 파시즘에 대항하는 기능을 할 수 있다. 기존의 비평은 울프가 제안하는 양성적인 마음의 정치성을 간과하는 경향이 있다. 특히 울프의 '양성적인 마음'을 '양성성'(androgyny)이라는 용어로 대체하여 논의를 개진한 연구가 많은데, 이러한 논의는 울프가 정작 강조한 '마음'의 중요성을 약화시키고 울프의 주장을 이론화할 우려가 있다. 예컨대 캐롤린 헤일브런(Carolyn G. Heilbrun)은 "양성성"과 "양성애"를 동일시하고, "양성성"을 울프가 속했던 브룸즈베리 그룹(the Bloomsbury Group)이 보여준 이성애를 뛰어넘는 "사랑"의 원리로 정의한다(123). 한편 쇼왈터는 울프의 여성성과 남성성의 조화를 의미하는 "양성성"이 "균형과 통제"에 대한 욕구와 관계된다고 주장한다(263). 양성성은 "열정과 힘"을 결여한 유토피아적인 개념이라는 것이다(Showalter 263). 그러나 울프가 제시하는 "양성적인 마음"은 이론화된 언어에 갇힐 수 없다. 울프가 상상하는 양성적인 마음은 추상화된 개념이 아니라, 분노의 체제에 저항하는 내적투쟁을 지속적으로 감행할 때 얻을 수 있는 마음이자, 인간의 조건이다.

『자기만의 방』의 꿈: 움직이는 글

울프와 『자기만의 방』을 탈정치적인 작가와 텍스트로 보는 입장에도 수긍할 수 있는 부분은 있다. 예를 들어 여성의 참정권운동을 비판하는 울프의 주장은 문제가 될 수 있다. 참정권운동을 하는 여성이 남성의 자의식을 자극하여 여성의 해방을 지연시킬 수 있다는 견해에는 다소 논리적인 비약이 있다고 여겨지고, 참정권운동에 참여하여 여성의 권리신장을 도모하고자했던 여성의 노력과 공헌을 폄하할 수 있다는 우려가 있다. 하지만 울프가 『자기만의 방』을 통해 보여주는 정치적인 저항은 단순히 여성의 권리를 주장하는데 있는 것은 아니다.

울프는 여성이 남성과 마찬가지로 'I'의 욕구에 사로잡힐 경우 자의식 과잉의 체제가 재생산될 위험이 있다고 본다. 여성이 남성의 행동과 글쓰기를 모방하는 상황이 발생한다면, 파시즘의 체제가 강화될 수 있다는 것이 울프의 생각이다. 또한 양성적인 마음에 관한 울프의 논의에는 최근 비평의 관점에서 보았을 때 유효하지 않은 측면이 있다. 울프는 양성적인 마음을 정의하는 과정에서 "여성적인 남성"(man-womanly)과 "남성적인 여성"(woman-manly)이라는 용어를 사용한다(128). 울프는 "여성적인" 마음과 "남성적인" 마음이 있다고 가정한 후, 여성적인 마음과 남성적인 마음의 융합을 양성적인 마음의 상태로 제시한다. "여성"과 "남성"이라는 이분법적인 젠더 구분법에 근거한 울프의 접근법은 오늘날 젠더비평의 관점에서 볼 때 보수적인 태도로 보일 수 있다.

이러한 한계에도 불구하고, 울프의 『자기만의 방』이 파시즘에 저항하는 대안적 텍스트로 기능할 수 있다는 것은 분명해 보인다. 텍스트의 정치성은 파시즘의 'I'에 저항하는 울프의 태도와 관계된다. 울프는 몸의 정동적인 힘을 존중하고, 분노의 체제에서 탈피함으로써 파시즘의 논리에 대립하는 담론을 만들 수 있다고 본다. 울프의 텍스트는 제국의 이념에 의해 길들여진 몸이 아니라, '내장의 힘'을 갖고 체제의 영역을 이탈하는 '정동적'인 몸의 존재를 드러내고, 정동적인 여성의 몸과 길들여진 남성의 몸을 대립구조로 설정한다. 『자기만의 방』에서 울프는 여성의 정동적인 능력을 창조력의 원천으로 전제하고, 외관상 탈정치적으로 보이는 이야기를 통해 정동적인 몸의 정치성을 드러낸 것이다.

울프가 보여주는 정동적인 힘은 나체의 몸을 제복으로 치장하고 훈련과 규율로써 길들이려는 파시즘과 제국주의 체제에 균열을 낼 수 있는 힘이다. 물론 정동은 누구에게나 존재하는 힘이기 때문에 정동적인 능력을 여성의 자질로 단순화할 수는 없다. 하지만 몸의 미학화를 통해 정동을 억압하는 엘리트 남성과 비교할 때, 사회의 중심부에서 배제된 여성은 정동적인 힘에 보다 민감하게 반응할 수 있고, 이러한 장점을 살릴 때 정동적인 생명력을 체화한 텍스트를 쓰게 될 가능성이 크다. 울프가 강조하는 양성적인 마음도 파시즘의 욕망과 대립하는 마음의 상태이다. 양성적인 마음은 이른바 분노의 체제인 파시즘에 결여된 마음이다. 따라서 양성적인 마음을 발전시킨다는 것은 파시즘의 논리에 역행하는 것을 의미한다. 이와 같이 울프는 몸의 정동적인 활동을 강조하고 분노의 소진을 요청하는 방식을 통해, 파시즘의 이념이 장악한 1920년대의 지배체제와 구별된 새로운 담론·텍스트의 공간을 열어간다.

이 글은 2016년 12월 출판된 『제임스조이스저널』 22권 2호에 실린 필자의 논문 「정동적인 몸과 양성적인 마음의 정치: 파시즘에 대항하는 버지니아 울프의 『자기만의 방』」을 수정·보완한 것이다.

틈새비평

04.

『세월』 속 껍질의 안과 밖

버지니아 울프 연구의 빈 곳을 찾아서

껍질－은신처

> "은자 베르나르"라는 … 연체동물은 껍질을 만들지 않는다. 사람들이 즐겨 되풀이해 이야기하는 바로는, 그것은 빈 조개껍질에 들어가 산다는 것이다. 그 조개껍질이 너무 좁게 느껴지면, 그것은 집을 바꾼다.
>
> — 가스통 바슐라르 (1958)

프랑스의 철학자이자 저술가인 가스통 바슐라르(Gaston Bachelard)는 『공간의 시학』(*The Poetics of Space*, 1958)에서 은자 베르나르라는 별명을 가진 껍질이 없는 연체동물에 관한 이야기를 한다. 본래 갑각류나 연체동물은 다치기 쉬운 연한 속살을 덮어줄 보호벽인 껍질과 동행할 수밖에 없는 운명으로 태어나지만, 은자 베르나르의 경우는 예외이다. 베르나르는 내버려진 조개껍질에 들어가 자기 몸을 숨긴다. 만일 조개껍질이 몸의 크기에 맞지 않는다면 얼른 나와서 다른 집을 찾는다. 빈 조개껍질에 들어가서 사는 연체동물 베르나르의 행동은 그리 낯설지 만은 않다. 암컷 뻐꾸기도 남의 집에 들어가 알을 낳는 것으로 알려져 있다. 암컷 뻐꾸기는 이웃 뻐꾸기의 어미 새가 집을 나간 틈을 타 새집에 들어가서 자신이 낳으려는 알의 개수만큼 새집안의 알을 깨뜨리고 자기 알을 낳는다.

굳이 암컷 뻐꾸기를 예로 들지 않더라도, 빈 공간이나 '빈 집'은 상상력을 자극하는 면이 있다. 2004년 국내에서 개봉한 김기덕 감독의 영화 「빈 집」에는 빈 집만을 찾아다니면서 얼마간 살다 나오는 남자가 등장한다. 집집마다 전단지를 붙이고 다니는 남자는 주인이 외출한 집에 들어가 숙식을 해결하면서 잠시 산다. 어느 날 남자는 '빈 집'인 줄 알고 들어간 집에서 몸에 상처가 있는 여자를 만난다. 여자의 얼굴에 난 멍은 의처증이 있는 남편에게 맞은 흔적이다. 남자는 여자를 남겨둔 채 집을 나오지만, 두고 온 여자가 마음에 걸려 다시 그 집을 찾고 여자의 남편 몰래 그들과 함께 살기 시작한다. 아내를 소유하려는 남편이 채울 수 없는 여자의 빈 곳을 남자가 채우기 시작한 것이다. 법과 사회는 허락 없이 빈 집에 들어가는 사람에게 '무단가택침입'이라는 혐의를 씌우겠지만, 문학과 예술은 그렇지 않다. 영화 「빈 집」을 통해 살펴볼 수 있듯이, 빈 집에 들어가는 위험을 무릅쓰는 사람은 이야기의 주인공이 될 수 있는 가능성이 있다. 상상력을 기반으로 한 문학과 예술의 영역에서 '불법침입자'는 사회가 규정한 법을 넘어선 사랑을 할 수 있다.

바슐라르가 말하듯이, 빈 껍질이나 빈 집은 조용한 은신처와 관련된 이미지를 갖고 있다. 이처럼 여백이 있는 빈 공간은 상상하기를 즐기는 사람에게 즐거운 몽상을 가져다준다. 몽상가의 상상 속에서 단단하고 매끈한 조개껍질은 제 자신을 보호하고, 덮고, 숨길 만 한 내밀한 장소를 마련해주는 거주의 공간, 안락한 집의 이미지로 다가온다. 영화 「빈 집」의 경우를 떠올려본다면, 빈 집을 찾아다니는 남자 주인공은 보호막이나 은신처가 될 수 있는 집에 허기진 사람일 수 있다. 영화는 남자의 과거나 집안환경에 대해 언급하지 않는다. 그러나 남의 집 열쇠구멍에 전단지를 넣는 일을 하면서 집 안을 엿보는 남자의 행동은 집에 대한 욕망을 드러낸다. 빈 집에 사는 남자는 잠을 자고 음식을 먹지만 아무것도 훔치지 않는다. 남자가 원한 것은 돈이 아니라 돈으로 바꿀 수 없는 '집'이다. 빈 집을 다니면서 남자는 사랑을 한다. 그리고 작가는 빈 집을 떠올리면서 상상을 하고 글을 쓴다.

바슐라르에 의하면 갑각류의 껍질, 집, 동굴은 유사한 형태를 갖고 있다. 각각의 공간은 모두 비밀스러운 '안'쪽 세계, 즉 깊은 내면성을 지녔다. 부드럽고 연한 몸을 감싸줄 깊고 조용하고 내밀한 영역은 갑각류의 껍질, 집, 동굴이 공통적으로 품고 있는 안의 풍경이다. 시인과 몽상가는 단단한 조개껍질을 통하여 은신처의 이미지를 곧잘 떠올린다. 은신처 기능을 하는 껍질은 주로 단단하다. 바람이 불 때 쉽게 허물어지는 껍질이라면 은신처의 역할을 할 수 없다. 작지만 단단한 껍질이 은신처의 이미지를 상상하는 작가의 취향에 부합한다. 세월의 흐름에 따라 응고되어 단단해진 껍질은 시각적인 아름다움까지 갖추었다. 작가와 예술가를 포함한 모든 몽상가는 조개껍질의 기하학적인 무늬에 매료된다. 껍질에 "명백하고 뚜렷하게" 새겨진 문형의 아름다움은 미학적인 상상력을 확장시킨다(Bachelard 106). 껍질은 세월의 흔적을 체화한다는 점에서 매력이 있다. 시간의 흐름을 기입한 껍질은 오랜 세월에 걸쳐 일어난 사건을 기억하고 드러내는 물체이다. 껍질은 이야기를 품고 있는 몸이기 때문에 작가의 상상력을 촉발할 수 있는 요건을 갖추었다.

상상력이 풍부한 사람이라면 단단한 껍질을 보면서 응집된 시간의 무게를 느낄 수 있을 것이다. 또한 무엇인가를 품고 있는 듯 보이는 껍질을 보면서 독특한 종류의 안락함을 느낄 수도 있다. 위험한 현실을 벗어나 나를 보호해줄 껍질 안에 들어가 보고 싶은 마음을 가질 수 있는 것이다. 울프는 껍질에 밀착된 이미지에 특별한 관심을 가졌던 작가이다. 울프의 단편 「벽 위에 난 자국」("The Mark on the Wall", 1917)을 떠올려보자. 이 책의 첫 장에서도 언급하였듯이 「벽 위에 난 자국」은 의식의 흐름 기법을 차용한 실험적인 텍스트로 알려져 있다. 「벽 위에 난 자국」에는 마치 점처럼 작은 달팽이가 등장한다. 벽 위에 난 한 조그만 점이 일인칭 화자의 상념 속에서 일련의 연상들을 촉발하며 의식의 흐름을 이어가게 하지만, 결국 벽 위의 자국은 달팽이였음이 밝혀진다(*CSFV* 89).[1] 화자의 눈에는 벽 위의 달팽이가 점이라는 가장 작은 형태의 물체로 보였던 것이다.

울프는 내면세계에 침잠하는 화자를 설정하면서 왜 달팽이를 등장시켰을까? 벌, 파리, 모기, 개미, 딱정벌레 등 벽 위에 난 '자국' 처럼 보일 수 있는 작은 생명체는 여러 가지가 있을 텐데, 울프가 굳이 달팽이를 등장시킨 데는 나름의 이유가 있을 것이다. 달팽이는 나선형 모양의 껍질을 갖고 있는 연체동물이다. 달팽이의 몸 대부분을 차지하는 등껍질은 곧 자신의 집이기도 하다. 똬리를 튼 것처럼 생긴 집을 언제나 짊어지고 다니는 것이다. 자신의 필요에 따라 달팽이는 껍질의 안과 밖으로 이동한다. 달팽이는 은신처인 껍질 안으로 몸을 집어넣고 다시 빼기도 하면서, 숨김과 드러냄의 행동을 반복한다. 껍질의 안과 밖으로 자유롭게 이동하는 달팽이의 행동은 의식의 세계로 침잠했다가 빠져다오는 화자의 모습과 유사하다. 울프의 단편에서 숨김과 드러냄의 동작을 반복하는 달팽이는 상상의 세계로 들어갔다가 현실 세계로 나오기를 반복하는 몽상가의 상태를

---

1 수잔 딕(Susan Dick)이 편집한 울프의 단편집 모음, *The Complete Shorter Fiction of Virginia Woolf* (New York: Harcourt, 1985)에서 인용. 이 책을 인용할 때 *CSFV*로 표기하기로 한다.

가시화하는 표식으로 볼 수 있을 것 같다. 아울러 육안으로 보이지만 않지만 달팽이는 시간이 지나면서 점차 자라나는 껍질을 갖고 있다. 변화하는 달팽이의 몸은 느리지만 자유롭고 꾸준하게 움직이는 작가의 상태를 표현하기에 적합하다.

껍질 안과 밖을 오고가는 달팽이의 유동적인 움직임과 상상과 현실의 영역을 넘나드는 작가의 사색적 행동은 유사하다. 사람의 신체를 떠올려본다면, 안과 밖을 구분하는 껍질은 몸 안을 덮고 있는 피부에 견주어 볼 수 있다. 문학비평가 윌리엄 코헨(William A. Cohen)에 따르면 서구문학과 철학의 담론 안에서 전통적으로 피부는 인간의 정신적이고 영적인 내부를 감싼 겉 표면으로 여겨졌다(65). 그렇다면 피부는 더 이상 인체구조의 일부일 수만은 없다. 각 사람의 내적인 부분을 덮고 있는 피부는 순간적으로 변하는 감정을 드러내기도 하고, 세월의 흔적을 반영하는 표면이다. 항상 즐거운 생각을 하는 사람의 얼굴 주름과 슬픔으로 가득한 사람의 얼굴 주름 모양은 다를 수 있다. 사람마다 피부에 잡힌 주름이나 근육의 모양이 다르다는 점에서 알 수 있듯이, 인체의 표면인 피부는 살아온 시간을 조용하게 표현하며, 내면에서 일어나는 감정의 변화를 홍조 등의 색채를 통해 드러내는 "투과력이 있는 경계"이다(Cohen 65).

울프도 사람의 '안'을 투영하는 바깥쪽의 피부, 즉 인체의 껍질에 관심을 보였던 작가이다. 한 가지 예를 들자면 1937년 작품 『세월』(*The Years*)에 등장하는 한 인물은 타인의 얼굴을 보고 그 사람의 직업이 대학의 교수일 것이라고 추측한다(55). 얼굴에 새겨진 주름이 오랜 학문 활동의 결과라고 본 것이다. 피부에 새겨진 주름의 생김새로 타인의 직업을 유추하는 인물의 행동은 껍질이 시간과 경험을 투명하게 보여주는 표면이라는 인식과 관련된다.

그러나 본 논의에서 주목하고자 하는 껍질은 안쪽 세상을 투명하게 보여주는 껍질과는 거리가 있다. 조개껍질과 속살의 형태가 판이하게 다른 것처럼, 울프의 작품에는 겉과 속이 다른 껍질이 나온다. 속살을 숨기고 잘 보여주지 않기 때문에 어쩌면 더 신비롭게 보일 수도 있는 껍질이 이 글의 핵심이다. 아래에서는 1937년 소설 『세월』에 초점을 맞추어, 속살을 숨긴 껍질의 표면이 불러일으킬 수 있는 상상력의 종류와 형태를 살펴볼 것이다. 더 나아가 껍질을 매개로 이루어지는 몽상가의 상상적 활동이 은연중에 품고 있는 정치적 무의식에 대해 조망하고자 한다.

껍질을 보는 사람들 – 몽상가

울프의 작품에는 상상을 통하여 껍질을 만들거나 껍질 안으로 들어가 보는 몽상가나 예술가가 종종 등장한다. 울프가 재현한 예술가는 사물이나 사람을 껍질의 형태로 환원하여 인식할 때가 있다. 『등대로』(*To the Lighthouse*, 1927)에 등장하는 여류화가 릴리 브리스코우(Lily Briscoe)는 여성인물 램지 부인(Mrs Ramsay)의 모습을 화폭에 담고자한다. 릴리는 여섯 살 난 아들 제임스(James)를 무릎 위에 앉혀놓고 책을 읽는 램지 부인의 모습을 그린다. 그림을 그리는 과정에서 릴리는 아들을 안고 있는 램지 부인의 모습을 보랏빛 껍질의 형태로 표현하게 된다. 릴리는 안식과 조화를 상징하는 램지 부인을 사실주의적인 방식으로 세밀하게 묘사하지 않고, 선과 색을 통해 보랏빛 삼각형의 형태로 그린다(*TL* 55).[2] 릴리의 작품에서 조화와 모성애적 인물은 견고한 껍질의 형태로 재현된 것이다. 바슐라르가 껍질이 은신처의 이미지를 환기시킨다고 논의하였듯이, 울프의 작품에서 기하학적 형태의 껍질은 아이들을 보호하고 평온함을 창조하는 여성인물을 재현하는 기표가 된다.

『등대로』는 램지 부인을 표상하는 또 다른 형태의 껍질을 보여준다. 『등대로』의 첫 장 「창문」("The Window")에서 램지 부인은 여덟 명의 아이들을 둔 어머니로 나온다. 어느 날 밤 램지 부인은 막내아들 제임스와 딸 캠(Cam)이 함께 자는 방에 들어가고, 두 아이가 티격태격하는 것을 발견한다. 캠은 벽에 걸린 수퇘지 해골을 떼어내지 않으면 잠을 못자겠다고 하고, 제임스는 해골을 그대로 두라고 떼를 쓰는 상황이다. 그러자 램지 부인은 두 아이 모두를 위한 방법을 생각해낸다. 자신의 어깨 위에 있던 초록색 숄을 벗어 벽 위의 해골을 덮은 것이다. 램지 부인은 캠에게 해골 위의 숄이 "새 둥지"처럼 보인다고 말하면서 잠 못 이루던 딸을 위로한다(*TL* 116-17). 모든 것을 덮고 아우르는 램지 부인은 자신을 빈 껍질처럼 만들어가는 인물이다. 서술자는 점점 더 껍질처럼 되어가는 램지 부인에 관해 이야기한다. 타인을 "감싸고 보호할 능력"을 지닌 램지 부인은 자신을 비워 타인이 그 안에 살게 하는 보호막—껍질 같은 인물이다(*TL* 41). 이러한 관점에서 볼 때 은신처 이미지를 환기하는 초록빛 숄—껍질—은 램지 부인 자신을 나타낸다.

2 Virginia Woolf, *To the Lighthouse* (New York: Harcourt, 2005). 이 장에서 인용할 때 *TL*로 표기.

『등대로』의 두 번째 장 「시간이 흐르다」("Time Passes")장과 마지막 장인 「등대」("The Lighthouse")장에는 램지 부인이 더 이상 등장하지 않는다. 전쟁을 묘사한 「시간이 흐르다」장에서 램지 부인은 세상을 떠난 것으로 나온다. 그러나 램지 부인은 부재하는 가운데 존재한다. 「시간이 흐르다」장은 어둠 속에서 빛을 내는 램지 부인의 초록빛 숄에 관해 언급한다. 램지 부인이 남긴 천 껍질은 은신처 역할을 하다가 죽은 여성을 가시화하는 물체이다. 「등대」장에서 램지 부인은 릴리의 캔버스 위에 껍질의 형태로 살아있다. 「등대」장에서 램지 부인과 함께 했던 별장을 다시 찾은 릴리는 미완성의 상태로 버려졌던 캔버스를 다시 꺼내어 그림을 완성한다. 시간이 흘렀지만 릴리는 모성애적 인물인 램지 부인을 껍질로 표현하려했던 재현의 방식을 바꾸지 않는다. 십 년 전에 추상화의 형태로 그렸던 보라색 삼각형의 중심을 지나는 가운데 획을 긋는 것으로 그림을 마무리한다.

문학비평가 줄리아 브릭스(Julia Briggs)는 울프의 작품에서 껍질에 비유되는 램지 부인이나 여성인물이 창조하는 껍질의 형태가 여성적인 풍요로움과 예술적 영감과 관련된다고 논의한다(147). 여성인물이 상상을 통해 만드는 껍질은 페트리시아 로렌스(Patricia Ondek Laurence)가 언급한 "침묵의 공간"에서 만들어진다(105). 로렌스에 의하면 침묵은 내면세계를 깊게 탐험할 수 있는 조건으로 울프의 모든 작품을 만들어낸 힘이다. 침묵은 들리지 않는 소리이며 보이지 않는 언어로 볼 수 있다. 로렌스가 논의하듯이, 울프를 비롯한 여성작가 및 예술가는 눈에 보이는 현실 영역에서 분리된 침묵의 공간에서 상상력을 키우고, 상상의 내용을 예술작품에 독창적으로 표현한다. 울프의 작품에서 껍질은 여성 예술가가 상상의 내용을 담아내는 형식 중 하나이다. 울프의 페르소나로 볼 수 있는 릴리가 램지 부인을 껍질의 형태로 표현한 것이 한 가지 사례이다. 예술가 릴리는 대상을 정밀하게 묘사하는 대신, 추상적인 형태의 껍질로 표현함으로써 캔버스에 여백을 남긴다. 이러한 여백은 침묵의 공간을 만들고 상상력을 확장시킨다.

『등대로』 램지 부인의 맏딸 로즈(Rose)는 예술가는 아니지만, 일상 속에서 예술가적 기질을 발휘하는 일상의 예술가이다. 로즈는 램지 부인을 도와 저녁만찬을 준비하는 여성인물로 여덟 명의 자녀 중 어머니를 가장 많이 닮았다. 식사를 준비하는 과정에서 로즈는 응접실의 식탁 위에 포도와 배등 각종 과일을 배치한다. 로즈의 눈에 아름다운 과일의 형태는 "뿔과 같은 분홍빛 선의 껍질"(*TL* 99)로 보인다. 과일의 다채로운 문형과 빛깔이 한데 어우러진 것을 분홍 껍질의 형태로 인식한 것이다. 램지 부인은 로즈가 과일 세팅을 통해 만든 분홍빛 껍질을 보면서 행복해한다. 이어서 상상의 세계로 들어간다. 접시 위에 쌓아올려진 과일이 바다 밑에서 건져 올린 전리품이나 넵튠(Neptune)의 연회에 차려진 과일 같다고 느낀다(*TL* 99). 이와 같이 현실에 발을 딛고 살지만, 상상을 통해 현실 너머에 있는 세상을 보는 예술가적 인물에게 껍질의 이미지는 상상력을 추동하는 힘이 된다. 응접실에서 로즈가 만들어낸 껍질의 형태는 또 다른 여성인물에게 미적인 감정과 환희를 준다.

울프의 작품에는 문학작품을 읽으며 몽상에 젖어드는 와중에 뜻하지 않게 껍질을 보는 인물이 있다. 1937년 작 『세월』의 「1880년」 장은 옥스퍼드(Oxford) 대학에 재학 중인 에드워드 파지터

(Edward Pagiter)가 시험 준비를 하면서 『안티고네』(*Antigone*)를 읽는 장면을 보여준다. 겉으로는 아무렇지 않은체하지만 에드워드는 학업에 대한 중압감에 시달리고 있다. 에드워드는 "술을 마시지 않고선 시험을 보러 갈 수 없지"라고 말했던 아버지 아벨 파지터 대령(Colonel Abel Pagiter)의 말을 떠올린다. 그리고 아버지가 보내준 와인 한잔을 마시며 소포클레스(Sophocles)의 비극 『안티고네』를 읽기로 한다(49).

> He set the glass on the table in front of him. He turned again to the Antigone. He read; then he sipped, then he read; then he sipped again. A soft glow spread over his spine at the nape of his neck. The wine seemed to press open little diving doors in his brain. And whether it was the wine or the words or both, a luminous shell formed, a purple fume, from which out stepped a Greek girl; yet she was English. (48-49)

> 그는 앞에 있는 탁자 위에 잔을 내려놓았다. 그리고 다시 『안티고네』를 향해 돌아섰다. 그는 읽었다. 그리고 마셨다. 그리고 읽고 다시 마셨다. 부드러운 열기가 목덜미에서 등뼈를 타고 퍼졌다. 와인은 그의 뇌에 있는 조그만 문들을 열도록 누르는 것 같았다. 이어서 와인인지 혹은 글자들인지 혹은 그 둘 다인지 알 수 없는, 자줏빛 증기가 피어나는 영롱한 껍질이 형성되었으며, 그 안에서 그리스 소녀가 걸어 나왔다. 그녀는 동시에 영국적이었다.

에드워드는 와인을 마시면서 약간 취한 상태에서 그리스 고전을 읽는다. 긴장되었던 몸이 풀리자 상상의 눈을 통해 텍스트 위에서 "영롱한 껍질"을 본다. 글자가 껍질의 형태로 보인 것이다. 에드워드의 눈에 글자라는 껍질은 문학작품 속 인물을 응축하여 품고 있는 기호이다. 취기에 일어난 현상일수도 있지만, 에드워드는 단단한 껍질 같은 글자 속에서 문학작품 속 인물이 걸어 나오는 것을 본다. 껍질 속에 숨어있던 의미를 발견하는 순간이다. 에드워드는 그리스어로 된 작품을 읽으면서 소포클레스가 창조한 안티고네를 보는 동시에, 작품 속 인물을 자신에게 익숙한 영국인 여성 이미지와 겹쳐 본다.

에드워드 파지터의 사례를 통해 볼 수 있듯이, 울프는 그리스어나 라틴어 등의 글자를 단단한 껍질에 비유하곤 한다. 한편 『세월』의 「1911년」 장은 엘리너 파지터(Eleanor Pagiter)가 잠들기 전 단테(Dante Alighieri, 1265-1321)의 작품을 읽는 장면을 보여준다. 에드워드가 그리스어 고전을 읽고 있던 「1880년」으로부터 서른 한 해가 흐른 때로, 엘리너의 나이는 55세이다. 엘리너는 라틴어 실력이 없어 문장의 의미를 이해할 수 없다. 책에 함께 실린 영어 번역본을 읽으며 시의 내용을 파악해본다. 엘리너에게는 라틴어 단어들이 "고대 이탈리아"를 응축하여 담고 있는 "단단한 껍질"처럼 보인다(202). 기표 안에 거대한 의미가 숨겨져 있다고 느끼는 것이다.

낯선 외국어에 접근하는 엘리너의 태도는 그리스어를 읽는 에드워드의 반응과 대조된다. 엘리너는 단단한 껍질 속에 숨겨진 의미를 더 이상 볼 수 없는 것에 대해 상처를 받는다. 낯선 문자를 보면서 "갈고리가 [마음을] 할퀴는 것" 같다고 느낀다(202). 이처럼 글자라는 '단단한 껍질'은 상처를 내는 도구가 되어 엘리너를 불편하게 한다. 엘리너는 라틴어라는 단단한 껍질에 매력을 느끼지만, 껍질 속을 들여다볼 수 없는 한계에 부딪히고 그로인한 아픔을 느낀다.

라틴어 기표는 기의를 이해할 수 없는 독자의 출입을 금하는 차갑고 단단한 외벽—껍질—처럼 보인다. 『세월』은 글자라는 '껍질'을 보는 남성인물과 여성인물의 대조적인 반응을 보여주는 것을 통하여 정규교육을 받지 못한 여성의 고통을 드러낸다. 『세월』은 "가부장 사회를 맹렬히 공격하는" 목소리를 "소설 예술이라는 의상 안에 감추어 [둔] 작품"(박희진 158)으로 볼 수 있을 것이다.

이해를 돕기 위해 소설에 대한 전반적인 소개를 할 필요가 있겠다. 울프는 원래 『파지터가의 사람들』(*The Pargiters*)이라는 제목으로 책을 구상했지만 제목을 『세월』로 바꿔 출판했다. 11개의 연대기 형식으로 구성된 『세월』은 첫 번째 장인 「1880년」으로 시작해서 11번째 장 「현재」("Present Day")에서 끝난다. 책에는 3대에 걸친 인물이 등장한다. 1세대인 파지터 부부의 자녀는 엘리너(Eleanor), 에드워드(Edward), 밀리(Milly), 델리아(Delia), 모리스(Morris), 로즈(Rose), 마틴(Martin)이다. 삼남 사녀로 구성된 일곱 남매가 2세대에 속한다. 그 중 결혼한 자녀가 낳은 인물인 노스(North), 페기(Peggy), 찰스(Charles) 등이 3세대이다. 첫 장에서는 파지터 부부와 아이들이 등장한다. 파지터가의 맏딸 엘리너는 이십대 초반 여성으로 작품의 중심인물이다. 엘리너는 『등대로』의 램지 부인처럼 가족을 위로하고 살림을 도맡아한다. 『세월』에서 맏딸이 어머니 역할을 하는 이유는 파지터가의 안주인 로즈 파지터(Rose Pargiter)가 오랫동안 병들어 누워있기 때문이다. 육군 대령인 에이벌 파지터(Abel Pargiter)의 아내이자 아이들의 엄마로 살아온 로즈는 임박한 죽음을 앞두고 있다.

세월이 흘러 파지터가 아이들은 성장하고 각자의 삶을 찾는

다. 장남 에드워드를 비롯하여 엘리너의 남자형제들은 엘리트 교육을 받고 변호사와 시인 등이 된다. 이 집안의 딸들은 결혼을 해서 가정주부로 살거나, 혼자 살면서 소일거리를 한다. 엘리너는 혼자된 아버지를 부양해야한다는 의무감으로 결혼하지 않는다. 사회운동이나 자선사업에 참여하기도 하지만 전문적인 직업인이 될 수는 없다. 엘리너는 영국의 중상류층에 속하는 여성이지만 엘리트 직업인을 배출하는 정규교육을 받지 못했기 때문이다. 당시에 전문직에 종사했던 인력은 중상류층 이상의 교육받은 남성이었고, 엘리너 본인도 이점을 분명히 알고 있다. 옥스퍼드 출신인 아버지 파지터 대령은 에드워드가 대학에서 학업에 전념할 수 있도록 최상급 와인까지 보내주지만, 딸의 교육에는 무관심하다. 집안 살림을 하는 엘리너는 매일 가계부를 쓰고, 작성한 가계부를 아버지에게 검사받는다. 실질적으로 집안경제와 살림을 관리하는 주체는 가부장인 파지터 대령인 것이다. 아버지에게 종속된 삶에 대해 엘리너는 별다른 불평을 하지 않지만, 엘리트 교육을 받고 자유롭게 외국에 여행 다니는 남자 형제들을 내심 부러워한다. 파지터 대령이 나이 들어 사망한 이후에야, 엘리너는 아버지의 지배로부터 벗어나 처음으로 외국 여행을 해본다. 파지터가 저택에서 작은 아파트로 거처를 옮기고, 스페인과 그리스와 인도에 다녀온다.

여성이라는 이유로 차별대우를 받는 엘리너에게 단단한 껍질—라틴어 글자—는 선망과 동경의 대상이지만, 다른 한편으로는 불평등한 현실 세계를 표상하는 기호로 작동한다. 라틴어로 된 단테의 시를 이해할 수 없었던 엘리너는 언젠가는 단테의 원문을 다시 읽어보리라고 생각한다. 서술자는 엘리너의 의식의 흐름을 아래와 같이 기술한다.

> I'll read it one of these days, she thought, shutting the book. When I've pensioned Crosby off, when … Should she take another house? Should she travel? Should she go to India, at last? (202)

> 언젠가 다시 읽어봐야지, 그녀는 책을 덮으며 생각했다. 크로스비에게 연금을 주고 보내면, 언제 … 다른 집을 얻어야할까? 여행을 가야하나? 결국 인도로 가야하는 것일까?

엘리너의 의식의 흐름은 단테의 시에서 나이든 하녀 크로스비(Crosby)로 넘어간다. 울프의 화자는 크로스비를 언급하면서 엘리너보다 훨씬 더 열악한 처지의 여성을 보여준다. 『세월』에서 가장 짧은 장인 「1913년」은 엘리너와 크로스비의 이별 장면을 보여준다. 파지터가에서 사십 년 동안 하녀로 일한 크로스비는 단칸방으로 집을 옮긴다. 류머티즘에 걸린 크로스비는 연금을 받고 파지터 저택을 떠나 리치몬드(Richmond)에 있는 누추한 집에서 혼자 노후를 보내게 된다. 크로스비의 경우는 여성이라는 이유와 하층계급이라는 조건이 겹쳐서 이중의 고통을 감내해야한다.

엘리너가 글자라는 단단한 껍질에 매료되면서 마음의 상처를 받는 이유는 낯선 외국어의 껍질 속에 무엇이 있는지 도통 들여다볼 수 없기 때문이다. 그런데 만일 독자가 껍질 안에 있는 (혹은 있을 것이라고 여겨지는) '속살'에 집착하지 않는다면 어떤 일이 생길까? 폴란드 출신 영국소설가이자 문학작품을 통해 제국의 식민지배를 비판한 조셉 콘래드(Joseph Conrad, 1857-1924)는 껍질 '속'에 집착하는 것이 능사가 아니라고 생각한 것 같다. 콘래드는 『어둠의 속』(*Heart of Darkness*, 1899)[3]이라는 소설을 통해 이야기의 핵심은 껍질 속이 아니라 밖에 있을 수 있다는 점을 말한다. 액자형식으로 구성된 이 작품에는 선원 말로우(Marlow)가 등장하고, 일인칭 화자가 배 안에서 말로우에게 들은 이야기를 독자에게 풀어놓는다. 일인칭 화자는 이야기를 견과류 열매에 비유한다. 호두의 껍데기를 부수면 속 알맹이를 먹을 수 있듯이, 대다수 선원들의 이야기는 텍스트의 '안'을 살피면 의미를 파악할 수 있다. 그러나 말로우의 이야기는 다른 뱃사람들이 하는 빤한 이야기와 차이가 있다. 콘래드 소설의 화자에 의하면 말로우가 전한 이야기의 핵심—'속살'—은 껍질 속에 숨겨져 있는 것이 아니라 "밖"에 있다(Conrad 9). 이야기의 핵심이 안이 아니라 밖에 있다고 말하는 화자의 진술은 텍스트의 표면 속에 더 큰 진실이 있을 것이라고 보는 일반 독자의 믿음체계를 해체한다.

이야기의 핵심이 문자 속에 숨겨져 있으리라고 믿는 사람들은 『세월』에도 있다. 「1910년」 장에는 여성인물들이 모여 있다. 파지터 부부의 딸이자 엘리너의 막내 여동생인 로즈는 매기(Maggie)와 사라(Sara)의 집을 방문한다. 매기와 사라는 파지터 대령의 남동생인 딕비(Digby)의 딸로 로즈와는 사촌 지간이다. 미혼인 두 자매는 함께 살고 있다. 두 자매는 성격이 무난하지 않고 "타오르는 심장"(156)을 가진 듯 보이는 로즈를 좋아하지 않는다. 로즈의 방문도 별로 달

3 콘래드의 작품 *Heart of Darkness*는 국내에서 주로 『암흑의 핵심』이라는 제목으로 번역되곤 한다. 필자는 이 장에서 껍질의 안과 밖, 속과 겉을 화두로 논의를 풀어가고 있기에, 울프 작품과의 관계성을 고려하여 *Heart of Darkness*를 어둠의 '속'이라는 명칭으로 번역하였음을 밝혀둔다.

갑지 않지만, 크게 내색하지 않고 함께 식사한다. 점심 식사를 하면서 지난 시절 삶을 떠올리던 중 매기는 문득 로즈에게 "파지터 집안"(the Pargiters)에 관한 이야기를 해달라고 부탁한다(160).

1910년 당시에는 퇴색되었지만, 19세기에는 명망 있는 가문이었고 큰 저택을 소유했던 파지터 집안이 빅토리아조 소설 속의 공간처럼 흥미롭게 여겨진 것이다. 이 부분에서 한 가지 아이러니컬한 점이 드러난다. 매기는 파지터 집안의 딸인 로즈를 실제로 보고 함께 대화하고 있다. 그럼에도 불구하고 파지터가라는 기표를 마치 속을 감춘 단단한 껍질처럼 여기면서, 기표(파지터가)와 기의(로즈)를 분리해서 보는 오류를 범한다. 파지터가라는 문자를 신비화하는 매기의 태도는 『어둠의 속』에서 콘래드의 서술자가 언급한바있는 일반 독자의 반응을 연상시킨다. 단단한 견과류의 껍질 속 알맹이를 캐내고 싶어 하는 독자의 욕망은 문학작품의 안과 밖에서 흔히 발견된다.

『세월』은 견과류의 껍질과는 사뭇 다른 과일껍질을 유심히 바라보는 인물을 보여주기도 한다. 1930년대 초반부를 다루는 『세월』의 마지막 장에서 엘리너의 조카이자 모리스의 아들인 노스 파지터(North Pagiter)가 등장한다. 노스는 모리스가 실리아(Celia)와 결혼하여 낳은 아들로 아프리카에서 수년간 살다가 런던에 돌아온 것으로 나온다. 오랜만에 런던에 온 노스는 엘리너 고모에게 인사를 하러 방문하고, 이어서 저녁 식사를 하러 사라 고모의 집을 찾는다. 젊은 시절 매기와 함께 살았던 사라는 오십대의 나이에 접어들었고 작은 집에서 혼자 살고 있다. 노스와 사라는 저녁식사를 한 후, 과일 접시를 앞에 두고 앉아 있다. 서술자는 사라가 벗긴 바나나 껍질을 바라보는 노스의 시선을 묘사한 후, 사과를 직접 깎는 노스의 행동을 보여준다.

> "At dawn with the sparrows chirping," she said, pulling the plate of fruit towards her. She began peeling a banana, as if she were unsheathing some soft glove. He took an apple and peeled it. The curl of apple-skin lay on his plate, coiled up like a snake's skin, he thought; and the banana-skin was like the finger of a glove that had been ripped open. (306)

> "참새들이 지저귀는 새벽녘에," 그녀는 과일접시를 끌어당기며 읊조렸다. 마치 푹신한 장갑을 벗는 것처럼, 바나나 껍질을 벗겨나갔다. 그는 사과를 집어 들어 껍질을 벗어 보았다. 접시 위에 똘똘 말려져 있는 사과껍질이 뱀이 똬리를 틀고 있는 것 같다고 생각했다. 바나나 껍질은 찢어져 틈이 벌어진 장갑 속 손가락처럼 보였다.

과일 껍질 벗기는 장면은 어떤 맥락에서 중요할까? 위의 인용문이 삽입된 「현재」 장은 「1918년」 장에 바로 이어서 등장한다. 울프는 1차 대전이 끝난 시점인 1918년을 다룬 장 이후, 이십년 이상의 시간 간격을 두고 『세월』의 마지막 장을 배치한 것이다. 「1918년」과 「현재」 장 사이에 어떤 일들이 있었는지 세세하게 기술되어 있지는 않다. 그러나 분명한 것은 전쟁의 참상을 목격하고 전후 사회를 살아가는 영국인은 1차 대전 이전에 가졌던 낭만적인 세계관을 더 이상 가질 수 없게 되었다는 것이다. 급변하는 사회에서 감상주의적인 애국심과 대영제국의 일원이라는 자부심은 흔들리게 되었고, 문학이 영혼을 고양시킬 수 있다는 믿음도 무너지게 되었다.

노스의 경우도 마찬가지이다. 『세월』의 마지막 장은 노스가 1918년 당시 1차 대전에 참전했었고, 그 이후 아프리카에서 농장을 경영했다는 것을 암시한다. 전쟁 이전 노스는 문학을 동경한 청년이었다. 상상력이 풍부하고 시인의 기질을 타고난 노스는 아프리카에 간 이후에도 평소 친하게 지냈던 사라 고모와 서신왕래를 하며, 손수 쓴 시를 보내곤 하였다. 인용한 장면 앞부분에서 사라는 노스가 예전에 썼던 글들에 관한 이야기를 꺼낸다. 그러나 전쟁의 참혹함과 식민지의 현실을 목격한 노스는 더 이상 감상주의적인 문학청년이 아니다. 노스는 담뱃불을 켜면서 "무용한 글 나부랭이" 쓰던 시절의 자신은 무척 어리석었다고 말한다(306). 그러자 사라는 노스가 썼던 글귀 중 하나인 "참새들이 지저귀는 새벽녘에"를 기억하며 읊어보는 것이다. 위의 인용문은 낭만적인 과거와 차가운 현실이 조우하는 가운데 노스가 느끼는 감정의 결을 드러내면서, 과일 껍질을 벗기는 모습을 함께 보여주는 것이다.

사라 고모가 바나나의 껍질을 벗길 때 안에 있던 속살은 조금씩 드러난다. 노스의 눈에 바나나 열매는 터진 장갑의 틈새로 나온 사람의 손가락처럼 보인다. 노스의 의식에서 바나나와 장갑을 낀 사람의 손가락이 병치되는 것은 흥미롭다. 바나나를 사람의 신체일부로 보는 다소 그로테스크한 상상은 아프리카 농장에서 목격한 원주민의 육체의 이미지와 겹쳐진 것은 아닐까? 바나나가 벗겨지는 모습을 보고 있던 노스는 쟁반 위의 사과를 하나 집어 껍질을 벗겨본다. 노스의 시선에서 사과껍질은 뱀의 형상처럼 보인다. 노스가 보는 사물은 사람의 손가락, 혹은 서구에서 원죄의 상징으로 인식되는 뱀으로 환원되는 것이다.

울프는 『세월』의 다른 부분에서도 인간의 몸과 동물의 몸을 병치시킨 바 있다. 사람의 몸이 동물처럼 보이는 경우는 전쟁과 폭력이 개입되었을 때이다. 소설의 서술자는 파지터 대령의 손가락 모습과 평상시 행동을 아래와 같이 묘사한다.

> He had lost two fingers of the right hand in the Mutiny, and the muscles had shrunk so that the right hand resembled the claw of some aged bird. He shuffled and fumbled; but as he always ignored the injury, his children dared not help him. The shiny knobs of the mutilated fingers fascinated Rose. (12-13)

> 그는 손가락 두 개가 없다. 오른손의 손가락 두 개를 반란에 가담했을 때 잃었다. 그 이후 근육이 오그라들어 오른손이 늙은 새의 발톱처럼 되었다. 그는 성을 내고 더듬거렸다; 그러나 그 상처를 언제나 외면했고, 아이들도 감히 그를 도울 엄두를 내지 못했다. 잘려진 손가락의 반들반들하고 뭉툭한 끝은 로즈를 사로잡았다.

파지터 대령은 인도에서 일어난 반란을 진압하는 과정에서 손가락 두 개를 잃는다. 잃어버린 손가락 때문에 변형된 오른손은 파지터 대령을 환유하는 신체의 일부이다. 대령의 손은 제국의 어두운 면을 보여주는 증거이다. 전쟁과 폭력으로 빚어진 손의 변형은 "여성성과 남성성의 조화가 결여된 사회의 흉측한 모습을 보여주기 위해서 도입된 장치"(박희진 136)이다. 파지터 대령은 몸을 통해 전쟁의 폭력을 증언하는 역할을 하지만, 정작 자신은 전쟁의 참혹함을 인정하지 않는다. 그러한 외면은 몸의 상처를 무시하는 행동을 통해서도 드러난다. 전쟁의 상처는 늘 보고 쓰는 오른손에 각인되어 있지만, 파지터 대령은 고통을 외면하면서 아무렇지 않은척한다. 심지어 아이들도 아버지의 자존심을 상하게 할까봐 두려워서 도움을 주지 못한다. 명백한 상처를 외면하는 파지터 대령의 행동은 두말할 나위 없이 위선적이다.

울프가 드러내는 위선의 주체는 파지터 대령 개인의 차원을 넘어, 대영제국과 남성이라는 집단이다. 서술자는 파지터 대령의 잘려진 손가락의 끝부분이 로즈를 매혹시켰다고 말한다. 울프가 대령의 손가락을 묘사할 때 남근의 이미지를 염두에 두었다는 느낌을 지울 수 없다. 울프가 표현하는 손가락 혹은 남근은 잘려진 형태로, 파지터가의 아이들 중 어리고 민감한 여자아이 로즈의 관심을 유독 끈다. 이러한 설정은 어린 로즈가 조만간 겪게 될 황당하고 폭력적인 성적 경험에 대한 복선이기도 하다. 내러티브의 뒷부분에서 로즈는 언니의 만류를 뿌리치고 장난감을 사러 밤중에 집밖을 나갔다가 우연히 길거리에서 성기를 드러낸 낯선 남자를 만나고 열병을 앓게 된다. 파지터 대령의 손가락과 로즈가 마주친 남자의 성기는 제국의 시녀 역할을 하는 남성의 일그러진 자아를 표현하는 도구인 것이다.

19세기에 대영제국의 군인으로 활약한 파지터 대령은 1차 대전에 직접 참전하지는 않고 여전히 제국의 환영에 사로잡힌 인물로 볼 수 있다. 반면 1차 대전에 참전하고 그 이후의 삶을 살아가는 노스는 유년시절과 청년시절에 가졌던 낭만주의적 세계관이 더 이상 유효하지 않다는 것을 뼈저리게 느낄 수밖에 없다. 아직 세상에 대한 환멸을 경험하는 못한 사람은 마치 『어둠의 속』에 언급된 일반 독자들처럼 단단한 껍질 '속'에 있는 미지의 영역에 대한 환상을 품을 수 있다. 그러나 국가, 전쟁, 제국주의라는 기표 뒤에 숨어 있는 것이 매혹적인 풍경이 아니라 상처 입은 사람의 몸과 폭력의 잔해라는 것을 직접 본 목격자는 더 이상 몽상의 영역에 머무를 수 없다. 사라 고모가 벗기는 바나나의 껍질은 안에 있는 속살이 신비한 대상이 아니라 껍질에 밀착된 보통의 몸이라는 것을 보여준다. 아울러 단단한 껍질을 매개체로 하여 품는 상상력이 실체가 없는 몽상일 수 있다는 점을 암시한다.

엄마의 껍질-낡은 놋쇠 주전자

껍질 안에 숨고 싶다는 상상은 현실과 문학의 영역에서 흔히 일어난다. 껍질이 은신처라는 상상을 하는 과정에서 몽상가는 껍질 안의 빈 공간을 생각하게 될 가능성이 크다. 제 몸이 아닌 남의 몸을 보호하기 위해서는 껍질 속에 몸을 감쌀만한 공간이 있어야하기 때문이다. 빈 집에 들어가 보고 싶다는 욕망을 갖게 되는 것도 같은 이치이다. 그러나 껍질을 매개로한 상상은 보다 다양한 차원에서 이루어질 수 있다. 몽상가는 작은 껍질 속에 엄청난 양의 '속'이 들어있다고 상상해볼 수 있다. 『세월』에서 엘리너는 아버지의 겉옷 주머니—껍질—에 마르지 않는 재물이 들어있는 것처럼 느낀다. 파지터 대령의 작은 주머니는 엘리너의 눈에 "바닥이 보이지 않은 은광"처럼 보인다(100). 파지터 대령의 주머니에 손을 넣으면 진귀한 보물을 건져 올릴 수 있을 것 같다는 엘리너의 상상은 아버지의 힘을 믿기 때문에 가능하다. 일견 파지터 대령의 주머니가 엘리너에게 불러

일으키는 상상력은 제국의 풍토에서 촉발된 환상으로 볼 수 있다. 물론 엘리너를 파지터 대령과 동일선상에 놓고 볼 수는 없겠지만, 영국 중상류층 집안에서 국가의 이념과 젠더역할을 교육받은 엘리너는 무의식중에 제국주의적인 가치관을 답습하고, 정치적인 무의식이 상상력의 기저에 침투해있을 수 있다.[4]

커다란 속살을 담고 있는 껍질에 관해 생각을 좀 더 확장시켜 보자. 만일 몽상가가 무한한 자원을 품고 있을법한 껍질을 보면서 상상의 쾌락을 즐기는 가운데, 갑자기 속살이 껍질 밖으로 튀어 나온다면 어떤 일이 생길까? 단단하고 고요하게 보였던 껍질이 폭발적인 에너지를 가진 속살을 품고 있었다는 사실은, 껍질을 매개체로 자신만의 상상을 키우던 몽상가를 놀라게 할 것이다. 바슐라르도 부피가 큰 '속살'을 품은 작은 껍질의 이미지에 관해 말한바 있다. 바슐라르는 중세시대 그림을 예로 든다. 마치 마술사의 모자—껍질—에서 비교적 부피가 큰 비둘기나 동물이 튀어 나오는 것처럼, 중세시대에 그려진 회화는 토끼, 새, 사슴, 개와 같은 "크고 활달한" 동물들이 작은 껍질에서 나오는 역동적인 풍경을 보여준다(108).

인간으로 치자면 난생설화에 나오는 주몽이나 박혁거세 등의 건국신화의 시조들이 알을 깨고 나온 거대한 '속살'이라고 볼 수 있다. 그리스 신화에 등장하는 미와 사랑의 여신 아프로디테도 거품

4 이러한 주장은 비평가 프레드릭 제임슨(Fredric Jameson)의 개념을 염두에 둔 것이다. 제임슨에 의하면 겉으로 드러난 텍스트의 심층에 역사의 무의식이 있기 때문에 텍스트는 본질적으로 역사적이고 정치적이다(20). "정치적 무의식"이 텍스트의 표면 아래 억압된 형태로 존재한다는 제임슨의 주장에는 결국 모든 텍스트는 사회적이고 역사적이라는 전제가 담겨있다.

형태의 껍질에서 나온다. 동서를 막론하여 껍질에서 태어난 인물은 상상을 뛰어나게 아름답거나 두뇌가 명석한 반신반인으로, 처음부터 완성된 모습으로 태어나 숭배의 대상이 된다. 이와 같이 큰 생명체가 껍질을 깨고 스스로 나오는 광경은 여러 가지 감정을 일으킨다. 놀라움과 기괴함, 호기심과 두려움을 동시에 자아내는 것이다. 바슐라르에 의하면 크고 활기찬 내용물이 정적인 형태의 껍질에서 갑자기 튀어나오는 이미지에는 "난폭함의 표징"(111)이 있다. 속살의 "거센 탈출"을 유도하는 껍질은 물질에 내재된 역동적인 힘의 존재를 드러내는 한편, 공격성을 표현한다는 점에서 공포심을 불러일으킨다(Bachelard 111).

텅 비었다고 여겨졌던 껍질 속은 빈 공간이 아니라, 움직이는 속살을 품었던 장소일 수 있다. 응축된 속살을 갖고 있는 껍질은 자신을 '은신처'로 상상하던 몽상가를 비웃기라도 하듯이, 빠른 속도로 팽창하면서 예상치 못한 순간에 파열할 수 있다. 이러한 상황이 되면 상상의 영역에 있던 몽상가는 꿈에서 깨어난다. 일레인 스캐리(Elaine Scarry)는 2001년 저서 『책을 통해 꿈꾸기』(*Dreaming by the Book*)에서 상상적 활동의 두드러진 특징을 언급한다. 스캐리는 우리가 물체에 대해 몽상하기 위해 감았던 눈을 떴을 때, 실제의 물체가 상상 속에서 그려진 대상에 비해 더 활기차더라도 놀라지 말라고 제안한다(4). 흔히 사람들은 상상의 영역에서 움직이는 물체가 현실의 물체보다 동적일 것이라는 관념을 갖는데, 스캐리에 의하면 이것은 착각이다. 상상력은 물체에 내재된 운동력과 생동감을 어느 정도 제거하는 과정을 통해 오히려 활성화된다는 것이 스캐리의 주장이다.

몽상가의 상상 속에서 빈 껍질은 활기 없고 고요한 공간, 즉 은신처에 관한 환상을 돕는 쾌락의 매개체이지만, 활기찬 속살을 품은 껍질은 창조적이면서도 파괴적인 힘을 응축하고 있으므로 두려운 물체이기도하다. 여러 가지 껍질 중 가장 동적이고 생명력이 있고 예측 불가능한 껍질은 우주일 것이다. 우주는 고도로 응축된 물질과 에너지를 품고 있을뿐더러 팽창하는 껍질이다. 세계적인 물리학자 스티븐 호킹(Stephen William Hawking, 1942-2018)이 설명하듯이, 우주가 품은 에너지는 겉으로 보기에 텅 빈 공간 속에서 존재하는 진공 에너지이며, 아인슈타인의 방정식 E=mc2에 의해 질량을 갖고 우주의 팽창을 가속화한다(Hawking 96). 이 때 진공 에너지와 공존하는 물질은 팽창속도를 감소시키기 때문에 인플레이션과 같은 팽창을 상쇄하고, 그 결과 우주는 안정적인 궤도에서 상당 기간 정적인 상태를 유지할 수 있다(Hawking 96).

그러나 '안정적'인 우주는 실제로 폭발적인 힘을 품고 있는 껍질이다. 울프는 팽창하는 우주와는 다른 형태의 밀도 높은 우주—껍질—의 이미지를 표현한바 있다. 1920년 단편 「저녁 파티」("The Evening Party")에 등장하는 여주인공은 단단하고 견고한 우주의 이미지를 그려본다. 과거, 현재, 미래에 속한 모든 사람이 남겨놓은 잿더미를 눈물로 반죽하여 뭉친다면 하나의 우주가 만들어질 것이라는 상상을 해보는 것이다(*CSFV* 99). 「저녁 파티」의 화자는 고도로 응축된 우주에 대한 이미지가 주는 희열이 있다고 서술한다. 모든 것을 융합하여 만든 '작은' 우주의 이미지를 떠올리는 것은 불확실한 세계에서 살아가는 개인에게 안정감의 쾌락을 줄 수 있다.

「저녁 파티」의 화자가 상상을 통해 온갖 물질을 뭉치고 굴려 작고 단단한 우주를 창조한다면, 『세월』에 등장하는 파지터 집안의 가족들은 움직임이 없던 껍질—주전자—에서 팽창된 물질이 나오는 뜻밖의 광경을 목격한다. 정적이라고 여겨졌던 놋쇠 껍질이 움직이는 껍질로 변하는 모습을 보게 되는 것이다. 『세월』의 첫 장인 「1880년」 앞부분에서 파지터 부부의 딸들은 물이 끓기를 기다리면서 낡은 놋쇠주전자를 바라보고 있다. 『세월』의 첫 번째 장 분위기는 여러모로 예측불가하다. 시간적 배경은 4월로 봄이지만, 날씨가 계속 변덕을 부리는 탓에 "불확실한 봄"(an uncertain spring, 3)이라는 표현이 첫 문장에 나온다. 이처럼 변덕스러운 날씨가 지속되는 가운데, 낡은 주전자가 지배적 이미지로 작품 속에 등장하는 것을 볼 수 있다. 주전자는 『세월』에 재현된 첫 번째 '껍질'이다. 오래된 주전자는 낡고 녹이 슬어 물을 끓이는 제 기능을 못하는 듯 보이지만, 갑자기 수증기를 뿜어내면서 껍질 안의 '속살'이 있다는 것을 증명해 보인다.

소설의 초반부는 애버콘 테라스(Abercorn Terrace) 저택에서 사는 파지터 집안 아이들이 응접실에 모여 있는 모습을 묘사한다. 아이들의 시선은 물을 끓이기 위해 불 위에 얹어놓은 주전자에 쏠려 있다. 물이 끓기를 기다리며 응접실의 탁자 앞에 둘러 앉아 주전자를 지켜보지만, 약한 불꽃 탓인지 물이 잘 끓지 않는다. 물을 빨리 끓이고 싶은 마음에 밀리는 머리핀을 뽑아 심지뭉치를 풀어내어 불꽃의 크기를 크게 해보지만, 별 소용이 없다. 주전자 속의 물이 잘 끓지 않자, 델리아는 조바심을 낸다. 이 때 하녀 크로스비, 딸 로즈, 아들 마틴이 응접실에 들어온다. 작품 속 인물들의 시선은 다시 주전자를 향한다.

They all looked at the kettle. It still kept up its faint melancholy singing as the little flame flickered under the swinging bowl of brass.

"Blast the kettle," said Martin, turning sharply away.

"Mama wouldn't like you to use language like that," Milly reproved him as if in imitation of an older person; for their mother had been ill so long that both sisters had taken to imitating her manner with the children. …

Here she applied her hairpin to the wick again. A thin puff of steam issued from the serpent-shaped spout. At first intermittent, it gradually became more and more powerful, until, just as they heard steps on the stairs, one jet of powerful steam issued from the spout.

"It's boiling!" Milly exclaimed. "It's boiling!" (11)

그들은 모두 주전자를 바라보았다. 둥근 놋쇠용기 아래서 반짝이는 작은 불꽃이 여전히 조금 처량한 소리를 내고 있었다.

"저 주전자를 폭발시켜!" 마틴이 홱 돌아서며 말했다.

"너 그런 식으로 말하는 거 엄마가 안 좋아하실 거야," 밀리는 짐짓 나이든 사람 흉내를 내면서 그를 나무랐다. 엄마가 아주 오랫동안 아팠기 때문에, 두 자매는 아이들과 있을 때 그녀의 매너를 따라하곤 했다. …

이제 그녀는 머리핀으로 다시 심지를 건드렸다. 엷은 수증기가 뱀 같은 모양의 꼭지로부터 뿜어져 나왔다. 처음의 간헐적인 분출 이후 그것은 점점 더 강해져서, 그들이 계단을 올라가는 소리를 들었을 때는 마침내 주전자 꼭지로부터 아주 강한 분출이 있었다.

"끓는다, 끓어!" 밀리가 소리쳤다.

울프는 아이들이 주전자를 바라보는 모습을 왜 자세히 묘사했을까? 얼핏 보기에 주전자를 바라보는 파지터 집안 남매들은 마치 껍질 안으로 머리를 숨긴 달팽이나 거북이의 속살을 보고 싶어서 안달난 아이들처럼 보이기도 한다. 혹은 마술사의 모자 안에서 무엇이 튀어 나올지 궁금해 하며 지켜보는 관객처럼 보이기도 한다. 바슐라르의 논의를 상기해본다면, 예측 불가능한 속을 품은 껍질은 마법사의 모자 같은 매혹을 촉발하는 면이 있다. 울프도 마술사의 모자와 같은 껍질에 관심을 가졌던 작가이다. 「1880년」장에 묘사된 어느 티타임에서 엘리너는 접시에 덮여 있던 뚜껑—껍질—을 연다. 접시 위의 덮개가 열리는 장면은 연극이 시작되기 전 무대 위의 커튼이 젖혀지는 모습을 연상시킨다. 덮개가 열리자 생선튀김과 감자가 나온다. 키티(Kitty)는 일반적인 영국인의 티타임에 어울리지 않는 음식이 준비된 것을 보고 놀란다(65). 이처럼 상황에 맞지 않은 음식을 덮고 있던 껍질이 벗겨지는 광경은 놀라움과 즐거움을 동시에 줄 수 있다.

하지만 『세월』에 묘사된 주전자는 마법사의 모자나 티타임 음식을 덮어놓은 매혹적인 뚜껑과는 다른 성격을 가진 껍질이라는 점을 눈치 챌 수 있다. 「1880년」장에서 등장하는 낡은 주전자는 파지터 집안의 병든 엄마 로즈와 연관된다. 딸들이 물을 끓이는 이유 중 하나도 방에 누워있는 엄마에게 뜨거운 물을 가져가야하기 때문이다. 낡은 놋쇠 주전자는 병들어 죽어가는 엄마의 몸을 연상시킨다. 정확한 시간은 언급되어 있지 않지만, 엄마 로즈는 수년에 걸쳐 아픈 상태이다. 아이들은 아픈 엄마로 인해 불안하고 언제나 긴장의 끈을 놓을 수 없다. 특히 딸들은 엄마를 간호하느라 심신이 피로한 상태이다. 엄마를 사랑하지만 고통 없이 죽는 것이 낫지 않을까하는 생각도 해본다. 답답한 상황 속에서 죄책감의 정서도 갖게 된 것이다. 변형된 형태의 죄책감은 파지터 대령에게서 가장 극심하게 나타난다. 「1880년」 장의 앞부분은 파지터 대령이 애인 미라(Mira)를 만나는 모습을 보여준다. 울프가 『세월』의 첫 부분에서부터 한 집안의 가부장이 아내가 아닌 애인을 만나는 것을 상세하게 기술하는 것은 인상적이다. 서술자는 아픈 아내를 두고 다른 여자를 만나는 파지터 대령의 죄책감을 노골적으로 기술하지는 않지만, 주변 사람들에게 툭하면 화를 내는 파지터 대령의 분노는 죄책감의 또 다른 표현으로 볼 수 있을 것 같다.

아버지가 집을 비운 사이, 파지터가 아이들이 주전자에서 물이 끓기를 초조하게 바라보는 장면은 오랫동안 병들어 있는 엄마에 대한 복합적인 감정을 우회적이지만 집약하여 드러낸다. 처음에는 조용히 지켜보는듯하다가 갑자기 돌아서며 "저 주전자를 폭발시켜" 라고 외치는 마틴의 말은 점점 존재감이 사라져가는 엄마에 대한 불안감과 분노를 복합적으로 담고 있다. 마틴의 말에 누나 밀리가 대응하는 방식을 보면 엄마와 아이들 사이의 불안한 관계의 모습이 더 분명하게 드러난다. 밀리는 거친 말투를 사용하는 마틴에게 엄마의 말투로 충고한다. 남동생에게 엄마의 존재를 상기시키면서, 엄마에게 인정받을 수 있는 언어와 인정받을 수 없는 언어를 구분한다. 아직 연소한 딸들이 남동생에게 '바른' 말을 가르치기 위해 나이든 엄마의 말투를 흉내 내고 있다는 것도 억압적인 현실의 모습을 보여준다. 아픈 엄마의 존재는 나머지 가족에게 억압의 기재로 작용하는 것이다. 파지터 가족의 불안과 죄책감을 집약한 물체가 낡은 주전자이다. 이처럼 놋쇠 주전자는 현존하지만 질병으로 인해 생명이 사라져가는 엄마의 모습과 겹쳐진다.

「1880년」 장에서 파지터가 아이들을 지치고 초조하게 만들었던 주전자는 갑자기 수증기를 분출해낸다. 정지 상태로만 보였던 낡은 놋쇠 껍질 안에서 물이 끓고 뜻밖의 순간에 물은 팽창된 기체가 되어 나온다. 아무런 기능을 할 수 없을 것만 같았던 주전자는 물을 끓여내고 파지터 집안 아이들에게 자신의 존재를 드러낸다. 울프는 정적인 물체에 동적인 순간과 이미지를 부여한다. 낡은 놋쇠 주전자를 움직이는 '껍질'로 표현한 것이다. 낡은 주전자는 엄마의 몸과 여러모로 닮아있다. 주전자는 제 몸에 물을 담고 수증기라는 더 큰 '속살'을 만들어낸다. 엄마의 몸도 생명을 품고 태어나게 하여, 더 큰 세상을 만들어 가도록 한다. 낡은 주전자가 물 끓이는 기능을 더디게 하듯이, 병든 엄마의 몸도 '속살'을 품고 생명을 만들어내는 일을 더 이상 할 수 없는 듯 보인다. 그러나 밀리가 매만진 불꽃 심지에 힘을 입어 낡은 주전자가 물을 끓여내듯이, 죽어가는 엄마의 몸도 아이들의 보살핌가운데 얻는 숨과 호흡과 생명이 있다. 『세월』에서 엄마 로즈 파지터는 한 번도 직접 등장하지는 않지만, 작품 속 인물들의 의식과 무의식 중심부에 있다. 점점 더 '빈' 껍질이 되어가는 엄마의 몸은 생명을 연장하기 위하여 느리지만 따뜻한 '만져짐'을 요구하는 것이다.

터지는 껍질 – 폭탄

『세월』에 등장하는 낡은 놋쇠 주전자는 병든 엄마의 몸을 상징하는 것과 아울러, 장전된 폭탄의 이미지를 연상시키기도 한다. 아무런 움직임이 없는 듯 보이다가 갑자기 팽창한 기체를 뿜어내는 주전자는 화약물질로 이루어진 커다란 '속살'을 드러내는 전쟁 무기, 폭탄과 유사한 특징을 갖는다. 울프는 수증기가 주전자의 "뱀 같은 모양의 꼭지"(11)에서 나왔다고 표현하면서, 주전자라는 물체에 서구문화에서 가장 교활한 동물로 인식되는 뱀의 형상을 부여한다. 또한 마틴이 "저 주전자를 폭발시켜!"(11)라고 외치듯이, 주전자는 남성 인물의 공격성을 자극하기도 한다. 미세한 방식으로 울프는 일상의 영역에 놓인 물체인 주전자와 전쟁의 이미지를 결합시키고 있다. 낡은 주전자라는 놋쇠 '껍질'은 인간의 교활한 욕망이 응축되어 터진 수많은 전쟁을 은유하는 동시에, 울프를 비롯하여 많은 영국인을 놀라게 한 20세기 초반의 전쟁, 세계 1차 대전을 지칭하는 기표로 볼 수 있을 것 같다.

『세월』의 낡은 놋쇠 주전자를 전쟁 무기인 폭탄의 등가물로 보는 것은 다소 과장된 해석이라는 인상을 줄 수 있다. 그러나 이 소설이 집 '안'이든 집 '밖'이든 모든 곳이 전쟁터와 다름없다는 작가의 인식을 반영하는 것만큼은 분명하다. 울프는 언뜻 보기에 단단한 껍질처럼 보이는 집 안 곳곳에 전쟁의 이미지를 가진 사물과 언어를 있게 함으로써, '안'쪽 공간을 감싸고 있던 껍질이 사라져가는 현실을 표현한다. 낡은 주전자가 묘사된 「1880년」장은 세계 1차 대전이 일어나기 이전의 시점이지만, 울프가 이 소설을 쓴 때는 전쟁의 폭력성을 목격한 이후이다. 『세월』을 쓰던 무렵의 울프는 폭탄이라는 '껍질'의 파괴력에 대해 잘 알고 있었다. 폭탄은 터지기 전까지는 '정적'인 물체로 보일 수 있지만, 모든 것을 녹이고 해체하는 껍질로써 '은신처'와는 정반대의 기능을 한다. 울프는 일반적인 영국인이 전쟁의 폭력성을 분명하게 인식하지 못한 채 전쟁을 미화했던 역사적 시기를 다루는 「1880년」장에 의도적으로 폭탄의 등가물인 주전자를 제시하면서, 머지않은 미래에 '터져버릴' 제국의 환상을 암시하는 듯 보인다.

1차 대전에서 수많은 영국 젊은이를 죽음으로 몰고 간 폭탄의 두려운 영향력은 1925년 출판된 소설 『댈러웨이 부인』(*Mrs. Dalloway*)에 등장하는 셉티무스 워렌 스미스(Septimus Warren Smith)를 통해 단적으로 드러난다. 1차 대전에 참전했던 셉티무스는 전쟁 이후인 1923년에도 여전히 아프다. 전쟁터에서 폭탄이 터지는 바람에 친구 에반스(Evans)를 잃은 셉티무스는 런던으로 돌아온 후에도 정신착란이나 감각의 마비 같은 포탄충격의 후유증을 앓는다. 셉티무스의 몸은 국가의 폭력을 기입한 몸으로 전쟁의 상처를 증언한다. 셉티무스의 아픈 몸은 "문명의 중심가"로 여겨지는 런던에 출몰하여 동시대 사람들에게 말을 건넨다(Bonikowski 133).

『댈러웨이 부인』 보다 십 년 이상 늦게 출판된 『세월』은 전쟁에 대해 더욱 민감한 울프의 태도를 보여준다. 『세월』이 출판된 1937년 독일에서 히틀러는 이미 세력을 장악했고, 울프는 2차 대전이라는 불길한 징후를 느낄 수 있었다. 이러한 예감 때문인지, 『세월』에는 전쟁터라는 공적 공간과 집이라는 사적 공간의 경계가 한층 더 허물어진다. 1차 대전이 종결되기 전인 1917년 겨울밤, 엘리너, 매기, 사라, 니콜라스(Nicholas), 프랑스인 레니(Renny)는 응접실에서 식사를 하던 중 사이렌 소리와 총성을 듣는다. 독일인의 공습이 시작되었다는 신호이다. 연이어 발사되는 총성을 듣는 가운데 엘리너는 전쟁이 "담을 없애버린다"고 생각한다(269). 1차 대전을 묘사한 「1917년」장에는 집 밖에서 총알이 발포되는 동안, 응접실에서 식사를 하는 인물들이 "나이프와 포크를 마치 무기인 양 들고"(270) 독일인을 헐뜯는 모습을 묘사한다. 이러한 장면을 통해 울프는 집 안에 스며든 전쟁의 기운을 보여주는 것이다. 울프 작품의 이러한 장면들은 민간인들은 전쟁과 무관한 "안전지대"에 놓여있다는 환상을 깨뜨린다(Levenback 9).[5]

여러 평자들은 파시즘, 제국주의, 가부장제가 결국 남성들의 허영심이라는 하나의 욕망에 뿌리를 두었다는 울프의 생각을 집중 조명하며 울프를 반전주의자이자 페미니스트 작가로 이해한다. 또한 공적인 차원의 재앙인 전쟁을 막기 위해서는 사적인 공간에서의 혁명, 즉 미시적 차원의 제국주의인 가부장제에 대한 저항이 수반되어야 한다는 『세 닢의 기니』화자의 견해를 부각시키며, 제국주의와

5 일상에서 발견되는 전쟁의 이미지는 울프 자신이 1938년 에세이 『세 닢의 기니』(*Three Guineas*) 등의 작품에서 풀어가는 내용이기도 하거니와, 마크 허시(Mark Hussey)를 비롯한 여러 비평가들이 꾸준히 타진해 온 주제이다. *Virginia Woolf and War: Fiction, Reality, and Myth*, Ed. Mark Hussey (New York: Syracuse UP, 1991). 버지니아 울프를 반전주의자로 보는 1991년 비평서의 서문에서 허시는 울프를 "전쟁 소설가(a war novelist)"이며 동시에 "전쟁 이론가"(a theorist of war)라고 지칭한다(Hussey 1,3). 1차 대전은 울프의 삶 전체에 영향력을 행사했고, 울프의 미학적인 실험은 정치적 현실과 밀접하게 연관되어 있기에 울프의 텍스트는 전쟁에 대한 저항을 드러낸다는 것이 비평의 전제이다.

가부장제가 울프에게 있어 일맥상통했다는 점을 강조한다. 이러한 해석의 테두리 안에서 울프는 전쟁을 막을 수 있는 답을 제시하는 작가처럼 비추어지는 경향이 있다. 물론 『세 닢의 기니』의 서술자는 어떻게 하면 전쟁을 막을 수 있겠냐는 남성 화자의 질문에 응답한다. 그러나 울프는 명백한 인과관계와 합리적인 해결책을 기대하는 남성 화자를 전적으로 만족시켜주지는 않는다. 편지를 받은 후 삼년이 지나고 나서야 답장을 쓰기 시작한 화자의 행동 그 자체가 남성 화자의 질문에 대한 저항을 표출하고 있지 않은가. 울프는 전쟁과 제국주의에 대한 저항을 표현하지만, 텍스트를 정치적 선전물로 만들지 않았다. 그 대신, 자연현상의 모습이나 평범한 인물들의 행동을 묘사하는 가운데, 일상의 영역에 침투한 전쟁의 이미지를 빗대어 표현한다.

『세월』에서 울프는 전쟁에 관한 단상을 시각적인 이미지로 표현한다. 엘리너는 전쟁 의 결과 "사물들마다 껍질이 벗겨진 듯이 보이고," 사물의 "단단한 표면"이 모두 사라졌다고 느낀다(272). 포탄이 터질 때 모든 '껍질'이 허물어지는 것처럼, 전쟁이 지속되는 가운데 '속살'을 보호하던 단단한 표면이 녹아내렸기 때문이다. 주디스 리(Judith Lee)가 지적하듯이, 울프의 소설에서 전쟁은 "원시적이고 파괴적인 힘"으로 묘사되고, 이러한 힘은 자연을 비롯한 현실 세계는 물론 몽상으로 만들어진 "상상적인 세상"도 해체한다(193). 1차 대전을 예고하는 「1908년」장의 서두는 생명의 창조에 반대되는 해체와 파괴의 이미지를 기입한다. 3월에 부는 바람은 "불고 있다"기보다, 대상의 표면을 마구 "문지르고 비벼서" 되는대로 쳐내는 "낫의 곡선"처럼 표현된다(138). 이른 봄의 무자비한 바람은 여자들의 다리를 감춘 치마를 펄럭이고, 남자들의 바지를 달라붙게 만들어서 앙상한 다리뼈를 드러낸다(138). 전쟁의 기운을 품은 바람은 속살을 보호하던 껍질을 벗기고, 껍질이 은신처라는 상상을 할 수 없게 만든다.

해체와 파괴를 가속화하는 전쟁은 껍질을 허물고 발가벗긴다는 점에서 파괴적인 힘을 발휘한다. 이러한 점에서 전쟁은 생명의 창조에 역행하는 힘이다. 아이러니컬한 점은 생명을 파괴하는 전쟁이 '더 나은 세상'에 대한 충동과 욕망에 뿌리를 둘 수 있다는 것이다. 울프는 『세월』의 한 챕터를 「1917년」장으로 설정한다. 1차 대전이 종결되기 전 영국사회를 배경으로 한 「1917년」장에는 영국군과 독일군 사이에서 일어난 공습상황이 묘사되어 있다. 집 밖에서 총격전이 펼쳐지는 동안, 집 안 응접실에 모인 인물들은 '새로운 세상'에 대한 자신들의 견해를 피력한다. 모인 사람 중 엘리너는 급진적인 개혁과 변화가 가능할지 의구심을 품지만, 막연하게 유토피아를 꿈꾸는 사람들의 환상에 찬물을 끼얹고 싶지 않기에 침묵한다. 응접실에 모인 인물들은 "새로운 세계를 향하여!"라는 구호를 외치며 건배의 잔을 든다(279-80). 새로운 세상에 대한 열망과 민족주의적 감정에 기초하여 전쟁을 옹호하는 태도와 몸짓을 만들어낸다. 집 안에서 열리는 모임이지만, 사람들은 전쟁터에서 볼 수 있을법한 호전적인 제스처를 취한다. 이러한 묘사를 통해 울프는 극단적인 파괴를 요구하는 급진적 창조에의 열망이 공허하다는 것을 보여준다.

페트리시아 크래머(Patricia Morgne Cramer)는 『세월』에 여성의 공간과 남성의 공간이 대립되어 나타난다고 말한다. 크래머는 여성인물 엘리너와 키티를 독립적인 여성공동체를 형성하는 주축으로 보며, 이들의 삶과 욕망은 가부장제에 대한 울프 자신의 저항을 반영한다고 주장한다. 여성인물은 그들만의 공동체를 형성하고, 이러한 공간은 남성들의 욕구를 실현하기 위한 체제인 가부장제에 저항하는 힘을 발휘한다는 독립적인 장소라는 것이다(Crammer, "Trauma and Lesbian Returns" 47-48). 남성과 여성의 공간을 구분하는 크래머의 시각은 이보다 앞서 출판된 다른 논문에서도 드러난다. 크래머에 의하면 파지터 대령의 아들인 마틴은 합리적이고 제국주의 가치관을 답습하는 인물이고, 엘리너, 사라, 키티 등은 풍요로운 상상력과 창조력을 통해 가부장적 문화에 존재하는 인습에 저항하는 인물이다(Crammer, "Loving in the War Years" 213). 크래머는 「1917년」장에 묘사된 안과 밖이 서로 다른 원리에 의해 지배받는다고 주장한다. 공적인 영역인 집 밖에서 폭력이 난무하는 동안, 주로 여성 인물과 외국인으로 구성된 응접실의 "주변인"들은 "새로운 세상"을 구상하며 창조적인 상상을 공유한다는 것이다(Crammer, "Loving in the War Years" 213-14). 그러나 앞서 논의한 바대로 『세월』에 나타난 여성과 남성의 공간, 혹은 안과 밖을 명확하게 구분하는 방식의 해석은 재고될 필요가 있다. 겉으로 보기에 전쟁과 아무관계 없는 듯 보이는 인물과 공간 안에 전쟁의 기운은 깊게 스며들어있다.

침묵을 낳는 껍질: 낯선 남자의 외투와 파지터 집안

만일 보호막이었던 껍질이 벗겨지고 속에 있던 내용물이 갑작스럽게 튀어 나온다면, 무방비상태로 있던 몽상가는 불편한 시각적 자극을 경험하고 심리적 충격을 받을 수 있다. 『세월』은 어린 여자의 마음에 충격을 주는 껍질을 보여준다. 낯선 남자의 겉옷이다. 1880년 어느 날 저녁 열 살짜리 소녀 로즈는 장난감 탄약을 사기 위해, 가족들 몰래 집 근처에 있는 장난감 가게에 혼자 원정을 간다. 한 손에 장난감 권총을 들고 전쟁놀이를 하며 상점으로 달려가는 중 로즈는 뜻밖의 장면을 목격한다. 우체통 옆에서 난데없이 한 남자가 나타나 음흉한 얼굴로 로즈를 쳐다보더니 보여서는 안 될 것을 드러내고 만다(26). 자신의 성기를 노출한 것이다.

시각적인 과잉에 충격을 받은 로즈는 자신이 본 것을 차마 말할 수 없다. 집에 돌아와 방에 홀로 있을 때 로즈는 마치 우체통 옆에 있던 남자가 자신과 함께 있다는 착각에 빠져들고, 자신의 의지와 관계없이 떠오르는 시각적인 이미지 탓에 도통 잠을 잘 수 없다. 언니인 엘리너에게 자신이 본 것의 실체를 말하려고 애써 보지만, 로즈가 할 수 있는 말은 "나는 봤어…"라는 목적어가 생략된 언어이다(40). 낯선 남자의 폭력은 로즈의 말문을 막히게 하고, 억압적인 침묵은 로즈를 고립된 영역에 가둔다. 시각적인 과잉으로 점철된 기억은 세월이 흐른 뒤에도 끝내 표출될 만한 출구를 찾지 못한다. 「1910년」에서 우체통 옆 남자에 관한 과거의 기억은 수면 위로 떠오르고 로즈는 누구에게도 말하지 못했던 사건을 엘리너에게 털어놓기를 원한다(158).

세월이 흐른 뒤에도 로즈는 여전히 말하기에 실패하고, 공감의 능력이 있는 청자를 끝내 확보하지 못한다. 이야기를 통한 치유의 기회는 로즈를 비껴간다. 공감의 능력이 있는 청자는 트라우마를 경험한 화자의 이야기를 들어주는 과정에서 치유에 관한 결정적인 역할을 할 수 있다. 예컨대 도리 라웁(Dori Laub)과 같은 비평가는 트라우마 치유에 있어 청자의 역할을 강조한다. 라웁에 따르면 트라우마를 겪은 화자는 사건을 드러내어 말함으로써 치유의 기회를 얻을 수 있다(69). 충격적인 경험을 진술하는 화자의 이야기를 들으며, 청자는 트라우마를 공유하는 증인이 된다(Laub 57).

페트리시아 모란(Patricia Moran)은 라웁이 강조한 공감하는 청자 개념을 울프 비평에 적용한다. 모란은 울프가 어린 시절 이복오빠인 제랄드(Gerald)와의 관계에서 생긴 "성적인 트라우마"(sexual trauma)를 극복하는데 있어 에델 스미스(Ethel Mary Smyth, 1858-1944)가 결정적인 역할을 했다고 말한다. 십대시절 오빠에게 당했던 성추행은 울프에게 오랫동안 상처를 남겼지만, 친구이자 여성운동가인 스미스와 편지를 주고받는 대화의 과정을 통해 어느 정도 트라우마를 치유할 수 있었다는 것이다. 1930년대에 두 인물이 주고받은 편지를 보면, 스미스가 울프의 "공감하는 청자" 역할을 했다는 점을 알 수 있다(Moran 186).

트라우마를 경험한 사람들은 감당하기 힘든 심리적 충격으로 인해 기억과 말을 잃어버릴 수 있다. 충격적인 사건에 매몰된 사람들은 심리적이고 육체적인 손상을 입어 자신이 겪었던 일을 논리정연하게 설명하는데 어려움을 겪는다. 상처를 치유 받지 못한 사람들의 말은 잘려지거나 조각난 언어로 파편화된 형태를 보여준다. 언어와 트라우마의 관계를 연구하는 이론가는 충격적인 기억(traumatic memory)과 서사적 기억(narrative memory)을 구분하기도 한다. 서사적 기억은 과거의 경험에 의거하여 통일성 있는 내러티브를 만들 수 있게 하는 일상적인 기억이다. 반면 충격적인 기억은 서사적인 기억과 달리, 말하는 사람이 의식적으로 통제할 수 없는 형태의 기억이다.

부연하자면 충격적인 기억은 "의식적인 앎"과 구별되고 인간의 "자발적인 통제" 밖에 있다(van der Kolk and van der Hart 160). 트라우마를 극복하지 못한 사람은 충격적인 기억을 언어로 제대로 표현할 수 없다는 특징을 보여준다. 충격적인 기억은 트라우마를 경험한 주체의 몸에 기록된 "몸의 기억"이고 온전히 "발화되지 못한 것"으로 볼 수 있다(Culbertson 178). 로즈의 경우에도 우체통 옆 남자의 노출 장면은 서사적인 기억과 구별되는 충격적인 기억으로 남는다. 『세월』은 낯선 남자의 외투 안 '속살'이 훗날 로즈에게 어떤 영향을 주었는지 인과관계에 대하여 세세하게 설명하지는 않지만, 성인이 된 로즈는 과격한 운동에 가담하여 교도소 출입을 빈번하게 하는 등 사회에 적응하지 못한다. 그러나 어린 시절 로즈가 보았던 낯선 남자의 속살은 성인이 된 로즈에게 부정적인 힘을 행사한다. 로즈는 타인과 마음을 터놓고 대화하지 못하고, 자신의 분노를 우회적인 방식으로 해결할 뿐이다.

『세월』에서 말하기의 문제는 로즈뿐 아니라 엘리너가 당면한 어려움이기도하다. 「1911년」장에 등장하는 엘리너는 스페인에 다녀온다. 사촌지간인 샐리(사라)는 스페인 여행에서 돌아온 엘리너에게 스페인에서 무엇을 보았냐고 물어본다(187). 엘리너는 "대단히 근사한 것들—건물들, 산들, 평원의 붉은 도시"를 보기는 했지만 그것을 말로 어떻게 표현해야할지 알지 못해서 "보기는 했는데…"(187)라고 말을 얼버무린다. 엘리너는 왜 말을 끝맺지 못할까? 나이가 들수록 엘리너는 말하는데 있어 어려움을 겪는다. 노화현상 때문에 기억력이 자연스럽게 감퇴했다고 생각해 볼 수도 있다.

그러나 엘리너가 당면한 표현의 어려움의 문제를 보다 본질적인 차원에서 보자면 여성을 억압하는 사회의 구조와 관련이 있다. 엘리너가 겪는 말하기의 문제는 여성으로서 활동과 교육의 제약을 받았던 환경에 기인하는 면이 있다. 아버지가 죽고 나서야 비로소 집을 떠나 처음으로 외국여행을 다녀온 여성 엘리너는 스페인에서 다양한 것들을 보지만, 그처럼 놀라운 풍경을 기억하여 언어화할 수 있는 훈련을 받지 못했다. 스페인에서 본 풍경을 언어로 옮기지 못하는 엘리너의 상황과 낯선 남자의 외투 안 속살을 본 후 말을 잃은 로즈의 상황은 여성을 억압하는 사회문화의 구조에서 파생된다. 또 다른 상황에서도 엘리너는 말을 끝맺지 못하는 문제를 겪는다. 사촌지간인 사라와 대화하는 아래의 장면을 보면, 엘리너는 자신이 살아온 인생이 무엇인지에 대해 말로 표현하지 못한다.

> "My life…" she said aloud, but half to herself.
>
> "Yes?" said Sara, looking up.
>
> Eleanor stopped. She had forgotten her. But there was somebody listening. Then she must put her thoughts into order; then she must finds words; I can't tell anybody. (348)

> "내 삶은…" 그녀는 소리를 냈지만 절반은 혼잣말로 말했다.
>
> "응?" 사라는 쳐다보면서 말했다.
>
> 엘리너는 멈췄다. 그녀에 대해서는 잊고 있었다. 그러나 듣는 사람이 있었다. 그렇다면 생각을 정돈해야한다. 그리고 단어를 찾아야한다. 나 누구한테도 말을 못하겠어.

마지막 문장에서 엘리너는 "누구에게도 말을 못 하겠어"라는 독백조의 말을 한다. 엘리너가 아닌 그 누구라도 자신이 살아온 삶을 언어로 명확하게 표현하기란 어려운 일이겠지만, 울프는 나이든 엘리너가 겪는 말의 문제를 소설의 뒷부분에서 강조하여 드러낸다. 앞부분에서 섹슈얼리티 관련 트라우마를 겪은 로즈가 말을 잃는다면, 내러티브가 진행될수록 겉으로는 아무런 문제가 없어 보이는 엘리너가 말을 잇지 못하는 모습을 보인다. 엘리너 본인도 말을 끝맺지 못하는 자신의 한계를 인지하고, 이러한 상황에 대해 답답함을 느낀다.

언어의 한계에 봉착한 엘리너는 남성의 힘을 빌려 답답함을 해결하기를 욕망한다. 아래의 인용문은 노년의 엘리너가 교육받은 남성인 니콜라스에게 심리적으로 의지하고, 남성을 통해 언어 표현의 한계를 극복하기를 원하는 마음을 가졌다는 점을 드러낸다.

> "Nicholas…" she said. She wanted him to finish it; to take her thought and carry it out into the open unbroken; to make it whole, beautiful, and entire.
>
> "Tell me, Nicholas…" she began; but she had no notion how she was going to finish her sentence, or what it was that she wanted to ask him. (351)

> "니콜라스…" 그녀는 말했다. 그녀는 그가 마무리해주길 원했다. 자신의 생각을 가져가 끊김이 없이 표현하고, 그것을 하나로, 아름답게, 그리고 전체로 만드는 것.
>
> "니콜라스, 말해보렴…" 그녀는 시작했다. 그러나 말을 어떻게 맺어야할지를 몰랐다. 아니면 무엇을 물어보면 좋을지 모르는 것일 수도 있었다.

교육받은 남성의 힘을 빌려 말을 완성하고 싶다는 엘리너의 욕구에 대해 생각해 볼 필요가 있다. 우선 남성과 여성의 양육방식을 달리 했던 영국 사회의 문제점을 지적할 수 있을 것이다. 교육받은 남성은 생각을 자유롭게 표현할 수 있는 한편, 교육의 기회를 애초부터 박탈당한 여성은 언어를 다루는데 큰 어려움을 느낀다. 그런데 이에 못지않게 심각한 문제는 여성이 갖게 되는 모방 욕구이다. 여성이 언어 사용의 한계를 경험하게 되는 것도 사회적인 문제이지만, 남성이 만들어낸 언어 스타일을 모방하고 싶어 하는 것 자체도 남성중심의 사회가 낳은 부작용이다. 울프는 남성의 언어 스타일을 모방하고자 하는 여성의 심리를 작품을 통해 보여줌으로써, 젠더 불평등이 여성에게 주는 억압의 양태를 드러낸다.

예를 들어 울프의 1925년 작 『댈러웨이 부인』에는 남성의 언어를 모방하는 여성이 등장한다. 영국의 귀족집안 여성이자 저명한 장군의 손녀로 나오는 레이디 브루턴(Lady Bruton)은 영국사회를 지탱하고 있는 지배계급의 가치체계를 상징하는 인물이다. 권력지향적인 레이디 브루턴은 재력과 가문의 명성을 이용하여 사회활동에 참여한다. 레이디 브루턴은 리처드 댈러웨이를 비롯하여 보수당 정치인과 친분을 나누고 자신의 목소리를 내는 여성이지만, 정작 스스로는 제대로 된 글을 쓰지 못한다. 레이디 브루턴은 「더 타임즈」(*The Times*)의 편집인에게 편지를 보내려고 한다. 건강하고 머리가 좋은 영국의 젊은 커플을 국가 차원에서 선발하고 캐나다로 이민을 보내어, 이른바 '신'식민지를 건설하자는 제안을 하고 싶은 것이다. 그러나 편지를 쓰는 일은 휴 휘트브레드(Hugh Whitbread)에게 부탁한다.

레이디 브루턴이 휘트브레드에게 편지 쓰는 것을 도와달라고 하는 데는 그만한 이유가 있다. 사실 울프의 묘사에 따르면 휘트브레드는 전형적인 속물로 옷과 스타일에만 관심을 두는 남성이고 제대로 된 글을 쓸 만한 지력과 감성을 갖추지 못했다. 중상류층 출신인 휘트브레드는 귀족집안의 딸 에블린(Evelyn)과 결혼하여 신분상승을 하고, 그 덕에 왕실의 하위 행정직을 얻어 궁궐출입을 하고 있다. 클라리사의 오랜 친구이자 자유분방한 여성으로 등장하는 샐리(Sally)는 휘트브레드를 완전히 머리가 빈 남자로 여기면서 경멸한다. 휘트브레드는 영국 "퍼블릭 스쿨의 완벽한 표본"이며, "아무것도 읽지 않을" 뿐 아니라 "아무것도 느낄 줄 모르는" 속물이다(73). 샐리의 판단에 따르면 휘트브레드는 "오직 영국이라는 국가만이 낳을 수 있는" 인물이다(73). 레이디 브루턴이 보기에도 휘트브레드는 본받을만한 지성과 글쓰기 능력을 갖춘 남성은 아닐 것이다. 그럼에도 불구하고 레이디 브루턴이 휘트브레드에게 편지 쓰기를 부탁한 것은 휘트브레드가 사회가 인정하는 좋은 필체를 가졌기 때문이다. 이에 더하여 휘트브레드는 남성중심의 영국사회가 인정하는 편지쓰기의 기술적인 측면을 알고 있다. 휘트브레드는 편집자의 취향과 신문사가 추구하는 가치관을 간파하여 적절한 편지 레토릭을 구사할 줄 아는 남성이고, 레이디 브루턴은 이러한 사실을 이용하여 자신의 의견을 관철시키고자 한다. 공적인 글을 쓸 줄 아는 남성의 힘을 빌려 영향력을 행사하려는 것이다.

『댈러웨이 부인』에 나오는 레이디 브루턴이 남성의 힘을 빌려 권력을 키우려는 여성인 반면, 『세월』의 중심인물인 엘리너는 교육받은 남성의 지력을 신뢰하지만 권력에 대한 의지를 갖고 있지 않다. 가부장적인 환경에서 자란 맏딸 엘리너는 처음부터 권력의 중심부에서 밀려나 있었을 뿐 아니라, 스스로도 권력을 포기한다. 아버지가 죽은 이후 큰 집에서 작은 집으로 옮기고 하녀 크로스비에게 연금을 주어 독립시켜주는 것에서도 알 수 있듯이, 엘리너는 나이가 들수록 조금씩 자기만의 자유를 찾아가는 모습을 보인다. 자기만의 방을 갖고 여행을 하는 등 삶의 소소한 자유를 찾아가는 과정에서 엘리너는 성장하지만, 사회의 주류인 남성의 언어를 동경하는 마음까지 버리지는 못한 것이다. 울프는 이러한 엘리너를 냉소적으로 바라보지 않는다. 오히려 말을 맺을 능력이 없는 엘리너를 통해 여성이 견뎌야했던 억압의 시간과 흔적을 보여준다. 긴 세월동안 살았지만 자신의 삶을 말로 표현할 수 없다는 것에 대한 엘리너의 한탄은 독자로 하여금 다소 측은하면서도 애틋한 감정을 일으키는 것이다.

열리는 껍질

『세월』의 후반부에서 울프는 엘리너의 외관—껍질—과 내면의 차이를 보여주기도 한다. 겉으로 보기에 반항적이고 마음속에 불을 품은 듯 보이는 여동생 로즈와 달리, 엘리너는 외관상 침착하고 헌신적인 여성으로 보인다. 평생 결혼을 하지 않고 가족의 뒷바라지를 하는데 청춘을 보낸 엘리너는 자신의 선택에 대해 후회하지 않는다. 사람들과 대화하는 중에 "누구나 결혼을 해야 하는 것은 아니다"(353)라는 진보적인 발언도 한다. 독신으로 살면서 사회활동에 참여하는 엘리너의 모습은 건설적인 꿈을 꾸는 여성의 본보기로 보일 수도 있다. 소설의 마지막 섹션인 「현재」 장에서 엘리너는 노인이 되었지만 원기왕성해보이고 건강한 에너지와 활력을 갖추었으며 여행도 다닌다. 소설의 앞장에서 가보려고 마음먹었던 나라인 인도에도 다녀온다.

온건한 방식으로 삶을 꾸려나가는 엘리너의 겉모습 속에는 무엇이 있을까? 『세월』의 화자는 이와 같은 질문에 지속적으로 반응하게 한다. 이 지점에서 『세월』은 바슐라르가 쓴 『공간의 시학』과 만난다고 볼 수 있다. 울프는 사람과 사물의 다양한 표면들을 보여주면서, 『공간의 시학』이 제시하는 핵심 테제—갑각류의 껍질 속에는 무엇이 있을까?—를 사유하도록 유도한 것이다. 이러한 서술기법은 1920년대에 출판되었던 울프의 대표작 『댈러웨이 부인』이나 『등대로』의 화자가 인간의 내면을 탐험하면서 깊은 곳에 있는 언어와 감정을 끌어올려 독자에게 보여주는 것과 다소 차이가 있다. 『세월』의 화자는 눈에 보이는 겉 표면을 뚫고 들어가기보다, 마치 표면을 어루만지는 것 같은 기법을 차용하면서 독자의 상상력을 연다. 이러한 점에서 『세월』의 내러티브를 이어가는 화자는 상당히 조심스럽고 인물에 대한 '예의'를 지킨다. 그 누구에게도, 어떤 공간에도 무례하게 침입하는 것을 싫어하는 것 같다.

조심성 있는 『세월』의 화자는 엘리너의 마음 속 깊은 곳에 무엇이 있는지를 활짝 열어 보이지 않는다. 『세월』의 화자가 엘리너의 내면을 표현하는 한 가지 방식은 엘리너의 돌출화법을 표현하는 것이다. 울프는 엘리너가 내뱉은 뜻밖의 말을 통해 온건한 표면 '속'에 무엇이 있는지를 상상하게 한다. 「현재」 장에서 엘리너는 조카인 페기와 대화를 하는 중 다소 맥락에 맞지 않은 행동을 한다. 종이를 찢으면서 "젠장"(dammed)이나 "빌어먹을"(bully)과 같은 욕설 투의 말을 내뱉는 것이다(313). 엘리너가 이러한 말을 했다는 것은 페기에게 충격적이다. 페기는 수십 년 동안 엘리너와 알고 지냈지만, 지금까지 단 한 번도 엘리너가 그런 식의 거친 말을 하는 것을 보지 못했기 때문이다. '어울리지' 않는 말을 한 엘리너의 화법에 깜짝 놀란 페기는 엘리너의 말이 무엇을 의미할까 곰곰이 생각해본다. 서술자는 페기가 엘리너의 욕설 화법에 충격을 받은 이후, 곧 흥미를 느꼈다고 말한다.

> Next moment she was amused; but still she had been shocked. For when Eleanor, who used English so reticently, said "damned" and then "bully," it meant much more than the words she and her friends used. (313-14)
>
> 이어서 그녀는 흥미를 느꼈다. 여전히 충격을 받은 상태이기는 했다. 그토록 절제된 방식으로 영어를 사용했던 엘리너가 "젠장"과 "빌어먹을"이라는 말을 했다는 것은 그녀가 자신의 친구들과 사용하는 말 이상을 의미하기 때문이다.

엘리너의 조카 페기는 의사로 전문직을 가진 여성이다. 1930년대 초반 소위 '신여성'으로서 살아가는 페기는 결혼하지 않고, 원하는 일을 하며 자신이 원하는 방식대로 말을 한다. 당시 영국여성으로서는 자유롭게 살아가는 페기에게 "젠장"이나 "빌어먹을"과 같은 단어는 친한 친구끼리 잘 쓰는 일상의 언어이다. 그러나 19세기 중상류층 영국 여성이 대부분 그러했듯이, 엘리너는 규범에 맞는 영어를 사용하고 전형적인 여성의 화법을 가진 인물이다. 따라서 엘리너가 갑자기 과격한 스타일의 언어를 발설하는 것은 페기의 눈에 독특하게 보일 수밖에 없다.

『세월』의 앞부분인 「1880년」장에서 거친 말투를 쓰는 마틴을 누나 밀리가 엄마 흉내를 내면서 가볍게 책망했던 것을 기억한다면, 언어사용과 젠더 정체성이 얼마나 밀접한 관계를 맺는지를 쉽게 짐작할 수 있다. 파지터 집안의 '언니' 혹은 '누나'인 엘리너와 밀리가 평상시 쓰는 언어는 다분히 젠더화된 언어로써, 영국 중상류층 집단의 가치규범 틀 안에서 만들어진 것이다. 파지터가의 맏딸 엘리너는 빅토리아 여성을 표상하는 엄마 로즈가 구사했던 언어와 화법을 답습하고, 노년이 될 때까지 다른 형태의 말투를 사용해본 적이 없었던 것이다. 늘 절제된 언어를 구사하던 엘리너가 종이를 찢는 과격한 행동을 하면서 욕설 같은 단어를 말한다는 것은 규격화된 표면에 파열을 일으키는 언술행위로 볼 수 있다. 이러한 파열은 사회적인 '건강'함을 갖춘 엘리너의 안정된 표면—껍질—속에 해결되지 못한 복잡한 감정이 숨겨져 있다는 것을 암시한다. 분노나 회한, 혹은 말하여지지 못한 다른 감정들이 엘리너의 깊은 내면에 응축되어 존재함을 눈치 챌 수 있는 것이다.

그렇다면 엘리너의 '껍질' 속에 있는 그 수많은 말들을 어떻게 할 수 있을 것인가? 남성위주의 기존의 사회가 구축한 언어의 질서를 이탈하면서 엘리너는 자유롭게 말할 수 있을 것인가? 때로는 시원하게 욕을 하는 것도 도움이 될 수 있겠지만, 그보다 더 창조적이고 '나'다운 말을 찾는 방법은 없을까? 소설은 '프로파간다'가 아니라고 보았던 울프는 이에 대한 답을 주지 않는다. 다만 『세월』은 엘리너의 시선을 빌려 한 가지 비전을 제시한다. 소설의 마지막 장면에서 델리아가 연 파티가 끝나고, 집 밖에서 엘리너는 델리아와 함께 서있다. 그 때 엘리너는 무척 "사랑스러운" 장면을 본다(412). 엘리너의 눈에 사랑스럽게 비추어진 풍경은 신혼부부로 짐작되는 한 쌍의 남녀 커플이 택시에서 내린 후, 함께 집에 들어가는 모습이다.

> She was watching a taxi that was gliding slowly round the square. It stopped in front of a house two doors down.
>
> "Aren't they lovely?" said Delia, holding out the flowers.
>
> Eleanor started.
>
> "The roses? Yes…" she said. But she was watching the cab. A young man had got out; he paid the driver. Then a girl in a tweed travelling suit followed him. He fitted his latch-key to the door. "There," Eleanor murmured, as he opened the door and they stood for a moment on the threshold. "There!" she repeated as the door shut with a little thud behind them. (412)

> 그녀는 스퀘어로 느리게 활주하는 택시를 보고 있었다. 그것은 두 문 아래 있는 집 앞에 섰다.
>
> "사랑스럽지 않아?" 델리아는 꽃을 들고 말했다.
>
> 엘리너는 정신이 들었다.
>
> "장미 말이야? 응…" 그녀는 대답했다. 그러나 그녀는 택시를 보았던 것이다. 한 젊은 남자가 나왔다. 그는 운전사에게 택시비를 주었다. 그때 트위드 여행복 차림을 한 여자가 그를 따라 나왔다. 남자는 문에 열쇠를 꽂았다. 남자가 문을 열고 문틈에 잠시 서있을 때, 엘리너는 "저기"라고 말했다. 그들을 뒤로 하고 작은 쿵 소리와 함께 문이 닫힐 때, 그녀는 "저기"라고 다시 말했다.

엘리너가 보는 '택시' 장면은 울프가 1929년 출판된 『자기만의 방』에서 양성적인 마음의 비유로 제시한바 있다. 『자기만의 방』의 마지막 장인 6장에서 울프는 젊은 남녀가 택시를 타는 모습을 묘사하면서, 작가 본인이 생각하는 양성적인 마음이 무엇인지 기술한다. 이 책의 3장에서 자세하게 논의했듯이, 울프는 택시 안에 남자와 여자가 함께 있는 것처럼, 남성성과 여성성이 조화롭게 공존하는 상태를 양성적인 마음이라고 보았다.

『자기만의 방』에 언급되어 있듯이, 양성적인 마음은 "아무런 방해를 받지 않고 감정을 전달"하고 "창조적이고 빛을 발하며 분열되지 않은" 상태의 마음으로, 좋은 글을 쓰기 위해 작가가 갖추어야 할 조건이다(128). 양성적인 마음을 체득한 작가는 사회가 부여한 젠더의 한계를 넘어 글을 쓰기 때문에, 텍스트에 자신을 드러내지 않을 수 있다. 따라서 글을 읽는 독자는 작가의 분노나 개인적인 감정을 느끼는 대신, 작품 그 자체에 몰입할 수 있다. 울프에 의하면 양성적인 마음을 갖는다는 것은 매우 어려운 일이기 때문에, 영국문학사에서 오직 소수의 작가만이 이를 성취할 수 있었다. 울프는 셰익스피어나 제인 오스틴을 보기 드물게 양성적인 마음을 성취한 작가로 꼽는다.

『자기만의 방』이 출판된 이후에도 울프는 꾸준히 양성적인 마음을 얻는 길을 모색한다. 『자기만의 방』에 이어 출판된 1931년 소설 『파도』에는 양성적인 원리를 작품에 구현하고자하는 작가의 노력이 돋보인다. 기존의 소설 장르가 보여준 것과는 달리, 『파도』에는 여섯 명의 중심인물이 등장하는데, 그 중 세 명이 남성이고 세 명이 여성이다. 성비를 일대일로 맞추면서 남성과 여성이 공존하는 텍스트의 공간을 구성한 것이다. 울프의 화자는 남자 셋 여자 셋을 꽃 하나를 이루는 꽃잎에 비유한다. 개별인물은 따로 존재하면서도 동시에 한 몸을 이룬다. 『파도』가 출판된 지 6년 후에 나온 소설 『세월』은 『파도』의 주를 이루었던 몽환적인 분위기를 제거하고, 작품 속 인물을 어수선한 현실에 배치시키고, 일상 속에서 뜻밖의 아름다운 풍경을 보게 한다. 『세월』의 마지막 부분에서 남녀가 함께 택시에서 내리는 장면이 엘리너의 마음을 사로잡는다는 설정은 우연이 아니다. 다 표현하지 못한 분노와 회한의 감정이 엘리너 속에 있다고 해도, 결국 엘리너가 원하는 것은 아무런 방해 없이 언어를 통해 감정을 표현할 수 있는 자유이다. 젠더의 굴레를 벗어난 말을 찾는 것이 노년기의 엘리너가 보여주는 꿈이다.

흥미롭게도 『세월』은 『자기만의 방』에서 보여준 택시 장면에 더하여, 남녀가 한 집에 들어가는 장면까지 보여준다. 여자가 여행복 차림을 한 것으로 보아 둘은 신혼여행에서 막 돌아온 것 같은 인상을 준다. 둘이 함께 내리는 택시에 이어서 등장하는 집의 이미지는 엘리너에게 신선한 충격을 준다. 젊은 남녀가 함께 들어갈 집의 문이 열리고, 둘이 문틈에 서있는 짧은 시간 동안 엘리너는 무슨 상상을 했을까? 『세월』에서 엘리너는 "저기"라고 말할 뿐, 더 이상 말을 이어가지는 않는다. 다만 울프는 엘리너가 끝맺지 못한 말 이면에 있는 마음을 보게 한다. 엘리너의 시선을 사로잡는 젊은 남녀의 집은 단단한 갑각류의 껍질보다 동적이고 '열린' 이미지를 갖고 있다. 문틈이 열리고 닫히는 집의 풍경을 보면서, 엘리너는 그 속에서 함께 살아갈 남자와 여자를 생각했을 것이다. 아버지가 지배했던 파지터가의 저택과 달리, 남자와 여자가 함께 사는 집은 엘리너와 울프가 상상하는 열린 공간—껍질—이다.

바랜 껍질에 더하는 빛

이 장을 시작하면서 언급한 '은신처의 몽상', 즉 껍질을 응시함으로써 이루어지는 상상적 행위는 차가운 '바깥' 세계에서 따뜻한 '안쪽' 세계를 향하는 도피의 욕망으로부터 시작된다. 보이지 않는 안쪽 세상에 시선을 집중시키는 몽상가의 태도는 현실도피의 욕구와 연관되지만, 울프는 현실로부터 탈피하여 불가능한 상상을 하는 몽상가를 비웃지 않는다. 『세월』이 보여주는 가장 '불가능'해 보이는 상상은 죽은 몸이 생명을 얻는 것이다. 파지터 집안의 엄마 로즈의 장례식 장면을 묘사한 『세월』의 「1880년」 장은 죽음과 삶이 하나로 연결되는 독특한 비전을 보여준다.

엄마의 장례식 날, 가족들은 로즈의 시신이 담긴 관을 바라본다. 서술자는 로즈의 관이 "너무나 새롭게 보여서" 땅속에 "영원히 묻힐 것"처럼 보이지 않는다고 말한다(82). 서술자는 딸 델리아의 시선에 초점을 맞춘다. 오랫동안 병 들었던 엄마가 차라리 빨리 죽기를 바라던 델리아는 무덤을 보면서 생각한다.

> There lay her mother; in that coffin —the woman she had loved and hated so. Her eyes dazzled. She was afraid that she might faint; but must look; she must feel; it was the last chance that was left her. Earth dropped on the coffin; three pebbles fell on the hard

shiny surface; and as they dropped she was possessed by a sense of something everlasting; of life mixing with death, of death becoming life. For as she looked she heard the sparrows chirp quicker and quicker; she heard wheels in the distance sound louder and louder; life came closer and closer. … (82)

저기 엄마가 누워 있었다. 그렇게 사랑했고 또 미워했던 여인이 저 관 속에 누워 있었다. 눈이 부셨다. 쓰러질까봐 두려웠지만, 보아야 한다. 그리고 느껴야 한다. 그것이 남아있는 마지막 기회였다. 흙이 관 위에 떨어졌다. 세 조각의 조약돌이 단단하고 빛나는 표면에 떨어졌다. 그것들이 떨어지는 동안, 그녀는 어떤 영원한 느낌, 죽음과 삶이 아우러진 것, 생명이 되는 죽음의 느낌에 사로잡혔다. 보는 동안에 그녀는 참새가 점점 더 빠르게 짹짹거리는 소리를 들었고, 먼 곳으로부터 점점 더 크게 들려오는 바퀴 소리를 들었으며 생명이 점점 더 가까이 다가오는 소리를 들었기 때문이다. …

시체를 봉인한 관은 생명의 끝을 보여주는 것이 아니라 삶으로 연결되는 문으로 표현된다. 델리아는 죽은 엄마가 언젠가 생명을 얻어 다시 살아난다면, 그 사건은 바로 이곳, 좁고 어두운 껍질에서 일어날 것이라고 생각한다. 델리아의 의식 안에서 죽음과 생명이 연결될 때, 귓가에 울리는 새소리와 바퀴소리는 활기차게 들린다. 바깥에서 들리는 힘찬 소리는 생명이 사라진 몸에 생기를 불어넣을 것 같은 예감을 준다.

세월이 간다는 것, 나이가 든다는 것은 점점 더 죽음을 향해 가는 것을 의미한다. 현실에 존재하는 불변의 원칙을 명확하게 인식하면서도, 작가로서의 울프는 문학을 통해 쇠퇴하는 몸에 생기를 입히고자 했던 것 같다. 『세월』의 마지막 장에서 작가는 델리아가 연 파티에 등장인물 거의 전부를 모이게 한다. 아프리카에 갔다가 돌아온 노스의 눈에는 모든 것이 "바랜 것"(dulled)처럼 보인다(355). 엘리너는 칠십이 넘은 노인이 되었고, 밀리는 과거의 모습을 알아볼 수 없을 정도로 뚱뚱해져있다(354). 엘리너의 조카인 노스의 시각을 빌려 묘사한 엘리너의 모습은 다음과 같다.

> They fall and fall and cover all, he murmured to himself and looked at his aunt, colourless save for a brown stain on her forehead; and her hair colourless save for a stain like the yolk of egg on it. All over he suspected she must be soft and discoloured like a pear that has gone sleepy. (357)

> 그들은 내려가고 내려가고 모든 것을 덮는다, 그는 중얼거리면서 고모를 보았다. 이마에 갈색 반점을 제외하고는 온통 바랜 얼굴이었다. 머리칼드 계란 노른자 같은 반점을 빼면 바랜 빛이다. 몸 전체가 시든 배처럼 물컹거리고 바래버리지 않았나 싶었다.

"그들은 내려가고 내려가고 모든 것을 덮는다"(357)는 구절은 델리아의 집에 초대받은 노스가 반복해서 읊는 혼잣말이다. 세월이 지나 다시 보는 파지터가 친척들의 모습은 쇠락의 이미지와 겹쳐진다. 또한 "색이 없는"(colourless)과 "퇴색한"(discoloured)이라는 단어가 반복되듯이, 노스의 눈에는 엘리너의 몸이 생기를 잃고 빛이 바랜 듯이 보인다.

나이가 드는 것의 쓸쓸함을 깊이 인식했던 울프는 노스의 인상을 기록하는 것을 넘어서, 엘리너를 위한 한 가지 실천을 한다. 엘리너의 빛바랜 껍질—몸—도 빛과 생명을 덧입을 수 있다는 암시를 주는 것이다. 『세월』의 시작부분부터 비가 내리듯이, 이 작품 초반부와 중반부의 날씨는 대체로 우중충하다. 비가 오거나 눈이 내리거나 바람이 분다. 하지만 울프는 『세월』의 마지막에서 날씨를 화창하게 묘사한다. 소설의 제일 마지막 줄은 아래와 같다.

> The sun had risen, and the sky above the houses wore an air of extraordinary beauty, simplicity and peace. (290)

> 태양은 떠올랐고, 집 위로 보이는 하늘에는 유난히 아름답고 단순하며 평화로운 분위기가 감돌았다.

엘리너는 자신의 힘으로 빛바랜 몸에 색을 입힐 수 없다. 그러나 작가 울프는 소설 마지막 부분에서 태양을 떠오르게 하고, 햇살을 통해 퇴색한 몸에 생기를 더한다. 빛으로 인해 하늘이 유난히 아름답게 보이는 것처럼, 노년을 살아가는 엘리너의 몸—껍질—에도 더하여지는 색이 있다. 파티가 끝난 다음에야 엘리너가 양성적인 마음에 대한 비전을 얻듯이, 엘리너가 새로운 색채를 덧입게 되는 시간은 인생의 화려한 '파티'가 끝난 다음이다.

지금까지 살펴본 것처럼 울프의 후기작 『세월』에 나타난 껍질의 이미지는 몽상가의 상상력을 강화하는 매개체가 될 뿐 아니라, 전쟁을 비판하고 여성에게 가해진 폭력을 드러내는 정치적 기능도 한다. 아울러 죽은 몸이 다시 살아나는 비전까지 제시한다. 1930년대 이른바 정치적 실천을 문학의 역할로 제시하는 여러 작가들은 울프가 보여준 상상력을 비웃을 수도 있겠지만, 울프는 껍질을 통한 상상력을 멈추지 않았다. 오히려 울프가 애도한 것은 상상력의 구심점이 되는 껍질을 해체하려는 전쟁과 폭력이었다. 또한 타인의 감정을 고려하지 않고 껍질 속 자신의 신체를 드러내는 남성의 폭력을 비판한다. 울프는 안의 세계에 관심을 기울이는 작가의 상상적 활동을 비하하는 동시대 작가들의 편견도 경계의 대상으로 삼았다. 1930년대에 유행했던 정치참여적인 문학에 의도적으로 거리를 둔 울프는 『세월』이라는 독특한 문학작품을 쓸 수 있었다. 텍스트의 곳곳에 껍질이라는 이미지를 기입하면서 사람과 사물의 안과 밖을 사유하게 하는 방식은 울프가 『세월』을 통해 보여준 특이한 문학기법이다.

이 장은 2014년 6월 출판된 『제임스조이스저널』 20권 1호에 수록된 필자의 논문 「단단한 껍질과 드러난 속살: 버지니아 울프의 『세월』에 나타난 이상한 풍경들」을 수정·보완하여 다시 쓴 것이다.

___ 첨언하자면 필자는 이 글의 초고를 2014년 4월 19일 서강대학교에서 열린 〈한국 버지니아 울프 학회〉에서 발표했다. 우리가 기억하는 2014년 4월 16일, 세월호 참사가 일어난 바로 그 주 토요일이었다. 소설의 제목 『세월』과 가라앉은 배의 이름이 같아서, 더욱 무거운 마음으로 발표를 마쳤다. 작가인 울프가 『세월』을 통해 빛바랜 껍질에 빛과 색을 더했다면, 문학공부를 하는 나는 누구를 위해 말해야 할 것인가? 아직 가라앉지 않고 구조된 입은 무엇을 어떻게 증언해야 할까? 이 질문은 앞으로 더욱 응답해야할 과제이다.

틈새비평

05.

『막간』, 기술복제시대의 소설

버지니아 울프 연구의 빈 곳을 찾아서

틈새 많은 소설

이 책의 제목이 『틈새비평』이라는 점에서 『막간』(*Between the Acts*, 1941)은 아마도 울프의 소설 중 가장 틈새가 많은 소설, 혹은 비평의 틈새를 가장 많이 제공하는 소설이라고 할 수 있을 것이다. 일반 독자들에게 『막간』은 울프의 저작 중 가장 난해한 작품으로 정평이 나있지만, 유독 비평가와 연구자들에게 분석의 대상으로 각광받는 편이다. 『막간』이 읽기 어려운 소설인 까닭은, 아마도 울프가 이 소설을 완성하고 난 뒤 본인이 만족할만한 수준의 탈고를 하지 못한 채 세상을 떠났다는 사실과 무관하지 않을 것이다. 울프는 1941년 2월말 『막간』을 완성한다. 다른 작품들에 비해 『막간』에 대한 울프의 불만족감은 유난히 컸다. 그 무렵 쓴 편지에 따르면 울프는 자기가 완성한 이 소설이 "너무 취약하고 파편적"이며 "너무 멍청하고 사소하다"고 묘사했다(*Letters, vi.* 482, 486). 또한 그녀는 이 책을 읽을 독자의 존재에 대해서도 매우 회의적이었다. 그 해 3월말경 울프는 남편 레너드 울프(Leonard Woolf, 1880-1969)와 당시 호가스 출판사를 함께 운영하던 존 레만(John Lehmann, 1907-1987)에게 기존의 출판 계획을 철회하고 가을 출판을 목표로 다시 쓰겠다고 의사를 밝혔다. 그러나 그로부터 채 하루가 지나지 않은 1941년 3월 28일, 울프는 우즈강에 투신하고 만다. 경찰의 대대적인 수색에도 불구하고 강물에 떠내려간 그녀의 시체는 4월 18일이 되어서야 발견되었다. 레너드는 그녀의 시신을 화장해서 그들이 함께 살았던 몽크스 하우스(the Monk's House) 정원에 유골을 묻었다. 레너드는 울프가 마지막 편지에서 자신의 글을 전부 파기해 달라고 한 부탁을 따르지 않고, 그 해 말 『막간』을 출판했다.

이러한 내막을 알고 『막간』을 읽는다면 독자들은 작가나 예술가에게 글쓰기나 예술 창작의 과정이 수반하는 고통에 대해 한번쯤 생각해볼 수 있을 것이다. 흔히들 '창작의 고통'이란 표현을 쓴다. 창작자는 무엇 때문에 고통 받는가? 고통의 원인에는 작가의 심리적, 개인적 요인과 외부적 요인이 복잡하게 얽혀있어 선불리 넘겨짚을 순 없겠지만, 한 가지 분명한 것은 창작의 고통에는 언제나 창작자와 창작물, 그리고 수용자 간 복잡한 삼각관계가 연루되어 있다는 것이다. 만약 창작물이 글의 형태라면, 작가는 글을 쓰는 동안 때때로 자신의 의도한 바를 적절하게 표현할 수 없음에 불만족을 느끼기도 하고 다음에 쓸 내용이 떠오르지 않아 괴로워하기도 한다. 또한 자신이 쓴 글이 평단의 인정을 받거나 출판시장에서 성공을 거둘 수 있을까 걱정하는 작가도 있는가하면, 문학이나 예술이 현실에서 어떤 역할을 해야 하는지, 독자나 관객에게 어떤 영향을 주어야 하는지 깊이 고민하는 작가도 있을 것이다. 영화나 극예술과 같이 여러 사람이 제작에 연루되며 투입되는 자본의 규모가 크고 작품의 성패가 시장논리와 직결되는 대중예술의 경우라면 그 삼각관계는 훨씬 더 복잡해진다.

『막간』은 이러한 창작의 과정에 수반되는 모든 가능한 고민들을 끄집어내는 한편, 예술가와 관객 사이의 상호작용을 가장 역동적으로 그려내는, 일종의 자기반영적(self-reflexive) 소설이다. 『막간』은 1939년 6월 어느 하루 동안 벌어지는 이야기로, "영국 심장부의 외딴 마을"에 위치한 시골 저택 포인츠 홀(Pointz Hall)의 테라스에서 열리는 야외극을 중심으로 펼쳐진다(16).[1] 소설의 자기반영적 특성은 특히 야외극의 극작가이자 연출가인 라트롭 양(Miss La Trobe)과 야외극의 아마추어 배우이자 관객인 마을사람들 간의 상호관계를 통해 드러난다.

이 소설은 제인 오스틴의 소설들처럼 마치 '2인치의 상아조각 위에 새겨진' 것과 같은 조밀하고 섬세한 필치를 기대하거나, 등장인물의 활약과 기승전결이 뚜렷한 서사를 선호하는 소설 독자들에게는 적잖은 어려움과 실망감으로 다가올 수 있을 것이다. 울프의 기존 문체에 익숙한 독자들에게 마저 『막간』은 덜 완성된 것 같은 인상을 준다. 울프의 다른 작품들에 비해 문장은 짧게 뚝뚝 끊어지고, 인물들의 의식의 흐름은 기억을 소환하기 보다는 말줄임표와 함께 침잠하며, 화자는 도무지 장면을 묘사하거나 상황을 설명하려 들지 않는다. 인물들의 대화도 독자로 하여금 발화된 말보다 끝내 발화 되지 못한 것들을 상상하게 한다. 이러한 작품의 틈새는 실패의 흔적으로 여겨질 수 있지만, 관점을 바꾸어 생각해보면 일반 독자들에게는 상상의 공간을, 문학을 공부하는 사람들에게는 풍부한 질문거리와 함께 비평의 장을 활짝 열어젖혀주기도 한다.

울프가 『막간』의 집필을 구상한 1930년대는 독일의 히틀러와 이탈리아의 무솔리니를 주축으로 한 파시즘이 유럽 전역에 검은 그림자를 드리운 시기이다. 파시즘의 대두는 『막간』의 시간적 배경으로부터 약 3달 후인 1939년 9월, 2차 세계대전의 발발로 이어진다. 또한 30년대는 보도사진, 유성영화, 라디오 등 새로운 대중매체기술

1 Virginia Woolf, *Between the Acts* (San Diego: Harcourt, 1941). 본문 속에 『막간』을 인용할 경우 괄호 안에 페이지 수만 표기하기로 한다.

의 비약적인 발전과 보급이 이루어진 시대이기도 하다. 이 시기 영국 문단에서는 시인 W. H. 오든(W. H. Auden)을 위시한 이른바 '오든 세대'(the Auden Generation)로 불린 젊은 남성 작가 그룹이 좌파적 성향을 띄며 문학의 정치 참여를 부르짖고 있었다. 울프는 오든 세대와는 분명한 거리를 두었으며, 예술과 정치는 너무 유착되기 보다는 분리되어야 한다고 생각했다. 마이클 레빈슨(Michael Levenson)이 밝히듯이, 울프와 같은 실험적 글쓰기를 하는 작가들에게 30년대는 두 가지 형태의 새로운 압박을 가했다. 하나는 폭발적으로 발전한 미디어와 광고 산업의 엄청난 영향력이 가하는 압박이었고, 다른 하나는 정치적 상황이 그들이 추구해온 형식적 어려움, 지적인 요구, 감각에의 도전에 가하는 압박이었다(Levenson 269). 이러한 역사적 배경을 염두에 두고 『막간』을 읽는 독자들은 순수문학이 폭력과 광기를 낳고 있는 정치적 현실 앞에 문학이 무얼 할 수 있을지에 대한 울프의 깊은, 때로는 절망 섞인 고민의 흔적을 발견할 수 있을 것이다.

이 글에서는 『막간』을 동시대에 쓰여진 예술비평인 발터 벤야민의 에세이 「기술복제시대의 예술작품」과 함께 놓고 읽기를 시도해본다. 벤야민은 파시즘과 대중매체와 예술의 상관관계를 가장 통찰력 있게 들여다본 당대 사상가 중 한 명이다. 벤야민은 울프가 『막간』을 탈고하기 약 5년 전 이 에세이를 집필했다. 얼핏 보기에 이 에세이는 선사시대부터 당대까지 아우르는 인류의 예술사에 대한 소논문으로 읽힌다. 벤야민은 왜 독일 내 파시즘이 대두하고 있는 이 시점에 테라코타와 석판화, 사진술 등을 망라한 예술사를 썼을까? 그리고 울프는 왜 2차 세계대전이 한창인 때에 전쟁의 무대에서 비껴난, "영국의 심장부"에 위치한 어느 시골 저택 앞에서 열리는 야외극에 대한 소설을 썼을까? 이 글은 이러한 궁금증에서 출발하며, 두 저술을 나란히 놓고 꼼꼼히 읽기를 통해 그들 사이에 존재하는 주제적 공통점을 밝혀내고자 한다. 필자는 이러한 독법을 "겹쳐 읽기"라 부를 것이다.

사실 이와 유사한 시도는 일찍이 파멜라 코기(Pamela L. Caughie)가 편저한 2000년 작 『기술복제시대의 버지니아 울프』(*Virginia Woolf in the Age of Mechanical Reproduction*)에서 이루어진 바 있다. 이 책은 울프의 예술적 실험이 장르와 매체의 경계넘기(border crossing)를 하는 양상에 주목하고, 울프의 타 예술장르와 새로운 테크놀로지 사용에 대한 기존 연구를 보강하려는 기획 아래 쓰여졌다(Caughie xxxiv). 이 책에 실린 10편의 에세이는 1920년대부터 30년대 울프의 주요 저작을 고르게 다루고 있는데, 이 중 보니 킴 스콧(Bonnie Kime Scott)과 마이클 트래트너(Michael Tratner)가 쓴 글이 『막간』을 중점적으로 다루고 있다. 두 비평가 모두 벤야민의 기술복제 에세이에서 영감을 받아 소설을 분석한다. 스콧은 라트롭 양의 야외극에 쓰인 축음기와 확성기라는 기계의 전복적인 역할에 중점을 두는 반면, 트래트너는 벤야민의 파시즘의 시대 혁명적 예술의 필요성에 대한 논의를 "혁명적인 예술은 반드시 기술매체를 기반으로 해야 하는가?"라는 질문으로 응수하며 비 기술매체인 울프의 작품이 "소설"로서 가지는 혁명적인 잠재성을 밝힌다. 벤야민을 언급하지는 않지만, 이들보다 조금 앞 서 나온 미셸 프리드모어-브라운(Michele Pridmore-Brown)의 비평은 스콧의 주제를 더 촘촘히 다루며 야외극 속 축음기가 어떻게 파시즘의 시대 전복적인 역할을 수행하는지를 논한다. 필자의 글은 울프와 벤야민을 나란히 두고 읽되, 이 세 비평가가 남겨놓은 "빈 틈"을 매우고자 하는 시도이다.

겹쳐 읽기를 통해 필자가 새롭게 찾아낸 결과는 다음과 같다. 첫째, 벤야민은 대량복제기술로 인해 예술사에서 일어난 사건으로 제의가치(cult value)에서 전시가치(exhibition value)로의 이행에 주목한다. 울프의 소설에 등장하는 다양한 형태의 예술품들—건축물, 초상화, 야외극—은 이 이행을 반영할 뿐만 아니라 이러한 이행이 개개인이면서 동시에 집단인 수용자들의 감상경험에 어떤 영향을 주는지 밝혀준다. 둘째, 울프의 소설 속 주인공들은 야외극이 시작되기 전과 막간에 포인츠 홀에서 내려다보이는 전망을 바라본다. "전망을 바라본다는 것"은 어떤 의미인가? 이에 대해 해답을 벤야민의 아우라 개념에 기대어 찾아볼 수 있을 것이다. 벤야민에 따르면 전망을 바라보는 행위, 즉 관망은 자연적 대상물의 아우라를 체험하는 행위이며, 과거와 현재, 전통과 새로움의 간극 혹은 단절이라는 문제와 연관이 있다. 울프는 파시즘의 시대 "관망"한다는 것에 새로운 의미를 부여한다. 궁극적으로 이 글은 벤야민이 제시한 기술복제시대 안에 『막간』을 위치시킴으로써 이러한 시대 소설의 역할과 소설을 읽는다는 것의 의미를 사유해보려 한다.

「기술복제시대의 예술작품」 읽기

먼저 벤야민은 왜 이 시점에 테라코타와 석판화, 사진술 등을 망라한 예술사를 썼을까 라는 질문에 답해보고자 한다. 벤야민의 예술사에 대한 논의는 사실 예술철학자로서 당대 정치 상황에 대한 날카로운 비판적 반응이라 할 수 있다. 벤야민은 머리말에서 자신이 본론에서 논할 예술이론의 새로운 개념들은 "파시즘의 목적을 위해서는 전혀 쓸모가 없"을 것이며, 예술의 정치에 있어 어떤 "혁명적인 요구들을 정식화하는 데 쓸모가 있을 것"임을 분명히 밝힌다 (218). 벤야민은 예술사의 커다란 단절을 가져온 중요한 사건으로, 19세기 전기의 발명을 기반으로 1900년경 등장한 (기존의 복제기술의 규모와는 차원이 다른 형태의) 대규모 복제기술과 영화라는 신예술을 꼽는다. 이 둘 다 인간이 공간과 시간을 경험하는 방식과 감성적 지각 방식에 큰 영향을 미쳤으며, 나아가 기존의 예술의 개념 자체를 변모시켰다는 것이다.

전통적으로 예술작품의 '지금(now)과 여기(here),' 즉 예술작품이 처한 특정 장소와 특정 시간에서만 감지할 수 있는 유일무이한 현존의 경험은 원본의 진품성 개념을 형성해왔다. 벤야민은 이것을 '아우라'(aura)라고 부른다. 그러나 20세기 출현한 대량복제기술은 예술품을 대량으로 복제하는 것을 가능하게 함으로써 전통에서 예술품을 떼어냈으며, 복제품과 수용자 사이의 거리를 단축시켰다. 예컨대 레오나르도 다빈치(Leonardo da Vinci, 1452-1519)의 유명한 회화 「모나리자」(Mona Lisa)가 대량복제기술을 통해 루브르 박물관 기념품점에서 판매하는 티셔츠 디자인에 들어가고, 우리가 그 티셔츠를 사 입음으로써 우리와 「모나리자」 사이 거리는 유례없이 가까워졌지만, 그 과정에서 원본만이 갖고 있는 고유한 아우라는 사라지는 것이다. 대량복제기술은 복제품으로 하여금 각각 다른 상황에 있는 수용자에게 가까이 다가가게 함으로써 "복제된 대상을 현재화"

한다(221). 벤야민은 이러한 아우라의 파괴를 "대상을 그것을 감싸고 있는 껍질에서 떼어내기"에 비유한다(223).

벤야민은 아우라의 파괴를 부정적인 변화로 보지 않는다. 그는 아우라 파괴 과정의 가장 강력한 행위자로 영화예술을 꼽으며 영화가 사회변혁에 주요한 역할을 할 수 있음을 암시한다. 영화의 출현은 예술 수용자의 규모를 엄청나게 증대시켰다. 회화와 같은 기존 예술품을 대하는 관람자의 태도가 주로 소극적·수동적 감상에 머물렀다면, 관객이 영화관에서 영화를 보는 방식은 적극적이고 진보적인 형태로 바뀌었다는 것이다. 벤야민은 이러한 차이를 설명하기 위해 동시대 예술가인 파블로 피카소(Pablo Picasso, 1881-1973)와 찰리 채플린(Charlie Chaplin, 1889-1977)을 예로 든다. 관객이 피카소의 큐비즘 회화의 고도로 추상화된 이미지를 감상할 때 소극적·수동적 자세를 취한다면, 찰리 채플린의 슬랩스틱코미디 영화를 볼 때에는 한껏 웃고 즐기면서 동시에 적극적인 비평가의 모습을 띰으로써 "비판적 자세와 향유하는 자세의 일치"가 이루어진다는 것이다(234). 이는 영화관에서 대중들이 함께 영화를 볼 때 개개인의 반응이 합쳐져 집단 반응을 형성하는 과정에서 "서로를 조절"하게 되기 때문이다(234). 또한 빠르게 전환되는 이미지들이 자아내는 충격효과(shock effect)는 대중들의 현대 대도시 사회의 충격경험에 빨리 적응하고자 하는 갈증을 풀어줌과 동시에 관객에게 충격을 가함으로써 이데올로기의 틈을 발견하도록 유도하는 다다이즘과 같은 진보적 예술의 특징 또한 충족시킨다. 당대 성행한 뉴스릴(newsreel)[2]

2 뉴스릴(newsreel)은 20세기 초반 성행한 짧은 다큐멘터리 영화로 공공장소

이나 러시아 다큐멘터리 영화의 경우 대중을 영화 속 배우로 변모시켜 수용자의 역할을 넘어서 행위자로 보여주기도 한다. 이러한 다수의 특성들이 맞물려 (영화)예술이 관객의 비판적·능동적 반응을 불러일으킬 때, 예술이 정치적 역할을 수행하고 사회를 변혁시킬 수 있는 가능성이 열리는 것이다.

이러한 주장을 전제로 할 때 중요해지는 것은 예술가의 책임과 권능의 문제이다. 영화예술의 혁명적 가능성이 열려있다는 것은 영화예술가가 특정 이데올로기와 손잡을 경우 영화를 프로파간다 수단으로 삼아 대중을 선동할 가능성 또한 매우 높다는 것을 의미한다. 벤야민은 에필로그의 주석에서 이미 이 시대 만연했던 "거대한 축제 행렬과 초대형 집회, 대규모의 스포츠 대회, 전쟁"(251)을 촬영한 영상에서 대중들은 마치 영화의 배우가 된 것 같은 자신의 모습을 보며, 이러한 장면들을 효과적으로 사용한 프로파간다 영화의 성공, 즉 "파시즘이 정치적 삶의 미학화로 치닫는 것"은 어찌 보면 "당연한 결과"라고 말한다(241).

벤야민은 20세기 초 매체환경의 변화가 수용층이자 관객인 대중(the public)의 본질을 완전히 변모시켰다고 본다. 『막간』은 이러한 "당대 관객 구성과 독서 방식에 일어나는 구조적 변화에 대한 울프의 지속적인 관심"을 가장 잘 드러내는 작품이라 할 수 있다(Cuddy-Keane 8). 1920년대부터 30년대를 지나며 영국은 영화뿐만 아니라 BBC 라디오방송 등 새로운 대중매체가 국가 문화를 선도했

에서 정기적으로 상영되었고 주로 뉴스와 국내외 최근 소식을 담았으며 1950년대 TV의 등장 이전까지 영화관객들의 커다란 여흥거리였다.

는데, 울프는 후기 저술들, 특히 『세 닢의 기니』(*Three Guineas*, 1938), 「기울어가는 탑」(“The Leaning Tower,” 1940), 「작자미상」(“Anon,” 1940), 「독자」(“The Reader,” 1940) 그리고 『막간』에서 이 문제를 깊이 탐구한다(Caughie xxii).

이렇게 본다면 『막간』의 문체가 울프의 기존 작품과 많이 다른 이유도 영화, 신문, 라디오 등의 대중매체가 책의 위상을 대체해 버린 시대에 대한 반응으로 이해할 수 있다. 이 소설에서 울프의 문체는 당대 독자들에게 친숙했던 신문의 보도체를 연상시킨다. 울프는 이 소설을 통해 예술이 더 이상 기존의 방식으로 관객의 관심을 끌 수 없게 되었을 때 예술가의 의도나 그가 전하려는 메시지가 여전히 중요한지 질문한다. 독자들은 라트롭 양의 연출의도가 끊임없이 관객에게 닿지 못하고 실패하는 상황을 본다. 라트롭 양이 야외극 연출에 배정된 극히 제한된 예산과 자신의 예술적 욕망 사이에서 동요하는 동안, 시시각각으로 변하는 날씨, 대사를 잊어버리는 아마추어 배우들, 고장난 축음기, 대사를 날려버리는 바람소리 등 다양한 난관이 끊임없이 그녀의 목표를 좌절시킨다. 관객들이 집중하지 못하고 틈새로 빠져나가는 것을 덤불 뒤에 숨어 지켜보며 그녀는 자신이 “청중의 노예”(94)가 되었다고 분노하며 청중을 “악마”(180)라 부른다. 이렇게 소설 속 그려진 예술가와 청중 간 적대관계는, 영화가 주된 대중 예술 형식으로 우위를 점해버린 시대에 야외극과 같은 전통적 대중 예술이 어떻게 만들어지고 수용되어야 하는지에 대한 예술가와 관객 간 상호 동의가 부재했음을 여실히 보여준다.

제의가치에서 전시가치로: 건축물, 초상화, 야외극

벤야민은 대량복제기술로 인해 예술의 사회적 기능 전체에 변혁이 이루었다고 보는데, 이를 제의가치에서 전시가치로 이행으로 요약한다. 예술작품의 아우라는 "전통의 짜임 속에 깊숙이 박혀있는" 상태를 의미한다(223). 박물관에 전시되어 있는 고미술품들을 보면 알 수 있듯이, 오래된 예술작품들은 대부분 제의에 쓰일 목적으로 만들어졌다. 예술품의 제의가치는 주술적인 제식, 종교적인 제식을 거쳐 르네상스 시대부터 약 300년 동안 세속적인 미에 대한 숭배로 변모된 채 유지되어 오다가, 19세기 중반 사진술의 등장으로 인해 큰 전환점을 맞이하게 된다. 사진예술에서 "전시가치가 제의가치를 전면적으로 대체"해버리기 시작한 것이다(225). 특히 벤야민이 예로 드는 프랑스의 건축사진가 외젠느 앗제(Eugène Atget, 1857-1927)의 사진 속에는 건축물과 텅 빈 거리만 보이고 인물이 부재하는데, 이는 사진술이 처음 발명되었을 무렵부터 유행했던 초상사진이 희미하게 담지하고 있던 아우라, 즉 순간적으로 포착된 사람의 얼굴의 유일무이한 현재성이 완전히 제거되고 오로지 전시를 위한 가치만 남은 예술품의 예이다. 그렇다면 전시가치가 제의가치를 밀어내고 난 이후 창작되는 예술은 현실세계에서 어떤 역할을 할 수 있는가? 대량복제기술이 예술매체에 깊숙이 침투한 시대 예술은 "제식에 그 토대를 두는 대신 또 다른 실천인 정치에 그 토대를 두기 시작한다"고 벤야민은 말한다(224).

『막간』의 공간적 배경이 되는 포인츠 홀은 이러한 이행을 여실히 드러내주는 공간이다. 포인츠 홀은 세속적인 미를 표상한다던지 제의가치를 수행하게 해주는 아우라가 사라진 예술품이다. 그렇다고 해서 전시가치를 충실히 수행하는 공간도 아니다. 소설의 서두에 포인츠 홀은 다음과 같이 묘사된다.

> Pointz Hall was seen in the light of an early summer morning to be a middle-sized house. It did not rank among the houses that are mentioned in guide books. It was too homely. But this whitish house with the grey roof … was a desirable house to live in. Driving past, people said to each other: "I wonder if that'll ever come into the market?" And to the chauffeur: "Who lives there?"
>
> The chauffeur didn't know. The Olivers, who had bought the place something over a century ago, had no connection with the Warings, the Elveys, the Mannerings or the Burnets; the old families who had all intermarried, and lay in their deaths intertwisted, like the ivy roots, beneath the churchyard wall. (6-7)

> 포인츠 홀은 이른 여름 아침 빛을 받으면 중간 크기의 집으로 보였다. 안내서에 언급되는 집들 중에는 오르지 않았다. 그러기에는 너무 소박했다. 하지만 회색 지붕의 하얀 이 집은 … 살고 싶은 집이었다. 차를 몰고 지나가면서 사람들은 대화했다. "저 집이 부동산 시장에 나올 때가 있을는지 모르겠어?" 그리곤 운전기사에게 말했다. "저기에 누가 살지요?"
>
> 운전기사도 몰랐다. 올리버 가문이 1세기도 더 전에 이 집을 샀지만, 그들은 워링, 엘비, 매너링이나 버넷 같은 가문들과는 아무런 연고가 없었다. 오래된 가문들은 모두 근친 간 결혼을 했었고, 죽어서 담쟁이덩굴 뿌리처럼 서로 얽힌 채 교회 묘지 담 아래 누워 있었다.

포인츠 홀은 올리버가(the Olivers) 사람들이 120년이 넘는 시간 동안 살아온 저택이지만, 이곳을 지나는 외부인들은 이 저택의 소유주가 누군지 알지 못한다. 포인츠 홀은 과거의 시골 저택처럼 양지바르고 영지가 한 눈에 내려다보이는 곳이 아니라, 그늘지고 우묵한 곳에 북향으로 지어졌다. 영국의 아름다운 시골 대저택을 소개해주는 여행안내서 최근 판에도 실리지 못했다. 이 소설의 화자에 따르면 1833년 판 "피기스의 안내서"라는 책에 이 저택에서 바라보이는 풍경이 묘사되어 있지만, 그로부터 100년이 넘는 시간 동안 풍경이나 저택에 아무런 눈에 띄는 변화도 없었고, 그 풍경의 단조로움은 소설 속 인물들에게 이렇다 할 인상이나 감흥을 주지 못한다. 과거 소유주 가문과의 단절과 안내서에 실리지 못했다는 사실은 영국 내 시골 대저택에 대한 수용방식의 변천을 반영한다. 과거 영국 시골 대저택은 소유주의 인품과 덕성의 기표로 여겨졌었고 세속적인 미와 소유주의 품성에 대한 숭배가 어우러진, 일종의 제의적 기능을 수행하는 공간이었는데, 사진술의 발달과 함께 안내서에 실려 전시가치로만 기능하는 공간으로 변모한 것이다. 이러한 현상은 시골 대저택이 부티크 호텔로 개조되거나 관광명소가 된 오늘날 더욱 여실히 드러난다.

포인츠 홀 내 식료품 저장실이 과거 예배실이었다는 사실은 벤야민이 기술한 예술사적 변천을 뒷받침한다. 지금은 하인들만 식사를 준비하기 위해 드나드는 식료품 저장실은 16세기 영국의 종교개혁 이전까지 제의와 기도가 이루어지는 예배실이었던 공간으로 "반쯤 교회 같은 방"으로 묘사된다(32).

[T]he chapel had become a larder … as religion changed. The Master … would bring gentlemen sometimes to see the larder.… Not to see the hams that hung from hooks, or the butter on a blue slate, or the joint for tomorrow's dinner, but to see the cellar that opened out of the larder and its carved arch. If you tapped—one gentleman had a hammer—there was a hollow sound; a reverberation; undoubtedly, he said, a concealed passage where once somebody had hid. So it might be. (32)

종교가 바뀌면서 예배실은 … 식료품 저장실이 되었다. 주인어른은 … 때때로 신사들을 구경시켜주기 위해 식료품 저장실로 데려왔다.… 고리에 걸려 있는 햄이나 파란 석판 위의 버터, 내일 저녁에 쓸 고기 덩어리를 보여주기 위해서가 아니라, 식료품 저장실에 연결되어 있는 지하실과 거기에 조각되어 있는 아치형 구조물을 보여주기 위해서였다. 두들기면—한 신사에게 망치가 있었다—텅 빈 소리, 반향이 들렸다. 틀림없이 한 때 누군가가 숨어 있었던 비밀 통로일 거라고 그가 말했다. 그럴 지도 모르겠다.

한때 제의가치의 기능을 수행하고 종교적 아우라를 품었던 예배실은 지금은 식료품을 저장하는 공간으로 바뀌었고, 아우라의 흔적을 찾는 손님들에게 신비감과 호기심을 불러일으킨다. 벤야민은 자신의 에세이의 주석에서 아우라를 "아무리 가까이 있다 하더라도 먼 것의 독특한 현상"(243)으로 부르는데, 과거 종교의식이 치러지는 동안 신의 현현의 장소로 기능했던 조각된 아치형 구조물이 바로 이것의 예가 된다. 아치 모양의 구조물이 제아무리 손에 만져질 만큼 가까이 있을지라도, 종교의식이 진행되는 동안 이루어지는 신의 현현이 보유하는 신과 인간 사이의 거리감은 손상되지 않기 때문이다.

세속화가 진행되고 예술품의 아우라가 사라진 시대에, 사람들은 아우라의 흔적을 찾는다. 그 흔적 찾기는 소설 속에서 주로 고딕적 상상력으로 나타난다. 포인츠 홀을 방문하는 손님들은 예배실 벽을 두드려보며 울림소리를 통해 누군가 감금되었던 비밀통로가 있다고 확신하는데, 이러한 종류의 지하 감옥과 감금에 대한 상상력은 18세기 영국에서 유행했던 외딴 저택을 배경으로 하는 고딕소설의 전형적 장치라고 할 수 있다. 저택을 방문한 손님들뿐만 아니라 하인들도 미신을 믿으며 유령이야기에 흥분한다. 포인츠 홀 영지 안에는 나리꽃 연못(the lily pond)이라 부르는 물웅덩이가 있다. 하인들은 이곳에 어느 귀부인이 사랑 때문에 몸을 던졌고 유령이 되었다고 믿는다. 10년 전 웅덩이 바닥을 훑어 뼛조각이 나왔을 때 그것은 사람이 아닌 양의 뼈로 밝혀졌고, 동물에게는 영혼이 없다고 여겨졌기 때문에 유령도 없어야 마땅했다. 그러나 하인들은 유령이 있다고 주장하며 밤에는 그 근처에 가지 않음으로써 유령에 대한 믿음을 지켜나간다. 그들에게는 유령이 있어야만 하기 때문이다(44). 유령의 존재나 지하통로에 대한 상상력은 평범한 물웅덩이를 슬픈 사연이 있는 으스스한 장소로, 식료품 저장실을 다른 세상으로 통하는 비밀통로가 있는 미스터리한 공간으로 변모시킨다. 이러한 상상력은 시대가 아무리 변해도 아우라의 존재를 믿고, 일상적 공간에 주술적이고 종교적인 의미를 부여해 제의가치를 찾고자 하는 사람들의 욕망을 반영한다.

포인츠 홀의 본관은 방문객들에게 투어를 위한 건축물로 기능한다. 벤야민에 따르면 "건축은 항상 정신분산 속에서 집단을 통해 수용이 이루어지는 예술작품의 원형을 표상해왔다"(239). 과거부터 이어져온 건축물을 감상하는 방식은 당대 주류가 된 영화감상의 방식과 매우 유사하다는 것이다. 정신분산(distraction)은 관조(contemplation)와 대척점에 있는 지각경험으로, 벤야민은 이를 "이중적인 방식," 즉 사용공간이자 시각예술인 건축물에 대한 촉각적이면서도 시각적인 지각, 습관적이며 무심결에 이루어지는 지각으로 설명한다(240). 『막간』에서 포인츠 홀 주인의 여동생인 루씨 스위딘(Lucy Swithin)은 방문객 윌리엄 다지(William Dodge)를 데리고 저택 구경을 시켜준다. 이들의 동선은 마치 전시회장을 구경하는 것과 같은 시각적인 지각경험을 전제하고 있지만, 사용공간으로서의 집을 관습적, 촉각적으로 지각하는 방식 또한 드러낸다. 스위딘 부인과 윌리엄 다지는 현관을 열었을 때 보이는 금도금한 테이블을 지나, 중앙계단을 천천히 오르며 벽에 걸린 초상화를 본 다음, 손님을 맞이하는 오전용 거실(morning room)을 지나 더 위로 올라가 복도에 접어든다. 복도를 따라 걸어가면 스위딘 부인이 태어난 오래된 침대가 있는 침실이 있고 더 깊숙이에는 아이를 키우는 육아실이 있다. 포인츠 홀의 투어순서는 외부인에게 쉽게 노출되는 공간에서 시작해 점점 가정적이고 사적인 공간으로의 이행으로 이어지고, 가장 마지막에 도착한 이 집의 심장부에는 "인류의 요람"과도 같은 육아실이 위치한다(71). 걸으면서 보는 동안 두 사람의 시선은 벽, 초상화, 가구, 소품 등 이곳저곳으로 분산되고, 윌리엄 다지가 좀 더 자세히 보려고 할 때마다 스위딘 부인은 다음 장소로 재촉한다. 이는 영화를 감상할 때 연쇄이미지가 한 이미지에 가만히 응시할 수 없을 정도로 빠르게 지나가는 것과 유사한 경험이다.

포인츠 홀에는 두 점의 초상화가 나란히 걸려있는데, 하나는 말고삐를 쥐고 있는 남자의 초상으로 올리버 가문의 남자 조상이고, 다른 하나는 키 큰 귀부인으로 올리버 씨가 마음에 들어 산 것이다. 이 두 회화의 유사점과 차이점은 울프의 당대 전통예술 수용방식에 대한 울프의 흥미로운 논평으로 읽힐 수 있다. 벤야민에 기대어 설명해보자면, 이 두 점의 초상화는 전통적인 예술양식으로서 포인츠 홀 밖에서 열리는 전위적이고 여러 계급이 섞인 대중을 관객으로 하는 라트롭 양의 야외극과 대척점을 이룬다. 벤야민은 전통적인 예술과 새로운 예술의 감상방식의 차이를 회화와 영화의 예를 들어 설명한다. 회화는 화가가 그림을 그린 현실로부터의 적절한 거리감을 둔 채 수용된다. 보는 이가 처음 회화를 감상할 때 즉각적으로 화가가 그림을 그리는 모습을 떠올리지 않게 되는 이치이다. 또한 예술품의 진품성, 즉 아우라를 전제하며 오로지 시각을 통해 관조(contemplation)의 방식으로 통째로 받아들여진다. 관조와 집중이 일어날 때 감상자는 마치 예술작품 속으로 빨려 들어가는 것 같은 경험을 하게 된다. 또한 회화는, 포인츠 홀과 같은 대저택에 걸려 있다는 사실에서 알 수 있듯이, 오랜 시간 동안 부르주아계급만이 누릴 수 있는 예술양식이었다. 소설 속 초상화는 올리버 가 사람들이나 그들을 방문하는 손님들에게만 접근이 허용된 예술품이다. 방문객들은 집주인인 올리버 씨로부터 작품에 얽힌 설명을 들으며 초상화 앞에 서서 감상할 수 있는 것이다.

두 그림은 그러나 완전히 다른 사연을 가지고 있으며, 감상자에게 완전히 다른 반응을 불러일으킨다는 점에서 흥미롭다. 이름이 쓰여 있는 남자 조상 그림은 마치 보는 이에게 끊임없이 말을 하는 인상을 주는 반면, 이름 없는 여성의 초상화는 감상자를 침묵으로 이끈다. 화자는 전자는 단지 이야기를 만들어내는 무언가(talk producer)에 지나지 않으며 오직 후자만을 그림(picture)이라고 부른다.

> Two pictures hung opposite the window.⋯ The man was an ancestor. He had a name. He held the rein in his hand. He had said to the painter:
>
> "It you want my likeness, dang it sir, take it when the leaves are on the trees." There were leaves on the trees.⋯
>
> He was a talk producer, that ancestor. But the lady was a picture. In her yellow robe, leaning, with a pillar to support her, a silver arrow in her hand, and a feather in her hair, she led the eye up, down, from the curve to the straight, through glades of greenery and shades of silver, dun and rose into silence. (36)
>
> 창문 맞은편에 그림 두 점이 걸려있었다.⋯ 남자는 조상이었다. 그에게는 이름이 있었다. 그는 손에 고삐를 쥐고 있었다. 그는 화가에게 이렇게 말했었다:
>
> "나와 닮게 그리고 싶다면, 젠장 이보쇼, 이파리가 나무에 달려있을 때 그리시오." 나무에는 이파리들이 있었다.⋯
>
> 그는 얘깃거리를 만드는 존재였다. 그 조상 말이다. 그러나 숙녀는 그림이었다. 노란 드레스를 입고, 기둥에 기대어 서서, 손에는 은화살을 들었고, 머리에는 깃털을 꽂은 그녀는 시선을 위로 아래로, 곡선에서 직선으로 이끌었으며, 푸른 나무숲과 오솔길과 은색, 회갈색 그리고 붉은색 그늘을 거쳐 침묵으로 이끌었다.

타마르 카츠(Tamar Katz)는 이 두 그림의 "재현적 대비"의 특징을 사회적으로 코드화된 미메시스와 추상 작용, 언어와 침묵 간의 대비로 설명한다(174). 남자 조상의 초상화는 가족지위의 표시이고 가계의 혈통이라는 사회적 관계망 속에서만 의미를 가지므로 엄밀히 말해 예술이 아니다(Katz 173). 이에 반해 귀부인의 초상화는 보는 이로 하여금 각각의 형태로 시선을 이끌고, 선과 색이라는 추상 개념으로 받아들이도록 하며, 마지막에는 일종의 공감각 작용을 통해 침묵으로 이끄는, 진정한 의미의 예술이다(Katz 174). 이 재현적 대비 속에는 분명한 젠더 구분이 작동한다. 전자에는 화가에게 명령하는 남성적 주체성과 사실주의적 재현, 그리고 가부장제라는 문화적 위계가 한 데 얽혀 있다. 그에 반해 여성성, 예술, 침묵을 표상하는 귀부인의 초상화는 여성 주체를 언어와 사회성의 한계를 초월하는 영역과 결부시킨다(Katz 175). 유미주의적 예술가 성향이 두드러지며 전형적 남성성이 결여된 인물로 묘사되는 윌리엄 다지가 남자 조상이 아닌 여인의 초상화를 훨씬 더 좋아하는 것은 따라서 놀랍지 않다.

귀부인의 초상은 벤야민이 기술한 전통적 예술 감상법에 부합한다. 초상화 속 여인은 감상자 머리 저 너머를 응시하고 있기 때문에 감상자의 시선과 부딪히지 않는다(50). 감상자와 그림 속 대상의 시선이 만나지 않는다는 사실은, 에두아르 마네(Edouard Manet, 1832-1883)의 「올랭피아」(Olympia)와 같은 회화에서 초상화 속 여성이 당돌하게 감상자를 바라봄으로써 충격을 가하는 방식과 정반대로 작동한다. 즉, 감상자에게 어떠한 불편함이나 동요도 일으키지 않음을 뜻한다. 그림 속 귀부인의 침묵은 감상자를 집중하게 하고 고요한 관조(contemplation)의 세계로 이끈다.

포인츠 홀 본관과 조금 떨어진 곳에 위치한 헛간(barn)은 소설 속에서 제의가치를 수행하는 유일한 예술품이다. 헛간은 "교회만큼이나 오래되었고, 교회와 똑같은 돌로 지어졌다"는 점에서 종교적인 제식을 떠오르게 한다(26). 그리스 여행을 다녀온 사람들에게 그곳은 인류사의 가장 오래된 제의가치로서의 예술품인 그리스 신전을 생각나게 하며, 그리스에 가본 적 없는 사람들에게도 "숭배"의 대상으로 제시된다. 헛간의 아우라는 세월의 흔적과 빛의 명멸이 만들어내는 자연적 변화에 따라 시시각각 변화하는 아름다움을 통해 보는 이에게 유일무이한 현존의 경험을 선사한다.

> The roof was weathered red-orange; and inside it was a hollow hall, sun-shafted, brown, smelling of corn, dark when the doors were shut, but splendidly illuminated when the doors at the end stood open.… (26)

> 바람을 맞아 붉은 오렌지색으로 바래진 지붕, 그리고 그 안은 해가 줄기져 들어오고, 고동색에, 옥수수 냄새가 나는 텅 빈 홀이었다. 그곳은 문이 닫혀 있을 때는 어두웠지만, 끝에 있는 문을 열어놓으면 눈이 부시게 빛났다.…

700년도 더 전에 지어진 이 "고귀한" 헛간은 "어떤 이에게는 그리스의 사원을, 다른 이들에게는 중세를, 대부분의 사람들에게는 그들 이전의 시대를 상기"시킨다(99). 사람들이 야외극을 보는 동안 헛간은 비어있지만 비어있지 않은 공간으로 표상된다. 생쥐와 제비, 딱

정벌레와 각양각색의 곤충들은 작은 구멍을 통해 끊임없이 안팎을 드나들며, 임신한 떠돌이 개는 헛간 구석 어딘가에 해산할 장소를 만든다. "미세한 갉작거림과 바스락 소리가 침묵을 깨"고 "나비가 햇빛 비치는 노란 접시 위에서 관능적으로 일광욕을 하는" 이곳은, 육안으로 보면 아무 일도 일어나지 않고 있는 것 같아 보인다(100). 그러나 울프의 화자의 시선이 카메라의 클로즈업과 같은 기법으로 감상의 층위를 재설정할 때, 영국의 역사만큼이나 오래된 헛간은 새로운 생명의 탄생과 시시각각으로 물질성의 변화가 일어나고 있는 탈인본주의적 공간이 된다.

헛간은 여러모로 마을사람들에게 제의가치로서의 예술품을 떠오르게 하지만, 마을사람들 눈에는 이러한 자연의 움직임이 포착되지 않는다. 헛간은 야외극을 알리는 플래카드를 못 박아 걸고, 비가 오면 대체 공연장이 될 수 있으며, 극이 진행되는 동안 막간에 관객들이 들어와 차와 케이크를 나누는 장소로 제공된다. 먹는 것을 밝히는 마을사람에게는 자연이 눈에 들어오지 않고, 그저 남보다 먼저 허겁지겁 뛰어 들어와 좋은 자리를 점해야 하는 이유만 있을 뿐인 공간이다. 울프의 화자는 헛간 속 생명의 자연이 선사하는 아우라 체험을 독자들에게만 (상상적으로) 허용한다. 울프는 여기서 벤야민의 아우라 개념을 일부 수용하는 듯하지만, 전통 예술로부터 체험하는 기존의 아우라와는 다른 차원의 아우라에 더 관심이 있는 듯하다. 확실히 울프는 시종일관 무비판적인 태도로 쉽게 예술을 "숭배"하는 루씨 스위딘을 마을 사람들이 "경박한 늙은이"(Old Flimsy) 라고 놀리는 것을 보여줌으로써 숭배를 불러일으키는 아우라 체험과도 거리를 둔다. 울프는 인간의 위대한 능력을 부각시키는 인위적 예술품 보다는 자연이 끊임없이 개입하는 가운데 찰나적으로 형성되는 '지금'과 '여기', 그리고 그 유일무이한 현존의 복제불가능성에 더 관심이 있어 보인다.

전망 바라보기

소설 속 주인공들이자 관객들은 야외극이 시작되기 전과 막간에 포인츠 홀에서 내려다보이는 전망을 바라본다. 전망을 바라보는 행위, 즉 관망은 자연을 수동적으로 관조하며 현실과 자아에 대한 생각을 잠시 잊고 풍경 속으로 빠져드는 것을 의미한다. 벤야민에 따르면 관망은 자연적 대상물의 아우라를 체험하는 행위이다. 이 본질적으로 비정치적인 행위는 그러나 1930년대 유럽의 정치적 상황 안에 위치했을 때 다른 차원의 의미를 가지게 된다. 두번째 세계대전의 조짐이 신문지면을 통해 매일같이 전해지고 있는 시점에서 관망한다는 것은 어떤 이에게 참을 수 없는 분노를 유발한다.

전망을 응시하는 행위는 유독 소설 속 주인공들 중 한 인물에게 참을 수 없는 분노를 유발한다. 올리버 씨(Bartholomew Oliver)의 아들인 자일즈 올리버(Giles Oliver)이다. 그는 런던에서 주식중개인으로 일하는데, 야외극 준비를 위해 기차를 타고, 또 차를 타고 이 곳 영국의 심장부까지 내려와 가족들을 거든다. 그는 의자를 날라 야외에 반원형으로 놓음으로써 일찍 온 사람들이 전망과 담이 만드는 안식처를 나누게끔 한다. 그러나 그는 100년이 넘도록 변하지 않은 전망을 바라보며 앞으로의 유구함을 상상하는 루씨 고모의 말을 듣고 크게 분노한다.

> Giles nicked his chair into position with a jerk. Thus only could he show his irritation, his rage with old fogies who sat and looked at views over coffee and cream when the whole of Europe—over there—was bristling like…. He had no command of metaphor. Only the ineffective word "hedgehog" illustrated his vision of Europe, bristling with guns, poised with planes.… He, too, loved the view. And blamed Aunt Lucy, looking at views, instead of—doing what? (53)
>
> 자일즈는 의자를 훽 낚아채어 제자리에 맞추어 놓았다. 그렇게 해야만 자신의 짜증을, 저기 유럽 전체가 … 처럼 곤두서 있는데 가만히 앉아 커피와 크림과 함께 전망이나 바라보는 시대에 뒤쳐진 늙은이들에 대한 자신의 분노를 표출할 수 있었다. 그는 메타포를 잘 쓸 줄 몰랐다. 오직 적절하지 않은 "고슴도치"라는 단어가 총으로 가득하고 전투기로 태세를 취하는 유럽에 대한 자신의 비전을 설명할 뿐이었다.… 그도 전망을 사랑했다. 그리고 전망을 바라보는 루씨 고모를 비난했다. 무엇을 하는 대신 그러고 있는 것인지?

야외극이 시작되기 전 커피를 마시며 전망을 바라보는 사람들은 혹시나 자신이 알던 풍경과 오늘이 다를까 하는 마음으로 전망을 바라본다(53). 그러나 "대부분의 날들에 늘 똑같은 풍경"인 영국 심장부의 전원은 곧 2차 세계대전이 시작되면 공습에 의해 파괴되고 변모할 위기에 처해있다(53). 2010년 영화 「킹스 스피치」(*The King's Speech*)에 잘 나타나 있듯이, 당시 재위 중이던 영국 국왕 조지 6세

(George VI, 1895-1952)는 1939년 9월 3일, 라디오를 통해 독일과의 전쟁을 선언한다. 야외극이 진행되는 동안 바람을 타고 간간히 들려오는 비행기 소리는 전쟁에 대한 대비가 이미 영국 전역에 한창이었음을 의미한다. 자일즈에게 있어 전망을 바라보는 행위는, 전쟁을 막기 위해 모두가 무언가 해야 할 때 아무것도 하지 않고 있는 "무관심, 무책임, 무감각"을 뜻한다(54). 그는 나이든 사람들이 신문이 시시각각으로 보도하는 유럽의 불안정한 정세를 파악하지 못한 채 전망만을 바라보고 있는 것에 화가 치민 것이다. 올리버가 사람들은 전쟁의 조짐을 알려주는 매체인 신문을 매일 읽지만 올리버 씨는 신문을 읽다가 자주 졸음에 빠지고, 며느리이자 자일즈의 부인인 이자(Isa Giles)는 상상과 시작(詩作)의 세계로 빠져든다. 루씨 스위딘은 아예 신문을 읽지 않는다.

자일즈의 태도는 『세 닢의 기니』에서 여성작가인 화자에게 "어떻게 하면 전쟁을 막을 수 있을까요?"라고 묻는 왕실변호사 남성의 목소리를 환기시킨다. 영국의 우수한 교육을 받은 법조인이자 한 집안의 가장인 남성은 화자에게 반전운동을 위한 단체에 가입하고 기부할 것을, 즉 "행동"할 것을 촉구한다. 이에 대한 대답으로 화자는 왜 자신이 영국의 교육받은 남성의 딸로서 그럴 수 없는지 세 장에 걸쳐 논증한다. 요컨대 영국의 교육받은 남성의 딸인 자신은 남성화자가 함께 지키자고 청하는 영국의 고유한 문화와 지적 자유를 누려본 적이 없기에 수호할 자격도 없으며, 남성에게만 엘리트교육의 해택을 부여하며 유지되어온 영국의 가부장제와 애국심, 독일의 나치즘은 모두 닮아 있다는 것이다. "자기 역시 영국의 아름다운 풍경을 사랑"한다고 말하는 자일즈는 전형적인 남성 애국주의자의 면모를 띈다. 이 아름다운 전망을 늘 같은 모습으로 지키기 위해서 모두는 가만히 수동적으로 관망해서는 안된다는 게 자일즈의 생각인 것이다.

『세 닢의 기니』에서 울프가 경고하는 가부장제와 파시즘의 유사성에 대한 통찰은 자일즈가 수동적 관객이 아닌 행위자가 되고자 하는 욕망이 가지는 잠재적 폭력성을 설명해준다. 폭력에 대항하는 "행동"이 또 다른 폭력을 낳는다는 울프의 관점은 자일즈가 두꺼비를 입에 문 뱀을 보고 밟아 죽이는 장면을 통해 시각화된다.

> There, couched in the grass, curled in an olive green ring, was a snake. Dead? No, choked with a toad in its mouth. The snake was unable to swallow; the toad was unable to die.… It was birth the wrong way round—a monstrous inversion. So, raising his foot, he stamped on them. The mass crushed and slithered. The white canvas on this tennis shoes was bloodstained and sticky. But it was action. Action relieved him. (99)

> 거기에, 풀밭 안에 웅크린 채, 올리브색의 둥글게 말려 있는 것은 뱀이었다. 죽었나? 아니었다, 입에 두꺼비를 문 채 숨 막혀 하고 있었다. 뱀은 삼킬 수 없었고, 두꺼비는 죽을 수 없었다.… 거꾸로 뒤집힌 탄생—기괴한 전도였다. 그래서 그는 발을 들어 그들을 짓밟았다. 덩어리가 으깨어지고 미끄러졌다. 테니스화의 하얀 캔버스천이 피로 물들고 끈끈해졌다. 그러나 그것은 행동이었다. 행동이 그에게 위안을 주었다.

울프의 화자는 여기서 전형적인 가부장적 남성의 애국주의적 폭력성을, 포인츠 홀에 도착해 하얀 크리켓복과 테니스화로 갈아입고 야외극을 관람하던 자일즈의 신발이 뱀의 피로 붉게 물드는 장면으로 형상화한다. 김영주는 크리켓이라는 스포츠가 18세기 말부터 런던을 중심으로 한 국민 스포츠로 제도화된 과정을 지적하며, 자일즈가 런던에서 시골로 이동하여 크리켓복으로 갈아입는 행위는 "영국의 지배적인 남성 담론"과 유착된 "목가적 영국이라는 개념에 내포된 환상성"을 드러낸다고 분석한다(68-69). 이러한 자일즈의 특성과 완벽한 대척점에 있는 인물로 제시되는 이가 윌리엄 다지다. 혈기왕성한 영국의 가부장적 남성 자일즈의 하얀 크리켓복은 녹색 바지에 노란 점무늬 넥타이를 매고 조끼 단추를 풀어헤친 동성애자 윌리엄 다지의 모습과 시각적 대비를 이룬다. 또한 자일즈의 관망보다 행동을 추구하는 태도는 라트롭 양의 야외극을 수동적으로 감상하는 것에 대한 강한 불만으로도 표출되는데, 이에 반해 유미주의자 윌리엄은 야외극을 형형색색의 빛과 그림자가 만들어내는 "황홀한 장관"(an entrancing spectacle)으로 인식하며 향유한다(93). 작품 속 인물들 중 누구보다 예술품에 대한 취향이 확고하지만 자신의 취향과 식견을 밝히기를 두려워하는 인물인 윌리엄은 야외극을 보며 무아지경에 빠져 손바닥이 얼얼할 때까지 손뼉을 치는 것으로 묘사된다.

그러나 화자는 윌리엄의 무비판적 예술 감상법이 자일즈의 "행동"에 대한 대안으로 제시하지는 않는다. 주지하듯이 윌리엄이 스스로에게 하는 질문 "아름다움—그것이면 충분하지 않을까?"에서 드러나는 그의 취향은'예술을 위한 예술'(art for art's sake)을 표방했던 세기말 유미주의를 환기시키며 자칫 예술의 완전한 무용(無用)이라는 문제를 초래할 위험이 있다. 그보다 울프는 복수의 야외극 관객들의 각기 다른 반응이 서로 부딪히고 더해지며 벤야민의 역설한 "비판적 자세와 향유하는 자세의 일치"가 이루어지는 순간에 더 주목한다.

관객이면서도 동시에 배우인 대중

포인츠 홀의 테라스에서 열리는 야외극은 기술복제시대로 접어들어 예술의 사회적 기능이 제의가 아닌 정치에 그 토대를 두게 된 변화를 반영하는 예로, 변혁기적 예술의 특징을 지닌다. 야외극은 영국의 가장 오래된 극예술 중 하나로, 중세시대에는 주로 성서의 장면을 재현하는 장르였다면, 라트롭 양의 야외극은 영국의 역사 전체를 다룬다. 라트롭 양이 집필하고 연출한 야외극은 총 4막으로 구성되어 있으며 막과 막 사이에는 세 번의 막간이 있다. 이 야외극은 각 막의 주제가 되는 시대에 따라 조금씩 다른 기법과 연출을 표방하는 것을 특징으로 한다. 브리튼 섬을 의인화한 어린 소녀 필리스가 등장하며 시작하는 1막은 중세시대를 거쳐 엘리자베스 1세 여왕(Elizabeth I of England, 1533-1603)의 제위기까지를 다룬다. 2막은 이성의 시대(the Age of Reason)라는 별칭으로 불리는 18세기를, 3막은 19세기 빅토리아 여왕(Queen Victoria, 1819-1901)의 제위 시대를 다루며 마지막 4막은 "현재, 우리 자신들"이라는 제목으로 1939년 6월의 현재를 재현한다.

라트롭 양의 야외극은 축음기와 확성기 등 기계의 도입을 그 특징으로 한다는 점에서, 전통적 예술양식의 현대적 변용으로 해석

될 수 있다. 또한 라트롭 양은 마을사람들을 아마추어 배우로 기용함으로써 그들이 직접 역사를 재현하도록 만들었기에 마치 그들을 역사의 주체이자 적극적인 행위자로 표상하려는 것처럼 보인다. 특히 이는 라트롭 양이 기용한 아마추어 배우들이 주로 마을의 노동자 계층이라는 점에서 더 설득력을 얻는다. 담배가게 여인은 엘리자베스 1세 여왕을, 선술집 주인은 권위의 상징인 경찰봉을 흔들며 빅토리아 시대 경찰관을 연기한다. 그런가하면 동네바보 앨버트(Albert)는 나무 숟가락으로 쟁반을 두드려 말발굽 소리를 재현하는가 하면, 극이 끝나고 동네 목사가 모금을 유도하는 연설을 할 때에는 모금함을 돌리는 등 극 전반에 걸쳐 극의 진행을 매끄럽게 하는 감초 같은 역할을 담당한다.

전위적인 특성을 지닌 라트롭 양의 야외극은 수시로 관객에게 충격을 가함으로써 단조로운 전망을 응시하는 행위에 대한 "참을 수 없는 짐을 덜어줄 무언가"를 목말라하는 관객들의 갈증을 해소시켜 준다(66). 변화 없이 단조로운 반복의 이미지로 눈앞에 펼쳐지는 전망은 관객들에게 지루함으로 다가온다. 야외극 시작 전 함께 앉아 같은 곳을 바라보는 관객들은 자신들의 마음과 육체는 너무도 가깝지만 동시에 따로따로라고 느끼며, 가깝지만 충분히 가깝지 않다는 생각에 안절부절 하지 못한다(66). 고장난 축음기의 기계음과 함께 갑작스럽게 시작된 야외극은 환상(illusion)을 통해 관객을 사로잡으려는 라트롭 양의 의도와는 반대로 관객들을 정신분산(distraction)의 상태로 몰아넣는다. 야외극이 텍스트에 제시되는 방식은, 야외극의 내용보다 관객의 반응에 더욱 주의를 기울이게 하는데, 여기에는 합치된 반응의 방식이랄 것이 없다. 아마추어 배우의 정체를 발견하고 왁자하게 웃는 사람부터, 바람소리가 반 쯤 날려먹은 대사의 조각들을 맞추어 의미를 찾고자 하는 이도 있는가 하면, 완전히 긴장을 풀고 대중오락을 즐기듯이 음악이 나오면 손뼉을 치고 발로 박자를 맞추며 처음부터 끝까지 편안하게 즐기는 관객도 있다. 미리 나누어준 해설지를 수시로 들여다보며 어떻게든 플롯을 따라가려는 관객이 있는가 하면, "플롯이 중요한가?"라고 질문하며 플롯 파악을 거부해버리는 관객도 있다.

'현재'가 주제인 제 4막에서 라트롭 양은 무대 위의 배우들이 거울을 들고 관객을 비추는 파격적인 기법을 사용하는데, 이는 벤야민이 말하는 러시아 영화에 출현한 대중들, 즉 "자기 자신을 보여주는 사람들"(232)을 떠오르게 한다. 벤야민은 "기계장치 앞에서 배우가 느끼게 되는 낯선 기분은 사람이 거울 속에 비친 자기 모습 앞에서 갖게 되는 낯설음과 본디 그 종류가 같다"고 기술하는데, 라트롭 양이 소품으로 사용한 거울 앞에서 관객들은 이와 같은 낯설음을 체험한다(230). 벤야민이 "현대인은 누구나 다 영화화될 권리를 주장할 수 있다"(231)고 말한 것처럼, 기술복제시대에 들어 배우와 관객, 작가와 독자의 엄격한 위계와 경계는 사라진 것이다. 이 소설의 주인공은 작가나 아니라 관객, 혹은 우리 자신이다(203).

벤야민은 에세이의 말미에 예술의 정치화와 정치의 미학화를 구분하며 파시즘이 예술을 전용하는 위험성을 경고하는데, 이 구분법에 비추어 라트롭 양의 야외극의 혁명적 가능성이란 무엇일까 사유해볼 수 있다. 문학이나 예술이 직접적인 정치적 역할을 수행하는 것을 지양했던 울프는 이데올로기의 틈을 발견하는 것의 중요성, 그러나 섣불리 생각을 행동으로 옮기지 않는 것의 중요성을 가장 비교조적인 방식으로 전달한다. 소설의 제목이 시사 하듯이 이러한 성찰은 제3막과 제4막 사이 짤막한 막간 동안 정신분산의 상태에 처한 이름을 알 수 없는 한 관객의 의식의 흐름을 통해서 이루어진다.

> Change had to come, she said to herself, or there'd have been yards and yards of Papa's beard, of Mama's knitting.… Dear, how my mind wanders, she checked herse lf. What she meant was, change had to come, unless things were perfect; in which case she supposed they resisted Time. (174)

> 변화가 일어나야 한다고, 그녀는 스스로에게 말했다. 그러지 않으면 아빠의 턱수염이 몇 야드고 자랄 것이고, 엄마의 뜨개질도 그럴 것이다.… 맙소사, 내 마음이 얼마나 헤매는지, 그녀는 스스로를 억제했다. 그녀가 의미했던 것은, 사물들이 완벽하지 않는 한, 변화가 있어야 한다는 것이었다. 만일 완벽하다면 그들은 시간을 견디리라 그녀는 생각했다.

이 생각의 주인은 야외극의 가장 무비판적 관객이었을지 모르는 이 마을의 어느 중년부인이다. 그녀는 극으로 재현된 영국의 역사를 보며 아무것도 잘못되지 않았다면 여전히 계속 돌아가고 있을 무언가의 부재를 사유한다. 만약 어떤 저항도 받지 않았다면 빅토리아조 가정 속 아빠의 턱수염은 계속 자랄 거고 엄마의 뜨개질은 계속 길어져야 했겠지만, 다음 세대인 자신의 사위의 깨끗이 면도된 턱을, 딸의 냉장고를 떠올리며 어떤 필연적 변화가 있음을 사유하게 된 것이다. 그녀가 변화가 찾아와야만 한다고 사유하는 방식은 파시즘이 프로파간다를 통해 유도하는 방식과는 대조적이다. 정치를 미학화하는 경향은 관객의 시선을 완벽에 가깝게 통제하고 대량복제기술의 산물인 영화에 제의가치, 즉 거짓된 아우라를 주입함으로써 예술에 재현된 대상을 숭배하게 하는 결과를 낳았다. 히틀러를 신격화한 나치의 선전 영화가 그 예이다. 이에 대한 대안이자 치료로서 울프와 벤야민은 정신분산의 상태를 통해 노동자계층이자 대중의 일원인 관객이 스스로 변화의 가능성에 도달하게 하는 방식을 사유했다. 벤야민은 이것을 예술의 정치화라 불렀고, 울프는 그것을 야외극 관객들을 통해 구현했다.

나가며

벤야민과 울프는 1930년대 정치적 격정과 전쟁의 살상을 아픈 눈을 뜨고 들여다보며 피부로 느끼고 사유한 흔적을 공유한다. 그들은 한번도 "히틀러"라는 이름을 언급하지 않았지만, 각각 비평과 소설이라는 상이한 장르를 통해 예술이 프로파간다로 전락하고 나치즘에 가담한 참기 어려운 현실에 반응한다. 순전한 우연이겠지만, 유태계 독일인이었던 벤야민은 히틀러의 박해를 피해 망명을 시도하던 중 독일로 소환될 상황에 처하자 1940년 9월말, 프랑스와 스페인의 국경에 있는 한 호텔에서 모르핀을 과다복용 함으로써 자살한다. 울프가 우즈 강에 투신하기 정확히 6개월 전의 일이다.

인용문헌

1. 개인의 취향과 『밤과 낮』

Agamben, Giorgio. *The Man Without Content.* Trans. Georgia Albert. Stanford: Stanford UP, 1999.

Bourdieu, Pierre. *Distinction: A Social Critique of the Judgement of Taste.* Trans. Richard Nice. Cambridge: Harvard UP, 1984.

De Certeau, Michael. *The Practice of Everyday Life.* Trans. Steven Rendall. Berkeley: U of California P, 1984.

Girard, René. *Deceit, Desire and the Novel.* Trans. Yvonne Freccero. Baltimore: Johns Hopkins UP, 1965.

Hussey, Mark. *Virginia Woolf A-Z: The Essential Reference to Her Life and Writings.* New York, Oxford: Oxford UP, 1995.

Majumdar, Robin and Allen McLaurin. *Virginia Woolf: The Critical Heritage.* London: Routledge, 1975.

Peach, Linden. "Virginia Woolf and Realist Aesthetics." *The Edinburgh Companion to Virginia Woolf and the Arts.* Edinburgh: Edinburgh UP. 2012. 104-117.

Woolf, Virginia. "Am I a Snob?" *Moments of Being.* Ed. Jean Schulkind. San Diego: Harcourt, 1985. 204-20.

____________. *A Writer's Diary.* Ed. Leonard Woolf. New York: Harcourt Brace Jovanovich, 1953.

_____________. "How Should One Read a Book?" *Collected Essays*. Vol. II. New York: Harcourt, 1967. 1-11.

_____________. "Modern Fiction." *Collected Essays*. Vol. II. New York: Harcourt, 1967. 103-110.

_____________. *Night and Day*. New York: Barnes and Nobles, 2005.

_____________. "On Not Knowing the Greek." *Collected Essays*. Vol. I. New York: Harcourt, 1967. 1-13.

2. 버지니아 울프와 자크 랑시에르: 두 편의 에세이 읽기

손영주. 「울프가 베버를 만날 때: '직업'으로서의 글쓰기와 모더니스트의 '소명'」. 『현대영미소설』 18.3 (2011): 73-106.

이주리. 「위대한 시인과 훔치는 예술가들: 버지니아 울프의 『밤과 낮』에 드러난 소설가의 취향」. 『제임스조이스저널』 19.2 (2013): 27-62.

Berman, Jessica. "Of Oceans and Opposition: *The Waves*, Oswald Mosley, and the New Party." *Virginia Woolf and Fascism: Resisting the Dictator's Seduction*. Ed. Merry M. Pawlowski. New York: Palgrave, 2001. 105-21.

Chan, Evelyn Tsz Yan. *Virginia Woolf and the Professions*. Cambridge: Cambridge UP, 2014.

Edwards, Lee R. "Flights of Angels: Varieties of a Fictional Paradigm." *Feminist Studies* 5.3 (1979): 547-70.

Foucault, Michel. *The Foucault Reader*. Ed. Paul Rainbow. New York: Pantheon, 1984.

Goldman, Jane. *The Feminist Aesthetics of Virginia Woolf: Modernism, Post-Impressionism, and the Politics of the Visual*. Cambridge: Cambridge UP, 2001.

Hussey, Mark, ed. *Virginia Woolf and War: Fiction, Reality, and Myth*. New York: Syracuse UP, 1991.

Lee, Hermione. "Virginia Woolf and Offence." *The Art of Literary Biography*. Ed. John Batchelor. Oxford: Oxford UP, 1995. 129-50.

Marcus, Jane. *Virginia Woolf: A Feminist Slant*. Lincoln: U of Nebraska P, 1983.

Ranciére, Jacques. *Aesthetics and Its Discontents*. Trans. Steven Corcoran. Malden: Polity P, 2009.

_______________. "Aesthetic Separation, Aesthetic Community: Scenes from the Aesthetic Regime of Art." *Art & Research: A Journal of Ideas, Contexts and Methods* 2.1 (2008): 1-15.

_______________. *The Flesh of Words: The Politics of Writing*. Trans. Charlotte Mandell. Stanford: Stanford UP, 2004.

_______________. *The Politics of Aesthetics: The Distribution of the Sensible*. Trans. Gabriel Rockhill. New York: Continuum, 2000.

_______________. *The Politics of Literature*. Trans. Julie Rose. Malden: Polity, P, 2011.

Showalter, Elaine. "Killing the Angel in the House: The Autonomy of Women Writers." *Antioch Review* 50 (1992): 207-20.

Upward, Edward. "The Falling Tower." *New Writing* 3 (1941): 1-4.

Woolf, Virginia. *A Room of One's Own and Three Guineas*. 1929 and 1938. New York: Oxford UP, 2008.

_____________. "Craftsmanship." *Collected Essays*. Vol II. New York: Harcourt, 1966. 245-51.

_____________. "Evening over Sussex: Reflections in a Motor-car." *Collected Essays*. Vol II. New York: Harcourt, 1966. 290-92.

_____________. *Flush: A Biography*. 1933. New York: Penguin, 1977.

_____________. "Professions for Women." *Collected Essays*. Vol II. New York: Harcourt, 1966. 284-89.

_____________. "The Artist and Politics." *Collected Essays*. Vol II. New York: Harcourt, 1966. 230-32.

_____________. "The Leaning Tower." *Collected Essays*. Vol. II. New York: Harcourt, 1966. 162-91.

_____________. *The Letters of Virginia Woolf.* Eds. Nigel Nicolson and Joanne Trautmann. Vol. VI. New York: Harcourt, 1975-1980.

_____________. *The Waves*. 1931. New York: Oxford, 2008.

_____________. *To the Lighthouse*. 1927. New York: Harcourt, 2005.

Zwerdling, Alex. *Virginia Woolf and the Real World*. Berkely: U of California, 1986.

3. 파시즘의 방에서 먼 『자기만의 방』

벨르너 풀트. 『금서의 역사』. 송소민 역. 서울: 시공사, 2013.

손영주. 「"생각하는 일이 나의 싸움이다": 버지니아 울프의 사유, 사물, 언어」. 『영미문학페미니즘』 22. 2(2014): 85-116.

Abramson, Anna Jones. "Beyond Modernist Shock: Virginia Woolf's Absorbing Atmosphere." *Journal of Modern Literature* 38.4 (2015): 39-56.

Attridge, Derek. *Peculiar Language. Literature as Difference from the Renaissance to James Joyce*. New York, Ithaca: Cornell UP, 1988.

Baucom, Ian. *Out of Place: Englishness, Empire, and the Locations of Identity*. New Jersey, Princeton UP, 1999.

Benjamin, Walter. "The Work of Art in the Age of Mechanical

Reproduction." *Illuminations*. Ed. Hannah Arendt. Trans. Harry Zohn. New York: Schocken Books, 1968. 217-51.

Benton, Tim. "Humanism and Fascism." *Comparative Criticism: Humanist Traditions in the Twentieth Century*. Ed. E. S. Shaffer. Cambridge: Cambridge UP, 2001. 58-69.

Falasca-Zamponi, Simonetta. *Fascist Spectacle: The Aesthetics of Power in Mussolini's Italy*. Berkeley: U of California P, 1997.

Gregg, Melissa. and Gregory J. Seigworth. "An Inventory of Shimmers." *The Affect Theory Reader*. Eds. Melissa Gregg and Gregory J. Seigworth. Durham: Duke UP, 2010. 1-25.

Heilbrun, Carolyn G. *Toward a Recognition of Androgyny*. New York: Alfred A Knopf, 1973.

Hsieh, Lili. "The Other Side of the Picture: The Politics of Affect in Virginia Woolf's Three Guineas." *Journal of Narrative Theory* 36.1 (2006): 20-52.

Hughes, Thomas. *Tom Brown's Schooldays*. 1857. Oxford: Oxford UP, 1989.

Leys, Ruth. "The Turn to Affect: A Critique." *Critical Inquiry* 37 (2011): 434-72.

Mangan, J. A. *Athleticism and the Victorian and Edwardian Public School*. Cambridge: Cambridge UP, 2008.

___________. "The Potent Image and the Permanent Prometheus." *Shaping the Superman: Fascist Body as Political Icon*. New York: Routledge, 2013. 11-22.

Marcus, Jane. "Art and Anger." *Feminist Studies* 4.1 (1978): 68-98.

Massumi, Brian. *Parables for the Virtual: Movement, Affect, Sensation*. Durham: Duke UP, 2002.

Mussolini, Benito. "The Greatness of the Country Will Be Achieved by the New Generations." *Mussolini as Revealed in His Political Speeches, 1914-1923.* New York: Howard Fertig, 1976.

Orwell, George. *Nineteenth Eighty-Four.* 1949. New York: Penguin, 1987.

____________. "Politics and the English Language." *Shooting an Elephant.* New York: Penguin, 2009. 358-75.

Pieri, Giuliana. "Portraits of the Duce." *The Cult of the Duce: Mussolini and the Italians from 1914 to the Present.* Eds. Stephen Gundle, Christopher, Duggan, Giuliana Pieri. Manchester: Manchester UP, 2013. 161-77.

Probyn, Elspeth. "Writing Shame." *The Affect Theory Reader.* Eds. Melissa Gregg and Gregory J. Seigworth. Durham: Duke UP, 2010. 71-90.

Roach, John. *Secondary Education in England 1870-1902: Public Activity and Private Enterprise.* New York: Routledge, 1991.

Schnapp, Jeffrey T. "Epic Demonstrations: Fascist Modernity and the 1932 Exhibition of the Fascist Revolution." *Fascism, Aesthetics, and Culture.* Ed. Richard J. Golsan. Hanover: U of New England P, 1922. 1-37.

Shouse, Eric. "Feeling, Emotion, Affect." *M/C Journal* 8.6 (2005). 17 Aug. 2016. <http://journal.media-culture.org.au/0512/03-shouse.php>.

Showalter, Elaine. *A Literature of Their Own.* Princeton: Princeton UP, 1977.

Sontag, Susan. *Under the Sign of Saturn.* New York: Farrar, 1980.

Staveley, Alice. "Marketing Virginia Woolf: Women, War, and Public Relations in 'Three Guineas'." *Book History* 12 (2009): 295-339.

Tomkins, Silvan S. *Shame and Its Sisters: A Silvan Tomkins Reader.* Eds. Eve Kosofsky Sedgwick and Adam Frank. Durham: Duke UP, 1995.

Woolf, Virginia. *A Room of One's Own and Three Guineas.* 1929 and 1938. New York: Oxford, 2008.

____________. "Craftsmanship." *Collected Essays.* Vol VI. London: Hogarth P, 624-27.

____________. "Flying over London." *Collected Essays.* Vol VI. London: Hogarth P, 445-50.

____________. *Mrs Dalloway.* 1925. Oxford: Oxford UP.

____________. "The Leaning Tower." *Collected Essays.* Vol. II. New York: Harcourt, 1966. 162-91.

____________. *The Waves.* New York: Oxford UP, 2008.

____________. *To the Lighthouse.* 1927. New York: Harcourt, 2005.

Zalampas, Sherree Owens. *Adolf Hitler: A Psychological Interpretation of His Views on Architecture, Art, and Music.* Ohio: Bowling Green University State Popular P, 1990.

4. 『세월』 속 껍질의 안과 밖

박희진. 『버지니어 울프 연구』. 서울: 솔, 1994.

호킹, 스티븐. 『호두껍질 속의 우주』. 김동광 역. 서울: 까치글방, 2001.

Bachelard, Gaston. *The Poetics of Space.* 1958. Trans. Maria Jolas. Boston: Beacon P, 1969.

Bonikowski, Wyatt. *Shellshock and the Modernist Imagination.* Burlington: Ashgate, 2013.

Briggs, Julia. *Reading Virginia Woolf.* Edinburgh: Edinburgh UP, 2006.

Cohen, William A. *Embodied: Victorian Literature and the Senses.* Minneapolis: U of Minnesota P, 2008.

Conrad, Joseph. *Heart of Darkness.* New York: Norton, 1988.

Cramer, Patricia Morgne. "Trauma and Lesbian Returns in Virginia

Woolf's *The Voyage Out and The Years.*" *Virginia Woolf and Trauma: Embodied Texts.* Eds. Suzette Henke and David Eberly. New York: Pace UP, 2007. 19-50.

__________. "Loving in the War Years." *Virginia Woolf and War: Fiction, Reality, and Myth.* Ed. Mark Hussey. New York: Syracuse UP, 1991. 203-24.

Culbertson, Roberta. "Embodied Memory, Transcendence, and Telling: Recounting Trauma, Re-establishing the Self." *New Literary History* 26 (1995): 169-95.

Hussey, Mark. "Living in a War Zone: An Introduction to Virginia Woolf as a War Novelist." *Virginia Woolf and War: Fiction, Reality, and Myth.* Ed. Mark Hussey. New York: Syracuse UP, 1991. 1-13.

Jameson, Fredric. *The Political Unconscious: Narrative as a Socially Symbolic Act.* New York: Cornell UP, 1981.

Laub, Dori. "Truth and Testimony: The Process and the Struggle." *Trauma: Explorations in Memory.* Ed. Cathy Caruth. Baltimore: Johns Hopkins UP, 1995. 61-75.

Laurence, Patricia Ondek. *The Reading of Silence: Virginia Woolf in the English Tradition.* Stanford: Stanford UP, 1991.

Lee, Judith. "This Hideous Shaping and Moulding: War and *The Waves.*" *Virginia Woolf and War: Fiction, Reality, and Myth.* Ed. Mark Hussey. New York: Syracuse UP, 1999. 180-202.

Levenback, Karen L. *Virginia Woolf and the Great War.* New York: Syracuse UP, 1999.

Moran, Patricia. "Gunpowder Plots: Sexuality and Censorship in Woolf's Later Works." *Virginia Woolf and Trauma: Embodied Texts.* Eds. Suzette Henke and David Eberly. New York: Pace UP, 2007.

179-203.

Scarry, Elaine. *Dreaming by the Book*. New Jersey: Princeton UP, 1999.

Van der Kolk, Bessel A. and van der Hart, Onno. "The Intrusive Past: The Flexibility of Memory and the Engraving of Trauma." *Trauma: Explorations in Memory*. Ed. Cathy Caruth. Baltimore: Johns Hopkins UP, 1995. 158-82.

Woolf, Virginia. *A Room of One's Own and Three Guineas*. 1929 and 1938. New York: Oxford, 2008.

____________. *Mrs. Dalloway*. 1925. San Diego: Harvest, 1981.

____________. *The Complete Shorter Fiction of Virginia Woolf*. Ed. Susan Dick. New York: Harcourt, 1985.

____________. *The Years*. 1937. Orlando: Harcourt, 2008.

____________. *Three Guineas*. 1938. New York: Harcourt, 2006.

____________. *To the Lighthouse*. 1927. New York: Harcourt, 2005.

5. 『막간』, 기술복제시대의 소설

김영주. 「영국의 푸르고 아름다운 땅: 전원주의 국가 신화와 여성/성－E. M. 포스터의 『하워즈 엔드』와 버지니아 울프의 『막간』 비교 연구」. 『영미문학페미니즘』 12.1 (2004): 55-79.

Benjamin, Walter. *Illuminations*. Trans. Harry Zohn. New York: Schocken Books, 1988.

Caughie, Pamela L., ed. *Virginia Woolf in the Age of Mechanical Reproduction*. New York: Garland Publishing Inc., 2000.

Cuddy-Keane, Melba. *Virginia Woolf, the Intellectual, and the Public Sphere*. Cambridge: Cambridge UP, 2003.

Katz, Tamar. *Impressionist Subjects: Gender, Interiority, and Modernist Fiction in England.* Urbana: U of Illinois P, 2000.

Levenson, Michael. *Modernism.* New Haven: Yale UP, 2011.

Pridmore-Brown, Michele. "1939-40: Of Virginia Woolf, Gramophones, and Fascism." *PMLA* 113.3 (1998): 408-21.

Scott, Bonnie Kim. "The Subversive Mechanics of Woolf's Gramophone in *Between the Acts.*" *Virginia Woolf in the Age of Mechanical Reproduction.* Ed. Pamela L. Caughie. New York: Garland Publishing Inc., 2000. 97-113.

Tratner, Michael. "Why Isn't *Between the Acts* a Movie?" *Virginia Woolf in the Age of Mechanical Reproduction.* Ed. Pamela L. Caughie. New York: Garland Publishing Inc., 2000. 115-34.

Woolf, Virginia. *Between the Acts.* San Diego: Harcourt, 1994.

_____________. *The Letters of Virginia Woolf.* 6 vols. Ed. Nigel Nicolson. London: Hogarth, 1975-90.

_____________. *A Room of One's Own and Three Guineas.* Oxford: Oxford UP, 1998.